中外桥梁事故述评

Description and Evaluation of Bridge Accidents at Home and Abroad

陈　晶　严允中　齐伟杰　杨虎根　编著

中国城市出版社

图书在版编目（CIP）数据

中外桥梁事故述评 ＝ Description and Evaluation
of Bridge Accidents at Home and Abroad / 陈晶等编
著. — 北京：中国城市出版社，2022.2
ISBN 978-7-5074-3441-5

Ⅰ. ①中… Ⅱ. ①陈… Ⅲ. ①桥梁工程-工程质量事
故-研究-世界 Ⅳ. ①U447

中国版本图书馆 CIP 数据核字（2021）第 270300 号

本书收集了中外部分桥梁事故约1300起，按发生的主要原因划分为自然因素与人为
因素两大类，再按发生事故的表现形态细分为 27 个小类。在此基础上进行统计分析。重
点介绍中外特大桥难及典型桥梁事故发生的基本情况和主要原因。对各类事故应吸取的经
验教训进行评析。还论述了与桥梁有关的历史典故与人文轶事。

本书可供桥梁技术人员和管理人员参考。

责任编辑：刘瑞霞　辛海丽
责任校对：李美娜

中外桥梁事故述评

Description and Evaluation of
Bridge Accidents at Home and Abroad
陈　晶　严允中　齐伟杰　杨虎根　编著
＊
中国城市出版社出版、发行（北京海淀三里河路 9 号）
各地新华书店、建筑书店经销
北京鸿文瀚海文化传媒有限公司制版
北京建筑工业印刷厂印刷
＊
开本：787 毫米×1092 毫米　1/16　印张：41¾　字数：1037 千字
2022 年 4 月第一版　　2022 年 4 月第一次印刷
定价：**158.00** 元
ISBN 978-7-5074-3441-5
（904440）

谨以此书献给全球桥难中的牺牲者
寄托无限的哀思
吸取深刻的教训
愿亡灵在天堂永远安息

前　言

　　交通是指从事旅客和货物运输及语言和图文传递的行业，包括运输和邮电两个方面，在国民经济中属于第三产业。运输有铁路、公路、水路、航空和管道五种方式，邮电包括邮政和电信两个方面内容。交通随着人类生产和生活的需要而不断发展。交通运输的五种方式都属于国家基本建设的重要组成部分。基本建设在整个国民经济中占有重要地位，对经济发展和社会进步起着主导、决定性的作用，是体现国家硬实力的一个重要方面。通过基本建设可以改变国民经济的重大比例关系，调整产业和部门结构及生产力的地区分布，促进国民经济健康发展，为国家 GDP 的稳定增长作出贡献。

　　交通是发展的先行官。改革开放 40 多年以来，我国交通领域基础设施建设节奏日渐加快，成功实现了从"瓶颈制约"到"初步缓解"，再到"基本适应"经济社会发展的重大跃升，为人民群众的便捷出行作出了重要贡献。1988 年 10 月，我国大陆第一条高速公路沪嘉公路建成通车；1993 年，我国第一条部分利用世界银行贷款建设的高速公路——京津塘高速公路建成全线通车。我国高速公路实现了从无到有，再到覆盖成网的跨越式发展。到 2017 年末，全国高速公路总里程达到 13.65 万公里，年均增长率 26.6％，总里程居世界第一位，覆盖 97％的 20 万以上人口城市及地级行政中心。

　　到 2017 年末，我国公路总里程已由改革开放之初的 89.02 万公里，快速提升到 477.35 万公里，年平均增长率 4.4％，每百平方公里公路密度从 9.27 公里上升到 49.72 公里。农村公路里程达到 400 万公里，通达 99.99％的乡镇和 99.98％的建制村。

　　我国铁路运营里程从 1978 年的 5.17 万公里增长到 2018 年的 13.1 万公里以上。其中，高速铁路超过 2.9 万公里，比全世界其他国家的高速铁路总和还要多 1/3，中国高速铁路稳居世界首位。

　　桥梁是公路、铁路、城市道路跨越河流、山谷、特殊障碍物的人工构造物，是交通运输线上不可或缺的节点。桥梁是一种功能性的工程实体，是一个空间立体的艺术建筑物，具有非常广泛的社会性和人文特性，在不少地方还体现了民族特色和地方特色。桥梁架设在水上、空中，跨越江、河、湖、海和洼地山谷，建设规模大，质量要求高，其数量、规模、创新和造型是一个国家和地区经济实力、科技进步、工业水平和社会文明的重要标志之一。随着公路、铁路和城市道路的高速发展，我国桥梁建设突飞猛进。到 2017 年末，全国公路桥梁达 83.25 万座、5265.62 万 m，分别是改革开放初期的 6.5 倍和 15.9 倍。公路、铁路桥梁的总和已超过 100 万座。

　　近十年，我国建成了多座世界级的特大桥。例如，港珠澳大桥、沪通公铁两用长江大桥（主跨 1092m 钢桁梁斜拉桥）、合江长江一桥（主跨 530m 中承式钢管混凝土拱桥）、武汉杨泗港长江大桥（主跨 1700m 双层公路悬索桥）、广西平南三桥（主跨 575m 中承式钢管混凝土拱桥）、沪昆高速铁路贵州北盘江大桥（主跨445m上承式RC箱形拱桥）等。中国已经是名副其实的桥梁大国。在桥梁建设规模上，中国占有世界领先地位。但是在维护、管养、旧桥加固、桥梁使用寿命、自主创新、软件自主开发、高端技术人才的培养、桥梁美学、桥梁安全状况预警技术应用和各种业务的高质量评估等方面与发达国家相比，还存在一定差距，迈向世界级的桥梁强国，还有一段路要走，还需要我们继续努力。

古往今来，人类所创造的辉煌成就，都是经过挫折、失败，甚至是多次挫折和失败才得来的。科学、技术发展是一部奋斗、失败、再奋斗、再失败……不断取得成果的历史。桥梁的发展史，同样是一部曲折发展的历史，不仅有令人瞩目的巨大成就，也包含着难以计数的挫折和失败。

本书收集的国内外部分桥梁事故共计1204起（其中国内829起、国外375起），事故中的死亡人数总计为3674人，平均每一起桥梁事故约有3人献出了生命，受伤人数更多（较详细的分类统计与评析见本书第15章），经济损失巨大，给死者亲属带来无限的悲痛和永久的心灵创伤，社会影响深远。

我国超过100万座的桥梁中，约有40%的桥梁服役已超过20年。由于我国桥梁多存在耐久性较差的情况，据不完全统计，带病工作的亚健康桥梁高达30%，其中超过10万座桥被评定为危桥。这些桥梁都存在事故隐患，可能在运营过程中发生突然破坏或倒塌，造成生命财产损失以及恶劣的社会政治影响。这是交通运输行业面临的一个紧迫而重大的问题。为了尽可能地减少桥梁事故的发生，应该认真分析研究已发生的事故，对事故原因作出符合实际情况的判断，制定出防止事故发生的有效措施。为了达到这个目的，应该学习"失败学"的基本思路和控制方法。失败学是管理科学中新出现的分支学科，是从揭示潜藏于事物中的不协调因素出发研究导致失败发生的路径和风险源因素，及时根据先兆预警，从而给出避免失败的控制方法。日本学者烟村洋太郎专著《失败学》于2000年正式出版，日本科技厅成立了"科技失败教训研究会"，对若干重大项目所发生的一系列事故进行系统和全面的公开的反思和总结。美国甚至出版了名为《失败》的科学期刊，专门研究失败发生的规律和失败转换为特殊资源的方式和途径。我国在这方面还有较大差距。很多情况下，还没有做到"失败是成功之母"。这种特殊的资源还没有被很好地利用，还可能重现昨日的悲伤，导致新的损失。编写本书的目的，是想在这方面进行初步探讨，通过一些桥梁事故实例的评析，让这种特殊的资源在桥梁建设与运营中得到利用，为减少桥梁事故的发生提供一些思路。

各行各业都有很多真才实学的专家，他们对于经历过的或深切体验过的失败或失误的教训，其认知比一般人深刻得多。因此，在不应该做什么的问题上，他们才是真正的权威。全社会应该形成一种既广泛重视成功经验的总结推广，也不忽视失败教训特殊价值的氛围，以促使我国建设事业在科学发展的道路上，取得更大的成就。

没有认识到基本规律或缺乏经验可能会使我们难以避免失败；忽略规范的重要规定、违背基本理论和基本常识，可能要付出沉重的代价；风险评估没有进入科学的轨道难以避免重大事故；关键细节上的疏忽可能导致灾难性的后果；过分追求某种不切实际的绩效或用一种浮躁的心态推进工程建设难免自食苦果；不讲科学的管理与盲目指挥往往是好心办成坏事。工程建设中的腐败后果更为严重，国家遭到重大损失，人员发生伤亡，涉事者个人身败名裂。这些都是实践反复印证了的铁律，人人都应该有敬畏之心。

本书共计 16 章，另有附录 5 个。第 1 章～第 5 章，主要内容是自然力为主要因素引发的桥梁事故；第 6 章为支架失效引发的桥梁事故；第 7 章为车辆与人群引发的桥梁事故；第 8 章为船舶撞击引发的桥梁事故；第 9 章为国内部分重大桥难实例与评析；第 10 章为国外部分重大桥难实例与评析；第 11 章为大跨径预应力混凝土梁桥箱梁底板崩裂事故；第 12 章为双曲拱桥、刚架拱桥与桁式组合拱桥事故；第 13 章为材料原因引发的桥梁事故；第 14 章为桥梁火灾事故及其他桥梁事故；第 15 章为几个主要问题的进一步评析；第 16 章为与桥梁有关的历史典故与人文轶事，以数字资源形式收录于二维码中，有兴趣的读者可以查阅。附录一、二分别为国内、国外自然力引发的部分桥梁事故概况表。附录三、四分别为国内、国外人为因素引发的部分桥梁事故概况表。本书定稿且排版完成后收集到的部分中外桥梁事故作为附录五桥梁事故补遗表列于书后，未纳入正文统计与评析，供读者参考。

本书编写过程中，我们参阅和学习了大量论文、专著、技术资料、媒体报道、网络与期刊文章，并引用了一些研究成果和工程设计资料（详见各章"参考文献"，分别列于文章正文之后）。在此向有关作者深表谢意。

本书中介绍了若干桥梁事故实例，引用的有关资料，详见附录中的"信息来源"。正文中不再注明信息资料的出处。

附录中所列桥梁事故概况的"信息来源"，分别列于附录一、二与附录三、四之后。有的桥梁事故的信息来源不止一处，有时存在差异，部分数据或基本情况可能与实际有出入。

在桥梁事故的介绍中，桥名和地名，除有信息来源依据者外，均以"××"代替；涉及事故的单位和个人，除在报刊、论文、专著上已公开者外，一律隐去。对于具体的桥梁事故，当有较充分的资料时，作简要评析；资料较少时，仅介绍概略情况，不作评论。书中对一些问题的探讨，仅为笔者的浅见，供读者参考，不当之处敬请读者斧正。

本书如有差错或有新的补充，恳请直接发至作者的电子邮箱 365276626@qq.com，以便今后进行修正或补充完善。

2021 年 1 月于贵阳

目　　录

第1章　桥梁使用寿命与桥梁事故

1.1　桥梁全寿命设计的主要内容和基本要求

一座桥梁的整个寿命期，从规划开始，历经可行性研究、设计、施工、使用和管理养护、拆除直到材料的回收利用各阶段，达到寿命终点。施工及以后的各阶段都存在发生桥梁事故的可能性。而从规划到设计，其中某些因素对事故的发生以及严重程度也可能会有一定的影响。所以，应该由桥梁全寿命过程关注桥梁事故的全貌并研究其发生与变化的规律。

桥梁全寿命设计的总体目标，《公路工程结构可靠度设计统一标准》GB/T 50283-1999作了原则性的规定。即公路工程结构必须满足下列功能要求：

（1）在正常施工和正常使用时，能承受可能出现的各种作用；

（2）在正常使用时，具有良好的工作性能；

（3）在正常维护下，具有足够的耐久性；

（4）在预计的偶然事件发生时及发生后，仍能保持必需的整体稳定性。

由于自然力因素（例如地震、滑坡、洪水、泥石流、飓风、软基等）或人为因素（例如勘察、设计、施工、使用等）导致桥梁出现不符合上述功能要求的情况，视其严重程度可归结为病害、灾害或事故。

桥梁全寿命设计，是适应时代发展的新的设计理念，不同于传统的桥梁设计方法，全寿命设计面向桥梁的整个寿命期。主要关注业主、使用者和社会对拟建桥梁项目的各种需求，并将这些需求转化为符合国家与行业标准的性能要求，最终形成可实施的技术方案与管理目标。

桥梁全寿命设计的主要内容有以下六项。

1.1.1　桥梁及构件设计使用寿命的确定

桥梁设计使用寿命包括主体结构使用寿命和可更换部件使用寿命。

桥梁设计使用寿命，也称为桥梁工作寿命或桥梁设计使用年限。其含义是：在正常设计、正常施工、正常使用和正常养护条件下，桥梁保持正常承受各种设计荷载作用的能力而不用进行结构性大修的时间期限。

《公路工程技术标准》JTG B01-2014 第 6.0.11 条，规定了桥涵主体结构和可更换部件的设计使用年限。如表 1-1 所列。

桥涵主体结构和可更换部件的设计使用年限规定（年）　　　表 1-1

公路等级	主体结构			可更换部件	
	特大桥、大桥	中桥	小桥、涵洞	斜拉索吊索、系杆等	栏杆、伸缩缝、支座等
高速公路、一级公路	100	100	50		
二级公路、三级公路	100	50	30	20	15
四级公路	100	50	30		

对于常规桥梁，文献 [1] 建议的设计使用寿命如表 1-2 所列。文献 [2] 建议的设计使用寿命如表 1-3 所列。

建议的桥梁设计使用寿命（年）　　　表 1-2

主要材料	小桥	中桥	大桥	特大桥
混凝土	50～60	50～60	80～100	80～120
钢	50～80	50～80	80～100	100～120

建议的桥梁设计使用寿命（年）　　　表 1-3

主要材料	小桥	中桥	大桥	特大桥
混凝土	30～40	50～60	80～100	80～120
钢	50～80	50～80	80～100	100～120

根据表 1-1 并参考表 1-2 和表 1-3 确定桥梁设计使用年限时，应按照实际情况进行必要的调整，主要考虑和研究以下几个方面：

（1）桥位所在地的区域条件，包括自然条件和社会特点；

（2）桥梁在交通运输及国民经济发展中的重要性；

（3）桥梁病害和事故可能产生的后果以及修复的难易程度；

（4）在现行技术条件下，达到设计使用寿命的难易程度。

一般情况下，设计使用年限应不低于表 1-1 的规定，必要时可适当提高。例如，2018 年建成并正式通车的港珠澳特大桥，主体结构设计使用年限为 120 年。

桥梁设计使用寿命是以国家和行业标准为依据，综合各类具体因素所确定的桥梁可以正常使用的目标年限。寿命周期设计过程是通过设计手段使桥梁实际使用寿命的某种保证率大于设计使用寿命的过程。故正常情况下，桥梁实际使用寿命应不小于桥梁设计使用寿命，即前者与后者的比值 $\gamma \geqslant 1$，其中 γ 称为桥梁实际寿命分项系数。

基于现有技术水平和设计要求，桥梁主要构件的设计使用寿命可以参照文献 [1] 提出的建议（参阅表 1-4）结合具体情况选取。

桥梁耐久性设计理念要求，桥梁寿命周期设计目标是通过设计手段使桥梁实际使用寿命以某种保证率大于设计使用寿命。国内目前的桥梁及其构件的实际使用寿命还达不到这一要求，存在较大差距，还需要付出很大的努力，才能逐步接近这一目标。

桥梁构件设计使用年限的确定有两种方法——直接法和简化法。这两种方法的具体内容，文献 [1] 有详细论述。

公路桥梁主要构件设计使用寿命建议值（年）　　　　表 1-4

构件	类别	目前实际使用寿命		设计使用寿命建议	
		范围	均值	范围	建议值
主梁	钢筋混凝土主梁	40～60	50	50～80	60
	预应力混凝土主梁	—	—	50～90	70
	钢主梁	50～100	60	50～80	70
	混凝土桥面板（叠合梁）	20～40	30	30～60	40
主塔	钢筋混凝土	—	—	60～100	70
	钢	—	—	60～100	70
斜拉索	平行钢丝	7～17	12	10～30	15
	平行钢绞线	—	—	15～40	20
吊杆	平行钢丝	10～30	15	15～30	20
	平行钢绞线	—	—	15～40	25
主缆	平行钢丝束	—	—	50～100	70
桥墩、立柱	钢筋混凝土	30～60	50	60～100	70
基础	钢筋混凝土	40～80	60	60～100	70
防撞栏杆	钢筋混凝土	—	—	20～50	30
	钢材	—	—	30～80	40
桥面铺装	水泥混凝土	5～20	10	10～20	15
	沥青混凝土	5～20	10	10～20	15
支座	橡胶支座	10～40	25	20～50	30
伸缩装置	钢梁伸缩装置	5～20	12	10～20	15

注：①表中"—"表示缺乏此类数据或该种工艺使用不久，其实际使用寿命还有待考察。
　　②当采用特殊材料、新工艺或阴极防护等时，其设计使用寿命应根据具体情况确定。

1.1.2　桥梁的性能设计

性能设计是桥梁全寿命设计的核心内容，包括以下四个方面：

（1）安全性能设计

应合理考虑构件全寿命周期内可能出现的耐久性退化过程，选取典型的退化状态做损伤状态进行安全性能的验证，并根据验证结果进行有针对性的设计调整，以保证桥梁及其构件的整体和局部安全性能。

（2）使用性能设计

在桥梁全寿命设计中，应考虑桥梁寿命期内可能出现的各种设计状况，并考虑不同组合进行使用性能设计。

（3）耐久性设计

耐久性是结构在外界环境及设计预期正常荷载共同作用下，在同样（或等效的）建设和运营维护总成本（全寿命总成本）下，在给定使用寿命期内，保持预期的安全性、适用性的能力。耐久性可以通过耐久性极限状态确定。

（4）疲劳性能设计

疲劳是影响钢结构或组合结构钢构件全寿命性能的主要因素。应对不同构造可能出现的疲劳问题进行分析，并提出全寿命设计、施工、养护、维修、更换的要求或对策。

1.1.3　桥梁管养设计

管养设计是明确桥梁全寿命期内可能发生的监测、检测、养护、维修、更换工作的内容、周期、预期效果和可能的间接影响，在可能的范围内进行优化，推荐相关方案，并为可能的管养工作提供指导的设计。

1.1.4　桥梁景观设计

桥梁景观设计应包括环境调查与分析、总体景观设计、主体造型设计、构件造型设计、附属设施造型设计及景观设计评价，并注意各个设计阶段、设计内容间的关联和衔接。

1.1.5　桥梁环境设计

环境设计是对桥梁寿命期内不可再生能源的消耗、可能造成的环境排放和污染以及对生态环境的影响进行评估和优化，合理降低桥梁使用寿命期内环境和生态各种不利影响的设计。

1.1.6　桥梁使用寿命终结时的处理预案

对桥梁使用寿命终结时或使用功能变更时，提出拆除或改建的处理建议以及注意事项。

1.2　桥梁生命周期中的风险评估与桥梁事故

桥梁工程风险，是指在桥梁生命周期中对桥梁工程造成不利影响的不确定事件。在桥梁规划、设计、施工、使用、维修、拆除等和桥梁结构相关的各个过程中都存在发生风险事故的可能性。

各种桥梁事故是造成风险损失的基本原因。因而桥梁事故研究是桥梁风险识别的基本依据。同时，桥梁事故研究也是风险概率和风险损失的重要基础性工作。桥梁事故研究既可以为风险理论模型研究提供基础数据，也是检验风险理论模型准确性的主要依据。在目前阶段，计算分析尚很难模拟结构整个破坏历程，因此事故统计研究实际是风险损失研究中最为准确的研究方法。所以，桥梁事故原因、后果的统计分析及其规律研究是桥梁风险评估的重要基础性工作，是桥梁风险评估理论的基本组成成分。

1.2.1　事故致因理论

文献［6］介绍了事故致因理论的产生与发展，重点论述了"事故因果连锁理论""扰动和起源论""能量意外释放论""轨迹交叉论""系统观点的人为失误主因论"和"综合原因论"。这些理论各有特点、适用范围和不足之处。相比较而言，综合原因论更能反映事故的本质特征，其综合地考虑了各种事故现象和因素，因而比较正确，有利于各种事故的分析、预防和处理，是当今世界上最为流行的理论。美国、日本和我国都主张按这种模式分析事故。

综合原因论要点如下：

人的不安全行为和物的不安全状态是造成事故的表面的直接原因，如果对它们进行更进一步的考虑，则可挖掘出二者背面深层次的原因。

如今国内外的安全专家普遍认为，事故的发生不是单一因素造成的，也并非个人偶然失误或单纯设备故障所造成的，而是各种因素综合作用的结果。事故的发生是社会因素、管理因素、生产中各危险源被偶然事件触发所造成的结果。综合原因论认为，事故的适时经过是由起因物和肇事人偶然触发了加害物和受害人而形成的灾害现象。

偶然事件之所以触发是由于生产环境中存在着的危险源与各种隐患（物的不安全状态）和人的某种失误（人的不安全行为），二者共同形成事故的直接原因。

这些物质的、环境的以及人的原因是管理上的失误、管理上的缺陷和管理责任所导致的，这是形成直接原因的间接因素，也是重要的基本原因。形成间接原因的因素，包括经济、文化、教育、习惯、历史、法律等基础原因，统称为社会因素。

事故产生的过程可以表述为由基础原因的"社会因素"产生"管理因素"，进一步产生"生产中的危险因素"，通过人与物的偶然因素触发而发生伤亡和损失，便出现了事故。

在这些综合因素中，凡涉及人的影响，必定存在着认识上的无知、局限、失误、大意、故意，甚至是品质低下这样一些思想状态。

1.2.2 桥梁工程风险的度量

桥梁工程风险度量按下式计算：

$$R = f(P, C) \tag{1-1}$$

式中：R——风险值，为风险发生概率和风险损失级别的组合；

P——风险概率；

C——风险损失。

1.2.3 公路桥梁工程设计安全风险等级[5]

（1）公路桥梁安全风险等级分为四级，基本要求见表1-5。

安全风险等级要求　　　　　　　　　　　　　　　　　　表1-5

风险等级	要求
Ⅰ	风险水平可以接受,当前应对措施有效,不必采取额外技术、管理方面的预防措施
Ⅱ	风险水平有条件接受,工程有进一步实施预防措施以提升安全性的必要
Ⅲ	风险水平有条件接受,必须实施削减风险的应对措施,并需要准备应急计划
Ⅳ	风险水平不可接受,必须采取有效应对措施将风险等级降低到Ⅲ级及以下水平;如果应对措施的代价超出项目法人(业主)的承受能力,则应更换方案或放弃项目执行

（2）风险发生概率等级与判定标准

工程安全风险发生概率等级分为五级，各级判断标准见表1-6。

风险发生概率等级判断标准　　　　　　　　　　　表 1-6

等级	定量判断标准（概率区间）	定性判断标准
1	$P_f < 0.0003$	几乎不可能发生
2	$0.0003 \leqslant P_f < 0.003$	很少发生
3	$0.003 \leqslant P_f < 0.03$	偶然发生
4	$0.03 \leqslant P_f < 0.3$	可能发生
5	$P_f \geqslant 0.3$	频繁发生

注：P_f 为概率值，当概率值难以取得时，可用年发生频率代替。风险发生概率等级应优先采用定量判断标准确定。当无法进行定量计算时，可采用定性判断标准确定。

（3）风险损失等级与判断标准

风险损失等级分为1、2、3、4、5级。应按人员伤亡等级、经济损失等级及环境影响等级等因素确定。当多种损失同时产生时，应采用就高原则确定。

① 人员伤亡等级的判断标准，见表1-7。

人员伤亡等级判断标准　　　　　　　　　　　表 1-7

等级	判断标准
1	重伤人数5人以下
2	3人以下死亡（含失踪）或5人以上10人以下重伤
3	3人以上10人以下死亡（含失踪）或10人以上50人以下重伤
4	10人以上30人以下死亡（含失踪）或50人以上100人以下重伤
5	30人以上死亡（含失踪）或100人以上重伤

注："以上"包含本数，"以下"不包含本数，下同。

② 经济损失等级的判断标准，见表1-8。

经济损失等级判断标准　　　　　　　　　　　表 1-8

等级	判断标准
1	经济损失500万元以下
2	经济损失500万元以上1000万元以下
3	经济损失1000万元以上5000万元以下
4	经济损失5000万元以上10000万元以下
5	经济损失10000万以上

注：对总造价较低的工程，如石拱桥等，可采用相对经济损失进行判定。

③ 环境影响等级的判断标准，见表1-9。

环境影响等级判断标准　　　　　　　　　　　　　　　表 1-9

等级	判断标准
1	涉及范围很小,无群体性影响,需紧急转移安置人数 50 人以下
2	涉及范围较小,一般群体性影响,需紧急转移安置人数 50 人以上 100 人以下
3	涉及范围大,区域正常经济、社会活动受影响,需紧急转移安置人数 100 人以上 500 人以下
4	涉及范围很大,区域生态功能部分丧失,需紧急转移安置人数 500 人以上 1000 人以下
5	涉及范围非常大,区域内周边生态功能严重丧失,需紧急转移安置人数 1000 人以上,正常的经济、社会活动受到严重影响

表 1-7～表 1-9 的判别标准分别参考了国务院《生产安全事故报告和调查处理条例》、《企业职工伤亡事故分类标准》GB 6441-86、《建设项目环境保护管理条例》和《中华人民共和国环境影响评价法》。

④ 风险等级的确定

根据安全风险发生概率等级和损失等级,可按表 1-10 确定风险等级。

风险等级　　　　　　　　　　　　　　　　　　　　表 1-10

风险发生概率	风险损失				
	1	2	3	4	5
1	I	I	II	II	III
2	I	II	II	III	III
3	II	II	III	III	IV
4	II	III	III	IV	IV
5	III	III	IV	IV	IV

注：参考国际隧道协会《Guidelines for Tunnelling Risk Management》的规定。

1.2.4　公路桥梁工程施工安全风险等级[6]

桥梁工程施工安全风险总体评估主要考虑桥梁建设规模、地质条件、气候环境条件、地形地貌、桥位特征及施工工艺成熟度等评估指标。评估指标的分类、赋分标准见表 1-11。

桥梁工程总体风险评估指标体系　　　　　　　　　　表 1-11

评估指标	分类	分值	说明
建设规模 (A_1)	单孔跨径 L_k(总长 L)超过或达到国内外同类桥型最大单孔跨径 L_k(总长 L)	6～8	应结合各地工程建设经验及水平综合判定,其中拱桥应按高限取值
	$L_k \geq 150m$ 或 $L \geq 1000m$	4～5	
	$40m \leq L_k < 150m$ 或 $100m \leq L < 1000m$	2～3	
	$L_k < 40m$ 或 $L < 100m$	0～1	

续表

评估指标	分类		分值	说明
地质条件 (A_2)	不良地质灾害多发区域(包括岩溶、滑坡、泥石流、采空区、强震区、雪崩区、水库坍岸区等)		4~6	特殊性岩土主要包括:冻土、膨胀性岩土、软土等
	存在不良地质灾害,但不频发或存在特殊性岩土,影响施工安全及进度		2~3	
	地质条件较好,基本不影响施工安全因素		0~1	
气候环境 条件(A_3)	极端气候事件多发区域(洪水、强风、强暴雨雪、台风等)		4~6	应结合施工工艺特征综合判定
	气候环境条件一般,可能影响施工安全,但不显著		2~3	
	气候条件良好,基本不影响施工安全		0~1	
地形地貌 条件(A_4)	山岭区	峡谷、山间盆地、山口等险要区域	4~6	应结合勘察资料综合判定
		一般区域	1~3	
	平原区		0~1	
桥位特征 (A_5)	跨江、河、海湾	通航等级1~3级	4~6	跨线桥应综合考虑交叉线路的交通量状况
		通航等级4~6级	2~3	
		通航等级7级及等外	0~1	
	陆地	跨线桥(公路、铁路等)及其他特殊桥	3~6	
施工工艺 成熟度(A_6)	新技术、新工艺,新设备国内首次应用		2~3	应考虑施工企业工程经验
	施工工艺较成熟,国内有相关应用		0~1	

桥梁工程施工安全总体风险大小 R 计算公式为:

$$R = A_1 + A_2 + A_3 + A_4 + A_5 + A_6 \qquad (1-2)$$

式中:A_1——桥梁建设规模所赋分值;

A_2——工程所处地质条件所赋分值;

A_3——工程所处气候环境条件所赋分值;

A_4——工程所处地形地貌所赋分值;

A_5——桥位特征所赋分值;

A_6——施工工艺成熟度所赋分值。

计算得到总体风险值 R 后,便可对照表1-12确定桥梁工程施工安全总体风险等级。

总体风险等级在Ⅲ级(高度风险)及以上的桥梁工程,应纳入专项风险评估范围。其他等级风险的桥梁工程,也应视情况确定是否开展专项风险评估。

专项风险评估的基本程序包括:风险源普查、识别、分析,并针对重大风险源进行估测、控制。文献[6]有详细描述。

桥梁工程施工安全总体风险分级标准   表1-12

风险等级	计算分值 R
等级Ⅳ(极高风险)	14分及以上
等级Ⅲ(高度风险)	9~13分
等级Ⅱ(中度风险)	5~8分
等级Ⅰ(低度风险)	0~4分

1.3　桥梁技术状况评定标准

1.3.1　桥梁使用寿命低于设计使用年限的主要原因

桥梁使用寿命与设计使用年限往往存在差异。多数情况下，桥梁使用寿命短于其设计使用年限。按现行规范规定，我国公路特大桥和大桥，主体结构设计使用寿命均为 100 年，高速公路和一级公路上的中桥，主体结构设计使用寿命亦为 100 年，其他等级公路的中桥则为 50 年。20 世纪 90 年代末的统计表明，我国只有 40% 的桥梁寿命在 25 年以上。桥梁使用寿命与设计使用年限存在较大的差异[7]，主要原因有以下几点：

（1）工程质量下降

改革开放 40 年来，中国桥梁以惊人的规模和速度发展，取得了令人瞩目的成就和进步；然而过大的规模和过快的速度，以及大量缺少培训的进城务工人员进入基本建设队伍却带来了工程质量问题，影响了桥梁的耐久性。长期以来，一些工程单位热衷于搞"全国第一""世界之最"，一些地方领导则要求高速度。不仅埋下了工程质量的隐患，也使桥梁病害和事故不断。在追求高速度建桥的压力下，从规划、可行性研究到工程设计和施工难以全面贯彻"安全、适用、经济、耐久"的正确方针。

（2）超负荷使用

改革开放以来，我国汽车产量年增长率超过 15%，不仅交通量大幅上升，而且超载、超限车辆大量出现。很多桥梁受到不同程度的损伤，有的桥梁甚至被压垮。而设计则是按照规范规定的交通量与汽车荷载标准进行验算的，必然降低桥梁的使用寿命。

（3）设计规范的某些方面滞后于实际的工程发展

以下几点较为突出：

① 早期建造的桥梁设计荷载大多偏低，随着交通量以及荷载等级的增加，许多既有桥梁已难以满足现今和今后一段时期的交通需求。有的设计院为了提高结构的安全度，直接增大规范规定的设计荷载。

② 2014 年以前的规范没有明确桥梁设计使用年限。

《公路桥涵设计通用规范》JTG D60-2004 虽在"总则"中规定"公路桥涵结构的设计基准期为 100 年"，但其含义是：设计基准期是通过可变荷载统计分析确定的。可变荷载基本变量则按随机过程概率模型来描述，得到概率分布后进而求得设计基准期为 100 年的最大值概率分布函数的 0.95 分位值。这与原规范（指 85 桥规）汽车、人群的标准荷载较为接近。设计基准期与设计使用年限的含义是不相同的，而且设计基准期难以在工程设计中具体体现。在相关规范中也没有与之相配合的规定。直到《公路工程技术标准》JTG B01-2014 颁发才明确规定了桥涵设计使用年限。

③ 缺少针对桥梁耐久性设计的专门规范。

从 2006 年 9 月 1 日开始实施的《公路工程混凝土结构防腐蚀技术规范》JTG/T B07-01-2006 应属针对混凝土结构耐久性的设计规范。但交通部在 2006 年第 12 号公告中则明确，此规范"在公路行业内自愿采用"，致使很多桥梁设计没有执行这个规范。在公路桥梁设计中，尤其是一般性的桥梁设计中，耐久性设计往往被忽略。

④ 2018 年以前的规范没有桥梁横向抗倾覆稳定性的具体规定。

2000 年以后，独柱墩连续箱梁桥多次发生侧倾失稳重大事故。究其原因，除车辆超载、超限的外在原因外，还在于设计时没有进行正确的抗倾覆稳定验算，并采取可靠的防范措施，这与规范的滞后有关，直到 2018 年 11 月 1 日实施的《公路钢筋混凝土及预应力混凝土桥涵设计规范》JTG 3362-2018 正式颁布，才有了明确和具体的规定。

（4）自然灾害

① 地质灾害：包括地震、滑坡、塌方、岩溶、软基等地质力引发的桥梁灾害。

② 暴雨洪水、泥石流、海浪、漂流物等水力引发的桥梁灾害。

③ 飓风、台风、阵风、冰雪等气象力引发的桥梁灾害。

1.3.2 桥梁试验检测

据有关统计资料，截至 2009 年，我国危桥数量为 4000 余座，桥长约 13 万 m，载重荷载标准低的情况也很严重。全国大中型桥梁，荷载标准为汽-10 以下约占 81.6%，桥长约 11 万 m。虽然改建了一部分危桥，但仍有相当大数量的危桥还在使用。目前，全国病桥与危桥的数量还在继续增加。为了保证公路的畅通，创造一个安全、舒适的行车环境，为了掌握病桥、危桥的病源以便进行加固或改造，避免桥梁事故的发生，桥梁试验检测工作显得十分必要。

桥梁的健康指标包含安全性、适用性和耐久性三个方面。桥梁的健康状态则分为健康状态、亚健康状态和病危状态三类。所谓"亚健康"，是指结构安全性能曾经满足设计要求，但随着时间的延长，结构安全性、适用性和耐久性正处于某种低质量状态，存在着向病危发展甚至有发生事故的潜在风险。国内不少试验检测资料表明，早期修建的桥梁处于亚健康状态者占有较大的比例。据有关专家估计，我国公路与城市道路上的桥梁，不适应运营荷载的亚健康桥梁达到桥梁总数的 1/6～1/5。可见，需要进行试验和检测的桥梁，是一个庞大的数量。为了防止桥梁事故的发生，尽快搞清楚这些桥梁病害程度及其原因，是我国桥梁界一项重要的紧迫的任务。随之而来的则是持续的加固及改造工作。

桥梁试验检测工作包括以下四个方面的任务：

（1）桥梁施工前的试验检测

桥梁施工前的试验检测，包括原材料试验检测与基础试验检测。

（2）桥梁施工期试验监测

施工监测是施工监控的一部分，主要是采集施工期间的动态数据，以便采取适当的措施保证桥梁工程成桥时处于规范要求的正常状态。

（3）桥梁运营期技术状况检查，即桥梁检查

通过桥梁检查可系统掌握桥梁的技术状况，及时发现桥梁结构产生的异常或损坏。桥梁检查包括经常检查、定期检查和特殊检查（或专项检查）。

（4）桥梁荷载试验

桥梁荷载试验的目的，是对新建桥梁竣工验收和运营桥梁或病害桥梁进行承载力评定。检测桥梁整体受力性能是否满足设计和标准、规范的要求，是评定桥梁运营荷载等级和判定病害桥梁技术状况最直接和最有效的办法。桥梁荷载试验分为静载试验和动载试验。

公路桥梁试验检测工作所依据的行业规范有：《公路工程质量检验评定标准 第一册 土

建工程》JTG F80/1-2017、《公路桥涵养护规范》JTG 5120-2021 和《公路桥梁承载能力检测评定规程》JTG/T J21-2011。

1.3.3　桥梁技术状况评定标准

为了对桥梁病害、桥梁事故进行研究、评定和处治，需要确定桥梁的技术状况。我国交通行业推荐性标准《公路桥梁技术状况评定标准》JTG/T H21-2011 是进行这项工作的基本依据。要点如下：

（1）桥梁总体技术状况评定等级分为五类。见表 1-13。

桥梁总体技术状况评定等级　　　表 1-13

技术状况评定等级	桥梁技术状况描述
1 类	全新状态，功能完好
2 类	有轻微缺损，对桥梁使功能无影响
3 类	有中等缺损，尚能维持正常使用功能
4 类	主要构件有大的缺损，严重影响桥梁使用功能或影响承载能力，不能保证正常使用
5 类	主要构件存在严重缺损，不能正常使用，危及桥梁安全，桥梁处于危险状态

（2）桥梁主要部件技术状况评定标度分为五类。见表 1-14。

桥梁主要部件技术状况评定标度　　　表 1-14

技术状况评定标度	桥梁技术状况描述
1 类	全新状态，功能完好
2 类	功能良好，材料有局部轻度缺损或污染
3 类	材料有中等缺损，或出现轻度功能性病害，但发展缓慢，尚能维持正常使用功能
4 类	材料有严重缺损，或出现中等功能性病害，且发展较快；结构变形小于或等于规范值，功能明显降低
5 类	材料严重缺损，出现严重的功能性病害，且有继续扩展现象；关键部位的部分材料强度达到极限，变形大于规范值，结构的强度、刚度、稳定性不能达到安全通行的要求

桥梁主要部件如表 1-15 所列。其他部件则为次要部件。

各结构类型桥梁主要部件表　　　表 1-15

序号	结构类型	主要部件
1	梁式桥	上部承重构件、桥墩、桥台、基础、支座
2	板拱桥（圬工、混凝土）肋拱桥、箱形拱桥、双曲拱桥	主拱圈、拱上结构、桥面板、桥墩、桥台、基础
3	刚架拱桥、桁架拱桥	刚架（桁架）拱片、横向联结系、桥面板、桥墩、桥台、基础
4	钢-混凝土组合拱桥	拱肋、横向联结系、立柱、吊杆、系杆、行车道板（梁）、支座
5	悬索桥	主缆、吊索、加劲梁、索塔、锚锭、桥墩、桥台、基础、支座
6	斜拉桥	斜拉索（锚具）、主梁、索塔、桥墩、桥台、基础、支座

桥梁次要部件技术状况评定标准分为四类。

桥梁技术状况采用评分的方式进行量化计算。

（3）在桥梁技术状况评价中，有下列情况之一时，整座桥应评为五类桥：

① 上部结构有落梁，或有梁、板断裂现象。

② 梁式桥上部承重构件截面出现全截面开裂，或组合结构上部承重构件结合面开裂贯通，造成截面组合作用严重降低。

③ 梁式桥上部承重结构有严重的异常位移，存在失稳现象。

④ 结构出现明显的永久变形，变形大于规范值。

⑤ 关键部位混凝土出现压碎或杆件有失稳倾向，或桥面板出现严重塌陷。

⑥ 拱式桥拱脚严重错台、位移，造成拱顶挠度大于限值，或拱圈严重变形。

⑦ 圬工拱桥拱圈大范围砌体断裂，脱落现象严重。

⑧ 腹拱、侧墙、立墙或立柱产生破坏造成桥面板严重塌落。

⑨ 系杆或吊杆出现严重锈蚀或断裂现象。

⑩ 悬索桥主缆或多根吊索出现严重锈蚀、断丝。

⑪ 斜拉桥拉索钢丝出现严重锈蚀、断丝，主梁出现严重变形。

⑫ 扩大基础冲刷深度大于设计值，冲空面积达到 20% 以上。

⑬ 桥墩（桥台或基础）不稳定，出现严重滑动、下沉、位移、倾斜等现象。

⑭ 悬索桥、斜拉桥索塔基础出现严重沉降或位移，或悬索桥锚碇有水平位移或沉降。

交通行业标准《公路桥涵养护规范》JTG H11-2004 规定了桥梁技术状况评定标准，总体评定分为五类。主要部件（包括墩台与基础、支座、砖、石、混凝土上部结构、钢结构）亦分为五类。其他部件（包括人行道、栏杆、桥面铺装、伸缩缝、调治构造物、翼（耳）墙、锥（护）坡、照明、标志、附属设施）分为四类。

总体评定的一类至五类桥梁，分别定性为完好状态；较好状态；较差状态；差的状态；危险状态。其中三、四、五类桥梁的承载能力均低于设计承载能力，分别为：

三类桥梁承载能力比设计降低 10% 以内；四类桥梁比设计降低 10%～25%，五类桥梁比设计降低 25% 以上。

规范要求：一类桥梁进行正常保养；二类桥梁需进行小修；三类桥梁需进行中修，酌情进行交通管制；四类桥梁需进行大修或改造，及时进行交通管制，如限载、限速通过，当缺损较严重时应关闭交通；五类桥梁需进行改建或重建，及时关闭交通。

桥梁承载能力是评定桥梁技术状况的重要定量指标，应按交通行业推荐性标准《公路桥梁承载能力检测评定规程》JTG/T J21-2011 的要求确定桥梁承载能力。规程第 3.1.1 条规定，在用桥梁有下列情况之一时，应进行承载能力检测评定：

① 技术状况等级为四、五类的桥梁；

② 拟提高荷载等级的桥梁；

③ 需通过特殊重型车辆荷载的桥梁；

④ 遭受重大自然灾害或意外事件的桥梁。

美国、日本和中国台湾桥梁技术状况总体评定的分级情况如下，可供参考。

（1）美国《公路桥梁技术状况评价承载力评定手册》（AASHTO LRFR）对桥梁检测分级如表 1-16 所列。

美国桥梁检测分级 表 1-16

级别	状态	描述
9	极好	—
8	非常好	—
7	好	无病害
6	满足要求	轻微病害
5	一般	所有基本结构完好,有局部的损伤
4	差	进一步的截面损失、退化、龟裂等
3	严重	基本结构破损,可能导致局部失效
2	危险	基本结构严重破坏
1	即将失效	关键构件存在严重的损伤
0	失效	—

（2）日本桥梁评价采用的是耐负荷性能评价方式，即通过测定桥梁的实际应力与设计应力相比较来判断桥梁耐负荷性能。通常会连续测定 72h，从中得到的最大应力与设计应力相比较，评价现阶段交通量下桥梁的耐负荷性能。耐负荷性能小于 1 时为安全，耐负荷性能大于 1 时需要加固。另外，还根据外观检测结果，将损伤分为五个级别，其判定标准见表 1-17。

日本桥梁损伤判定标准 表 1-17

等级	状态
Ⅰ	有较明显损伤,不能确保安全,应迅速制定维护加固对策
Ⅱ	一定程度的损伤,但没有影响到耐负荷性能,需讨论有无维护或加固的必要
Ⅲ	有一些损伤但没有维护、加固的必要,应监视损伤的发展趋势
Ⅳ	有轻微损伤
ok	没有损伤

（3）中国台湾使用最多的桥梁检测评定方法——DER 法

D 代表桥梁构件劣化严重程度；E 代表劣化范围；R 代表劣化现象对桥梁结构安全性和服务性的影响；并用 U 表示最终判断桥梁维修的紧迫性。桥梁总体技术状况分为五级，如表 1-18 所列。

台湾 DER 法桥梁检测分级 表 1-18

等级	D	E	R	U
0	无	无	无法判定重要性	无法判定急迫性
1	良好	<10%	微	例行维护
2	尚可	10%～30%	小	3 年内
3	差	30%～60%	中	1 年内
4	严重损坏	>60%	大	紧急处理维修

1.4 桥梁事故分类

1.4.1 关于桥梁事故分类标准

桥梁事故可以按事故发生的基本原因、事故发生的时间阶段、事故的严重程度以及发生事故的桥梁结构形式等多方面进行分类。分类的基本目的是便于统计和研究事故发生的规律。从事故学的角度看，任何事故的发生都是一个链式反应，是一个多因素共同作用的结果，但其中必有一个首要因素，或称首发因素。桥梁事故可能发生在施工阶段或使用阶段，各类具体事故的严重程度以及后果也会不同。所以，桥梁事故的发生是一个多变量且具有随机性的演变过程，分类标准只能以某一主要特征作为基本依据。

（1）按桥梁事故基本原因分类[4]

从导致桥梁事故发生的首要责任者的角度，可以形成对桥梁事故的基本分析，包括设计、施工、维护、材料、外部和其他原因，分述如下：

设计原因，是指由于桥梁设计方案本身的缺陷造成的桥梁施工、使用过程中的事故。具体的原因多种多样，主要包括：设计理论本身的缺陷；对设计规范不正确的使用；设计规范本身的缺陷和不足；设计者的错误。总体上看，设计原因埋下的事故隐患都有一定的隐蔽性，尤其是对创新结构的设计或采用新技术、新工艺、新材料的设计，发生事故的风险较高。

施工原因，是指主要由施工方法、施工设备、施工管理、施工人员等引发的桥梁事故。包括在施工阶段发生的事故，因施工缺陷而引发的使用阶段事故和桥梁加固、改造和拆除过程中发生的事故三种基本类型。

维护原因，是指在使用阶段管理单位对结构的检测、养护、维修工作不到位而引发的桥梁事故。

材料原因，是指受环境、气候等因素影响，致使材料性能劣化而引发的事故。材料原因引发的事故往往是在桥梁长期使用过程中，或在一定环境条件下才被激发，具有一定的隐蔽性。

外部原因，是指桥梁在使用过程中遭受意外事件，或设计考虑以外的偶然荷载的影响而引发的事故。常见的外部原因包括撞击、地震、大风、洪水、火灾、爆炸等。外部原因作用于桥梁结构往往具有荷载大、发生概率低、持续时间短、突然发生等特点。从总体成本考虑，设计师不可能不计成本地按各种最不利情况采取措施确保桥梁的绝对安全性。因而，外部原因引发的桥梁事故在桥梁全寿命周期中有一定的必然性。

其他原因，是指除上述五种原因之外，可能引发事故的其他因素。这些因素往往具有更强的偶然性。例如人为的蓄意破坏、战争或武力冲突等。

（2）按事故发生的时间阶段分类

从桥梁施工开始，直至桥梁使用寿命的终结，都存在发生桥梁事故的可能性。基本上可以分为施工阶段、运营使用阶段和使用寿命终止时进行的改造或拆除的阶段。

（3）按桥梁损伤程度分类

文献［4］按对施工和使用的影响定性地考虑桥梁损伤程度进行分类。基本分类如下：

① 基本完好。没有明显的损伤迹象，不需维修或维护等处理措施。

② 轻微损伤。局部损伤，基本不影响施工和使用，不需要立即维修。

③ 中度损伤。次要构件损伤，需要维修，但基本不影响施工和正常使用。

④ 严重损伤。主要构件损伤，影响结构安全，需要立即维修，不能继续施工和正常使用。

⑤ 倒塌。结构全部或部分倒塌，需要重建。

（4）按桥梁材料进行分类

可以划分为木桥事故、石桥事故、混凝土桥事故、钢桥事故和组合结构桥事故。

（5）按桥型结构进行分类

可以划分为梁桥事故、拱桥事故、斜拉桥事故、悬索桥事故等。

1.4.2　国内外部分桥梁事故统计资料

（1）按桥梁事故原因分类的实际事故统计资料[4]

将桥梁事故原因分为 14 大类，24 小类，如表 1-19 所示。

桥梁事故详细原因分类　　　　　　　　　　表 1-19

大类	小类	大类	小类	大类	小类
水力事故	洪水	过载事故	过载	腐蚀事故	钢腐蚀
	冲刷	施工事故	施工原因		混凝土腐蚀
	堆积	冰事故	冰荷载		其他腐蚀
	漂流物	地震事故	地震		一般腐蚀
	其他原因	疲劳事故	疲劳	火灾事故	火灾
碰撞事故	汽车碰撞	设计事故	设计原因	蓄意破坏	蓄意破坏
	船只碰撞	基础事故	基础事故	其他原因	其他原因
	火车碰撞	大风事故	大风事故		维护不利

注：施工事故主要指施工原因引起的事故，包括施工和使用阶段。

根据国内外 500 起桥梁事故按表 1-19 的分类进行统计分析，结果如表 1-20 所列。

桥梁事故详细原因统计　　　　　　　　　　表 1-20

事故类别	事故原因	中国		国外		总计	
		事故数	百分比（%）	事故数	百分比（%）	事故数	百分比（%）
水力事故	洪水	48	13.0	3	2.3	51	10.2
	冲刷	3	0.8	0	0	3	0.6
	堆积	0	0	0	0	0	0
	漂流物	2	0.5	0	0	2	0.4
	其他原因	12	3.2	1	0.8	13	2.6
碰撞事故	汽车碰撞	29	7.8	2	1.5	31	6.2
	船只碰撞	61	16.5	56	43.1	117	23.4
	火车碰撞	0	0	3	2.3	3	0.6

续表

事故类别	事故原因	中国		国外		总计	
		事故数	百分比（%）	事故数	百分比（%）	事故数	百分比（%）
过载事故	过载	22	5.9	0	0	22	4.4
施工事故	施工原因	48	13	3	2.3	51	10.2
冰事故	冰荷载	6	1.6	0	0	6	1.2
地震事故	地震	5	1.4	18	13.8	23	4.6
疲劳事故	疲劳	0	0	1	0.8	1	0.2
设计事故	设计原因	6	1.6	7	5.4	13	2.6
基础事故	基础事故	8	2.2	0	0	8	1.6
大风事故	大风事故	3	0.8	2	1.5	5	1.0
腐蚀事故	钢腐蚀	0	0	1	0.8	1	0.2
	混凝土腐蚀	0	0	0	0	0	0
	其他腐蚀	0	0	1	0.8	1	0.2
	一般腐蚀	0	0	0	0	0	0
火灾事故	火灾	4	1.1	0	0	4	0.8
蓄意破坏	蓄意破坏	3	0.8	5	3.8	8	1.6
其他原因	其他原因	106	28.6	27	20.8	133	26.6
	维护不利	1	0.3	0	0	1	0.2
	多种原因	3	0.8	0	0	3	0.6
	总计	370	100	130	100	500	100

由表 1-20 的统计资料可以看出，外部原因是引起桥梁事故的最主要的原因。在各类事故中，外部原因占全部事故的 60％以上。在各种外部原因中，撞击事故、施工事故、水力事故是最显著的原因。

（2）2000～2014 年期间国内外主要桥梁坍塌事故统计资料[11]，见表 1-21。

2000～2014 年期国内外 194 座坍塌桥梁事故统计资料　　　　　　表 1-21

年份	先天夭折	自然灾害	人为灾害	合计
2000	2	4	0	6
2001	1	2	0	3
2002	2	2	0	4
2003	1	0	0	1
2004	4	0	5	9
2005	4	1	0	5
2006	4	5	2	11
2007	4	2	6	12
2008	5	6	4	15
2009	10	2	2	14

续表

年份	先天夭折	自然灾害	人为灾害	合计
2010	14	3	3	20
2011	9	3	14	26
2012	6	10	15	31
2013	3	8	10	21
2014	8	4	4	16
总计	77	52	65	194

表 1-21 所列桥梁事故产生的原因可归纳为水灾害、风灾害、船舶车辆撞击、超载、设计施工失误及年久失修 6 种情况。

（3）2006 年底前美国在用桥梁及病害桥梁统计资料[12]，见表 1-22。

2006 年底前美国在用桥梁及病害桥梁统计数据（座）　　　表 1-22

项目	板桥	梁板桥	T 梁	箱梁	钢桥	桁架桥	拱桥	悬索桥	斜拉桥	开启桥	涵洞	其他	合计
在用桥梁	79891	256927	36556	54779	5041	13085	7418	95	37	863	124846	17941	597479
病害桥梁	16551	85741	12644	9360	1635	10033	4047	72	6	556	8490	4980	154115
病害率（%）	20.7	33.4	34.6	17.1	32.4	76.7	54.6	75.8	16.2	64.4	6.8	27.8	25.8

注：①本表根据美国联邦公路局公布的截止到 2006 年底全美桥梁数量及病害桥梁数量统计数据编制。
　　②表中的梁板桥是指采用工字钢做纵梁，辅以钢横梁及混凝土或钢桥面构成的梁格式桥梁。

在桥梁倒塌事故方面，1951～1988 年间，美国发生了 114 起桥梁倒塌事故；1989～2000 年间，美国倒塌桥梁达到 503 座，这是因为这一期间美国发生过几次大地震和大洪水。2000 年以后，美国桥梁倒塌事故下降，但仍时有发生。除地震、洪水、飓风、火灾等不可抗拒的原因外，人为因素及养护不足则是导致桥梁倒塌的另一主要原因。

由表 1-22 可以看出，中小跨径应用较多的梁板桥、T 梁桥病害率都超过 30%，桁架桥的病害率高达 76.7%。因为美国悬索桥及桁架桥建设年代普遍较早，病害率均偏高，而斜拉桥的建设年代较晚，故病害率较低，仅为 16.2%。

1.4.3　本书采用的桥梁事故分类

从上述国内外桥梁事故的一些统计分析资料可以看出，由导致桥梁事故发生的首要责任者的角度进行事故分类，可以直接揭示造成事故的主要原因，有利于分析研究事故发生的基本规律和防止事故发生的主要措施。但实际情况表明，对具体的事故确定其主要原因有时存在较大困难，主要反映在两个方面：一方面，对主要原因的认识往往存在分歧，本书将在有关章节介绍对桥梁事故原因有不同认识而发生较大分歧的实例。国内有的重大桥梁事故，即使已通过正式的调查、检测，由主管部门作了结论，但在桥梁界和有关方面仍有保留意见。另一方面，有些桥梁事故的发生原因及发生过程确实较为复杂，要找到事故较准确的主要原因和次要原因以及关键的细节，需要进行大量的工作，需要较长的时间。例如美国一些重大事故发生后，进行了大量的调研、检测和分析计算，花费较长的时间，才认识到发生事故的真实原因和若干重要细节，进而获得宝贵的经验教训。如果再考虑国内存在的某些非技术因素，我国在这方面还存在差距，国内发生桥梁事故后，具体的技术资料，尤其是事故发生过程的信息收集难度很大。另外，限于编著者的认识与理论水平，对不少复杂结构的分析研究也难以准确把握。因此，从实际出发，本书对桥梁事故分为两个大类、20 个小类，如表 1-23 及表 1-24 所列。

自然力引发的桥梁事故类型　　　　　表 1-23

类型号	自然力种类
A_1	地震引发的事故
A_2	洪水、海浪、泥石流、水面漂流物等水力引发的事故
A_3	滑坡、塌方、岩溶、软土、堆载等地质力引发的事故
A_4	飓风、暴风、狂风等风力引发的事故
A_5	冰雪引发的事故
A_6	气温引发的事故
A_7	其他自然力引发的事故

人为因素引发的桥梁事故类型　　　　　表 1-24

类型号		人为因素种类
施工过程发生的事故	B_1	支架失稳或损坏引发的事故
	B_2	构件或基础大变形、失稳或损坏引发的事故
	B_3	劣质材料或不合格构件引发的事故
	B_4	违规操作或管理不当引发的事故
	B_5	机具设备安装或使用失误引发的事故
	B_6	拆除支架或拆除、改造旧桥时发生的事故
	B_7	荷载试验或支架、施工设备预压时发生的事故
	B_8	施工过程发生的其他事故
营运阶段发生的事故	B_9	桥梁或主要构件承载力大幅下降引发的事故
	B_{10}	桥梁或主要构件发生较大形变、较多裂缝或损坏引发的事故
	B_{11}	材质劣化、腐失或损坏引发的事故
	B_{12}	超载、超限或偏载严重的车辆通过时引发的事故
	B_{13}	人群严重超载引发的事故
	B_{14}	船舶撞击桥梁引发的事故
	B_{15}	汽车、火车撞击桥梁引发的事故
	B_{16}	火灾引发的事故
	B_{17}	桥梁或构件疲劳引发的事故
	B_{18}	桥梁或构件年久失修、管养失职引发的事故
	B_{19}	运营阶段发生的其他事故
	B_{20}	人为蓄意破坏或战争引发的事故

　　自然力引发的桥梁事故，主要外因基本上不直接涉及人为因素，因而事故的主要原因一般情况下比较明确。人为因素引发的桥梁事故，首先是按施工过程和运营阶段划分为两大类，再进一步按事故的表现形态划分为 20 个小类。这样的分类，虽然因回避了按直接

事故原因分类而有所不足，但事故发生的表现形态则较为直观、简明。在一种事故形态下，可能包含一种或几种原因，留下了进一步研究和深化的余地，也给读者提供了再思考的空间。本书中，对一些桥梁事故，当资料较为充分，且业界已有较为深入的分析研究时，也对事故的原因进行讨论。对有争论的桥梁事故则简要介绍，供读者参考。

1.4.4　关于桥梁事故含义的讨论

事故的一般性含义，牛津字典解释为"意外的、特别有害的事件"。美国安全工程师 Heinrich 认为，事故是"非计划的、失去控制的事件"。结合桥梁工程的特点，有的学者将桥梁事故基本概念定义为"桥梁事故是指桥梁遭受破坏，不能完成预定功能的状态"。这里突出了事故造成的后果，而淡化了事故的原因。这一概念，和强调与预定目标形成偏离的广义风险定义呼应起来，有利于事故研究与风险评估系统相联系[4]。

按照《工程结构可靠性设计统一标准》GB 50153-2008 的规定，结构应满足下列要求：

（1）能承受在施工和使用期间可能出现的各种作用；

（2）保持良好使用性能；

（3）具有足够的耐久性能；

（4）当发生火灾时，在规定的时间内可保持足够的承载力；

（5）当发生爆炸、撞击、人为错误等偶然事件时，结构能保持必需的整体稳定性，不出现与起因不相称的破坏结果，防止出现结构的连续倒塌。

不满足上述规定中的一条或数条要求，结构便处于病害状态或发生了事故。上述规定强调了结构必须维持的正常状态、防止不良的后果，没有涉及事故或病害发生的原因。

《建筑结构可靠性设计统一标准》GB 50068-2018 中"工程事故"定义为"三个不正常""两个不满足"所导致的工程异常现象[15]。

所谓"三个不正常"，《建筑结构可靠性设计统一标准》GB 50068-2018 规定，即不正常设计、不正常施工和不正常使用的特殊情况。凡属工程事故必然属于三个不正常。

所谓"两个不满足"，即不满足工程设计规范规定的两个条件：一是承载能力极限状态条件；二是正常使用极限状态条件。这两个条件不满足，也就是工程安全性与耐久性不满足，将引发工程事故。

我国建筑行业将工程事故界定为：在建筑安全领域，建筑生产活动中发生的一个或一系列意外的可导致人员伤亡及财产损失的事件[16]。

上述工程规范与工程界对事故含义的论述，应是狭义上的工程事故。广义上的工程事故还应该包括那些对环境破坏和资源浪费所造成的严重损失，以及影响宏观工程建设可持续发展的工程和那些不满足安全性与耐久性要求的工程。

桥梁工程事故的界定应以国家和行业标准为依据。根据《工程结构可靠性设计统一标准》GB 50153-2008、《公路桥涵养护规范》JTG H11-2004、《公路桥梁技术状况评定标准》JTG/T H21-2011 和《公路桥梁承载力检测评定规范》JTG/T J21-2011 的有关规定，当桥梁的总体技术状况或主要部件的技术状况为五类时，应为桥梁事故。当总体技术状况或主要部件技术状况为四类时，应为严重病害，亦可视为事故。因此，本书讨论的范围是：

（1）发生坍塌、毁损的桥梁；

（2）技术状况为五类的桥梁；

（3）技术状况为四类的桥梁；

（4）发生系统性病害较严重且涉及范围较宽的桥梁。

上述关于桥梁事故的含义，仅限于狭义上的工程事故，不涉及广义工程事故的内容。

本章参考文献

[1] 孟凡超，徐国平，刘高，等．桥梁工程全寿命设计方法及工程实践［M］．北京：人民交通出版社，2012.

[2] 陈艾荣．基本给定结构寿命的桥梁设计过程［M］．北京：人民交通出版社，2009.

[3] 陈艾荣，等．公路桥梁混凝土结构耐久性设计指南［M］．北京：人民交通出版社，2012.

[4] 阮欣，陈艾荣，石雪飞．桥梁工程风险评估［M］．北京：人民交通出版社，2008.

[5] 张喜刚，等．公路桥梁和隧道工程设计安全风险评估［M］．北京：人民交通出版社，2011.

[6] 交通运输部工程质量监督局．公路桥梁和隧道工程施工安全风险评估制度及指南解析［M］．北京：人民交通出版社，2011.

[7] 金小川，周宗红，黄毅，等．桥梁使用寿命与设计使用年限差异的原因和对策［J］．世界桥梁，2012（4）：73-75.

[8] 张宇峰，朱晓文，等．桥梁工程试验检测技术手册［M］．北京：人民交通出版社，2009.

[9] 张俊平，刘爱荣．如何拯救亚健康桥梁［J］．桥梁，2008（6）：80-83.

[10] 于晓光．国内外桥梁养护检测规范对比［J］．世界桥梁，2012（2）：59-62.

[11] 郑元勋，郭慧吉，谢宁．基于统计分析的桥梁事故原因剖析及预防措施研究［J］．中外公路，2017（6）：125-133.

[12] 曹明旭，刘钊，孟杰．美国桥梁病害及倒塌事故统计分析与思考［J］．公路，2009（7）：162-167.

[13] 汤红霞．面向结构安全风险评估的桥梁事故分类研究［J］．公路交通科技（应用技术版），2011（4）：52-55.

[14] 严允中，余勇继，杨虎根，等．桥梁事故实例评析［M］．北京：人民交通出版社，2013.

[15] 谢征勋．工程事故与安全·典型事故实例［M］．北京：中国水利水电出版社，2007.

[16] 王力争，方东平．中国建筑业事故原因分析及对策［M］．北京：中国水利水电出版社，2007.

第2章 地震引发的桥梁事故

地震，历来是严重危害人类的一大自然灾害。地震具有突发性和毁灭性。一次地震，尤其是大地震持续时间几十秒之内就会造成巨大的人员伤亡和财产损失，远远超过其他自然灾害的危害程度，突出地反映在地震对生命线工程的破坏。对社会生活与生产有重大影响的交通、通信、供水、排水、供电、供汽、输油、医疗、食品等生命线工程，就像人体的血管和神经系统一样，极为重要。强烈地震可能使桥梁断裂、隧道破坏、路面开裂下陷、铁路扭曲、电缆拉断、管道破裂，以及发电厂、变电站、水库大坝、配气站、油库、自来水厂、电信局、电视台等要害部门遭到破坏，将使城镇陷于瘫痪。因地震引发的次生灾害，会进一步扩大这些危害的程度。交通，尤其是由通往城乡的各种等级的公路以及农村道路组成的运输网，是生命线工程极为重要的一环。桥梁则是交通线上的重要节点，一旦发生震害，不但影响灾后的紧急救援，而且恢复工程难度大、时间长，是抗震工程的重中之重，历来受到高度的关注。本章简要介绍世界及中国主要地震带的概况以及地震引发的桥梁事故典型实例，并进一步论证地震引发的桥梁事故的特点以及对有关问题的思考。

2.1 世界主要地震带及地震危害简况

全球有两大地震带：环太平洋火山地震带和地中海—喜马拉雅地震带。这两条地震带地震时释放的能量占全球地震总能量的 95%。

环太平洋火山地震带的东岸由阿留申群岛经阿拉斯加、加利福尼亚海湾、墨西哥—中美诸国，直至南美洲的智利；西岸包括堪察加半岛、千岛群岛、日本、菲律宾、西南太平洋诸岛，直至新西兰。全长约 35000 多千米。其中以日本、堪察加半岛和智利一带最为强烈。这条地震带所释放的地震能量约占全球地震总能量的 80%。20 世纪以来世界上最大的地震就是 1960 年 5 月 22 日的智利大地震，震级高达 9.5 级，并且一个月内发生 2 次大于 8 级、10 多次大于 7 级的地震。巨大的地震使 6 座火山再次喷发，而且形成了 3 座新的火山。还引发了巨大的海啸，巨浪以 850km 的时速横扫太平洋，使相距遥远的夏威夷、日本都受到了巨浪的冲击。夏威夷死亡 56 人，日本死亡 138 人。值得庆幸的是，因大地震之前已多次发生一些小地震，智利的居民有所准备，纷纷跑到空旷地区，但仍有约 6000 人死亡。大地震使智利的国土面貌都改变了，造成了巨大的破坏。

另一条重量级的地震带就是地中海—喜马拉雅地震带。它西端起自大西洋东岸的亚速尔群岛，和大西洋海岭相连，东端止于缅甸，往南在印度尼西亚和环太平洋地震带相连，横跨亚、欧、非三大洲，全长两万多公里。这条地震带释放的能量占全球地震总能量的 15%。许多特大地震发生在北纬 40°~45° 之间。20 世纪以来世界上导致遇难人数最多的大地震就出现在这条地震带上，这就是发生于 2004 年 12 月 26 日的印度洋地震。是由缅甸下部的印度—澳大利亚板块下沉造成了水下地震与巨大的海啸，导致印度、印度尼西亚、泰国、斯里兰卡等国在几小时内死亡人数达 30 万。海啸的冲击到达了波斯湾和东非地区。这次地震震级为 9.0 级。

1900 年以来国外部分大地震简况见表 2-1。1900 年以来全球遇难人数最多的十次大地震见表 2-2。

1900 年以来国外部分大地震简况 表 2-1

序号	发生地点	时间(年.月.日)	震级	遇难人数	经济损失(亿美元)	附注
1	南亚克什米尔	1905	M8.6	19000		
2	美国旧金山	1906	M8.3	700		
3	厄瓜多尔西海岸	1906	M8.8			
4	意大利墨西拿	1908	M7.5	110000		
5	苏联堪察加	1923	M8.5			
6	日本东京	1923.9.1	M8.3	140000		亦称关东地震，含东京、横滨等地
7	美国圣巴巴拉	1925	M6.3			
8	日本丹后	1927	M7.9	3000		
9	日本三陆	1933	M8.1	3000		
10	印度基达	1935	M7.5	3000		
11	土耳其埃尔津詹	1939	M7.9	23000		
12	智利奇廉	1939	M8.3	30000		
13	日本南海道	1946	M8.0	1000		
14	日本福井	1948	M7.3	1000		
15	日本十腾冲	1952	M8.1			
16	美国加利福尼亚州	1952	M7.7	10		
17	堪察加半岛	1952	M9.0			
18	阿留申群岛(美属地)	1957	M9.1			
19	阿拉斯加安德烈亚诺夫	1957	M9.1			
20	智利南部地区	1960.5.22	M9.5	6000		1900 年以来大地震首位
21	摩洛哥阿加迪尔	1960	M5.6	12000		
22	美国阿拉斯加	1964.3.28	M9.2	178		震区位于威廉王子海峡
23	日本新潟	1964	M7.4	26		
24	阿留申群岛(美属地)	1965	M8.7			
25	日本十腾冲	1968	M8.0			
26	秘鲁钦博特	1970	M7.7	47000		
27	美国圣费尔南多	1971.2.9	M6.6	65	10	即洛杉矶地震

续表

序号	发生地点	时间 (年.月.日)	震级	遇难人数	经济损失 (亿美元)	附注
28	伊朗吉尔卡尔津	1972	M7.0	17000		
29	尼加拉瓜马那瓜	1972	M6.5	10000		
30	日本宫城县冲	1978	M7.1			
31	日本海中部	1983	M7.7			
32	墨西哥	1985.9.19	M8.1	35000		
33	智利帕莱索	1985	M7.8	150		帕莱索市人口100万(3月4日~4月9日连续三次地震大于M7级)
34	日本东京	1986	M6.2	2		东京人口约1000万
35	新西兰	1987.3	M6.4			
36	苏联亚美尼亚	1988	M7.2	55000		
37	塔吉克斯坦	1989	M7.0	1400		
38	美国洛马普利埃塔	1989.10.17	M7.1	300	70	伤残3700人,震源深度18km
39	伊朗西北部地区	1900	M7.3	40000		
40	美国加利福尼亚州	1992.4				
41	日本钏路冲	1993	M7.8			
42	美国洛杉矶洛斯雷奇	1994.1.17	M6.7	65	200	震源深度18km,亦称北岭地震,伤残5000多人
43	日本阪神(亦称神户)	1995.1.17	M7.2	6400	1000	震源深度20km,伤残43792人,地震加速度818cm/s²
44	日本兵库县南部地区	1995	M7.3			
45	美国圣费尔南多	1997			10	
46	土耳其伊兹米特	1999.8.17	M7.4	14000	超过200	震源深度17km,伤残27000人
47	日本兵库县南部	1999	M7.2			
48	日本乌取	2000.10.6				最大地震加速度923.9cm/s²
49	伊朗巴姆	2003	M6.6	26000		
50	日本宫城县北部地区	2003.5.23	M6.4			最大地震加速度887.9cm/s²
51	日本十冲绳	2003.9.26	M8.0			最大地震加速度969.8cm/s²
52	日本三陆南	2003	M7.0			
53	美国加利福尼亚州	2003.12.22	M6.5		2	
54	日本新潟县中越	2004.10.23	M6.8	68		伤残4805人,最大地震加速度1676cm/s²
55	印度洋南亚及东南亚	2004.12.26	M9.0	300000		地震引发海啸
56	南亚地区	2005	M7.6	74500		

续表

序号	发生地点	时间 (年.月.日)	震级	遇难人数	经济损失 (亿美元)	附注
57	印尼苏门答腊群岛	2005	M8.7	1300		
58	日本能登	2007.3.25	M6.9	1		受伤 359 人，最大地震加速度 849cm/s^2
59	日本新潟县中越	2007.7.16	M6.8	11		受伤 1989 人，最大地震加速度 878.6cm/s^2
60	秘鲁中部沿海地区	2007.8.15	M8.0	561		受伤 1874 人，地震引发海啸
61	日本岩平宫城	2008.6.14	M7.2			日本东北部地区
62	意大利	2009.4.6	M6.3			
63	洪都拉斯	2009.5.28	M7.1			
64	海地太子港	2010.1.13	M7.3	220000	77.5	遇难人数含失踪人数，震源深度 13km
65	智利康塞普西翁地区	2010.2.27	M8.8	795	300	震源深度 33km，地震引发海啸，横扫 200km 海岸
66	墨西哥	2010.4.4	M7.2			
67	新西兰	2010.9.4	M7.1			
68	日本东北部海域	2011.3.11	M9.0	24000	2000	震源深度 10km
69	秘鲁附近海域	2013.9.26	M7.3			
70	巴基斯坦	2013.9.28	M7.2			
71	菲律宾	2013.10.15	M7.1			
72	日本东北地区	2013.10.26	M7.1			
73	印度尼西亚龙目岛	2018.8.5	M6.9	142		重伤 200 人
74	新西兰克莱斯特彻	2011.2.22	M6.3	300	110	震源深度 5km

注：① 采用里氏震级；
②表中空白栏缺资料。

1900 年以来全球遇难人数最多的十次大地震   表 2-2

序号	发生地点	时间 (年.月.日)	震级	遇难人数	附注
1	印度洋区域(南亚及东南亚)	2004.12.26	M9.0	300000	地震引发巨大海啸
2	中国唐山地区	1976.7.28	M7.8	242000	
3	中国宁夏海原地区	1920	M8.6	240000	
4	日本东京(含横滨等地)	1923.9.1	M8.3	140000	亦称关东地震
5	意大利墨西拿	1908	M7.5	110000	
6	中国四川汶川	2008.5.12	M8.0	80000	另失踪约 10000 人
7	南亚地区	2005	M7.6	74500	
8	苏联亚美尼亚	1988	M7.2	55000	
9	秘鲁钦博特	1970	M7.7	47000	
10	伊朗西北部地区	1990	M7.3	40000	

根据地震仪的记录统计，世界上每年发生的地震约有 500 万次，其中有感地震仅为 5 万多次，那些造成破坏性较大的 7 级以上地震，平均每年有十几次，而 8 级以上的特大地震平均每年只有 1 次左右。可见地震震级越大，发生机会就越小，地震增加一级，地震发生的机会约少十分之九。

地震灾害主要表现在两个方面，即直接灾害和次生灾害。地震造成的人员伤亡、财产损失和构筑物破坏，既可能由直接灾害引起，也可能由次生灾害引起。在有的情况下，例如在生态脆弱的山岭峡谷地区以及地质不稳定的地区，次生灾害有可能产生更大的和较长时期的危害，给震后重建带来更大的困难。

直接灾害主要表现在以下三个方面：

（1）地表破坏

强烈地震时，往往产生地形地貌的变化（例如地裂缝、滑坡、软土沉陷等）和砂土液化，从而使建造在其上面的建（构）筑物受到破坏。

（2）建筑物破坏

强烈地震时，房屋等建筑物或构筑物因强烈震动或地面变形而受到破坏。这是最普遍、最常见的现象。例如，1976 年唐山 7.8 级大地震中，倒塌房屋达 530 万间。建筑物破坏也是造成人员大量伤亡的主要原因。

（3）生命线工程破坏

对社会生活和生产有重大影响的交通、通信、供水、供电、供气、排水、输油、食品供应等称为生命线工程。一旦遭受到破坏将产生极大危害，而且重建工程难度大、时间长。1955 年日本阪神大地震中，高架桥部分倒塌，三条高速公路和"新干线"铁路完全中断，100 万户停电，120 万户停水，城市生命线工程受到严重破坏，引发严重的社会灾难。

次生灾害，系指由地震引发的火灾、水灾、有毒物质泄漏、疫病流行以及地质变异等灾害。地震时，由于电线短路、煤气泄漏、油管破裂等原因，往往造成火灾。1906 年美国旧金山 8.3 级大地震，全城五十多处起火，大火烧了三天三夜，整个城市几乎全部烧光。地震引起的山体坍塌堵塞河道，形成"地震湖"，会使上游一些地区被水淹没，一旦地震湖溃决，下游便会遭到严重水灾。已有的水库大坝遭地震破坏后，也会造成水灾。1971 年美国洛杉矶发生 6.6 级地震，该市最大的水坝受震后开裂，威胁下游安全，迫使 800 万居民紧急转移。2008 年中国汶川 8 级大地震，在河流上形成的堰塞湖，给救灾工程带来很多危害。

2.2　中国主要地震带及地震危害情况

全球两大地震带——环太平洋火山地震带和地中海—喜马拉雅地震带的地震活动都对中国有直接影响。太平洋板块、印度洋板块、菲律宾板块与欧亚板块相互作用，再加上欧亚板块深部地球动力作用，巨大的晚第四纪活动断裂十分发育，而这些断裂又正是地震的温床，形成了发生大地震的基本条件。有历史记载以来，中国大陆几乎所有的 8 级和 80%～90% 的 7 级以上强震都发生在这些断裂带上。纵观全球，中国和日本都是世界上地震灾害最严重的国家。20 世纪至 21 世纪初，中国共发生 6 级以上地震约 800 次，遍布除贵州、浙江和香港以外的所有省份及台湾，死于地震的人数超过 56 万，约占同期全球地震死亡人数的 43%。中国以占世界 7% 的国土承受了全球 33% 的大陆强震，是大陆强震最多的国家。全国可划分为 8 个地震带和 23 个次地震带[4]，如表 2-3 所列。

中国地震带　　　　　　　　　　　　　　　　　　　　　　表 2-3

地震带		次地震带										
Ⅰ	环太平洋地震带	Ⅰ₁	台湾带	Ⅰ₂	东北带							
Ⅱ	喜马拉雅地震带											
Ⅲ	华北地震带	Ⅲ₁	郯城—庐江带	Ⅲ₂	海河(河北)平原带	Ⅲ₃	晋中(山西)带	Ⅲ₄	燕山带	Ⅲ₅	渭河平原带	Ⅲ₆ 黄河下游带
Ⅳ	东南沿海地震带											
Ⅴ	南北地震带	Ⅴ₁	贺兰山(银川)带	Ⅴ₂	六盘山带	Ⅴ₃	兰州—天水带	Ⅴ₄	武都—马边带	Ⅴ₅	安宁河谷带	Ⅴ₆ 滇东带
Ⅵ	西北地震带	Ⅵ₁	阿尔泰山带	Ⅵ₂	北天山带	Ⅵ₃	南天山带	Ⅵ₄	塔里木南缘带	Ⅵ₅	河西走廊带	
Ⅶ	青藏高原地震带	Ⅶ₁	西藏中部带	Ⅶ₂	康定—甘孜带							
Ⅷ	滇西地震带	Ⅷ₁	金沙江—元江带	Ⅷ₂	怒江—澜沧江带							

1900 年以来中国部分大地震简况见表 2-4。

1900 年以来中国部分大地震简况　　　　　　　　　表 2-4

序号	发生地点	时间(年.月.日)	震级	遇难人数	地震带	附注
1	新疆阿图什	1902	M8.3		Ⅵ₃	
2	台湾大港口东	1920	M8.0		Ⅰ₁	
3	宁夏海宁	1920.12.16	M8.6	240000	Ⅴ₂	
4	宁夏泾源	1920.12.25	M7.0		Ⅴ₂	
5	甘肃古浪	1927	M8.0		Ⅵ₅	
6	新疆富蕴	1931	M8.0		Ⅵ₁	
7	四川茂汶北迭溪	1933.8.25	M7.5		Ⅴ₄	
8	西藏察偶墨脱间	1950.8.15	M8.6		Ⅱ	
9	西藏当雄	1951.11.18	M8.0		Ⅶ₁	
10	四川康定	1955.4.14	M7.5		Ⅶ₂	
11	河北邢台	1966.3.8	M7.2	8000	Ⅲ₂	
12	云南通海	1970.1.15	M7.7	15600	Ⅱ₆	
13	台湾火烧岛东	1972	M8.0		Ⅰ₁	

续表

序号	发生地点	时间 (年.月.日)	震级	遇难人数	地震带	附注
14	四川松潘	1973.8.16	M7.2		V_3	
15	四川炉霍	1973.8.26	M7.2	2200	$Ⅶ_2$	亦称松潘—平武地震
16	四川永善	1974.5.11	M7.1		V_4	
17	辽宁海城	1975.2.4	M7.3	1300	$Ⅲ_1$	
18	河北唐山	1976.7.28	M7.8	242769	$Ⅲ_2$	重伤 164851 人,经济损失 20 亿美元
19	内蒙古包头西	1996	M6.4		Ⅲ	
20	台湾集集	1999.9.21	M7.6	2000	$Ⅰ_1$	震源深度 1km,伤残一万多人,经济损失 118 亿元
21	青藏高原东昆仑地区	2001.11.14	M8.1		$Ⅵ_4$	无人区
22	新疆巴楚-伽师	2003	M6.8		Ⅵ	
23	四川汶川	2008.5.12	M8.0	80000	V_4	失踪一万人,震源深度 15km,震区波及甘肃、陕西
24	青海玉树	2010.4.14	M7.1	2968	Ⅶ	经济损失 25 亿美元,震源深度 14km
25	云南盈江	2011.3.11	M5.8	25	Ⅷ	经济损失 4.2 亿美元,震源深度 10km
26	四川雅安市芦山县	2013.4.20	M7.0		V_4	
27	甘肃定西市岷县	2013.7.22	M6.6		V_3	地震发生在与漳县交界处

注：表中空白处缺少资料。

1949 年中华人民共和国成立以来，造成危害最大的两次大地震是 1976 年唐山地震和 2008 年汶川地震。

唐山地震发生在 1976 年 7 月 28 日凌晨 3 时 42 分，震级为里氏 7.8 级，震中位置在市区东南部，震源深约 11km，有明显的地震断裂带贯通全市，震区属于华北地震带。市区大部分陷入地震烈度高达 11 度的极震区。遇难人数 242769 人，重伤人数 164851 人，直接经济损失超过 100 亿人民币。唐山城乡的民用建筑中，竟有 656136 间、10501056m² 在地震中倒塌或遭到严重破坏，分别为原有民用建筑总间数的 96.2%、总面积的 96.1%，整座城市遭到彻底破坏。巨大的伤亡主要是由于建筑的普遍坍塌所造成的。在城市规划和建设上，唐山是一个基本不设防的 6 度区，结构物都没有经过抗震设计，以致在 M7.8 级强震作用下酿成大灾难，这是一个极为惨痛的教训。在地震烈度 11 度及 10 度区内，公路、铁路桥梁普遍倒塌或严重破坏。震区内的主要公路、铁路与城市道路大部分中断。全城 100km 主干供水管全部震坏。地震后，唐山对外通信全部中断，全城生命线工程几乎全部瘫痪。

汶川地震发生在 2008 年 5 月 12 日下午 14 时 28 分，震级为里氏 8.0 级，断裂带长达

240km，宽约 30km。震中位置，中国地震局和美国地质调查局公布的数据非常接近，分别为：北纬 31.0 度、东经 103.4 度；北纬 30.989 度、东经 103.329 度。地理位置，应该在岷江右岸小支流——古溪沟的沟尾附近。离震中最近的居民点是汶川县漩口镇八角庙村的桂子坪。震源深度约 18km，属中国南北地震带。震中的地震烈度高达 11 度。汶川地震所处的四川龙门山地震带，历史上曾发生过多次 M6.0 级以上的大地震。汶川地震造成了巨大的人员伤亡，遇难人数超过 80000 人，另有约 10000 人失踪。很多公路、铁路中断。重灾区约 50% 的桥梁遭到严重破坏。地震引发的山体滑坡、巨石坍塌、河流阻塞、山体开裂、房屋倒塌、通信中断、电力设施损坏、生活用品断供，造成了生命线工程的严重破坏或瘫痪。据灾后统计，房屋倒塌及破坏 3460000 间；24 条高速公路、161 条国省道干线公路、8618 条乡村公路、6140 座桥梁、156 座隧道破坏或损坏。仅交通设施损失就达 670 亿人民币。其中桥梁损毁最严重。道路、桥梁以及其他城市基础设施的损失达到地震总损失的 21.9%。汶川地震还波及甘肃、陕西两省的部分地区。震后经验教训总结发现，一些建筑物以及桥梁等结构物，原设计抗震设防烈度远低于实际发生的地震烈度，是造成巨大伤亡及建筑物大量损坏的主要原因之一。

2.3　地震引发的桥梁事故典型实例

桥梁震害大体上可以分为以下四大类：

一类：完好或轻微损伤。承重结构完好或只出现规范允许的少量裂缝，对承载力无影响。轻微的震害经小修即可恢复正常使用。

二类：中度破坏。主要承重结构有局部损坏，且附属结构损坏较严重。例如，墩台轻微倾斜或变位；桩顶、桩与横系梁连接处、桥墩变截面处、主拱圈（或拱肋）有微小裂缝；活动支座倾斜、位移；固定支座损坏；主梁纵横向较小变位；拱上结构出现较大裂缝；桥台及引道路基下沉；锥坡严重损坏。桥梁承载力有所下降，但经修复后可正常使用。

三类：严重破坏。主要承重结构破坏严重，例如，墩、台严重倾斜、开裂，出现较大水平位移或不均匀沉降；拱圈严重开裂，拱轴线变形较大；梁体出现大量开裂或较大变形。结构承载力大幅度下降，并处于危险状态，需进行大修或改建方能继续使用。

四类：损毁或倒塌。梁、拱主体结构坠落，墩台折断倒毁，基础严重下沉或大位移，桥梁全部或大部分不能继续使用，必须进行重建或改建。

1976 年 7 月 28 日发生的唐山大地震，地震烈度 7～11 度地区的 130 座桥梁，震害分类统计如下[1]：一类桥梁 58 座，占 44.6%；二类桥梁 34 座，占 26.2%；三类桥梁 20 座，占 15.4%；四类桥梁 18 座，占 13.8%。其中落梁倒塌的 18 座桥，均为大、中型梁式桥。落梁形式有以下三种：

（1）由于桩墩倾斜引起的落梁。其表现形式为梁与桩柱沿纵向同一方向滑移，桥墩倾斜直至倾倒，梁体落地。倒地后桩墩被压在梁下。如胜利桥（见附录一序号1）、女织寨桥（见附录一序号3）。其特点是：梁与桩柱的相对错位很小，如胜利桥桥墩相对错位仅 3～5cm，但梁与桩柱的绝对位移很大，如胜利桥达 3.30m，女织寨桥达 6.0m。

（2）纵向落梁。梁与桩柱之间的相对错位超出盖梁宽度而造成落梁。梁纵移但柱仍直立。如阎庄桥（见附录一序号 9）、夏庄桥（见附录一序号 4）。

实体桥墩的梁式桥也出现纵向落梁情况。当有桥墩折断倾斜时，断墩多压在落梁之上，说明落梁在墩断之前。活动支座掉落，固定支座被剪断。如滦县滦河桥（见附录一序号 10）和迁安县滦河桥（见附录一序号 11）。

（3）横向落梁。地震时上部结构出现较大横向位移和转动，当梁的一端横向位移量超过盖梁长度时，梁体从墩顶横向坠落。如滦县滦河桥第 30 孔上游侧边梁横向滑移坠落。

二、三类桥梁震害有以下几种形式：

（1）桩墩震害。在高烈度区或河岸滑移区较严重。桩的埋入深度较浅的桥梁中，桩柱发生倾斜甚至断裂。

（2）支座震害。油毡支座从梁底拉出；摆柱支座倾斜、压碎；辊轴支座滚动脱落；弧形钢板支座脱落，焊缝剪裂，锚固螺栓剪断；橡胶支座位移。

（3）桥台与河岸滑移。在软土和黏质粉土河岸上最为突出。主要震害有：桩柱式桥台的桩柱倾斜、折断、开裂，重力式桥台的前墙开裂、滑移、下沉、转动，挡土板倾斜下沉等。

唐山地震中还发生以下几种特殊震害现象：

（1）多次地震的叠加加重破坏。唐山地震为 M7.8 级，持续时间 200 多秒，此后相继发生 7 级以上余震 1 次，6 级以上余震 10 次。胜利桥、雷庄桥、滦县滦河桥和迁安滦河桥都是 28 日 7.8 级地震之后的 7.1 级地震作用下倒塌的。老安甸桥在 7.8 级地震时震害较轻，但在 8 月 9 日的 6.2 级余震时则发生支座辊轴位移、梁体纵向撞坏挡块，震害加重。

（2）地基土液化加重了浅基础桥梁的震害。

（3）有的跨数很多的长桥因纵向位移累积而引发落梁。例如滦县滦河大桥，为 35 孔简支梁桥，其东部未落梁的 11 孔均向东位移，伸缩缝全部顶紧，位移量向西逐孔增大，累积位移已达到 61cm（11 孔梁端伸缩缝总宽度 11×4＝44cm，东侧边孔伸入东岸的位移量 27cm），此值已接近梁端至墩顶边缘的距离 63cm，故该桥两侧 23 孔全部落梁。

唐山地震桥梁震害实例。

实例一　唐山市东胜利桥

5×11m 钢筋混凝土简支梁。桥宽 10＋2×1.5m，油毡支座。直径 0.8m 三柱式桥墩，高约 6m，对应的三根钻孔桩直径 1m，桩长 18m。前倾式石砌桥台，高约 2.6m，扩大基础。地基表层为 3～6m 粉质黏土淤泥，下面为细砂。

桥位处地震烈度 11 度。地震中桥头西岸向河心滑移，出现顺河向地表裂缝，长约40m。东岸路面凸起成弧形并沉陷，距岸边 24m 处有滑裂面，高差 1.7m。两岸桥台向河心滑移：东台 1.13m，西台 2.45m，桥孔压缩 3.58m。西岸边墩向西断倒，其余桥墩均向西倾斜 11.5°～14.5°，但上下游不等。桥台滑移，向路堤和横桥向倾斜，胸墙顶入路堤，台身脱开。西岸两孔落梁，落梁错位 5～26cm，但上下游不等。梁体伸入路堤西侧1.65m、东侧 0.41m，有水平扭转现象。事故现场如图 2-1 所示。

图 2-1　被震毁的唐山市胜利桥

图 2-2　滦河大桥被震垮

实例二　宁河县阎庄桥

16×10.7m 微弯板，宽 6.4m，油毡支座。墩台均为双柱式，直径 0.8m，对应两根钻孔桩，直径 0.9m，桩长 10m。

桥位处地震烈度为 9 度。地震中河岸多处开裂、下沉滑移、喷水冒砂。除北岸两孔未落梁外，其余 14 孔全部落梁。其中南岸 4 孔梁北端落河，南端向南纵移伸出桥墩或重叠在前孔落下的梁体上。其余 10 孔梁整孔坠落河中，水中桥墩倒塌，岸墩未倒，倾斜亦不大。地质情况为软塑黏土。

实例三　滦县滦河大桥

35×22.2m T 梁，宽 7＋2×1m，墩西侧为切线钢板固定支座，墩东侧和桥台为摆柱支座。钻孔桩直径 1.25m，每墩两根桩，深度 21～27m，石砌桥台，高 8.8m，承台厚 1.5m，单柱式台身，桩直径 1.25m，台身高 5.6～7.1m。

桥位处地震烈度为 9 度。地震中桥台胸墙向河堤倾斜开裂，锥坡向河心滑移 4～8m，并有多道下宽上窄的裂缝。台后路面下沉 23～26cm。东岸路面有多道纵向裂缝延伸百余米，缝宽 10～30cm。各孔跨径变化不大于 20cm，总变化量约 50cm。西岸除边孔未落梁外，第 2～24 孔西端落地，但墩顶处梁向东错位 21～50cm，向上游（北）横移 4～36cm。摆柱支座均向东倾斜或脱落，固定支座两侧齿板被横向扳开或脱落。未落梁各孔的桥面呈东高西低的阶梯状。落梁的 23 孔中有 12 个桥墩向东倒塌，承台顶面以上 60～120cm 有两道水平环向裂缝。未倒的桥墩倾斜约 3%。震后东台开挖检查，桩柱有 6 条环向裂缝，间距 0.7～1.7m，缝宽 2～3mm。地质情况，河床为砂、砾、卵石，西岸 8～24 孔之间有桃园断裂带通过。事故现场如图 2-2 所示。

实例四　滦县雷庄沙河桥

东岸为 12×11.4m T 梁，西岸为 7×10.6m 空心板。桥宽 7＋2×0.75m。东台及 6 号、12 号墩设置辊轴支座，其余为油毡支座。双柱式墩台，直径 0.7m，墩高 3m，主河槽处墩高 4.5m，西岸河滩墩高 1.5～2.0m。钻孔桩直径 0.8m，桩长 12～16m。

桥位处地震烈度为 9 度。地震时，西岸河滩沿桩身喷水冒砂，桩与地基分离，宽 1～

2cm。东岸桥头路面下沉 120cm，桥台向河心倾斜，侧墙沿水平砌缝剪移约 20cm。第 12 号墩在盖梁底面向西断倒。第 11 号墩顶向东位移 80cm，向河心倾斜 15°，在桩顶及地面以下 50cm 内有 2~4 道裂缝，间距 20~30cm，缝宽 20~40mm。桥墩对称向第 11 孔倾斜，第 12 孔和第 13 孔落梁。第 11 孔梁向西错位 1.05m。其余各孔梁、板均有纵横向错位，最大为 40cm，梁向河心纵移。地质情况，河床为粉细砂。

实例五　武清县南蔡村桥

5×16m 钢筋混凝土简支系杆拱，T 形横梁，微弯板桥面，宽 4.5m。铁皮油毡支座。双柱式墩台，直径 0.7m，设有横系梁。桥台高 1~1.5m，墩高 3~5.3m。

桥位处地震烈度为 8 度。地震时，西岸有顺河向地表裂缝，桥台后路面下沉 20~30cm，桥台后 20m 处缝宽达 0.6m。两岸有严重喷水冒砂情况。西岸边孔压缩 74cm，第 2 孔压缩 1.4m，第 3、4 孔无变化，东岸边孔压缩 31cm。两岸桥台向河心倾斜约 4.6°，其余桥墩向西倾 4.5°~5.9°，西岸 2 边孔东端落入河中，西端伸出墩台 90~110cm。东岸桥台处拱肋伸入路堤 25cm，其余各墩处横肋均向西纵移 2~3cm。

2018 年 5 月 12 日发生的四川汶川大地震是新中国成立以来破坏性最强、波及范围最广的一次大地震。地震导致大量的桥梁受损和破坏。汶川地震受损桥梁高达 6140 座，其中第一批调查的 1657 座桥梁震害情况的统计见表 2-5。

汶川地震震区部分桥梁震害分类统计（按座数统计）[11,12]　　表 2-5

道路分类	总数（座）	一类（%）（完好或轻微损伤）	二类（%）（中度破坏）	三类（%）（严重破坏）	四类（%）（损毁或倒塌）	施工中（%）
高速公路	576	91.49	5.21	2.6	0.35	0.35
国省干道	1081	78.17	11.01	8.78	1.48	0.56
合计	1657	82.81	8.99	6.63	1.09	0.48

这 1657 座桥的震害情况按桥型分类统计，见表 2-6。

汶川地震震区部分桥梁按桥型分类统计（按座数统计）[12]　　表 2-6

桥型	座数	所占比例（%）	一类（%）（完好或轻微损伤）	二类（%）（中度破坏）	三类（%）（严重破坏）	四类（%）（损毁或倒塌）
简支体系桥梁	1337	80.68	82.87	9.35	7.03	0.75
拱桥	286	17.26	87.75	7.00	4.20	1.05
连续梁桥	33	2.00	72.73	12.12	9.09	6.06
连续刚构	1	0.06	—	—	100	—

损毁与倒塌的桥梁共计 25 座。其中简支体系桥 10 座，拱桥 3 座，连续梁桥 2 座。在这次地震中，次生地质灾害对桥梁的破坏极大，是桥梁破坏的主要原因之一。在极重灾区国省道主干线破坏严重的 25 座桥梁中，有 10 座桥梁为次生地震地质灾害所致，比例高达 40%，未列入表 2-6 中。

汶川地震中，桥梁震害主要有以下四种基本形式：

（1）上部结构损毁或倒塌

损毁落梁的主要原因有三个：第一个原因是由于边坡或岸坡失稳，带动墩台向河心或跨中移动，滑移量过大时，墩柱断裂，从而导致相邻梁体坠落，或是由于支座破坏，被邻梁推出墩顶而落梁；第二个原因是地震震动强度大而持久，或大震之后发生强余震时，桥梁产生纵向振动，破坏桥梁支座，导致上部结构支点脱离墩台而下坠；第三个原因是次生地质灾害造成桥梁的严重破坏。

（2）桥梁墩台结构失效

墩台是桥梁抗震的主体。墩台如不能抵抗自身的惯性力和由支座传递来的上部结构地震力，就会开裂甚至断塌。其支承的上部结构将遭到损坏或坠落。另外，岸坡或墩台地基在地震中失稳或大变形，也会导致墩台损坏或失效。

（3）支座连接件失效

桥梁支座、伸缩缝以及桥梁的铰接节点或断缝等连接部位，是桥梁结构体系中抗震性能薄弱的环节。地震中由于上下部结构产生支承连接件不能承受的相对位移或转动时，往往使连接件损坏或失效，导致梁体之间或上下部之间脱开，甚至落梁。

（4）软弱地基失效

地震时，软弱的墩台地基可能发生较大的变形，砂泥质地基还可能出现液化，都会导致基础沉降或位移，引起墩台变位或损坏。如桥梁跨越地震破碎带，地震时对桥梁的破坏更为严重。地基失效往往引起上部结构损坏甚至落梁。

附录一中序号 18 至序号 30 为汶川地震震害严重的部分桥梁简况。下面重点介绍几起典型实例。

实例一　都汶高速公路庙子坪特大桥

该桥为正在建设的跨越岷江水库的特大桥。位于紫坪铺水库上游 1.8km 处。主体结构已经完工，伸缩缝尚未安装，桥面混凝土铺装层已经完成。主桥为主跨跨径 220m 连续刚构。全桥纵向布置为 2×50m（简支 T 梁）+125m+220m+125m（连续刚构）+5×50m+3×（4×50m）（简支 T 梁桥面连续）。桥梁起点在都江堰岸，终点在汶川岸，全长1436m。主桥 4 号墩高 102.5m，5 号墩高 99.5m。地震时桥位处水深约 90m。桥梁全宽22.5m，设计荷载为汽-超 20、挂-120。主桥为单箱单室箱形整体式截面，引桥横向由 10片 T 梁组成。主桥为矩形空心墩，引桥为双柱式矩形墩。

主桥按 7 度设防，以 0.24g（100 年超越概率 2%）加速度峰值进行了强度验算。实际地震烈度大于设防烈度。桥位至震中（映秀镇）的直线距离约 10km。

地震使桥梁在纵向和横向都发生了较大位移。第 3 联（汶川岸引桥 5×50m T 梁）的第 5 孔由于桥墩变形使跨度增大了约 690mm，整孔 50m 长简支 T 梁落入水中（图 2-3）。绝大部分板式橡胶支座被推出或破坏，横向防落梁挡块大部分严重损毁。引桥 T 梁横向和纵向严重位移，部分桥墩墩顶位移，墩底出现裂缝。5 号主墩水下部分开裂，在承台以上2m 位置以及第 1 道横隔板处各有一条水平裂缝，裂缝贯穿整个桥墩横截面，宽度0.8mm。5 号主墩出现偏位。主桥箱梁出现裂缝。深水桥墩地震引发的开裂，给检测与修复带来了极大困难，经济损失很大，仅钢材就耗用了 400 多吨。

由于该地区原来的抗震设防烈度为 7 度，因此所有的桥梁都没有设置纵向连接装置，是一些桥发生纵向落梁的原因之一。

　　由于桥梁无法正常使用，在震后桥梁安全评估中被评定为五类。因主桥箱梁内腹板、顶板、外腹板、底板均出现大量裂缝（缝宽 0.04～0.40mm），采用注浆封闭和环氧树脂封闭；跨中横隔板用型钢加固。主墩用顶推法纠偏。对落梁桥跨进行修复。主墩及承台采用钢围堰加固。经过加固维修，该桥于 2009 年 5 月 12 日恢复通车。但运营 1 年多后，多次遭受余震侵袭，某些部位又出现了少量缺损。

图 2-3　庙子坪特大桥第 3 联第 5 孔落梁

实例二　都汶高速公路百花大桥

　　百花大桥建于 2004 年，设计荷载汽-20、挂-100，地震设防烈度为 7 度，大桥位于都汶高速公路（213 国道）上，距离震中映秀镇只有 2km，具体位置在映秀镇张家坪村。

　　大桥上部结构共计 6 联，跨径组合为（4×25＋5×25＋1×50＋3×25＋5×20＋2×20）m，除第 3 联采用简支预应力混凝土 T 梁外（跨径 50m），其余各跨均为钢筋混凝土连续梁，第 1～2 联、第 5～6 联之间（第 18、19 跨之间）采用牛腿搭接。第 1、2 联位于左偏平曲线上，第 5、6 联位于右偏平曲线上。前者平曲线半径为 150m，后者平曲线半径为 66m。下部结构为双柱式桥墩、轻型桥台、桩基础。桩基位于风化砂层内。桥梁全长 496m。

　　主要震害情况：

　　（1）第 5 联整体倒塌

　　第 5 联 5×20m 连续梁完全倾覆倒塌（图 2-4）。本联桥跨包括第 14～18 跨，主梁总长98.6m。主要震害现象包括：①全部桥墩倒塌，墩柱普遍存在折断、压溃、系梁破坏等状况，也有斜剪破坏。②主梁梁体混凝土压碎，梁肋箍筋失效，主梁主筋拉断、崩离。断层在第 17、18 号桥墩之间穿过，地震时引发的大位移使该联边跨（第 18 跨）从第 19 跨的牛腿上滑落，并导致 17 号墩柱在塑性铰区域折断倾倒。失去支撑的第 17、18 跨成为悬臂结构，在 16 号墩附近因负弯矩很大而折断。折断后的第 2 截主梁坠落。受第 2 截主梁坠落牵引，以及地震动力的共同作用，第 1 截主梁及第 16～14 号墩相继倾覆、倒塌。可见，主梁的破坏是由于桥墩破坏所致，是桥墩破坏的次生灾害。调查发现，第 6 联纵向位移达 60cm，而桥墩很高的第 5 联，其纵向位移更大，是导致主梁滑落的主要原因。

（2）多个桥墩发生根部压溃、环向开裂、系梁损坏

全桥 38 个墩柱，有 24 个墩柱倒塌、压溃，比例高达 63％；环向开裂 6 个，占 16％；墩柱病害较轻者 8 个，占 21％；其中第 5 联的 14～17 号桥墩倒塌。第 1～4 联的下部构造，以横向破坏为主，而第 5、6 联的下部构造则以纵向破坏为主。除第 5 联外，其余墩柱共有 19 处压溃，13 处环向开裂，均位于潜在的塑性铰区域。调查发现，设置固定支座的桥墩和较矮的桥墩由于线刚度较大而承担了更多的地震力，遭受的破坏更严重。

（3）第 1～4 联和第 6 联震害

第 1～4 联和第 6 联，梁体、桥面基本完好，震害较轻，主要表现为整体移位、平面转动。

上述震害表明，百花大桥短期内已无修复可能，且在余震中存在继续倾倒的危险，直接威胁到该桥下道路的安全。而这条公路是桥梁破坏后此处唯一的救灾通道，因此，按有关部门的决定，炸掉了桥梁的剩余部分。

图 2-4　G213 线百花大桥垮塌的第 5 联桥

实例三　彭州市小鱼洞大桥

小鱼洞大桥位于彭州市小鱼洞镇东南，距彭州约 20km，大致呈东西走向穿越小石河。距地震断裂带很近。实际地震烈度为 10～11 度。该桥结构形式为 4×40m 上承式钢筋混凝土刚架拱，桥宽 12m，横向由 5 片刚架拱肋组成，桥墩为双柱式。于 1999 年建成。

地震中断层通过的桥梁东边桥头路基段，在路基两侧的农田中产生高差约 1m 多的断层错动，桥头路基坍塌。东侧两孔刚架拱严重下垂，并有部分杆件及节点破坏（图 2-5），西侧两孔刚架拱均折断垮塌于河中（西侧为靠小鱼洞镇一侧）（图 2-6）。由于地震强烈，整座桥向彭州侧（即东侧）位移了大约 2m，桥头路面重叠在桥面上并深入桥内 2m 多。临近西侧桥台的桥墩严重倾斜。附近的小鱼洞乡几乎夷为平地，是汶川地震中灾情最严重的灾区之一。

断层穿越小鱼洞桥，由地震引发极大的破坏力，是该桥倒塌的主要外力，而混凝土桁式结构上弦杆及桥面板在桥墩上搭接长度不足，以及混凝土桁架拱中杆件缺乏延性则是桥梁损坏严重的重要原因之一。

图 2-5　小鱼洞大桥——残存的两跨　　　　　图 2-6　小鱼洞大桥——完全垮塌的两跨

实例四　国道 213 线彻底关大桥

大桥位于国道 213 线都江堰至映秀公路草坡段，跨越岷江。该路段是"5·12"汶川大地震中损毁最严重的公路，地震烈度为 10～11 度。该路段共有大中型桥梁 18 座，其中大桥 10 座（跨岷江大桥 6 座），中桥 8 座。所有桥梁均遭受不同程度的损坏。其中完全被滑坡土石掩埋的大桥 1 座，落梁 3 孔及以上的桥梁 3 座，落梁 1～2 孔的桥梁 2 座。

彻底关大桥上部结构为 11×30m 装配式组合工字梁＋2×20m 预应力混凝土空心板。下部结构为双柱式桥墩，钻孔灌注桩基础。0 号为重力式 U 形桥台，11 号为钢筋混凝土肋板式桥台。桥面宽度为净-8.03m ＋ 2×0.285m 防撞栏杆。设计荷载为汽-超 20、挂-120，按 7 度设防。

2009 年 7 月 25 日映秀岸第 1～3 孔梁体被山体巨石塌方砸断，墩断梁落（图 2-7）。都江堰岸第 1～2 孔被山体滑坡掩埋并被挤压破坏。墩顶横向挡块普遍破坏。100 多米桥面坍塌，

图 2-7　彻底关大桥被崩塌体砸断

桥上正在行驶的车辆和人员坠落岷江中，都汶公路中断，造成 6 人死亡，12 人受伤。

这次大地震中，次生地质灾害对桥梁的破坏巨大，是桥梁破坏的主要原因之一。彻底关大桥为典型实例。

实例五　省道 105 线井田坝大桥

井田坝大桥位于青川县城东偏北约 15km 处，省道 105 线木鱼镇至白水镇之间，大致呈南北走向，跨越白龙湖库区。建成于 1997 年。桥梁位于龙门山断裂带附近，地震烈度为 8～9 度。该桥主桥为 2×85m 上承式钢筋混凝土箱形拱，全长 207m，中间桥墩高 50m，位于水库中。

地震时，两孔连拱在纵向起伏的震动中轰然倒塌。根据调查推测，南跨先塌，北跨拱脚推力使中墩从底部折断倒向南侧。随之北跨拱圈坠塌水中。北侧桥台处残留的 3 个拱上立柱及相应的腹拱，地震后不久也倒塌。在岸上只能看见两岸残留的桥台和部分拱上结构的残骸。

初步推断该桥是由于地震时中墩基础发生相对位移致使一跨主孔首先垮塌，导致另一跨的水平推力失去平衡，使中间桥墩倒塌，另一跨主拱也随之垮塌。用圬工材料做成的中央桥墩、低配筋率的拱肋以及缺乏延性的节点连接构造，均为桥梁结构垮塌的内在因素。

井田坝大桥于 2011 年恢复重建，桥型结构为（52＋95＋52）m 连续刚构。分别进行了受 50 年超越概率为 10% 的地震和受 50 年超越概率为 2% 的地震弹性反应谱分析，满足现行规范要求。前者地震力作用下，不需修复可继续使用；后者地震力作用下，不致倒塌或严重损坏。

井田坝大桥，图 2-8 为主震后主孔垮塌，边孔三个小拱幸存。此时水位不高，倒塌的中间墩也还可见。图 2-9 为余震使边孔也完全垮塌后，水库水位上升，中间桥墩和两跨主拱残骸都浸入水中。

图 2-8　主震后主孔垮塌的井田坝大桥　　　　图 2-9　余震使边孔也完全垮塌的井田坝大桥

实例六　德阿公路回澜立交桥

德阳—阿坝公路回澜立交桥又名德阿公路绵竹段 1 号桥，是绵竹市回澜大道上的一座跨越铁路货场的城市立交桥。于 2005 年 8 月建成通车。立交桥 4 个螺旋形匝道桥的平曲线半径为 20.25m，竖向为螺旋曲线，纵坡为 3.19%，匝道桥的孔跨布置自桥台至主桥分别为：A 匝道桥：10m＋11×16m＋11.5m；C 匝道桥：10m＋11×16m＋15.5m；B、D 匝道桥：10m＋9×16m＋15.5m。匝道桥上部结构为钢筋混凝土梁，宽 4.5m，高 0.95m。桥墩均为 0.8m 直径的独柱，高度 2～7m。墩柱基础为直径 1.2m 的桩基。主梁与墩柱的连接采用刚接（固接）与铰接（盆式橡胶支座）交替布置。A、C 匝道桥各有 5 个固接墩，B、D 匝道桥各有 4 个固接墩。

绵竹市位于前山断裂带附近。汶川地震发生后，匝道桥的独柱墩损伤十分普遍。设有

4 个固定墩的墩顶出现了塑性铰破坏。有 7 个桥墩的墩底出现环向或斜向裂缝。有 3 处桥墩出现明显的外层混凝土剥落。此外，在 A 匝道桥的桥台支座处因临近桥墩的柱顶被压碎，梁体在端部上翘，支座脱空。

震害原因主要是刚度较大的固结墩承受很大的惯性力，发生弯剪破坏并引发主梁底部开裂及桥台处支座脱空。固结墩的箍筋直径为 12mm，标准间距为 20cm，仅在墩底 1m 高度范围内加密到 10cm，导致塑性铰区（尤其是墩顶）的延性不足。

实例七　213 国道寿江大桥

大桥位于汶川县漩口镇，距离地震断裂带约 3～5km，地震烈度为 9～10 度。桥梁上部结构为（由漩口侧向映秀侧）10m 板梁＋（3×50m＋3×30m）预应力混凝土简支 T 梁。桥墩高度 40～60m，桥墩有箱形截面空心墩和圆形截面实体墩两种类型。桥台为轻型桥台。

汶川地震中，桥梁主要发生顺桥向震动，致使映秀侧最外一孔 30m T 梁的一端从 6 号墩支座垫石上脱落到盖梁上，险些造成落梁。所有各跨的主梁都向映秀一侧河岸方向位移了约 200～300mm。7 号桥台翼墙和挡块开裂严重，5 号、6 号墩柱底部由于上部结构向映秀侧发生较大位移，在漩口侧出现横向裂缝，缝宽约 0.5～1.0mm，其他桥墩未见开裂（图 2-10）。各桥墩上的侧向挡块不同程度损坏，桥面与路面接合处人行道以及桥面伸缩缝处的人行道破坏。

图 2-10　213 国道寿江大桥桥墩和梁体移位

地震后为了保证抢险救灾的车辆通行，在主梁脱落的一孔桥面上架设了临时军用梁，并用钢支架临时支撑 6 号墩处从支座上脱落的主梁。

实例八　省道 105 线红东大桥

大桥位于省道 105 线（广汉至青牛沱段），跨越石亭江上游，是当地的交通生命线。建成于 20 世纪 70 年代初期。桥长约 80m，桥面距地面 40 多米高。主桥为上承式钢筋混凝土肋拱，拱上立柱及腹拱为条石砌体。大桥所在地为什邡市红白镇松林村。该镇位于龙门山主断裂带上，是本次地震的重灾区。地震发生后大桥完全倒塌（图 2-11）。从塌毁后的残留物可以看出，拱肋中配筋稀

图 2-11　省道 105 线红东大桥完全倒塌

少，致使抗变形能力很弱。

实例九　青川县白水大桥

白水大桥位于 G212 公路上，在广元市青川县境内。该桥为 3×90m 上承式钢筋混凝土箱形拱，全长 350m。拱上腹孔为拱式结构。地震中，主拱拱脚截面出现裂缝，拱上横墙被剪断，三铰腹拱的拱顶被压碎并隆起，两个桥台侧墙出现较大裂缝，桥面人行道纵向开裂。桥台附近的一跨腹拱拱顶产生横向贯通裂缝（图 2-12），救灾中采用下设三角钢架支撑、桥面布设贝雷桁架的方式进行抢通。

图 2-12　白水大桥腹拱圈开裂

青川县为极重地震灾区，地震烈度最高达 9 度。桥位距离地震断裂带约 25km，桥位处地震烈度为 7～8 度。除白水大桥外，还有以下三座拱桥的震害也较为严重：

青川县曲河大桥，主跨 75m 双曲拱桥，地震中青川县岸距离拱脚 1.5m 处 4 片拱肋全部断裂，裂缝贯通全截面并延伸到拱板顶部，最大裂缝宽度 3mm。

干溪河桥，为跨度 80m 拱桥，拱上侧墙顶部外倾达到 20cm 以上。

嘉陵江 3 号桥，拱上建筑为梁式结构，在横桥向地震力作用下，拱上立柱底部受弯开裂，顶部与纵梁铰接接触面混凝土压碎。

汶川地震中，广元地区桥梁的破坏大多沿顺桥向和横桥向发生，而顺桥向震害尤其严重。

实例十　S105 线南坝大桥

南坝大桥位于 S105 线北川—青川段。桥面宽 12m。为预应力混凝土装配式空心板桥，先简支后桥面连续。孔跨布置为 1×25m＋9×20m，桥梁全长 226m，设计荷载为公路-Ⅰ级。双柱式桥墩，桩基础。桩柱式桥台。汶川地震发生时，正在施工桥面铺装（图 2-13）。除第 10 孔已浇筑桥面板且尚未设置护栏外，其余各孔均未浇筑桥面板。地震导致 2 号和 6 号桥墩被剪断，桥面大部分坍塌。该桥活动支座上的板梁均由支座上滑落，固定支座钢板焊缝均破坏。全桥共有 7 孔板梁垮塌。

1975 年 2 月 4 日，我国辽宁省海城发生了 M7.3 级地震（位于地震带Ⅲ₁），有 193 座桥梁遭到不同程度的破坏，占该地区桥梁总数的 31%。因地震区处于滨海冲积平原，地下水位高，饱和砂土液化广泛发生。中国地震局工程力学研究所对这次地震中的桥梁震害进行了总结，其中液化场地典型桥梁破坏情况见表 2-7[23]。

图 2-13　南坝大桥地震时正在施工

海城地震典型桥梁震害简况　　　　　　　　　　　　　表 2-7

桥名	桥位土层	基础结构形式	震害简况	震害原因
辽河大桥	粉砂与细砂互层	RC 高桩承台 2m 厚，桩长 21～50m	全桥缩短 2.47m，各墩不同程度下沉，墩向河心偏移	下层砂土液化和岸坡滑移
盘山桥	地层复杂，粉细砂互层	4 柱式高桩承台基础，承台厚 2m，桥墩桩基直径 0.9m，长 30m	盘山一侧各墩双柱产生裂纹并倾斜，7 号墩下沉 15cm，桥面呈波浪形	地下 15m 粉砂层可能液化，地基承载力下降，桩长不足；岸坡表层土体滑移
三岔河桥	粉细砂相间，基底为细砂	6 桩式高桩承台基础，桩基直径 1.1m，桩长为 42～43m	15 号墩全部倒塌，各墩支座倾斜，锚栓弯曲	地基砂土液化，上层倾斜土体流动，结构的侧向刚度不足
东方桥	粉细砂	4 桩式灌注桩基础，桩基直径 0.8m，长 12～14m	桥台下沉 2.2m，向两侧推移 20m，中墩下沉 1.1m，桥塌。桥墩地面四周喷砂冒水	砂土液化导致地基失效，桩身下沉引起拱体变形，桥面坍塌

此外，1976 年 7 月 28 日唐山大地震中因地基土层液化导致的桥梁震害，较为典型的实例有：

唐山市东胜利桥（见附录一序号 1）、滦县雷庄沙河桥（见附录一序号 6）、汉沽桥[23]和王土桥[23]。

1999 年 9 月 21 日台湾集集大地震，震级 M7.6。多座桥梁受到损坏。几个实例如下[13,24,25]：

集鹿大桥，2×150m 独塔单索面斜拉桥，塔梁固结体系。地震发生时，该桥正在施工中，在塔梁连接处，塔柱一侧的预应力混凝土箱梁没有全部完工。塔梁连接处在地震作用下发生严重开裂，保护层混凝土剥落。

多跨简支梁桥——石围桥，有一断层穿过桥位，地震时数跨梁体坠落河中。该桥主梁支撑在板式橡胶支座上，纵向未设限位装置，横向仅设置了两个小挡块。

碑丰桥附近，断层错动使溪水上游隆起 5～6m，并使该桥跨越的河流形成瀑布。这座简支梁桥遭到破坏。

下面简要介绍部分国外桥梁震害实例。

实例一　日本·神户高架桥

1995 年 1 月 17 日日本发生震级为 M7.2 的阪神大地震。震源位置为北纬 34°34′，东经 135°00′，即在淡路岛北部离神户市区西部 10km 处，震源深度 20km。阪神地震属浅源直下型地震，地震产生的地层断裂带长达 8km，裂缝宽 0.2m。大地震给现代化的神户市带来了毁灭性的灾难。由于新干线、高速公路、高架铁路、地下铁道、高架桥的倒塌、倾斜及严重破坏，港口、码头下沉倾斜，导致交通除航空港外几乎全部被切断。是继 1971 年美国·圣费尔南多地震、1976 年中国唐山大地震、1989 年美国·洛马·普里埃塔地震和 1994 年美国北岭地震后，城市公路、铁路高架桥破坏范围最广、灾情最严重的一次。

图 2-14　倒塌的神户高架桥

阪神地震造成了高速公路桥梁的大量破坏，其中毁损最惨重的是神户高架桥。该桥为多跨混凝土梁式桥，地震中共有 18 个独柱式桥墩被剪断，总长约 500m 的梁体倒塌。独柱墩直径 3.3m，墩身纵向钢筋在底部布置三圈，共计 180 根直径 35mm 的钢筋。纵向钢筋在距柱底约 3.5m 高处，切断了 1/3。如图 2-14 所示。

文献［26］运用扩散体单元法建立桥墩计算模型，采用阪神地震记录的 JMA 波对该桥墩柱进行动力时程分析，研究了独柱墩的倒塌机理，得到如下结论：在桥墩水平设计地震加速度为 0.2g、桥墩上部结构重量为 1262.64t 的情况下，独柱墩的倒塌是一个损伤逐步积累的量变过程，表现为其根部塑性铰区的发展。当这种量变积累到一定程度时，将发生飞跃性质变——倒塌。主要内因是由于墩柱纵向钢筋过早切断，导致高墩底 3.0m 左右的墩柱截面抗弯能力下降，使该截面首先屈服，桥墩根部的塑性铰区在地震中发生了上移现象，加之约束箍筋不足而致抗剪能力下降，最终突然发生剪切破坏。由于剪切破坏是脆性的，桥墩相当于在其根部突然受到一个很大的反向冲击荷载，因此倒塌瞬间桥墩的反应表现出很大的加速度。

阪神地震桥梁破坏形态主要有：①桥墩破坏产生落梁和桥的侧倾；②横向变位过大而产生横向扭曲错位；③钢筋混凝土桥墩的剪切破坏、压弯破坏、压溃破坏；④地基液化，桥墩沉降不均，致使桥面屈曲不平，甚至倾倒；⑤钢梁与钢桥墩的屈服变形；⑥大量的铸钢支座破坏。

实例二　美国奥克兰柏树街高架桥

1989 年 10 月 17 日发生的美国·洛马·普里埃塔地震，震级 M7.1，震源深度 18km。震中位于旧金山市南约 96km 处，最高地震烈度为 8 度，记录到的最大水平加速度为 0.47g～0.55g，接近震中处的地震仪测到的竖向加速度为 1g，强震时间不超过 10s，但还是引起大范围的震害。位于 7～8 度区的大量城市高架桥的严重破坏与垮塌，导致了现代化城市的重大经济损失。加利福尼亚州奥克兰市的 I-880 尼米兹高速公路在这次地震中被毁，最严重的区段便是柏树街的双层高架桥。该桥1957 年称为 SR17 桥，1984 年改称为 I-880 桥，联通柏树街。有的资料称为赛普里斯（Gypress）高架桥。

柏树街高架桥是一座钢筋混凝土框架式双层公路桥，地震中该桥有一段长达 800m 的上层桥面因墩柱折断塌落在下层桥面上，上层框架完全毁坏。如图 2-15 所示。此段高架桥从地表处倒塌，有 42 人遇难。

下层桥多数孔跨是由两根墩柱支承的，但有少数孔跨则只有一根中央独柱墩。独柱墩处，上层桥的桥墩是一个"挂钩"墩，即下层桥面的两侧设有一个"牛腿"，牛腿上安装上层桥面的倒"L"形挂钩墩与上层的梁部侧面相锚固，也就是说上层桥的悬臂梁桥墩是以下面的牛腿为"地

图 2-15　严重破坏的奥克兰
柏树街高架桥

基"的。而在双柱墩的桥孔，上层桥的支撑立柱也是偏心搁置在下层桥墩的顶部的，没有形成双框架，对于抗震十分不利。另外，梁柱节点配筋不足、墩柱的纵向钢筋和横向箍筋不足，以及下层桥墩的基础是建在回填的地基上，也是发生震害的重要原因。

这次地震中还有多座大桥遭到损坏：奥克兰海湾大桥引桥因地震引起相邻桥墩过大的相对位移而使公路桥脱落；位于填海陆地上的埃巴凯德罗高架桥和中央高架桥的柱体与框架毁坏；终点分道高架桥钢桥跨的支座毁坏；蔡纳贝新高架桥和南方高速公路高架桥的框架破坏；亚力曼内高架桥柱体毁坏；92 号与 101 号高速公路立交桥发生支座、伸缩缝、基础与柱体破坏等。

实例三　美国 SR14/I5 立交桥

1971 年 2 月 9 日洛杉矶发生的圣·费尔南多地震，震级 M6.6，震中位置在北纬 34°24.0′，西经 118°23.7′，震源深度约 13km。震级虽然不高，但在极震区（地震烈度为 8～11 度）发生了很大的地面变形和强烈的地面运动，导致高层建筑、桥梁倒塌以及生命线工程的毁坏。死亡 64 人，经济损失 10 亿美元。这次地震地面加速度值相当高，地面水平加速度峰值为 1.26g，垂直加速度峰值为 0.72g。在毁坏的五座高速公路桥桥址场地，地面加速度峰值约为 0.60g。

桥梁震害中，两座互通式立交工程毁坏最严重。一是金州高速干道 5 与州际干道 210 的立交枢纽，另一座是金州高速干道与州际高速公路 14 号的立交枢纽。简称 SR14/I5 立交桥。接近完工的立交枢纽上下跨交叉的曲线连续刚构桥（跨中设有牛腿）部分落梁。桥梁倒塌的主要原因是：①墩台间、墩柱间过大的相对于地面的位移；②强烈的水平加速度和垂直加速度导致上部结构较大的振动。桥梁结构本身的内因是：①使用逐跨建造法中，设计的支承面过窄，包括梁与墩、梁与梁之间的牛腿连接处宽度偏小；②钢筋混凝土桥墩没有配置足够的箍筋，导致结构延性较差。地震时较高的墩柱大多是弯曲破坏，较矮的墩柱大多是剪切破坏。

该桥建成后又经历了 1994 年 1 月 17 日美国诺斯雷奇地震（又称北岭地震，震级 M6.7），其西南连接线的 3 跨、西北连接线的 2 跨均发生局部垮塌。震害原因是矮桥墩刚度大，承受了很大的地震惯性力导致弯剪破坏。

实例四 日本·新潟昭和公路大桥

1964 年日本新潟发生 M7.5 级地震。位于市内的昭和公路大桥遭到严重破坏。该桥为12 跨混凝土梁式桥，地震时有 5 跨因丧失支承而坠落河中。中间两个桥墩卷入坠落的桁架之下而折曲。其中一个桥墩顶部最大残余变形达 93cm。桥位处是饱和砂土，左岸较软，右岸附近较硬。震害的原因是由于砂土液化导致左岸滑动，墩柱位移，中央桁架被强力推动而垮塌。因桥梁破坏发生在强烈地震停止 2min 后，而被认为是砂土液化及侧向流动使桩基础发生大的位移，进而导致上部结构发生落梁破坏的典型案例。此次地震中，其他两座桥的倒塌也与砂土液化有直接关系。

1999 年日本兵库县南部发生 M7.2 级地震，对城市桥梁造成了严重破坏，共有 9 处落梁或接近落梁，16 处发生严重损坏。震害的原因，除桥梁构造细节不足外，主要是由于桥梁的地基因液化失效所引起。

实例五 秘鲁 Huamani 桥

2007 年 8 月 15 日秘鲁中部沿海地区发生 M8.0 级地震，造成了 Pisco 等几座城市毁坏。54926 幢建筑物倒塌，20958 座桥梁严重受损。震中 Pisco 城内约有 80% 的建筑物倒塌或严重损坏。地震还引发了海啸。

位于 PanAmerican 公路的 Huamani 桥遭到破坏。该桥跨越 Pisco 河，连接 Pisco 城市北部和 SanClemente 村庄，在震中的正东方向。该桥为双车道公路混凝土梁桥，桥长136m，按照 H-15AASHTO 规范进行设计，最大载重量 36t，车道全宽 6.7m，于 1950 年建成。桥梁在以下几个部位出现损坏：①一个桥墩严重开裂；②横向挡土墙严重开裂；③墩上水平剪力块和墩帽不同程度开裂和剥落；④南侧桥台朝河床方向倾斜，其顶部位移约 100mm；⑤上部结构横向位移约 100mm；⑥河岸道路破坏，尤其是南面贴近桥身的部分更为严重。

2.4 桥梁震害的教训与启示

2.4.1 桥梁震害设防标准

桥梁抗震的目标是减轻桥梁工程的地震破坏，保障人民生命财产的安全，减少经济损失。同时又要使震前用于抗震设防的经济投入为国家经济能力所能承受。所以，抗震设防标准的确定，需要在经济与安全之间进行合理平衡，这是桥梁抗震设防必须遵循的合理安全原则。上升到国家层面，则是一个政策问题。

历史上，随着各国、各地区强烈地震的不断发生，桥梁震害资料的不断积累，桥梁抗震设防的研究进一步深入，设计理念也在演变和提升。反映在由原来的单一设防水准逐渐向多水准设防、多性能目标准则的基于性能的抗震设计方向发展。

我国《公路工程抗震设计规范》JTJ 004-89 和《铁路工程抗震设计规范》GBJ 111-87采用的是单一设防水准、进行一阶段设计的方法。国内发生几次大地震，尤其是 2008 年汶川大地震对桥梁造成极大破坏后，我国交通系统在总结经验教训的基础上，按双设防水准编制并及时颁布了《公路桥梁抗震设计细则》JTG/T B02-01-2008。近几十年来，美国、日本及我国等国家的地震工程专家先后提出了分类设防的抗震设计思想，即"小震不坏，中震可修，大震不倒"。其具体要求是：在小震（多遇地震）作用下，结构物不需修理，仍可继续使用；在中震（偶遇地震）作用下，结构物无重大损坏，经修复后仍可继续使用；在大震（罕遇地震）作用下，结构物可能（允许）产生重大损坏，但不倒塌。所谓的多遇地震、偶遇地震和罕遇地震都是相对的，主要由工程所在地区的地震活动特点来决定。各国根据自身的国情，制定了不同的设防标准和设计方法。

我国《公路桥梁抗震设计细则》JTG/T B02-01-2008 将桥梁抗震设防类别划分为 A、B、C、D 四类。这四类桥梁抗震设防的基本要求，见表 2-8。

中国公路桥梁抗震设防基本要求　　　　　　　　　　　　　表 2-8

桥梁抗震设防类别	设防目标					
	E_1 地震作用			E_2 地震作用		
	目标		重现期(年)	目标		重现期(年)
A 类	中震	不坏	475	大震	可修	2000
B 类	小震	不坏	50~100	大震	不倒	2000
	中震	可修	475			
C 类	小震	不坏	50~100	大震	不倒	2000
	中震	可修	475			
D 类	小震	不坏	25			

A 类指单跨跨径超过 150m 的特大桥；B 类指单跨跨径不超过 150m 的高速公路、一级公路上的桥梁，单跨跨径不超过 150m 的二级公路上的特大桥、大桥；C 类指二级公路上的中、小桥，单跨跨径不超过 150m 的三、四级公路上的特大桥、大桥；D 类指三、四级公路上的中、小桥。

日本《公路桥梁设计规范》JRA 1996 采用了两水准抗震设防、两阶段设计的方法。2002 年版则进一步发展为基于性能的抗震设计方法。美国 Caltrans 规范采用双水准进行桥梁抗震设计，亦属于性能设计的规范。欧洲 EN1988-2（2005）规范采用双水准桥梁抗震设计。新西兰桥梁手册采用三水准桥梁抗震设计。我国《建筑抗震设计规范》GB 50011-2010 采用三水准设防、两阶段设计的方法。我国《城市桥梁抗震设计规范》CJJ 166-2011 采用双水准设防、两阶段抗震设计。我国《铁路工程抗震设计规范》GB 50111-2006 采用三水准设防，并分别规定了铁路工程构筑物应达到的三个抗震性能指标。

美国洛马·普里埃塔、美国北岭、日本阪神等大地震的震害表明，基于不倒塌的抗震设计在保护生命安全方面是比较有效的，但难以避免巨大的经济损失。针对这个问题，美国学者提出了基于性能的抗震设计思想，主要包括结构抗震性能等级的定义、抗震性能目标的选择以及通过正确设计实现性能目标三部分。基于性能的结构抗震设计，实际上是对人们早已认识的"多极抗震设防"思想的进一步细化。对于具体的工程结构，基本性能的抗震设计过程是：首先，设计人员提出几种抗震性能目标和相应的造价；其次，由业主或社会团体选择结构应达到的性能目标；最后，由设计人员根据所选定的性能目标进行抗震设计，使结构满足预期的抗震性能目标。这样的设计，在符合规范要求安全度的前提下，更为经济、合理。要做好基于性能的结构抗震设计，需要进行大量的研究和细致的工作，才能取得预期的效果。

2.4.2　能力设计的抗震设计方法

20世纪70年代以前，桥梁抗震设计不能避免桥梁主要受力构件在出现塑性铰之前发生的脆性破坏，桥梁的震害甚为严重。20世纪70年代中期，新西兰学者Paulay针对结构物抗震设计中存在的这个问题，提出了一种新的设计方法——能力设计。其原理是通过对结构体系中的延性破坏和脆性破坏发生次序的先后进行分级，利用结构的延性抑制结构脆性破坏的发生。实现能力设计的基本途径是保证结构塑性铰出现在预定位置和地震反复作用下不破坏。桥梁抗震设计中，要求上部结构的主要构件按保持弹性状态设计。对下部结构进行能力设计的关键是选择期望的结构破坏方式、构件的细部构造，以确保发生强烈地震时结构具有预期的性能。例如广泛使用单柱式或多柱式下部结构，考虑有利于震后的检修和加固，设计应使塑性铰出现在柱体上，而不是出现在基础、柱脚、桩身和桩顶上。为避免桥梁构件在出现塑性铰之前发生脆性的剪切破坏，要求对构件的抗剪进行能力设计，即根据构件塑性铰处的抗弯强度确定超强抗弯强度，根据超强抗弯强度确定桥墩的抗剪承载力。

我国规范JTJ004-89基本没有关于能力设计的规定。规范JTG/T B02-01-2008已纳入了能力设计的抗震分析方法，要求桥梁的基础、盖梁、梁体及墩柱进行能力设计。我国《城市桥梁抗震设计规范》CJJ 166-2011对能力设计也作出了规定。新西兰规范、美国规范Caltrans、欧洲规范EN1988-2：2005以及日本桥梁设计规范都有能力设计抗震分析的规定。

延性是实现结构抗震能力设计的一个重要手段。延性反映的是结构、构件或材料在强度没有明显降低情况下的非弹性变形能力。当允许构件出现塑性铰时，各国规范都要求塑性铰出现在易于检修的位置。

强度是保证桥梁结构具有抗震承载力的一个方面，延性则是使结构具有地震适应性、消耗地震作用、保护桥梁不发生灾难性倒塌的另一个方面，两者具有同等的重要性。抗震设计应该使两方面都达到预期目标，实现总体的合理的平衡和优化。

2.4.3　桥梁抗震概念设计

地震作用是一种不规则的循环往复荷载，且具有很强的随机性。桥梁震害的机理十分复杂。目前人们对地震活动和结构地震破坏的认识尚不充分，难以进行较准确的预测和精确计算。20世纪70年代以来，世界各国发生了若干大地震，对各类建筑物造成了不同程度的破坏和损伤，积累了大量的地震资料。人们在总结地震灾害的经验教训中提出了"概念设计"思想，以便首先从宏观整体上把握住抗震设计的可靠性、安全性与合理性。欧美日规范非常重视抗震概念设计，并认为它比"数值设计"更为重要。

抗震概念设计是指根据地震灾害和工程经验等获得的基本设计原则和设计思想，进而正确地解决结构总体方案、主要材料使用和关键细部构造，以达到合理抗震设计的目的。要求设计出来的结构，在强度、材料使用和延性等指标上有最佳组合，使结构能够经济地实现抗震设防的目标。桥梁抗震概念设计阶段的首要任务是针对拟建桥梁进行合理的抗震

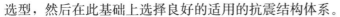

选型，然后在此基础上选择良好的适用的抗震结构体系。

根据国内外桥梁抗震设计的主要经验，桥梁抗震概念设计包含以下一些重要内容：

（1）桥梁结构的合理抗震体系应由两种体系构成：一是延性抗震体系，二是减震隔震体系。应根据具体的桥梁结构形式，恰当地使用这两种体系，发挥其各自的优势，形成最佳组合。

（2）合理的抗震结构体系有两个基本特征：一是传力路径不间断，二是桥梁保持整体性。因此，结构既要选择合理有效的抗震单元，如墩柱塑性铰、减隔震装置等，又要采取有效的连接措施，如足够的支承宽度、纵向限位装置和横向挡块等。对结构安全有重大影响的传力构件或局部结构，应有必要的冗余度，以提高防坍塌的安全度。

（3）选择桥位时，应尽量避开抗震危险地段，充分使用抗震有利地段。地质断裂带、破碎带及其邻近地段，不仅地震烈度高，而且强烈地震往往还会引起地表错动。另外，地震时可能发生大规模滑坡、崩塌等的不良地质地段，也应尽量避开。因为强烈地震引起的大规模滑坡、崩塌不仅具有极大的破坏作用，而且震前难以处理，震后也难以抢修，工期长、费用高。

（4）应尽量避开地震时可能发生地基失效的场地。包括松软地基、大型岩溶地基、矿业开发采空区等。松散的饱和砂土液化会造成地基失效，使桥梁基础严重位移和下沉，甚至导致桥梁倒塌。

（5）尽量采用直线桥。弯桥或斜桥会使地震反应复杂化，容易发生震害。墩台孔跨布置尽量做到对称，桥墩的高度不宜相差过大。如受地形控制桥墩高度相差较大时，可以通过调整墩身尺寸和支座厚度，使各桥墩的总刚度接近，以均匀分摊水平地震作用。

（6）强震区桥梁跨度不宜太大。大跨度会使墩柱承受的轴向力过大，从而降低墩柱的延性能力。在总体方案允许的情况下，选择小跨径方案，能使桥墩承受的轴压力减小，可以获得更佳的延性。

（7）上部结构应是连续的，尽量减少伸缩缝。主要是为了避免发生落梁。简支梁以及使用挂梁的桥梁，相对容易落梁，当必须采用时，应有防止落梁的可靠的构造和装置。多跨梁式桥，应将弹性支座布置在多个桥墩上，目的是为了把地震作用分散到多个桥墩。

（8）结构设计中应考虑多道抗震防线。桥梁上、下部构造之间的连接部位，墩台与承台、桩基与承台、墩柱与盖梁之间的连接部位，八字翼墙与桥台台身之间的连接部位等，都是震害大量发生的部位，需要重点关注。例如，在上、下部结构之间的连接部位，往往就需要设置两道抗震防线：第一道防线是经过精准设计的支座；第二道防线，纵桥向应在墩、梁之间设置足够的支承宽度，横向则应设置具有足够强度的挡块。如果地震时支座发生破坏或梁体位移，第二道防线就可以发挥作用了。

（9）桥梁各部分构件的强度和构造，应根据其重要性以及震害发生后进行抢修或更换的难易程度进行精细化设计。例如桥梁墩柱地面以上部分，发生震害损伤一般便于检查和修复，水下部分和基础难以检测和修复，设计时应适当增大这部分结构的强度，提高其抗震安全度。

（10）我国著名桥梁专家范立础院士特别指出：从基于寿命期桥梁抗震性能的角度出发，应强调对于桥梁体系中的抗震易损构件还需考虑寿命期内的可检性、可换性、可修性、可控性以及可持续性，以提高桥梁结构在整个寿命期的抗震性能。

2.4.4 桥梁震害的教训与启示

（1）液化场地桥梁基础震害的启示

1964年日本新泻M7.5级地震、1975年我国辽宁海城M7.3级地震、1976年我国唐山M7.8级地震和1999年日本阪神M7.2级地震中，发生震害的桥梁有相当数量是由于砂土液化基础失效而发生破坏或倒塌的。桩基础一般认为是作为预防地基失效的重要措施，然而上述桥梁震害经验表明：砂土液化及相应产生的土体流动和大变形往往加重了基础及桥梁的破坏。由于这类桥梁震害的教训，在桥梁桩基抗震方面各国学者开展了广泛的研究。

从历史地震看，我国大面积砂土液化（同时存在侧向流动）主要发生在东部环渤海的滨海平原上，而小范围或局部的砂土液化现象在中西部发生的大多数地震中也有出现。可以说地震时砂土液化在全国范围内都有可能发生，桥梁基础设计应重视这一不利因素，并采取相应的防护措施。

总体而言，在软弱地基上采用桩基础结构往往比非桩基的基础结构具有更好的抗震性能。但是在地震作用下，群桩基础仍可能是整座桥梁中的抗震薄弱部位。砂土液化则是导致群桩基础失效的重要原因之一。一些桥梁震害表明，桩基震害有极大的隐蔽性。许多桩基震害是通过上部结构的震害体现出来的。但是，有时上部结构震害轻微时，而开挖基础检查却发现桩基已产生严重损坏，甚至已断裂破坏。在中国唐山地震、日本新泻地震中都有这样的实例。

中国《公路工程抗震设计规范》JTJ 004-89在液化或软弱场地的桩基抗震方面还缺少指导设计的技术细节，仅给出一些定性的规定，计算上仍主要延续液化土层折减承载力的基于"力"的抗震设计方法。而美国、日本桥梁抗震设计规范对基础设计则规定得较为详细，还发展了基于"变形"的桩基础抗震设计方法。2008年四川汶川大地震后，于2008年10月1日实施的《公路桥梁抗震设计细则》JTG/T B02-01-2008，对A、B、C、D四类桥梁分别提出了桥梁基础设计的抗砂土液化的措施，并对有关构造设计作出了规定。但对于桥梁基础的设计较为笼统，只限于定性的要求，对于桩基的抗震设计规定似深度不够。

（2）次生地质灾害引发的桥梁损坏

2008年汶川大地震的一个显著特点是地震引发的次生地质灾害极为严重。都汶公路沿线产生了大量崩塌、滑坡、泥石流、堰塞湖等次生灾害，造成该公路80%的路段受损，10多公里完全被崩塌滑坡体掩埋，80多座桥梁受损，给都汶高速公路的抢通和保通工作带来极大困难。震后都汶公路中断交通3个月，严重影响和阻碍了抗震救灾和灾区重建。

在这次地震中，次生地质灾害对桥梁的破坏巨大，这是本次地震极重灾区桥梁破坏的主要原因之一，也是有别于国内以往数次大地震桥梁震害的一个突出特点。在极重灾区国省道主干线破坏严重的25座桥梁中，有10座桥梁均为次生地质灾害所引发，比例高达40%。下面介绍几个次生地质灾害导致桥梁破坏的实例：

实例一 都汶公路顺河大桥。多跨简支梁桥，双柱式圆形桥墩，第1、2跨被山体崩塌砸断、掩埋。3号墩左柱、5号墩右柱斜剪破坏。

实例二 都汶公路K28+637大桥。多跨简支梁桥，被山体滑坡整体掩埋。

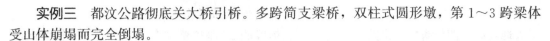

实例三　都汶公路彻底关大桥引桥。多跨简支梁桥，双柱式圆形墩，第1～3跨梁体受山体崩塌而完全倒塌。

实例四　都汶公路桃关大桥。多跨简支梁桥，双柱式圆形墩，第1～3跨梁体受山体崩塌而完全倒塌。

实例五　都汶高速公路映秀连接线岷江桥。多跨简支梁桥，双柱式圆形墩，受山体坍塌冲击、掩埋，梁体平面转动、位移，第1跨被完全掩埋，边板折断。

实例六　S303线渔子溪1号桥。多跨简支梁桥，双柱式圆形墩，第1～4跨被巨石砸毁掩埋，仅剩3孔，且梁体严重位移。

次生地质灾害引发的桥梁事故给予我们若干重要启示：

① 现行桥梁抗震设计规范所规定的抗震分析、桥梁的强度与变形验算、构造设计、减隔震设计以及抗震措施，都是以地震直接作用为基本依据。对于地震引发的次生地质灾害对桥梁的不利影响，仅作了某些定性要求，难以进行抗次生地质灾害的相应设计，还有待进一步积累资料和经验，深入研究，制定较为具体而可行的技术措施和规定。

② 地震引发的次生地质灾害，既不同于地震灾害，也不同于一般地质灾害。它具有特殊性，具有自身的规律。在汶川地震中，都汶公路沿线产生的大量滑坡、崩塌是由于强烈的地震引发的，并有明显的地质构造原因。崩塌、滑坡的分布特点存在着显著的上盘效应，即上盘的崩塌、滑坡灾害明显多于下盘。以主断层直通穿过的映秀镇红椿沟为界，映秀—汶川段为主断裂带的上盘，映秀—都江堰段为主断裂带的下盘。在对距断裂带相同距离的区段的崩塌、滑坡灾害进行对比分析时，发现上盘的崩塌、滑坡从数量、范围以及破坏程度上看，均大于下盘。

③ 汶川地震后，区内广泛发育的崩塌、滑坡等次生灾害形成了方量巨大的固体松散物。初步估算仅都汶公路沿线就有松散堆积物达1亿 m³，为泥石流的发育提供了充分的物质条件。在地形和降水条件具备的情况下，便有爆发泥石流的可能。当河流岸坡因地震引发坍塌或滑坡时，便可能在河道上形成堰塞湖。不仅对沿岸的公路与跨河桥梁造成危害，还会直接威胁下游地区的安全。

④ 文献［30］指出：汶川地震后10年崩塌、滑坡处于活跃期，泥石流在10～20年处于活跃期，堰塞湖的形成与大型泥石流、崩塌、滑坡密切相关，尤其在震后5年为各种地质灾害的活跃期。汶川地震区后来多次发生的地质灾害，表明这一推断基本符合实际情况。例如都汶公路彻底关大桥，震后一年多（2009年7月25日）被崩石砸断，都汶公路中断，造成6死12伤。

⑤ 桥位选择时既要关注强烈地震的影响，也要重视次生地质灾害可能对桥梁的损害。公路选线原则上应以避让为主，充分地综合性地认真研究地震、地质、地形情况。对于必须通过不良地质病害区域的桥梁应有可靠的处治方案。

（3）简支体系桥梁的震害与防震

截至2017年末，全国公路桥梁有83.25万座（总长5225.62万 m）。其中中小桥73.6077万座（总长度1974.53万 m）。中小桥座数占总座数的88.42%，长度占总长度的37.78%。在中小桥中，90%以上是混凝土桥梁，且大部分是简支体系桥梁。中华人民共和国成立后的几次大地震中发生震害的桥梁，简支体系桥梁数量占有很高的比例。1976年发生唐山大地震后，调查统计了发生震害的130座桥梁，其中120座为简支体系桥梁，包括 T 形梁、空心板、实体板和微弯板等，在 130 座桥梁中占比达到 92.3％。2008 年汶川大地震后，四川省主干道路上严重破坏、损毁的 25 座桥梁中有 17 座为简支体系桥梁，所占比例为 68.0％。所以，对简支体系桥梁震害特点与防震措施的研究具有重要意义。

简支桥梁的主要构件包括：主梁、桥墩、桥台、支座、伸缩缝共 5 类。这些构件都可能发生震害。此外，桥梁地基也可能出现震害。文献［25］收集了国内 6 次、国外 4 次大地震的桥梁震害资料，包含 111 座简支桥梁的震害。进行了统计、分析和研究，要点如下：

① 简支桥梁有 6 种主要震害形式：支承破坏及落梁、桥墩损坏或破坏、地基灾害、伸缩缝或桥面连续破坏、主梁结构性损伤和桥台损伤或破坏。其中前 3 类震害占收集的震害桥梁总数的 90％，这 3 类震害危害性大，容易导致桥梁坍塌。

② 震害调查表明，落梁震害与支承破坏密切相关。在 31 座支座破坏的桥梁中，有 14 座发生了落梁。单从支座构造入手来防止落梁很困难，更应注意将墩与梁之间相对位移控制在桥墩的主梁搁置长度范围内，方可有效地防止落梁。所以，防止落梁应从限制主梁位移和主梁搁置长度入手。美国、日本就是通过上述两个途径来防止落梁震害的。

③ 大量的震害表明，对于简支桥梁，墩底截面是抗震的控制截面。桥墩损伤有三种形式：弯曲型、剪切型和弯剪型。其中以剪切型损伤出现的比例最高，尤其是高度较矮的桥墩更容易出现剪切破坏。而剪切破坏为脆性破坏，具有突发性。防止这类破坏的重要措施是设置足够的箍筋。在美、日、欧和我国的抗震规范中，将箍筋作为受力钢筋来对待，并对箍筋构造细节进行了详细规定。

一般情况下，墩底为地震作用下的危险截面，但若钢筋配置不当，墩柱中部也有可能出现严重的损伤。例如，1995 年日本阪神大地震时，神户高架桥 18 个独柱桥墩被剪断，主要原因之一就是墩柱的纵向主筋在距柱底约 3.5m 高度处，过早切断了约 1/3。

在国内外几次大地震中，出现损伤的独柱墩较其他桥墩形式明显要多。在高烈度地区采用独柱墩应十分慎重。当必须采用时，应进行详尽的分析，采取可靠的防震措施。

④ 地基震害是由于地基的位移或变形导致桥墩作为刚体的水平位移、竖向位移和转动而发生的震害。地基震害对桥墩和上部结构的危害有几种表现形式：墩距（或桥梁跨径）增长或缩短；桥墩的高程增加或下降；桥墩倾斜；主梁相对于桥墩发生位移或落梁；桥面倾斜（纵向或横向）。

地基震害是简支体系桥梁的多发震害之一，与桥墩震害相比，地基震害的危害性更大。这是因为地基震害较易出现全桥倒塌的严重后果，而且通过防落梁措施也难以防止全桥倒塌。砂土地基在地震中液化导致基础大变形所发生的桥梁震害，已在多次大地震中出现。这是目前桥梁抗震防震的重要课题之一。

（4）无伸缩缝桥梁能防止落梁震害

国内外长期的、大量的实际情况表明，桥梁伸缩缝会带来一系列问题。其中一项主要缺点就是在强烈地震时，在地震水平作用下，伸缩缝处梁端发生碰撞，可能导致梁体损坏，甚至落梁。有的桥梁专家指出："最好的伸缩装置就是没有伸缩装置，消除桥面上的所有伸缩缝"。20 世纪 30、40 年代，美国桥梁界首次提出无伸缩缝桥梁的概念。20 世纪 50 年代，在美国开始修建无伸缩缝桥梁。此后在美国、日本、英国、澳大利亚、新西兰、法国、瑞士、意大利、德国等国广泛推广应用，设计理论和方法日趋成熟和完善。

我国第一座整体式桥台无伸缩缝桥梁——广东清远四九桥，于 1999 年 11 月建成通车。该桥由湖南大学土木工程学院进行研究并设计，为（10＋2×16＋10）m 钢筋混凝土连续刚构桥。至今，国内已修建多座，详见参考文献［31］和［32］。无伸缩缝桥梁可分为两类，即"整体式桥台无伸缩缝桥梁"和"半整体式桥台无伸缩缝桥梁"。所谓"整体式"，是指上部结构梁、板的端部与桥台台身连接为固接，并取消支座，两者形成整体，它们的纵向变位相互影响，内力相互传递。所谓"半整体式"，是指主梁与桥台结合处取消了伸缩缝，将梁端局部改动，桥台上仍保留活动支座。整体式桥台无伸缩缝桥梁，由于梁与台身固接，取消了支座，梁、台、桩与台后填土相互作用，变形较大，受力机理复杂，至今没有成熟的公认的设计理论，一些重要问题还在研究探讨中。而半整体桥台无伸缩缝桥梁则简单得多，在较大程度上保留了常规的有伸缩缝桥的特点。国内外已建成的无伸缩缝桥梁多采用半整体式。

国内外的很多试验研究表明：整体式桥台无伸缩缝桥梁的抗震性能优于半整体式桥台无伸缩缝桥梁，半整体式桥台无伸缩缝桥梁的抗震性能优于常规的有伸缩缝桥梁。鉴于整体式桥台无伸缩缝桥梁抗震机理十分复杂，目前还难以推广使用。半整体式桥台无伸缩缝桥梁则是一款抗震性能优异的中小桥梁体系，建议强震地区的中小桥梁尽量采用这一结构形式[31]。文献［32］提出一种带扩孔微型桩耗能体系、路桥整体连接的新型半整体式桥台无伸缩缝桥型，简称"新型半整体式无伸缩缝梁桥"，能进一步优化这种桥型的抗震性能。

常规的半整体式桥台无伸缩缝桥梁，为了保证全桥长度范围内无伸缩缝，是将桥梁结构的变形引至台后的搭板与道路路面结合处。但这样的做法会使搭板尾端处路面产生缺损或开裂，出现跳车，仍需进行维修。为了克服上述缺点，文献［31］提出一种新型半整体式全无缝桥的成套技术，已在很多实桥上应用，效果良好。建议中小跨径桥梁抗震设计采用这种"半整体式全无缝桥梁"。

根据国内外已建成的无伸缩缝桥梁的实际情况考虑，近期内无伸缩缝公路 RC 与 PC 梁板桥的总连续长度宜控制在 150m 以下，单孔跨径不宜大于 30m，桥梁上部结构一端的总水平位移量宜小于 30mm，桥台及其基础刚度较大时宜取较小值。整体式桥台应从严控制，半整体式桥台可以适当放宽，总连续长度宜在 300m 以内。桥梁上部结构一般为 RC 或 PC 连续梁，也可以是简支梁桥面连续。

（5）山区高低墩长联梁桥支座刚度优化

西部山区高速公路建设中，大量采用装配式连续梁桥和装配式连续简支梁桥，多为等跨径布置。其主要特点之一是，在一联或多联桥跨长桥中，桥墩高度相差较大。在地震烈度较高的地区，因高低墩之间受力不均匀，矮墩处受力最不利，容易发生损坏甚至断裂而使上部结构垮塌。调整各桥墩与支座的串联刚度，使全联（或全桥）桥墩与支座的组合刚度趋于均匀，避免个别桥墩承受较大的地震力，防止桥梁震害，是桥墩与支座设计的重要内容之一。文献［33］为了取得合理的支座剪切刚度，以提高山区高低墩长联梁桥的抗震性能，采用 Midas Civil 软件建立 6×40m 预应力混凝土连续 T 梁模型（不同墩高的 3 类桥梁），进行 E_1 反应谱分析，研究支座刚度对墩底纵向弯矩的影响。得到以下结论：

① 支座与桥墩的串联刚度值受桥墩高度影响较大。当墩高较矮时，改变支座刚度可较为明显地调整两者的组合刚度；当墩高较高时，两者的组合刚度值主要取决于墩的抗推

刚度，调整支座刚度对组合刚度影响较小。

②简单地把一联内各位置处墩与支座的串联组合刚度调成一致，不能改善墩底的内力分布，甚至会出现地震响应更大的情况。

③以墩底纵向弯矩分布均匀为目的进行支座刚度调整，其方法为"增大高墩支座刚度，减小矮墩支座刚度"。但在矮墩处也会出现因高度太低，反而要增大支座刚度，以"拉高"其墩底弯矩。

④调整支座刚度，对墩底纵向弯矩影响较大，对横向弯矩的影响无明显规律。但横向弯矩有所下降。

此项研究采用自编的"支座刚度优化"专用程序进行数值计算，可以得到精细计算结果，并用于具体设计。

山区高低墩长联桥支座优化，是桥墩抗震设计的一项重要工作，采用精细化分析研究十分必要。

(6) 拱桥的震害与启示

汶川地震区位于我国西部山区，公路网中有相当数量的圬工拱桥和钢筋混凝土拱桥。例如，广元地区的地方公路中，2008 年时有 1200 多座桥梁，拱桥占 80%，梁桥占 20%。发生震害的桥梁 848 座，占桥梁总数的 70.7%。拱桥除一座下承式刚架系杆拱外，其余全部是上承式结构。小跨径拱桥为实腹式石拱桥，中跨拱桥基本上是板拱，大跨度拱桥主要是钢筋混凝土肋拱和箱形拱，最大跨径 115m。大中跨度拱桥拱上建筑为空腹式，除嘉陵江 3 号桥和上油坊桥拱上建筑为梁柱体系外，其余均是拱式体系。此外，还有少量双曲拱桥、片石拱桥、桁架拱桥和刚架拱桥。广元地区拱桥震害概况如下：

省道 S105 线井田坝大桥为 2×85m 上承式钢筋混凝土箱形拱，地震中全桥两跨垮塌。青川县境内全长 350m 主桥为 3×90m 钢筋混凝土箱形拱——白水大桥，地震中拱脚截面开裂、拱上横墙剪断、腹孔三铰拱拱顶压碎并隆起。嘉陵江 3 号桥拱上建筑（梁式体系）在横桥向地震力作用下拱上立柱底部受弯开裂，顶部与纵梁接触面混凝土被压碎。青川县境内跨度 75m 双曲拱桥——曲河大桥，在青川县岸距离拱脚 1.5m 处 4 片拱肋全部断裂，断缝贯通全截面并延伸到拱板顶部，最大裂缝宽度 3mm。拱桥震害有多种形式：拱板纵、横向开裂，拱肋断裂，拱脚位移，拱圈变形，拱上腹孔断裂，侧墙开裂外倾，基础下沉，桥面沉降，桥台前墙侧墙开裂，栏杆倒塌等。

省道 S105 线全线桥梁中梁式桥 28 座，其中倒塌及严重损伤者 16 座，占比为 57%；拱桥 31 座，其中倒塌及严重损伤者 24 座，占比达 77%。

彭州市小鱼洞大桥为 4×40m 钢筋混凝土刚架拱桥，地震中西侧两孔刚架均折断坍塌于河中，东侧两孔刚架拱严重下垂，并有部分杆件及节点破坏。

什邡市红东大桥为钢筋混凝土肋拱桥，桥长约 80m，拱上立柱及腹拱为条石砌体，地震中倒塌。

S105 线陈家坝大桥为单孔 70m 钢筋混凝土上承式箱形拱桥，地震中整体坍塌。

从汶川地震中拱桥的震害情况，可以得到几点启示：

①中小跨径砌石圬工拱桥抗震能力较差，地震时容易发生损坏。②双曲拱桥、桁架拱桥、刚架拱桥的主要缺点是整体性差。这类桥多建于 20 世纪 60～70 年代，设计荷载较低，配置钢筋偏少，施工质量较差，地震中损坏较严重。③多跨拱桥在强震水平力作用

下，中墩处容易发生较大变位或开裂，甚至导致拱圈坍塌。单跨拱桥，只要桥台抗变位能力强，则抗震能力优于多跨连拱。④空腹拱桥的拱上结构设计时一般未进行抗震设计，在强震情况下，拱上腹拱或立柱一旦发生震害，有可能危及主拱圈。强震条件下的拱桥设计，应将主拱圈与拱上结构作为整体进行抗震计算并采取可靠的抗震构造。⑤拱桥的特点是具有较大的水平推力，墩台微小的水平变位就可能引发主拱圈及拱上结构的损坏。所以，高烈度地震区，选择拱式结构桥梁时应慎重。最重要的抗震设计原则是：建在抗震设防烈度 8 度或 9 度地区的大跨径拱桥，主拱圈宜采用抗扭刚度大、整体性好的截面形式。当采用钢筋混凝土肋拱时，必须加强横向联系。下承式和中承式拱应设置风撑，并加强横向刚度。⑥各类拱桥，尤其是多跨连拱应严格控制地震可能引发的水平位移和地基的不均匀沉降。

（7）弯、斜梁桥震害与启示

大地震中弯、斜梁桥震害部分典型实例如下：

都汶高速公路百花大桥第 5 联为 5×20m 连续曲梁，平曲线半径 66m。地震时全联垮塌。德阿公路回澜立交桥，其匝道桥为曲线连续刚构，平曲线半径 20.25m，且为独柱墩。较矮的桥墩发生弯剪破坏并引发主梁底部开裂及桥台处支座脱空。映秀至汶川公路兴文坪大桥，斜交 30°，第 1、3、5 跨主梁分别发生横向位移或转动，最大位移达 33cm。

1971 年美国·圣费尔南多地震，SR14/I5 立交枢纽上下跨交叉的曲线连续刚构桥部分落梁（跨中设有牛腿）。该桥建成后，又经历 1994 年美国北岭地震，其西南连接线的 3 跨、西北连接线的 2 跨均发生局部垮塌。

汶川地震中，弯、斜桥破坏比直线桥严重。例如 G213 线映秀至汶川段各类桥梁破坏情况统计，见表 2-9。

G213 线映秀至汶川段各类桥梁破坏情况统计表　　　　　　　　　表 2-9

破坏等级	曲线桥		斜交曲线桥		直线桥		斜交直线桥	
	（座）	（%）	（座）	（%）	（座）	（%）	（座）	（%）
A 无破坏或轻微破坏	5	50	1	10	7	53.8	5	22.7
B 中等破坏	2	20	5	50	4	30.8	12	54.6
C 严重破坏	2	20	1	10	0	0	3	13.6
D 完全损毁	1	10	3	30	2	15.4	2	9.1

弯、斜梁桥震害的启示：

①弯、斜梁桥的震害比直线梁桥的震害严重，其抗震能力低于直线桥。②曲线梁桥，主梁的弯扭耦合效应随着曲梁半径的减小，加大了桥墩的地震响应，桥梁受力趋于不利。③曲线梁桥，随着半径的减小，主梁与桥墩间的相对位移加大，地震时容易造成连续曲梁桥支座的破坏。④对于小半径且长度较长的连续曲梁桥，在边墩上主梁和墩之间沿切线方向不宜固接。⑤斜梁桥在地震力作用下，普遍发生较大的水平位移和转动，在梁体产生纵向位移的同时还发生横向位移，发生横向位移时也会产生纵向位移。⑥在水平向地震作用下，斜梁桥由于钝角处支座摩阻力大，支座的约束大，而锐角处则支座的约束较小，这样支座抗力的中心与惯性力中心不重合，构成了绕竖向的转动力矩，导致主梁发生绕竖向的刚体转动。⑦弯、斜梁桥会使地震反应复杂化。在高烈度地震区，宜尽量使桥梁位于直线

上，难以避免弯、斜桥时，也应尽可能增大曲梁半径和减小斜交角。在支座选择和防止过大位移和转动的设计中，应进行精细化分析计算，并采取可靠的构造措施。

本章参考文献

[1] 徐风云. 守诚求真——公路桥梁研究成果论文集 [M]. 北京：人民交通出版社，2010.

[2] 范立础. 桥梁抗震 [M]. 上海：同济大学出版社，2001.

[3] 思远. 世界进入强震周期？[J]. 中国国家地理，2008（6）：113-121.

[4] 刘晶晶. 地震与中国人如影随形 [J]. 中国国家地理，2008（6）：122-129.

[5] 单之蔷. 祖国的另一面 [J]. 中国国家地理，2008（6）：12-19.

[6] 范立础，胡世德，叶爱君. 大跨度桥梁抗震设计 [M]. 北京：人民交通出版社，2001.

[7] 常菲菲，王克海. 大震条件下的桥梁震害浅析 [J]. 公路交通科技（应用技术版），2013（6）：113-116.

[8] 贡金鑫，张勤，王雪婷. 从汶川地震桥梁震害看现行国内桥梁的抗震设计方法（一）[J]. 公路交通科技，2010（9）：44-54.

[9] 李曙平，曾超，阳先全，等. "5·12"汶川地震桥梁震害浅析 [J]. 公路，2009（7）：125-128.

[10] 钱钢. 唐山大地震 [M]. 北京：当代中国出版社，2017.

[11] 周科，冷艳玲. 汶川地震桥梁损毁分析及公路桥梁抗震设计初探 [J]. 公路交通科技（应用技术版），2010（6）：139-142.

[12] 庄卫林，刘振宇，蒋劲松. "5·12"汶川地震公路桥梁宏观震害及启示 [J]. 桥梁，2009（1）：66-71.

[13] 叶爱君，管仲国. 桥梁抗震 [M]. 北京：人民交通出版社，2011.

[14] 李乔，李亚东. 汶川地震中的桥梁震害分析 [J]. 桥梁，2009（1）：72-77.

[15] 刘钊. 汶川大地震中桥梁震害案例分析及启示 [J]. 桥梁，2011（6）：80-87.

[16] 钟恩杨，秦小平. 都映高速公路庙子坪岷江特大桥震后结构状况专项检查 [J]. 公路交通技术，2011（6）：74-79.

[17] 王东升，孙治国，郭迅，等. 汶川地震桥梁震害经验及抗震研究新进展 [J]. 公路交通科技，2011（10）：44-53.

[18] 蒋劲松，庄卫林，刘振宇. 汶川地震百花大桥震害调查分析 [J]. 桥梁建设，2008（6）：41-44.

[19] 李亚东，强士中. 震后灾区桥梁初步考察与评估 [J]. 桥梁建设，2009（6）：68-73.

[20] 赵长军，娄亮，茅兆祥. 四川广元地方公路桥梁震害及灾后恢复重建抗震设计 [J]. 公路，2011（8）：40-44.

[21] 娄亮，李渊，赵长军. 四川井田坝大桥连续刚构设计与施工 [J]. 公路，2011（8）：114-118.

[22] 邓文中. 可能的与不可能的——简谈桥梁的安全与寿命 [J]. 桥梁，2007（5）：24-25.

[23] 郑新亮，王东升，唐亮，等. 液化场地桥梁桩基震害及其抗震研究概述 [J]. 中外公路，2008（4）：178-181.

[24] 叶爱君. 桥梁抗震 [M]. 北京：人民交通出版社，2002.

[25] 庄卫林，余翔，易志宏，等. 简支体系桥梁的震害及抗震设计对策 [J]. 桥梁建设，2008（4）：61-64.

[26] 秦东，孙利民，范立础. 独柱式桥墩在横向地震下的倒塌机理分析 [J]. 华东公路，2000（6）：9-11.

[27] 艾国柱，张自荣. 桥殇——环球桥难启示录 [M]. 成都：西南交通大学出版社，2013.

[28] 项海帆，肖汝诚，徐利平，等．桥梁概念设计 [M]．北京：人民交通出版社，2011．

[29] 贡金鑫，张勤，王雪婷．从汶川地震桥梁震害看现行国内桥梁的抗震设计方法（二）[J]．公路交通科技，2010（10）：35-46．

[30] 裴来政，刘应辉，庄建琦．都汶公路地震次生灾害活动特征与减灾对策 [J]．公路，2010（8）：83-89．

[31] 邵旭东．半整体式无缝桥梁新体系 [M]．北京：人民交通出版社，2014．

[32] 陈宝春，庄一舟，BrunoBriseghella．无伸缩缝桥梁 [M]．北京：人民交通出版社，2013．

[33] 狄秉臻，赵人达，牟严敏．地震作用下山区高低墩长联梁桥支座刚度优化研究 [J]．世界桥梁，2008（6）：56-60．

[34] 庄卫林，刘振宇．灾难过后的思考——汶川震后桥梁抗震关键技术研究与应用 [J]．桥梁，2010（6）：64-69．

[35] 范立础，李建中．汶川桥梁震害分析与抗震设计对策 [J]．公路，2009（5）：122-128．

[36] 李贞新，杨富城，赵君黎，等．公路桥梁抗震设计规范修订原则的初步设想及关键技术研究（含长大桥梁）[J]．公路，2009（5）：151-155．

[37] Kevin Jay Thompson．旧金山——奥克兰海湾桥抗震安全设计 [J]．公路，2009（5）：163-167．

第3章 水力引发的桥梁事故

水是人类赖以生存和发展的不可替代的极其重要的自然资源。水是地球上分布最广和最重要的物质之一。水不仅是生物体的重要组成部分，也是地理环境中最活跃的因素。正因为有了水，地球才变得丰富多彩，充满了生机。水给人类带来无尽的好处，但是在某些情况下，水又会给人类造成各种各样的灾害。水力引发的桥梁事故，就是这类灾害的一种。为了趋利避害，我们既要合理而广泛地使用水利，也要全面而有效地回避水害。

3.1 中国自然灾害简况

国家科技部、原国家计委、原国家经贸委灾害综合研究组根据灾害特点、灾害管理和减灾系统的不同，将自然灾害分为七大类，见表3-1。

中国政府部门采用的自然灾害分类 表3-1

序号	灾害类型	主要灾种
1	气象灾害	暴雨、干旱、寒潮、热带风暴、龙卷风、雷暴、雹灾、大风、干热风、暴风雪、冷害、霜冻等
2	海洋灾害	风暴潮、海啸、潮灾、海浪、赤潮、海水、海水入侵、海平面上升等
3	洪水灾害	洪水、雨涝等
4	地质灾害	崩塌、滑坡、泥石流、地裂缝、塌陷、矿井突水突瓦斯、冰融、地面沉降、土地沙漠化、水土流失、土地盐碱化等
5	地震灾害	地震及地震引起的各种次生灾害，例如砂土液化、喷砂冒水、城市大火、河流与水库决堤等
6	农业灾害	农作物病害和鼠害、农业气象灾害、农业环境灾害等
7	林业灾害	森林病虫害和鼠害、森林火灾等

水力引发的桥梁事故，涉及多种灾害类型。洪水往往成为这类桥梁事故的直接原因。另外，暴雨、大风、海浪、泥石流、滑坡、地面沉降等则通过水力而间接地诱发桥梁事故，情况较为复杂。对于具体的桥梁事故，往往由一两种主因和多种其他因素所造成。洪水灾害，还可分为暴雨洪水、融雪洪水、冰凌洪水和山洪等几种类型。

我国是世界上自然灾害发生最为频繁的国家之一，也是灾害最为严重的国家之一。同一时间，往往有很多地区发生自然灾害。同一地区，不仅会出现多种自然灾害，而且不同的自然灾害有时还会连续发生。例如，我国有的地区洪灾与旱灾先后出现；地震灾害与次生灾害连续发生。

我国有六大自然灾害带，主要特点如下：

（1）海洋灾害带：包括东部及南部海域。直接受海洋气候的影响，致灾灾种有：台风、风暴潮、赤潮、海浪及海水。可能使海上构筑物、船舶、渔业、港口以及海上作业等受灾。

（2）东南沿海灾害带：包括连云港以南的东南沿海地区。受海洋与陆地气候的影响，致灾灾种有：台风、暴雨、洪涝、海水入侵及风暴潮等。可能使沿海城市、港口及交通设施等受灾。

（3）东部地区灾害带：主要位于我国自西向东地势分区的第三级阶梯。受东南季风的影响，致灾灾种有：暴雨、洪涝、干旱、病虫害、冷冻、地面沉降和盐渍化等。可能受灾的范围很宽，包括城镇、工农业及交通设施等。

（4）中部灾害带：主要包括青藏高原以东地势变化的第二阶梯。受东南季风和西南季风的影响，致灾灾种有：暴雨、洪水、地震、滑坡、泥石流、水土流失、干旱、病虫害、火灾、风蚀沙化等。可能受灾的范围很宽，包括城镇、工农业及交通设施等。

（5）西北灾害带：包括西北内陆干旱区的新疆、甘肃、宁夏、内蒙古。受西风环流影响，致灾灾种有：地震、沙尘暴、冰冻、干旱、沙漠化、病虫害等。有时也会出现洪水灾害。可能受灾范围包括城镇、农业及交通设施等。

（6）青藏高原灾害带：包括西藏、青海和四川的西北部。受高原风、西南季风和西风环流的影响，致灾灾种有：暴风雪、地震、寒潮、雪崩、冷害等。可能受灾范围包括畜牧业和交通设施等。

我国的经济发达地区主要集中在长江流域、黄河流域的中下游和珠江流域。其中，长江、黄河流域发生的自然灾害多、范围广。尤其是水灾更为突出。长江中下游洪水有三个主要来源：宜昌以上的干支流、南面的洞庭湖和鄱阳湖水系。有些年份，流域内普降暴雨，三股主要洪水来自同一时期，河水猛涨，就会使长江干流出现特大洪水，造成水灾。同时，上中游植被近年来遭到破坏，泥沙淤塞严重，中游许多湖泊围湖造田，降低了分洪能力，也是洪水多发的原因之一。黄河流出黄土高原，流入平原地区，由于河道变宽、坡度变缓、流速缓慢，大量泥沙沉积河底，成为"地上河"。河床不断升高，河水只能靠人工筑堤约束，一遇暴雨，河水猛涨，易决口改道，引发灾害。

上述的六大自然灾害带所发生的各类灾害，有相当多一部分都对交通基础设施造成损害。桥梁，作为生命线工程的重要环节，所产生的危害更为严重，已为大量的灾情所证实。

3.2　中国降水分布与特点

中国幅员广大，各地区自然地理有很大差别。年降水量、24h 降水量和 1h 降水量在全国各地的分布很不均匀，具有明显的地区特点。由降水引发的洪水，同样具有显著的地区特点。

中国年降水量可划分为五个区域：

（1）年降水量大于 1600mm 的地区。包括台湾、福建、广东大部分、浙江、江西、湖南、广西、四川、云南及西藏的东南部。但福建东部沿海因受台湾的雨影效应，降水量在 1400mm 以下。

（2）年降水量 800～1600mm 的地区。包括淮河、汉江以南的长江中下游地区和广西、贵州、四川大部分地区。

（3）年降水量 400～800mm 的地区。一般分布在淮河、汉江以北，大致包括秦岭山地、黄土高原、华北平原、东北平原以及大、小兴安岭山地、内蒙古高原东南边缘和山东丘陵等广大地区。青藏高原东南边缘地区也属于这一降水带。

（4）年降水量 200～400mm 的地区。包括内蒙古高原和青藏高原东部草原带，以及西北内陆地区的天山、阿尔泰山迎风坡低山地带。这是我国天然草场主要分布地区。

（5）年降水量 200mm 以下的地区。新疆、内蒙古西部、宁夏、甘肃、青海以及西藏北部等西北广大的内陆干旱地区。正常年降水量都在 100mm 以下。塔里木盆地、柴达木盆地年降水量更少，在 50mm 以下。位于塔克拉干沙漠东南边缘的且末，年平均降水量只有 18.3mm。

我国年降水量最多的地方，是台湾北部的火烧寮。该地年平均降水量高达 6558mm，相当于上海 6 年或北京 10 年的降水量。降水量最多的一年，竟达到 8408mm。

我国年降水量最少的地方，是新疆吐鲁番盆地中的托克逊，年平均降水量仅为 5.9mm。

我国年降水量，总体上是东南地区多，西北地区少。这主要是由距海洋远近和受夏季风的影响而形成的。

影响我国的夏季风有两支，一支是来自低纬度太平洋的东南季风，另一支是来自赤道附近的印度洋的西南季风。这两支夏季风，都是从低纬度的海洋上吹来，性质温暖、湿润。因此，它们所到之处降水都普遍较多，是我国降水的主要来源。

我国各地降水量季节分布很不均匀，全国大部分地方降水集中在 5～10 月。这个时间的降水量一般要占全年的 80% 左右。南方地区雨季开始早而结束晚，雨季较长；北方地区雨季开始晚而结束早，雨季较短。我国降水量的这种时间变化特征，是与季风因锋面移动产生的雨带推移现象分不开的。

降水的等级，是根据单位时间内降水量的多少来划分的。按 24h 降雨量划分的降雨等级，见表 3-2。

降雨等级划分 表 3-2

级别	小雨	中雨	大雨	暴雨	大暴雨	特大暴雨
24h 降雨量(mm)	<10.0	10.0～24.9	25.0～49.9	50.0～99.9	100.0～249.9	>250.0

根据降水形成过程中空气上升的原因和形成，把降水分为四种主要类型：

（1）锋面雨：当冷空气和暖空气相遇时，相对较轻的暖空气被抬升，遇冷凝结而产生降水，叫锋面雨。锋面雨的降水时间长，雨区范围广，是我国东部季风区降水的主要形式。

（2）对流雨：夏季近地面空气层因局部地区增热而膨胀上升，引起空气强烈对流，使空气中的水汽因高空温度低而冷却凝结降雨。对流雨的雨区范围小、时间短，但强度大，形成暴雨。

（3）地形雨：暖而湿的气流在遇到高山等地形阻挡时，被迫沿山坡抬升，上升中的水汽因冷却而凝结成云，并导致降水。通常在迎风坡降水较多，背风坡降水较少，形成雨影区。例如，我国台湾基隆南侧的火烧寮，背倚高山，面迎潮湿的东南季风，地形雨充沛，

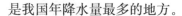

是我国年降水量最多的地方。

（4）台风雨：台风是发生在低纬度地区海洋上的一种热带气旋。由于气流自四面八方流入气旋中心，使气旋中心的空气被迫抬升，在上升中冷却而成云致雨，称为台风雨，台风雨的强度大，破坏能力也大。

厄尔尼诺对我国气候有较大影响。厄尔尼诺现象是指在某些年份，沿赤道太平洋地区东南信风盛行时，太平洋中东部的海面温度异常升高的现象。厄尔尼诺发生时，我国南方易出现低温、洪涝。在厄尔尼诺现象发生的次年，我国南方，包括长江流域和江南地区，容易发生洪灾。近百年来发生在我国的特大洪水，如 1931 年、1954 年和 1998 年洪水，都出现在厄尔尼诺年的次年。厄尔尼诺是影响我国特大洪水的重要因素之一。厄尔尼诺还对我国台风的发生次数和北方地区的高温、干旱有影响。

另外，拉尼娜对我国气候也有影响。拉尼娜现象是指赤道太平洋东部和中部海面温度大范围持续异常变冷的现象，也称为"反厄尔尼诺现象"。拉尼娜出现时，我国易发生冷冬热夏，登陆我国的热带气旋次数较常年多。

桥梁的桥位选择、桥面高程控制和桥梁孔径计算所采用的设计洪水，系根据规范规定的设计洪水频率确定。目前，推求设计洪水的方法有以下三种：

（1）根据流量观测资料推算设计洪水流量。利用水文站已有的流量观测资料，通过插补、延长并加入调查历史洪水，形成资料系列样本，进行统计分析而获得设计洪水流量及相应的设计洪水位。

（2）缺乏流量观测资料时，我国目前采用以下三种方法推求设计流量：①有少量观测资料时，加入调查历史洪水后，用适线法确定 3 个统计参数，进而求得设计流量；②根据全国水文分区经验公式确定设计流量；③根据水利部门编制的地区性《水文手册》等文献推算设计洪水流量。

（3）利用暴雨资料推算设计洪水流量。有以下几种方法：①水利科研院水文研究所推理公式；②原交通部公路科学研究所推理公式；③原交通部公路科学研究所经验公式；④单位线法汇流计算。

我国大江大河上都设置有水文站，中小河流上水文站很少，尤其是西部地区一些河流上水文站更少。大量的跨越中小河流与山区河谷的桥梁，设计流量计算主要采用以暴雨为基础资料的间接方法。暴雨径流计算公式中均包含一个重要参数 S_p，其含义是 1h 的暴雨强度，称为雨力（mm/h）。文献 ［1］ 给出原交通部公路科学研究所推理公式中 S_p 全国雨力等值线图，设计频率分别为 $P=1\%$、$P=2\%$ 和 $P=4\%$。从这三张等值线图中可以较为全面地看到我国暴雨地区分布及相应的数值（目前暂缺台湾的资料）。例如，$P=1\%$ 的雨力，最大值为 190mm/h，出现在海南和广东沿海地区。最小值为 10mm/h，出现在新疆西部和南部。另外，从图上还可以看到我国一些暴雨中心及其范围的大概位置。

下面简要介绍中国部分特大暴雨的实测资料：台湾新寮 24h 降雨量高达 1672mm；广东陆丰市的白石门水库站 1977 年 5 月 30 日 24h 降雨量 884mm；陕西渭南南塬 1981 年 6 月 20 日 1h 最大降雨量 252.8mm；海南省东方市（1991～2009 年）1h 最大降雨量 187.8mm。更大的降雨量可能有遗漏。但从上述降雨资料，可以大概了解特大暴雨的数量级。

3.3 桥梁水害概况

文献［6］收集了国内外 500 起桥梁事故的资料。其中国内 370 起，国外 130 起。除了没有明确时间记载的 80 起事故外，事故的时间跨度从 1710 年到 2005 年 4 月。其中，1900 年以后的 411 起，占已知时间内事故的 90% 以上。按事故详细原因进行了分类统计，其中水力引发的事故（原因包括洪水、冲刷、漂流物和其他水力因素）共计 69 起（国内 65 起，国外 4 起），国内外合计占比为 13.80%，国内占比为 17.57%，国外占比为 3.08%。可见，国内因水力引发的桥梁事故占桥梁总事故的比例较高，且远大于国外的同类事故所占的比例。美国土木工程杂志 1977 年 11 月刊登了世界范围有关桥梁破坏情况的报道[7]。对 1847 年到 1975 年 128 年间有资料可查的 143 座各种类型桥梁的破坏情况，作了分析研究，其中 66 座由于冲刷而导致破坏，2 座由于土体滑动、1 座由于漂流物冲击而破坏。由水力引发的事故为 67 座，占总数 143 座的 46.85%。由上述资料可以看出，水力引发的桥梁事故所占比例，随统计分析的时间跨度、年代以及地区范围而有变化，但在桥梁总事故中所占的比例是比较高的。

在水力引发的桥梁事故中，山洪对桥梁造成的损坏更为严重。山洪的特点是来势猛、水量大、流速快。山洪有时直接冲坏桥梁上下部结构，有时冲刷桥梁基础，有时其挟带的漂流物还会撞击桥墩和桩基。1991 年 Shirhole 和 Holt 调查了全美 823 座毁坏桥梁，发现很多桥梁是被山洪冲垮或损毁的，且损毁较严重。我国山岭地区，每年都会发生山洪造成的灾害，公路、桥梁的水害严重。梁桥在山洪作用下的失稳破坏形式，主要有支座水平位移破坏、支座剪切破坏、由于支座失效导致的主梁破坏、主梁材料恶化对主梁的削弱等。板式橡胶支座因其摩阻力很小，山洪作用下梁体容易发生漂移、错位，剪切变位过大会发生剪破或塑性变形而失效，背水面支座受力过大时，将失去弹性而丧失承载力。钢支座的破坏形式有：支座横向约束的齿板被剪坏；固定支座的螺栓横截面较小时会被剪断。另外，由于洪水侵蚀、冲刷造成梁体结构材料恶化，往往在雨后天晴、气温升高时材料膨胀变形，致使梁体承载力大幅下降。拱桥在山洪作用下的破坏形式，与洪水流速以及洪水位的大小有关，尤其是漂流物较多时，往往堵塞空腹拱的腹孔，降低过水能力并抬高上游侧桥前水位，随着流速的增大，水流迸发出脉动压力，对桥体形成强大的推动作用，导致上部结构损坏甚至垮塌。实腹式拱桥在山洪作用下的风险更高。侧墙阻水面积大，水位较高时，造成桥前壅水，产生很大的水压和推力作用。此时，当拱桥一端侧墙与拱圈之间的横向约束相对于另一端较弱时，或一端侧墙受到随洪水而来的漂流物撞击时，或拱桥处于峡谷河段，河槽两岸的边坡坡度相差较大，导致拱桥的两端洪水流速不同时，拱桥一端的侧墙先被洪水冲走或损坏，因而造成拱圈两端承受非对称竖向荷载。同时，洪水向上的浮力减小了拱桥上部结构的自重，导致拱桥在山洪水平冲击力作用下极易发生拱圈纵向失稳破坏。另外，山洪对拱桥墩台基础和桥台护坡的冲刷，往往引起基础变形或沉降，导致拱圈开裂、变形甚至垮塌。

山区发生暴雨洪水时，某些情况下还会引发泥石流或山体滑坡，尤其是大地震之后的相当长一段时间内，因暴雨洪水引发的这类次生地质灾害，其危害更为严重。下面介绍几起实例。

2003 年，贵州凯里至三穗高速公路某大桥施工现场附近，于 2003 年 5 月 9 日发生特大滑坡，35 人遇难。滑坡产生的主要原因是连日大暴雨，降水量超过 300mm，山体岩土松散，桥墩施工开挖边坡高度约 26m，倾角约 50°，这几种不利因素的组合，导致大滑坡的发生。外部主要原因是多日的连续降雨。

2013 年 7 月 7 日至 10 日，四川盆地西部、西北地区东部、华北地区中南部、黄淮北部、华南南部出现大范围降雨过程，局部出现大暴雨，并伴有雷电、冰雹等强对流天气，引发洪涝、风雹、山体滑坡、泥石流等灾害。15 省区 146 个县（区、市）167.1 万人受灾，超过 35 人死亡或失踪，四川省灾情最严重。都江堰市中兴镇三溪村发生特大型高位山体滑坡，滑坡体规模约 150 万 m^3。11 户村民房屋被毁，2 人遇难，21 人失踪。40 多小时连续强降雨，降雨量达到 941mm。在这次暴雨洪水过程中，绵竹市锦远河牛鼻子大桥、兴隆拱星大桥和绵竹市新市镇射水河观鱼新桥等先后被洪水冲毁。九寨沟环线公路绵阳市平武县过境路段被泥石流冲毁，交通中断。这次洪灾造成四川省成都、绵阳、德阳等 14 个市（自治州）64 个县（区、市）145 万人受灾，7 人死亡，31 人失踪。

2008 年 "5·12" 汶川特大地震发生后的 2010 年 8 月 13 日、2011 年 7 月 3 日和 2013 年 7 月 13 日分别发生了三次大型区域性山洪泥石流灾害（分别简称 "8·13" "7·03" "7·13" 泥石流灾害）。这次山洪泥石流对桥梁的危害，有以下几种形式：

（1）直接冲毁

"7·13" 泥石流灾害的一种主要形式是直接冲毁桥梁。这是山洪泥石流对桥梁造成危害最严重的形式。国道 213 线福堂坝大桥、兴文坪大桥等 11 座桥梁被直接冲毁，占被调查桥梁（共 96 座）的 11.5％。福堂坝大桥和兴文坪大桥是因山洪泥石流冲毁桥墩而导致桥梁垮塌。毛家湾中桥则是主梁被泥石流冲毁。

（2）桥下净空淤塞或桥梁被淹埋

在三次泥石流灾害中，共有 27 座桥出现这类病害。轻微者桥下净空被淤塞，严重者整桥被掩埋，是山洪泥石流桥梁灾害的常见形式。例如草坪 2 号大桥桥下净空几乎被泥石流填满。

（3）桥梁被洪水淹没

桥梁被洪水淹没多数是由于泥石流进入河道，压缩河床过水断面或形成堰塞湖，导致水位上升所致。在三次泥石流灾害中，共有 11 座桥梁被洪水淹没。例如连山村特大桥受银杏幸福沟泥石流的影响，沟谷堆积物形成了顺沟谷长约 150m、平均厚度 15m 的扇形堰塞体，阻塞岷江，致使该处岷江水位抬高约 15m。上游岷江江面变宽后，造成岷江上游连山村特大桥的桩基施工场地及设备被淹没。此外，映秀岷江桥、银杏坪中桥、羊店 1 号桥等桥梁也出现被洪水淹没的情况。

（4）基础冲刷或桥墩腐蚀

这类危害主要发生在冲沟型泥石流流通区。在三次山洪泥石流灾害中，共有 12 座桥出现这类危害。山洪泥石流下蚀沟床可以几米到几十米不等。泥石流下蚀沟床会使桥梁墩台和护岸基础被掏空，致使过沟建筑物和防护工程毁坏。例如，国道 213 线 K38＋020 中桥基础被严重冲蚀，危及桥台或桥梁安全。在 "7·13" 泥石流中，桃关沟中桥 3 号桥墩、4 号桥台基础被冲刷掏空，桥墩腐蚀严重，第 3 孔几近垮塌，严重威胁桥梁安全。

（5）主梁、桥墩被推挤

出现这类危害的桥梁有8座。例如草坪2号大桥主梁受泥石流推挤横向位移达80cm，主梁从支座上落下，挡块破坏。兴文坪大桥第4跨受前3跨主梁落梁的影响，发生位移并伴有转动，其主梁从支座上掉下，导致挡块破坏，几近落梁，且主梁横向移位超过50cm，纵向移位超过20cm。另外，泥石流推挤作用导致部分桥梁墩柱、桥台发生开裂。例如，福堂大桥墩顶因推挤出现6条裂缝，最大裂缝宽1mm，且有发展趋势。

（6）主梁被砸断

出现这类事故的桥梁有5座。其中，连山村特大桥左幅1号桥第39孔被砸断；2号桥右幅第15孔主梁腹板被毁，预应力钢束断裂，普通钢筋损坏，致使该桥仅能单幅限行。另外，一碗水中桥也出现主梁被砸断，导致交通中断的情况。

山洪泥石流往往裹挟着体积较大的漂石。砸毁连山村特大桥左幅1号桥第39孔的巨石直径达3m，砸毁连山村特大桥右幅2号桥的巨石直径超过3m。

山洪泥石流砸断主梁造成的破坏极其严重，巨石的冲击力更是任何桥梁结构难以承受的。

（7）主梁下挠或主梁上拱

这类危害出现较少。例如，簇头沟中桥因桥面上堆积大量泥石流体，主梁下挠；福堂大桥左线桥因桥下泥石流堆积物向上顶推主梁，导致2号墩顶处桥面上拱。

河道大规模采挖砂石料会引起河床加深加宽，出现不规则的坑槽，水流流到这些坑槽处类似进入泥沙地，使推移质和黏土细料沉积，从而改变河床与水流的状态。例如，俄罗斯（Russian）河与支流干河（Dry Creek）的上游均有水坝，跨越干河的两座桥都处于水坝下游清水冲刷河段。该河段因过度开采砂石料而加深和拓宽。在干河流入俄罗斯河的河口出现溯源冲刷，自河口向上游影响长度达55km。该河段河床断面发生很大变形，跨河建筑物受到危害。

我国新疆乌奎高速公路上的玛纳斯河大桥出现的水害就是河床大量挖砂引起的。该桥为13×25m预应力混凝土T梁桥，柱式桥墩，扩大基础，重力式桥台，桥梁全长330.89m。于2000年8月建成。此后十年中，在桥位上下游大量进行采挖砂石料，河道内遍布形状不一的采砂深坑，受历次洪水冲刷，下切河床非常严重，至2010年，河床实际冲刷已达6.0m左右，2010年7月30日，洪峰流量490m³/s通过桥下，洪水主要集中在第4孔至第7孔。2010年8月14日再次发生洪水，靠上游幅的7号桥墩基础发生倾斜沉降的险情，桥墩混凝土局部破碎，桥面下沉约39cm，桥墩盖梁横向偏移约30cm，桥上交通中断。

2012年7月21日至22日，北京发生了自1963年8月极端降水事件以来最强的一次特大暴雨。城区所有河道均产生洪水，房山区20小时降雨量最大为460mm。人民群众生命财产遭受重大损失。这次暴雨使房山区大量农村公路、桥梁与若干设施遭到重大损坏。水毁的主要原因有三项：（1）洪水迅猛，水位较高，超过了原有构造物的建设标准；（2）部分河道由于多年盗采盗挖砂石料，河床极为凌乱，洪水行进不畅，导致河道壅水抬高，造成重大损失；（3）特大暴雨引发山区水石流和泥石流，形成次生灾害。

我国自改革开放以来，国民经济高速发展，推动公路、铁路、水利、城乡建设、工农业等基本建设工程突飞猛进，需用大量砂石材料，全国各河流采砂挖砂的数量十分惊人，某些河道目前已达到无砂可采的地步。很多河流因过度采砂挖砂，河床与水流发生很大改变，对包括桥梁在内的跨河建筑物与沿岸建筑物均带来不同程度的危害。这是桥梁水害严重的主要原因之一。关于人工采砂带来的危害，日本也经历过这样的历史阶段。1960～1972 年间，日本对国内 60 条河流进行统计，河床普遍下降，这个时期是日本全国用砂量最多的时期。在这十多年中，桥梁发生墩台倾倒的数量最多。20 世纪 70 年代以后，日本总结了教训，采取措施禁止乱采河砂，灾害才逐渐减少。

水力引发的国内外部分桥梁事故简况，可参阅本书附录一和附录二。

3.4　水力引发的国内桥梁事故实例

实例一　湖南岳阳余坪大桥

2012 年 5 月 12 日，湖南平江连续 6h 内普降特大暴雨，降雨量平均在 150mm 以上，其中最多达 209mm，导致平江发生百年一遇的特大山洪灾害。连接余坪乡与梅仙镇的湖南岳阳余坪大桥桥墩被山洪和从上游冲下的三艘挖砂船、树木等各类漂流物撞击，导致长度 120m 的大桥垮塌（图 3-1）。该桥为 3×30m 石拱桥。这次垮桥事故致 6 人失踪，3人受伤。桥梁垮塌后国内一些媒体的报道将该桥称为"平江县昌河桥"，即岳阳余坪大桥。见本书附录一序号 54。

图 3-1　湖南岳阳余坪大桥——垮塌桥体散落在河中

实例二　成都市三渡水大桥

成温邛公路三渡水大桥，1967 年建成时为双车道桥，1993 年又在该桥旁边修建了一座新桥，两座桥合并成了现在的三渡水大桥。该桥为 15×35m 双曲拱桥，全长 550m，桥宽 26.5m，交通量非常大。2004 年 9 月 7 日上午 8 时许，成温邛公路跨金马河的三渡水大桥新桥部分一侧突然下陷，50 多米长的桥面在半小时下沉 0.5m，两个巨大的桥墩明显倾斜，整座桥岌岌可危。随后，新桥和旧桥的第 3、4、5 孔桥面相继垮塌，坠入河中（图 3-2）。

事故发生后进行的调查分析指出：垮桥的首要原因是设计上水文分析缺乏深度，对局部冲刷估算不足，基础设计存在严重缺陷，导致在长期洪水冲刷下基础发生较大沉降而引发桥梁垮塌。其次，施工和管理也有缺乏

图 3-2　三渡水大桥新旧大桥中部垮塌

经验的因素。

实例三　陕西白河县冷水河大桥

316 国道陕西省白河县境内冷水河大桥于 1985 年 6 月建成通车。该桥为 20m＋80m 双曲拱桥，宽度 7m，全长 122m，桥梁高度 30m。2006 年 11 月 25 日凌晨，在桥上没有车辆行驶的情况下突然垮塌（图 3-3），致使 316 国道交通中断。垮塌部分是主跨 80m。事故发生后的调查分析指出，垮桥的原因，一是原设计标准为汽-15，经过近 21 年的使用，已不能适应日益增大的交通荷载；二是 2003 年和 2005 年汉江几次发生洪水，大桥长时间浸泡多次，2003 年浸泡时间达 10d，2005 年浸泡时间 3d。洪水长时间的浸泡导致结构整体强度下降；三是近年来，超限车辆

图 3-3　冷水河大桥垮塌

日益增多，尤其是襄渝铁路复线开工后，超载运输车辆剧增，316 国道白河县境内无超限检测站，管理上对超限车辆无法控制，对桥梁的使用造成了很大的危害。可见，这是一起由自然因素和人为因素共同作用引发的桥梁灾害。见本书附录一序号 40。

实例四　北京市房山区××桥

2012 年 7 月 21 日至 22 日，北京市发生特大暴雨。房山区 40h 的降雨量达 460mm，大量农村公路遭受重大损失。跨越夹括河的××桥，为单孔 19.6m 双曲拱桥，下部结构为重力式桥台。特大暴雨致洪水迅速上涨，使桥梁遭受损坏。根据灾后检测报告，桥梁已存在安全隐患，确定拆除重建。原设计防洪标准为 10 年一遇偏低，遭遇特大洪水致桥梁破坏。恢复重建采用 4×20m 装配式预应力混凝土连续箱梁。见本书附录一序号 86。

实例五　北京市房山区××桥

该桥跨越大石河，位于平原地区，主河槽宽约 50m，河道两岸防洪堤的距离为 280m。××桥为 4×15m 钢筋混凝土 T 梁，跨越主河槽。1998 年建成。2012 年 “7·21” 北京特大暴雨灾害中，大石河发生大洪水，河滩水位高于桥面顶部高程约 1.2m。灾后检查发现，上部结构 12 片 T 梁腹板普遍存在竖向裂缝，多达 313 条，裂缝宽度 0.08～0.26mm，个别呈 L 形和 U 形。另外，桥梁支座、桥面、伸缩缝等处亦有损坏。处置方案为利用原有下部结构，上部结构拆除重建。见本书附录一序号 87。

实例六　黑龙江××桥

该桥为 3×25m 乱石拱桥，全长 90m，桥面净宽净-6m＋2×0.75m，下部结构采用砌石墩台，均为扩大基础。于 1987 年建成通车。2013 年夏季该桥第一、二跨发生坍塌事故。桥位处水文资料如下：设计洪水流量 415m³/s，河槽设计流速 1.84m/s，河槽宽度 95.6m，河槽平均水深 2.40m，最大水深 2.60m，河床地质为非黏土层。

事故发生后进行了以下两项计算：

（1）按《公路工程水文勘测设计规范》JTG C30-2002 计算桥墩冲刷深度。

按规范公式（64-2）及公式（64-1）计算得到一般冲刷深度 $h_p=5.84m$ 和 $h_p=4.83m$，采用 $h_p=5.84m$。

按规范修正公式（65-2）及公式（65-1）计算得到局部冲刷深度，$h_b=2.30m$ 和 $h_b=2.35m$，采用 $h_b=2.35m$。

桥墩冲刷深度 $h=h_p+h_b=5.84m+2.35m=8.19m$。明显超过了基础的埋置深度线。

在水流的冲刷下，桥墩实际上发生了变位。现场测量值为：1 号桥墩基础的沉降量达到 5cm，倾斜率达到 1/3。

（2）按拱脚强迫位移计算拱圈的应力。

采用 Midas/Civil 软件按三维有限元模型分析拱圈的应力及变形。得到：第 1 跨拱顶截面上拱值为 94.4mm，相应的截面上缘拉应力为 76.4MPa；第 2 跨拱顶截面下挠值为 98.7mm，下缘拉应力为 82.4MPa。两跨拱圈的应力及变形均远远超过此类材料与结构所能承受的限值。

上述分析表明，桥墩基础由于洪水冲刷而发生过大的沉降与倾斜，是导致桥梁垮塌的原因。见本书附录一序号 69。

实例七　陇海铁路西安灞河大桥

该桥为 $13×26.1m$ 下承式钢板梁双线大桥。2002 年 6 月 9 日山洪暴发冲倒桥墩，导致上部结构垮塌（图 3-4）。

灞河大桥建于 1934 年，$16×26.1m$ 单线下承式钢板梁，木桩基础，截面为 $0.25m×0.25m$，桩长 $7.5～8.5m$。后改建为 $13×26.1m$ 单线下承式钢板梁。1965 年改为双线桥，因原桥墩较宽，可满足双线混凝土墩台要求，为节省投资，仅将墩帽部分改造加宽，但基础仍为木桩。1979 年桥址处及下游河床下切约 1.5m，基础承台及木桩暴露，采用河床整孔防护进行加固。1989 年，下游河床又下切了约 4.0m，局部平面防护垂裙基础悬空，又增设二级平面防护和深 5.0m 的垂裙。至 2002 年 6 月 9 日大桥坍塌前，下游河床因

图 3-4　洪水中灞河大桥垮塌

多年大量挖砂等原因，河床下降，桥址下游防护形成了两级跌水，分别位于桥址下游 15m 及 30m 处，高差约为 3.6m 和 5m，总高差达 9m。为山洪冲击桥墩埋下了隐患。见本书附录一序号 56。

事故发生后，进行了调查分析，大桥垮塌的主要原因有以下 3 点：

（1）桥位下游河道长期过量采砂，河道内泥砂进出不平衡，改变了河床的自然坡度及水流形态，大桥处河床采用整孔平面防护，成为溯源冲刷并致桥下形成跌水的诱因。长年累月地开挖河砂，使得河道防护功能丧失。数据显示，20 世纪 90 年代以后，每年以 0.4m 的速度下切河床，至 2002 年遭遇大洪水，河道防护垂裙悬空破坏，并延伸至桥墩，

终于导致大桥垮塌。

（2）大桥建设年代久远，基础设计标准低，采用木桩基础且深度不足，虽经多次加固，但因河床下切严重，抗洪能力明显不足。木桩暴露在空气中，出现腐坏，丧失了承载力。

（3）1979 年、1989 年、1997 年对桥位河段的河床进行了加固。加固范围达到上游40m，下游 30m，宽约 350m，混凝土铺砌的总量约 3 万 m³，投资巨大。这种全河槽、大范围硬化河床的方式，造成河流流速较大处易冲毁铺砌，流速较小处则易于淤积，较大程度改变了河流的原有形态，形成桥下单宽流量局部突增。采用铺砌提高流速后，造成桥位下游铺砌局部冲刷增大，危及桥墩的安全。

根据铁道部的决定，另选桥位，改建陇海铁路灞河大桥及两端引线。桥型方案为24m+11×32m 预应力混凝土梁桥，按双线铁路设计。全长 395.88m，墩台均为钻孔桩基础，总投资 4650 万元。

实例八　湖南××桥

3×57m 预应力混凝土连续箱梁桥。主梁为单箱单室截面，梁高 320cm，顶板全宽830cm，底板宽 450cm，顶板厚度 25cm，底板厚度 50cm（墩顶）～22cm（跨中），腹板厚度 75cm（墩顶）～45cm（跨中），采用 C50 混凝土。箱梁采用支架上整体现浇。分为三段进行施工，第 1 段长度为第 1 跨 57m 和第 2 跨的 12m，第 2 段长度为第 2 跨剩余的45.8m 和第 3 跨的 12m，第 3 段为第 3 跨剩余的 48m。按上述顺序浇筑箱梁混凝土，均达到强度要求后张拉对应段的预应力束。

该桥在完成第 2 段箱梁混凝土浇筑后 20 天，遭到突发的暴雨山洪冲击，第 2 跨的支架被洪水彻底冲毁，但此时第 2 段箱梁尚未张拉纵向预应力束，完全由钢筋混凝土结构承受其自重。支架垮塌后的调查观测发现：中跨跨中有下挠，与混凝土浇筑后第 4 天的高程比较，跨中下挠约 97mm，而且箱梁内部的底板及腹板上出现大量裂缝。当即对第 2 跨箱梁进行预应力束张拉，梁体上挠了 59mm，大量裂缝闭合。见本书附录一序号 92。

按现场实际情况，采用 ANSYS 软件的实体单元建模对箱梁进行计算，从理论上模拟支架垮塌的过程，分析支架垮塌后梁体的位移、裂缝形态和应力状态以及钢筋的应力。得到结论如下：

（1）支架倒塌的瞬间第 2 跨跨中的理论竖向变形值为 81.6mm，与现场实测值 97mm接近。预应力束完成张拉后，跨中竖向位移上升 59mm，实测值与理论值很接近。表明用实体模型分析支架垮塌的影响是可靠的。

（2）实测裂缝的范围及裂缝开展的高度与理论计算基本一致。

（3）支架倒塌时，箱梁中的钢筋应力计算最大值为 259.4MPa，出现在 3 号墩墩顶截面上缘。该应力值小于 HRB335 钢材的屈服标准强度。表明支架垮塌时箱梁内的钢筋没有屈服，如果通过张拉预应力束以及其他加固措施能使裂缝闭合，可以认为箱梁仍可按弹性体进行计算。

（4）标准荷载组合下，控制截面最大压应力为 17.8MPa，超过规范规定的受压区混凝土最大压应力 $0.5f_{ck}$（16.4MPa）的限值。因此，应对箱梁进行加固。

该桥采用的加固措施：3 跨连续箱梁的桥面现浇层厚度由原来的 10cm 增大到 12cm，

参与箱梁受力；在第 2 跨箱梁布设 2 束 ϕ_j^s15.24 钢绞线体外预应力束；宽度大于 0.1mm 的裂缝采用"壁可法"处理。

实例九 北京房山区涞宝路九渡漫水桥

2012 年 7 月 21 日北京发生特大暴雨。强降雨持续 16h，至 22 日 2 时，全市平均降雨 164mm。最大降雨点在房山区河北镇，从 21 日 10 时至 22 日 6 时，（计 20h）降雨量达 460mm，接近 500 年一遇。房山区山洪暴发，洪水下泄，拒马河最大洪峰流量 2500m³/s。暴雨造成全市受灾人数达 190 万人，其中房山区 80 万人。

在跨河桥梁中，漫水桥大多损坏。其中九渡漫水桥特别严重，上部结构几乎全部被冲垮坠落水中。该桥为 13×16m 三联装配式空心板。拒马河张坊水文站"7·21"洪水时的实际最大洪峰流量为 2500m³/s，远远小于 20 年一遇的洪峰流量。由此可以推断"7·21"洪水应小于 20 年一遇的洪水流量值。但"7·21"洪水则接近 20 年一遇设计洪水位。例如，九渡桥 20 年一遇设计洪水位为 155.19m，"7·21"实际洪水位为 156.7m，高于设计洪水位 1.51m。九渡桥 20 年一遇设计洪峰流量为 6801m³/s，而"7·21"实际洪水流量约 2500m³/s，远远小于设计洪水。造成这种现象的原因是，现状河床的两侧大量修建旅游设施压缩了河道，还修建了多处截水坝等构筑物使河床的泄洪能力减弱。在这次洪水中，漫水桥大都损坏。除九渡漫水桥外，二渡漫水桥也被洪水冲毁。该河道上"7·21"之前新建的一些桥梁，由于适当提高了设计洪水位，桥梁长度和基础埋置深度适当留有余地，在"7·21"洪水发生后大多完好，仅个别桥梁出现桥头冲损、主梁塌落和桥面过泥的情况。见本书附录一序号 90。

实例十 贵州望谟县城解放桥

2011 年 6 月 5 日夜晚至 6 日凌晨，望谟县发生持续强降雨。暴雨中心位于望谟北部，最大 1h 降雨量为 125mm，24h 降雨量为 365mm。大暴雨引发特大山洪泥石流，县城多座桥梁遭受损坏，解放桥受损最严重。该桥为单孔钢筋混凝土双曲拱桥，跨径 30m，于 1975 年建成通车。桥梁宽度 9m，桥长 52m，桥高 8m。桥面高程 534.543m，桥下河底高程 526.883m，2011 年 6 月 6 日最高洪水位 535.601m，洪水漫过桥面约 1m。受洪水冲击，桥面、主拱圈、腹拱、横墙等主要受力结构遭到不同程度的破坏。腹拱、横墙开裂，拱座上方泄洪洞边墙与桥面接触带发生贯穿性裂缝，缝宽 5～15mm。据望谟县水文站的分析计算，本次特大洪水的重现期超过 200 年。见本书附录一序号 50。

根据灾后的调查研究，解放桥破坏严重，且孔径偏小，决定拆除重建新桥。新建大桥采用单孔 60m 跨径钢筋混凝土上承式箱形拱，桥面设计高程 538.601m，较老桥桥面高程提高约 4m。

在这次洪灾中，另一座受损较严重的桥为宁波桥。该桥为 3×16m 石拱桥，于 2011 年建成通车。2011 年 6 月 6 日大洪水漫过桥面达 1.5m，大水翻过两岸河堤冲毁岸边房屋，泥石流通过河道，河床抬高约 1.5m。该桥泄洪能力明显不足，灾后决定另选桥位修建新桥。新桥采用 18.85m＋38m＋18.85m 斜腿刚构桥。见本书附录一序号 51。

实例十一 贵州沿河县沙坨特大桥

沙坨特大桥的孔跨布置为 （18＋20＋180＋3×20＋18＋16）m，全长 340m。桥面净宽为净-7m+2×1m。主孔 180m 为桁式组合拱，边孔为连续刚构。主拱矢跨比为 1/6，腹杆为斜拉杆式。该桥于 2001 年建成通车。设计荷载汽超-20，挂-120，发生水害前技术状况为二类，正常运行。

沙坨特大桥跨越乌江干流，其上游约 320m 处为已正式运行的沙坨水电站。大坝水库正常蓄水位 365.00m，上游最高通航水位 365.00m（内河三级航道），上游校核洪水位 369.33m，大坝下游校核洪水位 327.58m。

2014 年 7 月 13 日起，乌江中上游连降暴雨，7 月 15 日至 7 月 17 日期间乌江流域各级电站紧急泄洪。沙坨电站水库下泄流量由 1000m³/s 开起，先后 5 次紧急开闸泄洪，泄洪流量分别达到 5000m³/s、7500m³/s、9850m³/s、12500m³/s，至 16 日 17:49 出库流量达 17200m³/s。导致河水猛涨，至 16 日 21:50 县城洪水位达到 309.90m，超警戒水位 0.9m。沙坨特大桥被猛烈的洪水冲击，遭受严重破坏。主孔拱圈拱脚附近底板（箱形截面）混凝土被完全冲毁，部分腹板开裂。经调查研究，判定沙坨特大桥为五类危桥，立即封闭交通。见本书附录一序号 78。

后于 2017 年另选桥位建设新沙坨大桥。新桥位位于水库大坝上游约 800m 处。桥面设计高程 405.0m。大桥孔跨布置为 7×30m+240m+6×30m，桥梁全长 658.8m。主孔为 240m 跨径上承式挂篮悬浇钢筋混凝土箱形拱。边孔为预应力混凝土箱梁。新桥已于 2019 年建成通车。

实例十二　台湾高屏溪旧大桥[23]

高屏溪亦称为下淡水溪。河东面是屏东县，西面是海港高雄市。高屏溪旧桥跨越高屏溪河，该桥为双向六车道预应力混凝土梁桥，主桥为 3 跨连续梁结构，于 1978 年建成通车。

2000 年 8 月 27 日下午约 3 时许，桥上车流如洪，大桥 21 号墩与 22 号墩之间的梁体突然拦腰折断，下塌部分长达 100m 左右，其中一部分桥面还被河水冲走。正在过桥的 16 辆汽车和 2 辆摩托车来不及刹车，纷纷坠落河中（图 3-5、图 3-6）。垮桥导致 22 人受伤。见本书附录一序号 36。

图 3-5　台湾高屏溪旧大桥拦腰折断　　　　图 3-6　台湾高屏溪旧大桥断口处的汽车

事故发生后，经过调查研究和审议，表明大桥结构设计没有问题。事故的主要原因有以下 3 点：

（1）整治河道时的导流设计错误，施工单位在加固河床的工程中，以蛇笼把原来的高屏溪主流引导到第 21 和 22 号桥墩范围，致使洪水冲刷该处河床，导致第 22 号桥墩基础

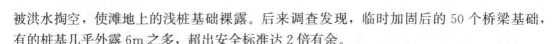

被洪水掏空，使滩地上的浅桩基础裸露。后来调查发现，临时加固后的 50 个桥梁基础，有的桩基几乎外露 6m 之多，超出安全标准达 2 倍有余。

（2）该地区多次遭台风袭击，而风灾后该桥加固措施不到位。这次事故发生前又受台风引发的高水位洪水冲击，是造成事故的主要原因。

（3）在桥位上、下游河道中盗采砂石料使河床下降，桥基外露。河床在短短几年间下降十几米，而且屡禁不止。

台湾是我国降雨量最大的地区，暴雨、大暴雨发生频次高，造成的水害严重。例如，2009 年 8 月 10 日，一场特大暴雨猛降高屏溪上游，雨量达 2000 多毫米，引发特大洪水。位于高雄、屏东交界处的双园大桥被冲断的长度达 500m。

3.5　水力引发的国外桥梁事故实例

实例一　加拿大安大略湖蜜月桥

该桥位于加拿大安大略湖尼亚加拉大瀑布下，桥两端连接加拿大和美国，是著名的旅游胜地观光桥梁。蜜月桥为主跨 256m 上承式双肋钢桁双铰拱桥，矢跨比 1/5.6，等高拱肋 7.9m，全长 378m。1897 年建成，1898 年正式开放。该桥同时也称作瀑布景观桥。经常有大量游客在桥上观赏大瀑布。

1938 年 1 月 23 日，上游的伊利湖上骤发暴风雨，夹带冰雹的暴雨引发洪峰涌向河道下游，浸漫大瀑布。12 个小时内瀑布底下的河面积满了无数巨大冰块，高过了拱脚 3m，达到了常水位以上 15m。冰块的压力推压主孔桥台，拱圈脚的铰支承遭到严重破坏。到三四天以后的 1938 年 1 月 27 日下午 4 点 20 分，桥跨自由解体向谷底坠落，砸到了向河流下游漂移的冰面上。冰凌的挤压冲击，砸断了加拿大一岸拱脚的支撑铰链，将桥体从桥墩上扯脱使钢桁拱架扭曲着坠落至冰面。浮动的冰层又拖着桥梁残躯渐渐脱离美国一侧的桥台，然后残桥桥体成一个整块落下，横卧在河道中（图 3-7）。清理冰面上桥梁残体的工作难度很大，直到 1938 年 4 月 12 日才处理完毕。见本书附录二序号 31。

图 3-7　洪峰中的加拿大安大略湖蜜月桥

很幸运的是，管理人员在冰凌肆虐期间及时封闭了桥梁，没有观光客在桥难中遇险。

这座主跨达 256m 的钢拱桥，雄踞当时世界大跨度拱桥的前列。在正常情况下，它的强度和稳定性也是可靠的。但是，在 40 年的运营时间里，每遇大风或接待观光客的乐队正步过桥时，都会发生晃动，表明其刚度可能不是很充裕。设计者更没有考虑到有可能出现特大暴雨伴随洪水冰雹，会使水面以上的拱脚遭到巨大冲压，因而埋下了灾难隐患。

后来在原桥位新建了一座上承式无铰钢拱桥，结构形式与原桥基本相同，但跨径增大为 290m，且加强、加宽了。更大的变更是，新拱桥的拱脚支承处较旧桥升高了约 7m。新桥命名为彩虹桥（Rainbow Bridge）。

实例二 印度班本岛铁路大桥

该桥为连接印度大陆与班本岛之间的铁路桥。1964 年 Rameswaram 强热带风暴掠过印度班本岛时，掀起高达 7m 的巨浪，将桥梁 126 孔摧毁（全桥共计 145 孔，约 87% 的桥跨被破坏）（图 3-8），当时正在桥上行驶的旅客列车坠入海中，大约 150 名乘客全部遇难。见本书附录二序号 24。

图 3-8　印度班本岛铁路大桥垮塌现场

实例三 葡萄牙亨特兹公路大桥

该桥跨越乌罗河，是连接河间镇和派瓦堡镇的公路桥梁。上部结构为多跨钢混结合梁。主梁为钢桁架，其上为混凝土桥面板。下部结构为整体式桥墩。

2001 年 3 月 4 日，当晚狂风暴雨，具有山区河流特征的乌罗河，洪水猛涨，激流翻滚。桥上车辆与行人依旧络绎不绝。突然一阵轰隆隆的巨响，桥梁垮塌了。满载一车乘客的大巴士与三辆小汽车坠入河水中，还有一些行人也掉入水里。共计 70 人在这次事故中遇难。倒塌的是主通航孔及其邻孔，这部分桥墩位于河流的深水区（图 3-9）。见本书附录二序号 35。

灾难后进行的调查分析，指出了这次事故的主要原因有两项：

（1）桥难发生前的二十多年里，肆无忌惮的采挖河砂"屡禁不止"，实际上是纵容和默许的。破坏了河床的稳定，加剧了洪水的冲刷，使桥梁墩台丧失稳定。发生特大洪水，导致巨大灾难。

（2）政府及有关部门长期对河道、桥梁

图 3-9　葡萄牙亨特兹公路
大桥倒塌后残存的桥墩

疏于管理，官僚主义严重，埋下了隐患。事故发生后，运输部长引咎辞职。对几家采砂企业进行起诉，追究他们应承担的民事和刑事责任。

实例四　法国图尔市威尔逊桥

该桥为 13 孔石拱桥。跨越卢瓦尔河，为建于 1779 年的老公路桥。在 1978 年洪水中一个桥墩下沉，一个桥墩垮塌，致拱圈破坏。发生事故的主要原因：桥墩基础为木桩，在以往年代低水位期间腐蚀了。1978 年发生洪水时，木桩毁坏，引发拱体破坏。这座石拱桥的寿命长达 199 年，而且基础为木桩，可以算是长寿桥梁了。见本书附录二序号 16。

实例五　意大利热那亚莫安迪桥

莫安迪桥（Morandi Bridge），亦称为波尔切韦拉桥（Polcerera Bridge）。该桥为跨越河流、铁路和工业区的高架桥，全长 1182m，桥面高出地面 45m。主桥为三塔斜拉桥，引桥为多跨高架梁桥，1968 年建成，是热那亚主要交通枢纽之一，也是衔接意大利北部和中部的主要高速公路通道（图 3-10）。

2018 年 8 月 14 日上午 11 点 30 分，莫安迪桥在暴雨中突然坍塌（图 3-11）。垮塌桥段长约 100 多米，有 20 辆小车与货车连同折断的桥体坠落地面，砸中桥下约 100m 长的铁轨。官方确认的遇难人数为 38 人。

图 3-10　倒塌前的意大利热那亚莫安迪桥

图 3-11　倒塌后的意大利热那亚莫安迪桥

该桥自 1968 年建成通车以来，已多次出现健康问题，并于 2016 年开始进行维护工作，包括对基础进行加固。但是到了 2018 年 8 月 14 日，在暴雨夹着雷鸣闪电的袭击下终于毁坏。垮塌的部位为一个主塔及其两侧的桥面。事故的原因，有专家分析，可能是：

（1）斜拉索外包裹有混凝土，拉索受到锈蚀出现健康问题后不易被检测和修复，埋下了隐患。

（2）该桥采用挂孔结构，这种构造容易滑动，在恶劣的自然条件下，挂孔就可能坠落。随着挂孔自重荷载的消失，剩余梁体会受到一个很大的向上的力，导致整个结构崩塌。见本书附录二序号 36。

可见，在结构自身先天带有缺陷的情况下，受到暴雨等自然力的冲击，便引发了这次重大灾难。

实例六 肯尼亚恩盖·恩德萨铁路桥

该桥是连接内罗毕和蒙巴萨的一座石拱桥，跨越 Ngailithia 河。1993 年某日，洪水猛涨，摧毁了这座具有 95 年桥龄的旧拱桥。此时正好有一列火车通过桥上，卧铺车厢坠入河中，144 人遇难，成为因水害事故造成的重大灾难之一。见本书附录三序号 21。

实例七 印度安德拉邦××铁路桥

2005 年 10 月 9 日，印度东南海岸安德拉邦的桥毁路断灾难，发生在安德拉巴南面费里贡达的小镇附近。当日突然爆发的山洪汹涌而至，以排山倒海之势冲断铁路、毁坏桥梁，旅客列车随后高速行驶而至，直接冲下桥梁的断口处。火车头和 7 节旅客车厢连续地坠入路、桥的缺口中。其中的 4 节车厢翻倒在泥地里，另有 3 节车厢沉入河中深水区。这次灾难至少有 114 人死亡，200 多人受伤，是又一起重大的桥毁人亡事故。见本书附录二序号 32。

3.6 桥梁水害的教训与启示

（1）据联合国统计，全世界自然灾害中，洪涝灾害约占 45%，旱灾和地震各占 15%。洪涝灾害是世界上最大的自然灾害。在我国，自然灾害中，洪涝灾害也是最严重的。例如，1998 年我国很多河流发生大洪水或特大洪水，全国共有 29 个省（自治区、直辖市）遭受不同程度的洪涝灾害，死亡 4150 人，直接经济损失达 2551 亿元。其中水毁桥梁的事故数不胜数，至今没有详细的统计数据，对桥梁造成的损失难以估量。据美国统计，在已毁坏的 810 座桥梁中，因洪水破坏的约占 60%，地震破坏的约占 2%。在我国，水害也是对桥梁危害最大的自然灾害，其次是地震和地质灾害。因水力直接或间接引发的桥梁事故数量超过 50%，这是因为暴雨洪水的时空分布极为广泛。全国河流众多，流域面积 1000km^2 以上的河流就有 1500 多条，更小的河流更是不计其数。只要有人类活动与居住的地方，大大小小的河道上从古至今修建了多少桥梁，至今没有可靠的统计资料，但肯定数量极为庞大。很多河流每年都会发生不同大小的洪水，一座桥梁在其生命周期中，几乎都会遭遇少数几次大洪水和多次小洪水，这是桥梁水害最基本最主要的特点，应该成为桥梁规划、设计、施工和管养必须认真对待的重要课题。

（2）人类对自然规律的认识是一个永无终点的过程，认识的深度和广度一直都处在发展中。目前，我们还无法完全了解和把握包括水害在内的各种灾害对桥梁的影响规律，也就难以完全避免自然灾害引发的各类桥梁事故。面对这样的现实，应根据国家经济发展的总体水平，以尽可能地避免特大灾害为基本目标，制定应对自然灾害的切实可行而又较为有效的指导方针。例如，对于地震灾害，在总结四川汶川 2008 年特大地震灾难的教训并借鉴国外的一些经验后，提出了"小震可用，中震可修，大震不倒"的桥梁抗震基本理念，并在我国《公路桥梁抗震设计细则》JTG/T B02-01-2008 以及《城市桥梁抗震设计规范》CJJ 166-2011 中具体化为双水准设防、两阶段设计的若干规定。在抗震设计上前进了一大步。与桥梁抗震理念与防震技术要求相比较，桥梁抗水害与防水灾未见提出明确的理念及相应的基本要求。李亚东教授认为，目前应对自然灾害的思路，大概就是两个字：一个是"避"，一个是"防"。对于一般自然灾害而言，这是正确的理念。对于桥梁水害，建议增加两个字："抗"和"管"。关于水力作用对于桥梁的不利影响，能够避让是上策，不能或不完全能避让时，就要严格防控，同时桥梁本身也应具备必要的抗水害的能力。要使"避""防""抗"正常发挥作用，全面和持久的管理就是必不可少的重要条件。已经发生的若干桥梁水害，都在某种程度上反映出这几个环节上受到的影响。

（3）一些桥梁水害的重要原因之一是长期大量采挖河砂导致洪水时墩台基础被破坏。比较典型的实例如我国陇海铁路西安灞河大桥（参阅 3.4 节实例 7）、台湾高屏溪旧大桥（参阅 3.4 节实例 12），国外的例如葡萄牙特兹公路大桥（参阅 3.5 节实例 3）。俄罗斯河因开挖河砂发生的溯源冲刷长度达 55km，多起跨河建筑物与河岸建筑物受到损坏。我国从 20 世纪 80 年代以来，随着经济的高速发展，很多河流从河床中采挖建筑用砂的数量和速度达到惊人的地步，不仅破坏了河道的生态，也加重了跨河与河岸建筑物的洪涝灾害。值得注意的是，这类采砂的行为，很多都是在政府职能管理部门明令禁止的情况下盗挖的。而且长期采盗河砂，成为常态，造成严重后果。对于这样的情况，桥梁工程的主管部门及设计部门毫无办法。更为关键的是，这类非正常状态对桥梁的危害，不可能作为桥梁设计依据，而事实上，又会使桥梁服役期必定存在安全隐患。总体而言，是管理问题。我国的河道管理涉及多个部门，这个问题的有效解决还需要有关各方共同努力。桥位选择和桥梁设计时，应根据具体情况，注意"避"和"防"，必要时可以适当提高墩台基础的安全度。

（4）跨越河流的桥梁，为使其在设计使用年限内不受河床变化的危害，首先是要求桥位应选择在较为稳定的河段。在预计可能发生较小河床变化的桥位河段则应采取必要的防控技术措施。《公路桥涵设计通用规范》JTG D60-2015 规定："为保证桥位附近水流顺畅，河槽、河岸不发生严重变形，必要时可在桥梁上、下游修建调治构造物"。我国自改革开放以来，随着各类基本建设的快速发展，不少河流发生了很大变化，不仅影响了桥梁基础的安全，甚至导致洪水灾害。例如，长江发生洪水灾害很重的一个原因就是沿江湖泊和湿地的大量消失。湖北有"千湖省"之称，现在仅剩余不足百湖，而剩下的湖泊也被大量侵占，人们在湖区修建了大量"垸"（即堤坝）围出土地。这些通江的湖泊，洪水来时是蓄洪区，洪水退时又给河流补充水量，是河流的平衡器，既有防洪的作用，又起蓄水的作用。湖泊、湿地的大量消失，在我国很多地方都存在。河流生态的改变、洪水的增大，必定对桥梁的安全带来不利影响。桥位选择和桥梁设计都难以准确地考虑这种演变。这是一些桥梁，尤其是大桥和特大桥在某些河流上修建时应注意研究的一个难题。

（5）在被洪水冲毁的桥梁中，漂流物对桥梁造成的冲击力，也是洪水冲毁桥梁不可忽视的重要原因之一。实际发生的情况表明，在暴雨和洪水的作用下，包括树木、房屋、家具、车辆、牲畜等众多漂流物会随上涨的洪水顺流而下，不仅增大了洪水的冲击力，而且当水位漫过桥面时，漂流物聚积桥上又增大了桥梁承受的压力，更增大了桥梁垮塌的风险。如果漂流物是冰块或漂流物阻塞桥孔，则危害更为严重。1976 年我国的湘江流域、珠江流域和黄河中上游均发生特大洪涝灾害，很多桥梁就是在漂流物的冲击下坍塌的。漂流物冲击引发的桥梁事故实例如河南栾川县伊河汤营大桥（见本书附录一序号 46）、湖南平江县昌河桥（见本书附录一序号 54）、美国宾夕法尼亚沃尔纳特街桥（见本书附录二序号 23）、法国吉法尔格尔斯桥（见本书附录二序号 26）。

《公路桥涵设计通用规范》JTG D60-2015 第 4.4.2 条仅要求漂流物的重力按实际调查确定、漂流物的撞击作用点假定在计算通航水位线上桥墩宽度的中点。这些规定较为粗略，难以控制桥梁使用期河流漂流物对桥体的危害。尤其是中小桥和低等级公路上的桥梁，设计洪水频率不高，出现大洪水或特大洪水时，高水位漂流物的危害更严重。这也是桥梁设计中的一个难点。

（6）山区河流因暴雨引发的山洪，因其来势猛、水量大、冲击力强，是造成桥梁水害的重要原因之一。如果河道或沟谷的地层松散，坡度较陡，便可能形成泥石流，具有比山洪更大的破坏力。英国学者通过统计分析 1847～1975 年间发生的 143 例桥梁垮塌事故，认为桥梁基础移动导致垮塌的主要原因是山洪作用。1981 年，泥石流冲毁成昆铁路上的利子依达大桥，导致多节车厢坠入沟谷，遇难人数超过 240 人。2011 年 6 月 6 日贵州望谟县城发生特大洪水泥石流，流经城区的望谟河岸边建筑物遭到破坏，四座桥梁受损，其中两座因破坏严重拆除重建。这次灾害给该县造成了巨大的经济损失。四川汶川地震后 7 年多，灾区 42 个县仍在不断发生各种次生灾害。其中危害最大、持续时间最长、数量最多的是泥石流灾害。泥石流对桥梁作用的机理相当复杂，影响因素多，对桥梁的危害从基础、墩台至上部构造都有可能，桥梁遭受损坏的形式多种多样，有关问题至今国内外都在进行研究。桥梁设计规范，对于泥石流对桥梁的作用、计算和设防均无明确和具体的规定。这些都是山区桥梁规划、设计、施工与管养工作的又一个难点。

文献［12］根据四川省山洪泥石流引发桥梁灾害的大量调查资料进行分析研究，基于"避""防""抗"的思路，提出了 7 项对策和措施，在四川省取得明显效果，可供山区易发洪水泥石流地区桥梁设计参考。

① 合理选择桥位和构筑物形式

山洪泥石流灾害的定量评估和预测较为困难。在高山峡谷区段，选择合适的桥位十分重要。对于潜在的大型危险体，应尽量绕避远离，且困难路段应尽可能用隧道穿越。实地调查中，还应注意了解路线经过地区暴雨分布与沟谷山洪泥石流发生的历史情况，这是重要决策资料。

② 合理选择桥面高程

山洪泥石流灾害中，发现大量桥梁被淹没的现象，尽管有泥石流堵江导致水面上升的原因，但在一定程度上也反映出有的桥梁桥面高程设计偏低的问题。目前已有学者对这一问题进行研究，提出了泥石流渡江的判据，并提出了水位壅高值计算式，为计算淹没桥梁提供了一个定量分析的方法[30]。可以根据计算分析所得的淹没范围及高程，适当提高桥

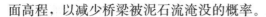

面高程，以减少桥梁被泥石流淹没的概率。

同时，对于山区桥梁，适当提高桥面高程，为泥石流通过桥孔提供更大的空间，而且对于消除和减少泥石流推挤主梁的病害也很有利。

③ 适当增大桥梁跨径

山洪泥石流对桥墩的推挤，实质上是因桥墩台压缩了山洪泥石流通过的断面所致。因此，在容易发生泥石流的桥位，宜适当增大桥梁的跨度，减少桥墩的数量，以增大桥下山洪泥石流下泄的空间，并可以在一定程度上减轻山洪泥石流对桥墩的推挤，提高桥墩的安全度。

④ 泥石流灾害高发区应慎重采用扩大基础

山区桥梁由于地基承载力较高，扩大基础是常用的基础形式之一。扩大基础系直接坐落在地基之上，与桩基相比较，扩大基础埋置深度较小，距地面较浅。一旦地基被洪水泥石流冲蚀，便极易导致基础失去可靠支撑而发生严重病害甚至引发桥墩或上部结构破坏。泥石流灾害易发的山区，应慎重采用扩大基础。

⑤ 加长桩基

山洪泥石流灾害中，由于河道变迁或泥石流堵江后江水流速加快，较易导致河床下切，桩基容易大量裸露。因此，在山区跨河大桥中，当存在泥石流可能堵塞河道或河道可能发生变迁的风险时，适当加长桩基的长度，可以降低河床下切带来的病害，避免因地基冲蚀导致桩基承载力下降或失效。

⑥ 采用导流槽，规范泥石流的流动方向

桥墩受泥石流推挤或桥梁受泥石流掩埋，均是泥石流在流动过程中沉积所致。如能有目的改变泥石流的流动方向和范围，则可以基本上消除这类危害。例如，在四川映汶高速公路灾后恢复重建工程中，有部分桥梁就采用了导流槽的措施，效果良好。

⑦ 分级拦挡，水石分离

在易发泥石流的沟谷中修筑拦挡坝是泥石流灾害治理中的常用方法，对于桥梁来说，拦挡坝可以拦挡部分大型漂砾、落石，并可降低泥石流的流速，使固体物沉积。多级拦挡后可实现水石分离，极大地减少冲击桥梁的漂砾石数量，保护桥墩免受冲击和腐蚀。

山洪伴随漂流物对桥梁造成的损坏，是山区沿河桥梁水害的一种主要形式。文献［8］针对某沿河在役桥梁桩基产生的病害，基于数值计算方法研究了在洪水冲刷时，漂流物撞击与洪水冲刷共同作用下桥梁桩基的受力与变形。研究结果表明：洪水冲刷造成桩基竖向承载力明显下降，变形增大，下部结构稳定性降低；洪水漂流物的撞击使得桩基横向承载力明显削弱，变形增大，导致结构破坏；冲刷与漂流物的共同作用使桩基产生了较大的水平位移，是沿河在役桥梁桩基发生偏位病害的主要原因。

山区沿河桥梁多采用桩基础，设计时应考虑山洪与漂流物对桩基的影响，以保证桩基不发生水害，能正常工作。文献［8］对某一在役桥梁进行研究所采用的分析模型、岩土参数取值以及结构计算方法等可供同类桥梁设计时参考。另外，文献［9］通过理论分析获得山洪破坏力公式的相关参数及有关规律性的结论，对公路桥梁抗洪措施的设计具有参考价值。

（7）随着我国城镇建设的快速发展，城市发生雨季被水淹和桥面漫水的情况越来越多。除热岛效应有一定影响外，更重要的原因是：道路和城市不透水地面对洪水的推波助澜。环保专家指出：如今的城市，除了绿地外，建筑物占了一部分，其余几乎全部是水泥或柏油封闭的地面，具有不透水性。降雨时这种不透水地面不能吸收水分，雨水很快会汇集进入下水系统，排入河流。这种城市不透水地面产生的急流，加速了洪水的形成，加大了对城市桥梁和一些低矮建筑物的威胁，甚至发生水害。如果城市下水系统不完善或排洪标准过低，就会发生内涝，形成水淹区。例如贵阳市区，20世纪80年代以前，市区很少发生漫水的情况，城市建设和各类道路大量修设后，一些沿河的低洼地带，常发生雨季洪水淹没的情况，造成水灾与交通阻塞。再如北京2011年6月23日发生的特大暴雨造成重大财产损失，京城西部地区交通基本瘫痪。这种情况国内不少城市时有发生。地表面被人为地大面积封闭，必然提高暴雨径流系数，不仅增大了地表水流动的总量，也增大了洪峰流量。所以，城市及其周边的桥梁孔径与桥面高程设计，利用河道早期的水文资料推算的洪峰流量与设计洪水位可能偏低，应注意城市化建设对增大洪水的不利影响。当代城市化建设的一个重要理念，就是给予城市及其周边区域的河流以有效的空间，不应过多地占用河道，应尽量恢复河流原有的生态系统。对于大江大河还应注意保有原来的洪泛区湿地，让人与降水、绿地、湿地及河流和谐相处，人类才会获得更多的益处。

本章参考文献

[1] 高冬光. 公路桥涵设计手册——桥位设计 [M]. 北京：人民交通出版社，2011.

[2] 于秀波. 中国河流，警笛长鸣 [J]. 中国国家地理，2004 (11).

[3] 钟天平. 基础地理教程 [M]. 北京：中国地图出版社，2012.

[4] 曲一线，李红勋，等. 高中地理知识清单 [M]. 北京：首都师范大学出版社，2018.

[5] 薛金星. 高中地理知识手册 [M]. 北京：北京出版集团公司，2015.

[6] 阮欣，陈艾荣，石雪飞. 桥梁工程风险评估 [M]. 北京：人民交通出版社，2008.

[7] 张士铎. 美国研究箱形薄壁桥梁的情况 [J]. 国外公路，1981 (1)：15-21.

[8] 冯忠居，王增贤，付长凯，等. 山洪对沿河在役桥梁桩基力学与变形特性影响的数值仿真分析 [J]. 中外公路，2016 (6)：151-154.

[9] 王克成，郑雪，夏玉荣. 西南地区公路桥梁山洪灾害破坏机理研究 [J]. 公路交通技术，2010 (6)：88-93.

[10] 贵州商报，2003-5-16报道.

[11] 贵阳晚报，2013-7-11报道.

[12] 邹磊，赵灿辉，苗宇. 汶川震区山洪泥石流引发桥梁灾害成因分析 [J]. 公路交通技术，2016 (1)：85-89.

[13] 张春宁，南维波. 玛纳斯河大桥水毁分析与抢险加固措施探讨 [J]. 公路交通科技（应用技术版），2012 (8)：131-133.

[14] 王成，冯勇，刘勇. 农村公路桥涵水毁恢复设计 [J]. 中外公路，2015 (1)：208-210.

[15] 穆祥纯. 城市桥梁垮塌的最新案例分析 [J]. 城市道桥与防洪，2016 (2)：68-72.

[16] 陈明宪. 从凤凰堤溪大桥事故谈石拱桥 [J]. 公路工程，2008 (3)：1-9.

[17] 孙全胜，李锋丹. 北方地区某三孔乱石拱桥坍塌原因分析 [J]. 公路工程，2014 (6)：247-249.

[18] 江忠贵. 陇海铁路灞河大桥坍塌及改建浅析 [J]. 世界桥梁，2003 (1)：67-68.

[19] 章照宏，万智，杨明辉. 支架倒塌对整体现浇箱梁桥受力性能影响分析 [J]. 湖南交通科技，2014 (2)：101-104.

[20] 陈桂英，谢青，刘勇，等．"721"特大暴雨后对房山三渡至十渡桥桥位设计的思考［J］．市政技术，2013（5）：43-46.

[21] 贵州望谟县城大桥受灾调查报告［R］．贵州省交通规划勘察设计研究院股份有限公司，2011年7月．

[22] 沿河县沙沱特大桥水毁抢险重建工程工程可行性研究报告［R］．贵州省交通规划勘察设计研究院股份有限公司，2015年2月．

[23] 艾国柱，张自荣．桥殇——环球桥难启示录［M］．成都：西南交通大学出版社，2013.

[24] Zlatko avor Marta avor，高婧，Marin Franetori．拱桥失效的原因、教训及预防［J］．桥梁，2011（5）．

[25] 李亚东．亚东桥话31：桥梁事故知多少？2018-1-25网上下载文章．

[26] 张萍．洪水冲桥背后的调查［J］．桥梁产业资讯．2010年12月1日出版，总第3期：26-31.

[27] 桥梁建设报，2018-8-21报道．

[28] 中国桥梁网，2018-8-22报道．

[29] 单之蔷．休闲的莱茵，疲惫的黄河［J］．中国国家地理，2004（11）：52-71.

[30] 刘翠容，姚令侃，杜翠，等．震后灾区泥石流阻塞大河判据与成灾模式试验研究［J］．土木工程学报，2013（1）：146-152.

[31] 周履．桥梁耐久性发展的历史与现状［J］．桥梁建设，2004（4）：58-61.

[32] 穆祥纯．论基于生命线工程的城市桥梁防灾减灾［J］．城市道桥与防洪，2009（10）：1-7.

[33] 韩亮，樊健生．近年国内桥梁垮塌事故分析及思考［J］．公路，2013（3）：124-127.

[34] 曹明旭，刘钊，孟杰．美国桥梁病害及倒塌事故统计分析与思考［J］．公路，2009（7）：162-167.

[35] 王荣华．桥梁结构安全性与耐久性的现状分析［J］．中国市政工程，2012（2）：30-32.

[36] 尹德兰．他山之石——从失败案例中学习［J］．桥梁，2005年专刊第6期：76-79.

[37] 裴来政，刘应辉，庄见琦．都汶公路地震次生灾害活动特征与减灾对策［J］．公路，2010（8）：83-89.

[38] 黄谦．对《室外排水设计规范》雨水设计重现期应用条款的商榷［J］．市政技术，2013（5）：80-91.

第4章　地质力引发的桥梁事故

4.1　工程建设中的地质灾害及主要类型

所有地面和地下建筑物以及各种设施，最终是通过工程活动实现的。这些工程活动都与地质有关，都会产生工程地质问题。工程地质问题的实质，是指工程地质条件与建筑物（或设施）之间所构成的一对矛盾。当两者相协调，不发生冲突或矛盾很小时，可以获得合格的或优良的并且耐久的建筑物（或设施），甚至达到较完美的程度。世界著名的河北省赵州桥，就是这类最优秀的典型。该桥建于隋朝大业元年（公元605年）。虽然历经10次水灾、8次战争与多次地震而进行了十次大、小修缮，至1955年国家拨款全面装修之前，桥梁的大部分仍是清朝原物。这个记录在我国保持了1300多年之久，建成服役至今超过了1400年。李靖森教授的论文"赵州桥基础探秘"，较详细地论述了我国古代伟大的杰出的桥梁建筑师李春在桥位选择、总体布局、结构设计、桥型景观和基础等方面的创造性工作。特别值得关注的是，李春对该桥工程地质问题的深刻认识与把握，采取了正确的工程措施。该桥为跨径37.02m空腹式石拱桥，施工时间长达10年。桥台基础持力层为粉质黏土，按现代规范的规定，容许承载力仅34t/m²，经计算，大桥自重作用下基底最大压应力为44t/m²，似乎地基承载力不足。估计李春已考虑到10年施工期间，在桥梁逐渐加压的过程中，对基础起到了"预压固结"的作用，实际上地基土层的承载力明显提高了。李春还对河道的冲刷作出了基本正确的判断，大胆地采用埋深仅2.3m的浅基础，从而避免了过深的重型刚性基础自重过大增加地基应力的弊病。赵州桥服役时间这么长，耐久性这么好，留给我们的宝贵遗产，就是顺应自然，趋利避害，工程地质与桥梁结构协调，大胆创新，因而取得了辉煌的成就。国内外桥梁建设中，解决好工程地质问题，取得巨大成功的实例还很多，这里就不再详细介绍了。

优良的工程地质条件能适应建筑物安全、经济和正常使用的要求，其与建筑物之间的矛盾较小，不会激化到对建筑物造成危害。但是，工程地质条件往往有一定的缺陷，有时还较为严重，对建筑物会引发不同程度的危害，甚至是灾难性的危害。所以，一定要将矛盾的两个方面联系起来进行分析。由于工程建筑的类型、结构特点和规模不同，对地质环境的要求也不相同，所以工程的地质问题复杂多样。例如，工业与民用建筑的主要工程地质问题是地基承载力和沉降问题；公路与铁路工程主要工程地质问题是斜坡稳定、岩溶、泥石流、地面沉降问题，其中桥梁工程还要关注地基承载力；地下硐室（例如公路、铁路隧道）的主要工程地质问题是围岩稳定性和突水涌水以及瓦斯突出问题；水利水电工程中，土坝最需要关注的是坝基渗透变形和渗漏问题，混凝土重力坝主要是坝基抗滑稳定问

题，拱坝更关注坝肩抗滑问题，等等。

我国地域辽阔，自然条件复杂多样，地质灾害种类多、分布广、活动频繁、危害严重，是世界上地质危害最为严重的国家之一。据中国地质环境监测院的统计，仅 2009 年，全国共发生地质灾害 10840 起，其中滑坡 6657 起、崩塌 230 起、泥石流 1426 起、地面塌陷 316 起、地面沉降 17 起。造成人员伤亡的地质灾害 197 起，共导致 331 人死亡、155 人失踪、315 人受伤，直接经济损失 17.65 亿元。

工程建设中的主要地质灾害有以下 6 类。

4.1.1　活断层与地震

活断层和地震是两种密切相关的工程动力地质作用。在工程地质领域，将活断层和地震活动所产生的工程地质问题称为"区域地壳稳定性问题"。两者对工程建筑都有重大影响，都可能引发灾害。人们对地震的认识和研究已有 3000 多年的历史，但活断层的研究历史只有 100 多年，而且也是从研究地震断层开始的。1891 年日本浓尾地震（8.4 级）和 1906 年美国旧金山大地震（8.3 级），都产生了明显的地表错动现象，是活断层的典型实例，这些灾害推动了对活断层的研究。

活断层是指目前正在活动着的断层，或是近期曾有活动而不久的将来可能会重新活动的断层。后一种情况也可称为潜在活断层。

我国规定潜在活断层的时间上限，铁路为 1 万年，高坝和核电站为 5 万年，高速公路可参照对铁路的要求。

活断层对工程建筑物的影响表现为两个方面：一方面是由于活断层的地面错动直接损害跨越该断层修建的建筑物；有些活断层错动时附近有伴生的地面变形，也会影响到邻近的建筑物。另一方面是伴有地震发生的活断层，强烈的地面震动对较大范围内建筑物造成损害。这两方面的问题均与工程的区域稳定性或地壳稳定性密切相关。

例如，位于美国西海岸南部的长达 1000 余千米的圣安德烈大断层是世界上最活跃的活断层之一，特别是旧金山东南从霍利斯特至帕克菲尔德约 200km 的区段内，激光测距获得断层蠕动速率数据是 1～4cm/a，因而跨越断层的公路、围墙等建筑物几年后就能发现较大的错位，造成危害。又如我国宁夏石嘴山附近被错断即为一例。由此估算其错动速率，水平和垂直方向分别为 3.63mm/a 及 2.25mm/a。我国 1976 年唐山大地震时有一条长 8km，走向 N30°E 的地表断层，正好由市区通过，最大水平错距 3m，垂直断距 0.7～1m，该断层穿过的道路、房屋、围墙等所有建筑物全部被错开。2008 年四川汶川大地震时，也有多处发生断层错动，对公路、房屋等造成损坏。

在地壳表层，因弹性波传播所引起的振动作用或现象，称为地震。本书第 2 章对中国与世界主要地震带及地震的危害作了简要论述，并介绍了地震引发的桥梁事故若干实例，对桥梁震害的教训与启示进行了讨论。

4.1.2　斜坡失稳

斜坡是地表广泛分布的一种地貌形态，指地壳表层一切具有侧向临空面的地质体。可划分为天然斜坡和人工斜坡两大类。天然斜坡是指在原生的地质环境中，受各种地质营力作用而演化的自然产物，未经人工改造，如沟谷岸坡、山坡、海岸、河湖水体岸坡等。人工边坡是指由于某种工程活动而开挖或改造形成的斜坡，如路基边坡、露天矿坑、水渠边坡、基坑边坡、各种建筑物与设备的边坡等。

斜坡在各种内、外地质力作用下，不断地改变着坡形，其坡高、坡度发生变化，坡体内应力的大小与分布也随之变化。当斜坡岩土体或构筑物的强度不能适应变化的应力时，就产生了斜坡的变形破坏现象。在工程建设中，如果技术措施不当或受外界因素的影响，斜坡就可能发生急剧变化，失去稳定，往往造成灾害。斜坡地质灾害分布广泛，活动强烈，危害严重，尤其是在山区，是各类工程建设中经常发生的一种地质灾害。在公路与铁路上，主要的斜坡失稳形式是崩塌与滑坡。

崩塌类地质灾害是指在重力和其他外力（如地震、水、风、冰冻、植物等）共同作用下，岩土体从较陡的边坡上顺坡向下以垂直或翻滚运动形式为主的破坏现象。崩塌类灾害可根据块体大小分为崩塌、落石、碎落；根据崩塌的物质组成分为土质崩塌、岩质崩塌和土石混合崩塌三类；根据崩塌形成的力学机制分为倾倒、滑移、鼓胀、拉裂和错断五类。

崩塌类地质灾害是山区工程建设中常见的一种突发性灾害现象。公路与铁路是连续长度极长的带状建筑物，又是生命线工程的重要组成部分，崩塌不仅会破坏路基、桥梁、沿线设施，还可能造成车毁人亡，有时崩塌物堵塞河道，引起水位升高，造成沿河路基、民用建筑、桥梁水毁，甚至中断交通，带来更大的危害。

例如，2007 年 10 月 24 日凌晨 1 点，G317 线陕西子洲段 K913＋800 处发生特大土质崩塌，坠落土体达 20 多万立方米，造成交通中断。

又如，湖北省远安县盐池河矿厂位于峡谷中。矿区岩层由厚层块状白云岩、薄至中厚层白云岩、白云质泥岩及砂质页岩组成。岩层中发育两组垂直节理，使山体顶部的厚层白云岩三面临空，而白云质泥岩及薄层板状白云岩则较为软弱，构成山体潜在的崩塌移动面。地下采矿平巷道诱发了地表开裂，使张裂缝沿两组节理发展。1980 年 6 月 8 日至 10日，连续两天的大雨起到触发作用，山体顶部前缘厚层白云岩沿层面滑出，大量岩体坠落。崩塌体积约为 100 万 m^3，造成重大损失。

斜坡失稳的另一种形式是滑坡。滑坡的分布极为广泛，不仅发生在陆地，也可以发生在水下。正因为其分布广泛且与人类工程、经济活动密切相关，带来的危害大而频率高。

滑坡类地质灾害指滑坡、滑塌、坍塌、人工堤坝与路基滑移等以剪切破坏为主要形式的一系列岩土体破坏现象。工程上一般统称为滑坡。

根据划分指标的不同，滑坡有多种分类方法。公路系统一般多按滑坡的规模划分为：小型滑坡，滑体在 10 万 m^3 以下；中型滑坡，滑体为 10 万～30 万 m^3；大型滑坡，滑体为 30 万～100 万 m^3；特大型滑坡，滑体大于 100 万 m^3。

铁路系统采用"三级分类法"。这种分类方法，一方面考虑到滑坡体的工程地质条件，另一方面也考虑了滑坡的成因、形态、物性以及滑动面（带）的位置与深度，同时又能从类型上看出如何进行工程处理的大致方案，具体划分见表 4-1。

滑坡综合分类表（铁路系统采用） 表 4-1

按滑坡体物质分类	按主滑动面成因分类	按滑体厚度分类
黏性土滑坡	层面滑坡	浅层滑坡（＜6m）
黄土滑坡	堆积面滑坡	中层滑坡（6～20m）

续表

按滑坡体物质分类	按主滑动面成因分类	按滑体厚度分类
堆积土滑坡	构造面滑坡	厚层滑坡（20～50m）
堆积石滑坡	同生面滑坡	巨厚层滑坡（>50m）
岩石滑坡		
破碎岩石滑坡		

注："同生面"指边坡结构中不存在这个结构面，而是在重力及其他影响因素作用下新产生的滑动面。

工程建设中滑坡危害的事例很多，下面介绍几个实例。

实例一　1989年1月7日，在建的云南省大型水电站漫湾工程在开挖左坝肩的过程中，突然发生一次高达100m的岩质边坡大滑坡。滑下的岩体约108000m³。这一滑坡使水电站的建设受到严重影响，推迟一年建成发电，经济上造成重大损失。

实例二　贵州三穗至凯里高速公路平溪特大桥（位于三穗县台烈镇宏头村），3号桥墩施工过程中，开挖高边坡，高度约26m，倾角约50°。于2003年5月9日发生大滑坡，滑坍体总量达20多万立方米，致使现场工人35人遇难。桥位区域岩性主要为板岩，附近断层发育，岩体较为破碎，坡体上部为5～15m厚的强风化层。在连续多日降雨的情况下，诱发了滑坡的发生，有3万多立方米滑坡石块掩埋了施工单位中港第二航务工程局三标段施工项目经理部的一栋工棚（共计17间）及工棚内的工人，造成了极大的损失。

实例三　1903年4月29日凌晨4时，加拿大Alberta省的Frank发生大滑坡。因地下采煤导致高边坡失稳下滑。边坡高640m，宽915m，厚度152m，滑体总量高达3000万m³。滑坡体掩埋了位于坡下的Frank村庄，约有70人遇难。

实例四　阿富汗东北部山区的阿布巴利克，是一个贫穷的村落，居民大多住在土坯房中。2014年5月2日的一场暴雨引发了山体大滑坡，摧毁了山下的村庄。一个小时后，发生第2次滑坡，掩埋了前来救援的村民。此次灾害共造成2700多人丧生。

实例五　1980年，我国远安县盐池河磷矿因采矿开挖导致盐池河河谷山体大规模崩塌，约100万m³崩塌岩石堆积物摧毁了整个工业矿区和民用建筑，遇难人数达284人。

实例六　1985年发生于长江岸边的新滩滑坡，约3000万m³的堆积体发生滑移，使千年古镇——新滩镇全部被毁，由于事先对滑坡及时准确的预报使居民提前转移而没有造成人员伤亡，是不幸中的万幸。

实例七　意大利瓦伊昂（Vajont）水库于1963年10月发生近岸滑坡。水库左岸的一个长1.8km，宽1.6km，体积达24亿m³左右的岩体瞬间滑落入水库中。库水顷刻溢过坝顶，形成极大的高速水流冲击力，几分钟后将下游有2000居民的小镇冲毁，造成生命财产的重大损失。

实例八　贵阳市沙冲路南段1996年12月正在进行路基施工，12月2日上午10时07分，位于沙冲路西侧的山体突然发生大面积滑坡，正在山脚路基上施工的部分民工和几辆行驶中的车辆，被山顶滑移下来的26921m³石块淹埋，38人遇难，16人重伤，摧毁房屋1幢，冲垮已做好的路基110m。滑坡体由白云岩构成，滑动面面积684312m²，滑动距离40～50m，滑坡下滑速度极快，全程约5s，平均滑动速度10m/s，为高速类滑坡。滑坡产生原因：山体具有潜在的基岩顺层滑移面，岩层裂隙发育，岩层面与滑移面一致；路基施工进行人工开挖岩层高边坡，下切岩层形成较高的临空面（约20m高）；施工中对岩石边坡进行爆破。这三个因素的组合导致大滑坡发生[37]。

2008年，文献［10］作者对贵州省国道和省道共计9条公路进行了地质灾害调查，统计分析了301处地质灾害情况，涉及的灾害有：土质崩塌、岩质崩塌、堆积层滑坡、基岩滑坡、泥石流与高切坡，具体数据见表4-2。

贵州省9条干线公路主要地质灾害统计　　　　　　　　　　　　　　　表4-2

项目	崩塌		滑坡		泥石流	高切坡	共计
	土质崩塌	岩质崩塌	堆积层滑坡	岩石滑坡			
数量合计	15	120	120	37	5	4	301
占比	4.98	39.87	39.87	12.29	1.66	1.33	100

注：表中"数量"指地质灾害点的数量。

贵州全省，除山间与河流的局部地区有少量平坦地区外，几乎全是山岭深谷地形，名副其实的"地无三里平"。表4-2中9条干线公路地质灾害的调查统计数字表明，崩塌与滑坡是山区工程建设中发生比例最高的两种地质灾害。

4.1.3　软弱地基

所有地面和地下建筑物以及各种设施，保证其正常工作并达到必要耐久性，很重要的一项基本要求就是地基的承载力和变形应在相应规范的规定范围内，否则，就可能发生病害甚至事故。地基由土石组成，按广义的概念，软弱地基有很多种类：

（1）极软岩：当风化程度较严重时，其承载力基本容许值为200kPa左右，饱和单轴抗压强度小于5MPa。

（2）碎石土：处于松散状态的碎石土、圆砾土和角砾土，其承载力基本容许值约200kPa。

（3）砂土：分为砾砂、粗砂、中砂、细砂和粉砂等几种，当密实度较差时，其承载力基本容许值为90～200kPa。

（4）粉土：当天然孔隙比与天然含水量均较大时，其承载力基本容许值约为125kPa。

（5）一般性黏土：当液性指数和天然孔隙比均较大时，其承载力基本容许值约为100kPa。

（6）新近沉积黏性土：在液性指数和天然孔隙比与一般黏性土相同时，其承载力基本容许值低于一般黏性土。

（7）湿陷性土：是指非饱和的结构不稳定的黄土，具有与一般黏性土不同的特点，主要是具有大孔隙和湿陷性。在自然状态下，用肉眼可见土中有空隙。在一定压力下受水浸湿，土结构迅速破坏，并发生明显附加沉陷，容易引发建筑物的不均匀沉降。

（8）红黏土：这是一种特殊性土，与上述的黏性土有区别。红黏土的主要特征是：上硬下软、表面收缩、裂隙发育。红黏土对建筑物的危害，主要是容易发生地基不均匀沉降。

（9）膨胀土：是一种吸水膨胀、失水收缩、胀缩变形显著的黏性土。一般强度较高，压缩性低，多呈坚硬或硬塑状态，常被误认为是一种良好地基。实际上膨胀土对建筑物有危害，建造在膨胀土地基上的建筑物，随季节性气候变化会反复不断地产生不均匀的抬升和下沉，使建筑物损坏。因此，膨胀土应划入软弱地基土。

（10）多年冻土：是指冻结时间连续三年或三年以上的冻土。其对工程的主要危害是融沉性（或称融陷性）。地基冰融对结构物产生的危害，有以下几种：因基础产生不均匀上抬，致使结构物开裂或倾斜；桥墩、电塔等柱状结构逐渐上拔；路基土冻融后，在车辆的反复碾压下，路面变软，出现弹簧现象，甚至路面开裂、翻浆。

（11）盐渍土：土中易溶盐含量大于0.3%，并且具有溶陷、盐胀、腐蚀等特性时，可判定为盐渍土。在一定的温度、湿度和化学物质含量条件下，可能降低地基承载力或腐蚀建筑结构。

（12）残积土：岩石在风化营力作用下，其结构、成分和性质已发生不同程度变异，称为风化岩。已完全风化成土而未经搬运者则为残积土。前者属极软岩，后者属土，应按土类确定其物理力学性质。

（13）地震液化土：发生强烈地震时，饱和砂土或饱和粉土（不含黄土）可能发生液化，致使建筑物基础可能发生大变位，造成危害，甚至倒塌。2008年5月12日四川汶川大地震时，有的桥梁就是由于地基土液化而遭到破坏。《公路桥梁抗震设计细则》JTG/T B02-01-2008规定："存在饱和砂土或饱和粉土（不含黄土）的地基，除6度设防外，应进行液化判别；存在液化土层的地基，应根据桥梁的抗震设防类别、地基的液化等级，结合具体情况采取相应措施。"

工程建筑物因软弱地基引发的病害与事故很多，下面介绍几起实例。

实例一　福建闽侯县青口乡信用社办公楼为三层钢筋混凝土框架结构，建筑面积262m²，坐落在淤泥塘中，用抛石垫层配合木桩做基础。主体结构完成后，房屋即向池塘方向倾斜，随即倒塌。事故后钻探查明，淤泥层厚达9～10m，建筑物的后排桩就坐落在淤泥层上，其容许地基承载力仅为50kPa，而实际荷载已达115kPa，造成地基严重下沉，房屋倒塌。事故发生日期是1987年7月27日，当时正在进行房屋装修收尾工程，造成5人遇难、1人重伤的重大事故。

实例二　湖南沅江县基本建设委员会杂屋为砖混结构，共5间。采用砖柱和砖基础，当墙体砌至3.2m高时，突然倒塌4间。主要原因是：基础置于淤泥层上，地基软化沉陷，失去承载力而倒塌。事故发生日期是1983年4月30日。

实例三　四川省彭山县东风水泥厂原料库为砖混结构，1985年12月投产。1986年8月19日，5个原料库在30～40s内依次向南倾斜，最后倒塌。主要原因是：地基土为裂隙性黏土（即膨胀土），倒塌前连续降雨3d，使地基土膨胀塑化，承载力迅速下降，导致环形基础折断，房屋随之坍塌。

实例四　湖南沅江县建委办公楼为三层砖混结构，建筑面积900m²，是建于琼湖岸边的建筑物。正负零（接近湖面）以上高度为11m，以下为独立砖柱基础，高度5.29～7.20m，共有20根断面为49cm×49cm及62cm×62cm的独立砖柱基础。1987年9月14日，整幢房屋突然倒塌，楼内41人，有40人遇难，1人重伤。主要原因是：砖柱基础置于淤泥层以下的老土层上。事后验算，砖柱基础承载力安全系数仅有0.92～1.35，大大低于规范要求的2.42，且老土层的实际压应力大大超出其容许承载力，基础发生沉降，加速了基础的破坏。

实例五　武汉市某18层大楼因桩基失稳引起大楼严重倾斜，被迫于1995年进行了爆破拆除。该大楼地面以上 18 层，地下 1 层，建筑面积 14600m²，筏板基础面积 900m²，板厚 1600mm，采用 336 根 φ600 的扩底沉管灌注桩基础，有效桩长 17.5m，穿过淤泥黏土层，进入中密粉细砂持力层的深度 1~4m。由于密排桩的挤土效应和超静孔隙水压力效应导致桩身倾斜、弯折，桩身因桩间土失重而上浮，加之桩尖水平力约束极小，最终因群桩整体失稳，出现摇摆不定，致使大楼倾斜方向从东北向西北转移，引起了附近居民的恐慌和社会的强烈反应，中央电视台连续几天进行了现场直播，还受到世界舆论的关注，堪称典型的基础工程特大事故。

实例六 马来西亚 12 层公寓大楼于 1993 年 12 月某日突然倒塌，70 多人遇难。该大楼 1979 年建成投入使用后，大楼后山坡积水渗入地层，地下暗流将公寓地基土掏空，失去承载力，发生地裂与土塌，导致大楼下陷、前仆，猝然卧倒，整座大楼摔得粉身碎骨。

因地基基础失效导致建筑物发生重大事故的部分典型案例，简述如下：

1976 年 7 月 28 日唐山 7.8 级地震及其后于 1976 年 11 月 15 日发生的余震，仅对天津市一个工厂区建筑物破坏情况进行调查，全区按建筑物面积计算的破坏率达 65.5%，其中倒塌的占 3.1%，严重破坏已不能修复的占 28.6%，破坏严重但尚可修复的只占 33.8%，这些建筑物都是 1949 年以后修建的。造成破坏的主要原因是地基土的液化作用。

2008 年 5 月 12 日四川汶川发生 8.0 级地震，映秀镇由于坐落在河滩松散堆积物上，地震发生后，场地效应和砂土地基液化使基础失效，导致不少房屋损坏。

2009 年 6 月 27 日，上海市闵行区"莲花河畔景苑"一期工地靠近河岸的一幢 13 层在建住宅 7 号楼整座向后倒塌，一名工人遇难。事故的主要原因是大楼南北两侧的地基高程相差达 14.6m，导致土体产生水平位移，强大的水平力超过了基础桩群的侧向承载力，导致大楼倒塌。

1964 年 6 月 16 日日本新潟市发生 7.5 级地震，该市机场建筑物最大沉降达 915mm，有的高层建筑因地基下沉而严重倾斜。这次地震中新潟市房屋毁坏 2890 幢。主要原因是地基砂土液化。

我国西安是一个严重缺水的城市，由于对地下水的过度开采，古城西安正面临着严重的地面沉陷危机。西安大雁塔由于地下沉陷，向西北方向发生了倾斜，至 1996 年，大雁塔的倾斜达到了历史最高值 1010mm，经过各级有关部门的抢救，大雁塔倾斜的势头得到了遏制，但它现在的倾斜幅度依然超过了 1m。其主要原因是地下水超量长期抽取引发地面沉降，基础倾斜。

我国产煤大省山西省，因长期大量开采煤矿引发的地质灾害日益严重，主要是地面沉降、建筑物开裂、环境污染以及水资源的日渐缺乏。截至 2004 年，山西因采煤引起严重地质灾害的区域达 2940km² 以上，且 2010 年沉陷区面积正以每年 94km² 的速度增长。据 2003 年开始的调查，山西全省九大国有重点煤矿形成的采煤沉陷区面积达 1000km²，受损居民 17 余万户，受损医院 71 所，受损学校 312 所，涉及近 60 万人。

世界著名的意大利比萨斜塔，由于地基不均匀沉降，多年来使南北两侧沉降差值高达 1.80m。

建于 1911 年的加拿大特朗斯康谷仓，于 1913 年 10 月由于地基强度不足发生整体滑动而倒塌。

美国加利福尼亚州圣弗朗西斯坝为一高度 70m 的混凝土坝，建成蓄水后两年，于

1928 年倒塌。原因是大坝的地基为泥质胶结并且含有石膏脉的砾岩，遇水后溶蚀崩解，成为坝基的软弱垫层，在巨大的水力推动下坝体倾覆坍塌。

软弱地基的自然分布十分广泛。有些地基受到人为影响后也会成为软弱地基。在各类工程建筑物所发生的地质灾害中，软弱地基为诱因者占有很大比例。各行业的工程技术规范都对建筑物的地基承载力与变形及位移有严格规定。但从已经发生的很多事故可以看出，设计、施工和管养中存在不少忽视规范要求以及地质勘察不到位的事例，造成严重损失。

4.1.4　岩溶

地下水和地表水对可溶性岩石的破坏和改造作用称为岩溶作用，这种作用及其所产生的地貌现象和水文地质现象总称为岩溶，国际上通称为喀斯特（Karst）。

可溶岩包括碳酸盐岩、石膏和硬石膏、盐岩等。碳酸盐岩包括石灰岩、白云岩、泥灰岩和大理石等。可溶岩在地球上分布面积为：碳酸盐岩 $4 \times 10^7 km^2$，石膏和硬石膏 $7 \times 10^6 km^2$，盐岩 $4 \times 10^6 km^2$。其中，碳酸盐岩分布最广，对人类活动，尤其是对工程建设的影响最大，是岩溶研究的重要领域。

我国岩溶分布相当广泛，仅裸露于地表的碳酸盐类岩石就达 203 万 km^2，加上被覆盖和埋藏于地下的碳酸盐类岩石，全国岩溶总面积达 363 万 km^2，占国土面积的 1/3 以上。西南的贵州、云南、广西、四川、重庆，以及中南的湖南、湖北、广东则是我国岩溶最为发育的地区，构成了世界上最大的连片裸露型岩溶区。

岩溶类型按分类指标的不同有多种划分方法。常用的分类是按岩溶形态进行划分的，可分为以下 7 类：

（1）溶沟、溶槽、石芽和石林：地表水沿可溶性岩层表面或裂隙流动，发生溶蚀、冲蚀，将岩石表面溶切成一些大小不同的沟槽。深度几厘米至数米，其长度小于 5 倍宽度者称为溶沟，大于 5 倍者称为溶槽。溶沟、溶槽进一步溶蚀发展便会成为石芽，高大的石芽林立成片称为石林。

（2）漏斗、落水洞、竖井：地表水沿可溶性岩石竖直的裂隙溶蚀扩大或由溶洞塌陷而成的漏斗状的凹地称为漏斗。其底部常有竖直的溶洞，是地表水转入地下溶洞或暗河的通道，有水流的叫落水洞，无水流的叫竖井。

（3）溶洞、暗河、岩溶谷地、天生桥：可溶性岩石经地下水的溶蚀和坍塌作用所形成的地下洞穴称为溶洞。在溶洞中汇集有较大的水流则形成暗河。溶洞或暗河的洞道塌陷形成岸坡陡峻的河谷，称为岩溶谷地。在局部地段未塌落的部分洞顶，会形成跨越水流或沟谷的天生桥。

（4）溶蚀洼地：由许多相邻的漏斗不断扩大汇合而成的低洼平地，称为溶蚀洼地。平面形状呈大致圆形，其直径数百米至数千米。

（5）峰丛、峰林和残丘：在岩溶十分发育的地区，溶洞与地下河的上覆岩层进一步溶蚀和坍落，使巨厚的石灰岩块体被切割成分散的石峰，平地拔起，形似丛林者称为峰林，峰林的雏形则称为峰丛，峰林的晚期便成为孤峰，孤峰进一步破坏就变成残丘。

（6）坡立谷：是大型的封闭岩溶洼地。宽度数百米至数公里，长度数公里至数十公里。四周山坡陡峻，谷底宽平。

（7）钟乳石、石笋、石柱：溶解有碳酸钙的地下水，当从洞顶和洞壁下滴或漫溢时，因水的沉积作用形成悬挂于洞顶的圆锥形堆积物称为钟乳石。在与洞顶相应的洞底部位形成向上生长的圆锥形堆积物称为石笋。洞顶的钟乳石与洞底的石笋相连便形成了石柱。

在公路与铁路建设中，为了便于分析、研究工程勘察、设计和施工的实施方案与工程措施，根据岩溶埋藏条件进行分类较为适用。具体划分的种类见表 4-3。

岩溶按埋藏条件分类标准

表 4-3

类型	裸露型	浅覆盖型	深覆盖型	埋藏型
地表可溶岩出露情况	大部分	少量	几乎没有	无
覆盖层	土	土	土	非可溶岩
覆盖土厚度(m)	<10	<30	≥30	
地表水与地下水连通情况	密切	较密切	一般不密切	不密切

岩溶对于人类既有有利的一面，而在某些情况下又会给人类社会带来危害。应该全面地评价岩溶。

中国是世界上岩溶地貌种类最多、范围最广的国家。集合了峰、林、山、谷、湖、石、瀑、泉、洞、潭、坑、河、桥等所有岩溶景观。可谓美景何其多，大美喀斯特。迷人的景色，动人心弦的画面，使多少人流连忘返。岩溶是祖国宝贵的自然遗产，是中国旅游业中的明珠。特别值得关注的喀斯特美景如下：

中国岩溶美景集大成者中的精品——广西桂林山水；

中国石林奇观冠军——云南路南石林国家地质公园，石林区面积达 400km²；

中国岩溶奇观洞穴第 1 名——贵州织金洞，洞穴总面积 70 万 m²，有 47 个洞厅和 12 个大厅；

亚洲最长的地下洞穴——贵州绥阳双河洞，目前已探测的实际总长度达 238.48km，同时也是世界最长的白云岩洞穴和世界最大的天青石洞穴；

中国前 4 位星级天坑——贵州平塘打岱河天坑、重庆奉节小寨天坑、广西乐业大石围天坑和广西巴马号龙天坑，这些天坑的口径和深度都超过了 500m；

中国岩溶最大地下洞厅——贵州紫云格凸河苗厅，总面积 11.6 万 m²，目前居世界第 2 位；

中国最高的岩溶天生桥——贵州水城干河天生桥，为拱形天生桥，拱高为 121m；

中国最深的垂直竖井——贵州盘县白玉洞，近 90°竖井深 424m，目前居世界第 1 位；

中国喀斯特景观最著名的神话——万里长江与万丈峡谷派生出的"巫山神女"。

岩溶的危害可划分为以下四大类：

（1）岩溶洞穴危害

岩溶洞穴包括基岩中的洞穴和第四系松散覆盖层中的土洞。其顶板因崩裂或失稳而坍塌。坍塌的时间和程度受多种因素的影响，很难预测。对建筑在洞穴附近的各种设施和人们生活构成严重危害。土洞因其发育速度较快，且一般埋藏不深，对场地稳定性的影响更为严重。岩溶洞穴可能发生的危害具有"个性"，在工程上考虑的主要因素有：洞穴的大小、形状、顶板厚度、岩性、裂隙发育情况、洞穴填充物和地下水活动情况等。

岩溶洞穴对公路与铁路路基造成的危害较为普遍。路基下潜伏的溶洞或土洞破损或失稳将会引发路基塌陷。塌陷发生时其上部路基将随之陷落而形成病害。如是建筑物地基则成为事故。由于塌陷的发生在时间上和空间上的突发性和隐蔽性，使其对路基和构筑物危害极大，严重影响行车与人员的安全。洞穴塌陷有两种形式，即上覆土层塌陷和溶洞顶板失稳塌陷。前者是由于覆盖层被岩溶水掏空形成空洞，在人为或地下水活动等因素作用下发生的，多见于覆盖型岩溶地区，后者是由于溶洞或地下河通道顶板强度不足、厚度偏薄导致岩体失稳造成的。

路基或水渠的边坡开挖地段通过出露型岩溶洞穴时，边坡开挖后岩溶洞穴的出露将影响边坡的整体性和稳定性。在岩溶水的共同作用下，局部松散破碎岩体、薄弱的溶洞顶板可能出现碎落、崩塌现象；当洞穴本身是岩溶地表、地下水汇集、排泄的通道或是岩溶区地下河道时，被挖穿后的水流可能会挟带大量溶洞填充物形成泥水流，将掩埋甚至直接冲毁路基或渠道，暴雨时可能成为泄洪通道，涌出大量洪水淹没地面各种构筑物。坡面上的洞穴、裂隙等一旦暴露往往成为水流进入坡体深层的直接通道，使得对岩体的溶蚀、侵蚀破坏作用加强，引发其他次生灾害。

下面简要介绍岩溶洞穴危害的几个实例：

实例一　贵昆线××铁路隧道

因勘察阶段未发现大溶洞，在施工开挖后溶洞出露，该溶洞长 80～100m，宽 15～30m，高 10～20m。由于处治困难且不经济，铁路被迫局部改线。

实例二　贵州××水库

因大坝下游不远处有大溶洞，蓄水后沿此溶洞漏水，流量达 15m³/s，影响水库正常运行，造成经济损失。

实例三　广东南海××大楼

原设计的基础为桩基，共计 116 根，直径 1.2～3.4m。施工中发现，因岩溶洞穴、岩面高差太大、涌水、突泥，引发地面下沉，调整设计 60 根桩，其余 56 根桩有无潜在的岩溶地质问题很难判断，成为工程处理的难点。

实例四　山西黄河中游万家寨水库

勘探时发现，在水面以下 471m 处有高达 24m 的大溶洞，被迫采取特殊处理措施，延误工期，造成经济损失。

实例五　贵州平坝县合成石油厂

施工中发现厂区建筑物地面之下有土洞，经过方案研究后，被迫缓建。

实例六　广西水南高速公路

GK203＋708～GK204＋958 段和 K209＋062～K209＋699 段，因溶沟、漏斗、落水洞和溶洞，导致路基发生严重病害。

（2）岩溶地面塌陷的危害

岩溶地面塌陷的含义，国内地质界有不同说法。《铁路工程地质岩洞勘测规程》提出的定义较为简明，即岩溶地面塌陷是指"开口岩溶洞隙与上覆土层（少数为松软岩层）中的水、汽对上盖层发生的力学效应导致的地面塌落"，与溶洞顶板塌陷的含义是不相同的。

从工程实用考虑，岩溶地面塌陷的分类见表4-4。

岩溶地面塌陷的分类 表4-4

Ⅰ级（按塌陷成因）	Ⅱ级（按诱发塌陷因素）	Ⅲ级（按塌陷坑数量 n）
自然塌陷	地震、河水位上升	大量：$n \geqslant 1000$
自然、人为引发塌陷	降雨入渗、地表水渗漏、干旱灌溉	中量：$100 \leqslant n < 1000$
人为引发塌陷	排水塌陷、渗水塌陷、抽水塌陷、荷载塌陷、蓄水塌陷、振动塌陷	少量：$10 \leqslant n < 10$ 个别：$1 \leqslant n < 10$

岩溶地面塌陷是岩溶地区工程建设中发生岩溶危害范围广、频次高的一种地质灾害。以铁路、公路、矿山受害较为严重，其次为农田水利、城市建设、地下管线以及人民生活等。

岩溶地面塌陷危害实例如下：

实例一 襄渝铁路中梁山隧道

隧道埋深100多米，施工影响范围北侧2.5km，南侧2.0km，因坑道排水发生岩溶地面塌陷，有70个塌陷坑，影响民用水涉及8118人，牲畜4840头，农田灌溉5.47km²，井泉干枯48个，造成较大经济损失。

实例二 贵昆铁路小哨至种田冲段

由于降雨入渗，沿路基范围发生较大地面塌陷117处，较小塌陷300多处。人为因素是因铁路施工、植被破坏、路堑积水、路堤阻水，改变了地面径流条件，使渗漏集中，造成危害。全段采用压浆、旋喷、封闭排水等治理措施，造成经济损失。

实例三 广东凡口矿区

据1977年统计，因矿井疏干地下水，矿区共产生地面岩溶塌陷1600多处，使矿区的生产和生活设施遭到严重破坏，约1000亩农田受损，数千米铁路和公路被毁；而且地表水通过塌陷坑大量灌入井下，威胁采矿安全，大大增加了排水费用。

实例四 贵州水城盆地

水城盆地是一个由岩溶峰林、峰丛环绕的坡立谷。原生态自然环境良好，地面未见塌陷。但自1968年开始，因工业建设与城市建设需要，抽取岩溶地下水，随之便出现了地面塌陷。截至1988年底，水城盆地东南部14口抽水井的四周出现了805个塌陷坑。

实例五 广西玉林市××化工厂

玉林市××化工厂仅一口井抽取地下水，当水位降至深10m左右时，周围地面发生

130 多处岩溶塌陷，范围约 0.13km²，导致邻近的火电厂主要设备基础倾斜、储水池漏水、仓库开裂、办公楼不均匀沉降等多种危害。

我国岩溶塌陷分布于 23 个省市。据 2009 年统计，部分城市地面塌陷情况如下：贵阳（30）、昆明（139）、武汉（6）、南京（15）、广州（21）、杭州（9）、桂林（634）、柳州（20）、玉林（223）、郴州（56）、怀化（25）、娄底（30）、湘潭（6）、遵义（4）、安顺（100）、水城（1023）、六枝（50）、肇庆（3）、黄石（43）、宜春（13）、九江（50）、个旧（500）、曲靖（20）、泰安（104）、唐山（20）、淄博（30）。括号内为地面塌陷个数。

其中，昆明市的翠湖塌陷尤为严重，是城市地面塌陷的典型案例。翠湖原属与滇池相连的一个湖湾，后因开挖海口河引水灌田，降低了滇池水位，致翠湖与滇池分离，水深仅 2～3m。翠湖底部下层基岩为白云质灰岩，岩溶发育。从 20 世纪 50 年代至 1976 年，大量抽取地下水，湖水逐渐干涸。1976 年 5 月 22 日九龙泉断流。至 1983 年，附近共打井 28 口，加上人防工程用水，抽水量达 3000m³/d，翠湖区便形成长 2.7km、宽 2km、中心水位下降 14.05m 的降落漏斗。至 1975 年以来，共发生塌陷 117 处，地裂缝数百条。而且翠湖干涸，九龙泉水变为落水洞，亭榭、楼、桥开裂倒塌。农展馆、圆通寺、连云巷宾馆和公园等现代与古代建筑群开裂、倾斜，花草、林木枯死，不仅造成了巨大的经济损失，而且翠湖这一高原明珠及其周围区域遭受了严重的生态灾难。

（3）岩溶水害

岩溶水的危害主要表现为：雨季时公路、铁路的路基涌水、坍塌或冲毁；基坑涌水，增大排水困难甚至坑壁坍塌；地下洞室涌水、突水，且伴随涌泥、涌砂，增加施工、运营的困难；溶蚀洼地中（或坡立谷）积水淹没农田，影响农业生产；岩溶水骤然升降，导致岩溶地面塌陷，破坏地质环境。

贵阳至遵义原国道公路息烽县阳朗坝段，位于山间谷地平坦区域，地面以下岩溶发育，有几个岩溶落水洞。当发生特大暴雨时，落水洞被泥砂堵塞，地面形成大范围水淹区，淹没公路，交通中断。后采用长约 800m 的高架桥跨越。

（4）土壤贫瘠与石漠化

岩溶区域的土地分为：峰丛（林）洼地、峰丛（林）盆地、峰丛（林）谷地、残丘溶原和溶蚀丘陵五大类。其中峰丛、峰林区域，土壤浅薄、土层不连续，被地表岩体分割，水土流失严重，岩石裸露较多，是岩溶地区石漠化较严重的区域。峰丛部分土壤一般厚度在 30cm 以下，甚至不足 10cm。分布于峰丛、峰林的土壤多为黑色石灰土，部分为黄色石灰土，耕作后多为大土块。土壤中有机质含量较高，但土的质地差，石砾含量高。因土壤贫瘠，农作物的产量低、质地差，受岩溶地质特点的影响容易发生旱涝灾害。仅洼地、漏斗部分土层较厚，质地也好一些，大多开垦为农田。

岩溶石漠化山地岩石裸露率高，土壤少，贮水能力低，岩层漏水性强，极易引起缺水干旱。而大量降雨又会导致严重水土流失，导致土瘦、林衰、水枯、人穷，导致岩溶地区大范围生态环境脆弱，生存条件残酷。这些地区往往经济落后，人民生活困苦。例如贵州省，岩溶总面积达 14.48 万 km²，占全省面积的 82.19%，其中裸露性岩溶总面积为 14.07 万 km²，占全省面积的 79.85%。石漠化的地方往往是最贫穷的地区，是贵州省脱贫工程中的一项重大课题，对贵州社会经济的发展具有重大影响。

4.1.5　泥石流

泥石流是发生在山区的一种含有大量泥砂、石块的暂时性湍急水流。由于它具有强大的破坏力，往往在很短的时间内造成工程设施、农田和生命财产的严重损失，是一种严重的地质灾害。

泥石流与山洪的区别在于，前者是由液体与固体（水与土石）组成的流动体，且固体的含量很大，有比山洪更大的破坏力。

泥石流的形成有三个条件：一是地形条件，即山岳地区具有较大纵坡的狭窄沟谷；二是地质条件，即岩层风化破碎、新构造运动活跃、地震多发、山体崩滑灾害较多的地区；三是气象水文条件，即必须有强烈的暂时性的地表径流，主要由暴雨形成，也有由冰雪融化和水体溃决引发的洪水。所以，地表洪水是发生泥石流必不可少的外部动力条件。

本书将泥石流造成的灾害，纳入由水力引发的事故范围，在第 3 章进行了讨论，本章不再赘述。

4.1.6　其他地质灾害

其他地质灾害包括地面沉降、渗透变形、矿山采空区和次生地质灾害。

（1）地面沉降：是指地壳表面在内力地质作用、外力地质作用与人类活动的作用下，造成地表一定范围的沉降，其垂直位移大于水平位移。其特点是发展较为缓慢，需通过仪器才能观察到。而一旦发生，往往难以完全恢复。地面沉降一般范围较大，沉降速率多在 80mm/a 以上。绝大多数地面沉降是由于抽取地下液体（水与石油）引起的。地面沉降会对沉降区的建筑物和各种设施带来危害。

（2）渗透变形：在岩土体空隙中运动的地下水称为渗透，它对岩土体的作用称为渗透力。当渗透力达到一定数值时，黏土中的颗粒发生移动，有时岩体还会发生悬浮或移动，这种现象称为渗透变形。最常见的渗透变形现象是由于人类工程活动改变了地下水的动力条件后发生的，其规模、数量、发展速度远远超过天然条件下发生的渗透变形。水利水电工程对地下水动力条件的影响最大，所诱发的渗透变形也最严重。国内有的水利工程，因渗透变形引发过重大工程事故。

（3）矿山采空区：矿山开采所形成的地下采空区，会对采矿区域及其附近一定范围的地面建筑物产生不利影响。较为典型的是铁路、公路经过这个区域如处理不当，会产生严重灾害。据估计，仅煤矿采空区为保证铁路路基稳定与运输安全，采用矿下预留保护煤柱的措施，截至 2009 年，已使全国压煤总量达 30 亿 t，地下资源损失严重。而铁路绕避则会增大工程造价，并会降低技术标准，恶化运输条件，目前仍是一个难以合理解决的问题。

（4）次生地质灾害：指由一种或几种地质灾害引起的新的灾害。工程中最常见且危害严重的次生地质灾害是由地震诱发的。2008 年四川汶川大地震发生后，引发了大量的次生地质灾害。本书在有关章节进行了讨论，并介绍了工程实例。

4.2　地质力引发的桥梁事故

上一节提到的各类地质灾害都会对桥梁造成不同程度的危害。根据国内外已发生的因地质力引发的桥梁事故的统计资料初步分析，引发桥梁事故的地质现象主要有：地基或地面沉降、变形；山体滑坡；陡岩崩塌；土压力；地震和地震次生灾害等。第 2 章已论述了地震引发的桥梁事故，本节针对除地震外的其他地质力引发的桥梁事故，介绍工程实例并简述事故原因与处治措施。

4.2.1　软弱地基或地基沉降、变形引发的桥梁事故

实例一　河北衡水市塔头大桥

塔头大桥位于武邑至千童镇公路武邑与阜城交界的清凉江上，建成于 1999 年。该桥为 12×20m 预应力混凝土空心板桥，全长 244.04m。桥面宽为净-11.4m＋2×0.3m，荷载标准汽-20，挂-100，三圆柱式桥墩桩基础。该桥投入营运后不久，发现西起第 3 排墩柱及盖梁均出现开裂，严重影响到桥梁的安全使用。检测情况表明：在 1 号柱（南侧）与 2 号柱之间，其盖梁存在底部受拉裂缝 2 条，其中主要裂缝距 1 号柱 1m 左右，沿底面通裂，开裂高度由底面起沿截面高度达 60cm，最大缝宽 0.5mm。在 3 号柱（北侧）正上方的盖梁上部受拉裂缝 4 条，其中主要裂缝由上向下的开裂长度达 94cm，占整个截面高度的78%，裂缝宽度 0.65mm。在 1、2、3 号柱柱身的北侧均出现多条受拉裂缝，开裂深度接近柱直径的 50%，裂缝宽度 0.46mm。

为了弄清楚这 3 根柱桩在荷载作用下是否存在不均匀沉降，以及沉降差的大小和对盖梁与墩柱开裂的影响，进行了三项工作：

（1）按两种工况、4 级分布荷载对柱桩进行汽车加载，实测沉降差。得到以下结论：在相同荷载作用的两种工况下，1 号柱桩与 3 号柱桩的沉降差较大（同一桥墩由 1、2、3 号柱桩组成，2 号柱桩在中间），说明 1、2、3 号柱桩的承载力有明显区别，其承载力由大到小依次为 3 号、2 号、1 号。在 1 号柱桩上加载时，基桩沉降由大到小依次为 1 号桩7.37mm、2 号桩 4.3mm、3 号桩 0.065mm，表明柱桩沉降差是引发盖梁与柱体开裂的原因。

（2）对桩周瞬态面波测试，并进行反演分析，在同样的激振方式与排列方式下，1 号桩的瞬态面测试有效深度最小，3 号桩的瞬态面测试有效深度最大。这说明了 1 号桩的桩周土强度较低而影响了能量传播。计算得到 1、2、3 号桩的桩周土等效剪切波速分别为 1号桩 241m/s、2 号桩 288m/s、3 号桩 354m/s。可见，对于提供桩侧摩阻力而言，3 号桩周土的力学性质最好、1 号桩最差，这是造成桩基承载力差别大的主要原因。

（3）采用有限元进行数值模拟非线性分析。使用的软件为 Adina，得到的裂缝开展图表明，实际裂缝发生的部位与理论分析基本对应。

结论：在同一个 3 柱式桥墩的盖梁和柱身发生严重开裂，是由于 3 根桩基不均匀沉降引起的。产生不均匀沉降的主要原因是桩周土质差异较大。另外，本桥桩与桩之间无横系梁则是增大不均匀沉降的因素之一。

实例二　湖北钟祥市吉庆桥

吉庆桥位于文胡公路 K23＋050 处，跨越老利河，为单孔净跨 40m 桁架拱（三角形式），桥长 61.02m，矢跨比 1/10，桥面净宽为净-12m＋2×1.5m，设计荷载为汽-20、挂-

100，人群 3.5kN/m²。上部结构设计套用桁架拱标准图（JT/GQB019-80）；下部结构为重力式 U 形桥台。桥位处地质情况从地表往下依次为：人工素填土、冲积粉质黏土、洪积卵石层、粉土夹砾石、冲积粉质黏土。该桥于 1998 年 1 月建成，在尚未通车的情况下，桥梁即出现以下问题：

（1）两岸桥台发生不同程度的沉降。双河岸桥台南侧下沉 7.4cm，北侧下沉 4.3cm；钟祥岸桥台南侧下沉 8.1cm，北侧下沉 19.7cm。到 1999 年 1 月 22 日，双河岸桥台南侧共下沉 10.2cm，北侧共下沉 6.6cm；钟祥岸桥台南侧共下沉 10.2cm，北侧共下沉 23.4cm。

（2）桥台南侧向后发生相对位移 7.9cm，北侧相对位移 8.9cm。

（3）桥面跨中南侧下沉 16.4cm，北侧下沉 16.3cm。

（4）主拱片拱脚及剪力撑处出现多道裂缝。主拱片焊接处钢板与混凝土接触面出现 3 道裂缝，主拱片跨中部位每片桁架出现 5～8 道裂缝。上弦杆悬空，下弦桥多处开裂。

（5）桥面系严重破损，并发生扭曲。

事故发生后进行了测试和结构分析计算，得到以下结论：

（1）桥台地基持力层为粉质黏土，容许承载力仅 150kPa，且基底还存在淤泥夹层，导致基础发生严重的不均匀沉降，是造成上部结构大量开裂的主要原因。

（2）U 形桥台后填土压实度不够，台身承受较大土压力，在施工过程中及桥梁完工后，桥台便已发生约 8cm 的水平位移，对上部结构产生较大的拉应力。

（3）按事故发生的状态进行了受力计算，得到：拱片上、下弦杆，部分截面拉应力超过混凝土抗拉强度；桥台地基最大压应力为 225.3kPa，大于容许承载力 150kPa；桥台抗倾覆稳定系数为 1.467 小于容许值 1.5，抗滑稳定系数为 1.182 小于容许值 1.3。

处治措施：在原拱腹之下新建下弦，以增大拱圈高度，跨径适当缩短；在原桥台前方加长桥台，并采用桩基础；加固原 U 形桥台，加固原桁片。

实例三　长江三峡库区××公路 1 号桥

该桥桥位处为 V 形沟谷。原设计为 40m＋80m＋40m 连续刚构，施工时考虑到桥墩位于滑坡地段，基础可能发生不均匀沉降，为了减少基础变位的不利影响，修改为相同孔跨的连续梁。该桥全长 161.00m，上部结构为单箱单室箱形直腹板截面，墩顶处截面高度 5.00m，跨中截面高度 2.5m，按三向预应力设计。

该桥于 1995 年 7 月开工，1997 年 4 月完工，随即做了全桥动、静载试验，鉴定为合格。1997 年 6 月开始使用。1998 年 5 月发现跨中下挠严重，同年 9 月发现箱梁裂缝，后做了超声测试。1998 年 10 月开始进行观测，至 1999 年 9 月，主梁下挠仍在继续增大，箱梁裂缝发展加剧，为了避免出现安全事故，桥上中断交通，停止使用。

事故发生后进行了结构分析计算，得到以下结论：

（1）主梁的承载能力、应力、挠度均满足现行桥梁规范要求。

（2）全桥箱梁除靠近墩顶几个节段外，其余均已开裂，裂缝的种类和分布呈现多样化，其原因应是多种因素共同作用的结果。

（3）现场观测资料表明，较长时间内全桥均在不均匀下沉。1999 年 8 月与 7 月的观测结果比较，0 号桥台的下沉量为 3.08mm，1 号桥墩的下沉量为 4.72mm，说明墩台基础是产生箱梁开裂与下挠的主要原因。

（4）主梁构造设计存在某些不足：预应力束锚头布置过于集中；箱梁分段处下弯钢束与弯起钢束过于靠近，两者的预应力方向相反将产生较大的局部拉应力；竖向预应力筋采用 $\phi25$ 精轧螺纹钢筋，长度短，预应力损失大，有效预应力不足。

实例四　广东珠海市斗门黄镜门大桥

黄镜门大桥主跨为 $7\times16m$ 钢筋混凝土简支 T 梁，两边跨为 10m 钢筋混凝土空心板，下部结构为双柱式桥墩，钻孔灌注桩基础。大桥全长 144.74m，桥面宽度为净-10.5m＋$2\times0.75m$。该桥 7 号桥墩位于岸边，水深较浅，基础为 2 根直径 120cm 钻孔灌注桩，桩端位于中风化砂岩顶面，桩长 46m。

从 1990 年建成通车至 1999 年 9 月这段时间内，桥梁墩台受淤泥土水平挤压力的作用产生很大的水平位移，实地测量，7 号桥墩向河中心方向累计水平位移达到 30cm，墩柱已明显可以看出严重倾斜。2019 年该桥封闭重建（图 4-1）。

事故发生后，对于淤泥土作用下桩身变形进行有限元分析，要点如下：

（1）采用 Adina 软件三维模型分析在淤泥土与桩相互作用下，桩身变形及应力状况。

图 4-1　2019 年 8 月 9 日开始全封闭桥重建工程的黄镜门大桥

（2）将桩看成弹性材料，土体则视为弹塑性材料，采用 Mohr-Coulomb 弹塑性模型。不考虑台后填土上车辆荷载的影响。

（3）计算表明，淤泥土层是在台后填土自重作用下产生侧向位移并推动桩身侧向变形的原因。随着深度的变化，桩身水平变位呈抛物线形，其最大水平位移位于淤泥层的中上部（距桩顶 11m 处），并逐渐向上、向下递减，桩基同时发生沉降。分析所得的桩基变位情况，与实际观测资料基本吻合。

实例五　太原市迎泽公园七孔桥

迎泽公园七孔桥建于 20 世纪 60 年代，是公园内的一处著名景点。1995 年以后，该桥部分桥孔拱圈出现裂缝，逐渐发展至裂缝贯通、拱圈石错位，严重影响桥梁的使用，成为游人、游船的安全隐患。为此，从 1997 年 7 月 4 日起，公园管理部门封锁了个别桥孔，禁止船只通行，并采取了其他防护措施。

七孔桥为 7 跨半圆形石拱桥（图 4-2）。拱圈净跨径为 $(4＋5.5＋6.4＋7.0＋6.4＋5.5＋4)$ m，拱圈为细料石砌体。桥面净宽 4.5m。边孔（即桥台）基础为整体式混凝土结构，配置钢筋网，基底加铺 30cm 厚浆砌

图 4-2　太原市迎泽公园七孔桥

片石垫层。

拱圈损坏发生后，进行了详细测量和调查研究，得到以下结论：

（1）各墩台均有明显的不均匀沉降。各墩台顶（即起拱线处）相对高差反映了不均匀沉降的数值。最大高差发生在1号台和7号墩之间，达到10.9cm，相邻墩台最大高差发生在1号台和2号墩之间，达到5.1cm。全桥西侧沉降大，东侧沉降小。

（2）墩台不均匀沉降差最大的地方正是拱圈发生破坏的桥孔，两者直接关联，表明基础不均匀沉降是这次事故的主要原因。

（3）1996年10月20日至1997年3月2日，由于维修、整治迎泽湖的需要，湖水基本排干，湖底长期暴露，冬冻春融，造成七孔桥地基承载力下降。迎泽湖是人工湖，在未形成湖之前，历史上桥的两岸为低洼积水地带，东岸侧邻近陆地上的官道，两岸地质情况的演变不同，是桥梁发生总体沉降桥西侧大于东侧的原因之一。

（4）原设计为人行桥，但在使用中各类机动车长期通行，包括一些满载建材和泥土的重载车辆亦行驶桥上，管理上未进行严格禁止。

实例六　河南南阳桐柏县淮河大桥

桐柏县淮河大桥是312国道上的一座重要公路大桥。上部结构为7×30m双曲拱桥，矢跨比1/6，桥梁全长233.6m，桥面净宽为净-7m＋2×0.25m，设计荷载为汽-15、挂-80。下部结构为三柱式桥墩，箱形桥台，片石混凝土扩大基础。拱肋施工采用分段预制，吊装合龙后用法兰盘连接的方式。该桥于1973年建成通车。

1979年进行桥梁调查时发现，该桥第4孔拱顶下沉14cm。随后下沉量不断增大，到了1998年，拱顶下沉量已达33.5cm，出现险情。进一步的调查表明：第4孔下沉量最大，其他各孔下沉量相对较小。每孔上、下游两侧的下沉量不一致，各片拱肋已不在同一曲面内。第4孔拱顶部分拱肋下缘及拱圈1/4位置附近的拱肋上缘有较多裂缝。横向拉杆松动，拱波顶部纵向裂缝较普遍，拱肋与拱波脱开。腹拱拱圈严重开裂，拱上横墙开裂。

事故发生后进行实地调查和开挖部分墩台地基时发现，东岸桥台基础置于岩层上，但西岸桥台基础置于软弱淤泥层上，判定此为这座桥出现严重病害的主要原因。

加固实施方案：在每孔的上、下游两侧各增设一条高80cm、宽50cm的钢筋混凝土大边肋。新增大边肋的底部低于原拱肋底部10cm；每孔原拱肋增设5道钢筋混凝土横隔板。对各墩台及其基础分别进行了加固接长；第4孔两个桥墩由三柱式改造为实体式墩，以提高其抵抗水平推力的能力。

实例七　广西××大桥

该大桥为4×60m刚架拱桥，全长240m，设计荷载为汽-20、挂-100。在桥梁施工基本完成时，发现0号桥台产生不均匀沉降，同时还发生平移，导致该桥主拱拱顶部位下沉155mm，拱顶下缘开裂，拱肋内钢筋损伤。经实测得到：0号桥台拱脚位置处下沉26mm，向外水平位移53mm。

针对拱肋下挠、开裂及地基下沉的情况进行了分析计算，得到以下结论：

（1）拱脚基础变位在拱顶产生的弯矩比自重产生的弯矩大，占两者弯矩之和的54.1%，是导致拱肋开裂的主要原因。

（2）自重与拱脚基础变位引起的拱顶下缘拉应力为 23.86MPa，远大于混凝土的开裂应力，故拱肋必定开裂。拱脚强迫位移对拱顶正弯矩增大的影响，主要因素是水平位移，竖向位移影响较小。

处治措施：采用灌浆土体的办法，在台后填土中灌注土壤固化剂 HEC 和微膨胀剂，使桥台与固化后的土体形成整体，以抵抗基础下沉和变位。总共灌浆达 100 多吨。一个月后取地基土检测，单轴平均抗压强度超过 0.42MPa，桥台沉陷停止，桥墩趋于稳定。拱肋用灌浆封闭和补填裂纹，并粘贴钢板和植筋加强。

实例八　南昆铁路马路冲 3 号大桥

3 号大桥上部结构为（2×24.7＋4×24.7＋3×24.7）m 三联预应力混凝土梁桥。下部结构桥台为 T 形台，4 号墩为刚性制动墩，1、2、3、5、6、7、8 号墩为柔性墩，最大墩高 19.3m。支座为盆式橡胶支座。活动支座设在 2 号、6 号墩的昆端，其余各墩均设固定支座。桥梁全长 237.4m。墩台基础持力层为白云岩、白云质灰岩及泥质白云岩，容许承载力为 500～700kPa，该桥于 1997 年建成。

1999 年 9 月 9 日检查发现，各柔性墩上支承垫石不同程度存在明显裂缝。

1999 年 12 月 24 日检查发现，支承垫石裂缝宽度有发展，柔性墩均出现裂缝。另外还发现，当列车通过时可以明显感觉到墩顶的横向振动比较厉害，第 6 孔主梁跨中横向振幅最大单峰值为 7.6mm。

2000 年 3 月 13 日，对各桥墩裂缝精细观察，发现有些墩帽的裂缝已超过容许值 0.2mm，不少裂缝已发展到托盘。4 月 7 日经有关专家赴现场观察鉴定，并提出建议后，作出决定：该桥从 4 月下旬开始，为保证列车运行安全，通过桥上的列车限速慢行，速度不超过 45km/h。

针对上述发现的问题，进行分析计算，主要情况如下：

（1）柔性墩顶墩帽应力计算：采用 SAP91 程序分析，得到顺桥向最大拉应力为 0.642MPa，横向最大拉应力为 0.690MPa，均大于 C25 钢筋混凝土允许拉应力 0.630MPa。

（2）原结构全桥动力计算：采用 SAP91 程序分析，得到结果为：当货物列车（DF4 牵引）以 80km/h 速度行驶时，最大横向振幅为 4.458mm；当旅客列车以 140km/h 速度过桥时，最大横向振幅为 1.286mm。按规范规定，允许的桥面最大横向振幅 $A_{max} \leqslant$ 1.45mm。可见，货物列车经过时的横向振幅远远大于允许值。另外，计算得到全桥第一自振频率为 $f = 0.688$Hz，根据《铁路柔性墩桥技术规范》规定，桥墩允许自振频率为 $[f] > 6/\sqrt{h}$，此处 h 为墩身高度，本桥取 $h = 19$m 时，可得 $6/\sqrt{19} = 1.376$Hz，故 $f = 0.688$Hz $< [f] = 1.376$Hz，不满足规范要求，且超出容许值较多。

另外，柔性墩高度为 9.3～19.3m，无论是高墩还是矮墩均出现超过容许值的裂缝。故本桥裂缝大小与墩高关系不明显。从裂缝发展情况看，全部是顺桥向纵向开裂，说明全桥横向受力大，应与横向刚度有关。

本桥 7 个柔性墩均为扩大基础。对基础底面地基挖探发现，地基存在明显不均匀性。靠山外侧岩石较内侧风化严重，承载力低。故桥面横向振幅过大，系基底地基不均匀沉降所致。另外，墩帽混凝土质量较差、配筋量偏小也有一定影响。

处治措施：将柔性墩改造为刚性墩，把原桥墩加宽、加厚；将原扩大基础改造为承台桩基础。每个桥墩设置 4 根直径 1.5m 的挖孔桩及 3m 厚承台；将盆式橡胶支座换为 YZM 系列圆柱面钢支座。

加固设计的原则是：将原 9×24m 柔性墩结构体系改造为 9×24m 简支梁——刚性墩结构体系。

实例九　浙江百官——下官公路丰惠桥

丰惠桥为单跨 30m 双曲拱桥，矢跨比 1/8。1977 年建成后，1978 年即发生严重损坏。两桥台水平位移达 30cm，垂直沉陷达 19.6～26.7cm。拱肋跨中明显下沉，肋底出现很多裂缝，在拱脚起拱线处，上缘开口宽度达 1.3cm，下缘混凝土被压碎。桥台尾端挡墙基础下沉开裂。桥面板和栏杆均被拉开。

根据现场观测和地基土分析试验结果，桥梁损坏的原因是：软弱土层不均匀沉降与桥台水平位移。

采用下述处治措施：

（1）将桥台尾端 10m 长范围的高路堤和挡墙拆除，另新建 2 孔跨径为 5m 的钢筋混凝土板作为引孔，以降低软土层的沉降对主孔的影响。

（2）新增 2×5m 钢筋混凝土板的基础之间沿顺桥向设置水平支撑梁，以抵抗拱脚的水平推力，制止桥台拱脚处的水平位移。

（3）从拱脚起至第 2 根横系梁之间长约 5m 的拱肋，在其横向两侧增大拱肋断面。

实例十　美国·加利福尼亚州萨克拉门托市美洲河桥

该桥为 58m＋3×67m＋58m 预应力混凝土箱梁桥，桥宽 6m，桥长 320m。采用在支架上整体现浇的施工方法。在箱梁施加预应力之前的养生期（混凝土浇筑后的第 5 天），跨径为 67m 的箱梁随着支架一起垮塌。主要原因是：支架桩基的入土深度不够，致使桩基沉降而失稳，导致整个支架与箱梁倒塌。施工期未考虑水流对支架的影响和支架局部构造欠妥也是原因之一。坍塌坠落的箱梁混凝土重量约 620t。

实例十一　广东某高速公路桥

该桥上部结构为 2×35m 预应力混凝土简支 T 梁。下部结构为单柱式桥墩，双悬臂盖梁，条形承台之下设置单排 2 根直径 1.5m 的钻孔灌注桩。桥下净空高度约 5m。

该桥为在役桥梁，使用过程中由于基础突然发生较大沉降，桥墩出现大幅度下沉和倾斜，成为危桥，决定拆除重建。在桥下设置临时支架，将 T 梁分段切割后拆除，然后再将已倾斜的桥墩拆除。由于原墩位还有两根桩基，地下情况难以准确判断，无法再利用，决定废弃，将原 2 跨结构改为 3 跨结构，避开原墩位，另选 2 个新的墩位，设置新的桩基础。新的桩基施工要求采用回旋钻机，以减少对地基的扰动。

4.2.2　斜坡失稳引发的桥梁事故

实例一　陕西省旬阳县境内 G316 线渔王沟大桥

该桥位于 G316 线兰滩段，K1777＋100 处。2007 年 9 月 2 日上午 8 时 10 分，道班工人巡查时发现零星山体塌方，并迅速上报，随即对该路段进行交通管制，禁止车辆和行人通行。到了同日上午 10 点，该地段山体发生大滑坡，总计约 6 万 m³ 岩土崩塌冲击坡下的公路，将 G316 线 200m 长的路基阻塞，同时将公路上的渔王沟大桥横向推出，大桥整体垮塌，G316 线交通中断（图 4-3）。

图 4-3　山体大滑坡冲毁 G316 线渔王沟大桥

据报道，2007 年上半年该桥已被判定为危桥，在还未进行维修的情况下，便发生了大滑坡冲毁大桥的事故。

实例二　贵州 320 国道某特大桥

该桥为正在施工中的高速公路特大桥，墩台已完成，部分桥墩位于陡坡地段，陡坡下方为 320 国道。特大桥为多跨梁桥，柱式高桥墩群桩基础。2007 年 6 月 9 日上午施工人员发现 3 号桥墩承台附近地表有裂缝，向下一直延伸到 320 国道道面。另外，在 2 号墩和 3 号墩之间的地表冲沟附近也出现裂缝。所有裂缝形成了一个包围圈，属山体滑坡发生前的典型特征。到了 6 月 9 日中午，山坡裂缝继续增大，地表塌落，3 号墩外侧的桩基已外露的高度约 6m，承台外侧已悬空，320 国道公路局部坍塌。6 月 10 日上午，山体已向下方滑动了 16m，3 号墩外侧桩基露出的高度增大为 12m，承台悬空高度也达到了 12m。坡下工棚遭到严重破坏，施工现场受到影响，桥墩处于危险状态。

据地质专家现场调查和分析计算，该滑坡的形成并滑动，有以下几个因素：

（1）与基岩面接触带的上层土体呈软塑饱水状态，抗剪强度低。前坡面上虽无渗水，但在黏性土下部有地下水。调查发现后坡面有多处渗水点，形成潜在的滑动面。

（2）滑坡发生之前的数天内，连降大暴雨，使滑坡层内土体严重饱水，是诱发滑坡发生的主要原因。

（3）地面上人为施工的荷载，包括桥梁自重、填方土体及施工荷载，增大了滑坡的下滑力。

（4）3 号桥墩西侧的左、右幅 4 根桩正好落在基岩面的陡坎边缘，导致滑坡发生后桩基大量外露，出现险情。

（5）防护桥台的挡土墙基础未做嵌岩设计，且挡墙为砌石结构，抗剪强度很差，在滑坡推力作用下，很快破坏。

处治措施包括：设置抗滑桩、抗滑挡墙、坡面排水、滑体固结整治等。

实例三　杭父公路 99 号桥

原桥为 3×6m 钢筋混凝土板，1958 年为适应通航要求，河道拓宽，需加高桥梁，在原桥湖州岸新建 4×12m 钢筋混凝土 T 梁，下部结构为钢筋混凝土柱式桥墩，桩基础。新老桥总长度 75.8m。该桥地处杭嘉湖平原，地基软土层很厚，钻深 40m 仍为软塑粉质黏土，其天然含水量达 50.4%，孔隙比达 1.463。

该桥（新桥）于 1958 年 8 月 19 日建成通车，第 2 天即发生湖州岸土堤基底因剪切滑动导致桥梁倒塌。路基土体向河滑移，而河中土体则向上隆起。岸墩和后面 25m 长路基填方一起塌陷约 2m 深，岸边墩柱与桩基全部被折断，第一孔桥跨坠入河中，第 2 号墩柱及桩基受损倾斜，第 3、4 号墩柱上支座滑移，T 梁混凝土开裂，第 2、3 跨桥下河床隆起的土体达 3500m³，交通中断。

处治措施：先抢险通车，然后再重建永久性桥梁。大致方案是：清除河道中滑坍堆积土体；修复加固原岸墩；在湖州岸坍陷区内修建临时性木桥（木桥共 5 孔长 24m），整修恢复原桥各孔跨。恢复通车后数年，滑坍区段的地基已基本稳定，便于 1965 年完成永久性桥梁的修建，为 10 孔不等跨混凝土梁桥，全长 96.92m。

实例四　浙江德清下跨塘桥

下跨塘新桥位于老桥下游 10m 处。新桥为 3 孔跨径 10～12m 钢筋混凝土空心板，下部结构为柱式桥墩桩基础。新桥于 1970 年 7 月建成通车。通车后第 4 天即发现武康岸台后路堤下沉 20cm，很快便发生路堤滑坡，武康岸一侧的岸墩和 6.8m 长路堤一起被推入河中，墩柱与桩被剪断，移坍体后面 9m 处，路基出现横向开裂，裂缝宽 2～3cm。第 1 跨桥体坠入河中，中墩墩柱及桩基被推移，倾斜 10cm 左右。中孔河床及岸边上下游河底都被拥高 50 多 cm。

新桥垮塌后，暂用老桥维持通车。同时进行新桥的修复，主要包括以下几项：除了修复原 3 孔外，两端各增加一孔跨径为 10m 的钢筋混凝土空心板，把新的岸墩建在坍塌段之外，桥长约 60m；清除已倒塌的岸墩，改建为中墩；加强中墩，在墩柱桩基旁边增加一排钢筋混凝土桩，成为双排式桩基桥墩，重新浇筑墩顶盖梁。

实例五　苏联三座桥

（1）1 号桥

该桥为 5×27.6m 单线铁路梁式桥，桥长 147.7m，桥墩高度均为 21.8m，柱式墩，分三段变截面，基础为钢筋混凝土打入桩，方形截面 35cm×35cm，长度 8m。每个桥墩有 49 根桩，其中纵、横向的边排桩为斜桩，斜度 5：1。桥台为前倾重力式，每个桥台有 70 根打入桩，其中靠河前 4 排为斜桩，斜度 5：1。抗震设防烈度为 7 度。

桥头河岸边坡土层下面是厚度为 1.5～3.4m 的第 4 纪沉积层，主要由破碎的黄土状砂质黏土和难塑性黏土组成的滑坡堆。过去，这些沉积层在浸润条件下形成一个地面以下 1.2～2.7m 深度处的滑动面，沿着难塑性和半硬性黏土的顶面发生过滑动。

1977 年 10 月开始填筑左岸边坡处高达 22m 的桥头路堤，中途因路堤开裂停工，直到 1978 年 3 月 22 日恢复施工。到了同年 8 月中旬，左岸路堤岸边部分开始急剧下沉，局部出现开裂，路堤中段沿裂缝沉陷约 1.5m。桥台与岸边桥墩产生变位，桥墩倾斜。桥头引道产生的滑坡土体压向桥台，切断了桥台全部 70 根桩，并将桥台往河心方向推移了 2.53m。由于桥台的大滑动，将岸边桥墩的 49 根桩剪断，墩身被推移了 1.3m，且发生倾斜，墩顶支承平台水平位移达 1.6m。

处理措施：拆除已破坏的岸边墩，废弃左岸原桥台；在左岸原路堤范围新建 7 个桥墩和 1 个桥台；新建上部结构共计 7 跨，从左岸开始，新建孔跨为 3×34.2m＋2×27.6m＋2×18.7m，接上原右岸的 3×27.6m，共计 10 跨。桥梁全长增至 289.3m，比原桥增加了 141.6m。

（2）2 号桥

8×21.05m 梁式桥，全长 174.4m，为公路桥。柱式桥墩、框架式桥台。墩台均为群桩基础（钢筋混凝土打入桩），桩身为 35cm×35cm 矩形截面，桩长 12m。每个桥墩 51 根桩，每个桥台 54 根桩。

1979 年 5 月，左岸填土路堤发生局部滑坡，滑移土体约 21500m³，岸坡顶面移动了 3.5m。引发滑坡的原因是桥梁施工中由管道流出的水使覆盖土浸水所致。已经修建好的右岸桥梁未受到滑坡影响，但是桥梁的左岸部分则需重建，并将左岸路堤修改为 4×21m 的引桥。为了抵抗左岸可能再发生的滑坡，将引桥的群桩桩基靠河的一排桩设计为斜桩。全桥所有桩基均为钢筋混凝土打入桩。

（3）3 号桥

3×20m 梁式桥，全长 70.44m，为公路桥。1965 年建成，两个桥墩位于水中，柱式墩扩大基础，地基为粉红色泥灰质黏土。桥台为单排钢筋混凝土柱桩式结构。桩身为 35cm×35cm 矩形截面，为打入桩，长 10m，嵌入土层为泥灰质黏土层。

1979 年 5 月，左岸路堤边坡发生滑坡，桥台桩被剪断，致使台身上部沉陷并水平位移，导致桥跨结构向右岸方向滑动。经调查，历史上左岸近 500m 范围曾经发生过体积达 100 万 m³ 的大滑坡。存在潜在滑动面，桥梁及左岸路堤施工增大了压重，引发了土体滑动。

处治措施：将左岸引道 25m 长路基清除，改为 22m 的桥跨，与原 3 孔组成新的桥梁，共计 4 跨；将左岸桥墩做成高桩承台式桩基，并采用钢板桩，靠河一排桩做成斜桩，斜度 4：1；左岸桥台也用钢板桩，外排为斜度 4：1 的斜桩；两个左岸边墩桩基打入泥灰岩 1m。

实例六　川藏公路 318 国道老通麦大桥

该桥为一座钢筋混凝土永久性大桥，2000 年西藏易贡发生特大山体滑坡，易贡湖水坝溃决，老通麦大桥及附近的一些公路被冲毁（图 4-4）。后来修建了一座临时性保通的大桥，为一悬索桥，于 2013 年 8 月 2 日晚 11 时 30 分左右发生部分桥体垮塌，到 3 日凌晨 1 时许全部垮塌。截至 3 日中午，两名波密县村民失踪，另有 2 名游客也在大桥垮塌后失踪。将在本书有关章节介绍较详细情况。

图 4-4　318 国道老通麦大桥被摧毁

4.2.3 岩溶引发的桥梁事故

实例一 宜珙线塘坝铁路桥

原设计为一座中桥，桥墩台建成后，发生溶洞塌陷，墩台倾斜位移约 20cm，在直径 60m 范围内地面下沉开裂，有 4 个塌陷坑，最大陷坑直径 8m，陷坑相距 10~30m。河水灌入陷穴而断流。因墩台已完成，采取的处治措施是改桥为涵洞。在岩溶发生地段布置 11 孔 6m 跨径钢筋混凝土箱涵。这些箱涵长 73m，宽 20m，其整体地基为钢筋混凝土网格梁垫层，以其整体受力的优势，克服塌陷后造成的局部集中应力和不均匀沉降。该垫层分段长度 18~27m，垫梁截面高 3m，宽 1m，在此网格梁上做了 11×6m 孔跨的盖板箱涵，以排泄河水。

实例二 鱼洞铁路中桥

原设计为单孔跨径 31.7m 的钢筋混凝土梁式桥，明挖扩大基础，地基为玄武岩。当一岸桥台建成后开挖另一岸桥台基坑时，沿路线中线发现一条长 50m、宽 1m 的深大裂缝，便将扩大基础变更为两根挖孔桩，分别开挖至 22m 及 14m 时，仍有裂隙，并冒凉风。进行了补充勘探，发现下部石灰岩中有溶洞，大裂隙是由石灰岩内的溶洞坍塌牵动上部玄武岩发生错位形成的。裂隙、溶洞与其下的暗河垂直连通。

处治措施：在该桥台后面岩溶发育区增加 1 孔跨径为 23.8m 的钢筋混凝土梁跨过，并将这个桥台更改为桥墩，设置钢筋混凝土斜撑以抵抗可能发生的基础变位。斜撑下端嵌入稳定的玄武岩层内。

实例三 贵州晴隆至兴义高速公路朵冲大桥

大桥上部结构为（5×40＋5×40＋3×40＋40＋40）m 五联预应力混凝土 T 梁，第 14、15 跨为简支梁，其余三联为先简支后结构连续。下部结构桥台为 U 形桥台，第 1、13、14 号桥墩为双柱式圆形墩；第 12 号桥墩为等截面矩形实体墩；第 2、11 号桥墩为等截面矩形空心墩，其余桥墩均为变截面空心薄壁墩。0 号桥台为扩大基础，其余墩台均为桩基础。第 13、14 号桥墩桩基按摩擦桩设计，其余桥墩桩基按嵌岩端承桩设计，桥墩最大高度 95.2m。

桥位处地质概况：上层为含碎石粉质黏土（1~9 号墩）和崩塌堆积体（9 号墩以后）；下层为强风化与中风化灰岩（承载力基本容许值为 0.5MPa 和 30MPa）。

4 号墩左幅桩基设计为嵌岩桩，设计桩长 72~78m，施工至 60~75m 时多次坍孔，有的桩坍孔 13 次之多，采用多种方法处治基本无效，从 2010 年开始施工桩基，至 2011 年 6 月，没有一根桩达到设计嵌岩的要求，停工等待处治。

12 号墩左幅桩设计深度 45m，右幅桩设计深度 46m，桩径均为 2.2m，施工深度达 62m 仍无法满足设计嵌岩的要求。

4 号墩左幅桩基施工中多次坍孔，无法嵌岩，是由于岩溶洞穴与破碎带所致；12 号墩桩基施工无法嵌岩，是由于该处系很厚的松散崩塌体所致。

处治措施：4 号墩左幅桩基由原设计的嵌岩桩改为摩擦桩，原设计 4 根直径 2.2m 的桩，改为 6 根直径 2.0m 的桩，按变更设计进行施工。12 号墩桩基由原设计嵌岩桩改为摩擦桩，原设计 2 根直径 2.2m 的桩改为 4 根直径 1.8m 的桩，并调整桩位的平面布置，按变更设计进行施工。另外，4 号墩与 12 号墩对应的上部结构改为简支梁桥面连续，不再采用结构连续，以适应在使用中可能发生的基础强迫变位，避免产生附加应力。

图 4-5　建成后的晴兴高速朵冲大桥

建成后的朵冲大桥如图 4-5 所示。

实例四　湖北沪蓉西高速公路水南特大桥

该桥位于恩施州巴东县境内，全长左线 917.5m，右线 953.23m，主桥为（60＋5×110＋60）m 预应力混凝土连续刚构，最高桥墩 98m。大桥右幅 8 号墩处于 F_1 主断层和 F_3 次断层的交接部位，岩石破断，岩溶尤为强烈，发育成岩溶漏斗。

右幅 8 号墩原设计为 6 根直径 2.4m 的嵌岩桩，桩长 42m，要求嵌入微风化岩层 2～3m。施工前补充钻探显示，0～50m 深度多为黏土、碎石土、强风化碳质页岩；50～89m 为强岩溶化灰岩，节理、裂隙十分发育，溶蚀强烈，形成溶洞、溶隙，由黏性土填充，岩芯破碎，均为碎石状；89～96m 为弱岩溶化灰岩，节理、裂隙较发育，溶蚀强烈，形成溶孔、溶隙，由非黏性土充填；96～101.2m 为微风化灰岩，裂隙较发育，可见少量溶孔，该层钻进平稳，岩芯稍完整。地下水位稳定在地面以下 90m。

可见，右幅 8 号墩原设计所依据的地勘资料与实际情况有较大出入。2005 年 4 月初，设计单位根据施工单位提供的上述地质资料进行了变更设计，桩长变更为 98m，采用钻孔灌注桩。

钻孔施工中，采用钢护筒（壁厚 20mm）跟进，利用钻机自身下沉钢护筒，钢护筒最终下至 22m，由于岩溶漏斗出现，钻至 24m 时，首次发生泥浆漏失、地表塌陷，采用片石黏土填孔、注浆固结后复钻。后又在 37.57m、68.70m（前后 3 次）、73m 处继续出泥浆漏失，历时 100 多天，始终无法成孔，施工被迫停止。岩溶地质造成施工失败、工期延长、经济损失。

重新研究了施工方案，比较了"全套管施工法"和"人工挖孔施工法"。最后选择人工挖孔的施工方法，并再次变更设计：右幅 8 号墩布置 4 根嵌岩桩，桩径 3.0m，桩长 98m，C30 混凝土。在克服一系列困难后，终于获得成功。

实例五　贵州开阳至遵义公路楠木渡大桥

该桥跨越乌江干流。桥型结构为 55m＋100m＋55m 连续刚构，桥面宽 9.5m。双肢薄壁桥墩，1 号与 2 号墩高度分别为 50.84m、55.30m，群桩基础，采用钻孔灌注桩。一个主墩 6 根直径 2.2m 的嵌岩桩，设计桩长 16m。地表碎石土层以下为强风化、中风化白云质灰岩与白云岩。中风化岩层承载力基本容许值为 1.5MPa，桥位下游 108km 处为构皮滩水电站，其回水对桥位河段水位有一定影响。

2004 年 2 号主墩桩基施工中，6 根桩均在不同深度出现溶洞。泥浆护壁被溶洞水冲

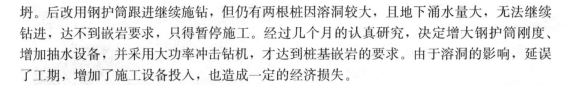

坍。后改用钢护筒跟进继续施钻，但仍有两根桩因溶洞较大，且地下涌水量大，无法继续钻进，达不到嵌岩要求，只得暂停施工。经过几个月的认真研究，决定增大钢护筒刚度、增加抽水设备，并采用大功率冲击钻机，才达到桩基嵌岩的要求。由于溶洞的影响，延误了工期，增加了施工设备投入，也造成一定的经济损失。

4.2.4　土压力引发的桥梁事故

在桥梁施工和使用过程中，由于在桥梁墩台附近大量土石堆载或地表土体形成较大高差产生很大的水平土压力，导致桥梁损坏，甚至造成重大事故，在国内多次发生。虽然主要是人为因素，但本质上是土压力引发的，故纳入地质灾害，在本节内介绍若干实例。

实例一　××高速公路桥

该桥为 4×25m 预应力混凝土空心板简支梁桥，分为左、右两幅，双向 6 车道，左幅宽 17m，右幅宽 13.25m，两幅间距净 1m，桥面连续。桥墩为双柱式圆形墩，柱径 1.4m，基础为钻孔灌注桩，直径 1.6m。61 号、65 号墩（4 跨一联的两个边墩）上为四氟支座，其余 3 个墩（即 62 号、63 号、64 号三个中墩上）为橡胶支座。

管养部门巡查发现，桥下堆积大量建筑垃圾，两幅桥之间防眩板底座拉开，最大拉开间距 22cm，右幅桥支座横向剪切变形严重。随即进行测量，结果表明：61～65 号墩均向外侧偏移，偏移量依次为 17.9cm、19.1cm、11.7cm、4.8cm、3.7cm，62 号墩偏移量最大。进一步检查发现，61 号墩桩基有 14 条环向裂缝，裂缝最大长度 227cm，最大宽度 0.25mm。开挖桩基处填土时发现，桩顶系梁几乎断裂，最大裂缝宽度 3mm，桩顶下 1m 处存在 1 条宽 0.5mm 的环向裂缝，几乎贯穿整个截面。右幅桥 64 号墩系梁有 6 条裂缝，最大缝宽 2.3mm，长度 127cm。

桥梁场地原地质情况为：由杂填土、素填土、淤泥、粉质黏土、淤泥质粉质黏土、黏土、强风化泥质砂岩等组成。淤泥层厚 5m 左右。右幅 61～63 号桥墩紧靠鱼塘，桥下堆土最高 8.1m，右幅桥外侧堆土高度 5.75m，左幅桥外侧堆土高度 5.6m。在堆土不均衡土压力作用下，淤泥层发生显著侧向挤出，从而产生巨大的侧向推力，导致右幅桥墩桩基发生偏移，桩基开裂。

处治措施：清除桥下所有堆积土，对左、右幅桥两侧 20m 范围内堆土全部卸载；在距右幅桥内侧桩 1.5m 处（靠桥梁中线一侧）设置应力释放孔（7 个孔），孔直径 50cm，中距 1m，孔内放置钢骨毛竹笼，以释放土层应力，使桩柱向原正确位置移动；在 61～64 号桥墩每个墩周围布置 115 根高压旋喷桩（直径 60cm，桩长 14m），设置在桥墩偏位一侧，利用其强大的挤土效应，迫使墩柱恢复至原位置；对 61～64 号桥墩新增桩基承台，在原桥墩两侧布置 4 根直径 1.5m 的新桩，桩长与原桩长一致；对偏位较大的 61～63 号桥墩进一步用顶推工艺进行纠偏；采用外包钢板对桥墩进行加固；61～65 号墩支座全部更换。

实例二　重庆菜园坝长江大桥引桥

大桥南引桥为 4 跨连续箱梁，上部结构由北向南采用逐跨搭架现浇施工。下部结构为桩柱式桥墩，其中 P23 号桥墩横向布置 4 根柱桩，分左、右两幅。立柱截面为 2.2m×

2.2m 空心薄壁墩，壁厚 0.4m，中部设一道 0.3m 厚横隔板。桩基截面为 2.2m×2.2m 实体，为嵌岩桩。

引桥 P23 号桥墩施工完成后，经过中间验收，施工质量达到设计和规范要求。后来由于邻近隧道施工，将隧道内开挖的弃渣直接倾倒在桥墩旁，使桥墩直接承受填土的土压力作用，导致 P23-1 和 P23-2 号桥墩墩顶偏位近 60cm。发现问题后，立即清除了全部弃渣，但在变形稳定后桥墩仍存在较大偏位，墩顶偏上游方向 18cm，偏北方向 10cm，并在墩柱桩底部范围发现大量裂缝。随后按照处治方案全部清除桩周土体，将桩身从原 2.2m×2.2m 方形截面扩大为直径 4m 的圆形截面，桩底嵌入完整基岩不小于 2m。并凿开部分基岩，以检查桩身裂缝情况。

通过上述措施处治后，发现 P23 号桥墩墩顶仍偏上游 9cm，偏北 8cm，桥墩裂缝达 20条，最长 3.6m，最大裂缝宽 0.4mm，最大缝深 4.6cm，主要分布在墩柱底部以上 2～6m 范围内和桩顶以下 2～5m 范围内。这表明隐患并未完全消除，还需进一步处治，要点如下：

（1）P23-1 号桥墩纠偏：在桩顶弯曲面的内侧两旁分别施加 120t 水平顶力，以基本消除桩顶偏位；在墩柱堆土顶弯曲面外侧两旁分别施加 7t 水平拉力，使墩柱向相反方向弯曲变形。上述两处施力，根据现场情况调整，直至墩柱的变形满足要求。P23-2 号桥墩的立柱部分已全部凿掉并重新浇筑混凝土，不存在纠偏问题。

（2）P23-1 号桥墩加固：找出有裂缝的区域，用环氧混凝土补强；在桩顶扩大部分的桩身施加竖向预应力，锚固在桩基底部的完整基岩中，以平衡外部的水平推力，使结构处于无外力状态。在扩孔范围内加强普通钢筋。

实例三　贵阳市东北绕城公路东郊水厂大桥

该大桥为 12×30m 预应力混凝土简支工字梁桥，4×30m 一联桥面连续，共计 3 联，分联处设伸缩缝。桥梁全长 380m。桥梁设计荷载为汽-超 20、挂-120。双向 4 车道，分为独立的左、右两幅，单幅桥面净宽 9.75m。桥台为重力式 U 形台，桥墩为双圆柱式墩，挖孔灌注桩基础。右幅桥 3 号、4 号和 5 号桥墩（桥梁起点处桥台编号为 1 号）墩身高度分别为 32m、43m 和 45m。5 号墩处桥面为伸缩缝，2 号、3 号、4 号墩处桥面连续。

2013 年 6 月以前，桥位左侧坡地上大面积修建保障房，无视公路桥梁安全，将大量弃渣土石倾倒于 1 号桥墩至 6 号桥墩之间的空地与河沟上，最大堆载高达 16.7m，弃方总量达 6 万多立方米。其中 4 号墩正好位于两条冲沟交汇处，地表水大量下渗汇积在桥墩附近，导致弃渣堆积体对桥墩柱产生很大水平土压力，致使墩柱多处开裂，桩身倾斜，墩顶盖梁纵向位移，主梁脱离支座，仅靠梁端混凝土支承在已变形的盖梁上，最小有效支承宽度仅 10cm，存在极大安全隐患。2013 年 7 月对该桥进行了全面检测，根据有关规范规定，检测报告的结论指出：该桥总体技术状况为 5 类桥，不能正常使用，桥梁处危险状态，建议进行改建或重建，及时关闭交通。后来按关闭右幅桥、左幅桥在右幅桥改建期间临时维持双向交通的办法实施。

实测资料表明：右幅 4-1 号、4-2 号墩柱顶偏位分别为 30cm 和 56cm；左幅桥，2-1 号墩柱、4 号墩 2 个墩柱、5 号墩 2 个墩柱均出现环形裂缝，最大裂缝宽 1.56mm；右幅桥，4 号墩 2 个墩柱、5 号墩 2 个墩柱均出现水平环向裂缝，最大裂缝宽度 0.39mm。桥墩盖梁也多处出现裂缝。

处治措施：拆除右幅桥第 3～5 跨上部结构和右幅桥 4 号、5 号桥墩及盖梁；将桥下弃方全部清除；左幅桥进行加固，右幅桥部分拆除重新修建。工程预算总金额约 1000 万元（2014 年 1 月资料）。

实例四　　××高速公路桥

某高速公路 K390＋627.5 的桥梁为 7×30m 预应力混凝土空心板简支梁桥，全长 210m，墩高 15m，基础为直径 1.5m、桩长为 15m 的人工挖孔灌注桩。路基施工中沿线弃方堆于该桥桥下。2000 年 9 月，桥梁下部结构全部完成并进行上部板梁安装过程中，发现 3 号、4 号、5 号桥墩出现不同程度的偏斜。其中 3 号墩较为严重，截至 2001 年 1 月 5 日，下行线 3 号墩向下行线后方最大偏移 81.5cm，向山下偏移 51.7cm；上行线 3 号墩偏移量较小。根据实地观测，受桥下堆载的影响，3 号墩周围原地层已产生滑动带，导致 3 号墩出现大偏移。上部结构已严重受损，无法正常使用。

处治措施：采用预应力锚索对上行线 3 号墩进行纠偏，锚索锚固于墩旁山体的岩层内；下行线 3 号墩爆破拆除另行新建；在下行线桥墩外侧（下坡方向一侧）布置抗滑桩，并用预应力锚索提高其抗滑能力。

实例五　　贵州晴隆至兴义高速公路上寨大桥

上寨大桥上部结构为 3×（4×20m）钢筋混凝土连续箱梁，支架上现浇施工。该桥为互通式立交联络线上的桥梁，为双车道桥。下部结构桥台为肋板台，桥墩为双柱式，墩台均采用钻孔灌注桩，桩基按端承桩设计。桥梁建成通车后，附近公路施工将大量弃方堆积桥下，导致部分桥墩及箱梁开裂，墩柱发生较大变位。2014 年 12 月，通过现场检测，主要情况如下：

多个墩柱下端出现环向裂缝，其中较严重的有：7-2 号墩柱缝宽 0.20～0.52mm；8-2 号墩柱缝宽 0.10～0.32mm；10-1 号墩柱缝宽 0.10～0.32mm；10-2 号墩柱缝宽 0.12～0.30mm；11-2 号墩柱缝宽 0.15～0.50mm。

墩柱顶发生较大水平位移的有：6-1 号墩柱 91mm；7-1 号墩柱 90mm；7-2 号墩柱 83mm；5-2 号墩柱 81mm；8-2 号墩柱 69mm；4-1 号墩柱 65mm。

墩柱发生较大倾斜的有：10-2 号墩柱 1.22％；10-1 号墩柱 1.21％；6-2 号墩柱 1.10％；11-1 号墩柱 1.01％；5-2 号墩柱 1.0％。

箱梁底板多处出现横桥向裂缝，最大缝宽 0.22mm；4 号箱梁右侧跨中腹板有 5 条竖向裂缝，缝宽 0.18mm，总长约 6m，平均长度 1.2m。

根据《公路桥梁技术状况评定标准》JTG/T H21-2011 的规定，检测报告判定该桥技术状况应评为 5 类。根据《公路桥涵养护规范》JTG H11-2004 的规定，检测报告建议该桥应进行改建或重建。

实例六　　四川云阳至开县公路××桥

该桥上部结构为 5×16m 钢筋混凝土连续板桥，全长 91m，桥面净宽 8.5～9.9m。下部结构桥台为 U 形台，桥墩采用双柱式墩钻孔桩基础。双柱中距 5.4m，柱直径 1.2m，桩直径1.5m。该桥按二级公路标准设计。

养护部门日常巡查发现，该桥桥头堆积大量弃土，导致3号桥墩发生严重倾斜变位，墩柱及系梁开裂。3号墩靠下游一侧的立柱顶面沿桥纵向水平位移达84.0cm，横向向下游侧偏位17.0cm，上游侧墩柱顶面沿桥纵向水平位移82.0cm，横向向下游侧偏位17.0cm。4号墩立柱顶面沿桥纵向偏位10.0cm，横向向下游侧偏位5.5cm。3号墩上游侧墩柱底面已断裂，其靠上游立柱的下游侧自墩顶往下9～23m范围内共有26条环向裂缝，裂缝最长3.2m，最大缝宽1.65mm，裂缝最深22cm，靠上游立柱的上游侧有3条环向裂缝，缝宽0.06mm；靠下游立柱的下游侧自墩顶往下9～23m范围内共有27条环向裂缝，裂缝最长2.8m，最大裂缝宽度0.75mm，裂缝最深22cm；靠下游立柱的上游侧有3条环向裂缝。3号与4号桥墩的系梁均存在严重开裂现象。3号桥墩系梁裂缝最宽达5mm，顺桥向及竖向均贯通。

处治措施：清除墩身附近全部堆积土体，直至恢复原有地形；3号墩在原地面向下开挖2.8m深，将钻孔桩直径扩大至3m，增大桩基受力截面；墩身外包混凝土加固；4号墩保持原有桩基，墩柱外包混凝土加固；搭设支架，安装顶升设备，将连续梁顶升1cm高度，释放墩顶摩擦力，使墩身反弹部分复位，再在墩顶施加纵向和横向水平顶力，消除非正常偏位；更换支座。

实例七　福建××互通式立交匝道桥

该匝道桥为分左、右幅的多跨梁式桥，双圆柱式桥墩，桩基础。桥梁位于软土地带，属冲海积、冲洪积平原地貌。地质情况从地表往下为：杂填土、粉质黏土、淤泥、粉质黏土、中砂、淤泥质土、卵石、强风化花岗岩。场地内地表水系发育，地下水主要为第四系冲海积、冲洪积层中的孔隙潜水，主要存储于砂、砾及卵石层中，透水性好，水量丰富，受大气降水及河道侧向补给。

在桥下及其附近较大范围内堆积大量弃土，且分布不均匀，导致该桥墩柱均发生不同程度的偏位。其中第4号、1号、2号、5号墩在顺桥向发生的水平偏位值分别为：120mm、180mm、180mm、110mm（均为墩顶处）；在竖直方向的偏位值分别为：47mm、67mm、56mm、38mm。第4号、1号、2号、5号墩柱高度分别为：19.7m、19.0m、19.0m、17.2m。双柱式桥墩为椭圆形，承台之下为桩基，桩直径1.8m。

文献［44］根据上述实测资料，采用三维有限元模型进行数值分析。分析结果表明：在不对称堆载作用下，桥梁墩柱及桩基将发生侧向偏位，尤其当不对称堆载较大时，桩基将产生较大位移，并在桩身产生较大弯矩，这可能导致桩身开裂破坏而影响桥梁的安全使用。为此，应对原有桩基进行补强。在各墩原有桩基的顺桥方向上，前后各补充一根直径1.5m的基桩，桩间距取6m（即4倍桩径）。

进一步的分析计算表明，补桩加强后，墩基的抗侧移刚度有了较大提高，但随着堆土高度的增大，墩柱仍将发生较为显著的位移，故在补桩后仍有必要对桩周土体不对称堆载进行限制。

实例八　夏蓉高速公路湖南郴州段××桥

该桥上部结构为（4×20＋4×20）m钢筋混凝土现浇箱梁，双柱式桥墩桩基础。桥位处为山坡洼地，长期积水浸泡，土体抗剪能力很低。邻近的路基施工，将大量弃方倾倒在桥下，使桥墩直接承受土压力。地表软弱覆盖层厚 6.6m，以下为弱风化泥质灰岩，裂隙发育，具有遇水软化、破碎的特点。桥墩在土压力作用下发生偏位，8 号墩顶沿纵向偏移 20cm，8-1 号、8-2 号桩顶沿纵向偏移 5cm 和 8cm。8 号墩柱高 16m，柱直径 1.3m，桩基直径 1.5m，桩长 27m。墩旁弃土厚 10m。

处治措施：清除桥下全部弃土；在 8 号墩桩基（包括两根桩）四周按 100cm 间距布置 4 排小直径混凝土桩，桩径 35cm，共计 46 根小桩，以加固 8 号墩地基；8 号墩桩顶设置承台，包含原直径 1.5m 的桩基和 46 根小桩，承台长 10.6m，宽 8.6m，厚 1.5m，承台顶面与原系梁顶齐平；对 8 号墩进行纠偏，在墩柱底部施加推力，墩柱顶部施加拉力，使复位后的偏差满足规范要求；8 号墩柱纠偏复位后，对桩基四周土体注浆，压入土层，以增强土体抗剪强度。

实例九 沈海高速公路福建青芝寺特大桥

该桥上部结构为 3×40m+47×30m 预应力混凝土连续 T 梁，下部结构为桩柱式桥墩，墩柱直径 1.4m，桩直径 1.5m，为钻孔灌注嵌岩桩。支座为板式橡胶支座和聚四氟乙烯板式橡胶支座，伸缩缝为 D-160 型伸缩装置。该桥于 2002 年 1 月完工，2002 年 12 月通过竣工验收后通车。

桥位地处闽江 II 级阶地，地下水位较高。属福州冲海积平原及邻近溪流的冲洪积平原。桥位地层从上到下为：含砂石填土、淤泥及淤泥土、残积砂质黏性土、强风化火山岩。

新建的温福铁路在青芝寺特大桥上游平行通过，施工中的废弃渣料堆积在桥位上游约 40m 处，堆渣长 165m，宽 110m，高约 4m，总量约 5 万 m³。堆载的压力导致淤泥层发生流变，致使渣场附近地面覆盖层薄弱处隆起，下卧的软弱层向四周推移挤压，发生横向侧移，造成青芝寺特大桥 37 号~43 号桥墩向下游方向偏移。经过及时清除弃渣，墩柱位移大部分恢复，但墩柱仍向横桥向整体侧倾，顺桥向发生扭曲，支座开裂，墩上挡块挤裂，同一墩上相邻两跨 T 梁之间桥面产生 4~7cm 的横向错动。墩柱盖梁最大偏移为 6.7cm（37 号墩右幅）、系梁最大偏移为 10.25cm（38 号墩右幅）。

处治措施：根据计算及实测验证，以桥墩系梁侧移是否超过 5cm 作为桩基加固的评判标准。按此标准对左幅 39 号~41 号墩和右幅 37 号~41 号墩共计 8 个桥墩桩基和相应的系梁进行处治。采用加设承台配合锚杆静压桩的办法进行加固。先在原桩基四周设置直径为 420cm 的圆形承台，分别将原有的两根桩（一个桥墩）包围。在承台内预留压桩孔，预埋锚杆，用油压千斤顶将预制桩段通过承台压入土中，桩段之间用外包角钢焊接连接。压入深度达到设计要求后，再用微膨胀混凝土将桩与地基浇筑形成整体，达到提高基础承载力和控制沉降的目的。

上述桩基承台加固完成后，将病害梁段半幅整体顶升，然后施加水平顶力，使墩柱复位，更换受损的支座，最后落梁就位；凿除原有挡块，用植筋方式恢复新的挡块；上、下部结构裂缝的宽度均小于 0.15mm，采用表面处理的方式予以封闭。

4.2.5 其他地质力引发的桥梁事故

引发桥梁事故的地质力主要是斜坡失稳、软弱地基、活断层与地震、泥石流、堆载土压力和岩溶。其他还有几种地质力，包括地震次生地质灾害、矿山采空区、地面长期沉降、地基渗透变形和火山泥流等。这几种地质力引发桥梁事故的实例很少。仅就目前已收集到的资料作简要介绍。

地震引发的次生地质灾害包括崩塌、滑坡、泥石流、堰塞湖和砂土液化等数种。本书已在第 2 章和第 3 章有关章节论述。回顾一下几个典型实例：

国道 213 线四川彻底关大桥，2008 年 5 月 12 日汶川大地震后的 2009 年 7 月 25 日该桥映秀岸第 1～3 孔被山体崩塌巨石砸断；都江堰岸第 1～2 孔被山体滑坡掩埋破坏。详见本书第 2 章汶川地震桥梁灾害实例四。

辽宁省辽河大桥，1975 年 2 月 4 日海城地震发生后，因地基下层砂土液化导致岸坡滑移，各桥墩不同程度下沉，墩身向河心偏移，全桥缩短 2.47m。参阅本书表 2-7。

1964 年日本新泻发生 M7.5 级地震。昭和公路大桥的地基是饱和砂土，因地震引发砂土液化，导致桥梁严重破坏。详见本书第 2 章国外桥梁灾害实例四。

据第 2 章参考文献 ［30］ 作者的推测，四川汶川大地震后 10 年崩塌、滑坡处于活跃期，泥石流 10～20 年处于活跃期，堰塞湖的形成与大型泥石流、崩塌、滑坡密切相关，尤其在震后的前 5 年为各种地质灾害的活跃期。后来，汶川震区发生的多起次生地质灾害，表明这一推断是符合实际情况的。

下面介绍一起矿山采空区引发桥梁事故的实例。

贵州水城至野马寨电厂公路三岔河 2 号桥，上部结构为 3×24m 预应力混凝土整体式空心板，支架现浇施工。下部结构为双柱式桥墩，单排双桩嵌岩基础，承台厚度 2m。2 号桥墩的一根桩基施工钻孔过程中，无法成孔。经地质钻探发现，系基底存在矿山采空区所致。采空区净空高度达 9.6m，以下为强风化泥质砂岩（层厚 1.6m）和中风化泥质砂岩（厚度超过 8.8m）。桩孔施钻被迫停工待处治。后决定采用钢管微型群桩代替原设计的一根直径 1.6m 的钻孔灌注嵌岩桩。经计算，共需微型钢管桩 58 根，采用 ϕ130mm 钢管，壁厚 6mm，内灌 M30 水泥砂浆（掺入微膨胀剂），单根钢管桩长 21m，中段穿过采空区，下端嵌入中风化泥质砂岩层，钢管上端埋入承台内 1m。因存在地下采空区，延长了工期，并增加了桥梁造价。

国内还未见火山泥流引发的桥梁事故，参考文献 ［45］ 介绍了国外一起实例，其简况是：1953 年，火山泥流冲毁了新西兰 Tangiwai 村附近的一座铁路桥，几分钟后一列客车过桥时坠入河中，造成 151 人死亡。

地面沉降和渗透变形对桥梁工程一般不构成主要危害，国内未见有关事故实例的报道。

4.3　桥梁地质灾害的教训与启示

4.3.1　桥梁地质灾害的特点与影响因素

引发桥梁事故或损坏的地质力主要有 9 种：地震、地震诱发的次生地质活动、泥石流、软弱地基与地面沉降变形、斜坡失稳（含崩塌及滑坡）、岩溶、土压力（主要指地面堆载引发）、矿山采空区和火山泥流。其中，地震及地震诱发的次生地质活动对桥梁的危害，已在第 2 章进行了讨论；泥石流系由暴雨洪水引发坡积岩土形成，作为水害的一种已在第 3 章进行了讨论。其余 6 种地质力引发的桥梁事故或危害，系本章讨论的内容。现收集到这 6 种地质力所造成危害的桥梁共计 53 座（国内 45 座，国外 8 座），按上述 6 种地质力分别进行了统计，见表 4-5。

6 种地质力引发的桥梁事故部分实例统计 表 4-5

序号	地质力的种类	座数	比例（%）	附注
1	软弱地基、地面沉降变形	19	35.85	国内 17 座，国外 2 座
2	斜坡失稳（含崩塌及滑坡）	10	18.87	国内 5 座，国外 5 座
3	岩溶	5	9.43	国内 5 座
4	土压力（主要指地面堆载引发）	17	32.08	国内 17 座
5	矿山采空区	1	1.89	国内 1 座
6	火山泥流	1	5.89	国外 1 座
	合计	53	100	

注：表中国内桥梁共计 45 座，国外桥梁共计 8 座。这些桥梁因地质力引发的事故或危害简况可分别参阅本书附录一（国内桥梁）及附录二（国外桥梁）"事故类型"为 A3 的部分。

从表 4-5 可以看出，引发桥梁事故或危害的地质力排在前三位的是：软弱地基与地面沉降变形、土压力（主要为大量地面堆载引发）和斜坡失稳（崩塌及滑坡）。第 1 位是"软弱地基与地面沉降变形"，与传统的实践经验是相吻合的，也是现行《公路桥涵地基与基础设计规范》关注的重点，有一整套较为全面的规定。排在第 2 位的是土压力（主要为大量地面堆载引发），与传统的实践经验不完全一致。其原因主要是从 20 世纪 90 年代以后，国内大规模基本建设兴起，一些工程施工无序化所致。本书在收集这类资料时，对危害情况较轻的都没有采用，故实际发生这类事故和危害的范围可能更广泛。有关问题将在 4.3.2 节进一步讨论。

桥梁事故往往是多种因素引发的。这些因素可以分为两大类，即自然因素与人为因素。自然因素所产生的作用，可能会有人为因素的影响，而人为因素中也可能会含有自然因素。对于具体的事故，可能存在一个或几个首要因素、一个或几个次要因素以及一般性的影响因素。自然因素包括地球上一切自然力对工程建筑的多方面影响。人为因素包括规划、设计、施工、维护、材料、管理、运营等所有因人的思想行为所产生的影响。地质力是自然力的一种，它对桥梁事故的发生以及事故的严重程度也可能受到人为因素的影响，但在具体事故中影响的程度有所不同。地质力对桥梁的不利作用，绝大多数情况下是通过桥梁基础和下部结构对桥梁造成危害。构成桥梁的材料（如钢材、混凝土等）和桥梁结构的形成是根据人们事先制定的规则实现的，正常情况下都受到良好的控制。研究资料表明，桥梁的构成和工程的合格性虽然具有一定程度的不确定性，但其变化范围为 5%～30%，只要严格实行规范、规程的要求，其事故风险便可趋近于下限。然而包括地质力在内的各种自然力具有更大的不确定性。例如，上述的软弱地基、地面沉降变形、崩塌、滑坡、堆载引发的土压力等地质信息的获取，不仅难度大、费用高，也很费时。要想得到广泛和准确的数据，则难度更大。对于不是特别重大的一般性桥梁工程，设计和施工前所依据的地质数据往往不是很充分、很完整。可以认为，可能发生的误差，有时会超过 30%。

因此，依据一般地勘资料所进行的桥梁基础设计，必定存在不确定性。要想较大幅度降低可能出现的风险，需要进行大量的深入的工作。尤其对于地质情况复杂、地质条件恶劣的桥梁工程，务必高度重视，投入更大的努力。

表 4-5 所列前 4 项（表中序号 1～4）地质力引发的桥梁事故，发生的范围较广，频次较高。但总体而言，桥梁遭受的损失程度不是很大，一般情况下经过修复加固仍可继续使用。而大地震、海啸、飓风等自然力，破坏力极大，会造成包括桥梁在内的建筑物大量倒塌，人员大量伤亡，但其发生的频次较低。各类自然力各有其特点，应采用不同的措施加以应对。

对桥梁危害较严重、发生频次较多的地质力为崩塌与滑坡。崩塌一般发生在灰岩、砂岩、石英岩等厚层硬脆性岩体中。这类岩体常能形成高陡的斜坡，其前缘常由于卸载裂隙的发育而形成陡而深的张裂缝，并与其他结构面组合，逐渐发展成为连续贯通的分离面，在强降雨、振动等触发因素作用下发生崩塌。崩塌的形成又与地形直接相关，发生崩塌的地面坡度一般是大于 $45°$，尤其是大于 $60°$ 的陡坡。崩塌对桥梁等建筑物的危害程度随其崩塌过程释放能量的大小而有较大变化。当其释放能量较大时才具有较大的破坏性。所以，崩塌主要发生在地面坡度较陡的山区石质区域，平原和丘陵地区一般不存在崩塌的危害，就全国而言，其分布面积不很大。而滑坡的分布则极为广泛，在国内各种地貌形态下都有出现滑坡的可能性。岩石地层、破碎岩石层、黄土、黏质土、堆填土以及堆积土石都发生过滑坡。故滑坡对于公路、铁路和桥梁的危害远大于崩塌，其发生的频次高、范围广。目前，在桥梁规划与设计中，主要是通过地质勘察结合桥位选择，尽量避开崩塌与滑坡容易发生的地段，因为桥梁结构难以抵抗这两种冲击能量很大的地质力。

4.3.2　土压力引发桥梁事故的几点启示

从已经发生的土压力引发的桥梁事故实例进行分析，这类事故有以下几种类型：

（1）桥梁墩台地基的竖向承载力满足设计和规范的要求，在墩台施工完成或桥梁营运期间，由于墩台附近出现无序堆载（多为附近其他工程施工的弃渣土石等），导致桥墩墩身（有时还涉及基础）发生超过允许值的水平位移和倾斜。

（2）桥梁墩台地基的竖向承载力满足设计和规范的要求，在桥梁营运期间，受外界水流的渗透影响，以及附近的无序堆载，桥墩基础既发生不均匀沉降，也出现水平位移，导致墩身发生较大水平位移、严重倾斜和开裂。

（3）桥梁勘察设计阶段没有发现桥梁墩台基础持力层以下存在软弱土层甚至淤泥，在运营阶段又发生桥下无序堆载。在这两种不利因素的影响下，桥墩不仅发生较大水平位移、沉降、倾斜和开裂，还发生墩身扭曲。

所以，堆载是引发桥梁事故的首要因素。桥梁地质勘察工作失误、水流渗透以及基础（主要是桩基）未进入持力层或进入持力层的深度不足，则加重了事故的危害程度。

如何解决无序堆载问题？最彻底的办法是在桥下及桥位附近一定范围内严格禁止堆载，维持桥位附近地面形态与原设计相符。但是，有时这样的处理办法不一定是最经济合理的。如果能够采取可靠的措施，进行严格、有序的桥下回填堆载，可以保证桥梁的安全和正常工作，这样的方案应该是可行的。重庆市朝房湾大桥的成功案例可供参考[48]。

朝房湾大桥位于重庆绕城公路北段，分为左、右两幅桥，孔跨布置为 $6×30m$ 先简支后结构连续预应力混凝土 T 梁。桥梁下部结构为双圆柱式墩，最高 29m，挖孔桩基础，U 形桥台，扩大基础。

拟在大桥的南北两侧修建环湖雅居（A、B 区）安置房。两处安置房场地与大桥桥底的高差 45m，为降低安置房边坡的高差，并优化环湖居 A、B 两个小区的连接通道，需对大桥桥下进行回填，以提高桥位附近的原地面高程，需升高 25m。从长远考虑，改造安置房自然地貌、优化人居环境是合理的方案。剩下的问题就是桥下高填方情况下，如何保证桥梁的安全和正常使用。实际采用的技术措施有以下几项：

（1）填方土体后期沉降在墩柱表面将产生负摩阻力，会对墩柱发生不均匀竖向力，比较了两项技术方案：

① 在墩柱四周距离柱面 50～80cm 范围外设置护筒，将土体与墩柱表面隔离。护筒可用现浇混凝土、钢筋混凝土或砌浆料石。

② 采用天然砂砾将土体与墩柱表面隔离。

方案①的优点是可以完全消除负摩阻力的不利影响；但缺点是施工难度大，工期较长，费用较高。方案②的优点是施工简易，工期较短，费用较低；缺点是需采用排水措施消除因水夯压实砂砾的积水和地表渗水，而且还存在较小的负摩阻力。

经过比较，认为方案②可以基本消除负摩阻力，且较为经济，施工简易，按方案②实施。

（2）桥墩双柱之间的系梁，严重影响桥下填土的施工，且会降低填方的工程质量。采取的措施是：地面以上系梁拆除；桩顶地系梁分别对待。地系梁下面是岩层时仍保留，地系梁下土层厚度小于 3m 时，用片石混凝土置换，大于 3m 则拆除地系梁。

（3）采用了砂砾隔离层，墩柱四周填土施工过程中，如出现不对称、不平衡的情况，必将对墩柱产生水平力。采用分层、分环和对称、均衡的方式进行填土作业，并进行严格的施工管控。

实施情况表明，该桥所有墩柱在回填过程中均未出现偏位和其他异常情况。完工后进行连续监测，所有墩柱均处于正常状态。

从这类事故中得到以下几点启示：

（1）桥下及其附近无序堆载是诱发事故的主要原因。避免无序堆载，可以根据具体情况选择两种方案中的一种：

① 不在桥下及其附近回填弃渣土石方，另选场地堆积；②采用合理的进行严格控制的桥下回填，重庆市朝房湾大桥的成功经验可供参考。

（2）发生这类事故的桥梁，绝大多数是中小跨径多跨梁式桥。应注意加强地质勘察工作，务必弄清楚基础（主要是桩基）四周及底面以下的地层情况，设计上应保证基础有足够的嵌入持力层的深度，能抵抗可能发生的基础变位。尤其是水平位移对桥梁结构更为不利，应予以重点关注。

（3）使用期桥位附近较长时间的地面与地下向墩台基底及四周渗水，会严重降低基础抵抗变位的能力，设计与使用阶段应注意采取必要的排水措施。

（4）很多实例表明，桥下无序堆载引发的桥梁损坏大多较为严重，多判定为四类或五类桥，交通中断，需动较大"手术"进行加固、改造，甚至部分重建。加固改造的施工难度大、时间长、费用高，还会产生不良的社会影响，应引起有关部门的重视。

4.3.3 关注山区高陡边坡双柱式桥墩差异沉降的危害

中小跨径混凝土梁桥，国内普遍采用双柱式（少数为三柱式）桥墩，桩基础。山区公路桥梁常出现双柱墩位于较陡横坡上的情况，设计时通过地系梁将双桩连成一体共同受力。当双桩之间有轻微沉降差时，双桩和系梁构成的框架能够承受一定的弯矩，而不会出现病害。中小桥下部结构设计中，一般都未分析计算双柱墩可能的沉降差引起的附加弯矩。有时，即使地系梁发生细小裂缝，或未观测到，或未引起重视。这是山区桥梁双柱式桥墩设计中容易忽略的问题。实际上，因双桩差异沉降导致地系梁开裂甚至墩柱、盖梁出现病害的情况时有发生。由于横坡较陡，双桩进入地面以下的长度不等，有时桩长也不相等，桩体受到的土抗力亦有差异，如果桩端嵌岩段承载力不足，就容易出现差异沉降而发生病害。文献［49］所介绍的双柱式桥墩加固处治设计，就是一个较为典型的实例。简介如下：贵州水盘高速公路俄脚段某特大桥，上部结构为 $4×40m＋51×30m$ 预应力混凝土连续 T 梁，全长 1696m，分为左、右两幅，单幅桥为双柱式桥墩桩基础。该桥右幅 8 号桥墩位于较陡横坡上，横向坡度倾角约 41°。墩柱直径 140cm，桩直径 180cm，地系梁以下桩长 45m，为端承桩。墩高 20m。单幅桥面宽 10.75m，双柱桩横向中距 5.5m。右幅 8 号墩于 2011 年 5 月完成，2011 年 10 月完成 T 梁架设及桥面系施工。临时开放交通不久，即发现该桥墩地系梁和墩柱下段的系梁两端均开裂，裂缝最大宽度为 2mm（地系梁）和 1.5mm（柱下段系梁），裂缝已贯通系梁高度。随即建立监测网进行高精度观测，发现双桩沉降差仍在继续发展，必须及时进行加固，控制住双桩沉降，才能确保桥梁正常使用。地勘资料表明：斜坡表层为含泥质的碎石层，以下为微风化灰岩，节理裂隙较发育。处治措施：在右幅 8 号墩柱前后两侧及右侧（下坡方向一侧），用 22 根钢管桩将原桩基包围，顶部用平面尺寸为 $5.5m×6.3m$ 的承台将 22 根钢管桩与原桩基结合成整体共同承力。钢管桩采用 $\phi133×5mm$ 的钢管，要求下端嵌岩。钢管桩长 45m，钻孔孔径 150mm，钢管内压浆。加固施工完成后对包含 8 号桥墩的一联桥梁进行了静动载试验，并进行了桩基变位监控，实测资料表明沉降已终止，加固效果良好，随即开放交通。

以上实例给予我们启示，双柱式桥墩位于横坡较陡地段，设计阶段应掌握地质情况，采取措施防止双柱桩基础发生差异沉降。

4.3.4 关于桥墩水平位移与基础变位的控制

地质力有时会引起墩台位移（水平位移和倾斜）与基础变位（下沉和水平变位）。数值较大时不仅会因产生较大内力而发生开裂，还会影响桥梁正常使用，造成危害和事故。严格并合理地控制墩台及其基础的变位，是桥梁设计中的一项重要工作。下面分别就基础及墩身的变位控制问题进行讨论。

（1）关于桥墩水平位移

《公路砖石及混凝土桥涵设计规范》JTJ 022-85 规定，简支梁桥墩台顶水平位移值不宜超过 $0.5\sqrt{L}$，式中 L 为相邻墩台间最小跨径长度，以 m 计。跨径小于 25m 时仍以 25m 计算。$0.5\sqrt{L}$ 的计算结果以 cm 计，例如，$L＝30m$，墩顶水平位移容许值为 $0.5\sqrt{30}＝2.74cm$，但规范另加注说明：钢筋混凝土钻（挖）孔桩式或排架桩式墩台以及

中外桥梁事故述评

基桩承台上的墩台顶面水平位移值，可视具体条件决定，以能保证使用为原则。

《公路圬工桥涵设计规范》JTG D61-2005，对于墩台顶的容许水平位移未作规定，但在第6.1.3条条文说明中作了解释，认为原规范（JTJ 022-85）对墩台顶水平位移规定了限值，但在"注"中对桩基墩台又可不受限制，实际上放宽甚至可以不考虑。并指出，墩台水平位移对于行车影响并不显著，但对伸缩装置有一定影响，这将由伸缩装置设计中的伸缩量增大系数 $\beta=1.2\sim1.4$ 来调节。故不作墩台顶水平位移限值规定。

就以下几点进行讨论：

① 桥下及桥位附近无序堆载往往引起较大的墩顶水平位移，本章4.2.3节和附录一中均有多起实例足以说明，造成的危害严重，直接影响桥梁使用安全，或中断桥上交通。并非仅仅是影响伸缩装置正常使用功能的问题。例如，有的桥因墩顶水平位移较大，墩柱甚至桩基发生开裂、主梁错位、倾斜、甚至滑移，造成事故。加固或处治难度大、时间长、费用高。

② 上述规范均是圬工和混凝土结构规范。现在常用的柱式桥墩，绝大部分是钢筋混凝土结构。但现行的《公路钢筋混凝土及预应力混凝土桥涵设计规范》JTG 3362-2018仅对梁式桥主梁的挠度规定了限值，对桥墩水平位移限值未作规定。

③《铁路桥涵设计基本规范》TB 10002-2017规定：墩台顶帽面顺桥方向的弹性水平位移 Δ 应符合 $\Delta\leqslant5\sqrt{L}$ ，式中 L 为桥梁跨度，以 m 计，当为不等跨时，L 采用相邻较小跨的跨度。当 $L<24m$ 时，L 按24m计算。$5\sqrt{L}$ 计算结果以 mm 计。Δ 包括由于墩台身和基础的弹性变形，以及基底土弹性变形的影响。例如，$L=30m$，$5\sqrt{30}=27.4mm$，与《公路砖石及混凝土桥涵设计规范》JTJ 022-85墩台顶水平位移限值 $0.5\sqrt{L}$ 是相同的。

值得注意的是：《铁路桥涵设计基本规范》TB 10002-2017对墩台顶顺桥方向水平位移限值的规定，是强制性条文，必须严格执行。可见此条规定对桥梁结构的安全有重要影响。《铁路桥涵设计基本规范》TB 10002-2017是"基本规范"，因而适用于各类墩台。

④ 考虑到地质力等因素造成公路桥梁墩台较大水平位移并引发病害和事故的多发性，应对水平位移加以限制。建议公路桥梁设计规范补充相关规定，并作为强制性条文。

（2）关于基础变位

《公路桥涵地基与基础设计规范》JTG 3363-2019规定，墩台的沉降，应符合下列规定：①相邻墩台间不均匀沉降差值（不包括施工中的沉降），不应使桥面形成大于0.2%的附加纵坡（折角）；②超静定结构桥梁墩台间不均匀沉降差值还应满足结构的受力要求。

《铁路桥涵地基和基础设计规范》TB 10093-2017对静定结构桥梁墩台的均匀沉降量（不含施工中的沉降量）的容许值作出了规定。其中的明桥面桥梁（即无砟桥面）为40mm，相邻墩台均匀沉降量之差的容许值为20mm。对于超静定结构，其相邻墩台均匀沉降量之差的容许值，应根据沉降对结构产生的附加应力的影响而定。

就以下几点进行讨论：

①《公路桥涵地基与基础设计规范》JTG 3363-2019对于静定结构桥梁仅规定不均匀沉降差值不应使桥面形成大于0.2%的附加纵坡。主要是为了使伸缩缝、桥面连续、支座能够适应。实际上均匀沉降也会带来不利的影响。例如，桥梁墩台较大的均匀沉降会在桥头引起纵坡突变，不利于行车安全；可能会损坏固定支座；修复加固难度较大；双柱式桥

墩埋入地面以下的地系梁可能受损坏等。

②《公路桥涵地基与基础设计规范》JTG 3363-2019 和《铁路桥涵地基和基础设计规范》TB 10093-2017 对桥梁基础的水平位移都未规定容许值。一些桥梁的病害表明，基础水平位移会造成桥梁上、下部结构的损坏，甚至发生事故。例如，桥下无序堆载会使桩周土体发生水平位移，引起桩的挠曲，水平位移过大，桩身承受的弯矩较大时，除了桩本身受损外，还会引起桥墩和上部结构产生偏移，甚至不能正常使用。具体实例可参阅本书附录一中的序号 143 号桥。该桥较详细的损坏情况与加固措施详见本章参考文献 [41]。

③ 美国和加拿大对部分端承桩桥台和码头进行了调查和统计[41]，分析桩基竖向沉降 S_v 和水平位移 S_H 对桥台和码头的影响，根据桥台和码头的受损情况，将变位对上部结构的影响分为 3 个区，如表 4-6 所列。

桥梁墩台受损程度评价指标（单位：mm）　　　　　　　　　　　表 4-6

Ⅰ区		Ⅱ区		Ⅲ区	
S_v	S_H	S_v	S_H	S_v	S_H
≤50	<25	50≤S_v≤100	25≤S_H≤50	>100	>50
能够承受变位		上部结构有损坏,但不影响使用		上部结构严重损坏	

实际情况与结构计算均表明，桥梁基础的水平变位对桥梁的不利影响远超过竖向变位。表 4-6 的数值也证实了这点。表 4-6 的评价指标，可供因地质力引发的桥梁桩基变位判别危害程度参考。本书附录一序号 143 号桥的损坏情况属于Ⅲ区。

④ 建议：公路桥梁规范补充墩台均匀沉降的容许值和对水平变位限制的要求。《铁路桥涵地基和基础设计规范》TB 10093-2017 对于桥梁基础均匀沉降量容许值的规定，是属于强制性条文，表明这条规定对桥梁的安全使用具有重要性。

（3）按抗震要求的高桥墩容许位移[50]

我国《公路桥梁抗震设计细则》JTG/T B02-01-2008 仅适用于规则桥梁中桥墩高度不超过 40m 的情况。而西部山区，桥墩高度超过 40m 很普遍，应为非规则桥梁，其抗震设计没有规范依据可循。文献 [50] 对一座高墩连续刚构桥进行了增量动力分析（简称 IDA），根据一系列非线性分析的结果，对大震作用下高墩塑性铰的形成过程及塑性铰长度进行了研究，提出了适用于高墩的容许位移计算公式，可供地震设防烈度较高地区桥梁设计参考。

本章参考文献

[1] 严允中，余勇继，杨虎根，等 . 桥梁事故实例评析 [M]. 北京：人民交通出版社，2013.

[2] 康辉明 . 工程地质学 [M]. 北京：化学工业出版社，2008.

[3] 李家春，田伟平，马宝成，等 . 公路地质灾害防治指导手册 [M]. 北京：人民交通出版社，2010.

[4] 唐国亮 . 岩溶工程论文集 [M]. 北京：中国铁道出版社，2009.

[5] 康厚荣，罗强，凌建明，等 . 岩溶地区公路修筑理论与实践 [M]. 北京：人民交通出版社，2008.

[6] 张浩华，崔秀琴 . 土力学与地基基础 [M]. 武汉：华中科技大学出版社，2010.

[7] 省建委地基基础调查组 . 贵州地区地基基础处理经验调查 [R]. 贵州省科技局情报室，1971.

[8] [美] 陈惠发, 段炼. 桥梁工程下部结构设计 [M]. 北京: 机械工业出版社, 2008.

[9] 张忠亭, 景锋, 杨和礼. 工程实用岩石力学 [M], 北京: 中国水利水电出版社, 2009.

[10] 陈开圣, 肖涛, 彭小平. 贵州省公路地质灾害基本特征及防治对策研究 [J]. 公路, 2009 (11): 135-139.

[11] 公路桥涵地基与基础设计规范: JTG 3363-2019 [S]. 北京: 人民交通出版社, 2007.

[12] 岩土工程勘察规范: GB 50021-2001 (2009 年版) [S]. 北京: 中国建筑工业出版社, 2009.

[13] 公路桥梁抗震设计细则: JTG/T B02-01-2008 [S]. 北京: 人民交通出版社, 2008.

[14] 胡新六. 建筑工程倒塌案例分析与对策 [M]. 北京: 机械工业出版社, 2004.

[15] 谢征勋. 工程事故与安全典型事故实例 [M]. 北京: 中国水利水电出版社, 2007.

[16] 袁广林, 王来, 鲁彩凤, 等. 建筑工程事故诊断与分析 [M]. 北京: 中国建材工业出版社, 2010.

[17] 中国国家地理. 2011 (10). 喀斯特专辑.

[18] 中国国家地理. 2005 (10). 选美中国专辑.

[19] 贵阳晚报. 2019.3.8 报道.

[20] 杜青, 蔡美峰, 张献民. 某大桥桩柱——盖梁结构体系开裂研究 [J]. 公路交通科技, 2005 (9): 98-101.

[21] 金文成, 高荣雄, 林功利. 钟祥吉庆桥的加固改造研究 [J]. 华东公路, 2001 (1): 54-56.

[22] 张石波. 某桥的开裂检算及原因分析 [J]. 公路, 2001 (11): 66-69.

[23] 庄泳浩, 李江峰. 厚淤泥层地区桥梁墩台水平位移的有限元分析 [J]. 城市道桥与防洪, 2008 (6): 38-40.

[24] 杨震宇, 李俊生, 孙家顺. 迎泽公园七孔桥损坏的鉴定与修复 [J]. 城市道桥与防洪, 2001 (4): 34-37.

[25] 张帆, 李红谦. 南阳桐柏淮河大桥加固加宽简介 [J]. 华东公路, 1999 (2): 20-22.

[26] 章卫松, 刘逸敏, 侯发亮. 刚架拱桥支座沉陷病害分析和补强加固措施 [J]. 桥梁, 2005 专刊第 4 期: 42-44.

[27] 陈思孝, 刘名君. 南昆线马路冲 3 号大桥病害整治设计 [J]. 铁路工程建设科技动态报告文集 2002 年铁路桥梁工程分册. 北京: 人民交通出版社, 2002.

[28] 徐启友. 公路桥梁倒塌事故的处理 [J]. 公路, 1990 (1): 17-23.

[29] 曾庆梁译. 两起落梁事故 [J]. 国外桥梁, 1981 (3): 76-77. 原载日本《桥梁与基础》1981 年第 2 期.

[30] 王迎军, 任国旭, 张志. 桥梁基础沉陷快速修复施工技术 [J]. 公路交通科技 (应用技术版), 2011 (10): 133-134.

[31] 贵阳晚报. 2007.9.4 报道.

[32] 钟彩萍, 王庆文, 袁建新. 某特大桥 3# 墩滑坡的稳定性评价 [J]. 岩土工程界, 2008 (3): 68-70.

[33] 李德寅译. 桥头引线路堤的岸坡滑塌 [J]. 国外公路, 1984 (6): 32-35.

[34] 中交公路规划设计院有限公司. 晴隆至兴义高速公路第 T1 合同段朵冲大桥桩基承载力计算书 [Z]. 2011.6.

[35] 贺建端. 水南特大桥 98m 长挖孔桩施工 [J]. 桥梁建设, 2007 (1): 64-66.

[36] 贵阳晚报. 2013.8.4 报道.

[37] 陈进, 席义鸣, 杨涛毅. 贵阳市沙冲路滑坡灾害特征及成因研究 [J]. 贵州地质, 1999 年第 16 卷: 1-11.

[38] 侍刚, 伍贤志. 某桥桥墩桩基偏位纠偏方案设计与施工 [J]. 桥梁建设, 2015 (1): 97-102.

[39] 张天明. 桥墩病害处治方案探索——重庆菜园坝长江大桥引桥桥墩的纠偏与加固纪实 [J]. 公路交

通技术，2008（1）：94-96.

[40] 苏龙，周礼平. 某简支梁桥桥墩偏位成因分析及拆除方案探讨 [J]. 公路交通技术，2015（1）：83-87.

[41] 冯忠居，张永清，李晋. 堆载引起桥梁墩台与基础的偏移及防治技术研究 [J]. 中国公路学报，2004（3）：74-77.

[42] 贵州省交通规划勘察设计研究院试验检测中心. 晴隆至兴义高速公路上寨大桥检测报告 [R]. 2014 年 12 月.

[43] 高文军，许长城. 某连续梁桥桥墩偏位处治和加固 [J]. 公路交通技术，2012（6）：80-83.

[44] 李志伟. 软土地基不对称堆载对桥梁偏位的影响及加固分析 [J]. 公路，2016（8）：86-91.

[45] 李亚东. 桥梁事故知多少？[J]. 网上下载文章，2018.1.25.

[46] 吴徐华，袁述林，邓爽. 桥墩立柱偏位分析与纠偏处治 [J]. 公路工程，2013（1）：146-148.

[47] 唐双林. 青芝寺特大桥桥墩偏位病害分析与处治技术研究 [J]. 公路交通技术，2015（2）：106-110.

[48] 向南，秦思杨，刘成章. 桥下回填荷载对墩柱的影响分析及技术对策 [J]. 中外公路，2014（4）：188-192.

[49] 李清林. 高陡横坡双柱式桥墩差异沉降加固处治设计 [J]. 湖南交通科技，2014（3）：90-94.

[50] 黄佳梅，李立峰，孙君翠. 基于 IDA 的高墩容许位移研究 [J]. 公路，2014（2）：1-6.

第5章 风力、冰雪与温度力引发的桥梁事故

5.1 风力、冰雪与温度力的特性及危害

5.1.1 风力的特性及其危害

包围地球的大气层厚度约 1000km，从上到下可以分为热层、中间层、平流层和对流层。其中，对流层为地球表面以上约 10km 范围内的大气，人类活动主要在对流层中进行，例如航空飞行常常在近万米的高空。由于太阳辐射在地球表面分布的不均匀性、地球表面水陆分布高低分布的不均匀性以及地球自转等因素造成空气的竖向对流和水平流动，便产生了风。风是空气相对于地球表面的流动，主要是由于太阳对地球大气加热的时空不均匀性引起的。当空气变冷时，它的重量就会增加，就往下沉；当空气变热时，重量减轻，就会上升。热空气上升的地方，冷空气就会从周围流过来填补其空缺，由此便形成了风。风总是从气压高的地方向气压低的地方运动。风就是一种流动着的气体，简称"气流"。

在运动中的气流遇到地形、地物的阻挡，就会对阻碍物形成气幕压力。风速越大，对阻碍物产生的压力越大。因为地形、地物都在地球表面，所以只有近地风才会被阻挡，并因此而发生气流紊乱。从风速仪的实测记录中已经发现，风速的时程曲线中包含两种成分：一种是周期大于 10min 的长周期平均成分，一般按照随机变量来描述；另一种是周期仅几秒或更短的短周期脉动成分，一般按照随机过程来处理。可以按平均风速的大小划分风的等级。英国人蒲福（F. Beaufort）于 1805 年拟定了风的等级，称为蒲氏风级。后来几经修改，先确定为自 0～12 共分为 13 个等级。自 1946 年以来，风力等级又作了局部修改，增加到 18 个等级，如表 5-1 所示。其中前 13 个等级就是现在常用的风的等级（包括气象和工程等部门常用的风力等级分级）。

对工程结构应用而言，对风力的大小，有时采用风速，有时也可以采用风压来表达。风速与风压的关系可按下式计算：

$$w = \frac{\gamma}{2g} v^2 \tag{5-1a}$$

式中：w ——单位面积上的风压力（kN/m^2）；

　　　v ——风速（m/s）；

　　　g ——重力加速度（m/s^2）；

γ ——气流单位体积的重力（kN/m³）。

当标准气压为 760mmHg（即 101.325kPa）、常温 15℃ 和绝对干燥的情况下，$\gamma = 0.012018$kN/m³，在纬度 45°处的海平面上，$g = 9.8$m/s²。代入上式可得：

$$w = \frac{\gamma}{2g}v^2 = \frac{v^2}{1630} \ (\text{kN/m}^2) \tag{5-1b}$$

式（5-1a）中，$\frac{\gamma}{2g}$ 随地理位置和海拔高度有所变化。例如，我国海拔高度 3500m 以上地区，$\frac{\gamma}{2g}$ 可减至 1/2600；东南沿海地区该值约为 1/1750。式（5-1b）一般适用于内陆海拔高度 500m 以下的地区。

按规定地貌和地面以上高度以及指定重现期相应的风速或风压，称为基本风速或基本风压。我国公路行业标准《公路桥梁抗风设计规范》JTG/T 3360-01-2018 规定：基本风速为开阔平坦地貌条件下，地面以上 10m 高度处，100 年重现期的 10min 平均年最大风速。

风力等级表

表 5-1

等级	名称	风速（m/s）		浪高（m）		陆上地物特征	海面和渔船的特征
		范围	中值	一般	最高		
0	静风	0.0~0.2	1	—	—	静,烟直上	海面平静
1	软风	0.3~1.5	1	0.1	0.1	烟能表示风向,风向标不转动	微波如鱼鳞片,无浪花;一般渔船略觉摇动,正好能使舵
2	轻风	1.6~3.3	2	0.2	0.3	人面感觉有风,风向标能转动	小波,波长短,但波形显著;渔船张帆随风移行速度 2~3km/h
3	微风	3.4~5.4	4	0.6	1.0	树叶及小树枝摇动不息,旗帜展开	小波增大,波峰开始破裂;渔船张帆随风移行速度 5~6km/h
4	和风	5.5~7.9	7	1.0	1.5	能吹起地面灰尘和纸张,树枝摇动	小波,波长变长;白浪成群出现;渔船满帆可使船身侧倾
5	清风	8.0~10.7	9	2.0	2.5	有叶的小树摇摆;内陆的水面有小波	中浪,长波形状较显著;渔船需部分收帆
6	强风	10.8~13.8	12	3.0	4.0	大树枝摇动,电线呼呼有声;撑伞困难	轻度大浪开始形成;渔船需大部分收帆
7	疾风	13.9~17.1	16	4.0	5.5	全树摇动,迎风步行感觉不便	轻度大浪,碎浪形成白沫沿风向呈条状;渔船不再出港
8	大风	17.2~20.7	18	5.5	7.5	小树枝折断,人迎风前行感觉阻力甚大	有中度大浪,波长较长;所有近海船都要靠港
9	烈风	20.8~24.4	23	7.0	10.0	建筑物有小毁,屋瓦被掀起,大树枝折断	狂浪,沿风向白沫成浓密的条带状;机帆船航行困难

等级	名称	风速(m/s)		浪高(m)		陆上地物特征	海面和渔船的特征
		范围	中值	一般	最高		
10	狂风	24.5～28.4	26	9.0	12.5	树木可吹倒,一般建筑物遭破坏	狂涛巨浪,波峰长而翻卷;机帆船航行颇危险
11	暴风	28.5～32.6	31	11.5	16.0	大树吹倒,一般建筑物遭严重破坏	异常狂涛巨浪;能见度受影响;机帆船遇之极度危险
12	飓风	32.7～36.9	—	14.0	—	陆地上少见,摧毁力极大	海浪滔天,海面完全变白,能见度严重地受到影响
13		37.0～41.4					
14		41.5～46.1					
15		46.2～50.9					
16		51.0～56.0					
17		56.1～61.2					

注：① "风速"为离地面高度 10m 的相应风速;
　　② "浪高"指海面波浪的大概高度。

表中第 13 级～第 17 级,是发生几率很小的极大风速,当风速可以用仪器测定时采用。第 0 级～第 12 级为气象与工程部门常用的分级。

一般情况下,7 级及 7 级以上的风力才能对人类生活或工程结构造成威胁、危害,直至破坏或倒塌。7 级以上的风通常由大气旋涡剧烈运动而产生,可分为热带低压、热带风暴、台风（或飓风）、龙卷风等。大气旋涡中心（亦称热带气旋）附近的平均最大风力小于 8 级的风,称为热带低压区;热带气旋中心附近的平均最大风力为 8～9 级的风,称为热带风暴;热带气旋中心附近的平均最大风力为 10～11 级的风,称为强热带风暴;热带气旋中心附近的平均最大风力为 12 级或 12 级以上的风,在东亚称为台风,在西印度群岛和大西洋一带则称为飓风。台风影响半径多为 5～30km。袭击我国的台风,常发生在 5～10 月,以 7～9 月最为频繁。台风的破坏力很大,它不但可以吹倒或损害陆上各种建筑物,而且还大量损害海上物体。台风袭击的地区常有狂风暴雨,沿海岸则多有高潮、巨浪。龙卷风是一种范围较小、时间过程较短的强烈旋风。直径从几米到几百米不等,中心处气压很低,风速可达每秒几十米到每秒一百米以上。龙卷风作为整体不断移动,其移动速度大约每小时数十公里。所经路程,短的只几十米,长的可超过一百公里,持续时间从几分钟到几小时。龙卷风的特点是：范围小、风力大、寿命短,发生的概率较小。由于龙卷风的风速大,破坏力强,可在小范围内对建筑物等地面物体造成较大损害。美国芝加哥大学基达（T. T. Fujita）教授于 1970 年提出龙卷风按最大风速划分为 7 个等级,如表 5-2 所示。

龙卷风风力等级　　　　　　　　　　　　　　　　　　表 5-2

等级	名称	特征表象	风速(m/s)
F_0	轻龙卷	风速 20～32.2m/s,破坏力小,烟囱、标牌有损坏,树枝折断,根浅树木被刮倒	<32.2
F_1	中龙卷	破坏力中等,屋顶表层被掀起,活动房屋被刮倒,行驶中的车辆被刮得偏离道路	32.6～50.1

续表

等级	名称	特征表象	风速(m/s)
F_2	大龙卷	破坏力较强,屋顶被刮起,活动屋被摧毁,铁路罐车被掀翻,大树被连根拔起,轻物体被飞掷	50.5～70.2
F_3	强龙卷	有严重破坏力,牢固屋顶与部分墙体被刮走,火车被掀翻,森林大部分树木被连根拔起,重型车辆被抛起	70.6～92.1
F_4	毁灭性龙卷	有毁灭性破坏力,牢固房屋被整体掀倒,地基不牢的结构物被掀飞,汽车被抛起,重物体被飞掷	92.5～116.2
F_5	非常龙卷	有非常大破坏力,牢固房屋被整体掀起,树木搬家,汽车等重型物体被抛入空中飞行可达 100m 以上	116.7～142.2
F_6	极值龙卷	有极惊人的破坏力,目前尚未发现这么大的龙卷风风速	142.6～170.0

注:"风速"为离地面高度 10m 的相应风速。按风速数值大小,F_0 级接近于表 5-1 中的 11 级。

可以将表 5-1 和表 5-2 的风速值与全国主要气象台站重现期为 10 年、50 年、100 年最大基本风速值进行比较。表 5-3 为 10 年、50 年、100 年重现期全国位于前三位的基本风速最大值。

全国主要气象台中前三位最大基本风速值（单位：m/s）　　　　表 5-3

重现期（年）	1		2		3	
	数值	地名	数值	地名	数值	地名
10	55.7	海南西沙	45.5	广东上川岛	44.3	福建东山
50	63.0	浙江大陈岛	62.1	海南西沙	58.0	浙江嵊泗
100	65.7	浙江大陈岛	63.7	海南西沙	61.3	台湾宜兰

注:①"基本风速"为地面以上 10m 高度处 10min 平均年最大风速;
②本表数值引自参考文献 [3],全国主要台站包括大陆各省市和港澳台地区的台站。

将表 5-3 与表 5-1 和表 5-2 比较,全国 10 年、50 年、100 年重现期的最大基本风速,大约分别为 42m/s、55m/s、61m/s,均超过 12 级风力,并达到龙卷风 F_2 级。但主要集中在台湾和东南沿海个别地区,内陆各省市则小得多。仅就建筑工程而言,龙卷风主要是对临时或未完成结构以及施工现场设备等容易产生危害。永久性结构设计一般情况下,不考虑龙卷风的影响。

风灾是全球最常见和最严重的自然灾害之一。从远古至现今给人类社会带来巨大的生命和财产损失,造成大量工程结构物损伤或破坏,严重影响了我们的经济和社会活动。风灾具有发生频率高、次生灾害大（例如暴雨、巨浪、风暴潮、洪水、泥石流等）、持续时间长以及突发性等特点。20 世纪后 50 年代国际十大自然灾害统计结果表明:风灾发生的次数最多,约占总灾害次数的 51%;风灾导致的死亡人数最多,约占 41%;风灾造成的经济损失最大,约占 40%。2005 年世界十大自然灾害中,有两次是风灾,其中美国"卡特里娜"飓风造成房屋损坏、桥梁倒塌、城市淹没、交通中断,导致约 2000 人死亡,直接经济损失高达 2000 亿美元以上。西德慕尼黑保险公司 1982 年资料显示,35 个自然灾害损失 1 亿美元以上的项目中,风灾项目有 18 个,占 51.4%。在这 18 个风灾项目中,只有一个是龙卷风灾害,其余都是热带气旋等风灾项目,占比达到 94.4%,经济损失占比也高达 94.6%。可见,风灾的绝大多数是由热带气旋等所引发的。

下面介绍几起风灾实例。

实例一　日本一列旅客列车被飓风掀翻

1986 年发生在日本的一次特大风灾,造成了重大伤亡和经济损失。1986 年 12 月 28 日,载有 176 名乘客的列车通过日本兵库县余部铁路高架桥时,被飓风的强大风力刮翻,坠落于桥下的谷地上,将桥下的 5 名渔业女工砸死,列车长也遇难,另一人重伤。列车残骸燃起大火,桥下的海鲜厂顿成废墟。当日 13 点 10 分,监控中心发出强风警告,通知风速已超过 25m/s,但列车长认为未到限行风速 30m/s,继续前行。万幸的是,在未到该大桥之前的"霞站"全部乘客已下车。13 点 25 分当列车上桥时风速突然升至 33m/s(为那个冬季记录到的第 4 位强风),中段车厢首先向桥南面的海鲜厂坠落,继而将车头留在桥外轨道上。虽然这次事故发生在桥上,但桥梁未受到损坏,不应属于桥梁事故,而应为重大风灾。当时风速达到 33m/s,风力等级为 11 级或 12 级,应属暴风或飓风。1988 年 11 月 23 日,一座纪念碑矗立在发生事故的地点。每年 12 月 28 日有和尚来做佛事超度亡灵。

实例二　河南商丘一景区龙卷风造成人员伤亡

2019 年 3 月 31 日,河南商丘一景区突发龙卷风,一群在游乐蹦蹦床上跳跃的小孩,被大风卷起抛到空中,又被风力推动向下坠落地面,造成 2 名儿童死亡、1 名儿童重伤,并有 17 名儿童及 2 名成人受伤的重大事故。一些专家认为,龙卷风具有突发性,风力与运动路径、运动方向变化大,预防措施的实施具有较大难度。

实例三　浙江义乌通用机械厂车间墙体倒塌

该厂铸造车间为单层工业厂房,跨度 15m,柱距 6m,檐高 8.8m,并设有 30kN 行车。采用钢筋混凝土柱,钢屋架,铁皮屋面,一砖厚围护墙,建筑面积 1158m^2。1981 年 1 月 3 日开工,5 月 20 日完成基础工程,8 月 10 日砖墙砌至 8.8m 檐口标高后,于 8 月 11 日,突发大风致使墙体倒塌,造成死亡 5 人、重伤 2 人的重大事故。

事故发生后,专业分析指出:厂房的柱子是承受竖向荷载与水平荷载的主要受力构件,墙是围护结构。但该厂房的施工则是先砌墙体后浇钢筋混凝土柱,这种颠倒正常顺序施工的方法是十分错误的。其结果是长 24m、高 8.8m,未与立柱连接的一段一砖厚墙体,在 8 级大风的袭击下失稳倒塌。8 级大风的风速为 17.2～20.7m/s,平均风压约为 0.245kN/m^2,按迎风面积 24×8.8=211.2m^2 计算,该墙体在承受风压力约为 51.7kN 时倒塌。

事故发生后检查发现,设计在墙内开洞太多,柱与墙体之间也未按规范要求设置一定数量的拉结钢筋,削弱了墙体整体性,更加速了墙体在大风作用下的破坏。

实例四　安徽宿松县五里乡政府办公楼倒塌

该办公楼为四层砖混结构,建筑面积 1077m^2。于 1997 年 1 月开工,当年 3 月 23 日下午 3 时许,该楼房正在施工中的东山墙在大风作用下失稳倒塌。这次重大事故造成 3 人死亡、5 人重伤。

事故发生后检查发现，该山墙的高厚比远远超过规范规定，与周边结构也无牢固联系。当时的风速为 16.5m/s，应为 7 级风（疾风），相应的风压约为 0.167kN/m²。是一起设计、施工失误，在 7 级风作用下引发的重大灾难。

实例五　黑龙江齐齐哈尔市造纸陶粒车间倒塌

该车间为六层装配式框架结构，长 19.2m，柱距 4.8m，跨度 9m，高 20.8m。1983 年 4 月 29 日上午，遭受 9 级大风及降雪袭击，整个框架结构倒塌，损坏立柱 10 根，大梁 34 片，屋面板 40 块。当时正处于施工过程中，梁、柱尚未牢固连接，在大风水平力作用下失稳坍塌。九级风应为"烈风"，风速为 20.8～24.4m/s，风压约为 0.3kN/m²。幸未造成人员伤亡，但这次事故造成了重大经济损失。

实例六　美国亚拉巴马州重大风灾

美国东南部的亚拉巴马州，2019 年 3 月 3 日遭受龙卷风袭击，造成至少 23 人死亡，多人受伤。通信铁塔被吹倒，阻断了当地交通，树木被连根拔起，一些建筑物和道路遭到"灾难性"破坏。由于环境恶劣，搜救工作一度暂停，可能还有更大的损失。

实例七　印度奥迪沙邦重大风灾

2019 年 5 月 4 日，热带气旋"法尼"在印度东海岸奥地沙邦登陆，最大风速达到 50m/s，对建筑物造成巨大破坏，12 人遇难。风力接近 15 级，为 1999 年以来印度东部遭遇的最大热带气旋。因 5 月 2 日根据预报已将约 100 万居民转移至安全地区，未造成重大灾难。

5.1.2　冰雪的特性及其危害

冰雪是地球上水体存在的另一种形式，也是一种宝贵的水资源。但另一方面也会带来若干危害，工农业生产、人民生活、工程建设以及交通运输等各领域都会受到影响。这里主要对冰雪作为一种荷载或介质在工程结构物中所产生的不利作用进行讨论。

《建筑结构荷载规范》[6] 将冰雪荷载规定为可变荷载，视为一种"活荷载"。建筑物顶面水平投影面上的雪荷载标准值按下式计算：

$$S_k = \mu_r S_0 \tag{5-2}$$

式中：S_k——雪荷载标准值（kN/m²）；

$\quad\quad\mu_r$——建筑物顶面积雪分布系数，按规范规定采用，约在 0～2 之间；

$\quad\quad S_0$——基本雪压（kN/m²），按规范规定采用。

基本雪压为雪荷载的基准压力，按当地空旷平坦地面上积雪自重的观测数，按概率统计得出的 50 年一遇最大值确定。由"全国基本雪压分布图"可以看到，中国的基本雪压值，在 0～1kN/m² 的范围内。例如，昆明为 0.3kN/m²，北京、天津为 0.4kN/m²，武汉为 0.4kN/m²，哈尔滨为 0.5kN/m²，佳木斯为 0.7kN/m²。最大值 1kN/m² 出现在新疆北部国境线附近。

《公路桥涵设计通用规范》JTG D60-2015[7] 与《铁路桥涵设计基本规范》TB 10093-2017[8] 对于设计荷载（或作用）的规定，都未列入雪荷载。规范条文说明中未作解释，可能是因为雪荷载较大时，暂停车辆通行，待清除积雪后再恢复交通，雪荷载与汽车荷载不存在叠加，而活载效应比雪荷载效应大得多。

《公路桥涵设计通用规范》JTG D60-2015[7]与《铁路桥涵设计基本规范》TB 10093-2017[8]均规定，冰压力为可变作用（公路规范）或附加力（铁路规范）。但铁路规范中还计入了冰胀力（附加力），公路规范则未列入。多年冻土地区，由于季节融化层冻胀的影响，会使建筑物基础产生冻胀力。此力的大小随地温变化，有时会对基础产生危害。

在冻融环境下的混凝土结构物，受长期冰融作用，将导致混凝土损伤，发生病害，降低建筑物的耐久性，甚至造成事故。

混凝土结构，包括钢筋混凝土结构和部分预应力混凝土 B 类构件都是在规范允许裂缝宽度情况下带缝工作的。只要水能渗入，即使渗透不很深，当气温降到 -2℃以下时，水分就会结成冰。水分结冰体积膨胀约 9%，会导致沿裂缝边缘的散裂，就发生了冰融。而冰融循环重复一次，这种散裂现象就会发生一次，这样裂缝将逐渐扩大。这是混凝土结构出现开裂现象的原因之一。

在施工中，当混凝土强度没有达到设计强度前遭受冻结，则强度停止增长，解冻后的混凝土强度仍会有所增长，但其最终强度值将有明显的降低，造成病害或事故。其强度损失的大小与受冻混凝土的龄期有关。受冻龄期越早，后期强度损失值就越大。这种情况在国内一些工地上时有发生。

寒冷地区的路面和桥面出现凝冻时，为了保证车辆安全行驶，常用除冰盐扫除冰雪。但除冰盐会加剧路面和桥面冻融的破坏作用，从而导致其表层剥落以致腐蚀钢筋。常用的除冰盐为 NaCl，路面、桥面受到冰冻作用时，盐产生渗透压使水分向结构物顶面迁移，从而产生水压力。这种由除冰盐引起的冰融作用与普通冰融作用相似，但危害更严重。为了提高混凝土的抗盐冻性，混凝土应有更好的显微结构，即减少孔隙率，增加均匀性。掺入硅灰可以提高混凝土的抗盐冻剥落性能，而掺入粉煤灰和矿渣则会降低混凝土的抗盐冻性。

下面简要介绍几起冰雪危害的实例。

实例一　美国某汽车库檩条承载力失效变形

美国某开敞式汽车库，承重结构由 4 跨钢柱与梁组成，屋面檩条为冷成型槽钢，跨度 6.1m 和 7.3m，槽钢高度 254mm，钢材最小屈服强度 345MPa，屋面为 V 形压型钢板，跨度 3.1m。屋面设计的安全雪荷载为 1.437kN/m²，但是当屋面积雪不足 0.719kN/m² 时，檩条就发生显著的下垂并伴随严重的扭转，不久，两根檩条倒塌。事故发生后的计算表明，当雪荷载达到 0.958kN/m² 时，檩条截面上的弯曲应力和扭转应力的合力达到钢材的屈服应力，而设计时未计入扭转应力。此外，倒塌的两根檩条位于屋面边缘，受到的荷载比一般檩条大约 40%。因此，当雪荷载为 0.671kN/m² 时，截面应力就达到了屈服应力（弯曲应力 220.8MPa，扭转应力 124.2MPa），这个荷载与檩条倒塌时屋面的雪荷载很接近。

实例二　辽宁营口海龙仓储库拱结构失稳

该储库为大跨度压型钢板拱形结构，建成于 1997 年 7 月，建筑面积 8200m²，拱跨度

33.5m，矢高 6.7m，板厚 1.3mm。在 2001 年 1 月最寒冷、落雪最多的时候塌落。发生事故的原因是：雪荷载引发拱结构局部失稳所致。

实例三　特大雪荷载对南京长江三桥产生的影响

南京长江三桥为双塔双索面钢塔钢箱梁斜拉桥，采用半漂浮结构体系，纵向设弹性约束，跨径布置为 63m＋257m＋648m＋257m＋63m，全长 1288m。钢箱梁全宽 37.20m（含风嘴），中心处梁高 3.2m。全桥设 4×21 对斜拉索，主塔为人字形钢塔，高 215m。主塔基础采用钢套箱—钻孔桩组合基础。

2008 年 1 月 26 日至 2 月 1 日，南京出现了 50 年一遇的大雪。从 1 月 26 日凌晨开始下雪，2 点 15 分封桥，历时 2d。在这段时间内将行车道的雪推向两侧路面，未进行其他工作。1 月 28 日中午大雪渐止，晚上 6 点桥上交通逐步恢复。有关部门对该桥进行了健康监测，主要情况如下：

（1）下雪前后索力、挠度和塔偏位的变化

南塔 21 号索，下雪前这一对斜拉索的索力均值稳定在 4080kN 左右，雪停后索力均值基本维持在 4260kN 左右，增加了约 200kN。且随着索长的增加，索力的增量也在增大。

下雪前跨中挠度均值基本稳定在 30mm 左右，雪停后，挠度均值基本维持在 230mm 左右，增加了约 200mm。

下雪前后索塔偏位的平均值分别为 21.13mm 及 40.30mm（南塔 HL_3）、21.16mm 及 39.79mm（北塔 HL_3）。偏位增量约为 21mm 及 19mm。

（2）交通量恢复后索力、挠度的变化

1 月 28 日 18 点后交通逐步恢复，开放初期索力约为 4275kN，经过 36h 不间断除雪，索力下降至 4163kN。此时段挠度也有相应的变化，开放初期挠度下浮约 220mm，36h 后挠度提高到 63mm。另外，车辆单向行驶增多出现的偏载，使上下游两侧斜拉索索力发生差异，索力差值约 97～108kN。

（3）根据观测数据并进行结构计算分析，基本结论如下：主桥积雪满载对桥梁结构的影响属于均布荷载效应，半幅偏载属于最不利工况的一种，对桥梁结构的影响明显。此次雪灾中南京三桥结构的变化在健康监测系统的判别下仍属于弹性变化。经专项检查，判断结果与此相同，目前结构正常。

实例四　某大型气体厂液氮储罐塔倾斜

该厂第 1 期仅安装两个储罐，于 1985 年建成投入使用。储罐基础设计成整体式钢筋混凝土筏板，基底埋置深度在室外地坪以下 1.5m，置于粉质黏土层上，地基承载力为 150kPa，基础顶面高出室外地坪 0.9m，阀板全厚 2.4m。1986 年 10 月发现整个储罐塔倾斜，经测量，筏板南高北低，高差 79.7mm。后来高差逐步减小，至 1987 年 7 月底，高差消除，塔身恢复原位。这一现象表明地基发生了冰冻，南侧冰冻严重，因而上升大，北侧则相对下沉，导致塔身倾斜。冰冻缓解后，虽然塔身倾斜可大部分恢复，但冰冻是会经常发生的，日久天长，其冰冻深度会增大，危害更严重。所以，塔身倾斜的事故还可能再发生。对于低温冷藏塔，采用埋入式的筏板浅基础，地基土受冰冻的威胁大，可能损坏基础或发生不均匀沉降，危及结构物的安全。

实例五　辽宁鞍山某饲料集团公司库房钢屋顶坍塌

该库房采用 MIC-240 型薄壁褶皱拱形钢屋顶。库房共 5 栋，总建筑面积 15311m²。1995 年 9 月建成。跨度 25～30m，矢高 7.35m 和 6.6m。1996 年 12 月 31 日夜至 1997 年 1 月 1 日上午，鞍山地区出现暴风雪，市区降雪平均厚度 260mm，为自 1962 年以来最大的一场雪，并伴有 5～6 级西北风。在积雪荷载作用下，该库房屋顶因整体失稳而坍塌。

实例六　大连远洋公司锅炉房大梁断塌

该锅炉房建筑面积 137m²，屋面为 1.5m×6m 大型屋面板，搁置在 0.25m×0.65m×7.8m 的现浇混凝土主梁上。于 1980 年 11 月 20 日开工。浇筑大梁所用混凝土，除水略加温外，其余材料未加温，也未用防冻外加剂。大梁浇筑后未及时保温，在浇筑 6d 后才采取保温措施，致使混凝土边施工边受冻，浇筑后又继续受冻。于 1981 年 2 月 14 日该大梁突然断裂塌落。据当地当时的气象记录，气温在 −9.8～+8.4℃ 之间。这是一起混凝土结构物冰冻破坏的典型案例。

实例七　某厂钢结构工程倒塌

某厂钢结构工程为一钢排架结构，柱距 6m，共 9 个开间，跨度 15m，计 3 跨，建筑面积 2454m²。采用梯形钢屋架，桁架式檩条，波形石棉瓦屋面。于 1983 年建成。1988 年 2 月 17 日夜 4 点左右，当地气温约 −10℃，降大雪，积雪厚度 320mm，导致该厂房三跨钢屋架倒塌，并使相邻两跨的排架柱受拉倾斜，排架系统大部分发生扭曲变形。另外，管理上也存在问题，在无设计图的情况下，施工单位凭经验施工。

在这场大雪中，当地除发生上述钢结构事故外，还连续发生了其他三起建筑物倒塌事故。

实例八　河南信阳某厂房失稳

河南信阳某厂房，1988 年 2 月，暴雪荷载作用下引发厂房局部失稳损坏。

5.1.3　温度力的特性及其危害

太阳源源不断地以电磁波的形式向四周空间发射能量，称为太阳辐射。太阳辐射能量巨大，到达地球的能量仅占其总量的二十二亿分之一，但却是地球上最主要的能量来源。太阳直接为地球提供了光和热，使地球表层及大气圈因热能量而到达一定范围的温度值。地球上各种建筑物因外界温度的变化，其表面与内部各点温度随时都在改变。这种温度变化值与所处的地理位置、地形地貌条件、建筑物的方位、朝向以及所处季节、太阳辐射强度、气温变化、云、雾、雨、风、冰、雪等有关，还与建筑物本身的特性有关。影响因素很多，因此，建筑物处于十分复杂的热能量变化过程中，由此形成的工程结构物的温度分布及其随时间的变化也是很复杂的。最常用的工程结构建筑物，主要有混凝土结构和钢结构。温度力对这两大类工程结构物的影响有所不同。由于影响因素众多，从工程实用出发，一般仅考虑最主要的外部因素和内部因素。混凝土结构和钢结构受温度力影响的主要特性简述如下。

混凝土结构由于自然环境条件变化所产生的温度作用，一般可分为三种类型：①年温温度作用，是由于季节温度缓慢地变化所致，使得结构物整体发生均匀温度变化。对于混凝土结构，一般以最高与最低月平均温度的变化值作为年温度变化的幅度。工程设计中均以结构物的平均温度为依据。②日照温度作用，工程结构物的日照温度变化很复杂，影响因素多，主要有：太阳辐射、天空辐射、地面反射、气温变化、风速、地理纬度、结构物方位、关注部位的朝向、地形地貌等。另外，公路桥梁沥青混凝土桥面铺装摊铺时的高温会增大箱梁日照温度的温差。从工程适用考虑，在结构物地理纬度、方位角、地形条件确定的情况下，在工程设计中，可简化为两个因素：太阳辐射与气温变化。如有摊铺沥青高温的情况，也应计入这一重要因素。③骤然降温作用，可分为两种情况：一是结构物在冷空气侵袭作用下，结构物外表迅速降温，形成内高外低的温度分布状态；二是日照降温，日落以后，结构物外表温度迅速下降，此时结构物内部温度几乎没有变化，形成内高外低的温差状态。骤然降温速度比日照升温速度要小得多。

温度力会对混凝土结构物造成危害甚至重大事故。20 世纪 60 年代以来，国内外报道了多起因温度力引发的严重裂损或破坏实例：英国渡桥镇几座冷却塔的严重开裂；德国几座厚腹板箱形桥梁的损坏，其中两座几乎倒塌；德国的 Schmargendorf 桥的裂损修复耗资高达 120 万马克；在对德国 Jagst 桥厚腹板箱梁的检查中发现，通车第 5 年就发生严重开裂，经估算温度引起的拉应力高达 2.6MPa；美国对 Champigny 箱形桥的支座反力进行观测，一天内的变化高达 26%，引起的箱梁下缘最大拉应力达 3.92MPa；新西兰一座新市场高架桥的预应力混凝土箱梁，因日照产生的大温差导致该桥发生严重裂损，修复加固费用 30 万美元；国内芜湖过江电缆塔、空心高墩、通惠河连续箱梁桥、九江长江大桥引桥 40m 箱梁、漓江二桥箱梁等也都发生过温度力引发的开裂。

温度力对混凝土结构的影响，有下述三个特点：

（1）它与一般荷载产生的应力不同，基本上温度应力和应变不再符合简单的胡克定律。但是伯努利的平面变形规律仍然适用。温差应力与平面变形后所保留的温度应变和温度自由应变差成正比。

（2）由于混凝土结构的温度作用沿箱梁壁板厚度方向的非线性分布，故截面上温度应力分布具有明显的非线性特征。

（3）因混凝土结构的温度分布是瞬时变化的，所以在结构中的温度应力也是瞬时变化的，具有明显的时间性。

钢结构由于自然环境条件变化所产生的温度作用，也有三种类型，即年温温度作用、日照温度作用与骤然降温作用。但具体取值与混凝土结构有所不同。年温变化产生的计算温差，原则上应采用钢结构安装时和安装完成后该结构可能遇到的最冷温度与最热温度之差。最热、最冷温度如何确定？各工程行业确定的取值标准有区别。例如，建筑钢结构，年温温度变化引起的温差，以月平均温度为准计算温差，理由是：由于空气温度传到结构表面，再由结构表面传到截面内部需要一个传递时间，结构内部显示不出周围介质的日平均温度变化，故日平均温度变化仅引起表面的局部应力，而月温度变化的影响要大得多，因此，应以月平均温度计算年温温度作用的温差。公路桥梁钢结构，按《公路桥涵设计通用规范》JTG D60-2015 的规定，应取最高和最低有效温度计算均匀温差。有效温度则根据桥位处历年最高和最低温度按规范给出的公式计算。铁路钢桥，按《铁路桥涵设计基本规范》TB 10002-2017 的规定，应按历年极端最高和最低气温计算均匀温差。其理由是，钢桥本身导热性好，对温度变化较灵敏，故应考虑桥位处历年极端最高和最低气温。对于日照正温差与反温差，各工程行业的规定也有所不同。

温度变化对钢材性能有较大影响。总的趋势是，温度升高，钢材强度降低，应变增大；反之，温度降低，钢材强度会略有增加，同时钢材会因塑性和韧性降低而变脆。气温升高，对钢材性能几乎没有影响。钢材加工过程中人为造成的升温可达几百度，对钢材性能影响很大，达到 600℃ 时，钢材强度很低，已丧失承载力。当温度从常温开始下降，特别是在负温度范围内时，钢材的强度虽有所提高，但其塑性和韧性降低，材料逐渐变脆，这种性质称为低温冷脆。是造成钢结构发生裂纹甚至断裂的重要原因之一。钢构件焊接过程中如遭遇不均匀冷却将会使焊件在产生残余应力的同时伴生非正常变形，降低了焊接质量，埋下隐患。为了防止钢材发生低温时的冷脆断裂，各工程规范都对低温冲击韧性提出了明确要求与具体规定。钢结构脆性断裂事故，在铆接时期已有发生，到了大量采用焊接的时期，这类事故大大增加，已遍及桥梁、船舶、油罐、液罐、压力容器、钻井平台、工业厂房等所有使用钢结构的领域。钢结构脆性断裂大致可分为以下几个类别：低温脆断、应力腐蚀、氢脆、疲劳破坏和断裂破坏等。由于脆断是突然发生的，后果严重。在寒冷地区，低温脆断在钢结构事故中占有较大比例。吉林液化气罐厂 1979 年 12 月发生的爆炸事故、内蒙古糖厂 1989 年 1 月发生的储糖罐爆炸事故，均为钢结构低温脆断引发的典型案例。

温度力引发建筑物危害的几起实例如下。

实例一　哈尔滨某铸造工房钢筋混凝土梁倒塌

该铸造工房有 11 根 12m 长的钢筋混凝土薄腹梁，其中主钢筋所用材料是用 45 号钢代替，并采用焊接。于 1959 年 11 月 27 日，在气温降至 −10℃ 时，该薄腹梁发生脆断。幸未造成人员伤亡。这种 45 号中碳钢，在施焊中容易产生裂缝，在低温下可能脆断。苏联西伯利亚地区，也曾发生过两起薄腹梁在低温下主钢筋脆断的事故。说明在低温下焊接材料的选用尤为重要。

实例二　江西某商住楼倒塌

江西某县土特产门市部为 3 层砖混结构，与住宅楼相组合，平面布置为 T 形，两者之间未设伸缩缝。底层层高 4m，第 2 层层高 3.7m，第 3 层层高 4.5m。毛石砌基础，砖砌窗间墙体承重，现浇钢筋混凝土梁板楼面，每层均设有 240mm×240mm 的圈梁，大梁采用 300mm×800mm 的截面，并配有过量钢筋。

该商住楼于 1976 年夏季开工，到 1977 年 4 月 15 日，施工至第 3 层砖砌平口时，在无风无雨、无超量荷载的情况下，营业厅部分突然全部倒塌。事故发生后的调查表明，施工质量一般，工程地质尚好，无基础下沉迹象，梁板配筋偏多，未见不安全因素。进一步的分析计算，找出了发生事故的真正原因是温度应力。二层梁板施工是在国庆节前（即 9 月份），气温尚在 30℃ 以上，后来随着气温的不断下降，钢筋混凝土与砌体有相差悬殊的自由冷缩量，在冷缩过程中又受到相互制约，使砌体受到一个剪压力 Q 值，而钢筋混凝土圈梁与板内则受到一个拉力 Q 值，事故发生时（4 月 15 日）正处于越冬以来的第 3 次寒潮袭击下，气温降至 5℃ 左右，冷缩量达到高峰，致使 Q 值达到极限，在墙肩上出现冷缩裂缝，外墙面裂缝最严重，因该处设计中未设置伸缩缝，在 Q 力作用下，墙体发生坍塌。

实例三　中国北海油田"海宝"号海洋钻井平台倒塌

"海宝"号海洋钻井平台由长 75m、宽 27.5m、高 3.95m 的巨型浮船构成，并安装有钻机、井架、减速箱和调节装置。1965 年 12 月 27 日，在气温为 3℃ 时发生井架倒塌和下沉。当时船上有 32 人，其中 19 人遇难。至事故发生时，"海宝"号海洋钻机已运行了约 1345h。事故后调查发现，井架上的连接杆发生脆性破坏是主要原因。该连接杆破坏时的实际应力低于所用钢材的屈服强度；连接杆的上部圆角半径很小，应力集中系数高达 7.0；同时钢材的 Charpy-V 形试件的缺口冲击韧性很低，在 0℃ 时仅为 10.8～31J，并有粗大的晶粒，这些因素导致了连接杆发生低温脆性断裂。而一根或几根连接杆发生这种脆性断裂后，就会产生动载，从而加速整个结构的倒塌。这是一起因钢材低温脆性断裂引发的重大典型事故。

实例四　美国波士顿贮糖液钢罐断裂

1919 年 1 月发生了世界有名的美国波士顿贮糖液钢罐断裂的特大事故。

美国马萨诸塞州波士顿市，有一个贮糖液的铆接钢罐，其直径为 27.44m，高为 15.24m，罐中贮存有 8700m³ 的热糖液。在冬季低温时，钢罐突然发生低温冷脆断裂而破坏，热糖液大量汹涌冲出来，造成房屋被毁，高架桥被冲倒，50 多人丧生，钢罐的许多碎块被抛出很远，震惊世界。这又是一起钢材冷脆断裂引发的重大事故。

实例五　某大坝发生的断裂

某混凝土大坝采用分段浇筑施工，每段长 30m，宽 5m，高 7.5m。混凝土浇筑后因水泥水化热升温至 45℃，冷却时坝体混凝土发生收缩裂缝，开始阶段裂缝细如发丝，数月后裂缝宽度逐渐发展至 5mm，使坝体混凝土断裂为数段。专家分析认为，这是由于混凝土中水泥水化过程释放的水化热产生的温度应力所致。大体积混凝土中的水化热不容易散发，致使其内部温度不断上升，而混凝土结构表面散热较快，使截面内外产生非线性温差分布，而构件发生弯曲变形时要服从平截面假定，因而导致截面上纵向纤维因温差的伸缩受到约束，从而产生纵向约束应力，称为温度自应力。对于超静定结构，除了温度自应力外，还会产生多余约束阻止挠曲变形的温度约束应力。故温度应力由两者组成。在某些情况下，温度自应力很大，超过混凝土抗拉强度，便出现温差裂缝。这类裂缝一般较深，有时还可能贯穿构件的截面，将会破坏结构的整体性。本实例就是一起温度自应力引发的典型事故。在工业厂房中大设备基础或高层建筑地下室的底板中，这类病害时有发生。

实例六　吉林敦化县商业局服务楼倒塌

该服务楼为砖混结构，5630m²。中央正厅为 5 层，两侧为 4 层。部分采用现浇钢筋混凝土柱、梁、楼板。1976 年 5 月 30 日上午，在拆除正厅一根混凝土柱的模板时，突然碎断，引发 840m² 的房屋倒塌，460m² 严重受损，造成 6 人死亡，3 人重伤。事故发生后的调查判定，在冬季施工中，无防冻措施，混凝土严重受冻，强度很低，导致混凝土柱脱模时被压碎断裂倒塌，引发重大伤亡事故。

实例七　美国某天然气双重球壳罐脆断

美国俄亥俄和克利夫兰有三个贮存液态天然气的双重球壳罐，压力 345N/mm²，工作温度-162℃。1944 年，其中一个发生了断裂，造成 128 人死亡和 680 万美元的损失。这是一起因钢材低温发生冷脆断裂引发的重大事故。

实例八　湖南浏阳县抽绣厂综合楼倒塌

该综合楼为 5 层砖混结构，建筑面积 1573m²。1985 年 2 月 9 日，当主体工程即将完成时，楼房突然整体倒塌。事故发生后调查分析，主要原因是承重墙断面过小，冬季施工时，无防冻措施，在低温下混凝土发生脆断，引发楼房整体坍塌。造成 7 人死亡、12 人重伤的重大事故。

5.2　风力引发的桥梁事故

5.2.1　概述

风对桥梁的作用机理，与风的自然特性、桥梁自身的动力特性、桥梁构造特点、周边环境以及风与桥梁相互作用等多种因素有关，情况较为复杂。当风以一定的速度向前运动遇到结构物阻碍时，结构承受了风压。在顺风方向，风压可分成为平均风压和脉动风压；在横风方向，风流经过结构物时产生旋涡，因旋涡的特性，横风方向还会产生周期性风压（有时也可能是随机的）。因而，一般说来，风对结构作用的计算有三个不同的方面，即对于顺风方向的平均风压，采用静力计算方法；对于顺风方向的脉动风或横风方向的脉动风，则应按随机振动理论计算；对于横风方向的周期性风力，产生了横风方向的振动，偏心时还会产生扭转振动，通常作为确定荷载对结构进行动力计算。

在桥梁结构设计计算中，将风对桥梁结构的作用力分为风的静力作用和风的动力作用。实际上，风力是统一的整体，单纯静力作用的风是不存在的。但这样划分，对于结构物的抗风设计与分析计算是基本上符合实际情况的，有利于区别不同结构物产生的风力效应。

（1）风的静力作用

在平均风作用下，假定结构物保持静止不动，或者虽有轻微振动，但不影响空气的作用力。只考虑定常的（不随时间变化的）空气作用力称为风的静力作用，包括阻力、升力和扭转力矩三个分量。静力作用对桥梁的危害，主要是引起桥梁的强度、变形破坏和静力失稳。

（2）风的动力作用

将桥梁与风作为一个振动体系，在近地紊流风作用下，产生的风致振动，可以概括为

5 种动力作用类型。

① 颤振

颤振是一种具有危险性的自激发散振动。当自然风速达到桥梁的颤振临界风速时，自然风给桥梁输入的能量大于桥梁本身的阻尼在振动中所能耗散的能量，导致振幅逐步增大直至最后结构破坏。颤振具有扭转颤振和弯扭耦合颤振两种形式。

② 驰振

驰振也是一种具有危险性的自激发散振动。由于桥梁振动导致气流相对攻角增大，又由于升力曲线的负斜率，使升力减小，相当于又增加了一个加剧振动的气动力，而使桥梁产生像骏马奔驰那样上下舞动的竖向弯曲振动，同样，当达到驰振临界风速时，桥梁振幅不断增大而最终导致破坏。

③ 涡激共振

风流经过各种断面形态的钝体结构时都有可能发生旋涡的脱落，而出现两侧交替变化的涡激力。当旋涡脱落频率接近或等于结构的自振频率时，将由此激发出结构物的共振。

④ 抖振

由大气中的紊流成分所激发产生的强迫振动，称为抖振，也称为紊流风响应。抖振是一种随机性的限幅振动（不至于发散）。由于抖振发生的频率高，可能会引起结构的疲劳。过大的抖振振幅会引起桥上行人不适，甚至可能危及桥上行车的安全。

⑤ 拉索雨振和尾流驰振

下雨时，雨水沿斜拉桥拉索下流时的水道改变了原来的截面形状，从圆形异化为类似于结冰电缆的三角形。在一定的临界风速下，拉索会出现驰振。

在并排拉索的斜拉桥中，处于前排拉索尾流区的后排拉索如果正好位于不稳定的驰振区，后排（下风侧）拉索会比前排（迎风侧）拉索发生更大的风致振动，这就是尾流驰振现象。

《公路桥梁抗风设计规范》JTG/T 3360-01-2018 将平均风作用和风的背景脉动两部分合并，其总体响应和平均风响应之比称为静阵风系数 G_v，它是和地面粗糙程度、离地面（或水面）高度以及水平加载长度相关的系数。G_v 与基准高度处的风速 V_z 相乘便得到静阵风风速。规范规定，在进行桥梁静力风荷载作用计算时，可以仅考虑静阵风荷载。对于桥梁的抗风稳定性，规范要求进行静力稳定性、驰振稳定性、颤振稳定性和施工阶段的抗风稳定性验算。对于桥梁风致限幅振动，规范就抖振、涡激共振与拉索振动作出了规定。风致振动的控制，主要包括主梁、高墩、拉索和吊杆。

强风对桥梁结构造成的危害多种多样。从受害程度上说，有结构局部构件破损的轻微灾害，也有导致整个结构坍塌的巨大灾害。灾害的表现形式有风压引起的倾覆和变形以及由风引起的结构振动破坏。对于跨度较小、刚度大、自重大的桥梁或结构，一般可以仅考虑风压的作用；对于长大跨度桥梁等细长且轻柔的结构物，则风致振动破坏的危险性更大。尤其是悬索桥和斜拉桥等索支承结构物、高耸的结构物（塔、墩），抗风计算与设计是一项十分重要的工作，对于建筑物的安全具有重大意义。《公路悬索桥设计规范》JTG/T D65-05-2015 和《公路斜拉桥设计细则》JTG/T 3365-01-2020 对悬索桥和斜拉桥的抗风计算与设计都有明确规定。

悬索桥是一种古老的桥型结构。我国四川省灌县早在千年之前就出现了竹索桥。到了

17世纪开始出现铁链作悬索、无加劲梁的柔性吊桥。到了19世纪发展为采用眼杆和销铰作为悬链的吊桥。英国1826年建成的跨度为177m的麦地海峡桥和1864年建成的跨度为214m的克利夫顿桥都属于这种结构形式。利用钢缆绳、钢绞线和钢丝等现代钢材来制造的悬索桥则基本上是进入20世纪后才出现的。早期的悬索桥由于承重结构的材料强度低、变形大以及设计理论、计算方法的滞后，曾发生过多起桥梁损坏或坍塌事故。例如本书附录二中序号51~60的悬索桥就是毁于暴风。风力引发的重大桥梁事故中，英国苏格兰泰河桥（Tay Bridge）和美国塔科马海峡桥（Tacoma Narrows Bridge）是两起典型案例，将在5.2.2节中详细介绍。1940年毁于大风的塔科马海峡桥（老桥），留下了宝贵的经验教训，直接导致后来悬索桥设计时广泛采用的风洞模型试验，高度重视计算分析临界风速和颤振振型等，推动了现代悬索桥抗风设计的技术进步。

斜拉桥也是一种较为古老的桥型结构。斜拉桥的出现晚于悬索桥。法国1907年建成的Cassagne桥与1925年建成的Lezardrieux桥，虽具有近代斜拉桥的基本形式，但前者有短竖索，后者则斜拉索有交叉。1938年德国的基辛格首先重新认识到斜拉桥体系的优越性，并加以大力提倡。1956年瑞典建成第一座现代斜拉桥Stromsund桥，跨径是74.7m+182m+74.7m。此后，在联邦德国建成多座现代斜拉桥。至此，德国的工作为以后斜拉桥的发展奠定了基础，为现代斜拉桥在世界上普遍采用作出了贡献。在早期斜拉桥使用过程中，曾有几座桥发生倒塌事故。因此，在相当长一段时间内，斜拉桥几乎成为桥型上的空白，直至20世纪前期，作了一些重大的改进后，其优势才逐渐显现出来。早期修建的斜拉桥出现的问题，主要是缺乏高强度材料，斜拉索易于松弛，容易使整个体系发生大变形甚至损坏。例如，1839年的法国建造的一座5跨109m斜拉桥，由于拉索强度低，出现很大的下挠而丧失使用功能；日本石狩河口桥与加拿大Hawkshaw桥（均为钢斜拉桥），因发生风振病害而在事故后进行了改造。但总体而言，斜拉桥发生的事故远少于悬索桥，原因之一是斜拉桥的整体刚度比悬索桥好，抗风能力也优于悬索桥。我国于1975年在四川云阳县，建成了中国第1座斜拉桥。从20世纪80年代以后，斜拉桥在我国获得快速发展。我国修建大跨径斜拉桥的技术已进入国际先进水平。

5.2.2　风力引发的桥梁事故实例

实例一　法国昂热梅恩河桥

该桥是一座单跨跨径为102m的悬索桥，于1836~1839年间建成。桥面宽7.2m，塔高5.47m。两根主缆绳由铁丝组成（当时还没有钢丝绳），索塔材料为铸铁（图5-1）。

1850年4月16日，当地突发狂风、暴雨，478名士兵列队步伐整齐地在桥上疾步行走。桥体合着士兵的步伐不断上下波动，很快又变成了有规律的左右两边晃动，并且越荡越高。就在士兵们被摇晃得走不稳时，桥体突然整个坍塌，全部士兵飞速坠入河中，其中223人遇难，是桥难史上死亡人数最多、影响最深远的典型事故。

1822~1839年，法国已建成与昂热桥同类型的悬索桥达97座。昂热桥难发生后，虽然分析了多种原因，但对事故的主要原因应是风力作用与共振未有明确的认识，导致对悬索桥的广泛怀疑，在此后较长一段时期内，悬索桥在法国及欧洲被强行停止修建。

图 5-1　1850 年的法国昂热悬索桥

实例二　美国俄亥俄河威灵桥

美国西弗吉尼亚州俄亥俄河威灵桥（有的资料译为惠林桥），跨度 308m，是一座近代型公路悬索桥。建成于 1848 年，是当时世界上跨度最大的桥梁。

1854 年 5 月 17 日，一阵狂风在河谷上飘起，迅猛地袭击这座大桥。桥体在大风中越荡越高，原本下挠的主缆鼓成了上弓形，车道板几乎漂移到了塔顶面。紧接着整个桥身扭转打绞，翻卷扭滚，从最高处向下飞坠。桥身拧成了麻花似的铁绳卷体，不一会儿就散碎成了无数的大小物件，铁块、木块流星雨似的砸入河中。在震耳欲聋的巨大轰鸣声中，世界最大跨度的桥梁终于彻底被风摧毁。值得庆幸的是，由于威灵大桥桥体对狂风进行了顽强的抵抗，没有很快倒塌，这使得当时正在桥上的车辆与人群有足够的时间安全逃离，未发生人员伤亡。

威灵桥属于古典的吊板悬索桥和现代悬索桥之间的过渡桥型。该桥设置了合理的长吊杆，但结构上最大弱点是没有设加劲梁。很密的竖向吊索支承着自重很轻的桥面板，柔软漂浮，几乎没有刚性，应属柔性吊桥，对扭曲振动缺乏抵抗力，加之桥很窄，宽跨比很小，在大风中难以稳定。当时，科技界对空气动力学和悬索桥风致扭曲振动知之甚少，设计理论未能跟上大跨径悬索桥的发展。

美国当时另一位桥梁界泰斗吉恩·芮布林，深入研究了威灵桥的教训，找出了领先于当时技术条件的克服风振的办法，凭早期非计算的经验直觉设计了两座成功的大桥。一座是 1855 年建成的跨度 250m 的尼亚加拉公铁两用悬索桥，该桥于直吊杆外增了斜拉索；另一座是纽约布鲁克林大桥（图 5-2），亦为悬索桥，孔跨布置为 286m＋486m＋286m，在主缆外侧另增设辐射形斜拉索（图 5-3），又把传统的较轻薄的梁板改进为抗弯刚度大的加劲桁梁，该桥于 1883 年建成，这座杰出的大桥，是从以威灵桥为代表的过渡型悬索桥进化为现代悬索桥的开山之作，成为桥梁发展史上的经典桥梁之一。

1860 年，威灵桥的设计者查尔斯·艾列特受命重建威灵桥。他吸取了威灵桥失败的教训，采用了芮布林在尼亚加拉桥首创的技术，同样增设了交叉于竖吊杆的斜拉索，并改用刚度大的桥面结构，获得成功。重建的威灵大桥至今仍正常服役。

图 5-2　纽约布鲁克林大桥

图 5-3　布鲁克林大桥钢索

实例三　英国苏格兰邓迪泰河桥

该桥跨越苏格兰东海岸的海湾，为全长约 32km 的超长铁路大桥，共计 85 跨，桥面至海面高度 27m。主航道各通航孔为支承在高墩上的大跨度下承式桁架，跨越副航道的桥段采用小跨度上承式桁梁。1877 年 9 月大桥建成，于 1878 年 6 月 1 日正式通车。该桥由托马斯·鲍茨设计并领导施工。

1879 年 12 月 28 日，天刚入夜，泰河口突发暴风雨。时速达 100 英里（44.69m/s）的 11 级大风扑向大桥。一列邮车正好在此时行驶在桥上。特大暴风（14 级风）将主航道上的 13 孔下承式桁梁摧毁，全部坠落水中（图 5-4、图 5-5），列车也随之埋入水下，列车上 75 名乘客全部遇难。事故发生后进行了全面的调查研究，发生灾难的主要原因有以下几点：

（1）泰河大桥设计采用的最大风压为 10 磅/英尺²（49kg/m²），明显偏小。当时法国采用的风压为 55 磅/英尺²（269.5kg/m²），美国采用的风压也达 50 磅/英尺²（245.0kg/m²），泰河桥的设计风压仅为法、美等国的 1/5 左右。

（2）桁架横向支撑及其连接不足以抵抗阵风。

图 5-4　泰河桥残存景象　　　　　　　　　　图 5-5　垮塌的泰河桥

（3）倒塌的 13 跨主梁为跨径 75m 的下承式桁架，支承在由斜拉杆连接的独立铸铁墩柱上，墩顶无盖梁，支承单薄。非整体式的桁式桥墩受力复杂，存在结构上的严重缺陷。

（4）上部梁体的刚度很差，横向抗倾覆稳定性很弱。

（5）施工质量差，平时疏于管养，通车仅半年铆接便已松动。

（6）运营中列车违章超速行驶。

在政府组织的专家接收组中，在事故发生前有一位成员对桥梁存在的问题写了报告，但并未引起有关方面的警觉，使得不合格的设计、施工得以在最关键的时刻顺利放行，失去了最后避免灾难的机会。该桥施工时间长达 6 年，约 600 人投入劳作，施工中就已有 20 人丧生。

实例四　美国旧塔科马桥

该桥位于美国华盛顿州普金特港湾的塔科马海峡。1940 年 7 月 1 日旧塔科马海峡大桥建成通车。鉴于加拿大魁北克大桥（主跨 548m 下承式悬臂钢桁梁桥）曾于 1907 年（旧桥）和 1916 年（新桥）两次发生重大事故（参阅本书第 9 章），塔科马桥未用钢桁梁桥，而是采用悬索桥方案。主跨为 853m，加劲梁为下承式（半穿式）钢板梁，即倒凹形截面，边梁高度 2.44m，仅为跨度的 1/350，中间支承桥面的板梁高度为 1.33m，梁底凸出十分有害的尖棱。全桥两片主梁（即边梁）之间只设有一道横撑。桥的宽跨比为 1/72。

通车后大桥便出现不祥预兆：在微风情况下，桥梁会产生上下波动。设计者解释"桥面波动是二阶挠度理论三维化的体现，敬请放心"。初期的这种风致振动只是上下起伏的波浪形，属于竖向弯曲振动，最大振幅约 1.5m，且会渐渐地衰减下去。此时还未发生横向转动，但已引起重视，采取了加强措施，主要包括：在跨中设置防止主缆和加劲梁相对位移的稳定斜拉索；在主塔和主梁间增设了水压阻尼器；边跨梁和锚碇间设了连接拉索等。可惜的是，这些措施治标不治本，在进行风作用下的结构分析时，仅考虑了静压力，而没有认识到也就没有采取措施避免风与桥互动形成的自激振动，由弯曲型转变为扭转型所带来的致命危害。

1940 年 11 月 7 日，通车才 4 个月，港湾上刮起了时速 19.4m/s 的中速风（应为 8 级大风），桥面发生了剧烈波动。管桥人及时关闭了桥上交通。不久，跨中为防止主缆与加劲梁错位而特意补加的斜拉稳定索断了，振型很快由竖向振动突然变为标准的扭曲颤振，桥体从跨中分作两段作反对称运动（图 5-6）。扭曲振动愈演愈烈，振幅超过了 9m，被拧成两半的桥面在各自的中点处反向倾斜，倾角竟达 45°之巨。在这种扭曲颤振约 70min 后，部分吊索在索套处疲劳断裂，长约 20m 的一段桥面板首先坠落于海水中，剩余的桥面板一节又一节地纷纷栽下了大海，大桥终于在 8 级大风中被摧毁（图 5-7）。

图 5-6　塔科马大桥正在经历反对称扭转振动

图 5-7　塔科马大桥坠落瞬间

塔科马大桥的主塔和主缆的设计无误，致使在风致的扭曲振动中，桥面、吊索与风魔抗争约 70min，桥上的车辆及行人都能及时逃离桥面，这次重大桥难中没有人员伤亡，真是不幸之中的万幸。

塔科马大桥事故的经验教训，对现代悬索桥发展产生了深远的影响。主要体现在以下几方面：

（1）新塔科马大桥设计中，吸取了旧桥失败的教训，深入进行了空气动力学的研究，在桥梁工程中首次实行"风洞试验"，通过三维物理模型在风洞试验中的表现来确定拟建桥梁的风中动态和稳定性。使大跨径悬索桥为确保风动稳定性有了重要的试验手段，使设计理论有了可靠的校验方法。

（2）旧塔科马大桥的失败，第一次以实例揭示了挠度理论有局限性，进而推动了空气动力学稳定性分析的研究，进一步补充完善了挠度理论。

（3）旧桥的破坏过程，是在一定风速下，桥体从竖向自激振动发展为扭曲振动，随之发生破坏力极强的扭曲颤振，对于后来的大跨径悬索桥具有重要的启示意义，并已先后纳入各国的桥梁抗风设计规范中。

（4）旧桥加劲梁过小的高跨比和过小的桥宽与跨径之比，引起各国工程界普遍重视，深入研究了这两个比例的合理范围以及对桥梁抗风能力的影响，使大跨径悬索桥加劲梁高度、截面形式以及宽跨比等重要参数的拟定，更符合可靠性原则。

"二战"后塔科马桥按原跨度进行了重建，即新塔科马大桥。为了抵抗大风的危害，改用了钢桁架加劲梁。新桥于 1950 年 10 月 14 日建成通车，工程费达 14000 万美元。

实例五　美国宾夕法尼亚州立公园金爪桥

金爪桥（有的文献译为金祖桥，英文名为 Kinzua Bridge），位于宾夕法尼亚州麦克基恩县哈姆林镇，跨越金爪山谷，是一座单轨铁路高架桥（图 5-8）。桥长 625m，宽 3m，高

92m。旧桥始建于 1882 年，为当时世界第一高桥。全桥 20 个桥墩，共有 21 跨，每跨的跨径约 15m（不含桥墩宽度），桥墩为空间桁架结构，采用熟铁材料建造。后来因铁路运输重型化，乃于 1900 年拆除旧桥，改用钢材重建。在"铁的时代"（1775～1880 年），美国每 4 座铁桥中便有一座存在严重隐患或倒塌。1890 年后，美国桥梁建设便进入"钢的时代"。新的金爪桥共用钢材 3046t，耗资 27.5 万美元，于 1900 年 9 月 25 日建成通车。桥墩钢桁架和基础锚座之间的连接螺栓，为了节约资金是从旧桥上拆下来再用于新桥，为后来发生的灾难埋下了隐患。为了保证桥梁安全，新桥建成后，仍限制行车速度，火车过桥时，时速须不大于 8km。到了 2002 年，金爪桥仍位列美国第 4 高的铁路大桥。因其已是"百岁老人"，安全状况令人担心，美国土木工程协会正式作出了"金爪桥处于临界状态"的评定。但遗憾的是，墩身与基础之间的连接螺栓质量状况并未引起重视，这一致命隐患继续埋伏着。

图 5-8　美国宾夕法尼亚州立公园金爪桥（1882～2003 年）

（始建于 1882 年。1900 年改为钢板梁结构。1959 年，铁路停运，改为州桥梁公园。1986 年开通
铁路旅游线路，2002 年关闭桥梁拟开展维修加固。2003 年 7 月，龙卷风将桥
大部摧毁。2011 年，残留的桥跨经整修后向游人开放。）

2003 年 7 月 21 日，时速 64km（17.8m/s）的强劲雷暴风雨在北宾夕法尼亚上空肆虐，在长时间的气旋中生成龙卷风，猛烈地袭击了金爪桥。当时是下午 15:20 许，龙卷风在距桥约 1.6km 的地方着陆，随着升空过程的强大风力席卷了桥体和附近 4km 的周边范围。龙卷风横扫地面估计有 0.5km 宽，5.6km 长。桥旁的许多大树被连根拔起，全桥 20 个桥墩中有 11 个墩轰然倒塌。幸运的是，桥上桥下的交通已提前封闭，无人伤亡。

事故发生后的调查表明，龙卷风着陆风速已增大至 151km/h（41.9m/s）。10 号墩和

11 号墩首先被大风刮倒，此时 12 号、13 号和 14 号墩已被从基础顶面抬起，向西北方向移动后，又垂直坠落，依靠着墩顶的轨道而连成一体，接着 15 号～20 号桥墩连续倒地。在龙卷风时速 151km 的作用下，桥体承受了约 800kN 的横向力。值得注意的是，钢桁架桥墩是截面完好地倒下的，撞击地面后才变形损坏。龙卷风直击大桥的时间不到 30s 便摧毁了一座超过百年的世纪之桥，堪称风力破坏建筑物的典型实例。

调查结论指出，风速 41.9m/s 对桥体产生的横向风力，金爪桥的桥墩结构应该是能够抵抗的。因为在大桥使用的 100 年中，曾遭受过多次暴风雨袭击，并未发生大的损坏。这次龙卷风能将桥墩"连根拔起"并随之倒塌，是因为在风力作用下，墩身与基础之间的连接螺栓断了。为什么会折断？因为使用的时间太长，螺栓已严重腐蚀而失效。这是大桥长期管养失职造成的恶果，也是新桥设计上的失误。在美国电视专题"历史频道"——《人类生活》中，就金爪桥的灾难精辟地指出："材料的严重腐蚀和强风的组合，最终会导致任何钢结构的失败，金爪桥就是实例。"

实例六　美国佛罗里达州伊斯坎帕（Es-cambia）海湾桥

该桥亦称为 I-10 公路桥，为一座双向 4 车道高速公路大桥，分为左、右独立的两幅，为跨越海湾的多跨预应力混凝土梁式桥。通船孔的梁底距水面 55 英尺（16.76m），其余多数桥孔的梁底距水面仅 12 英尺（3.66m）。桥梁设计所依据的水文气象资料未包含飓风有关记载，因而桥面高程较低。

2004 年 9 月 18 日，大西洋发生"伊凡"飓风。"伊凡"在所有大西洋飓风纪录中排行第十。美国在"伊凡"飓风的肆虐下，损失高达 130 亿美元（2004 年币值），居此前历史飓风损失的第 6 位。

"伊凡"飓风以最高时速 155 英里（69.3m/s）的超高速度横扫海湾，并挟带特大暴雨冲击大桥。东行桥和西行桥共有 58 跨被掀落海中（图 5-9），另有 66 跨梁体离开了原位（图 5-10），实际上也成了断桥。双向交通立即封闭，断交时间长达数月。该桥运营期间日通行车辆约 25000 辆，大桥坍塌造成了重大经济损失，但未见人员伤亡的报道。

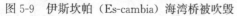

图 5-9　伊斯坎帕（Es-cambia）海湾桥被吹毁　　　　图 5-10　伊斯坎帕海湾桥桥面严重移位

事故发生后，采取临时措施维持交通。新的大桥仍在原桥修建，扩大为双向 6 车道，于 2007 年 12 月 12 日建成通车。

本桥设计中的失误是没有考虑可能发生飓风的不利情况，因而桥面设计高程偏低。新桥梁底至水面的最低高度为 7.62m，高于旧桥面约 4m。

实例七 福建青州闽江大桥

跨越闽江的青州大桥为一座斜拉桥。2001 年 6 月 23 日晚，受台风"飞燕"的影响，停泊在青州闽江大桥下游约 500m 处的国内最大的 1000t 吊船上海港机 1 号"走锚"，逆流冲向大桥，吊船的起重吊臂与斜拉桥主梁碰撞，导致大桥 19 号、20 号斜拉索、支板等部件严重损坏。青州闽江大桥投保了建筑工程的所有保险，事故发生后得到了一定程度的赔偿。按投保人报损金额为 1056 万元计算，实际赔付 700 万元。

青州大桥的损坏虽是船舶撞击造成的，但非人为因素，系受台风间接引发，所以事故发生的根本原因是自然力——台风。这是一起下游"走锚"船只撞击上游桥梁的特殊事件，其发生的概率非常低。同时，也更加充分地说明了工程保险在整个工程风险管理体系中的重要作用。

实例八 四川宜宾二桥

该桥为 $3 \times 160m$ 上承式钢筋混凝土箱形拱桥，为跨越岷江的公路桥。拱圈高度 2.2m，拱箱宽度 1.56m，中跨和一个边跨在一夜之间垮塌，80 多天后另一边跨也发生垮塌。事故发生后的调查表明，相对于拱的跨度，拱圈太窄，宽跨比很小，其横向稳定性很差。由于大风风振引起横向超负荷导致拱桥垮塌。该桥的桥墩很高，实为连拱高架桥。风力引发的桥梁事故中，中外都极少有拱桥的报道，宜宾二桥是一起罕见的实例。这起事故，风力是重要外因，但设计失误则是重要内因。

实例九 贵州三都县同心桥

2017 年 7 月 22 日下午 16:20，三都县城出现大风，风速 21.5m/s，为 9 级风。16:30 左右，县城的同心桥被大风摧毁（图 5-11），造成 2 人死亡、11 人受伤的重大灾害。该桥跨越都柳江（属珠江流域西江水系），为风雨廊桥，上部桥孔共计 8 跨，均为木结构建筑，大风中倒塌，桥上多名行人落水，造成重大伤亡。

图 5-11 贵州三都县同心桥廊桥倒塌

实例十　广东虎门大桥车辆被狂风掀翻事故

2004 年 8 月 12 日，虎门大桥上狂风突起，将正在桥上行驶的 7 辆空载汽车掀翻（图 5-12），幸未造成人员伤亡及桥面系损坏。表明大风作用下，车辆在桥上被掀翻或滚动，可能会对桥面结构造成损坏，这也是一种发生概率很小的安全风险。

图 5-12　广东虎门大桥车辆被狂风掀翻

5.3　冰雪、温度力与其他自然力引发的桥梁事故

5.3.1　概述

《公路桥涵设计通用规范》JTG D60-2015 与《铁路桥涵设计规范》TB 10002-2017 将冰压力作为可变作用或附加力，但铁路桥规还要求考虑冰胀力（附加力），公路桥规则未列入。冻土地区由于季节融化层冰胀的影响，会使建筑物基础承受冰胀力，对基础带来危害。另外，在冰融环境下的桥梁混凝土结构，会导致混凝土损伤；允许带缝工作的混凝土桥梁，冰冻会引起结构沿裂缝周边散裂；施工中当混凝土强度未达到设计强度前遭受冰冻，会降低混凝土强度，甚至开裂，等等。桥梁应考虑这些冰冻现象带来的危害。

公路桥规与铁路桥规，都未将雪荷载纳入规范。因为发生较大雪荷载时，桥上将封闭交通，不会与车辆荷载组合，而车辆荷载远大于雪荷载。但在某些特殊情况下，例如在桥梁施工中，有的结构物当承受较大雪荷载时，应考虑其带来的不利影响。《公路桥涵施工技术规范》JTG/T 3650-2020 对于雪荷载也未作规定。我国的雪荷载基准压力（即基准雪压）在 $0\sim1kN/m^2$ 之间，各地区有所不同。当承压面积较大时，其总压力对结构物的影响就很大。国外曾发生过一例积雪压垮桥梁的事故（参阅本书 5.3.2 节实例三）。说明雪荷载对桥梁有时可能会带来危害，在基本雪压很大的地区应予以重视。另外，在桥面积雪或冰冻情况下，不仅影响车辆行驶，可能发生事故，还可能诱发对桥梁的次生灾害。这是冰雪的另几种危害形式。

温度力对桥梁的作用有以下几种：

（1）年内温度变化（即季节温差）：以年为周期。环境随季节而总体升温和降温，便形成了年内的温度变化。一般假定温度沿结构物截面高度以均值变动，故桥梁规范称其为"均匀温度"。它对桥梁的影响主要是导致桥梁或构件的纵向伸缩变形。当这种纵向变形受到约束时，才会在结构中产生温度应力，也称为一种附加应力。桥梁规范规定，温度应力为可变作用（公路）或其他荷载（铁路）。均匀温度的作用，公路桥梁以有效温度标准值 T_e 表达，T_e 可按桥位所在地历年最高日平均温度（或最低日平均温度）（混凝土结构）或历年最高温度（或最低温度）（钢结构）T_1，采用《公路桥涵设计通用规范》JTG D60-2015 规定的公式进行计算。对于圬工桥（包括钢筋混凝土、混凝土和砌石结构），可按《铁路桥涵设计规范》TB 10002-2017 提供的"计算温度图"查得"计算温度"。其中的"外界温度"由全国一月平均气温图和全国七月平均气温图查得。对于钢桥，应按历年极端最高和最低气温计算均匀温差。

（2）日温度变化，包括日照正温差和日照反温差两类日温度变化。

日照正温差：由于太阳辐射与气温变化引起结构外高内低的温度梯度。由于桥梁为长条形结构，其桥面板直接接受日照，外侧腹板被两侧悬臂遮挡，横桥向温度变化很小，所以，在一般情况下公路梁式桥只考虑沿截面高度方向的梯度温度作用。对于无悬臂的宽幅箱梁，宜考虑横向温度梯度引起的效应。采用沥青混凝土铺装的混凝土桥面板桥梁应考虑施工阶段沥青摊铺引起的温差效应。

日照反温差：有两种自然状态可导致日气温下降，造成结构物内高外低的温度梯度。一种是在冷空气侵袭下，引起结构内高外低的温度梯度，这种反温差与日照无关，因其造成内高外低的温度梯度，仍将其归入日照反温差；另一种是白天日照强烈辐射，日落以后，结构外表温度迅速下降，而内部温度仍较高，同样形成内高外低的温度梯度。一般情况下，寒流降温（即前一种反温差）不会使桥梁结构发生弯曲变形。因而在寒流降温时沿桥长方向的温度分布是大致均匀的，且沿梁的周边的温差分布也是近似均匀的，故桥梁的纵向计算应采用后一种反温差，即日照反温差。但在桥梁的横向，箱梁沿板厚方向的温差分布是非线性的，将产生相应的框架约束应力，寒流降温引起的箱壁温差有时可达10℃以上，由此产生的拉应力往往比日照降温（即后一种反温差）时产生的拉应力大，故箱梁横向计算当需要考虑反温差影响时，应采用前一种反温差。

《公路桥涵设计通用规范》JTG D60-2015 规定了计算桥梁结构由于竖向温度梯度引起的效应时，采用温度梯度曲线和竖向日照正温差计算的温度基数（T_1 及 T_2）。规范还规定了横向梯度温度作用的温度曲线及横向温度数值（T_1、T_2）。

线性温差对超静定结构产生附加应力，非线性温差对所有结构产生附加应力。周期性的温度作用会产生疲劳效应，是桥梁结构产生疲劳的原因之一。

（3）温度变化是影响桥梁钢结构材料力学性能的重要因素之一。总的趋势是，温度升高，钢材强度降低，应变增大。温度升高在 200℃ 以内钢材性能没有很大变化，但在 430~540℃ 之间强度急剧下降，至 600℃ 时钢材强度极低，已丧失承载力。但是在 250℃ 左右，钢材的强度反而略有增长，同时塑性和韧性均下降，材料有较脆的倾向，钢材表面氧化膜呈现蓝色，称为蓝脆现象。当钢材中硫（S）的含量较多时（超过 0.035%~0.050%），高温下钢材会出现裂纹，称为热脆现象。含硫量超过限值还会降低钢材的塑性、冲击韧性、疲劳强度、抗锈蚀性和可焊性。钢材出现 200℃ 以上的高温，一般是材料加工过程或发生火灾时出现的，与气温变化没有直接关系。当温度从常温开始下降，特别是在负温度范围内时，钢材强度虽有提高，但其塑性和韧性都在下降，材料逐渐变脆，这种性质称为钢材的低温冷脆现象。钢材中磷（P）的含量超过 0.035%～0.045% 时，会降低钢材的塑性、冲击韧性、冷弯性能与可焊性，尤其是磷会使钢材在低温时韧性降低而产生脆性破坏，简称为"冷脆"。气温大幅下降，是引发钢材出现冷脆，导致钢结构建筑物损坏甚至坍塌的重要外部原因。在寒冷地区建造的结构不但要求钢材应具有常温（20℃）的冲击韧性指标，还要求具有 0℃ 和负温度（－20℃ 或 －40℃）的冲击韧性指标。例如《公路钢结构桥梁设计规范》JTG D64-2015 第 3.1.3 条，对有关牌号的钢材冲击韧性作了明确的规定。

低温冷脆是钢结构桥梁发生病害、损坏甚至垮塌的重要原因之一。将在下面介绍部分实例。

（4）混凝土桥梁在施工阶段浇筑混凝土过程中，如遇寒流或大幅降温，且未采取保暖措施，混凝土将发生低温病害，如处理不当会降低结构物的承载力或发生开裂。

（5）混凝土固化过程中，水泥产生的水化热，会在混凝土内部造成早期附加应力。尤其是大体积混凝土，还可能因发生内外较大温差引发裂缝。但这类温度变化属于水泥的水化反应，与气温没有直接关系。

5.3.2 冰雪、温度力与其他自然力引发的桥梁事故实例

实例一 美国沃尔纳特街桥

该桥位于美国宾夕法尼亚州首府哈里斯堡，为钢桁梁结构。该桥建成于 1890 年，已列入国家史迹名录。1996 年，该桥在一场夹带大量浮动冰块的洪水中被挤垮，是流动冰块造成的一起重大事故。

河流上流动的浮冰具有很大的破坏力，对沿河或跨河建筑物常造成危害。例如，我国黄河上游，冬季结冰，常采用爆炸破冰，避免冰坝溃决对下游河道（包括桥梁）带来危险。

实例二 美国俄亥俄阿西塔布拉河桥

该桥上部结构为上承式豪氏桁架桥，是一座铁路桥，建成于 1865 年。该桥为改进型桁架，采用全锻铸铁构件组成。阿西塔布拉河是条山谷河流，河谷宽约 220m，深度 23m。为了节约投资，两岸修了很长很高的路堤，桥梁跨度仅 46m。

1876 年 12 月 29 日，一列由 11 节车厢组成的"太平洋快车"满载着准备迎接新年的旅客，驶向阿西塔布拉河谷桥，双机头列车到达桥的中部时，第 1 节机车头的司机突然感到传来一阵剧烈的抖动，立即意识到了有问题，便加大马力，车头高速冲过桥头，但后面的车厢则断了钩、脱了轨，发出一阵阵刺耳的噪声。后续的第 2 节机车头与 11 节车厢，仍以高速飞驰，一辆接一辆直接坠落入冰冻的河中。事故后的调查证实，列车上约有 200 人，有 95 人遇难，63 人受伤，并造成巨大的经济损失。这条铁路的总工程师查尔斯·柯林斯受到当时舆论不公正的巨大压力，悲惨地自杀身亡，成为这次桥难的第 96 名殉难者。而该桥的设计者——斯通后来为这座桥的设计作了全面而坚实有力的辩护，终于

获得了官方和工程界的认同。可见，这次事故的原因不是设计问题。

文献［4］指出主要的潜在原因是：

（1）当时对铸铁的特性缺乏认识，它的抗拉强度低，在反复的抗力荷载下会产生脆断。

（2）施工时安装措施不当，使剪刀撑（对角线上的支撑杆）出现意外切角，削弱了有效断面积，埋下了隐患，当列车偏载时首先断裂失稳。

（3）列车行驶超速超载。

造成事故的诱因或外因则是自然力"作怪"。当时列车行经桥面时，轨道上结冰厚实，冰雪使车轮从轨道上横移，导致第 1 节车头在桥上脱轨，使火车的大部分重量偏到了桁架的一侧。这种偏心荷载在桥梁结构内产生了反常的过大的拉应力，使相应部分的杆件偏心弯曲并断裂，从而导致整个桁架迅速失稳破坏。由此看来，因轨道上结冰使火车头脱轨，是发生桥难的最致命的外部因素。

实例三　美国费城休吉河桥

该桥为 $2 \times 46.5m$ 链杆悬吊桥，于 1809 年建成，两年后在畜群过桥时倒塌。重建后，至 1816 年又因桥面大量积雪，被雪荷载压垮。

实例四　深圳市华强立交 A 匝道桥

华强立交是一座位于 5 个路口交叉的 3 层全互通式立体交叉，1998 年建成并经荷载试验合格后，投入使用。于 2000 年 6 月 3 日下午 3:30 左右，A 匝道主联曲线梁桥突然产生向外侧移动，并伴随着向外侧翻转，出现险情，致使笋岗路东行左转华富路的交通中断，封闭 A 匝道桥，等待调查处置。

A 匝道桥为一定向匝道，全长 415.94m，分为 4 联，其中主联（第 3 联）为 6 孔一联连续曲线混凝土箱梁，跨径组成为 22.183m＋35m＋55m＋39.938m＋55m＋32m，全长 239.751m。桥梁中线曲率半径为 255m，梁的截面为单箱单室，梁高 2.2m，箱梁顶宽 9m，底宽 5m。联间交界墩 A_5 及 A_{11} 各采用两个板式橡胶支座，中距 3.6m，梁端桥中线处设有一抗震锚栓，直径 50mm，伸入主梁 60cm，在盖梁上埋深 20cm。中间 A_8 墩设计为单向活动盆式橡胶支座，施工时变更为双向活动盆式橡胶支座（原设计为切向固定，径向活动）。其余各墩均采用双向活动盆式橡胶支座。A_6、A_{10} 墩上支座设预偏心，分别向外侧偏移 40cm 和 45cm。每个墩均为 4 根直径 120cm 的钻孔灌注桩基础，桩底进入微风化岩层 50cm，中间桥墩采用直径 160cm 的独柱，分联墩为直径 130cm 的双柱。

事故发生后实测各墩墩顶梁体水平位移及转角，见表 5-4。

华强立交 A 匝道桥梁体位移及转角　　　　　　　　　表 5-4

墩号	A_5	A_6	A_7	A_8	A_9	A_{10}	A_{11}
径向位移(mm)	18	19	33	47	46	23	19
切向位移(mm)	16	13	7	3	9	20	22
转角(°)	2.42	—	—	—	—	—	2.35

注：表中径向位移以向曲线外侧位移为正，切向位移以向桥中心移动为正。$A_6 \sim A_{10}$ 转角未测。

事故发生当天，室外最高温度达 37℃。梁体发生大位移后，各墩顶的支座均发生不同程度的过量变形和损坏。A_5 与 A_{11} 墩上内侧支座脱空，外侧支座因超压变形；A_6 与 A_{10} 墩上支座的部分橡胶从内侧被挤出盆外，A_7、A_8、A_9 墩上支座的大部分橡胶从内侧被挤压出盆外。全部支座几乎都损坏失效。

经检查，桥面由向内侧下降 2% 的设计横坡，变为向外侧下降的横坡。桥面在 A_6~A_{10} 墩柱中心位置处主梁的横坡分别为 -0.7%、-1.7%、-1.8%、-1.7%、-1.4%。梁轴曲率半径由 255m 变为 250m。

事故发生后，进行了深入调查、观测和分析计算，主要原因如下：

（1）内因是该桥支座体系设计不合理，不足以遏制梁体爬行现象的发生，致使梁体水平位移得到累积，出现大位移与转动。

（2）外因是在温度和日照温差的长期反复作用下，一联梁体中间各支承均出现较大的平面累计位移，即弯、斜桥的典型爬行现象。在高气温下发生这么大的变位，因此市民、媒体惊呼"太阳把桥晒跑了"，虽说通俗，也不无道理。

这是一起温度力造成桥梁事故的典型案例。

加固修复方案要点：（1）6 跨一联曲梁整体复位，在支架上将总重约 5000t 的梁体顶升 40cm，以便更换支座，再利用水平千斤顶将梁推回原设计位置；（2）重新设计支座，在 A_5~A_{11} 墩上安装新支座；（3）加固与改造墩柱，A_6、A_{10} 墩柱由原有的圆柱形（直径 160cm）增大截面为椭圆形，以提高横向刚度；改造墩柱顶盖梁；布置抗扭双支座。

实例五　××枢纽立交 B 匝道桥

B 匝道桥由两联组成。其中第 2 联上部结构为 6×30m 预应力混凝土连续箱梁，桥宽 8.5m，平曲线半径 23.7m。桥台与分联墩均为双柱式，其余桥墩为独柱式。各墩台均为钻孔灌注桩基础。独柱墩中心线向外侧偏移 9cm。6 号分联墩与 12 号桥台上分别设置双支座，间距 2.5m，均为双向活动支座，其余中间桥墩均为独柱上设单个双向活动支座。该匝道桥于 2003 年年底完成箱梁主体施工，2004 年 8 月，发现 6 号分联墩处伸缩缝两侧的梁体相对错位，第 7 孔箱梁中线位置沿径向向外侧偏移 4.5cm。2005 年 6 月，进一步检查发现第 7 孔箱梁中线位置沿径向向外侧偏移增大至 7.5cm。同时发现 6 号分联墩和 12 号桥台的外侧支座压死，内侧支座脱空，向外侧扭转变形的转角约 1.37°。

经分析计算后认定，箱梁顶、底板的温度梯度是造成曲线连续箱梁发生扭转的主要因素，而整体升温则是曲线连续箱梁发生径向偏移的主要原因。由于箱梁发生扭转后，沿径向的偏移不能自动回复，并且长期积累，导致曲线连续箱梁沿径向的偏移逐年增大。

加固复位措施：在 9 号桥墩外侧增设钢管混凝土立柱，以减小第 2 联连续箱梁的扭转跨径；在 6 号分联墩和 12 号桥台处的箱梁内侧浇筑混凝土配重，以保证在最不利的温度效应作用下，内侧支座仍有 400kN 以上的压力；在 6 号墩、9 号墩和 12 号桥台上设横向挡块。

实例六　美国威斯康星州霍安桥

威斯康星州密尔沃基霍安（Hoan）桥，为三跨连续钢-混叠合梁，1972 年建成通车。2000 年 12 月 13 日，66m 边跨 3 根钢主梁中的 2 根脆断，导致梁体下塌。事故后检查分析，下塌的原因是寒冷天气温度大幅度下降，使主梁钢材发生冷脆断裂。

实例七　美国爱荷华州苏城公路桥

该桥跨越密苏里河，为钢系杆拱桥，跨度 130m。1982 年，该桥 800mm×70mm 上弦板发生冷脆破坏。事故后调查发现，该上弦板所用的钢板表面有缺陷。单独试验表明，上弦板的低温冲击韧性低于制造商提供的数据，表明钢材质量存在问题。

实例八　加拿大杜佩西斯桥

该桥位于魁北克市 Duplessis，为一主跨跨径 54.88m 钢板梁公路桥，采用全焊接施工工艺。1951 年 1 月 31 日，大桥整跨断裂坍塌，坠入冰冻的河中。当时气温是 −35℃，这是一起典型的钢材冷脆断裂事故。

大桥建成于 1947 年，共计 8 跨。其中 6 跨跨度为 54.88m，2 跨跨度为 45.73m。在使用 27 个月后，桥的东端发现裂纹，曾采用钢板焊补过。但后来在严重的冷冻情况下，仍发生了脆断。

实例九　中国辽阳太子河桥

沈大铁路辽阳太子河桥为跨度 33m 的钢桁架桥。1973 年，钢桁架靠支点的第 1 根内斜拉杆发生冷脆断裂，导致第 2 节向下挠 50mm。除低温影响外，还可能有焊接缺陷和焊接残余应力的因素。事故发生后进行了抢修加固，并于 1974 年修建了新桥。

实例十　中国哈尔滨滨洲线松花江大桥

该大桥于 1901 年由俄国建造，为钢结构桥梁，共有 19 跨，其中 8 跨跨径为 77m，11 跨跨径为 33.5m。钢构件采用铆接连接。1914 年发现裂纹。1927 年经检测表明，由于含有 FeO 及 S 超标，尤其是金相颗粒不均匀，不适于低温加工，其冷脆临界温度为 0℃，母材冷弯试验时开裂。1950 年检查发现各跨端节点有裂缝，进行了维修。1962 年因开裂发展，将主桥 8×77m 钢梁全部换下，其余 11×33.5m 钢梁也于 1970 年拆换。经复查，换下的 11 跨 33.5m 钢梁，共计有裂纹达 2000 多条，其中最大者长 110mm，宽 0.1～0.2mm，大于 50mm 长的裂纹有 150 多处。

该桥实际荷载不大，大部分裂缝不在受力最大处，钢材冷弯临界温度仅为 0℃，而实际出现的气温达 −40℃，旧大桥上部结构全部报废的主要原因是冷脆断裂。

实例十一　比利时哈瑟尔特桥

该桥为全焊拱形空腹式钢桁桥，1937 年建成。1938 年 3 月寒冷天气中，一辆电车和几个行人过桥时，突然断裂为三段，坠入阿尔特运河中。钢桥跨度 74.5m，上下弦均为两根工字钢组成的箱形截面，钢板最大厚度 56mm，节点板为钢铸件。该桥第一条裂缝由下弦开始并在断裂时发生巨响，6min 后垮塌。当时桥上荷载很小，气温为 −20℃，为一起钢构件冷脆断裂的典型事故。

比利时还有一座跨阿尔特运河的长里华大桥，亦为全焊接拱形空腹式钢桁架桥，跨径 48.78m，在 −14℃ 气温时冷脆断塌。

据统计，自 1938 年至 1950 年，比利时共有 14 座钢结构桥梁发生断裂事故，其中 6 座桥均属负温度下的冷脆断裂，大部分在下弦与桥墩支座的连续处脆断，且应力处于极限状态。断裂发生的原因主要是：应力集中、残余应力、低温和冲击韧性值太小。

实例十二　加拿大安大略省拉契福 V. C 纪念桥

该桥跨越蒙特利尔河，下承式系杆拱，为公路桥，跨度 110m，钢吊杆，建成于 1963 年。2003 年检查，发现了 3 根吊杆断裂。发生断裂的原因：不合理的设计可能使吊杆受弯；吊杆采用钢材的冲击韧性达不到规范要求。

实例十三　希腊××跨海大桥

2005 年 1 月 27 日，希腊××跨海大桥遭受雷击，大桥顶部一根缆索起火燃烧，并最终断裂。该缆索为受力主缆，因发生断裂重大事故，对桥梁安全构成极大威胁。

英国布莱顿皇家码头桥（跨径 77m 悬索桥），建成于 1823 年。1833 年 10 月 5 日，在一场暴风雨中被雷电击中而严重损坏，修复后又于 1836 年受暴风雨袭击而毁坏，码头被迫关闭。

实例十四　德国柏林××公路桥

1938 年 1 月 2 日，柏林附近一座公路钢桥在当地罕见的低温（−10℃）下断裂，裂纹长达 3m。原因是：钢构件中的残余应力过大，导致低温冷脆。

5.4　教训与启示

5.4.1　风力危害桥梁的教训与启示

风力对桥梁的危害，主要是大跨径桥梁，尤其是悬索桥。历史上风暴损坏和摧毁的悬索桥不计其数，造成了一系列灾难。虽然有人为因素、理论滞后以及建筑材料的缺陷，但起关键作用的是风力。可以说一部悬索桥发展的历史，主要是以抗风为主线的不断吸取教训、不断进行改革的历史。

1850 年法国昂热梅恩河桥的特大事故，造成了极大的灾难（见本书 5.2.2 节实例一），是建桥史上最早初步体验到风动力作用的巨大破坏力。但由于历史的局限性，这样的认识当时并非主流，甚至引发广泛的争论。从那时起，直到 1870 年法国再也不敢修悬索桥。此前，欧洲还有多座桥毁于风暴，例如，英国德莱堡旧悬索桥，1818 年在飓风中倒塌；英国德莱堡新桥，1838 年毁于风暴；布莱顿皇家码头悬索桥分别于 1833 年和 1836 年因风灾损坏；门雷桥于 1839 年因风动力原因遭受重度损坏。因风的动力作用和共振原因引起的桥难，持续不断，在昂热桥桥难之后不久又出现了美国的威灵桥桥难、英国的泰河桥桥难，尤其是 1940 年发生的美国塔科马桥桥难，在这些血的教训面前，人们终于深刻认识到风的动力作用才是最大的"罪魁祸首"，深刻认识到空气动力学对于桥梁设计的重大意义，推动了空气动力学应用于大跨径悬索桥与斜拉桥的技术进步，开辟了在桥梁工程中实行"风洞试验"这一重要试验手段的先河，使现代大跨径悬索桥与斜拉桥获得巨大成就。

欧美国家早期一些悬索桥毁于风暴的一个认识与实践上的重要因素是，未从抗风的重要性深刻地把握刚性吊桥与柔性吊桥的区别，并采取可靠的技术措施。例如，美国俄亥俄河威灵桥，在大风中先是主缆携带桥面板上下大幅度波动，随着风致扭曲振动的发生，整个桥身翻卷扭转，最终被风力彻底摧毁。该桥结构设计上的最大教训是没有设置刚度较大的加劲梁，虽然有很密的竖直吊杆，但桥面板柔软漂浮，几乎没有刚性，实质是柔性悬索桥。威灵桥等柔性吊桥失败的教训，推动了加劲梁设计理论的发展，对于大跨度悬索桥加劲梁的高跨比、宽跨比以及抗风动扭曲颤振和弯扭耦合颤振的技术要求已纳入桥梁抗风设计规范，使抗风设计有了可靠的依据。

　　风力与桥梁是相互作用的。风力是否会引发结构物损坏以及损坏程度，作为外因的风必定通过内因——结构物自身存在的问题对桥梁产生影响。纵观桥梁的各种事故，除极个别的特殊情况外，几乎都是内外因素互动产生的结果。值得关注的是，有的细节，准确而言应该是某些不被重视的"关键细节"决定成败。这种细节决定成败的实例很多，各行业都有。在桥梁事故中，美国宾夕法尼亚州立公园金爪桥的倒塌是一个典型案例（该桥事故详见本书5.2.2节实例五），该大桥在使用的100年中，曾遭受过多次暴风雨袭击，均未发生大的损坏，堪称长寿大桥。遗憾的是在铁桥更新为钢桥时，忽略了高桥墩与基础连接螺杆已腐蚀的情况，致使在龙卷风直击下，不到30s便摧毁了这座百年大桥。可见：对于该桥，螺栓腐蚀＋龙卷风＝特大桥难。这就是关键细节决定成败的一个典型。这种情况在桥梁事故中时有发生（本书将在有关章节进行讨论），教训是沉重的，我们应该从中获得深刻的启示。

　　桥梁风灾的历史表明，悬索桥发生的损坏与事故比斜拉桥多得多。在索支承为主的大跨度桥梁中，悬索桥与斜拉桥都具有独特的优势。但历史的经验教训与理论分析表明，在相同的条件下，斜拉桥的抗风稳定性优于悬索桥。

　　本书附录二中，因风力造成的桥梁事故（或损坏），悬索桥有16座，斜拉桥有3座。可见，悬索桥的抗风性能不及斜拉桥，这从历史的统计资料中也可以大致作出判断。从当代悬索桥与斜拉桥的大量实践中，还可以进一步认识到，斜拉桥的经济性、总体刚度以及施工难度等方面也优于悬索桥。目前，斜拉桥跨度已突破1000m（例如我国沪通大桥为1092m，苏通长江大桥为1088m）。文献［2］指出："目前，斜拉桥已突破千米，且尚有发展潜力，在1200m跨度范围内，完全自锚的斜拉桥的经济性将明显优于悬索桥。"例如，法国设计的希腊Rion-Antirion桥，水深65m，且位于地震区，通航18万t海轮，采用了十分经济合理的多跨560m斜拉桥方案，放弃了悬索桥方案。与悬索桥比较，斜拉桥还有三个突出优点：一是没有庞大的费用很高的地锚；二是斜拉桥的拉索在使用过程中可以更换，而悬索桥的主缆原则上不可更换或更换难度大、费用高；三是斜拉桥做成3跨以上技术难度小得多。例如，著名的法国米约大桥为（204＋6×342＋204）m的7塔8跨斜拉桥。因此，在斜拉桥方案与悬索桥方案都成立的情况下，如果没有特殊的原因，往往是斜拉桥方案优于悬索桥方案。

5.4.2　冰雪与温度力危害桥梁的教训与启示

　　已经发生的桥梁事故以及其他建筑结构物的事故，冰雪导致的危害有多种形式：多年冻土地区的桥涵，由于季节融化层冰胀的影响，使基础产生冻胀力而损害基础；河道结冰和冰融化过程中流动冰块对桥梁的危害；铁轨或道路路面冻结的冰雪导致行驶中的列车脱轨和车辆失控对桥梁造成的损坏或交通事故；雪荷载对桥梁的危害，等等。这几种冰雪造成的危害，出现最大值的几率一般较小，但一旦发生则可能造成较大的损失。例如，美国宾夕法尼亚州哈里斯堡沃尔纳特街钢桁梁桥，1996 年在一场夹带大量浮冰的洪水中被挤垮（见本书 5.3.2 节实例一）；美国俄亥俄阿西塔布拉河铁路桥，1876 年因轨道上结冰致火车脱轨，多列车厢坠入冰冻河水中，95 人遇难（见本书 5.3.2 节实例二）；美国费城休吉河吊桥因桥面大量积雪被压塌（见本书 5.3.2 节实例三）。文献［23］指出，对于建在高寒地区的悬索桥来说，还应考虑因桥面积雪及栏杆空腹部分被大雪封死而影响加劲梁的基本抗风性能。因此，在进行风洞试验时还要增加大风与暴雪条件下的加劲梁的抗风稳定性试验。遇到这种因雪有损于加劲梁的气动稳定性能时，必须注意加劲梁的横截面上尽量减少可能积雪的部位以及采取避免栏杆空腹部分易被大雪封堵的措施。例如，日本北海道的白鸟大桥（跨度 720m 悬索桥）和瑞典的高海岸大桥（跨度 1210m 悬索桥）都存在有积雪危害的问题，故为此都进行了必要的风洞试验，最后所用的加劲梁横截面都不设分流板（因为分流板上最容易积雪），并且增大栏杆空腹率与采用不易积雪的栏杆。这两座悬索桥对于积雪可能产生的不利影响以及设计采取措施的较详细情况可参阅文献［23］。另外，美国麦基诺克桥（悬索桥）还遭遇另外一种冰块危害的情况：即冰块从主缆与桥塔上坠落，对车辆或过桥者带来危险。桥面以上有结构物的桥梁应引起注意。综合而言，在寒冷地区，桥梁设计、施工和管养，应从多方面关注冰雪带来的危害并采取必要的预防措施。建议我国的桥梁设计与施工规范，亦应有必要的规定和要求。

温度力对桥梁的危害比冰雪危害的范围大得多，几乎涉及目前已有的各种桥型结构，危害的程度也更大。本书 5.3.2 节中，桥梁事故实例四～实例十二，都是温度力导致的较为严重的事故。从这些事故的教训中可获得几点启示。

5.3.2 节中桥梁事故实例四和实例五都是预应力混凝土连续曲线箱梁桥。除分联墩上设抗扭双支座外，其余中间墩上都是点铰单支座，扭转跨径较大。这种桥型结构在城市桥梁和互通式立交匝道桥上广泛采用。由于超重车辆偏载以及地震作用，国内已发生多起箱梁侧倾或倒塌事故（这类事故本书在 7.2 节另行讨论）。另一种情况主要是由温度力导致弯箱梁平移和转动。从上述实例四和实例五所反映出的梁体异常变位，以下几个原因值得进一步研究：

（1）温度效应

这是箱梁产生大变位的主要外部因素，是常年温差和日照温差共同持续作用引起了箱梁的变位。一些连续曲梁采用空间有限元分析表明：整体均匀升温使箱梁发生的切向位移在两端受到约束，使梁体沿侧向外移；箱梁顶底板的日照温度梯度则使连续曲线箱梁发生扭转。整体均匀降温时，箱梁变位方向与升温时变位方向相反，但其数值小得多，这是由于发生扭转后，其自重分力增大了箱梁的侧向外移，所以，向外的侧移总是大于向内的侧移，随着时间的延长，向外侧的位移越来越大。可见，连续曲梁温度效应是一个长期演变的结果，应采用空间有限元的分析方法才能获得较为符合实际情况的结果。能否找到较为简易的近似计算方法还有待探讨。

竖向温度梯度曲线的具体形式对温度效应计算结果影响较大。文献［45］针对××枢纽立交 B 匝道桥（参阅本书 5.3.2 节桥梁事故实例五）采用 ANSYS 程序进行建模和分析后指出，《公路钢筋混凝土及预应力混凝土桥涵设计规范》JTG 023-85 关于梯度温度的规定不合适，偏于不安全；《公路桥涵设计通用规范》JTG D60-2004 作了较大的改动，大体上适应箱梁的梯度温度效应分析，但计算结果偏小，且未计入混凝土箱梁底板温差的影响；《公路桥涵设计通用规范》JTG D60-2015 与 JTG D60-2004 基本相同，混凝土箱梁仍未考虑底板温差。规范在"条文说明"中指出："考虑美国规范的温度曲线比较简单，计算起来也较为快捷，本规范采用了该规范的温度梯度曲线，并作了适当修改。"国内一些实桥通过空间有限元分析比较后认为英国 BS5400 规范梯度温度效应的计算结果与精确计算较为接近。美国 AASHTO 规范、英国 BS5400 规范和新西兰规范所采用的竖向温度梯度曲线，都纳入了箱底板的温差，更为合理。

竖向温度梯度曲线的形式与数值对温度效应的计算结果影响较大。国内一些曲梁桥发生大变位的一个重要原因就是设计时在这个问题上有失误。给予我们的启示：应结合实际情况选择竖向温度梯度曲线的形式与数值，并采用较为精确的计算分析方法，同时还需计入离心力与预应力对箱梁变位的影响。

（2）竖向温度梯度的影响因素

日照正温差是造成箱梁竖向温度梯度的最主要的外部因素，桥梁设计规范有相应的规定。实际上某些人为的因素也会使箱梁产生竖向温度梯度。例如，公路桥梁采用沥青混凝土铺装时，混凝土桥面板会产生不小的温差应力，往往被设计者忽略。2015 年以前桥梁规范也无相关规定。在较长时期内，一些混凝土箱梁桥由于日照与摊铺沥青混凝土两者梯度温度的叠加，在施工与营运中发生较严重的开裂情况。下面介绍 3 座桥摊铺沥青混凝土时产生梯度温度的情况。

实例一　润扬大桥南接线丹徒互通主线桥

该桥为 7×21m 钢筋混凝土连续箱梁，单箱双室截面，单幅桥面宽 13.5m，底板宽 8.5m，梁高 1.3m。桥面为 SMA 沥青混合料，分两层进行摊铺，下层厚 6cm，上层厚 4cm，沥青混合料到场温度为 140～150℃，现场实测了不同深度处的温度值。调平层顶面的温度最高为 56.3～63℃，顶面以下 30cm 处温度为 27.5～29℃。调平层内升温平均速率达到 1.2℃/min，超过最大日照温差的升温速率。沿箱梁全高度实测最大温差达 44℃，但因其为非线性分布，温差集中发生在箱梁顶面以下 50cm 内。距箱梁顶面为 h 深度处的温度为：

$$T_h = 50e^{-13h} \tag{5-3}$$

实例二　无锡机场高速公路锡兴路连续箱梁桥

该桥为 5×20m 钢筋混凝土连续箱梁，桥面沥青混凝土厚度 9cm，下层 5cm 为改性沥青 AC16，上层 4cm 为 SMA13，该桥为试验桥。沥青摊铺后，腹板、底板原有的裂缝扩展，并有新裂缝产生，反弯点附近翼板下缘新增大量细小横向裂缝。采用 ANSYS 中的热分析模块，对上述箱梁沥青高温摊铺温度模式的影响因素进行分析，得到以下结论：

混凝土箱梁采用沥青混凝土桥面铺装时，温度梯度的最大温差为：

$$T_1 = T_S + T_A \tag{5-4}$$

式中：T_S——沥青混凝土摊铺前梁体的竖向温差值，即规范规定的日照温差；

T_A——由沥青摊铺高温引起的梁体温差值，按本项试验分析得到下述公式：

$$T_A = 0.37T_初 + 0.32T_料 - 0.11d^2 + 2.3d - 6.5 \tag{5-5}$$

$T_初$——摊铺前梁体初始温度；

$T_料$——沥青下料温度，国内桥梁一般在 100～160℃ 之间；

d——沥青层厚度（cm）。

实测和理论分析表明，沥青高温摊铺引起的梯度温度作用是腹板、底板原有裂缝扩展、新裂缝产生以及反弯点附近翼板下缘大量细小横向裂缝新出现的主要原因。

实例三　扬州市廖家沟大桥

该桥为多联多跨预应力混凝土连续箱梁，分为左、右两幅，对右幅第 7 孔跨中实测了沥青摊铺温度。沥青混凝土下层厚 6cm，上层厚 4cm。沥青混合料温度为 130～140℃，施工时气温为 3～9℃，根据实测资料，用最小二乘法进行拟合，得到温度梯度模式为：

$$T_H = 84e^{-25.8H} \tag{5-6}$$

式中：H——计算点至调平层顶面的距离（m）；

T_H——计算点相对于测点最小温度的计算值。

式中的 84，即 $T_1 = 84℃$。

另一座三跨变截面预应力混凝土连续箱梁桥，孔跨为 55m+90m+50m，桥面铺装与上述廖家沟大桥相同，借用其实测温度资料，采用三维有限元模型分析调平层厚度对温度效应的响应。计算结果表明，无调平层时，跨中截面顶板下缘横向拉应力高达 17MPa，有 8cm 调平层时，该横向拉应力降至 2.1MPa。

上述几座桥的实测数据与计算分析表明，混凝土梁桥桥面沥青高温摊铺，会在箱梁顶板产生很大的拉应力，往往超过日照温差引起的拉应力，现行行业规范《公路桥涵设计通用规范》JTG D60-2015 首次提出："采用沥青混凝土铺装的混凝土桥面板桥梁必要时应考虑施工阶段沥青摊铺引起的温度影响。"这仅是定性的原则性要求，难以指导具体的设计与分析计算。对于采用沥青混凝土铺装的混凝土箱梁桥，提出以下建议：日照温度梯度引发的温度应力，还应叠加上摊铺沥青引起的附加温度应力；箱梁温度应力的分析计算宜采用精细化的方法；应在设计与施工中采取技术措施降低梯度温度引发的混凝土拉应力，可参考文献［50］～［52］的有关论述。

（3）荷载试验的局限性

桥梁竣工后，一般都要进行静载试验和动载试验。只要满足荷载试验的有关规定，便可通过正式的形式（会议或文件）作出结论：桥梁符合规范和设计要求，受力性能满足规范规定，准予验收通车。但实际情况是，国内有少数桥梁，荷载试验通过了，但经过一段时间（几年或十几年）便发生以人为因素为主因的损坏或事故，说明荷载试验有局限性。因为桥梁完工时进行的试验和检测，只能反映当时桥梁的技术状态。而有的桥由于人为因素留下的隐患往往需要经过较长的时间才会对桥梁发生危害。温度力作为一种外部影响因素，是客观存在的，只要把握住其变化规律及采取正确的技术措施，因势利导，就可将温度的不利影响控制在可以接受的范围内。例如 5.3.2 节桥梁事故实例四，是一座规模较大的全互通立交桥，1998 年建成后进行了荷载试验，各项指标符合规范规定，但通车才 2 年就发生了全长约 240m 的连续曲梁大变位。可见，由于支座体系设计不合理是主要的人为因素，才使得温度力的不利影响充分地发挥了出来。因此，在桥梁完工时，不仅应进行荷载试验，还应对竣工图、计算资料、管养要求等进行专业性审查，力争早期发现隐患，及时处治。

5.3.2节桥梁事故实例六～实例十二等钢结构桥梁损坏或坍塌，主要原因都是钢材低温冷脆导致的断裂。钢结构的发展历史已充分说明，脆性破坏是钢结构极限状态中最危险的破坏形式。由于脆性断裂的突发性，往往会引发灾难性的后果。作为一种极其重要的建筑材料，钢材的优点突出，具有强度高、塑性好的品质，越来越多地应用于各种建筑物。钢结构桥梁不仅是大跨径桥梁的关键性材料，近年来中国钢桥已逐步向中等跨径全面推进，将会逐步出现混凝土桥、钢桥和钢-混凝土组合桥并驾齐驱的局面。同时，对于钢结构桥梁在加工、制作和使用过程中可能发生的病害或事故，如何趋利避害，应成为我们修建钢结构桥梁的一项重要指导原则。表 5-5 列出了钢结构桥梁病害或事故的主要原因分类。

钢结构桥梁病害或事故主要原因分类 表 5-5

序号	主要原因	原因分类
1	钢材的缺陷	(1)先天性缺陷；(2)加工制作缺陷；(3)连接缺陷(包括：铆接、栓接和焊接缺陷)
2	钢材或钢构件变形	(1)初始变形；(2)加工制作变形；(3)运输安装过程中变形；(4)使用过程中变形
3	钢构件脆性断裂	(1)材料缺陷引发断裂；(2)应力集中引发断裂；(3)低温冷脆断裂；(4)钢板或构件厚度过大引发的断裂
4	钢构件疲劳破坏	影响的主要因素有：应力幅度、循环次数及构造细节
5	钢结构失稳	(1)整体失稳；(2)局部失稳
6	钢结构锈蚀	(1)化学腐蚀(钢结构与大气或其他气体接触发生的腐蚀)；(2)电化学腐蚀(钢结构与电介质、水、湿气接触时发生的腐蚀)
7	钢结构火灾	钢材在高温下物理与力学性能发生变化，使钢结构或构件屈服，大变形和丧失承载力

注：本表不含地震、洪水与地质等自然灾害引发的事故。

表 5-5 所列 7 类钢结构桥梁病害或事故的主要原因中，火灾属于偶发事件，发生几率小；钢材缺陷、构件变形、疲劳和锈蚀多引发病害，容易早期发现，较少发生突发性事故，但钢构件脆性断裂与失稳容易发生突发性破坏。而材料缺陷则是多种病害或事故的内在原因之一。其中尤以脆性断裂发生的频次较高。在吸取以往钢桥脆性断裂教训的基础上，在结构钢的品质、研究、钢材试验、结构设计等方面有了很大进步。《公路钢结构桥梁设计规范》JTG D64-2015，对于桥梁用有关牌号钢材冲击韧性有明确的规定，只要严格执行，就可以避免发生脆性断裂的事故。参照国内钢结构设计的经验，对于钢结构桥梁能更有效地防止脆性断裂提出几点建议：

（1）为了避免钢结构桥梁个别构件发生脆性断裂引发更大的灾害，结构体系应有必要的冗余度。结构冗余度有 3 种类型：①所有超静定结构本身固有的冗余；②有两个或更多个荷载传递路线所形成的冗余；③结构内部防止个别构件失效而增设冗余构件，有的文献称为"内部体系中防止连续失效的冗余结构或构件"。

构件间的可能位移是提供内部冗余的关键。例如，铆钉或锚栓连接的钢结构存在内部冗余，因为钢板与型钢是相互独立的构件，一个构件内产生的裂缝不会扩散到其他构件，但轧制或焊接而成的梁，其内部则无冗余，裂缝可能会从一个构件扩散到其他构件，除非钢材本身具有足够的冲击韧性能制约裂缝的发展。

桥梁结构设计预设冗余度的思想十分重要。任何结构设计，尤其是大型的复杂的结构设计，不可能万无一失，所谓"智者千虑，必有一失"。桥梁在长期使用过程中，会受到各种内外因素影响，这些因素及其影响程度设计时不可能全部准确把握，何况在设计与施工中也难以保证所有细节都是完美的。有了一定的冗余度，就能在局部损伤时不致发生更大的灾难。

（2）接头、节点以及钢混结构等部位是钢结构桥梁中构造上的薄弱部位，内力最大截面则是承载力的薄弱部位。实践经验表明，在这些薄弱部位，应重点加强，将安全系数或安全度适当提高，例如提高 20%～30%，对于防止病害发展为严重事故甚为有效。对于防范高风险而言，这样的付出是值得的。

（3）对构件尺寸的拟定应十分仔细和慎重。构件断面在满足强度和稳定性的前提下应宽而薄。因为增加构件厚度必将增大钢结构发生脆断的风险。尤其是设计焊接结构，一定要避免重叠交叉和焊缝集中。这与混凝土结构尺寸拟定，在概念设计上有所不同。

本章参考文献

[1] 张相庭. 工程结构风荷载理论和抗风计算手册 [M]. 上海：同济大学出版社，1990.

[2] 项海帆，等. 桥梁概念设计 [M]. 北京：人民交通出版社，2011.

[3] 公路桥梁抗风设计规范：JTG/T 3360-01-2018 [S]. 北京：人民交通出版社，2019.

[4] 艾国柱，张自荣. 桥殇——环球桥难启示录 [M]. 成都：西南交通大学出版社，2013.

[5] 新京报，2019.4.1 报道.

[6] 建筑结构荷载规范：GB 50009-2012 [S]. 北京：中国建筑工业出版社，2012.

[7] 公路桥涵设计通用规范：JTG D60-2015 [S]. 北京：人民交通出版社股份有限公司，2015.

[8] 铁路桥涵设计基本规范：TB 10002.1-2017 [S]. 北京：中国铁道出版社，2017.

[9] 袁广林，王来，鲁彩凤，等. 建筑工程事故诊断与分析 [M]. 北京：中国建材工业出版社，2010.

[10] 卓尚木，季直仓，卓昌志. 钢筋混凝土结构事故分析与加固 [M]. 北京：中国建材工业出版社，1997.

[11] 谢征勋. 工程事故与安全·典型事故实例 [S]. 北京：中国水利水电出版社，知识产权出版社，2007.

[12] 雷宏刚. 钢结构事故分析与处理 [M]. 北京：中国建材工业出版社，2003.

[13] 刘秉京. 混凝土结构耐久性设计 [M]. 北京：人民交通出版社，2007.

[14] 钢结构设计规范：GB 50017-2003 [S]. 北京：中国计划出版社，2003.

[15] 上官子昌. 钢结构设计禁忌手册 [M]. 北京：机械工业出版社，2008.

[16] 沈祖炎，陈杨骥，陈以一. 钢结构基本原理 [M]. 北京：中国建筑工业出版社，2005.

[17] 郭志明，张光伟，丁鸿志. 南京三桥监测系统在特大雪灾中的应用 [J]. 公路，2010（8）：42-48.

[18] 胡新六. 建筑工程倒塌案例分析与对策 [M]. 北京：机械工业出版社，2004.

[19] 参考消息，2019.3.5 报道.

[20] 范立础. 桥梁工程（上册）[M]. 北京：人民交通出版社，2001.

[21] 邵旭东. 桥梁工程 [M]. 北京：人民交通出版社，2004.

[22] 李亚东．桥梁工程概论［M］．成都：西南交通大学出版社，2001.

[23] 严国敏．现代悬索桥［M］．北京：人民交通出版社，2002.

[24] 雷俊卿，郑明珠，徐恭义．悬索桥设计［M］．北京：人民交通出版社，2002.

[25] 严国敏．现代斜拉桥［M］．成都：西南交通大学出版社，2000.

[26] 李亚东．桥梁事故知多少？2018.1.25 网上文章．

[27] 魏薇．桥殇曾几时［J］．桥梁产业资讯，2010 年 12 月 1 日出版，总第 3 期：42-47.

[28] 尹德兰．他山之石——从失败案例中学习［J］．桥梁，2005 年专刊（6）：76-79.

[29] 周远棣，徐君兰．钢桥［M］．北京：人民交通出版社，1999.

[30] 王倩．美国 100 年钢桥破坏案例分析［J］．桥梁，2010（4）：76-79.

[31] 汤红霞．面向结构安全风险评估的桥梁事故分类研究［J］．公路交通科技（应用技术版），2011（4）：52-55.

[32] Zjwangcj.1940 年 Tacoma 海峡大桥留给我们的遗产［J］．2016.11.19 网上下载．

[33] 孙莉，刘钊．2000～2008 年美国桥梁倒塌案例分析与启示［J］．世界桥梁，2009（3）：46-49.

[34] 曹明旭，刘钊，孟杰．美国桥梁病害及倒塌事故统计分析与思考［J］．公路，2009（7）：162-164.

[35] 阮欣，陈艾荣，石雪飞．桥梁工程风险评估［M］．北京：人民交通出版社，2008.

[36] ZlatkoavorMartaavor 高婧 MarinFranetovi．拱桥失效的原因、教训与预防［J］．桥梁，2011（5）：40-45.

[37] 贵州三都县委宣传部官方微信公众号发布消息，2017.7.22.

[38] ［苏联］C.A.查普林．吊桥［M］．姚玲森．译．北京：人民交通出版社，1963.

[39] 刘钊．桥梁概念设计与分析理论［M］．北京：人民交通出版社，2010.

[40] 丁阳．钢结构设计原理［M］．天津：天津大学出版社，2005.

[41] 艾国柱，张自荣．桥殇——记美国俄亥俄阿西塔布拉桥桥难［J］．桥梁，2013（5）：86-88.

[42] 周履．桥梁耐久性发展的历史与现状［J］．桥梁建设，2004（4）：58-61.

[43] 杨党旗．华强立交 A 匝道独柱曲线梁桥病害分析及加固［J］．桥梁建设，2003（2）：58-61.

[44] 何伯雷．"太阳把桥晒跑了？"——深圳市某立交 A 匝道桥事故分析［J］．城市道桥与防洪，2002（2）：39-43.

[45] 李广慧，余正武，王用中．曲线连续梁桥的病害与温度效应［J］．公路交通科技 2008（1）：58-63.

[46] 胡汉舟，叶梅新．桥梁事故及经验教训［J］．桥梁建设，2002（3）：71-75.

[47] 糜翔，肖中男，覃彬全，等．桥梁缆索雷击试验分析［J］．市政技术，2014（4）：59-62.

[48] 肖汝诚，等．桥梁结构体系［M］．北京：人民交通出版社，2013.

[49] 杨虎根，陈晶，杨志军，等．中小跨径混凝土梁桥［M］．北京：人民交通出版社股份有限公司，2018.

[50] 刘兴法．混凝土结构的温度应力分析［M］．北京：人民交通出版社，1991.

[51] 刘其伟，朱俊，唐蓓华，等．沥青高温摊铺时钢筋混凝土箱梁的温度分布试验［J］．中国公路学报，2007（4）：96-100.

[52] 刘其伟，邓祖华，肖飞．钢筋混凝土箱梁桥沥青摊铺温度梯度模式的研究［J］．公路工程，2011（1）：45-49.

[53] 章世祥，王溧，李波，等．箱梁桥沥青摊铺温度实测及其顶板横向效应分析［J］．中外公路，2014（1）：301-303.

[54] 丁芸孙，刘罗静．钢结构设计误区与释义［M］．北京：人民交通出版社，2008.

[55] 苏彦江．钢桥构造与设计［M］．成都：西南交通大学出版社，2006.

[56] 贵阳晚报，2019-5-5 报道．

第6章 支架失效引发的桥梁事故

6.1 概述

建筑工程施工中传统的脚手架，主要是由专业架子工搭设的操作架、操作台、运输马道、防护系统等。在工业与民用建筑中，需要用脚手架的主要是砌筑工程，也就是采用常规的单排或双排外脚手架。早期的脚手架是竹木结构，随着建筑工程的发展，脚手架出现了"以钢代木"的革新运动。同时，由于建筑机械化的发展，施工工艺不断改进，由外脚手架逐步发展为内脚手架，于是出现了砌筑工程的平台架取代了外脚手架。建筑工程的装配化虽使得脚手架的应用有所减少，但对于一些特殊的工业构筑物施工，创造了若干专门的新型脚手架。例如，砌筑烟囱的专门脚手架、施工冷却塔的专门脚手架等。建筑工程脚手架，一个重要特点是：其永久荷载（恒载）不含模板及结构物的自重，当结构物为混凝土时，也不含振捣混凝土时产生的附加荷载。桥梁工程施工中，一般不采用脚手架这个术语。桥梁工程施工采用的是"支架"，其恒载是包括结构物自重及其可能产生的附加荷载。《公路桥涵施工技术规范》JTG/T 3650-2020 第 5.2.6 条对模板、支架设计应考虑的荷载作出了明确规定，包括以下各项：模板、支架自重；新浇混凝土、钢筋、预应力筋或其他圬工结构物的重力；施工人员及施工设备、施工材料等荷载；振捣混凝土时对模板侧面的压力；混凝土入模时产生的水平方向的冲击荷载；设于水中的支架所承受的水流压力、波浪力、流冰压力、船只及其他漂浮物的撞击力；其他可能产生的荷载，如风荷载、雪荷载、冬季保温设施荷载等。

桥梁施工中采用的支架的设计，在 JTG/T F50-2011 规范中仅有原则性的规定，公路桥梁规范中，没有支架计算与设计的专门规范，在实际工作中多参照建筑行业的相关规范，主要有：①《建筑施工扣件式钢管脚手架安全技术规范》JGJ 130-2019；②《建筑施工碗扣式钢管脚手架安全技术规范》JTG 166-2011；③《建筑施工模板安全技术规范》JTG 162-2008；④《建筑施工承插型盘扣式钢管支架安全技术规程》JTG 231-2010。上述规范①分别对脚手架与满堂支撑架的计算与设计作出了规定；上述规范②及④分别对脚手架与模板支撑架的计算与设计作出了规定；上述规范③对模板支架的计算与设计作出了规定，不包含脚手架。公路桥梁支架的计算与设计可以参考上述规范中满堂支架与模板支架的有关规定，脚手架部分不适用于桥梁工程施工中采用的支架。另外，建筑施工中使用的满堂支架与模板支架与桥梁施工支架在某些方面存在差异，在使用上述建筑安全技术规范时，应注意根据桥梁的特点进行适当调整。本章讨论的是桥梁施工支架，不涉及建筑工程施工中采用的脚手架。

在桥梁施工支架的专门规范（或规程）未正式颁布实施前，对于梁式桥常用的扣件式钢管支架、门式钢管支架、碗扣式钢管支架、贝雷片支架、组合式支架、万能杆件支架、CUPLOK 支架系统的设计计算与主要构造可参考文献 [2]。

已发生的因支架失稳或损坏引发的桥梁事故实例，绝大部分是圬工拱桥和混凝土梁式桥。上述各规范及文献主要适用于梁式桥，目前还没有专门针对圬工拱桥施工支架的规范或规程，也未见有关专著。圬工拱桥，尤其是大跨径拱桥的拱架，除了个别省、市大型施工企业制备有常备式钢拱架外，绝大部分是针对拟建的拱桥进行个别设计，难以确保设计、施工的质量，容易存在安全隐患，这是拱架失稳或损坏的主要原因之一。

在人为因素引发的各类桥梁事故中，因支架失稳、损坏或操作失误导致的桥难，往往造成重大伤亡，社会反应强烈，影响深远。其中大跨径拱架与高支架的设计计算较为复杂，空间效应明显，在技术力量不足，施工管理重视不够和规范滞后的情况下，存在较大的安全风险。从本章后面列举的某些重大桥难就可以看到一些严重的问题。

桥梁工程与建筑工程是重大支架事故多发的领域。从 2008 年起，住建部除连续颁布多部脚手架与支撑架的安全技术规范外，于 2009 年针对建筑工程中风险较大的分部分项工程进一步以正式文件发至全国，作出了若干具体规定，是施工安全管理的重要依据，现简介如下：

（1）住建部建质 [2009] 87 号文"关于印发危险性较大的分部分项工程安全管理办法的通知"。要点如下：

1）危险性较大的分部分项工程范围

① 开挖深度超过 3m（含 3m）或虽未超过 3m 但地质条件和周边环境复杂的基坑支护、降水工程；

② 开挖深度超过 3m（含 3m）的基坑土方开挖工程；

③ 混凝土模板支撑工程：搭设高度 5m 及以上；搭设跨度 10m 及以上；施工总荷载 $10kN/m^2$ 以上；集中线荷载 15kN/m 及以上；

④ 高度大于支架水平投影宽度且相对独立无联系构件的混凝土模板支撑工程；

⑤ 人工挖孔桩工程。

2）超过一定规模的危险性较大的分部分项工程

① 开挖深度≥5m 的基坑土方开挖、支护、降水工程；

② 开挖深度虽未超过 5m，但地质条件、周围环境和地下管线复杂，或影响毗邻建筑物安全的基坑土方开挖、支护、降水工程；

③ 混凝土模板支撑工程：搭设高度 8m 及以上；搭设跨度 18m 及以上；施工总荷载 $15kN/m^2$ 以上；集中线荷载 20kN/m 及以上；

④ 桥梁拆除工程；

⑤ 开挖深度超过 16m 的人工挖孔桩工程。

住建部要求：危险性较大的分部分项工程，应由施工单位编制"专项方案"；超过一定规模的危险性较大的分部分项工程还应组织专家论证。

（2）住建部建质 [2009] 254 号文"建设工程高大模板支撑系统安全监督管理导则"。对高大模板支撑的安全管理提出了明确规定：混凝土模板支撑高度超过 8m，或搭设跨度超过 18m，或施工总荷载大于 $15kN/m^2$，或集中线荷载大于 20kN/m 的支撑工程应编制专项施工方案，包括以下内容：编制说明，工程概况，施工计划，施工工艺，施工安全措施，劳动力计划，计算书及图纸。图纸包括：支模区立杆、纵横水平杆平面图；支撑系统立面图、剖面图、水平剪刀撑布置图、竖向剪刀撑布置图；梁模支模大样图、支撑体系监测平面布置图、连墙件布置位置；节点大样图。

住建部要求：专项施工方案经专家论证并修改完善后，经施工单位技术负责人、项目总监理工程师、建设单位项目负责人批准签字后，方可组织实施。还要求，梁底扣件进行100%检查；对于支架高度大于宽度的独立支撑系统应加设保证稳定的构造措施；支撑系统立柱接长严禁搭接。

按照行政管辖的范围，凡属市政工程的桥梁施工应严格执行住建部上述两个文件的各项要求，公路桥梁可以参照执行。就桥梁施工支架而言，上述两个文件主要针对满布式及门式钢管支架，适用于混凝土梁式桥的施工安全管理。对于拱桥支撑架及拱架的施工安全管理，可以参考其基本精神，针对拱桥的特点制定更适合的安全管理措施。

2011年5月交通运输部颁发《公路桥梁和隧道工程施工安全风险评估指南（试行）》。其中，对于桥梁工程"重大风险源风险估测"，包含"支架现浇法施工事故可能性评估"。指南列出了五项评估指标：支架规模；地质及基础岩土条件；气候环境条件；支架架设；交通状况。对于"支架规模"与"支架设计"，分类情况如下：

支架规模：

一类为：支架高度 $H \geqslant 8m$，搭设跨度18m及以上，施工总荷载15kPa及以上，集中线荷载20kN/m及以上。

二类为：$5m \leqslant$ 支架高度 $H < 8m$，搭设跨度10m及以上；施工总荷载10kPa以上；集中线荷载15kN/m及以上；高度大于支撑水平投影宽度且相对独立无联系构件的混凝土模板支撑工程。

三类为：支架高度 $H < 5m$，搭设跨度10m及以下，施工总荷载不超过10kPa，集中线荷载不超过15kN/m。

支架设计：

一类为：采用经验设计方案。

二类为：采用专业设计方案。

上述"支架规模"与"支架设计"的分类，系用于施工安全风险评估打分的技术指标，不同于具体的安全措施要求和技术管理规定，而且指南的权威性不及规范和行业主管的正式文件。

以上就是目前我国建筑工程与桥梁工程施工支架安全管理的基本情况。

6.2 重大桥梁事故实例评析

本书附录三中，国内施工过程发生的部分桥梁事故（事故类型 $B_1 \sim B_8$）共计200起，其中因支架失稳或损坏引发的事故（事故类型 B_1）共计65起，占施工过程事故总数的32.50%。本书附录四中，国外施工过程发生的部分桥梁事故（事故类型 $B_1 \sim B_8$）共计42起，其中因支架失稳或损坏引发的事故（事故类型 B_1）共计13起，占施工过程事故总数的30.95%。国内外合并计算，这一占比为 $(65+13)/(200+42) = 78/242 = 32.23\%$。

统计基数达242起，基本上能反映这类事故在施工期间可能发生的大致几率，而且国内外均为31%左右。施工过程发生的桥梁事故中，诱因不清楚者（事故类型B_8），国内38起（见附录三）、国外10起（见附录四）。在B_8类事故中，可能有一部分属于支架失稳或损坏引发的事故。故上述占比可能会超过31%。附录三中，各类桥梁事故发生的时间为1965年至2020年之间，时间跨度约55年。所以，可以认为，从20世纪60年代至今，国内桥梁施工中，以支架失稳或损坏引发的事故比例最高，是施工过程中最大的安全风险源。

因支架失稳、损坏或操作失误引发的重大桥梁事故简况，国内21起、国外7起，分别列于表6-1和表6-2。

因支架引发的重大桥梁事故（国内前21位） 表6-1

序号	桥梁名称	桥梁简况	伤亡人数		事故概要	时间（年.月.日）	信息来源
			亡	伤			
1	贵州省铜仁市鱼梁滩脚大桥	单跨50m石拱桥	37	31	满布式木拱架与拱圈一起垮塌	1990.12.1	10～14、56
2	广东省韶关市白桥坑大桥	主跨100m上承式RC箱形拱桥	32	59	钢桁式拱架上浇筑底板混凝土时垮塌	1996.12.20	1、10～12、18、56
3	贵州省务川县珍珠大桥	主跨120m上承式RC箱形拱桥	16	3	贝雷桁片组拼钢拱架合龙后失稳垮塌	2005.11.5	19～23、56
4	湖南省源陵县黄头大桥	主跨70m石肋拱桥	14	9	拱圈封顶时，拱架失稳垮塌	1992.1.8	10～12、56
5	湖北省三峡库区焦家湾大桥	单跨48m石拱桥	11	13	拱圈施工中，木拱架失稳垮塌	1998.2.20	11、15～17、56
6	广东省高州市深镇镇良坑口大桥	跨径20m石拱桥	11	多人	施工中拱架与拱圈一起垮塌	2014.5.3	38、39
7	深圳市盐坝高速公路××高架桥	多跨混凝土梁式桥	10	33	一跨钢管支架及已浇混凝土一起垮塌	2000.11.27	31～33、2
8	云南省某县××桥	单跨35m石拱桥	10	22	拱架支撑失稳垮塌	1998.4	1
9	四川广元市××桥	石拱桥	10	15	钢拱架垮塌	1999.11.1	40
10	河南省内乡县万沟大桥	跨径46m石拱桥	10	2	拆除拱架时垮塌	2002.8.15	56
11	贵阳市会展中心人行天桥	混凝土梁式桥	9	19	浇筑主梁混凝土时，钢管支架垮塌	2010.3.14	34～37
12	黑龙江省逊克县夕石水电站大桥	5×12m RC板桥	8	8	钢桁支架与混凝土板一起垮塌	1990.8.28	12
13	昆明市新机场立交桥引桥	混凝土梁式桥	7	34	8m高满布式钢管支架浇梁体混凝土时垮塌	2010.1.3	2、27～30、56

续表

序号	桥梁名称	桥梁简况	伤亡人数 亡	伤亡人数 伤	事故概要	时间（年.月.日）	信息来源
14	浙江省温州市牛岭村桥	多跨混凝土箱梁桥	7	21	施工中移动模架垮塌砸毁民房	2008.6.21	44
15	福建省蒲城水北公路桥	石拱桥	7	18	拱架与拱圈一起垮塌	1999.1.19	41
16	贵阳至开阳二级公路小尖山大桥	（45＋65＋45）m PC连续箱梁	7	15	满布式钢管支架与已浇箱梁混凝土一起垮塌	2005.12.14	24～26、56
17	贵州省绥阳县狮子坝大桥	单跨45m石拱桥	6	21	木拱架与拱圈一起垮塌	2003.3.9	43、56
18	福建省南安市荣星大桥	石拱桥	6	13	施工中拱架垮塌	2002.12.14	42
19	湖南省桑植县刷帚溪桥	单跨25m石拱桥	5	32	拱架与拱圈一起垮塌	1986.11.9	10
20	广东省翁源县南门坪大桥	不详	5	6	模板支架失稳垮塌	1995.11	1
21	广东省韶关市××互通式立交桥	混凝土梁式桥	5	1	施工中支架垮塌	2011.5.27	45

因支架引发的重大桥梁事故（国外前7位）　　　　　　　　表6-2

序号	桥梁名称	桥梁简况	伤亡人数 亡	伤亡人数 伤	事故概要	时间	信息来源
1	越南南方芹苴市芹苴豪河大桥	主桥为斜拉桥,引桥为多跨混凝土梁桥	60另失踪10	150	施工中支架倾倒致引桥2跨垮塌	2007.9.27	30、33、46、47～51、54
2	印度拉贾斯坦邦蔻塔昌巴尔桥	主跨350m双塔单索面斜拉桥	48	多人	主桥施工中过早拆除支架致主梁垮塌	2009.12.24	30、54、57
3	加拿大渥太华市丽都河桥	混凝土拱桥	29	62	浇拱圈混凝土时,拱架与拱体一起垮塌	1966	52
4	印度海德拉巴市××高架桥	混凝土梁桥	20	多人	钢支架与混凝土梁垮塌,压坏15辆汽车	2007.9.10	53、54（P256）
5	瑞典三都（sando）桥	跨径264m上承式RC拱桥,高42m	18	不详	浇混凝土时,木拱架横向失稳垮塌	1939.8.31	52、54
6	美国加州奥本大桥	3×47m混凝土拱桥	3	16	浇第3跨拱体混凝土时,木拱架垮塌	1911	52
7	南非开普敦市著名"断桥"	混凝土梁桥	3	不详	施工中支撑损坏致桥体垮塌	1995	55

下面对一些重大桥梁事故进行评析。

实例一　贵州省铜仁市鱼梁滩脚大桥

1990 年 12 月 1 日，铜仁市马岩至漾头公路鱼梁滩脚大桥在施工中垮塌，死亡 37 人，伤 31 人。

该桥为主跨跨径 50m 等截面悬链线空腹式石拱桥，全长 90.6m。参照标准图进行设计。采用满布式木拱架，包括模板、支撑及支架体系所用的木料，为节省投资，均为已反复使用多次的旧材料。在砌筑拱圈的过程中，由于拱架支撑系统失稳破坏，导致拱圈与拱架突然一起垮塌。现场施工人员，包括工人、农民与管理人员大量伤亡。在这次特大事故中，施工技术负责人，也是拱架的设计者，在事故中遇难。

当时地方经济确实十分困难，修桥修路，想尽各种办法节约投资。一些技术革新和施工工艺，最主要考虑的就是"要省、要快、要简单易行"。本桥木拱架利用多次周转的旧材料，就是在这样的历史条件下发生的。类似的情况，在我国 20 世纪 60～90 年代时有出现，本书将在有关章节针对具体桥梁事故进一步讨论。

20 世纪 90 年代以前，我国西部山区修筑公路，非常强调"就地取材""降低费用"，多修建石拱桥。尤其是在县乡公路和低等级公路上，因技术力量相对较弱，对拱架加载过程中的安全风险往往估计不足，重视不够。鱼梁滩脚大桥的木拱架之前因已使用多次，没有出现安全事故，以为还可以再继续使用，没有进行认真的检测和论证，在重大安全问题上陷于盲目，终于付出了血的代价。事故发生的当天，在拱上、拱下参与作业的民工及工程技术人员达 130 多人，而且对拱架未进行荷载预压试验，砌筑拱圈的过程中，也未进行变形观测。桥梁修建的管理者、组织者和施工指挥者均未予以重视。事故发生后，根据对事故的调查和分析原因，贵州省人民政府明确这是一起责任事故，并对有关责任者进行处分。

实例二　广东省韶关市白桥坑大桥

广东省韶关市坪鲁公路白桥坑大桥，为主跨 100m 钢筋混凝土箱形拱桥，采用拱架上整体现浇的施工方法。1996 年 12 月 20 日，在浇筑拱圈底板混凝土时，拱架突然垮塌，正在桥上作业的 91 名施工人员全部坠落到 74m 深的山谷中，32 人死亡，59 人受伤，其中 14 人重伤。

该桥全长 163m，桥宽 12m。原设计为预制拱箱分段吊装，后变更设计为拱架上就地现浇。事故发生后，进行调查研究和分析计算，事故主要原因及现场情况简述如下：

（1）拱架为钢桁架，施工前未对拱架进行结构设计和计算。结构形式不合理，由支架立柱、斜撑和主桁构成的体系属几何可变体系，为不稳定结构，这是最主要的原因。

（2）该拱架没有结构设计图，更没有进行强度和稳定性验算。事故后计算表明，其承载力仅是实际荷载的 1/3，主要受力构件的最大应力超过钢材的屈服极限。

（3）该桥在施工之前，未按规定进行荷载预压试验，也未按国家有关规定制定专门的施工方案和施工组织设计。而大桥工程监理单位——西北工业大学康厦建设监理公司，却在没有得到拱架施工图、计算书和施工组织设计，根本无法确保施工质量和安全的情况下，签认了拱圈模板与钢筋混凝土的施工实施方案与计划。更为严重的是，在拱箱底板混凝土浇筑的关键时间内，现场无人监理，以致对施工过程中的违章冒险作业未能发现并制止。正是在浇筑底板混凝土的时候，拱架突然失稳垮塌。

（4）在拱圈底板混凝土浇筑过程中，曾多次出现模板翘起的危险征兆，现场主管人员不仅未予以重视，采取紧急处理措施，反而强行继续施工，还让几十名工人踩压翘起的模板。

（5）施工现场的工人大多数未经过任何安全技术培训，缺乏安全施工常识和自我防范能力。

这次事故再次说明，大跨径圬工拱桥采用支架上就地现浇的方法，尤其是高支架的情况下，具有较大的安全风险。首要的安全保障措施是：拱架必须具有足够的强度、刚度和稳定性，计算荷载应符合实际，并计入一定的安全系数。根据本书编著者近年参与的几座大跨径钢筋混凝土整体式箱形拱桥钢拱架设计的经验，钢拱架的计算荷载可取拱箱底板和腹板（即开口箱拱圈）自重的 1.1 倍；钢拱架必须进行荷载预压试验，根据结构分析计算，预压荷载可取拱圈底板（含下承托）自重和施工临时荷载之和的 1.1 倍；施工程序必须分为三环加载，即底板（含下承托）混凝土达到 90% 以上设计强度后方可浇筑腹板（含横隔板）混凝土，腹板混凝土达到 85% 以上设计强度后方可浇筑顶板混凝土，形成箱形截面。通过几座大跨径箱形拱桥的施工实践，上述经验是安全可靠的，结构分析计算也表明，是符合规范要求的。

上述计算荷载的取值和对施工程序的要求，考虑了箱形拱底板混凝土达到 90% 设计强度后，实际上能够部分参与拱架共同受力的有利作用（并已由结构分析计算所证实）。若达不到以上要求，则不能考虑底板共同受力的作用，应按实际情况确定拱架的计算荷载。

实例三　湖北省三峡库区焦家湾大桥

1998 年 2 月 20 日，巴东县境内 209 国道焦家湾大桥（属三峡库区移民工程）在施工过程中突然垮塌，死亡 11 人，受伤 13 人，其中重伤 6 人，轻伤 7 人。

该桥为主跨 48m 石拱桥，采用木拱架。事故发生后，经执法机关调查取证表明，造成这次重大事故的直接原因是木拱架所用木材中有 21% 已腐朽，材径尺寸无一符合设计要求，施工时将拱架杆件连接螺栓铁夹板改为铁爪钉和铁丝。

《中国交通报》（1999 年 7 月 10 日）的文章指出："大桥从 40m 改为 42m，最后又改为 48m，根本就不进行设计计算，仅凭几张草图，领导就拍板变更，所有施工队伍的确定，一不审资质，二不问管理能力，全凭领导'审定'，成为典型的首长工程、条子工程、关系工程。"

《南方周末》（1999 年 6 月 11 日）的文章指出："工程业主压低工程合同价，促使施工方千方百计降低工程造价，偷工减料，铤而走险。"焦家湾大桥案公开审理时，法庭问包工头："你清不清楚桥梁建设资质？"答："不太清楚。"

可见，这次事故的直接原因是拱架粗制滥造，而更本质的原因，并非技术问题，也不是材料问题，而是工程建设的某些环节管理失职。根据近年来发生的桥梁事故，可以说上述状况在一些地方仍然没有消除，这种隐患还可能给桥梁建设带来新的损失。

实例四　湖南省源陵县黄头大桥

源陵县黄头大桥为主跨 74m 的板肋石拱桥。1992 年 1 月 8 日，在砌石拱板刚要封顶时，跨中约 40m 长的拱板与拱架一起突然垮塌，造成 14 人死亡、9 人重伤的重大事故。

该桥施工中因施工单位严重违反施工规范要求，尤其是拱架的搭设不符合规定，当地建管站曾令其停工整改，但施工队抱着侥幸心理继续违章施工，终于因拱架失稳破坏发生这起特大事故。事故后的调查发现，这座桥的施工是由有资质的施工单位转包给无资质的农建队施工，才会出现拱架搭设不符合规范要求的严重情况。因违规转包引发的桥梁事故或质量问题时有发生。下面介绍另一个实例。

贵阳市花溪二道（即贵阳主城区至花溪区的第 2 通道）养牛村处铁路货运专线上跨桥为 2×12.5m RC 门式刚构，采用支架上现浇的施工方法。2009 年 8 月 31 日，在浇筑门式刚构顶板混凝土时，满布式钢管支架垮塌，造成 2 人死亡、5 人受伤（其中 2 人重伤）的事故。事故发生后，调查组中专家组对支架垮塌的技术原因指出以下几点：

（1）支架为满布扣件式钢管支架，整个支架的竖面及水平面均未设置剪刀撑，成为几何可变体系。

（2）整个支架未设置扫地水平杆；支架顶托段高度约 50cm，形成较大的自由端，且纵向无水平杆连接。

（3）浇筑混凝土时，没有按对称、均衡的原则进行施工，在横向混凝土偏载。

（4）经抽样调查，支架所用的钢管壁厚平均值仅 2.68mm，达不到规范要求的 3.5mm。

上述 4 条都是明显违反《建筑施工扣件式钢管脚手架安全技术规范》JGJ 130-2019 和《公路桥涵施工技术规范》JTG/T 3650-2020 有关规定的。

造成技术上重大失误的根本原因是违规分包。该桥施工的承包单位是有桥梁施工资质的施工大企业。可能是因为此桥规模较小，便分包给贵阳一从事建筑施工的小单位，既没有桥梁施工的资质，也没有桥梁施工经验。在调查会上，有专家向该桥施工技术负责人提问："满布式钢管支架必须设剪刀撑，你是否了解规范的规定？"答："不太清楚。"更让人惊异的是，监理技术人员也不知道必须设置剪刀撑。

从这些事故实例可以看出，有的重大技术失误的背后往往是管理上的重大失职。这种情况在中小桥和低等级公路上的桥梁施工中发生的可能性更大。

实例五　贵州省务川县珍珠大桥

珍珠大桥为主跨 120m 钢筋混凝土箱形拱桥，全长 135.2m，是务川县城至重庆市彭水县的公路大桥，跨越洪渡河，桥面至水面约 170m。采用在钢拱架上就地现浇的施工方法。钢拱架采用贝雷桁片拼装，并局部调整和加强。钢拱架跨径略小于拱圈跨径，实际上是一座跨度约 120m 的临时钢拱桥。采用天线缆索吊装悬拼，用扣索稳定和调整，直至钢拱架合龙。

2005 年 11 月 5 日，钢拱架正在安装并已大部分合龙，突然发生大变形并很快垮塌，正在拱架上施工的 19 名工人，当即坠下 100 多米深的河谷，死亡 16 人，受伤 3 人。

事故发生后的调查总结，认为造成事故的原因是由于施工单位使用了质量低劣的施工器材以及违规操作，定性为责任事故。根据后来更多现场情况揭示，导致拱架垮塌的直接原因是钢拱架大部分合龙后，过早拆除部分扣索，拱架产生大变形而失稳破坏。

采用贝雷桁片组拼的钢拱架，贵州省已修建多座上承式钢筋混凝土箱形拱桥，最大跨径 125m。桥梁施工企业多有现存的备用贝雷桁片，可以多次周转使用，既可节省费用，还能节约新加工钢拱架占用的时间。但贝雷桁片是正规的梁式构件，用来做拱架，必须进行必要改进和加强。这些设计均由施工单位完成，各施工企业的做法不一样，施工方式也不相同。存在的问题主要是构件连接不规范，可能存在某些缺陷。有时为了减小钢拱架的跨径，以降低构件应力，将钢拱架的高程落低，并在钢拱架上另行安装一定高度的满布式钢管支架，致使钢材用量增多，施工工期延长。为了顾及库存钢构件折旧的影响，不得不将容许应力值适当降低。总之，采用常备式军用梁组装钢拱架，涉及不少具体问题，各施工企业的做法不一样，必定存在一定的安全风险。而采用定型设计的常备式专用钢拱架，则可以在一定程度上克服上述的一些缺点，并可进一步提高钢拱架的安全度。

实例六　云南省昆明市新机场立交桥引桥

2010 年 1 月 3 日，昆明市新机场高架桥引桥在浇筑混凝土过程中发生支架垮塌（图 6-1），造成 7 人死亡、8 人重伤、26 人轻伤的重大安全事故。

发生垮塌的是机场连接航站楼的高架桥，桥宽 13.2m，高度约 8m，垮塌长度约 38.5m。具体位置在航展区 A3 标，事发前该梁段混凝土浇筑已接近完成，因支架失稳而发生坍塌。施工现场作业人员共计 41 人，伤亡人数达 100％。未看到安全监管部门的正式结论。在事故发生后的几天内，有媒体报道：承建方认为"不排除天气的原因，比如刮风引起"。但网上有不同意见，认为与支架不牢固有关。甚至有人质疑说，工程被层层分包，最终逼迫终端承包商寄望于通过偷工减料牟利。

事实是高度仅 8m 的满布式钢管支架在浇筑梁体混凝土时垮塌了。作为外力的风荷载，支架设计是应该考虑的，有关规范也有明确规定。施工中通常采用的缆风索、支架横撑、水平撑、连墙杆（与桥梁墩台连接的杆件）等都是有效的抗风措施。这是支架、拱架施工的常识。如果施工时风荷载超设计风速，施工组织设计中应有保证安全的预案，例如，当发生超过设计的大风时应临时停工，迅速撤离现场人员等。所以，用刮风之说推脱责任理由不充分。有的桥梁事故发生后，责任人尽量将某种自然力说成是主因。本书在有关章节再介绍实例。

图 6-1　昆明新机场建设工地垮塌事故现场

实例七　黑龙江省逊克县夕石水电站大桥

该桥为 5×12m 钢筋混凝土梁桥，为水电站溢流坝上的交通桥。采用支架现浇施工。

支架的结构形式是：在桥墩墩柱上预埋 4 根钢牛腿支撑 4 榀钢桁架，其上用立杆支撑模板。不同于一般的立杆落地式支架。

1990 年 8 月 28 日，当第 1 跨混凝土浇筑完，第 2 跨混凝土浇筑到约 10m 时，钢桁架发生面外大变形而失稳破坏，已浇筑的混凝土、模板随着支架一起垮塌，造成 8 人死亡、8 人重伤的重大事故。

事故发生后进行了调查，主要原因是：支撑立柱不直，有倾斜，纵向拉杆少，横向斜撑太弱，只用木条和铁钉连接，整体性很差。在浇筑混凝土过程中，混凝土的冲击振动使木支撑倾斜；4 榀钢桁架之间只用 2 根立杆，并用铁丝连接，在混凝土压重下产生横向弯曲而严重变形，最后失稳破坏。所以，事故的主要原因是横向连接系太弱。

规模不大的一般桥梁支架，其受力的整体性主要依靠构造设计和采取临时措施来保证。《建筑施工模板安全技术规范》JTG 162-2008 第 6.1.9 条对模板支架支撑梁、板的立柱构造与安装作了明确规定。这一条是强制性条文，必须严格执行。这些构造要求是我国土木工程界多年来的经验教训的总结，某些教训付出了血的代价。模板支架的侧向荷载对其横向受力有重大影响。上述规范规定，侧向荷载包括新浇混凝土侧向荷载和风荷载。当为工作状态时，按 6 级风计算；非工作状态偶遇大风风力时，应采用临时固定措施。混凝土桥梁上部结构采用就地现浇施工方法时，还应考虑施工中可能出现的非对称、非均衡浇筑混凝土的不利情况，加强支架的纵、横向连接和计入立柱的附加荷载。对于规模较大的及高度较高的桥梁支架和拱架，其主要构件的受力和整体稳定性应采用有限元程序进行空间体系的分析计算。现在一些高大支架、拱架都进行了这样的工作。

实例八　贵阳至开阳二级公路小尖山大桥

该桥位于贵阳市区至开阳县的二级公路上，为 45m＋65m＋45m 三跨预应力混凝土连续箱梁，全长 155m，采用满布扣件式钢管支架就地现浇施工法。支架最高处超过 50m。

2005 年 12 月 14 日，22 名工人正在浇筑箱梁顶板混凝土时，支架连同已浇筑的混凝土一起垮塌（图 6-2），全部坠落地面，22 名工人被压在钢管和混凝土块的下面，与大量钢筋与混凝土块混在一起，导致 7 人死亡，15 人受伤。

图 6-2　贵阳至开阳二级公路小尖山大桥垮塌现场

贵州省有关部门调查组的结论指出：这是一起施工单位的责任事故。事故的主要原因是：部分位于高陡边坡上的支架立柱基础未进行加固处理，支架的构成不够合理，难以确保支架的整体稳定性。

山区桥梁跨越山谷或河谷时，由于两岸边坡较陡，桥墩多采用桩基础，而桩的长度必须进入承载力较高的中风化以上的基岩层一定深度，以确保在暴雨洪水发生且引起边坡松散滑移时，能有足够的抵抗水平变形的能力。这已是山区墩台基础设计常识。对于临时结构的支架立柱基础，位于较陡的边坡时，同样存在较大的安全风险。有的施工单位，可能是缺乏这方面的经验，忽略了这个关键问题。小尖山桥边跨靠桥台 20 多米长度内，边坡坡度约 45°，边坡上层全是强风化的砂石碎块，钢管立柱基础就在这一强风化碎石块层内，降雨情况下必定松动，钢管立柱下滑，把整个钢管支架拉塌，这是最致命的一个因素。类似情况，在国内外桥梁事故中还有实例。现行模板支架规范对立柱基础承载力的计算有明确规定，但对高陡边坡上立柱基础的特殊受力计算及相应的构造要求还是空白。

实例九 越南南方芹苴市芹苴豪河大桥（简称芹苴大桥）

芹苴大桥（Can Tho Bridge）的主桥为钢箱梁斜拉桥，引桥为多跨混凝土梁桥，该桥全长 2750m，双向 4 车道。这座大桥的大部分项目基金是由日本国际合作部的官方发展援助项目提供的。施工则是由日本的大成建设公司、鹿岛建设公司和日本钢铁公司三家公司组成的财团承担。日本的光荣—长大（Koei—Chodai）联合体负责施工咨询和监理。施工总造价估算为 34000 万美元，于 2004 年 9 月 25 日正式开工，原计划于 2008 年年底建成，实际则在 2009 年 10 月 12 日才实现主桥中央合龙。引桥采用在支架上就地现浇的施工方法。

2007 年 9 月 27 日，引桥在已浇筑了大量上部结构混凝土的情况下，其中两跨的支架突然垮塌，致使约 90m 长度的梁体混凝土从 30m 高度处坠落，砸向桥下的施工现场（图 6-3）。当时，桥上桥下计有 250 名工作人员。关于这次重大事故的伤亡人数，文献 [54]（2013 年）介绍了事故发生后至当年 10 月初越南国内一些媒体报道的数字，出入较大。当时没有越南官方公布的伤亡人数。文献 [30]（2017 年）给出的伤亡人数是：60 人死亡，10 人失踪，150 人受伤。对比文献 [54] 提供的资料，这组数字可能较为接近实际情况。

图 6-3 越南南方芹苴市芹苴豪河大桥支架垮塌

支架为什么会垮塌？越南官方有关部门、承包商以及越南、日本的几位专家，有以下一些说法：

（1）施工支架的立柱基础，一侧位于松软的沙地，另一侧则位于较坚固的沙地，在混凝土重载作用下，因不均匀沉降导致支架立柱倾斜，从而引起螺栓与横梁断裂，发生连锁效应而倒塌。

（2）引桥桥下地面未被硬化，为砂土层，在雨水渗透到支架基础之下时，土层软化而使基础沉降，各立杆发生不均匀沉降致支架垮塌。

（3）引桥位于河岸边，河岸在雨水作用下发生滑坡，使支架位移而发生倒塌。

（4）在引桥主梁混凝土才浇筑两天，现场施工人员移动了支架，因梁体混凝土强度低而发生坍塌。

（5）承包商对于支架桩基施加荷载的超载系数仅为 1.15，而美国规范为 1.25，日本规范为 1.35；承包商提供的作用在支架上的计算风力为 0.5kPa，规范要求为 2.5kPa，可见支架桩的设计荷载明显偏低。

根据事故发生过程的基本事实和上述各种说法，可以认为，这次事故的主要原因是施工企业对支架桩的设计失误。同时，对桩端地基未根据具体的地质情况及自然条件进行加固以及支架未进行符合规范的超载预压则是严重违规。

这一恶性事故引起世界震惊，成为当代建桥史上特大事故的典型案例之一。为了使后人铭记这次血的教训，越南的美国商会要为桥难建一座纪念碑。

实例十　瑞典安格曼兰省三都（Sando）桥

旧三都桥位于瑞典北部安格曼兰省的克拉姆福什，跨越安格曼兰河。这条河因融雪、雨水而山洪频发，河口处又有海潮和风浪，因而水文气象条件恶劣。在这样的河道上修建大跨度桥梁，难度大，安全风险高。该桥为主跨 264m 上承式空腹钢筋混凝土整体式箱形拱，矢跨比 1/6.286。1938 年开始施工，1939 年夏季，主拱圈浇筑已完成了大部分。施工方法是拱架上现浇拱圈混凝土。

1939 年 8 月 31 日，施工中的三都桥在现浇拱圈混凝土过程中，巨大的荷载将拱架压塌（图 6-4），所有施工设施及桥上现场人员完全坠入很深的安格曼兰河水中。共有 18 人遇难，受伤人数不详。

在深水河流中做 300m 长、42m 高的满布式拱架，而且水文气象条件恶劣，这样的施工方案显然安全风险极高，在当时的技术条件下，也不够合理。因此，有的专家认为拱架倒塌的原因是，木拱架横向稳定性不足，属于"设计错误"，更准确的说法应是施工方案与拱架设计均有重大失误。还有一种看法是，拱架连接处铁件严重潮湿而引起拱架上下翼缘之间的强度和刚度下降。

事故发生后，瑞典并没有停止三都桥的建设，而是在重新做了施工设计后继续建造。新的三都桥仍是主跨约 300m 的上承式空腹混凝土拱桥。新桥于 1943 年建成通车，雄踞同类型桥梁跨度世界之最达 20 年。1963 年，葡萄牙波尔图主跨为 270m 的阿拉比达拱桥建成；1964 年，主跨 300m 的澳大利亚悉尼格拉德斯威尔拱桥建成；1980 年，南斯拉夫主跨 390m 的克尔克 I 号桥建成；1998 年，我国主跨 420m 的四川万县长江大桥建成；2015 年，主跨 384m 的西班牙高速铁路阿尔蒙特河大桥建成（该桥为挂篮悬浇施工法上承式 RC 拱桥，目前为悬浇施工法拱桥世界最大跨径）。目前，世界最大跨径上承式钢筋混凝土箱形拱桥为我国沪昆高速铁路贵州境内的北盘江大桥，主跨 445m（2016 年建成）。

图 6-4　瑞典安格曼兰省三都（Sando）桥垮塌现场

值得注意的是，新的瑞典三都桥放弃了支架上就地现浇的施工方法，而是改用转体施工方法建成的。瑞典旧三都桥失败的一条重要教训是，跨径超过 200m 的混凝土拱桥，支架施工方法存在安全风险大、工期长、费用高等重大弱点。上述几座曾居于世界首位的大跨径混凝土拱桥，都不是用支架就地现浇施工的。我国 2001 年建成的主跨 220m 的河南许沟大桥（满布式拱架）、1983 年建成的主跨 170m 的四川攀枝花大桥（钢拱架），因施工设备庞大、工期长等不利因素突出，这两种施工方法后来就没有向更大的跨径发展了。目前居于世界前列的重庆万州长江大桥（主跨 420m）和沪昆高铁北盘江大桥（主跨 445m），都是采用钢管混凝土劲性骨架施工法。不久将会突破 500m 跨径。在各种施工方法中，钢管混凝土劲性骨架法具有更多优势。与钢管混凝土拱桥比较，前者是混凝土结构，而后者是钢管与混凝土的组合结构。显然，前者的耐久性和后期管养维护费用比后者更具优势。

实例十一　印度拉贾斯坦邦·蔻塔·昌巴尔桥

该桥总长 1500m，宽 30m，双向 6 车道，桥面两侧设人行道。主桥为（180＋350.5＋180）m 双塔单索面混凝土斜拉桥。主梁为单箱单室预应力混凝土箱形梁，主梁全宽30.5m。塔墩全高 125m，桥面以上高度 80m，斜拉索为半竖琴单索面体系。桥址地质情况良好。主桥边跨内设 2 个辅助墩，故边跨由 3×60m 三孔组成。主梁上拉索间距 7m，箱梁纵向每 3.5m 设一道横向加劲肋。P5 塔墩与主梁刚性连接，P4 塔墩则为塔梁刚接墩梁分离。墩帽上设球形支座。边跨支墩上设拉压支座，能抵抗最大 380t 的上拔力。设计拟定，3×60m 边跨主梁采用支架上分孔就地现浇的施工方法；中跨主梁采用挂篮悬臂施工法。主梁经风洞试验，稳定性满足要求。主梁预应力束分为纵向内置束和体外束两种，横向为内置预应力束。主墩 P4、P5 处，主梁上的无索区长度达 28m，且主梁在主塔处仍为箱形截面。设计要求，两边跨主梁均由主塔附近开始，在支架上现浇。

2009 年 12 月 24 日夜，在两个主塔已经完成，主梁也已大部分完成的情况下，长达50 多米的梁体突然垮塌，紧接着已做好的其余主梁也完全坍塌。共有 48 人遇难（包括工人和在现场的工程师），多人受伤。

蔻塔斜拉桥的业主为印度国家公路管理局（NHAI），设计为 SYATRA—巴黎，承包商为韩国现代公司与印度甘门公司联合体。总投资约 5000 万美元，2007 年 12 月开工，计划于 2011 年建成。这座桥的临时施工设备由 RMD 印度公司设计。边跨 3×60m 主梁施工采用 RMD Kwikform 的支架方案。

该桥发生事故之前，P5 主墩一侧边跨的第 1 孔 60m 梁段已完成，其下面落地支架已拆除，边跨靠主墩 P5 的 8 个节段（为无索区）用挂篮已施工完成，由主墩上的 4 根拉索拉住前端主梁；P4 主墩靠边跨一侧的第 1 个 60m 梁段已完成，并在前端挂了 4 根拉索。P4 墩靠主跨一侧的无索段主梁在支架上已完成，正准备在其前端挂上斜拉索，此时其下面的支架已拆除。就是在这样的状态下，梁体突然垮塌。

关于事故原因的调查，一直延续到 2010 年 10 月 6 日。印度新德里的"高等级的调查"确定：违反项目设计人事先制定的施工程序是导致此次意外事故的主要原因之一。

文献［54］从技术角度对这次桥难的具体原因进行了分析，要点如下：

（1）主跨一侧的无索区等截面梁悬臂长度接近 30m，在进行悬臂挂篮施工前过早地拆除了这一悬臂梁段下的支架，这是违背设计制定的施工程序的。

（2）由于支架被提前拆除，混凝土悬臂梁的自重必定导致主塔墩处产生很大的负弯矩，此时其前端又增加了挂篮的自重（此时斜拉索还未挂上），梁体就超应力而断裂了，并带着前端的挂篮一起垮塌。

（3）还可能有另一种不利情况存在，即施工中对主梁内两种预应力束——体内束和体外束处置不当。例如，未按设计要求及时张拉以及边跨体外束引伸到主跨内的预应力束被延误等。正确的做法应是，边跨拆除支架前应将所有预应力束张拉到位，否则仅靠普通钢筋混凝土梁承力必定导致其抗弯能力的大幅下降，加速梁体的断裂。

这一重大事故并非因支架自身破坏所引发，但过早拆除支架则是致命的失误。故将其纳入支架引发的桥梁事故。

实例十二　印度海德拉巴市××高架桥

该桥为海德拉巴市区一座高架桥，位于市中心地区，桥下为该市最繁华的路段。桥型为多跨混凝土梁式桥，采用钢支架上现浇混凝土的施工方法。事故前该桥已施工一年多，预计 2007 年年底建成通车。

2007 年 9 月 10 日，施工中的钢支架连同已浇筑的混凝土梁体突然垮塌，造成 20 人死亡，多人受伤，并压毁桥下正经过的 15 辆汽车，造成特大伤亡事故。

这一事故的特点是，支架垮塌造成的重大伤亡主要在桥下。所以，在桥梁施工中，对于必须维持桥下车辆和人行交通的情况，安全风险可能造成的后果更为严重，尤其是城市桥梁，桥上、桥下的安全保障措施极为重要，稍有疏忽，就有可能发生事故。

实例十三　美国加利福尼亚州纳伯莫拉街桥

2003 年 12 月 3 日，该桥在施工中支架钢梁坍塌。事故原因是在施工中使用的千斤顶失效，导致支架钢梁坠落，用于浇筑混凝土的模板等也全部损坏。

千斤顶虽非大型设备，但在施工中起重要作用，千斤顶出问题，往往造成严重后果。

实例十四　河南省内乡县万沟大桥

该桥位于内乡县通往宝天曼风景区的新建旅游公路上，为跨径 46m 石拱桥。采用木拱架上砌筑拱圈的施工方法。

2002 年 8 月 15 日，大桥拱圈合龙后，拆除拱架的弓形木时突然垮塌，正在桥上施工的 17 名民工连同拱架与桥体一起坠落桥下，造成 10 人死亡、2 人受伤的重大事故。

圬工拱桥当采用就地现浇或砌筑时，卸架过程是一道关键工序，存在较大风险。类似事故国内已发生多起。相关施工规范与施工技术手册，已经有明确规定和具体要求，施工组织设计必须纳入这些内容，作为指导施工的依据。这是行业内的基本常识。

实例十五　深圳市盐坝高架桥

深圳盐坝高速公路起点高架桥为多跨混凝土梁桥。采用支架上现浇的施工方法，支撑架为扣件式满布钢管架。2000 年 11 月 27 日，其中一跨（第 7 跨）正在浇筑梁体混凝土时，支架连同已浇筑混凝土突然坍塌（图 6-5）。正在支架上面作业的 69 名工人随之坠落，造成 10 人死亡、33 人受伤（其中重伤 10 人）的重大安全事故。

图 6-5　深圳市盐坝高架桥支架垮塌现场

垮塌处的支架高度约 20m。坍塌长度约 30～50m，宽度为 20～30m，应属高大支架。

事故发生后，经过一个月的调查，深圳安委会公布了事故原因，主要是支架构造和设计存在缺陷、施工方法和工艺不当等综合因素导致支架垮塌。专家组认定的具体技术原因有以下 5 项：

（1）施工中安装的架体立杆垂直度偏差较大。

（2）部分扣件未能完全拧紧，紧固力不足。

（3）水平杆接长连接的方式没有采用搭接的方法，削弱了支架的整体稳定性。

（4）垮塌的第 7 跨，在支架设计中横向未设剪刀撑，纵向虽设置了剪刀撑，但数量不够，造成支架主体稳定性不足。

（5）支架设计中对不利荷载因素及荷载分布状况认识不足，未采取相应的对策和措施，致使支架的整体稳定性存在安全隐患。

这次事故发生在 2000 年 11 月 27 日。作为高速公路上的桥梁，理应执行当时的《公路桥涵施工技术规范》。但公路桥梁规范对钢管支架的若干重要技术要求不够具体明确。另外，城市桥梁应执行的行业规范——《建筑施工扣件式钢管脚手架安全技术规范》JTG 130-2001 还未颁布实施。当时钢管支架的设计，主要是参考有关的"手册""专著"或论文。规范的粗略与滞后，导致这种高大支架设计存在某些缺陷，也是一种不可忽视的因素。从 2002 年到 2006 年，国内建筑工程高大支架倒塌事故不断出现，引起了业界和主管部门的重视，经过数年的试验研究和经验教训的总结，终于在 2011 年由住建部颁发了新规范 JTG 130-2001，使扣件式钢管支架的设计、计算与施工有了可靠的权威的（含强制性条文）依据。

深圳市安委会还指出：施工单位、监理部门管理不力，安全质量意识淡薄，也是不容忽视的原因之一。

此外，支架是否进行了荷载预压试验不清楚。对于这样的高大支架，如果未进行预压试验，也是一项重大失误。

6.3　支架种类特点及有关桥梁事故

建筑工程与桥梁工程施工中使用的支架通常按用途可以划分为以下三类：

（1）结构工程施工作业使用的辅助支架。它是为了满足主体工程施工操作、修补以及墩柱、盖梁等施工作业需要而设置的临时施工作业平台。

（2）防护和爬梯支架，亦称为作业防护系统。包括作业区域维护隔离、临时通道防护棚、施工场地上、下爬梯及结构物临边临空防护等支架系统。主要用途是为了保证从业人员的施工安全。

（3）承重支架，建筑工程中称为模板支撑架。它是为支撑模板及其荷载或为满足其他承重要求而设置的整体支架支撑系统。

我国建筑工程旧的传统，把上述三种临时支架都统称为"脚手架"。而且主要是用于第（1）、（2）类。进入 21 世纪后，建筑工程中脚手架的应用已由原来的脚手架功能扩大为模板支撑架。例如，参考文献［3］的名称为《建筑施工扣件式钢管脚手架安全技术规范》，参考文献［4］的名称为《建筑施工碗扣式钢管脚手架安全技术规范》，但这两种规范的具体条文，都分别按脚手架与支撑架予以明确规定。而规范的名称则仍沿用"脚手架"，估计是为了与传统的名称相衔接。但脚手架与支撑架在用途与受力上有严格区别。在桥梁工程中，支架是承受结构物和施工临时荷载以及风荷载的承重体系，不采用"脚手架"这个名称。本节所讨论的有关支架的问题，均为承重支撑体系，也就是限于上述第（3）类，不涉及第（1）、（2）类。

桥梁工程施工中使用的支架种类很多，常用的有以下几类。

6.3.1　木支架和木拱架

20 世纪 90 年代以前，我国桥梁工程中，就地现浇和砌筑的桥梁施工，较多采用木支架和木拱架，尤其是山区和边远地区等经济欠发达地区，木支架与木拱架成为主要的施工方法。2004 年以前的公路桥梁设计规范，包括：《公路工程设计准则》（1954 年）、《公路桥涵设计规范》（1975 年）和《公路桥涵钢结构及木结构设计规范》JTJ 025-86（1986 年）等，都有关于木结构桥涵设计的规定。后来，随着建设规模的不断扩大，国家林木保护政策的进一步强化，工程用木材日趋紧张，价格不断上涨，木结构的优势逐渐消失。从 20世纪 80 年代起，钢管支架引入我国，逐步取代了木支架和木拱架，但在边远山区或农村公路上，还有少数中小桥采用木支架。

中小跨径混凝土梁式桥使用的木支架，由面板（即梁体的底模板）、横梁、纵梁（或撑架）、帽木、立柱、夹木和落架装置以及立柱基础等几部分组成。一般采用的有三种基本构造形式：

（1）多排立柱式，也称满布式。立柱纵向间距一般为 3～4m，横桥方向立柱多设在梁肋之下的位置。一般情况下，支架的高度宜不大于 6m，桥梁跨度宜不大于 16m。

（2）撑架式。当桥梁跨度较大时，可以适当增大立柱的纵向间距，可以达 4～6m，但立柱之间用 X 撑或人字撑加强。

（3）八字撑架式。当桥梁跨径较大、桥也较高时，或为了桥下预留横桥向通道，宜采用八字撑架式。八字撑的纵向跨度一般可为 6～8m，桥梁跨度较大时，可能有 2 孔或 3～4 孔八字撑架孔跨。孔与孔之间设双立柱或三立柱式支架墩，立柱之间设斜撑或剪刀撑。

木拱架不仅用于中小跨径拱桥，有时也用于大跨径圬工拱桥。我国 20 世纪 90 年代以前大量修建的石拱桥、双曲拱桥、桁架拱桥、刚架拱桥等，大多采用拱架上施工，且大部分采用木拱架。1994 年交通部重新发布石拱桥标准图 JT/GQB 046-84，跨径有 6 种，即 25m、30m、40m、50m、60m，荷载为汽-20、挂-100。"说明"中指出："拱架可采用木拱架或土牛拱胎"。另外，国内一些大型公路设计院，20 世纪 80 年代前后编制了石拱桥及相应的木拱架设计图。例如，四川省交通厅公路规划勘察设计院，1981 年编制了石拱桥上部构造设计图（跨径 25m、30m、35m、40m、45m、50m、60m、70m、80m），1983 年编制了石拱桥木拱架（拱盔部分）设计图（跨径 25m、30m、35m、40m、45m、50m、60m、70m、80m），1985 编制了石拱桥设计图（跨径 6m、8m、10m、13m、16m、20m、25m、30m，荷载为汽-超 20、挂-120）等。

木拱架通常由拱架上部（称为拱盔）、拱架下部（支架）和卸架设备三部分组成。拱架下部（支架）还包括立柱的基础。我国常用的木拱架有 3 种类型。

（1）满布式拱架。拱盔部分包括：模板、横梁、弓形木、斜撑、立柱及大梁等。拱架下部由立柱、纵横水平杆、斜夹木等组成。横梁间距一般为 60～80cm，弓形木支承在立柱或斜撑上，长度为 1.5～2m。立柱间距按照拱桥跨径及承受拱圈重量的不同在 1.5～5m 之间，拱架横向间距一般为 1.0～1.7m，由横向撑架和设在大梁平面上的水平风撑架联结。

按支架形式的不同，满布式支架又可分为排架式和斜撑式等类型。

排架式拱架是由立柱组成排架作为支架。排架立柱在纵向宜放在拱盔节点的下面。斜撑式拱架一般可分为人字式斜撑和八字式斜撑。这种拱架是以相邻几组立柱支架组成框架式支架作为中间支承，在两框架之间用人字撑和八字撑支承拱盔。斜撑式拱架适用跨度较大、高度较高的拱桥，不但可以节省木材，而且能在拱桥下留出适当空间，减小洪水威胁，适应通航要求。

为了加强拱架的稳定性，可以在拱架横向设置刚性斜撑或设置缆风钢绳。

（2）三铰桁式木拱架。在纵向由两片对称弓形桁架在拱顶拼接而成，两个下端直接支承在墩台所挑出的牛腿上或紧贴墩台的临时排架上，跨中一般不另设支架。这种拱架适用于墩高、水深、流急以及需在施工期维持通航的河流。和满布式拱架比较，木材用量少，可重复使用，损耗率低。但是对木料规格、质量要求高，拱架的制作、架设技术要求较高，需要用吊装设备进行安装。另外，由于在拱顶处设铰，为构造上的薄弱部位，对拱架的稳定性不利。国内石拱桥采用三铰桁式拱架，跨径可以达到 40～60m。

（3）夹合木拱架。常用的夹合木拱架有双铰拱与无铰拱两种。这种拱架的主要特点是利用短木料锯成板材制成拱架的上下弦，并用螺栓紧固加强。拱桁的剪力由腹杆承受，腹杆由钢杆及木杆构成。施工中对钢杆进行预拉，以使木杆受到预压。相邻的腹杆一根受拉，另一根受压。腹杆的木杆必须在任何情况下保持不小于 $5kg/cm^2$ 的预压力，腹杆的钢杆则应保持不小于 $30kg/cm^2$ 的预拉力。夹合木拱架的优点是便于重复使用，木板与铁件的损耗率均低。缺点是木料规格及质量要求高，因而用圆木加工为板材时成材率较低，铁件用量较多，拱架的制作、架设技术要求高，拱的跨径较大时稳定性差。

国内木拱架采用最多的是满布式拱架，其次是三铰桁式木拱架，夹合木拱架使用较少。

木支架和木拱架失稳、损坏引发的桥梁事故，往往造成重大伤亡和经济损失。几个实例如下：

（1）贵州省铜仁市鱼梁滩脚大桥（参阅 6.2 节实例一），死亡 37 人，受伤 31 人。

（2）湖北省三峡库区焦家湾大桥（参阅 6.2 节实例三），死亡 11 人，受伤 13 人。

（3）贵州省绥阳县狮子坝大桥，单跨 45m 石拱桥，采用木拱架砌筑主拱圈。2003 年 3 月 9 日，木拱架与拱体一起垮塌，造成 6 人死亡，21 人受伤。

（4）四川省万县地区（现重庆市）××桥，为跨径 70m 石拱桥，矢跨比 1/6，在木支架上用钢丝网水泥薄壁做底模。1976 年在砌筑拱石时，支架大变形而垮塌，伤亡情况不详。

（5）××高架桥为混凝土梁桥，采用满布式木支架。2000 年初，木支架失火损坏，全部拆除报废。

（6）美国加州奥本大桥，为 $3\times47m$ RC 拱桥，采用木拱架上现浇的施工法。1911 年在浇筑第 3 跨拱圈混凝土时，木拱架与拱体一起垮塌，3 人死亡，16 人受伤。

（7）德国萨尔河大桥，为 $2\times54m$ 混凝土三铰拱桥，采用木拱架上现浇的施工方法。1913 年浇筑拱圈混凝土时，木拱架横向屈曲垮塌。事故前拱架支撑被船撞损伤。事故的伤亡情况不详。

文献［10］介绍了 2008 年以前湘黔边境石拱桥施工中发生垮塌的桥梁共计 21 座，死亡合计 75 人，受伤 147 人。这些桥绝大部分都是采用木拱架。在山区或农村由于技术力量薄弱，石拱桥多采用木拱架施工，存在较大的安全风险。

6.3.2　扣件式和碗扣式钢管支架

20 世纪 70 年代，钢管支架开始引入我国，最早在建筑工程中使用的是扣件式钢管脚手架，桥梁工程施工后来也逐步推广使用扣件式钢管支架。扣件式钢管支架是木支架金属化的发展结果，以钢管代替木质杆件，用扣件代替铁丝及扎绳。扣件的连接功能更为明确：横、立杆连接用"直角扣件"，斜杆连接用"旋转扣件"，杆件接长用"对接扣件"。钢管规格现已逐渐统一为 $\phi48\times3.5mm$ Q235 级钢制作的钢管。相对于木支架而言，这是土木工程施工技术的重大进步。扣件式钢管支架的主要优点有：各类杆件均统一为 $\phi48\times3.5mm$ 的钢管，材料质量容易保证，不用单独加工，只需按长度下料即可；立杆与大横杆的间距不受严格限制，具有较大通用性；施工企业可以作为常备式构件保存较长时间，灵活运用于各类工程，且耐久性优于木材。扣件式钢管支架的主要特点是：横、竖、斜杆之间连接有偏心，对架体受力有不利影响；节点处的杆件连接力取决于螺栓拧紧的程度，因而其搭设质量有人为因素影响；立杆下端必须采用底座，而不能采用木支架立杆可以埋入地基的办法，当地基较弱时，应在加固的地基上安置底座。

对扣件式钢管支架的力学特点的认识，从 20 世纪 90 年代以来，通过荷载试验、有限元分析计算和理论研究，获得若干重要进展。例如，文献［61］针对扣件式钢管满布支撑体系进行了荷载试验及理论分析，按《建筑施工扣件式钢管脚手架安全技术规范》JTG 130-2001 的规定，对 15 个不同搭设参数下的满堂支撑架体系进行计算，多数情况下，其计算结果均比有限元和原型试验结果高出较多，而且是偏于不安全的，表明 JTG 130-2001 规范中的计算方法存在一定的不合理性。该论文给出了满堂支撑架立杆计算长度的公式与有关参数的取值，还提出了满堂支撑架应按架体的类型分别按加强型与普通型设置剪刀撑。JGJ 130-2019 版，在试验研究与总结经验教训的基础上，进行了较全面的修订，使扣件式钢管支架的使用有了更安全、合理的保证。

在使用扣件式满布钢管支架的过程中，我国建筑工程与桥梁工程施工积累了若干经验。以下几点甚为重要：

（1）扣件式满布钢管支撑架的主节点约束状态，对架体的整体受力分析有很大影响。有的论文指出，主节点处于半刚性、半铰状态。但试验资料表明，主节点的约束更接近铰接，尤其是扣件紧固不足的情况下，实际上是铰接。这是有的支架发生较大变形甚至失稳的原因之一。从偏于安全考虑，扣件式满布钢管支撑架进行整体分析时，主节点应视为铰接，宜按空间桁架进行计算，较为稳妥。

（2）满布式钢管支撑架施工中发生事故的主要原因，有以下三点：

①架体整体结构不满足几何不变性条件，结构因发生机动而失稳破坏；

②荷载在杆件中引起的内力超过其承载力或受压杆的细长比 $\lambda > 250$，导致杆件发生强度破坏；

③立杆的轴力成为拉力，支架发生倾覆失稳而破坏，这种情况多由风荷载引起。

将扣件式钢管支架视为主节点铰接的空间桁架时，保证其结构几何不变的条件是：在每层桁架网格中，至少有一格内有沿主节点对角线的斜撑，在支架大面每层不少于 2 根斜杆，当架体较长时，中间适当增加，间隔不应大于 3 跨，则该网格结构即可构成几何不变体系。水平层斜撑应按规范规定设置。可见，通过主节点的剪刀撑具有特殊重要性。

控制受压杆件的长细比，关键在于正确计算出立杆的计算长度。其值主要取决于连墙杆（对于桥梁支架，应是架体与墩台身等刚度大且位置固定的结构物之间的连接杆）的竖向间距，而不是步距。当连墙杆的竖向间距较大时（实际工程中，常达到 2 倍或 3 倍步距），此时需采用增加立杆之间斜杆的措施，使立杆与小横杆和斜杆构成桁架体系。此时便可将计算长度取为步距，提高立杆的轴向承载力。

在风荷载作用下，应按空间桁架分析计算各立杆的轴向力，必须避免立杆出现拉力，否则应采取措施使其在最不利荷载组合作用下，立杆均为受压杆件，并有必要的压力储备，以策安全。

（3）桥梁工程施工中，有时落地支撑架的高度很高，在山区更是经常碰到。例如，贵州省凯里云泉大桥，主桥为净跨 160m 上承式 RC 箱形拱。拱圈采用支架现浇，拱脚至 $L/4$ 附近采用满布式钢管支架，左 $L/4$～右 $L/4$ 之间，设置临时墩，采用万能杆件组成，临时墩上为贝雷纵梁，跨度 15m，纵梁之上搭设满布式钢管支架，整个架体的总高度达 60m。在贵州省著名桥梁施工专家罗荣志的组织指挥下获得成功，该桥为目前国内落地支架施工最高的上承式 RC 箱形拱桥。国内高支架发生事故的重要原因之一是对风荷载对架体存在高风险的认识不够，有关规范也未就架体结构提出具体的计算方法。有经验的桥梁施工工程师，十分重视抗风措施，高支架设置缆风索、横向刚性支撑或连墙杆是十分有效的。

　　（4）支架必须进行荷载预压试验

　　支架进行荷载预压的目的，首先是为了检验支架的安全性；其次是为了消除支架地基的不均匀沉降和架体的非弹性变形，并获取架体实际弹性变形值，以验证设计预拱度和确定施工预拱度。

　　一些采用支架上现浇或砌筑的桥梁，由于未进行支架荷载预压，轻则因地基沉降导致上部结构预拱度不足或出现裂缝，重则发生安全事故。例如，广东省韶关白桥坑大桥特大事故，重要原因之一就是拱架没有进行荷载预压（参阅 6.2 节实例二）；贵州省贵阳市花溪二道跨线桥伤亡事故，因为没有对钢管支架进行荷载预压，直至桥跨了以后，通过调查才知道整个架体没有设置剪刀撑，实质上是一几何可变体系，桥垮塌之前仅仅靠主节点处扣件与杆件之间的摩阻力克服很小的荷载，随着混凝土浇筑量的增大，架体因机动变形而失稳（参阅 6.2 节实例四后段补充部分）。早期修建的一些石拱桥、双曲拱桥，几乎都未进行荷载预压试验，致使少数存在安全质量问题的拱桥未能及时发现隐患，是跨桥的原因之一。

　　还有一种情况是，支架预压过程发生垮塌或大变形，这是另一类桥梁事故，将在后面介绍实例。

　　2010 年以前，我国建筑工程和桥梁工程没有关于支架荷载预压试验的专门规范。20 世纪 90 年代以后，基本建设工程发展迅速，规模越来越大，施工中支架垮塌的事故越来越多，重要原因之一就是支架存在的安全隐患，在施工加载前不清楚，存在盲目性。针对建筑工程广泛采用钢管满堂支架的情况，住房和城乡建设部颁发了《钢管满堂支架预压技术规程》JGJ/T 194-2009，已于 2010 年 7 月 1 日开始实施。该规范在"总则"中指出："为规范钢管满堂支架预压，保证钢管满堂支架现浇混凝土工程施工质量，保障施工安全，制定本规程。"在桥梁工程方面，《公路桥涵施工技术规范》JTG/T 3650-2020 仅在第 5.4.3 条第 3 款规定："通过预压的方式，消除支架地基的不均匀沉降和支架的非弹性变形并获取弹性变形参数，或检验支架的安全性。预压荷载宜为支架需承受全部荷载的 1.05～1.10 倍，预压荷载的分布应模拟需承受的结构荷载及施工荷载。"这段规定，基本上是定性要求，且强调支架安全性的力度不够。有的桥梁施工支架的预压参照建筑行业的上述规程，但因不完全适合桥梁的特点，并未严格执行。考虑到支架质量对现浇施工桥梁的安全有重大影响，有必要编制本行业的专门规范。

　　碗扣式脚手架是英国 SGB 公司于 1976 年首先研制成功的。该系统一经推出，便因其诸多突出优点在世界许多国家迅速得到推广。经过国外三十几年的实际实用，已经被证实为一款非常成熟、优秀的产品。其力学设计和工艺设计使得该系统既可应用于脚手架领域，也可应用于荷载较大的支撑领域。

　　1986 年铁道部专业设计院在学习了英国 SGB 公司碗形脚手架的基础上，结合我国情况，试制成了"碗扣型脚手架"，其主要特点是在下碗扣接头上加了几个齿牙，以增强碗扣接头的自锁能力。冶金部建筑研究总院与无锡县建筑脚手架厂于 1986 年联合试制成了

"碗形承插式脚手架"，在吸收国内外脚手架经验的基础上，对脚手架的某些方面进行了改革。

在相当长的一段时间内，建筑工程与桥梁工程施工应用最广的是扣件式钢管脚手架和支撑架。虽然其具有搭设简易、灵活、方便，钢管经久耐用，租用费用较低等优点，但是也存在施工操作劳动强度大、功效低、稳定性差、手工操作螺栓紧固人为因素影响大，致使承载力不甚可靠等缺点。碗扣式钢管支架兴起后，不断扩大使用范围，在多方面克服了扣件式钢管支架的弊端。

碗扣式钢管支架的主要优点有：搭拆迅速、省力、结构稳定可靠；配备完善、通用性强；承载力大、安全有保证；易于加工、不易丢失、便于管理；易于运输；应用广泛等。缺点是：横杆为几种固定尺寸的定型杆，立杆上碗扣节点按 0.6m 间距设置，使架体尺寸受到限制，不够灵活；U 形连接销易丢失，不便于物资堆放；价格较贵，一次投入费用较高，对施工成本有一定影响。

从 1986 年以来，以建筑行业为主，包括施工企业、行业管理部门、高等院校、科研单位以及脚手架制造公司等，投入大量资金和技术力量对碗扣式支架进行了广泛的试验研究，取得了丰硕的成果，为碗扣式钢管脚手架和支架在我国基建工程中的使用奠定了坚实的基础。下面简要介绍涉及碗扣式钢管支撑架使用中与安全可靠性有关的几个重要问题。

（1）从 2009 年 7 月 1 日开始实施的行业标准《建筑施工碗扣式钢管脚手架安全技术规范》（JGJ 166-2016），认真总结了国内外科研成果和大量实践经验，使碗扣式钢管脚手架和支撑架在施工中的应用有可靠和明确的依据，是钢管脚手架及支撑架的一项重大技术进展。桥梁工程施工同样可以将该规范作为技术指导，认真执行。2009 年以后，这方面的试验研究又有一些新的进展，其中与架体安全度有关的是支撑架立杆的计算长度如何取值。

规范 JGJ 166-2016 规定：当外侧四周及中间设置了纵、横向剪刀撑并满足第 6.2.6 条第 2 款构造要求时，应按 $l_0 = h + 2a$ 计算，式中，h 为步距，a 为立杆伸出顶层水平杆长度。这个计算公式是借鉴英国标准，即规定稳定性分析的计算长度 $l_0 = h + 2a$，式中包含 a，是为限制施工现场任意增大钢管上端伸出的长度，以保证支架的稳定，并没有理论上的依据。这个公式没有考虑架体高度对整体稳定性的影响。对用于高、大、重的模板支架（例如高架桥混凝土梁的现浇施工）的适用性值得探讨。这是规范用于高、大、重支撑架存在的一个问题。国内近年的一些试验研究成果，普遍的结论是，承重支撑架计算长度 $l_0 = h + 2a$ 是偏于不安全的。应该在 $(h + 2a)$ 的前面乘以一个大于 1 的系数。文献[62]建议：

① 架体没有任何剪刀撑时：$l_0 = 1.45(h + 2a)$；

② 架体只有水平剪刀撑时：$l_0 = 1.25(h + 2a)$；

③ 架体只有竖向剪刀撑时：$l_0 = 1.30(h + 2a)$，剪刀撑应采用专用扣件连接；

④ 既有水平剪刀撑又有竖向剪刀撑时：$l_0 = 1.1(h + a)$，竖向剪刀撑应采用专用扣件连接。

桥梁工程采用碗扣式支撑架时，建议既要设置水平剪刀撑，又要设置竖向剪刀撑，立杆的计算长度 $l_0 = 1.1(h + 2a)$，h 与 a 按规范规定取值。

（2）根据试验与分析研究，长期以来业界有一种观点，认为采用扣件或碗扣连接的钢管脚手架的节点约束状态具有半刚性，并成为扣件式钢管脚手架规范的理论依据。但难以明确拟定出整个架体的计算简图，也缺乏半刚性假设的物理或力学意义。可以作为一种理论概念进行研究，但不能实际应用。对于扣件式钢管支架，前面已指出，主节点实际上更接近于铰接状态。文献［62］指出，宜将碗扣式钢管支架连接节点视为铰接，并认为横杆在体系中是不受力的，只是起到减少立杆有效长度的作用。所以，包括扣件式和碗扣式钢管支架都可以把主节点视为铰接，计算简图明确，理论分析较为成熟，使用最为普遍，并且略偏于安全。

（3）在支撑体主节点确定为铰接的前提下，架体应属于桁架结构。其几何不变的基本要求为：在架体与墩台等固定构造物没有可靠连接的情况下，满布式钢管支撑架几何不变的必要条件是：沿立杆轴线（包括平面上 x、y 两个方向的）每行、每列网格结构竖向每层不得少于 1 根斜杆，支架大面上每层不少于 2 根斜杆，当架体较长时，中间适当增加斜杆，间隔不应大于 3 跨。水平层斜杆应按规范要求设置，斜杆的两端必须通过主节点。

（4）在整个支撑体系内，中间竖向剪刀撑与水平面内的加强层（指水平面内有水平斜撑）对于支架的整体承载力及整体稳定性起关键作用。对高、大、重的桥梁支架应特别关注设置足够数量的中间竖向剪刀撑，每一个竖直桁架立面都应设置。同时，还应至少在上、中、下三个水平层面上设置水平剪刀撑，当架体较高时，还增加水平加强层。

（5）上述关于架体为桁架、主节点为铰接的假设，总体上正确，略偏于安全，是现今被广泛承认的一种方法。但也存在不够合理之处。此法虽承认斜杆能够承受水平荷载，但未将其纳入整体结构中，即在计算竖向荷载时斜杆仅仅是为了整个体系保持不变，却不参与受力。另外，此法认为横杆不受力，实际上，作为桁架的组成部分，有些横杆能分担一定的轴力，起拉结作用，前后有矛盾。有的学者对铰接法进行了修改，将斜杆与横杆纳入整体结构中，并认为斜杆与立杆的连接处近似通过节点。在正立面，纵向水平杆、斜杆与立杆铰接，形成静定或超静定桁架结构，立杆计算长度为步距。在侧立面，横向水平杆与立杆形成一种组合结构，立杆计算长度为连墙杆的竖向距离。这样的改进，在理论上更为合理，前进了一步。但支撑架的分析计算是一项实践性很强的技术，只有通过试验研究和长期的工程实践才能肯定其安全性与实用性。这种改进方法还有待于进一步深化和继续研究。

在建筑工程与桥梁工程施工中，长期而广泛地采用扣件式和碗扣式钢管支架，取得了很大的成就，积累了丰富的经验，也发生少数事故。扣件式钢管支架比碗扣式钢管支架的事故更多一些。下面介绍几起碗扣式钢管支架事故实例。

实例一　某高速公路立交桥

该立交匝道桥上部结构为现浇混凝土箱梁，共计 33 联，其中 3 联为预应力混凝土箱梁，30 联为钢筋混凝土箱梁。箱梁顶板宽 10.5m，底板宽 6m。箱梁施工采用满布式碗扣式钢管支架。钢管支架上搭设纵、横木，底模板和侧模板。混凝土浇筑分两次进行，首先浇筑底板与腹板，然后浇筑顶板。要求箱梁混凝土达到 100% 设计强度后落架。

模板支架采用碗扣式钢管满布式支撑架。实用钢管规格为 $\phi 48 \times 3.0mm$，纵横向立杆间距为 60cm×90cm，步距 1.2m，最顶层水平杆之上的立杆长度 1.2m（即一个步距），立杆顶部可调顶托长度 0.1m。架体总高度 9.7m，宽度 11m。仅在架体横向每隔 4 跨设置

1 道剪刀撑，其他部位未设置剪刀撑。最下层水平杆距地面为 85cm。

按上述方式共搭设了 6 联支架。选取最边缘一跨进行加载预压试验，用沙袋堆载。从一端开始，一次性满荷载预压，堆载预压按 1.3t/m² 超载布置。完成堆载 13h 时，架体开始出现倾斜，随即从一端开始垮塌，进而整跨（20m 长）架体全部垮塌，所幸未造成人员伤亡。

事故发生后，进行了调查和分析验算，架体垮塌的主要原因有以下几个方面：

（1）架体稳定性计算错误；

（2）钢管壁厚不符合规范规定，经现场测量，实际壁厚为 3.0mm，远小于规范要求的 3.5mm，导致验算的基本数错误；

（3）架体顶端立杆自由长度过大，远超出规范规定的数值；

（4）荷载预压没有采用分级预压的正确方式，而是一次性满载到位；

（5）预压前对架体未进行正规的验收；

（6）剪刀撑设置不符合规范规定；

（7）架体未与已完成的墩台进行可靠连接（即无连墙件）。

实例二　某大学新校区剧院工程

该剧院建筑为框架结构，平面东西方向长 70m，南北方向长 47.5m，呈椭圆形，屋面为双曲椭圆形 RC 梁板结构，板厚 110mm，采用碗扣满布式钢管支架现浇施工，支架高度 27m。从 7 月 24 日开始浇屋面混凝土，到 7 月 25 日凌晨支架垮塌，现场施工作业的 24 人坠落。其中 4 人死亡，20 人受伤。

事故原因：负责模板支架的班组不具备搭设碗扣式钢管支架的专业知识，致使架体立杆间距过大，剪刀撑数量太少，钢管及碗扣节点质量差，均不符合规范规定，且建设单位、施工单位和监理单位均未认真检查、整改便同意浇筑混凝土。造成事故的主要原因是管理混乱、失职，应为一起责任事故。

实例三　昆明市新机场立交桥

该立交桥的情况见 6.2 节实例六。采用碗扣式满布钢管支架现浇施工，2010 年 1 月 3 日浇筑混凝土过程中支架垮塌，造成 7 人死亡、8 人重伤、26 人轻伤的重大安全事故。

实例四　四川省自贡市××大桥

该大桥为上承式 RC 箱形拱桥，净跨径 80m。采用碗扣式钢管满布支撑架上现浇施工。2002 年 2 月 8 日，在浇筑拱圈混凝土的过程中，钢管支架垮塌，造成 3 人死亡（受伤人数不详）的重大事故。事故后进行的调查表明，造成事故的主要原因之一是钢管壁厚与规范的规定相差太多。经检测统计，有 47％的钢管壁厚不足 3.5mm，最薄者仅有 2mm。

国内市场上钢管质量参差不齐，许多厂家出厂的碳素结构钢钢管壁厚为 3.0～3.3mm，有的甚至不足 3mm。标准壁厚为 3.5mm 的钢管如按 1t 计价，厂家如供货钢管壁厚减至 3mm，实际重量则仅为 840～920kg，每出售 10t，便可多获得 1t 的收入。钢管壁厚每减小 0.25mm，其稳定性承载力将下降约 5.5％，其惯性矩将损失约 10％，经过多次周转使用后，因钢管锈蚀使壁厚继续减薄，其惯性矩会更小，轴向抗压能力可能降低

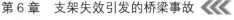

18.7%～13.3%。这是钢管支架目前存在的一种安全隐患。

6.3.3　钢拱架

当拱桥高度较高而又拟采用就地现浇或拼装的施工方案时，落地支撑拱架存在高支架安全风险大、工期长、费用高以及施工难度大等缺点，采用架空的钢拱架进行现浇或预制组装的施工方法，能基本上克服落地支撑拱架的大部分弱点，是一种更合理的选择。早在20世纪30年代至60年代，国外有的混凝土或圬工拱桥就采用钢拱架施工方法。例如，1934年建成的瑞典谭德桥，为主跨181m的上承式RC箱形无铰肋拱，为公铁两用大桥，矢跨比1/6.9，桥宽27.5m，拱体由两条C45混凝土拱肋组成，单肋宽度9m，拱肋为变高5～3m，在钢拱架上现浇施工，拱肋混凝土分为两环浇筑；1951年建成的意大利Lifowrne河公路桥为主跨120m的上承式RC箱形拱桥，矢跨比1/9.6，用钢拱架现浇施工；1965年建成的巴西巴拉那公路桥，为主跨290m的上承式RC无铰拱桥，矢跨比1/5.5，桥面宽13.5m，采用三铰钢拱架上现浇施工方法，钢拱架靠拱脚约60m处设置落地支架支撑钢拱架，中间约170m为架空钢拱架。

我国最早采用钢拱架施工的大跨径拱桥，是四川省攀枝花3006大桥，为主跨146m的上承式RC箱形拱桥。于1972年建成，矢跨比1/4，拱圈高度2.5m，拱圈宽10.5m，桥宽13.5m，用型钢制作钢拱架，是我国具有代表性的大跨径混凝土拱桥。中国邮政于1978年11月1日发行的特种邮票（T·31）"公路拱桥"共计5枚，其中（5-4）就是该桥的立面照片，称为"川西六号桥"。1983年建成的四川攀枝花3007大桥，主跨达到170m，亦为上承式RC公路拱桥，矢跨比1/5，拱圈高度2.8m，拱圈宽10.5m，桥宽12.5m，用型钢制作钢拱架。3007大桥是我国目前采用钢拱架现浇施工的上承式RC拱桥的最大跨径桥梁。

1983年以后我国建成的采用钢拱架施工的RC上承式箱形拱桥跨径均小于150m。实践经验表明，跨径超过150m后，钢拱架的钢材用量迅速增大，安装与拆卸较为麻烦，工期较长，不够经济合理。另一个原因是，天线缆索吊装施工法、转体施工法、钢管混凝土劲性骨架法以及挂篮悬浇法等在我国兴起，混凝土拱桥的施工方法有了更多的比较和选择。目前，钢拱架上现浇混凝土拱的合理跨径大约在80～130m。跨径更大时，选择其他施工方法可能更合适一些。

钢拱架现浇施工法，实质上是先修建一座比主桥跨径略小的临时钢拱桥，在这座临时钢拱桥上施工主桥的拱圈，在下述几个环节上存在安全风险：钢拱架安装至合龙阶段一般采用天线缆索吊装，在较长时间内进行高空作业，吊装设备、施工操作、施工程序、稳定措施的采用等方面存在一定的安全风险；钢拱架合龙后荷载预压阶段，对钢拱架的承载力进行实际考验，存在风险；钢拱架上浇筑拱圈时的安全风险。还有更值得注意的是，钢拱架的设计计算（包括专用的与非专用的钢拱架）是否安全可靠，如在某个环节上失误就可能造成事故。以下简要介绍几个实例。

实例一　广东省韶关市白桥坑大桥（详细情况可参阅6.2节实例二）

这是国内钢拱架垮塌造成的一起特大事故，死亡32人，受伤59人。发生于1996年12月20日，最主要的原因是拱架设计失误和施工管理严重失职。其次是施工过程的关键环节违反规范规定；拱架未进行荷载预压试验；施工工人未进行安全培训。从这次事故的全过程可以看出，上述关于钢拱架施工中的各种风险源在这座桥上几乎全都存在。

实例二　四川广元××桥

该桥为石拱桥，采用在钢拱架上砌筑拱圈石的施工方法。1999 年 11 月 1 日，施工中钢拱架垮塌，造成 10 人死亡、15 人受伤的重大事故。

实例三　崇遵高速公路××大桥

该桥为主跨 120m 上承式 RC 箱形拱桥，采用钢拱架上现浇拱圈的施工方法。2005 年×月×日，钢拱架在安装过程中垮塌，幸未造成人员伤亡。

实例四　贵州省正安县桑坝大桥

该桥为主跨 115m 上承式 RC 箱形拱桥，矢跨比 1/5，拱圈高度 2m、宽度 7m，桥面全宽 9m。采用"可变式多用途桥梁钢桁梁"组成的钢拱架现浇施工主拱圈。2008 年 4 月 1 日，钢拱架安装合龙成拱后进行荷载预压试验时，发生大变形而失稳，因处理及时，未发生垮塌，亦未造成人员伤亡。因变形过大，无法纠正，难以继续施工，同时该套钢拱架的设计存在较大缺陷，经主管部门决定，原钢拱架拆除不再使用，另采用安全可靠的钢拱架重新组织施工。该桥现已建成，正常营运至今。

该钢拱架事故简介如下。钢拱架成拱后进行荷载预压试验，在拱架上加载达到 3494kN（占总预压荷载 6800kN 的 51.4%）时，拱顶附近上冒达 1272mm，接近失稳临界状态，现场迅速拆除拱架上的荷载，因处理及时，避免了失稳破坏。拱架由三角形桁片组成，高度 150cm。钢拱架全宽 6.5m，由 5 片拱桁组成，桁片中距 1.5m，一组下弦由两片 160mm×30mm 的钢板组成，为受压杆件。事故发生后对下弦进行了分析计算。两片钢板之间的横向联系为 $\phi48×3.5$mm 钢管，未设置斜撑，应按由缀板组成的双肢格构受压构件计算其长细比 λ_{0x}，得到 $\lambda_{0x}=95.0$，但单肢对自身最小刚度轴的长细比 $\lambda_1=93.8$，远大于规范"组合杆件的单肢长细比，在受压时不得大于 40"的规定。下弦受压失稳大变形，是这一事故的直接原因。预压荷载仅达到总预压荷载的 51.4%，即发生失稳，表明钢拱架的设计有缺陷，受力分析有误。另外，拱架的构造处理也存在问题。拱架的横向联系全部采用脚手架钢管，用卡箍连接。这种连接方式很不可靠，而且所有连接均未通过桁架的节点，上弦杆基本没有直接的横向联系，下弦杆虽有横向联系，但极为柔弱。这是造成拱架整体稳定承载力很低的重要原因。

实例五　贵州省务川县珍珠大桥（详细情况可参阅 6.2 节实例五）

该桥为主跨 120m 上承式 RC 箱形拱桥，采用贝雷桁片组成的钢拱架。2005 年 11 月 5 日，钢拱架基本合龙后突然垮塌，造成 16 人死亡、3 人受伤的重大事故。主要原因是钢拱架合龙后过早拆除部分扣索，且施工中使用了部分质量低劣的器材。

我国近年上承式混凝土或圬工拱桥拱圈施工采用的钢拱架有三大类：一类是采用定型设计制造的常备式专用钢拱架；另一类是非定型设计的军用桁片或型钢临时组拼的非常备

式钢拱架；再一类是其他结构形式的钢拱架。

（1）按定型设计制造的常备式专用钢拱架

20 世纪 80 年代，四川省公路部门设计、制作了适用于上承式混凝土与砌石圬工拱桥的"常备式钢拱架"，为我国首套常备式钢拱架，从 1989 年以来，用这种钢拱架修建了近百座 50～100m 跨径拱桥。钢拱架基本单元为三角形桁架，类似于六四军用钢桁片，但钢拱架采用的三角形桁片高度为 200cm，而六四军用桁片高度为 150cm。所以，定型钢拱架的适用跨径可以达到 100m。在弦杆局部加强的情况，曾成功应用于 120m 跨径拱桥（四川小关子大桥，于 2000 年建成），该钢拱架的基本参数见表 6-3 序号 3。

2008 年中交公路规划设计院（贵州分院）为重庆市某企业设计了用于上承式 RC 箱形拱现浇施工的常备式定型钢拱架。其标准桁片为仿 H_{20} 的构造。桁片高度为 220cm，已在贵州省十多座拱桥上成功应用，最大跨径 125m，该钢拱架基本参数见表 6-3 序号 4。

（2）采用军用钢桁梁组装的钢拱架

国内使用最多的是用军用贝雷钢桁片组装的钢拱架，其桁片高度为 150cm，钢拱架的基本参数见表 6-3 序号 1。其次是用六四式军用梁三角形桁片组成的钢拱架，其桁片高度为 160cm，钢拱架的基本参数见表 6-3 序号 2。这两种军用钢桁片组装的钢拱架，用于上承式 RC 箱形拱就地现浇的最大跨径已达 120m，但对某些受力较大的区段进行了加强。

各类钢拱架标准节段基本数据比较（单片）　　　　　　　　　　　　　　　　表 6-3

序号	结构名称	外形尺寸 (cm)		弦杆截面						立面简图	备注
				上弦			下弦				
		高度 h	长度 l	构成	A (cm²)	W_x (cm³)	构成	A (cm²)	W_x (cm³)		
1	贝雷军用梁	150	300	2×2[10	50.96	158.80	2×2[10	50.96	158.80		主跨 120m 通达大桥 计入加强弦
2	六四式军用梁	160	400	2[16B	50.30	233.60					主跨 120m 底那河桥
3	三角桁架	200	400	2[16B	50.30	233.60					四川省 90 年代常备式钢拱架

续表

序号	结构名称	外形尺寸(cm) 高度 h	长度 l	弦杆截面 上弦 构成	A (cm²)	Wx (cm³)	下弦 构成	A (cm²)	Wx (cm³)	立面简图	备注
4	仿H₂₀桁架	220	400	L200×125×18	55.53		L200×125×18	55.53	$\dfrac{169.33}{330.05}$		中交公路规划设计院2008年设计的常备式钢拱架
5	仿贝雷桁架	220	400	2[18	58.58	304.40	2[18	58.58	304.40		中交公路规划设计院2010年设计的常备式钢拱架
6	仿华伦	220	586	2[25C	89.82	620.80	2[25C	89.82	620.80		主跨125m米家山大桥
7	加强型三角桁架	200	400	2L80×7	21.72	106.80	2L80×7	21.72	106.80		用于正安 L=75m 二合大桥

注：A-截面面积；W_x-截面抵抗矩，分数处分别为上、下缘对应的抵抗矩。

（3）其他结构形式的钢拱架

① 根据实桥具体情况设计与制作的专用钢拱架

例如，1972年建成的四川攀枝花3006号大桥（主跨146m上承式RC箱形拱）和1983年建成的四川攀枝花3007号大桥（主跨170m上承式RC箱形拱）就是针对实桥具体情况进行设计和制作的专用钢拱架，均获得成功。

② 组合式钢拱架

由两种或两种以上主要承力构件组成的钢拱架。例如，1989年建成的湖南五强溪电站沅水大桥（主跨133m上承式RC箱形拱）就是采用贝雷桁片构成钢拱架，并用斜拉索参与共同受力，形成组合式钢拱架，获得成功。

这几类钢拱架的利弊简评如下：

定型设计常备式钢拱架的主要优点是，在一定跨径范围内可以多次周转使用，钢材用量较省、使用效率高，较为经济；钢拱架的结构构造能适应拱圈曲线线形的特点，不需要其他辅助构件加强，安装较简易，进度也较快。主要缺点是，第一次投入费用较高，跨度及矢跨比等主要参数受设计采用值的限制。目前，这类钢拱架的最大使用跨径一般不超过 130m。

采用军用钢桁片组装的钢拱架，主要优点是，可以使用施工企业的现有设备；拱架节段之间主要采用销接或其他非焊接连接，大部分钢材可以周转多次使用，费用较低，施工也较方便，是广泛应用的一种钢拱架。主要缺点是，整个钢拱架非焊接接头较多，施工时如节点安装不够牢固，承受荷载后存在发生较大变形的风险；拱架一般由施工企业根据实桥的资料进行受力分析计算，对于少数技术力量较差的中小施工单位，在某些方面可能发生差错而存在安全隐患。例如，上述实例四采用"多用途钢桁梁"组拼的钢拱架，就是因结构设计与计算失误，导致拱架大变形而拆除钢拱架，另行采用可靠的钢拱架重新组织施工。

在 20 世纪 80 年代以前，我国大跨径上承式 RC 箱形拱桥的施工，主要采用天线缆索吊装预制拱箱的方法。1979 年建成的四川省宜宾市马鸣溪大桥，跨径首次突破 150m，具有重要意义。所以，1972 年建成的四川攀枝花 3006 号大桥（主跨 146m）和 1983 年建成的四川攀枝花 3007 号大桥（主跨 170m）采用专用钢拱架现浇施工，是当时我国大跨径拱桥的施工技术条件所决定的，因而是合理的。后来多种新的施工方法的出现与广泛应用，这类钢拱架由于钢材利用率低（主要杆件组成都用焊接，难以多次使用）、制作安装复杂、一次投入费用高，因而进入 20 世纪 90 年代以后，就很少采用了。

总体而言，从有利于降低施工安全风险考虑，定型设计的常备钢拱架优于军用钢桁片组装的钢拱架。在当今上承式 RC 箱形拱桥已有多种施工方法的情况下，在跨径 120～130m 以内，钢拱架现浇施工方法仍然是可以进行比较的一种方案。参考湖南五强溪电站沅水大桥采用组合式钢拱架的经验，常备式钢拱架还可以进一步加强，例如采用斜拉索参与受力，并进一步适当提高拱架的刚度，最大跨径达到 150m 在技术上是可行的。

6.3.4 其他形式支架

桥梁施工采用的支架，除上述三类以外，还有以下几类。

（1）承插型盘扣式钢管支架

承插型盘扣式钢管支架是近年来建筑业发展起来的一项新技术，因其具有材质好、易搭设、性价比高等诸多优点得到了越来越广泛的运用。承插型盘扣式钢管支架将碗扣式支架的碗形连接改进为连接盘的形式，横杆和斜杆通过插销与竖杆在连接处双向销紧，比碗扣式钢管支架的连接更可靠，并改善了节点处抗弯、抗剪、抗扭的力学性能。因而具有更高的稳定性和承载力。住建部 2010 年发布的行业标准《建筑施工承插型盘扣式钢管支架安全技术规程》JGJ 231-2010（2011 年 10 月 1 日实施），使承插型盘扣式钢管支架的设计、计算和使用有了明确的依据。

这种钢管支架目前在桥梁工程中应用不多。2016 年，在厦门某现浇箱梁桥施工中首次采用。该桥孔跨组成为（4×30＋25＋37＋25＋3×26＋3×30）m，全长 378m。除第 2联为钢箱梁外，其余均为 PC 现浇箱梁，采用承插型盘扣式钢管支架现浇施工。这种新型钢管支架顺应了支撑架总体向轻质高强结构、标准化、装配化和多功能方向发展的趋势。尤其是在危险性较大的分部分项工程中，承插型盘扣式钢管支架在保证工程安全、质量和施工进度等主要方面具有比扣件式、碗扣式钢管支架更大的优势。由于在水平层内设置"之"字形水平斜杆、X形剪刀撑，对于承受较大荷载的桥梁支架，可以大幅度提高架体的整体稳定性，对桥梁支架的施工安全具有重要意义。

（2）美国 CUPLOK 支撑系统

系美国哈斯科公司研制推出的一种钢管支撑架。由立杆、纵横水平杆、主梁、斜杆、次梁、模板及各种配件构成。立杆、主梁、次梁可采用哈斯科专业软件进行强度和刚度验算。钢管采用 Q345 低合金钢，立杆承载力可达 57kN 以上。哈斯科公司提供架体全程设计与施工技术支持。优点是用钢量少、施工快速、安全可靠且模板背楞采用铝梁体系，强度高、重量轻、寿命长。我国浙江省交通运输厅已将 CUPLOK 支撑系统纳入该省桥梁施工支撑架可以选用的方案，详见文献 ［2］。与国内钢管支架比较，CUPLOK 支撑系统有一项优势，就是该系统的制造商正式提供立杆、主梁和次梁的专业分析计算软件，还提供架体设计与施工技术支持，而国内还没有任何先例。就这一点而言，用户对使用 CUPLOK 支撑系统在安全性上就更为放心。

（3）大力神钢管支撑系统

系荷兰 SCAFOM 国际公司研制成功的一种钢管支撑架。国内云南大力神金属构件有限公司引进并生产这类支架和脚手架。其主要优点是：承载力大、稳定性好、安装拆卸方便、安全度高、用料较省。已在国内多座桥梁、隧道工程中应用。昆明理工大学实验中心，于 2009～2012 年分别对该支撑架进行了承载力测试、横杆连接点强度试验和可调丝杆稳定性试验。于 2009 年获得云南省企业产品标准"大力神 DURALOCK 脚手架"证书。已在昆明市东二环快速路大树营立交桥及人民路跨线桥（桥梁最大跨度 52m，支撑架最大高度 34m）、成绵乐客运专线成都双流机场车站地铁明挖隧道（隧道跨度 22.3m）、太原市武宿机场高架桥（多跨 30mPC 箱梁，最大高度 12.5m）和贵阳市东站路高架桥（3×33mPC 连续箱梁，支架最大高度 45m）等桥隧工程施工中应用，效果良好。

（4）万能杆件支架

万能杆件有三种类型，铁道部生产的甲型（又称 M 型）与乙型（又称 N 型），西安筑路机械厂生产的乙型（又称西乙型）。万能杆件为钢制构件，主要用于组拼成桁架、墩柱式架体、塔架和龙门架等施工中使用的临时结构。其主要优点是，装拆容易，运输方便，可以多次周转使用，利用率高，能大量节省辅助结构所需的木料、劳动力和工期，因此适用范围较广。主要缺点是，用于桥梁施工支撑架时，在结构物重荷载作用下变形较大。其主要受力构件（包括弦杆、斜杆、立杆、斜撑等）均采用角钢，其承载力不及钢管，而且在施工实践中发现，荷载较大时，用万能杆件组拼的支撑架变形值难以预计，存在一定的安全风险。故高、大、重支撑架应慎用万能杆件组装。在施工荷载较大时，必须进行荷载预压试验，检验架件的整体刚度，以确保安全。

6.4　支架引发桥梁事故的教训与启示

（1）本书附录三中，国内桥梁施工发生的部分事故（事故类型 B_1～B_8）共计 200 起，其中因支架失稳、损坏或操作失误导致的事故（类型为 B_1）共计 65 起，占施工过程事故总数的 32.50%。这 65 起支架事故中，共计死亡 262 人，受伤 584 人，平均每起事故死亡人数为 4.03 人，受伤 8.98 人。在国内人为因素引发的桥梁事故中，支架事故导致的伤亡率最高。可以认为，支架上现浇或砌筑的施工方法在各类施工方法中，重大风险源多，安全风险高。当采用这类施工方法时，必须采取可靠措施消除各种可能的安全隐患。在上述 65 起事故中，有两起因缺少伤亡数字，未参与统计，实际上伤亡率可能会更高。

（2）在上述 65 起国内桥梁支架事故中，按桥型分类统计有石拱桥 22 起，混凝土拱桥 8 起，混凝土梁式桥 33 起，分别占总数为 33.85%、12.31% 和 50.76%。其中，混凝土梁式桥大约占了一半，且绝大部分是钢管支架，有少数木支架，最大跨径 65m。其次是石拱桥，大部分是木拱架，最大跨为 70m。混凝土拱桥事故主要是钢拱架，最大跨径 120m。在统计资料中，有部分石拱桥发生垮塌，是否为支架引起，情况不清楚，未纳入 B_1 类事故中，故上述石拱桥因支架发生的事故占比可能偏小，估计会接近 40%。综合考虑，有以下几点启示：

① 国内因施工中支架引发的桥梁事故中，混凝土梁桥与石拱桥占有较大比例，安全风险较高。

② 混凝土梁式桥支架事故集中发生在中小跨径范围内，尤其是高架桥，在支架高、边坡陡的情况下，更容易发生事故。在这类事故中，绝大部分是采用满布式钢管支架，且多数是扣件式钢管支架。

③ 石拱桥拱圈自重大，采用砌筑方法施工，历来是一种高风险桥型，稍有不慎就容易发生事故。好在这种桥型近年已很少采用。在个别情况下，需修建石拱桥时，务必对施工安全予以高度重视，主管部门应加强技术审查和施工监管。

④ 采用钢拱架施工混凝土拱桥，应注意跨径不宜过大。因为跨径过大，不仅施工安全风险大，而且钢拱架规模大、工期长、费用高，不一定经济合理。现在大跨径混凝土桥可供选择的施工方法多（例如钢管混凝土劲性骨架法、挂篮悬浇法、转体法、天线缆索吊装法等），应进行多种施工方案比较。根据目前国内的经验，一般情况下，钢拱架施工上承式混凝土拱桥的跨径宜在 120～130m 以内。另外，发生安全事故的钢拱架主要是非定型设计的军用钢桁梁组拼的拱架。定型设计的常备式专用钢拱架，国内已经在近百座拱桥上使用，没有出现较大事故。当需用钢拱架施工时，建议采用定型设计的专用钢拱架，更为安全可靠。

（3）支架和拱架的事故大多数是在浇筑混凝土或砌筑拱圈时发生的，另有少数则是在支架或拱架进行荷载预压试验时发生失稳或坍塌。下面简要介绍几个实例。

实例一　福建三明京福高速公路××桥

该桥为多跨混凝土梁桥，采用满布式钢管支架现浇施工（扣件式钢管支架）。2001 年 9 月 25 日，在钢管支架进行荷载预压试验过程中垮塌（图 6-6），6 人死亡，22 人受伤，是这类事故中的一起重大伤亡事故。

实例二　安徽合肥市金寨路高架桥

该桥为多跨混凝土梁桥，其中 F 匝道桥采用贝雷钢桁片组装的施工支架。2011 年 7 月 24 日，在贝雷支架进行荷载预压试验过程中垮塌（图 6-7），长度约 90m，1 人死亡，2 人受伤。

图 6-6　京福高速公路三明段工地发生坍塌　　　图 6-7　金寨路高架桥上的 F 匝道垮塌

实例三　安徽合肥市包河大道立交桥

该桥为多跨混凝土梁桥，采用满布式钢管支架现浇施工。2011 年 12 月 5 日，在钢管支架进行荷载预压试验过程中垮塌（图 6-8），6 人受伤。

图 6-8　安徽合肥市包河大道立交桥垮塌现场（左），大型吊车正在吊走坍塌的钢架（右）

实例四　贵州省正安县桑坝大桥（参阅 6.3.3 节实例四）

该桥为主跨 115m 上承式 RC 箱形拱桥，采用非定型的钢拱架现浇施工。2008 年 4 月 1 日，在钢拱架进行荷载预压试验过程中拱架失稳发生大变形，竖向变位达 1272mm，立即卸下预压荷载。经专家评审，认为该钢拱架结构设计与分析计算有误，由主管部门决定，将该钢拱架拆除，不再使用，并另用安全可靠的钢拱架重新组织施工。该桥已顺利建成。

实例五　广东省广州市珠江黄埔大桥引桥

该桥位于广州市东二环。大桥的引桥为多跨混凝土梁桥，采用钢管支架上现浇的施工

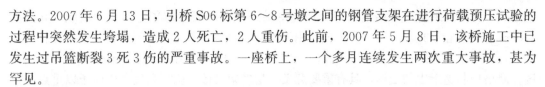

方法。2007年6月13日，引桥 S06 标第 6～8 号墩之间的钢管支架在进行荷载预压试验的过程中突然发生垮塌，造成 2 人死亡，2 人重伤。此前，2007年5月8日，该桥施工中已发生过吊篮断裂 3 死 3 伤的严重事故。一座桥上，一个多月连续发生两次重大事故，甚为罕见。

出事当天，在进行支架荷载预压试验的过程中，5 名工人将沙袋放置在支架顶面后，支架即发生变形，一段近 20m 长的钢管支架突然坍塌，5 名工人坠落地面，随即被 2000 袋沙包（总质量约 800t）掩埋，造成 2 死 2 伤。支架下面的 9 名工人看见支架有变形，反应快，幸运逃脱。

事故发生后，安检部门认为，事故前几日连降暴雨，地基变松软，沙袋浸水后重量增大可能是主要原因。桥梁施工大部分情况是露天作业，支架基础和沙袋浸水后给施工带来的影响安全的问题是基本常识，既未予以重视，更未采取防范措施，忽视安全施工的基本要求，终于付出血的代价。

实例六 某高速公路高架桥（参阅 6.3.2 节实例一）

该高架桥的一联匝道桥，为现浇混凝土箱梁，采用满布碗扣式钢管支架。在钢管支架进行荷载预压试验过程中，采用一次性满载到位的方式施加荷载，钢管支架失稳垮塌。

支架或拱架进行荷载预压试验发生垮塌或失稳事故主要原因有以下几项：构造设计或构件质量不符合规范规定；受力分析计算失误；支架进行预压前未进行正式验收，监管失职；预压荷载加载一次到位；预压荷载超过预定值过多（例如用沙袋加载，因下雨浸水而大幅度增加重量）；高大支架未采取可靠的防失稳措施（例如未设抗风绳、斜撑和连墙件）等。

对于钢管支架，只要认真执行建筑行业规范[3]~[7] 以及《钢管满堂支架预压技术规程》JGJ/T 194-2009 就能避免这些失误。公路行业规范[8] 对于支架预压仅有简单的定性要求，难以具体指导桥梁支架荷载预压的全过程工作。考虑到支架对施工安全的重要性，建议编制公路桥梁支架预压技术规程。对于拱架的荷载预压试验，目前国内还没有专门的技术规范。对于公路桥梁，建议将桥梁支架与拱架一起纳入专门的预压技术规程。根据目前国内的情况，采用现浇施工的梁桥和上承式混凝土拱桥，仍会在一定范围内继续使用，为了尽量减少安全事故的发生，专业技术规程甚为重要。

（4）从几起钢拱架事故可以看出，其主要原因往往是由于拱架的大变形而发生失稳或垮塌，表明拱架的刚度不足。这种情况多发生在用军用或非定型钢桁片组装的钢拱架施工加载过程中，且跨径多在 110～120m 之间。例如，主跨 120m 的贵州务川县珍珠大桥（参阅 6.2 节实例五）和主跨 115m 的贵州正安县桑坝大桥（参阅 6.3.3 节实例四），两桥钢拱架的高度均为 150cm，高跨比分别为 1/80 和 1/76.7。结构计算与实践经验均表明，在采用拱箱分三环（底板、腹板和顶板）浇筑，且第 1 环达到设计强度后浇第 2 环，第 2 环达到设计强度后浇第 3 环的施工程序的前提下，钢拱架的有效高度应满足高跨比不小于 1/60 的基本要求，并在高跨比小于 1/50 时，注意采取加强稳定的措施。贵州省务川县通达大桥为主跨 120m 上承式 RC 箱形拱桥，采用钢拱架上现浇主拱圈，钢拱架由贝雷桁片组拼，但在主要受力部位（对应拱箱腹板位置）使用双层贝雷桁片，高跨比小于 1/60，施工变形较小，顺利完成了主拱圈混凝土浇筑。又例如，贵州省务川县米家山大桥，为主跨 125m

上承式 RC 箱形拱桥，采用钢拱架上现浇主拱圈，钢拱架为仿华伦钢桁片组成，其高度 220cm，高跨比为 1/56.8。国内已成功用于混凝土拱桥施工的钢拱架，在其使用跨径的范围内，钢拱架的高跨比均不小于 1/60。可见，对于钢拱架的结构安全，保证其有足够的刚度，严格控制施工中的变形，具有重要意义，是拱架设计、验算和使用中应予以重点关注的问题之一。

（5）支架与拱架事故属于人为因素引发的一种多发事故。其原因通常是多方面的，涉及行业主管部门、工程建设参与各方，还涉及对安全施工的认识、规范的编制与完整以及研究试验工作的开展等。上面主要讨论了属于技术方面的一些重要原因，实际上在很多事故发生的某些环节上，各级监管部门存在不同程度的失职，也是重要原因之一。主要有以下几种表现形式：

① 片面地过度追求降低工程造价和加快施工进度，往往忽视施工安全及相应的管理工作。例如，贵州省铜仁市鱼梁滩脚大桥特大安全事故（详见 6.2 节实例一）。

② 有资质的施工企业中标后，由于某种原因，置施工安全于不顾，将项目违规分包给没有施工资质且技术力量薄弱的单位。例如，贵阳市花溪二道跨线立交桥支架垮塌造成死伤的事故（详见 6.2 节实例四的补充部分）。

③ 对承包施工的单位未进行资质审查，致使不符合行业主管部门规定的不合格的施工主体进行桥梁施工，造成严重后果或重大事故。例如，湖北省三峡库区焦家湾大桥重大伤亡事故（详见 6.2 节实例二）与湖南省源陵县黄头大桥重大伤亡事故（详见 6.2 节实例四）。

④ 在支架与拱架使用之前行业主管或监管单位，对设计计算与施工方案未进行审查便签字放行，留下安全隐患。例如，广东省韶关市白桥坑大桥特大事故（详见 6.2 节实例二）。

⑤ 对施工中已经出现了不安全预兆或苗头，虽有基层单位或技术人员提醒，也不予理睬，甚至一意孤行继续施工，造成严重后果。例如，湖南省源陵县黄头大桥重大伤亡事故（详见 6.2 节实例四）与广东省韶关市白桥坑大桥特大事故（详见 6.2 节实例二）。

⑥ 支架或拱架正式投入使用前，业务主管部门未进行验收及安排相应的整改工作，存在安全隐患，并导致事故发生。例如，贵阳市贵开公路小尖山大桥重大伤亡事故（详见 6.2 节实例八）与某高速公路立交桥支架垮塌事故（详见 6.3.2 节实例一）。

要大幅度减小桥梁事故，杜绝重大事故的发生，应同时在管理与技术两方面继续深入开展工作，才能取得有实效的进展。

本章参考文献

［1］余宗明．脚手架结构计算及安全技术［M］．北京：中国建筑工业出版社，2007．

［2］浙江省交通运输厅．桥梁支架安全施工手册［M］．北京：人民交通出版社，2011．

［3］建筑施工扣件式钢管脚手架安全技术规程：JGJ 130-2011［S］．北京：中国建筑工业出版社，2011．

［4］建筑施工碗扣式钢管脚手架安全技术规程：JGJ 166-2008［S］．北京：中国建筑工业出版社，2009．

［5］建筑施工模板安全技术规程：JGJ 162-2008［S］．北京：中国建筑工业出版社，2008．

［6］建筑施工承插型盘扣式钢管支架安全技术规程：JGJ 231-2010［S］．北京：中国建筑工业出版社，2010．

[7] 建筑施工门式钢管脚手架安全技术规程：JGJ 128-2010 [S]．北京：中国建筑工业出版社，2010．

[8] 公路桥涵施工技术规范：JTG/T 3650-2020 [S]．北京：人民交通出版社，2011．

[9] 交通运输部工程质量监督局．公路桥梁和隧道工程施工安全风险评估制度及指南解析 [M]．北京：
人民交通出版社，2011．

[10] 陈明宪．从凤凰堤溪大桥事故谈石拱桥 [J]．公路工程，2008（3）．

[11] 阮欣，陈艾荣，石雪飞．桥梁工程风险评估 [M]．北京：人民交通出版社，2008．

[12] 胡新六．建筑工程倒塌案例分析与对策 [M]．北京：机械工业出版社，2004．

[13] 贵州日报，1992-2-16 报道．

[14] 贵州日报，1990-12-6 报道．

[15] 南方周末，1999-6-11 报道．

[16] 中国交通报，1999-1-16 报道．

[17] 中国交通报，1999-7-10 报道．

[18] 郑皆连．我国公路桥梁安全状况及对策 [J]．桥梁，2015（5）．

[19] 贵阳晚报，2005-11-6 报道．

[20] 贵州都市报，2005-11-6、7 报道．

[21] 贵州都市报，2005-11-8 报道．

[22] 贵阳晚报，2005-11-13 报道．

[23] 贵阳晚报，2006-9-7 报道．

[24] 张士臣．责任重于泰山 [J]．桥梁，2006（1）．

[25] 贵州商报，2005-12-16、17 及 2006-1-14 报道．

[26] 贵州都市报，2005-12-22 报道．

[27] 网上信息，2010-1-4．

[28] 贵阳晚报，2010-1-4 报道．

[29] 贵州都市报，2010-1-7 报道．

[30] 郑元勋，郭慧吉，谢宁．基于统计分析的桥梁事故原因剖析及预防措施研究 [J]．中外公路，2017
（6）．

[31] 李友林．桥梁的隐患 [J]．中外公路，2007（9）．

[32] 贵州商报，2000-11-29、12-2 及 12-31 转载南方都市报的报道．

[33] 桥梁·产业资讯，2010（12）（总第 3 期）．

[34] 何伯雷．"太阳把桥晒跑了？"——深圳市某立交 A 匝道桥事故分析 [J]．城市道桥与防洪，2002
（2）．

[35] 栗勇，李照明，姜鹏．连续刚构桥常见病害及对策 [J]．市政技术，2010（2）．

[36] 贵州都市报，2010-3-15 报道．

[37] 贵州商报，2010-3-15 报道．

[38] 贵阳晚报，2014-5-8 报道．

[39] 贵阳晚报，2014-5-4 报道．

[40] 贵州都市报，1999-11-5 报道．

[41] 张风华．桥梁风险评估方法与发展研究 [J]．城市道桥与防洪，2007（5）．

[42] 汤红霞．基于 AHP 的桥梁施工风险识别 [J]．公路交通科技（应用技术版），2011（4）．

[43] 贵州都市报，2003-3-10～12 报道．

[44] 贵州商报，2008-6-22 报道．

[45] 贵阳晚报，2011-5-28 报道．

[46] 夏蓉高速公路（贵州境）猴子河特大桥、乌细沟特大桥、剑江特大桥施工阶段安全风险评估报告

[R]. 中交公路规划设计院有限公司，2009.12.

[47] 参考消息，2007-9-27 报道.

[48] 贵州都市报，2007-9-27 报道.

[49] 参考消息，2007-11-9 报道.

[50] 贵阳晚报，2007-9-27 报道.

[51] 桥梁资讯·桥梁建设，2010（3）.

[52] 高婧，等. 拱桥失效的原因、教训及预防 [J]. 桥梁，2011（5）.

[53] 参考消息，2007-9-11 报道.

[54] 艾国柱，张自荣. 桥殇——环球桥难启示录 [M]. 成都：西南交通大学出版社，2013.

[55] 孙亮. 开普敦的断桥. 中外文摘，2011（16）.

[56] 严允中，余勇继，杨虎根，等. 桥梁事故实例评析 [M]. 北京：人民交通出版社，2013.

[57] 2009-12-28 网上信息.

[58] 《公路桥涵设计手册》编写组. 公路设计手——拱桥 [M]. 北京：人民交通出版社，1978.

[59] 交通部公路设计院. 拱桥设计计算手册 [M]. 2 版. 北京：人民交通出版社，1971.

[60] 王玉龙. 扣件式钢管脚手架计算手册 [M]. 北京：中国建筑工业出版社，2008.

[61] 陆征然，陈志华，王小盾. 扣件式钢管满堂支撑体系稳定性的有限元分析及试验研究 [J]. 土木工程学报，2012（1）.

[62] 高秋利. 碗扣式钢管脚手架施工现场使用手册 [M]. 北京：中国建筑工业出版社，2012.

[63] 姜小明. 桥梁施工中碗扣式钢管支架的倒塌原因及对策 [J]. 市政技术，2011（3）.

[64] 严允中，杨虎根，许伟，等. 上承式混凝土拱桥建造实例及评析 [M]. 北京：人民交通出版社股份有限公司，2015.

[65] 大连理工大学桥梁工程研究院. 贵州省正安县桑坝大桥拱架计算分析报告 [R]. 2008.6.20.

[66] 陈明权. 承插型盘扣式钢管支架在现浇箱梁施工中的应用 [J]. 市政技术，2016（4）.

[67] 陈伟，李明. 桥梁施工临时结构设计 [M]. 北京：中国铁道出版社，2002.

[68] 周水兴，何兆益，邹毅松. 路桥施工计算手册 [M]. 北京：人民交通出版社，2002.

第7章 车辆与人群引发的桥梁事故

7.1 概述

在桥梁工程发展的历史进程中，总是伴随着发生大大小小的各类事故。在取得辉煌成就的同时，也会出现失败。从这一角度看，桥梁事故的发生具有逻辑必然性。引发事故的原因多种多样，但从宏观上大范围分析，桥梁事故的基本原因，有以下7种：设计、施工、维护、材料、外部因素、管理和其他原因。各个时期规范、规程、规定存在的滞后、不足和缺陷，可以分别纳入上述7种基本原因中。外部因素涉及的内容多，主要有各种自然力、过载、撞击、火灾、爆炸等。管理与桥梁事故的因果关系，涉及面广，情况较为复杂，本书在有关章节分别进行讨论。本章主要论述外部因素中过载与车辆撞击引发的桥梁事故。

"过载"属于可变荷载。超过现行规范规定的车辆荷载与人群荷载可简称为"过载"。对于公路桥梁和城市桥梁，汽车荷载含竖向力轮压、冲击力、制动力和坡桥上汽车高速行驶时产生的水平动反力。人群荷载一般仅考虑竖向压力，某些情况下还涉及人致振动。

汽车"过载"，通常有两种表现形式：超载与超限。超载与超限是两个既有联系又有区别的概念，两者都有一个共同特点，就是汽车（含货物及乘客）总重量超过了国家和行业的有关规定；不同之处是：判定超载运输的重要依据是车辆的总吨位和动力等主要技术参数，而判定超限运输的主要依据是车货人总重量的分布在车轮上的压强是否超过了路面（桥面）的设计承受能力，对于桥梁还指车货人总重是否超过了桥梁的承载能力。对于超载，关注的重点是防止发生安全事故，而对于超限，不仅是为了防止安全事故，也是为了避免桥梁与公路因损伤的长期积累所导致的毁坏。另外，交通行业规范还规定了汽车和其他机动车辆的外廓角尺寸的限值。车辆高、宽、长只要有一项超过限值，则属于另一种超限，但应注明是某一方向上的尺寸超限。

外部因素中的撞击，也是一种可变荷载。以桥梁作为被撞击的主体，撞击物体有汽车、火车、船舶、飞机以及其他机动车或运动中的物体。引发桥梁事故最多的是汽车和船舶，其次是火车。飞机与其他机动物体对桥梁的撞击甚为罕见。本章重点讨论汽车、火车撞击桥梁引发的事故，船舶撞击桥梁的事故在第8章讨论。

汽车、火车撞击桥梁有以下3种基本形式：

（1）汽车在桥上行驶过程中撞击桥面以上的桥梁构件或设施，包括两侧及中央分隔带护栏（或栏杆）、桥塔及拉索、中承式或下承式桥梁桥面以上的构件和交通标识设施等。

（2）桥梁跨越公路、城市道路和铁路时，在桥下路上行驶的汽车、火车或其他机动车撞击上层桥的桥墩或超高车辆撞击上层桥的上部结构。

（3）高架双层交通体系是一种纵向沿下层原有道路或桥梁修建上层高速公路的模式，具有节约土地和减少征地拆迁量的突出优势。例如，已建成的成都至双流机场高速公路、杭徽高速公路等就是高架双层交通体系。但存在上下层交通相互影响的安全风险，其中包括：下层道路上的车辆撞击上层桥的桥墩（或上部结构）和上层桥上的车辆撞击护栏的断块以及车辆坠落引发下层桥的安全事故。

本书附录三和附录四分别为人为因素引发的国内和国外部分桥梁事故概况表，事故类型为 $B_1 \sim B_{20}$（具体含义请参阅表 1-24），其中运营阶段的事故总数（事故类型 $B_9 \sim B_{20}$）国内、国外分别为 367 起和 196 起。在国内 367 起事故中，有 57 起为超载、超限、偏载车辆所引发（类型为 B_{12}），有 11 起为人群超载所引发（类型为 B_{13}），有 11 起为汽车、火车撞击桥梁所引发（类型为 B_{15}），三者之和（$B_{12}+B_{13}+B_{15}$）$=51+11+11=73$ 起，占运营阶段事故总数（367 起）的 19.89%。在国外 196 起事故中，有 11 起为 B_{12}，有 14 起为 B_{13}，有 16 起为 B_{15}，三者之和（$B_{12}+B_{13}+B_{15}$）$=11+14+16=41$ 起，占运营阶段事故总数（196 起）的 20.92%。注意到运营阶段发生的基本原因不清楚的桥梁事故（事故类型为 B_{19}），国内外分别为 53 起和 23 起，占运营阶段事故总数的比例分别达到 53/367 $=$ 14.44%（国内）和 23/196 $=$ 11.73%（国外），估计 B_{19} 事故类型中，会有一部分是 B_{12} 或 B_{13} 或 B_{15} 类事故，故实际发生的（$B_{12}+B_{13}+B_{15}$）这三类事故的占比可能会超过 19.89%（国内）和 20.92%（国外）。粗略判断，在运营阶段，由于车辆超限、超载、偏载以及人群超载和汽车、火车撞击桥梁引发的事故所占比例可能超过 20%，可以认为这是一类多发的桥梁事故，值得高度关注和深入研究。

7.2 车辆超载、超限和偏载引发的桥梁事故实例及评析

先简要介绍国内外车辆超载、超限和偏载引发的桥梁事故概况，再列举若干实例进行评析。

7.2.1 国内桥梁事故概况

因车辆超载、超限和偏载引发的部分国内桥梁事故概况，列于表 7-1。

车辆超载、超限和偏载引发的部分国内桥梁事故概况　　　　　　表 7-1

序号	桥梁名称	桥梁简况	事故概要	时间（年.月.日）	附注
1	贵阳至清镇公路姬昌桥	多孔 15m 跨径石拱桥	重载车压塌部分拱圈	1994.11.25	重载车长期通行
2	浙江金华市婺江大桥	主桥为 7×37m 双曲拱桥	超载车致桥梁严重损伤	2003	1978 年建成后，因超载车行驶，成危桥
3	贵州大方至纳溪公路余家沟桥	主跨 80m 桁式组合拱桥	超载车致主梁接缝开裂，下沉 40cm	2003.7	封闭交通维修

续表

序号	桥梁名称	桥梁简况	事故概要	时间 (年．月．日)	附注
4	上海走马塘人行桥	钢箱梁混凝土桥面板	货车上桥，主梁与桥墩严重损坏	2003.11.1	拆除重建，2人受伤
5	辽宁盘锦田庄台辽河大桥	带挂梁的 PC T 形刚构桥	超载车压塌一悬臂主梁，三辆车坠落	2004.6.7	2002年已鉴定为危桥，桥上有限载 15t 标志牌
6	杭州市伍杭镇运河桥	不详	一辆重车压塌桥梁，货车落河	2004.8.14	
7	安徽阜阳县双清路桥	不详	重车通过时，桥体垮塌	2004.9.20	运煤货车坠落河中，3人受伤
8	安徽××桥	小跨径拱桥	超载车压塌桥梁	2004	
9	深圳市年丰大桥	梁桥	超载车压塌桥梁	2004	
10	甘肃岷县北门洮河大桥	4 跨双曲石拱桥	超载车压塌桥梁	2006.5.16	事故中 4 人受伤
11	吉林农安山湾桥	梁桥	超载车压塌桥梁	2006	
12	湖南溢洪大桥	梁桥	超载车压塌桥梁	2006	
13	山西七一渠公路桥	梁桥	超载车压塌桥梁	2006	
14	陕西冷水河桥	圬工拱桥	超载车压塌桥梁	2006	
15	江苏常州运河大桥	下承式 RC 系杆拱桥	100t 重车过桥，吊杆破断	2007.5.13	半幅桥面坍塌
16	山西太原市小店区柳村桥	不详	183t 重车压塌半幅桥	2007.8.15	该桥限载 20t
17*	内蒙古包头市民族东路高架桥	独柱式桥墩简支钢梁桥	重车偏载致一跨主梁侧倾垮塌	2007.10.23	事故中 4 人受伤，桥下铁路交通中断
18	山西临汾西龙寺桥	梁桥	超载车压塌桥梁	2007	
19	山西长治市××桥	钢桁梁桥	超载车压塌桥梁	2007	
20	新疆 325 省道××桥	钢桁梁桥	超载车压塌桥梁	2007	
21	黑龙江塔哈河桥	不详	超载车压塌桥梁	2007 之后	事故中 1 人受伤
22	山东聊城市马颊河大桥	不详	一辆总重 183t 货车压塌桥梁	2007 之后	
23	山西临汾市 G309 线席坊桥	不详	一辆总重 80t 货车压塌桥梁	2007 之后	
24	宁夏水套西桥	不详	一辆总重 100t 货车压塌桥梁	2007 之后	
25	南方××大桥	下承式系杆拱桥（混凝土拱肋）	超载车快速通过时，桥体坍塌	2008	快速行驶车辆引发共振，跨径约 30m

续表

序号	桥梁名称	桥梁简况	事故概要	时间（年.月.日）	附注
26	河南漯河市 G107 线澧河桥	多跨装配式混凝土梁桥	总重 260t 货车压塌桥梁	2009.4.12	部分梁段坠入河中
27	黑龙江铁力市呼兰河大桥	6 跨双曲拱桥	30t 重车压塌桥梁，8 辆车坠河	2009.6.29	事故中 4 人死亡，4 人受伤，18 人落水
28	广东阳山县 S347 线青莲桥	多跨混凝土拱桥	大型运煤车压塌第 2 跨拱肋	2009.8.8	
29*	津晋高速天津港塘匝道桥	独柱墩混凝土连续弯箱梁桥	5 辆超重车偏载致箱梁侧翻坠落	2009.7.15	塌落梁长 109m，事故中 6 人死亡，7 人受伤
30*	××城市高架桥	（30＋2×35＋30）m PC 梁桥	超重车偏载致梁体倒塌	2009	为独柱墩连续梁桥
31	江苏无锡市复新桥	不详	超载车压塌桥梁	2009.12.26	一辆工程车坠河
32	吉林 302 省道锦江大桥	混凝土梁桥	144t 重车压塌桥梁，2 车坠落	2010.6.8	事故中 6 人受伤，2006 年鉴定为危桥
33*	××立交高架桥	独柱墩连续弯梁桥	超重车偏载致主梁侧倾	2010.9.28	偏载车 7 辆，总重 630t
34	武汉长江三桥（白沙洲大桥引桥）	引桥为梁桥，钢主梁斜拉桥，2000 年建成	长期通行超载车，10 年内 24 次维修	2010～2014	2014 年引桥桥面现空洞 1m×0.3m，有施工质量问题
35*	浙江上虞春晖立交匝道桥	独柱墩连续弯梁桥	超重车辆偏载，梁体倒塌	2011.2.21	坍落梁长 120m，4 辆车坠落，3 人受伤
36	郑州中州大道上跨铁路桥	多跨混凝土梁桥	超载车过桥时，压断两根主梁	2011.4.9	
37	长春市××桥	不详	超载车压塌桥面，货车坠河	2011.5.29	事故中 2 人受伤
38	江苏盐城通榆运河桥	RC 系杆拱桥	超载车压塌梁体坠落	2011.7.11	
39	福建武夷山市公馆大桥	（80＋100＋80）m 中承式混凝土拱桥	80t 重车致 14 根吊杆断裂，部分桥面坍塌	2011.7.14	事故中 1 人死亡，22 人受伤，1 辆客车坠落
40	杭州市钱塘江三桥引桥	RC 空心板桥	100t 重车压塌 RC 板，重车坠落	2011.7.15	重车坠落砸坏下层匝道
41	北京怀柔宝山寺白河桥	4×50m RC 刚架拱，矢度 1/10	160t 重车压垮 1 孔，其余 3 孔连续垮塌	2011.7.19	该桥 1987 年建成
42	河南项城市水新公路汾河桥	混凝土梁桥，1977 年建成	60t 重车压塌桥梁，4 车坠河	2011.11.5	事故中 2 人受伤
43	上海浦东康沈路××桥	临时钢桥，限载 15t	80t 重车通过时压垮桥梁	2012.5.8	

序号	桥梁名称	桥梁简况	事故概要	时间（年.月.日）	附注
44*	哈尔滨三环阳明滩大桥接线段引桥	引桥为 PC 梁桥，中间墩为独柱墩	4 辆超重车偏载，梁体侧翻坠落	2012.8.24	事故中 3 人死亡，5 人受伤
45	山东淄博市沂源县鲁村南大桥	多跨梁桥，双柱式桥墩	超载 31t 车压塌一跨主梁	2013.4.29	货车、轿车、摩托各 1 辆坠落，死 1 人，伤 1 人
46	某高速公路主线跨线桥	（8×20+2×30+2×45+2×30）m 混凝土连续箱梁	超载车上 276t 重件滑落，击穿箱梁顶板	2008.6.27	箱梁顶板钢筋被切断
47	贵州贞丰县百层××桥	圬工拱桥	压路机过桥压塌桥体	2015.1.7	压路机坠落河中
48*	粤赣高速广东河源城南立交桥	独柱墩，多跨混凝土梁桥，桥长 130m，桥高 11.8m	5 辆重车压塌桥梁，4 辆坠落	2015.6.19	事故中 1 人死亡，4 人受伤，该桥 2005 年建成
49	上海中环线××高架桥	多跨钢箱梁桥	100 多吨货车通过时钢箱梁侧倾	2016.5.23	
50	无锡市 G312 线锡港跨线桥南侧 B 桥	（25+35+25）m PC 连续箱梁，中间为独柱式墩	车货总重 157t，货车偏载致箱梁侧翻落地	2019.10.10	事故中 3 人死亡，2 人受伤，该桥 2007 年建成

注：本表信息来源参阅附录三；有的资料较粗略或有多处信息来源，表中部分情况或数据可能与实际有出入，仅供参考。表中 * 表示中间独柱墩点铰支承连续梁桥。

7.2.2　国外桥梁事故概况

因车辆超载、超限或偏载引发的部分国外桥梁事故概况，列于表 7-2。

车辆超载、超限或偏载引发的部分国外桥梁事故概况　　　　表 7-2

序号	桥梁名称	桥梁简况	事故概要	时间（年.月.日）	附注
1	英国小鹿河铁路桥	铸铁梁桥	列车过桥时，主梁断裂	1847.5.24	列车坠河，5 人死亡，9 人受伤
2	英国英格兰乌顿铁路桥	铸铁梁桥	列车过桥时，主梁断裂	1860.6.11	列车坠落，2 人死亡
3	英国苏格兰印费里铁路桥	下承式铁木板梁桥	客货运列车过桥时，主梁断裂	1882.11.27	列车坠落，4 人死亡，14 人受伤
4	瑞典 Vasterbotten 桥	混凝土梁桥	220t 重车过桥时，主梁开裂	1960 之前	桥梁设计载重为 51.4t
5	澳大利亚皇帝大桥	多跨 30m 与 49m 焊接钢板梁桥	45t 重车过桥时，一跨坍塌	1962.7	
6	加拿大拉瓦尔市立交桥	梁式桥	车辆过桥时，主梁垮塌	2006.9.30	3 辆车及行人坠落，5 人死亡，1 人受伤

续表

序号	桥梁名称	桥梁简况	事故概要	时间（年．月．日）	附注
7	美国奥罗维尔××桥	高速公路梁桥	货车通过时，桥梁受损坏	2007.7.31	事故中1人受伤
8	美国35号州际公路桥，即I-35W桥	主跨为3跨钢桁拱梁桥	多辆车上桥致主孔突然垮塌	2007.8.1	事故中13人死亡，145人受伤
9	美国华盛顿州哈普路桥	跨径21m钢-混叠合梁简支梁桥	82t挖掘机通过时，桥梁垮塌	2007.8.15	
10	巴基斯坦卡拉奇市北方绕道桥	多跨混凝土梁桥（城市高架桥）	多辆车通过时，突然垮塌	2007.9.1	事故中6人死亡，多人受伤，为刚完工新桥
11	瑞典 Ashammar 跨线桥	跨铁路混凝土梁桥	超载货车上桥，致桥面板开裂	不详	维修后又被重车压坏桥面板

注：本表信息来源参阅附录四。

7.2.3 国内桥梁事故实例评析

（1）超载导致桥梁垮塌的事故实例

实例一 上海市杨中路走马塘桥

该桥为人行桥，为钢箱主梁＋混凝土桥面板结构，采用墩柱支撑连续梁的结构形式。这座人行桥的入口与逸仙路高架桥入口并排（高架桥为通行汽车的城市桥梁）。2003年11月1日，高架桥入口封闭，一辆满载钢材的货车驾驶员，误将人行桥入口看成高架桥入口，开车上了人行桥，在行驶至桥跨中部时，钢箱梁发生倾斜，致货车从桥上坠落，车上2人受伤。

驶上人行桥的货车核定载重为20t，实载货物总重达45t，严重超载，导致桥墩与主梁严重损坏。经鉴定，该人行桥必须拆除重建。结构部分直接损失约300万元，工期约3～4个月，对行人和附近城市交通都造成不利影响。

事故后的调查情况表明，驾驶员个人无力承担这笔费用，只能由桥梁业主与管理部门承担（是否投保不详）。这一事故也反映了对高架桥入口封闭后可能存在的安全风险认识不足，未采取必要的防范措施，也应承担管理方面的责任。桥梁管理部门应该对该城市桥梁面临的复杂多变的风险事态有全面的认识和科学的对策体系。

实例二 辽宁省盘锦市田庄台大桥

田庄台公路大桥位于盘锦与营口交界处，跨越辽河。桥位处河床宽700m，水深约10m。该桥为大跨径变高度预应力混凝土带挂梁T形刚构箱梁桥，桥长约500m，1977年建成通车。由于长期通行超载车辆，桥梁出现严重病害。2000年有关部门将该桥判定为危桥，并在桥上设置了限载标识，只允许20t以下的车辆通行。但实际上交通管理部门查获超载车后，交了罚款就可以过桥。例如罚款1000元后，如再补交200元即可过关。有的驾驶员说，大桥通行120t大货车也是常有的事。由于实行这种交钱就可以过桥的管理办法，超载车通行无阻，桥梁病害越来越严重。直至2004年，才察觉到大桥存在安全隐患，于当年 5 月 23 日开始对大桥进行检测，但检测结果还未认定，大桥就出事了。

2004 年 6 月 10 日，在多辆重车通过时，大桥第 9 跨跨中约 27m 长的挂梁突然垮塌，3 辆车落入河水中，4 人掉入河里后被救起。这次事故造成较大经济损失，并在较长时间内影响了当地的交通运输（图 7-1）。

图 7-1 辽宁省盘锦市田庄台大桥跨中约 27m 挂梁垮塌（左），悬在空中的汽车（右）

事故发生后的调查表明，当时一辆自重 30t 的挂车，装载 80t 水泥行驶桥上，在超重压力下，导致大桥第 9 孔悬臂端预应力混凝土主梁脆性断裂。经专家组认定，主要原因有以下两项：

（1）大桥长期通行超载车辆，主梁受到严重损伤，带病工作，在 100 多吨超重车碾压下发生断裂，这是本次事故发生的直接原因。

（2）2000 年已被判定为危桥，尽管有关部门曾对大桥进行加固维护，并在桥头设立了限载、限速标志，但 4 年多来超载车辆仍继续通行，交管部门难辞其咎，也是发生这次事故的原因。

事故发生后，国内有的媒体的分析批判较为深刻和尖锐，也触动了某些更为广泛的社会现象。例如，2004 年 6 月 13 日《华西都市报》的评论指出：4 年前就被定为险桥病桥，对其可能存在的危险性，有关部门不应毫不知晓。在这样的情况下，不采取严格而有效的防范措施，而任超载车辆自由过往，这显然属于交通管理部门的渎职。因为辽河大桥这样的灾难，其实是在常识性的预料之内，而且有其必然性，灾难的发生只是迟早而已。

国内公路交通运输中，超载、超限车辆对公路与桥梁的损害广泛而严重。这个问题涉及多方面的因素，情况较为复杂，本书在 7.5 节进行讨论。

实例三　甘肃省岷县北门洮河大桥

甘肃省省道 306 线上的岷县北门洮河大桥，于 1974 年 7 月建成通车，为 4 跨双曲石拱桥，桥长 206.5m，桥面宽 8m，设计荷载 10t。

2006 年 5 月 16 日，一辆载重 35t 的货车通过后约一分钟，大桥突然连续垮塌，正在桥上的两辆农用车落水损坏，4 名过桥群众落水受伤，导致岷县境内公路交通中断（图 7-2）。

事故发生前的 2006 年 4 月 18 日，公路养护部门曾对该桥进行过每月一次的常规检测。检测中并没有发现什么安全隐患。但据当地群众反映，这座桥在 3 年前就出现过许多明显裂缝，公路养护部门每次维修时仅在桥面上铺一层渣油就算完事，也没有设置明显的安全警示标志，而且自建成以来从未进行过大修。

图 7-2　甘肃省岷县北门洮河大桥垮塌现场（左），装载机正在清理断桥（右）

双曲拱桥，20 世纪 80 年代以前在我国大量修建，受当时条件的限制，这种桥型整体性差，承载力低，经过长期使用后，很多桥病害严重。随着我国交通运输业的高速发展，重载车辆越来越多，对双曲拱桥的损伤日益加重，几乎所有这类拱桥都进行过维修加固或拆除另建新桥，还有少数桥发生坍塌事故。岷县北门洮河大桥就是一个典型案例。该桥设计荷载仅 10t，据当地群众反映，经常有 20t、30t 的重车过桥。实际上，这也是全国双曲拱桥在一段时期内面临的一个重要课题。可见，这类事故的发生，既有历史原因，也有主管部门在旧桥检测、维修和交通运输管理方面失职的因素。

实例四　黑龙江哈伊公路铁力市西呼兰河大桥

呼兰河大桥由左、右两幅桥组成。右幅为进入铁力市区方向的大桥，于 1973 年建成，为 6 跨连续的双曲拱桥。左幅桥是为了配合哈伊公路改造于 1997 年建成的大桥，为 6 跨混凝土梁式桥。双幅桥全宽 15m，桥长 187.70m。

2009 年 6 月 29 日凌晨 2 点左右，有多辆货车行驶在桥上，在超重车辆的碾压下，该桥右幅（双曲拱桥）中间 4 跨突然垮塌，长度约 120m（图 7-3）。共有 8 辆车坠河，其中货车 7 辆，微型面包车 1 辆。货车中有 1 辆装载钢材的超重挂车。共有 21 人落入水中，4 人死亡，4 人受伤（其中 1 人重伤）。桥下水深约 2m。

事故发生后的调查表明，导致这次桥难的直接原因是超重车对桥梁的破坏。但桥梁本身先天不足则是重要内因。由于受洪水的多年冲刷，3 号桥墩基础局部被掏空，发生沉降和位移，基础承载力不足。另外，1973 年修建的双曲拱桥，设计荷载低，难以承担 2000 年以后大量重车的通行，加之双曲拱桥本身的结构缺陷，更增大了发生安全事故的风险。

事故桥梁于 1973 年建成，当时一般桥梁设计采用的汽车荷载等级多为汽-13 级，其加重车总吨位为 16.9t。即使采用汽-18 级，其加重车也仅为 30t。而 1985 年《公路桥涵设计

图 7-3　呼兰河大桥垮塌现场

通用规范》JTJ 021-85 增加了汽-超 20 级,其加重车达到 55t。1975 年以后,实际通行的重载车辆多超过汽-18 级,与汽-13 级的差距更大。到了 2009 年,超过 30t 的重车已经很普遍了。可见,事故桥梁的设计荷载与 2000 年以后实际通行的大量重车荷载相差太多,这是我国汽车荷载发展的客观现状。早期修建的桥梁,尤其是双曲拱桥这类整体性差的结构,一旦发生严重病害,如不及时维修加固,发生安全事故的风险很高。这种情况国内时有发生,本书在有关章节再介绍一些实例。

实例五　福建省武夷山市公馆大桥

武夷山市武夷山公馆大桥为 (80+100+80) m 等截面钢筋混凝土中承式箱形无铰拱桥。结构体系为中承式系杆拱。桥面宽 18m,横向由两条箱肋组成,箱肋宽 1m,两肋间净距 12m。吊杆采用 (54+7) $\times \phi$5mm 高强钢丝经防腐处理而成,外套防护钢管。桥面采用厚度 25cm 的钢筋混凝土连续板搁置在横梁上。桥梁全长 301m。设计荷载为汽-20、挂-100,人群荷载为 3.5kN/m²。该桥于 1999 年 11 月建成通车。

2011 年 7 月 14 日,一辆重型自卸货车驶上公馆大桥,北侧边跨部分吊杆突然断裂,一部分桥面随即垮塌 (图 7-4)。与该重载货车同向行驶的 1 辆客车坠落桥下河滩上 (桥面至河底的高度约 8.8m)。客车上共计 23 人,事故中 1 人死亡,22 人受伤。

图 7-4　福建省武夷山市公馆大桥垮塌现场

事故发生后官方进行的调查与专家组的意见，要点如下：

① 重型自卸货车装载 33m³ 中粗砂，车货总重为 80.6t，该桥设计荷载为汽-20、挂-100，故严重超载、超限车辆过桥是造成这次事故的主要原因。

② 该桥建成于 1999 年，吊杆密封、防腐工艺较差，同时无法通过常规检查了解吊杆内部锈蚀程度与工作状况，经过十多年的使用，难以判断吊杆承载能力是否满足原设计要求，存在安全隐患。

③ 近年武夷山市高速公路、高速铁路施工，经常有重型车辆通过大桥，对吊杆及其连接部位造成损伤，使吊杆承载力快速下降。

文献 [21] 根据事故现场检测结果，对坍塌原因进行了较为深入的专业性分析，要点如下：

① 该桥的坍塌是由于在外荷载作用下，某一根或几根下锚固区钢丝锈蚀严重或锚夹具丧失锚固能力的吊杆断裂引发的。首先断裂的吊杆丧失承载力后，进而导致其附近的其他吊杆所承受的荷载大幅增加而相继断裂，最终发生连锁反应，几根吊杆陆续丧失承载力而断裂，桥面系坍塌。

② 现场检查发现，各吊杆断裂位置均处于吊杆底部与横梁顶面及下锚头之间。吊杆内钢丝锈蚀严重，表面坑洞明显，截面明显削弱，同时吊杆各钢丝间防腐蚀黄油已严重缺失。

③ 吊杆损伤有以下 3 个原因：

a. 锈蚀：设计将吊杆的下锚固区完全浇筑于横梁内，缺乏相应的防排水构造，雨水可以顺着吊杆渗入到下锚固区长期滞留，使得下锚固区长期处于潮湿状态，吊杆钢丝及锚夹具钢构件必定发生锈蚀损伤。

b. 疲劳损伤：吊杆下锚固区的设计，直接将吊杆埋入横梁中锚固，致使在营运过程中因横梁的纵桥向扭转而带动吊杆产生弯折疲劳损伤，并有锚固区钢构件的疲劳损伤。理应在吊杆进入横梁的区段设置橡胶减振块，而实际上被忽略。

c. 温度自应力的影响：该桥吊杆仅在钢丝束外套镀锌薄钢管进行防护，致使日照作用下内部钢丝升温快，且由于日照角度的变化，吊杆内各钢丝受热不均匀，产生轴向温度自应力，引发吊杆内各钢丝受力不均匀，降低了吊杆受力的整体性。

中、下承式拱桥，吊杆与桥面系所组成的结构体系，对于在外荷载作用下桥梁的安全性有重大影响。但 2013 年以前，国内公路与城市道路均无中、下承式拱桥的行业设计规范。仅福建省和四川省编制了地方性的规程或指南，且限于钢管混凝土桥梁（可参阅文献[22] 及 [23]）。因而早期设计的中、下承式拱桥往往忽视了桥面系整体性对桥梁安全具有的重大意义，这是这类拱桥早期发生安全事故或出现损伤的主要原因之一。文献 [22] 第 8.5.2 条规定："中、下承式钢管混凝土拱桥的悬吊桥道系，不宜采用简支体系，宜采用连续体系或先简支后连续体系，并设加劲纵梁，或采用纵横梁组成的整体结构。"这条规定对悬吊桥道系结构形式的要求是明确的，不足之处是条文中用词为"不宜"和"宜"，规定的力度不够。文献 [23] 在 5.2.6.4 条中仅规定"桥道系的设计要突出整体性"，未提出具体的结构体系与构造要求。直到 2013 年国家标准 GB 50923-2013 和 2015 年行业标准 JTG/T D65-06-2015 正式实施后，中、下承式拱桥悬吊桥道系的设计才有了权威的、明确的具体规定。尤其是 GB 50923-2013 第 7.5.1 条，是强制性条文，具体要求是："中承式和下承式拱桥的悬吊桥道系应采用整体性结构，以横梁受力为主的悬吊桥道系必须设置加劲纵梁，并应具有一根横梁两端相对应的吊索失效后不落梁的能力。"这条规定对于中、下承式拱桥（应包含钢管混凝土拱桥、混凝土拱桥和钢拱桥）桥道系的使用安全具有重要意义。

实例六　杭州市钱塘江三桥南引桥

钱塘江三桥，主桥为单索面（单排索）斜拉桥，长度 1280m，南北两岸的引桥为高架桥，长度 4420m，主桥与引桥全长 5700m。主桥由湖南路桥集团公司承建，两岸引桥很长，分别由 5 家施工企业承建。该桥于 1993 年 11 月开工，1997 年 1 月建成通车。桥面宽度满足双向 6 车道要求。该桥将主城区与滨江、萧山两个新区相连，也是通往机场的重要通道。

2011 年 7 月 15 日凌晨，1 辆总重 133.5t 的豪沃卡车开上了钱江三桥，到达南引桥时，驾驶员发现前方左侧超车道上停着一辆越野车，便向右打了方向盘，正好前方 3～4m 处桥面有一条大约 15cm 宽的纵向裂缝，为避开裂缝，又向左侧猛打方向盘。车头虽然避开了裂缝，但 16m 长的车身压在了裂缝上，突然右侧桥面板断裂，车身往下坠，车头反而向上抬起约 3m 高，驾驶员反应很快，打开车门就往下跳，落在桥面上。几秒钟后，车头与车身脱离，车身及断裂的桥面板坠落到 10m 多高的桥下，整车装的钢板砸在下匝道桥上。垮塌的桥面板导致桥面形成一个纵向长约 20m、横向宽约 1.5m 的缺口（图 7-5）。这次事故造成 2 人死亡，9 人受伤。

图 7-5　杭州市钱塘江三桥南引桥右侧车道部分桥面塌落的缺口（左），翻到的挂车（右）

该引桥为跨径 20m 装配式预应力混凝土空心板。这是当时国内中小跨径桥梁常用的结构形式。2008 年交通部颁发的交通行业通用图就包括这类桥型。但在使用过程中容易发生铰缝损伤或病害。严重时铰缝处开裂深度过大，就会形成单板受力状态，承载力大幅下降。装配式空心板的这类病害，国内近年多有发生。钱江三桥引桥在超载货车重压之下，靠右侧的边板（其外侧有防撞护栏）在纵向铰缝已严重开裂情况下，受到很大扭转力矩，铰缝瞬间脆性断裂向外侧翻转倒塌。这是典型的装配式板铰缝断裂引发的事故。

事故发生后，新闻媒体进行大量跟踪报道。有些情况对于进一步了解发生事故的深层次原因，可能有参考价值，简述如下。

① 1997 年 1 月 28 日通车前，在浙江省交通厅公路管理局的主持下，由省内外专家组成的交工质量鉴定小组进行质量鉴定，提出了《杭州钱江三桥建设工程交工验收报告》。该报告指出，主桥箱梁施工存在过分强行合龙，预应力张拉、压浆工艺不够规范，混凝土蜂窝较多，多处漏水，内外错台较大，主桥预应力结构中箱梁腹板有较多斜向和竖向裂缝，裂缝最宽已达 0.58mm，裂缝最长为 430cm。主桥没有评分，北岸引桥 86.9 分，南岸引桥 85.2 分。最终该桥评为"合格率 100％，优良率为 66.7％"的合格工程。由 13 名专家组成的质量鉴定小组中，浙江省交通厅工程质量监督站高级工程师翁子超和时任同济大学建筑设计研究院副院长洪国治没有签字。

② 从 2005 年 9 月 1 日起，钱江三桥封闭交通，对主桥进行为期一年、耗资 6800 万元的大修。主管部门解释，该桥机动车高峰日流量达到 7 万余辆，提前 10 年达到了设计流量。

③ 杭州交警支队向《中国新闻周刊》提供的数据显示，从 2005 年至 2011 年，钱江三桥因封桥进行的维修施工，共计 13 次。超载已成为钱江三桥的常态，凌晨是超载车通行的宝贵的黄金时段，因为这段时间能逃过检查。

这次事故中受伤的货车司机，算了一笔账，按 35t 货车计算，拉 1t 货 30 元，共计 1050 元。而路上各种收费约 170 元，汽油成本 800～900 元，卸车要花 50 元，司机工资至少每天 120 元。总开支已超过了收入，这还不算折旧费。不超载，肯定亏本。该司机说定载 35t 的卡车，最多可以拉 170t 货物。

④ 仅 2011 年 3 月份，就有 2733 辆超载车通过钱江三桥，最重达 270t。虽在桥头立有"货车禁止通行"的牌子，但超载车仍可长期通行。

可见，严重超载是这次事故的重要外因，装配式空心板先天存在的结构缺陷则是重要内因。鉴于装配式空心板在使用中病害严重，一些省市和设计院对这种桥型的应用加以限制。例如，2003 年，浙江省交通厅曾发文，禁止高速公路桥梁使用小铰缝梁板；2009 年上海市明确要求：高速公路、一级公路、城市快速路、城市主干路和专用重车线路上的大、中桥一般不得采用预制装配式空心板结构；四川省高速公路基本不采用装配式空心板；重庆市高速公路已很少采用装配式空心板。钱江三桥引桥，采用的是小铰缝空心板，是铰缝最容易损坏的一种结构形式。杭州市交通局的专家认为，南北引桥长达 4420m，如要全部更换，工程浩大，费用很高，实施也有很大难度。

实例七　北京市怀柔区宝山寺白河大桥

宝山寺白河大桥为 4×50m 上承式钢筋混凝土刚架拱桥，矢跨比 1/10，设计荷载为汽-超 20，验算荷载为挂-120，于 1989 年建成通车。2006 年进行过上部结构加固维修，经检测后评为二类桥。

2011 年 7 月 19 日凌晨，一辆重型半挂牵引车运载砂石料经过大桥时，压塌其中 1 孔，其余 3 孔在拱的不平衡推力作用下连续坍塌，大桥全部破坏（图 7-6）。

事故发生后的调查表明，重载货车的核定载重为 30t，实际装载的砂石料重量约 140t，超载达 100t。设计荷载为汽-超 20，为 5 轴载重汽车，总荷载 55t，最大轴压为 14t。这是一次属于严重超载超限引发的桥梁垮塌事故。

经怀柔区价格认证中心鉴定，被毁的桥梁价值为 1500 余万元。驾驶员被控交通肇事

图 7-6 北京市怀柔区宝山寺白河大桥被压塌（左），断桥上运载砂石料的重型半挂牵引车（右）

罪，在怀柔区法院受审。怀柔区公路局提出 1500 余万元的民事索赔，要求两位车主和驾驶员连带赔偿。驾驶员说："我知道超载是违法的，但是老板让我这么拉的，我也是打工的，每个月拿 4000 元固定工资……这么高的索赔，我子子孙孙都还不起。"两位车主（为父子俩），表示认罪，但申诉现有经济能力确实赔不起。法院一审以交通肇事罪，判处驾驶员有期徒刑 4 年，赔偿经济损失 1556 万元。被告称确实赔不起，被告的两名辩护人也列举理由进行辩护，建议从轻判决。一直拖到 2013 年 11 月 2 日，法院才作出终审判决：判处驾驶员有期徒刑 3 年，赔偿金额改为 273 万元。

对于这次超载车压塌桥梁的事故，有以下两点值得进一步思考：

① 被告的两名辩护人提出的两条辩护意见是：垮桥之前已有很多超载车辆通过大桥，肇事车驾驶员不会想到后果会这么严重，认为最多是被罚款。另外，桥头并没有设置限制超载的标志，交通管理部门也有责任。

如果进一步从技术上分析，大桥于 1987 年建成通车后，经过 2006 年对上部结构加固维修，被评为二类桥，这表明经过约 19 年的运营，重载车越来越多，对桥梁的损伤应是逐渐积累的。尤其是 2006～2011 年，超重车通过频次更多，对桥梁的损伤也更为严重。正好这辆超重 100t 的大货车，对承载力已大幅下降的大桥则是最后的致命一击，终于瞬间垮塌。可以认为，垮桥的结局，与之前多年超载车长期通行所累积的损伤不无关系。

② 1987 年建成的宝山寺白河大桥，为钢筋混凝土刚架拱，采用的设计规范应为《公路砖石及混凝土桥涵设计规范》JTJ 022-85 和《公路钢筋混凝土及预应力混凝土桥涵设计规范》JTJ 023-85。JTJ 022-85 规定："多孔拱桥应根据使用要求设置单向推力墩或采用其他抗单向推力的措施。单向推力墩宜每隔 3～5 孔设置一个。"白河大桥为 4×50m 刚架拱，矢跨比为 1/10，恒、活载水平推力较大，一旦某跨拱肋出现问题，由于未设置单向推力制动墩，仅恒载推力便可造成连续倒塌。这类事故国内曾多次发生过。例如，造成重大伤亡的湖南凤凰县堤溪大桥，为 4×65m 石拱桥，亦未设置制动墩，边跨拱圈垮塌后，引发其余 3 孔连续倒塌。关于堤溪大桥事故，本书在第 9 章详细讨论。

刚架拱桥的矢跨比设计为 1/10，如没有充分理由，这样小的矢跨比，推力大，对下部结构十分不利。所以，2005 年以后，《公路圬工桥涵设计规范》JTJ D61-2005 和《公路钢筋混凝土及预应力混凝土桥涵设计规范》JTJ 3362-2018 将圬工拱桥和钢筋混凝土拱桥的矢跨比最小值推荐为 1/8。因此，可以认为，宝山寺白河大桥在构造设计上存在不足。一般情况下，如多跨连续拱矢跨比太小，宜与多跨连续梁进行比较。

（2）超载、偏载导致独柱式桥墩连续梁桥侧翻坠落的桥梁事故实例

实例一　内蒙古包头市民族东路高架桥

包头至丹拉高速公路包头市民族东路高架桥，跨越包头市环城铁路专用线。该桥为多跨简支钢箱梁，独柱式桥墩。但墩上为横向双排支座，有一定的抗扭能力，桥面较宽。

2007年10月23日23时，三辆半挂式牵引重型货车由南向北驶上高架桥，并靠右侧行驶。导致其中一跨钢箱梁整体侧倾翻转，钢梁一侧着地，另一侧高高翘起，箱梁顶部桥面形成约45°斜坡，3辆货车也随之滚到桥下地面，4人受伤，车辆受损，桥下铁路专用线交通中断（图7-7）。

图7-7　内蒙古包头市民族东路高架桥侧翻现场（左），翻倒的重型货车及轿车（右）

事故后的调查表明，导致箱梁侧翻的3辆货车均严重超载，单辆车的总重均超过110t，超过规范规定的单辆车总重55t，而且偏在一侧行驶。

这是一起重载车在桥上偏载行驶引发梁体发生侧翻的典型事故。造成这次事故的外因很明确，就是超重车偏载行驶，即超重和偏载的组合。内因则与桥梁的构造设计和国内桥梁设计规范的滞后有关，评析如下。

没有搜集到这座高架桥的主要设计资料，仅从新闻报道中的图片可以看到：一跨简支钢箱梁整体侧翻，桥面较宽，独柱式桥墩为矩形，长边为横桥向，其上沿横向有两个支座，短边沿纵向。这是一种常用的梁式桥桥墩结构形式。设计的关键在于，独柱墩顶布置的双排支座横向间距所形成的抗倾覆力矩是否大于车辆偏载引起的倾覆力矩，并有足够的安全度。这座高架桥的设计在2007年之前，当时国内涉及公路桥梁上部结构侧倾稳定性的规范有：《公路桥涵设计通用规范》JTJ D60-2004和《公路钢筋混凝土及预应力混凝土桥涵设计规范》JTJ D62-2004。两规范对此都仅规定"支座不得脱空"，对于梁桥上部结构横向倾覆稳定性如何验算没有具体规定，处于空白状态。所以，这类事故的发生，行业规范滞后是有不利影响的。对于这次事故桥梁，估计设计者至少是将箱梁作为刚体进行了抗倾覆稳定性验算。如果偏载重车吨位按规范采用（即55t），抗倾覆稳定安全系数，即使达到2.5，也不一定能确保不发生失稳（关于这个问题在本章第5节讨论）。可以认为，独柱墩上的双支座间距可能偏小。

城市高架桥，为了扩展桥下空间，独柱墩往往成为首选。不少业主更从优化景观考

虑，要求尽量减小桥墩尺寸，开阔桥下视野，多柱式桥墩也不受市民欢迎。而另一方面，城市桥桥面较宽。所以，独柱墩与宽桥面就有矛盾。可以采取各种办法处理这个难题。例如，贵阳市 2011 年新建的甲秀北路（贵阳市区至花溪区城市主干路）跨三桥南路高架桥，桥宽在 25～40m 之间，上部结构为多跨预应力混凝土连续箱梁。业主提出务必扩大桥下净空，要求采用独柱式桥墩。设计采取的措施是：连续梁独柱式中墩用墩梁固结，形成连续刚构；为了克服较大的墩身横向弯矩，在墩柱上设置竖向预应力筋；将整体式 RC 基础嵌入基岩。这样处理，实质上是将上部结构的横向倾覆稳定性转化为由下部结构的横向强度控制。

实例二 津晋高速公路天津市港塘收费站外匝道桥

天津市港塘收费站外约 800m 有互通式立交匝道桥。其 C 匝道桥孔跨布置为（20＋2×22＋20）m＋30m＋（17.5＋2×22＋17.5）m＋（20＋2×22＋20）m，为 4 联钢筋混凝土连续箱梁桥。桥面宽 8.5m，车道净宽 7.5m，上部结构为单箱单室截面，高度 1.3m。桥墩为钢筋混凝土结构，分联墩为双圆柱式墩，其上设盖梁，双排支座。一联中的中间桥墩为单圆柱式墩，其上设单支座。设计荷载为汽-超 20，验算荷载为挂-120。C 匝道桥平面上由两段平曲线组成，如图 7-8 所示。独柱式墩处桥梁横断面如图 7-9 所示。图 7-8 中编号为桥墩编号。0～4 号墩为第 1 联，4～5 号墩为第 2 联，5～9 号墩为第 3 联，9～13 号墩为第 4 联。

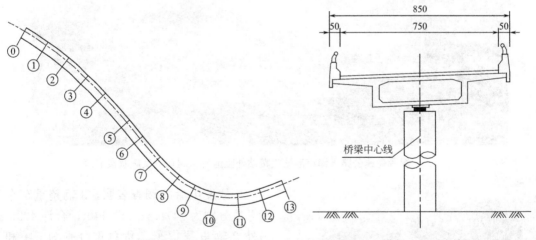

图 7-8 C 匝道桥平面布置图　　　　　图 7-9 横断面（尺寸单位：cm）

2009 年 7 月 15 日凌晨 1 点 33 分，5 辆货车驶上 C 匝道桥，为了避让前方开过来的逆行车辆，其中 3 辆超载货车靠右侧停下，车辆的外轮距右边防撞护栏内缘不足 1m，处于偏载位置。当时桥上还有另外 2 辆货车。这 5 辆车在桥上的具体位置如图 7-10 所示。在这种情况下，第 2 联和第 3 联（4～9 号墩）的箱梁突然发生侧倾失稳，向右侧翻倒，桥上的 5 辆车随之坠落于桥下，导致司乘人员 4 人死亡，桥下临时房屋内的 2 名农民工被砸丧命，另有司乘人员 7 人受伤。第 2 联与第 3 联箱梁共长 109m，完全损坏，车辆报废，桥下运营中的李港铁路交通中断（图 7-11、图 7-12）。这次事故造成严重伤亡和重大经济损失。

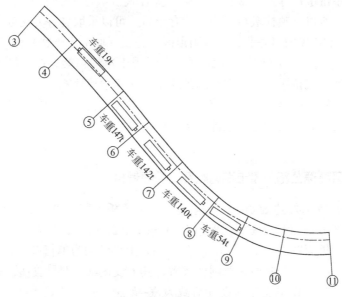

图 7-10　事故发生时重车分布

图 7-11　津晋高速公路天津市港塘收费站外匝道桥垮塌现场实施救援清理

图 7-12　倾斜的桥墩及翻倒的货车

事故发生后的调查表明，3 辆超重车车货总重分别为 147t、142t、140t，合计 429t。另外 2 辆重载货车车货总重分别为 54t 和 19.5t。桥上的 5 辆货车总重达到 502.5t。如果按垮塌的 109m 桥长平均分摊，沿纵向的线荷载集度约 46.1kN/m，为当时 04 规范公路-1 级车道荷载的 3.48 倍。所以，这次事故的直接原因很明确，在超载车偏压作用下，箱梁侧倾失稳倒塌。2009 年 7 月下旬，交通部和国家安全监督总局联合专家组经调查和综合分析后认为，"7·15"津晋高速港塘互通立交匝道桥倒塌事故的直接原因是：在单车道的匝道桥上，为避让前方逆行车辆，3 辆严重超载车密集停置并偏离行车道，从而形成巨大偏载，导致梁体向右侧倾斜而引起桥梁倒塌。

专家组通过对事故现场的勘察、桥梁建设及运营期资料的核查以及对现场的钢筋、混凝土取样进行的试验检测，认为原桥工程质量满足公路桥梁设计、施工规范和质量检验评定标准的质量要求。

文献［37］建立有限元模型对 C 匝道桥第 3 联上部结构进行了倒塌分析，简介如下：

首先计算出各个荷载工况产生的第 3 联的支座反力，计算结果见表 7-3。第 2 联支座反力未计算。

C 匝道桥第 3 联各工况支座反力（单位：kN）　　　表 7-3

支座编号	5-1	5-2	6	7	8	9-1	9-2
恒载	486	489	3129	3170	3130	534	440
汽-超 20	−461	−457	−123	−135	−120	−389	−418
挂-120	−360	−341	−156	−127	−153	−344	−344
重载车辆	−1265	1873	1366	1809	612	−1031	896
组合 1	25	32	3007	3035	3010	145	22
组合 2	126	148	2973	3043	2977	190	95
组合 3	−780	2363	4495	4979	3742	−497	1336

注：①支反力方向向上为正；

②组合 1 为恒载＋汽-超 20；组合 2 为恒载＋挂-120；组合 3 为恒载＋重载车辆；

③5-1 和 5-2 分别为 5 号墩上左侧与右侧支座；9-1 和 9-2 分别为 9 号墩上左侧和右侧支座。

由表 7-3 可以看出，第 3 联在事故车辆重载作用下，首先是分联墩（5 号墩及 9 号墩）上左侧支座脱空，抗扭支座失效，不能约束箱梁的扭转变位，瞬间发生侧倾失稳。文献［37］假设倾覆过程中上部结构为刚体，采用边界非线性分析方法模拟桥梁支座脱空、梁体倾覆过程，主要变化阶段如表 7-4 所列。

C 匝道桥第 3 联箱梁倾覆过程　　　表 7-4

阶段序号	边界条件	施加的荷载
1	7 个支座有效，均为压力	恒载作用
2	7 个支座有效，均为压力	$k_1 \cdot$ 车辆荷载
3	支座 5-1 脱空，失效	$(k_2 - k_1) \cdot$ 车辆荷载
4	支座 9-1 脱空，失效	$(k_3 - k_2) \cdot$ 车辆荷载
5	支座 9-2 脱空，失效	$(k_4 - k_3) \cdot$ 车辆荷载
6	支座 6 脱空，失效	$(k_5 - k_4) \cdot$ 车辆荷载
倒塌	支座 5-2、7、8 有效，箱梁倾覆	

注：k_i 表示桥上第 1～i 辆车荷载之和，$(k_i - k_{i-1})$ 表示第 i 辆车荷载。

上述分析，基本上反映了 C 匝道桥第 3 联侧倾失稳过程各支座反力变化的大致情况，该联的抗扭跨径达 79m，5 号及 9 号墩上的抗扭双支座一旦失效（左侧支座脱空），箱梁在重载车偏载作用下必将倒塌。但上述分析计算假定箱梁为刚体，与实际情况有差异。因为在重载车偏载作用下，箱梁并非是单纯的刚体转动，还存在箱梁实际为弹性体的扭转变形。这种扭转变形，会增大分联墩上左侧支座的脱空。所以，在某些情况下，按刚体验算独柱墩连续箱梁的侧倾稳定性会出现安全度偏低的情况。这个问题在7.5节进一步讨论。

根据当时的公路行业设计与施工规范的规定,专家组对事故原因以及工程质量认定是正确的。但正如前面实例一(内蒙古包头市民族东路高架桥事故)的评析,当时公路桥梁设计规范对独柱墩连续梁桥在重车偏载作用下侧倾稳定性的验算与控制,基本上是空白的。设计对C匝道桥侧倾稳定性的安全风险可能未重点关注,应与规范的滞后有关。

实例三　浙江省上虞市春晖互通式立交匝道桥

浙江省宁波上虞市县道南春线K7+966春晖互通立交绍兴至宁波、台州方向的匝道桥,为一联6×20m钢筋混凝土连续箱梁桥。分联墩为双柱式,中间墩为独柱式,桥墩直径均为110cm,桥墩高度依次为2.8m、3.5m、4.2m、4.9m、5.6m、6.3m和7.0m。支座直径600mm,支座厚度100mm,该匝道桥为单向双车道,桥面宽8m,设计荷载为公路-Ⅰ级。匝道桥立面和横截面如图7-13所示。分联墩上的双支座中距2.8m,独柱墩上设单支座,该匝道桥位于直线上。

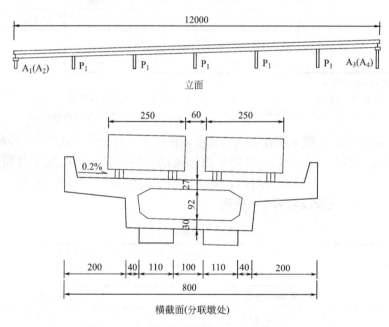

图7-13　春晖立交匝道桥(尺寸单位:cm)

2011年2月21日凌晨2:20左右,4辆超载货车行驶在桥上,有3辆车靠右侧沿纵向排队通过时,连续箱梁向右侧倾斜并迅速倒塌,4辆车随之侧翻,3人受伤,车辆损坏,一联120m长箱梁垮塌(图7-14)。

事故发生后核实了4辆超载货车的总重量,沿纵向依次为28.52t、124.44t、125.60t和110.73t。其中28.52t货车位于桥面内侧,3辆超重车位于外侧(梁体发生侧倾的一侧称为外侧)。当时桥上车辆低速行驶。

4辆货车的总吨位为389.29t,顺桥向的线荷载集度为3892.9/120=32.4kN/m,为公路04规范公路-Ⅰ级车道荷载的2.53倍,显然严重超载。文献[41]认为,对于重载交通线路上的独柱支撑匝道桥而言,公路04规范汽车荷载标准过低。这就提出了一种思路:

图 7-14　春晖立交匝道桥上四辆陷落的重型卡车

可以考虑在重载交通长期存在的情况下，根据不同桥型结构潜在的安全风险大小，制定不同的汽车荷载等级供选用。但对于本次事故，纵向线荷载难以充分说明发生箱梁侧翻倒塌的主要原因，还应对独柱式桥墩上箱梁承受偏压时进行受力与变位分析，才能揭示出事故发生过程中的结构行为。文献［44］和［34］针对春晖立交匝道桥事故，按侧倾失稳模式进行了结构分析计算。两篇论文的基本理论与分析方法不尽相同，但对于这个重要课题的深入研究有启发意义，分别简介如下。

文献［44］指出：汽车在偏载作用下对桥梁产生竖向的荷载和扭矩，独柱墩梁桥在稳定状态时，桥墩反力由两侧端支座和中间独柱墩支座联合提供；在倾覆阶段时，转动轴线达到极限位置，两端远离倾覆车的一侧出现支座脱空，两端支座反力完全由近倾覆车辆侧的支座提供，且偏载产生的倾覆力矩等于上部结构自重和两端支座反力产生的抗倾覆力矩。由于中间独柱墩支座反力通过转动轴线，故其抗倾覆力矩为 0。

结构的抗倾覆力矩为：

$$L_R = \sum P_{ai}l_{ai} + \sum R_i l_{Ri} + q l_q \tag{7-1}$$

倾覆力矩为：

$$L = \sum P_i l_i \tag{7-2}$$

式中：P_{ai}——位于抗倾覆一侧的车辆荷载；

$\quad l_{ai}$——P_{ai} 到转动轴线的距离；

$\quad R_i$——支座反力；

$\quad l_{Ri}$——支座反力到转动轴线的距离，$l_{Ri} = l/2 - l_q$，q 为箱梁线自重；l_q 为箱梁自重作用点到转动轴线的距离，$l_q = D/2 - h$ 或 $l_q = B/2 - h$，D 为支座直径，B 为支座横向尺寸，h 为支座厚度；

$\quad P_i$——导致独柱墩梁桥倾覆一侧的汽车荷载；

$\quad l_i$——P_i 到转动轴线的距离。

如果忽略倾覆过程中箱梁自重抗倾覆的有利作用，可以偏安全地将式（7-1）简化为：

$$L_R = \sum P_{ai}l_{ai} + \sum R_i l_{Ri} \tag{7-3}$$

采用春晖立交匝道桥的数据，按式（7-1）～式（7-3）计算侧倾稳定性安全系数 K，如表 7-5 所示。

春晖立交匝道桥按式（7-1）～式（7-3）计算的 K 值 表 7-5

计算方法	55t 密集车队荷载				引发倾倒的实际车辆荷载			
	抗倾覆力矩（kN·m）	倾覆力矩（kN·m）	K	评估结果	抗倾覆力矩（kN·m）	倾覆力矩（kN·m）	K	评估结果
实用方法,式(7-1)、式(7-2)	6473	7169	0.903	不安全	6711	6709	1.000	偏不安全
简化方法,式(7-3)、式(7-2)	4295	7169	0.599	不安全	4533	6709	0.676	不安全

2014 年 9 月交通行业提出了《公路钢筋混凝土及应力混凝土桥涵设计规范》（征求意见稿），增加了验算上部结构抗倾覆性能的公式，填补了之前规范的空白。征求意见稿第 4.1.7 条规定：对于正交桥梁，倾覆轴线为位于桥梁中心线同侧的两端支座中心连线。上部结构的抗倾覆性能应符合下式要求：

$$\frac{\sum S_{bk,\ i}}{\sum S_{sk,\ i}} \geqslant k_{qf} \tag{7-4}$$

式中：$\sum S_{bk,\ i}$——使上部结构稳定的效应标准组合；

$\sum S_{sk,\ i}$——使上部结构失稳的效应标准组合；

k_{qf}——横向抗倾覆稳定性系数，当作用车道荷载时取 $k_{qf}=2.5$；当作用车辆荷载时取 $k_{qf}=1.3$。

按式（7-4）分别计算 55t 密集车队荷载与引发侧倾失稳的实际荷载计算春晖立交匝道桥的 k_{qf}，计算结果见表 7-6。

春晖立交匝道桥按规范方法计算的箱梁抗侧倾失稳安全系数 k_{qf} 表 7-6

55t 密集车队荷载		引发倾倒的实际车辆荷载	
$k_{qf}=2.75$	评估:安全	$k_{qf}=3.60$	评估:安全

文献［44］提出的式（7-1）和式（7-2），由于通过对多座独柱墩梁桥倒塌现场残骸的调查研究，系统地总结了独柱墩梁桥倾覆过程中的 4 种可能破坏模式，形成了独柱墩梁桥抗倾覆破坏的实用计算方法。这个方法考虑了箱梁在有约束的扭转变形过程中箱梁发生侧向滑移或支座被挤出的关键情况，因而是基本上符合实际情况的。春晖立交匝道桥按式（7-1）和式（7-2）验算的结果是可信的。而规范征求意见稿中的抗倾覆计算方法按刚体转动考虑，与上部结构实际上发生的倾覆失稳过程不符，过高地估计了独柱墩梁桥抗倾覆的能力，因而是偏于不安全的。文献［34］采用另一种方法分析计算独柱墩侧倾失稳问题，得到的主要结论与文献［44］基本相同，简介如下。

根据春晖立交侧倾倒塌的匝道桥有关数据以及设计荷载、密集 55t 车列荷载，采用弹性体空间梁单元有限元模型进行分析，计算得到分联墩上端横梁处支座反力如表 7-7 所示。

偏载作用下春晖立交匝道桥分联墩支座反力计算值（按弹性体分析）（单位：kN）　表 7-7

汽车活载工况	恒载支反力	活载最大负反力	支座反力组合	
			恒载+1 倍活载	恒载+2 倍活载
设计荷载（公路-Ⅰ级）	781.3	−728.0	53.3	−674.7
密集 55t 车列荷载	781.3	−1659.1	−877.8	—
事故车列荷载	781.3	−1785.1	−1003.8	—

仍采用表 7-7 中的三种汽车活载工况，将箱梁视为刚体计算得到抗倾覆稳定安全系数 K，如表 7-8 所示。

偏载作用下春晖立交匝道桥分联墩支座反力计算值（按刚体分析）（单位：kN）　表 7-8

汽车活载工况	抗倾覆力矩 (kN·m)	倾覆力矩 (kN·m)	抗倾覆稳定系数 K 值
设计荷载（公路-Ⅰ级）	23218	1247	18.6
密集 55t 车列荷载	23218	3429	6.8
事故车列荷载	23218	2993	7.8

从表 7-7、表 7-5 和表 7-8 可以得出以下两点基本结论：

① 表 7-7 与表 7-5 计算结果均表明：密集 55t 车列与事故车列作用下，春晖立交匝道桥不安全，这与该桥已发生的侧倾失稳倒塌实际情况相符。但表 7-7 是采用弹性体空间梁单元有限元模型进行分析，计算的精度更高。可以认为，文献 [44] 和文献 [34] 都可以用于独柱墩连续箱梁桥抗侧倾稳定性安全系数的分析计算。

② 表 7-8 的计算结果表明：在三种汽车活载工况下，箱梁抗倾覆稳定安全系数 K 达到 .6.8～18.6。但春晖立交匝道桥已倾覆失稳垮塌，而计算的 K 值居然为 7.8，显然与事实不符。问题就出在忽略了箱梁约束扭转所产生的弹性变形对支座脱空、滑移的重大影响。文献 [44] 和文献 [34] 能正确计算出符合实际的 K 值，都是由于把箱梁作为弹性体的缘故。

实例四　哈尔滨市三环阳明滩大桥疏解工程群力路立交匝道桥

哈尔滨市阳明滩大桥工程由南向北跨松花江干流，位于城区西部。大桥北端为松北区三环路与世贸大道的交叉口，南端与三环路群力高架路衔接。全长 15.24km，桥面总宽 41.5m，双向 8 车道，设计时速 80km，高峰小时设计交通量 9800 辆。主桥为钢-混组合梁，双塔 3 跨自锚式悬索桥，全长 7133m，其中桥梁长度 6464m，接线引道长 669m。主桥中跨 427m，主塔高度 80m，桥下通航净高不小于 10m，满足内河三级航道通航要求。阳明滩大桥工程为独立项目，2009 年 12 月 5 日开工建设，2011 年 11 月 6 日建成通车，估算总投资为 18.82 亿元，申报鲁班奖。

在修建阳明滩大桥的同时，另外立项修建阳明滩大桥两岸总长为 8300m 的连接线，项目名称为"阳明滩大桥疏解工程第五标段"。于 2011 年 2 月开工，2011 年 11 月 6 日建成，与阳明滩大桥同时通车。疏解工程第 5 标段位于松花江南岸，具体名称是三环路群力高架桥。工程起点为道里区群力第一大道，向南沿三环路至达康路落地，设置 5 座平行匝道桥。群力路高架桥北端接阳明滩大桥南岸引道。发生梁体侧翻倒塌事故的桥跨，位于高架桥中部偏南，为上跨洪湖路的上行匝道桥，距阳明滩大桥南端约 3500m。匝道桥事故对阳明滩大桥的交通基本无影响。

为了方便讨论，本书将事故桥梁称为"三环阳明滩大桥疏解工程群力路立交匝道桥"，简称为"群力路立交匝道桥"。

群力路立交匝道桥为一联三跨钢-混结合连续梁。孔跨布置为（35.98＋50＋35.98）m，桥梁全长 121.96m。分联墩上设置抗扭双支座。中间桥墩为独柱式墩单支座，支座为矩形，横向宽度 860mm，厚度 170mm。该匝道桥的立面及主梁横断面如图 7-15 所示。桥梁位于直线上。设计荷载为城-A 级。

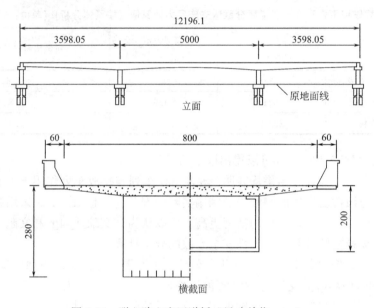

图 7-15　群立路立交匝道桥（尺寸单位：cm）

2012 年 8 月 24 日凌晨 5 点 32 分，4 辆重载货车驶上群力路立交匝道桥，靠右侧行驶，导致主梁一联整体侧倾失稳向右侧翻倒。4 辆货车也随之滚到桥下路面上，沥青道面被砸出几个大坑。货车上的司乘人员 3 人死亡，5 人受伤，车辆报废，桥梁上部结构完全毁坏，匝道桥交通中断（图 7-16）。

图 7-16　哈尔滨阳明滩大桥群力路立交匝道桥侧倾失稳翻倒，4 车坠桥

事故发生后的调查表明，4 辆货车的载重量分别为 18.625t、153.29t、163.59t 和 149.68t，其中 3 辆严重超载。这 3 辆超载车在桥上沿纵向密排，另一辆 18.625t 的货车沿纵向距其他 3 辆车远一些。当时桥上 4 辆货车的总重为 485.185t，一联箱梁全长 121.96m，平均纵向线荷载为 485.185/121.96＝3.978t/m＝39.78kN/m，约为公路桥梁 04 规范公路-Ⅰ级车道荷载的 3 倍。所以，造成这次事故的直接原因明确：行驶桥上的货车严重超载，箱梁破坏的形式是侧倾失稳垮塌，应进一步分析超载车偏载对桥梁侧倾稳定安全系数的影响。

文献 [44] 对群力路立交匝道桥事故的分析计算结果简介如下。

按式 (7-1)、式 (7-2) 和式 (7-3) 计算该匝道桥箱梁侧倾稳定性安全系数 K，如表 7-9 所示。

哈尔滨群力路立交匝道桥按式 (7-1)、式 (7-2) 和式 (7-3) 计算的 K 值　　表 7-9

计算方法	55t 密集车队荷载				引发倾倒的实际车辆荷载			
	抗倾覆力矩 (kN·m)	倾覆力矩 (kN·m)	K	评估结果	抗倾覆力矩 (kN·m)	倾覆力矩 (kN·m)	K	评估结果
实用方法,式(7-1)、式(7-2)	8899	8829	1.008	不安全	9219	9219	1.000	不安全
简化方法,式(7-3)、式(7-2)	6410	8829	0.726	不安全	6730	9219	0.730	不安全

再按规范公式即式 (7-4) 计算 k_{qf} 值，如表 7-10 所示。

哈尔滨群力路立交匝道桥按规范方法计算的 k_{qf} 值　　表 7-10

55t 密集车队荷载		引发倾倒的实际车辆荷载	
$k_{qf}=3.13$	评估:安全	$k_{qf}=2.91$	评估:安全

由表 7-9 与表 7-10 的计算结果，可以得到以下结论：

① 哈尔滨群力路立交匝道桥在实际重载车辆与 55t 密集车队荷载的偏载作用下，箱梁侧倾稳定安全系数 $K \leqslant 1$，将发生侧倾失稳，与实际情况相符。

② 哈尔滨群力路立交匝道桥按式 (7-4)（即规范公式）计算的实际车辆荷载与 55t 密集车队荷载偏载作用下的箱梁侧倾稳定安全系数 k_{qf} 分别为 2.91 和 3.13。式 (7-4) 高估了独柱墩梁桥的抗倾覆承载力，故该公式计算的结果偏于不安全。

事故发生后，国内新闻媒体的一些报道，进一步揭示了超载重车的严重情况及交通管理在某些地区的失控。摘录几条报道如下：

文献 [48]：哈尔滨群力路立交匝道桥事故发生后，同济大学桥梁工程系梁志喆博士对记者表示："个人认为规范对于特殊情况下的验算荷载取值有问题，与中国的交通运输实际脱节，国产货车普遍超载 200%～300%，且喜欢夜间编队行驶。"（注：有的媒体指出，超载车为什么喜欢凌晨或夜晚行驶，因为这个时段内基本上碰不到超重检查）

交通规划设计界的一位专家说："这桥（指群力路匝道桥）的设计放在国外来说是不成问题的，零缺陷的，但在中国修桥不能按常规出牌，超载车太厉害，而且是三、四倍地超。所以必须得给桥体加餐加料，……"

文献［46］：哈尔滨群力路工地工人向记者反映，每天深夜到第二天早上，经常有超载运输车过桥去江北，根本没人注意引桥的承重吨位限制，也少有交警过来。记者在现场也未发现有明确的交通指示牌禁止重车上下三环路。

据新华社电（2012.8.26）：哈尔滨市政府秘书长黄玉生25日称，目前（事故发生后）哈尔滨已经在全市范围内开展桥梁排查与车辆超载治理工作，……据测，事故超载车3辆，货箱体积均有改动，为非标准车辆（注：加高车厢可以增加运货量，这种情况国内不少地方都存在）。

凤凰博报（2012.8.31）："北京、香港及全中国各地经常有堵车的长龙，在高架公路桥上挤满大小车辆是家常便饭。特别是来往香港和深圳满载的大型货柜车（集装箱车）头尾相连，把高速公路压得见不到路面，……"

文献［16］：群力路立交匝道桥事故还有间接原因：一是事故车辆经过其管辖路段，当地执法人员被抽调离开致使路政巡查工作出现疏漏；二是沿途的检查站均没有按规定采取卸载措施。

（3）箱梁侧倾、支座脱空或侧翻桥梁事故实例

这类事故主要有两种表现形式：车辆偏载引发箱梁明显侧倾或支座脱空失效；施工中箱梁承受较大偏载或操作不当导致侧倾或翻倒。

实例一 某立交高架桥

该桥为多跨混凝土曲线梁桥。中间桥墩为独柱式，单支座。2010年9月28日，某市港务局检查超载车辆，造成部分超载车沿高架桥曲梁外侧停放，引发箱梁向外侧倾斜。从上午11点至下午1点30分，车辆疏导完毕，箱梁变形得到恢复，幸未造成严重后果。事后调查表明，侧倾段主梁纵向长130m范围内停放7辆超载车，每辆车重约900kN，7辆车总重为6300kN，折算纵荷载平均集度为48.5kN/m，为公路04规范公路-I级车道荷载的3.84倍。

实例二 某连续弯箱梁桥

该桥为预应力混凝土连续弯箱梁，主梁为单箱单室断面，高1.6m，孔跨布置为30m＋2×35m＋30m，为单幅双车道桥。分联墩为双柱式，横向设双支座。3个中墩为独柱式，设单支座。分联墩上为板式橡胶支座，中墩上设置抗震盆式固定支座。

2009年某日，当6辆货车靠曲梁桥面外侧行驶时，发生箱梁沿外侧倾斜事故，虽未倒塌，但桥梁产生严重损坏。主要有：①箱梁侧倾，支座脱空或发生较大剪切变形；②中间独柱墩墩顶防落梁抗震锚杆被拉裂；③桥面中央隔离带破损、开裂，伸缩缝破损、拉裂。

事故发生后，调查鉴定单位提出的当时桥上6辆货车的载重量及位置如表7-11所列。

桥上6辆车主要信息　　　　　　　　　　　　　表7-11

车辆编号	车辆位置(m)	车辆长度(m)	核定载重(t)	实际载重(t)
1	2	16	39.5	122.76
2	19	16	29.3	20.74
3	40	16	37.4	122.64

续表

车辆编号	车辆位置(m)	车辆长度(m)	核定载重(t)	实际载重(t)
4	61	10	12.97	27.64
5	72	16	39.5	120.04
6	91	16	36.63	129.18

注:"车辆位置"指车头距小桩号方向分联墩墩顶伸缩缝的纵向距离。

文献 [55] 采用 ANSYS 空间实体单元建立全桥空间有限元模型,对事故发生的受力与变形进行数值分析。全桥模型共计 189177 个节点,123660 个单元。主要计算结果如下:

① 箱梁曲线内侧发生向上位移,最大值为 11.8mm;箱梁曲线外侧发生向下位移,最大值为 15.6mm。

② 发生侧倾事故时的工况为:恒载(含二期恒载)+预应力+偏载车辆荷载。在这一工况荷载作用下,箱梁底板(中墩支点附近)出现约 2MPa 拉应力,箱梁承受较大弯扭作用。部分支座处出现较大拉力,致中墩部分抗震锚栓被拉断。分联墩上内侧支座出现脱空,相应的外侧支座产生较大剪切变形,导致箱梁整体发生侧向偏转。

ANSYS 的计算结果与实际发生的变形、支座脱空以及局部损坏情况相符。

实例三 南京城市快速内环西线××立交桥

该桥位于南京市内环西线南延工程(纬八路—绕城公路)四标段,为城市立交高架桥。高架桥东起宁漂公路,西至滨江大道的纬九路,是连接南京河西与主城、江宁的一条重要通道。其中一跨跨过地铁 1 号线。高架桥为多跨简支钢箱梁桥,独柱式桥墩,墩顶设置有抗拉钢锚栓。桥梁位于平曲线上。独柱式桥墩为矩形截面,墩顶横向为 V 形,设置双支座。钢箱梁为宽悬臂单箱单室断面。

2010 年 11 月,四标段高架桥主体工程已完成,进入桥面系施工。11 月 26 日晚上 8 点左右,桥墩 B17~B18 间的一跨箱梁进行桥面防撞护栏混凝土施工时,该跨箱梁(约 50m 长)突然发生向平曲线外侧倾斜,正在桥面作业的 7 名工人(属中铁二十四局江苏分公司)立即滚落桥下(该处桥高为 10m),很快这一跨钢箱梁也侧翻落地(图 7-17),砸中 7 名工人,7 人当场遇难。另有桥下 3 名值班农民工受伤。

图 7-17 南京城市快速内环西线××立交桥钢箱梁侧翻

事故发生后，专家组在施工现场查阅了设计文件、施工资料，并进行了现场勘察，认为此次梁体侧翻坠落事故是由于施工过程中违反施工程序，现场管理缺位造成的，是一起生产安全责任事故。原因是在钢锚杆未灌浆前进行护栏混凝土施工。

这座钢箱梁桥虽是独柱墩，但墩顶横向布置了双排支座，具有一定的抗扭能力，并设置抗拉钢锚杆。应该说设计已经考虑到了桥上重载车辆靠外侧行驶产生偏载时钢箱梁可能出现的侧倾失稳，在构造上采取了措施。现场操作采用了错误的施工程序是造成这次事故的主要原因，专家组的结论是正确的。但下述几个疑问值得进一步思考：其一，设计文件中是否交代了较详细的施工程序及注意事项，包括：必须在支座抗拉钢锚杆与墩身混凝土完全固结之后方可进行桥面系施工；施加桥面二期恒载时，必须确保纵、横向加载对称、均衡，尤其是位于桥面两侧的防撞护栏为混凝土实体，自重大、力臂长，对箱梁侧向稳定有重要影响，务必按设计的要求进行施工；对上述施工程序及注意事项，是否提升到关乎施工人员与结构安全的高度加以强调。其二，施工单位技术负责人是否了解正确的施工程序和相关措施，以及对安全的重大影响。其三，负责现场指挥施工的人员，是否知道上述要求。其四，是否存在为了赶工期不顾风险而盲目施工的情况。

实例四　浙江金华市婺江大桥

婺江大桥位于金华市环城西路，主桥为 $7×37m$ 等截面空腹时双曲拱桥，矢跨比 $1/6$，桥面净宽为 $9m+2×1.5m$ 人行道，主桥长 280m。主拱圈由 4 肋 3 波加悬半波组成。拱肋及墩台以悬臂梁的形式直接搭接，形成防爆墩结构。桥台为砌石圬工，桥墩为混凝土实体墩。拱上结构由立柱、板梁及桥面系组成。各拱肋之间采用钢筋混凝土横系梁连为整体。墩台拱脚处悬挑 2.5m 钢筋混凝土悬臂梁。桥墩纵向宽 1.2m，横桥向长 11.32m。该桥于1978 年建成通车。

运营期间，交通量逐年增大，20 世纪 90 年代以后大量超载车辆行驶，病害越来越严重。桥梁上部结构受到严重损伤，不堪重负，经鉴定为危桥。2003 年，该桥使用 25 年后决定将老桥上部结构全部拆除，新建预应力混凝土 T 梁，同时将老墩台加高利用。

该桥虽未发生重大事故，但在大量超载车长期通行后，造成了桥梁的"内伤"。当"内伤"积累到一定程度，终于成了危桥，过早地走向了寿命的终点。长期以来，国内桥梁病害的原因集中于设计、施工、材料、管理、自然因素以及交通流量的迅猛发展。具体表现在车辆超载超限、材料老化、施工质量差、管养缺乏、设计失误、自然灾害等多方面。从国内许多统计数据来看，交通流量过大，车辆超重超限长期得不到根治，是很多桥梁产生病害，进入"亚健康"状态的主要原因，也是发生重大事故的潜在内因之一。如"治超"得不到有效的根治，桥梁产生"内伤"的范围还会继续扩大，安全隐患也会更多，这是国内桥梁面临的严峻现实。

实例五　江西某高速公路跨线桥

某高速公路互通式立交主线跨线桥的孔跨布置及桥型结构为 $8×20m$ 钢筋混凝土连续箱梁＋$(2×30+2×45+2×30)m$ 预应力混凝土连续箱梁。该桥于 1998 年建成通车。

2008 年 6 月 27 日下午 4 时许，某钢厂一辆重型构件运输车行驶至该桥第 1 跨时，车上运载的重型构件（重 276t）由运输车上滑落至桥面。这个重型构件的支撑部件击穿箱梁顶板，导致顶板局部横纵向钢筋被剪断，破损部位混凝土塌落至箱室内。

事故发生后，经过现场测量，桥面孔洞面积为 110cm×95cm，箱梁顶板损坏面积为 304cm（纵桥向）×247cm（横桥向），箱梁孔洞附近腹板出现裂缝。经检测与分析，评定结论如下：

① 顶板局部洞穿，横纵向钢筋完全被剪断并拉开，局部混凝土完全碎裂、塌落并有损伤延伸。

② 在重物冲击力作用下，箱梁腹板裂缝超出规范允许值。

③ 应进行抢修加固，包括箱梁顶板修复、箱梁裂缝修补和桥面铺装修复。

这类事故发生的几率较小，是超重车辆对桥梁造成较大损坏的一个特例。应注意加强大件运输车辆在公路与城市道路上行驶安全的监管。

因施工不当、设计有误、车辆偏载、气温变化等原因出现的梁体倾斜、扭转变形、支座脱空以及局部损坏等事故，国内多有发生。部分实例可参阅本书附录三序号 440、489、502、511、575、579～582 等桥梁事故简况。

7.2.4　国外桥梁事故实例评析

实例一　瑞典 Vasterbotten 桥

该桥为混凝土梁式桥，位于瑞典北部，修建于 20 世纪 60 年代，设计汽车荷载为 514kN。桥上通过超载重车的总吨位达到 2200kN，导致主梁出现竖向裂缝和斜向裂缝。经过修补加固后，在继续使用过程中，旧裂缝又重新开裂。超载是引起事故的直接原因，而抗剪腹筋配置偏少则是先天不足。

另一个例子是瑞典的 Ashammar 铁路跨线桥，亦为混凝土梁式桥。运输木材的超载车通过时，导致混凝土连续桥面板出现横向裂缝，主梁顶板混凝土保护层剥落，经修补加固后，损伤又重新出现。

进一步的分析研究表明，混凝土桥梁在车辆的反复碾压下，尤其是超载和超限重车的长期作用下，结构内部的微裂缝逐步积累发展，会使混凝土结构疲劳破坏的概率增大，往往由于一次严重超载车辆的作用，导致疲劳失效，就可能发生断裂，甚至垮塌事故。所以，在重车的作用下，会降低混凝土桥梁的抗疲劳性能，内部出现损伤后，又会增大疲劳拉应力。如果梁体混凝土强度不够、存在缺陷或配筋不足，则重车引发的开裂或破坏会更严重。所以，超载、超限车辆长期通行的桥梁，必定耐久性明显下降，使用寿命缩短。如果超载、超限特别严重，再碰上桥梁先天不足，就很可能发生垮塌事故。

实例二　澳大利亚皇帝大桥

澳大利亚墨尔本皇帝大桥（King Street Bridge）（图 7-18），也称国王大街大桥，为多跨钢梁桥，主梁为焊接板梁结构，单跨孔径为 30.49m，主梁高度 1.52m。建成 15 个月后，1962 年 7 月，一辆载重 45t 的大货车通过时，其中一跨突然破坏，主梁下沉达 300mm，由于钢筋混凝土桥面板的阻滞作用，主梁没有继续垮塌坠落。

事故发生后查明了原因，钢梁原已存在裂缝，这些裂缝起始于主梁加劲板与下翼缘接头处的热影响区以及下翼缘盖板母材上，顺着应力集中区与构件厚度方向突然扩展，进而

图 7-18　现状的澳大利亚皇帝大桥

发散扩大。钢结构的这种裂缝，具有导致脆性断裂的风险。因而在重载车辆的作用下，主梁的局部应力会骤然增大，使原有裂缝继续扩大，直至出现脆性断裂而丧失承载力。

钢结构桥梁具有很多优势，但也存在一些固有的缺陷。其中，脆性破坏是钢结构极限状态中最危险的破坏形式。由于脆性断裂的突发性，往往会导致灾难性后果。造成钢结构脆性破坏的主要原因有以下 4 个方面：一是材料缺陷，当钢材中碳、硫、磷、氧、氮、氢等元素的含量过高时，将会严重降低其塑性和韧性，脆性则相应增大。二是应力集中，钢结构由于孔洞、缺口、截面突变等构造缺陷的存在，在荷载作用下，应力集中系数较高，致使钢材的塑性下降。另外，焊接工艺操作过程中，容易出现的焊缝缺陷与残余应力，也会成为应力集中源。三是使用环境温度，当温度降至 0℃ 以下时，随着温度的降低，塑性与韧性降低，脆性增大，尤其是承受动力荷载的桥梁，当负温冲击韧性降低过多时，抗冷脆断裂的能力大幅度下降。四是钢板的厚度，通常情况下，钢板越厚，脆性破坏的风险越大。钢桥事故中，脆性断裂占有较大比例。只要存在上述一个或几个缺陷，就有风险。如果超载重车经常通行，就可能发生断裂事故。

实例三　美国华盛顿州哈普路桥

美国华盛顿州奥克维尔哈普路（Harp Road）桥为钢混叠合简支梁桥，跨径 21m。2007 年 8 月 15 日，82t 重型挖掘机通过时，将该桥直接压垮，主梁倒塌。不仅是总重超载，该挖掘机对桥面产生的强压也超限，在弯曲变形的情况下，发生剪切破坏，属脆性断裂，是超载车直接压垮桥梁的一个典型实例。

实例四　英国 5 座早期的铁路桥

19 世纪的英国已经建立了相当发达的铁路网，有数座中、小铁路桥梁是用铸铁、铸铁-锻铁以及铸-锻-铜为原材料建造的。当列车通过时，这类铁桥曾发生多起桥难，现简要介绍 1847～1891 年发生的 5 起事故。

（1）小鹿河铁路桥

该桥为铸铁制作的梁式桥，每片主梁由 3 个很大的铸造燕尾榫连成一体，每片梁由锻铁棒沿全长加强，于 1846 年 9 月建成。1847 年 5 月 24 日，一辆开往纳本的当地列车过桥时桥断车坠，导致 5 人死亡，9 人受重伤，所有车厢都从 15m 高处掉进了小鹿河。

（2）英格兰乌顿铁路桥

该桥为铸铁梁式桥。1860 年 6 月 11 日，一列货车在清晨满载煤炭安全地通过了这座桥，卸货以后，空载返回又经过此桥，仅 30t 重的机车头就将桥压垮了。车头先坠落桥下，后面的空车厢也从断桥空档处栽下去，司机与司炉工 2 人当即死亡。这是由于重载列车先通过时，主梁已受到严重损伤，但未坍塌，后来 30t 重机车头，对已经重伤的主梁是致命一击，终于垮了。

（3）阿木拜门布尔桥

该桥为铸铁梁式桥。1860 年 9 月 26 日，一列货车经过这座桥时，该桥突然失去稳定，产生较大变形，货车车厢的车轮大多数脱轨。所幸没有人员伤亡。

（4）苏格兰印费里桥

该桥为铸铁梁式桥，由两片主梁构成，为双线铁路桥。1882 年 11 月 27 日，一列有 5 个货柜车皮和 4 节旅客车厢组成的客货混装列车在这条铁路上运行。当火车头行进到印费里桥上时，两片主梁中的一片突然断裂，倒塌坠落在桥下的公路上。火车头独自平安地跑了很远，但后面的车厢却从缺口处一辆接一辆地坠落，把桥孔及其附近的地面堆垒得满当当的。这次事故造成 4 人死亡，14 人重伤。

事故发生后的调查发现，铸铁主梁的铸件梁片是在距跨中不远处被压碎的，该处早已存在裂纹缺陷。后来的试件试验表明，该处存在很大的残余应力，使局部位置处于危险的受拉状态。试件靠近法兰断裂处的拉应力变化幅度达到 698～1162.5kg/cm^2，远远超过铸铁的容许拉应力。

（5）诺伍德铁路桥

该桥位于诺伍德铁路枢纽站附近，为下承式铸铁简支梁桥。1891 年 5 月 1 日，一列从布莱顿开往伦敦的特快列车经过桥时，大桥从一个难以发现的或者潜在的缺陷处发生了断裂。这次事故造成 1 人死亡。

事故后的调查发现，该简支梁桥存在极为严重的裂纹，在法兰底缘与腹板交接处还有一个孔洞。

这些桥难的共同点，都是列车通过时破坏的，桥梁都是用铸铁为主梁，都是梁式桥。给予我们几点启示：

（1）用铸铁件制作主梁的过程中，如果细部构造设计不合理，或者制造工艺粗糙，会留下某种缺陷，在使用中容易出现应力集中，导致早期发生裂纹，存在残余应力。在外荷载作用下，拉应力迅速增大而发生断裂。

（2）铸铁材料抗裂极限应力远低于钢材，塑性与冲击韧性较低，容易发生疲劳损坏。

（3）当时英国铁路上已有数千座铸铁桥梁，发生重大事故是少数，很多这类桥梁长期服役并未发生事故，尤其是拱结构。主要是因为结构形式与材料的力学性质能较好地协调配合。可见，将抗拉强度低的材料用于以受拉为主的梁式桥是不够合理的。而抗拉强度低、抗压强度高的石材、铸铁等修建的拱桥，中外都有上千座的"寿星"。当代桥梁建设用的材料日趋多元化，结构形式和材料性能的匹配问题依然不可掉以轻心。这里反省一百多年前几座铁路桥的失败教训，仍有很现实的意义。

7.3　汽车、火车与飞机撞击桥梁引发的事故实例及评析

在 7.1 节中将汽车、火车撞击桥梁引发的事故划分为 3 种基本形式。根据国内外已发生的大量撞击事故实例，还可以再细分为以下 5 种情况：

A. 下线行驶的车辆撞击上线桥的桥墩（或墩台）引发的事故。

B. 下线行驶的超高车辆撞击上线桥的上部结构引发的事故。

C. 上线行驶的车辆撞击上线桥桥面以上结构构件或附属设施引发的事故。

D. 飞机撞击桥梁引发的事故。

E. 双层交通桥梁车辆撞击引发的事故。

上述 A、B、C、E 中的"车辆",包括汽车、火车以及其他机动车。

本书附录三与附录四中,包含有国内外部分因汽车、火车、飞机撞击桥梁引发的事故实例。现将简要概况集中列于表 7-12 及表 7-13。

汽车、火车、飞机撞击桥梁引发的部分国内事故概况 表 7-12

分类号	序号	桥梁名称	桥梁简况	事故概要	时间（年.月.日）	附注
A	1	成渝高速公路××人行天桥	梁桥,上跨高速公路	汽车撞击桥墩,桥体垮塌	2002.2.2	4人死亡
	2	京珠高速公路湖南边境××跨线桥	PC 梁桥,上跨高速公路	水泥罐车撞断桥墩,主梁垮塌	2009.4.17	2人死亡,1人受伤
	3	京珠高速公路湖南边境××跨线桥	PC 梁桥,上跨高速公路	水泥罐车撞断桥墩,桥面垮塌	20010.4.2	序号2桥第2次被撞击
	4	贵阳西二环观山湖区阳关人行天桥	多跨混凝土箱梁桥	40t 罐车撞击桥墩,2跨主梁垮塌	2013.5.23	西二环交通中断,2人受伤
	5	贵阳市三桥立交桥	多跨 PC 连续箱梁桥	货车撞击桥墩,墩身受损,货车严重损坏	2013.5.31	1人受伤
B	1	沈阳市东陵路过街天桥	混凝土梁桥,人行桥	货车翻斗升高撞击桥面,天桥垮塌	2014.12.29	
	2	杭州市庆春东路口人行天桥	混凝土梁桥,桥下净空限高 4.5m	5.7m 超高货车撞击主梁,天桥垮塌	2019.5.18	桥梁全长 33.5m
	3	××城市人行天桥	封闭式圆环形钢箱梁,半径 26m,桥面宽 5m	一辆超重超高车撞击,一跨箱梁受到严重破坏	2009 后	
	4	重庆市鹅公岩大桥西引桥	西引桥为多跨预制 T 梁,跨度 40~50m	超高货车撞击,边跨 T 梁损坏严重	2012.10.28	更换新 T 梁
	5	上跨石黄高速公路分离式立交桥	6×16m PC 连续空心板,最小净空低于 5m	多次被超高车辆撞击,主梁损坏严重	2007	进行整体顶升改造,增大桥下净空
	6	沈阳市沈海立交桥	梁式桥	超高车撞断 3 片主梁,中断交通 1个月	不详	
	7	上海市吴淞大桥	梁式桥	一辆超高车撞击主梁,梁体偏位约 10cm	不详	
	8	成渝高速公路跨线桥	在建上跨高速的梁桥	一辆超高车强行通过桥下,将主梁撞击偏移	2008	延误工期约两个月,损失近百万元

分类号	序号	桥梁名称	桥梁简况	事故概要	时间（年.月.日）	附注
B	9	陕西户县西汉高速出口立交桥	梁桥	一辆重载超高车撞击，主梁损坏	2009.11.28	该车超长
	10	北京城铁大钟寺过街天桥	混凝土梁式桥	一辆翻斗车的翻斗突然升高，撞击主梁	2010.8.2	更换损坏主梁，费用超过200万元
	11	广西兰海高速卜家立交桥	混凝土梁式桥	一辆翻斗车的翻斗突然升高，撞击主梁，成了危桥	2011.2.22	该桥位于钦州至防城段
	12	广东化州市城区北京大桥	混凝土梁式桥	一辆自卸车未降下货箱，撞击桥梁，1片横梁断裂	2011.3.6	
	13	成都市三环××人行天桥	4×20m连续钢箱梁	一辆重型车货斗意外升起，撞击桥梁，主梁坠落	2006.11.23	司机被砸身亡
C	1	山东滨州黄河公路大桥	4×120m下承式连续钢桁梁桥	车辆在桥上撞击桁梁，致下游侧15号竖杆严重扭损，螺栓连接处开裂	1998.2	
	2	广西柳州市壶东桥	不详	桥面施工用隔离墩未撤，大客车撞上后再冲断护栏坠河	2000.7.7	坠河客车上79人遇难
	3	武汉市××大桥	桥上设置有限高门架	一辆超高集装箱车撞击门架，使施工中桥梁停工	2009.11.11	
	4	贵州开阳至瓮安公路落旺河大桥	连续刚构	一辆客车偏离车道，冲断栏杆坠河	2017.4.17	死亡13人，受伤6人，桥上为一般栏杆
	5	贵州榕江县平江镇双河口大桥	双曲拱桥	一辆客车失控冲断栏杆坠河	2018.4.2	死亡8人，桥上为一般栏杆
	6	重庆市万州区长江二桥	悬索桥，双向4车道，有人行道	一辆公交车越过中线，先撞上一辆小车，再冲断护栏坠江	2018.10.28	死亡15人
	7	杭州至昆山高速公路嘉兴段7号桥	公路桥	一辆大巴车冲断护栏，坠落桥下，车身倒扣	2004.5.13	死亡23人
	8	铁岭至长甸公路K258+900大桥	公路桥	一辆客车冲断护栏，坠落桥下	2004.6.15	死亡17人，受伤15人
	9	重庆黔江区沙湾特大桥	公路桥	一辆双层卧铺客车冲断护栏，坠落深谷中	2005.4.21	死亡27人，伤4人，谷深达89m
	10	泗港铁路立交桥	上跨铁路的公路桥	一辆小客车撞断护栏坠落，再与下线货运列车相撞	2005.6.28	死3人，伤1人

续表

分类号	序号	桥梁名称	桥梁简况	事故概要	时间（年.月.日）	附注
C	11	上海杨浦大桥接线段匝道桥	公路桥	一辆车驶下匝道时撞击防撞箱，一乘客坠落地面	2005.6.30	死1人
	12	上海九新公路长运泾桥	公路桥	一辆公交车失控撞击护栏，约3m长被撞断	2005.7.23	多人受伤
	13	哈尔滨松花江大桥	公路桥	一辆罐车失控，撞断护栏约10m长，车坠落	2018.10.30	司机受伤
	14	兰海高速贵州都匀曼坡大桥	多跨高墩梁桥	一辆大客车撞击护栏，司机坠落身亡	2013.2.18	司机身亡，但乘客未受伤
D	1	沪杭公路7835号大桥	跨河大桥	飞机失事撞击大桥，机上10人与机身坠落水中，桥受损	2016.7.20	5人死亡，5人受伤
E	1	××高速公路双层高架桥	桥下是原有公路，沿纵向形成双层交通	高架桥桥墩盖梁坠落，砸坏下层路上的一辆轿车	2009.6	

汽车、火车、飞机撞击桥梁引发的部分国外事故概况　　表7-13

分类号	序号	桥梁名称	桥梁简况	事故概要	时间（年.月.日）	附注
A	1	澳大利亚悉尼波尔德街桥	3跨混凝土连续梁，排架式桥墩，4车道桥	火车从桥下撞击桥墩梁体垮塌，火车脱轨，桥墩柱较弱	1977.1.18	死亡83人，受伤210人
	2	墨西哥西纳奥拉州××桥	不详	火车撞击，桥梁垮塌	1989.8.9	死亡104人
	3	德国艾雪德镇××跨线桥	城际铁路上的跨线桥	火车过桥下时出轨撞击桥墩，梁体垮塌，阻断线路	1998.6.3	死亡101人，受伤88人
	4	美国里奇德兰I-45号公路跨线桥	混凝土工字形梁桥	大卡车撞击桥墩，2跨主梁垮塌	2002.9.8	
	5	美国I-80公路跨线桥	混凝土工字梁桥	货车撞击桥墩，梁体垮塌，交通中断	2003.5.23	死亡1人
	6	美国亚拉巴马州Evergreen桥	不详	水泥罐车撞击桥墩，桥体部分坍塌	1993	死亡2人，受伤1人
	7	美国得克萨斯州Corpus Christi桥	不详	天然气罐车撞桥墩，墩柱破坏	2004	死亡1人
	8	美国密苏里州高速公路××桥	多跨梁桥"跨铁路桥"	桥下两列货运列车相撞，桥墩断塌，桥面与人车坠落	2013.5.25	桥下为铁路，7人受伤

续表

分类号	序号	桥梁名称	桥梁简况	事故概要	时间(年.月.日)	附注
A	9	美国 I-74 跨 I-275 公路桥	4跨连续钢板梁桥	平板拖车脱钩失控,撞击桥墩,主梁下垂	2008.5.20	
	10	肯尼亚达拉加尼镇××桥	梁式桥	火车撞击桥墩,梁体倒塌	1993.1.10	死亡140人
	11	韩国汉城××人行天桥	梁式桥	一辆超载货车撞击桥墩,桥梁垮塌	1994.11.29	2人死亡,多人受伤
B	1	英国伦敦××跨线桥	混凝土T梁	一辆卡车吊货杆超高,撞击主梁,T梁严重破坏	2007.11.27	
	2	法国图卢兹××跨线桥	混凝土梁桥	超高车撞击主梁,车辆损坏,司机当场死亡	2005.6	死亡1人
C	1	印度哈尔邦××铁路桥	梁式桥,长度约100m	客运列车在桥上脱轨,撞击桥梁,车厢坠河引发重大伤亡事故	2002.9.9	死亡130人,受伤约200人
	2	美国华盛顿州际公路大桥	下承式钢桁架桥	桥上行驶超载重车撞击桁架,致桥体垮塌,数辆车坠河	2013.5.23	
D	1	美国14thstreet桥	公路桥	飞机撞击,桥梁垮塌	1982.1.13	
	2	美国WDC××桥	不详	飞机失事撞击桥梁,造成损坏	1982	
	3	韩国首尔市××桥	斜拉桥	飞机失事撞击桥梁,造成损坏	2011	
E	1	日本东京××双层高速公路桥	双层多跨梁桥	上层车辆冲出护栏翻倒,两层交通中断	2007.2	
	2	美国奥克兰州际高速公路桥(双层桥)	双层桥,钢-混凝土叠合梁桥	上层桥上油罐车撞桥上标牌失火,烧垮两跨主梁,两层交通中断	2007.4.29	该桥建成于1930年

7.3.1 A类事故实例及评析

实例一 京珠高速公路 K479+200 跨线桥

京珠高速公路湖南耒宜段上跨郴资桂高等级公路的立交桥为多跨预应力混凝土梁桥,圆柱式桥墩。2009 年 4 月 17 日,一辆水泥罐车在桥下通过时将跨线桥的桥墩撞断,部分主梁与桥面坍塌(图7-19),造成 2 人当场死亡、1 人受伤的严重事故。为了维修加固桥梁,该路段封闭交通两个月,经济损失约数百万元。

值得关注的是,这次事故发生一年后,2010 年 4 月 2 日,该跨线桥再次被水泥罐车撞击,后果虽没有前一次严重,但仍是车撞桥并导致损失的交通事故。同一地点在不长的时间内连续发生同样的事故,是由于没有及时采取防撞措施所致,也与跨线桥桥墩设计未考虑防撞设施有关。

图 7-19 京珠高速公路 K479+200 跨线桥，大罐车将一个桥墩撞为两截，一个桥墩撞得支离破碎

实例二 贵阳市三桥互通式立交桥

贵阳市区主干道路西出口的三桥互通式立交桥，是市区进出口交通量很大的全互通立交桥之一。其主线桥为多跨预应力混凝土连续箱梁，圆柱式桥墩。自 2000 年建成通车后，上线桥的桥墩曾多次被下线道路上行驶的车辆撞击。下面介绍其中较为严重的一次事故。

2013 年 5 月 31 日，一辆大货车由百花大道向市区行驶，行至三桥立交桥下线道路时，车辆失控，撞击桥墩，因墩柱直径较大，损坏不严重，但大货车车头严重变形，司机被卡在驾驶室内，无法动弹。经消防大队采用破拆工具操作，约 90min 才将司机救出，送医院抢救。事故后的调查表明，该路段纵坡较大，雨天或冰雪天气，重型车辆往往容易打滑失控。主线立交桥与该路段接近平行，一旦车辆方向偏离，就容易撞上桥墩，而又未设置可靠的防撞设施。立交桥总体设计存在不足。

实例三 澳大利亚悉尼波尔德大街跨线桥

该桥位于悉尼附近的格兰维尔（Granvlille），跨越波尔德大街和铁路，是一座 3 跨连续梁桥，四柱排架式桥墩，为 4 车道城市主干道路桥梁。

1977 年 1 月 18 日，正值澳大利亚盛夏。凌晨 6 点 09 分，一列客运专列火车由蓝岭的维多利亚出发驶往悉尼市。该列车由电气机车头和 8 节车厢组成，车内至少有 460 名乘客。8 点 12 分，火车行进在格兰维尔站附近的弯道上，前方 50m 左右就是波尔德大街跨线桥。恰在此时，机车头的左前轮掉进了轨道内侧，脱轨的机车仍继续往前疾驰，偏离了方向，猛烈冲击跨线桥的桥墩，然后冲到了桥的东侧，几十秒钟后又撞上了桥的北边跨和中跨桥墩，约 570t 重的桥体轰然垮塌。机车头拖拽着 1 号和 2 号车厢穿过了桥下，但载有 73 名乘客的 1 号车厢出轨后迎面直接撞上一根电力柱，将柱体从根部剪断，倒下来的柱子像斧头一样把车厢整个劈开，致使 1 号车厢内的 8 名乘客死亡，34 人受伤。2 号车厢运载着 64 名乘客，出轨后撞上台身墙体，终于停了下来，无一伤亡。而 3 号与 4 号车厢正好在桥下，被倒塌的主梁压了个正着，导致 3 号车厢内的 77 名乘客中有 44 人遇难，4 号车厢内的 64 名乘客中有 31 人遇难。

这次事故的遇难人数为 83 人，另有 213 人受伤。这是桥梁发展史上一次特别重大的伤亡事故。

这次事故的直接原因是火车脱轨。为什么会脱轨？在跨线桥的桥头，铁路路线有弯道，弯道上脱轨的风险大于直线段。曲率半径越小，火车运行速度越快，安全风险越大。另外，轨道维护情况与司机的操作是否有问题不清楚。

事故的另一个重要原因就是被撞桥墩断塌，必定带来上部结构的坠落，造成乘客的重大伤亡。国内外的一些实例表明，跨线桥的桥墩做成刚度较大的实体墙式墩，即使被车辆碰撞，受损伤不致太大，更不会落梁，可以避免造成重大伤亡。从这个角度思考，桥墩设计欠妥也应是事故原因之一。但桥墩刚度过大，撞击车辆的损坏更严重，也可能造成司乘人员伤亡。合理的方案应是在桥墩旁一定距离另外设置刚度合适的防撞护栏。

实例四　美国亚拉巴马州 Evergreen 市××桥及得克萨斯州 Corpus Christi 市××桥

1993 年，一辆水泥罐车撞击 Evergreen 市××桥的桥墩，导致部分桥体垮塌，司机重伤。更为严重的是，紧随撞击车辆的另外 2 辆汽车因躲避不及也撞到了垮塌梁体上，导致 2 名司机死亡。

根据这次事故的调查分析，美国国家交通安全委员会（NTSB）向美国 AASHTO 及 FHWA 提出了对桥墩进行撞击危险性评估并开展桥墩防撞研究的建议。

2004 年，美国得克萨斯州 Corpus Christi 市××桥，发生的事故也是天然气罐车撞击桥墩引发的，被撞桥墩完全破坏，司机死亡。该桥为多跨混凝土梁桥，中墩为 3 柱排架式墩。桥下公路左、右两侧车道均设置有金属防撞护栏，将桥墩与车道分隔开。但罐车的巨大冲击力，冲断护栏后继续冲击墩柱，导致桥墩破坏。这一事故表明，梁桥的柱式排架墩在重型货车的撞击下不堪一击，其抗撞击能力很低。独柱式墩或柔性高墩更危险。

在总结经验教训的基础上，美国公路部门对桥墩防撞进行了深入研究，对《桥梁设计规范》（AASHTO）的有关内容作了修订和补充。

实例五　美国俄亥俄州 I-74 跨线桥

I-74 跨线桥为上跨 I-275 公路桥。I-74 桥是一座 4 跨连续钢板梁桥。上部结构由 6 片钢板梁组成，用横撑连成整体，主梁顶面为混凝土桥面板。中间 3 个桥墩为 3 柱式排架墩，墩柱为圆形截面，钢筋混凝土结构，柱顶为盖梁。桥梁位于密尔顿郡。

2008 年 5 月 20 日晚间，一辆行驶在 I-275 公路上的平板拖车驶进 I-74 跨线桥时，拖车脱钩失控，撞向该桥的一个桥墩，导致墩柱垮塌。钢梁为连续结构，仅是下垂，没有坠落。公路管理部门反应迅速，10min 内即封闭现场，未造成伤亡与重大损失。

事故发生后进行了调查，主要情况是：被撞坏的桥墩是第一跨墩柱，3 根墩柱被撞断 2 根，失去支撑的盖梁下沉约 1.5m，几乎全部失效，仅在盖梁顺桥向的外边缘支撑着钢板梁。6 片钢梁只有最外侧一片梁还压在盖梁上，其余 5 片梁在盖梁处完全脱空，由原来的 4 跨连续梁变成了 3 跨连续梁。在封闭交通前，居然在运营状态下还坚持了 10min。

事故调查后进行的分析指出：I-74 跨线桥在一个桥墩基本失效后没有发生毁灭性垮塌，甚至还运营了 10min，这是因为得益于上部结构体系具有一定的冗余度。主要表现在以下三个方面：

（1）连续结构体系，在个别支撑失效时，能在短时间内仍具有一定的承载能力，在大变形情况下，不致突然脆断，明显优于简支结构。

（2）钢板梁之间有效的横向支撑，能维持较大的横向变形而不致立即破坏。

（3）与钢板梁形成整体的混凝土连续桥面板，增加了钢梁的抗弯能力。

另外，再补充一点：钢结构主梁与混凝土主梁相比较，自重较小，延性好，适应变形的能力强，是主梁没有很快断塌的原因之一。设想，如果是混凝土连续梁，在一个中墩毁坏的情况下，主梁势必垮塌。一些同类事故实例也证明了这种推论。

事故发生后对该桥钢板梁进行检测表明，主梁仍处于弹性工作状态，结构没有受到严重损伤，可以不进行特殊的加固，仅重建桥墩，主梁仍可继续服役。

这次事故再一次表明，柱式排架墩抗撞击能力弱，跨线桥设计应慎用，当必须采用时，务必要采取可靠防撞措施。

7.3.2 B类事故实例及评析

实例一 石黄高速公路立交桥

石黄高速公路 K154＋992 为主线下穿分离式立交桥，交叉角为 90°。该分离式立交桥上部结构为 6×16m 预应力混凝土连续空心板，每孔由 6 片空心板组成。各墩之间的空心板端部采用暗帽梁现浇连接成连续梁。下部结构为双柱墩，钻孔灌注桩基础。桥面宽8.5m，净宽 7.5m。立交桥下的高速公路位于平曲线段，因受超高的影响，桥下净空高度不足 5m。

自建成营运以来，该立交桥多次被超高车辆撞击，造成严重损伤。虽经多次修复，但未能解决根本问题，严重影响了高速公路的行车安全。该桥自南侧桥台往北第 4 孔东侧边板，因多次受超高车辆撞击，跨中部位纵向 4m 范围内底板混凝土全部撞碎，预应力钢绞线被撞断 5 根，空心板下缘 4 根普通钢筋被撞断，其余部分主筋存在不同程度的变形，该区段跨中沿梁长约 4m 范围内箍筋均已不存在。直到 2007 年，为了从根本上解决上述问题，对该立交桥采用整体顶升提高桥下净高的改造方案。实测桥下最小净高为 4.62m，根据高速公路通行超高车的实际情况分析，确定将桥下净高提升至 5.1m。实施的技术难点主要是改造旧桥墩台和顶升过程防止板梁偏位，还要维持施工期间桥下高速公路的通行。

由本实例可以看出，对于石黄高速公路，由于经常有超高车通行，原来的桥下净空4.62～5.00m 显然是不够的。其原因主要是设计时忽略了弯道超高的影响，桥下部分净高小于规范要求的 5m。但从另一方面也提示我们，在某些超高车较多的公路上或某些路段，可以根据实际情况适当增加桥下净空高度，尤其是与高速公路连接的城市道路跨线桥，桥下净高 4.5m，被超高车辆撞击的风险较大。

实例二 某城市钢箱梁人行天桥

该人行天桥跨越城市交通繁忙的主干道路口，桥下通行机动车、非机动车与行人。于1993 年建成投入使用。人行天桥的主梁为封闭式的圆环形钢梁，圆环中线半径 26m，桥面宽 5m（含栏杆）。钢箱梁为单箱双室截面，箱高 1m，箱梁底宽 2.84m，桥墩为直径120cm 的圆柱，墩梁固结。设计人群荷载 3.5kPa，钢结构采用 A$_3$ 钢材。

某日，一辆超高重型车辆撞击人行天桥主梁钢箱梁底部，结构整体及局部均受到较严重的破坏。事故发生后的检测报告指出：撞击造成的主要破损为钢箱底板及腹板的局部缺损及变形。破损处呈两个半椭圆形的孔洞，左边半椭圆高约 25cm，宽约 60cm，右边半椭圆高约 20cm，宽 40cm，沿底板方向宽约 130cm。由于梁体破坏位置在主梁一跨的跨中，该处正弯矩最大，而箱梁底板、腹板的破坏极大地降低了跨中截面的刚度，使局部截面挠度增大，人行天桥处于可能进一步破坏或断裂的危险状态。另外，3 号、4 号墩处桥面铺装和伸缩缝以及 4 号梯道等处亦发生破损或开裂。该桥的技术状况评定为 E 级（危险级）。

事故发生后，立即进行了抢险工程，以确保人行天桥不再出现安全事故，随后再进行永久修复工程。在一定时期内，桥下与桥上的交通都受到影响，经济损失也较大。

按现行城市道路设计规范规定，当桥下通行各种机动车时，跨线桥下道路最小净高为 4.5m。城市道路分为快速路、主干路、次干路和支路四个等级，其设计速度最大值分别为 100km/h、60km/h、50km/h、40km/h。而高速公路、一级公路和二级公路的跨线桥桥下净空高度为 5.0m，三级和四级公路跨线桥桥下净空高度为 4.5m，设计速度最大值分别为 120km/h、100km/h、80km/h、40km/h、20km/h。下线行驶的车辆速度越快对跨线桥撞击产生的危害越严重。所以，公路规范的规定基本合理，而城市道路规范，凡跨线桥桥下通行各种机动车时，不区分道路等级，桥下净空高度最小值一律规定为 4.5m，不够合理。但城市道路设计规范规定的是"最小净高"，实桥设计时，应该可以根据实际情况，在满足最小净高的条件下，适当提高跨线桥桥下净空高度。必要的灵活性应是符合规范规定的。尤其是与高速公路连接的城市道路，桥下净空高度 4.5m 偏小。

城市道路工程设计规范条文说明中，论述了最小净空高度在各级城市道路上均采用 4.5m 的考虑。提到《道路交通安全运输安全法实施条例》（2004 年 5 月 1 日实施）规定"重型、中型载货汽车、半挂车载物，高度从地面起不得超过 4m、载运集装箱的车辆不得超过 4.2m。"从 2004 年以来，全国道路运输中的超载、超限车辆所占比例逐年上升，这与全国高速发展的经济建设有关，发生的事故也较多。其中涉及各种复杂的因素，并非单纯的技术问题。超载、超限车辆的整治，很难在短期内奏效。这种现象将会长期存在，将会对很多桥梁造成"内伤"，降低其耐久性必然增大后期的加固费用。这是业内很多专家的共识。应该允许设计者在充分论证的情况下，根据实际情况进行调整。不宜全国或全行业"一刀切"。中国幅员广大，各地差异较大，因地制宜应是制定规范和制度的指导思想之一。例如，山岭重丘区跨线桥升高 50cm，增加的工程量很小，平原区跨线桥，由于两岸引道多为较长的填方路堤，工程量增加较多。这是拟定设计高程应予研究的重要因素之一。

实例三　北京市城铁大钟寺过街天桥

2010 年 8 月 2 日，该天桥被翻斗车撞击（图 7-20），原因是翻斗车突然升起斗箱，被撞击的主梁混凝土剥落、钢筋外露、桥面开裂，主梁报废，必须更换。经济损失超过 200 万元。

历年来北京市超高车撞击桥梁的情况较为严重，下面简要介绍北京有关部门公布的资料。

2000 年，1～5 月间，北京市发生超高车撞击主梁上部结构的事故 30 多起。其中，安华桥 6 个月内被超高车撞击 5 次，紫竹桥南一号人行天桥于 5 月中旬被超高车撞断主梁。

2001 年，北京市发生超高车撞击桥梁上部结构 73 起。其中，西八里庄桥曾于 3 月因一辆自卸卡车货斗自动脱钩翻起而遭撞击损坏。

图 7-20　北京市城铁大钟寺过街天桥被翻斗车撞击

2002 年，分别于 8 月 4 日和 8 月 8 日，北京东四环和南四环各有 1 座人行天桥被超高车辆撞击，原因都是货车斗厢翻起，事故造成车毁人伤，2 座人行天桥受到严重损坏。

2003 年，北京市发生超高车辆撞击桥梁上部结构事故 86 起。

2004 年，截至 11 月，北京市发生 60 多起超高车辆撞击桥梁上部结构事故。

2005 年，北京市发生车辆撞击桥梁事故 48 起，共造成栏杆损坏 100m，限高架损坏 6 个，梁体损坏 16 座。其中 23 起属于超高车辆撞击桥梁上部结构事故。

2006 年，截至 6 月底，北京市发生超高车辆撞击限高架事故 12 起。此外，安华桥上部结构一周内连续两次被超高车撞击，导致主梁钢筋裸露。另外，一辆拖挂大货车行驶至东三环双井桥北辅路二闸桥时，由于车辆超高，先撞毁限高门架再撞上二闸桥，导致桥梁严重受损。可见，有了限高架也不能完全避免桥梁上部结构遭受超高车辆撞击。

2007 年，1～11 月间，北京市发生超高车撞桥事故 63 起。其中，造成梁体严重损坏的事故 5 起，造成限高门架损坏的 36 起。

根据北京市公联公路联络线有限公司的统计，其所管辖范围内的桥梁结构物，从 2007 年 7 月～2008 年 9 月，共有 13 座桥梁受到了车辆的撞击，其中 7 座桥梁不得不对损坏的梁体进行更换。

根据北京市交通部门的统计数据，2007 年 7 月以前，北京市约有 50％的桥梁上部结构曾遭受过超高车辆的撞击，由此导致桥梁损坏者占所有损坏桥梁的 20％以上。

国内其他地区同样存在超高车辆撞击桥梁上部结构的情况，发生的频次与严重程度各地有所不同，但这类事故全国普遍存在。从本书附录三可以看到一些实例。国内一些专家学者主要针对超高车辆撞击桥梁上部结构时，如何分析计算撞击力，提高主梁的防撞能力等课题进行研究，提出了设计方法和防护对策。对于超高车辆撞击桥梁上部结构这类事故，提高桥梁的防撞击能力是重要的一个方面，还有同样重要的另一个方面，就是如何尽可能减少车辆对上部结构的撞击。前者主要是技术问题，近年来已取得较大进展。后者则复杂得多，除了技术问题外，更多地涉及行业管理、规范制定以及各种预防措施的落实。就交通部门治理这类事故的实效而言，后者存在更大的差距。

实例四　成都市三环××人行天桥

该人行天桥为 4 跨连续钢箱梁，桥梁总长 4×20m＝80m，钢箱梁总重约 120t。上部结构横截面宽 4m，高 1.5m。单箱双室，箱梁顶面为 80mm 厚混凝土桥面板。纵向每隔 10m 设横隔板，钢箱梁底板、腹板和横隔板厚度均为 10mm。混凝土桥面板纵向和横向配筋率均为 0.01。为了减小温度应力，上部结构未与桥墩焊接在一起，只是搁置在桥墩上。天桥桥下净空高度按规范规定的最小值 4.5m 确定。

2006 年 11 月 23 日，一辆重型卡车货斗意外翻起，撞击人行天桥，主梁坠落砸在自卸车驾驶室，造成司机当场死亡，导致整个三环路交通瘫痪约 8h（图 7-21）。

图 7-21　成都市三环××人行天桥被卡车货斗撞击

文献［70］对本实例建立有限元模型进行钢箱梁破坏过程仿真分析。钢箱梁采用厚壳单元建模，混凝土桥面板采用分层壳单元建模。分析结果以下几点值得关注：

（1）取撞击车辆质量为 8.7t，车厢翻起，角度 25°，使车厢顶部高出人行天桥梁底 250mm，撞击前车速达到 100km/h。车辆撞击位置在第 2 跨跨中。破坏过程是，横向位移过大，桥墩对箱梁支撑作用失效，箱梁在水平速度和重力作用下发生落梁，钢箱梁损坏，无论是正面（接触面）还是反面都出现严重塑性变形。

（2）人行天桥整体位移与变形包括：绕纵轴刚体转动和扭转变形；水平刚体平动；转动和弯曲变形；竖向弯曲变形。箱梁各截面水平位移都很大，1 号墩处截面的水平位移超过 1500mm，导致落梁破坏。

（3）车辆撞击桥梁上部结构有两种作用：一是局部冲剪作用，二是结构产生整体位移。第 2 种作用相对而言更严重。本实例由于天桥宽度较小，桥墩的支撑面积也较小，因此桥梁上部结构的横向位移很容易超出桥墩有效支撑距离，加上钢箱梁只是搁置在桥墩上，在撞击力作用下，很容易发生落梁事故。

（4）由于人行天桥自身结构特点，完全依靠桥梁自身结构防止局部冲剪破坏难度较大，需要采取附加的防护装置。

实例五　国外两起事故

2007 年 11 月 27 日，英国伦敦一辆卡车吊货杆翘起，撞击跨线桥上部结构，导致 T 梁严重破坏，修复费用达 50 万美元，并使有关路段关闭交通一个月。

2005 年 6 月某日，法国图卢兹发生超高车辆撞击桥梁上部结构，司机当场死亡。

在美国，根据抽样数据，大约 61％的跨线桥上部结构曾遭到超高车辆撞击，产生不同程度的损坏，并在一定时间内影响上、下线道路交通。

7.3.3 C类事故实例及评析

实例一 山东滨州黄河公路大桥

滨州黄河大桥为 4×120m 下承式连续钢桁梁桥，全长 2932m（含主桥及引桥）。于1972年10月建成通车。设计荷载为汽-13，验算荷载为拖-60。1998年2月某日，车辆撞击钢桁梁，造成该桥下游15号竖杆（沿用原桥竣工图编号）严重扭曲变形，高强度螺栓连接处翼缘撕裂，危及大桥正常通行及安全。事故发生后，随即确定了加固维修方案，受损竖杆拆除，安装新竖杆，并对附近受损部位进行矫正和防腐处理。同年，对该桥进行了大修。

实例二 美国华盛顿州××公路大桥

该桥位于美国西北部，是西雅图市至加拿大温哥华市干线公路上的一座大桥。桥型为多跨下承式钢桁架桥。2013年5月23日晚间，一辆超载卡车撞击钢桁梁，致使一跨钢梁垮塌，数辆汽车坠入河中，3人落水后获救，造成较大经济损失（图7-22）。

图7-22 超载卡车撞击美国华盛顿州××公路大桥

上述两例，都是下承式梁桥被车辆撞击主梁构件引发的事故。主要原因是桥面未设置防撞护栏，或虽有护栏但抗撞击的能力不足。这种情况多发生在早期修建的下承式或中承式桥梁。在吸取教训的基础上，近年建成的这类桥梁都采取了可靠的防撞设施，这类事故已很少发生。

实例三 印度拉菲甘奇桥

该桥位于印度东北部拉菲甘奇，跨越德哈费河，为一座长度约100m的铁路梁式桥。这条铁路连接新德里和豪拉。2002年5月10日，一辆快车从豪拉开出，驶向新德里，当这列火车驶上拉菲甘奇桥时，高速运行的车轮突然失控撞击铁轨，冲出轨道，车厢翻倒，共计18节车厢中的15节由于脱轨甩落到铁道之外，其中两节车厢砸坏桥梁坠入河中，相邻车厢中的乘客有人被撞击力弹出车厢抛入水里。

事故后进行了调查，主要情况如下：死亡至少130人，受伤约200人。这次列车共有乘客1000多人。列车行驶最高时速为140km。该桥的钢梁与铁轨部分构件锈蚀严重，还可能存在金属疲劳诱发的轨道裂缝。另外，该地区前一天大雨，更增大了火车脱轨的风险。当年印度铁路设施和管理的极端落后则是根本原因。

从这次事故可以看出，在钢梁与铁轨已严重锈蚀的情况下，居然还继续运行"特别快车"（时速 140km/h，当时在印度为特快列车）。只能说明因管理与技术的落后，付出了血的代价。高速铁路具有极大的优越性，但必须以高质量技术和高效管理为基本保证，这已是业界的共识。这次事故具有深刻的教训，堪称典型案例。

实例四　广西柳州市壶东大桥

2000 年 7 月 7 日晚间，一辆公交车经过壶东大桥时，先撞上车道上的混凝土隔离墩，造成车辆失控，冲上了人行道，再撞断栏杆，大客车坠入江中，造成了 79 人死亡的特大事故（图 7-23）。

图 7-23　广西柳州市壶东大桥桥上的巨大缺口（左图），救援现场（右图）

这次事故的几起重要情节是：2000 年 7 月 7 日，4 人在大桥桥面进行维修施工，到了下午 7 点左右，将混凝土隔离墩搬至已修补好的桥面处，以保护施工现场。到了晚间下起了暴雨，4 人即离开大桥去躲雨，而混凝土隔离墩仍放置在原处。凑巧的是，因暴雨雷电将大桥桥面上的照明系统击坏，桥上一片黑暗，公交车在桥上行驶时，因前方视线不清，司机未发现车道上有隔离墩，突然撞上，车辆就失控了。另外值得注意的是，桥面施工的 4 人，并非公路管养单位的正式工人，而是临时招聘的民工。7 月 11 日柳州市公安局将 4 位民工刑事拘留。最后如何处理不清楚。

这次事故发生的原因较为明确，就是隔离墩没有及时移至车道以外。为什么这 4 个民工不将隔离墩搬开就去躲雨，显然不是故意的，是一种疏忽，而且是 4 个人同样的大意。可见，这 4 人没有安全风险意识，是因为主管者没有认真交代，也可能根本没有想到。国内某些桥梁事故的发生，在一定程度上与施工单位对聘用的民工未进行基本的技术安全培训有关。例如，1996 年 12 月 20 日发生的广东韶关市白桥坑大桥特大伤亡事故，死亡 32 人，受伤 59 人。遇难者中，大部分是没有经过安全技术培训的农民工。详细情况可参阅本书 6.2 节实例二。

实例五　重庆市万州区长江二桥

万州长江二桥，位于重庆市万州主城区下游聚鱼沱河段，北接枇杷坪街道办事处的康家坡，南连江南新区的南山寺。该桥所在道路为城市主干路，设计速度 60km/h，双向 4 车道，以中心实线划分左右幅道面，桥面全宽 20.5m。两外侧设有人行道，人行道路缘石高于行车道面 30cm，其上内侧设置有纵向钢管护栏，其顶面高于行车道面 65cm。人行道外侧设置一般人行道栏杆，由竖直钢管柱与顶面水平钢管扶手组成。大桥桥型为子母塔悬索桥，全长 1148.86m，于 2000 年开工，2003 年 6 月建成通车。

2018 年 10 月 28 日，司机冉某（男，42 岁）驾驶 22 路公交车沿规定的线路正常行驶。上午 9 时 35 分，乘客刘某（中年妇女）在龙都广场四季花城站上车，其目的地为壹号家居馆站。由于道路维修临时改道，22 路公交车不再经过壹号家居馆站。当车行至南滨公园站时，司机提醒到壹号家居馆站的乘客在此站下车，但刘某未下车。在公交车继续行驶途中，刘某发现车已过了自己的目的地，便要求下车。但该处当时已无公交车站，故冉某未停车。上午 10 时 3 分，刘某走到司机右侧指责冉某，两人发生争吵，继而相互动手攻击对方。10 时 8 分，冉某用右手格挡刘某的攻击，车辆失控，以 50km 的时速向左侧越过中心实线，刚好与对向正常行驶的一辆红色小轿车相撞（该轿车时速为 58km），小轿车受损，司机受伤，公交车则继续冲过人行道内侧护栏，接着又撞断人行道外侧的一般栏杆，整车立即坠落长江中，该处水深约 68m，公交车沉入江底。经过有关部门的打捞，早先公告为 15 人失踪，最后证实全车 15 人遇难（图 7-24）。

图 7-24　重庆市万州区长江二桥事故现场（左图），公交车上监控画面（右图）

事故发生后公安部门的调查，证实了以下几点：公交车冉某事发前未饮酒，精神情况正常；事故发生当天，天气晴朗，行车路段平整，无坑洼及障碍物，行车视线良好；经鉴定该客车技术状况正常，排除了因故障导致车辆失控的因素。公安部门的结论是：刘、冉两人的行为导致这一特大事故，已触犯《刑法》的规定，涉嫌犯罪。

事故发生后，国内官方及民间的有关专家在网上进行了广泛的议论，现对有关问题简要评析如下。

（1）万州长江二桥的护栏设置符合《城市桥梁设计规范》要求，且有所加强（指人行道内侧与车行道之间的护栏），路缘石上还设置了钢管护栏，高度 65cm。但与《公路交通安全设施设计细则》相比，高度仍然不足。而且人行道外侧为一般栏杆，不具备抗车辆冲击的能力。这应是公交车撞断护栏坠江的技术原因之一。

（2）万州长江二桥设计行车速度为 60km/h，路缘石高度 30cm，其上还有钢管加强，如果车辆撞击角度较小，在 20° 以内，冲上人行道的可能性并不大。但这次事故中的公交车以将近 90° 的角度撞击人行道，路缘石与钢管组成的护栏是难以抵抗这样大的冲击力的，致使公交车冲上人行道撞断外侧护栏而坠江。

（3）根据《城市桥梁设计规范》CJJ 11-2011，护栏的防撞等级至少为 SB 级。而根据最新的《公路交通安全设施设计规范》JTG D81-2017，特大跨径悬索桥防护等级应采用 HA 级。但是不能按照最新的规范要求原设计，应根据当时的实际情况及规范进行研判。可以认为，万州长江二桥的护栏设计符合当时的规范要求，但安全度偏低，不够合理。

（4）从这次事故中可以看出，我国早期修建的大量桥梁，随着交通运输业的快速发展，原有的安全设施存在着不同程度的隐患。近年来，这类事故时有发生，表 7-12 中的 C 类事故，有 12 起就是车辆失控撞断护栏或栏杆引发的。这 12 起事故，共计死亡 187 人，受伤多人。

（5）2000 年以来，我国公路与城市道路的建设突飞猛进，一些城市桥梁开始承担了类似公路桥梁的运输功能，大运量交通工具、重载车辆不乏通行其上，城市桥梁相关的管理部门应结合交通量、车型构成等新变化和桥梁高度等不利因素，按照最新的标准规范，定期排查安全隐患。必要时，可对桥梁的安全设施进行增补或改造。

7.3.4　关于 D 类与 E 类桥梁事故

D 类桥梁事故为飞机失事引发的事故，目前仅看到国内 1 起、国外 3 起实例报道。这类事故发生的概率极小，是一种罕见的偶发事件，难以考虑有效的防护措施。仅是在航空港附近的特大桥应按有关规定限制桥梁高耸结构物的最大高度，以保证飞行物在空中的正常飞行。飞机非正常飞行对桥梁的危害，现行规范未纳入这项内容。

E 类桥梁事故为双层交通桥梁车辆撞击引发的事故。在高速公路建设中，为了节约土地和减少征地拆迁量，在条件允许的路段可将高速公路做成长达几公里乃至十几公里的高架道路，与地面公路或桥梁沿纵向结合起来，便形成了上、下两层的立体交通体系。另一种情况是，在大型或特大型全互通立交枢纽处，甚至会出现三层或三层以上的高架道路桥梁。这类双层或多层交通体系存在某些独特的风险和安全问题。车辆撞击引发的交通事故，往往涉及两层或两层以上桥梁结构物的正常使用，甚至发生损坏。事故实例可参阅表 7-12 及表 7-13。这种双层或多层交通体系，国内近年多有采用，但发生的桥梁事故很少，也缺乏较深入的研究，有待进一步收集资料进行探讨。

2013 年 10 月，我国首座高速公路双层高架特大桥——洛塘河特大桥建成通车。该桥上下两层均为桥梁结构。除存在上下层桥面因车辆可能发生撞击桥梁的安全风险外，由于双层高架桥质量和刚度分布特殊，梁墩紧密相邻，地震响应更复杂，下层桥面与墩柱如发生碰撞，危害更为严重。文献［102］分析研究后指出，碰撞对双层框架墩的下墩柱剪力和弯矩影响很小，原因在于下横系梁对碰撞能量的吸收。因此，碰撞对双层高架桥最致命的影响在于下横系梁及其节点，而非墩柱。碰撞引发下横系梁节点处的剪力突变，导致节点破坏，上层桥面坍塌。典型事故例如 1989 年的美国洛马·普雷塔地震和 1995 年的日本阪神地震时发生的多起双层高架桥震害，其特点都是桥面与墩柱碰撞导致框架墩下横系梁与墩柱的节点严重破坏，墩柱剪断，上层桥面直接坍塌坠落到下层桥面上。

中外桥梁事故述评

7.4 人群引发的桥梁事故

7.4.1 概述

人群引发的事故，主要有两种情况，即：

A 类：人群荷载引发桥梁振动、摇摆、变形、损坏甚至垮塌。

B 类：人群在桥上大量聚集而发生拥挤、踩踏导致伤亡，桥梁本身不受损或损失不大。

国内外已发生的事故，绝大部分是 A 类，极少数是 B 类，但 B 类事故一旦发生，往往造成大量人员伤亡。表 7-14 为人群引发的部分国内事故简况，表 7-15 为人群引发的部分国外事故简况。

人群引发的部分国内事故概况   表 7-14

分类号	序号	桥梁名称	桥梁简况	事故概要	时间（年.月.日）	附注
A	1	陕西周至县森林公园桥	人行悬索桥	人群超载致使桥梁损坏	1991.2	
	2	西安道教圣地楼观光台桥	铁链索桥	人群超载,铁链坠落	1991.2.15	23 人死亡,100 多人受伤
	3	广州市天湖景区桥	人行悬索桥	人群超载致使桥体损坏	1994.10	
	4	重庆市綦江彩虹桥	120m 跨径中承式钢管混凝土提篮拱桥	建成 3 年后,人群及武警士兵列队过桥时垮塌	1999.1.4	40 人死亡,14 人受伤
	5	北京市朝阳区蟹岛度假村桥	人行索道桥	人群超载致使桥梁损毁	2002.4	
	6	湖南溆浦县两江乡桥	人行索道桥	人群超载致使桥梁损毁	2003.11	
B	7	北京市密云县云虹桥	钢桁拱人行桥	元宵节观灯,晚间大量人流在桥上发生踩踏事故	2004.2.5	37 人死亡,15 人受伤
A	8	广东珠海××景区桥	人行索道桥	人群通过时产生共振而损坏	2003.10	
	9	湖北兴山县××桥	人行悬索桥	人群通过时产生共振而损坏	2006.6	
	10	四川万源市清水溪村桥	人行悬索桥	人群超载致使桥梁损毁	2006.6	
	11	甘肃岷县憩乐岛公园桥	人行悬索桥	违规提前开放行人过桥,并超载致使桥面垮塌	1999.7.24	18 人死亡
	12	重庆市南岸××桥	人行悬索桥	人群超载致使桥梁损毁	2007.12	
	13	云南绥江县中城镇桥	人行索道桥	人群超载致使桥梁损毁	2008.8	
	14	四川洪雅县柳江镇桥	人行索道桥	人群通过时产生共振而损坏	2010.2	
	15	江西庐山西海景区码头引桥	人行梁式桥	桥上游客爆满,压塌桥梁,18 人落水	2013.10.13	

228

人群引发的部分国外事故概况　　　　　　　　表 7-15

序号	桥梁名称	桥梁简况	事故概要	时间（年.月.日）	附注
1	英国 Nicenburg Saale 河桥	跨径 78m 的铁链与铸铁做拉索的斜拉桥	一次火炬游行人群过桥时，致使桥梁倒塌	1825	死亡 50 人
2	德国纽伦堡萨尔河桥	跨径 78m 人行斜拉桥，1824 年建成	人群过桥时斜拉索断裂坠毁	1826	死亡 50 人
3	英国南艾斯克河畔芒特罗兹桥	跨径 129.6m 公路桥，1829 年建成	约 700 人在桥上观景，致使桥梁垮塌	1830	死亡多人
4	英格兰诺森伯兰郡莫珀斯堡桥	悬索桥	桥上挤满人群，致使桥梁垮塌	1830	
5	英国曼彻斯特布洛顿桥（人行桥）	链杆吊板式柔性悬索桥，跨度 44m，1826 年建成	74 人组成的军队齐步过桥，共振致使地锚处螺栓断裂，桥面坍塌	1831.4.12	20 人受伤
6	印度马德拉斯 Chintadripet 桥	索支承桥梁	骑兵列队过桥时，桥梁垮塌	1840	30 人受伤
7	英格兰大雅茅斯 North Quay 桥	跨径 26.2m 索支承钢桥，桥宽 6m	超过 300 人桥上观景，人群严重偏载致使桥梁垮塌	1845	死亡 113 人
8	孟加拉国杰索尔 Jinguruchy 桥	索支承铁桥，1844 年建成	超过 500 人桥上观景，人群严重偏载致使桥梁垮塌	1846	死伤约 100 人
9	法国昂热××公路桥	跨度 102m 链式悬索桥，桥宽 7.2m，1839 年建成	一个营的士兵过桥引发共振，并有狂风，桥梁垮塌	1850.4.16	死亡 226 人
10	英格兰 Langholm Boatford 桥	跨度 53.3m 索支承桥梁	超过 60 人过桥时，桥梁垮塌	1871	1 人受伤
11	芬兰索尔塔桥	木桥	超过 200 人过桥时，桥梁垮塌	1877	
12	英格兰巴兹 Widoombe 桥	跨径 244m 人行桥，桥宽 2.4m，1862 年建成	桥上超过 100 人排队等待，桥梁垮塌	1877	死亡 11 人
13	捷克 Mahrisch-Ostrau 桥	跨径 66m 金属结构桥，桥宽 7.1m	超过 30 名骑兵过桥时，桥梁垮塌	1886	死亡 6 人
14	美国西弗吉尼亚韦斯顿桥	索支承桥梁	桥上挤满人群，桥梁垮塌	1896	受伤 2 人
15	美国西弗吉尼亚利特尔顿桥	索支承桥梁	桥上挤满人群，桥梁垮塌	1896	死亡 2 人

续表

序号	桥梁名称	桥梁简况	事故概要	时间 (年.月.日)	附注
16	美国奥克莱尔 Madison ST 桥	跨径 13m 梁桥	约 200 人列队过桥时,桥梁垮塌	1903	受伤 40 人
17	俄国埃及人桥(跨彼得堡坦卡河)	铁链主缆悬索桥,铸铁门式索塔	军队过桥共振致主揽断裂,桥体垮塌	1905.1.20	因河道结冰,无伤亡
18	美国加州长滩 Pierapproach 桥	木结构桥梁	桥上多人排队等待时,桥梁垮塌	1913	死亡 35 人
19	加拿大安大略省 Port Dover 桥	木结构桥梁	超过 60 人桥上排队等待时,桥梁垮塌	1913	受伤 20 人
20	美国宾夕法尼亚州切斯特 Norman's Greek 桥	跨径 21.3m,木桥面梁桥	人群集中在桥上观景时,桥梁垮塌	1913	
21	美国宾夕法尼亚州切斯特第 3 大街桥	钢桥面桥梁	超过 75 人在桥上观景时,桥梁垮塌	1921	死亡 24 人
22	美国西弗吉尼亚 White Srille 桥	钢梁悬索桥	超过 100 人在桥上观景时,桥梁垮塌	1926	死亡 6 人
23	德国科尔伦次摩泽尔河桥	木桥面人行桥	人群超载,桥梁垮塌	1930	死亡 40 人
24	菲律宾那加城××桥	木桥面桥梁	人群聚集桥上观景时,桥梁垮塌	1949	伤亡多人
25	英格兰贝里市诺斯利街车站桥	跨径 22.1m,木桥面人行桥	约 200 人桥上集结,桥梁垮塌	1952	死亡 1 人,174 人受伤
26	菲律宾那加城××桥	跨径 120.1m,木桥面桥梁,桥宽 7.9m	约 500 人桥上观景,桥梁垮塌	1972	死亡 138 人
27	尼泊尔 Mahkali 河桥	跨径 60m 钢梁悬索桥,桥宽 1.5m	桥上人群超过 150 人,压塌桥梁	1974	死亡 138 人
28	俄罗斯普施克诺××桥	人行桥	人群集结桥上,桥梁垮塌	1977	死亡 10 人
29	西班牙爱尔那尼 Uremea 河桥	跨径 50m 人行悬索桥,桥宽 1m	约 40 人在桥上观景,桥梁垮塌	1978	死亡 6 人
30	保加利亚瓦尔纳××桥	不详	人群聚集桥上,桥梁垮塌	1978	伤亡数人
31	墨西哥勒马河桥	跨径 40m 人行桥,桥宽 1.4m	建成 1 年后,约 400 人桥上集结,桥梁垮塌	1979	死亡 7 人
32	日本九州××桥	跨径 114m 悬索桥	建成 11 年后,人群桥上集结,桥梁垮塌	1980	死亡 7 人
33	美国堪萨斯城凯悦酒店走道桥	人行高架走道桥	桥上满载观赏跳舞人群,压塌桥梁,施工中变更设计是主因	1981.1.18	死亡 114 人,受伤 200 多人

续表

序号	桥梁名称	桥梁简况	事故概要	时间（年.月.日）	附注
34	马来西亚巴特沃恩××桥	不详	宗教聚会约 3000 人上桥,桥梁被压塌	1988	死亡 30 人
35	西班牙马德里阿兰胡埃斯镇桥	跨径 40m 人行悬索桥,桥宽 3m	人群桥上集结,压塌桥梁	1996	死亡 2 人
36	以色列特拉维夫雅孔河桥	跨径 20m 人行桥	100 多人桥上集结,压塌桥梁	1997	死亡 2 人
37	美国费城特拉华河桥	不详	超过 37 人过桥时,桥梁垮塌	2000	死亡 3 人
38	英国伦敦千禧桥	3 跨人行桥	建成时大量人群上桥,横向振幅高达 70mm,关闭后进行加固	2000.6	加固费用 700 万美元
39	日本兵库县明日市朝雾人行桥	4 跨连续钢桥面箱梁桥,桥宽 5m	烟花节狂欢,约 3000 人挤桥上,发生挤压、踩踏恶性事故	2000.7.21	死亡 11 人,受伤 247 人
40	孟加拉国博杜度阿卡利县××桥	公路桥	数百灾民桥上聚集时,桥梁垮塌	2007.9.1	死亡失踪 23 人,伤 100 多
41	尼泊尔西部河谷××吊桥	人行悬索桥	人群超载,桥体垮塌	2007.12	
42	马来西亚霹雳州××桥	人行悬索桥	人群通过时,桥梁发生共振而坍塌	2009.10	
43	柬埔寨金边钻石岛钻石桥	城市道路斜拉桥	人群桥上观赏龙舟赛,桥体摆动,发生人群踩踏事故	2010.11.22	死亡 347 人,多人受伤
44	印度大吉岭××桥	跨径 46m 木桥	约 150 人在桥上集结,桥体突然垮塌	2011.11.22	死亡 21 人,受伤 60 人
45	美国北卡罗来纳州洛氏赛车道桥	跨径 25m 混凝土人行索桥,桥宽 48m	人群从桥的一端跑到另一端时,桥梁垮塌	2000	受伤 107 人
46	秘鲁阿亚库乔省三达科拉科拉桥	跨径 40m 悬索桥,钢绳主缆木桥面	70 多名师生过桥时突然坍塌,该桥为年久失修的危桥	2009.4.12	死亡 9 人,受伤 53 人

注：除序号 39 与 43 为 B 类事故，其余均为 A 类事故。

从表 7-14 及表 7-15 可以看出，人群引发的事故中，B 类仅占 6.67%（国内）和 4.35%（国外），绝大部分是 A 类。B 类事故的发生，主要原因是行业管理失职或现场混乱失控，与桥梁的技术状况基本上没有关系。A 类事故大约占 95%，其发生的原因不仅与人群的数量与动态有关，也与桥梁的技术状态有关。本节主要讨论 A 类事故的有关问题。

人群引发的 A 类事故表现为桥梁发生振动、摇摆、变形、损坏甚至垮塌。对于人行桥，如果桥梁本身有缺陷，还可能对过桥行人带来不适甚至紧张的不正常感觉。就人群引发的桥梁事故而言，有三种基本形式：

（1）人群荷载超过桥梁的承载力而产生的桥梁事故。桥梁的承载力，会由于桥梁存在缺陷而下降，可能在人群荷载低于设计荷载时发生事故。在桥梁技术状态正常的情况下，人群超载也可能会导致桥梁事故。

（2）人群荷载是一种可变的动荷载，在某些情况下，会引发桥梁（主要是上部结构）产生振动，包括横向振动、竖向振动和共振。桥梁可能因出现振动而损坏甚至垮塌。

（3）大量人群在桥上横向偏载或因纵向大量移动发生严重不平衡荷载，导致桥梁损坏或垮塌。

7.4.2 第（1）类桥梁事故实例与评析

实例一 秘鲁山城科拉科拉桥

该桥位于秘鲁安第斯山脉南段阿亚库乔省三达巴巴拉河的科拉科拉峡谷。为一座古老的人行吊桥。跨径约 40m，桥面至谷底的深度达 98m。峡谷的一岸不远处有一座中学，大部分师生住在峡谷的另一岸，每天上学放学都步行经过这座桥。

2009 年 4 月 11 日星期一的下午，这座中学放学时师生共有 70 多人（其中教师 2 人）走上这座吊桥，当全部人都到了桥上，在人群荷载的重压下，吊桥突然从中间断裂成两截，桥体从山崖垂直坠落至谷底。70 多名师生全部随之掉下，这场桥难造成 9 人当场死亡，53 人受伤。伤者中大多数是 10～13 岁的儿童或少年，其中 14 人重伤。为了照应孩子们平安回家的两位教师，也在这场桥难中不幸牺牲，是因公殉职的模范。这次重大桥梁事故中的伤亡者几乎全是儿童，美国媒体将其列为"百年最恐怖桥难"的恶性意外事件（图7-25）。

图 7-25 秘鲁山城科拉科拉桥倒塌现场（左），人们救援受伤学生（右）

事故发生后的调查表明，这次灾难并非是完全的意外事件。该桥的主缆为钢绳，桥面结构是木横梁上铺木纵梁，再在其上钉木桥面板。这种结构在没有大风情况下，作为人行吊桥是可行的。这座桥的问题出在钢绳主缆已生锈并有断丝现象。这些病害早已发现，据镇长介绍，事故前一周已经计划进行维修，但还未实施桥就垮了。

这次事故的技术原因显然是吊桥主缆因锈蚀断丝承载力大幅下降，70 多人的荷载使主缆突然发生破坏。当地政府和有关管理部门在已经知道桥梁发生严重病害的情况下，没有及时采取必要的防范安全事故的措施，则应承担主要的管理责任。

实例二　美国堪萨斯城凯悦酒店走道桥

美国密苏里州堪萨斯城有一家最豪华的拥有四十层高楼的五星级大酒店——凯悦大酒店，于 1980 年 1 月开始营业。1981 年 7 月 17 日的晚间，正在举行有数千人参加的茶话舞会。四层楼高的天井式大厅一侧，悬挂着三层走道桥，分别通往二、三、四层的入口，再连通所有楼层。走道桥的上端凌空吊挂在高高的大厅天花板上。舞会正在进行中，各楼层的旅客几乎都蜂拥参与，大厅里人山人海。有着看台功能的走道桥上同样挤满了人，尽情欣赏着大厅里的精彩表演。

突然，第四层和第二层的悬挂走道桥垮塌了！四层楼道先垮，砸到下方的二层楼道桥上，再双双叠合落向大厅中的人群里（图 7-26）。这一特大灾难造成 114 人死亡，200 多人受伤。

这一事故是当时美国历史上最严重的结构倒塌事件。

图 7-26　美国堪萨斯城凯悦酒店走道桥坍塌事故现场（左），二层和四层残留的吊杆（右）

事故发生后进行了全面、深入的调查，弄清了发生灾难的根本原因是设计、施工均有重大失误。原设计的走道桥吊杆是单根贯通的，其支承的每根横梁（双槽钢对扣）只需分别负担本层走道桥体的重量。但后来的调查结论指出：这个原设计的结构构造，仅能承受堪萨斯市建筑规范所规定的最低荷载的 60%，表明原设计就是不安全的。更严重的问题是施工方后来提出变更设计，其理由是，原设计的螺纹吊杆需要从四楼吊杆下端整长车丝，以便用螺帽去固定第四层的走道就位，而这些螺纹吊杆在用于将第四层结构提升到位时可能存在危险。施工方提出了改进方案，即采用两个分开的吊杆装置：一个连接第四层走道至大厅顶板，另一个则连接第二层走道到第四层走道。设计方同意了这个建议，并按此实施。后来调查进行的结构分析证实，吊杆截面分开锚固后，第四层的横梁就要同时承受包括二层走道在内的双倍重量。结构损坏就是从第四层横梁外侧的螺母处开始，双倍荷载将槽钢压弯，先后撕裂其上下的两层肢翼，四层走道坠落。计算结果是：施工方所建议的修改后的设计，仅能承受规范规定下限荷载的 30%，在人群严重超载之下，走道桥必定垮塌。对于这次事故更详细的分析介绍，请参阅本章参考文献［66］。

与国内外一些重大事故发生后有关方面总是想方设法推卸责任一样。这次重大灾难发生后，尤其是设计施工的责任问题，总是有人设法将其大事化小、小事化了。但也有人下决心追根究底，彻查事故原因。该城一家讲科学有良知的媒体——《堪萨斯城之星报》，聘请技术专家当顾问，经过详细调查，终于查清了这次事故的前因后果，将全部事实公之于众，进行了公正的判决和处理。至少有 14000 万美元在随后的民事诉讼审判协议中补偿给受害者及其亲属。

由于在这次重大灾难发生后，《堪萨斯城之星报》克服种种阻力，查出了真实原因，把真相暴露在公众面前，受到了美国社会大众的广泛赞誉。1982 年星报和它的姊妹刊物《堪萨斯时代》获得了普利策新闻报道奖。

2008 年，空中漫步纪念基金会主持一项募捐以筹建一个公园和在华盛顿广场公园建一个喷泉专门纪念凯悦酒店事件。

实例三　江西庐山西海景区码头引桥

庐山西海景区有游轮供游客水上观景。从岸边至码头有引桥连接。近些年随着该景区知名度不断提高，节假日游客越来越多。2013 年 10 月 13 日为重阳节，游客本已不少，加之当日可免票进入，出现游客爆满。当天中午 12 点，仅游湖登岛的游客就达 5560 余人，较去年（2012 年）重阳节湖区游客量增长达 73.78%，创历史新高。

当日上午 10 点，景区码头上的游客达到峰值，管理部门随即关闭码头，但已无法阻止巨大的人流。由于当日免票，一些未进入码头的游客便强行冲入，现场一片混乱，无法控制，引发较严重的拥挤现象。最终超量游客上了引桥，导致护栏损坏、桥面塌陷，18人坠落水中（图 7-27）。因抢救及时，只是轻伤。

图 7-27　江西庐山西海景区码头引桥护栏损坏、桥面塌陷

这是一起人群严重超载压塌桥梁的事故。类似的事故还有以下几个实例：

甘肃岷县憩乐岛公园桥，为人行悬索桥，1999 年 7 月 24 日，因违规提前开放人群过桥，大量人流挤满桥面，严重超载导致桥梁垮塌，死亡 18 人。

云南绥江县中城镇人行悬索桥，2008 年 8 月某日，大量人群上桥严重超载导致桥梁损毁。

重庆市南岸××桥，为人行悬索桥，2007 年 12 月某日，大量人群上桥严重超载导致桥梁损毁。

这些事故都是因人群超载发生的，共同点都是现场管理失控。另一种情况是，人群虽然没有超过规范规定的允许值，但由于桥梁承载力不足而发生的事故，多发生在桥梁年久失修或桥梁存在较严重病害的状态下，这类事故与管养失职有关。也有少数实例是安全隐患在出现事故前未被发现，有一部分亚健康桥梁就属于这种情况。

7.4.3　第（2）类桥梁事故实例与评析

实例一　英国曼彻斯特布洛顿桥

布洛顿桥跨越埃尔维尔河，将两岸的布洛顿和本德里顿连了起来，为跨度 44m 的悬索桥，于 1826 年建成。该桥属于"吊板式悬索桥"，其特点是主缆分成平行的上下两层，下层主缆托住桥面系，上层辅助主缆吊挂立柱吊杆或吊索（兼起栏杆作用），协同下层主缆抬住桥面横梁。横梁上设置纵向分配梁，顶面铺桥面板。这种吊板式悬索桥是旧式吊桥与现代悬索桥之间的过渡形式，它与现代悬索桥相比，只是少了主塔。布洛顿桥是欧洲所建的第一批现代悬索桥之一。由于该桥发生的桥难是由于士兵列队正步过桥产生共振所引发的，在桥梁发展史上成为经典案例之一，至今仍有借鉴意义。直到 2000 年以后，国内仍有人行悬索桥因人群过桥产生共振而发生的事故。从布洛顿桥垮塌的教训中，我们可以获得启示。

1831 年 4 月 12 日，一支由 74 人组成的陆军分队，在完成训练任务后返回兵营的途中，排成 4 列纵队，步伐整齐地行走在这座大桥上。士兵们感觉到桥面与他们步伐一起上下运动，他们甚感兴奋和有趣，主动地配合着这种协调运动，哪知很快就出现强烈的摆动，队伍的领头者已快到对岸时，约 5m 长的桥面突然垮塌，随即全桥主缆与桥面系坠入河中，全体士兵跟着掉下。万幸的是桥下河水很浅，不到 1m 深，没有淹死人，但有 20 多人受伤，其中 6 人重伤。

事故发生后的调查表明，主缆产生的强烈振动导致布洛顿岸的一根锚碇悬链的铁支柱（相当于当代悬索桥的主塔）朝河流方向倒下。另外，还发现与锚链连接的一根螺栓有弯曲和裂纹，虽然事故前已更换了，但仍然被振动引发的强大拉力所破坏。调查结论认为，士兵行军引起的振动引发了螺栓断裂。但当时并未认识到"共振"的严重危害。为了防止类似事故的发生，这次事故后，英国军队随即发布了"便步走"的过桥准则。这是十分明智的规定。这对全世界后来中小跨径人行吊桥的安全使用具有重要意义。

实例二　法国昂热梅恩河昂热桥

昂热位于法国西部，地处法国最大的河流卢瓦尔河及其支流梅恩河的交汇处。该桥跨越梅恩河，简称昂热桥。桥型结构为主跨 102m 悬索桥，桥面宽 7.2m，主缆由铁丝组成（当时还没有钢丝绳），主塔由铸铁柱构成，高度 5.47m，于 1838 年建成。

1850 年 4 月 16 日，法国第 11 轻步兵团的 478 名士兵，冒着风雨步伐整齐地走上了昂热桥，桥面迎合着士兵有节奏的正步而上下波动，很快又变成了有规律的左右两侧晃动，从一边晃荡到另一边，并且越荡越高。当士兵们被摇晃得站不稳时，主缆突然断了，全体士兵与桥体一起飞速坠入河水中，导致 223 名士兵遇难（注：有资料记为 226 人）。这是一起世界桥梁发展史上的经典桥难实例。

事故发生后的调查委员会把悬索桥破坏的原因归纳为两大因素：动力破坏和主缆锚固部位腐蚀破坏。在相当一段时期内桥梁界开始认真追溯桥梁动力破坏的历史，进行了深入的研究，逐步认识到动力效应对桥梁造成重大影响的两大外来因素：一是风动效应，即空气动力学问题；二是诱发共振的人为因素。在昂热桥事故之前，欧美一些国家已有多座桥难是由于动力破坏所造成的。失败的教训成为推动技术进步的巨大动力，昂热桥之后，桥梁动力理论有了重大进展，悬索桥设计取得辉煌的成就，为现代悬索桥的修建奠定了可靠的理论基础。

实例三　俄罗斯圣彼得堡埃及人桥

埃及人桥跨越坦卡河，位于圣彼得堡市，连通著名的莱蒙托夫大街，建成于 1825～1826 年间，是一座单跨悬索桥，跨度约为 70m。主缆通过刚性很强的铸铁门式主塔锚入地下，门式主塔各有 5 根立柱，分别支撑 5 根铁链主缆，形成 4 条道路，中间 2 条道通行马车，两侧是人行道。

1905 年 1 月 20 日，一个中队的沙皇骑兵从莱蒙托夫大街跑上了埃及人桥。训练有素的骑兵步履整齐地在桥上快步行走，这种有节奏的动作立即引发了桥梁的共振，突然间主缆的铁链断了，桥面与士兵一起坠落河面。当时正值隆冬，河面结着很厚的冰层，未造成人员伤亡。

1831 年英国曼彻斯特市布洛顿桥事故、1850 年法国昂热桥事故，都是由于士兵列队正步过桥产生共振引发的灾难。几十年过去了，埃及人桥的管理者与桥梁工程师并未吸取教训，学习英国军队"便步过桥"的规定，采取必要的防范措施。而中国直到 2000 年以后，还有人行悬索桥因人群引发共振而垮塌的事故。可见，桥梁工作者了解桥梁失败的历史与具体原因是十分必要的，国内第（2）类桥梁事故实例简况可参阅表 7-14。

实例四　英国伦敦千禧桥

为了纪念公元 2000 年的到来，英国在伦敦新建了一座著名的桥梁——伦敦千禧桥。该桥位于伦敦市泰晤士河上，连接北岸的圣保罗大教堂和南岸的环球剧院及泰特现代艺术馆，作为伦敦步行交通基础设施的一个关键组成部分。千禧桥展现了新科技时代来临之际的技术魅力，刚一建成亮相，就以它简洁明快的结构、轻巧纤细的造型和连续流畅、充满活力的美感显得格外与众不同，为古老的伦敦市增添了一条亮丽的彩带（图 7-28）。

该桥从北到南的孔跨布置为（81＋144＋81）m。结构长度 325m，桥梁总长 370m，是一座人行悬索桥，桥面宽 4m。千禧桥是目前世界上垂跨比最小的悬索桥，其垂跨比为 1/63，仅是一般悬索桥的 1/6，其主缆高出桥面的垂度不超过 2.3m。两个"Y"形混凝土椭圆形断面桥墩支撑起 8 条钢主缆，布置在桥面的两侧。

图 7-28　20 世纪最具艺术价值和技术成就的英国伦敦千禧桥

2000 年 6 月 10 日，千禧桥正式开放，人流似洪水般汹涌在桥面上"流动"，人群的脚步使得轻盈的桥体开始发生摇摆，继而出现振动，横向振幅显著，最大横向振幅发生在南边跨，达到 70mm。2 天后封闭了桥上交通。事后的检测表明，该桥横向振动对应的最大加速度为（0.20～0.25）g，大桥三跨主要的振动频率分别为 0.5Hz、0.8Hz 和 1.0Hz，表明这座人行桥的动力性能很差，必须进行加固改造。

2001 年 5 月至 2002 年 2 月，千禧桥进行了改造工程。主要内容包括在桥面板下增设 89 个减振器，其中 37 个为水平阻尼器，52 个为竖向质量调谐器，用于减小摆动幅度。改造工程取得了成功。千禧桥总投资达到 2320 万英镑，每平方米造价为 1.8 万英镑，可谓世界上最贵的桥。后来的加固维修又花了 3500 万英镑。尽管发生了振动事故，千禧桥仍不失为 20 世纪最具艺术价值和技术成就的桥梁之一。

千禧桥是由当时英国超一流的建筑师、艺术家和工程师组成的精英团队主持设计和建造的，由著名公司担任审核工作。虽然总体上取得了成功，但还是有不足之处——振动过大，存在着安全隐患。实践是检验真理的唯一标准，任何桥梁工程，只有通过实际的使用和时间的考验，才能判定其是否为成功的作品。

千禧桥振动事故发生后，英、美的一些专家研究了这样一个问题：某些人行桥发生"共振"（例如上述实例一、二、三）是由于士兵们有规律地在桥上正步行走所致，而伦敦千禧桥上的人群是随意步行的，没有一定的行走规律，为什么会出现有规律的振动？研究的结论是：自然界存在一种叫做"集体同步"的现象。例如，个体蟋蟀各自鸣叫，但当大群蟋蟀在一起时，它们会逐渐一起鸣叫；又例如，萤火虫在一起时也会同步闪亮。人类同样存在"集体同步"的现象。例如，生活在一起的众多女性，月经周期往往会逐渐同步；又如在人群较多的热闹场所，多数人会不自觉地集中关注某一事物。再说到伦敦千禧桥，大量人群在桥上刚感觉有摇晃时，就调整自己的步幅来适应，这种自发的小动作，会使越来越多的人趋于"同步"而摆动，客观上就加速了桥体的振动。人群整齐划一的步伐在人行悬索桥上行走就会引发共振，并迅速增大振幅，导致事故。而"集体同步"也会引起振动，但振幅增大的速度较慢，所以千禧桥在发生振动后，没有出现大的事故，甚至过了两天才封闭桥上交通。美、英、德的一些学者专家，在千禧桥所发生现象的基础上，根据"集体同步"这种自然现象，建立了一套理论可以对人行桥需要的阻尼和减小摇摆作出估计。这对于我们设计人行桥是有益的启示。文献［103］进一步研究了景区大跨径人行悬索桥"锁定"临界人数的问题。"锁定"类似于"集体同步"的概念。所谓"锁定"现象，即桥梁结构的振动会引起行人对于步伐的调整，继而大多数行人步伐与结构振动频率一致，振动发散。该文参考德国人行桥相关指南，通过有限元分析，可以获得接近真实的"临界人数"（即允许过桥的最多人数）。某主跨为 420m 的景区人行悬索桥（矢跨比 1/12，主梁为纵横梁构成的格构体系，桥宽 4m），用 Newland 公式计算得到该桥临界人数为 1030 人。这一分析方法可供参考。

7.4.4 第（3）类桥梁事故实例与评析

实例一 英格兰大雅茅斯桥

大雅茅斯（North Quay）桥为公路桥梁，桥型结构为铸铁主缆悬索桥，木桥面板，跨径 26.2m，桥面宽 6.0m。该桥建于 1829 年。1845 年某日，超过 300 人走到桥上，在靠桥的一侧观看河上风光和水上表演，桥体突然垮塌，造成 113 人死亡。事故原因是人群在桥上严重偏载，桥体横向失稳破坏。按 300 人平均分布于桥面，每平方米不到 2 人，则人群的均布荷载大约是 $1.3kN/m^2$，如果桥梁没有严重病害，不应发生安全事故。该桥除了大量人群偏载，还伴有人群动荷载，可能引发桥梁的振动，两种不利因素的组合就会引发最弱构件发生破坏。

实例二 美国北卡罗来纳州康科市罗维斯桥

该桥为洛氏赛车道上的一座人行天桥，为混凝土梁桥，跨径 25m，桥宽 48m，于 1995 年建成。2000 年某日，大量人群从桥上的一端跑到另一端，桥体突然垮塌，造成 107 人受伤。除了人群荷载超重外，纵向不平衡的动荷载是引发事故的重要原因。

实例三 重庆市綦江县彩虹桥

该桥位于县城古南镇的綦河上，是一座连接新旧城区的跨河人行桥。彩虹桥是一座中承式钢管混凝土提篮拱桥，净跨径 120m，桥长 140m。1996 年 3 月建成投入使用。桥面总宽 6m，净宽 5.5m。

1999 年 1 月 4 日，下午 6 时过后，有几十位市民经过桥上，另有武警中队的 22 名战士跑步过桥。桥体突然垮塌，导致 40 人死亡，14 人受伤。事故发生后的技术鉴定与法庭审判，认为桥梁垮塌的主要原因是设计与施工问题。武警战士跑步过桥，只是一种诱因，加速了桥梁的破坏。这一特大事故，在国内产生重大影响，国外媒体也有所反应，涉及多方面的问题，也有不少经验教训和启示，本书将在第 9 章对彩虹桥事故进行较详细的讨论。

7.5 教训与启示

7.5.1 关于车辆超限、超载的问题

2000 年以后，随着我国城乡建设与交通运输业的高速发展，公路与城市道路车辆超

载、超限日趋严重，给交通基础设施带来多种危害。通过调查发现，在 2007～2015 年期间，国内共有 105 座在役桥梁垮塌，其中 28 座桥梁系货车超载引发的，占总数的 26.7%。在因超载导致垮塌的桥梁中，寿命最长 40 年，最短的只有 10 个月。远远低于桥的设计使用年限。表 7-1 中，2003～2016 年的 13 年中，因车辆超载、超限和偏载导致桥梁垮塌或严重损坏的共计 48 座，每年都有发生。2010 年，有关部门对广东省 5 条典型高速公路上的汽车荷载状况进行了调查，调查结果显示，这 5 条高速公路上总重量超载的货车比例在 8.9%～63%，平均比例为 39%；最大超载率为 116%～283%，平均最大超载率为 170%；轴重超载的比例为 15.7%～64.8%，平均比例为 48%；轴重的最大超载率为 247%～406%，平均最大超载率为 346%，最大轴重超载达到 406%。通过分析计算，实测车辆荷载模型与汽车-超 20 级活载效应比值的平均数约为 1.4。2016 年的统计表明，70% 的交通事故源自车辆的超载、超限，50% 的重大交通死亡事故由车辆的超载、超限引起。

我国交通行业管理部门公布实施的《认定车辆超载超限的标准》规定了 6 种车辆超载、超限状况。其中，前 5 种是针对 5 类不同轴数货运车辆的质量超限认定，这 5 类货车的车货总质量限值分别为：二轴货车 20t，三轴货车 30t，四轴货车 40t，五轴货车 50t，六轴及六轴以上货车 55t。第 6 种情形是针对交通安全考虑的，即车辆总质量应同时满足行驶证核定的装载质量。实际情况是：我国公路桥梁设计规范的荷载标准已经过几次调整，建设于不同年代的桥梁，设计荷载不一定相同。甚至位于同一路线上的桥梁，因建设年代不同，设计荷载也可能有较大差异。所以，单一的限载模式难以有效保护桥梁的安全运营。有的省市或公路设计院，从保证高速公路桥梁营运安全考虑，针对具体的项目，在规范设计荷载的基础上适当提高荷载标准。具体实例可参阅本章参考文献［29］。可见，按现行规范拟定的车辆限载标准，对很多在役桥梁并不合适。尤其是对于通行大量超载、超限车辆的各级公路桥梁，明显安全度不够。这是造成桥梁事故的重要原因之一。我国还有许多国、省道上的在役桥梁，以往多采用汽-20 级，另有一部分采用汽-15 级等更低的设计荷载。近年，因通行超载、超限车较多，更容易发生事故。表 7-1 中的一些桥梁被重车压塌，就是属于这种情况。

车辆超限、超载导致桥梁垮塌或严重损坏，桥梁使用功能完全失效或大部分失效，甚至发生人员伤亡，引发社会广泛关注、媒体评析，有关主管部门也高度重视，认真处置。但车辆超载、超限，对桥梁是一种"隐形"危害，由于没有在短期内造成事故，往往被忽略或不被重视。这就是车辆超载、超限对桥梁造成的"内伤"，使本来健康的或基本健康的桥梁逐渐转变为"亚健康"桥梁。一座桥梁在其使用寿命过程中，会逐渐"患病"，其原因有自然因素和人为因素。从国内的许多统计资料可以看出，在人为因素中，交通流量过大、车辆超重、超限是许多桥梁病害的重要原因之一。分析计算表明，在严重超载、超限的情况下，大部分桥梁结构出现超过规范容许值的拉应力，实际结构的荷载效应超过结构抗力，承载力不满足规范要求或安全储备不足，尤其是中小跨径装配式梁桥情况较为严重。超载、超限造成的这些"内伤"，往往是不会自行消除的。"内伤"的继续发展，主要受力构件就会出现开裂和发生较大的变形。文献［89］采用 12 根钢筋混凝土梁进行超载试验，超载值取极限承载力的 0.7、0.8、0.9。结果表明，超载作用后的桥梁构件裂缝和挠度明显增大，但构件承载力下降并不显著。原因可能是受弯构件出现裂缝与挠度后，不会立即对承载力产生影响，待裂缝与挠度逐步扩展后，承载力才会明显下降，长期反复超载会造成材料疲劳，更容易发生脆断。这些都足以表明，超载、超限对构件会造成"内伤"。据有关专家估计，不适应运营荷载要求的亚健康桥梁大约占在役桥梁总数的 1/6，2016 年全国公路桥梁约 75 万座，其中特大桥 0.34 万座，大桥 7.3 万座，中小桥 67.36 万座。单就中小跨径桥梁而言，亚健康桥梁可能达到 11.2 万座。实际情况与分析计算都表明，单辆超载、超限车对中小桥就可能造成损伤甚至事故。可见，对于超载、超限车辆对桥梁的危害，我们不仅要关注已经发生的垮塌事故，还应重视超载、超限引发的大量患了"内伤"的亚健康桥梁的维护。这项工作数量很大，也更艰巨。

车辆超载、超限除了对公路桥梁等基本设施造成损害外，对车辆行驶与驾驶员的心理行为也会带来负面影响，车辆超载、超限使得车辆总质量增大，导致惯性力增大，最终造成制动距离加长，行车危险性增大。严重超载时，则会因轮胎负荷过重、变形过大而引发爆胎，突然偏驶、自动失灵，就可能发生事故。另一方面，超载还会影响车辆的转向性能，增大了转向失控可能发生事故的风险；驾驶员驾驶超载、超限车辆，自己是知道违规的，甚至有躲避检查的行为，往往会增加心理负担和思想压力，容易出现操作失误，影响行车安全，造成交通事故。另外，由于超载、超限后的车辆难以达到正常行驶速度，较长时间占用车道，直接影响道路的通行能力。

限超、治超是一项艰巨的任务。我国很早就颁布了《公路法》，对于禁止超限运输有明文规定，各地也都进行过对超限运输的治理，在一段时期内取得了一定的成效。但超载超限运输仍屡禁不止。这是因为超载控制体系，尤其是对于桥梁的超载控制体系，是一个复杂而庞大的系统工程。涉及超载车辆控制、超载货物控制、运输费用改革、规范规章的完善与实施、道路与桥梁设计、桥梁养护、运输政策、超载超限现场检测控制设施以及不可解体大件货物运输等诸多方面。所以，有的专家指出，在中国治超是一场"持久战"，不无一定道理。

在交通运输中，货车超载为什么会普遍存在？重要原因有以下几项：一是运输成本中油价偏高；二是通行费用高；三是各种交通罚款多。这让运输业者不堪重负，生存艰难。在合法收费已经畸高，违法收费又无孔不入的情况下，交通运输业者早已陷入不能自食其力的扭曲状态：要么违法超载降低成本，要么合法经营缴纳各种"费用"亏损关门。所以才会出现很多货车为多装货物加高加大车厢、利用凌晨与夜间检查人员下岗时间集体冲关等不正常现象。

现行《中华人民共和国道路交通安全法》关于车辆荷载的相关规定是以《机动车运行安全技术条件》GB 7258-2017 为依据设计的，而在运输过程中车辆荷载则是基于"八部委"关于超限的相关规定为依据制定的，导致超载标准在各部委的规定中不统一，给超载管理、道路与桥梁设计荷载确定带来困难。

历年来，我国公路桥梁由于车辆超载、超限引发的事故不断出现，社会反响强烈，媒体舆论广泛关注，已引起主管部门的重视，对有关规范进行修订和补充。例如，对汽车荷载进行了调整：一是将公路-I 集中荷载标准值 P_k 从 180～360kN 调整为 270～360kN；二是对于重载交通比重较大的公路"允许采用与该公路交通组成相适应的汽车荷载模式进行结构整体和局部验算"。实际上，之前一些省市的设计院，对于重载交通桥梁设计荷载的取值，已经根据实际情况进行了适当增大。新的技术标准的这两项修订，有利于新建桥梁安全度的提高。

2015 年颁发的《城市道路交通标志和标线设置规范》GB 51038-2015 规定，符合相应设计规范的桥梁，可以不设限载标志。但我国历次设计规范的荷载标准一直在调整。至今，我国国家标准和相关行业标准均无明确和统一的桥梁限载吨位规定。近年来，个别省市制定了桥梁限载地方标准，但规定的限载吨位与桥梁实际技术状况和荷载状况关联性不强，对限载工作的实际指导意义不大。何况目前我国跨省市重载运输越来越多，公路与城市道路重载车辆相互通行也日趋普遍。由于有关制度与规定滞后，导致我国桥梁限载局面较为混乱。

根据上述这些情况与存在的问题可以认为，我国交通运输物流事业面临复杂的局面和艰巨的工作。其中，桥梁超载、超限引发的事故更为突出，影响也更大，治超确实是任重而道远。

7.5.2　关于独柱墩连续箱梁桥侧倾稳定性问题

2007～2015 年，国内发生了 7 起独柱墩连续箱梁侧倾失稳垮塌的重大事故（参阅表 7-1 中序号 17、29、30、35、33、44 和 48，其中，17 号为简支钢箱梁，其余均为连续箱梁）。一些学者和专家针对这一专题进行了研究和探讨，发表了多篇论文。对于连续箱梁侧倾失稳多归结为刚性体的稳定问题，将失稳形式简单地描述为绕倾覆轴旋转而倒塌。理论研究和对工程事故的结构分析表明，连续箱梁横向失稳是弹性体结构、超弹性橡胶支座的变形及两者相互作用达到极限状态而发生的。将弹性体问题简化为刚体处理的方法，应该有适用条件和范围，但目前还缺乏较深入的研究，要求倾覆稳定安全系数大于等于 2.5，明显偏小，过高地估计了箱梁抗横向失稳的能力，偏于不安全。文献 [34] 和 [44]，采用已经发生垮塌的独柱墩连续箱梁桥按刚体侧倾稳定理论公式计算，其稳定安全系数大于 2.5，表明按刚体稳定分析的方法与实际情况严重不符。

提出以下几点建议供现阶段箱梁桥侧向抗倾覆稳定性的计算和工程设计参考：

（1）采用弹性体空间计算模型，计算支座恒载反力与活载最大竖向负反力的比值作为抗倾覆稳定系数。此系数对于一般城市桥梁或交通量小的桥梁，可取 1.3；对于高等级公路或重载交通的桥梁可取 2 及以上。

（2）在设计活载偏载作用下，限制梁体的扭转角不超过支座容许的最大转动角度。

（3）高等级公路桥梁或重载交通的桥梁，避免采用多跨连续独柱墩单支座的结构形式。

（4）桥墩支座处采取可靠的横向限位措施，以防止梁体倾斜滑落。

按上述第（1）项计算的恒载反力与活载最大竖向反力的比值所定义的抗倾覆稳定系数，如何根据道路的等级、交通构成特点等条件确定其最小容许值，尚缺乏充分的论证，有待进一步研究。

独柱墩连续箱梁桥，按公路-Ⅰ级荷载进行受力计算时，在抗弯、抗剪都满足规范要求的情况下，在汽车偏载布载时，箱梁侧向稳定安全系数往往偏小，存在安全隐患，如果桥面较宽，容易发生支座脱空、梁体侧倾，甚至倒塌。文献 [98] 以 5×23.08m 独柱墩预应力混凝土连续箱梁桥为实例，采用 Midas Civil 空间有限元计算 4 种车道荷载偏载情况下的横向稳定系数。这 4 种荷载是：①公路-Ⅰ级（符合规范标准）；②1.3 倍公路-Ⅰ级（一般超载）；③55t 重车（车队重度超载）；④3 倍公路-Ⅰ级（严重超载）。桥面全宽

13.5m，箱梁底宽 6.3m。这 4 种荷载均沿最外侧布载，桥上总荷载分别达到：①1464kN；②1903kN；③3927kN；④4391kN。根据计算结果得到以下结论：独柱墩连续箱梁桥进行横向稳定性验算时，以公路-Ⅰ级和 1.3 倍公路-Ⅰ级为验算荷载显然无法满足安全要求。因此，在独柱墩连续箱梁桥进行横向稳定验算时，应结合桥梁通行重载车辆的实际情况，适当提高验算车道荷载的总荷载，并基于可靠度理论确定抗倾覆稳定性的安全储备值。

对独柱墩连续箱梁桥的使用与设计提出以下建议：

（1）重载交通公路和城市道路上的连续箱梁桥，以及地震烈度较高的地区，宜尽量避免采用这种桥型方案，当受条件限制必须采用独柱桥墩时，可以考虑以下措施：

① 部分较高的中墩采用墩梁固接。

② 中墩顶部设置双悬臂盖梁，形成横向 T 形桥墩，其上布置抗扭双支座，但应注意验算盖梁与墩身和基础的受力。

③ 分联墩或桥台上对可能发生脱空的支座采用抗压支座或设置抗拔拉杆。

④ 抗震验算时，独柱墩应作为延性构件设计。在塑性铰区域加强纵向主筋和箍筋，纵向主筋应延伸至塑性铰以外，达到必要的锚固长度，不应过早切断。墩柱根部是最薄弱部位，其抗剪强度应按照能力保护原则进行设计。

（2）位于直线或大半径平曲线上的独柱墩连续箱梁桥，其抗侧倾稳定性较差，更要注意采取措施提高其横向稳定性。可将分联墩或桥台上的抗扭双支座横向间距适当加大，并将中墩上单支座向外侧设置预偏心。

（3）箱梁纵坡对独柱墩连续箱梁桥横向稳定安全系数有不利影响。按平坡计算的横向稳定性安全系数应进行修正，其修正系数小于 1。

（4）独柱墩连续箱梁桥适用于中小跨径梁桥。国内多采用钢筋混凝土或预应力混凝土箱形梁，也有少数采用钢箱梁或钢-混组合箱梁。单孔跨径一般在 50m 以内，3～5 跨一联，可以等跨布置，也可以不等跨布置。一联的长度不宜过长，总长度宜控制在 200m 以内。尤其是中墩均为独柱墩单支点支承时，应注意扭转跨径不应过大，否则其抗倾覆稳定性能较差，失稳的风险大。

（5）为了加强独柱墩的刚度和强度，其截面尺寸不宜过小。当受客观条件限制柱体截面难以做大时，可以采用型钢劲性骨架混凝土结构或钢管混凝土结构。计算时应考虑墩柱初偏心的不利影响。当一联中桥墩较多时，宜将较高桥墩做成墩梁固接。

7.5.3 关于车辆撞击桥墩及上部结构的问题

下线行驶的车辆撞击上线桥桥墩或上部结构引发的事故，国内外多有发生，造成较大经济损失和人员死亡。据表 7-12 及表 7-13 的不完全统计，这类事故国内有 18 起（2002～2019 年），国外有 13 起（1977～2013 年），应属桥梁事故中的多发事故。如何防止和减少这类事故造成的危害，欧美等发达国家从 20 世纪 70 年代开始，已进行了广泛的研究，并在有关规范中作出了规定。我国在 2000 年以后也进行了大量工作，获得了不少成果，但仍然存在差距与若干需要进一步探讨的问题。

（1）2004 年我国《公路桥涵设计通用规范》JTG D60-2004 首次引入了桥墩防车辆撞击的规定。该规范参考国外规范，对车辆撞击荷载的规定如下："汽车撞击力标准值在车辆行驶方向取 1000kN，在车辆行驶垂直方向取 500kN，2 个方向的撞击力不同时考虑，撞击力作用于行车道以上 1.2m 处,直接分布于撞击涉及的构件上。"显然,我国规范对车辆撞击力的规定过于笼统和简单,且仅适用于车辆撞击道面以上 1.2m 高处的构件,这无法满足我国多种多样的交通条件与桥梁情况。而且现行规范 JTG D60-2015 的相关规定与 JTG D60-2004 相同,目前规范仍然滞后。

(2) 当前桥墩与上部结构的防撞设计没有统一的规范要求,尚处于初步阶段,许多关键问题还没有解决或解决得不完善,主要有以下几个方面:

① 车辆撞击力实测统计数据严重缺乏,规范中确定的等效静力设计值缺少依据。

② 等效静力设计方法,虽然简易可行,且符合传统的结构设计习惯,但研究表明,桥梁结构在静力与冲击动力作用下的破坏形态不完全相同。因此,仅仅依靠等效静力进行桥墩的设计是不够的,与实际情况不完全相符,还应考虑冲击力作用下结构破坏的特点,并制定相应的承载力计算和混凝土结构的配筋设计方法。

③ 传统的路侧护栏设计关心的主要是撞击车辆运行轨迹及车内人员的安全,对撞击后护栏的损坏往往不够重视。然而桥墩护栏的设计则不然,它除了传统路侧护栏需关注的内容,还必须考虑车辆撞击护栏后桥墩是否安全。

④ 目前桥墩与上部结构防撞设计的指导原则尚不明确。如何进行具体的防撞设计就有很大难度,可能会出现各设计部门掌握尺度相差过大的问题。能否借用桥梁抗震设计中的 3 级设防理念,即"小撞不坏,中撞可修,大撞不倒",还有待深入研究,并制定计算准则。

⑤ 车辆撞击作用属于偶然荷载,对桥墩和上部结构进行基于概率的成本效益分析应是合理的设计方法。美国的护栏设计已引入相关的建议条款,英国的相关规范也采用了风险评估的方法。但由于我国车辆撞击事故统计数据尚不健全和充分,采用这种设计方法的条件还不成熟,有待今后开展这方面的工作。

(3) 国内已发生的车辆撞击桥墩和上部结构的事故,基本上没有进行撞击受力验算和相应的防撞设计。与我国规范目前尚采用单一的、非强制性的、较低的撞击力设计值有关,也与防撞设计的基本准则不明确有关。这对于我国桥梁安全是极为不利的。

(4) 文献 [70] 是关于超高车辆撞击桥梁上部结构研究的专著,较为全面地论述了破坏机理、设计方法和防护对策,提出了相应的有限元仿真模型、撞击计算简化模型和撞击荷载工程设计公式,还开发了实用的撞击防护装置,可供桥梁防撞分析计算与设计参考。该专著涉及较多理论分析,还有待通过实践进一步验证和完善。

(5) 目前干线公路与城市道路桥下净空高度不同。公路桥梁设计规范对桥下净高的要求,干线公路为 5.0m,而城市道路为 4.5m,二者相差 0.5m。大型货车或其他超高车辆从高速公路进入城市道路经过的第 1 个净高仅能满足城市道路规范要求的桥梁结构物时,最容易遭受撞击。例如,北京五环路为高速公路标准,莲石路为城市道路标准,从五环进入四环方向所经过的第 1 座人行天桥,2008 年 3 月上部梁体被车辆撞坏,对损坏的梁体不得不进行更换。这是目前干线公路与城市道路桥下净高不协调带来的问题。近年,国内城市化建设与高速公路建设迅猛发展,在路网中两者越来越交织在一起,应尽快解决这个矛盾,防止桥梁安全事故的发生。

(6) 对于预防车辆撞击桥梁的设施,国内多采用限高提示及防撞门架。这两种设施最大的问题是容易被司机忽视。这是一种被动预防,实际情况表明效果不理想。而且当车辆撞击防撞门架后，除车辆受损外还容易产生门架倒塌等次生灾害，进而影响到路上的车辆与行人安全。国内不少门架主要由型钢构成，因其刚度大，车辆撞击后容易发生侧倾倒塌，引发次生灾害。改用柔性防撞门架较为有利，由于延长了撞击作用时间，可以大幅度降低车辆对门架的冲击力，一般不会发生整体倒塌，可避免二次灾害发生，同时也会减少车辆的损坏。

对于桥梁上部结构预防超高车辆撞击的主动预防装置，文献［70］提出了一种薄壁钢管＋钢板的防撞结构，进行了试验和有限元碰撞模拟分析，结果表明，薄壁钢管＋钢板的防护装置防护效果非常明显，能大大降低碰撞力峰值，缩小车辆和桥梁的破坏区域，且加工方便，造价低廉，可供桥梁上部结构防超高车辆撞击设计参考。

实际发生的事故表明，下线为公路或铁路的跨线桥，车辆撞击桥墩引发的事故后果严重，往往造成人员伤亡（可参阅表 7-12 和表 7-13 中的 A 类事故实例）。较为有效的防护措施是在墩旁另设防撞护栏，其防撞等级与高度应达到规范要求，桥墩与护栏间的间距应足够，不应过小。下线为重载交通高速公路且跨线桥为人流密集的人行桥时，还应考虑桥墩可能发生的二次碰撞，加强桥墩自身的防撞能力。

7.5.4 关于人群引发桥梁事故的问题

在人群引发的事故中，B 类事故的主要原因是社会管理失职与现场指挥失控，基本上不属于技术问题。这类事故往往造成很大的伤亡，例如，2004 年 2 月 5 日，北京市密云县云虹桥元宵节在人行桥上发生的踩踏事故，死亡 37 人，伤 15 人；2010 年 11 月 22 日柬埔寨金边钻石桥上发生的踩踏事故，死亡 347 人，多人受伤，等等。而与桥梁技术状况有关的主要是 A 类事故。下面就与 A 类事故有关的几个问题进行讨论。

（1）我国广大农村，尤其是中西部山区农村居民散居在大山之中，老百姓出行很困难，而修建正规的永久性桥梁费用高、难度大，因此这些地区修建了大量的简易人行索桥。由于资金与技术的缺乏，很多人行索桥都是由县乡甚至村民负责修建，为节约建设成本往往是"三无工程"，只是简单模仿凭经验施工，造成相当一部分人行索桥结构体系、结构尺寸、材料选择等不合理，施工质量差，一部分人行索桥还存在安全隐患。一旦人群超载、偏载或产生过大的人流引发的振动，就可能发生事故。

农村人行索桥有两种结构形式，即悬索桥和索道桥。前者多为柔性悬索桥，主要结构包括主缆、桥塔、桥面系和锚固体系，没有加劲梁或加劲梁刚度很小。故人行悬索桥整体刚度偏小，存在不少问题：在人群荷载与风荷载等作用下结构变形较大；主缆和吊索未设置索长调节器，主缆松弛引发桥面变形而影响使用性能；结构防腐设计不当或防腐质量差，造成人行悬索桥锈蚀严重，缩短使用寿命；桥面板多为木结构，容易损坏，影响正常使用。后者（索道桥）也同样存在一些不足。较为突出的问题是主缆应力过大，施工难度也大，对锚碇的锚固要求更高，受外界因素影响敏感，一旦锚碇有变位就可能引发安全事故。在水电工程施工期间，多作为临时性和半永久性桥跨使用。对于人行索道桥，如后期管养不到位，正常使用的寿命不长，不一定经济合理。

表 7-14 中，国内已发生 14 起的人行桥事故中，人行悬索桥 7 座，人行索道桥 5 座，共计 12 座，占比达到 85.7%。我国农村在役的人行桥中，悬索桥与索道桥存在不少安全隐患。政府有关部门应关注人行桥存在的这些问题，给予资金与技术支持，集中力量改造

一批安全度严重不足的人行桥。对于新建的人行桥，应按正规的基建程序实施。关于桥型方案，当考虑人行索道桥时，文献［83］推荐的索桁桥可供方案比选。索桁桥与传统的柔性悬索桥及索道桥比较有以下优点：由于桥面索可以通过吊杆调节呈上拱线形，相当于施加了部分初始应力，改善了全桥结构的刚度特性，活载挠度较小，造价也略低于悬索桥；主缆、吊杆和桥面索共同形成空间索桁受力结构，增大了全桥刚度；桥面索采用钢丝绳，充分利用高强度材料特性，节省了造价。

（2）造成人行悬索桥安全事故的主要因素除人群超、偏载外，人致动力响应是另一个重要原因。有的人行悬索桥事故则是超载与共振协同引发的。较为典型的实例有英国伦敦千禧桥（参阅 7.4.3 节实例四）和法国巴黎 Solferion 桥，这两座桥在开放不久后由于发生显著的人致横向振动而关闭。1850 年 4 月 16 日，法国昂热桥因人致振动导致该悬索桥垮塌，223 人遇难（参阅 7.4.3 节实例二），这是一起因人致共振引发的特大伤亡事故。人致动力响应引发的部分桥梁事故，可参阅表 7-14 和表 7-15。

我国《城市人行天桥与人行地道技术规范》CJJ 69-95 涉及人致动力响应的规定有两条，第 2.5.4 条规定："为避免共振，减少行人不安全感，天桥上部结构竖向自振频率不应小于 3Hz"；第 3.3.5 条规定"悬索结构作为天桥的方案时，应注意这种结构的振动特性给行人造成不适感的影响，并与斜拉桥做方案比较。"

人致动力响应的特性取决于人群荷载的特殊性。人行走时的连续步子具有周期性。这种周期性振动发生在竖向和侧向，振动的基频大小在竖向和侧向不同。步行频率的均值约为 2Hz（2 步/s）。理论上，当人行天桥的自振频率落在人行激励基频（2Hz）或高阶基频（4Hz）附近时，人行天桥就可能发生共振。但由于结构阻尼的存在，只有当人行荷载具有足够的能量时共振才会发生。故规范 CJJ 69-95 对于人行天桥上部结构竖向自振频率≥3Hz 的规定符合理论上的要求，但规范未提及如何防止横向振动。

除了竖向振动，对于跨度较大的人行桥，尤其是人行悬索桥，更为重要的是侧向同步激励作用下的动力失稳。已经发生的人行悬索桥人致振动事件基本上都是横向动力失稳引起的。如上述的英国伦敦千禧桥和法国巴黎的 Solfereion 桥都是典型实例。另外，当大量人群在桥上步伐整齐地行走或快步行走时，具有很大的动能，一定程度上抵消了结构阻尼的影响，就容易发生共振而引发事故，尤其是竖向与横向刚度较小的柔性悬索桥，情况更为严重。所以，对于刚度较小的人行悬索桥应采取可靠措施防止人致振动带来的危害。人行天桥还应关注行人过桥时的舒适感，并避免发生行人出现恐惧的情绪。可参考德国规范。

关于人行天桥舒适度的指标，德国规范同时考虑了竖向和侧向的动力性能，更为合理。具体指标见表 7-16，其中 CL_4 级会使行人恐惧，因而不可接受。

德国人行天桥设计指南 EN03 规范舒适度指标 表 7-16

等级	舒适度	竖向加速度限值（m/s²）	侧向加速度限值（m/s²）
CL_1	最好	＜0.50	＜0.10
CL_2	中等	0.50～1.00	0.10～0.30
CL_3	差	1.00～2.50	0.30～0.80
CL_4	不可接受	＞2.50	＞0.80

人行天桥除限制竖向自振频率不小于 3Hz，还应对上部结构进行横向振动计算。可参考美国标准 AISC/CISC 和英国标准 BS5400-2、BD29104 的有关规定，严格控制横向振动加速度和横向振幅在规范规定的范围内。还应注意采取措施降低人行天桥下汽车高速通过时产生的对天桥的激振效应。当桥下车速越快、桥梁跨度越大、桥体越轻柔、桥下净空越小时，这种激振效应越显著，行人通过天桥时会感到难受，严重时会感到恐惧。

（3）降低人行天桥振动危害较为有效的措施，以下几条可供参考：

① 新建人行桥除应符合国内有关规范要求外，建议参考德国 EN03 规范的规定进一步优化设计。要点如下：

a. 通过结构设计使竖向频率不要落在 1.6～2.4Hz 范围，横向频率不要落在 0.5～1.2Hz 范围。

b. 分析人群引起的动力响应，包括单个行人和人群的荷载模式。计算出竖向和横向加速度值，应满足表 7-16 舒适度的要求，否则应调整结构构造或安装外部阻尼装置。

c. 当横向加速度超过 $0.10\sim0.15\mathrm{m/s^2}$ 时，许多行人的步调就会和人行桥的振动一致，导致进一步增大桥梁的振动，这一过程达到严重时被称为"横向动力失稳"。因此，对于横向频率＜1.2Hz 的人行桥，需要确定过桥人数的限值。当最大设计人群数超过限值，结构构造难以调整时，就应加装外部阻尼器，消除或降低人致振动的危害。以往一些因大量人群，尤其是步伐整齐的人群过桥时发生的桥梁垮塌或损坏事故，就是因为在"横向动力失稳"的处理上设计有失误。

② 在役人行桥，如上述有关计算内容不能满足要求，由于结构构造难以改造，应加装外部阻尼装置。一些实例表明，采用外部阻尼装置减振是一种有效的措施。已经使用过的有：黏滞阻尼器、调谐质量阻尼器（TMD）、调谐液柱阻尼器（TLCD）、调谐液体阻尼器（TLD）等。最常用的是黏滞阻尼器和 TMDs。

③ 人行桥上部结构及墩台的刚度不宜过小，尤其是独柱墩要慎用，必须采用时要充分考虑动力性能。选用轻型上部结构要有充分论证，如动力指标不好，应调整结构形式，适当增大主梁刚度。

④ 当人行桥桥下为高速公路或城市快速路时，为了消除"激振效应"对人行桥上部结构的不利影响，单孔跨度不宜过大，桥体不宜过轻，并尽可能使桥下净空大一些。

7.5.5 关于车辆撞击护栏引发桥梁事故的问题

（1）2006 年统计资料表明，我国道路交通事故中，发生在干线公路上的约有 45%、发生在高速公路上的约有 30% 是车辆越出路外造成的，且由此引发的特、重大恶性交通事故占该类事故总数的比例达 62% 以上。我国每年有 1/3 的死亡事故发生在车辆与路侧碰撞的单车事故中，且呈逐年上升趋势。

潍坊-莱阳、济南-青岛、京福山东段、青岛胶州湾、南京-上海、玉溪-元江、楚雄-大理、福州-泉州、广州-汕头等共 752km 高速公路 2006 年统计资料表明：车辆冲撞路侧和中央分隔带的事故约各占一半，其中较严重的冲出路侧、穿越中央分隔带或进入中央分隔带的事故占 1/10 左右。

成雅、成渝、太旧三条高速公路车辆碰撞事故统计，1998 年 1 月～2000 年 12 月三年间，共发生波形梁护栏板完全变形或被撞断、立柱严重弯曲或倒伏、拔起、基础完全破坏的事故约为 10 起，占事故总数的 7%，这些事故造成了严重的人员伤亡和车辆损坏。

在道路安全设施研究较为充分的美国，每年因路边碰撞死亡者约 14000 人，伤约 100 万人，财产损失达 800 亿美元。

近年来，我国道路货运物业高速发展，呈现出事故频发、损失惨重的特点。2008 年 11 月 3 日发生的兰州重大道路交通事故中，一辆货车失控造成 15 人死亡、45 人受伤的惨剧。近年来国内发生的 49 起特、重大道路交通事故中，由货车驾驶员失误引起的达 40 起，占比 81.6%。

通常情况下，车辆越出桥外的事故严重度比越出路基外的事故严重度高，桥梁应选择比路基标准高的防撞等级相应的防护设施。

表 7-12 中，C 类事故共计 14 起，有 12 起是车辆直接撞击桥上护栏引发的，占比 85.7%。这 12 起事故中，共计死亡 187 人，受伤多人。并非如有的专家所言属于极端现象。

上述数据表明，我国公路桥梁目前仍存在被车辆碰撞护栏发生安全事故的较大风险。

（2）新版《公路交通安全设施设计规范》JTG D81-2017 将公路护栏分为 8 个等级。这些等级是通过调查国内多条不同等级公路上的车型组成、运行速度、事故车辆碰撞角度等统计得到的这些参数决定了护栏的防护抵抗能量。对于某些特殊路段以及特大型索支承桥梁、中下承式桥梁，按新规范要求，护栏的防护等级应选择 HA 级（760kJ）。因为对于这类大型桥梁，除了防护车辆以外，还需要考虑降低事故车辆碰撞护栏因侧倾而撞击桥梁主要受力构件的风险。新建桥梁按《公路交通安全设施设计规范》JTG D81-2017 进行安全设施设计，能有效防止或进一步减少车辆撞击引发的安全事故。国内目前面临的严重问题是，很多在役桥梁的安全设施与《公路交通安全设施设计规范》JTG D81-2017 的要求存在较大差距，尤其是早期修建的国、省道上的桥梁，存在的问题更多。不少有人行道的桥梁，车道外侧没有护栏，而人行道外侧仅是一般栏杆，完全不具防撞能力。例如表 7-12 中序号 C-4 及 C-5 桥梁事故就属于这种情况。这两起事故共计死亡 21 人、受伤多人。所以，桥面上不论是否有人行道，行车道外侧和中央分隔带应考虑防撞设施并应符合规范要求。就桥上行人的安全而言，车行道与人行道之间也应有防撞的隔离护栏。当护栏置于桥梁主梁横向悬臂端部时，还应注意车辆撞击护栏产生的附加荷载，并采取加强悬臂端的措施。

我国在役桥梁数量众多，结构形式多样，修建时间早晚不同，桥面防护设施防车辆撞击能力与新规范的要求相差较大。应全面统筹规划，进行调查评估，分类分批，因地制宜地制定治理方案。根据交通流特性和侧向碰撞危险程度，进行安全风险评估，合理选择防护等级，安排治理改造工作，将我国桥梁护栏的防撞能力进一步提高，降低发生安全事故的风险。

本章参考文献

[1] 阮欣，陈艾荣，石雪飞. 桥梁工程风险评估 [M]. 北京：人民交通出版社，2008.

[2] 王少杰. 谁为桥梁垮塌买单 [J]. 桥梁，2012（1）.

[3] 韩亮，樊健生. 近年来国内桥梁垮塌事故分析及思考 [J]. 公路，2013（3）.

[4] 郑元勋，郭慧吉，谢宁．基于统计分析的桥梁事故原因剖析及预防措施研究［J］．中外公路，2017 (6)．

[5] 严允中，余勇继，杨虎根，等．桥梁事故实例评析［M］．北京：人民交通出版社，2013．

[6] 网上文章"触目惊心！国内外桥梁坍塌事故分析，以史为鉴"．易图云，2017-12-22．

[7] 贵州都市报，2004-6-11 关于辽宁省盘锦市田庄台大桥事故的报道．

[8] 贵阳晚报，2004-6-13 关于辽宁省盘锦市田庄台大桥事故的报道．

[9] 贵州商报，2004-6-19 关于辽宁省盘锦市田庄台大桥事故的报道．

[10] 汤红霞．面向结构安全风险评估的桥梁事故分类研究［J］．公路交通科技（应用技术版），2011 (4)．

[11] 李友林．桥梁的隐患［J］．中外公路，2007 (19)．

[12] 陈明宪．从凤凰堤溪大桥事故谈石拱桥［J］．公路工程，2008 (3)．

[13] 贵阳晚报，2009-6-30 关于黑龙江铁力市呼兰河大桥事故的报道．

[14] 贵州商报，2009-6-30 关于黑龙江铁力市呼兰河大桥事故的报道．

[15] 吴进星，刘恩德．桥梁吊杆断裂原因及预警技术研究［J］．西部交通科技，2013 (5)．

[16] 穆祥纯．城市桥梁垮塌的最新案例分析及对策研究与防治［J］．城市道桥与防洪，2016 (2)．

[17] 贵州商报，2011-7-17 关于武夷山公馆大桥坍塌事故的报道．

[18] 贵阳晚报，2011-7-17 关于武夷山公馆大桥坍塌事故的报道．

[19] 贵阳晚报，2011-7-15 关于武夷山公馆大桥坍塌事故的报道．

[20] 刘均利，张晋豪．2007 年~2015 年超载导致桥梁垮塌案例的统计分析［J］．公路，2017 (4)．

[21] 高敏．某中承式混凝土系杆拱桥坍塌原因分析与研究［J］．城市道桥与防洪，2015 (2)．

[22] 陈宝春，韦建刚，吴庆雄．钢管混凝土拱桥技术规程与设计应用［M］．北京：人民交通出版社，2011．

[23] 四川省交通厅公路规划勘察设计研究院．公路钢管混凝土桥梁设计与施工指南［M］．北京：人民交通出版社，2008．

[24] 钢管混凝土拱桥技术规范：GB 50923-2013［S］．北京：中国计划出版社，2014．

[25] 公路钢管混凝土拱桥设计规范：JTG/T D65-06-2015［S］．北京：人民交通出版社，2015．

[26] 刘子倩，孔令钰．预言"击垮"钱江三桥．中国新闻周刊，2011 (28)．

[27] 杨耕身．"桥脆脆"和"桥坚强"．凤凰周刊（城市版），2011 (5)．

[28] 项贻强．从最近我国数起桥梁坍塌事故引发的反思及建议［C］//2011 年全国桥梁学术会议论文集．北京：人民交通出版社，2011．

[29] 杨虎根，陈晶，杨志军，等．中小跨径混凝土梁桥［M］．北京：人民交通出版社股份有限公司，2018．

[30] 贵州都市报，2012-6-28 关于北京怀柔区宝山寺白河桥事故的报道．

[31] 新老年周刊，2012-7-5 关于北京怀柔区宝山寺白河桥事故的报道．

[32] 贵阳晚报，2013-11-21 关于北京怀柔区宝山寺白河桥事故的报道．

[33] 新京报，2012-7-24 关于北京怀柔区宝山寺白河桥事故的报道．

[34] 庄冬利．偏载作用下箱梁桥抗倾覆稳定问题的探讨［J］．桥梁建设，2014 (2)．

[35] 武宏晓．连续独柱墩桥梁抗倾覆安全评价及加固设计方案［J］．城市道桥与防洪，2010 (4)．

[36] 贵阳晚报，2007-10-26 关于内蒙古包头市民族东路高架桥事故的报道．

[37] 冯敏，李会驰，赵君黎．公路桥梁独柱墩结构安全风险综述［J］．公路交通科技（应用技术版），2011 (12)．

[38] 石红磊，陈卫霞．独柱墩桥梁桥墩抗倾覆安全评价及加固设计方案［J］．市政技术，2015 (3)．

[39] 高超，朱琳，王明伟．独柱曲线梁桥的抗倾覆设计与研究［J］．城市道桥与防洪，2015 (1)．

[40] 危强，张杰．独柱墩桥梁的安全风险分析 [J]．公路，2014 (6).

[41] 李盼到，马利君．独柱支撑匝道桥抗倾覆验算汽车荷载研究 [J]．桥梁建设，2012 (3).

[42] 贵阳晚报，2009-7-16 关于津晋高速公路港塘收费站匝道桥事故的报道．

[43] 贵州商报，2009-7-29．关于津晋高速公路港塘收费站匝道桥事故的报道．

[44] 彭卫兵，潘若丹，马俊，等．独柱墩梁桥倾覆破坏模式与计算方法研究 [J]．桥梁建设，2012 (2).

[45] 肖汝诚，等．偏载作用下箱梁抗倾覆稳定问题的探讨 [J]．桥梁，2013 (2).

[46] 黔中早报，2012-8-25 关于哈尔滨阳明滩大桥连接段立交匝道桥事故的报道．

[47] 贵阳晚报，2012-8-25 关于哈尔滨阳明滩大桥连接段立交匝道桥事故的报道．

[48] 贵阳晚报，2012-8-27 "哈尔滨坍塌大桥设计引争议"．

[49] 参考消息，2012-8-26 外媒报道 "哈尔滨大桥垮塌事故引质疑"．

[50] 贵州都市报，2012-8-26 "哈尔滨通报高架桥垮塌事故调查进展"．

[51] 凤凰网，2012-8-24 关于哈尔滨阳明滩大桥连接段立交匝道桥事故的报道．

[52] 东北网，2012-8-24 关于哈尔滨阳明滩大桥连接段立交匝道桥事故的报道．

[53] 贵阳晚报，2012-8-28 关于哈尔滨阳明滩大桥连接段立交匝道桥事故的报道．

[54] 新华社，2015-6-21 关于广东高速河源×匝道桥垮塌事故的评论．

[55] 李雪辉，王蕴华．独柱支承连续箱梁弯桥倾覆事故的成因分析与加固设计 [J]．公路交通科技（应用技术版），2012 (2).

[56] 贵州都市报，2010-11-28 关于南京在建高架桥垮塌事故的报道．

[57] 贵阳晚报，2010-11-28 关于南京在建高架桥垮塌事故的报道．

[58] 贵州商报，2010-11-28 关于南京在建高架桥垮塌事故的报道．

[59] 南京扬子晚报，2010-12-17 关于南京在建高架桥垮塌事故的报道．

[60] 新华网讯息，2010-12-17 南京在建大桥钢箱梁倒塌．

[61] 孙文智．控制爆破技术在婺江大桥老桥拆除中的应用 [J]．公路交通技术，2003 (6).

[62] 王春生，周江，吴全有，等．既有混凝土桥梁疲劳寿命与使用安全评估 [J]．中国公路学报，2012 (6).

[63] 雷宏刚．钢结构事故分析与处理 [M]．北京：中国建材工业出版社，2003.

[64] 曹明旭，刘钊，孟杰．美国桥梁病害及倒塌事故统计分析与思考 [J]．公路，2009 (7).

[65] 孙莉，刘钊．2000～2008 年美国桥梁倒塌案例分析与启示 [J]．世界桥梁，2009 (3).

[66] 艾国柱，张自荣．桥殇——环球桥难启示录 [M]．成都：西南交通大学出版社，2013.

[67] 尹德兰，邓宇．桥梁设计的冗余度 [J]．桥梁建设，2013 (5).

[68] 陈材，肖岩．桥墩防车辆撞击研究综述 [J]．公路交通科技，2012 (8).

[69] 贵阳晚报，2014-12-30 关于沈阳一人行天桥遭货车撞塌的报道．

[70] 陆新征，何水涛，黄盛楠．超高车辆撞击桥梁上部结构研究——破坏机理、设计方法和防护对策 [M]．北京：中国建材工业出版社，2011.

[71] 蔡宪棠．城市钢桥撞损风险分析与实践 [J]．城市道桥与防洪，2016 (2).

[72] 尹天军．高速公路上跨桥整体顶升技术 [J]．世界桥梁，2009 (1).

[73] 何树凯．重庆鹅公岩大桥西引桥换梁施工 [J]．公路交通技术，2014 (3).

[74] 陆新征课题组．杭州的桥又被撞了——回顾超高车辆撞击桥梁上部结构研究 [J]．2019-5-19 网上文章．

[75] 史晓斌．预防城市桥梁被车辆撞击的探讨 [J]．市政技术，2009 (5).

[76] 陆新征，卢啸，张炎圣，等．超高车辆-桥梁上部结构撞击力的工程计算方法 [J]．中国公路学报，2011 (2).

［77］王立勇，曹斌，姜凤连，等．大跨径连续钢桁梁竖杆更换工艺与监控［J］．华东公路，2000（2）.

［78］新华网报道：2017 年及 2018 年贵州省两起客车撞断桥上栏杆坠河事故；重庆长江二桥公交车坠入
长江事故．

［79］交通言宪社网上文章：从重庆万州公交坠桥事件看如何提升桥梁护栏安全性（2019）．

［80］网上文章：合规却不合理——从重庆万州公交坠江看桥梁护栏改造的必要性（2018）．

［81］贾军政．世界百桥掠影［M］．北京：人民交通出版社，2011.

［82］魏建东，刘忠玉，阮含婷．编译．与人群有关的桥梁垮塌事故［J］．中外公路，2005（6）.

［83］马蕾，胡隽，何志勇．人行索桥合理结构形式研究［J］．世界桥梁，2012（3）.

［84］康孝先，华旭刚．人致动力响应分析及在某曲线斜拉桥中的应用［J］．湖南交通科技，2012（2）.

［85］参考消息，2005-11-4 伦敦千年铁桥为何摇晃？

［86］龚永泉．浅谈桥梁超载超限造成的"内伤"及补救［J］．桥梁，2008（3）.

［87］张俊平，刘爱荣．如何拯救亚健康桥梁［J］．桥梁，2008（8）.

［88］李松辉，徐忠燕，蒋含莞．超重车辆对公路桥梁安全性的影响［J］．公路交通科技，2015（9）.

［89］孙晓燕，黄承逵，赵国藩，等．超载对桥梁构件受弯性能影响的试验研究［J］．土木工程学报，
2005（6）.

［90］林益恭，王强，舒翔．严重超载下的高速公路桥梁结构承载力状况分析［J］．中外公路，2009
（4）.

［91］曹伟，吴合良，贺耀北．车撞作用下桥墩非线性损伤及加固措施研究［J］．中外公路，2017（4）.

［92］刘晓娣，赵君黎，冯茵．货运高速公路桥梁汽车超载风险评估［J］．公路，2010（10）.

［93］程国强，石雪飞，朱学兵．桥梁超载控制体系研究［J］．中外公路，2013（3）下．

［94］梁栋，董春霞，赵少伟，等．适用于重载交通的公路桥梁荷载标准研究［J］．公路，2011（3）.

［95］蔡慎坤．桥梁频频坍塌的原因究竟是什么？凤凰网博客，2015-6-21.

［96］乔良．拯救危桥，我们在行动［J］．公路运输文摘——桥梁，2004 专刊第 1 期．

［97］俞健，周晓华．遏制超载有样板——江苏省治理南京二桥超载经验谈［J］．公路运输文摘——桥
梁，2004 专刊第 1 期．

［98］李晓春．独柱墩连续箱梁桥的抗倾覆稳定性分析［J］．湖南交通科技，2017（4）.

［99］秦建国，刘宁．一种反应谱简化方法的人行桥振动分析［J］．公路，2013（6）.

［100］石成，麻广林，蒋发．三跨连续钢结构人行天桥自振频率分析与计算［J］．市政技术，2012（6）.

［101］彭赛恒，周建庭，钟恒，等．在用桥梁防车辆坠桥合理防护体高度和安全行车速度关系分析［J］．
公路，2012（9）.

［102］魏晓龙，徐略勤，刘营，等．双层高架桥下层桥面与墩柱间的碰撞效应研究［J］．世界桥梁，
2016（6）.

［103］可路，王达磊，陈艾荣．景区大跨径人行索桥"锁定"临界人数分析研究［J］．中外公路，2014
（1）.

［104］无锡塌桥事故，来龙去脉还需进一步说明．光明网评论员，2019-10-11.

［105］无锡高架桥侧翻原因公布．中国桥梁网，2019-10.

第8章 船舶撞击引发的桥梁事故

8.1 概述

我国交通运输主要由铁路、公路、水运、空运和管道5种运输方式组成。交通部综合规划司2000年的统计资料表明，1949～1999年五十年间，按货运周转量（t·km）计算，在上述5种运输方式中，水运方式占总货运周转量的53%。2000年以后，我国运输业全面高速发展，5种交通运输方式的货运周转量之间的比例虽有变化，但水运仍占有较大比例。铁路、公路和管道凡跨越通航河道，跨河（江）建筑物与通航之间就会出现各种矛盾，就可能相互造成危害，造成各种损失。其中，最突出的问题就是船舶撞击桥梁引发的各种事故。以往在某些情况下，桥梁的规划设计对如何防止和减轻船桥碰撞可能带来的损害，重视不够、研究不深入，留下隐患，是一些船撞桥事故的原因之一。应该树立水运与跨河（江）建筑物共同发展、和谐共处、实现双赢的设计理念。航道与跨河（江）建筑物都是国家重要的基础设施建设，应该同时关注两者的投入与效益，避免忽视某一方面的片面性。因此，对于船撞桥这样的事故，应全面综合分析事故的原因，总结经验教训，多方面采取措施，把这种危害降到最低限度。

在桥梁结构的生命周期中，可能遭受各种各样的荷载与作用，其中船舶撞击就是偶然荷载中的一种，它是影响通航河道和桥梁安全的重要因素。在我国，尤其是河网密布的平原地区，船撞桥事故频繁发生。下面是一些统计资料与实例。

长江中、下游的枝城、武汉、九江、南京四座长江大桥，1959～1984年共发生62起船舶撞击桥梁的事故。

川黔铁路白沙沱长江大桥，1959～1983年，被船舶与排筏撞击桥墩100多次。航运部门反映，该桥建成后桥址处水流紊乱，船只航行稍有不慎即碰撞桥墩，为了航运安全被迫降低船舶吨位，仅能通航500t级的机动船队。

京广铁路汉阳汉水大桥，1955～1984年，共发生19起船舶撞击事故，墩身受严重损伤。

绥佳铁路佳木斯松花江大桥，1952～1984年，共发生40起船撞桥事故，桥墩受伤。

滨北铁路三棵树松花江大桥，1956～1984年，共发生11起船撞桥事故，桥墩受伤。

某些情况下，大型船舶撞击桥墩时，不但桥墩受到破坏，船舶也会遭到严重损伤甚至沉没。以下是几个实例。

1960年9月1日，长江401号拖轮推顶2001号铁驳，装载1590t，顺水通过武汉长江大桥，船队撞击7号桥墩，2001号铁驳毁坏，桥墩混凝土撞伤面积1.2m×1.75m。

1962年7月10日，长江2016号拖驳顶推铁驳9艘，下水通过武汉长江大桥，船队碰撞5号桥墩，墩身混凝土撞伤面积1.76m×0.46m，上部结构发生振动，驳船左舷破坏长度达24m，钢板与龙骨折断。事故后对5号墩基础进行了水下探伤。

1982年11月7日，第二航务工程局5号打桩船由拖轮顶推自汉口逆流上行，通过武汉长江大桥时，由于打桩船上的打桩架高度超限，架顶部碰撞主桥钢梁，将第4跨第8至第10节间铁路人行道梁（包括托梁、内外护栏及所有附属设施）16m长全部撞毁，并将主桥钢梁主桁第8至第9节间下弦杆严重碰伤。事故发生后加固维修期间，通过大桥的火车限速25km/h（下行线），直到1983年7月13日，大桥修复后才恢复正常通行。

1983年7月13日，长江2116号轮船队下水通过九江长江大桥时，因船舵失灵，船行失控，铁驳被横向困压在4号桥墩上游一侧，因水流太急，船队缆索被水冲散断裂，两支铁驳后舱撕裂进水，另一铁驳则破坏沉没。

1983年9月29日，长江2089号轮船队下水通过南京长江大桥，顶推9艘货驳总重15586t，超宽行驶，致船队打横斜向碰撞6号桥墩上游一侧，碰撞后船队冲散，其中一铁驳漂流至大桥下游约2000m处翻沉，所载1590t煤炭全部落水。大桥6号桥墩被撞伤面积约2.89m×0.90m，上部结构钢梁发生振动。

1959～2002年，跨越长江干流的大桥被船撞引发的事故约300多起。其中，武汉长江大桥70余起，南京长江大桥约30起。武汉长江大桥直接经济损失超过百万元的大事故有10多起。

湖北黄石长江大桥，仅1993年和1994年两年内就连续发生了19起船撞桥事故（原因之一是桥位于通航河道的弯道上，将在后面进行讨论）。

2010年3月26日，上海浦东大治河上的随塘大桥被船撞击垮塌，2人死亡。

2007年8月29日，江苏昆山大洋桥被一散装水泥船撞塌，桥面垮下的构件压坏船只，人员2死1伤。

2007年6月15日，广东西江上的九江大桥，被一条长70m满载2000t河砂的货船撞击桥墩，致大桥约200m长桥体垮塌，造成4辆汽车落水、一艘运砂船沉没、8人死亡的特大事故。详细情况在8.2节作为典型实例进行论述。

国外船撞桥的事故也时有发生。据统计，1960～2011年间，因为船舶撞击而造成桥梁垮塌的重大事故发生率平均约为每年0.87起。其中，1970～1980年间，美国因船撞大型桥梁发生的特大事故达11起。

英、美、法、俄、瑞典、委内瑞拉和澳大利亚等国，1942～2007年间，有19座桥因船撞击桥梁造成重大伤亡，死亡人数达602人。其中，死亡人数最多的3起特大事故发生在苏联和美国。

1983年6月5日，苏联伏尔加河乌里杨诺夫铁路大桥，客轮通过桥下时，误入非通航孔，撞击桥梁上部结构钢桁梁，船上挤满人群的电影厅被桥面钢构件剪断，导致177人遇难，很多人受伤，钢梁损坏。

1993年9月22日，美国亚巴马CSXT大海湾坎罗特桥，重型驳船撞坏大桥一跨，刚好列车此刻到来，7节车厢坠入河中，死亡47人，受伤103人。

1980年5月9日，美国佛罗里达州旧阳光大桥，35000t货船撞击桥墩，396m长的主梁垮塌，导致34人死亡，1人受伤。

以上 3 起特大事故，在 8.2 节详细介绍。

根据上述国内外已经发生的船撞桥事故的概况，可以认为，这类事故虽是偶发事件，但是在通航河流众多，跨河桥梁更是不计其数的情况下，总体而言，船撞桥的事故几乎不可避免，我们的目标应是尽可能减少发生次数，尤其是要杜绝造成重大伤亡与桥垮船毁的特大事故的发生。

船桥碰撞过程异常复杂，碰撞的发生及其后果受多种因素的影响。1995 年，由国际 PIANC 成立的第 19 研究小组搜集了 151 起发生在欧洲、日本、美国等地的船撞桥事故资料，对有关问题进行了综合研究分析，这是对此类事故所进行的最著名的一次探讨，提出了一些意见和建议。其中，船舶撞击桥梁引发的事故，其原因可归纳为以下四个方面：

（1）桥梁方面：涉及多种因素，主要有以下几项：

① 桥位选择不合理，水文条件不利于通航。常见的缺点有：位于河道弯曲段，流速与水位变化较大；处于变迁性河段；桥轴线与主航道中线的交角小于 90°较多；河床冲淤变化大；等等。这些因素增加了船舶由桥下通行的难度，容易诱发船桥碰撞事件的发生。

② 桥梁通航孔径偏小，或者通航标准与实际情况不符，不适应桥下船舶安全航行，存在船桥碰撞的安全风险。

③ 桥下通航孔，最高通航水位以上的净高偏小，存在船舶撞击桥梁上部结构的风险。

④ 桥梁附属的导流构造物设计不合理，导致水流紊乱或流速过大，影响船舶安全航行。

⑤ 桥墩设计不合理，导致水流紊乱，容易发生船舶撞击桥墩事故。

⑥ 桥墩防撞设计不合理，甚至未考虑桥墩防撞。一旦发生船桥碰撞，容易发生较大事故。

⑦ 没有采取措施防止船舶进入非通航孔，增大了发生事故的风险。

（2）船舶方面：实际发生的事故表明，70% 是因为人员作业不当造成。例如，船舶超高、超载；发生机械故障；驾驶人员操作不当；酒后或疲劳驾驶；船舶超过桥下通航河道允许通行的标准，等等。这些不利因素都容易导致船桥碰撞的发生。

（3）环境因素：主要有气象因素与水文因素。

① 气象因素：台风、暴雨、浓雾、大风、冰冻等造成的恶劣自然环境，增大了船桥碰撞的风险。

② 水文因素：洪水、潮水、涨落过程、流速、流向与水位变化大，航行困难，稍有不慎便容易发生事故。

（4）管理因素：主要指船舶运输与航道管理上的缺陷与失误。例如，船只安排、货物吨位、航行时间、技术检查、航行条件、航标设置、通信联络，等等。在某个或几个环节上处理不当，就可能存在安全风险。

要弄清楚上述四个方面所涉及的多种因素影响程度以及船桥碰撞的风险定量表达十分困难。通常是将人员失误、机械故障和恶劣自然条件这 3 个主要因素，从理论上分别构造船桥碰撞概率模型，进而计算总碰撞概率。但这种方法很难运用到实际情况下的风险分析。可以将这 3 个因素综合考虑后，通过一定的数学模型近似地表达出来。这方面的研究情况，在 8.3 节中简要介绍。

8.2 船桥碰撞事故实例及评析

船桥碰撞事故国内外部分实例简况分别见本书附录三及附录四（事故类型为 B_{14}）。现将严重事故列于表 8-1（国内部分事故）和表 8-2（国外部分事故）。

严重事故是指有下述情况一种或几种者：桥梁有较大损坏或垮塌；船舶有较大损坏或沉没；造成人员死亡；引发较大交通事故；桥上或通航交通受到较大影响；造成其他重大伤害。

船桥碰撞引发的部分国内事故简况　　　　　　　　　　表 8-1

序号	桥梁名称	桥梁简况	伤亡人数 亡	伤	事故概要	时间（年.月.日）	备注
1	圣淘沙山顶缆车桥	不详	7		船舶撞击，桥梁垮塌	1983	
2	江苏无锡新安大桥	净跨60m公路刚架拱桥			船队撞击主拱，一条拱腿损坏1/3断面，严重开裂	1988	该桥跨京杭运河
3	江苏无锡石塘湾镇煤石大桥	净跨60m公路刚架拱桥			船队撞击主拱，一条拱肋断裂，横梁坠落河中	1989	
4	江苏无锡北新桥	净跨38m公路刚架拱桥			船队撞击主拱，两条拱肋断裂，挂在桥下	1990	该桥跨漂运河
5	龙岗大桥	不详	4		船舶撞击，桥梁毁坏	1998	
6	四川涪江××桥	不详	20		船舶撞击，桥梁垮塌	1999.7.30	
7	广东番禺紫坭大桥	主桥为(40+60+40)m PC T形刚构，引桥为RC T梁			船撞主桥，中跨牛腿及8号墩开裂，引桥T梁多处开裂	2001	该桥1986年建成
8	浙江平湖市平阳汇大桥	(28.9+37+28.9)m PC连续梁			船3次撞击V墩断裂下沉、位移，评为四类桥	2003之前	该桥1996年建成
9	江苏江都市东汇桥	不详			驳船撞击，桥面垮塌压在船上	2004.5.26	
10	江苏京杭运河横塘亭子桥	不详			货船撞塌主梁，桥体坠落压住两只船	2004.9	
11	上海市龙华港铁路1号桥	钢板梁桥			河水上涨，船被卡在桥下，致桥体严重破坏	2005.2.14	
12	渝遂铁路重庆段××桥	不详			船舶撞击，桥梁垮塌	2005.2.14	
13	上海嘉定外冈镇胜利桥	不详	1		拖轮撞击，桥梁垮塌	2005.12.11	
14	上海松江区泖港大桥	(2×85m+30m)双悬臂+吊梁与主跨200m组成的斜拉桥			船舶撞击，吊梁北侧边梁严重损坏	2006	该桥1982年建成

序号	桥梁名称	桥梁简况	伤亡人数		事故概要	时间（年.月.日）	备注
			亡	伤			
15	杭州市老德胜利桥	单跨43.6m双曲拱桥，矢度为1/7.8			船撞多次，致拱肋、拱波、立柱严重损坏	2006.7	该桥跨京杭运河
16	杭州湾跨海大桥	梁桥			涨潮时货船撞击南高墩区桥墩，货船被箱梁卡在桥下，损失2000万元以上	2006.8.11	
17	江苏海门港桥引桥	不详	1		280t货船大风中断缆，撞击引桥，船沉桥损	2007.3	
18	上海川沙路车站桥	桥墩宽仅30cm，1978年建成			10艘200t拖船撞击桥墩，桥梁垮塌	2007.4.10	河宽15m
19	浙江奉化百年老桥	下承式钢桥	1		船舶撞击，桥梁垮塌	2007.5.24	
20	广东南海九江大桥	主桥为2×160m独塔斜拉桥，副主桥22×50m连续梁桥+引桥20×16m空心板	9		2000t船撞50m跨桥墩，船沉没，4辆车落水，副主桥垮塌长度200m	2007.6.15	桥墩无防撞设施
21	重庆黄花园嘉陵江大桥	(137+3×250+137)m PC连续刚构桥			洪水时船舶撞击3号桥墩，主体结构受损	2007.7.5	1999年建成
22	江苏如东蔡渡大桥	3跨混凝土拱桥，全长66m，宽6m			空载驳船撞击桥梁，桥塌船毁	2007.7.13	
23	江苏昆山大洋桥	多跨混凝土梁桥，圆柱式桥墩	2	1	200t货船撞桥墩，致中跨半幅桥垮塌，压在船上	2007.8.29	
24	广东江门轻轨西江特大桥	在建大桥			机动货船撞击施工平台，约10m² 平台塌落，船受损坏	2007.12.11	
25	浙江宁波灵桥	三铰下承式钢拱桥，桥长97.6m，桥宽11m			2008~2011年多次被船撞击，最后一次船卡桥下，桥梁严重损坏	2011.11.7	1936年建成
26	宁波至舟山公路金塘大桥	混凝土连续梁桥	4		货船驶入原航道，净高不足，撞击主梁，梁板60m长坠落，将驾驶室压入下层货舱内	2008.3.27	
27	浙江临海望江门大桥	不详		2	长30m、宽8m货船涨水时撞桥，桥塌压坏船身	2008.10.13	
28	江苏高邮市汉留镇阳河大桥	圬工拱桥（桥位于四异村）		2	货船撞击拱顶，大桥垮塌长约100m，压住两只大船	2008.10.28	

续表

序号	桥梁名称	桥梁简况	伤亡人数 亡	伤	事故概要	时间（年.月.日）	备注
29	江苏盐城城西大桥	主跨36m混凝土拱桥（危桥）			17艘几百吨级驳船队撞上危桥拱肋,桥梁垮塌	2009.1	1976年建成
30	广东××桥	6×20m RC T梁			400t货船撞击T梁腹板,致7×1.1m²面积断裂	2009.6.15	
31	江苏泰州兴化老阁大桥	混凝土梁桥,长约100m,宽8m			(1+20)直拖船撞击双柱桥墩,桥塌压船	2009.9.18	1人落水
32	江苏南通金沙镇金余大桥	混凝土梁桥,4柱式桥墩			船撞击桥墩,桥垮塌,停航半月,清理河道	2009.11.13	1976年建成
33	上海浦东大治河随塘桥	7×25m梁桥,4柱式桥墩	2		360t货船撞击,桥塌3跨,梁体压船	2010.3.26	5人落水,断航
34	浙江嘉兴长山河联合桥	混凝土桁拱桥,长56m,宽3m			船撞断北侧拱肋下弦,桥倒塌	2010.4.27	
35	沧江鄱阳大桥	不详			挖砂船撞击大桥,主体结构受损	2010.7.15	
36	浙江钱塘江嘉绍大桥	不详（在建）	失踪7		船撞桥梁施工平台钢管桩	2010.7.16	
37	武汉家集镇刘砦木里大桥	按断航时漫水桥设计			3艘挖砂船撞桥,桥体断成3截,压在船上	2010.7.17	单船长15m、15t
38	湖北黄陵木里大桥	不详			运砂船撞击桥墩,桥梁垮塌	2010.7.17	
39	哈尔滨松花江浮桥	钢浮桥	4		船舶撞击浮桥,致8人落水	2010.8.20	
40	广东东莞市东江万江大桥	混凝土桁架桥	1	1	长100m空载货船撞击桥梁下弦,船卡桥下	2010.10.10	货船为2000t级
41	江苏南通天生港华沙大桥	跨径20m、50m多跨混凝土梁桥,全长1500m			涨潮时5艘百吨级货船撞墩柱,船翻沉,墩受损	2011.9.29	双柱式桥墩
42	上海松江油墩港桥	3跨混凝土悬臂箱梁桥,双柱式桥墩			船舶撞塌一个桥墩,一侧锚跨与挂梁坠落,桥宽5m,通行拖拉机	2011.11.26	
43	贵州铜仁碧江区老西门桥	PC梁桥			船舶撞击,桥梁损坏,拆除重建	2012.5.9	1952年建成
44	湖南平江平阳范固桥	3跨空腹式石拱桥,总桥长120m	2	失踪4	洪水时采砂船铁架撞桥,桥梁垮塌	2012.5.13	1998年建成
45	浙江温州××大桥	斜拉桥			大型邮轮顶部撞击桥梁,船、桥均受损	2012.5.23	

续表

序号	桥梁名称	桥梁简况	伤亡人数		事故概要	时间（年.月.日）	备注
			亡	伤			
46	广东江门市虎坑大桥	主桥为(52.8+80+52.8)m PC 箱梁，中孔为 25m 挂梁			运砂船撞击桥梁，主孔两片 T 形挂梁受损	2012.9.14	
47	广西中越友谊大桥	梁桥			台风中抽砂船撞击大桥，桥墩受损	2013.11.11	
48	上海松蒸公路桥	多跨简支斜板梁桥			船只撞桥墩，双柱墩倾斜，多处开裂，最大缝宽 30mm	2014.3.9	
49	广东肇庆西江特大桥	5×144m 连续钢桁梁桥			采砂船龙门架撞击主梁，致部分下弦杆等构件严重变形	2017 之前	广茂线，公铁两用桥

船桥碰撞引发的部分国外事故简况　　　　　　　　　　表 8-2

序号	桥梁名称	桥梁简况	伤亡人数		事故概要	时间（年.月.日）	备注
			亡	伤			
1	加拿大"第二海峡桥"（公铁两用升降桥）	多跨下承式钢桁梁桥			驳船在涨潮时冲击中央固定桥，主梁断裂垮塌	1930.9.13	
2	美国 Chesapeake City 桥	公路开启桥			船撞桥，桥体垮塌	1942.7.28	位于马里兰州
3	英国赛文河桥（铁路桥）	共 22 跨，全长 1269m，下承式钢-铸铁拱梁桥	5		2 艘 450t 驳船与桥墩撞击，2 跨桥梁垮塌	1960.10.25	浓雾天气
4	挪威索苏恩特桥	不详			船舶撞击，边墩损坏	1963	
5	美国路易斯安那州××桥	多跨梁桥	6		一拖两驳船撞断 3 个桥墩，4 跨主梁坠落	1964	舵手操作失误
6	美国路易斯安那州××桥	不详			拖船撞到一个墩柱排架，落梁 2 跨	1964	
7	委内瑞拉马拉开波××桥	不详			36000t 油船撞击两个桥墩，3 跨桥体坠落	1964	船离通航孔约 600m
8	美国弗吉尼亚州切萨皮克湾隧道桥	全长 28km，含 2 座隧道及 4 个人工岛			漂浮的煤驳船，几次撞击桥梁，1 跨垮塌，5 跨梁体严重损伤	1967	暴风雨中拖船失控
9	美国弗吉尼亚州切萨皮克湾隧道桥	全长 28km，含 2 座隧道及 4 个人工岛			10000t 货船撞桥墩，落梁 5 跨，另有 5 跨损伤	1970.1	河湾处，暴雨天船失控
10	美国外交叉桥（Outer bridge crossing）	不详			桥墩及缓冲系统被船撞击严重破坏	1963	

续表

序号	桥梁名称	桥梁简况	伤亡人数		事故概要	时间（年.月.日）	备注
			亡	伤			
11	美国里奇满—圣拉斐尔桥	不详			桥墩横梁与缓冲系被船撞击破坏（两次）	1961(1965)	
12	加拿大温哥华港铁路桥	旧桥旁边的在建新桥			23000t 运煤船撞击桥梁，新、旧桥墩各 1 个被严重损坏	1968.5.8	
13	美国弗吉尼亚州 Sidney Lanier 桥	不详	10		13000t 船撞桥梁上部结构，落梁 3 跨	1972	舵手操作失误
14	美国弗吉尼亚州切萨皮克湾隧道桥	全长 28km,含 2 座隧道及 4 个人工岛			驳船撞撞击上部结构，坍塌 2 跨，另有 5 跨损伤	1972.9	大风中拖缆破断
15	美国佐治亚州 Sidney Lanier 桥	开启桥			船撞桥上部结构，3 孔垮塌	1972.11.7	
16	美国路易斯安那州 Ponchartain Lake 桥	不详	3		拖船及 4 空驳撞击边跨桥墩，3 跨主梁坠落	1974	领航员睡觉
17	加拿大安大略州××桥	开启桥			204m 矿石船撞击桥的提升跨，桥体坠河，桥塔受损	1974	
18	霍普山桥（Mount Hope）	不详			船舶撞击，主墩严重损伤	1974	
19	蓬恰特雷恩湖桥（Pantchartrain Lake）	不详			船舶撞击，4 跨梁体垮塌，曾 9 次被船撞	1974	
20	澳大利亚塔斯曼桥（跨越德文特河）	多跨混凝土高架桥，主跨 94.55m，双柱式墩，全长 1395m，5 车道	15		7200t 船撞击桥墩，3 孔总长 127m 主梁垮塌，船体沉没	1975.1.5	
21	加拿大哥伦比亚省××桥	跨径 120m 梁桥			183m 压舱驳船撞击桥梁上部结构，1 孔梁体垮塌	1975	暴风雨致驳船系泊松脱
22	加拿大新西明斯特的弗雷泽河桥	开启桥			700m 长的船在大风中漂离锚泊地，撞击桥墩，致 130m 桥梁垮塌	1975.12.26	
23	加拿大格兰德海峡大桥	不详			主桥墩被船撞毁	1975	
24	美国路易斯安那州 Pass Manchac 桥	不详	1		驳船撞桥墩桩排架，3 跨梁体坠落	1976	驳船操作失控，偏离航线
25	瑞典 Goteborg 桥	上承式拱桥			建成后不久，被船舶撞击，两跨引桥垮塌	1977	

续表

序号	桥梁名称	桥梁简况	伤亡人数		事故概要	时间(年.月.日)	备注
			亡	伤			
26	瑞典哥德堡港廷斯塔特桥	开启式钢桁架铁路桥			1600t 天然气船撞击引桥,梁体一端坠落水中	1977.9.10	操舵装置电器失灵
27	美国新泽西州××桥	梁式桥			空载油驳船撞桥墩,2 跨梁体坠落	1977	拖船牵引绳断裂
28	美国弗吉尼亚州××桥	梁式桥			25000t 油船撞坏桥墩桩基,落梁 2 跨	1977	转向装置电路失控
29	美国本杰明·哈里纪念桥	不详			引桥桥墩被船撞毁	1977	
30	美国路易斯安那州××桥	钢梁桥			拖船顶 4 驳,第 1 驳船撞击边孔上部结构,70m 长一跨钢梁坠水中	1978	拖船拖缆失效
31	加拿大温哥华××桥	梁式桥			22000t 货船撞击非通航孔上部结构,边跨梁体坠落	1979	大雾,对航行标记判断失误
32	加拿大伯拉德湾桥	不详			边墩被船撞毁	1979	
33	加拿大第二海峡铁路桥	RC 竖直升降开启桥			边跨(85m 跨度)被船撞落水,维修时间 5 个月	1979	
34	瑞典斯泰农松德市阿尔摩桥	主跨278m 上承式钢管拱桥,高度 19m	8		27000t 压舱货船撞击主拱,主跨垮塌,7 辆车落水	1980.1.18	浓雾,引擎动力不足,航行困难
35	美国佛罗里达州坦帕海湾空中通道桥	全长 6840m 特大桥	35		3500t 货船偏离航道,船舶撞击桥梁主墩,致 3 跨上部结构垮塌	1980.5.1	恶劣天气,能见度低,偏离航向
36	美国佛罗里达州旧阳光大桥	主跨384m 下承式钢桁梁桥,双向 4 车道	34	1	大暴雨中 35000t 货船偏离航道,撞塌主桥墩,396m 长主梁垮塌	1980.5.9	
37	美国纽约新港桥	悬索桥	35		45000t 油船以 3m/s 速度撞击主塔墩柱,主塔柱损坏	1981	浓雾天,偏离航向
38	法国马赛河××桥	天然气管道桥	2		一拖 2 驳船撞桥墩,管道坍塌	1982	浓雾天,偏离航向
39	美国密苏里州密西西比河桥	不详			顶推 15 驳船撞击引桥,一跨垮塌	1982	领航员失误
40	苏联伏尔加河乌里杨诺夫铁路桥	多跨下承式钢桁梁桥	177	多人	客轮亚历山大苏瓦洛夫号误入非通航孔,撞上钢桁梁,船上电影厅被切断坍塌,桥损坏	1983.6.5	船长指挥失误

续表

序号	桥梁名称	桥梁简况	伤亡人数		事故概要	时间 (年．月．日)	备注
			亡	伤			
41	新加坡××桥	索道桥	7		桅杆高69m钻井船撞断桥面索道,缆车坠落	1983	
42	美国密苏里河第59号桥	不详			主桥墩被船撞毁	1983	
43	加拿大塔斯曼德温特河桥	不详	20		船舶撞击,桥梁损坏	1983.12.17	
44	日本波的上桥	(35.86+8×40.8)m PC T形桁架桥			999t韩国油轮撞击大桥,致3×40.8m桥梁严重损伤	1983.12.17	
45	苏联伏尔加河乌里亚夫斯克桥	铁路大桥	240	伤多人	一艘客轮撞击桥梁,桥刚垮,行驶中的4节列车车厢坠入河中	1984.6.5	
46	美国卡罗来纳州××桥	不详			60m长挖泥船撞击桥墩,4个桥墩破坏,落梁5跨	1990	暴风雨中船走锚
47	瑞典妥斯特鲁桥	梁式桥			60m长货船撞击主墩及边跨上部结构,墩位移,边跨塌落	1990	船长醉酒失误
48	缅甸卡纳夫里河××桥	梁式桥			船撞桥梁上部结构,一跨落梁	1991	逆风航行,船失控
49	德国汉堡港××桥	开启桥			2145t货船撞击提升桥的边孔,边孔垮塌,提升塔受损	1991	浓雾中,船失控
50	美国Avenue桥	不详			船舶撞击,桥梁垮塌	1993.5.28	
51	美国亚拉巴马CXST大海湾坎罗特桥	下承式钢桁梁铁路桥	47	103	重型驳船撞坏大桥一跨,但几分钟后列车通过时脱轨,7节车厢坠入河中	1993.9.22	
52	美国波特兰Million Dollar大桥	不详			长171m货船撞入大桥定位桩,致船与防撞系统损坏	1996.9	
53	美国阿肯色河(公路桥)I-40W桥	钢-混凝土叠合梁桥,2×180m主孔,中墩为独柱墩	14		驳船撞击主墩,2跨梁体垮塌,17辆车坠河	2002.5.26	船长醉酒驾船
54	越南海防市平桥	主跨260m结合梁双塔斜拉桥			3艘货船撞击,主梁与斜拉索严重受损	2010.7.17	
55	美国伊莎贝拉加王后桥	RC简支T梁桥	8		驳船撞击,2跨T梁垮塌,14h后又坍塌1跨	2011.9.15	

续表

序号	桥梁名称	桥梁简况	伤亡人数		事故概要	时间（年.月.日）	备注
			亡	伤			
56	美国肯塔基湖桥	多跨下承式钢桁梁桥			一艘高度超过桥面的万吨货轮撞断上部结构，一跨桥孔垮塌	2012.1.27	
57	巴西北部帕拉州莫茹河大桥	大桥全长860m，高23m，桥墩存在腐蚀	失踪5		渡轮撞击桥墩，墩塌，部分桥体垮塌	2019.4.6	
58	美国 ponchartain Lake 桥	不详	6		船舶撞击，桥梁垮塌	1984	
59	美国 Port Isabel 桥	不详	8		船舶撞击，桥梁垮塌	2001	
60	美国 Webber Falls 桥	不详	12		船舶撞击，桥梁垮塌	2002	

下面进一步介绍部分船桥相撞重大事故实例并简要评析。

实例一　浙江宁波金塘大桥船撞桥事故

舟山大陆连岛工程金塘大桥，始于浙江宁波镇海区，跨越灰鳖洋，在金塘岛沥港镇登陆。大桥全长18.27km，包括金塘侧引桥、东通航孔桥、东段非通航孔桥、主通航孔桥、中段非通航孔桥、西通航孔桥、西段非通航孔桥、浅水区引桥、镇海侧引桥九大部分。桥宽26.5m，双向四车道＋紧急停车带。

主通航孔采用双塔双索面钢箱梁斜拉桥，跨径布置为（77＋218＋620＋218＋77）m，东西两座通航孔桥分别为（122＋216＋122）m和（87＋156＋87）m预应力混凝土连续刚构。其他非通航孔桥为30～60m等高度预应力混凝土连续梁桥。另有（70＋10×118＋70）m和（45＋72＋45）m两联预应力混凝土连续梁桥。基础分别采用钢管桩和钻孔桩。该大桥于2009年建成。

施工过程中，2008年3月，非通航孔的预应力混凝土预制箱梁已基本安装完成。3月27日，台州籍货船"勤丰128号"（总吨位7122t）驶入大桥东段非通航孔桥下水道（该区段为建桥前的原航道），因净高不足，撞击上部结构预制箱梁，导致第19号～第20号之间60m长的梁体坠落，1600t重的预制梁砸在船上，将驾驶室压入下层货舱内（图8-1）。船上共有20名船员，有4人被砸死。

图8-1　浙江宁波金塘大桥船撞桥事故现场

由于事故现场情况复杂，水中散落的断裂梁体搜寻和现场清理难度很大。另外，除一跨垮塌外，桥梁其他部分是否存在损伤或隐患还无法评估。由于事发海域水流较急，主管部门担心被压在桥体下没有完全沉没的货船会因为潮水起落和急流与附近的桥墩发生二次碰撞，应尽快采取措施将出事船体转移至安全地带。总之，事故发生后的各项应急工作，任务重、难度大，大桥施工进程只得延后。雪上加霜的是，2009 年 11 月 16 日，韩国籍"马克轮"货船在七里锚地又一次撞击金塘大桥，所幸桥梁未受到严重影响，船上 12 名落水船员全部获救。原定的通车时间再次延后。

这是一次造成人员死亡、经济损失甚大、工期延后的重大船桥碰撞事故。以下几点教训值得关注。

金塘大桥为特大型路桥工程，跨越海湾的重要航道，桥跨布置在一定程度上改变了原有航道位置，并明确划分为通航孔与非通航孔。但在较长的施工期间，如何维持正常通航，保证航行与施工安全，没有采取可靠的措施，有关主管部门与施工企业确有失误，正如有的专家指出："令我们不解的是，这座（当时）我国在建的国内第三跨海大桥，防灾减灾和规避风险的能力是否太薄弱了。"

这次事故发生后的 2009 年 11 月 16 日，大桥快建成时，再次发生货船撞击桥梁的事故，虽未造成严重后果，但又使大桥工期再次延后，造成不良社会影响。表明有关主管部门并未吸取上次事故的教训，仍然掉以轻心，不仅是失误而且是严重失职。

《公路桥涵施工技术规范》JTG/T 3650-2020 第 26.2.7 条对水上作业时的施工安全作了规定。对于在通航的江河上施工的桥梁工程，仅原则性规定"水上交通的安全应符合现行《内河交通安全管理条例》的规定"，对于施工过程中桥梁上下部结构防船舶撞击应采取的措施未提出明确要求，规范明显滞后。

可见，这次重大事故发生的原因，既是技术上的失误，更是管理制度上的失误。

实例二　广东肇庆西江特大桥船撞桥事故

广茂线西江特大桥位于肇庆端州区和高要市之间，是连接肇庆与高要的主要交通要道，同时也是省道 S272 公路肇珠线跨越西江的一座双层桥面公铁两用特大桥。该桥于 1987 年建成通车。西江特大桥的下层铁路桥为单线 I 级铁路，上层公路桥桥面宽 11.68m（其中车道宽 9m），设计荷载为汽-20、挂-100。特大桥全长 1592.72m，其中主桥为 5×144m 连续钢桁梁桥。钢桁梁通过工字形钢纵梁支撑公路桥桥面（含行车道板及人行道板）。钢桁梁共计 5 孔 45 个节间。南、北引桥为预应力混凝土简支 T 梁桥，孔跨布置有两种：3×32.7m 和（22+32.7+35.7）m。

2015 年 10 月 15 日，一艘采砂船在顺水方向（往广州方向）通过桥下时，船上龙门架撞击特大桥主桥钢桁梁，撞击部位为第 4 孔的第 5 个节间（E31～32）。致使该处钢桁梁下弦严重受损，下游侧纵梁与横梁的连接角钢被撕裂，角钢失去承载能力，铁路桥纵梁、下弦纵平联及铁路桥面均发生变形（图 8-2）。

事故发生后立即启动应急响应程序。经现场检测结果表明：上游侧主桁下弦顶、底面最大变形分别为 202mm 和 434mm（向下游方向变形为正，反之为负）；下游侧主桁顶、底面最大变形分别为 -112mm 和 276mm；上游侧杆件内部和下游侧杆件外部无明显局部变形，但发现了 3 条纵向裂缝。经受力分析和专家组评估后决定：先进行临时加固尽快使铁

图 8-2　广东肇庆西江特大桥船撞桥撞击现场（左），严重受损的钢桁梁下弦（右）

路抢通，再进行永久性加固，以恢复桥梁的正常营运状态。后来顺利完成了临时加固与永久性加固工程。这次事故造成了重大经济损失和铁路交通临时中断。

这是一次船舶撞击桥梁上部结构并造成严重损坏的典型实例。船与桥梁上部结构发生碰撞的原因较为复杂，涉及因素较多，除船上构件因违反规定出现超高情况外，还与桥下通航净空、有效净宽和最高通行水位以及航道条件、气象条件、船舶操作、上部结构的布置等有关。在船桥相碰撞的事故中，有船与桥墩、船与上部结构、船与防护系统等几种碰撞形式，而船与上部结构相撞发生的事故并不少见，国内外时有发生。例如表 8-1 中，序号 2、3、4、15、26、28、29、30、34、40、45、46 等（国内桥梁），表 8-2 中，序号 1、2、13、14、15、17、21、30、31、34、40、41、47、48、54、56 等（国外桥梁），就是船舶撞击桥梁上部结构引发的事故实例。这方面的教训与启示，在 8.3 节中进一步论述。

实例三　上海浦东随塘大桥船撞桥事故

随塘大桥为南港公路（靠近临港新城）跨越大治河的一座大桥。该桥为 $7 \times 25m$ 混凝土板梁桥，4 柱式排架桥墩，墩身为圆形截面。桥位处河面宽约 102m，河床底宽 64m。水中设置了 3 个桥墩，有 5 跨在河道上。

2010 年 3 月 25 日，一艘载重 360t 压缩垃圾集装箱（共有 16 个标准箱）环卫货船撞击河中一个桥墩，导致相邻的两跨板梁垮塌，桥体压住船头，将该船压沉，5 名船员被困在水中，其中 2 人不幸遇难。桥上公路断交，桥下河道断航。

这是一起船舶撞断桥墩引发桥梁垮塌与人员伤亡的重大事故。造成这次事故的原因有多种，以下两点值得关注。

（1）2004 年 5 月 1 日开始实施的国家标准《内河通航标准》GB 50139-2004 将内河航道划分为 7 级，规定了各级航道的通航净空尺寸（净高、净宽、上底宽和侧高）。根据我国当时内河航道上通过船舶的数量、大小和航速，以及当时的经济历史背景制定的上述通航标准是适宜的。但随着我国经济建设的快速发展，船舶型号的更新、增多以及船舶吨位和航速的增大，原有的通航等级标准，已不完全适应新的发展形势。一些事故的发生在一定程度上与规范的滞后有关。例如，南京长江公铁两用大桥是按当时的标准设计的，水中桥墩有 9 个，主桥由 $(6 \times 160 + 3 \times 128)m$ 的连续钢梁组成。据统计该桥从 1968 年 12 月建成至 1983 年的 15 年中，共发生船桥碰撞事故 12 起，且尚未计及施工中受到的船撞事故。又如，武汉长江大桥是按当时内河二级通航标准设计的，通航净高为18m，净宽为2×128m，水中桥墩有8个，在2007年通车50周年时进行统计，被船撞达75起，水中8个桥墩都被撞击过。靠岸附近的边跨，设计为非通航孔，但在洪水时期，因主航道的流速大，一般较小的船舶往往从副航道或就近的非通航孔通过，难以避免撞上岸边的桥墩。类似情况国内时有发生，是引发船桥相碰撞的原因之一。上海浦东随塘大桥，100m左右宽的桥面，布置了3个桥墩，墩柱之间的净跨不到25m，通行载重360t的集装箱货航，航道宽度不足是发生事故的主要原因。

（2）随塘大桥的通航净宽不足25m，有关主管部门并没有对通航船舶作出相应的限制，并采取可靠的防止安全事故发生的措施，是导致发生事故的直接原因之一。

实例四 广东南海九江大桥船撞桥事故

这是国内发生的一起船撞桥特大事故，涉及的问题较多，在一段时间内引起国内舆论的高度关注。除了大量的报道外，还有分析评论，并有争议，在国外也有反应。考虑到这次事故有深刻的教训和有益的启示，这里作较详细的介绍与评析。

南海九江大桥是国道325线广州至湛江公路上的一座特大桥，在南海区与鹤山市之间跨越西江，桥的两端连接佛山市南海区九江镇和鹤山市沙坪镇。桥位处西江干流的河面宽度1305m。西江流量丰富，航运极为繁忙，是我国南方重要的内河航道。

全桥孔跨布置为（由北至南）：13×16m（PC空心板）＋40m＋6×50m（顶推法施工PC连续箱梁）＋2×160m（PC斜拉桥）＋13×50m＋40m（顶推法施工PC连续箱梁）＋7×16m（PC空心板），全桥总长1682.41m。图8-3为主桥总体布置图。

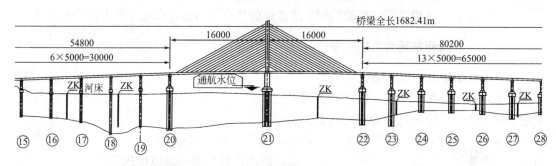

图8-3 主桥总体布置图（尺寸单位：cm）

其中16m空心板部分为引桥，为非通航孔。空心板结构为先张法装配式板，每块板宽93cm，由15块板组成桥面全宽。顶推法施工连续箱梁，顶推跨径50m，跨间不设临时墩。连续箱梁跨越的河段水较深，为副通航孔。2×160m为全对称独塔双索面竖琴体系混凝土斜拉桥，为主通航孔，为塔梁墩固接体系。

该桥主要技术指标：桥面净宽为净-14m＋2×0.75m人行道；设计荷载为汽-20、挂-100，人群荷载为350kg/m²；通航主孔的船舶撞击力按3000t级轮船考虑，通航净空为22m×80m（净空×净宽）；顺水流方向的船舶撞击力为1200t；地震设防烈度为7度；最大设计风速为33m/s；设计洪水频率为1/300；设计洪水流速为2.3m/s。

全桥除南引桥41号和42号墩台、北引桥0号台之外，均采用钻孔灌注桩基础。引桥为双柱式墩单排桩基，桩径1.2m；与斜拉桥主孔相邻的两边孔，以南的50m连续跨为双排桩高桩承台基础，每墩 4ϕ1.7m，嵌岩直径 1.5m，以北的 50m 连续跨为双柱式单排桩基础，每墩两根变截面桩，桩径 3～2.5m（上大下小），嵌岩桩径为 2m。斜拉桥主塔为 18 根变截面桩，桩径 3～2.5m（上大下小），嵌岩桩径为 2m。主墩基础按船舶撞击力控制设计。

顶推法施工预应力混凝土连续箱梁的下部结构采用柔性高墩，是当时该桥设计采用的一项新技术。

南海九江大桥于 1988 年 6 月 12 日建成通车，工程承包总造价为 6400 万元，工期为 33 个月。该桥采用设计施工联合总承包的模式，由广东、湖南两省公路设计、科研、施工部门组成的粤湘九江大桥承包公司中标。承担大桥设计任务的单位有：广东省公路勘察规划设计院、湖南省交通规划勘察设计院和广东省交通科研所。承担施工任务的单位有：广东省公路工程处和湖南省公路工程处。

南海九江大桥的主桥设计，曾于 1990 年获国家科技进步二等奖，1991 年获国家优秀设计铜奖。

2002 年对大桥进行检查时，发现斜拉桥大部分拉索的 PE 保护层有不同程度的损坏，严重者已经剥落而露出大量钢丝锈渣，个别 PE 护套内甚至有水流出，损坏最严重的是钢索断丝已达 1/3，而且两端锚头锈蚀严重。先后分两次更换了斜拉索。2005 年曾对大桥进行健康监测，证明结构一切正常。

2007 年 6 月 15 日清晨 4 时 30 分，广东佛山市南海裕航船运有限公司所属的"南桂机035"号运砂船（船身长 70 余米），满载 1560m³ 河砂从上游高明驶往下游顺德，快到九江大桥时，西江江面薄雾弥漫，能见度一般，货船没有停航，并以 13km/h 的速度继续前行。到达九江大桥前约 500m 处时，江面能见度只有 70m 左右，船长看到前方有灯光（这个细节很重要），便以为是九江大桥通航孔的导航灯标，于是继续顺水向下游方向航行，准备穿过通航桥孔。孰料，船长看见的灯光并非导航灯，而是附近施工船上的灯光。另一个重要因素是，船上虽有一台已正常开启的雷达，然而船长不熟悉雷达操作，因而无法用雷达测量出船只与大桥的实际距离。而在能见度如此差的环境，且明显存在安全风险的关头，本应站在船头协助瞭望的水手，却离开岗位去排水舱协助排水。终于，在 3 个关键细节（误判灯光、不会操作雷达和水手临时离岗）上的失误导致了特大事故的发生，在前方施工灯的误导下，该船航向偏离了主通航孔，船舶右首猛烈地撞击 23 号桥墩（该桥墩为邻近主通航孔的副通航孔桥墩），墩身立即倒塌，发出一声巨响，接着相邻的两跨箱梁垮塌，24 号和 25 号墩连续倒塌，接着又有两跨箱梁垮塌，再次连续发出三声巨响，共计 4 跨梁体约 200m 桥面掉入江中（图 8-4）。庞大的坠落桥体直接砸向肇事船，将船头压入水下，直插江底，只留下船尾倾斜着露出水面。因部分桥面垮塌，桥上电源中断，桥面照明灯全灭，整个事故现场一片漆黑。

由于船上驾驶舱和船员休息室都在船尾，船长和水手们侥幸逃过一劫，未有伤亡。

不幸的是，正在桥上值夜班的 2 名大桥维护工人随桥体坠入江中遇难。桥面垮塌后，桥上有 4 辆汽车毫无知觉地从桥面的巨大缺口处掉入江中，7 名司乘人员溺亡。这次事故导致 9 人死亡。

事故发生后，广东交通部门、佛山市政府及各有关部门立即启动应急预案。在现场控制、落水人员打捞、交通分流、人员救助、保险赔偿、修复方案等多方面进行了卓有成效的工作，此处不再详述。下面简要评述另外几个问题。

图 8-4　广东九江大桥的事故现场（左），被撞垮塌的桥面（右）

事故发生后的第 4 天，6 月 19 日，九江大桥事故处理领导小组技术安全鉴定组邀请了国内知名桥梁、航道专家成立专家组，在佛山市召开了九江大桥事故技术评估会议。专家组由 10 位资深专家组成，经过认真研究讨论，给出了九江大桥垮塌事故的评定意见。主要有 3 条：

（1）九江大桥 2×160m 通航孔主墩，按横桥向船舶撞击力 1200t 进行防撞设计，考虑到有小型船只及漂流物撞击的可能，南、北侧非通航孔桥墩按横向撞击力 40t 进行防船撞设计，该设计总体是合适的，并且有一定的前瞻性。

（2）"南桂机 035 号"船舶偏离航道，误入非通航孔，直接撞击到 23 号桥墩，该船产生的横桥向撞击力远大于非通航孔桥墩设计的 40t 横向撞击力，导致 4 孔非通航孔桥面坍塌，同时未坍塌的相邻孔出现严重损伤。

（3）虽然九江大桥掉进河里的 200m 桥面还没有最后断裂，支在河床上，暂时保住了九江大桥的相对平衡状态，但如不尽快处理，九江大桥极有可能出现二次坍塌。

2007 年 6 月 20 日，举行了"九江大桥事故技术评估通报会"，随即正式公布了专家组对九江大桥的鉴定结果："九江大桥的设计和质量均没有问题。"专家组发布会只延续了约 45min，回答了媒体提出的三个问题后即宣布发布会结束，当时立即引起了现场躁动。随后一段时间，国内媒体进行了广泛议论。对舆论提出的某些重要问题将在后面评析。先讨论一下有关的技术问题与管理问题。

九江大桥的防撞设计，是建立在所有船舶都必须行驶主航道（2×160m 主孔范围）的理想模式上。那么，区分主航道与非主航道的警示标志无疑就是保证大桥安全的极其重要的唯一屏障。对于这个关键问题，九江大桥事故处理领导小组和专家组，都未正式澄清或加以解释。

"南桂机 035 号"采砂船，系直接撞击 23 号桥墩。21 号桥墩是斜拉桥索塔下的主墩，按横桥向 1200t 撞击力设计符合当时桥规规定。22 号墩为主航道与非主航道之间的交界墩，该墩为双排桩高桩承台基础，由 4ϕ1.7m 嵌岩桩组成（墩身柱体直径 3m），而 23 号墩亦为双排桩高桩承台基础，也是由 4ϕ1.7m 嵌岩桩组成（墩身柱体直径 2m）。如果 22 号墩基础也仅能承受 40t 的撞击力，即使船舶行驶在主航道上，一旦发生靠边行驶，存在撞击 22 号墩（与 20 号墩）的风险。这个问题也未见澄清或解释。

顶推施工法连续箱梁的下部结构采用柔性墩，其主要优点是，可以将上部结构传来的水平力（汽车制动力、坡桥车辆行驶产生的水平动反力、温度影响等）在全桥或一联内传递到各个柔性墩台或相邻的刚性墩台上，以减小单个柔性墩受到的水平力，从而达到减小墩柱截面尺寸的目的。但柔性墩的缺点也是明显的，由于自身刚度较小，其抗撞击的能力较弱，对于山区河流、流冰或漂流物较严重的河流，以及通航河道，一般不宜采用，除非有可靠的防撞措施。可以认为，九江大桥非主航道上的连续箱梁桥采用柔性墩，并且事先已估计到可能发生船墩相碰，又未采取防撞措施，至少是设计上考虑欠妥，更不能说是有一定的前瞻性，因为柔性墩用在这种场合是有较大风险的。

有关资料介绍，倒塌的 24 号桥墩 4φ1.7m 桩基，最浅桩入土深度为 22.7m，设计时当年的对应水深仅 10m，但事故发生后测出的水深达 33m，比建桥时深了近 23m，若与 24 号墩最浅桩 22.7m 比较，单桩入土深度接近于 0。建桥后 19 年，24 号墩处水深增加 20 多米，应是河床发生一般冲刷与墩位处发生局部冲刷所造成的。可能与设计时冲刷计算值有出入以及河床内长期采砂有关，现已难以准确判定。但这种情况的出现，必定导致该高桩承台基础抗撞击的承载力大幅下降。

事故发生后，国内一些专家公开发表了个人的看法，摘录几条如下，供参考，也是一种启示。

只要是通航河流上建桥，船撞事件是不可能绝对避免的。……其实并不是我们缺乏技术，中华人民共和国成立不久建设的武汉长江大桥和南京长江大桥，经过几十次甚至上百次船撞，至今依然完好。而后来修建的一些桥梁，包括少数特大桥，船撞引发的重大事故，似乎不完全是技术问题。

对于大型桥梁如何降低船撞风险，应根据国家经济条件和桥梁建造技术水平选择合理的方案。有三种防撞措施：一是尽量减少深水区桥墩的数量；二是提高主航道和非主航道桥墩自身的防撞能力；三是桥墩附近水域另设独立的防撞装置。九江大桥为特大型桥梁，非主航道总长度达 1030m，大部分区域水深较浅，墩多跨径小，桥墩自身抗撞击能力弱，亦未另设防撞装置。所以，非主航道发生船撞桥风险较高，是设计考虑不足之处。

桥梁发生船撞事故，往往是多种因素造成的。除了桥梁设计、工程质量等方面的原因外，水上交通导航、预警、船舶航行管理等也十分重要。在九江大桥事故中，如果航道导航、预警系统正常地发挥作用，则有可能避免此次事故的发生。

九江大桥事故发生后不到两个月，2007 年 8 月 13 日，湖南省凤凰县堤溪大桥发生特大桥难（详细情况见第 9 章），国内对于桥梁事故的舆论又掀起新的高潮，使南海九江大桥事故的争议与评论更趋于白热化。社会舆论，不可能做专业性分析，对于某些偏激、尖锐的言论，不用理会。但也有部分评析具有一定的启发意义，可供桥梁工作者进一步思考。下面摘录部分媒体的公开报道，供参考。

有舆论认为，"如果类似事故的鉴定发生在国外，如果负责事故调查的是外国的专家，短短的一天时间，他们可能还拿不出调查鉴定的方案；……还列不出所需仪器和设备的清单；……可能还没有找齐图纸等资料，甚至还没有想好到底需要查阅哪些资料"。

有的舆论将中、美大桥事故后的调查进行了对比，"中国塌桥，美国也塌桥；中国要调查原因，美国也调查原因；中国用的是火箭速度，美国用的是蜗牛速度。2007 年 8 月 1 日，美国明尼苏达州密西西比河桥梁（即州际公路 I-35w 大桥，详细情况见第 10 章）发生结构性坍塌。调查人员说，了解坍塌过程及原因可能需要 18 个月的时间，这还是在动用直升机、高分辨率摄像器材、激光导引探测设备、计算机成像技术等高科技辅助之下"。

下面的这些评论用语就很尖锐了："我们的专家用肉眼——这种天然的低成本、无污染的绿色工具，完成了鉴定的全过程"；"没有人能鉴定专家的鉴定是否造假。不过，官员能够方便地操控专家，这才是真正可怕的问题"；"公共安全事故，涉及地方政府官员的形象，所以，通常情况下，当地官员对于'出事'的第一反应是'瞒住'，实在瞒不住，那也努力缩小坏影响"；……

《羊城晚报》2007年6月16日报道："官方有关人士表示，大桥被砂船撞塌，一方面，可能是船违规行驶，造成大桥被'撞残'，广东省航运部门、海事部门将确定责任方，并了解事故的事实，调查船主、驾驶员有无责任；另一方面，需要确定大桥本身质量有无问题，因为按照一般的规律，大桥在设计、施工都会设置一定的'防撞抗击'系数，一般的撞击，不至于造成百米桥梁塌入水中的'大骨折'。""调查大桥在设计或者施工方面是否存在质量问题，将由广东省和当地的建设主管部门、安全监察部门、质量监督部门联合组成调查小组、专家小组，从现场进行确诊。"

从上述官方表态来看，应是积极而负责的。而且对于大桥的质量似乎还有些怀疑。事故发生后3～4天时间，是不可能完成官方上述规定的调查任务的。所以，舆论对于专家组过早的下定论有所抨击，不无道理。

运砂船直接撞断23号桥墩，不仅该墩支承的两跨梁体垮塌，接着又发生24号和25号桥墩倒塌，这两个桥墩支承的梁体也跟着垮塌。在国内已发生的船撞事故中，这是桥梁毁损极为严重的一起桥难。可以认为，九江大桥非主航道区段孔跨布置与结构设计确有不足之处。

国内一些工程（包括桥梁工程）发生事故后，政府与有关主管部门都高度重视，实施一定级别的应急响应，是值得肯定的。对于事故原因的调查与处置，通常进展较快，但事故原因正式结论的公布，少则十天半月，多则几个月。九江大桥事故发生后才4天，就宣布大桥设计正确，并有一定的前瞻性。不仅过于匆忙，也不够妥当。作为对比，简要介绍美国I-35w桥事故（详细情况见第10章）发生后的调查过程。2007年8月1日，下午6时05分，正当下班交通高峰期间，I-35w大桥的3跨主桥突然在4s之内先后倒塌。111辆大小车辆坠落河中及岸边，造成13人死亡，154人受伤。该桥主桥为钢桁架结构，引桥为钢-混叠合梁，全桥总长581m。事故调查过程分为三个阶段：第一阶段为应急部门主导的事故定性和应急处理；第二阶段为由美国交通运输安全委员会（NTSB）主导，在技术和责任层面上全面和详细的取证，并协助业主和地方政府对伤亡者及家属善后；第三阶段为NTSB全权负责的调查结果求证，做出最后结论，并对涉及事故有关部门提出在行政上有一定强制意义的"安全建议"。三个阶段完成后，于2008年11月14日，由NTSB作出大桥垮塌事故调查的最后结论。从事故发生到事故调查结论正式公布共计花了450天。

九江大桥事故发生一个多月后，大桥管理部门状告肇事船船主和经营者，索赔2558万元。开庭审理时，双方争议的焦点居然是"到底是船撞桥塌，还是桥塌砸船"。争议不下，时间一拖过了一年半，2008年12月5日，开庭再审。船主方提出的一个问题，使原告方不愿触及，于是索赔之事就挂起了，诉讼变成了旷日持久的双方拉锯战，似乎没有输赢，实际上肇事船主侥幸躲过了处罚。让人感慨的是，与事故有关的桥梁技术调查，几天就有了结论，而明显是船把桥撞塌了，但索赔争议，拖了一年多最终不了了之。

在总结经验教训的基础上，南海九江大桥进行了修复设计和施工。考虑到原非主航道（南北两侧共计 21 孔）跨径偏小，已不适应西江干流航运事业的发展，且船撞事故已表明这部分桥墩抗船撞能力偏弱，决定进行较大改造。要点如下：

（1）保留 24 号墩，并进行彻底改造，作为新斜拉桥的主墩，原 23 号、25 号两墩废弃，22 号墩和 26 号墩用作边墩，另建 2×100m 独塔斜拉桥。这样，整个大桥便有四条主航道即 2×160m+2×100m，极大地降低了船撞的风险。

（2）将原 22 号过渡墩改造，兼作新增斜拉桥的边墩。墩身之下的基础新增 8 根大直径桩，具备强大的支撑力和防船撞能力。

（3）将原 26 号墩加固改造为新增斜拉桥与连续梁之间的过渡墩。

（4）修复工程按地震烈度 7 度设防，原桥各桥墩的空心承台均用混凝土填实，进一步提高了防撞能力，并能抵御 300 年一遇的洪水。

（5）桥上设立永久监测站，对桥梁运行状态进行监控。

2009 年 6 月 9 日，南海九江大桥修复工程通过验收后正式通车。2010 年 5 月 24 日，九江大桥保险索赔工作圆满结束。

实例五 澳大利亚塔斯曼大桥船撞桥事故

跨越德文特河的塔斯曼大桥为混凝土连续梁桥，双柱式排架墩，为多跨高架桥，全长 1395m，于 1964 年建成。桥跨中部有一净空很高的中央通航孔，桥面设 5 车道。

1975 年 1 月 5 日，散装矿石船"伊拉瓦拉湖"号装载 10000t 精炼锌，趁着夜色航行在德文特河上。正是退潮时分，水流湍急。晚上 9 点 27 分，该货船正要穿过塔斯曼大桥的主通航孔时，不料船舶忽然失控，船体打横，顺着水流向桥孔冲了过去，猛然同时撞上了大桥的 18 号和 19 号两个桥墩，导致这两个高墩连带 3 跨主梁从高空坠落。当时正好行驶在大桥上的 4 辆小汽车从缺口处栽进了河水中，车内 5 名乘客在深水中窒息身亡。后来的 2 辆大卡车开到缺口前，立即紧急刹车，滑行到缺口边上，没有坠落，侥幸逃过了一劫。断塌的混凝土梁块砸在肇事船的甲板上，7 名船员不幸遇难。货船的右舷随后翘起，很快就沉入水下。这次事故造成 12 人死亡，4 辆汽车报废，主通航孔的 3 跨梁体与 2 个桥墩破坏（图 8-5）。

图 8-5 澳大利亚塔斯曼大桥的事故现场（左），残存的桥墩（右）

事故发生后的调查表明，货船发生打横的主要原因，一是退潮时水流紊乱；二是肇事船长操作失误，接近通航孔桥时船舶偏离了航线，未能正常通过桥孔。

该桥的主通航孔及其两侧的桥孔，共计3孔，总长仅127m。万吨货轮横着就撞上了2个桥墩，通航孔净宽可能偏小。另外，全桥桥墩均为双柱式高墩，除顶、底部有横系梁外，横向联系较弱，其抗船撞的能力较差；通航孔附近未设有防撞设施；桥位又处于涨落潮水的河段。这些不利因素，增大了发生船撞桥事故的风险。

后来，该大桥重建，1977年建成通车。重建费高达4400万美元。这一实例启示我们，通航河道上的桥梁设计，应重视船撞桥的风险评估，通过技术经济的综合分析，科学地拟定桥型方案与孔跨布置，并采取合适的抗船撞措施。

实例六 美国佛罗里达州旧阳光大桥船撞桥事故

旧阳光大桥位于佛罗里达州塔坦帕海湾，临近大海。该大桥由两座相互平行而独立的大桥组成，其中一座桥（南行桥）建成于1954年，另一座桥（北行桥）建成于1969年。两桥桥型、孔跨与结构相同，均为主跨384m下承式悬臂钢桁梁桥。两座桥组成了双向4车道，达到了州际公路的标准。

1980年5月9日，早上7点左右，海上突发暴风雨，海面上掀起巨浪，由于事先未获预报，一艘名为"无畏号"的货轮（空载）沿着航道行驶，将从跨越海峡的旧阳光大桥下通过。当时，天气恶劣，瓢泼大雨，乌云乱滚，能见度几乎为零。船长虽然经验丰富，但仍十分小心地指挥货轮前进，航行的前方看不见任何灯光和标志，更糟的是，船左舷上的罗盘在暴风雨天气里失灵。"无畏号"在黑暗中突然撞上南行大桥的桥墩，在剧烈的振动中，南行大桥整整一孔悬臂钢桁梁掉进了海水里。当时7点37分，正值上班行车高峰，其中一辆满载赴迈阿密的旅客巴士、6辆轿车和一辆邮政车，连同35名司乘人员，从桥梁垮塌的巨大缺口冲下落入了海水中，除邮政车的一名驾驶员侥幸生还外，其余34人全部罹难（图8-6）。

图8-6 美国佛罗里达州旧阳光大桥的事故现场

事故后的调查表明，是几种不利因素的组合引发了这一特大事故。自然因素是暴风雨与能见度几乎为零；人为因素有：导航标志缺少或当时不起作用；船上右舷设置的罗盘失灵；钢梁的自振、车振与船撞墩身发生的振动叠加达到峰值，导致暴风雨中的钢梁侧向发生摇晃振动。被撞击的桥墩未倒塌，但在上述多种振动的作用下，钢桁梁终于由桥墩上翻倒了。这种船桥相碰致主梁坠落而桥墩不倒的实例极为罕见，但确实发生了。给予我们的启示是，在某些特定的情况下，撞击引发的剧烈振动存在较大的风险，尤其是钢结构。

7 年以后，1987 年新阳光大桥建成了，是一座主跨为 366m 单索面双塔斜拉桥。吸取了旧桥船撞事故的深刻教训，新桥设置了专门的防船撞辅助桥墩，为混凝土结构。南行桥倒塌后，未受损的北行桥以双向各一个车道的方式维持运营直到新桥建成。1993 年两座旧桥（南行桥与北行桥）完全拆除。

实例七　苏联乌里杨诺夫斯克伏尔加河大桥船撞桥事故

乌里杨诺夫斯克伏尔加河大桥为多跨下承式钢桁梁铁路桥。1983 年 6 月 5 日，苏联的"苏沃洛夫号"旅游巨轮从罗斯托夫开往莫斯科，正夜航在乌里扬诺夫斯克的伏尔加河上。船上载有 330 名旅客、30 名船员和 35 名游船服务人员，可能还有些未登记就上了船的乘客。晚上，主甲板上有一场拍卖会和放映电影。22 点 45 分，一部翻译影片开始播映。当时的苏联公民对外国影片很有兴趣，很多游客都来到甲板上的电影厅。这时轮船以 25km/h 的最高速度航行，船舶快到大桥的第 6 孔（该孔跨为非通航孔，其净空高度低于主甲板）时，岸上管理人员发现轮船走错了通航孔，立即给旅游船发出了警告电讯，但是没有回复（这一关键情况为什么发生，不清楚）。接着岸上管理人员又发射警告信号弹，遗憾的是为时已晚，轮船似快箭一般的疾速冲进了第 6 桥孔，下承式钢桁梁的下弦钢构件就像一把巨大的利刃，快速地将甲板室和其上的电影大厅拦腰切断！几秒钟突发的横祸，导致 177 人当场惨死，这是世界桥难史中一起极大的灾难（图 8-7）。

图 8-7　苏联乌里杨诺夫斯克伏尔加河大桥的事故现场

不幸的事故继续发生。被钢桁梁切成两大块的轮船，继续往前冲击，铁路桥被撞坏了，刚好有一列货车过桥，货箱坠落砸到了船上，又增加了若干伤员。轮船以高速度撞击大桥之后，在无人驾驶的情况下，还继续前行了约 300m，可见其冲击能量之大。该船长 135.7m、宽 16.68m、吃水 2.9m，功率 736000W，是伏尔加河—顿河航线上的旗舰。

事故发生后成立的特别委员会通过调查，得出了 4 点结论：

（1）资深大副莱特恩夫失职，犯玩忽职守罪（此人在事故中已死）；

（2）舵手乌瓦洛夫失职，犯玩忽职守罪（此人在事故中已死）；

（3）铁路职工××犯失职罪，因为他没有建立大桥上的灯光信号；

（4）桥上无照明。

船长克里曼诺夫，由于没有预防事故，更未采取安全措施，被判处 10 年有期徒刑。

文献［5］指出：事故之后的处理明显欲盖弥彰，甚至封锁消息，断绝外界联系，意图大事化小，张冠李戴，避开政府应负的责任。由于旅客中有一定数量的外国人，所以这次桥（船）难的主要情节，终于还是披露出来了。

确实，从上述特别委员会作出的 4 点结论，看不出发生这次特大事故的深层次内因。事故发生之后，这种推卸责任、大事化小的做法，并非苏联仅有的个例，一些国家同样存在这种现象。

在这次事故中，为什么资深且经验丰富的船长、大副、舵手通通失职，而且明知前方有铁路大桥，在未见灯光的夜间，竟然将船行速度开到最大？为什么航道上无导航灯光？为什么桥上夜间没有照明？这一系列不利因素为什么又刚好如此凑巧在一起？这些疑问可能已无法弄清楚了。

这次事故发生刚好一年后的同一天，即 1984 年 6 月 5 日，同样是跨越伏尔加河的另一座铁路大桥——苏联乌里亚弗斯克大桥，发生一起更大的桥难。一艘客轮撞击桥梁致桥垮塌，桥上行驶中的列车有 4 节车厢坠入河中，造成 240 人死亡，受伤人数不清楚。关于这次特大事故，仅文献［1］、［3］、［4］、［6］中有概略信息，较详细的情况不清楚，可能又是苏联有关政府部门封锁消息，致使死亡人数达到 240 人的特大桥难，至今未看到详细资料。

实例八　瑞典阿摩尔大桥船撞桥事故

阿摩尔（Almo）大桥跨越阿斯卡松（askero）海峡，连接斯泰农松德市与雪恩岛，1960 年建成时是世界上最大跨径的空心钢管拱桥，该桥为主跨 278m 上承式钢管肋拱，主拱肋由两 2 根直径为 3.8m 的空钢管组成，从拱顶至拱脚，钢管壁厚为 14～22mm。双肋之间的中距为 8.7m，桥面系为多跨混凝土简支梁。拱肋钢管材料等级相当于我国的 Q345 钢。桥下通航净高 41m，净宽 50m。

1980 年 1 月 18 日，凌晨 1 点 30 分，27000t 货轮 "Star Clipper"（当时为空载）通过桥下时，船桅撞击大桥的拱肋，撞击的位置距拱脚水平距离约 35m、竖向距离 19～20m，大约在拱上第 3 排柱（拱脚处为第 1 排立柱）下端。船撞拱肋致主拱全孔垮塌，直接砸在货轮上。当时行驶桥上的车辆随桥体一起坠落水中，共有 8 人遇难。

文献［21］以阿摩尔桥事故为背景，船撞力基于美国 AASHTO 规范，采用理论公式，利用三维非线性有限元整体和局部模型，从结构参数和船撞力两个方面研究大跨钢管拱桥船撞作用下的连续垮塌过程，并分析关键影响因素。得到以下结论：

（1）阿摩尔桥整体结构宽跨比小于 1/20，横向稳定不足，且缺乏结构冗余度。船撞力为 1690kN，计入冲击系数 2.0，船对拱肋横向撞击力为 3380kN，船行速度取 5m/s，在这样的船舶撞击力作用下主拱连续垮塌。

（2）主拱钢管径厚比与临界屈曲应变成反比，阿摩尔桥拱肋钢管径厚比偏大，致使临界屈曲应变（应力）偏小，表明其钢管局部稳定性严重不足。船撞力大小和撞击面积对于主拱钢管撞深和临界屈曲应力影响很大。撞击接触面积较小，撞击荷载越大，导致的局部变形（撞深）越大，临界屈曲应力下降也越快。阿摩尔桥撞击力大，而撞击接触面积较小，导致临界屈曲应力大幅下降，拱轴压应力上升，发生局部失稳，所撞主拱失去承载力。主拱由 2 条拱肋构成，缺少结构冗余度，其中一条拱肋失效后，荷载随之转移至另一条拱肋，作用力很快大幅度增加，第 2 条拱肋跟着垮塌。

（3）阿摩尔桥被船撞拱肋以后，临界屈曲应力降低，相应的稳定安全系数只有 1.38，实际轴压应力增大，达到临界屈曲应力 151.8MPa 后所撞钢管局部失稳，全桥进而因冗余度不足而完全垮塌。

根据这次事故的特点和上述受力分析，有以下两点启示：

（1）上承式拱肋，包括空钢管拱肋和混凝土拱肋，缺少冗余度，被船舶撞击后，个别拱肋损坏所引发的荷载转移，就可能使全拱坍塌或严重破坏。类似事故国内也曾发生过。例如浙江嘉兴长山河联合桥，为桥长 56m 混凝土桁架拱桥，2010 年 4 月 27 日被船撞北侧拱肋下弦，致全桥垮塌。通航河道上，在选择桥型方案时，应注意缺少冗余度的轻型结构桥梁，被船撞击后存在较大的安全风险。

（2）上承式拱桥，在通航净空（净高与净宽）满足规范规定的情况下，由于靠拱脚附近拱肋高程较低，航道上无明显的标志时，船舶可能因靠近拱肋而发生碰撞事故。例如表 8-1 中序号 2、3、4、15、40 等船撞桥事故就属于这种情况，这是上承式拱桥拱肋防船撞的一个重要课题。

实例九　美国亚拉巴马州坎罗特 CSX 大桥船撞桥事故

美国铁路客运公司所属的跨越坎罗特大海湾的 CSX 大桥，位于亚拉巴马州西南、莫拜尔东北约 16km 处。为了适应通航，该桥为一座旋转桥，可以在规定的时间内定时旋转开通航道，其他时间桥上可通行火车。主跨通航孔为下承式钢桁梁桥。

1993 年 9 月 22 日凌晨 2 点，CSX 大桥处于航道关闭状态，这时正是铁路客运列车通行繁忙的时段。凌晨 2 点 45 分左右，一艘拖轮拖着一艘驳船，在夜雾弥漫中行驶在海湾运河的水道中。驾驶员在浓雾中迷失了方向，船舶猛烈地撞上钢桁梁，使钢梁发生了横向位移大约 90cm，桥面上的铁路轨道也随之严重扭曲、错位。恰在此时，即凌晨 2 点 53 分，客运列车"夕阳红"号高速冲来，经过 CSX 桥上时，在已经扭曲的轨道上脱轨，火车头撞上了钢桁梁，桥梁上部结构剧烈扭动，紧接着断裂、解体。火车头冲下桥面，栽到河岸边的泥土里，后面脱了钩的另外 2 节机车以及行李车和宿营车，还有 6 节旅客车厢中的 2 节，一起前仆后继地坠入水中。另有装着几千加仑柴油的油罐，因碰撞而严重破裂，大量柴油浸溢出来引发了大火。这列火车是从加州洛杉矶出发开往佛罗里达的奥兰多。列车上载有 220 名旅客，以及全体乘务人员。这次事故造成 47 人死亡，103 人受伤。死者中有 42 人是旅客，多死于水淹与火烧。但船上的 4 名船员无恙，没有受伤。事故现场如图 8-8 所示。

图 8-8　美国亚拉巴马州坎罗特
CSX 大桥的事故现场

这次事故的直接原因明确，就是船撞桥导致轨道位移引发火车脱轨而坠入水中。大雾天气、能见度低虽是客观因素，但拖轮为什么会迷失方向，则是由于驾驶员不会使用雷达，更无处置意外紧急情况的经验。另一个关键问题是，桥上轨道发生意外而错位时，没有设置相应的安全预警信号（应为红灯信号），显然是铁路运营管理上的重大失职。

开启桥的设计亦有缺陷。在通航关闭状态下，桥梁上部结构理应能承受一定程度的船撞力，并有必要的横向刚度及横向限位装置，使桥上的轨道不致发生变形和位移，但桥梁设计忽略了。

实例十　越南海防市平桥船撞桥事故

平桥（Binh Bridge）位于越南第三大城市海防市，是一座 17 跨连续结合梁双塔双索面斜拉桥，跨径布置为（50+6×60+100+260+100+6×60+50）m，2005 年建成。

2010 年 7 月 17 日，3 艘货船停泊在海防港附近的造船厂进行维修，受当日袭击越南的 1 号台风影响，漂移至上游约 1km 处的平桥。其中一艘货船的甲板上层建筑（船尾楼）撞上该桥主梁，导致主梁和斜拉索严重受损，桥面板、横梁、斜拉索锚固部位轻微损伤。损伤的主要部位是下游侧的主梁下翼缘和腹板（约长 22.5m）以及 2 根斜拉索。主梁下翼缘和腹板产生了向面外方向的变形，主梁内侧的加劲肋完全屈曲，部分加劲肋弯曲成 S 形。受损斜拉索的聚乙烯（即 PE）护套完全剥落，露出钢丝，钢丝表面的镀锌层也受到破坏。

事故发生后经过调查研究与分析计算，确定了加固维修方案：受损主梁进行更换，长度沿纵向 22.5m，竖向高度 1.05m（主梁高度之半）。先在主梁上安装辅助构件，代替损伤主梁承担截面内力，且确保与主梁正常状态时相等的截面刚度，在这种状况下切断受损主梁，更换新主梁，拆除受损斜拉索，更换为新斜拉索。

风力引发的桥梁事故，绝大部分是风力直接作用于桥梁造成的损伤或垮塌。有关规范都有桥梁抗风设计的内容。越南平桥船撞桥事故则是一起风力间接引发的事故，表现形式为风力驱动船舶，船舶再撞击桥梁。这类事故较为罕见，但国内也发生过类似的事故。例如 2001 年 6 月 23 日，受台风"飞燕"的影响，停泊在福建青州闽江大桥下游约 500m 处的 1000 吨位吊船"走锚"，逆流冲向青州闽江大桥，吊船的起重吊臂撞击斜拉桥主梁，导致 2 根斜拉索、支板等部件严重损坏。这类事故的主要原因是风力，但有时也存在人为因素。越南平桥船撞桥事故中，3 艘货船已进入船厂进行维修，台风能把 3 艘船都"吹"走，船厂应承担一定责任。而福建青州大桥船撞桥的事故，则是已锚碇的吊船，受台风影响而"走锚"，造成事故的主要原因应该是风力。

实例十一　美国俄克拉荷马州 I-40 公路大桥船撞桥事故

I-40 公路大桥位于密西西比河最大支流阿肯色河上。上部结构为多跨钢-混叠合梁，为双向 4 车道桥。阿肯色河上桥渡众多，水上运输十分繁忙。2002 年 5 月 26 日早晨 7 点 30 分左右，"罗百特号"拖轮及与其并联的驳船航行至俄克拉荷马州的韦伯斯福尔，沿阿肯色河顺流行驶，正准备穿过 I-40 公路大桥的通航孔。船长在这关键时刻突然眼前一黑，神志昏迷，辨不清航向，手已把握不住舵盘，船舶一下子失去了控制，在船的动力与顺水水流的双重推动下，偏离桥孔，猛然撞上了桥墩，这个独柱式墩当即折断，它所支承的两跨计180m长的主梁也随着桥墩的垮塌栽进了阿肯色河上的科尔水库里（图8-9）。当时正是桥上早晨的交通高峰时间，有十几辆车正行驶在桥上，来不及反应和刹车的驾驶员们跟随他们的汽车一道，一辆接一辆地从缺口处坠落至约18m高的桥下河水中。这次事故导致14人丧生。

图8-9　美国俄克拉荷马州I-40公路大桥

肇事船的船长当即送到医院进行了检查，医生认为他是喝酒烂醉。但有资料则说是船长"突发疾病"，据船长所在公司的老板介绍，他有30年的驾驶经验，而且对发生事故的河段航道非常熟悉。

这次重大事故，显然是由于船长失误造成的。是因为醉酒或是突发疾病，虽对于确认船长责任性质有所不同，但造成的后果都是相同的。这里便提出了一个重要问题，对安全与质量有重大影响的岗位，如果仅有一人主导工作，一旦出现个人意外，就可能造成严重后果。很多行业都建立了正副职人员共同在岗的制度。例如，民用航空就有正副驾驶员同时上岗。在船撞桥的事故中，已有多起因船长一人的过失造成严重后果的实例。有关部门应吸取教训，在关键岗位上建立确保安全的人事制度。

实例十二　浙江省宁波市灵桥船撞桥事故

宁波市的灵桥，具有悠久的历史，被称为"宁波符号"。唐代长庆三年（公元283年），修建了宁波历史上第1座跨越奉化江的浮桥。据说建桥时天上正好出现彩虹，所以给桥取名为"显灵桥"，后来就简称为"灵桥"。

1931年，在宁波旅沪同乡会的主持下，决定将灵桥改建成永久性桥。整个工程由德国公司西门子洋行（即现在的西门子公司）总承包，1936年建成通车。桥梁总长97.6m，宽11m，两侧人行道2×2.3m，设计荷载为汽车20t，结构为三铰下承式钢拱。1936年6月27日举行了通车典礼。灵桥设计使用年限为70年，服役终止年限应为2006年。

由于航运的快速发展，从2008年开始，灵桥平均每年遭到2次船舶撞击。例如，2008年4月21日，一艘船在灵桥下被卡住，用气割机切断船首钢板才把船拖离桥下；2008年11月13日，涨潮时，一艘运砂船撞击钢拱构件，导致支撑架变形；2010年4月

13 日，一艘运砂船通过桥下，擦伤桥体构件；2010 年 9 月 2 日，一艘核定为 458t 的货轮卡在桥下；2011 年 1 月 18 日，"林龙 666 号"运砂船卡在桥下；……灵桥已伤痕累累（图8-10）。

图 8-10　2008.4.21 一艘船在灵桥下被卡（左），2011.11.7 一打桩船"横"在灵桥下（右）

2011 年 11 月 7 日发生的船撞桥事故，是使灵桥重伤的"最后一根稻草"。上虞籍"浙绍兴工 001 号"打桩船与对向驶来的一艘船交会，因避让不及被卡在灵桥下，海事部门调来拖船把打桩船硬性拖离桥下，终于导致桥梁主要受力构件严重损坏。同济大学桥梁评定与加固研究室紧急检测后编制的报告指出：灵桥主体结构、拱脚、纵梁、横梁以及部分吊杆等存在不同程度的变形或病害，并建议封桥后进行大修。

1994 年灵桥曾进行过拓宽的改造大修，2007 年进行过一次小修。该桥为宁波东西向交通的重要通道。近年宁波机动车数量大增，在单双号限行的情况下，每天经过灵桥的车辆仍有近 4 万辆。

灵桥在超期服役的情况下，仍然承担着日交通量几万辆的重担，如果不是因为多年遭受船舶撞击而受伤，其正常使用寿命还会继续延长。这表明德国西门子公司的造桥质量确实过硬，设计使用年限超额兑现。另外，采用下承式桥梁结构，较中、上承式结构合理，增大了通航净空，降低了船舶撞击拱脚区段的风险。这座桥的设计与建造是成功的。

8.3　船撞桥事故的教训与启示

8.3.1　关于桥位选择、孔跨布置与桥型方案比较

桥梁跨越通航河流就会与航道及其上行驶的船舶形成一对矛盾。两者在运营过程中必定相互影响，随着时间的延长，可能会发生船桥相碰的事故，造成不同程度的损失。从桥梁建设者的角度，是以桥为主，同时也考虑通航的要求，在此前提下，进行桥位选择、孔跨布置与桥型方案拟定。对于建桥后，桥梁的通航条件与船舶安全航行的影响等则往往深入研究不够，有时会留下隐患。从航道维护及船舶驾驶人员的角度来看，通航河流中建设的桥梁及各种跨河结构物属于碍航建筑物。原因是桥梁的墩台与上部结构压缩了天然河流的通航净空尺寸，不同程度地挤占通航水域，并且可能诱发河床演变，导致水流条件恶化。其结果不仅增加了船舶驾驶操作的难度，也增大了船撞桥的风险概率。一些船撞桥的实例表明，发生船撞的原因之一是天然河道上建桥后出现了某些碍航的因素。这种情况的出现往往是在桥梁建设方案拟定时未能充分考虑河道的建桥条件和船舶通航等要求，以致

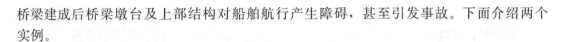

桥梁建成后桥梁墩台及上部结构对船舶航行产生障碍，甚至引发事故。下面介绍两个实例。

实例一　重庆白沙沱长江大桥

该桥位于白沙沱和江津珞璜乡之间，全长 820.3m，共计 16 孔，主桥为 4×80m 下承式铆接连续钢桁梁，是一座双线铁路桥。北接成渝铁路，南接川黔铁路。1958 年建成通车。大桥上游为分汊河段，在分汊河段的主航道靠右岸。上行船舶通过大桥后紧接着转弯进入分汊河段。在弯曲河道往往存在环流作用，水流条件复杂；弯曲航道在不同水位期多不能满足水流流向与桥轴线法向的夹角小于 5°的要求，因而减小了通航净宽，不利于船舶操控；在洪、枯水期主航槽及航道水深会随着汊道分流而改变。桥位附近的磨子滩洲尾河段时有横流出现，通航水流条件差，将会对船舶安全航行造成影响。航道条件因修建大桥变差的情况，涉及河床演变与河流动力学问题，桥位选择者可能不够熟悉或忽略了。白沙沱大桥建成后对该河段的航行造成了严重影响。

其次，白沙河大桥与其上游 2.2km 处的地维长江大桥距离较近，天气条件较差时，影响船舶航行视线，增大了船舶驾驶操控的难度。再者，白沙沱长江大桥修建于 1958 年，由于当时的技术条件限制，主桥采用 4×80m 下承式连续钢桁梁，在主流、主航道上布置了 3 个桥墩。这些较为密排的桥墩，不仅缩小了河道过水面积，影响了船舶的正常通行，还增加了船舶航行的避险难度和船撞桥事故发生的概率。从 1958～2014 年 50 多年中，白沙陀长江大桥被撞已达百次之多。

2019 年 4 月，白沙沱长江大桥退役（图 8-11）。

图 8-11　白沙沱长江大桥退役，2019 年 4 月 23 日 11:21 大桥迎来最后一班客运列车

实例二　湖北黄石长江大桥

该桥为 (162.5＋3×245＋162.5) m 预应力混凝土连续刚构，箱梁高度从跨中 4.1m 渐变至支点处 13m。该桥于 1995 年建成通车。在桥位选择时未充分考虑桥轴线方向与航道水流方向不协调带来的不利影响，将桥位定在河流的弯道上，致使桥梁纵轴垂线方向与河道主流流向之间的夹角较明显地超过规定，而且主河道内设置了 4 个墩柱，因为通航净宽不足，曾发生船撞桥墩事故。例如，1998 年 9 月 2 日，洪水消退后恢复通航的当天晚间，"长 22033 号"推船，顶推 7 艘 1000～1500t 空驳船，顺流而下，撞上 3 号主墩。3 艘

驳船损坏严重，多根钢丝绳崩断，船队撞散。

2010年，在黄石长江大桥上游约1km处建成了鄂东长江大桥。该桥为主跨926m双塔双索面混合梁斜拉桥，全长1476m。桥位虽仍处于河湾段，但因设计时充分考虑了通航与河床及水流可能发生的演变，主孔跨度达926m，航船运行情况良好，预计在大桥服役时期，即使河道形态有所变化，船撞桥的风险概率很小。

中小通航河流上的桥梁，如孔跨偏小有时也会发生船撞桥事故。例如，江西××大桥跨越三老官通航河道，全长约300m，为多跨13m钢筋混凝土简支空心板，桥墩设计为断面30cm×30cm的排架式柔性墩，常被船只碰撞，造成严重损伤，甚至断裂。而且墩、台地基发生不均匀沉降，上、下部结构病害严重。该桥建成10年后，经鉴定为危桥，于1999年予以拆除。本书附录三中序号327、377、503等桥梁事故也是由于桥梁孔跨偏小船舶撞击桥墩所引发的。8.2节实例三，上海浦东随塘大桥船撞桥重大事故，桥梁孔径偏小是主要原因。

在通航河流上，桥梁孔径的确定，一方面要满足通航要求，另一方面也要考虑技术经济指标的合理性。但就通航而言，孔径越大越有利，一孔跨越是最理想。但桥梁孔跨越大，工程造价将大幅度上升。因而两者是有矛盾的。在通航河道上修建桥梁，如何确定桥梁的孔跨布置涉及因素较多，涉及多个行业部门，有时看法各异，甚至发生较大争议。这就需要规划与设计单位进行深入研究，对比选方案进行充分论证。在满足有关规范的前提下，一般上下行船只分桥孔通行是合理的，这样可以减小孔径，降低桥梁造价。如因航道范围河床不稳定可以适当增设通航孔，不宜强制要求上下行船只必须合孔通航，甚至要求一跨过江（河）。分孔还是合孔通航应由桥梁的经济性（包括上、下部结构的造价以及施工难度）来确定。考虑到已经发生的船撞桥事故的教训，可以得到启示，在确定桥梁通航孔的跨径时，要重视河床情况、可能发生的演变以及航运业的发展，有适当的富余值或安全值是必要的，并进行船桥发生碰撞风险的评估，作为决策的依据。

桥梁上、下部结构形式，在特定的通航河道上，对于船桥相碰撞的风险以及造成的损失有一定影响。从已经发生的船撞桥事故中，有两种情况值得关注：

（1）上、中承式拱桥上部结构被船撞的风险大于下承式拱桥和梁式桥

上、中承式拱桥的通航孔在满足通航净空（净高及净宽）的情况下，靠拱脚一定范围内通航净高不足，虽然在通航净宽之外，但如无明显的导航标志，船舶通过桥下靠边行驶时，容易碰撞拱脚附近的拱圈下缘。这类事故国内外多有发生。8.2节实例八就是一个典型案例。该桥为上承式空钢管肋拱，主孔跨度达278m，靠拱脚约35m（水平距离）处的拱肋被船舶撞击，造成主拱圈完全倒塌、8人死亡的特大事故。江苏无锡新安大桥，跨越京杭运河，为净跨60m公路刚架拱桥，船舶撞击拱脚附近拱肋，一条拱腿严重开裂；杭州市老德胜利桥，为跨径43.6m双曲拱桥，船舶撞击桥梁，拱肋、拱波、拱上立柱严重损坏；广东东莞东江万江大桥，为混凝土桁架拱桥，货船撞击桥梁下弦，船卡桥下，造成1人死亡、1人受伤（图8-12）。类似事故实例可参阅表8-1。

（2）柔性桥墩被船撞击易损坏，并可能引发较大事故

柔性墩刚度较小，被船舶撞击后易产生大变形引发上部结构损坏或垮塌。广东南海九江大桥船撞桥墩引发的特大事故为一典型事例。被船撞的桥墩属顶推施工法预应力混凝土连续梁桥的一个中间墩。该连续梁所用的桥墩均为柔性墩，刚度小，被船舶撞击后，因大

图 8-12　广东东莞东江万江大桥（左），货船撞击导致驾驶舱坍塌（右）

变位而倒塌，并引发上部结构与相邻桥墩连续垮塌，详细情况可参阅 8.2 节实例四。上海市川沙路东站桥，船舶撞击桥墩，桥梁垮塌，墩柱宽度仅 30cm；江苏昆山大洋桥，为多跨梁桥，圆柱排架式墩，货船撞击桥墩，致中跨半幅桥垮塌压在船上，导致 2 人死亡、1 人受伤。类似的实例，见表 8-2 序号 31～33 和 42 等桥梁事故。

在通航河道上修建桥梁，如桥墩未设置可靠的防撞设施时，应慎用刚度较小的柔性桥墩。但也应注意到，桥墩刚度较大，船墩相碰撞时，如船墩刚度相差不大，变形量较小，难以缓解撞击动能，因而将产生很大的撞击力，造成船桥受损事故；如船的刚度很小，碰上刚度大的桥墩，往往是船舶损坏，桥墩轻微擦伤。所以，仅仅依靠提升桥墩刚度来防撞并非最合理方案。桥墩的抗冲击能力一般应由防撞保护系统提供，以缓冲船舶的撞击力，使桥梁和船舶相碰撞后的损失程度尽可能减小。

在通航河流上修建桥梁，船、桥是这个系统中利益攸关的两个主体，其工作状态不仅相互制约，也受多种内外因素的影响。就桥梁方面而言，桥位、孔跨、桥型结构以及防护设施等，对水陆两种运输方式的正常运行具有重要性。对通航水域进行合理利用和综合整治，这样才会有利于水陆两种交通方式的和谐共处与共赢发展。

8.3.2　关于船桥相碰的撞击力

船舶可能撞击桥梁的部位包括下部结构（墩、台、承台）、上部结构（梁、拱、桥面系）和桥墩附近的防撞系统等。国内外已有的研究成果及一些规范大都集中在船舶撞击桥墩的撞击力方面，而对船舶撞击桥梁上部结构的研究较少。船舶上层构件撞击桥梁上部结构的事件时有发生，往往造成桥损、船毁的事故。设置防撞装置避免船撞梁、拱等上部结构在技术上有较大难度，撞击力的分析计算与船撞桥墩也有所不同。桥梁防船撞设计所涉及的撞击力，应根据具体情况，分别针对上、下部结构与防撞系统予以确定。现将国内外船舶撞击力计算方法及国内应用情况作简要介绍并评析。

（1）《公路桥涵设计通用规范》JTG D60-2015

将船舶对桥梁的撞击力视为偶然作用，并限于船舶对墩台的撞击。要点如下：

① 船舶的撞击作用设计值宜按专题研究确定。

② 四至七级内河航道，船舶撞击作用的设计值规范给出了定量值，见规范表 4.4.1-1。

③ 海轮撞击作用的设计值规范给出了定量值，见规范表 4.4.1-2。

④ 内河船舶的撞击作用点，假定为计算通航水位线以上 2m 的桥墩宽度或长度的中

点。海轮船的撞击作用点需视实际情况而定。

一、二、三级内河航道船舶撞击作用，规范要求通过专题研究来确定是合理的规定，避免了上一版规范规定的数值偏小的弊端。

规范将船撞桥动力作用，等效为一个水平静力作用，而且除一、二、三级内河航道外的其他情况，都给出了定量值，极大地方便了管理人员和设计人员使用。

规范给出船撞桥的作用是基于统计分析基础上的经验值。在总体上大致能控制住，但未计入某些重要因素的影响，对于具体桥梁而言，可能精度较差，误差的出现具有偶然性。在实桥设计时，建议根据具体情况适当调整。

对于船舶撞击力，影响较大的因素是船只撞击时的速度与船舶的排水量。理论分析表明，撞击力最大值与速度基本呈线性关系。但规范表 4.4.1-1 及表 4.4.1-2 给出的船撞力设计值与船舶吨位 DWT 有关，而没有计入速度的影响，是不妥的，可能产生较大的误差。

关于撞击时间，规范第 4.4.2 条规定，在无实际资料时可用 1s。对于不设防撞装置的一般圬工桥墩，此值明显偏大，将导致计算撞击力偏小而安全度不够。国内有关试验资料得到的数据，如表 8-3 所列。

模拟船头撞上桥墩及防撞装置过程时间试验数据[33]　　　　　　　　　表 8-3

序号	模拟的一方(模拟船头)	相撞的另一方(模拟桥墩及防撞装置)	撞击过程时间(s)
1	钢	刚性体(钢筋混凝土)	0.051~0.084
2	钢	弹性体(鼓形橡胶碰垫)	0.13~0.14
3	钢	黏性体(柔性耗能防撞圈)	0.29~0.65

关于规范表 4.4.1-1 的取值，第 4.4.1 条的第 2 款指出："航道内的钢筋混凝土桩墩，顺桥向撞击作用可按表 4.4.1-1 所列数值的 50% 取值。"在其他条件不变时，船撞桥墩的力受桥墩刚度的影响，刚度相同时船撞力也是相同的。所以，不能一遇到钢筋混凝土桩墩就减半，是不够合理的，在有的情况下，可能会产生较大误差。

(2)《铁路桥涵设计规范》TB 10002-2017

《铁路桥涵设计规范》TB 10002-2017 将船舶对墩台的撞击力列入特殊荷载。撞击力的计算采用静力法，即假定船舶作用于墩台的有效动能全部转化为碰撞力所做的静力功。其公式为：

$$F = \gamma \cdot v \cdot \sin\alpha \cdot \sqrt{\frac{W}{C_1 + C_2}} \tag{8-1}$$

式中：F——撞击力（kN）；

　　　γ——动能折减系数（$s/m^{1/2}$），当船只或排筏斜向撞击桥墩台（指船只或排筏驶进方向与撞击点处墩台面法线方向不一致）时可采用 0.2，正向撞击（指船只或排筏驶进方向与撞击点处墩台面法线方向一致）时可采用 0.3；

　　　v——船只或排筏撞击墩台时的速度（m/s）；

　　　α——船只或排筏驶进方向与墩台撞击点处切线方向所成的夹角；

　　　W——船只重或排筏重（kN）；

C_1、C_2——船只或排筏的弹性变形系数和墩台圬工的弹性变形系数，缺乏资料时，可假定 $C_1+C_2=0.0005\mathrm{m/kN}$。

式（8-1）的优点是同时考虑了影响船舶撞击力的两个重要因素，即船舶撞击墩台时的速度和船舶的总重量。

文献［34］采用 ANSYS/LS-DYNA，对不同吨位、不同行进速度船舶进行了数值仿真计算。ANSYS 中的动力分析软件能充分考虑船舶和桥墩在碰撞过程中的弹塑性变形和非线性影响。将算例所得的结果与国内某些计算方法进行了对比，提出了下述看法：美国 AASHTO 规范（1991 年版）修正的 Woisin 公式与我国铁路桥涵设计基本规范计算所得的最大碰撞力差别较小，随着船舶吨位、行进速度的增加呈现出一致的线性递增趋势，具有较好的适用性。我国的公路桥涵设计通用规范（2004 年版），相比于其他规范都是严重偏小的。原因是没有考虑船舶行进速度对碰撞力的影响。另外，欧洲统一规范（1999 年版）计算结果，船舶撞击力远大于其他规范的计算值。这是由于欧洲统一规范考虑船舶的刚度，但材料未考虑非线性的影响。

文献［35］针对刚性壁情况分别就两个工程实例进行了船舶撞击力的仿真计算。在此基础上，对 AASHTO 规范（1991 年版）、欧洲统一规范（1999 年版）和我国铁路桥涵设计基本规范（1999 年版）的船舶撞击力公式的适用性进行了分析与评述，要点如下：

① AASHTO 规范、欧洲统一规范公式计算出来的船撞力与刚性壁碰撞仿真计算的峰值结果比较接近。

② AASHTO 规范、欧洲统一规范和丹麦 Peterson 教授（1993 年）经验公式，对于大型沉井基础或相对于撞击的船舶可以近似为全接触墙体的桥梁基础时，则是合适的，对于我国广泛采用的桩-承台基础，则可能明显高估了船舶撞击力。

③ 我国铁路桥涵设计基本规范给出的设计船撞力（$\gamma=0.3$）过小，导致设计偏于不安全。但若将 γ 取为1，得到的设计船舶撞击力又过大。因此，如何选取 γ 值是关键，γ 值受很多因素的影响，需要进行深入研究。

（3）美国公路桥梁船撞设计指南及条文说明与美国联邦公路桥梁设计规范

美国公路桥梁船撞设计指南及条文说明（简称指南）与美国联邦公路桥梁设计规范（简称规范），分别于 1991 年和 2005 年发布实施。AASHTO "指南" 由于其方法明确、应用简单，因而成为目前国际上应用最为广泛的一部技术指南。我国大型和特大型桥梁防撞设计也在某些方面参考了 AASHTO 指南和规范，结合我国的实际情况，积累了经验，提出了更深入的评析，也有若干启示。

1980 年 5 月 9 日，美国旧阳光大桥发生船撞桥特大事故（详见 8.2 节实例六）后，引起了美国对国内横跨通航水路桥梁安全的高度关注，引发了一系列相关研究，并于 1988年由 11 个州和联邦公路局共同投资开展了一项船撞设计规范的编制，供桥梁工程师评估具有船舶碰撞风险的桥梁设计使用。这项研究后来被美国洲际公路和运输官员协会（AASHTO）所采用并编制形成了《美国公路桥梁船撞设计指南及条文说明》，供结构工程师用来评估船舶与桥梁相撞的风险；计算结构遭遇灾难性倒塌所致的损失价值；编制最大限度地减轻碰撞风险的方案；开展发生碰撞事故后保护桥梁及桥上车辆、人员安全的设计。

AASHTO 指南，吸取了历史上出现过的船撞桥事故教训，借鉴了众多有关技术文献发表的研究成果。指南建议采用基于概率风险分析方法。为了确保桥梁在受到设计船舶撞击后能继续发挥作用，指南建议基于社会性（救生性）和安全性（保护性）标准，把桥梁分为关键性桥（或称为重要桥梁）和一般性桥。关键性桥系通往关键设施，如医院、警察局、消防站以及通信中心和国家保护的重要桥梁，它是国家重要公路网，包括州际和联邦资助重要路线的组成部分。

1994 年 AASHTO 颁布了荷载和抗力系数规范（LRFD），LRFD 包含了 1991 年出台的"指南"。2005 年发布新的 LRFD 规范。联邦公路局（FHWA）规定，2007 年 10 月以后，所有联邦政府投资建设的桥梁，必须遵循 LRFD 规范。LRFD 规范考虑的侧向荷载包括了汽车、火车和船舶的撞击力。

从设计思想上看，美国和欧洲规范都将船撞事件定性为风险事件。根据可接受风险水平来确定设防船撞力的大小，以指导桥梁的抗船撞设计。但欧洲规范虽然视船撞桥梁是风险事件，规范也考虑了失效频率问题，但这种考虑是隐含的，较为粗略的。而美国规范（或指南）则更为明确与实用，在国际上有广泛影响，在我国也有较多应用。我国公路与铁路规范是将船撞事件处理为偶然作用，根据航道和通航船舶情况给定设防船撞力。从设计实践看，我国船撞力的确定主要以规范取值和计算机仿真分析为主，当船撞力较小时两者矛盾并不明显，当船撞力较大时，两者有时会相差很大，如何取值就很困难，甚至成为有争议的问题。设防船撞力取得越大，投资就会越大，桥墩以及防撞设施的设计难度也会增加，特别是跨江跨海湾特大桥的兴建，这类问题显得尤为突出，到底选择多大的设防船撞力，选择该设防船撞力后桥梁到底处于什么样的安全水平，就成为行业内广为关注的问题。为了更好地指导我国的桥梁船撞设计，建立符合我国自身情况的基于风险思想的船撞设计理论就显得尤为重要。整体上看，我国的船撞桥设计规范还不够成熟，有待进一步的发展和完善。美国规范的设计思想以及某些设计、计算方法可供我们进行研究和借鉴。我国《公路桥梁抗撞设计规范》JTG/T 3360-02-2020，在很多方面有较大的提升与改进，成为行业的重要指导文件。

美国规范与指南在确定桥梁设防船撞力上给出了三种方法：方法 Ⅰ 是一种简单的综合统计方法；方法 Ⅱ 是一种比较复杂的风险概率分析方法，明确地将船撞桥当作风险事件来处理，给出了船撞桥事件发生概率和损失概率（桥梁倒塌概率）的定量描述方法；方法 Ⅲ 是一种成本效益分析法。这三种方法总体上基本可以包括确定设防船撞力及主要对策。相比方法 Ⅰ 和方法 Ⅲ，方法 Ⅱ 的适用场合更为广泛，被规范推荐优先采用，也是值得我们深入研究和借鉴。下面简要介绍供参考。

① 确定桥梁设防船撞力时需要的主要资料：船只类型；每类船型的年通航量；船舶航行速度；河道（包括通航与非通航两部分）尺寸；桥梁在航道上的几何布置情况等。

② 设防船撞力确定流程如图 8-13 所示。

③ 船舶撞击力计算

$$P = 1.2 \times 10^5 v(\mathrm{DWT})^{1/2}$$

(8-2)

式中：P——船舶撞击力（N）；

v——船舶冲击桥墩的速度（m/s）；

DWT——船舶吨位（t）。

对于一座具体的实际桥梁，其跨越的航道可能通行多种船舶，各船只的 DWT 不同；

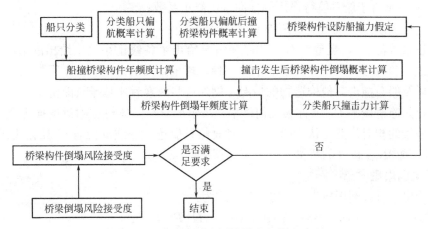

图 8-13 方法Ⅱ确定桥梁设防船撞力流程

桥梁在通航区域会有多个桥墩，各桥墩处的 v 不同。例如，美国新阳光大桥进行桥梁防船撞风险评估时，采用 7 种船舶，涉及 6 个桥墩。按 AASHTO 规范的方法，就可以计算出 6 个桥墩的设计防撞力。计算过程详见文献 [3]。设计撞击力按式（8-2）换算得到的船舶，就是桥梁被撞桥墩的设计代表船舶，设计代表船舶一般小于航道上航行的最大船舶。

④ 桥梁倒塌事故接受准则

对风险的接受水平反映了一个社会的价值取向，带有主观性。不同的国家、不同的历史时期有所不同。美国规范将跨越航道的所有桥梁划分为重要桥梁和一般桥梁。在美国社会价值取向的前提下，经过与自然事件以及典型的工程风险比较，分别给出了 0.0001 和 0.001 的风险接受尺度，即允许重要桥梁一万年倒塌一次，而一般桥梁一千年倒塌一次。这个倒塌风险是针对全桥给出的，全桥倒塌风险按离船只航行中心线 $3L_{OA}$ 以内的桥墩进行分配后得到各桥墩的倒塌风险，其中 L_{OA} 为设计代表船舶的总长度。所以，倒塌时造成的各种损失越大的桥墩分配的风险越小，例如主桥桥墩就应比引桥桥墩倒塌风险小，主桥桥墩需要的防设船撞力也越大。可见，美国规范对航道上的桥梁构件以 $3L_{OA}$ 距离作为分界线，分别采取了风险设防和常规设防两种。这一设计思想，我们可以借鉴，并可结合我国社会的价值取向与实际情况拟定设计方法。

⑤ 船只撞击桥梁概率

船只撞击桥梁的原因包括人为因素、机械故障、环境因素等。要准确地得到船只撞击桥梁概率，需长期记录航道上发生的各类事故及其原因。这是一项费时而又难度很大的工作。美国规范采取的办法是：结合经验公式，可以计算出河道中船只撞桥概率。船只撞桥概率 $P = P_A \times P_G$，式中 P_A 为船只偏航概率，P_G 为偏航船只撞桥概率。偏航是指人为因素、机械故障和环境条件导致的非正常事件。P_A 用下式计算：

$$P_A = B_R \cdot R_B \cdot R_C \cdot R_{xc} \cdot R_D \tag{8-3}$$

式中：B_R——基准偏航率，由美国水域上的历史船舶事故统计资料拟定，轮船取 0.4×10^{-4}，驳船取 1.2×10^{-4}；

R_B——桥位修正系数；

R_C——与船只航线平行作用的水流修正系数；

R_{xc}——垂直于船只航行作用的横向水流修正系数；

R_D——船只交通密度修正系数。

各修正系数都≥1，规范针对具体碰撞情况给出了各修正系数，给出的 B_R 为事故概率的下限值。船只撞桥只是船只事故中的一种，规范给出的 B_R 中包含了船只搁浅、船只相互碰撞以及船只撞击其他构造物的情况，剔除这些因素后才是船只撞桥概率。

偏航船只撞桥概率 P_G 又称为几何概率，表示船只在具体桥位附近的撞击概率，取决于船只和桥梁的相对位置。认为船只撞桥时离船只航迹中心线的位置在 $3L_{OA}$ 以内的概率为 99.7%，离 $3L_{OA}$ 以外的桥梁构件不需计算 P_G。

⑥ 桥梁倒塌概率

规范给出了桥梁倒塌概率 P_C 的计算公式为：

当 $0 \leqslant H/P < 0.1$ 时，$P_C = 0.1 + 9(0.1 - H/P)$ (8-4)

当 $0.1 \leqslant H/P < 1$ 时，$P_C = (1 - H/P)/9$ (8-5)

式中：H——桥梁构件抗力或设防船撞力；

      P——船舶撞击力。

⑦ 船撞桥梁引发桥梁构件破坏的年频率 A_F

规范按方法Ⅱ给出船舶与桥墩碰撞的风险计算方程，用 A_F 表达，即某类船舶撞击桥梁引起破坏的年频率为：

$$A_F = N \cdot P_A \cdot P_G \cdot P_C \cdot P_f \tag{8-6}$$

式中：N——按可能撞击桥梁构件的船只的类型、大小和装载情况进行分类的船只的年
           数量；

   P_A——船只偏航的概率；

   P_G——一只偏航船与一个桥墩或桥孔之间发生碰撞的几何概率；

   P_C——由于一只偏航船只的碰撞引起桥梁倒塌的概率；

   P_f——当发生船舶撞击时桥墩上游或下游的陆块或者其他结构物阻挡船舶而对桥墩
           产生的潜在保护作用的调整系数，为 2009 年规范新加的系数。

将各类船的计算所得的 A_f 取总和，便可得到桥梁一年内发生船撞桥破坏的频率。

我国在引进、研究和应用美国 AASHTO 指南和规范的过程中，结合我国实际情况提出一些有益的建议和指出其某些不足之处。简述如下：

文献［37］对国内外常用的 6 种船撞桥概率模型进行比较，包括美国 AASHTO 模型、拉森模型、欧洲规范模型、昆兹模型、我国黄平明模型和我国戴彤宇模型。认为美国 AASHTO 模型的优点是几何概率分单双向通行两种状态，缺点是偏航概率未包括风、能见度、助航等影响。适用范围限于船舶正碰桥墩。我国戴彤宇模型具有更广泛的适用性（可用于所有通航河流上的桥梁），为了提高精确度，一些参数应进行修正。以福建乌龙江桥（58m＋3×144m＋58m 预应力混凝土 T 型刚构）为实例，进行了船碰桥风险概率的分析计算，得到该桥一年的船撞桥总概率为 3.88×10^{-3}，因该桥为关键性桥，取整桥的最大年倒塌率应小于 9×10^{-4}，因而判定该桥必须采取一定的措施以降低风险。

文献［38］采用美国 AASHTO 规范船舶撞击桥梁风险评估方法对四川合江长江二桥（主桥为 210m＋420m＋210m 双塔双索面混凝土主梁斜拉桥）船撞桥墩进行风险评估。根据评估结果进行风险决策，建议采用有效的防撞构造措施，以降低或避免碰撞风险发生的

可能。该计算实例可供我国跨航道特大桥进行船撞桥风险评估参考。

美国 AASHTO 规范与指南，在船撞桥风险评估的某些规定和方法上，我国有的专家、学者提出质疑或指出不足之处如下：

① 船撞力计算的式（8-2），掩盖了撞击力为随机变量的本质特点，即用确定的值代替了随机的值，这与倒塌概率函数存在逻辑上的矛盾。

② 规范将船只撞击刚性墙正面撞击时的撞击力代替船只撞击桥梁构件产生的撞击力，取 70% 分位值的合理性值得进一步探讨。但规范将复杂的船撞动力时程用简化的等效静力来代替，方便了和结构抗力进行比较，也更便于实际应用，则是其优点。

③ AASHTO 规范公式计算出来的船撞力，对于大型沉井基础或相对于撞桥的船舶可以近似为全接触墙体的桥墩是合适的，对于我国广泛采用的桩-承台基础，可能高估了船舶的撞击力。有必要进行研究，探讨桩-承台基础船撞力的计算方法。

④ 美国 AASHTO 规范，使用的大量资料是来自美国公路跨越内河桥梁的数据，船舶对桥墩撞击力公式主要适用于公路桥，而铁路桥梁与公路桥梁有差别，是否适用还有待研究和验证。

⑤ 船舶碰撞桥梁是两者在很短时间内在巨大冲击荷载作用下的一种复杂的非线性动态响应过程，具有非常明显的动力特性，而且碰撞区构件一般都会迅速超越弹性阶段而进入塑性流动阶段，并有可能出现撕裂、屈曲等各种形式的破坏或失效。AASHTO 规范采用"荷载与抗力系数设计方法"来近似模拟这一过程，所获得的结果较为粗略。

8.3.3　船桥碰撞有限元仿真分析

随着动态非线性有限元技术和计算机技术的普及和发展，采用有限元数值模拟方法确定船舶撞击力大小及桥梁构件损伤变形形式可以获得更准确、直观的成果。国内现行桥梁设计规范中暂无条文涉及船舶撞击桥梁上部结构的内容。文献［39］基于船舶撞击桥梁上部结构事故实例，采用有限元方法计算船舶撞击力，并与有关规范公式计算值进行了比较，有启示意义。简介如下，供参考。

广东省××市地处珠江三角洲西部，某市政桥梁于 1984 年建成，全长 164m，上部结构为 6×20m RC T 梁＋4m RC 实体板。下部结构为双柱式桥墩，钻孔灌注桩基础。2009 年 6 月 15 日，一艘 400t 级钢制货船从上游往下游经过该桥时，因降雨水位上升，通航净空减小，导致货船甲板室撞击 T 梁上游侧边梁腹板，造成腹板破碎断裂，面积为 $7\times1.1m^2$，钢筋外露，混凝土粉碎脱落，该片 T 梁严重损坏。

按 AASHTO LRFD Bridge Design Specifications（2004）规范的规定，计算船舶甲板对桥梁上部结构的撞击力：

$$P_{DH}=R_{DH}\cdot P_s \tag{8-7}$$

式中：P_{DH}——船舶甲板撞击力（N）；

$\quad\quad R_{DH}$——折减系数；

$\quad\quad P_s$——船舶撞击力（N），按式（8-2）计算。

对超过 100000DWT 的船舶，$R_{DH}=0.10$；对小于 100000DWT 的船舶 $R_{DH}=0.20-0.01\times$（DWT/100000）。

本实例船舶碰撞速度分别取 1m/s、2m/s、3m/s、4m/s，可得撞击力如表 8-4 所示。

AASHTO 规范计算的甲板室撞击力	表 8-4

碰撞速度(m/s)	撞击力(MN)
1	0.48
2	0.96
3	1.44
4	1.92

采用通用显示动力分析程序 LS-DYNA970 计算船舶甲板对桥梁上部结构的撞击力

船体与甲板、桥梁上部结构按实际情况选取计算所需的全部信息。整体模型节点总数 21028，单元总数 23860，计算时间 2000ms，船舶碰撞速度，分别取 1m/s、2m/s、3m/s、4m/s，船体甲板正向撞击 T 梁的撞击力计算结果如表 8-5 所示。

有限元模拟计算的甲板室撞击力	表 8-5

碰撞速度(m/s)	撞击力(MN)
1	1.62
2	2.34
3	2.83
4	3.30

由表 8-4 及表 8-5 可以看出：通过有限元模型模拟计算出来的撞击力，比美国 AASHTO 规范计算所得的撞击力大得多。其原因可能是：有限元建模与实体结构有一定误差；美国 AASHTO 规范给出的船舶撞击桥梁上部结构的撞击力计算公式，是基于船舶与桥墩正向撞击来计算的，两类碰撞过程不完全相同，其适应性与准确性还有待进一步探讨。其中一项重要工作就是进行船撞桥试验，尤其是实船撞击实桥。文献［40］对中、外船撞桥试验的评述可供参考。

我国《公路桥梁设计通用规范》JTG D60-2015 规定，内河航道为四级时，横桥向船舶撞击作用设计标准值为 0.55MN，由表 8-4 可知，只有当船速 1m/s 时，由美国 AASHTO 规范计算得到船舶撞击力才会略小于《公路桥梁设计通用规范》JTG D60-2015 规定的设计值。所以，《公路桥梁设计通用规范》JTG D60-2015 给出的撞击力，当船舶速度较大时，可能偏小，安全度不足。

8.3.4 我国两部"桥梁防船撞击设计指南"简介

(1)《船撞桥及其防御》

该指南是一项企业标准，由上海海洋钢结构研究所、同济大学、宁波大学多位教授向中国钢结构协会海洋钢结构分会 2002 年年会推荐，后经广东湛江海湾大桥五年的实践，于 2006 年由铁道出版社出版，供桥梁设计参考使用。要点如下：

① 船舶撞击桥墩是一个冲击动力学问题

船撞桥是一个在数秒钟内的时间历程中具有巨大能量交换的动态过程。船舶对桥墩撞击瞬间的航速可能达到 5～10m/s，本质上这是一个复杂的冲击动力学问题，很难采用一个简化公式描述这一复杂的应力应变状态。比较有效的方法是采用有限元仿真分析，例如采用 LS-DYNA 软件，数值分析的关键在于建立正确的物理模型。

有可能撞坏桥墩的船，其质量和尺度都比较大，随桥墩刚度的大小有所变化。由于船体质量大、动能大，如采用消耗能量的防撞方法，则防撞装置将会很大，造价也会很高。

指南要求，船撞桥墩的力，宜采用规范公式和动态有限元数值法两种方法进行计算，以资对比分析。

② 指南推荐采用的船撞桥墩的撞击力计算公式

推荐采用的半经验公式，是从各国文献报道的公式中比选出来的，考虑的因素比较全面。桥梁墩台承受船只或排筏的撞击力可按下式计算：

$$F = \gamma \cdot v \cdot \sin\alpha \cdot [W/(C_1 + C_2 + C_3)]^{1/2} \tag{8-8}$$

式中：F——撞击力（N）；

$\quad\gamma$——动能折减系数（$S/\sqrt{m}$），当船只斜向撞击桥墩（指船只驶近方向与撞击点墩身面法线方向不一致）时，$\gamma = 0.2$；正向撞击时，$\gamma = 0.3$；

$\quad v$——船只撞击桥墩时的速度（m/s）；

$\quad\alpha$——船只驶近方向与桥墩撞击点处切线所成的夹角，按实际情况确定，如有困难，可取 $\alpha = 20°$；

$\quad W$——船只重量（kN）；

$\quad C_1$——船只的弹性变形系数（m/kN），见文献 [33]；

$\quad C_2$——墩台圬工的弹性变形系数（m/kN），见文献 [33]；

$\quad C_3$——防撞装置的弹性变形系数（m/kN），见文献 [33]。

③ 计算船撞力时采用的速度

此处所指的速度应为船只撞上桥墩时的速度，可根据航运管理部门提供的资料，配合实地调查后确定，一般在 3～5m/s 之间。

④ 船撞桥墩几率

可参考美国 AASHTO 规范，年撞塌概率，关键性桥梁为 1/10000，一般桥梁为 1/1000。这项工作可以放在方案设计之后进行，以完善方案和论证防撞装置。

(2) 地方标准《重庆市三峡库区跨江桥梁船撞指南》

在船撞科研课题研究成果的基础上编制了现阶段我国第一本有关桥梁船撞的设计指南——《重庆市三峡库区跨江桥梁船撞指南》DBJ/T 50-106-2010（人民交通出版社，2010 年出版）。

该指南包括了以下几个部分：桥梁的设防水准；船桥碰撞概率；桥梁倒塌概率；船撞桥速度；船舶对桥墩的撞击力；桥梁防撞措施等。条文论述较为详细，是国内一部较为完善的桥梁船撞设计指南，可以作为桥梁防船撞设计的主要参考。

影响船撞桥梁碰撞概率的因素，分为客观因素和人为主观因素。人为主观因素中的操作失误、管理缺位、船舶机械故障以及客观因素中的天气状况和环境条件等随机性较大，难以进行定量分析。文献 [42] 以影响《重庆市三峡库区跨江桥梁船撞指南》中桥梁船撞概率分析模型的航道因素、桥梁因素和船舶因素（均属客观因素）为研究对象，基于实际桥梁的船撞风险，分析了上述几种影响因素的敏感性，得到以下结论：

① 影响因素的敏感性顺序为：结构自身抗力、船舶典型航速、桥梁跨径、船舶吨位、航道宽度、水流速度、船舶停船距离、船舶通航密度、事故率、偏航角。

② 提高桥墩的自身抗力、限制船舶航速、加大桥梁跨径等可以有效减少桥梁的船撞风险。

③ 桥梁结构设计宜综合考虑结构尺寸与桥梁船撞风险的关系，兼顾桥梁的投资和船撞风险。

④ 在降低桥梁船撞风险水平的措施中，建议进行加大结构自身抗力与结构增加被动防撞设施两种方案的比选。

⑤ 进行桥梁船撞风险分析时，应加大桥区环境和船舶资料的收集力度，保证各参数取值的客观性，确保桥梁船撞风险水平的真实性。

上述两种桥梁防船撞桥指南，是在吸取船撞桥梁事故教训、深入研究桥梁船撞风险理论与设计方法，并借鉴了国外桥梁船撞规范、指南的有益经验，所取得的重要成果，符合我国的实际情况，可以作为桥梁船撞风险评估与桥梁防船撞设计的指导性文件。

8.3.5 关于桥梁防船撞措施

（1）桥梁防船撞措施分类

所有桥梁防船撞的措施可以分为两大类：被动防撞措施与主动防撞措施。

被动防撞措施：指船舶撞击桥梁结构或桥梁的防撞装置时，能够避免损失或减少损失的措施。

主动防撞措施：在船舶航行接近桥梁，并有可能撞击桥梁的情况下，能及时发出警示，使船舶回归正确航线或停止下来，所采用的预警式的防撞措施。这是真正的防止船桥相碰，而不是撞击之后减轻损失。

被动防撞措施可以分为间接式防撞装置和直接式防撞装置两大类。

间接式防撞装置：指防撞装置离开桥墩一定距离，不与桥墩接触的一类装置。有的专家称之为能"御敌人于国外"的一种装置。

直接式防撞装置：指防撞措施装置与桥墩相连接，能降低船舶对桥墩的撞击力，以避免或减轻桥墩损坏的一种装置。

（2）桥梁被动防船撞系统

各国现有的桥梁防船撞设施大多是基于传统的被动式装置的设计，即采用不同的防撞措施防止船舶撞击力超过桥墩的承受能力，以保护桥梁结构安全。被动防撞研究主要集中在碰撞事故的发生概率风险评估、碰撞力确定方法、碰撞后桥梁的动力特性分析以及桥墩防撞结构设计、结构安全度判定等方面。国内外都进行了广泛深入的研究，取得了很多成果，至今仍在广泛应用。被动防船撞的主要设计思想是保护桥梁安全，没有或较少考虑并采取措施对船舶进行保护。这在某种特殊情况下，可能会引发严重后果。例如装有化学或有毒液体的船舶撞击桥墩而损坏或沉没，或船上燃气、油罐外泄，就会造成对水域或环境的污染，甚至发生人员伤亡。另外，被动防撞装置对河道通航面积与通航线路也有一定的影响。

间接防撞装置有以下几种常用形式：墩外设墩，刚性人工岛，薄壳充砂石围堰，防撞桩群和漂浮栏网防撞系统等。

直接防撞装置有以下几种常用形式：利用桥墩立面尖端斜坡分力防撞，木质护舷降低船撞力的装置，重力摆式防护系统，A形、鼓形、管形橡胶碰垫和圆柱形、球形充气碰垫，气囊、液囊防撞，弹塑性耗能式防撞装置，黏滞性耗能式防撞装置等。

上述 12 种被动式防撞装置，可以归纳为三大类，即附着式防撞系统、独立式防撞系统和人工岛防撞系统。这些系统还在不断发展和改进，并有新的防撞装置出现和应用。

在水深较浅的河段，可以采用墩外围堰、人工岛、墩外桩群等防撞设施。它们可以扎根于河床中，修建在桥墩之外，船舶撞击时桥墩基本上不受力，在水深较深的河段，上述间接式防撞装置，为了承担较大的船撞力，工程规模较大，造价较高。这时可以考虑直接式防撞装置，降低桥墩承受的船撞水平力。

桥梁设计时，应认真研究桥梁船撞风险，并采取必要的防撞措施。否则，桥梁建成后，一旦发现问题，便可能造成损失。文献［30］介绍了这样一个实例：某海湾大桥 7 号桥墩，旁边桥孔通航 3000t 江海联运货船，建设方委托桥梁防撞研究设计单位为该桥墩设计防撞装置，但设计结果被桥墩设计者拒绝。原因是该桥墩仅用水流压力作用为设计控制，根本没有考虑船撞力这一偶然作用的组合。大桥建成后，建设方只好花费很多倍的投资另行修建间接式的墩外防撞装置。这一教训给予我们启示，在工程可行性研究评估阶段就应研究桥梁防船撞问题，初步设计中应进行防船撞的方案比较，并提出推荐方案，经审批后用以指导施工图设计。

（3）防船撞桥的柔性防撞装置

直接防撞与间接防撞设计应遵循的基本原则是：在保证桥梁安全的同时，应该让船舶的损坏尽量减小，防撞设施做到小撞不坏、大撞可修。因此，对防撞装置的基本要求应是：在船的撞击力作用下，尽可能多地消耗掉撞击过程中产生的冲击动能。构成防撞装置的防撞元件，其耗能的大小与所用的主要材料有关。试验研究表明：材料的变形总是从弹性→弹塑性→塑性→黏滞性材料，耗能越来越大。所以，柔性防撞装置具有明显的优势。

我国企业标准《船撞桥及其防御》（铁道出版社，2006 年版）推荐使用能大幅度降低船撞力的柔性防撞装置。该指南对柔性耗能防撞圈的原理、柔性防撞圈的参数、耗能防撞圈的组合形式及其共同作用系数以及浮体设计等均有详细论述。

我国桥梁已越来越多地采用柔性防撞装置。下面是几个实例。

实例一　湖北黄石长江公路大桥

1997 年，航道上的桥墩四周安装了浮式弹塑性耗能防撞装置，设计防撞船舶为 5000t 级货船。防撞钢结构浮体长 20.4m，宽 21.7m，高 4.0m。1998 年 9 月 2 日，该装置经受了 7 艘 1500t 空驳船组成的驳船队撞击，3 艘驳船破坏严重，防撞装置轻微损坏，大桥桥墩没有任何损伤，至今仍正常工作。

实例二　广东湛江海湾大桥

大桥位于粤西雷州半岛北侧，全长 3981m，主桥为双塔双索面混合梁斜拉桥，跨径布置为 60m＋120m＋480m＋120m＋60m＝840m。主梁为流线型闭口箱梁，中间 761.4m 长为钢箱梁，两侧各 61.8m 长为预应力混凝土箱梁。引桥为预应力混凝土简支梁和连续梁。桥面宽度 28.5m，设双向 4 车道，远期考虑 6 车道规划，大桥于 2006 年建成通车。

通行桥下的最大船舶为 5000t 级散货船。能够完全避免船舶撞击的桥型方案是一跨跨过桥位处水域全宽约 850m 的悬索桥。由于造价过高，三家竞标的设计单位（中交公路规划设计院、广东省公路勘察规划设计院和中铁大桥局规划设计院）均未选择悬索桥方案，而分别选择主跨为 450m、450m、480m 的斜拉桥方案。由于有两个主桥墩在通航水域，因而防船撞问题就成为方案取舍的重要因素。中铁大桥局规划设计院采用了由上海海洋钢结构研究所制定的柔性防船撞装置中标，博得头筹。湛江海湾大桥建设公司与上海海洋钢结构研究所合作，开展了长达 6 年的试验研究工作，终于圆满完成了湛江海湾大桥主桥墩塔柔性吸能防撞装置的设计，并建造成功。这一钢丝绳圈柔性防撞设施，不仅可以削弱船舶撞击的能量，保护桥墩，而且对船舶和防撞装置本身都能起到保护作用。

2007 年 12 月 21 日，在湛江举行鉴定会，有 11 位专家出席，由国际桥梁与结构工程协会（IABSE）副主席、中国桥协主席主持鉴定，评价大桥所采用的柔性防撞装置"达到国际领先水平"。

实例三　浙江宁波象山港公路大桥

象山港公路大桥是浙江省沿海高速公路（甬台温复线）关键工程之一，采用双向 4 车道，大桥全长 6723m，跨越象山港。主桥为双塔双索面钢箱梁斜拉桥，跨径布置为 82m＋262m＋688m＋262m＋82m＝1376m，桥塔主墩基础为钻孔灌注桩与整体式承台。南、北引桥全长 5356m，为多联多跨预应力混凝土连续箱梁。桥面宽按双向 4 车道设计，于 2007年建成通车。

象山港大桥水域通行的船舶最大吨位为 50000t 级货船，需按此进行主墩防撞设计。通航水域的 10 个桥墩均采用钢套箱柔性防撞装置，为了检验其防撞效果，于 2011 年 8 月31 日至 9 月 3 日，在象山港用实际排量 400t 的自航货船进行了实船撞墩试验。船上的人不但在驾驶舱正常工作，而且走出驾驶舱，在距离撞击点不到 1m 的位置体会撞击，船员与试验人员反映，其所站位置感受到的振动比船靠码头时感受到的还轻。被撞桥墩处距离撞击点 1m 的地方也站人试验，均有同感。

所以，设计与建造均达到预定指标的柔性防撞装置，其性能可以做到"三不"，即发生撞击后，桥墩、船舶与防撞装置均不发生较大损坏。桥墩柔性防撞装置的研究与试验还在继续深化，技术创新不断出现，是值得提倡的一类防撞装置。

（4）桥梁主动防船撞系统

主动防船撞系统亦称为桥梁非结构物防撞或非接触防撞。这是一种效果明显、造价较低的防船撞的方式。中国在通航水域的桥梁防撞新技术研究起步较晚。行业标准《公路桥梁抗撞防撞设计规范》还有待报批审定。目前采取的防撞技术手段主要以被动防撞装置为主。因此，深入开展桥梁防撞相关的研究工作，发掘事故的规律性，提出新的技术手段与措施（尤其是主动防撞系统）来降低事故的发生率，减小事故产生的不良后果具有重要意义。

目前各国对于主动防船撞系统的研究与实际应用，涉及多方面内容，防撞的种类也较多。常用的有以下几类：

① 船舶航行服务系统 VTS

VTS 是利用 AIS 基站、雷达、CCTV、无线电话以及船载终端等通信设施监控航行在港湾和进出港的船舶，并给船舶提供航行中所需的安全信息的一种系统。通过该系统可监控船舶的航路脱离与否、行进方向、速度、船舶相互交行等，以向船舶迅速提供进出港时所需的安全航行信息，是海事机关实现水上交通秩序管理的重要手段。但VTS的应用受到限制：一是不能对港区机动目标快速建立稳态跟踪，因此不适用于长江、黄河以及广大的内河航道条件下的船舶快速跟踪，仅适用于沿海港口及宽阔水域；二是对目标检测和跟踪的空间分辨率较低，目标跟踪混迹现象较严重，因此VTS不适用于交通密集的内河航道水域的目标检测、跟踪与预警。通过技术改进虽可扩大使用范围，但存在不少问题。而实际工作中，常采用后述的几种防船撞方法。

② 红白相间预警标志

按照交通部规定，航行两侧的桥墩、梁的下弦和梁底，应执行《内河通航水域桥梁警示标志》规定，涂上红白斜道标志和绿字标高。

③ 航标灯、雾天黄灯、雷达靶和闪灯系统

桥墩前端设置航标灯，很多桥梁已经做到了。广州珠海铁路大桥，装了348盏雾天黄灯，效果显著。雷达靶是VTS的一部分设施，如湛江海湾大桥已安装。

④ 高频电话声讯警报系统

例如进入浙江杭州航区的船舶配置一台接收机（手机），当船驶进每座桥时，驾驶员都会接收到："您已进入××桥段内，请注意航线和来往船只，正确驶向桥梁。"该系统在杭州市6条河流上的92座桥梁上装了发射器，纳入了声讯预警系统。

⑤ 卫星导航用于船舶的专业分支

此系统的原理与汽车卫星导航系统相同，专门为水上航道装设一个卫星导航分系统，船舶接近桥梁时，便可利用语音导航。此系统在上海市已于2010年开始应用，已经在250艘海事巡逻艇、底泥疏浚运输船和垃圾运输船等多种船舶上应用。对于桥梁的预警距离为350m，船舶在进入预警范围时，高频电话语音预警："前面有桥梁，请注意安全。"

⑥ 激光（或红外线）测距仪航向、行距预报系统

这类系统可以在船舶偏离航道、与桥墩碰撞的可能性增加到一定程度时就发出警报，以防止船撞桥。其中一种已由宁波大学与广州大学合作研制成功并投入使用。例如，在平潭海峡大桥的两个主航道孔，每孔安装一套系统，监视海面的面积约为3100m（长）×2000m（宽）。

各类防船撞桥的装置，都有其特点（优势与不足）和适用范围，应综合考虑通航要求、防撞效果、建设成本、环境保护等主要影响因素进行方案比较，择优选用。

我国普遍采用的桥梁防船撞方法至今仍然是以被动防撞为主，已在大量的桥上应用，积累了丰富的经验。例如，文献［55］针对西部山区桥梁防撞系统设计，比较了各种防撞设施的适用性。对于常用的防护设施，包括护舷防撞系统、绳索防撞系统、钢套箱防撞系统、重力摆防撞系统、独立式集群护墩防撞系统、独立式防撞墩防撞系统和人工岛防撞系统的主要特点与构造进行了总结。文献［56］结合跨江大桥防撞设计方法对常用的防撞装置，包括人工岛、围堰、墩外墩、防撞桩群、漂浮式柔性防撞系统、实体墩、耗能吸能元件等就使用条件与优缺点进行比较。这些都是由实践中获得的符合中国特点的防撞设计，具有较大的实用价值。

8.3.6　关于桥梁防船撞设施的专项设计

桥梁防船撞的目标在于增强桥梁抗船撞能力，避免或减少船撞过程中桥梁和船舶损

伤，尤其是要使桥垮船毁的重大事故风险降低至可以接受的最低水平。桥梁防船撞涉及桥梁、船舶、航道、水文、气象、河流、交通运输管理等多方面业务，专业性较强，设计者应有较高的技术水平与综合分析能力。一般性的设计难以胜任，应以专项设计的方式进行专题研究，这是十分必要的。现行《公路桥涵设计通用规范》JTG D60-2015 要求：通航水域中的桥梁墩台，设计时应考虑船舶的撞击作用，其设计值宜按专题研究确定。但目前国内尚无统一的桥梁防撞设施专项设计的编制格式。安徽省首先开创了这方面的工作，以《安徽省桥梁防船撞设施及助航标志配布工程专项设计编制格式（试行）》明确规定了专项设计方案编制的指导原则和内容要求。该编制格式已应用于安徽省内百余座桥梁防护专项设计中。据文献 [54] 介绍，专项设计的内容主要有以下 4 项：

（1）桥梁船撞防护的必要性及防护目标。包括项目背景、任务依据、桥梁建设方案以及防护目标的论述。

（2）自然条件和通航条件。自然条件包括水文、水流、桥位处工程地质与河床演变。通航条件包括航道、港口、船舶等方面的现状和规划、桥位河段水流条件，重点复核桥区通航水位、分析设防代表船型及桥梁碍航因素等。

（3）桥墩自身抗撞能力评估和防船撞设施设计。包括设防船舶撞击力计算、桥梁承受船撞的安全性能评估、桥梁防撞设防范围、设计原则、设计方案、防船撞设施性能分析以及施工方案等。

（4）工程投资、研究结论及问题与建议。结论应从防护效果、工程投资、施工难度与维护要点等多方面进行论证，经过多方案比较后，提出防船撞设施的推荐方案。重点论述各方案的主要优缺点。

专项设计后应确定桥梁的防护目标。桥梁防船撞的目标，分为三类：

第 1 类：桥梁自身船撞安全性能满足，要求防护目标主要为正常载货船舶在船桥相撞中避免破损或延缓破损后的沉没时间，使得船舶不会发生原地沉没阻塞航道。

第 2 类：桥梁自身船撞安全性不满足要求，但航道条件较好，能够布设防撞墩等隔离防护措施，防护目标主要为隔离船舶与桥梁，避免两者相撞。

第 3 类：桥梁本身船撞安全性不满足要求，净空不满足规范要求且航道条件较差，实际通航船舶载重与航道等级不匹配，隔离防护措施无法实施或无法达到预期目的，此时的防护目标需在开展深入调查的基础上综合确定。

对于新建桥梁，可以按照现行规范要求进行桥位选择、孔跨布置与结构设计，并在此基础上确定桥梁防船撞的目标。这种情况多属于第 1 类。对于在役桥梁，情况较为复杂，应进行深入调查研究，弄清现状之后，才能确定较为合理的防护目标。

桥梁防船撞专项设计，应在国家和行业标准的指导下进行，才能达到安全、适用、经济、耐久和环保的总目标。待行业标准《公路桥梁抗撞防撞设计规范》正式实施后，我国公路桥梁防撞设计就有了全国统一的、明确的依据。

本章参考文献

[1] 杨渡军. 桥梁的防撞保护系统及其设计 [M]. 北京：人民交通出版社，1990.

[2] 陈国虞，倪步友. 答"桥梁工程与技术"读者问——船撞桥事故现状及柔性防撞 [J]. 桥梁工程与

技术，2013 (1).

[3] 邵旭东，占雪芳，廖朝华，等. 从美国阳光大道桥被撞重建看现有桥梁防撞风险评估 [J]. 公路，2007 (8).

[4] 耿波，王君杰，汪宏，范立础. 桥梁船撞风险评估系统总体研究 [J]. 土木工程学报，2007 (5).

[5] 艾国柱，张自荣. 桥殇——环球桥难启示录 [M]. 成都：西南交通大学出版社，2013.

[6] 阮欣，陈艾荣，石雪飞. 桥梁工程风险评估 [M]. 北京：人民交通出版社，2008.

[7] 穆祥纯. 论基于生命线工程的城市桥梁防灾减灾 [J]. 城市道桥与防洪，2009 (10).

[8] 赵君黎，李雪，冯苠. 中美欧规范中的抗防船撞规定解读 [J]. 公路，2010 (12).

[9] 贵州都市报，2008-3-28 报道.

[10] 项海帆，等. 中国桥梁（2003—2013）. 北京：人民交通出版社，2013.

[11] 陈锡民，曾智荣. 肇庆西江特大桥船撞事故后抢修及加固技术 [J]. 桥梁建设，2017 (2).

[12] 郭范围. 广东省九江大桥设计简介 [J]. 公路，1989 (11).

[13] 张隽，尚正强. 断桥之痛——写在广东九江大桥坍塌之后 [J]. 中国公路，2007 (13).

[14] 李希元. 广东"6·15"九江大桥船撞桥梁事故保险索赔案例 [M]. 北京：人民交通出版社，2012.

[15] 贵阳晚报，2007-6-17 报道.

[16] 贵州商报，2007-6-16 报道.

[17] 贵阳晚报，2007-6-19 报道.

[18] 南方周末，2007-8-23 报道.

[19] 中国交通报，2007-8-20 报道.

[20] 郝苏. 4 秒钟的事故与 450 天的调查 [J]. 桥隧产业资讯，2013 年 6 月 15 日，总第 13 期.

[21] 叶华文，曲浩博，王力武，等. 大跨钢管拱桥船撞连续垮塌过程及关键参数研究 [J]. 世界桥梁，2016 (5).

[22] 刘海燕，陈开利. 越南平桥船撞损伤及修复 [J]. 世界桥梁，2015 (1).

[23] 孙莉，刘钊. 2000～2008 年美国桥梁倒塌案例分析与启示 [J]. 世界桥梁，2009 (3).

[24] 易图云，2017-12-22，触目惊心！国内外桥梁坍塌事故分析，以史为鉴！

[25] 道路瞭望，2018-4-25，解读：这些桥梁的垮塌究其原因竟然是这样的！

[26] 曹明旭，刘钊，孟杰. 美国桥梁病害及倒塌事故统计分析与思考 [J]. 公路，2009 (7).

[27] 凤凰网，2012-9-29 信息：76 岁灵桥拱脚变形，专家建议封桥大修.

[28] 陈明栋，黄世年，巴添. 桥区通航条件与桥梁防船撞 [J]. 桥梁工程与技术，2012 (6).

[29] 于伟. 航道中桥梁桥墩防撞技术及设施浅析 [J]. 城市道桥与防洪，2014 (12).

[30] 陈国虞. 评议桥梁防撞设计的依据 [J]. 城市道桥与防洪，2011 (6).

[31] 谌润水，陈小苗. 江西某大桥早夭启示 [J]. 桥梁，2006 (3).

[32] 项海帆. 关于中国桥梁界追求"之最"和"第一"的反思 [J]. 桥梁，2012 (1).

[33] 陆宗林，陈国虞，张澄. 统一我国两个桥涵设计规范中船撞力公式的探讨 [C] //第十七届全国桥梁学术会议论文集（下册）. 北京：人民交通出版社，2006.

[34] 唐述，宁运琳. 船桥碰撞力的计算方法探讨 [J]. 中国市政工程，2013 (1).

[35] 王君杰，颜海泉，钱铧. 基于碰撞仿真的桥梁船撞力规范公式的比较研究 [J]. 公路交通科技，2006 (2).

[36] 姜华，王君杰. 美国公路桥梁风险法确定设防船撞力评述 [J]. 世界桥梁，2008 (4).

[37] 李佩云，郝伟. 航道桥梁船撞风险概率模型的研究 [J]. 城市道桥与防洪，2015 (3).

[38] 田波. 合江长江二桥船舶撞击风险评估 [J]. 城市道桥与防洪，2016 (2).

[39] 贺志勇，戴少平. 某城市桥梁船撞事故分析与维修方案 [J]. 中外公路，2010 (12).

[40] 倪步友，陈国虞，郑丹，等．中、外船撞桥实验评述 [J]．桥梁工程与技术，2009（6）．

[41] 陈国虞．三个"桥墩防撞设计指南、规范"的对比研究 [J]．城市道桥与防洪，2009（2）．

[42] 尚军年，耿波．船撞概率参数敏感性分析 [J]．公路交通技术，2016（6）．

[43] 李军，王君杰，欧碧峰．船桥碰撞数值模拟方法研究 [J]．公路，2010（10）．

[44] 陈国虞．因地制宜地选用桥梁防船撞设施 [J]．桥梁工程与技术，2011（6）．

[45] 王淑，任慧，云霄，等．通航桥梁主动防船撞系统及其性能分析 [J]．中国公路学报，2012（6）．

[46] 陈国虞．防御船撞桥的柔性防撞装置的研究试验和工程实例 [J]．桥梁工程与技术，2012（5）．

[47] 潘晋，吴亚锋，许明财．基于失效概率的桥梁防船撞装置安全性评估 [J]．公路，2015（4）．

[48] 王巍．船舶撞击桥墩仿真模拟及桥墩防撞措施探讨 [J]．市政技术，2013（4）．

[49] 周良，宋杰，彭俊，等．上海闵浦二桥主塔基础的防船撞分析 [J]．世界桥梁，2008（4）．

[50] 陈国虞，张政权．防御船撞桥的两类设施三种任务 [J]．城市道桥与防洪，2008（6）．

[51] 陈国虞，张澄，王礼立，等．桥墩柔性防撞问题研究的进展 [C] //第十七届全国桥梁学术会议论文集（下册）．北京：人民交通出版社，2006.

[52] 朱海涛．从屡发船撞桥事故中反思对技术决策的二点浅见 [J]．城市道桥与防洪，2012（9）．

[53] 魏伟．松蒸公路斜塘桥被撞事故分析及修复方案 [J]．城市道桥与防洪，2014（8）．

[54] 刘艳秋，李建．内河航道桥梁防船撞设施配布工程专项设计要点 [J]．公路，2018（5）．

[55] 张茜，耿波，杜细春．西部山区桥梁防船撞系统设计探讨 [J]．公路交通技术，2010（5）．

[56] 冯玉涛，张先忠，黄明庆，等．跨江大桥防撞设计方法及动态分析 [J]．公路，2013（10）．

[57] 陈斌，王健伟，王雄江，等．船撞双曲拱桥的承载能力评估与加固效果分析 [J]．公路，2010（6）．

[58] 胡薇．支座类型对连续梁桥船桥撞击影响的简化分析 [J]．市政技术，2015（3）．

[59] 岳磊，黄翔．浮箱式桥墩防撞设施设计 [J]．中外公路，2009（4）．

[60] 林建筑，郑振飞，卓卫东．泉州后渚大桥船撞力试验研究 [J]．中国公路学报，2003（2）．

[61] 郑廷治．船舶碰撞桥梁事故 [J]．桥梁建设，1985（1）．

[62] 芮志平，刘韶山，高文伟，等．松江泖港大桥边梁撞损抢修方案 [J]．城市道桥与防洪，2007（5）．

[63] 张征文．PCV 形框架连续梁桥桥墩加固设计与承载能力评定 [J]．华东公路，2003（3）．

[64] 陈国虞．桥墩防撞问题研究的进展 [C] //2005 年全国桥梁学术会议论文集．北京：人民交通出版社，2005.

[65] 王梓宇，汪正兴，刘鹏飞，等．集波浪发电和防撞功能于一体的桥梁保护装置研究 [J]．世界桥梁，2019（4）．

[66] 内河通航标准：GB 50139-2004 [S]．北京：中国计划出版社，2004.

[67] 邵旭东，占雪芳．现有桥梁船撞风险评估与对策 [J]．桥梁，2007（5）．

[68] 魏薇．桥殇曾几时 [J]．桥梁产业资讯，2010 年 12 月 1 日，总第 3 期．

第 9 章 国内部分重大桥难实例与评析

在大量的中外桥梁事故中，有少数事故后果严重，主要反映在人员伤亡多、桥梁严重损坏或倒塌、经济损失巨大、交通运输中断、社会影响恶劣等方面。对于桥梁事故，我们应全面思考。成功无疑是一笔宝贵财富，因失败所获得的教训也应该是一笔具有特殊意义的财富。在重大损失面前，我们应从短暂的悲情中醒悟，认真吸取经验教训，找出导致失败的根源，以获取深刻的启示，继续推动桥梁建设事业的发展。所以，认真而全面地研究桥梁事故，尤其是剖析一些重大桥难，是一项有实际意义的工作。本章及第 10 章较详细地介绍若干中外重大桥梁事故，并简要评析。另有部分重大桥难，根据其主要原因则分别在其他各章简要论述。

国内若干起重大桥梁事故实例及评析分述如下。

9.1 实例一　贵州省遵义市乌江渡大桥（1970.11.25）

乌江渡大桥是 210 国道川黔公路上的一座重要桥梁，跨越乌江干流。桥型结构为 57m＋86m＋60.6m 三跨空腹式双曲拱桥。下部结构为重力式实体圬工墩台。大桥全长 328.09m，桥面净宽为净-10m＋2×1.5m 人行道，设计荷载为汽车 18t、拖车 80t，设计洪水频率 1/100，桥下通航等级为五级航道。中孔净跨 86m，矢跨比 1/5，拱圈全宽 12.64m，由 8 肋 7 波两侧悬半波组成。拱肋为等高度 70cm 矩形截面，宽 35cm，为 C30 钢筋混凝土结构。采用天线缆索吊装施工方法，每条拱肋分为 3 段预制吊装。桥面至低水位水面高度约 41m。

该桥 1969 年 12 月 18 日开工，下部结构完成后，于 1970 年 9 月 10 日开始吊装拱肋。10 月 19 日三孔拱肋全部吊装完成，随即安装横系梁、浇筑拱肋接头、砌筑拱波。下面主要介绍发生事故的中孔施工情况。

1970 年 11 月 17 日，拱肋合龙并浇完接头混凝土、安装横系梁，接着砌筑拱波。11 月 20 日夜间中间三路拱波合龙，至 11 月 21 日这三路拱波杀尖成拱。此时拱顶下挠 23mm，$l/8$ 处上冒 7.7mm。21 日夜间继续安装两侧四路拱波，至 22 日凌晨 4 时，中孔拱波砌筑完毕，但边四路拱波尚未浇筑接头混凝土。在 22 日凌晨 2 时观测的挠度为：拱顶下挠增至 79.2mm，$l/8$ 上冒增至 17.8mm。随后 3h 挠度发展很快，1970 年 11 月 22 日 5 时 13 分，拱顶下挠最大值达到 378mm（4 号肋），$l/8$ 上冒达 399mm（6 号肋），很快中孔拱肋连同拱波全部垮塌。

图 9-1 为中孔 1 号及 4 号拱肋挠度图。图 9-2 为中孔拱肋平均挠度图。图 9-3 及图 9-4 为中孔拱肋垮塌前 3h 内拱肋挠度的变化情况。这几张图表明，中孔拱肋在几小时内，正

负挠度值不仅增速很快，绝对值也很大，是一起典型的正对称大变形纵向失稳事故。

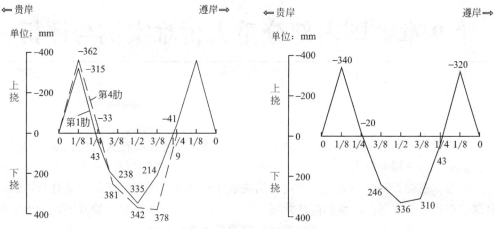

（挠度值以包括预拱的设计拱轴线为起算 0 点）

图 9-1　中孔拱肋合龙并浇完接头混凝土及　　　　图 9-2　中孔拱肋合龙并浇完接头混凝土及
　　　　横梁安装完毕后的拱肋挠度图　　　　　　　　　　横系梁安装完毕后的拱肋平均挠度图

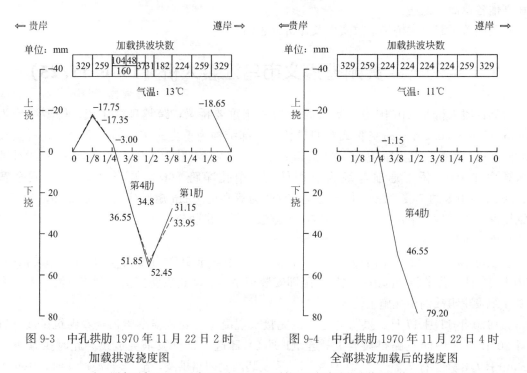

图 9-3　中孔拱肋 1970 年 11 月 22 日 2 时　　　图 9-4　中孔拱肋 1970 年 11 月 22 日 4 时
　　　　加载拱波挠度图　　　　　　　　　　　　　　　全部拱波加载后的挠度图

注：测点不全，以 1970 年 11 月 17 日 17 时的观测标高为挠度值的起算 0 点。

　　因为拱肋垮塌发生在凌晨 5 时 13 分，正处于夜班工人已下班、白班工人尚未上岗的空档时段内，施工现场无人员，故这次重大事故没有人员伤亡，真是不幸之中的万幸。

　　事故发生后，根据上级指示，大桥指挥部在进行了调查研究后编写了《乌江渡大桥中孔拱肋垮塌事故的调查报告》，设计单位编写了《乌江渡公路大桥设计总结》。关于事故原因，从设计、施工与生产管理三个方面进行简要评析。

（1）设计方面存在的不足与失误

① 拱肋高度偏小。当时国内无支架施工双曲拱桥拱肋高度的经验值，50m 以下较小跨径时拱肋高度约为跨径的 1/100，跨径较大时拱肋高度约为跨径的 1/90。乌江渡大桥中孔拱肋高度 70cm，约为 $l/123$，明显偏小，单肋长细比达 246，导致拱肋容易发生较大变形。

② 拱肋的拱轴系数 m 值设计采用 4.324，偏大过多，与加载拱波时拱肋压力线 $m=1.347$ 相差达 5 级，压力线超出截面外的区段长度达 70%，导致拱肋弯矩增大。在拱肋发生变形后，拱轴线偏离压力线引发的偏离弯矩，也被设计忽略了。

③ 对加载程序的重要性认识不足，采用了拱波全拱单独合龙的错误方式，导致拱肋某些截面弯矩过大。施工中拱肋在纵向和横向都偏离了设计轴线。设计计算的内力和应力与施工中的实际数值有很大出入。

④ 对于预制拱肋出现裂缝和拱肋上加载拱波发生较大变形等异常情况，未予以重视，更未采取措施，设计者掉以轻心。

⑤ 拱肋纵向主筋偏弱，拱肋接头仅有两颗连接螺栓，且位于截面中部，钢板尺寸也偏小，拱肋插入拱座的深度过小（30cm）等构造设计有缺陷。

⑥ 由于拱肋拱脚嵌固太浅与各段之间的接头达不到固接，拱肋实际上接近于五铰拱，导致出现很大的变形。

（2）施工方面存在的不足与失误

① 拱肋分段预制过程中，由于工艺粗糙，操作不当，几乎每根拱肋都产生裂纹，多者达 50 余条，最大缝宽 0.2mm，个别拱肋甚至贯通拱肋截面。可以说，拱肋是"先天不足"。

② 安装拱波过程中，将施工平车置于中孔拱顶上，堆放砂石及水泥等材料，重量达 11t，增大了拱顶截面的正弯矩和挠度。

③ 11 月 17 日已发现拱肋有较大变形，与设计线形有较大差异，但为了抢进度，未及时进行处理与控制，留下了后患。

④ 拱波安装程序未按照设计要求的对称、均衡进行加载，导致拱肋受力不均，变形与应力增大。

（3）管理方面存在的问题

① 1969 年 12 月 18 日，大桥开工。指挥部提出，1970 年 7 月底完成下部结构施工，1971 年元旦大桥完工通车。对于这样高墩大跨的连续拱桥，根据当时施工现场的实际情况，要达到这个目标，难度很大，便出现了忽视施工质量与施工安全，过度追求施工进度的不正常情况，导致施工中已发现的一些质量问题，未进行整改。

② 1970 年 11 月 21 日，中孔中间三路拱波合龙后，已发现拱顶下挠 23mm，$l/8$ 处上冒 7.7mm，随后拱肋挠度继续增大，拱顶平均每小时下沉达 8～13mm，21 日夜间中孔两侧四路拱波仍接着安装，指挥部未暂停施工进行检查与观测，至 22 日凌晨 2 时，中孔拱波全部安装完毕（当时两侧四路拱波未浇接头混凝土，尚未成拱），拱顶下挠达到 79.2mm，$l/8$ 处上冒达 17.8mm，仍未引起指挥部的重视，没有采取紧急处治措施，失去了宝贵的最后 3h，至 22 日凌晨 5 时 13 分，中孔全部垮塌。

③ 对于施工中出现的一些重大质量问题，例如：预制拱肋普遍存在裂纹；拱肋吊装

就位后，变形较大，与设计线形相差较多且接头质量较差，为了抢施工进度，拱波安装加载程序不符合设计要求等，均未进行认真整改，留下后患。

乌江渡大桥中孔垮塌，是当时贵州省发生的一起重大桥梁事故，在社会上引起了很大的负面影响，造成较大的经济损失，工期延后约一年，还影响了乌江渡水电站的建设进度。这一事故在建桥技术上与生产管理上都有深刻的教训。

重新修复的中孔，仍为 8 肋 7 波两侧悬半波双曲拱。拱圈进行了全面加强，拱肋采用变截面，肋高 75～108cm，肋宽 45cm，加强了纵向主筋，中孔拱肋分为 5 段预制吊装。大桥于 1972 年底建成通车，至今仍限载使用。

9.2 实例二　广东省龙川县彭坑大桥（1972.6.27）

彭坑大桥位于粤东 205 国道上，往西 107km 为河源市。该桥跨越枫树坝水库，两岸为山谷地形。大桥孔跨布置为 28m＋80m＋150m，上部结构为 3 跨空腹式双曲拱桥。桥面距河床底部约 72m，水库蓄水后，桥下最大水深约 60m。主跨 150m 为变截面悬链线无铰拱，拱轴线 $m=2.24$，$n=0.6$，矢跨比 1/6，主拱圈采用封底式、拱背填平的截面，如图 9-5 所示。拱圈由 6 肋 5 波组成，全宽 945cm，拱肋为少筋混凝土结构，采用 250 号混凝土。由于拱肋之间设置了底板，拱圈形成了箱形断面，与一般双曲拱有区别。主拱圈采用支架上就地现浇的施工方法，支架墩为木框架结构，其上为贝雷桁片配竹木构件形成拱架。主跨为当时国内最大跨径双曲拱桥。

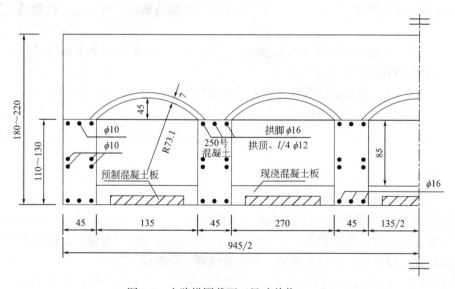

图 9-5　主跨拱圈截面（尺寸单位：cm）

该桥于 1971 年开工建设修建，到了 1972 年 5 月，主孔正在进行拱肋与底板施工，据气象预报，桥位上游将出现洪水，桥下水库水位将快速上升。根据有关主管部门"保人、保桥、抢拱架"的要求，工地领导决定 5 月 28 日拆除拱架。当时的施工进展是：28m 与 80m 的边跨双曲拱拱圈已经完成，但 150m 主跨仅完成 6 条拱肋及横系梁，两条底板合龙后 5d，另三条底板仅安装了拱脚至 1/4 区段，且现浇混凝土板只有 2d 时间。于 5 月 28

日，按计划将主跨拱架全部拆除，随即继续安装未完成的底板，并从拱脚向拱顶方向继续施工主拱圈的剩余部分。到了 6 月上旬观测发现，拱顶明显上冒约 100mm，但施工负责人不相信，认为是仪器有问题，有关资料不敢公布，仍加紧进行主拱圈施工。在 6 月 17 日前后，发现拱脚附近有裂纹，现场指挥者既未向上级报告，也未采取处理措施，仍继续施工加载。

时间终于到了致命的 1972 年 6 月 27 日。事故后的调查分析，重现了 27 日的重要情节：当天上午，两岸拱脚至 $l/8$ 区段，每延米荷载达到 33.6～39.65t/m，其余区段则为 11.36～17.60t/m，拱轴线发生了较大变形，拱顶截面实际高程大于设计高程 172mm（以包括预拱度在内为起算点，下同），广州岸 $l/8$ 处的实际高程则低于设计高程 111mm，全拱形成不对称波浪形。27 日下午，主跨两岸拱脚截面严重开裂，其中江西岸拱脚截面上缘裂缝宽达 10mm，长 1800mm，未开裂部分的高度仅 400mm。终于在 1972 年 6 月 27 日下午 4 时 15 分，拱圈首先在江西岸 $l/8$ 处断裂，随即整跨拱圈丧失稳定而垮塌，拱体与现场大部分施工人员坠落到 60m 水深的水库中，造成 64 人死亡、20 人受伤的特大桥梁事故。

彭坑大桥事故调查技术小组于 1972 年 8 月 30 日提出《彭坑大桥事故技术分析鉴定报告》，从技术方面指出事故的主要原因，要点如下：

（1）脱架过早，按脱架时拱圈实有承载力验算，欧拉稳定安全系数只有 1.7，小于规范规定的 4。

（2）拱圈底板混凝土质量差，实际仅达 200 号混凝土，小于设计要求的 250 号混凝土。

（3）设计计算只做了主拱圈在运营阶段恒、活载作用下的应力验算，对施工过程中的各个不同加载阶段未做验算，也未做加载程序设计。尤其是在拱肋上安砌拱波与浇筑拱板混凝土的关键时段，对拱肋未进行验算，导致在实际操作过程中，设计、施工人员心中无数，陷于盲目状态。事故后的验算表明，拱肋发生不均匀变形后，江西岸 $l/8$ 处最大拉应力高达 4.78MPa，大于 200 号混凝土（当时实际强度）受拉极限强度 1.46MPa。

（4）拱架较弱，施工质量较差，拱架受力未进行验算，导致拱圈施工过程中拱肋发生不均匀变形，增大了拱肋的偏离弯矩。

（5）设计没有考虑水库水位上升，拱架及拱圈大部分被淹没所产生的不利影响及处治措施，导致过早拆除拱架，拱圈受力恶化。

（6）拱圈为组合断面，施工缝处连接钢筋弱，整体性较差；拱座宽度与拱圈同宽，致使拱肋横向嵌固不良；拱脚构造钢筋偏少；拱圈顶、底板与拱肋连接钢筋较弱。

（7）施工中底板开窗，削弱了拱圈截面。

施工管理上也存在不少问题，有的问题甚为严重，对事故的发生有重大影响，简介如下：

（1）对于提前卸落拱架这一对施工安全有重大影响的技术决策，事前未进行认真的专业审查，也未要求设计单位进行卸架后拱肋及加载过程的受力验算，埋下了安全隐患。这是施工管理的失误。

（2）1972 年 6 月上旬已发现拱顶上冒 100mm，到了 6 月 17 日又发现了拱脚附近开裂，施工指挥者不仅隐瞒实情，不加以处治，反而强行安排拱上继续加载，终于造成严重后果。

这里以沉痛的心情，提到一位值得怀念的技术员。在事故发生之前，这位技术员（请原谅，至今我们还不知道他的名字）发现了施工中存在的事故隐患，并建议停工整改，但没有引起重视，反而被主管单位将他下放工地劳动，事故发生当天他在现场，与其他几十位施工人员一起遇难。

（3）6月27日上午，拱肋已经发生了很大变形，拱脚继续开裂，在这样的危险时刻，仍未引起施工指挥者的警觉，没有及时撤除现场人员，终于失去了极为宝贵的几小时，付出了惨重的代价。

（4）设计文件未经审核批准就交付施工，是主管部门失职。

（5）1972年3月，主孔拱架在架设过程中曾发生过两个木框架墩垮塌事故，已暴露出施工管理领导能力较差、技术水平较低与经验不足等方面存在的问题，但未引起上级主管部门的重视，未能及时进行加强与调整，导致施工过程中不断发生质量安全事故。这次特大桥难，有关主管单位也有一定责任。

综合上述情况，总结事故的主要原因，可以用12个字概括"先天不足，后天虚弱，盲目指挥"，我们应该吸取深刻的教训。

9.3 实例三　四川省达县州河大桥（1986.10.29）

州河大桥位于达（县）广（元）公路K3+250处，跨越州河，连接达县城区与火车站。由当时的达县热电厂与达县地方政府共同投资兴建。除满足公路交通功能（含行人）外，桥上通过热气管道及供水管道。该桥主要技术标准为：上层桥面宽度净-7m+2×2.5m人行道；下层桥面通过两根ϕ377mm 300℃蒸汽热力管道；汽车荷载为汽车-20级，挂车-100，人群荷载为350kg/m²。桥下为通航河道。州河大桥，当地也称为塔沱桥。

1983年建桥项目立项通过。1984年11月24日，达县地区热电厂工程指挥部与兰州铁道学院科研生产处签订了《达县州河大桥工程施工合同》；同日，四川省南江县建筑工程对外承包公司与兰州铁道学院科研生产处签订了《达县州河大桥施工承包合同》。随即由甘肃省交通规划设计院与兰州铁道学院进行初步设计，于1984年12月中旬通过初步设计鉴定。1986年1月底，完成施工图设计。1985年2月开工，原计划1986年底竣工通车。

州河大桥的设计，采用了设计负责人（兰州铁道学院教授）针对斜拉桥提出的几项技术创新，以及当时认为先进的设计理论和方法（将在后面介绍）。该桥施工图设计要点如下：

该桥为190m+70m钢筋混凝土空腹主梁独塔斜拉桥。大桥立面布置见图9-6，桥宽12m。桥的北岸在龙爪山脚，南岸为河岸阶地。北岸上有唐代修建的白塔（亦名龙爪塔），塔高30余米，九级八角，塔周长约33m。桥型设计的一大亮点，是利用地形将北岸斜拉索锚固于山体上。这样布置，不仅与周边环境协调，还可以省去一个索塔，在桥梁美学上确有创意。虽是独塔，但斜拉索是按双塔布置的，龙爪山上的拉索锚固点相当于北岸塔的塔顶。为了利用北岸山体作为锚固点，桥型便成为非对称斜拉桥，而且受到北岸岩石高程的制约，斜拉索的倾角很小，给桥的设计带来了相当难度与不利影响（将在后面论述）。

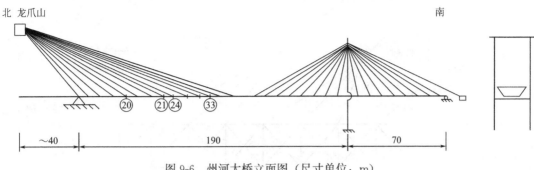

图 9-6　州河大桥立面图（尺寸单位：m）

　　主梁采用混凝土板桁式空间桁架结构，横断面如图 9-7 所示。顶、底板均为实体板，斜腹板为 X 形腹杆（采用透空腹板是为了减小箱内供热管道的温度影响）。腹杆截面尺寸为 15cm×20cm，主梁预制节段长 240cm，节段两端均布置一片 40cm 厚的隔板。主梁纵向每 3m 为一个节间。隔板是在空腹主梁的基础上，在内部增设 X 形斜杆，外加两根斜拉杆（将顶、底板外缘连接起来）。拉索的下锚座就设在隔板顶面的外缘处。主梁为钢筋混凝土结构。桥台处支承附近主梁为实体截面。

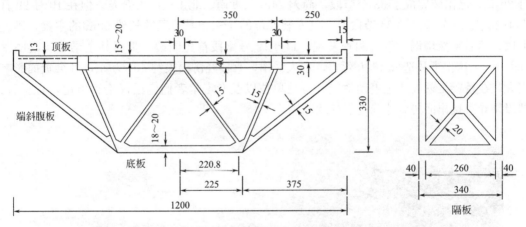

图 9-7　板桁式主梁横断面示意（尺寸单位：cm）

　　南岸索塔与主梁之间在竖面内布置双面斜拉索，为常用的形式。而北岸则采用上宽下窄的空间索（双索面），设计的意图是增加视觉美感。索的下端与主梁连接的附近，采用所谓的"叶脉"索形。这是指将一根拉索的下端一定区段内分散成三根更细的索股，分别锚固在三片隔板位置处，如图 9-8 所示。设计者认为，"叶脉状拉索集稀索与密索长处于一体，既可使锚座轻型化，还可以准确地控制每个分岔索的恒载初张力（拉索在主梁上张拉），造型也美观。"

　　主梁采用预制吊装、逐段拼接、一次张拉（斜拉索）的施工方法。主梁按节段（由一段空腹箱和一片隔板组成，长 280cm）预制（节段重量 27～30t）；吊装就位后现浇 20cm 拼接层。梁体拼装时，就位一节，张拉一节，全桥吊装完成后无需进行索力调整。拉索张拉采用 30t 千斤顶已足够。

　　为了配合设计与施工，兰州铁道学院进行了三项试验，即主梁锚座抗裂试验、全桥静

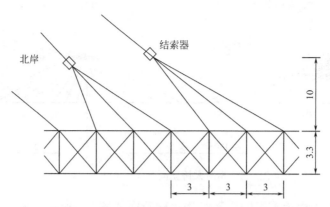

图 9-8　叶脉式拉索示意（尺寸单位：m）

力、动力、徐变试验及与北台相邻的山体破坏性试验。

1986 年 4 月完成南塔及南段主梁与斜拉索施工，5 月开始北段主梁施工。靠北岸的前 11 个节段预制构件在支架上安装，自第 12 节段起预制节段用船运至安装位置，用拔杆起吊就位，与已安装梁段对接，焊接连接钢筋，张拉斜拉索，浇接头混凝土。至 1986 年 10 月 29 日，已吊装完成了 33 个节段，尚差 24m 长度南、北主梁即可合龙。但在 10 月 29 日上午 10 点 40 分起吊第 34 节段时，已安装就位的 4～33 号节段共长约 90m 的主梁，迅速上拱，然后突然垮塌。事后调查发现，11～12 号梁段首先断裂，带着其余梁段一起坠落（图 9-9）。这次事故造成 16 人死亡，多人受伤，直接经济损失约 400 万元，社会负面影响很大，在桥梁工程界产生轰动效应，有关单位以及专家学者们广泛议论和争论，直至省、部级领导直接出面协调才确定了处理原则。

图 9-9　四川省达县州河大桥北岸主梁破断处（左），未垮塌的南岸结构（右）

下面分别就设计、施工和管理方面存在的问题简要评析。

（1）设计方面

① 设计采用的叶脉式拉索、预制空腹 RC 箱梁、"索面单元"和索力"一次张拉"等创新技术，虽有一定的理论研究基础，但缺乏有力的试验验证、技术支撑和类似的成功经验，在实施过程中存在难以预料的安全和质量风险。

② 北段斜拉索最小水平倾角约 13.3°，比斜拉桥最适宜的倾角小了近一倍，其结果是使拉索的水平压力增大了一倍以上，对主梁受力很不利，尤其是当主梁实际线形偏离设计

线较大时将引起很大的次应力。所以，主梁垮塌前发生上拱，就是主梁承受很大的水平压力引发的。此外，拉索越趋于水平，由自重产生的垂弛度越大，越难拉直，刚度变小，非线性影响更大，进而增大主梁在荷载作用下的挠度和内力。

③ "叶脉" 状拉索，将一根分叉为三根，传力与构造可靠吗？应通过试验才能获得可供设计使用的技术措施，单凭理论分析不一定可靠。如果 "一分为三" 的拉索构造及张拉方式达不到理论要求，将会导致北岸空间索的计算与实际情况出现较大偏差。

④ 锚于岩洞中的北段斜拉索，设计为非对称布置，且形成两个向外张开的扭曲索面，除了拉索外张会使混凝土主梁断面承受长期拉力外，还会使整个桥梁成为一个南和北、东和西都没有对称面的空间体系，受力十分复杂，难以确切分析计算，给设计、施工都带来很大困难。一旦设计计算有差误，即使是局部差错，也存在安全、质量风险。

⑤ 主梁采用钢筋混凝土结构，其中的受拉构件与受弯构件，拉应力较大部位容易开裂，导致主梁刚度下降，增大了发生较大变形的风险。经验表明，主梁斜拉桥可靠的做法应采用预应力混凝土结构。

⑥ 主梁节段长度只有 3m，安装时每 3m 就须设湿接头，而一个湿接头长度仅有 20cm，在同一断面焊接大量粗钢筋，质量难以保证。一旦施工质量达不到要求，将大大降低结构的整体性和稳定性。仅北段主梁就有 40 多个接头，容易发生质量问题。

⑦ 主梁板桁结构的特点是节点多、节点设计不可靠，而且不施加预应力，可以认为主梁的整体性差，桥梁纵向未能形成一个强大的梁体，且北岸拉索传力不明确。故按理想状态为整体的主梁所计算的应力与实际有较大出入。这是国内有的专家指出的州河大桥设计存在的一个主要问题。

(2) 施工与管理方面

① 施工单位是一家只有丙级资质的建筑工程公司，之前无任何桥梁建造的经验，只修建过 6 层以下的一般楼房。安排这样的施工企业来承包结构复杂、技术新颖的斜拉桥施工，这就不可避免地会导致一系列的质量问题。有人提出，为什么会出现这种荒唐事？现在已经说不清楚了。但有一点可以肯定，有关主管部门是有一定责任的。因为这是显而易见的一起错误安排。

② 事后调查发现，施工中出现了很多质量问题。例如，部分混凝土强度不合格；主梁预制构件精度太差，钢筋遗漏、错位、漏焊；主梁整体性严重不足，导致局部应力大幅度上升；钢筋混凝土构件保护层过薄，不符合规范要求；主梁拼装过程高程控制不严、线形与设计相差过大，肉眼即可看见主梁呈波浪形；索力张拉的现场记录中竟然有 "两侧索力完全相等" 的所谓 "实测记录"，可见，真实的索力是多少，谁也不知道；底板厚度只有 18～20cm，布置双层 ϕ32 钢筋，因施焊困难，接头质量很差，等等。

③ 州河大桥是采用设计施工总承包的方式修建，当时国内还未实行监理制度。既然是由设计单位牵头的总承包，理应由建设主管方与设计单位组织安排施工现场的检查与监控。事故后的调查表明，现场监控处于失控甚至空白状态，才会出现这么多质量问题，而且视而不见，也不整改。所以，建设主管部门与设计单位管理失职。

④ 施工技术水平低，技术力量不足，有关主管单位应该是了解的。但在整个施工过程中，未见进行技术力量的加强与调整，使施工质量低劣的问题长期存在，也是组织管理上存在的一个主要问题。

州河大桥的设计包含了多项技术创新。这种受力与结构甚为复杂的斜拉桥，设计者对其制作、安装、初始索力、实际索力与整个桥梁受力的变化均极为敏感等重要特点认识不够深刻，对施工安全的风险也估计不足。而施工单位技术力量薄弱，施工中缺少监控，再加上管理失职，真是雪上加霜，多种不利因素的汇合，终于导致了事故的发生。

从州河大桥的事故中，我们应该接受什么教训？文献［8］以三个"不等同于"进行了高度概括，即"力学不等同于工程，图纸不等同于实物，创新不等同于成功"。尽管州河大桥事故已过去 30 多年，但不应该被遗忘，失败的教训给予我们深刻的启示，也为后来者提供了借鉴。

州河大桥将北岸斜拉索锚于山岩上的创新，可能是受到美籍华人林同炎教授设计的Ruck-A-Chucky（简称 RAC）桥的启示。该桥位于美国加利福尼亚北部奥佛水坝的上游，是一座曲率半径为 475m 的钢-混凝土混合梁斜拉桥，跨径达 400m，桥面宽 15m，两岸斜拉索均锚固于岩壁，无索塔，斜拉索形成曲面。由于拉索上锚固点很高，斜拉索的水平倾角比州河大桥大得多，受力良好，变形也较小。此外，1996 年日本修建的米合博物馆桥，也是将斜拉索上端锚固于山崖上，支撑着跨长 120m 的预应力混凝土梁。该桥获得了 2002年"国际桥梁和结构工程协会"墨尔本年会颁发的"突出结构奖"。所以，州河大桥的创新构思是值得肯定的，问题在于从创新到成功不仅要进行艰苦的努力，还要善于了解困难和克服困难，才能达到预期的目标。

新的州河大桥于 1988 年 12 月在原桥位建成通车，为一座 3 跨上承式钢筋混凝土箱肋拱桥。

9.4 实例四　贵州省仁怀县茅台大桥（1990.10.27）

仁怀县（现已升级为市）茅台镇位于赤水河右岸，建桥前仅有渡口维持两岸交通。茅台镇逐年向左岸发展，并有仁怀县至四川古蔺县的地方公路经过。当地政府计划修建跨越赤水河的茅台大桥。1975 年勘察了三个桥位，编制了"茅台赤水河大桥调查报告"。1987年 2 月，贵州省交通勘察设计院完成了桥位定测，3 月完成了工程地质钻探（初勘），6 月完成了大桥初步设计，随即编写了"工程地质勘察报告"。1988 年 12 月贵州省桥梁工程公司编制了茅台大桥施工图设计。

大桥为 2×115m 上承式钢筋混凝土箱形拱，无边孔。主拱矢跨比 1/8，拱上为净跨6m、矢跨比 1/7 的腹拱，拱上实体横墙厚度 90cm，桥面净宽为净-9m＋2×2m 人行道，设计荷载为汽-20、挂-100，人群荷载为 350kg/m²，桥下通航标准为四级航道。

主拱圈为 6 箱密排等截面箱形拱，高度 175cm，宽度 920cm，拱轴系数 m＝2.514，预拱度 15cm。6 片拱箱预制时为上开口箱，吊装合龙后，在其顶面加盖预制顶板，盖板伸出的钢筋与箱肋（腹板）伸出的钢筋连接，盖板顶面现浇顶层混凝土后，拱圈形成闭合箱形截面。主拱圈断面如图 9-10 所示。每片拱箱分为 5 段预制，天线缆索吊装，吊重 30t，预制箱宽 146cm。墩台均为重力式混凝土结构，明挖扩大基础。主拱圈预制部分为 C40 混凝土，现浇部分为 C30 及 C25 混凝土。

大桥亦由贵州省桥梁工程公司承担施工任务，于 1988 年 12 月开工，至 1990 年 10 月27 日，主体工程已全部完成，仅剩下桥面铺装与两侧栏杆尚未完成。当天中午 12 时 55

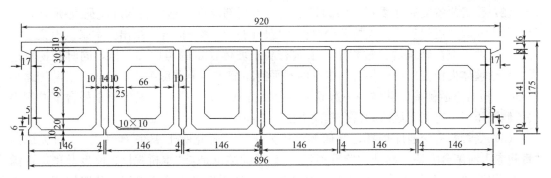

图 9-10　茅台大桥主拱圈截面（尺寸单位：cm）

分，两跨主拱圈连同已完成的拱上建筑突然垮塌，造成 4 人死亡，9 人受伤。因施工人员已下班，死亡者为过路行人及民工。大桥垮塌后，仅剩一个中墩和两岸桥台，图 9-11 为桥梁垮塌后于 1991 年 3 月 24 拍摄的现场照片，是从古蔺岸（赤水河左岸）向茅台镇方向拍照的，可以看到茅台岸桥台两侧房屋密集。当时现场已清理，只剩下墩台。

图 9-11　事故发生并清场后剩下的墩台，远方为茅台岸桥台（摄于 1991.3.24）

事故发生后根据省政府通知，成立了茅台大桥事故调查委员会及其领导下的专家组，随即开展调查工作。由于对事故原因的分析与认识存在较大分歧，调查工作时间较长，最后以官方的结论上报省政府。省政府于 1992 年 2 月 14 日作出了处理决定，并通过贵州日报公开报道（见本章参考文献 [18]）。下面分别介绍对事故主要原因的两种不同看法，再进行简要评析。

以省交通厅主要领导及贵州省桥梁工程公司为主导的意见，认为茅台大桥的垮塌是由于茅台岸桥台处的滑坡移动所造成的。主要依据有以下几点：

（1）茅台镇 3.2km² 范围内曾发生过滑坡。赴事故现场进行调查的人员，分为设计、施工、地质与管理 4 个小组。地质组专家、茅台斜坡综合治理领导小组办公室技术负责人李高工曾做过茅台镇滑坡治理工作。1989 年 10 月他在治理滑坡工程勘察纲要上曾指出茅台大桥的茅台岸桥台在基坑开挖时穿过一层滑动面，推断桥台基底之下还可能有一个滑动面，应查实，但后来又作了解释（下面再介绍）。

(2) 受贵州省交通厅委托，中国科学院与水利部成都山地灾害与环境研究所于 1991 年 2 月完成的"贵州省茅台大桥茅台岸桥台变形的初步调查报告"指出：本来该山梁还不是一个滑坡，但在修筑桥台过程中，未做有利于坡体稳定的考虑和安排，同时开挖量过大，导致坡体失稳变形……桥台与中墩的水平间距缩小，上游侧缩小 60mm，下游侧缩小 65mm。桥台下游侧有一陡坡……造成了桥台下游侧较大临空面，其实质是桥台下游侧失去了侧围压……有利于坡体和桥台趋向下游侧方向变动。

(3) 受贵州省交通厅委托，交通部重庆公路科学研究所于 1991 年 1 月 29 日完成的"贵州赤水河茅台大桥上部结构验算资料"，最后的结论是："本桥强度、刚度及稳定性满足设计规范要求。"基本数据由贵州省交通厅原设计图提供，验算采用《公路钢筋混凝土及预应力混凝土桥涵设计规范》JTJ 023-85。

(4) 贵州省桥梁工程公司于 1990 年 12 月 24 日向上级报送了"茅台大桥施工及事故情况汇报"。该报告提到了施工中某些不足与缺点，但不存在较大的质量与安全问题。

事故调查委员会下设专家组的成员之一张铭光（时任贵州省交通勘察设计院副院长、总工程师，资深桥梁专家）以及部分非官方专业人员，认为茅台大桥事故不是滑坡引起的，引发的主要原因是施工与设计存在失误。主要理由如下：

(1) 事故后，现场检查时用测距仪测量了跨径。因施工时墩台完成后没有存入技术档案的跨径实测数值，而是以个人笔记本上找到的记录作为基准，算出靠茅台岸一跨跨径缩短 60mm（上游侧）和 65mm（下游侧）。以此证明茅台岸桥台发生滑动不可信。参加现场调查的两位铁五局专家（张××，郑××）指出：跨径测量是从两岸台口距离扣除中墩厚度得到的，中墩的设计厚度是 6.300m，实际是 6.389m（上游侧）和 6.381m（下游侧），因而跨径就缩短了 89mm（上游侧）和 81mm（下游侧），以此来证明桥梁垮塌后跨径缩短了，不足为凭。考虑到这些数据对于判定是否发生了滑坡至关重要，这两位专家拒绝在调查报告上签字。

(2) 上面提到过的李高工（茅台斜坡综合整治领导小组办公室技术负责人）在事故调查现场的会议上发言，他 1989 年 10 月谈到茅台岸桥台位置处可能存在滑动面，这是当时的一个疑点，未经证实。他们的任务是研究茅台镇 3.2km² 范围内的滑坡，并不是说茅台镇 3.2km² 都是滑坡。垮桥后种种迹象表明桥位处没有发生滑坡，大桥的垮塌与滑坡无关。

(3) 1991 年 1 月 7 日至 14 日，官方组织的调查组在仁怀与茅台开展调查工作（包括现场调研与开会讨论），由于专家们意见不一致，得不出结论，没有形成书面纪要。

(4) 1991 年 3 月 23 日，省交通厅召开专家组会议，讨论省外有关单位的"调查报告"（见文献［14］）及"验算资料"（见文献［13］）。"调查报告"指出桥位处本来就不是一个滑坡，是桥台基坑开挖引发地层滑动，与垮桥有什么关系没有提，更没有定量数据。而"验算资料"则是以原设计图为依据的，对变更设计未验算，尤其是遗漏了至关重要的拱箱顶板的抗剪验算（关于这个问题后面补充分析）。这是最后一次专家会议，因意见不统一，会议无结论，也未由专家签认。

(5) 贵州省交通勘察设计院的 7 位地质工程师于 1991 年 3 月 24 日赴茅台垮桥现场进行调查和收集资料，认为桥台处没有发生滑坡。

茅台大桥发生垮塌事故，至今已 30 年了，某些有关的事物逐渐清晰，更接近实际情况，能够收集到的资料也比较多了。根据上述介绍的情况，经综合分析后，可以认为，茅台大桥垮塌的直接原因不是滑坡，而应该是施工与设计在某些方面存在较大失误。现在对有关问题作进一步评析，供读者参考。

（1）1990 年 10 月 25 日（大桥垮塌前两天），施工技术负责人与桥梁设计者在现场发现拱圈某处顶板发生崩壳情况，即派人去贵阳购买环氧树脂，准备进行修补，但材料未到工地，大桥已经垮了。这表明拱圈顶板在局部位置已出现剪切破坏。为什么会发生这种情况？首先是设计者在对这种箱形截面（顶板为预制板）顶板与腹板连接处的抗剪强度对于保证截面整体性的认识不足，也未进行抗剪验算。文献［20］中的 8.5 节便是根据茅台大桥施工图设计验算拱圈顶板与腹板连接处的水平抗剪强度，得到 $R_Q/Q_j＝0.530＜1$（式中 R_Q 为抗力效应，Q_j 为荷载效应），显然，该处抗剪强度太弱，处于不安全状态。文献［13］也遗漏了这项验算，所以得出拱圈验算满足规范要求的结论，与实际情况不符。

（2）施工中的一个重大失误是将预制盖板的设计宽度 120cm 变更为 148cm。从图 9-10可以看出，按设计盖板宽度，腹板中的竖向钢筋可以伸入顶板混凝土现浇层内，肋间混凝土与顶板现浇层混凝土可以连成整体，两者共同抗剪，如上述（1）的分析，虽然较弱，但不一定造成拱圈垮塌。但施工单位这样加大了预制盖板的宽度，肋间混凝土与顶板现浇混凝土被预制盖板隔断，致使该处的抗剪能力几乎完全丧失。

从另一方面说，施工单位不经过一定审批手续，自行修改设计图上的尺寸，也是违规的。

（3）拱上建筑为腹拱与横墙组成的重型结构，而拱圈截面又偏弱，可以和结构形式相同的 1974 年建成的净跨为 116m 的云南红旗大桥作一简单比较，如表 9-1 所列。

茅台大桥与云南省红旗大桥主拱圈比较　　　　　　　　　　　　　　　　表 9-1

项目	单位	茅台桥	红旗桥	备注
跨径	m	115	116	红旗桥拱上为腹拱，排架立柱，拱矢度 1/8，汽 13、拖 60
桥面宽		13	8.5	红旗桥开口箱高 1.6m，分 5 段预制吊装，吊重 36t
拱圈宽		9.2	8.54	
拱圈高		1.75	1.9	
顶板厚		16	30	
底板厚	cm	10	20～30	红旗桥脚段 30cm，中段与顶板均为 20cm
边腹板厚		10	20	
中腹板厚		34	40	
截面积	m²	5.28	7.58～8.18	拱顶～拱脚
体积	m³	678	1048	主拱圈总体积
拱上建筑体积		1540	1135	包括桥面系

由表 9-1 可以看出，两座桥跨径基本相同，但红旗桥拱圈截面比茅台桥大 43.6％～54.9％，拱上建筑体积红旗桥则小 36％。拱圈其他尺寸，茅台桥均偏小。从总体上看，茅台桥显得头重脚轻，拱圈单薄，恒载应力比较大，安全储备偏小。

（4）设计文件中没有拱圈及拱上加载程序图，只有两条文字说明，难以指导施工具体操作。尤其是没有对拱箱肋间现浇混凝土浇筑高度的明确交代。如果施工时肋间混凝土浇到开口箱顶面，安装预制盖板后再浇顶板混凝土，则开口箱顶面便成了薄弱截面，抗剪强度大幅下降。因设计图上未交代，施工时可能没有注意这点，茅台桥拱箱顶板发生崩壳，这是重要原因之一。

（5）贵州省交通勘察设计院编制的初步设计文件，包含了地质初勘报告，桥位处共有9个钻孔资料，茅台岸桥台处因房屋密集未布设钻孔，但报告写明，施工图设计应补充钻探。贵州省桥梁工程公司承担大桥施工图设计后，仅对中墩进行了补充钻探，茅台岸未进行详勘。对茅台岸地质情况不清楚，施工图设计单位有责任。

茅台大桥当时是贵州省最大跨径上承式箱形拱桥，但主管单位没有交给贵州省交通勘察设计院承担施工图设计，而是交给施工企业贵州省桥梁工程公司进行施工图设计，而实际上又是由桥梁公司将设计工作委托给外单位的几个工程师（高级工程师）私人设计。全过程没有纳入正规的技术管理，给设计质量以及设计与施工配合协调都带来不利影响。所以，茅台大桥发生的事故，主管单位也有一定的责任。

茅台大桥重建工程于1992年10月动工，1995年9月建成通车。由交通部重庆公路科学研究院设计，贵州省桥梁工程公司施工。新的设计废弃了原设在河中的桥墩，主桥为50m＋80m＋50m预应力混凝土桁架式连续刚构。但使用19年后的2014年，这座桁架桥发生严重开裂，虽经过两次维修加固，仍不能满足承载力要求，经主管部门决定，拆除重建（关于混凝土桁式桥梁的安全质量问题在第12章讨论），于2014年6月6日爆破拆除。第3次新建的茅台大桥采用预应力混凝土箱形截面连续刚构，至今仍正常服役。

茅台大桥垮塌事故给予我们多方面的启示：设计应由有资质的单位承担，不能受其他非正常因素的影响而降低设计质量；施工图设计必须以地质详勘报告为依据，不能仅依靠初勘或其他非正规的地勘资料；施工单位不能自行修改设计，所有变更设计应通过正规手续；应在认真调查研究和收集充分资料的情况下，分析判定安全或质量事故的原因，不能受非正常因素的影响主观地先下结论。

9.5 实例五　浙江省宁波市招宝山大桥（1998.9.24）

招宝山大桥位于宁波市招宝山与金鸡山之间的甬江入海口处，为一城市快速干道上的重要桥梁。主桥为独塔双索面非对称混凝土主梁漂浮体系斜拉桥。主桥总长75＋258（＝52＋206）＋185（＝102＋83）＋50＝568m。边跨设有辅助墩，主边跨向外延伸形成T构与连续梁协作体系。主桥桥面总宽度29.5m，总体立面布置如图9-12所示。设计荷载为汽-超20、挂-120。桥面以上索塔高度104.4m，承台以上墩塔总高度148.4m；通航净空42.50m×32m；基本风压800Pa，最大风压1200Pa。主梁断面尺寸见图9-13。建设单位：宁波兴业大桥建设有限公司；设计单位：天津市政工程设计院；施工单位：铁道部大桥局第一工程处；监理单位：铁道部大桥局所属武汉桥梁建设工程监理公司（并承担检测）；监控单位：同济大学（设计单位委托）。

大桥于1995年5月开工。索塔处0号、1号梁段在支架上施工，1998年1月2日起，用双悬臂牵索挂篮悬浇2号梁段以后的各段，至当年8月9日～18日完成20号梁段，边跨合龙。8月18日开始，主跨一侧单悬臂施工。9月24日凌晨4时20分完成主梁23号梁段混凝土浇筑，当时主跨一侧悬臂长度为192m。到了晚上19时50分上游侧箱梁发出

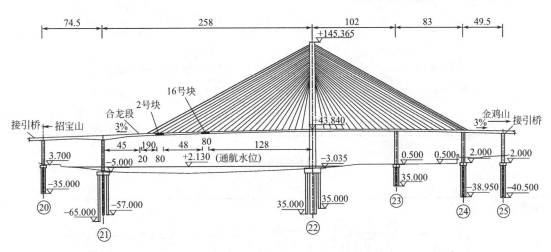

图 9-12　主桥总体布置（尺寸单位：m）

响声，19 时 53 分下游侧箱梁也发出类似爆破的响声。

9 月 25 日清晨对主梁进行全面检查，发现 16～17 号梁段间施工缝（底板上游侧）和 15～16 号梁段（上游侧）施工缝均发生破坏性断缝。当晚测量发现，主梁悬臂端 23 号梁段高程比浇筑完毕时的高程下沉 28cm，同时发现相邻各梁段前端下游侧比上游侧低，最大差值为 58mm。主梁 16 号梁段的底板、直腹板和斜腹板均被压溃。

因此判定，1998 年 9 月 24 日，招宝山大桥在主跨悬臂施工过程中发生了主梁压溃性断裂事故。

当时，招宝山岸的协作体系及其深入主跨长度为 45m 的梁体已完成，与主桥主跨梁体仅差 2 个梁段，即到 25 号梁段便可合龙，在这关键时刻发生了主梁压溃断裂事故。

招宝山大桥为当时国内第二大跨径混凝土主梁独塔斜拉桥（最大跨径混凝土主梁独塔斜拉桥为广东肇庆金马大桥，主桥为 $2×283\text{m}$），为非对称结构、漂浮体系，边跨有辅助墩，主边跨两端采用不同的协作体系，结构新颖，施工复杂，技术难度大。设计与施工单位在全国都处于领先地位。事故发生后追查原因，设计、施工意见分歧，都能提出各种理由，争论很激烈。由于参与该桥的设计、施工、监理、监控等各方面以及规范标准的制定和主管部门都是国内的一流企业、大专院校与技术主管，实力雄厚，因而提出的问题和争论的内容都有较高难度与理论内涵，而且一些事情还牵涉到我国的管理和体制。这一场辩论既广泛又深刻，对改进今后我国的斜拉桥建设有很大帮助，对广大桥梁建设技术人员也是一次很好的学习。现以文献 [7] 为主，并参考其他有关文献，就招宝山大桥事故主要原因的分析与不同认识作简要论述。

（1）设计方面的问题

设计方面主要问题之一是主梁底板厚度 18cm 过薄。由于底板较薄，为了满足承载力计算的要求势必增大预应力筋的用量。在 16 号梁段，Φ^L32 精轧螺纹钢筋达 56 根，其中顶板 34 根，底板为 22 根，间距 16cm。一般情况下，预应力孔道波纹管 $\phi_内 = 70\text{mm}$，接头处为 $\phi'_内 = 80\text{mm}$。孔道对断面严重削弱，管内浆体凝固之前，底板成了蜂窝状断面。雪上加霜的是，施工中将波纹管内径改为 $\phi_内 = 80\text{mm}$，底板截面积削弱值又增大了约 30%（此时 $\phi_外 = 85\text{mm}$）。

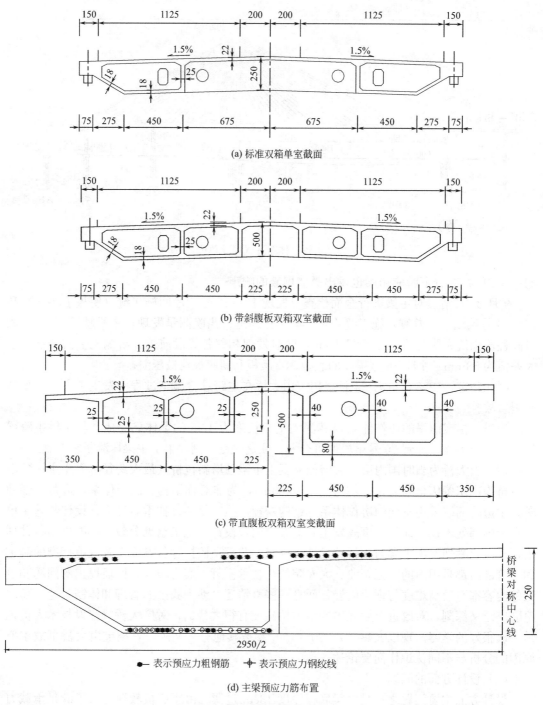

(a) 标准双箱单室截面

(b) 带斜腹板双箱双室截面

(c) 带直腹板双箱双室变截面

—●— 表示预应力粗钢筋　—○— 表示预应力钢绞线

(d) 主梁预应力筋布置

图 9-13　主梁截面（尺寸单位：cm）

　　另外，在底板接缝附近受力很复杂，波纹管不仅削弱了断面，而且在锚板下，波纹管周边以及波纹管大、小接头处（$\phi 80$ 和 $\phi 50$ 接口处），容易产生应力集中。

　　所以，在主跨悬臂浇筑接近最大悬臂状态时（悬臂长度 192m），巨大的负弯矩所引发的底板压应力终于将底板压溃。

但是，设计单位认为 18cm 底板厚度是符合美国和日本桥梁设计规范的（中国桥规无规定），并举出实例：中国广东南海九江大桥（主跨 160m）底板厚度 16cm，法国布劳东纳桥（主跨 320m）底板厚度 18cm。另外，本桥原采用的设计断面底板厚度是 22cm，后经业主和专家会议要求优化，乃将底板厚变为 18cm，并经业主和专家评审认同。可见，当时不仅设计者，一些专家也认为将底板厚度由 22cm 减为 18cm 是优化，在安全上是有把握的。其根据有两条：一是美、日规范；二是国内外有成功的实例。

先讨论一下关于规范的问题。

在一些发达国家，工程技术规范一般由学会编制，为参考性质，而在我国，规范由政府领导的主管机关编制，作为法令颁布。我国规范的这种强制性质已为工程设计带来许多不良后果，造成工程人员盲目照搬、唯规范是从的习惯。将技术设计规范看成"法律"，这是规范地位上的错位与歪曲，并在客观上约束技术人员的创造性和阻碍新技术的应用。有时，又会因为设计人员没有准确把握结构物整体或局部的安全度，或者没有认识到某些潜在的风险源而发生安全事故。加上我国不少规范要十多年才修订一次，像斜拉桥这些新型桥梁，过去在制定桥梁规范时是很难完全反映其特点的。我国 1996 年开始实施的《公路斜拉桥设计规范》JTJ 027-1996，直到 2007 年才修订完成颁发新的《公路斜拉桥设计细则》JTG/T D65-01-2007。这 11 年国内斜拉桥已有很大发展，规范严重滞后。最新修订的《公路斜拉桥设计规范》JTG/T 3365-01-2020 规范已于 2020 年 8 月 1 日颁布实施。桥梁事故发生的原因，可以参考规范的某些规定进行分析，但不应该成为判别是非的标准。英国的设计规范（包括混凝土结构设计规范）中都有一个前言，前言的最后一句话是统一的，用黑体字标出，强调："遵守英国规范（标准）本身，并不授予豁免法律责任。"只有这样，设计人员才能高度关注结构的安全性，才能不断进取，解决各种实际问题。

美国对于工程设计，不把容许应力当成绝对可靠的数值，因为实践表明，计算应力满足规范规定的容许应力未必一定安全。就斜拉桥而言，对实体断面，控制应力可以用高一点，而对于箱形截面则不能用得太高。尤其是本桥因底板很薄，其受力接近于柱的受力状态，而柱的允许应力只有 $0.33f'_c$（式中 f'_c 为混凝土圆柱体强度，试件的 $d=15\text{cm}$，$h=30\text{cm}$）。

我国《公路钢筋混凝土及预应力混凝土桥涵设计规范》JTJ 023-85 第 5.3.4 条规定：施工阶段构件在预应力及构件重力作用下，截面边缘混凝土法向应力应符合下列规定：压应力：30～40 号混凝土，$\sigma_{ha}\leqslant 0.70R_a^{b}$；50～60 号混凝土，$\sigma_{ha}\leqslant 0.75R_a^{b}$（式中 R_a^{b} 为混凝土抗压标准强度）。这个规定偏大。本桥施工阶段容许法向压应力达 $0.75\times 35=26.25\text{MPa}$，偏于不安全。原因在于我国规范施工阶段安全系数偏低。发达国家根据实践经验，普遍意识到过大的预应力给梁体带来的危害性，所以他们的设计规范规定的压应力限值都不是很高。

英国规范 BS 5400 第 7.3.2.1 条规定：在传力阶段的混凝土压应力不得超过 $0.4f_{ci}$（式中 f_{ci} 为传力阶段混凝土强度），与美国规范接近。

在美国，斜拉桥箱梁混凝土板厚一般采用 28cm，最薄为 23cm。

另外，在桥梁设计中应树立容错设计的思想。因为任何结构物都是通过施工建造出来的，设计图与实物必定存在一定的差异，所以，各类施工规范都有关于施工误差的规定。例如，后张法预应力管道安装允许偏差，沿梁高方向为 10mm，管道间距亦为 10mm。对于某些影响安全与质量的关键部位，设计者宜根据具体情况，确定这种偏差，并在设计中采取必要的防范措施。又例如，《混凝土结构设计规范》GB 50010-2010 第 6.2.5 条规定，偏心受压构件正截面承载力计算时，应计入轴向压力在偏心方向存在的附加偏心距 e_a，其值应取 20mm 和偏心方向截面最大尺寸的 1/30 两者中的较大值。这是因为工程中实际存在着荷载作用位置的不定性、混凝土质量的不均匀性及施工的偏差等因素。招宝山大桥结构设计与受力分析计算中，没有体现容错设计，增大了安全风险。

设计方面存在的问题还有：主梁中预应力粗钢筋接头在同一断面上，未要求错位设置，形成薄弱环节；箱梁底板普通钢筋偏少，不能形成对受压构件的有效套箍作用。本桥底板实际含筋率顺桥向为 1.42%，横桥向为 1.724%。而美国、日本规范对含筋率要求则高得多：美国规范要求，底板最小钢筋用量为底板面积的 0.4%（顺桥向）和 0.5%（横桥向）；日本规范要求，底板上下缘在顺桥向和横桥向必须配置中心间距 25cm 以下、直径 13mm 以上的钢筋。

此外，主梁预应力筋采用一次张拉进行施工控制不妥，尤其是底板，厚度小，承受负弯矩能力弱，二期恒载大（7t/m），悬臂浇筑长度大，一次张拉将使主梁处于高负弯矩状态，不但使底板压应力过大，而且从安装到成桥过程应力变化幅度也很大。计算表明，如果能分次张拉，16 号梁段大约可减少 1800t·m 负弯矩。

（2）施工方面的问题

① 事故中被压溃混凝土部位的顶板底面存在大面积蜂窝麻面；直腹板混凝土中甚至含有很多棉絮和布；16 号与 17 号梁段接缝处下游侧箱梁底板呈明显沟槽，深达 3～4cm，混凝土表面坑洼不平，钢筋裸露。

② 箱梁顶、底板均较薄，混凝土强度等级为 C50，施工采用插入式振捣，直接违反操作规程须用平板式振捣器的要求。

③ 16 号梁段腹板预应力管道施工中被压扁，灌浆严重不足，管道定位偏差大，距施工缝很近，出现带状削弱。

④ 预应力管道变径处采用胶带缠包，长度 30～40cm 以上，甚至有 85cm 者，存在任意性。黄胶带使板体混凝土与波纹管之间成为无粘结的工作状态，对结构受力极为不利。违反施工工艺要求，国内现已采用定型热塑管做波纹管变径处接头，不再使用缠包带的方法。

⑤ 事故后调查发现，16 号梁段实体肋破坏部位，在 1m 范围内仅有一根箍筋，且是断头筋，未形成套箍作用。设计规定此处箍筋间距为 15cm。水平筋间距也不符合设计要求。

⑥ 构件普遍超重。16 号梁段顶板设计厚度为 22cm，实际厚度为 27cm，23 号梁段直腹板厚度设计为 25cm，实际为 30cm。按施工原始记录推算，15～23 号梁段超重为 5%，设计允许超重为 3%。

⑦ 施工过程桥面临时荷载超重与偏心；悬浇挂篮严重超重等。

（3）施工监理与监控方面的问题

① 悬臂施工 20 号梁段以后，20 号梁段已出现应力超限，混凝土压应力监测信号已高达 20～30MPa，而监测人员毫无警觉，未提出报警、分析和采取措施，失去了避免事故发生的最后机会。

② 长悬臂施工阶段是斜拉桥施工最关键的阶段，也是施工过程中安全风险很高的时刻，这是常识。但在安装 23 号梁段时，监控负责人员均不在现场。

③ 只强调线形及索力监控，忽视对主梁应力的控制，其负面影响必然是所有不定因素和理论与实际差异所引起的效应和附加应力皆由主梁承担。尤其是本桥的结构比较单薄，并采用一次张拉方式的情况下，应力控制更为重要。

④ 从上述施工中暴露出来的问题足以说明监理部门未能起到应有的作用。

⑤ 施工由大桥局下属一处承担，监理由大桥局下属武汉桥梁建筑工程监理公司承担，这种实质上是"自己监理自己"的做法是违规的。主管部门应承担责任。

⑥ 监控不负责监测，监测由监理单位包揽，互相脱节、扯皮。从主梁发生压溃事故所暴露出来的各种施工质量问题说明，监理与监控在某些重要工作中失职。

招宝山大桥事故发生后，进行了深入的调查，各有关单位做了分析计算，设计、施工等方面充分表达看法，对很多问题争论激烈。当地建设单位、上级主管部门包括建设部等多次邀请专家和大专院校进行分析研究和验算，经过了长达两年的时间，最终由建设部邀请两院院士、清华大学陈肇元教授对所有资料进行审阅，对各方意见进行整理，提出了初步结论："施工、设计、监理、监控各方面都有过失，规范（标准）的管理部门也要吸取教训。"原因是综合性的，各方面都接受这一结论。上级领导部门也表达不追究责任。2000 年 12 月 10 日，陈肇元教授的文章"关于招宝山大桥工程事故"，对主要原因进行了论述，并提出中肯、深刻的建议。从招宝山大桥事故中获得的经验教训，对混凝土主梁斜拉桥的设计、施工、监理和监控等方面都有不少有益的启示，有利于推动我国斜拉桥的技术进步。

事故之后，经业主邀请各方专家多次商讨，确定了大桥修复的基本原则，即"确保桥梁结构功能、外观、使用寿命三不变"。决定将毁坏部分拆除，完好部分保留。比较了 3 个实施方案，最后采用预应力混凝土主梁的方案，即仍采用与原设计相同的桥型结构，破损部分拆除，重新设计，适当加强（底板加厚至 28cm），完好部分保留，并进行验算，进行必要的加固。经过中铁大桥局的艰苦努力，克服了很多困难，攻克了若干技术难关，于 2001 年秋全部竣工，经验收荷载试验结果表明，主梁整体性良好，实现了预定的全部目标，为大型桥梁严重事故处理提供了成功的加固重建改造技术和经验。《桥梁建设》2001（3）为招宝山大桥局部拆除重建专辑，内容较全面，涉及不少关键技术问题。此外，文献 [27]、[30]、[37] 等对重建工程中几个技术问题亦有论述，可供参考。文献 [26] 对招宝山大桥主桥事故原因提出另一种看法，认为箱梁底板的断裂肯定是与宁波春夏之间的脉动风有关，这是造成事故的直接原因，该文提出这次事故与自然因素有关，因无数值分析，仅仅是一种看法，不作评论。

9.6 实例六 重庆市綦江县虹桥（1999.1.4）

綦江县虹桥（亦称为彩虹桥），位于綦江县城古南镇的綦河上，是一座连接新旧城区的跨河人行桥。桥型结构为中承式钢管混凝土提篮拱，主拱净跨 120m，矢跨比 1/5，拱轴线为抛物线，即拱轴系数 $m=1$，桥面净宽 5.5m，全宽 6m，桥梁全长 140m，设计人群荷载为 3.5kN/m²。1994 年 11 月 5 日开工，1996 年 2 月竣工，1996 年 3 月 15 日正式投入使用。

1999 年 1 月 4 日下午 6 时 50 分，武警綦江县中队两个班共 23 名战士训练完毕从西城中山路回营房经过虹桥，另有当地老百姓几十人也走在桥上，整座桥突然断裂，随着一道闪光和巨大的响声，桥上行人与垮塌的桥体一起坠落河水中（图 9-14）。当时江面一片漆黑，水也较深，给施救带来极大困难。这次事故共计 40 人死亡（其中 18 人为武警战士），14 人受伤，直接经济损失 628 万元。

图 9-14　綦江县虹桥垮塌前原貌（左），垮塌现场（右）

这次特大桥难在国内外造成极其恶劣的影响。国内新华社等媒体进行了广泛的报道与评论，锋芒直指工程黑幕与官场腐败现象。国外有影响的《土木工程灾难——桥梁倒塌》专栏，搜集罗列了 1907—2007 年"百年来世界最恐怖的桥难"共 12 例，中国綦江虹桥和湖南凤凰沱江桥（详见本节实例八）入选。

虹桥特大事故发生后，中央领导与有关主管部门十分重视，立即进行了司法干预。1999 年 3 月 26 日至 4 月 3 日进行法庭审判，中央电视台公开电视直播审判全过程。接着由法律出版社公开出版了《綦江虹桥垮塌案审判实录》一书，全面介绍了审判过程。

（1）事故发生前的几件事

1996 年端午节河上进行龙舟赛时，桥上数百名官员和群众听到桥体发出"咔嚓"一声怪响，一些人吓得到处乱跑，惊恐逃离。如此异常情况未能引起有关部门警惕，甚至有的官员说，这声响"是桥面一块搁板未放到位引起的"。

有位干部不放心，曾去桥上查看，发现靠东一边的 3 根吊杆底部的焊接处完全裂开，西面的拱肋钢管对接焊缝处也出现了裂痕，随即告知有关部门，遗憾的是他的这些关键疑虑只被当作"个人发现"，未能引起管理单位的重视。

綦江县第一建筑安装有限公司一位工程师说，1997 年春节三十，他上桥散步，再次听到"咔嚓"声响，桥上几百人四处乱跑。后来没几天，又发现引桥与主桥连接处的接缝开裂，最宽处 6~7cm。他碰到县委副书记，告诉了这些异常现象，县委副书记却说这个桥有弹性，没当回事。

桥体声响事件出现后，有关部门请设计负责人以"专家"身份到现场查看，该设计负责人表态，"声响系应力调整，属正常现象"。他的这一错误结论，使县领导作出了虹桥可继续使用的决定。

由于桥体的异常情况时有发生，有位每天要过桥的小学生，在事故前的一个半月写了一篇题目为《彩虹桥要垮》的作文，其中写有"桥上的铁棒（指外套钢管的吊杆）有裂缝，我看见了好几条，我觉得太危险了，好像马上会落下来，我飞快地跑下了大桥"。但与本桥有关的设计、施工、管养和主管者通通视而不见，不予理睬。

桥难发生的一周前，綦江县建委一负责人曾呈送一份关于暂停使用彩虹桥的报告，但未获县委一把手的认可，置之不理。

（2）事故技术原因与评析

1999年1月8日，重庆市建设委员会作出了成立綦江县"1·4"事故调查组专家组的决定。专家组由9人组成，设正、副组长各1名。经过调查研究，专家组于1999年1月14日正式提出了"綦江县虹桥垮塌事故技术鉴定意见"，要点如下：

1）基本情况

桥梁基本情况已如前述，不再赘述。

建设单位：綦江县城乡建委；施工单位：重庆市桥梁工程总公司川东南经理部（私人挂靠）；设计单位：重庆市市政勘测设计研究院华庆设计工程公司下属富华公司；质监单位：重庆市市政工程质量监督站。

该桥在未向有关部门申请立项的情况下于1994年11月5日开工，1996年2月竣工。

主拱钢管由重庆通用机器厂劳动服务部加工成8m长的标准节段，现场在标准节段没有任何质保资料且未经验收的情况下焊接拼装合龙成拱。钢管拱成型后管内分段用混凝土填筑。吊杆锚固采用群锚体系，锚具型号为YCM15-3。

1996年3月15日，未经法定机构验收核定该桥即投入使用。1999年1月4日下午6时50分突然垮塌。

2）破坏过程

① 1996年6月19日龙舟赛时，东岸上游7号吊杆和东岸下游3号吊杆发生巨响，经检查，这两根吊杆已发生滑移失效。

② 1998年5月某日，桥体发出异常响声，吊杆锚固失效进一步发展，桥面出现晃动下沉。

③ 多根吊杆锚固急速失效，1999年1月4日下午6时50分，桥面板倾斜垮塌，拱结构受力严重恶化。

④ 主拱结构整体突然垮塌破坏。

现场勘察发现，上游主拱断成13段，下游主拱断成15段，断点均为工厂焊接位置。

3）破坏原因

① 吊杆锚固系采用榔头敲打锚具夹片的方法，不能保证钢绞线有效锚固，也不能保证吊杆中三根钢绞线均匀受力。模拟试验证明这种锁锚方法是错误的。这是锚固失效导致桥面板垮塌的直接原因。

另外，吊杆PVC管中灌浆不密实，局部漏灌，钢绞线锈蚀严重，危及结构的长期安全使用。

② 主拱钢管加工层层转包，既无经济合同又无书面技术质量要求。经现场取样进行检验，焊缝质量达不到施工及验收规范二级焊缝检验标准的要求。故主拱钢管工厂的焊接接头质量低劣是导致主拱垮塌的直接原因。

③ 设计图纸粗糙，更改随意。吊管由40mm圆钢改为钢绞线群锚体系后，对采用无顶压张拉锚具未提出确保锁锚质量的相应措施；部分构造处理不当；对主拱钢结构的材质焊接工艺及质量，以及接头位置均无明确要求。

④ 钢管内混凝土强度达不到设计要求。经现场取样检验，混凝土强度最低仅15.6MPa，不能达到 C30 要求。拱肋内甚至出现 1m 多长的空洞，工程质量低劣，进一步降低了结构承载力。

4）结论

① 吊杆锁锚方法错误。不能保证钢绞线有效锁定及均匀受力，钢绞线部分或全部滑出使吊杆锚固失效是导致桥面板垮塌的直接原因。

② 主拱钢管工厂对接焊缝普遍存在裂纹、未焊透、未熔合、气孔、夹渣及陈旧性裂纹等严重缺陷，质量达不到施工及验收规范二级焊缝检验标准要求，故钢管工厂对接焊缝质量低劣是导致主拱垮塌的直接原因。

③ 主拱钢管内混凝土强度达不到设计要求，局部有漏灌现象，在主拱肋中甚至出现1m 多长的空洞。吊杆灌浆防护也存在严重质量问题。

④ 设计粗糙，更改随意，构造也有不当之处。

综上所述，该桥建成时即是一座危桥，使用过程中，吊杆锚固加快失效，主拱受力急剧恶化，该桥的垮塌势在必然。

专家组鉴定意见对虹桥垮塌主要原因的分析与结论是正确的，已被法庭接受，作为正式文件纳入庭审记录。但法庭上辩护人提到了"共振问题"，即武警战士 20 多人跑步过桥是否对桥梁的损坏有影响。专家组以鉴定人的身份答复：经过认真分析计算，在鉴定结论里把共振原因排除了。据有关资料介绍，武警战士是跑步过桥的，而且还喊着"一二一"。因此共振是客观存在的。当然，对于虹桥垮塌这不是主要原因，但应该承认有一定影响。文献［23］的论述就比较全面："要指出的是，人行桥在特别负荷下的安全度是会打折扣的。例如这座彩虹桥（指綦江虹桥），在桥下赛龙舟时，桥上的人群不仅密布满载，人群随龙舟的变位而朝一边蜂拥，偏载晃动就极其危险，团体过桥切忌正步以防共振，这都是人行桥的管理常识。"因士兵正步过桥，法国昂热桥及英国曼彻斯特布洛顿桥（均为吊桥）发生共振而垮塌。文献［23］第一章及第二章有详细介绍及论述。英国等国家后来规定，人行桥当人群通过时只能便步走，不能正步过桥。可见，在某些情况下，人群正步通过人行桥是有危险的。

（3）教训与启示

从技术方面分析，虹桥吊杆锚固施工方法错误与拱肋钢管焊接质量低劣，是导致部分吊杆失效后桥面坍塌进而引发拱肋垮塌的直接原因，也是主要原因。

国内曾有多座中下承式拱发生吊杆断裂引发部分桥面坍塌的事故。例如新疆 G314 线库尔勒孔雀大桥（参阅附录三序号 266）、福建武夷山市公馆大桥（参阅附录三序号 269）、四川攀枝花市倮果金沙江大桥（参阅附录三序号 356）、四川宜宾小南门桥（参阅附录三序号 189）等。这些事故中的桥梁仅是部分吊杆失效引发局部桥面坍塌，拱肋并未破坏。而綦江虹桥则是全桥垮塌，因而造成很大伤亡。这是因为吊杆与拱肋都存在严重质量问题，致全桥主要受力构件均失效。可以认为，虹桥建成使用时已是一座危桥。技术上的直接原因，首要的是施工质量低劣，其次是设计失误以及缺乏施工监控。就技术管理制度而言，大桥完工后未进行以荷载试验为主要内容的竣工验收，是应该吸取的教训。

中承式拱桥以往多采用以横梁受力为主且无加劲纵梁的桥面系结构。这种结构形式的特点是，桥面板支承于横梁之上，横梁简支于吊杆，结构的内部与外部均无多余的约束，传力途径也是单一的，结构的整体性较差。当吊杆破坏后，易产生横梁和桥面板的坠落，我国已经发生的多起中、下承式拱桥事故，都是采用这类桥面系，綦江虹桥也是这种桥面系。直到 2013 年以前，我国桥梁规范对这一问题都没有明确规定。所以，綦江虹桥事故调查组专家组也未提及。这是中、下承式拱桥设计发展过程中存在的一个局限。后来，总结了多起类似事故的教训后，直到 2014 年国家标准《钢管混凝土拱桥技术规范》GB 50923-2013 和 2015 年行业推荐性标准《公路钢管混凝土拱桥设计规范》JTG/T D65-06-2015 正式颁布实施后，中、下承式拱桥桥面系的设计才有了权威的、明确的依据。国家标准 GB 50923-2013 第 7.5.1 条规定："中承式和下承式拱桥的悬吊桥面系应采用整体性结构，以横梁受力为主的悬吊桥面系必须设置加劲纵梁，并应具有一根横梁两端对应的吊索失效后不落梁的能力。"这一条规定是强制性的（黑体字）。据主管单位解释，违反强制性条文规定而引发的事故，当事人应承担法律责任。为写下条文的 72 个字（含标点符号），付出的代价是很多人的生命与巨大的经济损失。行业推荐性标准 JTG/T D65-06-2015 结合公路桥梁的特点也有类似的规定（第 8.7.2 条）。两种规范，都注意到了一个重要问题，中、下承式拱桥吊杆与桥面系连接处是这类桥型结构最薄弱之处，或者说是设计上的一大风险源，同时也是施工上的风险源之一，万万不可粗心大意。

自从 1990 年四川旺苍东河大桥（115m 钢管混凝土下承式刚架系杆拱）建成后，国内不少省市都推广采用这种桥型。当时没有钢管混凝土桥梁规范，多参照建筑工程钢管混凝土结构规范，例如 JCJ 01-89、CECS 28：90、DL 5099-97 等规范或规程。就构件设计与加工制作而言，总体上是可靠的。綦江虹桥钢管混凝土拱肋出现破坏，问题出在钢构件加工与焊接工艺质量低劣，理应承担垮桥的主要技术责任。国内 2000 年前后建成多座大跨径钢管混凝土拱桥，例如巫山长江大桥（主跨 460m，2000 年建成）、广州丫髻沙珠江大桥（主跨 360m，2000 年建成）、广西三岸邕江大桥（主跨 256m，1998 年建成）、浙江铜瓦门大桥（1999 年建成）等。可见，在当时的条件下，只要认真学习成功的经验，设计、施工保证质量，綦江虹桥是不会发生重大事故的。归根结底，在于人的素质与严格的制度。

与钢管混凝土桥梁迅猛发展的势头比较，我国有关钢管混凝土桥梁的规范严重滞后。直到 2008 年四川省交通厅公路规划勘察设计研究院编制的《公路钢管混凝土桥梁设计与施工指南》正式出版；2011 年福建省地方标准《钢管混凝土拱桥技术规程》DBJ/T 13-136-2011 颁布实施，才使钢管混凝土拱桥的设计、施工与制造有一定的依据，为我国钢管混凝土拱桥的发展作出了贡献。

綦江虹桥垮塌事故作为刑事案件进行公开审判，并通过中央电视台向全国直播庭审的过程，获得广大群众的称赞和国内外媒体的广泛关注与评论，取得了良好的社会影响。

虹桥始建于 1994 年 11 月 5 日，竣工于 1996 年 2 月 16 日，垮塌于 1999 年 1 月 4 日，使用寿命仅 952 天。新虹桥位于旧桥上游 40m 处，是一座 X 形上承式钢筋混凝土人行拱桥，单孔跨越綦江，净跨 130m，全长 160m，桥宽 7.5m。1999 年 9 月 28 日开工，2000 年 10 月 11 日建成后进行了荷载试验，同年 12 月 12 日正式竣工验收后投入使用。

在新虹桥的右岸建立了一座虹桥纪念警示雕塑，其基座两侧分别刻有"綦江虹桥警示碑"和"綦江新虹桥纪事碑"。警示碑上铭刻着的碑文发人深省，全文如下：

利与弊，相反而相成。利兴则弊除。然假兴利之名以行弊者，弊尤大焉。此虹桥塌沉之痛训也。綦河贯县城，隔东西城区。虹桥之建，欲便两城之往来。一九九六年二月十五日通行，一九九九年一月四日垮堕。死祸者四十，伤十余人。盖主事者徇私渎职，施工者贪利粗制，案震全国。有关责任者受党纪国法追究。县委、县政府决定建设新虹桥。落成之日，立碑其侧，以戒今惕后。铭曰：新建豪张，旧痛回肠。主政贪妄，属众遭殃。腐之为患，国祸民伤。从公慎纪，勿怠勿荒。勒石警示，永志莫忘。碑文后署"中共綦江县委、綦江县人民政府"。

9.7 实例七 四川省宜宾市小南门金沙江大桥（2001.11.7）

大桥距金沙江与岷江汇合处约1100m，是连接城市南、北两岸的一座城市桥梁，也是经宜珙、宜长公路进入云南、贵州境的重要桥梁。桥下通航等级为三级航道，主桥为净跨240m中承式钢筋混凝土箱形拱，矢跨比1/5，两条无铰拱肋的轴线横向距离15.70m。箱形拱肋为变高度，拱顶处高4.30m，宽2.2m，拱脚处高5.1m，宽3.2m。拱顶截面的顶、底板及腹板厚度均为30cm，其余截面为变厚度。拱箱内在吊杆处及立柱处设横隔板，全拱共23道，两条拱肋之间设8道横撑。箱肋采用型钢劲性骨架法施工，型钢劲性骨架分为7段吊装。拱架合龙后，立模安装钢筋，按设计程序浇筑混凝土。先浇底板，次浇腹板与横隔板，最后浇顶板，形成箱形拱肋。骨架吊装重量40t。南引桥2跨、北引桥6跨均为先张法预应力混凝土简支空心板，跨径16m，大桥全长384m。

主桥共设置17道桥面横梁，共17对吊杆，上端锚固在两条拱肋上，下端锚固在横梁上。每根吊杆由21-7ϕ5钢绞线组成，外套ϕ159mm外径的无缝钢管，管内灌注硫磺水泥和水泥浆以保护钢绞线。吊杆两端均采用XM15-21锚具分别与拱肋和横梁连接。

主要技术标准：设计荷载为汽-超20、挂-120；人群荷载为3.5kN/m²；桥面净宽为净-13m＋2×3m人行道；抗震设防烈度8度；设计洪水频率1/100。该桥于1990年6月建成。大桥立面如图9-15所示。

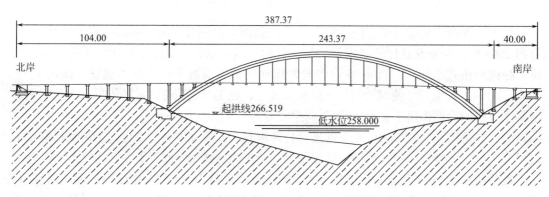

图9-15 小南门大桥立面示意（尺寸单位：m）

大桥建成使用11年后的2001年11月7日凌晨4时30分左右，主桥南侧编号S_1、S_2、S_3的3对吊杆突然断裂，相应的4跨桥面板坠落，接着北侧编号为N_1的1对吊杆也发生断裂，致2跨桥面板垮塌。在极短的时间内，主桥共有4对吊杆断裂，6跨车道板与人行道板掉入江中（图9-16）。南侧掉落的桥面板纵向长度约40m，北侧掉落的桥面板纵向长度约 10m。断裂的吊杆，都是南、北两侧最短的几根。这次事故造成 3 人死亡，2 人受伤，3 辆汽车落水。因为事故发生在凌晨，桥上车辆行人不多，伤亡与损失不算很大。如果发生在白天，后果不堪设想。

图 9-16　垮塌的宜宾市小南门金沙江大桥（左），残存的吊杆（右）

该大桥属城市生命线建筑物，桥面坍塌后，不仅桥上的交通中断了，通过桥上的水、电、气和光缆光纤也被切断。最严重的是全城通信立即瘫痪，是市民主动跑步到公安局报警，到医院通知。每天通过大桥的车辆约 36000 辆，还有约 10 万人来往于南北两岸，事故发生后给社会各行业都造成了极大困难，政府及有关部门为此投入了大量的人力、物力和财力。有媒体评论，这次事故伤亡不算很大，但对社会生活与生产造成很大损失。后来的抢险加固与修复工程因难度大、时间紧迫，成为宜宾市一段时期内头等重要的工作。

为了更全面地了解这次事故发生的原因，先介绍事故发生前的一些情况。

宜宾市交警支队于事故后提供的资料显示，近年（指 2001 年之前的几年）大桥日交通量 36000 辆左右，而设计时预测推算的到 2005 年日交通量仅为 7760 辆，仅为实际日交通量的 21.6%，有时日交通量高达 47000 辆。

1999 年 4 月，市政协委员刘显君向市交通局提出了《关于加强对小南门金沙江大桥的管理》提案，认为应请专家来对大桥的安全性进行监测，还指出由于大桥采用的是新工艺，桥面的重量全靠钢缆（指吊杆）提着，因此应经常对钢缆的接头处进行检查，有问题及时维修，并形成定期保养的制度。4 个月后交通局有了书面答复，表明该提案已被采纳、落实。据媒体报道，交通局买了一部高倍望远镜定期观察。可以认为，管养部门只对大桥进行了常规观察和养护，但对关键部位的检查可能有实际困难，将在后面再作评析。

1999 年 8 月 21 日，《宜宾日报》发表了记者张玲的文章《负重的桥梁》，对宜宾包括小南门大桥在内的两座大桥的"超负荷运行"表示了担忧，并指出设计时预测小南门大桥 2005 年日交通量为 7760 辆，到 1998 年实际的机动车日最大交通已达 47000 辆。当时市交通局领导也承认一旦出现意外整个城市就会陷入瘫痪状态，但又认为："目前（1999 年）小南门大桥的稳固性不存在任何问题。"

2000 年，宜宾小南门大桥的设计者之一武警交通公路工程设计研究所徐风云提醒有关部门，这座大桥已严重超负荷，应加强对大桥的维护管理。

还应注意到，1999 年 1 月 4 日重庆市綦江虹桥发生特大事故（亦为中承式拱桥），1998 年 12 月 16 日三峡库区重庆市云阳县永安石拱桥垮塌，1998 年 12 月 19 日重庆市沙坪坝龙泉路在建立交桥垮塌。

这么多警示都未引起宜宾小南门大桥有关主管单位的高度重视，并采取切实可行的防范安全事故发生的措施。这与该大桥修建年代工程部门，包括设计、施工、管养，对中承式拱桥关键部位防腐蚀的重要性认识不足有关。从宏观上看，是桥梁技术发展过程的一种历史局限性。宜宾小南门大桥设计上的不足，是在构造上未能提供桥梁使用阶段方便检查的通道或装置，使得检查人员难以对吊索防护的关键部位进行有针对性的检查，致使吊索腐蚀得以继续，最终发生断裂。在那段时期，国内曾发生过多起中下承式拱桥吊杆断裂引发的事故，表 9-2 为部分实例。由这些实例可以看出，吊杆在各种不利因素的影响下，实际使用寿命较短。尤其是 2000 年以前建成的中下承式拱桥，一般不到 15 年就出现损坏，不得不进行更换。现行公路桥规 JTG/T D65-06-2015 规定："吊索、系杆索的设计使用年限应为 20 年。"吊索与系杆只能算半永久性构件。

国内部分中下承式拱桥吊杆断裂引发的事故简况   表 9-2

序号	桥梁名称	桥型与孔径	事故概要	时间（年月日）	备注
1	重庆市綦江县虹桥	120m 中承式钢管混凝土提篮拱	吊杆断裂引发拱肋与桥面系全部垮塌	1999.1.4	详见本章实例六
2	四川省宜宾市小南门大桥	240m 中承式型钢劲性骨架 RC 箱肋拱桥	吊杆断裂引发部分桥面板坍塌	2001.11.7	详见本章实例七
3	四川攀枝花倮果金沙江大桥	160m 中承式型钢劲性骨架 RC 箱肋拱桥	建成 8 年后，吊杆严重腐蚀，全部更换吊杆	2003	1995 年建成
4	四川乐山沙湾名城大桥	系杆拱桥	建成 5 年后，吊杆、系杆严重腐蚀，全部更换吊杆、系杆	2003	
5	成渝高速公路新龙坳大桥	117.8m 中承式 RC 提篮拱	使用 14 年后，吊杆病害严重，全部更换	2007.1	1993 年建成
6	江苏省常州市运河桥	下承式 RC 系杆拱桥	100t 重车通过时，吊杆破坏，部分桥面坍塌	2007.5.13	
7	福建省南平市玉屏大桥	中承式拱桥	建成 14 年后，吊杆腐蚀断裂，全部更换	2010.1	
8	江苏盐城大丰市龙堤大桥	56m 预应力混凝土系杆拱桥	吊杆大范围开裂，局部锈蚀，更换全部吊杆	2010 之前	建成于 20 世纪 90 年代
9	新疆 G314 线库尔勒孔雀大桥	150m 钢管混凝土中承式拱桥	使用 13 年后，2 对 4 根吊杆断裂，桥面 3 跨矮 T 梁坠河	2011.4.12	建成于 1998 年
10	福建武夷山市公馆大桥	(80＋100＋80)m 中承式 RC 系杆拱桥	使用 11 年后，80t 重车通过时，14 根吊杆断裂，部分桥面坍塌	2011.7.14	详见 7.2.3 节实例五
11	四川攀枝花倮果金沙江大桥	160m 中承式钢管混凝土劲性骨架 RC 箱拱	建成 17 年后，一对吊杆脱落，桥面下坠成 V 形，最大下沉 75cm	2012.12.10	1995 年建成，2003 年曾更换吊杆
12	××大桥	243.37m 中承式劲性骨架 RC 拱桥	2002 年更换全部 17 对吊杆，2014 年因病害严重，拟第 2 次更换全部吊杆	2014	1990 年建成通车

宜宾小南门大桥吊索断裂的主要原因有以下几点：

（1）预应力钢材对腐蚀极为敏感

高强度预应力钢材多采用中碳材料（含碳量 0.7%～0.9%），经调质后冷拔而成，其工艺过程大大降低了材料的塑性（延伸率≤4%），这类钢材对应力腐蚀或氢脆具有更敏感的脆性破坏的可能性。根据国际预应力混凝土协会（FIP）统计，预应力钢材的破坏中，腐蚀疲劳约占 10%，应力腐蚀占到 75% 以上，而其中寿命超过 5 年的仅占 50%。这是由于潮湿的环境、腐蚀介质的作用和防护不当等所造成的。宜宾小南门大桥吊索的不良使用环境与高应力工作状态，使其发生了应力腐蚀。

（2）恶劣的腐蚀环境

《四川环境》1997 年第 16 卷第 1 期和宜宾市环境检测局公布的资料表明：1986～2000 年，各年度降水 pH 值均小于 5.0，属酸雨地区，故宜宾小南门大桥长期处在酸性腐蚀环境中。

（3）无防腐涂层的钢绞线

采用热镀锌、铝和环氧涂层等措施，可以提高钢绞线的防腐蚀能力。但国内生产镀锌钢绞线始于 1994 年，生产环氧涂层钢绞线始于 1999 年。宜宾小南门大桥建于 1990 年，当时国内对于腐蚀及应力腐蚀对结构寿命的影响尚缺少深度认识，更未采取相应的防腐措施。

（4）短吊杆受力状态复杂

在温度等荷载作用下，桥面漂浮体系存在较大的水平位移，和跨中长吊索相比，刚性较大、固有频率较高的短吊索受到的剪切变形大，其下端处于反复弯剪状态，在汽车冲击力作用下，久而久之导致吊索护筒和筒内砂浆裂开，使钢绞线受到大气和雨水的直接侵蚀，发生严重腐蚀。宜宾小南门桥事故中，都是最短的吊索在靠近桥面横梁处发生断裂。对于这一关键部位，设计忽视了可视性检查与可操作性更换，致使管养单位无法通过常规检查方式了解其腐蚀状况，导致吊索的腐蚀继续恶化。在当时情况下，管养单位对吊索防腐蚀的重要性也认识不足，仅仅做了常规检查，不可能发现吊索下端存在的严重问题。

在桥面系的结构设计上，对于中下承式拱桥，国内当时普遍采用吊索支吊横梁、横梁上搭设简支桥面板的形式。一旦吊索失效，桥面板立即坍塌。宜宾小南门桥也是这种形式。行业规范当时没有相关规定，直到国家标准 GB 50923-2013 和行业推荐性标准 JTG/T D65-06-2015 颁布实施后，对中下承式拱桥桥面系设计才有了明确规定。在我国中下承式拱桥发展的过程中，相应的设计和技术规范明显滞后。

宜宾小南门大桥抢险加固工程于 2001 年 11 月底结束。大桥恢复工程仍采用原设计标准。原吊杆已严重锈蚀，全部更换。新吊杆设计的基本原则是：加强吊杆防腐蚀构造的细节处理；提高吊杆的安全系数（由 2.4 提高至 3.0）；吊索（尤其是短吊索）两端由固结改为铰接（或半铰接），以适应桥面纵向漂移；明确吊杆使用年限为 20 年；常规检查应具有可操作性，并能进行无损方式检查。

修复后的宜宾小南门金沙江大桥于 2002 年 6 月 28 日通车。

9.8 实例八 湖北省钟祥市汉江大桥（2005.9）

钟祥市汉江大桥主桥为（65＋3×100＋65）m 预应力混凝土变截面连续箱梁，桥面宽度 12m。汉江大桥曾是钟祥人引以为荣的城市标志性建筑。《中国历史文化名城大词典》在论述钟祥市时，是这样介绍这座大桥的："湖北省级公路皂当线上的特大桥梁。1990 年 10 月 28 日正式奠基，1993 年 11 月 28 日竣工通车。桥梁总长 1584m，宽 12m，造价 5650 万元。大桥宏伟壮观，造型简洁流畅……"大桥竣工验收时，交通部门的结论是："工程质量等级优良。"如图 9-17 所示。

图 9-17　竣工验收时"工程质量等级优良"的湖北钟祥汉江大桥

使用 8 年后，2001 年省交通部门有关单位就发现主桥箱梁有裂缝，大桥仍继续服役。到了 2004 年，主桥病害日益加剧，湖北省交通厅公路局委托交通部公路科学研究所进行了检测，因主梁开裂、下挠严重，已危及使用安全，判定为"危桥"。后经有关主管部门决定，于 2005 年 3 月大桥完全封闭，禁止车辆、行人过桥。过往人流和车辆只有改道从数百米外的渡口乘轮渡过江，对钟祥城市交通与省道公路交通带来很大压力，损失很大，社会影响恶劣。

大桥的检测结果表明，主桥中间三跨跨中箱梁底板横向贯穿开裂，且仍在继续发展，两个边跨箱梁下挠加剧；主梁混凝土劣化严重；箱梁顶板开裂渗水；箱梁分段接头混凝土质量差；抽查发现箱梁底板纵向预应力管道未见压浆；预应力钢丝有断丝、滑丝现象，部分钢筋锈蚀严重。主桥的承载能力远低于设计值，已不能满足使用要求。

对于这样的危桥，维修加固不仅技术难度大、风险大，而且在经济上也需高投入。2005 年 9 月，最后决定主桥拆除重建。据大桥工程指挥部办公室介绍，主桥拆除重建费用约 3400 万元。

这是一起典型的桥梁重大质量事故。从技术上分析，主桥箱梁出现大面积的开裂和下挠，问题出在预应力束严重失效。自从后张法有粘结预应力技术在桥梁工程中应用以来，国内外一些预应力混凝土桥梁曾发生不同程度的病害甚至事故。英国威尔士 Ynys-Gwas 桥事故就是一个著名的实例。该桥为后张法预应力混凝土梁桥，于 1953 年建成，经过 32 年服役后，于 1985 年 2 月 1 日，在桥上没有车辆及其他外力作用下，毫无征兆地突然垮塌。该桥由 9 根 I 形纵梁和边箱梁组成，垮塌时 9 根梁全部破坏。事后英国运输与道路研究实验室进行了调查研究。打开表层混凝土保护层发现，金属波纹管的局部已生锈腐烂，可以看到波纹管内无浆体的空穴，钢绞线暴露在空气中，表面已生锈。在 24 条纵向孔道中有 4 条存在较大孔隙，另有 2 条孔道在一定长度内存在中空段，钢绞线完全没有水泥浆包裹，最大空隙出现在曲线管道的锚固端。另外，在检查的 14 条横向预应力孔道中有 3 条孔道的钢绞线无水泥浆包裹，另外有 3 条孔道几乎全部是空的。得到结论是：该桥是因为部分钢绞线锈蚀断裂，预应力大部分失效导致全桥坍塌。这次事故后，英国运输部强制规定，暂不使用后张有粘结预应力工艺，改用后张无粘结预应力工艺。在一段时期内使后张无粘结预应力技术得到快速发展。但在使用过程中，逐渐发现无粘结预应力技术，存在一系列问题，主要反映在以下几个方面：①预应力筋能否正常工作主要取决于两端锚具的可靠性，一旦锚固出现问题，将严重影响结构安全；②预应力筋与外护套之间的油脂虽然可以充满套内空间，但时间很长后油脂会干缩或在高温下流出，钢绞线得不到有效的保护；③对于多跨连续结构，无粘结预应力会使结构体系的可靠性下降；④在相同条件下，无粘结预应力混凝土构件的预应力筋极限应力低于有粘结预应力筋极限应力约 20%。由于无粘结预应力技术存在上述问题，后来英国运输部重新规定可以继续使用后张有粘结预应力技术，并对管道灌浆质量提出了严格要求。目前，后张无粘结预应力技术在建筑工程中应用较多，在桥梁工程中，有时在小跨径桥梁或某些局部应用。后张有粘结预应力工艺仍然是桥梁预应力技术的主流。《公路桥涵施工技术规范》JTG/T 3650-2020 对后张法孔道及封锚有明确而详细的规定，认真执行是能够保证质量的。

早期所采用的传统普通工艺进行管道压浆，难以保证管内浆体密实。文献 [61] 介绍了某高速公路拓宽改造中对三座实桥实施拆除，对孔道浆体进行现场实测的情况，简述如下：

A 桥：21m+45m+35m 变截面预应力混凝土连续箱梁，梁高 1.1～2.5m，纵向预应力束为 24ϕ5mm 碳素钢丝，C40 混凝土。调查了 12 个断面，计 867 个孔道，压浆饱满率为 50.1%～91.3%，平均值为 73.3%。

B 桥：42.5m+65m+42.5m 变截面三向预应力混凝土连续箱梁，挂篮悬浇施工，纵向钢束为标准强度 1860MPa 的 7ϕ5mm 钢绞线，XM 锚，预埋波纹管，C50 混凝土。1995 年建成。调查了 9 个断面，共计 636 个孔，压浆饱满率为 48.9%～76.2%，平均值为 66.6%。

C 桥：32m+50m+32m 预应力混凝土连续箱梁，梁高 2.4m，纵向钢束为标准强度 1860MPa 的 7ϕ5mm 钢绞线，XM 锚，预埋波纹管。1995 年 12 月建成。调查了 24 个断面，共计 958 个孔道，压浆饱满率为 52.66%～98.04%，平均值为 77.7%。

上述实测资料表明，采用传统的普通工艺进行管道压浆，其压浆饱满率大约在 70% 左右，如果施工中进一步加强质量管理，压浆饱满率还有可能提高。这就说明了我国早期修建的预应力混凝土梁桥，除极少数成为危桥外，大部分桥梁虽出现裂缝等病害，但通过维修加固后仍可继续使用。钟祥汉江大桥，预应力管道经抽查发现管道中甚至有未压浆的情况，这就不能完全归因于传统工艺的缺点，而是施工质量失控，才会产生如此严重的后果。

钟祥汉江大桥重大质量事故的技术原因是基本清楚的。但涉及管理部门的责任时，似乎情况就变得复杂一些。下面是 2005 年 12 月新华社专稿公开提到的一些情况：

在这座大桥的总投资中，钟祥市（当时为县）政府投资占 2/5，其余为上级交通部门投资，但钟祥市却是大桥的业主。当记者问及谁为大桥承担质量责任时，钟祥市政府一位负责人只是说："专家们有意见"、"我们要为钟祥创造宽松的发展环境"，便不再深谈。几位当地干部私下对记者说，市领导也不好多谈大桥的质量责任，原来建桥的大部分投资是上级交通部门出的，再说现在建新桥上面已答应不要钟祥市政府出资。这次拆除重建主桥所需的3400多万元，全部由交通部门以统收统贷方式筹款。

省交通基本建设工程质量监督站负责人说，发现大桥有裂缝后，没有人委托质监站对大桥参建单位进行行政处罚。有关参建单位负责人也承认，省委领导同志批示以前，没有人向他们问责。

在武汉从事桥梁和高速铁路设计的几位专家分析说，钟祥市有求于交通部门，交通部门又不愿自己打自己的耳光，问责变成了一句空话。

今年6月（指2005年），湖北省政府决定拆除重建钟祥汉江大桥主桥。原大桥建设业主单位钟祥市政府再次当业主。7月对外招标投标，大桥原设计单位、原施工单位和原监理单位都再次参加投标。原监理单位以设计单位身份与湖北省路桥有限责任公司组成的设计施工总承包实体，在招标投标中中标。

我国建设工程实行的是政府管理部门（如交通局等）、社会监理和施工单位三个层面的质量监督。一旦工程出现质量问题，施工单位应承担直接责任，并受到责任追究；监理单位应承担监理责任，受到经济处罚和通报批评，并限制在某个行业某段时期内不得参与招标投标；施工单位还要出资重建或返修工程。

钟祥大桥指挥部办公室副主任则解释说，依照我国《招标投标法》，凡符合相关资质条件的单位均可参加投标。当时没有哪个权威单位确认参建单位有何问题，我们无理由否定他们的投标资格。

主桥长达430m，仅使用11年后成了危桥需拆除重建，国家损失达3400万元。这样的重大质量事故，居然没有追查责任，也没有人（或单位）承担责任。所以，新华社专稿用的两个小标题是很贴切的："重建危桥就可以逃避问题与责任么？""参建危桥的单位又来参加投标了。"

钟祥汉江大桥作为危桥拆除重建，至今已有15年了，虽然是一个陈旧的故事，但其在技术与管理上的教训，对今天的桥梁建设仍有启示。

9.9 实例九　湖南省凤凰县堤溪大桥（2007.8.13）

堤溪大桥位于湖南省凤凰县至贵州省铜仁市大兴机场的二级公路上，在湘西土家族苗族自治州凤凰县城附近，跨越沱江，也称为沱江大桥。凤凰县是中国著名的历史文化名城，文学巨匠沈从文、大画家黄永玉都成长在这里。凤凰古城是中国知名的旅游胜地。为进一步提升旅游形象，于2007年重点新建全长约30km的凤大公路。凤凰县城外几百米拟建的堤溪大桥是重点工程，也是该地的第一座风光大桥。

堤溪大桥全长328.45m，为4×65m空腹式等截面悬链线无铰石拱桥，矢跨比1/5，$m=2.514$，拱圈宽12.8m，桥面宽13.0m，设计荷载为汽-20、挂-100，拱上腹拱净跨5.0m，矢跨比1/5，桥面纵坡−3％。大桥立面布置如图9-18所示，主拱圈厚度135cm。采用20号小石子混凝土砌60号块石，主拱圈体积共计5034m^3。腹拱圈采用12.5号砂浆砌30号粗料石。拱上横墙、侧墙与填料均为浆砌的砌石结构，属重型拱上建筑。桥台、桥墩及扩大基础均采用15号小石子混凝土砌60号块石，基础置于基岩内。基岩以碳酸盐岩石为主，其中包括紫红色中厚层泥质砂岩、泥岩，底部有砾岩。地质构造无大的断裂。施工中发现有 5 个墩台处地质情况与设计资料不符，在桥头引道路基施工中发现溶洞。施工期间，2007 年 7 月 23 日至 7 月 26 日沱江出现特大洪水。

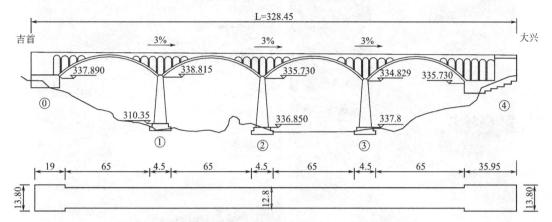

图 9-18　堤溪沱江大桥桥型布置图（尺寸单位：m）

该桥原计划工期 16 个月，预计 2005 年 7 月 28 日完工。自 2004 年 3 月开工以来，受征地拆迁影响，2005 年 7 月至 2006 年 4 月停工，直到 2006 年 8 月 15 日才复工。2007 年 4 月 1 日，业主单位召开会议研讨大桥施工问题。会议纪要第 5 条为："在 2007 年 6 月 15 日前完成主拱圈的砌筑奖励项目经理 1 万元；2007 年 7 月 15 日前完成腹拱圈砌筑奖励项目经理 1 万元；2007 年年底以前建成通车奖励项目经理 3 万元。"另外，为了自治州 50 年州庆，要求施工安排倒计时，加快施工进度。

主拱圈采用在满堂式拱架上砌筑的施工方法。支架经过预压后，按分环分带的方式进行加载。项目部于 2007 年 7 月 8 日提出了《堤溪沱江大桥主拱圈满堂支架卸架程序说明》。与业主、监理达成一致意见，于 2007 年 7 月 9 日开始进行拱架卸落，直至 7 月 14 日完成 4 孔主拱圈拱架拆除。拆架后实测主拱圈沉降为 40mm。主拱圈是 6 月 20 日砌筑完成的，为了抢工期没有按常规于 28d 后脱架，而是在 19d 后的 7 月 9 日开始卸架。

2007 年 8 月 13 日下午 4 时 50 分，靠 0 号桥台的第 1 孔主拱圈拱脚附近（大约在拱上第 2 腹拱的下方）首先断裂，第 1 孔上部结构随即全部垮塌，接着很快第 1~3 号桥墩与第 2~4 孔上部结构连续垮塌，最后现场只留下两岸的桥台（图 9-19）。事故发生时，工地现场作业人员共计 152 人，一部分人员在桥上施工桥面填料，另一部分人员在桥下清运已拆除卸落的拱架。事故造成 64 人死亡，22 人受伤，伤亡人数合计 86 人。

8 月 16 日，国务院"8·13"事故调查领导小组成立。此前，一支由 9 人组成的专家组已赶到事故现场。各有关方面的救援工作、调查工作与应急处置工作全面展开。全国媒体进行了大量报道。根据已公开的各类资料，对这次特大事故的有关情况进行介绍，以便较全面地了解事故原因。

堤溪沱江大桥业主单位是湘西自治州凤凰至大兴公路公司；设计单位是湖南华罡交通规划设计研究院；桥梁施工单位是湖南省路桥集团道路七公司；监理单位是湖南交通设计院下属金衢监理公司。

2003 年 12 月，大桥项目部考虑到该桥上部构造施工受洪水影响（指满布式拱架），以

图 9-19　湖南省凤凰县堤溪大桥垮塌现场

及必须 4 孔同时砌筑（无制动墩），投入大，施工风险大，于当年 12 月 25 日提出正式报告，指出该桥存在"四大难题"："①施工安全难以控制；②主拱圈砌筑工艺难以保证质量；③主拱圈砌筑专业人员组织难度大；④施工工艺对工期影响大。"提出"将原设计的 4 孔 65m 石拱桥变更为 3 孔 90m 连续刚构桥，下部构造采用薄壁墩，基础为桩基。"12 月 27 日监理工程师批示："情况属实，请业主审核。"业主凤大公司于 2004 年 6 月组织专家开会，变更桥梁结构形式或者增设制动墩的方案没有被采纳。但会议决定将主拱圈厚度由 130cm 增大为 135cm，主拱圈石料强度由 50MPa 提高到 60MPa。

　　负责修建这条新公路（含堤溪沱江大桥）的凤大路建设有限责任公司有较强的实力，并严格按照国家有关规定进行严格管理。堤溪沱江大桥由于技术含量高，施工难度大，由湖南省路桥集团道路七公司承担施工任务。但该公司在其后的分包中，把四跨主拱分别转包给了四个不相属的低等级工程队，其中一位包工头还承建所有的桥墩。一些包工头实际上是没有资质的。多数包工头在层层压价之下偷工减料在所难免。听一听事故发生后现场人员是怎么说的。拆除拱架的工人说，当时拱圈有的缝隙处还在漏水，有的地方掉落砂子。发生事故当天下午，正在拆架的工人说，上面好像掉下小石子，还掉下砂浆块。在桥下工作的几人，察觉情况异常，很快跑离桥下，几分钟后大桥就垮了。这几人终于躲过了大难。

　　国务院事故调查组认定的直接原因、间接原因及事故性质分述如下：

　　直接原因：由于主拱圈砌筑材料未满足规范和设计要求，拱桥上部构造施工工序不合理，主拱圈砌筑质量差，降低了拱圈砌体的整体性和强度，随着拱上施工荷载的不断增加，造成 1 号孔主拱圈靠近 0 号桥台一侧 3～4m 宽范围内（即 2 号腹拱下的主拱脚区段）

砌体强度达到破坏极限而坍塌，受连拱效应影响，整个大桥迅速坍塌。

间接原因有以下几条：

（1）施工单位方面的原因。施工单位严重违反工程建设质量和安全生产的法律法规及技术标准，施工质量控制不力，现场管理混乱。

（2）建设单位方面的原因。建设单位严重违反工程管理的有关规定，项目管理混乱。

（3）工程监理单位方面的原因。违反有关规定，未能依法履行工程监理职责。

（4）勘察设计单位方面的原因。承担设计和勘察任务的华罡设计院，在该项目中工作不到位。一是违规将地质勘察项目分包给个人；二是前期地质勘察工作不细，设计深度不够；三是施工现场设计服务不到位、设计交底不够。

（5）省、州交通质量监督部门对大桥工程的质量监管严重失职。

（6）州、县两级政府和有关部门对工程建设立项审批、招标投标、质量和安全生产等方面监管不力，对下属单位要求不严，管理不到位。

湖南省凤凰县堤溪沱江大桥"8·13"特别重大坍塌事故是一起责任事故。

根据国务院常务会议决定，湖南省有关部门已将涉嫌犯罪的 24 人移送司法机关依法追究刑事责任。对省、州与事故有关领导给予不同的行政处分。对事故背后的腐败问题，湖南省按照国务院要求深入开展调查。

前已述及，国外有影响的《土木工程灾难——桥梁倒塌》专栏，搜集了从 1907 年至 2007 年"百年来世界最恐怖之桥难"共 12 例。其中，中国綦江虹桥桥难（详见本节实例六）和凤凰沱江大桥桥难同时被选入。可见，这座桥的特大灾难，在国内外均有重大影响。凤凰沱江大桥事故给予我们的教训是深刻的。现就几个有关问题进一步评析。

修建石拱桥在我国具有悠久的历史，积累了丰富的经验，但 1949 年以前绝大部分都是中、小跨径桥梁。1959 年湖南省在石门县建成净跨 60m 的黄虎港大桥，桥高 50m，我国开始了大跨径石拱桥的修建。其后一段时间，我国大跨径石拱桥快速发展，例如湖南省乌巢河大桥跨径达 120m（1990 年建成）；贵州省榕江县八开区都柳江大桥为 2×85m（1994 年建成）。目前国内最大跨径石拱桥为山西晋城晋焦高速公路上的丹河大桥，跨径达 146m（2000 年建成）。现在，国内百米以上大跨径石拱桥有十多座。石拱桥可以就地取材，造价较低，在经济发展较为落后的年代，在我国公路建设中，尤其是山区县乡公路建设中，大量采用石拱桥，取得了很大成绩，但在施工中也发生了不少安全事故，本书附录三中记录了很多实例。与其他桥型相比较，石拱桥施工中发生事故频次较高，是公认的一种高风险桥型。发生安全事故的主要原因，一是拱架失稳垮塌，二是卸架时拱圈发生破坏断塌。因此，我国公路与铁路桥梁规范，对圬工拱桥的设计施工都有较为详细和明确的规定，对常用跨度与高度的拱架有关单位编制了设计图和工程手册。就凤凰堤溪大桥而言，跨径 65m 不算很大，只要认真按当时的设计与施工规范处理，是可靠的。该大桥的垮塌发生在脱架以后，拱圈突然破断，可以排除拱架失稳的因素，明显是拱圈砌筑质量十分低劣所致。为什么会出现砌筑质量低劣？后来的调查发现：石料厚度不符合设计要求，多数偏薄，最薄的只有 16cm，甚至直接将炸山开采的石块，不论大小方圆，都用来砌拱圈，成了"乱石拱"；砌筑用的砂浆采用石粉和含泥的砂子，且水泥和砂子未搅拌好就一起往缝隙里灌，甚至水泥用量不足。有的工人说：拱圈早就出现开裂，但工头只是用水泥填缝。有的工人在桥下干活时，头顶上时常在"下雨"，养护桥面的水能顺着裂缝穿过 1m

多厚的拱圈流下来。2007年5月，第1孔拱圈突然下垂十多厘米，桥下的施工人员都跑开了。由于乱石没有粘结成整体，便有碎石掉下来，漏水也就跟着来了。再问，为什么会出现这种现象？因为不是桥梁专业人员施工，而是包工头在现场主导。包工头为了少开支，一些技术工人嫌工资低纷纷另谋出路，包工老板就聘用从未修过桥的当地村民无证上岗，有的农民就死于这次事故中。可见，施工管理、现场监理、质量监控通通严重失职，这是沱江大桥垮塌的根本原因。现场长期管理失控，有关主管单位负有责任。

堤溪沱江大桥上部结构设计是符合当时公路桥梁规范的规定的，但桥墩设计存在问题。《公路砖石及混凝土桥涵设计规范》JTJ 022-85第4.1.4条明确规定："多孔拱桥应根据使用要求设置单向推力墩或采取其他抗单向推力的措施。单向推力墩宜每隔3～5孔设置一个。"早在20世纪60～80年代，我国流行双曲拱桥时，对于多孔双曲拱创造了"防爆式双曲拱桥"的结构形式。所谓"防爆式"就是多孔拱桥一旦其中一孔被破坏，其他孔跨仍可保存，不至于全桥连续倒塌。尤其是在战备时期，如在战争中，一孔破坏，其他几孔基本完好，就可以尽快抢修恢复交通。技术措施就是在桥墩尺寸不增大的情况下，使悬臂式或拉杆式桥墩能承受邻孔上部结构破坏后所发生的恒载单向推力。所以，多孔拱桥设计，不仅要考虑施工过程可能发生的单向推力，也应关注使用过程中如出现一孔被破坏时全桥不致全军覆没的问题。上述这些在桥梁界是常识。凤凰堤溪沱江大桥如果设置了制动墩，在第1孔拱体垮塌后，其余几孔不至于垮塌，至少是不致于连续倒塌，伤亡及损失必定大为减少，没有设置制动墩是设计上的失误。

早在2003年12月，大桥项目部就提出4×65m石拱桥方案实施中存在的"四大难题"，建议变更为3×90m连续刚构桥，不无道理。但业主主持召开的专家会未采纳上述建议，仍维持石拱桥方案。基于什么理由不采用连续刚构方案，坚持实施石拱桥方案，不清楚。估计可能有两方面的考虑：一是石拱桥方案较连续刚构方案造价省；二是石拱结构与凤凰县当地自然环境和人为氛围比较协调，即所谓古色古香。当时国家基本建设的方针是"安全、适用、经济、适当注意美观"。因为2003年之前，国内建设工程已发生过多起重大安全事故，桥梁工程中已发生的重大桥难就有：贵州乌江渡大桥（1970年）、广东龙川县彭坑大桥（1972年）、四川达县州河大桥（1986年）、贵州铜仁鱼梁滩脚大桥（1990年）、贵州仁怀茅台大桥（1990年）、浙江宁波招宝山大桥（1998年）、重庆綦江县虹桥（1999年）、四川宜宾小南门金沙江大桥（2001年），等等。中央主管部门高度重视，一再强调安全第一的基本方针。可见，在项目部已正式指出多跨石拱桥方案在当时的实际情况下，"施工安全风险难以控制"，业主仍坚持原方案，不采用连续刚构，可能与对国内已发生重大桥梁事故的教训关注不够，对多跨石拱桥施工安全风险估计不足有关。

重建的堤溪沱江大桥采用主跨为83m的五孔预应力混凝土连续刚构—连续梁组合体系结构，桥面宽16m，大桥全长354.16m，双向4车道，总投资4608万元，于2013年建成。

9.10 实例十　江西省泰和县赣江大桥（2016.9.11）

该桥为319国道跨越赣江的公路大桥，南岸连接兴国县，北岸通往泰和县。桥位在泰和县境内，简称泰和桥。大桥上部结构为11×70m等截面悬链线空腹式钢筋混凝土箱形拱，矢跨比 1/8，拱轴系数 $m=2.814$。大桥全长 830.3m，立面总体布置如图 9-20 所示。主拱圈高 1.3m，顶宽 9.1m，底宽 8.96m，采用 C30 混凝土，主拱圈横截面如图 9-21 所示。其中预制拱箱采用吊装施工。主拱上两侧各设 4 孔腹拱，净跨径 4.8m，拱圈厚 25cm，矢跨比 1/7，采用 C20 混凝土。其中端腹拱为三铰拱，其余为无铰拱。下部结构 3～5 号桥墩为沉井基础重力式墩身，11 号桥台为组合式基础桥台，其余均为明挖扩大基础重力式墩台。其中 3 号、7 号墩为加强墩，可以克服施工中产生的不平衡水平推力 4320.6kN（相应竖向力为 2259.6kN），其余桥墩可承受水平力为 1440.2kN（相应竖向力为 753.2kN）。4 号、5 号和 6 号孔为通航孔。

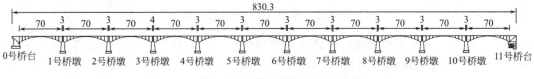

图 9-20　泰和大桥总体布置图（尺寸单位：m）

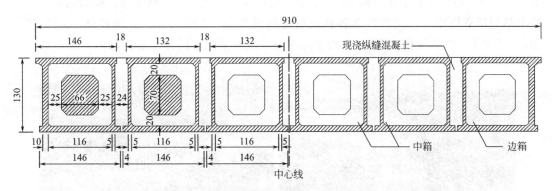

图 9-21　主拱圈横截面示意图（尺寸单位：cm）

2012 年，泰和大桥经有关单位检测后鉴定为 5 类桥，已不能正常使用。2016 年在其下游一侧修建了新的泰和大桥。新建大桥通车后，便决定拆除老泰和大桥。

施工单位制定的泰和大桥拆除方案与主要工序为：利用机械拆除人行道、桥面及腹拱等全部拱上建筑→爆破拆除主拱圈与水面以上 1.5m 的桥墩→爆破拆除剩余部分桥墩→清理现场残渣。

2016 年 8 月 10 日，开始拆除作业。第一步拆除水面范围内的 7 跨（3～9 号孔）拱上结构，采用机械作业。首先从对应于 6 号墩的位置开始拆除拱上结构。由 2 个施工组向两岸全断面推进逐步机械拆除，用重 20t 的挖掘机破碎桥面，再用 3.15t 卡车和重 18t 的八轮自卸汽车将破碎后的混凝土、钢筋、块石等运走，然后将腹拱的现浇混凝土用机械切割，再用钢丝绳将切下的块体吊运走，使现场尽可能只剩下主拱圈及桥墩。拆除工作延续至 9 月 11 日早晨时，第 6 孔拱上建筑只剩 15m 未拆除，第 7 孔拱上建筑已全部拆除，第 8 孔拱上建筑已拆除了约 15m。此时，第 1 步拆除工序还未完成。8 月 10 日及 9 月 11 日的现状，如图 9-22 所示。

2016 年 9 月 11 日上午 8 时 51 分左右，两台挖掘机还在原位置腹拱圈处开展拆除作业，现场施工人员发现 4 号桥墩墩顶位置的桥面铺装混凝土出现横向贯穿裂缝，并继续发

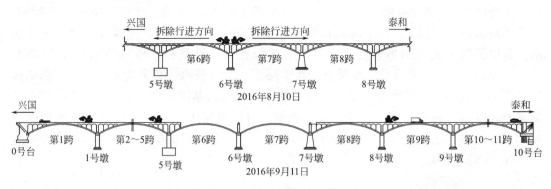

图 9-22 泰和大桥拆除过程示意

展；8 时 57 分，卡车从兴国侧行驶到 5 号墩顶附近，兴国侧挖掘机开始装弃渣；9 时 11 分，卡车从 5 号墩顶驶向兴国侧，兴国侧挖掘机停在 5 号桥孔距 5 号墩不远的 3 号腹拱处，继续开展桥面拆除工作，此时，泰和侧的挖掘机在 8 号墩附近往八轮自卸汽车上装弃渣。2016 年 9 月 11 日上午 9 时 21 分，第 5 孔挖掘机停放位置突然下沉，同时第 6 孔拱圈往上凸起后立即垮塌，接着其余各孔及桥墩连续垮塌。3 辆施工车辆随拱体一起坠落水中，3 人死亡，5 人受伤。大桥 11 跨全部坍塌，仅剩余两岸桥台（图 9-23）。

图 9-23 泰和大桥垮塌后的两岸现场

根据《江西省泰和大桥技术状况检测报告》的结论，大桥拆除之前，桥梁下部结构及主拱圈未发现严重缺陷，主要病害发生在腹拱圈，在腹拱圈拱顶附近出现较多横向裂缝。拆除过程发生全桥垮塌是由于主拱圈破坏引发的。文献［76］分析了大桥拆除前与坍塌瞬间主拱圈的受力情况。采用 Midas Civil 建立 2 种数值计算模型：模型 1 为拆除前恒载状态，模型 2 为坍塌前瞬间恒载与施工荷载状态，主要计算结果如下：

模型 1：主拱圈截面上、下缘正应力全截面均为受压状态，最大压应力为 9.07MPa，小于 C30 混凝土容许压应力。可以认为，拆除前大桥虽判定为 5 类，主要是针对腹拱圈，主拱圈仍处于正常工作状态，大桥垮塌应排除主拱圈缺陷的影响。

模型 2：主拱圈截面上缘应力均为压应力，且小于容许值；最大拉应力发生在 7 号墩拱脚位置主拱截面的下缘，其值为 1.1MPa，小于 C30 混凝土的容许拉应力值。可以认为，从主拱圈受力情况看，桥梁坍塌前瞬间，主拱圈应力处于容许应力范围内。

所以，垮塌的直接原因不是由主拱圈所引发。再来看看桥墩的受力计算：

加强墩（3 号、7 号墩）按施工期一孔全宽拱箱（6 片预制箱）吊装完毕成拱时所产生的单向推力（未浇筑纵缝混凝土时）计算；普通桥墩（除 3 号、7 号墩外的其他桥墩）按运营阶段荷载＋施工期 2 片预制拱箱的单向推力计算。计算结果为：5 号普通墩单向推力设计值为 1440kN＜垮塌前的水平推力 8260kN；7 号加强墩的单向推力设计值为 4321kN＜垮塌前的水平推力 10407kN。所以，桥墩垮塌前瞬间所承受的水平力远大于正常情况下的设计值。

模型 1 中各墩墩顶水平位移均很小，最大值为 1.3mm；模型 2 中 1～6 号墩墩顶向泰和侧位移，其中 5 号墩墩顶水平位移最大，为 6.9mm；7～10 号墩墩顶向兴国方向位移，其中 7 号墩墩顶水平位移最大，为 5.7mm。

桥墩倒塌前瞬间，5 号与 7 号墩墩身最大拉应力分别为 2.53MPa 和 1.59MPa，均大于墩身 C15 混凝土抗拉强度标准值 1.5MPa。

根据上述计算结果可以判定，泰和大桥拆除过程中，拱上建筑拆除施工程序不当，引发 5 号与 7 号墩承受巨大的水平推力，是全桥垮塌的直接原因。大桥的破坏过程是：第 6、第 7 跨拆除拱上建筑后，使 5 号与 7 号墩出现很大的不平衡水平力，这两个桥墩首先发生了强度破坏，继而引发与这两个墩相连的主拱坍塌破坏，因"多米诺效应"全桥倒塌。

施工单位制定的泰和大桥拆除方案，首先是拆除桥面系与拱上建筑，然后再拆除主拱圈，最后拆除下部结构，总体安排是可行的，主要存在以下几个问题：

（1）桥面系与拱上建筑拆除过程，各跨主拱的水平力处于变化之中，因而使桥墩所承受的不平衡水平力与主拱圈内力也发生变动。一旦应力超限，就可能出现构件损坏，甚至引发事故。所以，拆除程序必须对称、均衡与细化，使主拱与桥墩不致发生失稳和强度破坏。泰和大桥首先将第 6、7 两跨的拱上建筑一次到位全部拆除的做法，违背了拆除程序必须对称、均衡与细化的基本要求，导致 5 号与 7 号桥墩出现很大的不平衡水平力。故施工程序有重大失误。

（2）7 号墩虽是加强墩，但其能承受的水平力仅限于施工中一孔预制拱箱吊装完毕成拱后的单向推力。拆除施工方案拟定时可能过高地估计了加强墩所能承受的水平力。事故后的计算表明，拆除时发生的水平力与设计水平力之比达到 2.41。5 号墩也存在类似情况，施工程序拟定者，没有把握住该墩的受力状况，致使拆除时发生的水平力与设计水平力之比高达 5.74。

（3）拱桥拱上加载程序的基本原则是对称与均衡，同样，拱桥拱上卸载也必须对称、均衡。这是桥梁工程的常识。施工中要做到这一点，除沿用已有的经验外，还应通过受力计算细化加载（或卸载）程序。一般采用平面杆系有限元软件进行常规计算即可满足要求。泰和大桥施工单位制定拆除程序时，可能没有进行类似的受力计算，因而违背了对称、均衡、细化的基本原则，导致桥墩受力失控而发生全桥垮塌的事故。

（4）长达 830.3m 共计 11 孔的大桥进行拆除，按规定应进行施工图设计（包含结构受力分析工作）和施工组织设计，并经过审查后方能实施。但泰和大桥是按施工单位制定的拆除方案执行，违背了相关规范，有关管理部门应承担一定责任。

　　桥梁需要进行局部或整体拆除的主要原因有五类，即先天设计缺陷、施工质量缺陷、营运过程中自身性能恶化、使用功能改变及路网重新规划等。桥梁拆除了，其寿命也就终止了。在很多情况下，桥梁往往达不到预期的设计寿命。上述五类原因前三者为桥梁使用功能提前失效，后两者为桥梁使用功能变更。桥梁真正达到设计使用年限后进行拆除的情况很少，国内已经拆除的桥梁大多数都未达到预期的设计寿命。20 世纪 80 年代以后，国内拆除了不少旧桥，大多数都能顺利完成预定的目标，但也有少数桥梁在拆除过程中发生安全事故，造成不同程度的损失与伤亡。表 9-3 为国内 1999～2018 年期间桥梁拆除过程中发生的部分事故简况。

国内桥梁拆除过程中发生的部分事故简况　　　　　　　　　　　　表 9-3

序号	桥梁名称	桥梁简况	伤亡人数 亡	伤	事故概要	时间（年.月.日）	备注
1	四川通江彭坎岩大桥	主桥与引桥均为石拱桥,主桥净跨 70m,桥高约 80m	6	11	主桥垮塌后,县道桥公司将引桥拆除工程转包给个体户进行拆除,因打爆破炮眼撬动拱圈石导致引桥垮塌,造成重大伤亡,详见文献[82]	1999.4.17	1998.7.27.主桥拱圈因材质低劣垮塌
2	湖南长沙市××铁路桥	不详	1	3	旧桥拆除时,桥体突然垮塌	2001.11.29	
3	江苏无锡市胡埭镇×桥	混凝土梁式桥	3	5	旧桥拆除时,桥面突然断裂坠落	2003.6.25	
4	河南沈丘××大桥	不详	3	6	旧桥拆除时,突然坍塌	2004.8.4	
5	江苏扬州市运河桥	不详	4	5	旧桥拆除程序不当,导致桥体坍塌	2006.3.11	
6	昆明市小庄立交桥	多跨混凝土梁式桥	2	4	旧桥拆除过程中,部分匝道桥垮塌约 200m²	2008.12.9	
7	湖南株洲市红旗路高架桥	多跨混凝土梁式桥	9	16	旧桥爆破拆除时,导致安全线以外的桥墩倒塌,24 辆车损坏,多人伤亡,中标单位将工程转包给无资质的包工头施工,详见文献[86]	2009.5.17	有关情况可参阅文献[83]～[86]
8	杭州市德胜路高架桥	预应力混凝土梁桥	1	3	旧桥拆除过程中,承重钢绳破断导致桥梁坍塌	2012.7.2	
9	江西泰和大桥	11×70m RC 箱形拱桥	3	5	旧桥拆除程序不当,全桥垮塌	2016.9.11	详见本章实例十

续表

序号	桥梁名称	桥梁简况	伤亡人数		事故概要	时间（年.月.日）	备注
			亡	伤			
10	郑州农业路沙口路高架桥	混凝土梁式桥	1	8	桥梁拆除过程中，支架与桥面垮塌，击中桥下公交车，造成伤亡	2017.1.12	
11	广东阳春市合水大桥	7×30m 双曲拱桥	1	3	评定为四类桥后进行拆除，施工程序不当导致 7 跨拱桥连续垮塌	2018.4.25	可参阅文献[87]
12	江苏江都市胜利桥	不详	不详	不详	不详	不详	不详
13	黑龙江绥化市努敏河桥	不详	不详	不详	不详	不详	不详
14	浙江温州市万龙桥	不详	不详	不详	不详	不详	不详

表 9-5 中序号 1～11（序号 12～14 资料不详）的 11 起事故中死亡 34 人，受伤 69 人，每起事故均有伤亡，平均约为 3 人死亡，6 人受伤。表明旧桥拆除存在较大安全风险，一旦出现事故，多是桥体或构件突然发生破坏，预警信号时间极短。上述的一些事故表明：旧桥的拆除往往不被有关主管部门重视，甚至出现层层转包、分包的违规行为，给拆除工程埋下安全隐患。例如表 9-5 中序号 1、序号 7 等桥。另一个存在的问题是，忽视旧桥拆除的技术管理，往往由施工单位自行编制拆除工序与技术措施，较少由有资质的设计院进行受力分析并编制施工图设计，更少进行现场监理与监控。在总结经验教训的基础上，文献 [80]、[81] 对桥梁拆除工程的基本原则与拆除方法等进行了论述，可供参考。

我国至今没有桥梁拆除的技术规范与技术标准。所以，桥梁拆除工程多由施工单位编制技术方案，没有统一的技术要求，容易发生失误。如果旧桥技术资料缺失，拆除方案就可能在一定程度上脱离实际，增大发生事故的安全风险。桥梁拆除工程的技术原则，提出以下几点供参考。

（1）先拆除上部结构，再拆除下部结构；先拆除水上部分，再拆除水下部分；先拆除附属结构，再拆除主体结构。

（2）拆除桥体或构件，应化整为零，先吊运，后解体（或破碎）。破碎作业不应对未拆除部分产生过大冲击力。

（3）拆除作业在桥梁的纵、横两个方向都必须保持基本对称，卸载沿桥梁纵、横方向必须保持基本均衡。

（4）拆除方案与施工程序的编制必须以拆除过程受力分析计算的成果为依据。

（5）拆除过程应对被拆桥体的变形、裂缝等进行监控。

（6）拆除顺序可以参照旧桥修建时的施工程序进行"反操作"，必要时可以适当调整。

（7）拆除工程应由有资质的单位编制施工图设计，经过审批后实施。

本章对国内 10 起重大桥难做了较详细的介绍与评析，另有部分重大桥梁事故的详情则分别纳入其他各章。

本章参考文献

[1] 严允中，余勇继，杨虎根，等．桥梁事故实例评析［M］．北京：人民交通出版社，2013.

[2] 贵州省交通局工程管理处测设大队．乌江渡公路大桥设计总结［R］．1972.11.

[3] 乌江渡大桥指挥部．乌江渡大桥中孔拱肋坍塌事故调查报告［R］．1970.12.20.

[4] 交通部第一公路工程局公路设计所．双曲拱桥在发展中［J］．公路设计资料，1973（1）.

[5] 郑皆连．我国公路桥梁安全状况及对策［J］．桥梁，2007（5）.

[6] 广东省交通局．彭坑大桥事故处理鉴定报告［R］．1972.11.

[7] 王伯惠．斜拉桥结构发展和中国经验（下册）［M］．北京：人民交通出版社，2004.

[8] 李亚东．30多年前的州河大桥垮塌事故，历史的教训应该被铭记［J］．"桥梁杂志" 2018-4-9 网上文章．

[9] 北京工业大学．达县州河大桥计算和设计学术讨论会纪要［R］．1987.5.15.

[10] 裴若娟．州河大桥设计［J］．桥梁建设，1986（3）.

[11] 四川省部分专家对《纪要》（即文献［9］）的"简介与认识"［R］．1987.7.24.

[12] 贵州省桥梁工程公司．茅台大桥施工及事故情况汇报［R］．1990.12.24.

[13] 交通部重庆公路科学研究所．贵州赤水河茅台大桥上部结构验算资料［R］．1991.1.29.

[14] 中国科学院与水利部成都山地灾害与环境研究所．贵州省茅台大桥茅岸桥台变形的初步调查报告［R］．1991.2.7.

[15] 张铭光．贵州省交通规划勘察设计研究院．所了解的茅台大桥事故有关情况［R］．1991.8.

[16] 张铭光．贵州省交通规划勘察设计研究院．关于茅台大桥勘察设计有关问题汇报［R］．1991.1.16.

[17] 贵州省桥梁工程公司．赤水河茅台大桥施工图［Z］．1988.12.

[18] 贵州日报，1992-2-16 报道．

[19] 贵州日报，1991-3-15 报道．

[20] 严允中，杨虎根，许伟，等．上承式混凝土拱桥建造实例及评析［M］．北京：人民交通出版社股份有限公司，2015.

[21] 云南省交通局．红旗桥总结［R］．1975.6.

[22] 贵阳晚报，2014-6-7 报道．

[23] 艾国柱，张自荣．桥殇——环球桥难启示录［M］．成都：西南交通大学出版社，2013.

[24] 刘士林，王似舜．斜拉桥设计［M］．北京：人民交通出版社，2006.

[25] 严国敏．现代斜拉桥［M］．成都：西南交通大学出版社，2000.

[26] 严仁高．宁波大桥断裂的原因何在？［J］．城市道桥与防洪，2004（2）.

[27] 王朝平，毛伟琦．宁波招宝山大桥断裂主梁的加固拆除［J］．公路，2001（8）.

[28] 吕忠达，秦顺全，朱华明，等．宁波招宝山大桥主桥局部拆除重建方案研究［J］．桥梁建设，2001（3）.

[29] 郑荣跃，吕忠达，许凯明，等．宁波招宝山大桥基于模型修正的动力分析［J］．公路交通科技，2006（5）.

[30] 罗远雄．宁波招宝山大桥主梁拆除部分斜拉索检测及其缺陷处理［J］．公路交通科技，2002（2）.

[31] 胡汉同，叶梅新．桥梁事故及经验教训［J］．桥梁建设，2002（3）.

[32] 中央电视台庭审直播摄制组．綦江虹桥垮塌案审判实录．北京：法律出版社，1999.

[33] 南方周末，1999-4-9 报道．

[34] 贵阳晚报，1999-1-8 报道．

[35] 贵州都市报，1999-4-9 报道．

[36] 报刊文摘（上海），1999-4-8 报道．

[37] 陆沪生．且曼杀林世元．《民主与法制》总 467 期，1999-4-9.

[38] 胡新六．建筑工程倒塌案例分析与对策 [M]．北京：机械工业出版社，2004.

[39] 触目惊心！国内外桥梁坍塌事故分析 [J]．易图云，2017-12-22 网上文章．

[40] 解读，这些桥梁的垮塌究其原因竟然是这样的．道路瞭望，2018-4-25 网上文章．

[41] 魏薇．桥殇曾几时 [J]．桥梁产业资讯，2010 年 12 月 1 日，总第 3 期．

[42] 贵州都市报，1999-7-7 报道．

[43] 贵州都市报，2004-12-2 报道．

[44] 罗世勋，谢邦珠．当代四川公路桥梁（续集 1987-1995）[M]．成都：四川科学技术出版社，1996.

[45] 贵阳晚报，2001-11-8 报道．

[46] 贵阳晚报，2001-11-10 报道．

[47] 贵阳晚报，2001-11-9 报道．

[48] 贵州都市报，2001-11-19 报道．

[49] 贵州都市报，2001-11-8 报道．

[50] 黄道全，谢邦珠，范文理．宜宾小南门金沙江大桥桥面系断裂事故分析与修复 [C] // 2003 年全国桥梁学术会议论文集．北京：人民交通出版社，2003.

[51] 雷俊卿，钟厚冰．中下承拱桥悬吊桥面结构的分析与对策研究 [C] // 2003 年全国桥梁学术会议论文集．北京：人民交通出版社，2003.

[52] 冉钊，姚永喜，陈龙泉．球铰平行钢丝束吊杆在小南门大桥修复工程中的应用 [C] // 2003 年全国桥梁学术会议论文集．北京：人民交通出版社，2003.

[53] 吴进星，刘恩德．桥梁吊杆断裂原因及预警技术研究 [J]．西部交通科技，2013（5）.

[54] 张劲泉，李承昌，郑晓华，等．桥梁拉索与吊索 [M]．北京：人民交通出版社，2013.

[55] 魏建东．宜宾小南门大桥的抢修加固与恢复工程 [J]．公路，2003（4）.

[56] 梁晓东，陈康军，徐有为．后张法预应力管道压浆质量控制研究 [J]．公路，2012（8）.

[57] 杨虎根，陈晶，杨志军，等．中小跨径混凝土梁桥 [M]．北京：人民交通出版社股份有限公司，2018.

[58] 谢征勋．工程事故与安全·典型事故实例 [M]．北京：中国水利水电出版社，2007.

[59] 杂文报，2005-11-1 短文．

[60] 贵阳晚报，2005-12-21 报道．

[61] 刘其伟，张鹏飞，赵佳军．后张法 PC 桥孔道压浆调查及分析 [C] // 2006 年全国桥梁学术会议论文集．北京：人民交通出版社，2006.

[62] 陈明宪．从凤凰堤溪大桥事故谈石拱桥 [J]．公路工程，2008（3）.

[63] Zlatko avor Marta avor，高婧，Marin Franetori．拱桥失效的原因、教训及预防 [J]．桥梁，2011（5）.

[64] 穆祥纯．城市桥梁风险评价的案例分析及对策研究 [J]．城市道桥与防洪，2008（10）.

[65] 贵阳晚报，2007-8-22 报道．

[66] 贵阳晚报，2007-12-8 报道．

[67] 贵阳晚报，2007-8-15 报道．

[68] 贵阳晚报，2007-12-26 报道．

[69] 贵阳晚报，2008-6-13 报道．

[70] 贵州都市报，2007-8-15 报道．

[71] 南方周末，2007-8-30 报道．

[72] 贵州商报，2007-8-15、16 报道．

[73] 南方周末，2007-8-16 报道．

[74] 中国交通报，2007-8-17 报道．

[75] 中国交通报，2007-8-15 报道．

[76] 易汉斌，俞博．泰和大桥拆除过程中的倒塌分析 [J]．桥梁建设，2018 (3)．

[77] 彭卫兵．江西泰和桥倒塌事故 [J]．中国公路学报，2019 年 6 月网上文章．

[78] 贵阳晚报，2016-9-12 报道．

[79] 桥梁建设报，2018-9-12 文章．

[80] 来猛刚，陈金涛，牛宏，等．论桥梁拆除工程 [J]．公路，2013 (9)．

[81] 金宏忠，高巍，来猛刚．桥梁工程拆除分析探讨 [J]．中外公路，2011 (3)．

[82] 贵阳晚报，1999-4-30 报道．

[83] 贵阳晚报，2009-5-21 报道．

[84] 贵州都市报，2009-5-18 报道．

[85] 贵阳晚报，2009-5-19 报道．

[86] 文摘周报，2009-5-22 文章．

[87] 中国桥梁网，2018-4-28 信息报道．

第10章 国外部分重大桥难实例与评析

本章是第9章的延续，较详细地介绍国外若干重大桥梁事故，并简要评析。另有部分国外重大桥难根据其发生的主要原因，分别在其他有关章节简要论述。

10.1 实例一 加拿大魁北克大桥（1907.8.29及1916.9.11）

魁北克市位于加拿大东南部，在圣劳伦斯河岸边。该河是魁北克贸易的主要航道，其下游通往大西洋圣劳伦斯海湾，上游通往蒙特利尔市与渥太华市。该市因冬季河道结冰，航道中断，迫切需要修建一座跨越劳伦斯河的铁路大桥，开通铁路交通运输线。

1887年国家及行业有关部门成立魁北克大桥委员会，首先完成了初勘工作。1898年选定了桥位，1899年完成设计，1900年10月2日正式开工。由于资金问题施工进展缓慢，1903年完成桥头引道工程，直到1905年7月22日才开始桥梁上部结构施工。1907年8月29日，大桥发生第1次垮塌，死亡75人，近2万t钢构件坠入河中（图10-1）。1911年重新启动第2次重建，1916年9月11日，大桥发生第2次垮塌，死亡11人，约5200t钢材报废。1917年12月3日，第3次重建工程完成后正式通车。这座特大桥，从初勘开始到建成投入使用花了整整30年时间，牺牲了87人（除现场遇难的86人外，第1次设计大桥的总设计师库帕在事故后不久凄惨死去），报废了2万多吨钢材并付出巨大的经济损失，是世界桥梁发展史上一次特别重大的事故。魁北克大桥失败的教训以及最后获得成功的经验，给予我们的启示十分可贵，对结构工程的发展有重大而深远的影响，不但促使了大跨径桥梁的结构体系从悬臂梁体系转变为悬索体系，而且推动了钢压杆稳定性理

图10-1 魁北克桥起吊时钢梁坠落河中

论的研究，取得了一系列重要成果，为钢桥设计奠定了重要的理论基础。最后建成的魁北克大桥，至今仍然是世界最伟大的桥梁之一，也是世界最大跨径钢悬臂梁桥。

魁北克大桥桥位处，河面宽度达 3200m，水深 53m，流速 3.88m/s，浪高可达 5m（因接近海湾河口），冬季冰凌高达 15m，自然条件恶劣。大桥上部结构为三跨连续钢桁梁，中跨中部为挂孔，桥墩两侧主梁形成双悬臂梁。该桥基本结构体系如图 10-2 所示。其孔跨组成为 152.5m＋549m＋152.5m，中跨简支挂梁跨径为 206m，中跨悬臂长度为 2×171.5m，边跨悬臂长度为 152.5m。钢桁梁上弦杆由眼杆（28 个宽 381mm、厚 35～57mm 的钢板）组成，下弦杆由 4 块钢板（高 1385mm、厚 95mm）组成，钢板间用角钢∟100mm×75mm×9.5mm 铆接，角钢和钢板采用单个 φ16mm 的铆钉连接，铆钉抗剪强度为 110MPa（钢材屈服强度为 190MPa）。

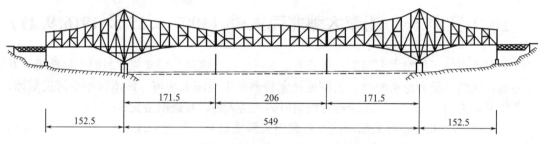

图 10-2　魁北克桥基本结构示意图（尺寸单位：m）

悬臂梁桥的典型形式是主墩沿主跨方向伸出悬臂跨，由另一个方向的锚跨平衡，用跨中简支梁连接形成全桥连续结构，简支挂孔和悬臂跨自重通过锚跨和抗拔墩（台）来平衡。欧美国家从 1867 年开始采用悬臂梁桥以来，已建成多座，魁北克大桥就属于这种典型悬臂体系结构。

魁北克大桥的桥墩由大块花岗岩与混凝土填料组成，高度超过最高水位以上约 8m。墩身为变截面，墩顶截面为 9.1m×40.5m，向下按 1/144 放坡。墩基础为混凝土沉箱，长 45.7m、宽 14.9m、高 7.6m，重达 1600t。

1905 年 7 月 22 日开始上部结构施工。1907 年 8 月 23 日，钢桁梁安装基本正常，边跨已完成，中跨正在架设中，南跨悬臂梁靠中跨的前端已接近设计的悬臂端点。当时已成钢桁梁的实际状况如图 10-3 所示。图中编号规定如下：节间编号从悬臂最外端开始到桥墩上，由 1 至 10。锚跨采用符号"A"，例如符号 A9L 弦杆表示位于锚跨第 9 节间向左侧（或西侧）的弦杆。中跨则不带有 A。一些关键弦杆实测变形如表 10-1 所示。到了 8 月 27 日，悬臂端部有 2 台架桥机，自重分别为 2500kN 和 12250kN。

在完成中跨悬臂梁 3 个节间架设后，移动 2500kN 小架桥机，同时缓慢拆除自重为 12250kN 的大架桥机。此时，边跨靠近桥墩处的下弦杆 A9L 弯曲挠度在两周内由 19mm 增至 57mm，相应另一侧弦杆 A9R 也在同一方向发生弯曲变形。1907 年 8 月 29 日，不断增加的荷载使已弯曲的 A9L 屈曲，荷载马上转移到另一侧的 A9R，A9R 也发生屈曲。当天下午 17:30 魁北克大桥垮塌了，巨大的响声传到了 10km 以外，整个南半桥约 19000t 钢构件在 15s 内全部坠入河水中，现场施工人员 86 人也一起掉落水里。共计 75 人遇难，11 人生还。河面上只剩下桥墩。

图 10-3　魁北克大桥垮塌前实际结构（南半桥）

魁北克大桥施工中钢桁梁部分杆件挠度实测值（1907 年）　　　　表 10-1

观测时间	6 月 15 日	6 月 15 日	8 月 6 日	8 月	8 月 20 日	8 月 23 日	8 月 27 日
杆件编号	A3R、A4R、A7R、A8R	A8R、A9R	A8L、A9L	7L、8L	8L、9L	8R	5R、6R	A9L
挠度值(mm)	1.5～6.5	1.5～6.5	19.0	19.0	8.0	弯曲	13.0	57.0

先看看事故前的一些情况。

魁北克大桥首任设计施工总工程师是当时赫赫有名的美国桥梁专家特奥多罗·库帕。施工由美国凤凰土木集团所属的凤凰桥梁公司总承包。1890 年英国建成福斯海湾铁路大桥，桥型结构亦为钢悬臂桁架梁，全长 1631m，主跨达 521m，成为世界最大跨径的悬臂梁桥，魁北克人桥同样采用钢悬臂桁架梁桥，总设计师库帕决心增大跨径，超过英国的福斯桥，将主跨定为 549m，号称超过福斯桥 100 英尺。由于库帕在桥梁界的权威地位，设计与施工都在他的指挥下进行。

1907 年 6 月中旬就发现杆件下挠，并报告给库帕，但库帕等人认为较小的挠度问题不大。但到了 8 月，发生变形的弦杆越来越多。库帕就杆件 7L 和 8L 变形问题询问凤凰公司总设计师彼得·兹拉普卡，后者认为弦杆变形产生于制造工厂（但事故后他承认没有看到这些变形）。而现场检查工程师罗曼·马可鲁尔则认为弦杆变形是受压弯曲后产生的。他向库帕报告了 8L、9L 杆件发生弯曲变形的情况，并认为这是压力过大引发的。现场情况不断恶化，受压构件弯曲变形不断增加。这些杆件都是采用缀条连接腹板的组合杆件，当腹板应力增加后，缀条及铆钉受力也不断增大。但库帕认为现场没有证据支持弯曲变化是因架设过程中压力增大引起的。加上有的现场工程师也认为情况不严重，杆件制造商则坚称杆件出场前都是符合设计要求的。由于库帕健康不佳，不能亲自到现场检查，仅听到各方传来的信息，没有及时作出正确的决策。但在库帕与马克鲁尔进一步商讨之后，库帕指令凤凰公司暂时不要加载，等待马可鲁尔赴现场处理。但库帕的这一指令没有及时传达到施工现场。直到 1907 年 8 月 29 日下午 13:15，库帕的指令才到达凤凰公司办公室，又因总工程师不在公司，指令被耽搁了（其间马可鲁尔也未向工地传达库帕的指令）。下午15:00，凤凰公司总工程师回到办公室，到了 17:15 马可鲁尔到达后召开了一个会议，会上没有人意识到问题的严重性，仅仅决定第 2 天早上再采取措施。所以，这段时间工地上并未停工，施工一直在继续往前推进。在最后最关键的几个小时内，没有撤离现场施工人员。下午 17:30 魁北克大桥垮塌了。

魁北克大桥垮塌的原因，简述如下：

（1）工程技术方面的原因

① 悬臂钢桁梁桥的上下弦一般都采用直杆。但魁北克桥出于美观考虑设计成微弯的曲杆，不仅增加了制造难度，也增大了杆件次应力，降低了屈曲强度。

② 对架设过程中连接节点设计不当。所有杆件端部设计，是基于杆件在最大荷载作用下产生小挠度。但杆件的拼接板采用栓接，可能产生较大变形，无法正常传递荷载。正确的做法应采用铆接，形成刚性接头。

③ 采用了过高的压杆容许应力。与现代 AISC 规范比较，库帕采用的钢材容许应力偏高 3.3%～8.7%，考虑到当时钢材质量与对压杆受力的认识水平，容许应力偏高是不安全的。

④ 魁北克大桥为当时技术新颖、设计施工复杂且跨径居于世界首位的特大钢桥，由于资金困难未进行充分试验。库帕仅要求对眼杆（主要的受拉上弦杆）进行试验，而没有要求对压杆进行试验。这表明对桁式结构压杆的受力性能认识不够。

⑤ 原设计中跨跨径是 487.7m，后来将跨径增大到 548.6m，荷载却没有重新计算，应力计算仍是基于 487.7m 的跨度。库帕发现这个错误后立即作了估算，发现应力增加了约 7%，重新计算自重，应力增大超过 10%。初始设计的桥体重量为 2760t，实际重量为 3250t，增大了 18%，因为当时很大部分制造与架设工作已经完成，对自重错误产生的影响未进行纠正，导致架设后杆件受力过大。这可能是库帕提高容许应力的原因。

文献 [2] 通过理论推导及有限元模型对魁北克大桥的连续垮塌过程进行计算，使垮塌原因的分析更深入一步。其主要结论如下：

① 整体结构分析表明，施工设备（架桥机）显著增加了 A9L 杆轴力，直接导致压杆弯曲变形增大，终致缀条破坏。整体结构为静定结构，缺乏冗余度。

② 下弦压杆破坏过程分析表明，A9L 杆缀条与分肢的连接部位强度不足，导致横、斜缀条与分肢连接处剪切破坏，无法形成一个完整的组合截面受力，分肢失去侧向支撑而失稳，使得 A9L 杆失效，压杆结构冗余度不足。参阅图 10-4。

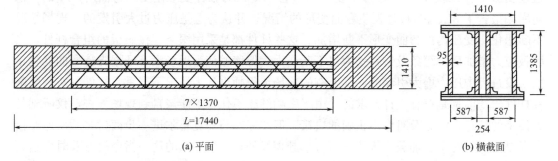

(a) 平面　　　　　　　　　　　　　　(b) 横截面

图 10-4　下弦杆 A9L 结构布置（尺寸单位：mm）

③ 下弦压杆参数分析表明，初始弯曲对压杆受力影响并不大，只是使得铆钉受力不均匀。提高缀条刚度、连接铆钉抗剪强度和改善缀条结构形式，可大幅度改善格构式压杆的承载力和结构冗余度。

综合上述分析，魁北克大桥技术上的最大失误是下弦格构式组合压杆在构造上不能形成整体受力，且在结构上缺乏冗余度。而带挂孔的悬臂梁桥，为外部静定结构，缺乏冗余度，是这种桥型的主要弱点。

（2）工程管理方面的原因

设计施工总工程师特奥多罗·库帕，因健康原因不能到现场，却要坚持完全控制施工。甚至在有关主管部门提出聘请第三方咨询工程师复核库帕的工作，并拥有最终决定权后，库帕与总承包公司都表示反对，无法实行明确的施工管理。因而库帕一直拥有最终决定权。正反两方面的历史经验证实，一切大型工程和复杂工程，既要依靠组成人员的技术实力，也要依靠强有力的制度管理，缺一不可。魁北克大桥在管理上的失误，主要是缺乏有效的技术管理。

魁北克大桥事故后，进行了前所未有的大规模压杆及杆件连接的试验研究，推动了钢结构桥梁工程的重大进步，桥梁规范也得以发展。同时，也推动了两个组织的成立：1914年成立了 AASHTO（美国国家公路和运输协会），1921年成立了 AISC（美国钢结构研究协会）。这些组织对推动桥梁技术的发展作出了贡献。

1907年8月29日魁北克大桥发生事故后，加拿大政府亡羊补牢，拨出专款进行了一系列科学试验，弄清了压杆的压弯受力过程，明确了施工连接细节的方法。1911年重新启动建桥工程。这次由著名桥梁专家拉尔夫·弗兰德尔和森特若伦斯桥梁公司承担设计和施工。他们从失败中吸取教训，对二次设计作了重大改进。如将桁架中距加大，增设 K 形支撑，增大构件尺寸。受压控制构件的截面积，由旧桥的 $543000mm^2$ 增大至 $1250000mm^2$，提高了大桥的整体刚度，在设计列车荷载标准未变的情况下，用钢量猛增至旧桥的 2.5 倍，且主要构件采用镍钢制作。设计总体上偏于保守。中跨中部的简支挂梁跨度调整为 195m，安装自重约为 5200t。施工方法为采用浮驳运到桥下水面位置，然后垂直提升到达设计高程，再与中孔悬臂梁连接。

1916年9月11日，边锚孔和主孔钢悬臂桁梁均已顺利完成，挂孔 195m 长的钢桁梁已开始从驳船上提升（需要提升的高度约 46m）。首先是将合龙跨两端四角连接于吊杆，然后再用液压千斤顶按垂距 60cm 为一提升单元，逐步提升合龙跨钢桁架，达到设计位置。当钢梁上升至水面以上 9m 时，有一根吊杆处的千斤顶支撑铸件突然碎断，其他 3 个吊点处的支撑力突然大幅度变化，使 5200t 钢桁梁产生巨大的扭曲变形而失稳，整跨梁体坠入河中，现场施工人员 11 人遇难。魁北克大桥第 2 次修建失败。事故原因很明确，是由于一台千斤顶支撑铸件强度破坏。这是桥梁发展史上，关键细节失误引发重大灾难的典型案例之一。

魁北克大桥连续发生两次重大事故，在世界工程领域引起了极大震动，美国媒体将其列为近百年世界最恐怖桥难之一，该大桥的建设者们更是痛心疾首，他们用捞起的废钢铁打成指环戴在右手小指上，作为桥难标志以警醒自己牢记教训，终身不忘。

在第 2 次事故中，悬臂钢桁梁未受损，于是重新制作了中跨挂孔钢梁，仍采用浮运到位、千斤顶顶升的施工方法。于 1917年9月成功合龙，终于使全长 863m、总用钢量约

6万t的魁北克大桥魏然屹立在圣劳伦斯河上。同年12月3日，经历了约20年惊心动魄的历程，付出极大的代价后，大桥正式通车了。

1919年8月，悲剧12周年纪念日，英国威尔士王子为魁北克大桥桥难"遇难人纪念碑"揭幕。寄托哀思，祈保平安。

10.2 实例二　美国银桥（1967.12.15）

美国35号州际公路上的银桥（Silver Bridge），跨越俄亥俄河，连接俄亥俄州首府哥伦布和西弗吉尼亚州首府查尔斯顿。于1928年建成通车。由于它的铝漆为银白色被赋予了银桥的名称。该桥为钢加劲梁悬索桥，跨径组成为（380+700+380）ft，即（115.8+213.4+115.8）m，主缆为钢制眼杆链悬索，属于曾流行于欧美的古典式悬索桥结构形式。

桥的两岸分别是俄亥俄州的坎瑙加和西弗吉尼亚州的普利珊特岬，是两座繁华重镇。1967年12月15日下午5点，正处于交通高峰时段。桥上车辆众多，人群密集。此刻，大桥主缆上的一个单眼杆突然破断，导致主缆断裂，带动加劲梁与索塔一起垮塌（图10-5）。有37辆大小车辆与众多行人坠入冰冷的俄亥俄河中，事故造成46人死亡，9人重伤，整座大桥报废。从单个眼杆破断至全桥垮塌（包括213.4m主跨、2×115.8m边跨和两个索塔）不到1min，是一起全桥彻底破坏且经历时间极短的典型桥难，造成了特大伤亡及重大经济损失。

图10-5　美国银桥原貌（左），垮塌现场（右）

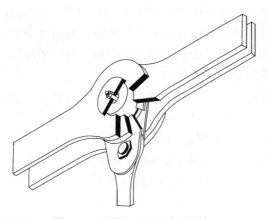

图10-6　用销钉环环相扣的眼杆

银桥的主缆是由2根经过热处理高强碳素钢材制作的二力杆组成的索体。因杆件两端带环，故称为"眼杆"。眼杆在其两端用销钉环环相扣。眼杆的构造如图10-6所示。这是美国首次应用高强钢材制作的眼杆式主缆。

事故发生后的调查研究表明，银桥垮塌的直接原因是眼杆连接处的应力集中和疲劳。用销钉相扣的主缆连接环，由于最初微小的制造瑕疵形成应力集中，经过40年的交通活载作用（振动与变形），微裂纹逐步生成与发展。同时，由于眼杆的构造特点，使得连接环内的裂纹难以检查发现，于是裂纹逐渐扩展，贯穿于连接环的全截面。银桥设计上的一大失误是主缆仅用 2 根眼杆组成，没有富余值，环环相扣的两根眼杆，只要有 1 根连接失效，即相当于主缆截面积折减50％，另一根眼杆必定立即大幅度超应力，发生拉伸屈服失效而破裂。所以，对于钢构件没有充分估计长期使用发生的应力集中与疲劳损伤以及主缆缺少必要的冗余度，是银桥垮塌的技术原因。其他原因还有：在长达近 1 年的时间内没有认真检查，管养不到位；桥梁长期处于超载状态。

　　一座新桥很快建了起来，新桥命名为"纪念银桥"，它是一座下承式悬臂钢桁梁桥，为了纪念在 1967 年 12 月 15 日银桥桥难中罹难的 46 位亡灵，他们的名字被镌刻在花岗岩石碑上，安放在桥头公园中供后人永久追思。在公园中还设立了一个小"博物馆"，陈列着一小段按比例塑造的眼杆链桥体模型。旁边的纪念碑上镌刻着的文字表明："应力腐蚀裂纹"与"残余应力"是导致单眼杆失效而断裂的根本原因。使人们从银桥的灾难中，深刻认识到"应力腐蚀裂纹"与"残余应力"对于桥梁安全使用的重大意义，推动了这方面深入研究，至今已取得若干重要进展。

　　这一事故也引起了桥梁工程师对结构冗余度的重视。主缆与索塔是悬索桥最重要的承力结构，而主缆和索塔恰恰是银桥的薄弱部位。其主缆由多段眼杆销接组成，眼杆之间的环环连接成为关键的传力路径，用销钉连接的两环只要有一环失效，就会导致连接失效，引发主缆整体失效。而由高强钢丝束组成的主缆，即使有少量钢丝腐蚀失效，整个主缆不会很快破断而丧失承载力。例如，由于风致颤振失效的塔科马海峡老悬索桥，主缆由 8700根钢丝捆扎而成，在大风导致桥梁产生剧烈的弯扭共振时，在 8700 根钢丝中虽有约 500根断裂，主缆整体仍然保持有效。银桥的整体结构则缺少冗余度，2 座索塔的底部与塔身的连接，是销钉式的铰接。当时的设计意图是容许塔底转动，可使塔顶能沿桥的纵向发生位移，以此适应运营阶段活载和温度变化引发的伸缩。这样的构造设计使得主缆与桥塔相互依赖，主缆失效，桥塔也随之丧失了稳定性，造成了银桥上部结构与索塔全部破坏。这也是伤亡严重、损失巨大的主要原因之一。

　　桥梁结构应有必要的冗余度，是现代桥梁设计思想的重要理念之一。目前在工程实践中，对冗余度的一般概念是，结构体系具备冗余度，就是具备多重传力途径，在一个或几个构件发生破坏后，桥梁结构系统仍然能够维持基本的整体性，在一定范围内或一定程度上仍可持续承载。这种承载能力的储备，并不是直接大幅度提高安全系数，而主要是使结构体系具有一定程度的荷载再分配能力，当体系中某一局部失效时，不致使结构体系完全丧失承载能力。对于大型和复杂结构，尤其是生命线工程中的桥梁以及特别重要的桥梁，应认真贯彻冗余度设计思想。美国 AASHTO LRFD 设计规范中，关于桥梁设计的冗余度有如下原则性的要求："结构设计应尽量采用连续结构，尽量提供多重传力途径。"该规范对于承载能力极限状态的验算公式中，包含了对冗余度的定量要求。

　　银桥事故后，促使美国联邦管理公路局（FHWA）建立了全国桥梁数据库，以统计全美桥梁健康状况，帮助政府决策病害桥梁是否需要更换、加固、维修，以及需投入多少资金。美国联邦公路管理局还开展了"国家桥梁检测计划"（NBIP），并于 1971 年发布了《国家桥梁检测规范》（NBIS）。此后，美国相继编制了三部桥梁检测方面的指南。从美国桥梁检测、加固类规范的发展历史来看，在每次桥梁重大事故发生后，都促使针对现有体系的不足加以改进。经过多年的发展，美国的桥梁养护、管理、加固维修、改造等规范、指南、手册等已较为完善，有很多值得我国借鉴的地方。

10.3 实例三 澳大利亚墨尔本西门桥（1970.10.15）

西门桥跨越墨尔本西郊的亚拉河，全长 5600m，其中高架部分长 2500m。主桥长 848m，由 5 跨组成。桥型结构为早期流行的大索距斜拉桥，为双塔中央单索面结构。主桥立面布置示意见图 10-7。主桥为单箱三室钢箱梁。桥面宽度按双向 6 车道＋中央带＋人行道设计，总宽为 37.28m。箱梁底板全宽 19.04m，顶板外侧悬臂板宽 5.94m，下缘设置横肋，纵向间距 3.2m，箱内顶、底板加劲杆间距亦为 3.2m，顶、底板及腹板设有纵向加劲杆。中线处箱梁高度 4.11m，桥面为 RC 铺装，双向横坡 2.5%。主梁横截面如图 10-8 所示。

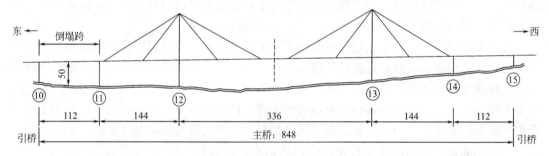

图 10-7 西门桥主桥立面示意（尺寸单位：m）

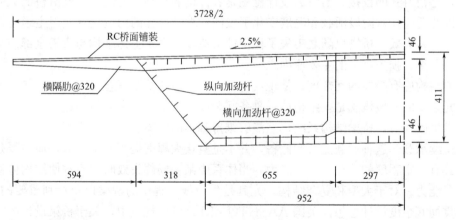

图 10-8 西门桥主桥钢箱梁 1/2 横截面示意（尺寸单位：cm）

钢箱梁共划分为 54 个安装节段，每个节段纵向长度为 16m。分别从东边的 10 号墩和西边的 15 号墩开始架设安装，在中跨的中心处合龙。东半桥与西半桥的架设节段数均为 27 段。一个节段钢箱梁的重量约 334t。由于自重大，安装方法是将箱梁沿中线一分为二，顶、底板宽度分别减为 18.64m 和 9.52m，则安装重量为 334/2＝167t。先在桥墩南北两侧的地面上分别组装完成各半幅箱体，然后用千斤顶将半幅箱体顶升达到设计高度，再从预先设置的滚动梁上，沿桥的横向推动左、右半幅箱梁向桥的纵向中线移动，最后达到设计位置，在纵向中线拼接处用螺栓固定，使两个半幅的主梁合成完整的整幅三箱断面。

西门大桥 1969 年开始施工，至 1970 年 10 月 15 日，已架设完成包括跨越 10～11 号墩的 1～8 号箱梁和跨越 15～14 号墩的 1～8 号箱梁，以及悬臂伸向 13 号墩的几个箱梁节段。10 月 15 日上午 8:30，开始拆除纵向 4～5 号梁段横向拼接处的螺栓。在一些螺栓从内翼缘区卸除后，因顶板滑移使得剩余的螺栓被卡在孔内（因为左、右半幅顶板拼接处已产生高度差），为了卸出剩余的螺栓，使用了气动扳手，导致螺栓破裂，因振动使螺栓突然从螺栓孔中弹出。当螺栓从拼接处一边卸除到内腹板侧约 60cm 时，内翼缘板的压屈扩展到箱外翼缘板，同时临近上翼缘的内腹板也发生压屈。此时，靠北面一侧的半幅箱梁已破坏，但与靠南面一侧的半幅仍连接着。这种状态延续到了上午 11 点，现场施工人员给工地工程师通了电话，他又去通知承包施工的公司派人来现场评估。到了上午 11:50，工地上这种危险状况还未得到及时处理，随即 10～11 号墩之间全长 112m 的北半幅钢箱梁全跨垮塌，砸在桥下工棚上（当时工棚内有施工人员），桥上施工人员随钢梁从 50m 高度处坠落地面（图 10-9）。这次事故共计 35 名工人当场死亡，还有更多的人受伤。

图 10-9 澳大利亚墨尔本西门桥的垮塌现场

事故发生后，成立了调查委员会，调查倒塌的原因并报告调查的结果。委员会经过 80 天，访问了 52 个目击者，收到了 379 件证据，然后写出了调查报告。结论是，在主梁架设期间桥梁的安全系数不足，即使桥梁建成，在营运状态下安全系数也仍不足。并指出主梁的施工方法存在很大的安全风险。

以上对事故的分析所依据的是澳大利亚《Civil Engineering》上论文的译文，发表在 1992 年之前。文献 ［3］对西门桥事故原因有更深入的论述（其中关于施工操作方面与上述有差异），要点如下：

西门桥的钢箱梁是分成两个半幅在工厂预制，然后运至工地提升就位进行拼装的。出事当天，两端悬臂已经到位，但两半幅节段间出现了很大的高低错位偏差，使中央拼接板无法用螺栓连接。施工时未按原计划使用千斤顶，而是采用在较高的半幅箱梁顶板上面压重 60t 强迫使其下挠。这使得安装应力大幅度上升，箱梁顶板拉应力和底板拉应力双双窜高，北半幅箱梁终于在超负荷状态下断裂，导致长 112m、重约 1200t 的一跨半幅钢箱梁坠落。伤亡情况与上述相同。事故发生的原因是设计先天不足，施工后天不济。

1966 年后，英国在塞文桥和恒伯尔桥钢箱梁设计与建造上取得了巨大成功，便加速推行这种结构形式。在 20 世纪 60 年代后期，连续设计出三座封闭式钢箱梁桥，那就是欧斯金大索距斜拉桥（流线型）、密尔福德连续钢箱梁桥和澳大利亚墨尔本西门斜拉桥（梯形）。这些桥都是由著名的"弗里曼·福克斯暨帕特勒公司"担任工程师代表。在西门桥事故发生之前仅 4 个月的 1970 年 6 月 2 日，密尔福德桥钢箱梁在施工中发生事故。该桥采用顶推法安装连续钢梁，当梁体从桥头往对岸方向推进刚越过 1 号墩顶时，悬臂端发生动荡，快接近 2 号墩时，前半段预先已组装好的钢箱梁突然从墩顶支点附近折断倒塌，导致现场 4 名工人遇难。事故发生的原因是设计失误：密尔福德桥对钢箱梁腹板在施工阶段悬臂状况下的压应力考虑不周，横隔板只设置在墩位截面，导致侧腹板在顶推过程中的支承处被压皱而失稳。而西门桥的钢箱梁设计，仍然忽视了钢箱梁在施工安装过程中局部应力严重超限的问题，可能是误认为西门桥有斜拉索助力，施工中受力情况不至于恶化。西门桥事故正好发生在无斜拉索的边跨，表明该承包公司对钢箱梁安装应力的变化情况没有弄清楚。

这两大桥难发生后，英国政府组织的皇家调查组对事故进行了彻底调查。断定密尔德福桥的倒塌原因在于桥墩处支承横隔板的设计有误。断定西门桥失败的原因要复杂得多，首先，采用的施工方法是事先未经试验过的，安装检查方法不完备，现场组织工作与两个负责组织之间的联络均不到位，这些导致上翼缘板的连接螺栓失效，使上翼缘板大范围弯曲。在管理方面，皇家委员会调查组指出：这两座桥的设计和施工，都没有一个足以约束各方的明确的统一标准；没有对工厂预制节段进行工地检查和验收的程序；更没有校验性的预拼等。

皇家质询委员会在两桥事故之后拟定了暂行设计和施工规范（IDWR），其中 Merrison 规则奠定了新的英国规范 BS 5400 第 3 章、第 6 章和第 10 章的基础，内容包括对钢箱梁的应力分析，复杂应力状态下具备或不具备刚度的钢板部件之间的连接设计，以及制作时焊接残余应力的影响和几何尺寸工艺偏差的控制等。

重建的新西门桥，进行了严格的设计和施工审查，对原设计进行彻底修改，增加了造价。该桥从 1969 年开始，经过长达 11 年的艰苦历程，终于在 1980 年 11 月最后建成。墨尔本市的这座著名大桥，每日车流量高达 10 万辆，发挥了极大的城市交通功能。全城市民为之欢腾，而又夹杂着一种深沉的哀思。这是一座混合着责任者的悔恨、奋斗者的艰辛和牺牲者的光环的特殊大桥。通车典礼的来宾中有许多寡妇，她们是十年前桥梁事故中遇难工人的遗孀。她们的亲人为西门大桥的修建献出了宝贵的生命，她们受到了人们最大的尊敬。不久，西门桥一岸的桥头附近建立起一座纪念公园，公园里建有一孔纪念桥，时刻提醒人们曾经发生过的桥难悲剧——那里有 35 名工人死于倒塌的桥体之下。而在西门桥的另一头，在斜拉桥边墩的墩身上，镶嵌着一块纪念碑，上面镌刻着牺牲于桥难的 35 名死难者的姓名。

10.4 实例四　韩国首尔圣水大桥（1994.10.21）

韩国首尔（原名汉城）圣水（Sung-Soo）大桥跨越汉江，将首尔市南边的岗南居民区与圣水市中心连接起来。该桥建造始于 1977 年 4 月，建成于 1979 年 10 月。桥梁总长 1160.8m，桥面宽 19.4m，为城市桥兼 4 线国道公路桥功能，并设有人行道。主桥为 6×

120m 上承式钢桁悬臂梁桥，每跨跨中简支挂孔跨径为 48m。这种悬臂钢桁梁桥源于英国的福斯桥，20 世纪初期美国甚为流行。加拿大魁北克大桥也属于这种结构体系。圣水大桥桥面为设有钢筋网的混凝土铺装层，主桥下为汉江航道。

1994 年 10 月 21 日，星期五清晨 7:40 左右，正是交通流高峰期，过桥的公共汽车和各式载客车辆络绎不绝。圣水大桥主桥第 11 号与第 12 号桥墩之间的 48m 挂孔钢桁梁突然垮塌，坠落到汉江中，只剩下 11 号、12 号墩上伸出的悬臂，6 辆汽车一辆接一辆地从巨大的缺口掉入 20m 高度下的江水里（水深 3～5m）（图 10-10）。这 6 辆车均载有乘客，其中一辆为满载学生及上班族的公交车，还有一辆为满载准备参加庆祝会的警员的面包车。这次事故导致 32 人死亡，17 人受伤。

图 10-10　韩国首尔圣水大桥垮塌现场

这一特大伤亡事故引起世界各国的广泛关注，被美国媒体列为近百年来世界最恐怖的桥梁灾难之一，与英国泰和桥桥难、加拿大魁北克桥桥难等齐名。中国的重庆綦江虹桥和湖南凤凰堤溪沱江桥亦被列入（中国这两座桥的桥难，详细情况见第 9 章）。

圣水大桥事故发生在干季，水深只有 3～5m，坠落的梁体和混凝土桥面板未被江水完全淹没，坠江的车辆都直接撞击到坠落破碎的结构物上，造成了更大的伤亡。罹难者中年龄最小的是一名才出生 17 天的女婴，其他的多是乘车去上班的人员。

事故发生后，政府组织的调查团经过 5 个多月的调查、研究、试验，于 1995 年 4 月公布了事故调查报告，指出这次事故发生的主要原因有两个方面：一是工程承包单位——东亚建筑公司没有按设计图施工，施工中偷工减料，使用了抗疲劳性能很差的劣质钢材，这是事故的直接原因；二是当时主管部门要求缩短工期及汉城市政当局在交通管理上疏漏也是大桥垮塌的主要原因。大桥的设计荷载为 32t，建成后交通量逐年增加，超负荷运行，事故发生时的荷载为 43.2t，管理单位未采取提高桥梁承载力的措施或限载措施。

1994 年 10 月 22 日，最初发布的报告指出：连续中央挂孔支撑处的 9 颗连接销实际上只装了 8 颗。这种连接销是用于固定挂孔端部的小悬臂杆的。由于超载使得 8 颗连接销发生断裂，导致中央挂孔钢桁梁离开支承而坠落；焊接区的钢构件已发生腐蚀；电焊质量低劣，这是发生这次事故的直接技术原因。

调查团在进行了精密的调查和一系列的试验与现场检验，如材料试验、无损伤试验与疲劳试验后，进一步深入分析了发生事故的技术原因。图 10-11 为垮塌前跨中 48m 挂孔与伸臂桁架连接示意图。伸臂端与悬挂跨是用连杆与铰来连接的。采用超声波探测方法对铰接竖杆与铰接板之间全部槽口焊接面进行熔透深度检查后发现，在 18mm 厚的竖杆翼板上，未焊透深度高达 16mm（即有效焊接深仅 2mm），并且大部分焊缝段的未焊透深度超过 5mm（即有效焊接深度小于 13mm）。因此，焊接质量低劣应是导致垮塌的直接原因之一。虽然设计是将铰接板以 1/10 的斜度减薄至 18mm 的厚度与竖杆的翼板按对焊焊接，但从现场测量得到的数据是，用 22～23mm 厚度制造的铰接板以 1/2.5～1/3 的斜度减薄到 18mm。由于这个厚度与斜度的错误可能会引起比原设计大 40% 的应力集中，这一制造上的不精确使问题变得更为严重。

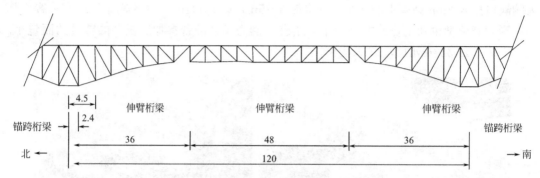

图 10-11　圣水大桥的悬臂吊挂结构示意图（尺寸单位：m）

在采用因焊接不良而被削弱的有效截面来验算竖杆的应力时，设计荷载 DL18 与 DB18 所产生的应力大大超过材料的容许值，但还未超过极限应力。这就使桥梁始终处于危险状态并一直延续到垮塌。

在完好的焊接条件下，桥梁的疲劳寿命估算为可供相当于 326500000 次货车的通过。但据交通量的观测，在倒塌前只通过相当于 28000000 次的货车，后者仅为前者的 8.58%。进一步证实了焊接不良是导致垮塌的主要因素，而且还存在着杆件制造误差，更是大大削弱了疲劳寿命。

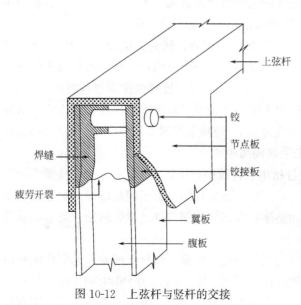

图 10-12　上弦杆与竖杆的交接

焊接与制造的失误，特别是在铰接板与竖杆腹板的焊缝上，出现了巨大的应力集中与初始裂纹。由于不断重复加载引起的疲劳，使已有的裂缝进一步扩展。根据一系列的现场检查，可以肯定裂缝在倒塌之前早已存在。该部位构造情况可参阅图 10-12。

圣水大桥设计方面存在的主要问题有：在悬挂桁梁与伸臂端铰接处下端的侧向平面连接系是完全分离的，对传递风力不利；上部结构的设计中没有赘余约束，因而在竖杆破坏时不可能会出现倒塌前的预先警示；对竖杆与铰接板之间的焊缝受力状态的重要性以及当时的焊接工艺能否达到质量要求等考虑不周。

把技术原因、管理原因以及其他方面的原因综合起来，可以用图 10-13 表达。

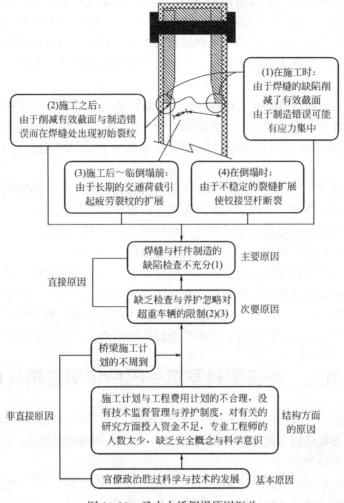

图 10-13　圣水大桥倒塌原因汇总

圣水大桥特大灾难震动了韩国。时任韩国总统金泳三公开向全国人民道歉，韩国总理李荣德召集内阁紧急会议后递交了辞呈。首尔市市长李元钟被解除职务。韩国国会为此召开紧急会议，强烈谴责这一劣质工程的承建者、建筑行业的腐败行为以及政府对国家投资工程缺乏有效的监督和检查。韩国司法机关逮捕了 7 名首尔市的建筑行业官员，检察官指控他们犯有玩忽职守罪和过失杀人罪。

圣水大桥与加拿大魁北克大桥都是带中央挂孔的钢桁梁悬臂体系。1916 年 9 月 11 日魁北克大桥第 2 次施工中发生的事故，也是中央挂孔坍塌（详见本章实例一），但两桥事故的技术原因有所不同。魁北克桥是由于 4 台千斤顶中的 1 台破坏，导致挂孔钢桁梁坠入劳伦斯河中，行将落成的大桥功亏一篑，造成 11 人死亡。而圣水大桥则是在运营 15 年后，中央挂孔因锚固支承体系破坏而坠落江中。中央挂孔两端的支撑构造，两桥有所不同：魁北克桥挂孔是搭设在悬臂钢梁上的，圣水桥则是在主悬臂钢梁的上弦另伸出小悬臂杆将挂孔吊住。显然，这个小悬臂杆就成为特别关键的部位了。就挂孔支撑处的细部构造而言，圣水大桥在使用过程中的潜在安全风险大于魁北克大桥。就桥梁的整体结构而言，两座大桥所采用的带挂孔的悬臂钢桁梁体系，都缺乏冗余度，是这种桥型的主要弱点。

圣水大桥坍塌事故使韩国深刻认识到桥梁养护的重要性。1995 年，韩国政府对桥梁管理和操作计划提出了一系列更为严格和细致的要求，开始了独立的现场桥梁结构健康监测，以采集全比例承载能力试验的数据，并评估其结构健康状况。同时，加强工程监理的力度。

韩国 R&D 机构提出依靠新型材料、先进的结构体系和建桥技术来提高和改进桥梁寿命的规范标准的计划，对拟建的 200 个桥梁工程项目，要求必须采用超高强度及超高耐久性混凝土技术，以及改进的桥梁设计、建设技术和养护加固方法，使桥梁寿命延长至 200 年。

圣水大桥事故后，相继成立了韩国高性能建筑材料研究中心、韩国风工程研究中心和桥梁设计与工程研究中心等机构。韩国人在桥难面前，以痛定思痛的态度，从源头上查找原因，在管理制度与技术革新上全力推进，在较短的时间内，韩国桥梁建造技术与质量得到了显著的提高。今天，韩国已进入世界桥梁建设的先进行列。

对圣水大桥重建工程进行了全面深入的研究后，认为原桥结构的承载力偏低，确定重新设计和新建大桥以适应新的荷载条件。在总体布置不变的情况下，对中央挂孔钢梁的设计荷载进行了调整和提高。圣水大桥的重建工程由"现代公司"承担施工。在事故发生两年零 8 个月后的 1997 年 8 月 15 日，外形与原设计相似的新大桥终于建成。

10.5 实例五　帕劳国科罗尔—巴伯尔图普桥（1996.9.26）

帕劳共和国位于大洋洲西太平洋加罗林群岛西部，在菲律宾以东约 850km，印度尼西亚的新几内亚巴布亚岛以北约 1200km，由 200 个火山岛和珊瑚岛组成，国土面积 458km²，人口约 2 万，首都科罗尔。

科罗尔—巴伯尔图普（Koror-Babeldaob）桥（简称 K-B 桥），是一座连接首都科罗尔与帕劳机场的跨海大桥。该桥为跨中带铰的三跨预应力混凝土连续刚构，孔跨组成为（72.2+240.8+72.2）m，桥长 385.2m，桥面宽 9m，按双车道设计。主梁为单箱单室截面，跨中截面高度 3.66m，支承处截面高度 14.17m，箱梁底宽 7.3m。桥梁立面及横断面如图 10-14 所示。边墩上设拉压支座，边跨箱梁的内部填充砂石以平衡主墩弯矩。主跨箱梁顶板厚度从支承处 432mm 渐变至跨中 280mm，底板厚度从主墩处 1153mm 渐变至跨中 280mm，腹板为等厚度 356mm。桥面混凝土铺装层平均厚度 76mm。施工方法为挂篮悬臂浇筑法。该桥于 1975 年开工，1978 年建成通车。大桥设计者是美国檀香山 Alfred Yee 事务所，大桥施工者是德国 DYkerhoff Widmann 公司。大桥建成时为世界最大跨径预应力混凝土悬臂梁桥。

大桥通车后不久，主跨跨中就产生了较大下挠，而且逐年增大，曾委托有关方面（为帕劳国外委他国的专业部门）进行了两轮工程研究后认为桥梁是安全的。但到了 1990 年，跨中最大挠度高达 1200mm，当时曾邀请日本的技术团前往诊断，日本专家建议：与其修补加固，不如重建一座新桥。但当地政府未采纳新建方案。1993 年，大桥业主再次外委有关单位进行研究，结论是主跨还会继续下沉。到了 1995 年下挠达到 1610mm，业主决

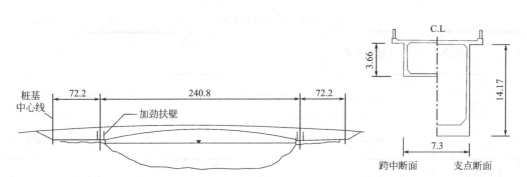

图 10-14　科罗尔—巴伯尔图普桥（尺寸单位：m）

定对该桥进行维修加固，委托美国西雅图 Berger/ABAM 咨询公司提供加固方案。该公司提出的方案是：在两个主墩位置的主梁悬臂上分别设置体外束并施加预应力，使主跨跨中挠度减小（但跨中铰仍保留）。承担加固施工任务的是瑞士 VSL 公司驻关岛的子公司。该子公司对加固方案作了修改：把主跨跨中的铰封闭，在全桥布置体外束，以使跨中向上拱起，而当初只传递剪力的铰也能传递弯矩，因此改变了原桥的结构形式。VSL 公司的理由是，这样修改后的加固方案，原来认为只有 20 年使用寿命的大桥，可以将其使用寿命延长到 85 年。大桥业主采纳了 VSL 公司修改后的加固方案。加固工程花了一年时间，投资 200 万美元，于 1996 年 7 月完成加固工程。

加固工程完成后不到 3 个月，1996 年 9 月 26 日夜间，先是北岸（巴伯尔图普岛一岸）发出巨大声响，靠主跨一侧的悬臂箱梁折断破坏，坠入海水中，几秒钟后，南岸（科罗尔岛一岸）的中跨悬臂梁也折断坠落海中（图 10-15）。桥难造成 2 人死亡，4 人受伤，所幸桥塌发生在车少人稀的夜晚，否则，灾难将会严重得多。

图 10-15　科罗尔—巴伯尔图普桥的垮塌现场

K-B 大桥垮塌后，在国际桥梁界引起了广泛的关注。事故原因的探讨，主要集中在两方面：一是大桥建成约 12 年，主跨下挠为什么高达 1200mm？二是加固后才 3 个月为什么会垮塌？

在大跨径 PC 连续梁、连续刚构桥迅速发展的同时，其在运营过程中病害也不断出现，尤其是中长期过量下挠、开裂等病害在国内外类似桥梁中普遍发生，有少数桥梁的病害甚为严重，不仅影响了正常使用，还降低了结构的耐久性，甚至埋下了安全隐患。表 10-2 为中外大跨径 PC 连续箱梁桥下挠过大的部分实例。

中外部分大跨径连续刚构桥下挠情况   表 10-2

序号	桥梁名称	结构形式	孔跨(m)	下挠量(mm)	挠跨比	备注
1	中国广东虎门大桥辅航道桥	连续刚构	150＋270＋150	260	1/1038	1997年建成,监测挠度6年
2	中国湖北黄石长江公路大桥	连续刚构	162.5＋3×245＋162.5	335	1/731	1995年建成,监测挠度7年
3	中国重庆江津长江大桥	连续刚构	140＋240＋140	317	1/757	1997年建成,监测挠度9年
4	中国河南三门峡黄河大桥	连续刚构	105＋4×160＋105	220	1/727	1993年建成,监测挠度9年
5	中国广东丫髻沙大桥副桥	连续刚构	86＋160＋86	230	1/696	2000年建成,监测挠度9年
6	中国广东南海金沙大桥	连续刚构	66＋120＋66	238	1/504	1994年建成,监测挠度7年
7	中国台湾圆山大桥	带铰刚构	75＋150＋2×142.5＋118＋43	630	1/226	
8	挪威斯托尔马(Stolma)大桥	连续刚构	94＋301＋72	92	1/3272	1998年建成,监测挠度3年
9	挪威斯托伍赛特(Storset)大桥	连续刚构	100＋220＋100	220	1/1100	1993年建成,监测挠度8年
10	美国帕洛茨(Parrotts)大桥	连续刚构	99＋195＋99	635	1/307	1978年建成,监测挠度12年
11	加拿大格兰德·米尔(Grand-mere)大桥	带铰连续刚构	主跨181.4	300	1/605	1977年建成,监测挠度9年
12	英国金士顿(Kingston)大桥	带铰连续刚构	62.5＋143.3＋62.5	300	1/478	1970年建成,监测挠度28年
13	帕劳国 K-B 大桥	带铰连续刚构	72.2＋240.8＋72.2	1610	1/150	1978年建成,监测挠度17年

    国内外的大量研究表明,影响大跨径 PC 连续刚构桥下挠的因素较多,且影响的程度也有所不同,情况较为复杂。以下几方面被认为是产生长期下挠的主要原因:①混凝土收缩徐变;②预应力有效值的长期缓慢变化;③箱梁开裂的程度与分布;④混凝土施工质量;⑤桥梁设计计算理论与方法存在不足或缺陷等。所以,一些大跨径 PC 连续刚构桥产生过大的下挠,往往是几种不利因素综合作用的结果。另外,从表 10-2 可以看出,带铰的连续刚构桥,其下挠值往往较大。表中序号 7、11～13 为带铰连续刚构桥,这 4 座桥的长期下挠值与主跨跨径之比,在 1/150 ～ 1/605 之间。其中最大下挠即为帕劳国 K-B 大桥,挠跨比达到 1/150。这是该桥结构体系上存在的一个弱点。文献 [20] 针对 K-B 大桥长期下挠的问题进行了较详细研究后指出:挠度分析结果表明,传统的梁理论与三维空间

分析比较，误差高达 20%，且宽跨比越大，误差越大。三维有限元空间分析采用多种徐变收缩计算模型：美国 ACI 模型、日本 JSCE 模型、CEB-FIP 模型和 GL 模型，其挠度计算值要比（K-B 桥建成 18 年后）实测值低 50%～70%，预测的变形也与实际不符；预应力损失计算值为 22%～24%，远低于实测值 50%。唯一基于理论的 B_3 模型，采用经验参数计算得到预应力损失为 40%。18 年后挠度计算值比实测值低 42%。如果根据长期实测值调整输入参数，结果可与实际更符合。可见，K-B 桥产生过大的下挠，是由于设计所采用的徐变收缩模型缺乏长期实测资料支持，计算结果与实际相差过大。同时，采用一维梁单元分析理论，箱梁实际预应力损失比经典梁理论计算值要高 2～3 倍。只有采用三维空间有限元分析模型，才能获得较为可靠的预应力损失值。以上的分析计算是在 K-B 大桥事故发生后，进行详细调查，以大量实际资料作为依据的。所以，K-B 大桥原设计计算所得到的预应力损失与挠度，与实际出入过大，是事故发生的重要原因之一。

大跨径连续刚构桥设计需要通过采取一些措施来减小下挠和预应力损失，根据已有的研究成果，提出以下几条建议供参考：

（1）不宜采用跨中设铰或带有简支挂孔的结构形式。

（2）预应力束的配置对桥梁运营期的挠度变化有重要影响。宜适当增加纵向预应力钢束用量。建议采用长期荷载零弯矩设计法。研究认为，连续刚构桥的后期收缩徐变挠度与其长期荷载产生的弹性挠度有密切关系，恒载弹性下挠越大，徐变下挠也就越大。施工期设置预拱度只能解决后期桥面线形问题，对徐变下挠的总量没有影响。具体做法是：用预应力弯矩平衡悬臂施工阶段一期恒载弯矩；设置体外束平衡合龙后二期恒载及活载中的平均荷载；用预先张拉的预应力束和事先压重、逐年卸载的方式置换长期下挠变形。上述措施的特点是用预应力的设计手段来消除初始挠度和初始转角。这样当混凝土徐变发生时，梁体基本上仅有轴向位移而不产生挠度，因而能极大地减少合龙后的持续下挠绝对值。这种设计方法已在国内一些实桥上应用，均取得了较好的效果。

文献 [24]、[25] 提出：主梁的主跨跨中在自重恒载、二期荷载、预加力等除混凝土收缩徐变以外的永久作用下的弹性下挠值宜控制在 $l/4000$ 以内，汽车荷载（含冲击）下的挠度值应小于 $l/1000$，l 为连续刚构桥主跨跨径，单位为 m；设计宜考虑施工规范允许范围内的自重施工偏差对结构挠度的影响，包括结构自重偏差 ±5% 和桥面铺装层超厚 $l/7000$，同时宜考虑施工误差对混凝土收缩徐变挠度的影响；宜计入全部纵向预应力误差 ±6% 对结构弹性挠度的影响，同时分析此项误差对混凝土收缩徐变挠度的影响。

（3）适当加大跨中截面高度，以提高其刚度，并相应减小主梁梁底曲线的曲率，向二次抛物线靠近。

（4）设置后期备用的体外预应力束，以便在运营期对可能发生的病害（包括跨中过度下挠）及时进行处治。

（5）混凝土的收缩、徐变及其影响因素具有高度随机性和复杂性，到目前为止，还没有一种理论可以完整准确地解释或预测混凝土的收缩、徐变特性。混凝土收缩、徐变模式的选择对计算结果影响极为显著。文献 [21] 通过实例分析比较了 JTGD62、ACI209-1992、B_3 和 JSCE308-2002 四种模式，计算结果差异较大。所以，混凝土收缩徐变的计算结果仅能作为确定长期挠度值的参考，更重要的是采取实践已证明行之有效的技术措施。

（6）PC 连续刚构桥的最大跨径应在一个合理的范围。跨径太大，不仅造价快速上升，设计与施工都会面临若干技术难题，甚至存在质量与安全风险。就跨中下挠而言，跨径越大，下挠量也越大。国内已有的研究成果资料表明，大跨径刚构桥跨中下挠量变化的年速率如下：跨径 $l=100\sim160m$，$f_徐\leqslant10mm/年$；$l=160\sim220m$，$f_徐=10\sim20mm/年$；$l=220\sim270m$，$f_徐=20\sim30mm/年$。所以，当跨径很大时，对于结构体系和材料使用应考虑新的方案。我国重庆市石板坡长江大桥就是这方面进行创新获得成功的实例。该桥为钢-PC混合式连续刚构，主跨达330m，于2006年建成。主跨中部108m为钢箱梁，其余主边跨均为PC梁。由于跨中采用钢结构，避免了混凝土箱梁底板出现裂缝的通病，至今跨中的挠度值在正常范围内。

再讨论K-B大桥加固后为什么会垮塌？帕劳国K-B大桥修建后，施工中曾使用没有冲洗的海砂，水泥质量也存在问题，混凝土质量受到影响。现场技术负责人多次更换，施工管理不到位。如上所述，设计上存在较大失误，使大桥建成后长期存在安全隐患。后来的维修加固，其基本的技术方案是：封闭主跨跨中铰，把两侧的悬臂梁连接起来构成一个整体，再用9根通长的体外预应力束将悬臂结构改造成连续梁。实质上，结构体系发生了变化，受力状况也随之改变，将出现两种可能：一是跨中铰封闭后，可能类似于仅有压力的拱；二是可能成为有弯矩的连续梁。如果按连续梁加固，则墩顶负弯矩和跨中正弯矩应当分别布筋。加固设计者把负弯矩交给了原悬臂结构，却用新增通长体外束承受正弯矩。因加固前主跨已发生很大的下沉，原结构的预应力早已大量丧失，加固对混凝土梁体施加预应力产生的压缩，反而使已经松弛的旧力筋更加无力，主跨悬臂梁根部的应力越来越大，终于超过极限强度而垮塌。

总体而言，帕劳国K-B大桥主跨严重下挠和加固后的垮塌主要技术原因都是设计失误。

后来，在日本人帮助下帕劳国重新修建了K-B大桥，是一座混凝土主梁双塔双索面斜拉桥。

10.6 实例六　南非印佳卡大桥（1998.7.6）与德国阿莎芬大桥（1988.8.30）

印佳卡桥（lnjaka Bridge）位于南非姆普玛兰加，靠近博斯波克兰，跨越一条名叫Ngwaritsane的小河。该桥为7×42m预应力混凝土连续箱梁，桥宽14m，桥长约300m，桥面在水面以上高度约37m。主梁为斜腹板单箱单室截面。采用顶推法施工。

该桥业主为南非"水务-林业局"；设计单位是VKE咨询工程公司；施工单位是南非康可公司，其业务范围包括采矿、土木工程、建筑工程和道路工程。

混凝土箱梁节段的预制台座和顶推台座设在一岸的桥台后面。每孔箱梁分为两段预制，每段长约21m，逐段预制、顶推、接长、再顶推，向对岸延伸，直至全桥7×42m梁体全部就位。顶推过程采用的前方导梁由两片钢板梁与横向钢系梁组成。钢导梁长度约25m，与混凝土预制箱梁的腹板对应相连。顶推第1节段箱梁与导梁联合体到达1号桥墩后，继续接长后方两个已预制好的节段，再往前顶推，钢导梁到了第2号桥墩墩顶时便停了下来。然后用一周的时间，预制后方新的梁段，并进行梁段之间的预应力钢束张拉。一周后的1998年7月6日，正准备进行新一轮顶推，数十人站在桥面上和桥墩滑道两侧，该桥的施工设计人 M. Gouws 先生也在现场参与指挥。突然之间，已就位的第 1 孔箱梁（0 号台与 1 号墩之间）以及第 2 孔内的前方钢导梁及其连接着的一个节段箱梁，均在孔跨中间位置折断，坠落地面。垮塌现场照片及立面示意见图 10-16、图 10-17。施工现场共有 14 人遇难，其中包括大桥设计者 M. Gouws 先生，另有 19 人受伤。

图 10-16　南非印佳卡大桥垮塌现场

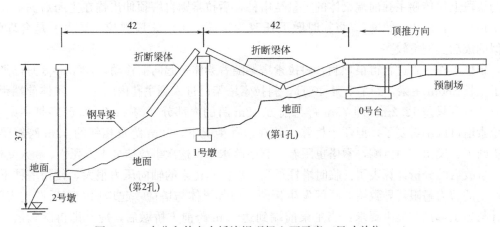

图 10-17　南非印佳卡大桥垮塌现场立面示意（尺寸单位：m）

印佳卡大桥事故在南非掀起轩然大波。但事故原因的调查拖了很长时间，直到 2002 年 5 月才公布调查结果。2002 年 8 月 13 日，根据调查结果启动了刑事诉讼程序。VKE 咨询工程公司、康可控股工程公司与政府部门水务-林业局被起诉，另有两人被指应对这次桥难承担责任。这两人是：VKE 公司的约翰·比肖夫和康可公司雇员罗尔夫。证据显示比肖夫负责本桥监控与设计，罗尔夫设计脚手架等临时工程。指控内容有：预制节段的滑道布置错误；顶推施工缺乏经验；最终设计阶段提交的只能算是初步设计，且设计水平很差。到了 2003 年 10 月 3 日，据新闻报道，检察官指出：这次桥难是多种因素综合作用引起的，而不是一个单一的因素。时间拖到 2006 年 11 月才宣布一个非正式审讯的裁决。指认有 3 位专业工程师需承担责任，但遭到社会公众不满，这次事故的处置也就不了了之。

南非有关部门总结的教训是：缺乏合格的工程人员和管理者；钢导梁结构的刚度不

够；滑道临时工程设计不当；临时支座设置的位置不当；滑板递送有误等。

根据结构设计、施工过程及垮塌情况分析，主要的技术原因有以下几条：

（1）连续梁桥在成桥状态下，主梁的受拉力筋，在墩顶位置应布置在箱梁顶部，跨中应布置在箱梁底部。但在顶推过程中应根据弯矩包络图，按受拉部位配置力筋，这是常识。但印佳卡大桥的结构设计，未根据顶推过程拉应力的变化配足受拉力筋。箱梁断裂的部位正好是受拉区没有足够力筋的截面。

（2）本桥顶推跨度达 42m，将出现较大的正、负弯矩，既没有配足受拉力筋，也未设置临时墩支撑，施工组织设计犯了常识性错误。

（3）第 2 孔箱梁与钢导梁在结合部折断。事故现场的实际情况是：钢导梁本身基本未变形，只是与混凝土箱梁发生了分离，这表明两者的连接不牢固，不能抵抗顶推过程发生的弯矩。

南非印佳卡大桥事故之前 10 年，1988 年 8 月，德国也发生过 PC 连续梁桥顶推施工中垮塌的事故，简况如下：

德国巴伐利亚州西北部阿莎芬大桥，跨越美因河，是 A₃ 高速公路上的一座重要桥梁。该桥为（5×48＋78＋42）m 预应力混凝土连续箱梁，桥面全宽 10.5m，单箱单室断面，主梁高度 2.5m，78m 跨为通航孔。采用顶推法施工。为了避免在主航道上设置临时墩，采取在桥面上安装临时斜拉索及索塔的方法，以增大顶推跨度。斜拉索前端锚固在最先浇筑的梁段上，传递主孔前端梁体的重量至塔柱，后拉索则自塔顶伸出锚在主跨后面一孔的箱梁顶板上，形成"锚索"。将临时墩下托改为桥面以上的索塔斜拉，受力上是合理的，类似的成功实例也较多。

顶推工作一直进行得很顺利，斜拉索塔架随着梁体一起向前移动，1988 年 8 月已经构成了全长 360m 主梁，到了 8 月 30 日，斜拉索塔架已进入到主孔内约 7m，梁体前端距离前方的桥台只差 12.2m，即 78m 跨与前方 42m 跨的大部分（约 29.8m）已经是主梁了，斜拉索塔可以不需要了，但还未拆除。就在这种情况下，78m 跨及相邻的 42m 跨箱梁突然折断了，发出一声巨响，索塔也跟着一起坠落水中。这次事故造成 1 人死亡、6 人受伤。

事故后的分析计算表明：临时塔柱承受由斜拉索传来的轴向压力很大，使得塔柱下箱梁所受的剪力超限，导致箱梁瞬间发生折断，引起梁体与塔柱一起垮塌。事后调查表明，设计与施工都没有提出要求：当主梁前端到达 78m 跨前方桥墩后，应立即拆除索塔。因为这时往前方桥台方向顶推，已有钢导梁，不再需要斜拉索塔架了，更重要的是塔架下端的压力对 78m 跨将产生很大的剪力和弯矩。由于设计、施工技术负责人的粗心大意，又没有进行顶推全过程的分析计算，犯了低级错误，终于造成桥难。第 2 年，设计、施工改进后，阿莎芬大桥顺利建成。

2007 年，美国 I-35w 公路桥桥难发生后，美国某专家认为 20 世纪有 5 座大桥属"毁灭性的桥梁倒塌"或称为"世纪劣桥"，这 5 座桥是：

（1）美国塔科马海峡大桥，主跨 853m 钢梁悬索桥，1940 年 11 月 7 日毁于暴风；

（2）美国旧阳光大桥，主跨 384m 下承式钢桁梁桥，1980 年 5 月 9 日，货船撞击垮塌；

（3）帕劳国 K-B 大桥，主跨 240.8m 带铰 PC 连续刚构桥，1996 年 9 月 26 日，设计失误，致主跨垮塌；

(4) 南非印佳卡大桥，7×42mPC 连续箱梁桥，1998 年 7 月 6 日，设计失误，顶推施工中两跨梁体垮塌；

(5) 美国 I-35w 大桥，3 跨上承式连续钢桁拱梁桥（主跨 139m），2007 年 8 月 1 日，节点板断裂主孔垮塌。

这五座桥均为美国本土上的桥梁或与美国人有关的桥梁，虽有局限性，但这几座桥的桥难确实严重，称得上"毁灭性的桥梁倒塌"，这样的评论不无道理。

顶推施工法于 1959 年首次在奥地利的阿格尔桥上使用（该桥为主跨 85m 四孔一联 PC 连续梁桥）。我国广东东莞万江公路大桥为国内第 1 座采用顶推施工的 PC 连续梁桥（孔跨为 40m＋54m＋40m，1979 年建成），1992 年建成的福建漳州九龙江大桥，顶推跨数为 15 跨（跨径 40m），1987 年建成的广东九江大桥（引桥），顺利完成了孔跨 50mPC 连续梁近 700m 的长距离顶推。顶推施工法在我国推广并取得了很大的成功。南非印佳卡大桥和德国阿莎芬大桥的事故，应引起我们的警觉，万万不可粗心大意。

10.7 实例七　　美国明尼苏达州 I-35w 大桥（2007.8.1）

美国第 35 号州际高速公路是纵贯美国中部的国道。该高速公路上的 I-35w 大桥位于明尼苏达州的最大城市明尼阿波利斯市西北部，离市中心不到 2km，跨越密西西比河（该桥亦称为 9340 桥）。大桥全长 581m，由 14 跨组成，主桥为（80＋139＋80）m 三跨上承式连续钢桁梁，下弦为拱形曲线，上弦为直线。中跨钢桁架高度由 18.3m 渐变至 11m，边跨端部钢桁梁高度 9m。桥面宽 32.94m，路缘之间宽 34.54m，原设计为双向 6 车道，后改造为双向 8 车道。桥面桁架高 3.6m，与主桁连成整体，RC 桥面板。桥面高出水面 35m，主桥中孔通航净宽 119m，净高 19.5m。主桥两端的引桥共有 11 孔，为钢-混凝土板结构。主桥立面示意图如图 10-18 所示。

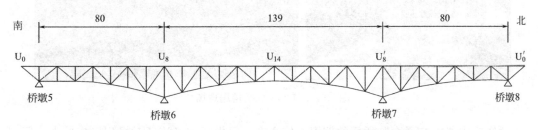

图 10-18　I-35w 大桥立面（尺寸单位：m）

I-35w 大桥由 Sverdrnp&Parcel 工程公司（简称 S&P 公司）设计，1964 年开工修建，1967 年建成通车（图 10-19）。1977 年和 1998 年进行过两次大修。这两次维修后，RC 桥面板的厚度从 16.5cm 增加到 21.6cm，车道由原来的双向 6 车道加宽至双向 8 车道。根据 2004 年的观测资料统计，大桥日均车流量为 14000 辆，其中 10%～15% 为重载卡车。到了 2007 年日均车流量上升至 16000 辆左右。

2007 年 8 月 1 日（星期三），当时桥面正进行维修翻新，有 4 个车道断交，由另半幅 4 个车道维持通行。当天下午 6:05 时，桥上正是交通高峰时段，大量各类车辆拥挤在 4 个车道上，缓慢移动。突然，主桥中跨随着一阵响声发生断裂，接着主桥的两边跨也跟着垮

图 10-19　I-35w 大桥（垮塌前）

塌，前后不过 4s 时间（图 10-20）。111 辆正在行驶的大小车辆随着桥体坠落到密西西比河水中与岸边河滩上。桥面上进行维修的施工人员也掉入河中或岸边，有的车辆还着了火。值得一提的是，一辆满载 69 名孩子的学校交通车，亏得未坠下河，进退维谷地斜挂在断桥边缘上，旁边就是那辆正在燃烧的车辆。一个名叫杰米的刚满 20 岁的红十字会员，冒着生命危险踢开交通车后面的紧急出口，把全部孩子救送到安全处所，仅有 22 个孩子受伤。在这次特大桥难中共有 13 人（男 8 女 5）失去宝贵的生命，有 145 人受伤。如果不是杰米救出 69 个孩子，这次灾难将更为惨烈。

图 10-20　I-35w 大桥垮塌现场

　　这座市中心的交通命脉桥梁的倒塌，使全市人民生活、经济活动受到极大冲击。明尼阿波利斯市市长和明尼苏达州州长于 8 月 2 日宣布本市、本州处于紧急状态；8 月 3 日，美国第一夫人劳拉·布什赶赴现场，接见并慰问救援人员，特别慰问了救出几十个孩子的青年人杰米。8 月 4 日，布什总统亲抵明尼苏达视察，保证联邦政府支持并宣布由联邦运输部长彼得斯直接领导大桥重建工作。在进行应急抢救与排除险情的同时，按照法律规定，立即成立了调查组开展调查工作。

　　I-35w 大桥属于国家资产，业主单位是明尼苏达州交通局，还负责大桥养护维修，明尼苏达州政府负责管理该州境内的密西西比河，明尼阿波利斯市负责市区内河道两岸事务。由上述三方成立了联合调查组。为了将桥梁垮塌的原因查清楚，调查组开展了监控录像分析、实物还原、现场还原、设计演算、有限元分析、检测记录复核、模拟重现等工作。调查中还使用一系列高科技手段，例如激光导引探测设备、计算机成像技术、高分辨率摄像器材等（详见文献［37］），还动用了直升机。最终目的就是要客观地还原大桥垮塌的过程，科学地认定事故的真实原因。调查工作分为三个阶段进行，简述如下：

第 1 阶段：2007 年 8 月 2 日至 9 月 7 日，共 37d。为应急部门主导的事故定性和应急处理，排除了恐怖袭击和自然灾害（例如地震、地质灾害等），判定为责任事故或工程技术事故。

第 2 阶段：2007 年 9 月 8 日至 2008 年 1 月 15 日，共计 129d。由美国交通运输安全委员会（NTSB）代表政府主导，在技术和责任层面上全面和详细取证，调查并协助业主和地方政府对伤亡者及家属善后，由 NTSB 公布事故调查初步结论。

第 3 阶段：2008 年 1 月 16 日至 2008 年 11 月 14 日，共计 287d。由 NTSB 全权负责对调查结果求证，做出最后结论，并对涉及事故的有关部门提出在行政上有一定强制意义的"安全建议"。I-35w 大桥事故的性质，最后的结论是：技术或责任事故。这次事故的调查处理程序，如图 10-21 所示。

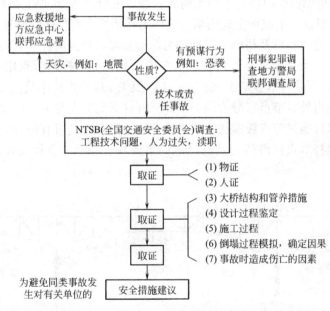

图 10-21 美国官方对类似 I-35w 大桥倒塌事故的调查处理程序

调查工作还原了事故发生前的一些重要情况：1990 年联邦政府将 I-35w 大桥定为"结构有问题的桥梁"。从 1993 年开始对该桥进行年度检查。2001 年，明尼苏达大学的研究报告指出：主跨与边跨连接处的桁架横梁正在出现应力裂纹，建议在裂纹两端钻孔防止其延伸，同时针对横梁应增加撑杆以防止屈曲。研究报告对主桁体系缺乏储备构件表示担心，因为任何单一构件的失效会导致桥梁倒塌。可惜报告得出的结论过于乐观，该报告最后认为在可预见的将来其疲劳裂纹将不会有任何问题，建议对桥梁状况实行应变和结构监测。明尼苏达大学的研究已经发现了大桥设计上的重大缺陷，但因对其严重性估计不足，失去了进行有针对性加固维修的宝贵时间。2005 年，大桥进行检查后的得分仅为 50 分，在联邦检查（桥梁）排行榜上属倒数几名，再次被美国交通运输局内定为"结构有缺陷"并可能需要更换的桥梁，但又认为有可能在适当条件下继续使用，仍然过于乐观。2006年6月，进行检查时发现了裂纹和构件疲劳现象，但过了半年后才准备对该大桥实行"钢加劲"。遗憾的是，到了2007年1月又把"钢加劲"项目取消了，代之以常规的周期性安全检查。多次失去了挽救危桥的机会，原因在于没有认识到该桥存在的巨大安全风险。所以，州长才会在事故发生之前宣布准备要到2020年更新该桥。

调查组对I-35w大桥历年的养护改造项目进行了调查，要点如下：1967年11月建成通车时，主桥重量8300t，在以后的两次养护改造中，桥梁恒载发生了变化。1977年增大桥面板厚度，增加了恒载1360t；1988年增加护栏和除冰系统，恒载再增大544t，累计增加恒载1904t。2007年6月1日，明州交通局开始由北向南进行混凝土桥面更换工程，2007年8月1日，事故发生当天，混凝土桥面铺装工程进行到U10W截面附近（截面编号见图10-18，表示西侧），并在U10W截面附近堆放173.3t施工材料和88.6t机械设备，累计增加临时施工荷载262t。可见，在事故发生前，大桥恒载与临时施工荷载的增加值合计达到2166t，是加速桥梁失效的重要因素之一。

I-35w大桥主桥钢桁梁由两片主桁架构成，每片主桁包括14根上弦杆、13根下弦杆、28根斜杆和27根竖杆，组成华伦式桁架。主桥上部结构立面及杆件编号如图10-22所示。所有上、下弦杆、受压斜杆及桥墩上竖杆均为箱形截面，受拉斜杆和其他竖杆为工字形截面。所有主桁架节点由双侧节点板铆接。从左侧开始，上弦杆的节点用字母U加数字表示，从U_0到U_{14}，下弦杆节点从L_1到L_{14}。U_{14}及L_{14}位于中跨中线上。右半侧节点符号加撇表示。除两端点外，节点可分为两类，即三杆件交汇节点与五杆件交汇节点。前者有弦杆贯穿而过，竖杆通过节点板铆接，后者由节点板铆固连接所有杆件的端点。节点板对杆件，尤其是对五杆节点杆件传力具有特殊的重要性，一个节点板失效，便意味着3~5根杆传力失效。

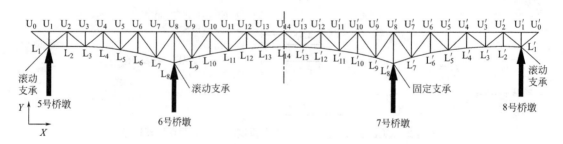

图10-22 I-35w大桥主桥上部结构杆件立面示意图

两片主桁架由横联桁架连接而成。整体横联桁架包括27片顶层桁架、26根下横梁以及多根斜杆，均为工字形截面。每个顶层桁架由上、下弦杆、斜杆、竖杆组成。顶层桁架的上弦杆直接铆接于主桁架上弦杆上。其他横联桁架与主桁相交的节点均为铆接固定。顶桁架的上弦杆上方再铆接14列工字形纵梁，其上为RC桥面板。主桥有东西（横桥向）桥墩，每列4个，即图10-22上的5~8号桥墩。7号墩上的支座为固定支承，其余3个桥墩上为滚动支座。

上部结构钢桁架杆件材料屈服强度为348MPa，极限强度为593MPa。除桥墩上竖杆节点板屈服强度为696MPa外，其余节点板均由屈服强度348MPa钢材组成。

2008 年 1 月 15 日，NTSB公布 I-35w 大桥事故调查的初步结论。要点是，U_{10}、L_{11}、U'_{10}、L'_{11} 节点板厚度只有半英寸（12.7mm），两边的 U_9、U_{11}、L_{12} 等节点板厚度均是 1英寸（25.4mm）。在 2008 年 11 月 14 日公布的最后结论中，确认主跨南端西侧节点版 U_{10}与 U'_{10} 节点板断裂引发了全桥的倒塌。另外，U_4、L_3、U'_4、L'_3 节点板厚度也只有半英寸（12.7mm）。原因在于 I-35w 大桥设计时美国桥梁规范没有关于节点板最小厚度的规定，而且该大桥的主设计师已去世，已查找不到结构计算的资料。

文献 [26]、[27] 以 NTSB公布的资料为依据对 I-35w 大桥主桥进行了三维空间有限元分析，得到以下结论：

（1）高强度钢桁架桥的节点板，特别是那些位于距中间支点 1/6～1/3 跨长的区域内，是转换和传递力流的节点。一般承受较高内力，是这一类桥梁的最弱环节。在另一方面，这一区又是一维影响线理论解中弯矩绝对值最小的地方。设计者如果忽略了这一差别，就可能引发设计失误。

（2）I-35w 大桥主桥主桁架的节点板，有多处其厚度严重不足，而且这类厚度很薄的节点板多位于上弦杆上，表明原设计者基本上是以一维影响线模型进行分析，没有充分考虑桁架结构受力的二维、三维效应。

（3）I-35w 大桥主桥采用传统的三跨钢桁梁结构形式。但是设计者忽略了该桥结构体系缺少"冗余度"的缺点，因此，当个别节点板发生断裂（或失稳）时，就导致了主跨与边跨连续破坏。

（4）变高度钢桁架的主要优点是以较轻的桥体便可获得较大的跨度。但这类结构的内力分布及力流变化较为复杂。为确保设计使用期内的安全运行，相关的设计和维护应建立在较为精确详尽分析的基础上。

进一步的分析表明[28]，2007 年 8 月 1 日，事故发生前桥面维修增加的 262t 临时荷载，加速了主桥的破坏。首先是 U_{10} 节点板剪切破坏，导致节点连接杆件受力急剧变化，原设计受拉竖杆 U_{10}、L_{10} 变为压杆，压应力迅速增大，杆件失稳破坏，整个节点刚度丧失，桥梁结构体系发生改变，无法按原设计体系承载，结构垮塌。问题出在原设计没有认识到反弯点附近产生的剪切作用，以及节点板厚度偏小存在的安全隐患。得到的教训是，节点板设计应明确板件受力特征，对于由拉压相互作用产生的剪切效应应予以足够的重视，杜绝此类强度破坏事故。

NTSB在公布 I-35w 大桥垮塌事故调查结论后，分别就全美桥梁安全使用问题，向联邦公路署（FHWA）提出了 3 点建议，向全美州际交通官员协会（AASHTO）提出了 6点建议。FHWA下令要求全美对所有钢桁架桥节点板进行普查。调查资料分析表明，美国目前（指 2007 年）面临的最大问题是：已经运行了 50 年的美国国家公路系统，已经难以承受不断增加的交通量，根据美国公路和运输官员协会提出的数据，在 1955 年，这个系统承载了 6500 万辆小汽车和卡车，而今天该系统承载的车辆数目增加了近 3 倍，达到了 2.46 亿辆。根据美国联邦政府的数据，美国大约 60 万座重要桥梁的近 25%，所承担的交通量超过了他们的设计能力。美国全国长度超过 20 英尺的桥梁，有 24.5% 存在"结构上缺陷"或"功能过时"问题。据估算，这类桥梁的改造，在 20 年内需要投入 1880 亿美元。中国自 20 世纪 80 年代以来，公路建设迅猛发展，许多桥梁的承载力已难以适应车辆荷载日益增大的需要，结构上有缺陷的桥梁也占有较大比例，甚至存在安全隐患，这同样是中国桥梁在今后一段时期内面临的一个重大问题。

美国桥梁界在 I-35w 大桥事故之后，认真总结了经验教训，投入了大量时间和经费，进行了多项试验研究，开展立法和修改标准规范等工作，使桥梁建设工程提升到了一个新的高度。

I-35w 大桥事故后 3 个月，2007 年 10 月 30 日新大桥开工。主桥桥型结构为三跨预应力混凝土分离式连续箱梁，主跨 153m，主桥长度为 371m，桥面宽度达 57.6m，为高速公路双向 10 车道（另有 4 条轻轨备用车道）。桥下主航道净空高 21m。桥梁设计使用寿命 100 年。PC 连续箱梁主跨采用预制节段吊装的施工方法（两边跨支架现浇）。新大桥安装了 323 个传感器，可以随时测试并跟踪记录整个桥梁不同部位的动态应力、位移和温度，供桥梁管养部门监控使用。桥上的设备还可以检查气候变化情况，并自动启动桥面防结冰系统。新大桥于 2008 年 9 月 18 建成通车，工程总造价 2.5 亿美元。

新的 I-35w 大桥命名为"圣安东尼桥"。2009 年 10 月 30 日，新大桥获得美国运输系统最高奖，并被命名为美国十佳运输项目之一，以表彰该桥工期快（不到一年）、功能优异、社会效果极佳以及与周边环境协调令人愉悦的美学效果。新大桥的设计施工总承包者"弗拉特龙·曼森公司"获得 2700 万美元的奖励。

10.8 实例八　　美国迈阿密 FIU 人行桥（2018.3.15）

美国佛罗里达国际大学（英文缩写为 FIU）的校园，被迈阿密高速公路分割为东、西两部分，同时西区还是斯威特沃特市。为了方便行人来往于东西区之间，决定修建一座人行天桥，取名为 FIU 人行桥。该桥为两跨混凝土主梁独塔单索面斜拉桥，跨径（53.3＋44.2）m，53.3m 跨越高速公路，44.2m 跨越运河。主梁为等高预应力混凝土下承式桁架，索塔总高度 79.91m，桥梁全长 98m。主梁的断面呈上窄下宽的工字形。上翼缘（即桁架上弦）宽 9.1m，横桥向微弯，兼作顶棚。下翼缘（即桁架下弦）宽 12.2m，为桥面板，腹板（即桁架腹杆）则由若干斜杆组成。桥梁的恒载与活载主要由主梁桁架承受，斜拉索主要用于防止人群过桥时的振动，并美化景观。设计使用年限 100 年，承受 5 级飓风。这座人行桥是世界第 1 座完全由自洁混凝土建造的桥。所谓"自洁混凝土"是指掺入二氧化钛的混凝土，其优点是当阳光照射时，会从空气中捕获污染物颗粒，可以自动清洁混凝土的表面。该桥造价 1420 万美元。桥梁上部结构施工采用 ABC 技术。ABC 技术是桥梁快速施工的一种新工艺，这种新的施工工艺是由佛罗里达大学开发的，其主要特点是：场外预制、运送就位、快速组装。能提高施工效率，减少交通延误和不需道路封闭，对城市桥梁修建有很多优点。据美国联邦公路管理局介绍，使用 ABC 技术可以在 48～72h 内整修旧桥和建造新桥。FIU 天桥于 2018 年初动工修建，预计 2019 年建成。

2018 年 3 月 10 日，该桥下部结构已全部完成。在此前期间，在桥下高速公路旁边预制主梁桁架（沿公路纵向），达到设计强度后，短暂封闭公路交通，将主梁平转 90°，再移运至桥位处落梁就位，最后移走运梁设备，开放公路交通，前后花费仅 6h。53.3m 跨主梁安装自重为 950t。

主跨就位 5 天后的 2018 年 3 月 15 日下午 1:45，已就位的 53.3m 跨主梁桁架突然垮塌。桥下正在高速公路上行驶的 8 辆汽车被砸中，司乘人员共有 5 人死亡，另有现场施工人员 1 名死亡。此次事故共计有 6 人遇难，9 人受伤，多辆车被毁。

FIU 人行桥垮塌现场如图 10-23 所示，FIU 人行桥的建设情况如图 10-24 所示。

图 10-23　FIU 人行桥垮塌现场

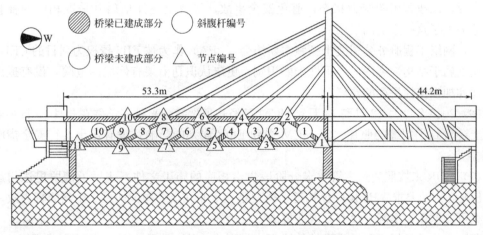

图 10-24　FIU 人行桥已建和待建部分示意图

先简要介绍与这次事故有关的主要单位及人员。

承担设计的单位：FIGG 公司，实力很强，曾经设计的桥梁包括：七英里桥、I-35w 新桥、阳光高架桥、纳奇兹小道预制混凝土拱桥以及 Leonard P. Zakim Bunker Hill 纪念桥等。FIU 人行桥设计很有特色，并在世界上首次采用自洁混凝土新材料，还采用了 ABC 快速施工新技术。此前 40 年中，该公司还未遭遇过垮桥事故，但在 2012 年曾因设计失误造成 2 人受伤而被罚款。

承包施工的单位：莫妮娜施工公司（MCM），是当地一家民营企业。曾在过去 5 年因 11 项安全违规而被罚款超过 5 万美元。MCM 公司搭建的一座临时桥梁坍塌（未造成伤亡）而在前不久成为被告。MCM 公司为 FIU 人行桥设计施工总承包单位。

FIU 人行桥业主单位：佛罗里达国际大学（FIU）。

桥梁工程师 FIGG 与记录工程师 EOR：相当于中国的设计代表，但是权限更大，由

MCM 公司聘任。

事故调查总体负责部门：美国国家交通安全委员会（NTSB）。其中，设计审查由联邦公路管理局（FHWA）完成，材料试验测试部分由公路研究中心（TFHRC）负责，调查结果由美国职业安全与健康管理局（OSHA）对外发布。

经过 15 个月的全面调查后，于 2019 年 6 月 20 日，OSHA 发布了一组最新调查报告，要点如下：

（1）当桁架构件已经发生许多宽而深的结构性裂缝，并已危及桥梁完整性时，FIGG 与 EOR 没有意识到坍塌的危险，不仅未采取措施进行处治和封闭桥下交通，EOR 却还在指挥工人重新张拉预应力筋。

（2）人行桥存在结构设计缺陷，是导致桥梁构件发生裂缝并在施工过程中倒塌的主要原因。

（3）事故发生当天的上午，在 EOR 与有关人员参加的一次会议上，CEI 告诉 EOR，裂缝每天都在增长。但 EOR 认为他的计算结果无法解释裂缝的出现，难以判断裂缝发生的原因，并表示裂缝出现并不意味着结构存在安全问题。

（4）根据当时裂缝开展的情况，本应立即封闭桥下交通，并在已成桥梁桁架下面设置临时支撑，以改善桁架受力状态，避免安全事故，等待最终评估后并采取相应的补救措施。但失去了这一宝贵的机会。

（5）网络工程服务公司波士顿佩雷斯协会（BPA）作为被 FIU 授权为项目的 CEI，对于本质上属于结构性裂缝的严重性未能识别，更未认识到桁架有倒塌的危险，没有提出封闭交通和加强支撑桥梁的建议。

（6）2018 年 3 月 12 日和 14 日，MCM 已经知道裂缝越来越多，并在 3 月 15 日早晨的会议上还看到了裂缝的照片，但 MCM 受到 EOR 误判的影响，没有作出实行安全措施的决定。

（7）EOR 未按照建筑主管要求分阶段提出相应的施工文件，违反了佛罗里达州运输部（FDOT）的要求。EOR 应该知道，桁架是一个非冗余结构，如果一个斜腹杆失效，整个桥梁可能倒塌，实际上没有采取必要的安全措施。

英国一位关于桥梁和桥梁设计的博客（2019 年 6 月 20 日）对 OSHA 这份调查报告，在总体肯定的前提下，提出了疑问。主要是认为 FDOT 对这座人行桥倒塌前的一些重要情况是了解的，同样没有提出防止安全事故的措施，但 OSHA 的调查报告中被省略了，是不公平的。

另外，文献［45］对上述 OSHA 的调查报告也提出质疑。主要涉及主管部门和行业内部的一些问题，并指出"这是最合适的设计吗？尤其是材料的选择，很难相信这种破坏会发生在钢桁架设计中"。确实，混凝土桁架结构存在的某些弱点，在国内也发生过类似的桥梁事故，本书在第 11 章进行讨论。

关于 FIU 桥事故的技术方面的原因，根据国内的一些桥梁专家的分析，简述如下。

事故发生后，文献［42］研究团队收集整理了大量视频、照片和资料，运用 ABAQUS 软件进行了有限元研究分析。桁架关键构件受力状况的变化，可分为 4 个阶段（杆件编号参阅图 10-24）：

状态 1：桁架处于正常的简支状态。靠近主塔的斜腹杆①为最大压应力杆件，压应力为 39.4MPa。

状态 2：在腹杆①、②交汇的节点❷附近有吊机作业，存在附加荷载，腹杆①的压应力增至 44.03MPa（按弹性模型）。

状态 3：吊机附加荷载卸载后，结构出现小幅度振动，腹杆①的压应力突然增至 68.67MPa，发生失稳。拆除腹杆①后的设计计算表明，结构发生竖向位移，结构进一步失稳破坏，节点❶变形激增，与事故现场视频显示的结构变形一致。

状态 4：（最大压应力杆件失效后）结构竖向位移状态。

根据上述计算结果，得到以下结论：在自重作用下，结构最大压应力发生在斜腹杆①，同时在施工荷载的作用下，导致人行桥斜腹杆①发生失稳，丧失抗压承载力，进而引起连续倒塌。数值分析表明，在正常的简支状态下，该人行桥仅在自重作用下，斜腹杆①已经存在接近于失稳的较大压应力，在斜拉索未安装时，拆去施工临时支撑存在较大安全隐患。

最后再补充一点，FIU 人行桥在斜拉索未安装之前，施工过程中如出现简支桁架或连续桁架受力状态，由于没有冗余构件，一旦个别杆件发生损坏，就可能导致严重后果。这次事故就是因为 53.5m 跨过早拆除临时支撑，成为简支桁架后，一根受压腹杆超应力失稳而引发的。这是最主要的技术原因。管理工作的失误也应承担一定的责任。

本章参考文献

[1] 叶华文，张澜，秦健淇，等．编译．魁北克大桥垮塌全过程分析 [J]．中外公路，2015 (5).

[2] 叶华文，陈醉，曲浩博．魁北克大桥连续倒塌过程及结构冗余度分析 [J]．世界桥梁，2017 (1).

[3] 艾国柱，张自荣．桥殇——环球桥难启示录 [M]．成都：西南交通大学出版社，2013.

[4] 尹德兰，邓宇．桥梁设计的冗余度 [J]．桥梁建设，2013 (5).

[5] [美] AlanW. Pense. 美国 100 年钢桥破坏实例分析 [J]．王倩．译．桥梁，2010 (4).

[6] 尹德兰．他山之石——从失败案例中学习 [J]．桥梁，2005 年专刊第 6 期：76-79.

[7] 网上文章"触目惊心！国内外桥梁坍塌事故分析，以史为鉴"．易图云，2017-12-22.

[8] 刘俊峰．公路钢桥抗疲劳设计概述 [J]．城市建设理论研究，2013 (4).

[9] 曹明旭，刘钊，孟杰．美国桥梁病害及倒塌事故统计分析与思考 [J]．公路，2009 (7).

[10] 魏薇．桥殇曾几时 [J]．桥梁产业资讯，2010 年 12 月 1 日出版，总第 3 期.

[11] 王倩．钢桥疲劳知多少——"现代钢桥关键技术国际专家论坛"综述 [J]．桥梁，2010 (4).

[12] 周瑜．译．结构设计导致西门桥破坏 [J]．西南公路，1992 (1).

[13] 刘正光．桥梁设计的审查与平衡 [J]．桥梁，2013 (4).

[14] 汪广丰．美韩桥梁垮（坍）塌事故处置的启示与思考 [J]．中国市政工程，2012 (6).

[15] 穆祥纯．韩国城市桥梁建设一瞥 [J]．城市道桥与防洪，2014 (11).

[16] 解读，这些桥梁的垮塌究其原因竟然是这样的．道路瞭望，2018-4-25 网上文章.

[17] 孟新奇，魏伦华，张津辰，等．大跨径刚构桥梁跨中下挠问题研究 [J]．世界桥梁，2013 (2).

[18] 严国敏．编译．韩国 Sung-Soo 桥的倒塌 [J]．国外公路，1996 (2).

[19] 陈开利．编译．帕劳共和国的桥梁倒塌事故 [J]．国外公路，1998 (3).

[20] 叶华文，王力武，曲浩博．编译．帕劳国预应力连续箱梁长期下挠分析 [J]．中外公路，2017 (5).

[21] 刘均利，鞠金荧，方志．混凝土收缩徐变模式对连续梁桥拼宽影响的分析 [J]．公路，2013 (5).

[22] 石雪飞，杨琪，阮欣．已建大跨径 PC 梁桥过量下挠及开裂处治技术［M］．北京：人民交通出版社，2011．

[23] 彭元诚，汪金育，廖朝华，等．山区大跨度连续刚构桥［M］．北京：人民交通出版社，2015．

[24] 张喜刚，等．大跨径预应力混凝土梁桥设计施工技术指南［M］．北京：人民交通出版社，2012．

[25] 鲍卫刚，周泳涛，等．预应力混凝土梁式桥梁设计施工技术指南［M］．北京：人民交通出版社，2009．

[26] 郝苏．美国明尼苏达 I-35w 钢桥倒塌事故分析（上）［J］．桥梁，2012（2）．

[27] 郝苏．美国明尼苏达 I-35w 钢桥倒塌事故分析（下）［J］．桥梁，2012（3）．

[28] 叶华文，张庆，胡劼成，等．美国 I-35W 大桥连续垮塌过程研究［J］．世界桥梁，2018（4）．

[29] 刘维华，安蕊梅．编译．美国 I-35W 桥坍塌原因分析［J］．中外公路，2011（3）．

[30] 桂志敬．美国明尼苏达州钢桁架拱桥坍塌事故回顾［J］．中外公路，2012（2）．

[31] 王跃年，胡海波．编译．明尼阿波利斯市州际公路 I-35W 大桥坍塌事故调查［J］．世界桥梁，2008（4）．

[32] 《桥梁》编辑部．明尼阿波利斯大桥垮塌暴露检测失误［J］．桥梁，2007（5）．

[33] 周海俊，莫智娥，刘俐，等．美国近期桥梁失效案例分析［J］．世界桥梁，2009（2）．

[34] 美国《商业周刊》网站文章．桥梁事故暴露美国公路系统"软肋"［J］．中国公路，2007（21）．

[35] 贵阳晚报，2007-8-3 报道．

[36] 贵阳晚报，2007-8-4 报道．

[37] 参考消息，2007-8-7 报道．

[38] 南方周末，2007-8-23 报道．

[39] 郝苏．4 秒钟的事故与 450 天的调查——美国 I-35W 钢桥倒塌事故调查过程［J］．桥隧产业资讯，2013 年 6 月 15 日，总第 13 期．

[40] 河南省交通科技情报站编《交通信息》1991 年 10 月 10 日刊登信息：设计错误导致顶推梁桥倒塌（德国阿沙芬堡桥）．

[41] 李亚东．说说 FIU 人行桥的垮塌事故［J］．世界桥梁，2018（2）．

[42] 彭卫兵，戴飞．FIU 人行桥的倒塌事故分析［J］．中国公路学报，2018-3-20 网上文章．

[43] 陈多，董佳霖．NTSB 最新报告将 FIU 人行桥坍塌定性为"设计错误"［J］．说桥，2018-12 网上文章．

[44] 腾讯海外网，2018-3-16 报道．

[45] 陈多，董佳霖．译．这是最合适的设计吗——FIU 桥梁倒塌最新调查报告［J］．桥梁，2019（5）．

[46] 参考消息，2018-3-17 报道．

第 11 章　大跨径预应力混凝土梁桥箱梁底板崩裂事故

11.1　概述

世界首座刚构体系混凝土梁桥于 1953 年在德国建成后，混凝土梁式桥便形成了三种常用的结构体系：连续梁桥、连续刚构桥和刚构-连续梁桥。这三种桥型在我国的桥梁建设中得到广泛应用，成为梁式桥的主流桥型，取得了很大成就，积累了丰富的设计、施工经验。但在一些已建成的桥梁中出现了种种病害，其中以箱梁跨中持续下挠、箱梁梁体开裂最为典型。这类病害在国内外 21 世纪初期及更早一些的工程中时有发生，严重影响了桥梁结构的安全性和耐久性，对混凝土连续梁桥和连续刚构桥的发展产生了很不利的影响。

混凝土连续梁桥、连续刚构桥跨中持续下挠和箱梁梁体出现一般性裂纹，主要是由于设计理论、设计方法和规范、施工工艺及基础性试验研究等滞后于桥梁建设实际发展所引起的。其中多数属于桥梁病害，除极少数外，一般不致引起严重后果，能通过维修加固恢复正常使用，但对耐久性有影响。个别桥梁跨中持续下挠或梁体开裂，最终形成桥梁事故者，多有其某些特殊原因，可参阅本书第 9 章和第 10 章介绍的部分实例。

混凝土连续梁桥、连续刚构桥在合龙后连续束的张拉施工中，底板容易出现纵向开裂、局部混凝土分层破坏或预应力崩出等事故。与跨中持续下挠和梁体一般性裂缝相比较，施工中箱梁底板崩裂，多数均较为严重，梁体已丧失正常工作能力。按"桥梁主要部件技术状况评定标度"（表 1-14）多定为 4 类或 5 类，应该属于桥梁事故。这类事故有一个重要特点：箱梁底板崩裂主要是剪切破坏，具有突发性，存在安全风险。

大跨径 PC 连续梁桥和连续刚构桥多采用变高度箱梁，梁体下缘为曲线形，底板钢束为曲线束，施加预应力后钢束产生向下的径向力，这一外崩力 q_0 可按下式计算（参阅图 11-1）：

$$q_0 = \frac{F}{R} \tag{11-1}$$

式中：q_0——钢束产生的径向分布力，即外崩力（kN/m）；

　　　R——计算点的曲率半径（m）；

　　　F——钢束张拉力（kN）。

变高度箱梁的下缘曲线常用抛物线，假设梁底曲线段（对应于 1/2 净跨）长度为 l，根部高度为 h_0，跨中梁高为 h_1，抛物线幂次为 k，则梁底曲线方程为：

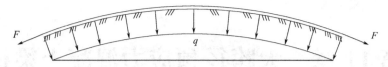

图 11-1 曲线布置预应力束张拉产生的径向力

$$y = \frac{h_0 - h_1}{l^k} \cdot x^k \tag{11-2}$$

箱梁梁底曲线示意如图 11-2 所示。式（11-2）的一阶和二阶导数分别为：

$$y' = k\frac{h_0 - h_1}{l^k} \cdot x^{k-1} ; y'' = k(k-1)\frac{h_0 - h_1}{l^k} \cdot x^{k-2}$$

曲线上任一点的曲率半径为：

$$R = \frac{(1 + y'^2)^{1.5}}{|y''|} \tag{11-3}$$

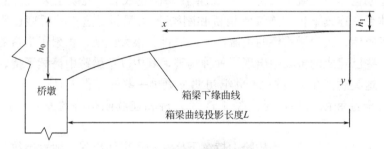

图 11-2 箱梁梁底曲线示意

将式（11-3）代入式（11-1）可得：

$$q_0 = \frac{F}{R} = \frac{k(k-1)\frac{h_0 - h_1}{l^k} \cdot x^{k-2}}{\left[1 + \left(k\frac{h_0 - h_1}{l^k} \cdot x^{k-1}\right)^2\right]^{1.5}}F \tag{11-4}$$

由式（11-4）可以看出，当 $k<2$ 且 $x \to 0$ 时，在曲线顶点附近（跨中底板下缘）由于钢束的张拉力 F 作用，将产生一个很大的力。在预应力混凝土连续梁桥和连续刚构桥箱梁的设计中，k 在 $1.5 \sim 2.0$ 范围。实桥设计中，箱梁合龙段都在曲线顶点附近，该处因预应力张拉将产生很大的下崩力。计算表明，指数 k 越小，q_0 越大。例如，跨径 160m 连续刚构，$h_0 = 10.0\text{m}$，$h_1 = 3.5\text{m}$，悬浇曲线段长度为 71.0m，$F = 4452.8\text{kN}$（19 束 15.24 钢绞线），当 $k = 1.6$、1.8、2.0 时，q_0 分别为 17.4kN/m、14.7kN/m、11.5kN/m。所以，k 值过小，将产生较大的下崩力（跨中附近 4m 长度悬浇段）。

如果箱梁节段按抛物线的折线段设置，在力 F 作用下将产生很大的径向力。例如，跨径 160m 连续刚构，$k = 1.8$，节段长度为 4m 时，在节段之间的折角处所产生的径向力 $q_{01} = 58.8\text{kN/m}$，与按连续曲线 $k = 1.8$ 计算的 $q_0 = 14.7\text{kN/m}$ 比较，前者为后者的 4 倍。

另外，直线段管道定位误差将产生附加的径向力 q_{02}，假定钢束曲线按余弦曲线 $y = 0.5t\cos\frac{2\pi x}{L}$ 变化，半波包角为 $\theta = \frac{2\pi t}{L}$，式中 L 为包角对应的直线长度（即定位钢筋的间

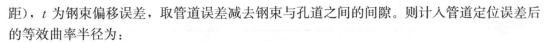

距），t 为钢束偏移误差，取管道误差减去钢束与孔道之间的间隙。则计入管道定位误差后的等效曲率半径为：

$$R = \frac{\frac{L}{2}}{\theta} = \frac{L^2}{4\pi t} \tag{11-5}$$

如取 $L=100\text{cm}$，$t=0.3\text{cm}$，则可得 $R=26.5\text{m}$。对于上述跨径 160m 连续刚构桥箱梁，底板钢束采用 $19\phi15.24$ 钢绞线，可得因管道局部定位偏差引发的径向力估算值约为 $q_{02}=4452.8/26.5=168.0\text{kN/m}$，远远大于按理论曲线无偏差情况下的计算值 $q_0=17.4\text{kN/m}$（$k=1.6$ 时），也大于按折线代替产生的径向力 $q_{01}=58.8\text{kN/m}$。如果，以折代曲，并计入管道定位偏差的影响，在这种最不利组合下，径向力将高达 $q_0=q_{01}+q_{02}=58.8+168.0=226.8\text{kN/m}$。可见，其中管道定位偏差对径向力的影响具有高度敏感性。

分析研究表明，连续箱梁桥桥面纵坡为单向坡时，对底板钢束张拉产生的径向力没有影响，但桥面有变坡点并设置竖曲线时，该区段底板钢束张拉所产生的径向力将增大。

根据理论分析与实桥事故的调查，预应力混凝土连续梁或连续刚构箱梁底板因径向力引发的典型破坏形式主要有以下三种：

（1）底板横向挠曲产生的纵向开裂

在径向力作用下，箱梁底板跨中承受正弯矩，两端由于腹板弹性嵌固而承受负弯矩，箱宽越大，底板钢束离腹板越远，这类弯矩越大。当截面拉应力超出混凝土抗裂能力便会产生纵向开裂，如图 11-3 所示。

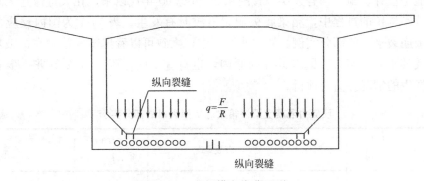

图 11-3　底板横向挠曲开裂

（2）底板上、下层之间分层拉裂

由于钢束管道对截面的削弱或底板上、下层钢筋之间的拉结筋偏弱，在径向力作用下，底板混凝土产生分层拉裂，表现为大面积起鼓或大块脱离，如图 11-4 所示。

（3）钢束局部崩出

曲线段或齿板转折点处钢束，由于局部径向力的剪切作用，在外崩方向混凝土保护层较薄、受力钢筋不佳以及混凝土质量存在缺陷时，容易出现钢束局部崩出，如图 11-5 所示。

从上述分析可以看出，引发箱梁底板崩裂的主导因素是张拉钢束产生的径向力。但实际发生的径向力的大小，以及底板抵抗外崩力的能力受多种因素的影响。当各种不利因素

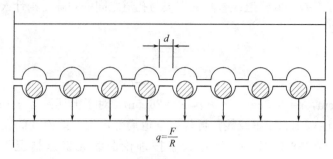

图 11-4　底板上、下层分离

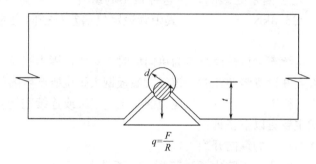

图 11-5　钢束局部崩出（剪出）

的组合达到某种程度时，底板便会发生破坏。具体原因可能是设计失误，也可能是施工失误，还可能是设计、施工均有失误。我国从 20 世纪 90 年代以来，在大量修建大跨径连续梁桥和连续刚构桥的过程中，箱梁底板崩裂事故时有发生。表 11-1 为国内预应力混凝土箱梁桥底板崩裂事故的部分实例。从这些实例中，大致可以看出造成箱梁底板破坏的各类主要因素及其不利的组合。既有设计的原因，也有施工的原因。11.2 节进一步介绍少数事故实例发生的情况并简要评析。

预应力混凝土梁桥箱梁底板崩裂事故部分实例　　　　　　　　　　　表 11-1

序号	桥梁名称	结构形式	孔跨(m)	事故概况	时间(年.月.日)	备注
1	广东佛开高速公路潭洲大桥	连续梁	75+125+75	张拉中跨合龙段钢束过程，合龙段及相邻 2 个梁段底板混凝土崩裂，总长度约 18m	1996.8.11	底板预应力束过多；底板两层钢筋之间未设抗径向力箍筋；中跨下缘由两条曲线组成，有转角
2	贵阳市中心环北线小关大桥	连续刚构	69+125+2×160+112	125m 跨及两边跨合龙段张拉钢束过程，均发生不同程度的底板混凝土崩裂	2003.11.8	底板两层钢筋之间箍筋太弱；底板预应力束过密；波纹管距下缘偏小
3	南京市 ×× 大桥	连续刚构	47+75+47	边、中跨均合龙并张拉中跨合龙束后，中跨跨中 6 个梁段及合龙段底板混凝土崩裂	2006 之前	箱梁下缘抛物线为 1.5 次方，偏小，钢束张拉时径向力过大，底板未设置闭合的防崩箍筋

续表

序号	桥梁名称	结构形式	孔跨(m)	事故概况	时间(年.月.日)	备注
4	广州市白云区富力桃园大桥	连续梁	45＋60＋45	全桥合龙后,张拉合龙束时,中跨跨中 5 个梁段的底板发生爆裂	2007 之前	主梁为半立方抛物线及施工误差,致钢束实际下崩力过大;为设计理论值的 3.1 倍;底板孔道上下层钢筋联系薄弱
5	贵州三凯高速公路南高大桥	连续刚构	115＋2×200＋115	左幅边、中跨已合龙,1、4 跨底板均剩 3 束未张拉,进行第 4 跨底板最后一束张拉时,18 号梁段底板崩塌,钢束与普通钢筋下沉	2005.5.18	边跨底板钢束过密,径向力过大;钢束波纹管定位误差大;底板拉结钢筋偏弱,构造欠妥
6	××大桥	连续刚构	62＋2×100＋62	上游幅在中跨合龙束张拉 6 束后,跨中附近有 3 个梁段底板混凝土崩裂	2006 之前	预应力管道定位偏差大,径向力增大;施工安装的防崩钢筋及底板上下缘钢筋均与设计图不符,底板不能整体受力
7	广西某高速公路××大桥	连续刚构	50＋2×90＋50	中跨合龙后,底板钢束张拉完成时,一个中跨的 1/4 附近 7 号梁段底板混凝土崩塌	2009 之前	施工时波纹管位置向上偏离过大,与设计图不符,不仅径向力增大,横向拉应力与剪应力也增大
8	镇胜高速公路新寨河大桥	连续刚构	120＋2×230＋120	第 3 跨(230m 跨)右幅跨中合龙段钢束张拉过程中,底板大面积爆裂,合龙段混凝土出现层状开裂	2007.10.31	计算表明,底板钢束径向力产生的拉应力达到 2.69MPa,超出 C50 混凝土抗拉强度标准值 2.65MPa;底板防崩箍筋偏弱
9	镇胜高速公路陶家沟大桥	连续刚构	70＋2×120＋70	2007 年 10 月 25 日,钢束张拉后右幅中跨 5 个节段底板混凝土崩裂;2007 年 11 月 6 日,左幅中跨 2 个节段底板混凝土崩裂,当时管道已灌浆	2007.10～2007.11	底板束偏多;底板横向拉应力最大值 5.8MPa,抗裂验算通不过;实测混凝土强度低于 C50
10	某客运专线铁路大桥	连续梁	30＋48＋56＋48＋30	56m 跨合龙段钢束张拉压浆完成后约 1d,靠跨中的两个梁段底板崩裂,钢筋与钢束下沉	2013 之前	施工时波纹管未牢固定位,浇混凝土时管道上浮达 145mm,致张拉钢束产生很大的径向力
11	××大桥	连续梁	43＋57＋43	南边跨两幅箱梁张拉合龙段钢束过程中,靠跨中的 5 号节段底板混凝土崩落,面积约 10m²	2009.9.15	施工中波纹管发生竖向及横向位移,底板上拉结筋数量少且未设弯钩

序号	桥梁名称	结构形式	孔跨(m)	事故概况	时间(年.月.日)	备注
12	湖北十堰—漫川关高速公路汉江大桥	连续刚构	85+3×150+85	3个主跨张拉跨中合龙束时,箱梁底板发生大面积崩裂	2016之前	为方便穿钢束,施工时在底板上开了多个2m×1m孔洞;直接将波纹管放在底板下层钢筋上;钢束径向力作用下底板破裂
13	××大桥	连续刚构	96+132+96	张拉合龙段箱梁底板束后,边、中跨部分梁段底板崩裂	2015之前	中、边跨底板崩裂长度分别达到25.5m和26m,崩裂最大厚度30cm,一般为15～20cm
14	四川三滩沟大桥	连续刚构	78+120+66	中跨合龙段张拉钢束后,底板崩裂	2015之前	波纹管安装误差过大,底板上下钢筋网之间联系箍筋缺失;梁段接头出现竖向错位
15	××大桥	连续梁	50+80+50	中跨合龙段张拉钢束后,底板崩裂	2009之前	底板横向未配抗剪箍筋,因横向抗剪承载力不足破坏
16	福建船岭岽大桥	连续梁	不详	右幅跨中合龙段张拉钢束后,底板崩裂	不详	波纹管与下层混凝土、钢筋网分离
17	厦门海沧大桥西引桥	连续梁	不详	第6、7跨张拉钢束时,底板、腹板崩裂	不详	底板、腹板开裂并有钢筋外露、弯曲
18	达成铁路扩建工程涪江大桥	连续梁	不详	跨中合龙段张拉钢束时,底板混凝土崩裂	不详	大桥地点为唐家渡,底板崩裂发生于96号～97号墩之间的主梁
19	重庆綦江高速公路河二沟大桥	连续刚构	主跨210	跨中合龙段张拉钢束时,底板混凝土崩裂	2002	事故原因不详
20	××大桥	连续刚构	83+128+83	左右幅4个边跨现浇段支承附近底板严重开裂	不详	运营期发生开裂,从底板延伸至腹板,向跨中发展
21	××大桥	连续刚构	70+2×120+70	中跨合龙后张拉钢束,合龙段底板混凝土大面积崩落	2010之前	未按设计图安装底板拉结筋,波纹管位置不符合设计要求

11.2　箱梁底板崩裂事故部分实例及评析

实例一　广东潭洲大桥（1996.8.11）

佛开高速公路潭洲大桥，跨越北江支流潭洲水道。主桥为（75＋125＋75）m 预应力混凝土连续箱梁。引桥为 20m 及 30m 装配式预应力混凝土 T 梁。桥梁总长 1470.20m，分为独立的左、右两幅。单幅桥面宽度 11.128m，设计荷载为汽-超 20、挂-120。

1996 年 7 月 26 日，主桥按正常程序进行左、右两幅中跨合龙段混凝土浇筑。8 月 6 日，左幅箱梁开始张拉底板钢束（试件抗压强度为 56.3MPa，龄期 11d），张拉顺序为：先长束、后短束，左右对称张拉，长度≥25m 时采用两端张拉。跨中底板钢束共计 37 束，每束为 12ϕ15.24 钢绞线（标准强度 1860MPa），张拉力为 2340kN。采用 OVM 大吨位群锚。

1996 年 8 月 11 日上午，当张拉到第 31 束时，听到箱梁发出异常响声，检查发现，用于浇筑合龙段混凝土的挂篮底板纵梁和横梁弯曲变形，合龙段（20 号块）及两侧的 18 号、19 号块箱梁底板下缘已成弧面下沉，底板混凝土纵向严重开裂，底板钢束波纹管以下的普通钢筋与上层混凝土分离，纵向裂缝最大宽度达 2.7mm，裂缝间距 20～40cm 不等，裂缝延伸至 18 号断面（即 17 号与 18 号块间的接缝处），总长度达到 18m。随即停止施工，并采取多项安保措施。

经现场查阅施工记录，已张拉的 30 束底板钢束实测伸长量与计算伸长量相差＋3‰～－6‰，符合规范要求；18 号、19 号、20 号梁段混凝土实测（回弹试验）强度平均值为 48.7MPa，略低于设计强度 50MPa，合龙段（20 号梁段）混凝土强度 44.5MPa（加载龄期 19d）。另外，根据专家意见，应判明预应力管道是否发生上浮。现场对 18 号、19 号、20 号梁段底板钢束管道进行凿孔检查，随机凿孔 25 个，实测值与设计值相比，误差为－0.86（负号表示管道上移）～2.08cm，说明上浮量不大。

1996 年 8 月 16 日和 27 日，总监办分别召开"潭洲大桥 125m 跨跨中箱梁底板纵向开裂事故技术处理方案讨论会"，要点如下：

（1）箱梁底板开裂的原因

① 底板钢束过多过密，且长束又集中于底板中部，大部分钢束离腹板较远，总预应力偏大。原设计底板钢束为 37 束，如适当减少至 28 束，且每束张拉力从 2340kN 降低至 2190kN，则总张拉力减少 29％，在使用阶段附加组合作用下，跨中截面下缘混凝土压应力在 1.20～15.1MPa 之间。与原设计比较，跨中截面下缘混凝土压应力明显下降，见表 11-2。

② 箱梁下缘不是一条连续渐变的曲线，而是由两条曲线组成。合龙段 20 号梁段长度仅 2m，且两侧 19 号梁段连接处（即 20 号截面）存在较大转角（$i=0.0425$），张拉底板钢束将产生较大的径向力。20 号与 19 号梁段连接处的曲率半径 $R=70.68$m，一束预拉力 $F=2190$kN，则每束钢束产生的径向力 $P=F/R=31$kN/m。

③ 箱梁底板上、下两层钢筋网之间未设置抵抗径向力的拉结筋。

④ 底板张拉过程中没有认真监测，未能及时发现初期裂缝，导致损伤扩大，成为事故。

主桥 125m 跨中截面下缘混凝土压应力（MPa）　　　　　　表 11-2

阶段		底板束共 37 束，每束张拉力为 2340kN	底板束共 28 束，每束张拉力为 2190kN
跨中合龙时		17.4	14.6
施加二期恒载时		10.5	8.7
使用阶段	恒+汽 最大值	11.8	最大值 10.2
	恒+汽 最小值	6.1	最小值 3.6
	附加组合 最大值	16.7	最大值 15.1
	附加组合 最小值	3.7	最小值 1.2

潭洲大桥箱梁底板崩裂事故的主要原因在设计方面。在底板受力分析计算上，下述 3 种重要的结构验算可能没有进行或过于粗略：一是底板按框架计算横向挠曲以控制其纵向抗裂承载力；二是底板上、下层之间抗拉裂计算；三是钢束处底板混凝土抗剪能力。在构造设计上，底板未设置抵抗径向力的拉结筋是一较大缺陷，在径向力较大的情况下，底板崩裂难以避免。该桥修建于 20 世纪 90 年代中期，当时国内采用挂篮悬浇的大跨径预应力混凝土箱梁桥设计经验与教训积累还不够深入广泛，一些重要技术问题正在研究探索中，有关规范在这方面存在一定程度的滞后。潭洲大桥底板崩裂的教训，具有启示意义，推动了国内对这个重要问题的深入研究，取得了若干成果。

（2）主桥右幅箱梁优化、加强方案

主桥右幅当时仅完成主梁合龙，尚未张拉合龙段底板钢束。在总结左幅箱梁事故教训的基础上，左幅箱梁进行加固的（即局部变更设计的）方案为：将底板钢束由 37 束减至 28 束；在中跨合龙段 20 号与相邻的 19 号梁段底板接合处凿槽增设横隔板（用竖向粗钢筋与顶底板连接）；底板增设抵抗径向力的拉结筋；底板上缘设置横向预应力粗钢筋（体外力筋）。

（3）主桥左幅箱梁修复加固方案

左幅箱梁底板已张拉的钢束全部逐根放松，凿除损坏部分，然后按上述右幅加固方案实施。

1996 年 12 月 6 日，主桥左幅完成修复加固工程后进行了静载试验，试验结果满足修复加固设计要求。

实例二　贵阳市中心环北线小关大桥（2003.11.8～11.22）

该桥连续跨越小关水库及两岸沟谷、贵阳—都拉营公路和川黔铁路。最高桥墩达 100m。主桥为（69+125+2×160+112）m 预应力混凝土连续刚构。主桥立面布置如图 11-6 所示。主桥全长 626m，桥面全宽 21.5m，包括双向 4 车道、人行道及分隔带。设计荷载为汽-超 20、挂-120，人群 3.5kN/m²。主桥箱梁典型断面如图 11-7 所示。箱梁除各 0 号块下缘为直线外，其余变高度梁段下缘曲线设计为圆曲线。

主梁按全预应力结构设计，采用三向预应力体系。纵向预应力筋采用标准强度 1860MPa 低松弛 ϕ15.24 钢绞线。底板钢束为 19-7ϕ5，锚具为 YM15-19，张拉控制应力为 1395MPa，张拉力为 3715kN。用外径 107mm 波纹管成孔。

主桥主梁合龙程序为：①3 号～4 号墩之间中跨合龙；②4 号～5 号墩之间中跨合龙；

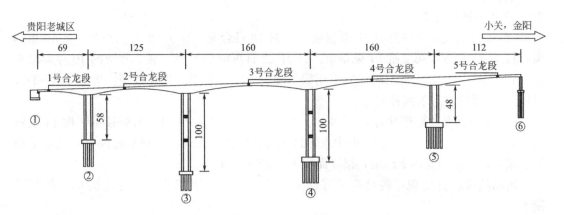

图 11-6　小关大桥桥型布置图（单位：m）

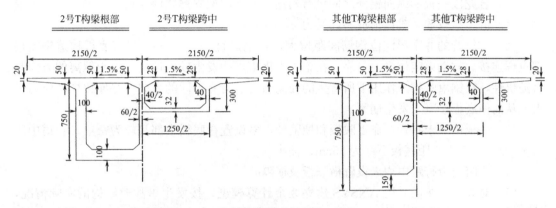

图 11-7　主桥箱梁典型断面图（单位：cm）

③2 号～3 号墩之间中跨合龙；④1 号～2 号墩之间与 5 号～6 号墩之间的边跨合龙。

2003 年 10 月 3 日、10 日、18 日和 31 日分别完成了 3 号、4 号、2 号、1 号、5 号合龙段施工。在全桥合龙后张拉箱梁底板合龙段钢束过程中，多处发生底板崩裂事故。

5 号、2 号、1 号三个合龙段底板崩裂事故简况如下：

（1）5 号合龙段底板共有 44 束钢束，10 月 31 日合龙，11 月 5 日～8 日凌晨 3 时张拉完第 1 批 16 束钢束，当天上午 11 时，左右箱室底板混凝土有三处崩裂，底板上层钢筋向上凸出，混凝土发生脱壳。

现场随即进行了处理：将已张拉部分钢束退锚放松；焊接外锁型钢；崩裂混凝土全部凿除，重新安装并焊接钢筋网，钢筋加密一倍；重新安装波纹管；浇混凝土修补底板，养生达到 C40 后重新穿束张拉。

11 月 19 日，张拉第二批 24 束钢束。张拉一部分钢束后，左箱室底板修补后的新混凝土与旧混凝土连接面以及部分左侧顶层钢筋和上部混凝土发生崩裂、脱壳。

现场再次进行处理：将已张拉钢束封锚压浆；将崩塌混凝土凿除；恢复原钢筋并增加一层钢筋网；重新浇筑 C50 纤维混凝土，达到 40MPa 后继续张拉钢束。

11 月 29 日，继续张拉第二批 14 束钢束。12 月 2 日，拆除底模时，底板左箱室中部至右箱室中部下层钢筋混凝土保护层开裂、崩塌。破坏范围：横向宽 4～5m，纵向长 1～

2m。现场未进行处理。

（2）2 号合龙段底板共有 38 束钢束。10 月 18 日合龙，10 月 26 日张拉第一批 10 束钢束，11 月 17 日张拉第二批 24 束钢束。11 月 22 日拆除底模时，靠 2 号墩的 10 号梁段右箱室底板 M1 束齿板底部混凝土向下崩裂，混凝土发生脱壳。损坏范围：横向 0.8～1m，纵向 2m。随即进行了修补。

（3）1 号合龙段底板共有 30 束钢束。10 月 31 日合龙，11 月 5 日张拉第一批 14 束钢束，11 月 20 日张拉第二批 12 束钢束。11 月 22 日检查发现，左箱室底板上层混凝土崩裂、脱壳，上层钢筋向上凸出，损坏面积 1.2m×1.3m。

现场随即进行处理：将已损坏混凝土凿除，增设一层钢筋网，再浇筑 C50 纤维混凝土。

经过专家会议讨论和结构分析计算，这次事故的主要原因有以下几点：

（1）合龙段底板的纵向钢筋之间设有勾筋，但横向架立筋之间未设置勾筋，上、下层钢筋之间的连接较弱，难以形成整体受力。

（2）波纹管的井字形定位钢筋间距偏大，且钢筋直径为 8mm，只有底板构造钢筋局部点焊连接。故钢束定位极不可靠，在施工中钢束可能发生较大偏离。由于偏离的方向具有随机性，在钢束张拉力作用下所产生的径向力可能会有不同的方向，并导致局部应力过大，从而使底板混凝土发生崩裂。

（3）底板钢束未布置在靠近腹板和梗腋处，多设置在底板中部且较为密集。管道中距为 20cm，管道中心距底板下缘为 15cm，偏小。

（4）主跨与边跨跨中均未设置横隔板及横隔肋。

（5）对 3 个合龙段采用 ANSYS 建立 3 个计算模型，按发生事故时结构的实际情况，计算了 x、y、z 三个方向的应力值。计算结果表明，三个合龙段在 x 方向（横桥向）部分位置出现了拉应力，在 2 号合龙段底板上、下缘 x 方向最大拉应力分别达到 3.916MPa 和 11.320MPa。在 y 方向（竖向）大部分位置以压应力为主，仅在 2 号合龙段上、下缘有拉应力，最大值分别为 1.558MPa 和 1.346MPa。在 z 方向（纵向），合龙段均为压应力。

箱梁下缘线形，设计采用圆曲线。圆曲线与二次抛物线、正弦曲线、半立方抛物线比较，虽然 $l/4$ 附近梁高较小，但曲率半径则较大（按上述 4 种线形顺序，$l/4$ 处梁高从小至大，曲率半径则从大至小）。所以，小关大桥按圆曲线计算的合龙段下崩力理论值不是很大，产生底板崩裂的主要原因是：底板上下层钢筋之间的拉结筋太弱；波纹管定位不牢，施工中产生较大的局部偏差引起过大的局部径向力。

实例三　三凯高速公路南高大桥（2005.5.18）

南高大桥位于国道主干线上海至瑞丽高速公路（贵州境）三穗至凯里段。跨越南高村和巴拉河。上部结构为（115＋2×200＋115）m 预应力混凝土连续刚构。桥梁全长 650.90m，最高桥墩 90m。桥型立面布置如图 11-8 所示。桥梁宽度 24.35m，分为相互独立的两幅。单幅箱梁为单箱单室截面，顶板全宽 12m，底板全宽 6.5m。桥墩处箱梁根部高度 11.0m，现浇段和合龙段梁高均为 3.7m。其余梁段为变高度，下缘曲线按半立方抛物线变化。箱梁顶板厚度：除墩身范围内的 0 号梁段为 45cm、梁端支承截面为 120cm 外，其余均为 26cm。箱梁底板厚度：墩身范围内的 0 号梁段为 120cm，合龙段为 30cm，根部至合龙段按半立方抛物线由 120cm 渐变至 30cm，梁端支承截面处为 80cm，边跨现浇段从 30cm 渐变至 80cm。箱梁腹板厚度：墩身范围的 0 号梁段为 100cm，根部 0 号～6 号梁段为 70cm，7 号～11 号梁段为 60cm，12 号梁段～合龙段为 40cm，边跨现浇段为 40～120cm。全桥 0 号梁段对应墩位处设置 2 道横隔板，两边跨梁端支承处亦各设一道横隔板。0 号梁段与边跨现浇段采用支架施工，其余各梁段采用挂篮悬浇施工。

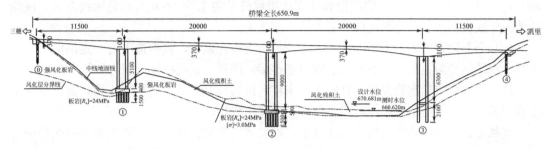

图 11-8 南高大桥桥型布置图

箱梁采用三向预应力。纵向预应力采用公称直径 15.20mm 的预应力钢绞线。纵向钢束有三种：分别由 19 根、6 根和 22 根钢绞线组成，均采用 OVM 锚具。横向预应力采用 ϕ15.24 钢绞线，BM15-2 扁锚；竖向预应力采用 ϕ32mm 精轧螺纹粗钢筋。

结构设计时，采用预应力混凝土桥通用计算程序 QJX 对施工及运营阶段进行了强度和应力验算。

施工中，在左幅边、中跨箱梁已全部合龙，中跨合龙时，第 1、4 两个边跨的底板预应力束均剩下 3 束钢束尚未张拉。2005 年 5 月 18 日，进行第 4 跨（靠凯里岸的边跨）底板张拉最后一根钢束时，突然出现异响，19 日检查发现，凯里岸边跨第 18 号梁段（接近跨中）箱梁底板混凝土崩裂脱落，已外露的横向钢筋明显下沉弯曲，钢束波纹管下面的混凝土被压碎脱落，预应力孔道损坏。箱梁底板预应力钢束及普通钢筋向下挠曲 3～5cm。

2005 年 9 月 7 日，由贵州高速公路开发总公司召开事故治理论证会。会议听取了设计、施工、监理、监控单位关于南高特大桥凯里岸右幅边跨底板出现开裂情况的汇报；中国路桥集团北京建达公司作为第三方对南高特大桥进行重新验算的情况介绍；中交第二公路设计院关于南高特大桥设计咨询情况及箱梁出现开裂后重新核算的汇报。参会人员赴现场查看，并进行了广泛的分析讨论。由 7 人组成的专家组提出了书面意见，要点如下：

（1）南高特大桥 T 构左幅凯里岸边跨第 18 号节段底板开裂的病害是预应力钢束张拉出现的径向力所引起的，设计和施工均存在一定的缺陷，应从中查找原因。

（2）建议适当减小边跨底板的预应力。

（3）在设计和施工中应加强预应力钢束定位筋，以确保钢束定位的准确。

（4）为了避免径向力引起混凝土开裂，应加强拉结筋。

（5）治理意见：释放边跨底板束 B01～B05，拆除 18 号梁段底板混凝土，在 18 号梁段腹板底部和相邻梁段底板凿出剪力槽，重新浇筑底板混凝土，按修改后的设计图张拉边跨底板预应力束。

（6）对中跨跨中底板混凝土进行局部应力验算。

上述专家组书面意见指出的"设计和施工均存在一定的缺陷"，具体而言，主要有以下几点：

（1）设计采用的箱梁下缘曲线为半立方抛物线，导致合龙段附近梁段底板下缘曲率半径偏小，加之底板钢束较密集，张拉力偏大，这两个不利因素的组合，导致底板承受过大的径向力，这是底板崩裂的主要原因。2000年以前，国内曾发生过几起变高度PC连续梁和连续刚构底板崩裂的事故，主要原因之一就是箱梁设计采用的下缘抛物线指数偏小。文献［1］指出："20世纪末，曲线梁高度变化指数曾采用1.5～1.8次的抛物线形式，该曲线使跨中底板曲率增大导致底板下崩力增大而逐渐被淘汰。"

（2）合龙段箱梁底板上下层钢筋之间的拉结筋布置偏少，且构造上有一定缺陷。施工中部分拉结筋遗漏或未与上下层钢筋网可靠连接，降低了底板抵抗下崩力的能力。

（3）波纹管定位钢筋偏少，且施工中未将定位筋与上下层钢筋牢固连接，钢束位置发生局部偏移，可能使钢束张拉时产生的径向力发生变化。

文献［11］以南高特大桥为工程背景，根据该桥箱梁底板厚度、底板钢束净保护层厚度、底板预应力钢束之间的净距会对箱梁底板应力产生一定程度影响的情况，并结合几种常用设计指标建立了计算模型，对南高大桥中跨合龙段箱梁梁段进行有限元对比分析，研究箱梁底板各构造参数对底板开裂的影响，得到以下结论：

（1）在设计指标选用时合理采用构造参数可对箱梁底板的应力集中予以改善，如增加底板厚度，加大钢束波纹管之间的间距，增大底板钢束保护层厚度。通过上述实例的有限元分析，提出建议：d/D宜为1左右；D/h宜在1.05附近；H/D宜取4左右。其中，d为波纹管净跨，D为波纹管外径，h为波纹管净保护层厚度，H为底板厚度。

（2）设计时，仅采用平面杆系程序分析底板受力过于粗略，难以反映真实应力状态，需按三维有限元进行局部应力验算才能控制可能发生的最大应力。

上述建议系根据实桥事故进行空间有限元分析获得的，可供类似桥梁设计时参考。

实例四　南京××大桥（2006之前）

该大桥主桥为（47+75+47）m预应力混凝土连续刚构桥。大桥全长1483m。主桥主梁为变高度单箱单室截面，箱梁顶宽16.5m，底宽8.0m，支点处梁高4.2m，中跨跨中和边跨现浇段梁高2m，梁高按1.5次方抛物线变化。腹板厚度40～50cm，底板厚度25～50cm。支点处设横隔板，跨中无横隔板。箱梁采用C50混凝土，三向预应力混凝土结构，中跨跨中底板共配置22束ϕ15.24-19的合龙段钢束。

箱梁采用挂篮悬浇施工，先合龙边跨，再合龙中跨。在所有中跨跨中底板合龙束张拉完成，孔道尚未灌浆的情况下，中跨跨中7号、8号、9号梁段及合龙段底板（包括腹板底部）沿纵向严重开裂，底板钢束及以下混凝土和上层混凝土崩裂分离，形成"两张皮"，横向贯穿整个底板。中跨合龙段与7号、8号、9号梁段位置如图11-9所示。

图11-9　南京××大桥中跨节段划分示意

事故发生后进行了调查，并对主桥中跨合龙段进行了受力验算，主要情况如下：

（1）箱梁底板设计，配置有箍筋（即防崩钢筋），但施工中遗漏，根本没有设置设计图上有的闭合箍筋。

（2）箱梁下缘设计为按抛物线渐变的曲线，但施工时，箱梁下缘在各梁段内呈直线，因而在梁段连接处出现转角（实际上在梁段结合面处波纹管有小段弯曲曲线，但曲率半径很小，接近于转角）。

（3）箱梁下缘曲线设计采用 1.5 次方抛物线，导致合龙段底板因张拉钢束产生较大的下崩力。在下崩力作用下，合龙段与 9 号梁段结合处竖向拉应力达到 12.64MPa。

（4）底板与腹板加腋处，横桥向拉应力较大，最大值出现在合龙段与 9 号梁段结合处，达到 19.98MPa。

（5）箱梁底板较宽，合龙钢束较多且多靠近底板中部；底板中预应力孔道之下的混凝土保护层过薄；跨中梁高较矮等，都是构造设计上的缺陷。

结构受力分析分别采用平面杆系程序和空间实体模型进行验算，主要结论如下：

（1）按平面杆系程序计算，主桥箱梁在施工阶段及运营阶段的应力均满足规范要求。

（2）按设计配置的箱梁底板闭合箍筋（防崩钢筋），基本上可以满足正常施工情况下的受力要求。

（3）上述第（3）、（4）两条均为空间实体模型计算的结果。

综合施工与设计存在的问题，对本桥箱梁底板崩裂事故简要评析如下：

施工中遗漏箱梁底板上下层钢筋网之间的闭合箍筋（防崩钢筋）是一大失误，底板几乎仅由混凝土承受下崩力，应是这次事故的主要原因。而设计采用的箱梁下缘抛物线为 1.5 次方，张拉钢束产生的径向力必然较大，而且在构造设计上存在缺陷，也应是这次事故的重要原因。另外，施工时将箱梁节段下缘做成直线，更增大了张拉钢束产生的下崩力。在施工与设计存在多种不利因素的组合下，中跨箱梁合龙段底板发生崩裂已不可避免。

总长度达 1483m 的特大桥，按国家与行业的有关规定，施工全过程应有正规与完善的工程监理与现场监控。主桥更应是施工管理与监理、监控的重点。对于中跨合龙段箱梁底板上下层钢筋之间的防崩钢筋完全未安装，这样明显的问题，居然没有发现，可以认为，这是施工管理与工程监理的重大失误。悬臂浇筑的各个梁段下缘设计为抛物线，施工中修改为直线，导致梁段接缝处出现折角，实质上是变更设计。是否经过正规的管理程序进行变更，这不仅与施工、监理、监控有关，也与项目的技术主管单位有关，在技术管理上是明显的失误。

经过反复的验算和专家论证，确定了修复加固方案。拆除已损坏的 7 号～9 号梁段与合龙段底板（含钢束、波纹管），将这些梁段的底板厚度由原设计 25cm 增厚至 30cm；在这些梁段结合部增设横向肋板，顺桥向厚度 50cm，高 55cm；底板加设防崩钩筋；为增强新旧混凝土的连接，新旧混凝土结合部凿成齿状，再安装钢筋，并新浇混凝土；底板普通钢筋适当加大直径、减小间距；中跨合龙段底板钢束全部由原设计 19ϕ15.24 改为 18ϕ15.24，顶板由 4 束（15ϕ15.24）改为 2 束（9ϕ15.24），仍保留腹板 2 束。

实例五　镇胜高速公路新寨河大桥（2007.10.31）

新寨河大桥位于国道主干线上海至瑞丽高速公路（贵州境）镇宁至胜境关段。上部结

构为 (120＋2×230＋120) m 预应力混凝土连续刚构，双向四车道，分为独立的左右两幅桥梁，总宽 24.5m。单幅箱梁为直腹板式单箱单室截面，根部梁高为 13.4m，跨中梁高为 4.2m。箱梁高度由墩中心至合龙段采用 1.6 次方抛物线变化。箱梁顶板全宽 12.125m，底板全宽 6.5m，顶板两侧悬臂板宽度 2×2.8125m。箱梁顶板厚度（箱室内）为 28cm，底板厚度由 130cm 渐变至 32cm。箱梁腹板厚度在根部为 80cm，跨中为 40cm。主梁采用 C50 混凝土，纵向钢束采用标准强度 1860MPa ϕ15.24 钢绞线。中跨底板束为 25ϕ15.24 钢绞线束，锚下张拉控制应力为 4882.5kN。

9 号墩～11 号墩为两孔 230m 主跨。两主跨跨中合龙段顺桥向两侧梁段编号为 28 号、27 号、26 号（由中至边）。

2007 年 10 月 22 日，同时浇筑两个主跨右幅合龙段。10 月 26 日张拉合龙段预应力束，张拉顺序为先顶板束后底板束，先长束后短束。10 月 31 日，在张拉右幅第 3 跨跨中合龙段底板钢束的过程中，底板出现大面积爆裂。靠 10 号墩的 28 号梁段混凝土横向崩裂，合龙段下缘钢筋发生弯曲变形，混凝土出现层状剥离，28 号梁段下沉，部分波纹管发生爆管现象。整个底板破坏长度约 21m，整个崩裂过程持续时间约 5min。图 11-10 为右幅第 3 跨跨中底板缺陷平面示意图。由图中可以看到：裂缝走向沿箱梁底板和腹板倒角处至 26 号梁段形成封闭裂缝；图中左侧 28 号梁段与合龙段交接处已错开，且左侧 28 号梁段底板混凝土存在多处崩裂，箱梁底板上层横向钢筋外露，在外露钢筋区域未见底板上、下两层钢筋网之间的拉结筋。

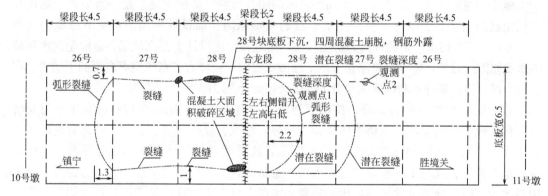

图 11-10　右幅第 3 跨 26 号～28 号梁段及合龙段缺陷平面示意图（单位：m）

事故原因主要有以下几项：

（1）中跨跨度大，达 230m，为了克服跨中正弯矩，箱梁合龙段附近底板预应力钢束较为密集。而箱梁下缘曲线设计为 1.6 次方抛物线，指数偏小，虽然有 $l/4$ 附近箱梁高度较大的优点，但跨中附近曲率半径偏小，在较大的底板钢束张拉力作用下，必定出现很大的径向力，是底板崩裂的主要原因。

（2）从底板崩裂的部位发现，上下两层钢筋网之间居然没有拉结筋，在强大的下崩力作用下，底板混凝土随之破裂。这属于底板钢筋构造常规设计，估计是施工时遗漏未安装。

（3）文献［16］采用 MIDAS 建立三维有限元模型，分析计算右幅箱梁的受力情况。计算结果表明，箱梁底板横向截面的最大拉应力达到 2.69MPa，超出 C50 混凝土抗拉强度标准值 2.65MPa，证实了是钢束张拉引发的径向力导致底板破坏。

事故处理，采用在合龙段及其两侧增设矮横肋的加固方法，以改善该区段箱梁底板的受力状态。增设矮肋方案比较的布置如图 11-11 所示。矮肋宽 40cm，高 85cm，横向在箱室内贯通底板与腹板连接。计算表明，增设 1 号矮肋后，合龙段范围内底板横向拉应力大大降低，底板上缘拉应力全部消除，下缘拉应力减小 82%，但合龙段以外的其他地方底板横向拉应力基本没有变化；增设 1 号和 2 号矮肋后，各梁段底板横向应力已经趋于均匀，且拉应力较小，上缘降至 1.25MPa，下缘降至 2.0MPa。故采用增设 1 号及 2 号矮肋的方案。

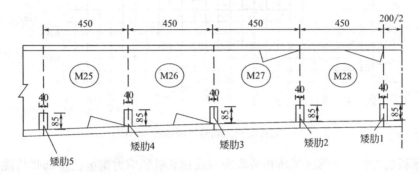

图 11-11　矮肋方案布置示意图（单位：cm）

本桥的事故说明，特大跨径连续刚构桥，因主跨跨中合龙段底板预应力钢束布置较多，底板承受的下崩力较大，如设计、施工存在某些不足或失误，底板发生崩裂的风险较高。对于特大跨径连续刚构桥，跨中合龙段附近设置矮横肋能有效降低底板较大的拉应力，避免底板发生开裂。本桥的加固方案可供参考。

实例六　××大桥（2010 之前）

某大桥为一座四跨变高度预应力混凝土连续刚构桥，跨径组合为（70＋2×120＋70）m。上部结构采用单箱单室箱形断面，桥面总宽 16.38m，梁高 3.5～7.5m，梁底按抛物线变化。箱梁采用挂篮悬浇法施工，悬浇箱梁划分为 14 个节段，另有合龙段与边跨现浇段。全桥梁段编号如图 11-12 所示。该桥利用挂篮作为模板支撑系统进行中跨合龙施工。在中跨合龙后张拉箱梁顶、底板和腹板内的纵向预应力钢束。

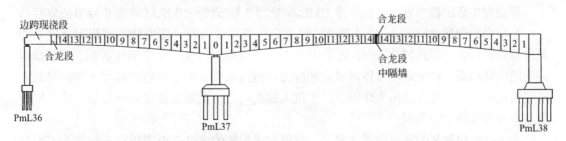

图 11-12　1/2 桥梁立面节段划分

在张拉完合龙段钢束，放松合龙段挂篮吊带时，中跨 14 号节段与中跨合龙段底板发生大面积混凝土剥落。剥落范围：距南侧底板边缘 2.4m，合龙段中隔墙以西 4.2m 内。

剥落区大部分位于中跨 14 号节段，且主要位于箱梁结构南侧底板预应力束布置区，可参阅图 11-13。

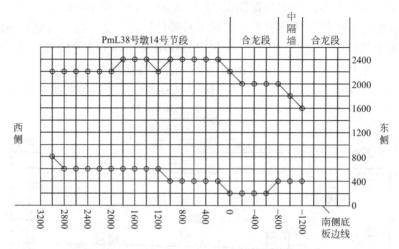

图 11-13　底板混凝土剥落平面示意（单位：m）

箱梁底板崩裂时，剥落区域所在节段腹板及顶底板预应力钢束已全部张拉灌浆；底板北侧有 13 束预应力钢束全部张拉灌浆；底板南侧的 13 束钢束已全部张拉，并有 5 束已灌浆。底板预应力束布置及横断面上崩裂情况如图 11-14 所示。

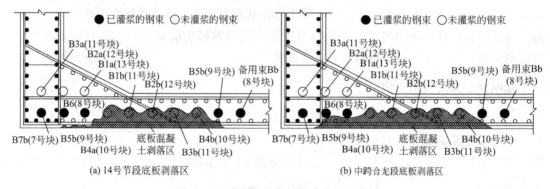

图 11-14　崩裂部位底板钢束布置示意图

事故发生后的检查发现：在中跨 PML38 号墩 7 号节段～PML37 号墩 7 号节段底板的上、下层横向钢筋之间的 φ8 拉结筋及波纹管定位筋均未按设计图安装，底板剥落区中心波纹管局部最大上浮达到 70mm。施工中以 1m×1m 间距的 φ14 架立筋代替顶、底层横向钢筋间的拉结筋，造成底板整体薄弱。预应力管道因未有效固定而造成局部上浮，导致张拉底板预应力钢束时在径向力作用下产生过大的拉应力，混凝土发生局部崩裂，这是底板崩裂事故发生的主要原因。

由于已张拉灌浆的底板束无法放张，仅能对未灌浆的南侧 8 束底板束进行放张，而且对破损区底板进行局部修补后，补张拉 8 束底板束会使新旧混凝土之间存在应力差，修补区混凝土应力达不到设计全截面应力状态。修补加固方案应考虑这些不利因素的影响。经分析验算后，最终确定的修复加固总体方案为：将底板混凝土剥落区未灌浆的钢束全部放张后清除破损混凝土。在破损区跨中左侧 12 号至右侧 12 号节段共 29m 范围内桥面均布堆载进行应力调整。当修补区域混凝土应力状态基本接近零应力状态时，浇筑高强度自密实纤维混凝土，并设置张拉体外预应力束的锚固齿板。在新浇筑混凝土达到设计强度时对桥面进行分级卸载，全部卸载后补张拉 8 束底板预应力束并粘贴碳纤维布加固，同时用体外预应力对结构进行补强。

对修补加固区域进行的受力计算表明，基本上达到了原设计状态。对修复后的桥梁进行了静载试验，亦说明已实现预期目标。

该桥箱梁底板崩裂的主要原因较为明确，是施工失误。值得关注的是，事故发生时，合龙段及其附近大部分底板钢束管道已灌浆，给维修加固带来较大困难，既增大了工程量，也延长了工期，这就提示桥梁施工管理者，在钢束张拉完成后，应留有适当的观察时间，没有异常情况再进行孔道灌浆。本桥因多数底板钢束的管道已灌浆，采用堆载压重的办法进行修补加固，实践证明效果较好。表 11-1 序号 10 的连续梁桥底板崩裂后的加固亦采用梁体施加预压荷载调整挠度和应力的方法，同样取得了预期的设计效果，可供同类桥梁事故处治时参考。该桥箱梁底板崩裂事故及加固设计的较详细情况，见文献 [19]。

实例七　××铁路大桥（2015 之前）

某铁路预应力混凝土连续刚构桥，跨径组成为（96＋132＋96）m。主梁采用单箱单室变高度截面，支点处梁高 9.2m，跨中及边跨端部梁高 5.0m，箱梁顶板宽 8.1m，底板宽 6.1m。除 0 号梁段和梁端附近区段外，顶板厚度 50cm，底板厚度从 40cm 按二次抛物线变化至 90cm，腹板厚度从 45cm 按折线变化至 90cm。主墩为矩形空心墩，纵向宽 6m，壁厚 1.2m，10 号墩高 47.2m，11 号墩高 49.2m。桥梁立面示意及主梁分段编号如图 11-15 所示。

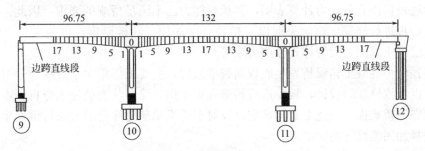

图 11-15　某铁路连续刚构桥结构示意（尺寸单位：m）

主桥上部结构除 0 号梁段采用墩旁托架施工外，其余梁段采用挂篮悬臂对称浇筑施工，分为两个 T 构，每个 T 构两侧均为 17 个梁段，1 号～17 号梁段长度分别为 4×2.5m ＋2×3.0m＋2×3.5m＋9×4.0m。另有中跨跨中合龙段及边跨现浇段。

该桥在箱梁底板预应力张拉后，发现 11 号墩 T 构中跨一侧的 10 号～16 号梁段、边跨一侧的 11 号～17 号梁段底板混凝土严重崩裂、脱落，底板吊带孔周围出现环形裂缝，中跨和边跨的崩裂长度分别为 25.5m 和 26.0m，其中以中跨的 11 号、12 号梁段最严重，混凝土崩裂厚度达 30cm，其他梁段崩裂厚度为 15～20cm。

由于桥梁底板崩裂情况较严重，需对结构进行损伤评估，为后期选择加固处理措施提供科学依据。

文献［20］采用 MIDASCIVIL 2010 建立全桥有限元模型，主梁与桥墩均采用梁单元模拟。根据现场检测结果，对损伤进行量化分析，建立损伤模型。损伤模型的损伤参数包含 5 个方面：

（1）主梁截面特性削弱。采用折减主梁截面特性的方法模拟底板混凝土崩落对主梁的影响。根据检查结果，偏安全地考虑混凝土崩裂梁段底板的 1/2 不参与工作，崩裂区截面面积平均削弱率为 7.9％，惯性矩平均削弱率为 16.8％。

（2）预应力损失。根据损伤发生的部位及范围，通过计算可知崩出位移为 4cm 时，预应力损失约为 2.04％，并参考已有的研究成果，偏于安全考虑，11 号墩中跨与边跨合龙束取 5％预应力损失。

（3）主梁截面尺寸偏差。根据检测结果，由于箱梁尺寸略大于设计值，取结构自重增加 18.88kN/m，但不计入尺寸偏差引起的刚度变化。

（4）混凝土强度。主梁混凝土设计为 C50，桥墩混凝土设计为 C40，根据检测结果，混凝土强度均按 C40 考虑。

（5）预应力管道参数。根据箱梁管道摩阻试验测试结果，钢束管道摩阻系数取 $\mu = 0.166$，偏差系数取 $k = 0.0038$，钢束标准强度及张拉控制应力取设计值。

计算荷载：主力（恒载、基础不均匀沉降及活载）、附加力（整体升温及日照温差）。荷载组合 1 为主力；荷载组合 2 为主力＋附加力。

计算结果表明：在荷载组合 1 及 2 情况下，箱梁顶板应力满足《铁路桥涵钢筋混凝土及预应力混凝土结构设计规范》TB 10002.3-2005 的规定。主梁损伤后，荷载组合 1 作用下箱梁底板最大应力为 -0.26MPa，满足规范要求，但与规范限值非常接近；在荷载组合 2 作用下，底板出现拉应力，其值为 0.25MPa，不满足规范不出现拉应力的规定。

箱梁底板损伤后的受力计算表明，其承载能力已不满足桥规的要求。因此，应对已发生崩裂的底板进行修复。建议采取以下措施：增加顶、底板厚度，以提高桥梁的整体刚度；修复混凝土缺陷；设置体外预应力束等。

一些预应力混凝土箱梁桥发生底板崩裂事故后，主要工作集中于查找与分析事故发生的原因，以及维修加固设计，较少进行箱梁底板损伤后受力状态的深入分析。本桥对于箱梁损伤状态下桥梁损伤量化参数的确定以及对于桥梁承载力评定的方法可供发生类似事故的桥梁选择加固维修方案时参考。

实例八　湖北十堰至漫川关高速公路汉江大桥（**2016 之前**）

汉江特大桥主桥为（85＋3×150＋85）m 预应力混凝土箱形变截面连续刚构桥。主桥桥型布置图如图 11-16 所示。该桥桥面宽 24.5m，分左、右两幅布置。主梁为单箱单室截面，根部梁高 9.0m，跨中梁高 3.0m，箱梁底板上缘按二次抛物线变化，底板下缘按 1.6 次抛物线变化。箱梁顶宽 12m，底宽 6m，翼缘悬臂宽 3m，顶板厚度 28cm。

主梁采用挂篮悬臂现浇法施工，在 2 个边跨及 3 个中跨跨中均设置合龙段。在右幅主梁全桥合龙后，张拉合龙束期间发现，5～8 号桥墩间共有 20 个节段箱梁底板下缘发生了不同程度的崩裂，其中 5 号、6 号墩间的箱梁崩裂情况最为集中、严重，共有 8 个节段底板发生崩裂（基本对称分布于跨中两侧）。5 号、6 号墩之间箱梁底板损坏情况如图 11-17 所示。

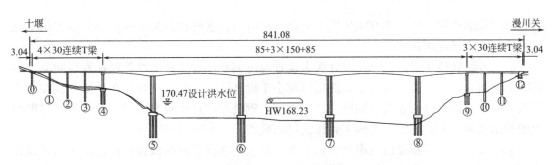

图 11-16 汉江特大桥主桥桥型布置图（单位：m）

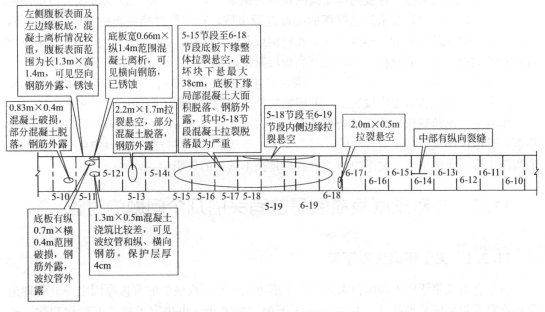

图 11-17 5 号、6 号墩间箱梁的崩裂分布

右幅箱梁底板崩裂与施工缺陷主要情况如下：

（1）底板下缘纵向预应力钢束以下混凝土已整体崩落悬空，破坏块体最大下悬 38cm，崩裂部位多在箱梁底板横向中部。

（2）底板下缘混凝土脱落面积超过底板全面积的 1/3，横向钢筋外露。

（3）塑料波纹管外露，部分管道已破裂，波纹管与混凝土间基本没有粘结。

（4）纵、横向主钢筋之间没有逐点绑扎，底板上、下两层钢筋网之间没有竖向钩筋，底板下层横向分布钢筋未与腹板钢筋焊接，部分横向分布钢筋两端没有弯钩。

事故发生后，对原设计箱梁底板受力情况进行了验算。计算结果表明：在原设计状态下，底板混凝土能够抵抗底板的径向力（张拉底板预应力束产生的径向力）和纵向预应力因波松效应产生的拉应力。抗拉安全系数为 1.6～2.0m，若无其他外力和因素，底板不会崩裂，或者即使开裂，也不会如此严重。

根据调查获得的详细情况进行分析，这次事故的主要原因是：

（1）施工期间，为方便预应力束穿束，施工单位在底板开有若干个 2×1m 左右的贯穿式孔洞，这些孔洞在底板连续钢束张拉期间没有封闭。经计算可知，在底板钢束张拉后，这些孔洞周围产生了 3.0MPa 以上的局部拉应力，这些较为集中的局部拉应力是引发底板崩裂的直接原因。

（2）波纹管施工时，没有按设计要求设置定位钢筋，直接将波纹管放在底板的下层钢筋网的上面，使波纹管的混凝土保护层厚度小于设计值。同时，波纹管在节段内存在波浪弯曲，使其在波峰处的径向力剧增。底板预应力钢束采用直径较大的塑料波纹管，与混凝土的粘结较差，一定程度上削弱了底板的径向抗力。

事故发生后，对箱梁出现崩裂的几个节段混凝土进行了回弹试验，其强度达到了设计值，因此可以判定，这次事故如此严重，主要是由于施工中存在较大的失误所致。

维修加固方案要点：修复局部受损的预应力钢束，张拉备用束，以维持底板最低限度的压应力（1.5MPa）；在凿除已损坏的底板混凝土后，对需要更换底板的节段粘贴钢板，使这部分箱梁保持一定的整体性，并对底板钢束起承托作用；将管道已严重变形并偏离设计位置的钢束放松、修复后，重新浇筑底板混凝土；对于需要更换底板的梁段，利用刚性支架与 $\phi 32$ 粗钢筋锚固，浇筑新底板，刚性支撑起劲性骨架作用；重新张拉已放松的底板预应力束；修复底板过程中设置上、下层钢筋网之间的拉结筋，封闭底板原有的孔口。

本桥为一座跨越汉江的高速公路特大桥，主桥长达 620m，主跨箱梁底板发生大面积崩裂，是国内同类桥梁中所发生的一起重大质量事故。从上述分析可知，主要原因是箱梁底板施工存在大的失误。技术原因的背后也是技术管理的失职。

11.3 与箱梁底板崩裂事故有关的几个问题的讨论

11.3.1 关于箱梁底板下崩力

张拉合龙段箱梁底板预应力束产生的下崩力是引发底板崩裂的直接原因之一。就理论分析而言，箱梁底面抛物线的指数决定了下崩力的大小，也决定了梁高的变化规律。所以，曲线指数的确定，应该使下崩力大小与梁高的变化达到合理的组合。

文献［34］通过实例计算后发现，抛物线次数越小，箱梁底面曲线在 $3l/8$ 至箱梁根部区段曲率半径增大速度越快，因而该区段径向力集度较小；在 $3l/8 \sim l/2$ 区段规律相反。理论分析表明，曲线次数小于 2，在跨径中点不会出现无穷大的集中力，也不会为 0，因为集中力和力的线集度是两个不同的概念。当曲线次数较小时，在梁底跨中区段一定长度内将产生较大的下崩力。下面简要介绍按三种跨径分别计算的径向力情况。表 11-3 中的三种跨径为 $L=90m$、145m、200m，表中 l 为半跨梁底曲线段的水平投影长度，h_0 和 h_1 分别为梁体根部及跨中梁高。图 11-18～图 11-20 分别为 $L=90m$、145m、200m 时不同次数曲线对应的径向力集度。从图中可以明显看出，不同次数时径向力集度沿桥梁跨度方向的变化情况。

不同跨径箱梁底面曲线参数（m） 表 11-3

L	l	h_0	h_1
90	40.9	5.5	2.5
145	67.5	8.0	3.2
200	90.5	12.0	3.8

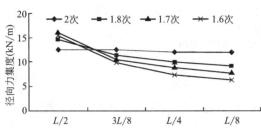

图 11-18　$L=90\text{m}$ 不同次数曲线对应径向力集度

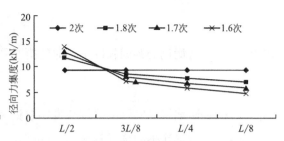

图 11-19　$L=145\text{m}$ 不同次数曲线对应径向力集度

较大的曲线次数虽然可以使跨中底板径向力集度减小、结构自重减轻，但会使箱梁在 $l/8$ 和 $l/4$ 的关键截面梁高偏小，使得该截面内主拉应力增大，箱梁腹板抗力降低。所以，应该根据具体情况，选择合适的底板曲线次数。综合国内一些桥梁专家和学者的研究成果，一般情况下，曲线次数不宜小于 1.8。

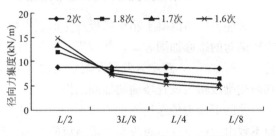

图 11-20　$L=200\text{m}$ 不同次数曲线对应径向力集度

11.3.2　箱梁底板防崩宜采用"容错设计"

多座发生底板崩裂事故桥梁的实际情况表明，预埋波纹管局部区段的定位偏差，可能导致钢束出现较小的弯曲半径而发生较大的径向力。就下崩力而言，钢束局部位置变化具有高度敏感性。设计者在分析径向力大小时，应充分估计到波纹管在正常施工情况下可能出现偏离设计位置的不利情况。《公路桥涵施工技术规范》JTG/T 3650-2020 规定：预埋波纹管在板梁高度方向的允许偏差为 10mm。这是设计人员必须考虑的。多位学者、专家根据实际的工程事故进行分析后指出：在某些情况下采用"容错设计"是必要的，可以避免因设计的理论状况与实际存在的正常偏差导致的缺陷或事故。所以，对于防止预应力混凝土箱梁因张拉钢束引发的崩裂，"容错设计"是一个合理的重要措施。

现行《公路钢筋混凝土及预应力混凝土桥涵设计规范》JTG 3362-2018 规定管道曲线段弯曲平面内应设的箍筋单肢截面面积 A_{sv1}，应满足：

$$A_{sv1} \geqslant \frac{P_d \cdot S_v}{2rf_{sv}} \tag{11-6}$$

式中：S_v——箍筋间距（mm）；

$\quad r$——管道曲线半径（mm）；

$\quad P_d$——预应力筋的张拉设计值（N），按规范要求取值并乘以分项系数 1.2；

$\quad f_{sv}$——箍筋抗拉强度设计值（MPa）；

式（11-6）没有考虑箍筋（亦称为防崩钢筋）施工完成时的实际锚固长度达不到规范要求的影响，也未考虑施工规范允许的施工误差。按照"容错设计"的思路，必要时可以对式（11-6）进行修正。修正后的防崩钢筋截面积按下式计算：

$$A'_{svl} \geqslant \frac{P_d \cdot S_v}{0.2\mu r f_{sv}} \tag{11-7}$$

式中：μ——防崩钢筋锚固长度不足时的折减系数，按下式计算：

$$\mu = \frac{l_0}{l_{\text{锚}}} \tag{11-8}$$

l_0——防崩钢筋实际的锚固长度，取钢束中心至防崩钢筋埋入混凝土内的长度；

$l_{\text{锚}}$——规范要求的锚固长度。

11.3.3 箱梁合龙段宜设置横隔肋

某些预应力混凝土箱梁底板发生崩裂事故后，采用在合龙段及相邻梁段设置内横隔板或矮横肋的维修加固方案，都取得了较好的效果。本书 11.2 节实例五，为连续刚构特大桥，主跨 230m，跨中合龙段及附近梁段，因张拉底板束发生严重崩裂，采用在合龙段及其两侧梁段箱内设置矮横肋加固的措施。在径向力较大的梁段，箱内横隔板能很好地将底板承受的下崩力传递给整个箱梁断面，使得各部位的下崩力对底板的不利作用趋于均匀，而不致出现横向仅由腹板与底板组成的框架单独承力的弊病。由于箱内有了横隔板，靠近腹板的钢束孔道竖向拉应力会下降。在箱内不设横隔板的情况下，下崩力作用在较薄而柔的底板上，当底板尚未将下崩力的局部作用传递到整个箱梁截面时，钢束孔道之下的混凝土因单独承受下崩力便容易发生开裂或剥落。

合龙段及附近梁段内设置横隔板或矮横肋（在底板以上适当高度，横向与腹板连接，参阅图 11-11 的做法），国内有的桥已有采用。根据一些桥的经验，矮横肋基本上可以达到大幅度提高底板的抗下崩承载力，而且施工较方便，自重也小得多。一般情况下推荐采用矮横肋。近期有的新建大跨径连续刚构桥已在合龙段箱内设置横隔板或矮横肋，不限于仅在发生底板崩裂后才采用这一构造措施。

11.3.4 关于箱梁底板厚度

预应力混凝土箱梁跨中底板厚度对于底板及箱梁受力以及底板钢筋布置和施工难易程度均有重大影响。一些底板崩裂事故表明，由于跨中底板纵横向钢筋较多，并且还有合龙段纵向劲性骨架预埋件，空间较小，施工操作困难，可能导致混凝土质量与钢筋安装和波纹管定位达不到设计要求而引发事故。所以，对于箱梁底板厚度的确定，满足受力要求与满足构造要求同样重要。

《公路钢筋混凝土及预应力混凝土桥涵设计规范》JTG 3362-2018 规定："箱形截面梁顶、底板的中部厚度，不应小于板净跨径的 1/30，且不应小于 200mm。"规范还规定："直线管道的净距不应小于 40mm，且不宜小于管道直径的 0.6 倍。"这是对混凝土箱梁的一般性规定，可视为最低要求。用悬臂法施工箱梁时，底板除承受自身荷载外，还承担挂篮后吊点的反力。文献［36］提出了预应力混凝土箱梁底板厚度的经验值：底板最小厚度可取预应力管道直径的 3 倍，一般可取 25～32cm。初步拟定尺寸时，对于单箱单室断面，可以根据桥面宽度来初估底板厚度：4 车道分幅式箱梁（桥面宽 12～14m），底板厚度取25～30cm；6 车道分幅式箱梁（桥面宽约 15～17m），底板厚度取 28～32cm，桥面宽、跨径大时取上限值。这些经验值，是根据国内较多大跨径预应力混凝土箱梁实际资料总结获得的，可视为对规范规定的补充与细化，但总体上仍是粗略控制值。近年来，这类大桥的设计，底板厚度也进一步优化和加强。文献［11］根据预应力混凝土连续刚构主跨跨中附近底板崩裂的病害特征，采用有限元分析软件进行局部应力计算。依托工程实桥为 $(115+2\times200+115)$ m PC 连续刚构（参阅 11.2 节实例三）。分析研究了底板厚度 H 与波纹管外径 D 之比（H/D）与底板横向最大拉应力、竖向最大拉应力和最大主拉应力之间的变化情况。就该实例而言，箱梁底板的横向最大拉应力在 $H/D=3.5$ 与 4.0 两处达到最小值；竖向最大拉应力在 $H/D=3.1$、3.5 和 4.2 处达到最小值；最大拉应力在 $H/D=3.1$、3.8 和 4.2 处达到最小值。应力计算时，模拟实际施工情况，钢束张拉后未灌浆，为受力最不利状态。计算实例为主跨 200m 连续刚构桥，有一定代表性。由上述计算成果可以看出，波纹管的外径对底板厚度有较大影响。对于类似的大跨径连续刚构桥，综合考虑底板上三种拉应力的影响，H/D 在 $3.5\sim4.0$ 之间。该项研究还建议波纹管净距 d 与波纹管外径 D 之比（d/D）可取 $1\sim1.05$。

××大桥为 $(110+2\times190+110)$ m 预应力混凝土连续刚构桥。桥面宽为 2×13.5m（分为左右两幅），单幅为单箱单室截面，底板宽度 7m，中跨跨中底板厚度 32cm，主梁高度 $11.50\sim4.00$m，梁底曲线为 1.5 次抛物线。该桥施工中曾发生底板崩裂。除施工原因外，梁底曲线次数 1.5 偏小，以及跨中底板厚度 H 与波纹管外径 D 之比（H/D）为 $2.67<3$，也是不利因素。

箱梁跨中底板厚度过大时，自重增大，对受力不利。但底板过薄，可能存在的安全风险更大。在对底板进行应力计算时，应估计到施工中可能存在的一般性误差，建议按"容错设计"确定底板厚度。

上述关于箱梁底板厚度的讨论，是基于合龙段区段箱内无横隔板或矮横肋的情况。如箱内有横隔板或矮横肋，底板可以根据受力计算适当减小。

11.3.5　关于施工缺陷问题

从已经发生的多起箱梁底板崩裂事故可以发现，几乎不同程度地存在施工缺陷的因素，有的事故施工失误还成为主要原因。具体反映在以下几方面：箱梁底板上、下层钢筋之间的防崩箍筋（亦称为拉结筋）遗漏或部分遗漏；防崩箍筋两端与上、下层钢筋未可靠连接；波纹管定位不牢或安装位置有误；箱梁下缘曲线以折代曲，在梁段接头处出现较大竖向转角，致管道发生局部变位；为方便施工在底板上开孔，直接将波纹管放在下层钢筋网上；混凝土强度达不到设计要求以及钢束波纹管混凝土保护层不足，等等。施工中出现的这些问题，主要是由于施工技术管理与施工监理工作失误，或者是施工、监理人员对这类施工缺陷可能存在较大安全与质量风险认识不足，掉以轻心。有关主管单位也有责任，只要严格执行国家与行业有关工程管理监督的规定，这些问题不难解决。

本章参考文献

［1］彭元诚，汪金育，廖朝华，等．山区大跨度连续刚构桥［M］．北京：人民交通出版社，2015．

［2］贵州省交通运输厅．山区高速公路连续刚构桥梁建设与管理论文集［M］．北京：人民交通出版社，2012．

[3] 项贻强，唐国斌，朱汉华，等．预应力混凝土箱梁桥施工过程中底板崩裂破坏机理分析 [J]．中国公路学报，2010 (5)．

[4] 李健刚，张俊波．连续刚构桥底板防崩问题分析 [J]．城市道桥与防洪，2008 (9)．

[5] 黄亚新，张冬冬，赵启林．变高度预应力箱梁桥合龙段底板纵向裂缝的成因 [J]．公路交通科技，2011 (11)．

[6] 黎增丰，涂常卫，钟伟坚，等．潭洲大桥箱梁底板混凝土开裂事故处理 [J]．中南公路工程，1997 (4)．

[7] 严允中．预应力混凝土连续刚构桥底板崩裂原因及预防措施 [J]．公路交通技术，2006 (6)．

[8] 郭丰哲，钱永久，李贞新．预应力混凝土连续刚构桥合龙段底板崩裂原因分析 [J]．公路交通科技，2005 (10)．

[9] 田世宽，胡承强，汪超，等．大跨径连续梁桥及连续刚构桥变形和开裂现象探索 [J]．公路交通技术，2007 (增刊)．

[10] 小关大桥项目部．关于小关特大桥合龙段底板混凝土张拉崩裂的情况汇报．2003.12.6.

[11] 田世清，李茂盛，石庆凡．PC 连续刚构桥构造参数对底板崩裂的影响研究 [J]．公路交通技术，2012 (1)．

[12] 贵州高速公路开发总公司．《三凯高速公路南高特大桥病害治理论证会》简报．2005.9.7.

[13] 韦定超．南高大桥设计 [J]．贵州交通科技，2005 (4)．

[14] 冯鹏程，吴游宇，杨耀铨，等．连续刚构桥底板崩裂事故的评析 [J]．世界桥梁，2006 (1)．

[15] 刘家彬，郭正兴，陈岳．某变高度连续刚构桥底板崩裂加固施工 [J]．施工技术，2007 (5)．

[16] 胡云耀，常柱刚，胡汉渝．关于增设矮肋法防治大跨径连续刚构桥箱梁底板纵向裂缝问题的探讨 [J]．中外公路，2009 (2)．

[17] 新寨河特大桥项目部．新寨河特大桥右幅合龙汇报材料．2007 年 11 月 16 日会议资料．

[18] 沙丽新，何晓光，黄锦源．预应力混凝土桥梁底板混凝土剥落修复实施 [J]．世界桥梁，2010 (3)．

[19] 陈举．客运专线铁路预应力混凝土连续梁底板崩裂加固设计 [J]．铁道标准设计，2013 (9)．

[20] 崔学常，杨植春．某大跨径连续刚构桥底板崩裂后的结构损伤评估 [J]．桥梁建设，2015 (3)．

[21] 詹建辉．某预应力混凝土连续箱梁底板崩裂的加固方案 [J]．桥梁建设，2016 (5)．

[22] 黄炎坤，姜海波．预应力混凝土连续梁桥合龙区域裂缝成因分析 [J]．城市道桥与防洪，2007 (8)．

[23] 徐郁峰，梁立农，宋神友．某连续刚构桥底板崩裂后的修补方法及其有限元仿真分析 [J]．桥梁建设，2007 (4)．

[24] 姜海波，赵人达．富力桃园大桥箱梁合龙区域裂缝成因分析及加固 [J]．桥梁建设，2007 (6)．

[25] 黄迎东．不容忽视的径向力——记一起因径向力引起的桥梁混凝土开裂事件 [J]．城市道桥与防洪，2011 (6)．

[26] 陶家清，金大勇，陈曦．黔灵大桥连续刚构结构设计相关问题探讨与对策措施 [J]．城市道桥与防洪，2009 (12)．

[27] 栗勇，李照明，姜鹏．连续刚构桥常见病害及对策 [J]．市政技术，2010 (2)．

[28] 冯鹏程．连续刚构桥设计关键技术问题的探讨 [J]．桥梁建设，2009 (6)．

[29] 谢春生，廖凯．连续刚构梁底混凝土崩裂病害分析与防治措施 [J]．西部交通科技，2015 (10)．

[30] 杨虎根，陈晶，杨志军，等．中小跨径混凝土梁桥 [M]．北京：人民交通出版社股份有限公司，2018．

[31] 彭元诚．连续刚构箱梁底板崩裂原因分析与对策 [J]．桥梁建设，2008 (3)．

[32] 张喜刚，等．大跨径预应力混凝土梁桥设计施工技术指南 [M]．北京：人民交通出版社，2012．

[33] 鲍卫刚，周泳涛，等 . 预应力混凝土梁式桥设计施工技术指南 [M]. 北京：人民交通出版社，2009.

[34] 娄晟嘉，杨吉新 . 预应力混凝土连续刚构桥底板脱落成因分析 [J]. 中外公路，2010（3）.

[35] 赵传亮，唐颖，李强 . 预应力混凝土箱梁曲线钢束防崩研究 [J]. 城市道桥与防洪，2014（7）.

[36] 刘效尧，徐岳 . 公路桥涵设计手册—梁桥（第二版）[M]. 北京：人民交通出版社，2011.

第 12 章　双曲拱桥、刚架拱桥
与桁式组合拱桥事故

本章讨论双曲拱桥事故与混凝土桁式桥梁事故。后者主要包括混凝土刚架拱、桁架拱、桁架梁和桁式组合拱桥等以混凝土桁架构件为主体结构的桥梁。这类混凝土桥梁曾在我国一定时期和一定范围内大量修建过，具有鲜明的中国特色与历史特点，对我国交通事业的发展和桥梁技术的进步作出了重要贡献。但在修建和使用过程中曾发生过不同程度的病害或事故，造成了一定的损失。梳理一下有关的经验教训，吸取有益的启示，有利于推动桥梁技术的发展。

12.1　双曲拱桥事故实例与评析

双曲拱桥是 1964 年江苏省无锡县以苏松源为代表的建桥职工创建的一种新桥型。首座试验桥为跨度 9m、宽 1.5m 的农用桥。因为拱肋沿着纵向弯曲、拱波沿横向弯曲，故取名为"双曲拱桥"。它与同跨径、同宽度的钢筋混凝土农村人行梁桥相比，节约资金 19%、节约水泥 50%、节约钢材 40%。紧接着，苏松源团队又修建了跨度 55m 的胡埭大桥，可通行 5t 汽车，仅花了 3 万元。双曲拱桥具有造价低、预制装配化程度高、工期短、技术要求不高、易于为乡村技术人员掌握以及节省水泥与钢材等优点，在当时的历史条件下具有重大意义。我国 1959~1962 年因推行"大跃进"与"人民公社化"，造成经济持续低迷，资金困难，公路交通发展缓慢。双曲拱桥适应了这样的经济形势，成为全国公路建设，尤其是农村地区与边远落后山区的交通建设中造价最低、建设速度最快的一种最适用的桥型。交通部对双曲拱桥大力支持，组织多次科研工作，编制完成有关双曲拱桥专著与图集。1978 年双曲拱桥获得全国科学大会奖，1985 年又获得全国科技大会颁发的科学技术推广二等奖。从 20 世纪 60 年代后期~80 年代，双曲拱桥在全国大范围推广应用。南方水网地区双曲拱桥已星罗棋布。除公路上大量修建双曲拱桥外，水利、城建、铁路等部门也广泛采用这种桥型。1969 年江苏沭阳新沂河大桥建成，为 39 孔双曲拱，全长 1267m。同年河南嵩县前河大桥建成，跨径 150m，为最大跨径双曲拱桥。著名的南京长江大桥公路引桥为 22 孔双曲拱桥，长度达 760m。1972 年建成的湖南长沙湘江大桥是我国规模最大的双曲拱桥工程，正桥长 1250m，宽 20m，最大跨径 76m，支桥长 282m，全桥总长 1532m，全部采用双曲拱，成为湘江上的一道风景线。1978 年 11 月 1 日，我国邮电部发行《公路拱桥》小型张，便以湘江大桥为图案，这一小型张成为国家名片。双曲拱桥在我国具有重要的历史地位。

据 1979 年调查，我国当时已建成公路大中型双曲拱桥 4085 座，共计 35 万延米长，占大中桥总长的 25.7%。这些双曲拱桥，技术状况好的占 85.7%，尚可的占 7.7%，差的占 5.8%，危桥占 0.8%。20 世纪 90 年代以后，我国改革开放全面推进，交通运输业迅猛发展，交通量与车辆荷载不断上升，随着时间的延长，双曲拱桥病害与事故不断出现，一些结构上的弱点也逐渐显露出来。表 12-1 为国内部分双曲拱桥事故与严重病害简况。下面先介绍几起事故实例，然后再进行简要评析。

部分双曲拱桥事故与严重病害简况

表 12-1

序号	桥梁名称	桥梁简况	事故概况	时间 (年.月.日)	备注
1	江苏新丰大桥	单孔 70m，矢跨比 1/10，主拱断面为飞鸟式整体肋波预制	拱肋分 7 段吊装，在第 2 条飞鸟式肋波合龙焊接钢板时，纵向失稳垮塌	1972.10.27	施工失误，矢跨比过小，事故造成 2 人死亡、8 人受伤
2	××大桥	单孔 100.7m，矢跨比 1/10，采用扇形支撑排架施工	通车后半年拱顶下沉达 467mm，原因是扇形拱架质量太差	1972.11	1972 年 5 月建成通车，矢跨比过小
3	湖南石潭大桥	单孔 110m，矢跨比 1/8，支架现浇施工	建成 4 年后累计下沉 260mm，预拱度为 120mm	1972.4	1968 年建成
4	四川合川涪江大桥	4×66m，墩顶上腹拱跨径 12m，拱上结构不对称，拱圈高度 125~215cm（拱板变高）	施工中相邻两跨拱肋吊装完成安砌拱波后 12d，其中 1 孔坍塌	20 世纪 60 年代后期	拱轴线为多心圆曲线，局部区段相当于 $m=8.031$
5	辽宁桓仁江北桥	5×50m 连拱	施工中在已成拱肋上安装桅杆吊运混凝土现浇拱波，导致一跨拱肋垮塌，死 3 人、伤 9 人	1968.12.9	为赶施工进度，将预制拱波变更为现浇，在拱肋上安装桅杆
6	湖南攸县××公路桥	4×54m，$m=9.889$	施工中浇筑拱板时第 2 孔垮塌，死、伤各 1 人	1967.3.14	m 值过大，混凝土强度不足，加载程序有误
7	湖南零陵东风公路桥	主孔 78m，5 段吊装	在两条拱肋合龙后垮塌	1969.8	施工失误
8	湖南新市桥	6×40m，$m=4.324$	无支架吊装，拱肋合龙后，全桥 30 条拱肋几乎全部发生不同程度开裂	20 世纪 60 年代后期	
9	贵州遵义乌江渡大桥	(57+86+60.6)m 三跨拱桥	86m 中孔拱肋合龙后，安砌拱波时垮塌	1970.11.22	详见第 9 章实例一
10	广东龙川县彭坑大桥	(28+80+150)m 三跨拱桥	主孔 150m 拱圈施工中垮塌，死亡 64 人，伤 20 人	1972.6.27	详见第 9 章实例二
11	浙江寿昌至巨县公路浮石桥	7×30m，矢跨比 1/6，石砌墩台	无支架吊装拱肋过程中，拱肋横向失稳倒塌	1966.8	6 肋 5 波
12	浙江宁海至西溪公路西溪桥	单孔 50m，石砌墩台，岩石地基	砌筑预制拱波时拱肋垮塌	1970.7	
13	浙江安吉至梅溪公路华光桥	单孔 30m	桥台沉降、位移，拱圈破坏	1981	拱体拆除

续表

序号	桥梁名称	桥梁简况	事故概况	时间 (年.月.日)	备注
14	浙江白官至下官公路丰惠桥	单孔 30m,矢跨比 1/8	桥台下沉,拱圈及拱上建筑损坏,交通中断	1978	1977 年建成通车
15	浙江萧山至尖山公路尖山桥	5×20m,石砌墩台	墩台沉降,拱圈变形,中断交通	1983	拱桥拆除
16	河南南阳桐柏淮河大桥	7×30m,矢跨比 1/6	建成 6 年后拱顶下沉 140mm,建成 15 年后拱顶下沉达 335mm,出现险情	1988	1973 年建成通车
17	山东济宁鱼台县惠河桥	单孔 50.4m,矢跨比 1/9	建成通车不久后,拱顶下沉达 268mm,拱肋开裂,桥台变位、沉降	1992	1991 年建成通车
18	辽宁暖泉桥	6×30m,矢跨比 1/6	使用中发现,第 2 孔 3 号拱肋折断,桥面塌陷,拱上立墙开裂,拱圈下沉,封闭交通	2006.4.28	1974 年 9 月建成通车
19	广西××大桥	(55+33)m,桥面宽 7.8m	服役多年后,上部结构病害严重,评为四类桥	2011	封闭交通,进行改造,1969 年建成
20	河北邯郸刑峰公路矿山桥	15+50+15m,汽-20、挂-100	病害严重,鉴定为四类危桥,进行拆除	2012	1976 年 8 月建成通车
21	江西南康市樟桥	3×20m,矢跨比 1/8,$m=2.24$	病害严重,鉴定为四类桥,进行加固提载	2012	1970 年建成通车
22	重庆××大桥	(58+68+58)m,桥面宽 9.64m	病害严重,上部结构评为 D 级,拆除重建	2016	1976 年建成,1994 年进行过加固
23	福建永泰城关大桥	10×20m,桥宽 10m	拱肋、拱波、腹拱圈严重开裂	2008 之前	设计荷载:汽-13、拖-60
24	滇藏公路西藏俄洛河大桥	5×45m,矢跨比 1/6,桥宽 7.5m	拱圈多处开裂,拱顶下沉 50~180mm,$l/4$ 沉 0~90mm,桥面纵向呈波浪形	2008 之前	1969 年 8 月建成通车,设计荷载:汽-13、拖-60
25	福建罗源五星桥	8×22m,桥面净宽 7.6m	拱肋、拱波、拱板、横系梁均开裂	2008 之前	设计荷载:汽-13、拖-60;加固后限载 15t 以内
26	江苏无锡港下镇桥	单孔 50m,矢跨比 1/10	腹拱顶与桥面开裂,影响正常使用,拆除全部腹拱和盖梁,改为 RC 连续板	2004 之前	1974 年建成

注:m 为悬链线拱轴系数。

实例一 江苏省新丰大桥

该桥跨越京杭大运河苏南段,为一座单孔跨度 70m 双曲拱桥,矢跨比 1/10,桥面全宽 9.36m,桥面净宽 7.0m。设计荷载为汽-13、拖-60。拱圈为等截面悬链线,$m=2.24$。主拱断面采用飞鸟式肋波整体预制构件。全跨分为 7 段,采用无支架缆索吊装。

1972 年 10 月 20 日开始安装拱肋,10 月 27 日,在第 2 条飞鸟式肋波合龙焊接钢板时，因纵向失稳而垮塌。这次事故造成 2 人死亡，8 人受伤。

飞鸟式拱波组合结构原设计为支架现浇，后因支架木材难以解决，临时变更为预制吊装。预制构件用天线缆索吊装，当时在江苏省系首次采用，缺乏施工经验。施工中，又因钢丝绳数量不足，在两岸搭设三个不对称简易排架作为临时支撑，安装方案再次局部变更，在没有充分准备和制定可靠的实施方案的情况下，草率上马，最终发生事故。另外，该桥拱肋预制构件尺寸与设计尺寸出入较大，致拱肋接头处不吻合，拱轴线与设计不符，施工时用压重的办法调整，更加速了拱肋的变形失稳。虽说双曲拱桥施工技术要求不高，有利于农村推广应用，但桥梁施工的基本技术要求是不能违反的，违反了是会付出代价的。本章后面介绍的某座桁式组合拱桥，预应力锚头用黄泥封闭，就是农民施工队干的。当然，这与现场施工技术管理与施工监理失职有关。

实例二　湖南××大桥

该桥主桥为 100.7m 双曲拱桥，矢跨比 1/10，采用支架上施工，预留拱度为 120mm。1972 年 5 月建成通车，过了一年多，1972 年 10 月 11 日测量，拱顶已下沉达 467mm，为跨径的 1/237，拱圈已严重变形。其原因主要是采用扇形拱架，整体刚度较小，而又未进行荷载预压，导致在浇筑拱圈混凝土过程中，产生较大的非弹性压缩与弹性变形。另外，在施工中过分追求进度，在拱肋混凝土未达到设计强度即提前安砌拱波和浇筑拱板，拱肋混凝土早期收缩量过大，也是拱圈变形大的原因之一。

1968 年建成的湘潭石潭大桥，为主孔 110m 双曲拱桥，矢跨比 1/8，采用支架施工，预拱度为 120mm，竣工时实测拱顶下沉量为 110mm，预拱度已基本完成。建成约 4 年后的 1972 年 10 月 4 日，实测拱顶又继续下沉 140mm（上游侧）和 160mm（下游侧）。

据湖南省 20 世纪 70 年代的调查，部分双曲拱桥拱顶的下沉，跨径越大、矢跨比越小，拱顶下沉越明显。拱顶的过度沉降，会导致实际拱轴线与设计拱轴线偏离而产生附加弯矩，增加了额外应力，尤其是拱顶截面。$l/4 \sim l/8$ 区段拱圈受力恶化。表现为在活载的长期作用下，拱圈会因应力增大而出现开裂。

实例三　四川合川涪江大桥

该桥为 4×66m 双曲拱桥，建成于 20 世纪 60 年代后期。主拱圈高度为 $125 \sim 215$cm（拱板变厚度）。采用无支架吊装施工拱肋。在相邻两孔拱肋吊装完成合龙并加盖拱波后 12d，一孔拱肋突然垮塌。事故发生后分析原因时认为，垮塌与拱轴线设计不当有关。该桥采用 7 心圆弧为设计拱轴线。后来的计算表明，从拱脚至 $l/8$ 区段的拱轴线，相当于悬链线拱轴系数 $m = 5.321$，$l/8$ 至拱顶区段的拱轴线则接近于 $m = 8.031$ 悬链线。由于 m 值过大，在拱肋及之后的拱上加载过程中，恒载压力线与拱轴线因偏离过大，产生较大的偏离弯矩，导致拉应力大幅上升，是导致拱肋断裂的重要原因之一。

实例四　湖南攸县公路大桥

该桥为 4×54m 变截面悬链线双曲拱桥。拱肋截面（变高度）尺寸：拱顶为 30cm×30cm，拱脚为 30cm×135cm。拱圈高度由拱顶 114.25cm 变化至拱脚 199.55cm。矢跨比：两边孔为 1/6，两中孔为 1/5.3。拱轴系数边孔、中孔分别为 $m = 9.889$ 和 $m = 5.321$。腹孔为葵花式拱。设计荷载：汽-13、拖-60。4 跨均采用支架现浇拱肋的施工方法。大桥于1966 年 11 月开工，1968 年 1 月建成。

在第 3、4 孔主拱圈完成后，为了拱架周转用于第 1、2 孔，将第 3 孔拱架拆除，第 4 孔拱架松楔脱架（这两孔均为裸拱脱架）。随后陆续发现第 3 孔主拱圈多数出现裂缝，并有所发展。由于拱上腹拱为葵花式拱，无拱上横墙，便在第 3 孔主拱圈 $l/4$ 处临时堆砌片石加载，以改善裸拱圈应力，并争取尽早将第 3 孔拱上葵花式腹拱砌筑完成。

1967 年 3 月 12 日，即第 2 孔 6 片拱肋浇筑完成后的第 4 天，便开始安砌拱波，3 月13 日下午 4 时砌筑完毕，当晚 11 时，接着浇筑填平层，至 14 日中午完成，下午 1 时，开始砌片石拱板。拱板施工从拱顶区段开始（原计划先完成拱顶 9m 长拱板）。1967 年 3 月14 日下午 4 时 40 分，当拱板完成约 7.4m 长度时，第 2 孔整个已完成的主拱圈突然垮塌。倒塌时拱架先向上游侧倾，拱顶区段首先下沉，随即两边架体塌落，拱肋主钢筋（$\phi 20$）被拉断，仅在两拱脚处有约 1～2m 长的拱肋残体和几块拱波。这次事故造成 1 人死亡、1 人受伤。

事故发生后进行了调查和结构受力计算，主要原因有以下几点：

（1）拱肋混凝土强度不足

第 2 孔最后 4 片拱肋浇筑完成后仅 3d 就开始安砌拱波。由于当时正值早春季节，气温偏低，平均气温约 13～15℃，且采用矿渣水泥（早期强度较低），拱肋混凝土强度不及设计强度的 30%。最为严重的是，自拱波开砌后，连续浇筑填平层混凝土，混凝土拱板、拱肋与拱波未能联合承力，导致拱肋在极短时间内承受过大荷载。其次，拱肋混凝土中的骨料含有黄泥，也是造成强度低的一个因素。

（2）设计失误

设计采用的拱轴系数过高（中孔达到 $m=5.321$），导致拱顶区段较平坦，而拱脚区段则较陡。在裸拱肋情况下，压力线偏高，拱顶与拱脚产生的附加正弯矩，$l/4$ 处则产生附加负弯矩。拱顶正弯矩使下缘产生很大拉应力，是第 2 孔拱肋断裂的直接原因。

第 3 孔施工过程中拱肋受力验算表明，拱架卸落后，在拱脚、拱顶下缘和 $l/4$ 截面上缘均出现较大拉应力（40kg/m^2）。另外，还由于拱上腹孔为葵花拱，无拱上横墙，第 3 孔采用片石堆载加压，致使主拱圈局部开裂。

（3）加载程序有误

由于拱轴系数过大，拱顶区段平坦，拱顶加载对拱肋受力很敏感，设计和施工对这一重要特点认识不足，没有对施工加载程序提出明确的要求。施工拱板时，在未先施压拱脚段的情况下，过早地加载拱顶，导致拱顶产生很大的正弯矩，是第 2 孔拱圈垮塌的重要原因。

第 2 孔垮塌后，改用贝雷钢桁梁与木拱盔结合的拱架，重新施工第 2 孔主拱圈。对第 3 孔开裂的拱肋进行了加固补强。大桥于 1968 年建成。

实例五　西藏国道 214 线俄洛河大桥

G214 线滇藏公路俄洛至昌都段的俄洛河大桥，为 5×45m 双曲拱桥。矢跨比 1/6，拱圈截面由 6 肋 5 波组成，桥面净宽为净-7m＋2×0.25m。设计荷载为汽-13、拖-60。于1969 年 8 月竣工通车。

使用多年后检测发现以下病害：

（1）主拱圈裂缝：各孔拱圈的拱波顶均有纵向裂缝；各孔拱波与拱肋连接处大部分发生裂缝；各孔拱肋均有横向裂缝，其中不少是 U 形裂缝，这些裂缝多发生在拱顶两侧约 10m 范围内。

（2）主拱圈轴线下沉：拱轴线普遍下沉，拱顶下沉 5～18cm，$l/4$ 附近下沉 0～9cm，且上、下游两侧沉降很不一致，发生横向倾斜。拱顶最大下沉值与跨径之比为 1/250。

（3）桥面变形、破碎：桥面纵向呈波浪形，桥面破损严重，且集中发生在第 3～5 孔及两桥台后座附近，伸缩缝处破碎露筋。

（4）腹拱、立墙病害：腹拱圈及立墙出现裂缝。

（5）桥台后座变形严重：两桥台后座挡墙与桥台连接处沉降缝扩宽达 8～10cm（设计仅为 2cm）；后座两侧挡墙均偏出桥台外缘达 5～8cm。

（6）墩台身裂缝：各桥墩墩身均有竖向裂缝；浆砌片石桥台亦存在竖向、斜向裂缝。

主拱圈出现较大裂缝及较大下沉的主要原因，是由于拱肋、拱波与拱板连接强度较低，导致主拱圈整体性较差，抗弯刚度受到削弱。这是很多双曲拱桥拱圈病害较多的结构构造上的原因。本桥有一定代表性。

主拱圈加固措施：在主拱圈上下两侧外包钢筋网并喷射厚度 6cm 混凝土，以提高拱圈整体刚度和承载力；在拱脚至第 2 腹拱区段拱圈上缘现浇 C30 钢筋混凝土，厚度 10cm。

实例六　河南南阳桐柏淮河大桥

桐柏淮河大桥位于桐柏县与湖北随州市交界处的淮河上，是 G312 线上的一座重要大桥。该桥上部结构为 7×30m 等截面悬链线空腹式双曲拱，矢跨比 1/6，桥面净宽为净 -7m+2×0.25m。下部结构为三柱式 RC 桥墩，箱形桥台，片石混凝土扩大基础。桥梁全长 233.6m。拱肋采用分两段预制，吊装合龙后用法兰盘连接的施工方法。大桥于 1971 年开工，1973 年建成通车。

使用 6 年后，1979 年检查时发现，第 4 孔拱顶下沉 140mm，随后下沉量不断增大，到了 1988 年（服役 15 年后），拱顶下沉值已达到 335mm，为跨径的 1/90，成为危桥。

进一步的检查发现：第 4 孔拱顶下沉极为严重，其他几孔下沉相对较小；每孔上下游两侧的下沉量不一致，导致每一孔中各片拱肋不在同一曲面内；第 4 孔拱顶区域拱肋下缘及 $l/4$ 附近拱肋上缘均有较多裂缝；拱圈横向拉杆松动；拱波顶部纵向裂缝较普遍；拱肋与拱波局部脱开；腹拱圈严重开裂；拱上横墙开裂，等等。

主要原因：主拱圈截面尺寸偏小，拱圈高度只有 76cm，拱肋截面为 18×24cm；横向联系薄弱，设计为拉杆，现场检查拉杆已普遍松动，基本不起作用，导致拱波顶纵向开裂，各横肋下沉不一致，拱圈整体性下降；两岸桥台基础置于软质泥层上，导致桥台沉降。

加固方案：在每孔拱圈上下游两侧各增设一条高 80cm、宽 50cm 钢筋混凝土大边肋，并在原拱圈增设 5 道钢筋混凝土横隔板。针对第 4 孔下沉量过大的情况，将第 4 孔两侧的两个桥墩由柱式排架改造为实体桥墩，以提高其抗推刚度。其他墩台也相应加固。

实例七　浙江省百官至下官公路丰惠桥

该桥为单孔 30m 双曲拱桥，矢跨比 1/8。1977 年建成后即发生严重损坏。两桥台向

中外桥梁事故述评

外水平位移达 30cm，垂直沉降达 19.9～26.7cm，并出现较大的偏转下沉。由于基础大变位导致拱肋跨中明显下沉，肋底出现很多细裂缝，在拱脚起拱线处，拱圈上开口达13mm，下缘混凝土被压碎，台后挡墙基础下沉，桥面和栏杆均被拉开、损坏。桥上中断交通。

事故原因明确：系软土层地基不均匀沉降导致桥台发生大变位所致。

维修加固措施：将台后 10m 长的高路堤与挡墙拆除，修建 2 孔跨径 5mRC 板桥（增设引桥）用于减小桥台地基应力，使沉降得以稳定；在桥台后方顺基础纵向设置支撑梁，以制止桥台水平位移；从拱脚至第 2 道横系梁纵向长约 5m 的范围内，在横向两侧加大拱肋断面。仅 30m 跨径的双曲拱，加固工程量不大，但有一定难度。

此外，浙江省安吉—梅溪公路的华光桥（单孔 30m 双曲拱桥）亦因桥台沉陷、位移导致拱圈严重损坏，于 1981 年报废拆除；浙江省萧山—尖山公路的尖山桥（5×20m 双曲拱桥）也是因为墩台基础沉降、拱圈变形而中断交通，并于 1983 年报废拆除。

这些桥的事故表明，双曲拱桥由于主拱圈整体较差，总体抗推刚度较弱，适应基础强迫位移的能力较差，在软弱地基情况下容易出现病害或事故。尤其是江南水网地区，早期修建的双曲拱桥发生的病害，地基下沉和变位是主要原因之一。

实例八　湖南零陵东风大桥

东风大桥为（35＋4×40＋78.4）m 双曲拱桥。78.4m 跨主孔采用无支架缆索吊装法施工。主孔拱圈高度 1.30m，矢跨比 1/6，拱轴系数 $m=3.5$，拱肋截面 35cm×70cm，分为 5 段吊装，采用双基肋合龙的方法。零陵东风大桥建于 1968 年 11 月，1969 年 8 月，第 1 片拱肋合龙后，接着将第 2 片拱肋中段起吊（脚段已安装就位）合龙，合龙时中段拱肋的吊索已适当放松不吃力，随即安装钢板螺栓，再放松两脚段扣索时，2 号肋靠拱脚的第 1 个接头（1 号接头）上冒，拱肋突然失稳，第 1 片及第 2 片拱肋共计 9 段（第 2 片拱肋中段尚悬吊在主索上）全部坠落河中。

这次事故的原因是施工失误，要点如下：

（1）5 段吊装拱肋，接头处弯矩较大，在裸肋情况下，本桥主孔的 1 号接头存在负弯矩，容易产生上冒，施工时未采取下拉或上压等预防措施。而且施工计算中将 1 号接头产生的负弯矩弄反了，成为正弯矩，未引起警觉。

（2）第 1 片基肋合龙后，各接头主钢筋均未电焊，拱脚也未采用高强砂浆封闭，只在接头处上了钢板螺栓，在较大外力作用下，各接头会产生少许松动（近似于不完全铰），这种状态会降低拱肋的稳定性。

（3）吊装施工未能统一指挥，相互配合不好，发现拱肋接头上冒时，未能立即停止松索。

类似东风大桥的情况，曾在多座山区拱桥施工中发生过。例如，表 12-1 中序号 1、4～6、9～12 等双曲拱桥事故实例，虽然直接原因是施工、设计存在不同程度的缺陷，但是双曲拱桥的主拱圈当采用无支架吊装或早期脱架施工时，往往由拱肋单独承力，而拱肋截面尺寸较小，在整个拱圈截面中占比不大，刚度偏小，在外力作用下容易变形失稳。施工如有失误，便可能造成事故。所以，双曲拱桥的拱肋施工中抗意外风险的能力较低。在这方面，钢筋混凝土箱形拱桥的拱圈则强得多。目前，跨径超过 200m 以上的上承式钢筋混凝土箱形拱桥，国内外已成功地修建了多座。

实例九　江西省南康市樟桥

位于 105 国道上的南康市樟桥为 3×20m 双曲拱桥，建成于 1970 年。矢跨比 1/8，拱轴系数 $m=2.24$，主拱圈高度 70cm，宽度 7.2m，由 4 肋 3 波悬半波组成，拱肋截面尺寸为 20×20cm，拱波厚度 12cm，每孔拱上设 4 跨腹拱。桥面净宽为净-7m＋2×0.25m，设计荷载为汽-13、拖-60。下部结构为重力式墩台，基础嵌入红砂岩中。

经过 30 多年使用后，经检测发现多种病害：3 孔主拱圈拱波纵向开裂，其位置在拱顶与 $l/4$ 之间，裂缝长 3～4m；腹拱圈横向开裂；部分桥面板开裂；墩顶位置伸缩缝失效。按单孔计算，主拱圈承载力已达不到《公路桥涵设计通用规范》JTG 021-89 中汽-10 荷载标准。主拱圈病害原因：主要是原设计荷载标准等级低，双曲拱拱圈组合构件拱肋、拱波、系梁截面尺寸偏小，整体刚度小稳定性差，经过 30 多年大交通量和重载汽车通行，致使主拱圈构件薄弱部位产生裂缝。

根据主拱圈病害情况与受力验算，判定樟桥为四类桥。决定进行加固并提升荷载等级为公路-II 级。加固提载方案为：将原拱肋截面 20cm×20cm 增大为 40cm×40cm，并加强配筋；拱波厚度由 12cm 加厚至 22cm；在主拱圈拱脚区段（腹拱对应范围）拱背用混凝土填平拱波。拱圈加固新浇混凝土均采用 C30。

加固完成后静载试验表明，樟桥承载能力达到加固设计要求。

很多双曲拱桥，经过多年服役后，由于结构本身存在的缺陷、原设计荷载偏低不能适应迅速增大的汽车荷载与大交通量以及其他原因，普遍出现病害。在治理病害的同时，采取进一步的加固措施提升荷载等级，是较为合理与可行的方案，实施后均取得明显的成效。南康市樟桥是一具体实例。又例如，山东省济宁市的一座跨径为 50.4m 的双曲拱桥，原设计荷载为汽-13、拖-60，经多年使用后，主拱圈存在严重病害，采取了加固措施，在治理病害的同时，将设计荷载提升至汽-20、挂-100。详细情况可参阅文献 [5]。

实例十　辽宁省暖泉大桥

暖泉大桥为 6×30m 双曲拱桥，于 1974 年建成通车。该桥主拱矢跨比为 1/6，桥面净宽为净-7m＋2×1.0m，桥梁全长 209.9m，设计荷载为汽-15、挂-80，主拱圈截面由 6 肋 5 波组成。下部结构为重力式桥墩、U 形桥台。

2005 年检测时，2-3 号拱肋两侧的拱波纵向开裂宽 0.13mm，两道横隔板、4 根横系杆和 2-3、2-4 号拱肋的横向开裂，表明 2-3 号拱肋已出现单肋受力情况。由于超重车的冲击作用，拱顶正弯矩过大造成该拱肋断裂，拱波及局部填料下陷，波及桥面。检测还发现其他病害：拱肋多处出现顺主筋方向裂缝，严重处局部混凝土破损，主筋外露，部分钢筋锈蚀；拱上多处立墙外倾、开裂；多处腹拱拱背中出现纵向裂缝；全桥 17％横隔板混凝土开裂，拱肋崩塌处 8 根横拉杆完全破坏。

2006 年 4 月 28 日检查发现，第 2 孔 3 号拱肋由中部折断，导致桥面局部区域塌陷，腹拱脚立墙严重开裂，拱圈下沉，已严重影响桥上交通安全。随即封闭大桥，禁止车辆通行。

根据上述检测情况，按照《公路桥涵养护规范》JTG H11-2004 的规定，该桥评定为五类桥，中断交通，进行维修加固。

文献［20］根据已掌握的国内普查资料（2004年之前），参照《公路养护技术规范》中的评定标准进行评定，大部分双曲拱桥是三、四类桥梁。当然也有一些技术状况比较好的一、二类桥梁。另有少数五类桥梁和事故桥梁。时至今日，三、四、五类双曲拱桥的占比可能有所增加。

从三、四、五类双曲拱桥发生的病害或事故看，危及桥梁安全的是主拱圈，其次是拱上腹拱及立墙。主拱圈的破损形式较多，有以下几种：

（1）拱圈的径向裂缝

拱圈上的径向裂缝是双曲拱桥中最常见的裂缝，经常发生在拱脚和拱顶两个部位，其方向与拱轴线大致垂直。拱脚附近的径向裂缝是由负弯矩引起的，裂缝上宽下窄，沿径向延伸。拱顶部位的径向裂缝由正弯矩引起的，裂缝从拱肋下缘向上延伸。径向裂缝处往往出现表层混凝土破裂、露筋。早期设计的双曲拱桥过分强调节约材料，配筋较少，拱肋尺寸偏小，混凝土等级较低。拱圈径向裂缝较多时，导致拱圈整体刚度下降，拱顶下沉，主要承力结构性能恶化，是双曲拱桥先天不足的主要表现。

（2）拱圈的纵向裂缝

这类裂缝多发生在拱波顶部，沿纵向延伸，严重时会形成很长甚至贯通全跨的纵缝。当拱圈较宽时，还会出现多条纵缝。拱肋之间横向联系较弱、横向整体性较差，是产生这类纵缝的主要原因。当拱圈截面采用填平式拱板时，横向厚度变化较大，拱波顶是薄弱截面，当温度降低和混凝土收缩产生的应力超过该处混凝土弯拉应力限值时，波顶便会出现纵向裂缝。

（3）拱圈的环向裂缝

双曲拱桥的主拱圈为组合截面。为了简化施工，降低施工难度，采用"化整为零"的方法进行安装，最后"以零凑整"形成拱圈截面。在拱肋与拱波之间的界面上有预制块安装缝和新旧混凝土之间的接缝，成为拱圈结构内部的不连续带，是构造上的薄弱部位，致使拱圈的整体性较差。处理不好，就容易发生环向裂缝。在拱脚附近剪力较大，受弯时，拱肋与预制拱波之间就可能因纵向剪力流作用而出现环向裂缝。在拱顶附近，正弯矩作用下，拱肋受拉时产生的径向拉应力超过肋波之间抗拉能力时，也会出现环向裂缝。这也是导致拱圈整体性下降的重要原因之一。

有的文献指出：这类环向裂缝是双曲拱桥中特有的病害。实际上，箱形拱桥，当腹板与顶板的连接很弱时，也会出现环向裂缝，导致箱形拱主拱圈截面整体性下降。例如，本书第9章介绍的桥梁事故实例四，为$2 \times 115m$上承式RC箱形拱桥，主拱圈顶板为预制板与腹板的连接太弱，在全桥恒载时，该处出现环向裂缝，拱圈丧失整体性，是该桥垮塌的原因之一。

基础不均匀沉降或水平位移可能引发多种裂缝。例如拱圈下沉，拱肋、拱波、拱板开裂形成的纵向裂缝，拱肋与拱波分离产生的环向裂缝，边腹拱拱顶、拱脚开裂，立柱出现裂缝等，严重时将发生破坏，成为一些双曲拱桥事故的重要原因。另一方面也反映出双曲拱桥对于墩台基础强迫位移十分敏感，其相应的抗力较差。

早期修建的双曲拱桥，设计荷载较低，随着交通量的迅速增加，车辆实际吨位的大幅度提升，远大于原设计荷载，这也是造成双曲拱桥病害较多的重要原因之一。

从 1966 年至 1970 年后期，短短数年时间在全国大范围内推广使用双曲拱桥，跨径超过 100m 者不少，最大跨径达到 150m，发展十分迅猛。1979 年，全国大中型双曲拱桥已建成 4085 座，有的省在短期内就建成了大量双曲拱桥，例如：

　　江苏省，1973 年调查资料显示，该省 1965～1973 年约 8 年时间内，修建了双曲拱桥 929 座。根据当时的鉴定，其中完好者占 39.2％（364 座），基本完好者占 21.0％（195 座），发生一般裂缝者占 21.1％（196 座），发生严重裂缝者占 18.7％（173 座）。

　　湖南省，1973 年调查资料显示，该省 1966～1973 年约 7 年时间内，修建双曲拱桥不完全统计约有 313 座，桥梁总长 24383m（不含水电、林业等部门修建的双曲拱桥），大中桥占总桥长 94％，其中：公路桥 281 座，总长 22670m；窄轨铁路桥 12 座，总长 525m；准轨铁路桥 20 座，总长 1188m。

　　四川省，1981 年调查资料显示，该省 1966～1981 年约 15 年时间内，修建双曲拱桥约 140 座，总长 11200m，跨径多数为 20～80m，最大跨径 110m。

　　1972 年 11 月，交通部在湖南长沙召开了双曲拱桥技术经验交流现场会，有 17 个省、市、自治区交通部门，有关院校，交通部的直属设计、施工、科研等单位的领导同志和技术人员共 110 余人参加。会议肯定双曲拱桥这种桥型"符合党的社会主义建设总路线精神"。据 17 个省、市、自治区的不完全统计，到目前（指 1972 年），共修建了公路双曲拱桥 3300 余座，总长 193000m，还修建了大量的农桥，在水利、海港、码头和铁路上亦被采用。这次会议后，在全国进一步推广修建双曲拱桥。在桥梁发展史上，通过行政力量，在大范围内推行一种桥型结构，极为罕见，不可避免地留下了后患。正如文献 [84] 所指出："在极'左'思潮的影响下，经过'炒作'，这种桥型被称为'革命桥'，强行推广于建造较大跨径的重载公路桥，以解决缺少资金和材料的困难。"实践证明，这种桥型难以适应软土地基和公路重载的不利条件，在向大跨径发展过程中出现了不少安全隐患和病害，影响了桥梁的使用寿命。

　　在双曲拱桥修建的高潮中，国内也有不同的看法，并提出了另一种结构形式的混凝土拱桥。四川省桥梁技术人员在修建双曲拱桥过程中，已发现这种桥型的某些弱点，主要是双曲拱在吊装及拱圈形成过程中稳定性较差、安全与质量不易保证。他们于 20 世纪 60 年代后期，经过试验，创造了一种新的桥型——混凝土箱形拱，并于 1970 年 7 月建成了一座试验桥——义墩巴楚河桥。该桥净跨 30m，桥面净宽为净-7m＋2×0.25m，设计荷载为汽-13、拖-60，采用天线缆索吊装施工。接着于 1973 年 1 月，建成了 2×100m 上承式箱形拱桥——宜宾岷江大桥，奠定了箱形拱桥在国内的坚实地位。时至今日，混凝土箱形拱已是中国上承式混凝土拱桥的主流桥型，基本结构没有大的变化，但主拱圈形成的施工工艺，则有多种重大进展，包括钢绞线扣挂多段吊装法、钢管混凝土劲性骨架法、挂篮悬臂浇筑法、转体施工法、混合法等。

　　双曲拱桥与箱形拱桥在我国的发展历史上、在工程技术上、在设计理念上以及施工方法演变上给予我们很多有益的启示。

12.2　刚架拱桥事故实例及评析

　　20 世纪 70 年代后期，国内已修建大量双曲拱桥，逐渐暴露出一些问题（详见 12.1

节）。这段时期，桁架拱桥、肋拱桥和斜腿刚构桥也修建了不少，各有其特色与优缺点。交通部公路科学研究所在研究和总结了这些桥型的技术经济指标、受力特点和施工方法后，提出了一种新的桥型结构——刚架拱，并完成了相应的课题研究，1979年经过交通部鉴定。交通部公路科学研究所与湖南省交通规划勘察设计院于1983年编制完成了《钢筋混凝土刚架拱桥定型设计图》。定型设计的要点如下：

（1）采用规范：《公路桥涵设计规范（试行）》（1975）和《公路工程技术标准》JTJ1-81。

（2）技术指标：跨径包括25m、30m、35m、40m、45m、50m、60m；荷载标准包括汽-15、汽-20、汽-超20、挂-80、挂-100、挂-120；桥面净宽包括净-7m、净-9m。矢跨比为1/8及1/10。

（3）约束条件：拱脚在恒载的作用下为铰接（施工期），在使用荷载作用下为固结（运营期）；斜撑支座在各种荷载作用下均为铰接。

（4）横向分布系数：采用弹性支撑连续梁简化计算，并根据《刚架拱研究报告》的建议，将计算得到的横向分布系数乘以1.1。

（5）施工方法：少支架施工法。

刚架拱桥上部结构构造如图12-1所示。

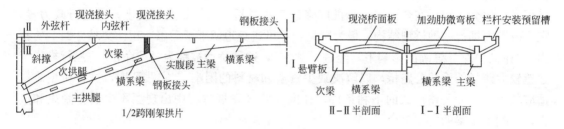

图12-1 刚架拱桥纵横向构造图

刚架拱桥的主要优点：构件少、自重轻、造价低、造型美观、施工简便，与桁架拱相比较由于没有受拉杆件不需要施加预应力、与双曲拱桥相比较对地基承载力要求较低等。20世纪70年代至90年代后期，刚架拱桥在我国公路与城市道路上广泛采用。例如，1990年不完全统计，公路部门已修建刚架拱桥的总长度超过3万m，仅广东一省就修建了7000多延米。跨径已突破定型设计图的最大跨径60m。广东修建的刚架拱桥跨径达到90m，无锡修建了几座跨径为100m的刚架拱桥，广东清远大桥总长达1058m。在实桥施工中，出现了多种施工方法。除常用的支架与少支架施工方法外，还有3段或5段吊装的无支架法和转体施工法（江西省转体施工法建成跨径67m刚架拱）。在构造上，从单根斜撑（次拱腿）发展到大跨径的3根斜撑。例如，无锡三座跨径为100m的刚架拱桥，一座用3根斜撑，一座用2根，最后一座在上弦杆内施加预应力。

刚架拱桥这种新的桥型在我国取得了很大成绩，为公路与城市道路建设作出了贡献。但在使用过程中，少数桥梁出现较严重病害或事故。表12-2为部分刚架拱桥事故或严重病害简况。下面再进一步介绍几个实例。

部分刚架拱桥事故与严重病害简况　　　　　　　　　表 12-2

序号	桥梁名称	桥梁简况	事故概况	时间 (年.月.日)	备注
1	G324 线广西南宁-百色龙床大桥	单孔 30m,矢跨比 1/8	主拱拱片严重开裂、横系梁开裂,已丧失正常运营能力	2004	上部结构全面加固,中断交通 40d
2	山东烟台市长江路夹河大桥	15×26.5m,双向 6 车道	使用 10 年后,微弯板大量损坏,全部拆除桥面与微弯板,另现浇 RC 矩形板	2006	1994 年 10 月建成通车,大桥全长 424.24m
3	山东微山县伊家河桥	单孔 50m,矢跨比 1/10	使用 15 年后,微弯板严重开裂,与拱片连接处型钢锈蚀,边拱片开裂	2001.5	1986 年建成通车
4	G206 线江西石城县观背大桥	7×30m,矢跨比 1/8,桥面净宽为净-9m+2×1.75m	主拱拱肋开裂,多孔弦杆和实腹段节点开裂,部分微弯板破损,评定为四类危桥	2016 之前	2003 年建成通车,汽-20、挂-100
5	浙江省石柱岩大桥	单孔 52m,矢跨比 1/10,桥面宽 9.5m	主拱肋、横系梁、微弯板严重开裂,评定为四类桥	2014 之前	设计荷载:汽-20、挂-100
6	广西钦州市钦江二桥主桥	3×60m,车道宽 18m,人行道宽 2×2m,汽-20、挂-100	主拱肋、弦杆和实腹段均出现裂缝,微弯板普遍开裂,横梁开裂,一根横梁坠落河中	2008 之前	1998 年建成通车
7	广东 G205 线东江大桥	主桥为 4×70m,桥面净宽为净-9m+2×1.5m	近 70 块微弯板已开裂,主桥墩裂缝严重,微弯板属 4 类,全部更换	2002	1992 年建成通车,汽-20、挂-100
8	哈尔滨市康安路何家沟桥	单孔 50m,矢跨比 1/8,桥面全宽 41.6m,共 13 道拱片	拱片拼接处开裂、弦杆开裂、微弯板局部破损,并有纵横向裂缝,0 号台身竖向开裂	2012	设计荷载:城-A 级
9	杭州市萧山戴家桥	单孔 30m,斜交角 30°,桥面净宽为净-10m+2×2.5m	微弯板、横系梁严重破损,拱肋多处严重开裂,拱顶有贯穿裂缝	2000	1985 年建成通车,汽-15、挂-80
10	G205 线深圳龙岗区丁山桥	3×18m,桥面宽 26.2m	拱腿多处开裂,缝宽超过规定值,桥台出现竖向裂缝,桥梁总体评为四类,已大修和改造	2000	动力特性测试表明:桥梁现状动力性能较差
11	江苏徐州万寨桥	单孔 40m,矢跨比 1/8,桥面净宽为净-9m+2×1.5m	通车后半年发现拱顶下缘开裂,逐渐发展至贯通全拱肋,缝宽 6mm,桥台下沉及水平位移,采用顶推法复位	1980.11	1980 年 4 月建成通车,汽-20、挂-100

实例一　山东微山县伊家河桥

伊家河桥位于 104 公路山东微山县南段。该桥为单孔钢筋混凝土刚架拱桥,净跨径

50m，矢跨比 1/10，桥面净宽为净-12m＋2×1.75m 人行道，设计荷载为汽-20、挂-100，人群荷载为 3.5kN/m²。全桥共 5 条拱片，C30 混凝土，Ⅱ级钢筋（HRB335）。采用预制构件、少支架安装的施工方法。实腹段与拱腿、弦杆与拱腿以及拱顶接头均采用钢板连接，横系梁上伸出的Ⅱ型钢，通过调整角钢与预埋在拱片的Ⅱ型钢焊接连接，并浇筑混凝土。

伊家河桥于 1986 年建成，在 2001 年 5 月进行检查时发现，在桥纵向跨中约 17m 区段，微弯板出现纵向严重开裂，板底最大裂缝宽度已达 2mm，微弯板的加劲肋竖向裂缝达 1～3mm。横系梁在中段附近出现宽 0.8mm 的竖向裂缝，尤其是在与拱片连接部位的型钢结合件锈蚀严重，混凝土早已剥落，连接很弱。边拱片两半拱连接部位钢板锈蚀严重，竖向裂缝宽度超过限值。

该桥系采用上述 1983 年编制的《钢筋混凝土刚架拱桥定型设计图》进行设计。出现上述病害后，按桥规定进行了验算，其承载力满足要求。文献 [27] 采用 ANSYS 建立全桥三维梁单元模型，重点分析研究了横系梁对侧向位移的影响，得到以下结论：

（1）微弯板两端的边界条件对板的应力分布有重大影响。设计时，由于考虑到微弯板与拱片的构造连接特点，以及板上现浇混凝土层的作用，认为其边界条件处于简支与固结之间，而实际上因横向联系构件少、连接较弱，或桥的整体纵、横向刚度较差，就会使得微弯板两端发生水平或竖向位移，或小的转动，这样边界条件就趋向于简支并发生附加位移，从而使板中的应力出现较大值，导致发生裂缝。在恒载的长期作用以及活载交替反复的局部作用下，微弯板就容易开裂，刚架拱结构的整体刚度下降。

（2）伊家河桥的情况是：横系梁与拱片连接部位出现松动与开裂，作为轴向受拉构件的横系梁受力过大，导致个别横系梁在中段处沿竖向开裂，使得横向联系结构的连接作用削弱，特别是跨中区段的横系梁与拱片的联系下降，造成拱片在微弯板的拱式推力的作用下发生侧移。而微弯板在上述情况下因边界条件改变，内力发生重分布，加之车辆荷载的局部作用以及疲劳损伤的累积作用，便出现上述微弯板的开裂现象。空间有限元分析的结果表明，微弯板边界条件的改变是发生开裂的主要原因。

实例二　杭州市萧山戴家桥

戴家桥是一座钢筋混凝土斜交刚架拱桥，单孔跨径 30m，斜交角 30°，桥面净宽为净-10m＋2×2.5m 人行道，该桥总体布置见图 12-2。

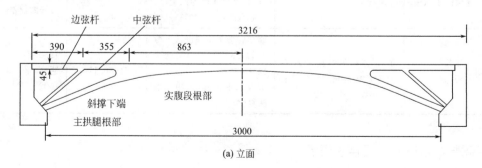

(a) 立面

图 12-2　戴家桥总体布置图（单位：cm）（一）

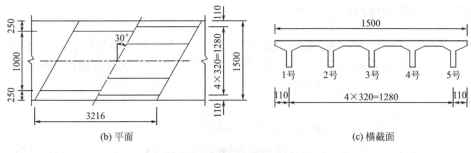

(b) 平面　　　　　　　　　　　　　　(c) 横截面

图 12-2　戴家桥总体布置图（单位：cm）（二）

设计荷载为汽-15、挂-80。于 1985 年建成通车。运营 15 年后的 2000 年，检查发现微弯板、横系梁等严重破损，主拱片存在多处裂缝。具体情况如下：

（1）全桥除 1 号、5 号拱片及弦杆的混凝土强度接近设计值外，其余各拱片及斜撑的混凝土强度均低于设计强度。部分拱肋混凝土碳化深度已达 10mm 左右，最大达 20mm；部分混凝土已风化、剥落，局部存在较严重的露筋锈蚀。相当一部分微弯板及加劲横隔梁出现了严重开裂与破坏，局部已无法承受车辆荷载。

（2）各拱片开裂都较为严重。开裂情况如表 12-3 所列。

全桥裂缝分布情况　　　　　　　　　　　　　　　　表 12-3

拱片号	拱顶		中弦杆		主拱腿		斜撑		裂缝总数（条）
	宽度（mm）	高度（mm）	宽度（mm）	高度（mm）	宽度（mm）	高度（mm）	宽度（mm）	高度（mm）	
1	0.12	贯通	—	—	—	—	0.30	贯通	9
2	0.13	贯通	0.12	30	0.16	23	0.25	贯通	16
3	—	—	0.09	贯通	0.14	10	0.20	贯通	4
4	—	—	0.16	贯通	0.30	25	1.50	贯通	5
5	—	—	—	—	0.20	15	3.00	贯通	4

根据对原桥的设计分析及全桥混凝土强度测试，可以判定：跨中截面、主拱腿根部及 $l/4$ 截面，构件承载力已不满足规范要求。

文献 [38] 分别采用平面计算图式和空间分析计算图式就该桥的受力情况进行了验算，结果如下：

（1）在活载作用下，除实腹段根部和边弦杆外，其他各主要截面的弯矩空间计算值大于平面计算值。平面计算将导致跨中等截面内力被低估，严重时会出现承载力不足而发生开裂。

（2）空间分析表明，第 3 片拱肋在活载作用下，斜撑下端、中弦杆和主拱腿根部的抗弯强度明显不足。第 1、2 片拱肋的跨中弯矩超过平面计算值很多。

（3）空间应力分析的结果与实际发生的裂缝情况相符。

斜交刚架拱桥的受力很复杂，属于空间结构，具有空间受力的明显特征。将其简化为平面结构进行设计计算，本实例表明，将会导致部分构件的设计内力被严重低估，引起开裂现象。

实例三 广西 G324 线龙床大桥

龙床大桥位于国道 324 线（福州至昆明）广西南宁至百色二级公路上，跨越右江支流龙床河。主桥为单孔 50m 钢筋混凝土刚架拱桥。刚架拱由 5 个拱片组成，矢跨比 1/8。桥面净宽为净-14m＋2×0.5m。设计荷载为汽-20、挂-100，人群荷载为 3.5kN/m² 。于 1998 年建成通车。

根据 2004 年广西交通工程质量检验中心编写的"龙床大桥荷载试验报告"与中交通力勘察设计有限公司编制的"龙床大桥加固增强工程设计文件"的有关资料，该桥下部结构基础落在岩性比较好的石灰岩上，主要病害发生在刚架拱桥的上部结构。主要情况如下：

（1）百色侧病害：5 片刚架拱片的内外弦杆大面积出现裂缝，许多裂缝贯穿全断面。裂缝宽度 0.5～3.0mm，其方向向节点靠近，由竖向渐变为斜向。5 根斜撑全部松动。2 号、4 号拱片脚发现数条长 30cm 左右、宽 0.1～0.5mm 的裂缝。

（2）南宁侧病害：所有弦杆均出现裂缝，宽 0.1～0.3mm，正弯矩区由下向上延伸，负弯矩区则相反。

（3）主拱结构病害：4 号拱片跨中接头混凝土破碎，下沉约 30mm；1 号拱片实腹段根部出现贯穿全截面的裂缝，宽 0.5mm。

（4）横系梁病害：大部分横系梁出现宽 0.3～2mm 的竖向裂缝。在与拱片连接处出现八字形裂缝，混凝土脱落，钢筋外露锈蚀。接头焊接钢板普遍变形锈蚀，部分横系梁单端因连接部位完全断裂而下沉 80～120mm。

（5）桥面系病害：桥面系损坏严重。跨中的两块微弯板破碎，6 块微弯板不同程度开裂，尤其在 3 号、4 号拱片间的微弯板下沉约 10～30mm，纵向裂缝全桥贯通，宽 0.3～2.0mm，渗水严重。桥面铺装完全错台，出现明显跳车。

根据病害情况并配合空间有限元分析计算，主要病害原因如下：

（1）刚架拱为轻型结构，构件断面相对较小，配筋量不大，承载力也有限，而实际通行车辆的重量多达设计荷载的两倍或更多，长期超载，不堪重负而发生大变形损伤破坏。

（2）横系梁设计断面偏小，拱片间横向联系偏弱，使得双向支承的微弯板大多变成仅支承在拱片上的单向板，在交通量大、超限车辆多的情况下，横系梁受损严重，微弯板开裂，尤其是跨中位置下沉更严重。

（3）斜撑及刚架拱片整体刚度偏弱，明显地不足以承受大量超限荷载的作用，特别是在跨中位置，垂直方向发生大变形，逐渐将跨中附近的上弦杆拉裂。

（4）桥面系采用薄层微弯板结构，厚度小、配筋少，在超载反复作用下发生过大的下沉变形而开裂，导致桥面铺装破坏。

（5）拱座与斜撑之间采用铰接方式，荷载作用下斜撑可以上下活动。在大交通量和超限车辆的长期动载作用下，铰接处活动频繁，产生过量冲击变形，严重影响拱脚的稳定。

加固设计的基本原则是：在治理已发生病害的前提下，对拱片、横系梁、微弯板、斜撑等主要受力构件的截面及配筋进行全面加强，提高承载力，以满足当前及今后一段时期交通量的需要。加固工程于 2004 年 9 月完成，工程费用 200 万元，工期 90d，其中中断交通 40d。

龙床大桥的严重病害，可以排除基础变位的影响，主要外因是大交通量与过多的超载车辆，主要内因则是刚架拱主要受力构件设计断面与配筋偏弱，某些构造有缺陷，承载力不足。该桥建成后仅仅 6 年，跨径也不算大（仅 50m），上部结构大面积出现开裂，表明刚架拱桥上部结构设计在某些方面存在问题。本实例具有一定代表性。

实例四　深圳市 G205 国道丁山桥

丁山桥位于 G205 线深圳段（惠深公路），为 3×18m 刚构拱桥，桥面全宽 26.2m。修建时间不详，2000 年对桥梁现状进行检查时发现以下病害：

（1）惠州岸桥台及拱座出现 4 条竖向裂缝，均超过规范限值；深圳岸桥台出现 1 条裂缝，超过规范限值。两岸桥台基础承载力不足，对桥台稳定性及拱片的受力影响极大。

（2）两岸桥台上的主拱腿、次拱腿上出现多处环状裂缝，且多发生在主拱腿、次拱腿的上半部，表现为负弯矩区开裂，最大裂缝宽度 0.3mm。

本桥整体技术状况较差，桥梁总体评分值为 54.6 分，评定为四类，处于差的状态，需要进行大修改造或重建。

按公路-I 级汽车荷载进行承载力验算。计算结果表明：次拱腿根部、主拱腿根部的承载力比设计要求均降低了 25% 以上，已不能满足现有交通状况对承载力的要求，处于危险状态。

采用不中断正常交通的随机荷载采样方法，对桥的相关动力特性和动力响应进行了测试。利用统计数据对桥梁的前几阶振型频率、动挠度、竖向及横向振幅、冲击系数等指标作出评价。基本结论：由于拱片拱腿截面抗力不足产生环状开裂，拱脚截面受力状态发生改变，正负弯矩峰值差异较大，造成拱脚截面受力状况恶化，在重车集中轮压下会产生一个尖峰值应力，其动力响应较差，跨中挠度增大，整体刚度减弱，现状检查与结构验算结果是相吻合的。

丁山桥现状检查发现的病害，通过结构计算与动力测试，较为深入地分析了病害产生的原因以及对结构承载力的影响。本实例表明，在基础偏弱的情况下，刚架拱片对于拱脚微小变位的反应十分敏感，在拱片内会引起较大的附加弯矩，进而造成较为严重的开裂。

实例五　广东省东江大桥

G205 国道广东东江大桥孔跨布置为 (4×70+3×13) m，全长 366.95m。主桥为 4×70m 钢筋混凝土刚架拱，引桥为 3×13m 钢筋混凝土 T 梁。主桥桥墩为空心墩，8 根直径150cm 钻孔桩基础。设计荷载为汽-20、挂-100，桥面净宽为净-9m+2×1.5m。大桥于1992 年建成通车。

运营 10 年后的 2002 年，对大桥进行全面检查后，发现以下病害：

（1）主桥桥墩墩身上有多条竖向裂缝，有的已向上贯通至墩帽，向下贯通至承台，两侧面对称发生，缝宽最宽为 0.3mm。

（2）主桥拱肋的上弦杆均有 10～16 条裂缝，两侧面对称发生，自上而下贯通，裂缝宽度多数小于 0.1mm，少数为 0.15mm，主桥裂缝分布在主节点与次节点之间。

（3）主桥拱肋的斜撑根部几乎都有裂缝，多至 6 条，缝宽一般小于 0.1mm，自下而上，半贯通斜撑截面。

（4）主桥微弯板大部分都有纵向裂缝，缝宽 0.1～0.2mm，贯通板长，微弯板主要病害分布在车流量大的桥梁纵向中线上，其中一块板已开裂贯穿、塌陷，引发交通事故，其左右侧的 2 块也严重开裂、露筋。

（5）主桥桥台后的辅孔为 5m 及 4.5m RC 矩形板，桥中线处有 0.8mm 宽裂缝，纵向通长 1.5～4.0m，台后路面下沉破碎、积水。

（6）桥面铺装与伸缩缝多处开裂、损坏。

主桥总体技术状况接近三类。其中不少部件是三类或四类。微弯板已开裂的有 70 块，包括穿孔板，都位于桥中线上，故微弯板现状属于四类，台后辅孔车道板亦属于四类。

病害形成的主要原因如下：

（1）墩身竖向开裂严重的原因是基础发生不均匀沉降。

（2）微弯板开裂的原因有五点：一是设计厚度偏小，最薄处只有 7cm，最厚处 12cm；二是配筋少，板底主要受力筋为 $\phi8$mm，间距 10.3cm；三是伸缩缝完全失效，重车经过时引起强烈振动和跳车；四是该桥为混合交通，行人、自行车、摩托车与汽车抢道严重，司机为了安全常压着桥中线行驶；五是超载重车大量增加。

（3）台后辅孔车道板设计配筋不足。

加固措施：全桥微弯板全部更换，新的微弯板增大厚度，增加配筋，提高混凝土强度等级；对主拱肋不同部位分别采用粘贴碳纤维布或粘贴钢板的办法补强；对全桥 3 个主墩用钢丝网水泥护壁法进行围箍；桥台实体板用环氧树脂玻璃布双层包裹治理；桥面系所有部件全部更换。

本实例给予我们的主要启示是微弯板设计承载力不足。设计考虑了微弯板根部存在水平反力，可以在板中产生轴向压力，有利于减小弯矩引发的拉应力，使得板厚与配筋可以减少。但微弯板受力复杂，板端微小变位会使水平力减小或消失，可能引发较大的板中应力变化。在重载交通情况下，很容易出现不同程度的病害，已为不少刚架拱桥的实例所证实。可以认为，微弯板是刚架拱桥构造上的一处薄弱环节。

实例六　山东烟台市夹河桥

夹河桥位于烟台市经济技术开发区长江路上，为 15×26.5m 钢筋混凝土刚架拱桥，全长 424.24m，分为左、右两幅，每 5 跨设置一个制动墩，每跨有 10 个拱片，左、右幅各 5 片，拱片间距为 3m。桥面总宽 27.5m，为双向 6 车道，桥面总净宽为 24m。大桥于 1994 年 10 月建成通车。

使用 10 年后的 2005 年检查发现，桥面有不同程度的裂缝，微弯板出现破损等病害。2006 年检查，桥面出现了大面积的裂缝，微弯板混凝土破碎脱离，产生露筋和板间渗水现象，个别位置处还发生塌陷等较严重的病害。

经有关部门鉴定和专家组论证，确定采用的治理方案为：对全桥微弯板及以上部分全部拆除，变更为钢筋混凝土矩形板，然后恢复桥面系。拆除部分包括：微弯板、10cm 厚钢筋混凝土桥面铺装层、5cm 厚中粒式沥青混凝土铺装层、人行道及防护栏杆等。拆除的总面积约 $9540m^2$，然后新建全部桥面系。

夹河桥改造工程于 2008 年 7 月完成，进行了静载与动载试验，满足汽-20、挂-100 荷载的承重要求，达到了改造加固的目的。

本桥共计 15 跨，长度超过 400m，为双向 6 车道的重要桥梁，使用 10 年后，作为主要承力构件的微弯板因全桥大面积损坏，被迫全部拆除更换为钢筋混凝土矩形板，堪称典型案例。正如有的专家指出的，这座危桥的质量事故，"突出表现为微弯板的设计技术还不很成熟"。

实例七　广西钦州市钦江二桥

钦江二桥位于钦州市区东部，建成于 1998 年，孔跨组合为（5×16＋3×63＋9×16）m，桥梁全长 422m。主桥为 3×63m 钢筋混凝土刚架拱，引桥为钢筋混凝土空心板。主桥分为左、右两幅，单幅横向设 4 片拱肋，肋间设置横系梁。设计荷载为汽-20、挂-100，人群荷载为 3.5kN/m²，桥面总净宽 18m，人行道净宽 2×2m。车道板为预制安装的带肋微弯板。上部结构尺寸与配筋完全采用交通部审定出版的《钢筋混凝土刚架拱桥定型设计图》。

使用 10 年后的 2008 年经检测发现：拱片预制构件连接处现浇段混凝土出现裂缝；内、外弦杆中部和实腹段有裂缝；大小节点附近开裂；微弯板下肋普遍开裂，且裂缝较大，最大缝宽达 4mm，微弯板根部也存在不同程度的裂缝，部分裂缝延伸至桥面，导致桥面开裂；拱片之间的横系梁跨中出现裂缝，拱片与横系梁连接部位多处出现松动，以致在连接处断开，并有 1 根跨中横系梁脱落，坠入河中。

结合该桥复算结果与检测报告，经综合分析，上述病害的主要原因如下：

（1）主拱肋及大小节点病害原因

① 实际的运营荷载超过设计荷载，桥梁长期处于超载运营状态；

② 横向联系失效，使拱片荷载横向分布系数大幅上升，趋近于单拱片受力。

（2）微弯板病害原因

① 设计采用的旧规范关于温度梯度效应的计算值比实际值偏小；

② 相邻拱片间的竖向位移差较大，致使微弯板两端产生较大变位，引发施工缝处开裂；

③ 拱片横向联系刚度不足，致使拱片侧向变位偏大，不能有效形成微弯板的"拱效应"，增大了微弯板底面的拉应力，导致微弯板肋下部分开裂。

（3）横系梁病害原因

① 拱肋间横系梁为预制构件，通过钢板贴焊方式将 4 片拱肋连接起来，焊缝方向与受力垂直，焊接仅通过后抹的砂浆进行保护，横系梁接头连接强度较差，连接方式不可靠，当横系梁接头受力时容易出现裂缝，焊缝在大气环境中腐蚀便会出现开裂、松动甚至脱落，导致横系梁失效；

② 当时定型图设计主要采用平面杆系理论计算，对横系梁的受力分析不足，从空间计算结果看，有些横系梁受力超出其承载能力。

该桥进行的动荷载试验也表明，各跑车工况下的横向动位移大于竖向动位移，在 20km/h 速度时横向位移几乎是竖向位移的 2 倍，说明桥梁的横系梁与拱肋连接不牢固导致横向刚度降低，使桥梁出现不正常振动。

钦江二桥采用钢-混组合结构加固方法（简称"附加型钢加固法"）加强原横系梁，即横系梁的下部设置型钢钢梁，梁端与拱肋用 M24 高强度螺栓对穿连接，型钢钢梁端部连接角钢采用 M20 化学螺栓植入原横系梁内，一定程度上加强了原横系梁与型钢钢梁、拱肋的连接。详见文献［34］、［35］。

钦江二桥出现的问题表明，刚架拱桥定型设计横系梁与拱肋的连接不可靠，动荷载试验也进一步证实，在长期动载作用下，导致连接处横向刚度下降，产生较大的水平变位，微弯板的"拱效应"逐步失效，引发微弯板与横系梁出现开裂。

该桥加固后的实测及理论分析表明，加固后横系梁横向刚度增加，基频提高，基本振型由加固前的横向振动变为加固后的竖向振动，加固后桥梁动力性能得到改善。

实例八　江西石城县观背大桥

观背大桥位于 G206 线江西石城县境内，于 2003 年建成通车。大桥上部结构为 7×30m 刚架拱，矢跨比 1/8，桥面净宽为净-9m＋2×1.75m，横向 4 片拱肋，间距 3.2m。下部结构为 U 形桥台，重力式桥墩，明挖扩大基础。设计荷载为汽-20、挂-100。桥梁全长 240m。

使用近 10 年后检查发现以下病害：拱肋拱腿开裂，多孔桥跨弦杆和实腹段大小节点处出现竖向和横向裂缝，裂缝最长约 50cm，最宽 0.35mm。实腹段横系梁出现多条竖向断开裂缝，部分微弯板破损，钢筋外露，桥面铺装局部网裂破碎。

经江西省某公路工程检测中心对大桥结构构件实施全面检测，依据交通运输部颁发的《公路桥梁技术状况评定标准》，鉴定该桥技术状况为四类危桥。确定限载，禁止大小货车通行，只准小型客车通过。

产生病害的主要原因：

（1）刚架拱结构尺寸偏小，受力钢筋配置不足，尤其是弦杆及实腹段大小节点负弯矩区，在桥面铺装层内仅设少量 $\phi 12mm$ 钢筋代替负弯矩纵向受力钢筋是不合理的。

（2）弦杆和实腹段与桥面结构层组合连接刚度小，致使桥梁结构整体刚度较弱。拱肋横向间距 3.2m 偏大，移动荷载作用效应超过结构恒载作用效应，也是引发桥梁结构病害的重要原因。这些因素导致大桥运营不足 10 年，就因病害严重成了危桥。

（3）较长时间内大量超载车辆通行，增大了桥梁负荷。

加固方案：加大全桥构件截面尺寸；增加构件受力钢筋；加强桥面系（含微弯板）与弦杆、实腹段的连接刚度。

使用不足 10 年的刚架拱桥，因病害严重成为危桥，须对全桥（7×30m）的全部受力构件增大截面尺寸和加强钢筋，表明原设计确实太弱。不仅截面尺寸偏小，钢筋配置不足，结构构造上也存在问题。值得一提的是，观背大桥建成于 2003 年，此前刚架拱桥出现严重病害的实例不少，未引起设计者关注。实际情况是，我国 20 世纪 90 年代以后，超载、超限车辆大量上路，重载交通公路上的不少桥梁设计都采取了加强措施。可以认为，观背大桥的设计存在不足。

刚架拱桥有多种受力构件，各类构件的构造、所处位置与受力特点不同。桥梁结构中各构件发生的裂缝与损坏主要受截面上的内力和变位控制。根据大量现役桥梁出现的病害与检测结果分析，刚架拱桥常见的病害成因简述如下：

（1）主、次拱腿开裂

刚架拱桥的主、次拱腿一般情况下为小偏心受压构件，在结构自重和车道荷载作用下，一般不会产生拉应力，正常条件下不会产生裂缝。但主、次拱腿下端的负弯矩值对基础不均匀沉降非常敏感，较小的不均匀下沉也将产生较大的拉应力，导致拱脚处容易产生与拱腿轴线相垂直的横向裂缝。

（2）大节点、次节点开裂

大节点处出现较宽的顺桥向水平裂缝，小节点处出现整体断裂。主要原因：①拱腿和弦杆在大节点的连接处使用了钢板接头，因钢板锈蚀及焊接质量不良而致开裂；②小节点处虽然使用了现浇接头，但现浇长度仅 20cm，混凝土浇筑不易密实，在混凝土收缩、徐变作用下与预制构件结合不良，易致开裂。

总体而言，刚架拱桥的节点较多、连接较弱，在动荷载反复作用下，容易产生竖向振动，使钢板焊缝处应力集中而出现疲劳裂缝，导致连接处刚度下降。其次，节点处存在尖角等不平顺的地方，也会引起应力集中。

（3）微弯板开裂

微弯板开裂是刚架拱桥普遍出现的严重病害。主要原因：①定型设计考虑了微弯板的"拱效应"和"薄膜力效应"，微弯板跨中厚度仅为 6cm，由于厚度偏薄再计入施工误差的影响，主筋位置出现较大偏差难以避免，导致微弯板承载力达不到设计要求。②在动力效应影响下，桥梁的整体纵横向刚度削弱，使得微弯板两端发生水平位移或竖向位移，微弯板的"拱效应"减弱甚至消失，趋近于简支状态或发生附加位移，在板中产生较大的拉应力。③微弯板过薄，混凝土质量不易保证，容易产生内部缺陷，从而引起板内应力集中，再加上车辆荷载的反复作用而造成的疲劳损伤不断累积和外界气候条件的交替作用，促使混凝土老化，使用性能降低。④主拱肋横向刚度偏小，在桥面板竖向压力作用下，微弯板容易产生横向位移，进一步减弱了微弯板的拱效应。⑤桥面铺装和微弯板之间的粘结不良，难以达到设计要求的两者共同承力的状态，微弯板因单独受力而产生较大的拉应力。⑥微弯板桥面是超静定结构，温度变化产生的附加内力可能使微弯板在厚度最薄处出现裂缝。总体而言，微弯板技术不成熟。

（4）横系梁开裂

横系梁的裂缝大多以竖向裂缝为主。主要原因：①横系梁截面尺寸较小，并且与拱肋采用型钢焊接，因钢板锈蚀及焊接质量不良而致开裂。②在微弯板的侧向水平力作用下，使横系梁产生拉应力。③由于刚架拱桥结构整体性较弱，横向刚度低，在活载作用下，桥梁的整体振动响应较突出，长期而频繁的振动导致拱片与横系梁的连接松动，桥梁横向刚度随之降低，引起横系梁出现较大拉应力，容易出现开裂，并使刚架拱横向分布系数上升，对拱片受力不利。

（5）内外弦杆及实腹段开裂

刚架拱桥的外弦杆为受弯构件，内弦杆为偏心受压构件，次拱腿与弦杆连接处大致居中，这使得外弦杆所受的正弯矩较大，容易出现较多裂缝。由于刚架拱的实腹段厚度较小，又位于跨中区段，使用阶段实腹段拱效应较弱，主要承受弯矩，易产生弯曲受力裂缝。裂缝呈现上窄下宽的特点。

刚架拱桥存在的主要问题可以归结为：①组成的构件较多，接头多，整体性较差。②杆件尺寸偏小，配筋不足，容易发生变形，整体刚度较差。③刚架拱的拱肋与上弦杆、实腹段形成整体受力，虽有利于减小拱肋的尺寸，但全结构的潜力几乎用尽，不如上承式 RC 箱形拱桥，拱上结构可以成为承载力的部分储备，抵抗超设计风险的能力较强。④微弯板在使用过程中难以达到设计要求的"拱效应"，类似 20 世纪 70～80 年代国内桥梁修建中采用过的二铰拱板，容易出现开裂甚至破坏。可以认为，这是一种不成熟的结构，一般不宜再继续使用。⑤刚架拱桥对地基基础水平变位甚为敏感，由于拱体承载力富余潜力较少，在动荷载与超载车辆长期作用下，容易出现开裂。所以，在软土地基和大交通与重载交通公路上的桥梁，不宜采用刚架拱。

要较为彻底地解决上述问题，需对刚架拱桥的设计进行大的变更。但这样一来，其原有的主要优点大都不复存在，似不合算，不如考虑其他桥型方案。对于已建成的刚架拱桥，可根据病害情况及使用要求进行维修加固或改造则是完全必要的。

12.3　桁式组合拱桥事故实例与评析

1979 年，在贵州省交通厅组织领导下的以贵州省交通设计院高级工程师潘成杰为首的桥梁科技人员和随后成立的"大跨径桁式组合拱桥研究课题组"，从贵州山区山高谷深、县乡交通极为困难、经济技术落后和资金缺乏的实际情况出发，提出了一种拱梁组合体系的新桥型——桁式组合拱桥（早期称为"悬臂桁架拱桥"）。1981 年建成第一座跨径为 75m 的贵州省道真县乡村公路上的长岩大桥（跨越 71m 深的山谷），该桥为科研试验桥，由贵州省交通勘察设计院设计，参加单位有：遵义地区交通局、道真县交通局、同济大学和西安公路科学研究所等。至 2004 年共建成 41 座。其中，贵州省修建了 31 座，国内其他 7 个省区修建了 10 座。最大跨径为 1995 年建成的主跨 330m 的江界河大桥（跨越乌江干流）。在 41 座桥中，主跨大于等于 150m 者有 18 座，占总数的 43.9%。这种桥型的主要优点是：

（1）上、下弦杆与腹杆"化整为零"，均为预制构件，用较为简单的施工设备——人字桅杆进行安装，"以零凑整"形成拱桁结构。例如，主跨 330m 的江界河大桥，全长 461m，两岸边孔除瓮安岸第 1 孔采用支架现浇外，其余两跨边孔及主孔均采用 120t 钢桅杆进行吊装，直至主孔合龙。

（2）由于下弦拱圈与拱上桁架形成整体联合受力，构件尺寸较小，工程量较小。

（3）由于施工设备简单、工程量小，桥梁的造价指标较低，是落后山区的公路桥梁，尤其是县乡公路桥梁的优选桥型。

从 20 世纪 80 年代初至 2003 年，桁式组合拱桥为贵州省山区交通的发展，作出了很大贡献。主跨 150m 的贵州剑河大桥获得国家科技进步二等奖、国家优秀工程设计二等奖、贵州省科技成果一等奖和优秀工程设计一等奖；主跨 330m 的贵州江界河大桥获得中国土木工程第一届詹天佑大奖、国家科技进步二等奖、交通部优质工程一等奖、贵州省科技进步一等奖、优秀工程设计一等奖。

但在使用 5～10 年以后，桁式组合拱桥陆续出现不同程度的病害，其中一部分桥梁病害严重，致使有的桥拆除重建，有的桥进行加固，有的桥限载使用。针对贵州省多座桁式组合拱桥相继发生险情的实际情况，贵州省交通厅于 2004 年 5 月 10 日发出紧急通知，要求从 2004 年 5 月以后，贵州省仍在运营的预应力混凝土桁式组合拱桥全部进行控制性使用，实行限速限载。

鉴于桁式组合拱桥的病害较严重，涉及的桥梁较多，2005 年交通部西部办以"桁式组合拱桥病害成因和加固方法研究"为题立项进行专题研究。以贵州省交通规划勘察设计研究院为主的课题组，近年已经完成这项研究工作，提出了正式报告。国内桥梁界的一些专家、学者，对于桁式组合拱桥的病害成因、设计方法、分析理论、加固方法等进行了多方面探讨研究，取得了若干成果。

下面先简要介绍部分病害严重或发生重大质量事故的桁式组合拱桥，然后针对这类桥梁的病害成因进一步评析。

表 12-4 为部分桁式组合拱桥事故或严重病害简况。另外，再详细介绍四座实桥的情况，以便较全面地了解桁式组合拱桥各种病害的表现形式。

部分桁式组合拱桥事故或严重病害简况　　　　　表 12-4

序号	桥梁名称	桥梁简况					事故概况	时间(年.月.日)	备注
		主跨(m)	矢跨比	桥长(m)	荷载等级	建成时间(年)			
1	贵州德江县白果坨乌江大桥	100	1/8	138.6	汽-15、挂-80	1986	主要受力构件开裂严重，发生较大下挠，鉴定为危桥，已拆除	2003	该桥位于德江至印江地方公路上，2002.3.21 中断交通，净-7m＋2×0.25m
2	贵州龙塘河大桥(位于等外级公路上)	100	1/8	146.46	汽-15、挂-80	1989	主要受力构件开裂严重，评定为四类桥	2005	净-4m＋2×0.5m
3	贵州贵阳至黄果树二级公路白马大桥(跨白马水库)	100	1/8	155.8	汽-20、挂-100	1990	拱圈下挠达 160mm，主要受力构件开裂严重，评定为危桥，已拆除	2002	该桥拆除后，另建上承式 RC 箱形拱桥，净-7m＋2×1.5m
4	贵州贵阳至黄果树高等级公路花鱼洞大桥	150	1/8	290	汽-20、挂-100	1991	主拱构件开裂严重，发生较大下挠，鉴定为四类桥后进行了加固，2019 年进行改造	2005	2005 年 7 月限载通行 10t 车辆，净-9m＋2×1.5m
5	贵州德江至印江公路两河口大桥	100	1/6	164.8	汽-20、挂-100	1991	主要受力构件严重开裂，发生较大下挠，评定为五类桥，封闭桥上交通	2005	净-7m＋2×0.75m
6	贵州大方至四川纳溪公路余家沟大桥	80	1/8	111.48	汽-20、挂-100	1992	主要受力构件严重开裂，发生下挠达 400mm，评定五类桥，封闭桥上交通	2003.9	净-7m＋2×1m
7	贵州毕节归化大桥(位于贵阳至毕节二级公路上)	120	1/6	164	汽-超20、挂-120	1995	主要受力构件开裂严重，多处破损，桥面下沉，鉴定为危桥，2003 年 12 月爆破拆除	2003.12	施工质量低劣，净-9m＋2×1.5m

序号	桥梁名称	桥梁简况					事故概况	时间(年.月.日)	备注
		主跨(m)	矢跨比	桥长(m)	荷载等级	建成时间(年)			
8	贵州安顺至织金公路小兴浪大桥	150	1/6	306.8	汽-20、挂-100	1995	主要受力构件严重开裂,跨中较大下挠,评定为四类桥,加固后限载使用	2005	净-7m+2×1m
9	贵州仁怀市盐津河大桥	174	1/6	316	汽-20、挂-100	1995	主拱多处开裂并下挠,评定为四类桥后禁止通行	2004.4	2004年7月加固维修后,限载15t,2013年1月全桥封闭
10	贵州都格大桥	100	1/7	162	汽-20、挂-100	1995	主要受力构件开裂,跨中下挠,评定为四类桥,限载使用	2005	净-7m+2×1m
11	贵阳至遵义二级公路干田尾大桥	132	1/6	254	汽-20、挂-100	1997	主拱多处开裂,下挠严重,评为危桥,停止使用	2002	净-11.5m
12	贵州源石大桥	105	1/7	125	汽-20、挂-100	1998	主要受力构件严重开裂并下挠,鉴定为危桥后拆除	2007	原名源村大桥。净-7m+2×0.75m
13	贵州茅台至习水公路两河口大桥	80	1/5	142	汽-20、挂-100	1998	主拱严重开裂、下沉,评为五类,加固后限制车辆载重10t以下	2008	净-7m+2×1m
14	贵州凤岗至务川公路共青大桥	82	1/5	116	汽-20、挂-100	2000	主要受力构件开裂严重、下挠,鉴定为危桥,炸掉另建新桥	2013	净-7m+2×0.75m
15	重庆市沿溪大桥	180	1/5	251	汽-超20、挂-120	2001	主要受力构件开裂严重、下挠,经鉴定为危桥后拆除	2012	净-9m+2×1.5m
16	贵州省道S212线斯拉河大桥	130	1/5	177	汽-20、挂-100	2003	主拱开裂、下挠严重,评为四类,予以拆除	2017	净-7m+2×0.75m
17	贵州旧城大桥	100	1/6	203.4	汽-20、挂-100	1990	主拱严重开裂,评为四类桥	2005	净-4.5m+2×0.75m
18	贵州湾潭大桥	100	1/7	150	汽-20、挂-100	1992	主要受力构件开裂、下挠严重,已停止使用	2003.9	净-7m+2×1m

续表

序号	桥梁名称	桥梁简况					事故概况	时间(年.月.日)	备注
		主跨(m)	矢跨比	桥长(m)	荷载等级	建成时间(年)			
19	河北宣大高速公路海儿洼大桥	138	1/6	191.6	汽-超20、挂-120	2000	主要受力构件普遍开裂,挠度变化大,桥面呈 M 形	2012	净-10.75m
20	贵州镇宁至水城二级公路清水大桥	166	1/6	300	汽-超20、挂-120	2003	主拱普遍开裂,承载力下降,严重影响桥梁的整体性与正常使用	2007	原名冷饭盒大桥,净-11m

实例一　贵州贵黄公路白马大桥

白马大桥位于贵阳至黄果树二级公路上,跨越白马水库。该桥为跨径(14+100+14)m 预应力混凝土桁式组合拱桥,主孔矢跨比 1/8,腹杆形式为三角形,桥面净宽为净-7m+2×1.5m,桥梁全长 155.8m,边跨为单孔刚构。设计荷载为汽-20、挂-100,人群荷载为 3kN/m²。1988 年完成设计,1990 年建成通车。

桥梁上部拱体部分采用 C40 混凝土,上弦杆及受拉腹杆施加预应力。预应力钢筋采用 ϕ25mm 高强度粗钢筋。主孔采用桁架伸臂法施工,以人字桅杆为吊装机具安装桁拱预制构件。该桥于 1989 年 3 月 7 日开工,1990 年 12 月竣工。运营约 10 年后,检查发现上部结构多处病害。2001 年 12 月 17 日,贵州省交通厅组织贵州高速公路开发总公司、贵州省高等级公路管理局、设计单位等有关部门赴现场查看和会议讨论,确定该桥属于危桥。随后,各有关管理部门安排对大桥进行了全面检查,发现以下主要病害:

(1) 主孔跨中桥面明显下挠,最大值为 128mm,拱桁跨中最大下挠值为 160mm,挠跨比为 1/625。

(2) 主孔上部结构立柱、拉杆、横向联系多处开裂,已有部分形成贯穿性裂缝;拱桁底板有多条裂缝,最长的已达板宽的一半。

(3) 主孔构件混凝土有空洞现象,部分构件由于混凝土保护层厚度不足或混凝土剥落,钢筋外露,锈蚀严重。

(4) 桁片与顶底板、桥面板、横向联系的钢筋焊接质量较差,钢筋外露严重,接头处混凝土出现孔洞情况亦较为严重。

(5) 上、下弦杆顶、底板,在施工吊装阶段就曾发生过断裂,但未作处理。

(6) 桥面铺装层较原设计加厚了 3cm 的沥青混凝土层,增大了恒载重量。

贵州高速公路开发总公司委托上海同济规划建筑设计总院对该桥的设计进行复核验算。主要结论如下(详见文献 [44]):

(1) 上弦杆个别截面出现较大拉应力(10.15MPa),但承载力满足规范要求;

(2) 斜压杆(RC 构件)满足强度要求,斜拉杆(PC 构件)强度不满足规范要求,尤其是在与上弦杆拱肋连接处,强度更低;

(3) 竖杆为 RC 构件,其与上弦杆和拱肋连接处截面内力较大,不满足强度要求。

以上计算结果与现场观测到的裂缝情况相符。虽然主拱的承载力尚能满足要求，但竖杆与斜杆等受力构件的强度严重不足。交通量的增加和超载车通行，加快了裂缝的发展与扩大。

有关主管部门根据本桥严重的病害及受力分析计算，判定白马大桥为危桥，存在安全隐患，决定拆除，另建新桥。2003 年至 2004 年，该桥实施拆除，另建一孔上承式 RC 箱形拱，至今仍正常服役。

实例二 贵州仁怀市盐津河大桥

盐津河大桥位于 S208 省道，跨越盐津河水库峡谷（图 12-3）。大桥孔跨布置为（2×16＋2×20＋174＋20＋2×16）m，桥梁全长316m，主孔为预应力混凝土桁式组合拱，两岸边孔为连续刚构。主孔腹杆为斜拉式，主孔矢跨比 1/6，桥面净宽为净-7m＋2×1.0m，设计荷载为汽-20、挂-100，人群荷载为3.0kN/m²。1993 年 12 月完成设计，1995 年建成通车。大桥总体布置如图 12-4 所示。

图 12-3 横跨峡谷的盐津河大桥一景

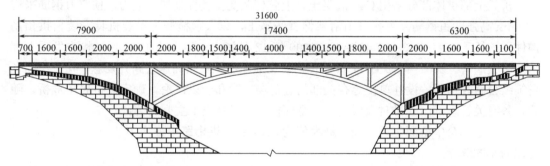

图 12-4 盐津河大桥总体布置（尺寸单位：cm）

2002 年 4 月，有关部门对大桥进行检查发现，两岸部分竖杆、下弦杆、斜杆、新拱脚处圆弧上缘、空实腹交接处圆弧部位、主孔部分上弦杆顶、底板跨中附近均出现裂缝。伸缩缝局部损坏。

2003 年 10 月，对盐津河大桥进行了静、动载试验及病害检查。主要情况如下：

（1）挠度检测表明：大桥结构刚度满足汽-20 级荷载要求。

（2）静载试验表明：结构强度虽能满足汽-20 级荷载要求，但控制截面各测点普遍存在应力离散性大的现象，说明桥梁整体受力不均。

（3）动载试验表明：下弦与实腹段交接处附近截面实测平均应变增大系数为 1.234～1.826，说明盐津河大桥的汽车冲击效应十分明显，且与车速有明显的相关性，汽车动荷载作用下，桥梁存在异常振动，容易导致结构（尤其是节点部位）的疲劳损伤并加剧结构的开裂。

（4）病害情况：病害主要发生在两岸新拱脚至拱顶范围。其中，拱顶实腹段较严重，空、实腹段交接处附近最严重，但新拱脚至主孔拱脚段裂缝稀少轻微。大桥主要病害为承重构件开裂，次要病害为混凝土质量缺陷和接头质量缺陷。开裂构件有下弦边箱内外侧腹板、上下弦中箱顶底板、拱顶中箱顶底板、新拱脚处双立柱、斜杆、空实腹交界处、连系梁、横隔板等。

检查共发现 264 条竖向、轴向、水平向和斜向裂缝，宽度在 0.05～5mm 之间，长度在 0.3～6.9m 之间。实腹段边箱部分裂缝深度已贯穿腹板。孔口处有放射性裂缝，牛腿斜向受力，上下弦部分已穿透边箱壁板（壁厚 14cm），导致构件局部破裂和断裂。箱体腹板、顶底板接头普遍存在纵向裂缝，裂缝相对于拱顶基本上呈左右、前后对称分布，具有强度开裂的特征，对构件强度和耐久性极为有害。混凝土构件及结合部大多存在空洞、露筋、钢筋锈蚀、表面不平整、剥落、麻面、露石、龟裂等缺陷。实腹段内、外侧面裂缝分布见图 12-5 及图 12-6。

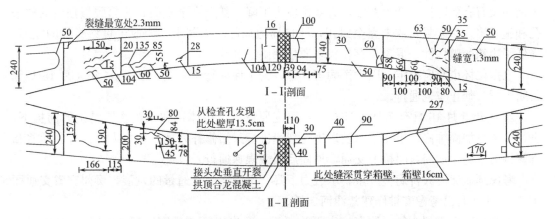

图 12-5　实腹段内侧面裂缝分布（单位：cm）

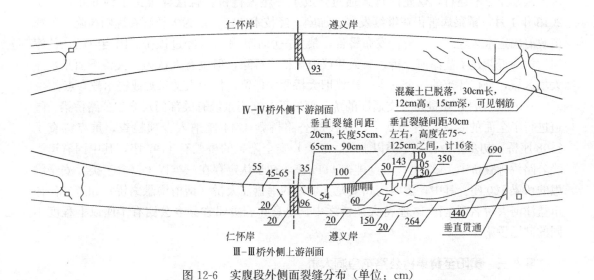

图 12-6　实腹段外侧面裂缝分布（单位：cm）

经人工凿开混凝土打孔抽查预应力孔道发现，3 根预应力钢筋管道均未灌浆，孔道内装满污水。

桥面伸缩缝装置及附近桥面混凝土破坏严重。

盐津河大桥的病害主要是主孔受力构件的严重开裂,具有裂缝数量多、分布密集、规律性明显的特点。产生病害的外因主要是通过大桥的车流量和车辆载重逐年增加,超载超限现象严重,据调查经常有 30～68t 重车成队列密集过桥,使桥梁长期处于超负荷运行状态。产生病害的主要内因,一是设计先天不足,桁式组合拱桥的设计具有固有缺陷,有一定的规律性,将在后面进行集中讨论;二是施工中存在较严重失误,主要表现在以下几方面:两边箱及中箱各预制构件间的接头处理粗糙,大多存在明显空隙及裂缝,钢筋局部暴露,锈蚀严重,致使结构设计要求的刚性连接变成半刚性连接或铰接,改变了顶底板及边箱的内力分配及应力分布,增大了板中部弯矩,削弱了箱体的整体性及横向刚度,造成了顶底板及边箱腹板开裂;上弦预应力钢筋的孔道未灌浆或未灌满浆,未与梁体粘结为整体,实际上接近于无粘结预应力,不仅开裂后的力学性能降低、极限承载力下降,而且由于钢筋没有有效防护而产生锈蚀,有效预应力下降,甚至完全丧失;边箱腹板预留的放张孔和施工出入口未封闭或未完全封闭,孔口周边局部应力集中,形成了贯穿腹板的裂缝,降低了边箱的整体性;混凝土存在较多质量缺陷,等等。

根据仁怀市政府决定,因大桥病害严重,为了保证行车安全,从 2004 年 4 月 15 日起封闭大桥,禁止车辆通行。

2004 年 5 月 15 日至 7 月 1 日,在不改变原设计结构体系和不损伤原结构的前提下,进行了紧急加固维修,主要是对已发生的裂缝进行封闭修补处理、预应力管道补充压浆和维修桥面。施工期间封闭桥上交通,加固后限载限速通行。

考虑到盐津河大桥病害严重,承载力下降,难以适应交通量的发展,贵州交省交通厅于 2004 年 4 月已考虑安排修建盐津河二桥。

大桥加固后不到 3 年,原有病害更为严重,并出现新的病害,于 2007 年,盐津河大桥再次禁止车辆通行,仅允许行人通过,成了一座人行桥。就这样维持了约 6 年,到了 2013 年 1 月,桥梁病害仍在继续发展、加剧,经技术鉴定,认为大桥存在脆断风险,仁怀市政府决定永久性封闭该桥,发布警告,禁止一切车辆和行人经过该桥。因当时已在盐津河大桥附近新建了盐津河二桥,有人建议旧大桥应拆除,但也有人认为,大桥下面是水库大坝区域,是仁怀市的一个景点,建议旧大桥原样保留,作为人文景观或警示教育点。

2007 年 8 月,在贵州省交通厅的统一部署下,交通系统有关部门对全省公路桥梁、隧道进行了全面的专项检查。其中,在役的公路桥梁 4744 座纳入专项检查,重点排查了 3308 座桥,初步认为存在三类以上(含三类)安全隐患的桥梁有 1197 座,其中国省道干线公路桥排查桥梁 1553 座,重点排查 1111 座,初步认定存在三类以上(含三类)安全隐患的桥梁 160 座。其中,黔西南州安龙县境内的南盘江大桥(钢桁梁悬索桥)和遵义仁怀市盐津河大桥名列全国 18 座特大危桥之中,也意味着贵州省县乡公路有千座以上程度不同的问题桥梁。

实例三 贵阳至黄果树公路花鱼洞大桥

花鱼洞大桥位于贵阳至黄果树高等级公路清镇市区内,跨越红枫湖,桥梁全长 290m,全桥跨径布置为 5×15m+150m+4×15m。主跨 150m 为斜拉杆式桁式组合拱桥,矢跨比 1/8,边跨为连续刚构。桥面净宽为净-9m+2×1.5m 人行道,设计荷载为汽-20、挂-100,

人群荷载为 3.5kN/m²。1988 年 10 月完成设计，1991 年建成通车。桥型布置图见图 12-7。主跨上、下弦杆均为三室箱形截面，上弦截面高 1.2m，下弦截面高 1.5m，斜杆、竖杆为两个分离箱，其间用横系梁连接。上、下弦杆、斜杆、竖杆均采用 C50 混凝土，拱座和墩上立柱采用 C40 混凝土。除上弦和斜杆为预应力混凝土构件外，其余均为钢筋混凝土构件。预应力钢筋采用冷拉Ⅳ级钢筋（HRB500）。大桥实景见图 12-8。

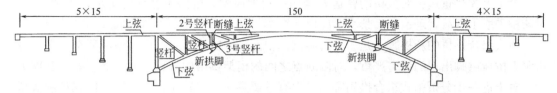

图 12-7　桥型布置图（单位：m）

图 12-8　花鱼洞大桥实景

　　花鱼洞大桥运营约 15 年后，主跨出现多处不同程度的病害。2006 年 6 月，公路有关部门对该桥进行了全面的检测，提交了检测报告。报告指出主跨已经产生严重病害。病害主要表现为桥梁构件均存在不同程度的开裂现象。裂缝较为严重的是两个上弦断缝之间的桁架拱部分。主要情况如下：

　　（1）实腹段下缘有较多横向裂缝，特别是边箱下缘有 5 条宽 0.15mm 的横向裂缝，部分已贯通至腹板。底板位置多处出现横向裂缝，最大缝宽达 2mm，而且这类裂缝有继续发展的趋势。

　　（2）新拱脚上缘出现 2 条横向开展的裂缝，2 条裂缝全部贯穿桁片上缘，1 条贯穿中箱顶板。

　　（3）新拱脚两侧竖杆下端均产生 1～2 条半环向裂缝，靠岸侧竖杆裂缝自新拱脚向岸侧方向延伸，靠拱顶侧竖杆自新拱脚向拱顶方向延伸。

　　（4）拱上短竖杆下段有 2～3 道环向裂缝。

　　（5）下弦杆出现多处纵向裂缝，下弦杆与斜腹杆接头位置发生多处环向开裂，斜腹杆与上、下弦杆接头混凝土不密实。

（6）全桥出现多处混凝土破损情况。

（7）实腹段拱顶位置下挠 150mm。

总体而言，主跨实腹段桁片下缘的裂缝较拱箱底板下缘的裂缝多，裂缝宽度亦较大，表明实腹段桁片下缘裂缝开展更为严重。

鉴于上述严重病害对大桥的营运安全构成较大风险，公路主管部门决定，于 2006 年对该桥采取了限载管理措施，禁止 7 座以上客车与货车通行。

桁式组合拱桥的新拱脚，是悬臂桁架支撑中部拱体的着力点，受力情况复杂。上述花鱼洞大桥新拱脚出现的病害严重，对两断点之间的桁架拱结构有较大的不利影响。其应力状态对于进一步分析桁式组合拱病害的发生有重要意义。文献 [54]、[55] 以花鱼洞大桥为实例，采用通用有限元软件 ANSYS 对新拱脚的局部进行空间应力分析。结构离散为 SOLID45 八节点实体单元，模型共划分单元 187438 个，节点 80226 个，在节段模型上施加简支约束。先利用全桥平面杆系模型对结构进行内力计算，然后把内力作为外力施加在节段模型上进行分析。局部模型选取的计算荷载工况为恒载、预应力、体系温度、收缩徐变、梯度温度、活载的最不利组合工况，应力计算各荷载组合系数均为 1，计算结果如下：

（1）新拱脚截面上缘混凝土轴向拉应力为 5.59～11.42MPa，大于 C50 混凝土抗拉标准强度 3.0MPa，容易引起新拱脚截面上缘横向开裂。

（2）新拱脚截面桁片从上往下 14cm 高度范围内混凝土拉应力为 3.58MPa，大于 C50 混凝土抗拉标准强度 3.0MPa，容易出现浅层横向裂缝。

（3）斜杆靠拱顶侧面内中心点在新拱脚处附近轴向拉应力达到 10.5MPa，大于 C50 混凝土抗拉标准强度 3.0MPa，因此，在斜杆靠拱顶侧端部（新拱脚处）容易发生横向裂缝。

（4）2 号竖杆在新拱脚处靠拱顶侧面中心点轴向拉应力达到 8.5MPa；3 号竖杆靠岸侧面中心点轴向拉应力规律同 2 号竖杆，其拉应力大于 C50 混凝土强抗拉标准强度 3.0MPa。因此，在 2 号竖杆下端靠拱顶侧面容易产生横向裂缝，在 3 号竖杆下端靠岸侧面容易产生横向裂缝。由于该位置拉应力具有一定深度（约 5cm），在荷载长期作用下，很容易在双竖杆下端分别形成 U 形裂缝。

（5）双竖杆下端圆弧处混凝土表面轴向拉应力为 13.8MPa，表面以下其影响深度为 5cm，至桁片上缘拉应力为 11.42MPa，大于 C50 混凝土抗拉标准强度 3.0MPa。因此，双竖杆下端圆弧处混凝土容易产生横向裂缝。

桁式组合拱桥上弦断缝及其对应的双竖杆，既是这类桥型结构的主要特点，也是存在固有缺陷的关键部位。双竖杆及其附近桥体出现较大拉应力及开裂，并导致双断缝之间桁拱及实腹段的应力状态向不利的方向发展，是桁式组合拱桥最容易发生严重病害的区域。上述新拱脚应力状态的空间分析，较充分地论证了这一基本判断。

G320 线（清镇过境线老贵黄公路）花鱼洞大桥经过国家道路及桥梁质量监督检验中心特殊检查后，鉴定为四类桥梁。经贵阳公路管理局决定，该大桥拆除重建，新桥采用主跨为 180m 的中承式钢管混凝土提篮拱，矢跨比 1/4，主拱肋的 4 管式桁架，向内倾角为 10°，拱肋高度由 5.5m 渐变至 3.5m，桥面净宽度 12.5m，为净-9m＋2×1.75m，桥梁全长 269.6m。新桥仍在原桥位修建。于 2019 年 5 月封闭进行大桥重建施工。截至 2019 年

12 月初，大桥新建工程已累计完成投资 2900 万元。2021 年新花鱼洞大桥建成。

实例四　河北大宣高速公路海儿洼大桥

海儿洼大桥位于河北省大同至宣化高速公路 K99+106.2m 处，跨越深切的丘间冲沟，深沟底到两岸高差为 60～80m。大桥孔跨布置为 14m＋138m＋10m＋2×8m，全长191.6m。分为左、右两幅，双向 4 车道。主跨 138m 为桁式组合拱桥，矢跨比 1/6，单幅桥面净宽为 10.75m，设计荷载为汽-超 20、挂-120。1998 年设计，2000 年建成通车。

根据实桥外观检测，主跨拱体裂缝主要集中在拱顶、拱脚和 1/4 跨位置。其中拱顶处裂缝为拱顶处底板的横向裂缝群。裂缝宽度达到 0.5mm；拱顶横隔板附近纵向裂缝，长度为 50cm，宽度为 0.1mm；空实腹相接处、梁柱相接处及横梁中间位置均存在多条呈45°的斜裂缝和竖向裂缝；上弦杆底部有多条纵向裂缝，裂缝宽度在 0.1～0.2mm 之间；实腹段右侧跨中处腹板纵向裂缝长 30cm，宽 0.08mm；上弦杆顶板有多条纵向裂缝，主拱拱脚位置网状裂缝发展面积达 $3×2m^2$；1/4 跨近双立柱所在位置拱肋表面开裂露筋，混凝土局部破损开裂。多次调查显示，结构的裂缝在原有基础上有新增迹象，表明裂缝逐年增多发展。裂缝几乎在主跨各受力构件上均有出现，如图 12-9 所示。主要发生在拱脚处、新拱脚处、空实腹交界处、跨中实腹段以及梁柱交接处。其中上弦杆底板和主拱圈顶板主要产生纵向裂缝，在新拱脚处顶板和跨中实腹段底板处横向裂缝较为发展，而在斜杆和短竖杆与下弦杆交界处多有环向裂缝和 U 形裂缝，在空实腹交界处和实腹段腹板上有斜裂缝产生，而且在实腹段内横隔板上有多条竖向和横向裂缝产生。

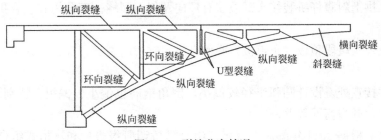

图 12-9　裂缝分布情况

海儿洼大桥运营期间，对主跨进行了长期变形加密测量。在桥上超车道和路缘两侧设置观测点，相邻测点纵向间距 5m，全桥共布设 37 个测点，采用精密水准仪进行测量。在2004 年 3 月、2009 年 12 月、2011 年 10 月和 2012 年 1 月分别进行了 4 次同精度观测。得到以下结论：

（1）2004 年 3 月（通车后约 4 年），结构相对变形较小，桥面相对平顺。

（2）2004 年至 2012 年，主跨线形变化较大，主要表现为拱脚到断缝之间发生上拱，而跨中部分明显下挠，全桥线形呈 M 形变化，挠度最大值约为 170mm，为跨径的 1/812。

（3）在年温差作用下，跨中部分线形变化显著。2012 年 1 月份（−15℃）和 2012 年7 月份（16℃）的测量结果比较，线形变化主要发生在双立柱之间的跨中区段，挠度变化幅度值达 150mm，为跨径的 1/907，与长期挠度的变化值相当。同方向的两种下沉值叠加后，则拱顶区域的挠度更为显著。

从本桥的裂缝情况及挠度变化可以看出，双竖杆和上弦杆断缝的存在，使得双竖杆处的下弦拱肋承受着多种荷载引起的剪力和温度引起的正负弯矩作用，从而导致结构在该位置处出现较大的拉应力而开裂严重。

下面就桁式组合拱桥病害的主要情况及其成因进行讨论。

桁式组合拱桥的病害主要反映在结构构件开裂和跨中过度下挠两方面。

结构构件出现的裂缝，多数发生在两断缝之间的桁架拱、实腹段下缘、新拱脚上缘、空实腹交接处。在部分桥梁的双竖杆和短竖杆交接处有较多横向、斜向和 U 形裂缝。部分桥梁的上弦（行车道系）顶板下缘、底板下缘和腹板上也有较多纵向裂缝。分述如下：

（1）主孔实腹段桁片下缘及底板下缘出现横桥向裂缝。已建成的桁式组合拱桥几乎都发生这类裂缝。

（2）主孔双竖杆下弦（即新拱脚）桁片与顶板的上缘出现横向裂缝。这类裂缝在该区域的桁片顶面及下弦顶板上多发生横向贯通。已建成的桁式组合拱桥几乎都出现这类裂缝。

（3）主孔空实腹交接处桁片上出现横向裂缝，实腹段靠近空实腹交接处桁片腹板内侧出现斜向裂缝。已建成的桁式组合拱桥几乎都出现这类裂缝。

（4）主孔双竖杆（即断缝处拱上腹杆）上、下端接头部位出现 U 形裂缝。在靠近拱脚方向的竖杆裂缝发生在构件靠拱顶方向一侧，靠近拱顶方向的竖杆裂缝则发生在构件靠拱脚一侧。已建成的桁式组合拱桥几乎都出现这类裂缝。

（5）主孔短竖杆中部拼装接头部位出现环向裂缝，裂缝在桥梁立面上呈 $15°\sim75°$ 走向，在桥梁横断面上呈横向。大部分桥梁短竖杆与上下弦接头部也出现横桥向裂缝。

（6）主孔拱上斜腹杆拼装接头部位多有环向及斜向裂缝。部分桁式组合拱桥出现这类裂缝。

（7）上弦及实腹段顶板（车道板）底面有较多顺桥向裂缝。部分桁式组合拱桥出现这类裂缝。

（8）杆件接点处，设计圆弧半径较偏小，倒角钢筋也偏小、偏短，特别是新拱脚处，由于应力集中，开裂情况较普遍。

文献［64］根据 2011 年编制的《桁式组合拱桥调研报告》和《桁式组合拱桥病害调查和成因研究报告》，对国内 34 座桁式组合拱桥的主要病害，进行了分类统计，如表 12-5 所列。

34 座桁式组合拱桥病害统计 表 12-5

序号	病害位置	病害情况	病害桥梁座数	占比（%）
1	实腹段桁片、底板下缘	下缘横向开裂	34	100
2	新拱脚桁片上缘、顶板	上缘横向开裂	34	100
3	空实腹交界处的桁片上	斜向、横向开裂	34	100
4	双竖杆、短竖杆下端及其接头处	环向、斜向开裂	34	100
5	斜杆接头处	环向开裂	20	58.8
6	弦杆顶板底板中下缘	纵向开裂	19	55.9
7	主孔跨中	下挠	20	58.8

注：34 座桥中，有 6 座桥除进行详细的调查外，还进行了荷载试验。

桁式组合拱桥运营期多存在下挠现象，个别桥梁下挠较为明显。例如，旧城大桥（孔跨组合为 4×13m+100m+2×13m），主孔跨中比两岸桥台处低约 148mm，桥面成 M 形。又例如，白马大桥（孔跨组合为 14m+100m+14m），主孔拱桁跨中下挠 160mm；河北海儿洼大桥（孔跨组合为 14m+138m+10m+2×8m），断缝至拱脚区间桥面上拱，跨中下挠 170mm，桥面呈 M 形。

桁式组合拱桥发生严重病害的原因，分别就技术方面与设计思想方面进行评析。

先讨论技术方面的原因。主要涉及结构设计、施工质量与车辆超载三大因素。讨论内容仅限于混凝土结构，文中不再单独指明。

（1）关于结构设计

① 结构体系的选择

拱桥可以分为简单体系拱桥和组合体系拱桥两大类。在拱桥中，行车道梁及其支撑（拱上立柱）不与主拱一起承力，主拱作为主要的承重结构，称为简单体系拱桥。例如，拱上行车道梁为多跨简支梁的上承式拱桥，就是典型的简单体系拱桥。在拱式桥跨结构中，拱上行车道梁及其支撑与主拱圈（或拱肋）能够共同承力时，称为组合体系拱桥或称为拱梁组合体系梁桥。它将拱和梁两种基本结构组合起来共同承受荷载。

组合体系拱桥又可划分为无推力梁拱组合体系、有推力组合体系拱桥和桁拱组合体系三类。

桁拱组合体系的主要特点是：一般上弦在墩（台）顶与拱顶之间的适当位置断开，形成一个断缝，下弦仍保持连续，断点至墩（台）顶可视为悬臂桁架墩，支承着中部的桁架拱，形成梁拱组合体系。这种体系依上弦断与不断，以及断点位置的不同，又可分成以下四种类型：一是上弦连续不断，在有边孔的情况下，即为连续桁架拱［图 12-10（a）］；二是上弦在墩（台）顶部断开，即为一般桁架拱［图 12-10（b）］；三是在拱顶区段断开（设铰或挂梁），即为拱桁梁式 T 构［图 12-10（c）］；四是上弦在墩（台）顶与拱顶之间的适当位置断开，即为桁式组合拱［图 12-10（d）］。

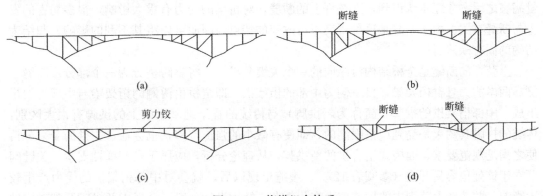

图 12-10　桁拱组合体系

连续桁架拱［图 12-10（a）］，上弦全桥连续，但在两端桥台处仍有断缝，否则在温度等作用下，因附加应力太大，结构体系不适用。图 12-10（b）所示的一般桁架拱与图 12-10（c）所示的拱桁梁，国内外早期均有采用，但实践表明，这两种体系在断缝与铰（或挂梁）处病害较多，而且桥面变形较大，现已较少采用，将在 12.4 节进一步讨论。

图 12-10（d）所示的桁式组合拱，在贵州省于 1981 年建成道真县长岩桥以前，国内外还没有先例，因而在组合体系拱桥的实践中，是一种创新。通过 41 座大桥的修建和 20 多年使用，这类结构体系的主要特点及其利弊逐渐展现。

简单体系拱桥，虽然拱上建筑与主拱圈没有（或不考虑）联合作用，由拱圈单独承力，因而拱圈尺寸较大、配筋较多是其不利之外，但正因为是拱圈作为主要承力结构，如拱上建筑没有大的缺陷，仅是一般病害，对主拱圈的正常工作基本没有影响。换言之，主拱圈抗风险能力较强。例如，贵州省从 20 世纪 70 年代至今，修建了大量的上承式 RC 箱形拱桥（目前还在继续修建），除产生一般病害外，绝大多数仍在继续正常服役。沪昆高速铁路贵州境内的北盘江大桥，为主跨 445m 的上承式 RC 箱形拱桥，是这类桥型的世界最大跨径。

组合体系拱桥，由于拱上建筑与主拱圈共同承力，充分发挥了梁受弯、拱受压的结构特征及其组合作用，可以达到减少主拱尺寸、降低施工难度和节约材料的目的。这正是桁式组合拱桥这种结构体系的优点。但是，与简单体系拱桥比较，这个优点会使主拱圈本身的抗力减弱，一旦拱上结构出现病害或缺陷，会影响主拱圈的受力，进而使两者的联合承力作用减弱。换言之，主拱圈抗风险能力偏弱。选用桁式组合拱桥这种体系，就应采取可靠措施以保证梁拱能正常联合承力，既要使拱上桁架结构不出现大的病害和缺陷，又要使主拱不致太弱，能够具备一定的抗风险能力。但这样一来，一些重要部位和构件要加强，例如一些受拉构件采用钢结构（实例为湖南永州天子山大桥，将在后面简要介绍）。加强的方案虽然可行，但这类桥型结构经济指标较低的优点也就不存在了。可以认为，对于大跨径桁式组合拱桥，综合各种利弊，就桥梁全寿命设计而言，并非最优体系。

② 桁式组合拱桥的固有缺陷

桁式组合拱桥结构的主要特点是上弦杆有断缝。在结构受力上具有有利的一面，也有不利的一面，情况较为复杂。在桁式组合拱桥没有大量修建以前，未看到国内外有关的研究论文或资料，对断缝力学特性的认识较为粗略。桁式组合拱桥经过多年运营，并出现大量病害之后，才逐步认识到，上弦杆上的断缝，对桥梁的受力有重大影响，很多病害的发生与断缝有关。由于断缝是这种桥型不可改变的特点，因而可以将其不利的影响，归结为结构的固有缺陷。

上弦杆的断缝是全桥结构沿纵向的一个关键分界点，将整跨桥分为三个部分：断缝一侧靠两岸的为悬臂桁架梁，另一侧为中部的桁架拱。即全桥由两侧的桁架梁与中部桁架拱组成。中部桁架拱的拱脚（简称为新拱脚）与传统的置于地基基础上的拱脚有很大区别：传统的拱脚其约束是受到严格限制的，即使有微小的强迫位移，也会通过主拱的受力分析使之满足规范要求。而桁式组合拱的新拱脚，从理论分析，应属于空间弹性支承。关键问题在于该处很容易开裂（参阅表 12-5）。裂缝出现以后，就会对中部桁架拱的受力产生较大影响，并使较大范围内的构件应力变化复杂，结构设计一般不会考虑新拱脚开裂对构件受力的改变。所以，很多病害的出现，设计时是难以预料的。新拱脚出现裂缝后（几乎所有桁式组合拱桥都出现），该处刚度变化较大，势必使中段桁架拱的计算内力和应力与实际不符，甚至不可靠。

连续桁架拱的竖向刚度沿全桥纵向是逐渐变化的，没有突变。但桁式组合拱，由于上弦断缝的存在，全桥竖向刚度在该处产生突变，相应内力与应力也发生较大变化，是双竖杆脚之间拱圈普遍开裂的根本原因。经过多年实践证明较为成熟的结构体系，例如大跨径上承式 RC 箱形拱、预应力混凝土连续箱梁、斜拉桥主梁、悬索桥加劲梁等，主体结构的竖向刚度基本上是渐变的，均无刚度突变的情况。经验与理论分析表明，大跨径桥梁的主体结构应尽量避免刚度发生突变。在个别情况下，如难以避免，应主动采取可靠的构造措施克服其不利影响。

根据上述分析，可以认为，上弦断缝是桁式组合拱桥结构体系上的固有缺陷，是一些重要部位发生严重病害的根本原因。

③"虎口"应力集中

中段桁架拱的上、下弦在"虎口"处交汇后成为实腹段，该处截面由上弦去掉底板、下弦去掉顶板而形成大箱室。截面与刚度都发生了突变，且上、下弦在"虎口"处的相交角度很小，虽有圆弧过度，应力集中难以完全避免。造成空实腹交接处桁片上发生斜向与横向裂缝。这一构造上的缺陷所引发的病害具有普遍性，几乎所有运营中的桁式组合拱桥都发生这种开裂。

桁式组合拱桥受力构件发生的病害，具有明显的规律性，其主要原因在于结构设计上存在某些固有缺陷，上述三点是其中影响程度最大的。结构设计上还有一些不足之处，贵州省交通规划勘察设计研究院所完成的课题报告与国内某些专家、学者的论文（见本章参考文献）均有论述，此处不再赘述。

（2）关于施工质量

施工质量差是桁式组合拱桥病害较多的重要原因之一。分为一般性施工缺陷和重大施工缺陷两方面简述。

一般性施工缺陷主要反映在以下几方面：

① 桁式组合拱桥预制构件截面尺寸较小，预应力孔道和钢筋密集，混凝土浇筑难度较大，特别是接头、接缝和锚头部位，往往出现浇筑不密实、蜂窝麻面等情况。尤其是早期施工的桁式组合拱桥，预制构件采用木模，构件表面粗糙、几何尺寸误差较大的情况较为普遍。

② 施工放样发生差错的情况屡有发生。例如，花鱼洞大桥墩台施工中，主孔拱座距离的放样有误；剑河大桥和江界河大桥施工中，都曾出现过斜杆长度有误的情况。

③ 有的施工单位，为节省投资，预制场与胎模制作粗糙，脱模剂质量差，因而构件起顶脱模困难，有的构件在起顶、脱模过程中就发生裂缝。

④ 检测资料表明，很多桥的预制构件接头处理不好。构件安装精度差较为普遍。部分桥梁构件安装接头错位、顶底板与桁片接头错台；对接接头接缝粗糙，混凝土质量差，外观不平顺。不少接头处都不同程度出现纵、横向裂缝，甚至露筋。

⑤ 桥面系施工质量较差。部分桥梁桥面平整度差，出现不规则开裂；伸缩缝安装不好，引发跳车；人行道栏杆或防撞护栏伸缩缝处理不好，出现开裂；排水管安装偏差大，影响桥面排水等。

重大施工缺陷已发现的有下述几种情况：

① 部分桁式组合拱桥，有的预应力孔道未灌注水泥浆。例如，白马大桥、归化大桥、湾潭大桥、盐津河大桥等部分孔道未灌浆。检查时发现预应力筋已锈蚀。另外，有部分桥梁预应力孔道灌浆不饱满，影响桥梁的耐久性。

② 有的预制构件的接头处，堵塞的黄泥不清除就直接灌注环氧树脂，直至出现严重病害进行检查时才发现。接头处力的传递必定恶化，直接影响构件的承载力。尤其是顶、底板与桁片的接缝普遍存在缺陷、蜂窝、空洞等现象，有的纯粹是用砂浆填塞一下，根本起不到连接作用，使得活载偏载系数增大。

③ 牛腿与桁片的连接，设计是采用在牛腿根部下缘预埋钢板，与桁片上的钢板焊接，要求三面施焊。施工时，由于牛腿钢板与桁片上的预埋钢板错位，或施工忽视设计要求，没有三面施焊，有的甚至用零碎钢板填塞后随意点焊一下。钢板外露且普遍未进行封闭防护，致使连接钢板严重锈蚀，必定影响桁片的正常传力，产生过大的附加应力。

(3) 关于车辆超载

超载是全国性的顽疾，治超是进行了多年的持久战，至今仍在继续治超。贵州省也不例外，超载是导致一些桁式组合拱桥损坏与病害进一步发展的重要原因之一。调查资料显示：两河口大桥（德印公路）、白果沱大桥、小兴浪大桥、盐津河大桥、花鱼洞大桥、两河口大桥（茅习公路）等，车辆长期超载对这些桥梁的病害发展、加剧起了重要作用。这些桥梁中，除花鱼洞大桥进行加固改造后还在服役外，其余桥梁均因病害严重，已经拆除重建或另建新桥。

桥梁管养、维护方面也存在一些问题，可参阅文献 [42]。

下面对桁式组合拱桥的设计理念作简要评析。

桁式组合拱桥设计者当时的基本思路是：从贵州省的实际情况出发，力争在造价低、施工简便和跨越能力强这三个关键环节上有大的突破。应该说，在设计实践上，多座桁式组合拱桥建成的初期，这三个目标基本上达到了，国家与省的各项奖励便是证明。

在当时的历史背景和社会氛围下，尤其是国家与行业规范对桥梁使用寿命和耐久性没有明确要求的情况下，在贵州省建设资金极为缺乏、县乡技术落后的情况下，在追求上述三个目标的实践过程中，设计思路存在局限，在三大目标获得较好的成果时，没有认真反思可能存在于设计与施工方面的潜在风险，忽略其负面可能带来的危害，集中反映在对结构的整体性、耐久性和安全储备未引起足够的重视，具体反映在结构设计上总体安全度不高、抗风险的强度储备不足上。

传统的桥梁工程设计往往缺乏"容错设计"的思想。桁式组合拱桥的设计也存在这个问题。一切工程设计只有经过施工实践才能成为实有的结构物。施工全过程必定存在一定的差误。所以，国家标准与行业规范，都有对施工误差允许值的具体规定。例如，预应力孔道的偏差容许值、几何尺寸的偏差容许值、偏心受压构件初始偏心应考虑预偏值，等等。工程设计应该计入正常误差造成的不利影响，并采取必要的预防措施，这已是当代工程设计重要思想之一。桁式组合拱桥的设计缺乏这样的思考，这也是产生病害的原因之一。

在国内和国际上，桁式组合拱桥是一种结构上和施工工艺上都有创新的桥型。新技术发展过程的一般规律，往往是从不完善到逐步完善的过程，有时还伴随失败。例如，初期的预应力技术，曾经历过多次失败，直至今日已成为土木工程中最普遍、最重要和最有效的技术之一，而且还在继续改进创新。也有一些当时的新技术，经过较长时间的实践后，证明不适用或不可行而退出历史舞台。例如，近代悬索桥发展过程中的奠基时期（1883年以前），主要特点是，主缆是索链，用铁眼杆做成，桥塔为圬工结构。曾在多座桥上应用，在欧美流行，但由于眼杆链式体系杆件之间接触面小，会产生应力集中，而制成眼杆所用的锻铁又是脆性材料，眼杆索链容易在连接处破坏，致使多座悬索桥发生重大桥难（可参阅本书第 10 章实例二：美国银桥事故），到了 20 世纪初期，这种主缆逐渐被淘汰，改用平行钢丝束制作主缆。时至今日，悬索桥主缆还在继续改进，而且主缆不可更换的传统认识也已突破，在结构上采取某些措施，悬索桥主缆可更换已经实现。

文献［41］指出：特大跨径桁式组合拱桥面临以下技术难题：跨径 330m 的江界河大桥，单件预制构件质量已达 120t，虽然可采用起重能力强的吊机，但构件的脱模、移运、翻身、吊运都有相当的技术难度；跨径 330m 时，总拉力达 70000kN，不论边孔采用自锚式或采用锚碇，亦有很大难度。为了解决上述难题，并克服某些病害，提出了钢管混凝土桁式组合拱桥的构思。按这一设计思路，进行了一座实桥的设计和施工，即湖南永州天子山大桥。该桥主跨 125m，矢跨比 1/5，桥面宽 12m。下弦为双钢管混凝土，由两根直径 100mm 的钢管竖向叠合而成，斜拉杆由 ϕ7mm 高强钢丝束组成。竖杆与桥面系均为混凝土结构。该桥于 2003 年 6 月建成通车。

上述改进方案，将主要受力构件改为钢管混凝土构件或钢构件，虽然可以解决桁式组合拱桥特大跨径面临的某些技术难题，并可以大量消除混凝土桁式组合拱桥的结构性裂缝，但混凝土桁式组合拱桥用钢量省、造价较低的优势将不复存在。在进行桥型方案比较时，自然会考虑其他桥型方案。目前，混凝土箱形拱桥、钢管混凝土拱桥等都有多种施工方法可供选择。跨径在 500m 以内时，设计与施工技术均较为成熟，并已建成多座。最主要的是结构体系具有优势。

为了更全面地了解桁式组合拱桥，简要介绍国内外知名度较高的江界河大桥。

江界河大桥是贵州省瓮安县境内马（场坪）瓮（安）遵（义）公路省道（S205 线）上跨乌江干流的一座特大桥。桥型结构为预应力混凝土桁式组合拱。孔跨布置为（20＋25＋30＋330＋30＋20）m，全长 461m，桥面全宽 13.5m，桥面净宽为净-9m＋2×1.5m，设计荷载为汽-超 20、挂-120，人群荷载为 3.0kN/m^2，主跨 330m，矢跨比 1/6，边跨为桁式刚构。贵州省交通厅专门成立了"大跨度桁式组合拱桥研究课题组"负责该桥设计、研究，并参与施工。从课题立项、工程可行性研究、初步设计、技术设计、施工图设计直到大桥建成通车，经历了整整 8 年。其中桥梁主体工程施工期为三年多（1992 年 3 月～1995 年 6 月）。在该桥的设计、施工过程中，在同济大学的积极参与、配合下，进行了较全面的结构分析计算工作，包括空间静力、动力、抗风、抗震、稳定等多个项目。还进行了静力、节点、风洞等模型试验，施工中进行了应力、挠度观测，竣工后又进行了静、动载试验，均符合有关规范的要求。在大桥指挥部的统一领导下，由贵州省桥梁工程公司安排较强的施工力量与设备进行施工，由贵州省交通科学研究所安排专业工程师进行检测、试验，设计组常住工地进行现场设计并参与施工。所以，该桥是这种桥型设计最全面、施工质量最好的，其出现的主要病害基本上可以排除施工质量因素。结构分析计算也是符合当时桥梁设计规范的。

2008 年，该桥正常运营约 13 年后，经贵州省交通规划勘察设计院检测，主要情况如下：

① 主跨设计预拱度为 600mm，已下挠 393mm，尚有 207mm 预拱度未完成。

② 两岸双竖杆下端有环形裂缝、新拱脚圆弧位置有横向裂缝，但未贯通。缝宽为 0.1～

0.3mm。其中，遵义岸主跨三段上、下游竖杆下端裂缝较多。

③ 瓮安岸空实腹交接处"虎口"及上弦位置，发现多条横向裂缝，缝宽 0.1～0.2mm。

④ 拱顶实腹段桁片下缘发现较多横向裂缝，缝宽 0.1～0.2mm。

⑤ 两岸上、下游短竖杆内侧有多条斜向裂缝，短竖杆与下弦桁片接头圆弧处有 2 条横向裂缝，缝宽 0.1～0.2mm。

⑥ 两岸四段斜杆和短竖杆下端接头部位有较多横向裂缝，但未贯通，缝宽 0.1～0.2mm，其中瓮安岸较严重。

⑦ 瓮安岸上游下弦杆桁片双竖杆对应位置的横隔板上有 3 条竖向裂缝，缝宽 0.1～0.2mm。

⑧ 主孔脚段、二段、三段斜杆上发现较多顺杆件纵向的裂缝，杆件下端有横向裂缝，缝宽 0.1～0.2mm。

⑨ 两岸拱座上立柱下端截面前后有几条竖向裂缝，缝宽 0.1～0.3mm，长度 1～5m。

大桥主孔裂缝分布示意，见图 12-11。

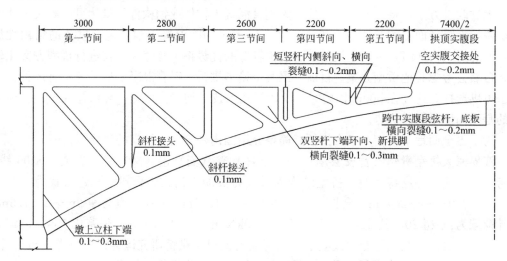

图 12-11　江界河大桥主孔总体裂缝分布图（2008 年检测）

检测报告在结论中指出：本次调研发现，大桥仍有不同程度的病害，构件的裂缝比贵州省交通科学研究所 2005 年（大桥建成后 10 年）发布的调研报告中指出的裂缝明显增多。根据技术状况，将界河大桥评定为二类桥梁。

2014 年（大桥建成后的第 19 年），贵州省交通规划勘察设计研究院试验检测中心对江界河大桥进行了外观检测和静、动载试验，编制了检测报告，要点如下：

① 拱圈内部各室立柱与斜杆交界处下弦顶板出现多条纵向、斜向裂缝，最大缝宽 0.8mm，最大裂缝长 4.5m；腹板出现竖向、斜向裂缝，最大缝宽 0.3mm，最大缝长 1m；拱顶实腹段底面出现横向、纵向裂缝，最大缝宽 0.21mm，最大缝长 8m。

② 上弦顶底板出现横向裂缝、渗水、泛碱现象，最大缝宽 0.15mm，最大缝长 3.6m；腹板出现纵向、斜向裂缝，最大缝宽 0.25mm，最大缝长 3m。

③ 立柱出现斜向、竖向、横向、环状裂缝并露筋，最大缝宽 0.35mm，最大缝长 12m；斜杆出现横向、竖向裂缝，最大缝宽 0.5mm，最大缝长 2.5m；立柱及斜杆的横系

梁出现竖向贯通裂缝，最大缝宽 0.2mm。

④ 边孔上弦出现横向、纵向、斜向裂缝，最大缝宽 0.2mm，最大缝长 3.25m；斜杆出现斜向裂缝和网状裂缝，缝宽 0.25mm，最大缝长 4m；桥台出现竖向贯通裂缝，最大缝宽 0.5mm。

⑤ 桥面系多处出现开裂、坑槽、破损、移位等病害。

检测报告指出：江界河大桥目前结构外观现状较差，存在诸多严重病害，尤其是存在较多超规范限值的裂缝，结构局部损伤严重，对结构的整体性、耐久性和使用安全造成严重影响，需引起足够重视。根据《公路桥涵养护规范》JTG H11-2004 规定，江界河大桥技术状况评分为 56.8，技术状况评定为三类，属于较差的状态。

江界河大桥建成后分别于 2005 年（建成后 10 年）、2008 年（建成后 13 年）和 2014 年（建成后 19 年）进行了检测。大桥主要受力构件的病害逐年缓慢发展。从建成时的完好技术状况，发展为二类、三类桥梁。病害主要集中发生在上弦断缝之间的桁架拱区段，与其他桁式组合拱桥主要病害出现的范围基本相同，表明这类桥梁主要受力构件裂缝的发生具有一定的规律性。主要原因如前述，是结构体系存在固有缺陷。因各桥施工质量与车辆荷载等因素有所不同，病害发生、发展与严重程度也有所不同。

文献［84］指出："进入 20 世纪 80 年代后，贵州省将桁架拱桥向更大跨度推广，从 75m 跨度的长岩大桥（1981 年）、150m 的剑河大桥（1985 年）和花鱼洞大桥（1991 年）、174m 的盐津河大桥（1996 年），直至 330m 跨度的江界河大桥（1995 年），但也逐渐暴露出桁架拱桥在进入超大跨度范围后的一些缺点。应当说，桁架拱桥仍是中等跨度拱桥的经济合理桥型。"

12.4　混凝土桁式结构桥梁性能评析

混凝土梁桥与混凝土拱桥向轻型化发展，往往做成桁式结构。例如，梁式体系有简支桁梁、连续桁梁、桁式 T 构和桁式连续刚构等；拱式体系有桁架拱、刚架拱、斜腿刚构、连续桁架拱等。桁式组合拱桥则为拱桁相结合的桥梁。按主要受力构件考虑，双曲拱、肋拱等也具有桁式结构的一些特点，可称为准桁式结构。这些种类的混混凝土桁式结构桥梁，在我国的不同历史时期都采用过。应用较为广泛的主要有双曲拱桥、刚架拱桥、桁架拱桥、肋拱桥等，其他桁式梁桥也时有采用。桁式组合拱桥主要在贵州省修建较多。

本章前三节论述了双曲拱桥、刚架拱桥和桁式组合桥事故和病害的基本情况与成因。实际上，其他混凝土桁式桥梁也不同程度地出现一些病害，甚至事故。下面是部分实例。

实例一　贵州省仁怀市茅台大桥（第 2 次修建）

第 1 次修建的茅台大桥为 2×115m 上承式钢筋混凝土箱形拱桥，1990 年 10 月 27 日接近全桥完工时两跨主孔突然垮塌（详见本书第 9 章实例四）。第 2 次修建的茅台大桥仍在原桥位，主要情况如下。

孔跨布置为 2×20m＋50m＋88m＋50m＋2×20m，桥梁全长 296m。桥面净宽为净-9m＋2×2m 人行道，设计荷载为汽-20、挂-100，人群荷载为 3.5kN/m²。主桥为（50＋88＋50）m 预应力混凝土桁架式连续刚构，引桥为钢筋混凝土简支梁。主桥横向由 4 片主桁架组成，桁片高度渐变，下弦纵向为二次抛物线，矢跨比为 1/9.15。全桥桥型布置图如图 12-12 所示。

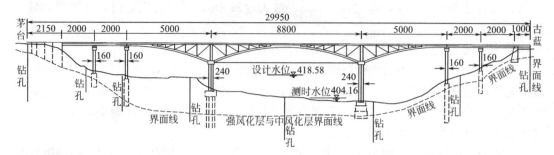

图 12-12　茅台大桥桥型布置图（第 2 次修建）

主桥施工方法：在主墩顶横墙上设塔架（万能杆件组成），缆索斜拉、底模平台做承重结构，将桁片分段进行对称悬臂浇筑。

大桥于 1992 年 10 月开工，1995 年 9 月建成通车。使用几年后即发现桁片出现裂缝，进行了第 1 次加固维修。由于裂缝连续发展又进行了第 2 次维修加固。到了 2014 年（即运营 19 年后），桥梁开裂严重，经鉴定为危桥，已不能正常使用，决定拆除。于 2014 年 6 月 6 日，采用爆破方法拆除了这座桁架式连续刚构桥（图 12-13）。2016 年又第 3 次修建茅台大桥，主桥为（58＋100＋58）mPC 连续刚构桥，主梁为单箱单室断面，从景观考虑采用 Y 形墩。桥宽 16m，主墩处桥面加宽至 19m，其上设置观景平台，该桥至今仍正常服役。

图 12-13　爆破前的茅台大桥（左），茅台大桥及钟楼爆破现场（右）

实例二　江苏省昆山市××大桥

该桥为钢筋混凝土斜杆式桁架拱桥，单跨 40m，矢跨比 1/8，横向由 4 个桁架拱片组成，横向中距为 2.84m，由横系梁连接。桥面净宽为净-7m＋2×0.75m 人行道，设计荷载为汽-15、挂-80。1999 年建成通车。

使用十多年后检查发现：上部结构包括拱肋、斜腹杆、横系梁、弦杆、桥面板等主要受力构件均出现大量病害。病害类型主要有：开裂、破损、剥落、露筋等。部分构件破损面积较大，外露主筋锈蚀严重。这些病害对结构的安全性与耐久性均造成较大的危害。

维修加固措施：下弦杆上部外包钢筋混凝土增大截面；横向增设钢构件剪刀撑，以增强主拱横向联系，提高结构整体性；微弯板损坏严重，采用 RC 矩形预制板更换；斜腹杆、上弦杆及实腹段采用碳纤维布（CFRP）缠绕粘贴加固。上部结构的主要受力构件几乎全部进行加固或更换。

实例三　杭州市××大桥

该桥跨越京杭运河，主孔为下承式预应力混凝土简支桁架梁桥，两端边孔为 13m 梁桥。设计荷载为汽-10，人群荷载为 3.5kN/m²。桥面净宽为 4.5m。主桥结构布置如图 12-14 所示。下弦杆和竖杆施加预应力，预应力采用冷拉Ⅳ级（HRB 500）粗钢筋轧丝锚固体系。桁架梁纵向共分为 5 段预制构件，分段拼装。大桥于 1993 年建成通车。

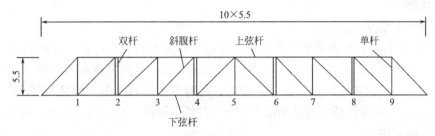

图 12-14　主桥结构布置示意（尺寸单位：m）

2006 年，即使用 13 年后，浙江大学土木测试中心对该桥进行了检测，发现病害主要有：①桁架竖杆横向受拉裂缝较多，且分布较为密集；②桁架的主要承重构件，如竖杆、下弦杆及桥梁底板表层混凝土碳化；③部分弦杆和腹杆局部出现露筋和锈蚀，部分弦杆表层混凝土破损严重；④桥面有多处裂缝，局部坑槽、碎边等现象，桥头局部沉陷等。

病害的主要原因是由于竖杆中预应力筋及混凝土徐变导致杆件内部预应力不断损失，出现受拉横向裂缝。整座桥梁预应力不足，导致结构内力重分配，斜腹杆承受过大的压应力也出现少数受压裂缝。

加固方案：采用体外预应力加固竖杆。体外预应力筋采用高强度精轧螺纹钢筋。每根竖杆四周对称安装 4 根 ϕ18mm、抗拉强度 980MPa 的螺纹钢筋。在竖杆上、下端用厚 25mm 的锚垫板承受预拉力。

实例四　浙江省砻糠山大桥

砻糠山大桥位于德清至桐乡公路上，是一座净跨 50m 的钢筋混凝土桁架拱桥，全长 60.84m。桥面净宽为净-7m+2×0.5m，设计荷载为汽-15、拖-60。主孔矢跨比 1/8。为竖杆式桁架拱，由 4 片桁架组成。桥台为扩大基础空箱式台身，台上腹孔为净跨 4.73mRC 板。该桥建成于 1972 年。运营至 2001 年，曾发生过 3 次病害，进行了 3 次加固。

第 1 次病害情况及加固：

建桥通车后不久，桥台向路堤方向转动，并产生较大水平位移，桥台腹孔向台后移动下滑，主孔桥面脱开，拱脚松脱。

病害原因：台后为高填土路基，桥台后缘过大沉降，使桥台向路堤方向转动、滑移。

加固方法：桥台前缘设置 RC 排架，支承下滑的腹孔板梁，接长桁架拱片拱脚段，保持和桥台拱座的连接。

第 2 次病害情况及加固：

1996 年 8 月检查发现，4 片桁架拱片均在两岸拱脚处沿竖向全断面开裂，裂缝基本呈垂直状，上宽下窄。裂缝最大宽度为 20mm（桐乡岸）和 8mm（德清岸）。桐乡岸拱脚混凝土大部分已脱开，与拱座之间仅靠 8ϕ16mm 纵向钢筋固定。桥台拱上连接处伸缩缝断开，宽度为 170mm（桐乡岸）和 80mm（德清岸）。桥面发生左右摆动，摆幅左右方向分别达到 30～50mm，桥梁处于危险之中。

病害原因：第 1 次加固后，拱脚与拱座呈刚性连接。此后地基仍在缓慢沉降，经过较长一段时间后，拱座随桥台转动而引发拱脚产生附加负弯矩，导致拱脚截面严重开裂。

加固方法：在桥台拱座前缘浇筑牛腿，牛腿悬出桥台 35cm，将拱脚断裂部分包裹在内，使拱脚固定。

第 3 次病害情况及加固：

2001 年 10 月 5 日检查发现，桁架拱片多数竖杆发生明显裂缝，靠近拱顶附近的竖杆开裂严重，其中拱顶附近第 2 排竖杆（两半跨共计 8 根）已全断面裂开，第 1 排竖杆部分裂缝已贯通。裂缝位置在竖杆上弦节点附近，往跨中方向斜向上，约呈 45°分布，裂缝最大宽度为 3mm。同时，桥面有 2 条沿拱片分布的纵向裂缝，长度约为全跨长的 2/3。桥梁再次处于危险之中。

病害原因：交通量大，又有重车过桥，超过大桥的设计荷载，导致桁架拱片竖杆薄弱杆件断裂。计算表明，在汽-20 级荷载作用下，竖杆产生的最大弯矩为其抗弯承载力的 1.55 倍。

加固方法：对开裂严重的拱顶附近第一、二排竖杆采用外包钢板法进行加固。

2001 年 11 月完成第 3 次加固。至 2003 年 9 月，因该公路按二级路加宽改造，决定将砻糠山大桥拆除，另建新桥。

实例五　河南省沙颍河大桥

颍河大桥位于河南省与安徽省交界处的界首市。该桥为 $6 \times 30m$ 桁架拱桥，全长 206m，宽 10.9m。设计荷载为汽-13。上部结构每跨由 6 片桁架组成，每片桁架分两段预制，无支架缆索吊装，预埋钢板焊接。横向联系有横系梁、横拉杆与横隔板。下部结构为柱式桥墩、组合式桥台。北台为钻孔灌注桩基础，南台为扩大基础。该桥于 1979 年建成通车（图 12-15）。

20 世纪 90 年代后检查发现：1～5 号孔桁架拱顶下挠过大，其中 2 号孔最严重，拱顶沉降达 90mm，挠跨比 1/333，该孔动力效应明显；1 号孔 6 片桁架的北端上弦杆节点混凝土开裂；微弯板严重开裂破损；所有桥墩上部的"门"形立柱及横梁断裂（横梁作为桁架的上支撑点），立柱裂缝位于根部，裂缝宽 1～5mm，横梁裂缝宽 0.2～1mm；桥面系与桥台亦有病害。

病害原因：超载车辆逐年增多，两岸桥台基础形式不相同，发生不均匀沉降。

加固方法：在某一孔端部、$l/4$ 处各增设一道剪刀撑和一道上横梁；拱顶处增设横隔板；所有墩上"门"形柱扩大截面，并在横梁跨中新增立柱；拆除更换已有病害的微弯板；对有裂缝构件进行修补；维修与加固桥面系等。

混凝土桁式结构桥梁，在我国长期和广泛使用的过程中，不少桥梁出现严重病害甚至

图 12-15　沙颍河大桥实景

发生事故。产生的原因多归结为：交通量增大与超载车辆增多；原设计荷载偏低；墩台有不均匀沉降或位移；施工质量较差等。但与我国多年来亦广泛采用的非桁式混凝土桥梁相比较，例如，与上承式 RC 箱形拱桥、PC 简支梁桥和连续梁桥、PC 连续刚构桥等相比较，就发生病害的严重性与广泛性而言，同在我国的大环境中，混凝土桁式桥梁在总体上要严重得多。这就促使我们进一步思考，是否与这类混凝土桥梁的结构体系与构造特点有关。提出以下几点初步评析：

（1）混凝土桁式桥梁结构的重要特点是主要承力结构轻型化。轻型化有很多优点：自重减小，有利于施工安装；工程量下降，有利于节省造价；对墩台基础承载力的要求降低，等等。轻型化也有不利的一面：混凝土桁式结构的构件往往截面尺寸较小，力学特性较差，当某种应力较大时就容易开裂；因截面较小，一旦有微裂纹发生，构件的刚度就可能有较大变化，导致内力分布发生变化。裂缝较多时，内力变化过大，就容易发生较大的变形或位移，并进一步使裂缝发展。

（2）混凝土桁式桥梁，外部为静定或次数不高的超静定体系，但内部则多为高次超静定，在温度变化、混凝土收缩徐变、基础强迫位移等影响下，容易出现较为复杂多变的附加应力，是裂缝发生的重要因素之一。混凝土桁式桥梁，杆件多、节点多，杆件交汇处往往形成若干交角，其转折圆弧处，应力集中现象明显，也是裂缝多的部位。

（3）一般的混凝土桁式桥梁，是一个非冗余结构，如果一个主要受力杆件失效或部分失效，就会使整体结构内力恶化而发生损坏或事故。例如，美国迈阿密 FIU 人行桥，为 PC 下承式桁架主梁的斜拉桥，2018 年 3 月 15 日，桁架基本完成尚未安装斜拉索之前垮塌（详见本书第 10 章实例八），原因之一就是该 PC 桁梁是一个非冗余结构，一个腹杆构件失效，在施工中又未采取临时支撑，导致桥体倒塌。

（4）混凝土桁式桥梁设计采用的成桥方式，基本思路是"化整为零"，再"以零凑整"。优点是：预制构件尺寸较小、自重轻，制作、移运、吊装、组拼都较为方便，较少采用重型施工机械。但这会使桥梁预制构件多、节点多、接头多，施工质量不易保证。节点与接头往往成为整个结构的薄弱部位，受外界因素的影响就容易在节点和接头处出现病害。例如，广西××大桥，为双层桥面预应力混凝土平行弦连续桁架刚构桥，主桥跨径为（60＋3×100＋60）m，主跨跨中设置摆柱铰。大桥于1995年7月建成通车。运营十多年后发现桥墩附近下弦杆（桥墩附近桁架为变高度）与下弦杆连接处普遍开裂，竖杆及斜杆也出现裂缝。这类病害与预制构件接头处连接质量差和附加应力过大有关。

混凝土桁式桥梁有较多优点的同时，也存在某些弱点，可以简单概括为：结构体系存在固有缺陷；"化整为零"到"以零凑整"的成桥方式对于大跨径混凝土桥弊大于利；混凝土桥梁过于轻型化，其自身抗力较弱，抗风险能力较低。在采用混凝土桁式桥梁时，应认真研究其在使用过程中容易发生的病害，采取可靠的预防措施。

本章参考文献

[1] 潘利平，鞠杰，等. 双曲拱桥在发展中 [J]. 公路设计资料，1973 (1).

[2] 许必隆，严允中. 交通部双曲拱桥技术经验交流会主要经验介绍 [R]. 1973.

[3] 徐启友. 公路桥梁倒塌事故的处理 [J]. 公路，1990 (1).

[4] 张帆，李红谦. 南阳桐柏淮河大桥加固加宽简介 [J]. 华东公路，1999 (2).

[5] 张道省，崔土强，陈明国. 顶推法加固拱桥技术应用研究 [C] //2001年全国桥梁学术会议论文集. 北京：人民交通出版社，2001.

[6] 张冠华. 双曲拱桥结构特殊病害加固处理方法 [J]. 公路交通科技（应用技术版），2008 (9).

[7] 唐咸远，张俊，於永和. 用途改变的旧双曲拱桥承载力鉴定 [J]. 中外公路，2011 (3).

[8] 史增朝. 邯郸刑峰公路矿山双曲拱桥破坏性试验. 公路交通科技（应用技术版），2012 (4).

[9] 曹人清，李晓鸣. 双曲拱桥加固提载设计与施工 [J]. 公路，2012 (8).

[10] 吴娇媚. 某双曲拱桥拆除方案比选论证 [J]. 公路交通技术，2017 (1).

[11] 湖南省交通局. 湖南省双曲拱桥技术总结（1966～1973）[R].

[12] 赖宁兴，上官萍. 双曲拱桥的加固及其性能评估 [C] //全国既有桥梁加固、改造与评价学术会议论文集. 北京：人民交通出版社，2008.

[13] 李进军，宋文武，符杰，等. 滇藏公路双曲拱桥病害分析及加固措施 [J]. 公路交通科技（应用技术版），2008 (7).

[14] 赖宁兴，上官萍. 双曲拱桥的加固及其模型修正 [C] //全国既有桥梁加固、改造与评价学术会议论文集. 北京：人民交通出版社，2008.

[15] 江苏省交通局勘测设计队. 双曲拱桥调查总结 [J]. 公路工程，1976 (2).

[16] 交通部科学研究院，江苏省交通局，湖南省交通局，江苏省无锡县交通局. 公路双曲拱桥上部构造设计计算 [M]. 北京：人民交通出版社，1983.

[17] 刘仲训，冯泉钧. 苏松源和双曲拱桥 [J]. 桥梁，2011 (3).

[18] 楼庄鸿，娄有原，李瑛. 双曲拱桥上部结构承载能力的评定方法 [J] //楼庄鸿桥梁论文集. 北京：人民交通出版社，2004.

[19] 华建柱，邢士伟，冯泉钧. 城镇双曲拱桥病害原因及加固方法 [C] //2004年全国桥梁学术会议论文集. 北京：人民交通出版社，2004.

[20] 王克成，徐君兰，张永水，等. 双曲拱桥病害分析及加固措施 [C] //2004年全国桥梁学术会议论文集. 北京：人民交通出版社，2004.

[21] 葛万光，安琳，王臣. 双曲拱桥上部结构常见病害分析与加固措施 [C] //全国既有桥梁加固、改造与评价学术会议论文集. 北京：人民交通出版社，2008.

[22] 罗世勋，卢震，姚秋梅，等．当代四川公路桥梁 [M]．成都：四川科学技术出版社，1988．

[23] 陈虎成，刘明虎，陈晓东．刚架拱桥病害分析及上部和基础结构优化设计 [J]．桥梁建设，2010 (4)．

[24] 缪长青，李枝军，李爱群．基于振动分析的混凝土刚架拱桥典型病害研究 [J]．桥梁建设，2007 (6)．

[25] 周富华，陆有机．龙床大桥病害分析与维修加固对策 [J]．公路交通技术，2006 (2)．

[26] 李建军．钢筋混凝土刚架拱桥加固施工技术 [J]．市政技术，2010 (3)．

[27] 李宏江，叶见曙，虞建成．伊家河刚架拱桥病害的结构分析 [J]．桥梁建设，2002 (5)．

[28] 李晓鸣，曹人清，何聪．刚架拱危桥加固提载设计 [J]．公路，2016 (11)．

[29] 楼庄鸿．拱桥的发展趋势 [C] //四川省公路桥梁建设经验交流会论文集．1990．

[30] 章卫松，刘逸敏，侯发亮．刚架拱桥支座沉陷病害分析和补强加固措施 [J]．桥梁，2005 专刊第 4 辑总第 6 期．

[31] 杨永红，吕大伟．某大桥病害成因分析与处治办法 [J]．世界桥梁，2004 (1)．

[32] 陈建华，朱奕勤．刚架拱桥加固技术研究 [J]．公路，2015 (5)．

[33] 王英杰．刚架拱桥的加固技术与施工工艺 [J]．公路交通科技（应用技术版），2010 (7)．

[34] 黄德耕，何志芬，欧阳平，等．钢筋混凝土刚架拱桥加固新技术研究 [J]．公路交通科技（应用技术版），2013 (6)．

[35] 黄德耕，罗吉智，谭洪河，等．刚架拱桥横系梁加固技术研究 [J]．桥梁建设，2012 (6)．

[36] 胡尚武．东江大桥病害成因与处治办法 [J]．公路交通技术，2007 (1)．

[37] 朗丹妮．基于有限元分析的刚架拱桥加固方法和加固效果评估研究 [J]．城市道桥与防洪，2017 (10)．

[38] 周超舟，王禹钻．一座斜交刚架拱桥的病害分析 [J]．桥梁建设，2003 (5)．

[39] 严木才，张娜．G205 国道丁山刚架拱桥检测评价 [J]．公路交通技术，2006 (3)．

[40] 余天庆，蒋永红．拱式桥梁加固技术的研究与应用 [J]．世界桥梁，2006 (1)．

[41] 陈天本．桁式组合拱桥 [M]．北京：人民交通出版社，2001．

[42] 交通部西部交通建设科技项目《桁式组合拱桥病害成因和加固方法研究》子课题一：桁式组合拱桥病害调查与成因研究报告（结题报告）[R]．贵州省交通规划勘察设计研究院，2008 年 10 月．

[43] 陈泽．桁式组合拱桥的固有缺陷及其损伤机理分析 [D]．重庆交通大学学位论文，2010 年 4 月．

[44] 上海同济规划建筑设计研究总院桥梁工程研究所．贵州贵黄公路白马大桥计算报告 [R]．2002 年 3 月．

[45] 黄小平，韦忠胜．盐津河大桥病害分析及加固 [J]．公路，2006 (2)．

[46] 贵阳晚报，2004-4-17 报道．

[47] 贵州都市报，2004-4-20 报道．

[48] 贵阳晚报，2004-7-8 报道．

[49] 贵阳晚报，2013-1-29 报道．

[50]《中国公路》编辑部．桥检．席卷全国的安全风暴 [J]．中国公路，2007 (22)．

[51] 遵义市交通局．盐津河大桥加固方案讨论会有关资料 [R]．2004 年 4 月 21 日．

[52] 牛宏，贾磊，慕玉坤．桁式组合拱桥 4 种加固方法的对比分析 [J]．桥梁建设，2009 (1)．

[53] 佘远程，杜镔．桁式组合拱桥上下弦组合截面应力计算方法探讨 [J]．公路交通科技（应用技术版），2009 (7)．

[54] 陈冠桦，杜镔，丁作常，贾宁．某桁式组合拱桥新拱脚结点局部应力分析 [J]．桥梁建设，2009 (6)．

[55] 佘远程，陈冠桦．桁式组合拱桥新拱脚局部应力分析 [J]．公路交通科技（应用技术），2009 (7)．

[56] 何飞. 某桁式组合拱桥静载试验分析 [J]. 中外公路，2010 (4).

[57] 贵阳晚报，2019-11-3 报道.

[58] 牛艳伟，曹宏恩，杜隆基，等. 大跨径混凝土桁式组合拱桥长期变形实测分析 [J]. 公路，2017 (2).

[59] 许长城，钟宁，张鑫. 预应力混凝土桁式组合拱桥病害成因分析 [J]. 公路交通技术，2009 (1).

[60] 陈敏，赵阳阳. 桁式组合拱桥拆桥施工双影响矩阵法索力优化研究 [J]. 公路，2018 (11).

[61] 贾宁，李宇航，杜镔，等. 桁式组合拱桥病害成因探讨 [J]. 公路交通科技应用技术，2010 (11).

[62] 郑皆连. 我国公路桥梁安全状况及对策 [J]. 中国公路，2007 (22).

[63] 彭卫，张新军，王振民. 桁式组合拱桥与钢管混凝土拱桥力学性能比较 [J]. 公路，2003 (8).

[64] 杜镔. 桁式组合拱桥的主要病害特点归纳与探析 [J]. 中外公路，2014 (5).

[65] 杜镔，唐志. 基于实测的桁式组合拱桥荷载偏载系数统计分析 [J]. 公路交通技术，2014 (5).

[66] 苏龙，刘祥. 江界河大桥病害检测及成因分析 [J]. 公路交通技术，2016 (5).

[67] 唐志，杜镔，丁作常，等. 桁式组合拱桥设计的改进措施研究 [J]. 公路交通技术，2014 (4).

[68] 陈多，董佳霖. 编译. 这是最合适的设计吗—FIU 桥梁倒塌最新调查报告 [J]. 桥梁，2019 (5).

[69] 严允中，余勇继，杨虎根，等. 桥梁事故实例评析 [M]. 北京：人民交通出版社，2013.

[70] 严允中，杨虎根，许伟，等. 上承式混凝土拱桥建造实例及评析 [M]. 北京：人民交通出版社股份有限公司，2015.

[71] 贵阳晚报，2004-5-11 报道.

[72] 贵州省交通勘察设计院. 长岩芙蓉江大桥设计总结 [R]. 1981 年 2 月.

[73] 肖汝诚，等. 桥梁结构体系 [M]. 北京：人民交通出版社，2013.

[74] 肖贤德. 茅台大桥设计与施工 [J]. 公路，1995 (1).

[75] 贵阳晚报，2014-6-7 报道.

[76] 魏洋，纪军，端茂军，等. 钢筋混凝土斜杆桁架拱桥加固技术优化研究 [J]. 公路，2015 (5).

[77] 李新生，王刚，郭英. 大跨度预应力混凝土桁架桥加固技术研究 [J]. 世界桥梁，2010 (4).

[78] 费增乾，何柏春，徐章生. 桁架拱桥典型病害的分析与加固 [J]. 公路，2004 (8).

[79] 李福忠. 桁架拱桥的常见病害与维修加固 [J]. 公路，2002 (9).

[80] 侯攀，彭放枚，蒙方成. 双层桥面预应力混凝土连续刚桁桥静载试验分析 [J]. 西部交通科技，2015 (4).

[81] 彭贻希. 福建省洪塘大桥三角桁架下承式 T 型刚构荷载试验分析与评价 [C] //2001 年全国桥梁学术会议论文集. 北京：人民交通出版社，2001.

[82] 漆光荣. 预应力混凝土斜拉式桁架 T 构桥型介绍 [C] //四川公路桥梁建设经验交流会论文集. 四川省公路协会，1990.

[83] 金文成，高荣雄，林功利. 钟祥吉庆桥的加固改造研究 [J]. 华东公路，2001 (1).

[84] 项海帆，潘洪萱，张圣城，范立础. 中国桥梁史纲 [M]. 上海：同济大学出版社，2009.

[85] 甄玉杰，宋松林，冯云成. 贵州仁怀茅台大桥主桥 Y 形墩墩梁固结部位详细应力计算分析 [C] //2013 年全国桥梁学术会议论文集. 北京：人民交通出版社，2013.

[86] 杨健，吴骏，刘彬. 千山万壑，平湖彩虹——花鱼洞大桥重建关键技术 [J]. 桥梁，2020 (1).

[87] 张劲池，张学峰，程麦理，等. 预应力桁式组合拱桥病害处治方法研究 [J]. 公路交通科技（应用技术版），2011 (7).

第13章 材料原因引发的桥梁事故

从导致桥梁事故发生的首要责任者的角度，可以形成对桥梁事故的基本分类，包括：设计、施工、维护、材料、外部和其他原因六大类。这就是引发桥梁事故的六种基本原因。其中，材料原因是指受环境、气候、人为等因素影响，致使材料性能发生变化而引发的桥梁事故。桥梁事故发生的原因往往不是单一因素，而是几种因素共同影响的结果，但其中有一个或少数几个因素起主导作用。本章讨论以材料为首要原因的桥梁事故和严重病害。

较为常见的材料原因主要有：混凝土材质劣化与损坏；普通钢筋、预应力钢筋、锚具锈蚀和腐蚀；斜拉桥拉索、中下承式拱桥与悬索桥的吊杆索材质损坏或保护层失效；悬索桥主缆锈蚀或失效；钢结构构件腐蚀、缺陷或断裂，等等。涉及的范围很广泛。本书前面的一些章节已介绍了材料原因引发的部分较为重大的桥梁事故。本章补充若干实例与评析。

13.1 混凝土劣化引发的桥梁事故

混凝土是修建桥梁使用量最大的一类材料。混凝土结构在服役期内经受着力学因素与环境因素的多重损伤作用。首先，在力学因素作用下，其性能与功能将逐步衰减，这是一个总体上不可逆的客观规律，尤其是混凝土自身收缩徐变特性以及疲劳荷载对于混凝土材料的损伤劣化作用，是造成结构耐久性失效并进而可能引发事故的关键问题。其次，在各种环境介质作用下，将导致混凝土材料内部结构的改变与损伤。对桥梁混凝土（含钢筋混凝土）影响较大的环境介质主要有：混凝土碳化、氯盐腐蚀、冰融破坏、碱-集料反应、硫酸盐腐蚀和钢筋锈蚀等几种。在力学与环境因素的多重复合作用下，混凝土材料的损伤劣化将进一步加剧。

下面介绍几个较为典型的实例。

实例一 ××装配式空心板桥

桥梁跨径组合为 $7 \times 16m$，上部结构为钢筋混凝土空心板梁桥，横向由 12 块预制板组成，桥面宽7m。下部结构为混凝土柱式墩台。设计荷载为汽-超20、挂-120。

上部结构主要病害：空心板底部存在较多横向裂缝，缝宽0.2mm左右，裂缝间距约30cm，并且大部分裂缝已经贯通，部分裂缝宽度较大，个别裂缝宽度达0.5mm。空心板底部渗水，部分空心板之间的铰缝渗水严重。

部分空心板存在纵向开裂、渗水。有的空心板底面有孔洞、蜂窝、麻面、钢筋外露锈蚀。

部分空心板之间存在错台现象。

桥墩存在环向裂缝与竖向裂缝。墩台盖梁出现混凝土剥落、露筋、开裂、钢筋锈胀、渗水等情况。

多个支座脱空，部分支座有过大的剪切变形。

该桥病害较为严重，除荷载（力学）因素外，环境介质影响因素有：混凝土碳化、氯盐浸蚀、钢筋锈蚀与盐类结晶膨胀引发的混凝土损伤等。

该桥上部结构损伤情况的评分值为 64.68 分，属于四类部件，需要对上部结构进行大修。

实例二　××整体式现浇板桥

桥梁孔跨布置为 20×12.5m，全长 262.0m。上部结构为整体式现浇板，板宽 15m。下部结构为双柱式桥墩，扩大基础。桥面净宽为净-14.75m＋2×0.5m（护栏）。设计荷载为汽-超 20、挂-120。

该桥主要损伤情况如下：

（1）板底跨中附近出现大量横桥向裂缝，裂缝分布比较密集，裂缝数量多，全桥共检测出横向裂缝 3942 条，但大部分为细小裂缝，宽度多在 0.15mm 以下，裂缝长度大部分在 40～60cm 范围内。

（2）板底出现较多纵桥向裂缝，部分裂缝宽度超过 0.15mm，裂缝有渗水、白析现象。大部分裂缝较长，最长达 10m，基本上贯通全跨。全桥共检测出纵向裂缝 133 条，其中宽度在 0.15～0.25mm 的裂缝有 30 条。

（3）现浇板距离墩顶盖梁边缘 0～1m 范围内，板底多处出现斜向裂缝，其延伸方向与纵桥向呈 30°～50°角。裂缝长度大部分介于 0.3～0.6m 范围内，部分出现渗水、白析现象。全桥共查出此类裂缝 85 条，其中宽度在 0.2mm 左右的裂缝有 4 条。

（4）板底多处出现纵、横向裂缝相交形成的网状裂缝。部分裂缝有渗水、白析现象。全桥共检查出网状裂缝 109 处。

（5）板的外侧面普遍存在钢筋锈蚀、混凝土剥离现象。

（6）板底出现局部空洞现象。

该桥上部结构为外荷载（力学因素）及多种环境因素造成严重损伤，堪称典型案例。上部结构损伤评分值为 66.55 分，属于四类部件，需要对上部结构进行大修。

实例三　北京西直门立交桥和山东潍坊白浪河桥

北京市二环路以西内、外大街形成十字形交汇区域修建的西直门立交桥，为一座机动车与非机动车分道行驶的环形立体交叉，桥跨部分为混凝土梁式桥，于 1980 年建成通车。

该桥因多年采用除冰盐消除冰雪，导致桥面板混凝土严重剥蚀和钢筋锈蚀断裂。通车 10 年后的 1990 年就进行了维修加固，后来病害越来越严重，已危及行车安全，在运营 19 年后的 1999 年拆除重建，使用寿命不足 20 年。

拆除过程中，发现结构存在大量的冰融病害，橡胶支座老化结硬，致使支座下承台破裂，这座桥上的支座使用寿命不足 10 年。

山东潍坊宝通街白浪河桥，现状桥梁共分 5 幅桥，前后分三次建成。这座桥始建于 1986 年，当时是刚架拱桥，全长 125.328m，桥面宽组成为 1.25m（人行道）＋14m（车行道）＋1.25m（人行道），共宽 16.5m。1999 年，这座桥进行了第一次加宽，加宽 10.85m 后桥梁宽度达到了 24m；2006 年，第二次加宽后，桥面宽变成了 3.5m（人行道）＋40m（车行道）＋3.5m（人行道），共宽 47m。受除冰盐浸蚀，梁体混凝土损伤严重，评定为危桥，2019 年 3 月 15 日进行拆除重建施工（图 13-1）。

图 13-1　即将拆除的宝通街白浪河桥

盐冰破坏是盐类化合物和冰融共同作用引起的混凝土损伤，是一种最严重的冰融破坏。其破坏程度和速率比普通冰融大几倍至十倍。常用的除冰盐为 NaCl，路面或桥面受到冰冻作用时，盐产生渗透压使水向路面或桥面流动从而产生水压力。冰溶化的水实际上是降低了冰点的盐溶液，溶液被混凝土吸收变得饱和，更多的冰融化时，溶液被稀释直至其冰点升高到与水的冰点一样后，再次开始冰冻，冰融反复发生，从而不仅会增加除冰盐的饱和度，还可能增加其冻融次数，加速了路面或桥面混凝土剥落、钢筋腐蚀。

一般情况下，对于没有采取防治盐冰破坏技术措施的混凝土，1～2 个冬季就会出现严重的剥蚀损坏，10～20 年钢筋就会严重锈蚀。20 世纪 80 年代初，从国外引进了用除冰盐消除冰雪的方式，交通部发布了有关使用除冰盐的规程，但当时没有认识到除冰盐对混凝土的严重破坏作用。20 世纪 80 年代初首先在京津地区的道路与桥梁上应用，20 世纪 90 年代开始又在东北地区使用，造成一些路桥过早损坏，经济损失很大。直到 1999 年以后，才开始在路桥工程中采用抗盐冰病损害的技术措施。2006 年公布实施的《公路工程混凝土结构防腐蚀技术规范》JTG/T B07-01-2006，对于混凝土结构防止除冰盐危害有相关规定。但交通部在公布该规范的公告中指出："在公路行业内自愿采用"，致使国内的一些桥梁都未采取有效的防腐蚀措施。

实例四　北京市三元立交桥、八里台立交桥和××铁路桥

这三座桥都属于混凝土碱-集料反应（AAR）严重而导致桥梁损坏的实例。

北京市三元立交的 5 座匝道桥，为混凝土梁式桥，出现碱-硅酸反应（ASR）；八里台立交桥亦为混凝土梁桥，出现碱-硅酸反应（ASR）和碱-碳酸盐反应（ACR）；××铁路桥属于碱-硅酸盐反应（ASR），都造成了梁体混凝土损坏。另有一座铁路桥，为预应力混凝土梁桥，AAR 与外界 Cl^- 作用下，预应力钢束与普通钢筋断裂。

拌制混凝土集料中的某些成分可以和溶解在混凝土孔隙溶液中的碱性氢氧化物反应，当反应产物有相当数量并吸收水分膨胀时，膨胀力可达 7MPa，足以使周围水泥石开裂，导致混凝土破坏，这种反应简称为 AAR。混凝土工程中常见的是碱-硅酸盐反应（ASR）。防止 AAR 是混凝土结构耐久性设计的一项重要内容。2004 年以前，公路行业规范没有关于混凝土耐久性设计的专门规范。《公路钢筋混凝土及预应力混凝土桥涵设计规范》JTG D62-2004 虽然有对于混凝土桥梁进行耐久性设计的要求，但条文过于简略。例如，关于碱-集料反应仅有对混凝土中最大碱含量的规定（即各种环境类别最大碱含量均为 $3.0kg/m^3$）。该规范关于混凝土耐久性设计的表述明显落后，难以保证桥梁工程混凝土的耐久性。规范 JTG/T B07-01-2006 虽有更具体明确的要求，但正如前述，因为可以"自愿采用"，实际上对桥梁混凝土结构耐久性设计没有起到规范的作用。直到 2019 年 9 月 1 日开始实施《公路工程混凝土结构耐久性设计规范》JTG/T 3310-2019，公路桥梁混凝土结构耐久性设计才算进入了有专业规范为依据的轨道。我国桥梁混凝土结构存在材料问题面广较多的情况，与相关规范严重滞后有一定关系。对付 AAR 重在预防，因为混凝土一旦发生严重 AAR 危害，加固维修难度很大，工程费用也较高。有时还存在安全隐患，甚至造成事故。

实例五 ××预应力混凝土连续箱梁桥

该桥主桥为 5 跨预应力混凝土变截面连续箱梁桥，分为左、右两幅，左幅桥孔跨为 $(31.5+35.5+50.5+30.0+36.5)$ m。右幅桥孔跨为 $(31.5+35.5+50.5+35.0+31.5)$ m。下部结构为柱、桩式桥墩。箱梁为单箱单室截面，单幅箱梁桥面宽 12.098m，两侧顶板悬臂 2.75m，箱梁高度由 3.50m 渐变至 1.60m。无人行道。箱梁纵向预应力钢束采用标准强度为 1860MPa 的低松弛钢绞线，规格有 $12\phi15.24$、$9\phi15.24$、$7\phi15.24$ 三种，张拉吨位分别为 2268kN、1701kN、1327kN。箱梁采用支架上现浇法施工。该桥于 1994 年建成通车。在 2007 年之前，箱梁已发生裂缝，并进行过修补。

运营 13 年后的 2007 年检查发现箱梁存在多种裂缝，主要情况如下：

（1）沿梁底的纵向裂缝：由于边跨和次边跨底板大部分有裂缝，此前已用碳纤维布加固。检查发现底板纵向裂缝主要集中在中跨，大部分为距墩顶约 3m 的纵向裂缝，呈断续状，最大缝宽 0.3mm。

（2）横向裂缝：由于边跨底板裂缝已修补，检查发现 11 号、12 号、14 号和 15 号跨跨中附近底板有横向裂缝，已发展到腹板中部，成为 U 形裂缝，最大缝宽超过 0.2mm。上述 4 跨箱梁翼板有少量横裂缝，最大缝宽 0.3mm。

13 号跨（中跨）在墩顶附近箱梁底板有少量横向与斜向裂缝。

（3）腹板竖向裂缝：主要发生在施工接缝附近，裂缝宽度上大下小，部分梁体此类裂缝延伸至腹板与翼板交接处，最大裂缝宽度 0.32mm。

（4）横隔板裂缝：左、右幅箱梁横隔板均有开裂现象。裂缝呈倒八字形，其中独柱式桥墩处箱梁横隔板裂缝尤为严重，最大裂缝宽度达 2.6mm，沿整个横隔板贯穿。

发生病害的主要原因：

（1）该桥为高速公路上的桥梁，车辆超载严重。据公路动态称重（WIM）观测数据，日平均车流量为 16338 辆（单幅，混合交通）。车重大于 100t 的六轴车较常见，最大车重为 172.6t，平均车重为 49.8t，平均轴重为 14.1t。计算表明，按实际车重得到的汽车荷载效应明显大于《公路钢筋混凝土及预应力混凝土桥涵设计规范》JTG D62-2004 相应的荷载效应。

（2）由于混凝土收缩、徐变、钢筋松弛、钢筋锈蚀以及施工误差等原因导致预应力损失过大，箱梁的实际预应力明显不足。

（3）原设计桥面铺装为水泥混凝土（设有金属扩张网），1998 年改造成沥青混凝土桥面铺装，但营运中桥面已开裂，致使结构整体刚度下降。

该桥箱梁出现严重病害的主要原因，力学因素是车辆严重超载，导致混凝土应力增大；材料因素则是混凝土收缩徐变、钢筋锈蚀，导致预应力下降，最终反映在箱梁发生较大范围的严重开裂。

混凝土徐变是结构应力为常数时，结构变形随时间的增长而加大的一种现象。增大的变形称为徐变变形。徐变使预应力混凝土中的预应力产生损失，有效预应力随时间延长而缓慢下降，从而使结构或构件产生内力重分布或截面应力重分布，并引起应力松弛等。目前虽已有多种较严谨的理论及分析方法，但过于复杂，且涉及参数较多，工程设计中不便应用。规范中推荐的大多为较简明的经验方法，与实际的徐变变形及随时间的变化往往有较大出入，是造成混凝土桥梁某些病害或过大下挠的重要原因之一。

混凝土收缩是混凝土结构在空气中硬结时产生体积缩小的一种现象。混凝土的粗骨料是不收缩的，水泥砂浆则是收缩的。在混凝土硬化过程中，在两者的界面上产生拉应力，当这种拉应力达到一定大小时，就会在混凝土中产生微裂缝。这种微裂缝是材料内部存在的一种缺陷，是使混凝土抗拉强度下降且离散性较大的主要原因之一。混凝土收缩会使预应力混凝土结构中的预应力发生损失，也是有效预应力下降的原因之一。影响混凝土收缩的因素较多，而实际工程中一旦不利因素影响较大，就会发生各种病害。

该桥预应力损失过大，混凝土徐变、收缩控制不好，应是主要原因。有效预应力降低，拉应力增大，箱梁产生裂缝，在水汽的侵蚀下，钢筋便出现锈蚀，更降低了结构的抗拉强度，促使箱梁裂缝继续发展。

混凝土材质劣化往往造成桥梁出现病害。病害的发展一般较为缓慢，多数桥梁经过维修加固后仍能继续服役。也有极少数桥梁因病害过于严重，已难以维持正常运营，甚至危及安全，只得拆除或改建。例如，湖北钟祥市汉江大桥就是一个较为罕见的实例。该桥主桥为（65＋3×100＋65）m 预应力混凝土连续箱梁桥，全长 1584m，于 1993 年建成通车，验收时被评为质量优良。数年后，主桥上部结构陆续出现裂缝。最突出的是箱梁腹板上的跨中垂直裂缝和支承附近斜裂缝、箱梁底板上的横向贯穿裂缝、箱梁顶板上的纵横向分散性裂缝等。随之出现的是钢筋锈蚀，混凝土开裂，预应力钢绞线滑丝、断丝，预应力松弛，整体变形（挠度）剧增，承载力锐减，险象毕露，最终被迫拆除。这是一起以混凝土材质劣化为主因造成的重大质量事故典型实例，有关该桥事故的详细情况与评析，详见本书第 9 章实例八。

2008 年，交通部公路科学研究院对全国公路系统主跨大于 60m 的近 180 座预应力混凝土箱梁桥开展了裂缝情况调查。调查样本取为 1980 年以来所建预应力混凝土梁桥，跨径为 60~270m。调查统计表明，样本中所有大跨径箱梁都存在开裂现象，具体到每一座桥上只是裂缝性质、开裂部位和轻重程度有所不同而已。可见，从总的趋势看，大跨径预应力混凝土箱梁桥 100% 会出现开裂现象，这是因为普通的混凝土结构，在长期的使用过程中材质劣化的现象难以完全克服。为了进一步提高混凝土结构物的耐久性，国内外都进行了大量的试验研究工作，取得了不少成果。在混凝土材质改善方面，有了高性能混凝土、纤维混凝土、大掺量矿物掺合料混凝土、活性粉末混凝土等。但有的造价较高，有的还不是很成熟，难以大范围推广应用。普通混凝土至今仍然是工程设计中最主要的材料。按现行 JTG/T3310-2019 规范的规定认真执行，桥梁混凝土结构的耐久性是有保证的。

13.2　预应力钢束失效引发的桥梁事故

后张法有粘结预应力技术广泛应用于桥梁混凝土结构中，取得了巨大的成就，积累了丰富的经验，建立了较为完善的理论体系和较为成熟的设计施工方法。这类桥梁在使用过程中，有一部分曾发生不同程度的病害或事故，发生的原因涉及多方面因素，对于具体的桥梁，各因素影响程度也有所不同，其中，钢束预应力失效或部分失效是重要的原因之一，在有些桥梁病害或事故中，甚至成为首要的因素。下面介绍几个实例。

实例一　英国莫斯瓦斯大桥

该桥为有粘结后张预应力混凝土梁桥，于 1953 年建成通车。经过 32 年使用后，于 1985 年 2 月 1 日，在桥上没有车辆行驶及其他外力作用下，毫无征兆地突然倒塌。该桥由 9 根工字形纵梁和边箱梁组成，倒塌时 9 根梁全部破坏。事故发生后英国运输与道路研究实验室进行了调查，打开梁体表层混凝土保护层，发现金属波纹管的局部已经发生锈蚀腐烂，透过波纹管腐蚀的孔洞可以看到波纹管内灌浆明显不密实，存在无浆体的空穴。钢绞线暴露在空气中，表面已生锈。在 24 条纵向孔道中，有 4 条孔道存在较大空隙，另有 2 条孔道在一定长度内中空，钢绞线完全没有水泥浆包裹，最大空隙出现在曲线管道的锚固端。另外，在检查的 14 条横向预应力孔道中，有 3 条孔道的钢绞线无水泥浆包裹，另有 3 条孔道几乎全部是空的。垮桥的原因正是由于波纹管灌浆不密实，存在空隙，导致钢绞线暴露于空气中逐渐生锈发生应力腐蚀，最后突然脆断。后来又有几座桥发生类似情况，使人们开始怀疑后张有粘结预应力结构的可靠性与安全性。

英国运输部在莫斯瓦斯大桥事故后强制规定，暂不使用后张有粘结预应力工艺，改用后张无粘结预应力工艺，使后张无粘结预应力技术迅速发展。但在实际应用中逐渐发现，无粘结预应力技术也存在不少问题，主要反映在以下几方面：①预应力筋能否正常工作完全取决于两端锚具，一旦锚具出现问题，将严重影响结构的安全；②预应力筋与外护套之间的油脂虽然可以充满套内空间，但时间很长后，油脂会干缩，或在高温下流出，钢绞线保护会逐步失效而发生腐蚀；③对于多跨连续结构，无粘结预应力会使结构的可靠性下降；④在相同条件下，无粘结预应力混凝土构件的预应力筋极限应力低于有粘结预应力筋极限应力约 20%。后来，英国运输部重新规定可以继续使用后张有粘结预应力技术。

实例二　美国 I-70 号 SR1014 大桥

该桥位于宾夕法尼亚州华盛顿县，为多跨预应力混凝土简支箱梁桥，1960 年建成通车。2005 年 12 月 27 日，大桥第 3 跨一根边梁突然垮塌，折成两段坠落地面。事故发生后进行了调查，原因有以下几项：①由于预应力管道灌浆不密实，预应力筋腐蚀严重；②桥面漏水严重，梁体长期潮湿；③各片主梁之间的横向联系已失效，出现单梁受力情况；④除冰盐造成混凝土腐蚀。总的来说，该桥主梁因有效预应力下降和耐久性不足，使用 45 年后突然发生坍塌。

实例三　美国 Bissell 大桥

1992 年，美国康涅狄格州 Bissell 大桥在使用 35 年后，因预应力筋严重锈蚀，已危及桥梁的使用安全，被炸掉另建新桥。这是一起因预应力筋损坏造成重大事故的典型案例。

实例四　国内三座大桥

国内某高速公路拓宽改造过程中，对三座实桥实施拆除，对预应力孔道浆体进行了现场检测，主要情况简介如下：

A 桥：为 21m＋45m＋35m 变截面预应力混凝土连续箱梁桥，梁高 1.1～2.5m，纵向预应力束为 24ϕ5mm 碳素钢丝，C40 混凝土。检测了 12 个断面，共计 867 个孔道，压浆饱满率为 50.1%～91.3%，平均值为 73.3%。

B 桥：为 42.5m＋65m＋42.5m 变截面三向预应力混凝土连续箱梁桥，挂篮悬浇施工。纵向钢束为标准强度 1860MPa 的 7ϕ5mm 钢绞线，XM 锚，预埋波纹管，C50 混凝土，于 1995 年建成通车。检测了 9 个断面，共计 636 个孔道，压浆饱满率为 48.9%～76.2%，平均值为 66.6%。

C 桥：为 32m＋50m＋32m 预应力混凝土连续箱梁桥，梁高 2.4m，纵向钢束为标准强度 1860MPa 的 7ϕ5mm 钢绞线，XM 锚，预埋波纹管，1995 年 12 月建成通车。检测了 24 个断面，共计 958 个孔道，压浆饱满率为 52.66%～98.04%，平均值为 77.7%。

另外，对 B 桥的竖向预应力和横向预应力孔道进行了检测，同样存在压浆不饱满情况，个别孔道基本上没有浆体。调查发现，纵向钢束中的曲线段孔道压浆饱满率大约低于直线段 7.49%。

实例五　某高速公路大桥与钱塘江××大桥

国内某高速公路大桥为 9×30m 预应力混凝土装配式小箱梁桥。在进行工程质量检查时发现，预制箱梁完成后底板沿预应力波纹管方向开裂，个别地方沿波纹管底部渗水。进一步检查分析，出现开裂与渗水的原因，是由于浆体配合比有问题，水泥浆泌水太多；压浆前管道未彻底清理，压浆设备性能差，致使管道内压浆不密实。

钱塘江××大桥，随机抽取 35 根管道发现，管内无浆的情况占 7.2%，不饱满的情况占 11.42%，开孔流水的情况达到 40%。

实例六　其他有关资料

1998 年，瑞士调查了 107 座后张有粘结预应力混凝土桥，发现有 14 座桥存在压浆不密实的情况，占总座数的 13.1%。

1996 年，伦敦后张法预应力混凝土结构会议上，英国公路局的报告指出：通过检查发现，80% 的后张预应力混凝土桥梁有缺陷，50% 的桥梁预应力孔道内有空洞，其中 1/3 钢束有锈蚀。

我国上海市某越江大桥浦西引桥为 40m 现场预制简支曲线箱梁桥，施工中在预应力钢丝张拉后按常规进行管道压浆。经检查发现，弯起预应力钢束在锚下的一段孔道水泥浆不密实，充满了由水泥浆泌出的水，这段孔道长约 70cm。

1995 年，在对一座 14 跨的现浇后张预应力混凝土梁桥拆除的过程中检查到：由于钢丝束最高点处砂浆的沉积，造成近 100 个锚具中的 23 个端锚区有孔隙；在未灌浆或部分灌浆的孔道内因积水结冰引起腹板纵向开裂。经观察研究发现，金属波纹管和钢丝锈蚀与水泥浆含氯化物或者沿钢丝束迹线混凝土开裂有关。

因预应力损失过大导致桥梁出现病害或事故的一个重大原因是预应力钢筋的锈蚀，而后张有粘结预应力钢筋的锈蚀，往往是由于孔道灌浆不密实。孔道压浆的作用一是排出孔道内的水和空气，防止预应力筋腐蚀，保证预应力结构的耐久性；二是使预应力筋通过水泥浆与周围混凝土结成整体，将预应力筋的拉力传入混凝土结构，降低锚具受力，使混凝土结构均匀承受压力，提高结构的整体承载能力、抗裂性能与耐久性。

预应力钢材的腐蚀分为一般腐蚀和应力腐蚀，其中应力腐蚀是特别危险的腐蚀形式。所谓应力腐蚀是指钢材处于受拉状态下，并同时受到腐蚀时发生的材质劣化，将会引起钢材迅速出现脆性破坏。应力腐蚀断裂是金属材料在应力和腐蚀介质联合作用下产生的一种特殊破坏形式，不存在应力时腐蚀较轻微，当应力超过某一临界值后金属会在腐蚀并不严重的情况下发生脆断。预应力筋的直径一般很小，强度较高，在正常工作状态下，长期存在较大拉应力，对腐蚀十分敏感，是典型的容易出现应力腐蚀的构件。而且在桥梁预应力混凝土结构中，预应力筋应力腐蚀一旦发生，不易从构件的外表察觉，其破坏又呈脆性，这就使构件的破坏具有突然性。这是由预应力构件本身的特点及预应力筋的性质所决定的。

试验分析表明，导致应力腐蚀开裂的最低应力远小于钢材的断裂强度，而且断裂前无明显的塑性变形。这是脆性破坏常导致灾难性事故的重要原因。可见，预应力孔道内压浆质量不好，轻则产生病害，重则发生事故，是后张有粘结预应力混凝土结构设计、施工应予重点关注的问题。

预应力孔道灌注水泥浆，传统的做法是采用压浆法来灌注，即在 0.5～1MPa 的压力下，将水灰比约为 0.4 的稀释水泥浆压入孔道内。大量的工程实践表明，这种压浆工艺容易产生水泥浆离析，固结后收缩量较大，使管道中出现缝隙，容易引起预应力筋腐蚀。《公路桥涵施工技术规范》JTG/T 3650-2020 对浆液性能提出了较高的要求：低水胶比（0.26～0.280）；零泌水率；高流动性。但是在实际施工中，一些施工现场往往通过加大用水量来改善浆体的流动性，规范要求的水胶比和泌水率难以保证，给预应力结构埋下隐患。为了克服传统压浆工艺存在的弊病，20 世纪 80 年代法国首先在后张有粘结预应力结构中采用真空辅助灌注这一新工艺，获得了特别好的灌浆质量。我国南京长江二桥于 1999 年在国内首先采用真空辅助压浆技术，同样获得了优良的灌浆质量。规范 JTG/T F50-2011 对真空辅助灌浆的一些技术参数提出了要求（例如真空度 -0.1～-0.06MPa），但传统的压浆工艺仍可继续使用，在实际工程中，还可能存在浆体质量欠佳的隐患。为了使预应力结构的耐久性和安全性有可靠的保证，建议在桥梁工程中推广这一新工艺。

国内工程实践的经验表明，金属波纹管与塑料波纹管比较，后者更有利于提高管道内压注水泥浆的质量。塑料波纹管有以下优点：

（1）塑料波纹管可以配合真空辅助压浆，而金属波纹管难以做到。

（2）塑料波纹管刚度较大，施工中不易变形，金属波纹管较柔，容易变形。

（3）塑料波纹管的连接可以采用 PHJ 塑料焊机直接热熔焊接，无需增大接头处管道直径，且密封性良好，不会漏浆；金属波纹管接头处的连接管管径要增大一些，其长度达到管道直径的 5～7 倍，须用胶带密封，若接头处理不好就容易漏浆。

（4）塑料波纹管不会锈蚀，金属波纹管容易锈蚀，故塑料波纹管耐久性较好。

（5）塑料波纹管的摩擦参数 k、μ 远小于金属波纹管。某项试验表明，塑料波纹管与金属波纹管比较，k 值约小 20%，μ 值约小 50%。试验得到的塑料波纹管的 k 值为 0.00085，规范值 $k=0.0015$，说明塑料波纹管的 k 值较小。

预应力管道灌浆不密实的情况，扁形波纹管比圆形波纹管更严重。根据工程实际抽查和专门试验表明：未采用真空辅助压浆工艺的扁孔，经解剖发现，只有孔道两端短距离内有浆体，80% 以上是空的。

行业标准《预应力混凝土桥梁用塑料波纹管》JT/T 529-2016 对于扁形塑料波纹管短轴方向内径一律取为 22mm（适用于 2、3、4、5 根钢绞线），而钢绞线的公称直径为 15.24mm，所以，理论上在短轴方向有效净空仅为 6.76mm，明显偏小。如计入允许的误差，实际的净空可能更小。这是扁管普遍存在灌浆不饱满的重要原因之一。短轴方向的内径至少应增大到 25mm。

预应力短束容易失效是桥梁混凝土结构存在的主要问题之一。整体式箱形梁桥梁体出现的裂缝，较为普遍和数量较多的是腹板上的主拉应力斜裂缝。这类裂缝多发生在剪力最大的靠支承附近的箱梁腹板上，随着时间的增长，逐步向受压区发展，裂缝数量也会增加，而且箱梁腹板内侧斜裂缝要比箱梁腹板外侧斜裂缝严重。这类斜裂缝产生的原因较多，主要有竖向预应力不足、无下弯束、腹板偏薄、未考虑空间受力、箍筋偏少以及施工质量差等。其中，竖向预应力筋较短，采用精轧螺纹粗钢筋，致使竖向预应力损失较大或不稳定，是重要原因。与其他原因比较，该问题的解决难度更大。

国内预应力混凝土箱梁桥腹板发生斜裂缝的情况较多，以下介绍几个实例。

实例一　广东南海金沙大桥

该桥为 66m+120m+66m 连续刚构桥，2001 年发现箱梁腹板上有大量斜裂缝，裂缝宽度最大达 1mm，因桥梁整体刚度下降，跨中附近下挠 238mm，挠跨比 1/504。

实例二　河南三门峡黄河大桥

该桥为 105m+4×140m+105m 预应力混凝土连续刚构桥，大桥于 1993 年建成通车，1999 年发现箱梁腹板上有 733 条斜裂缝，跨中下挠 220mm。

实例三　广东珠海大桥

该桥为 75m+2×125m+70m 预应力混凝土连续刚构桥，1993 年建成通车，2007 年检查发现箱梁腹板上有大量斜裂缝，箱梁顶板上亦发现裂缝。

实例四　广东虎门大桥辅航道桥

辅航道桥为 150m＋270m＋150m 预应力混凝土连续刚构桥，1997 年建成通车，2003年发现箱梁腹板出现大量斜裂缝、横向裂缝，跨中下挠 260mm。

实例五　湖北黄石长江大桥

该桥为 162.5m＋3×245m＋162.5m 预应力混凝土连续刚构桥，1996 年建成通车，2002 年发现箱梁有大量裂缝，包括腹板斜裂缝在内，全桥裂缝总数达 6638 条，跨中下挠 335mm。

实例六　浙江省的两座桥

桥 A：为 56m＋80m＋56m 预应力混凝土连续箱梁桥，桥 B：为 52m＋3×80m＋52m预应力混凝土连续箱梁桥。两座桥箱梁出现的裂缝大致相同，主要发生在边跨现浇段与支座附近至 1/4 跨径范围的腹板上，为斜度 45°左右的斜裂缝，这些裂缝在上、下游两侧基本对称。

预应力直线钢束由锚具变形、钢筋回缩和接缝压缩引起的预应力损失 $\sigma_{l2} = \dfrac{\sum \Delta l}{l} E_{\mathrm{p}}$，式中 $\sum \Delta l$ 为"带螺母锚具的螺母缝隙"，《公路钢筋混凝土及预应力混凝土桥涵设计规范》JTG D62-20004 规定为 1mm，实测资料表明，该值显著偏小；l 为张拉端至锚固端之间的距离，竖向预应力筋较短，如再计入施工质量较差的影响，则预应力损失很大，有效预应力大幅度下降。由于精轧螺纹粗钢筋是刚性索，施工时对螺母、粗钢筋、锚垫板三者的安装精度要求高，放张时锚固螺栓经常拧不到位，导致永存预应力不稳定；张拉应力低、伸长量小，短钢束仅伸长几毫米，放张后预应力损失的比例很大；一般施工工地缺乏完整、严格的验收检查制度，放张后难以判断预应力是否符合设计要求。上述大部分情况，都反映了传统竖向预应力工艺存在的固有缺陷，是竖向预应力容易出现较大损失的主要原因。新桥规 JTG 3362-2018 对于"带螺帽锚具的螺帽缝隙"Δl 值已调整为 1～3mm，是恰当的。但 2018 年以前因 $\Delta l = 1$mm，是造成竖向预应力损失估计不足的原因之一，表明规范长期滞后。

为了解决桥梁工程中预应力容易失效这个难度较大的问题，不少专家、学者做了大量工作，取得了一些重大成果。下面简要介绍两项先进技术。

（1）低回缩预应力钢绞线锚具

低回缩预应力钢绞线锚具研制开发成功并投入使用，是解决较短预应力束应力损失过大这一技术难题的一种新技术、新设备。其主要特点如下：

① 采用钢绞线代替精轧螺纹钢筋，配合张拉端低回缩二次张拉锚具，彻底解决了竖向预应力钢筋由于张拉长度较短而预应力损失较大，有效预应力不稳定的问题。

② 二次张拉低回缩锚具已研制成功，代号为 OHM。第一次张拉钢绞线，放张时夹片自动跟进夹紧钢绞线；第二次张拉时将锚环整体张拉至设计荷载，拧紧支承螺母，放张后

锚环由支承螺母支承在垫板上，预应力筋无回缩产生。二次张拉在首次张拉放张 48h 内进行。

固定端为可用于钢绞线的 P 型锚具。

③ 预应力束可由单根或多根钢绞线组成。因这种锚具多用于较短的钢束，常用锚具相应的钢绞线根数有 1、2、3、4、5、7、9 等几种，规格有 OHM15 和 OHM13 两种。预应力荷载为 50～1755kN。

④ 当用于箱梁腹板竖向预应力时，钢束长度为 0.5～25m。除用于直线束外，还可用于曲线预应力束，曲线束半径应不小于 6m。

⑤ OHM 锚具主要技术参数：锚具效率系数 $\eta \geqslant 0.95$；破断总应变 $\varepsilon \geqslant 2\%$；锚具放张回缩量 $\lambda \leqslant 1mm$；锚口摩阻损失系数 $\mu \leqslant 0.00001$（理论值为 0）；在规定的 2×10^6 次循环荷载作用后，钢绞线因锚具影响发生疲劳破坏的面积不大于原试样总面积的 5%；50 次规定的周期荷载作用后不发生钢绞线破断滑移和夹片松脱；可保证满足分级张拉、补张拉及放松钢绞线的要求。上述技术性能已通过实验室和实桥的预应力锚具检测，达到设计要求。

该项技术已获国家专利，已在湖南省、广东省、重庆市等省市推广应用，几十座预应力混凝土箱梁桥的腹板竖向预应力采用了二次张拉低回缩钢绞线锚具，跨径在 55～260m 范围。

值得关注的是，这种锚具用于竖向预应力时，较传统的竖向预应力损失小得多，但有限元分析表明，采用 OHM 锚具，混凝土徐变、收缩所引起的竖向预应力损失占全部预应力损失的 50%，是引起竖向预应力损失的最大因素。所以，对于新型 OHM 锚具配合钢绞线用于竖向预应力时，如何进一步降低徐变、收缩的不利影响，是需要深入研究的问题之一。

这一新型锚具还可用于斜拉桥索塔的 U 形预应力束和横向预应力束、高速铁路桥梁横向预应力束以及箱梁顶板的横向预应力束等特殊场合。

（2）大循环智能压浆施工技术

近年来，一种先进的压浆施工技术在国内桥梁工程中应用，即"大循环智能压浆施工技术"。中交一公局在中朝鸭绿江界河大桥上使用了这项新技术。该技术要点如下：

① 浆液可在管道内持续循环，通过调整压力和流量大小，将管道内空气从出浆口和钢绞线钢丝间完全排出，同时带出孔道内残留的杂物。

② 准确控制压力、调整流量。自动实测管道压力损失，以出浆口满足规范最低压力值来设置压浆的压力值，保证沿程压力损失后管道内仍有满足规范要求的最低压力值。关闭出浆口后长时间内保持不低于 0.5MPa 的压力。当进、出浆口压力差保持稳定后，可判定管道内充盈状况。通过进出口调节阀对流量和压力大小进行调节，稳压期间保持补充浆液进入孔道，保证密实。

③ 水胶比控制。按事先确定的配合比自动加水，准确控制水胶比符合规范要求。

④ 一次压注双孔，提高工效。主桥斜拉桥的预应力管道均采用双孔同时压浆。从位置较低的一孔压入，从位置较高的一孔压出回流至储桶，保证压浆饱满密实。

⑤ 实现高速制浆，规范搅拌时间。系统集成了高速制浆机，将水泥、压浆剂和水进行高速搅拌，其转速为 1420r/min，叶片线速度大于 10m/s，能完全满足规范要求。

⑥ 监测压浆过程，实现远程监控。压浆过程由计算机程序控制，准确监控浆液温度、环境温度、压浆压力、稳压时间等各项指标。自动记录有关数据，打印成报表，通过无线传输技术将数据实时反馈到有关部门，对预应力管道压浆实现了远程监控。整个工程基本上排除了人为因素的不利影响。

从上述介绍可以看出，为了避免整体式预应力混凝土箱梁出现过多的病害，采用新工艺、新设备和新技术能获得较好的效果。桥梁工程的进一步发展，最重要的是改革和创新。对于经过实践证明是行之有效的变革，应大力进行推广并在实践中逐步完善和提高。

13.3 钢索劣化或损坏引发的桥梁事故

中、下层式拱桥的吊索、悬索桥吊索、系杆拱桥的系杆索、斜拉桥的斜拉索以及悬索桥的主缆，均为桥梁结构中的承力钢索，在现当代桥梁的主要体系中占有重要地位。其中斜拉桥、中下承式拱桥等拉吊索桥梁因造型美观、跨越能力强、设计施工技术较为成熟等诸多优势在公路与城市桥梁中大量应用，成为我国当代大中桥的主流桥型。尤其是钢管混凝土拱桥在大跨径桥梁上的突出特点，在国内迅速发展，不断刷新最大跨径记录，取得了巨大的成就，我国已成为世界上这类大桥跨径最大、数量最多的国家。

斜拉桥、中下承式拱桥的桥面荷载通过拉吊索传至桥塔或拱肋，由桥塔或拱肋传至桥墩台和基础。拉吊索作为桥梁主要承力构件，布置在桥塔或拱肋与桥面系之间，为体外构件，一般用 PE 塑料包裹防护，断面十分纤细，处于高应力状态，对外界侵害比较敏感。随着使用年限的增长，拉吊索在实际运营中逐步暴露出锈蚀、断丝等病害，严重者出现断裂。有时受突发因素的影响（例如车辆撞击或严重超载）还可能发生毁桥事故。在已发现的斜拉桥和中下承式拱桥病害中拉吊索病害占了绝大部分，可以认为是这类桥型结构的"软肋"。特别是中下承式非刚性系杆拱桥，桥面横梁仅由吊索支承，吊索断裂便会引起桥梁坍塌。当桥面沿纵向为非连续结构时，损坏更为严重。值得注意的是，吊索断裂往往没有先兆，难以预防。从 20 世纪 80 年代后期至今，国内已有不少桥梁因拉吊索病害严重而进行部分或全部换索，造成了巨大的经济损失并带来了不良的社会影响。下面简要介绍桥梁拉吊索严重病害与事故的一些实例。

表 13-1 为国内部分中、下承式拱桥吊杆钢索服役寿命统计，表 13-2 为国内部分斜拉桥换索工程简况。

国内部分中、下承式拱桥吊杆钢索服役寿命统计 表 13-1

序号	桥梁名称	桥梁简况	建成年	吊杆更换年	吊杆服役年
1	合肥市寿春路大桥	跨径 72m 中承式 RC 拱桥	1987	2001	14
2	四川宜宾市小南门金沙江大桥	主跨 240m 中承式钢骨架混凝土拱桥	1990	2001	11
3	广东从化彩虹大桥	跨径 90m 中承式 RC 拱桥	1990	2003	13
4	四川遂宁明目大桥	跨径 54m 下承式系杆拱桥	1994	2003	9
5	四川攀枝花市倮果金沙江大桥	跨径 160mRC 中承式拱桥,更换全部吊索	1995	2003	8

续表

序号	桥梁名称	桥梁简况	建成年	吊杆更换年	吊杆服役年
6	四川峨边县大渡河大桥	跨径 138m 下承式钢管混凝土桁架拱桥	1995	2003	8
7	四川乐山市沙湾大渡河大桥	主跨 150m 下承式 RC 系杆拱桥,全面更换吊杆、系杆	1999	2003	4
8	广西三岸邕江大桥	主跨 270m 中承式钢管混凝土桁架拱桥	1996	2003	7
9	广西邕宁邕江大桥	主跨 312m 中承式钢筋混凝土拱桥	1996	2003	7
10	广东东莞市鸿福大桥	2×127.2m 下承式钢管混凝土系杆拱桥	1999	2003	4
11	杭州市叶青兜大桥	跨径 72m 下承式 RC 系杆拱桥	1993	2006	13
12	成渝高速公路四川内江市新龙坳大桥	跨径 117.8m 中承式斜吊杆提篮拱桥,更换全部吊杆	1994	2006	12
13	浙江金华武义温泉大桥	(30＋47.875＋30)m 三跨中承式 RC 拱桥	1998	2006	8
14	广东南海三山西大桥	主跨 200m 中承式钢管混凝土系杆拱桥	1994	2007	13
15	广西柳州市文惠大桥	主跨 108m 中承式钢管混凝土拱桥,全长 483.4m,1998～1999 年已发现吊杆严重病害	1994	2007	13
16	河南漯河市泰山路沙河彩虹大桥	3×95m 中承式 RC 系杆拱桥,全长 315m	1995	2008	13
17	山东济宁市京杭运河大桥	跨径 90m 中承式 RC 拱桥	1996	2008	12
18	邕宁蒲庙大桥	主跨 312m 中承式劲性钢骨架混凝土拱桥,2003 年、2008 年两次更换吊索	1996	2008	12
19	成都市青龙场立交桥	主跨 132m 下承式钢管混凝土系杆拱桥	1997	2008	11
20	成都市星辉桥	下承式系杆拱桥	不详	2008	—
21	山西太原市潇汾桥	7×66m 中承式 RC 拱桥	1993	2009	16
22	四川德阳长江路大桥	中承式拱桥,桥长 340m	1995	2009	14
23	福州市解放大桥	(2×61＋80＋2×61)m 五跨钢管混凝土中承式拱桥	1996	2009	13
24	四川绵阳市天津桥	中承式拱桥(人行桥)	1997	2009	12
25	蜀河汉江大桥	2×120m 中承式钢管混凝土拱桥	1998	2009	11
26	四川绵阳涪江三桥	主桥为 3 跨中承式钢管混凝土桁架系杆拱桥,大桥全长 1375m,主桥长 294m,中孔202m	1997	2010	13
27	福建龙岩溪南大桥	跨径 61m 中承式 RC 拱桥	1990	2010	20

序号	桥梁名称	桥梁简况	建成年	吊杆更换年	吊杆服役年
28	广东佛山市佛陈大桥	跨径 110.4m 下承式钢管混凝土 PC 系杆拱桥	1994	2010	16
29	福建南平玉屏大桥	主桥为 100m 中承式 RC 拱桥，大桥全长 343.52m	1996	2010	14
30	浙江金华双龙大桥	跨径 100m 中承式 RC 拱桥	1996	2010	14
31	广州市丫髻沙大桥	三跨自锚式中承式钢管混凝土拱桥，主桥孔跨为(76＋360＋76)m，中承式无铰拱	2000	2011	11
32	武汉市绕城高速公路 K94＋718 分离式立交桥	跨径 35m 下承式系杆拱	2004	2010	6
33	贺州大桥	不详	不详	2011	—
34	福建福安市群益大桥	跨径 46m 钢管混凝土中承式拱桥，单钢管式拱肋	1999	2011	12
35	广西黔江大桥	吊杆拱桥，2010 年 9 月更换全部吊杆	1995	2010	15

国内部分斜拉桥换索工程简况　　　　　　　　　　表 13-2

序号	桥梁名称	桥梁简况	原拉索简况	建成年	换索年	拉索使用寿命(年)
1	上海市松江县新五桥	3×24m，全长 105.2m	钢筋拉索，外保护层为沥青玛蹄脂与水泥砂浆	1975	1991	16
2	济南市黄河公路大桥	主桥(104＋220＋104)m PC 主梁，全长 2023.44m	镀锌钢丝索，冷铸镦头锚，铝套管压水泥浆防护。更换 88 根拉索	1982	1995	13
3	广州市海印大桥	(85.5＋175＋85.5)m 双塔单索面 PC 主梁，主桥长 340m，塔高 57.4m	平行镀锌钢丝索，冷铸镦头锚，PE 护套，压注水泥浆，外缠包环氧树脂。更换全部 186 根拉索，一根拉索突然断裂，多根拉索锈蚀并松弛	1988	1995	7
4	云南省金沙江皎平渡大桥	主桥为(70＋144＋70)m，全长 299.4m	钢绞线拉索病害严重，评为四类。1 根拉索突然断裂，多根拉索锈蚀，发生松弛。更换全部拉索	1991	1997	6
5	广东南海市九江大桥	主桥为 2×160m 独塔斜拉桥	平行钢丝索，冷铸镦头锚，PE 护套。2001 年全部换索	1988	1998	10
6	四川犍为县岷江大桥	主桥为(52＋66＋240＋66＋52)m PC 主梁，全长 886m	高强钢丝索，冷铸镦头锚，PE 护套。更换全部 384 根拉索	1990	2000	10
7	广西红水河铁路大桥	主桥为(48＋96＋48)m 双塔竖琴形拉索，塔梁固结，塔墩分离	钢绞线索、单根钢绞线涂环氧树脂包玻璃纤维布，在 10 根钢绞线束外再用环氧树脂缠裹玻璃丝布进行整体束防护，最后在整束张拉索表面涂环氧铝粉面漆	1981	2001	20

续表

序号	桥梁名称	桥梁简况	原拉索简况	建成年	换索年	拉索使用寿命(年)
8	四川三台县涪江大桥	(56+128+56)m 双塔混凝土斜拉桥,全长 560.3m	高强钢丝索,3 层环氧树脂间绕 3 层玻璃纤维布,外缠螺旋钢筋,压注水泥浆并刷防护漆	1980	2002	22
9	广东佛山市西樵大桥	(15×30+125+110)m 双索面混凝土斜拉桥,全长 706m,塔高 67.65m	镀锌平行钢丝索,PE 护套,压注水泥浆。1995 年 PE 护套开裂	1987	2003	16
10	上海市恒丰路立交桥	主跨151m,全长 613m,塔高 50m	平行钢丝索,PE 护套,压注水泥浆	1989	2003	14
11	云南昆畹公路保山市三达地怒江大桥	主桥为 2×145m 独塔双索面 RC 斜拉桥,全长 416.44m,塔高 87m	镀锌平行钢丝索,冷铸锚,PE 护套,下端设钢护筒,其中压注水泥浆。更换全部拉索	1994	2004	10
12	重庆市石门嘉陵江大桥	主桥为200m+230m 独塔单索面 PC 主梁斜拉桥,桥面全宽 25.5m	进口钢丝索,冷铸镦头锚,氧硫化氯乙烯硫化胶防护套	1988	2005	17
13	天津市永和大桥	主跨260m 双塔 PC 主梁斜拉桥,全长 512.4m,塔高 55.5m	平行钢丝索,PE 护套,内压水泥浆	1987	2006	19
14	广西柳州市壶西大桥	主桥为 2×120m 独塔双索面混凝土主梁斜拉桥,全长 484m	钢绞线索,夹片式锚具,索股先单根 PE 防护,再外包塑料套管防护	1994	2006	12
15	南宁市白沙大桥	主桥为 2×122.5,独塔双索面 PC 主梁斜拉桥,主桥长 395m	平行钢丝索,冷铸锚,PE 护套。更换全部斜拉索	1995	2006	11
16	浙江上虞市章镇大桥	主跨226m 独塔 PC 主梁斜拉桥,全长 303.69m,塔高 30.31m	拉索为高碳粗钢筋,冷铸镦头锚。钢筋间与表面涂沥青玛琋脂,外包玻璃纤维布涂刷沥青层。外防护为:拉索两端 3m 长度内缠绕玻璃纤维布涂刷环氧净浆,再缠绕玻璃纤维带。最外 2 层环氧净浆中加入钛白粉与铝银浆填料。索中段涂刷沥青玛琋脂,缠绕玻璃纤维布	1993	2007	14
17	浙江宁波甬江大桥	主跨468m 双塔 4 索面斜拉桥,联塔、桥面分幅,全长 588.62m	镀锌钢丝索,PE 护套	1992	2008	16
18	浙江金华市婺江大桥	主桥为(103+129+39)m,塔高 64m,全长 267.64m	钢绞线,单根 PE 护套	1997	2008	11
19	广东珠海淇澳大桥	主桥为 (176.5+320+176.5)m 双塔独柱式 PC 主梁斜拉桥	镀锌平行钢丝索,镦头锚,PE 护套。全桥192 根拉索,有 127 根开裂,全部更换拉索	2001	2008	7
20	广东东莞南阁大桥	主桥为(35+108+35)m,其中吊梁跨度 36m	高强度平行钢丝索	1994	2009	15

序号	桥梁名称	桥梁简况	原拉索简况	建成年	换索年	拉索使用寿命(年)
21	南昌市新八一大桥	主跨为 2×(2×160)m PC 斜拉桥,主桥全长 1040m,塔高 103m	病害严重,索力与设计值相差过大,更换全部斜拉索	1997	2009	12
22	武汉市白沙洲长江大桥	主桥为双塔双索面栓焊钢箱梁斜拉桥,孔跨为(50+180+618+180+50)m,全长 3586.38m,塔高 175m	钢绞线拉索。多次维修	2000	多次维修	—
23	重庆市涪陵长江大桥	(50.5+98.5+330+98.5+50.5)m PC 主梁斜拉桥	使用 15 年后,拉索损坏严重,更换全部 212 根拉索	1997	2012	15

实例一 四川省宜宾小南门大桥

该桥为主跨 240m 中承式 RC 拱桥,2001 年 11 月 7 日大桥部分桥面断裂坠江,事故直接原因是连接拱肋和桥面预制板的 4 对 8 根短吊杆锈蚀断裂(图 13-2)。事故详细情况见本书第 9 章实例七。

图 13-2 垮塌的小南门大桥

实例二 江苏省常熟市××大桥

该桥位于虞新公路上,跨越申张线,桥下为五级航道。孔跨布置为(3×20+60+4×20)m,主桥为 60m 下承式 PC 系杆拱,桥面全宽 18.1m,净宽 15.0m。设计荷载为汽-20、挂-100。引桥为 PC 空心板。2001 年建成通车。

主桥拱肋与系杆均为箱形断面。拱肋截面为 130cm×160cm,箱壁厚度 25cm,系杆断面为 130cm×170cm,箱壁高度 25cm。吊杆采用标准强度为 1670MPa 的 90φ5mm 平行碳素钢丝,锚具为 DM5A-90 和 DM5B-90 的冷铸镦头锚。单侧吊杆 11 根,全桥共计 22 根。

2010 年和 2012 年两次对该桥进行了调查和检测,主要病害如下:

(1)吊杆钢套管表面锈蚀较严重,裂缝最大宽度达 15mm,共有 6 根吊杆开裂。套内积水,钢套管焊缝处断裂,吊杆钢丝锈蚀断裂,锚具已失效,吊杆与拱肋连接处钢板锈蚀。

（2）RC拱肋表面出现明显的露筋，且面积较大，分布较广，局部有蜂窝麻面。

（3）主拱有较大挠度，车辆通过时，桥梁自振频率小，消减缓慢，自行弹性恢复能力差，抗超载能力弱。

根据病害情况分析，该桥在使用12年后因存在严重的结构性安全隐患，决定更换全部吊杆，并对拱肋进行维修加固。

实例三 成渝高速公路新龙坳大桥

该桥为主跨117.8m斜吊杆中承式提篮拱。拱肋内倾角12°，每一横梁端布设两根45°交角的吊杆。吊杆采用由121φ5mm、强度为1600MPa的高强碳素钢丝组成的平行钢丝束，锚具为冷铸镦头锚。该桥于1994年6月建成通车。2006年经两次全面检查后发现以下病害：

（1）纵、横梁在连接处开裂严重；

（2）梁板、纵梁、拱圈和横梁均有较宽的裂缝；

（3）吊杆锚头积水和锈蚀，外层PE护套破损，吊杆内钢丝锈蚀，大多数吊杆偏位严重；

（4）实测吊杆拉力与设计拉力存在较大偏差，安全系数不足。

考虑到桥梁纵、横梁间的连接破坏严重，桥体框架受力体系已发生变化，且吊杆严重病害，个别吊杆一旦断裂将导致严重后果，故在服役12年后的2006年将全桥吊杆进行更换。

实例四 重庆市××大桥

该桥孔跨布置为（26.65+54.85+27.88+90+27.88+54.85）m，主跨90m为中承式RC提篮拱，大桥全长307m，桥面全宽33m。主跨拱肋面内矢跨比1/2，拱平面倾斜13°，拱肋为变高度悬链线无铰拱，$m=1.899$，拱肋高2.5～3.0m，肋宽2.0m，双拱肋之间设置5道横撑。桥面系由RC桥面板、RC纵隔板及横梁组成。横梁两端设置吊杆，全桥共计36根吊杆。吊索采用标准强度1600MPa、211φ5mm高强钢丝平行编组制成。吊杆用热挤PE套防护，两端用冷铸镦头锚锚固。大桥设计荷载为汽-20，挂-100，人群荷载为4.5kN/m²。该桥于1995年建成通车。

使用14年后的2008年对该桥进行全面检查与荷载试验，吊杆病害情况如下：

（1）吊杆下锚头锚杯内均有积水，甚至充满整个锚杯，下锚固处钢丝有锈斑。

（2）吊杆PE护套普遍发生破损、开裂，防护破损处钢丝锈蚀。

（3）对吊杆钢丝抽查检测显示，吊杆钢丝普遍锈蚀严重。部分钢丝已出现1.0～2.2mm深的锈坑，所检测的表层钢丝锈蚀断面面积损失率最大为34.32%。

（4）实测吊杆索力与设计理论值及2005年测试值相比较，下降均超过10%。

主桥评定为较差状态（接近四类桥梁），为防止灾难性事故发生，对全桥吊杆进行更换。

实例五 台湾南方澳大桥

2019年10月1日，台湾宜兰县南方澳跨海大桥发生断裂垮塌（图13-3），一辆油罐车落水压住渔船并起火，造成4人死亡，2人失踪，12人受伤。

南方澳大桥为主跨140m下承式双叉单肋钢拱桥，桥面宽15m，高度18m，于1999年建成通车。

经初步分析，事故主要原因是：一根钢索吊杆首先破断，其余吊索突然内力增大而连续断裂，导致主拱肋垮塌。首根钢吊索可能是因金属疲劳而发生破断。大桥位于海边，海风长期侵蚀致使钢材材质劣化。台湾"地震工程研究中心"原主任、现任顾问张国镇指出：除上述原因外，这种桥型结构体系"赘余度"不足以及维修保养较差也是重要原因。另外，台湾气象局透露，当天凌晨1：54，宜兰县南澳发生地震（大桥垮塌是当天上午9：30），最大地震烈度为4级，这是否与大桥事故有关，未见有关报道。

该桥设计使用年限为50年，但运营20年后即倒塌，不足设计寿命之半。从现有的有关报道来看，事故主要原因应是吊索钢材劣化。

图13-3　台湾南方澳大桥垮塌现场

实例六　广州市海印大桥

该桥为（35+85.5+175+85.5+35）m预应力混凝土主梁双塔单索面斜拉桥，索塔高57.4m，主桥长340m。斜拉索为平行镀锌钢丝束，HiAm型冷铸镦头锚，PE护套。护套与钢丝间压注水泥浆，护套外缠包环氧树脂。该桥始建于1985年7月，于1988年12月27日建成通车。

1995年5月17日边跨两侧发生了9号斜拉索断裂事故。随后检查发现15号索也有松断现象，出现险情。随后对184根拉索全部进行检查，发现PE管内水泥浆普遍空缺，钢丝束不同程度锈蚀。为防止安全事故发生，于1996年被迫进行全桥斜拉索更换，耗资2000万元，工期半年，损失巨大。据介绍，该桥修建时对斜拉索的防护措施不够完善、可靠，造成斜拉索超应力严重，加速了斜拉索材质劣化。该桥为国内斜拉桥因拉索腐蚀严重发生断索事故的典型案例之一。

实例七　重庆市石门大桥

该桥跨越嘉陵江，主桥为 200m＋230m 独塔单索面 PC 主梁斜拉桥，桥面全宽 25.5m，双向 4 车道。索塔高度 113m（桥面以上），主墩高 50m。拉索采用平行钢丝束，索距 7.5m，斜拉索共计 216 根。主梁为箱形截面，采用劲性骨架悬浇施工。引桥为 5× 50m＋36mPC 连续梁。该桥于 1985 年 12 月开工，1988 年 12 月建成通车。

2005 年及 2008 年对该桥进行了两次详细检查，发现斜拉索病害严重。主要情况如下：冷铸镦头锚严重锈蚀者占 40.5％，一般锈蚀者占 35.2％；斜拉索防护套（氧硫化氮乙烯硫化胶防护套）多处破损，最大腐蚀深度达 0.5mm；拉索与锚具连接段筒内密封环和连接筒 76％锈蚀；有若干根拉索下端锚具进水；个别拉索下锚具锚杯与梁体间厚度为 10～ 20mm 的钢板已腐蚀。

发生严重病害的主要原因：

（1）设计方面：斜拉索大部分采用普通钢丝，少数采用镀锌钢丝；拉索上、下套管内未填充密封材料；下锚具垫板没有设置泄水槽；索管内没有设置减振器；索管钢板较薄、刚度不足；拉索受振动影响较大。

（2）施工方面：上、下锚具封盖固定不牢，锚杯内黄油不足，甚至无黄油，雨水进入锚板；PE 护套施工中即出现损伤；拉索安装高度误差较大，另用钢板调整下锚头高程，因钢板未防锈，钢板锈蚀影响拉索受力；拉索索力与设计值相差较大。

（3）管养方面：仅进行外观检查，对拉索索力变化与内部腐蚀均未做检查，病害长期存在。

该桥分两次，于 2005 年才把全部斜拉索更换完毕。换索期间只能半幅通车，给交通带来较大压力。

实例八　广东省西江××大桥

广东 G325 线 K4＋325 大桥，为 G325 国道公路跨越西江的一座特大桥，全长 1675.2m。主桥为 2×160m 独塔预应力混凝土主梁斜拉桥，主梁为单箱 4 室截面，桥面全宽 18.90m，塔梁墩固结。设计荷载为汽-20、挂-100。该桥于 1988 年 6 月建成通车。

主塔为 H 形，塔高 81m（桥面以上高度），斜拉索为双索面、竖琴形索。主塔两侧各 18 对斜拉索。拉索与主梁锚固断面上有 4 根拉索（一个主梁横断面，上、下游各 2 根），全桥共计 144 根。主梁上索间距 8m，桥塔上索间距 4m，靠主塔处的 1 号斜拉索由 4 根 91ϕ7mm 平行钢丝束组成，其余 2～18 号斜拉索由 4 根 85ϕ7mm 钢丝束组成。平行钢丝标准强度为 1600MPa，斜拉索扭绞 4°/m。拉索锚头为冷铸镦头锚，梁端锚固，塔端张拉。斜拉索防护为国内首次采用热挤 PE 索套法，工地自行制作，PE 保护层厚度 4mm。

1990 年斜拉索进行过一次调索，以优化主梁的线形。随后该桥进行了两次换索，总共已更换拉索 98 根。为了保证结构的安全、耐久和可靠，第 3 次又更换 60 根拉索（包括 46 根已使用 20 年的拉索和索力安全系数不满足规范的 14 根拉索）。至此，全桥斜拉索均已更换过一次，最后一次换索前检查拉索，发现的主要病害有：

（1）斜拉索：有87根拉索PE保护层成块剥落，钢丝严重锈蚀，有大量锈渣，有些甚至有水流出，拉索钢丝有多根断丝。

（2）梁端锚头钢护筒：施工期间钢护筒内灌注了水泥砂浆，随着时间的推移，砂浆与钢筒之间存在缝隙，雨水可以渗漏入内，拉索梁端锚头钢护筒有漏水现象，成为拉索锚头的安全隐患。

（3）锚头部分：张拉端位于塔身段，未设防护措施，在144个锚头中，绝大多数不同程度地出现表面锈蚀。锚固端位于主梁上，打开锚盖后，发现内螺纹及镦头基本完好，但部分锚头存在漏水现象。

（4）振动影响：防振措施为在主桥拉索端钢护筒内用废旧轮胎对拉索进行包裹，外层为水泥砂浆，防振效果差，较长的拉索振动激烈，缩短了拉索的使用寿命。

实例九　云南省昆明市皎平渡大桥

该桥为3跨双塔连续梁斜拉桥，孔跨组合为（70＋144＋70）m。主梁为分离式箱梁与Ⅱ形车道板组合结构，即两侧为C50混凝土RC矩形箱梁，两箱之间铺设C30RCⅡ形车道板，纵向每隔3.65m及6.35m设一道C30RC倒T形横系梁。桥塔为门式框架，双索面斜拉索按扇形布置。每个桥塔有24对斜拉索，全桥共计96根斜拉索，按对称布置。桥面净宽为净-7m＋2×0.75m人行道。设计荷载为汽-15、挂-80。该桥于1991年建成通车。

大桥运营6年后的1997年，经检测，全桥9.9％的拉索锚具严重锈蚀，25％的锚具锈蚀较严重，锚具有锈断的可能；部分斜拉索PE护套出现破损、划伤、断裂等现象，剥开已裂断的护套发现钢索已生锈，而且斜拉索钢护筒内大部分积水，使锚具前端以及防护不良的斜拉索钢丝锈蚀，斜拉索存在锈断的可能；拉索现状索力与竣工索力相比较出现较大偏差，而且全桥有较大的下挠趋势。

根据上述拉索的严重病害，大桥技术状况评定为四类。为了保证大桥运营安全，对该大桥进行了全桥更换斜拉索并维修加固。

实例十　重庆市涪陵长江大桥

主桥为5跨（50.5m＋98.5m＋330m＋98.5m＋50.5m）双塔双索面PC主梁斜拉桥，主桥全长628m，采用塔梁分离式漂浮体系。桥面全宽22.1m，双向4车道。设计荷载为公路-Ⅰ级。主梁为预应力混凝土双纵梁肋板式断面。桥塔为倒Y形，箱形截面。斜拉索采用双索面扇形布置，边跨和中跨各设26对，全桥共计106对，212根斜拉索。边跨最外侧4对为索距0.7m的密索，其余索距均为6m。斜拉索（换索前）采用标准强度为1600MPa的高强度低松弛ϕ7mm镀锌钢丝，共有8种规格，采用冷铸镦头锚。斜拉索均采用钢丝现场制作，涂防锈脂，钢丝捆绑后用热挤PE护套防护。

该桥于1994年11月动工兴建，1997年5月建成通车。运营15年后的2012年对全桥斜拉索进行全面检测，发现主要病害如下：

（1）全桥212根斜拉索中有154根PE护套出现病害，病害率73％，其中病害严重的斜拉索有61根，严重病害率29％。

（2）拉索钢丝锈蚀比例较高，密封罩、减振器、钢护筒、锚头普遍存在锈蚀情况。

（3）个别斜拉索索力异常。

由于该桥斜拉索为现场制作，受当时工艺水平及现场施工条件限制，其耐久性较差，难以保证正常运营中的安全性，决定将全桥斜拉索更换。新斜拉索采用标准强度为1770MPa、直径7mm的平行钢丝索，规格与原斜拉索相同，但采用冷铸锚成品索。

全部斜拉索更换工程，自2012年9月13日开始，至2013年1月2日结束，历时112d完成了全桥212根拉索的更换工作。索力最大偏差控制在±5%以内。

换索施工期间，桥上机动车禁止通车，仅允许非机动车与行人过往，但仍存在安全风险。

实例十一　山东济南黄河大桥

1982年建成的山东济南黄河大桥为预应力混凝土主梁斜拉桥，孔跨布置为（40+94+220+94+40）m，为双索面扇形斜拉桥，大桥全长2023.44m。拉索为镀锌钢丝束，冷铸镦头锚，拉索用铝套管内灌注水泥浆防护。运营13年后的1995年发生断索事故，更换全部88根斜拉索。

实例十二　广东南海九江大桥

主桥为2×160m独塔PC主梁斜拉桥。拉索为双索面竖琴形，每根拉索由4根85ϕ7mm平行钢丝组成，外防护采用热挤PE索套，为国内首次使用。拉索断面为六角形。大桥于1988年建成通车。

运营两年后的1990年，因风振，且为大振幅、间歇性、跳跃式的驰振，拉索受力恶化，进行了全面调索。

建成10年后的1998年，出现断索现象，当年即换索11根。但病害情况并未改善，又于1999年更换斜拉索105根，至2001年拉索全部更换完毕。

实例十三　西班牙费尔南多·雷格大桥

该桥位于西班牙阿利坎特市，为N-340公路跨越巴克赛尔河的一座大桥。桥型为非对称双索面混凝土主梁斜拉桥。孔跨布置为（108+132+33）m，桥长273m。桥面宽17.4m，中央12m为车道，两侧为2×2.7m人行道。主梁为双边肋结构，两侧纵肋为预应力混凝土箱梁，高度2.5m，宽度3.8m，为全预制构件。预制节段长有5m及7m两种规格。斜拉索在主梁上的间距为12m。拉索采用的钢绞线为ϕ15.22mm，截面积140mm^2，外包通长的黑色聚乙烯套管。拉索由23~55根钢绞线组成，全桥共计38根斜拉索。每个索面上3根最短拉索直接锚固在索塔壁上，其余拉索均通过导管锚固在索塔壁内侧的楔形齿板上。斜拉索索体以及拉索和锚具结合部都进行了注浆防护。索塔为H形预应力混凝土结构。

该桥1987年建成通车。2016年在进行桥面维修时，有1根斜拉索突然断裂，随即封闭交通。通过检查发现，这根拉索钢绞线完全生锈，套管内注浆不密实，存在气泡。随即对其他拉索进行了检测，也同样存在注浆不均匀、有孔洞的问题。由于主梁内的斜拉索导管以及桥塔上的斜拉索锚具都是很难检测的区域，无法判定是否有损伤，因此决定更换全桥的斜拉索。

新斜拉索为平行钢绞线束，由23~55根钢绞线组成，其直径为15.7mm，标准强度

1860MPa，截面积 150mm²。钢绞线由镀锌、涂蜡和 PE 护套进行了 3 道防护。PE 护套为白色，可大量反射太阳辐射热量。锚具中有螺母可以对斜拉索索力进行微调。锚具内注入保护性填充物，提供防锈保护。

全部斜拉索更换工程历时半年，于 2018 年 4 月完成，重新开放交通。

实例十四　美国卢凌赫尔鲍格斯大桥

该桥位于路易斯安那州卢凌市，跨越密西西比河，为 310 号公路上的一座重要大桥。桥面宽度按双向 4 车道设计。主桥为（151＋372＋155）m 钢箱梁双塔斜拉桥。桥塔为 A 型，主梁钢箱为梯形截面，高度 4.3m，宽度 25.1m，由防水钢制成。拉索布置在两个平面内，由 2 根或 4 根索构成一组，共有 24 组 72 根。拉索由直径 6.4mm 的平行钢丝束构成，钢丝束外套 PE 管，在钢丝间的空隙灌注水泥浆。沿着 PE 管，以 50％的搭接，按螺旋方式缠绕一层紫外线防护胶带。拉索采用镦头锚锚固。该桥于 1983 年 10 月 5 日建成通车。

1985 年 4 月，在两根拉索的护套上发现了较多破损。1985 年 11 月，拉索制造商对破损部位实施电子焊接修补，后来 PE 焊接处的裂缝进一步扩展。到了 1985 年年底，在另外 3 根拉索上出现了裂缝。1990 年，对所有拉索的破裂处填注了环氧树脂，并包裹一层白色的紫外线防护套。包裹紫外线防护胶带是为了防止紫外线引起的 PE 护套材料老化、减少原来 PE 上可能加快拉索退化的周期性温度变化。

到了 1995 年，检测到紫外线防护胶带出现破损，还发现桥面处拉索钢丝外露生锈、大面积漏水、水泥浆风化与腐蚀等现象。尽管从 20 世纪 80 年代到 90 年代多次进行了检查与维修，拉索的防护系统依然无效，致使钢丝锈蚀，水分浸入锚具内。经过全面评估认为，如仍对旧拉索进行维修，不仅费用高，也难保证拉索能正常工作，路易斯安那州交通部门决定，对全桥拉索进行更换。新拉索的设计寿命为 75 年。

实例十五　国外几座斜拉桥拉索失效及更换简况

（1）委内瑞拉马拉开波桥

主桥为 160m＋5×235m＋160m 多塔斜拉桥，1962 年建成通车。为稀索体系，桥塔每一侧仅一组，由多根平行钢索组成，塔顶以索鞍骑跨，拉索下端锚在横梁的两端。1978 年因断索而全部换索，到 1988 年，又因拉索损坏严重进行第 2 次换索。

（2）德国考布伦东桥

该桥位于汉堡，于 1981 年建成通车。主桥为三跨连续梁斜拉桥，高桥墩钻石型索塔。主桥为单索面，边孔为双斜索面锚索。建成 3 年后的 1984 年由于斜拉索严重锈蚀而全部更换。

（3）美国 Pasco-Kennewick（简称 P-K）桥

该桥位于美国华盛顿州的哥伦比亚，为主跨 300m 斜拉桥，扇形索面。斜拉索外套聚乙烯 PE 管，内部压注水泥浆，外部缠绕氯化聚乙烯带，以控制温差和改善外观。斜拉索设计使用年限为 25 年，但运营 3～5 年后拉索便出现损坏，推测是由于紫外线所引发。

（4）Mar-alaibo 大桥和 Kohlbrand Estuary 大桥

Mar-alaibo 斜拉桥，使用 16 年后更换拉索，耗资 5000 万美元，换索工期长达 2 年。

Kohlbrand Estuary 斜拉桥，运营 3 年后就更换全部斜拉索，耗资 6000 万美元，比原造价还高。

表 13-1 及表 13-2 为国内部分桥梁吊拉索使用寿命的概况。表 13-1 中，32 座中下承式拱桥有吊索使用寿命的年限。服役时间最长者 20 年（福建龙岩溪南大桥），服役时间最短者 4 年（四川乐山沙湾大渡河桥与广东东莞鸿福大桥）。32 座拱桥吊杆平均服役时间为 11.4 年，中位数服役时间为 12 年。这些桥的换索时间大约在 2001 年至 2011 年之间。可见，国内 1990 年代修建的中、下承式拱桥，吊杆索使用寿命大约是 12 年。

表 13-2 中，22 座斜拉桥有拉索使用寿命的年限。服役时间超过 20 年者有两座桥（四川三台县涪江大桥和广西红水河铁路大桥），服役时间最短者 6 年（云南金沙江皎平渡大桥）。22 座桥斜拉索的平均服役时间为 13.3 年，中位数服役时间为 13.5 年。这些桥的换索时间大约在 1991 年至 2012 年之间。可见，国内 1990 年代修建的斜拉桥，拉索使用寿命大约是 13 年。

表 13-1 及表 13-2 均为吊拉索损坏后进行部分或全部换索的实例。实际上还有不少桥梁吊拉索已发生病害，仅维护加固而未进行更换。例如，广西南宁市三岸大桥（主跨 256m 钢管混凝土中承式拱桥），吊杆 PE 护套开裂，下端进水，锚头腐蚀（1998 年建成，2001 年发现病害）；哈尔滨市太阳岛桥（系杆拱桥），通车 1 年后的 2002 年发现吊杆防水功能失效，锚头下端进水；贵州印江县西环大桥（120m 中承式 RC 拱桥），刚建成不久，吊杆下端进水，全桥吊杆进行维护加固；安徽铜陵长江大桥（主跨 432mPC 主梁斜拉桥），通车不到 1 年，于 1996 年发现斜拉索下端进水，锚头腐蚀；广东南海紫洞大桥（主跨 140m 钢管混凝土桁梁斜拉桥），通车不到 1 年，于 1997 年发现斜拉索 PE 护套开裂，下端进水；广西南宁六景大桥（斜拉桥），通车不到 3 年，于 2001 年发现斜拉索下端进水；福州市青州闽江大桥（主跨 605m 结合梁斜拉桥），通车 9 年后，于 2010 年发现 80％以上拉索下锚头进水；长沙湘江北大桥（主跨 220m PC 斜拉桥），运营 12 年后，于 2002 年发现拉索钢丝进水，局部锈蚀；武汉市月湖大桥（主跨 232m 独塔 PC 主梁斜拉桥），运营 5 年后，于 2003 年发现拉索 PE 护套严重开裂进水，等等。另外，我国第 1 座斜拉桥——四川云阳县云安大桥，为主跨 76mPC 主梁斜拉桥，1975 年建成，该桥处于盐雾环境，运营 13 年后，钢斜拉索腐蚀严重，于 1988 年桥梁被废弃。

吊、拉索发生严重、较多病害后，将逐步丧失正常工作能力，甚至存在安全隐患。所以，除了损坏严重的吊、拉索进行更换外，还有相当一部分在役桥梁的吊、拉索是处于逐步失效或亚健康状态，最终仍需进行更换或进行大修加固。以吊、拉索应符合设计要求的安全系数并能处于正常工作状态为标准，可能多数桥梁达不到上述统计分析得到的平均寿命与中位数寿命。

《公路桥涵设计通用规范》JTG D60-2015 规定，斜拉索、吊索、系杆等部件的设计使用年限为 20 年。而且这是设计使用年限的最低值。《公路桥涵设计通用规范》JTG D60-2004 仅规定："公路桥涵结构的设计基准期为 100 年"，没有规定桥涵设计使用年限。"设计基准期"为确定可变作用的取值而选用的时间参数，"设计使用年限"是指在正常设计、正常施工、正常使用和正常养护条件下，桥涵结构或结构构件不需进行大修或更换，即可按其预定目的使用的年限。两者虽有联系，但含义不同，前者对于指导具体的设计是不够明确的。对于可更换部件，设计使用年限才是准确的规定。所以，2015 年以前，桥梁吊、拉索出现较多病害与事故，除了技术原因外，规范滞后也是原因之一。

20 世纪 50~60 年代修建的拉吊索桥，拉吊索多采用未镀锌的密封钢丝绳，锚固方式采用锚杯灌注锌铜合金的热铸锚，索的防腐采用内部填充亚麻油和红丹，并以红丹和邻苯二甲酸酯树脂为基层。这种索体系防护性能差，会因水汽浸入而使钢丝普遍腐蚀，进而因腐蚀疲劳而断裂。如委内瑞拉的马拉开波桥（160m＋5×235m＋160m PC 主梁斜拉桥，拉索采用铸锌锚，1962 年建成）。

20 世纪 70~80 年代修建的拉吊索桥，已多用平行钢丝束的冷铸锚，拉吊索的构造，从最初的四川三台涪江桥所采用的沥青缠包玻璃丝布再用三层环氧树脂玻璃丝布防护的措施，发展到后来的钢、铝或 PE 套管内压注水泥浆的防腐工艺。早期由于担心镀锌氢脆问题及 PE 热挤工艺的不成熟，钢丝的防腐多采用非镀锌钢丝，而在 PE 管内压注水泥浆或聚合物改性水泥浆。这种索体系，除钢丝进入杯口的密封处存在缝隙外，压注水泥浆也存在较多问题。如注浆压力和 PE 管降温收缩时 PE 管开裂、水泥浆分段压注的缺陷和凝固后阻尼减振影响、水泥浆体破碎、水泥浆剩余水的腐蚀等，易造成腐蚀疲劳和磨损疲劳而损坏。例如上海新伍桥、广州海印桥、济南黄河桥、阿根廷的萨拉特-布拉什拉戈桥和美国路易斯安那州鲁林桥等都发生过这类病害。

在总结经验教训的基础上，桥梁拉、吊索防护技术进一步发展。20 世纪 90 年代以后修建的拉、吊索桥，热挤 PE 护套成为拉吊索防腐蚀体系的主流，采用镀锌钢丝或钢绞线和单双层 PE 挤塑料技术、PE 钢绞线或环氧涂层钢绞线等多重防护的柔性索，钢束进入锚杯处也采取了较严密的防水措施。这些斜拉索的寿命一般主要取决于风、雨振的疲劳控制和 PE 管材料的老化寿命。我国 20 世纪 90 年代后期修建的一些斜拉桥，拉索防护技术更趋完善，很多都已达到或超过了行业规范要求的设计使用寿命。目前，日本已研制出防护性能可达 100 年的拉索。

造成拉索病害或损坏的因素较多，主要有以下几类：

（1）拉索护套损伤：在各种外界因素的影响下，常用的 PE 防护套容易出现不同程度的损伤，包括纵横向开裂、刮痕、脱层、起皱、凹坑、翘皮等，使其防护功能逐步丧失。值得关注的是，索体与护套是在无应力状态下安装的，当索体进入工作状态后，护套随着钢索伸长而处于高应力状态，有时还会出现交变拉应力。随着时间的增长，PE 护套更容易出现开裂。

（2）拉索钢丝腐蚀：PE 护套开裂引起的钢索腐蚀为外部腐蚀。另外，钢索还会发生内部腐蚀，有以下几种类型：①点腐蚀，主要发生在表面有钝化膜或保护膜的金属上，钢绞线容易出现点腐蚀；②应力腐蚀，这是一种金属或合金拉应力发生时与腐蚀介质共同作用下产生的，由此导致钢索的微裂纹发生，当其扩展严重时，便出现断裂，是对钢构件危害很大的一种腐蚀；③腐蚀疲劳，金属构件在反复变化的应力与腐蚀介质共同作用下引起钢索产生疲劳断裂。

（3）拉索锚固系统疲劳损伤：斜拉索在锚具连接筒的末端，因荷载作用下的变形以及斜拉索自身的振动等常承受反复的弯折作用，使锚固系统出现疲劳损伤。

（4）拉索振动危害：斜拉索在风、雨以及车辆荷载通过桥面传来的多种振动作用下，容易发生疲劳损伤。已经知道的拉索振动有涡激共振、尾流驰振、雨振、抖振与参数共振等多种。

（5）拉索松弛：拉索的松弛会引发防护体系的各部分（套管、水泥浆、钢管等）变形不协调，从而在套管内与混凝土外表之间产生裂隙，水分和其他有害物质便会渗入管内腐蚀钢索。

拉索的防护设计与制作工艺涉及多方面技术问题，是索支承桥梁重大难点之一，有待进一步深入研究和创新。

桥梁承力钢索耐久性不足的情况，还会发生在系杆拱桥的系杆钢索上。例如，武汉市汉正街大桥（主跨 280m 下承式钢管混凝土系杆拱桥），运营约 2 年后的 2003 年，系杆钢索损坏，导致 2 根系杆突然断裂，被迫更换全部系杆钢索并安装系杆监测系统。但系杆钢索发生病害或失效的情况，比斜拉桥的拉索与拱桥的吊索要少得多。这是因为系杆所处环境与受力特点与后者有所不同。

目前桥梁吊、拉索的常规检测和健康监控等实用技术，还难以准确判定索体的剩余寿命，也难以完全排除索体骤断的安全风险。多数情况是，对吊、拉索安全性能有怀疑时，从偏于保守考虑，将索体更换最保险，致使一些质量较好仍可正常工作的吊、拉索也被更换掉。另一方面，由于检测手段限制与管养不到位，严重损坏的索体可能发生突然断裂而造成事故。正确合理的办法应是在桥梁运营时期，全程掌握索体的工作状态。现代桥梁构件的安全预警技术可以实现这一目标。文献 [36] 介绍的桥梁吊杆安全预警技术，可以实现吊杆损伤预警，做到随断随换、断一换一，可以排除吊杆突然断裂引发的事故。斜拉桥的拉索也可以采用类似的预警技术。

悬索桥主缆与吊索因材质劣化也会引发不同程度的病害甚至事故，下面介绍几个实例。

实例一　法国阿坤廷大桥

该桥位于法国波尔多市，跨越纪龙德河河口，属于 630 国道上的一座公路大桥。主桥为（143＋394＋143）m 三跨悬索桥。桥面有效宽度 20m。加劲梁为华伦式三角形桁架，梁高 4.83m，2 片加劲桁梁间距 20.9cm。横梁间距 9.95m，横梁支承着间距为 2m 的 10 根纵梁，在纵、横梁之上，布设连续桥面板。桥面宽按双向 4 车道设计。索塔高度 103m，由 2 个空心立柱组成，其横向宽 4m，纵向底部宽 5.3m、顶部宽 3.3m，空间部分边长为 1.2m。两立柱之间有 2 道横梁相连。左岸的桥塔基础为下沉到 −29m 深的沉箱，右岸的桥塔支承在 −19m 处的直径为 18m 的 2 个圆形扩大基础上。左岸锚碇为 RC 结构桩基础，右岸锚碇为 PC 沉箱。

非镀锌的主缆是 2 根六角形的缆索。每根主缆由 37ϕ72.6mm 的股缆组成，每股股缆有 6 层 ϕ4.1mm 钢丝（共 127 根钢丝），股缆面层由厚度为 4.5mm 的 2 层异形（Z 形）钢丝组成。每根股缆再通过散索鞍座后，由 3 根锚杆与地锚相连接。每根主缆由 64 个索箍紧束，由它们支承吊索。吊索由 2 条 ϕ56mm 缆索组成，这些缆索由 ϕ4.1mm 的 139 根钢丝组成，吊索间距为 9.95m。

大桥于 1967 年建成投入使用，运营 31 年后的 1998 年，桥梁的监测显示，主缆出现严重的锈蚀，继续使用存在较大安全风险。根据交通量的发展，该桥 4 车道已不能适应，故决定更换主缆并将桥面宽度增加到双向 6 车道加两侧自行车道。改造方案要点如下：

原主缆将由横桥向外侧 2m 处的新主缆所取代。桥面宽包括：20m 宽的车道、宽

1.7m 的自行车道和两侧的护栏。通过固定在加劲梁上的加宽悬臂，将桥面接到吊索上。

在桥塔顶部，新主缆在原主缆外侧 2m。新主缆由 61 根股绳组成，包含 55 股正常股绳（ϕ60mm）和 6 股角股绳（ϕ42mm）。经过散索鞍处的偏移板托穿过锚固前梁，锚固在用先张法预应力混凝土制作的锚固后梁上。新、旧主缆有同样的标高。主缆在偏移板托切点处的标高及中跨的标高同原有的主缆标高相同，只在索塔顶处升高了 44cm。

新主缆的防护措施：①组成主缆的钢丝进行热镀锌；②缠绕直径 ϕ3.5mm 的低碳钢丝，这些钢丝也需要热镀锌（400g/m²），用来预防锈蚀；③外套热压缩套管；④设置防潮系统，在桥塔顶部主缆的外套管内注入干燥的空气，并使之从下方排气装置排出，以便经常控制主缆的相对湿度。

新主缆安装并完成荷载转移后，进行旧主缆的拆除、刷漆、设置防潮系统、安装吊索等，最后完成主缆更换。

实例二　贵州乌江大桥

乌江大桥是贵阳至遵义汽车专用公路跨越乌江的一座公路大桥。孔跨组成为（66＋288＋66）m，桥长420m。该桥为世界首座悬索与斜拉组合桥，也是一座科研试验桥。全桥结构体系为：66m（边跨斜拉部分）＋60m（中跨斜拉部分）＋168m（中跨悬吊部分）＋60m（中跨斜拉部分）＋66m（边跨斜拉部分）＝420m。桥面总宽 14.5m，车道宽12.6m（双车道）。设计荷载为汽-超 20、挂-120。大桥于 1997 年 12 月建成通车。

大桥主梁（加劲梁）为预应力钢纤维混凝土连续梁，为箱形薄壁断面，单箱三室，箱内顶底板呈格构布置，腹板与外斜腹板均为预制构件。顺桥向每隔 6m 设一吊点，吊点处横隔板厚 30cm，每隔 2m 设厚 25cm 的加劲肋。

悬索主缆矢跨比 1/10，矢高 28.8m，主缆采用 19 束 127ϕ5mm 高强钢丝。两岸地锚均为岩锚。索塔为矩形截面门式框架。索塔基础：贵阳岸为扩大基础，遵义岸为挖孔灌注桩基础。

大桥斜拉部分按双塔双索面对称布置，全桥共计 40 对斜拉索，纵向间距 6m。斜拉索采用 19 束 7ϕ5mm 高强钢绞线，索外用 PE 和 PU 索套防护。竖直吊杆仅在中跨布置，共设 27 对吊杆，吊杆索采用 85ϕ5mm 平行钢丝，外套 PE 防护。吊杆纵向间距 6m。桥面混凝土铺装层厚 6cm，其中设置 15×15cmϕ5mm 高强度钢丝网，为 C40 SFRC 混凝土连续桥面。

该桥建成后不久，桥面、主缆、斜拉索等主要构件均出现了不同程度的病害，特别是钢纤维混凝土桥面铺装层和桥面板破坏极其严重，虽几经修补无济于事，只得禁止大型车辆通过。因为实质问题未得到解决，也很难解决。

到了 2009 年，病害进一步发展，先后由铁道部产品质量监督检验中心桥梁与基础检验站、贵州省公路局对大桥进行了检测与评估，并进行了静、动载试验，要点如下：

（1）主跨跨中主缆上部钢丝表面为褐黄色浮锈，深部钢丝有湿气、表面为锈泥，且有轻微锈坑，下部钢丝锈蚀情况稍严重。锚室中索股内部钢丝表面均有铁红浮锈，且存在锈坑。吊索下端螺杆、螺母全部发生腐蚀，多数有积水。根据美国联邦公路管理局（FHEA）的指导章程 IP-86-23 条中有关悬索桥镀锌钢丝腐蚀等级标准，本桥镀锌钢丝已接近三级腐蚀状态。

（2）全桥约 20％斜拉索的 PE 护套局部破损较为严重，钢绞线腐蚀、渗水，有两根斜拉索各一股钢绞线已经断裂、松弛。判断为材料缺陷引起钢丝疲劳和拉力过大双重因素所致。锚头套筒钢丝有轻微腐蚀。

（3）加劲箱梁各测试断面底板混凝土开裂，加劲梁实际承载力已低于规范要求。

（4）由车辆引起的大桥竖向和侧向振动频率主要分布在 2.6～3.6Hz 附近，此频率范围与载重车弹簧频率一致，大桥随车辆振动现象突出。模拟分析表明，重车通过平整桥面时，中跨桥面竖向振动和加速度峰值为自然环境条件下相应加速度峰值的 60 倍以上。

（5）桥面整体破损极其严重，加劲箱梁内部部分梁段破损，顶板局部存在纵横交错裂缝，渗水严重，多处底板积水。

（6）加劲梁线形在中跨跨中下挠 170mm，平面内线形较差。

根据上述检测结果，乌江大桥按当时的技术状况评定为四类。

乌江大桥作为我国首座吊拉组合科研试验桥，在使用中出现某些不足是在预料之中的，也应该是容许的。但病害确实过于严重，实际上是主要使用功能基本丧失，这与大桥的设计与理论研究较为滞后有关。例如，大桥的整体动力响应特别强烈，是造成一些重要承力构件与桥面系严重损坏的主要原因。设计中没有认识到这个问题，也未采取必要的技术措施。动力性能太差，维修加固难度很大，不动大手术，不可能从根本上解决这个难题。另外，作为科研试验桥，即使出现较多病害，也应进行认真的总结，以推动这种桥型的进一步发展。遗憾的是，这项工作后来没有继续进行。

早在 19 世纪后期，美国著名桥梁工程师罗布林首次设计了两座吊拉组合桥，即俄亥俄桥和布鲁克林桥。桥梁史上称为"罗布林体系"。其中布鲁克林桥为（284＋486＋284）m 钢桁主梁悬索与斜拉索组合桥，于 1883 年 5 月 24 日建成，被称为"世界工程第八奇迹"，该桥 1964 年被美国宣布为国家历史纪念碑。

1938 年，德国著名工程师狄辛格设计的汉堡易北河桥也是吊拉组合桥。我国广东虎门二桥——泥洲水道桥方案设计竞赛时，曾提出过主跨为 1900m 的斜拉-悬吊协作体系桥型方案，但未被选用。

与单一的悬索桥和斜拉桥相比，吊拉组合体系有以下优势：

（1）与悬索桥相比，可减小锚碇规模；斜拉部分可以选用混凝土梁，有利于降低桥梁造价；静力性能方面能提高桥梁刚度；动力性能方面则可提高抗风能力。

（2）与斜拉桥相比，可以减小索塔高度，从而降低造价；静力方面可减小主梁轴力；动力方面可减小施工最大悬臂，增加其抗风稳定性能。

这种桥型存在的问题是斜拉悬吊结合部位的疲劳损坏，可以通过交叉吊索和增加承载力安全系数等措施加以解决。乌江大桥在较长的使用过程中，反应最明显的缺陷是桥梁整体动力性能差，导致桥面系及主梁发生较多损坏，也应是需要关注的问题。

实例三　国道 G324 线南盘江大桥

该大桥位于贵州盘县至广西百色市公路上，跨越南盘江。大桥全长 447.23m，主跨为 240m 钢桁加劲梁悬索桥，索塔为矩形截面 RC 门式刚构。主桁梁由 H 型钢拼装而成，通过横梁和上下风构连接在一起。桥面为混凝土结构。主缆采用平行高强镀锌钢丝束，直径 240mm，由 19×97 根 A5 钢丝组成。吊索采用带 PE 护套的 61ϕ7mm 高强镀锌平行钢丝束，吊索间距 6m，全桥共 39 对。设计荷载为汽-超 20、挂-120，人群荷载为 3.0kPa。大桥于 1998 年 11 月建成通车。

大桥运营不足 5 年，因车辆严重超载，车致振动问题突出，致使主跨各主要构件损坏严重，于 2003 年被主管部门判定为危桥。2003 年 6 月 6 日封闭，经过维修加固后，于 2003 年 10 月实行单车道限载通行。2012 年 8 月，由中交第一公路设计院对该桥进行了专项检测及荷载试验，主要结果如下：

（1）主缆线形：南侧 $l/4 \sim 3l/4$ 区段，北侧高于南侧，最大为 153mm；在跨中处贵州侧主缆较广西侧高，最大高差为 256mm。

（2）加劲梁线形：纵向呈 S 形，最大高差 320mm。

（3）主缆：中段主缆钢丝表面镀锌层已开始粉化；贵州岸散索股锈蚀严重，钢丝表面镀锌层大量粉化，且钢丝表面存在较多锈坑，钢丝的断面损失率达 10%。

（4）吊杆：PE 护套老化且多处损伤，部分锁夹滑移，全桥吊杆下锚点连接部位表面锈蚀。吊杆索力具有明显的非对称性，且差异较大。

（5）加劲梁：主桁节点板锈蚀严重，80% 达到中度锈蚀，锈坑深 0.6～1.2mm。横梁上弦杆及节点板锈蚀严重，90% 达到中度锈蚀，锈坑深 0.8～2.0mm，焊缝质量差。

（6）锚室及锚碇：两岸锚室积水较多，导致岩锚锚索锈蚀严重。

（7）主塔及索鞍：塔身有大量网状裂缝，下塔柱存在多条裂缝并渗水，塔身混凝土局部破损、露筋。贵州岸主索鞍与鞍座抵死，鞍座锚栓螺母部分松动、缺失。

（8）桥面系：桥面铺装多处破损，泄水管堵塞，伸缩缝损坏。

检测报告根据《公路桥梁技术状况评定标准》JTG/T H21-2011 将该桥技术状况评定为五类。

文献［66］根据当时（2009 年）该桥的病害情况进行了结构分析计算，得出主跨恒载状况时的主缆安全系数为 1.8，活载作用下的安全系数仅为 1.5，远低于规范的要求。

南盘江大桥使用约 5 年后主要承力构件严重病害，成了危桥，是国内悬索桥事故的一起典型案例。

南盘江大桥在较短的时间内成为危桥，重要原因之一是加劲梁等主要承力构件材料严重劣化。本书第 5 章 5.3.2 节实例六～实例十一，介绍了国内外多座桥梁因钢材冷脆、焊接缺陷残余应力、钢材含有有害元素等引发的事故。根据已发生的桥梁钢结构病害和事故原因分析，材料因素主要有下述 4 种表现形式：

（1）钢材的先天性缺陷：

① 化学成分缺陷：主要是有的化学元素含量过高或含有有害元素，导致钢材的物理、力学性质劣化。

② 冶炼及轧制缺陷：包括表面缺陷及内部缺陷，最严重的应属钢材中形成的各类裂纹。

（2）钢构件的加工制作缺陷：包括选材不合格；原材料矫正引起冷作硬化；放样尺寸超公差；切割边加工达不到要求；孔口误差；冲孔未做加工，存在硬化区和微裂纹；冷加工引起的构件硬化及微裂纹；热加工引起的构件残余应力；表面清洗防锈不合格；构件外形尺寸超公差，等等。

（3）钢结构的连接缺陷：铆接、栓接与焊接三种连接方法都有明确的工艺质量要求

（见相应的技术规程或规范），加工或制作达不到相关的规定，便会存在连接缺陷。

（4）钢结构运输、安装和使用维护中的缺陷：运输、安装和使用维护中违反有关技术规定，会不同程度地引发钢材或钢构件材质劣化，甚至发生事故。

上述 4 类钢材缺陷在桥梁钢结构使用过程中都不同程度地影响桥梁的正常工作，在少数情况下引发严重病害或事故。

实例四　辽宁省抚顺市天湖大桥

天湖大桥原名万兴大桥，位于抚顺市区东部，跨越浑河，为城市主干路上的桥梁。桥面总宽度 41m，包括双向 6 车道、2×3.5m 非机动车道和 2×2.5m 人行道。主桥为（70＋160＋70）m 三跨自锚式混凝土主梁悬索桥，两端锚跨各 15m，桥梁全长 330m。主梁为五跨钢筋混凝土连续箱梁，标准断面为单箱五室。主缆中距 26.5m，中跨主缆矢跨比 1/6，主缆直径 543mm，由 85 根 ϕ54mm 镀锌钢丝绳组成，钢丝标准强度为 1960MPa。吊索顺桥向间距 5m，吊索采用 121 根 ϕ7.1mm 镀锌高强平行钢丝，标准强度为 1670MPa。桥塔为 H 形钢筋混凝土结构，塔柱采用实体矩形截面。

该桥于 2004 年 8 月竣工通车，2006 年由于索夹下滑增设了抗滑拉索体系。继续运营至 2016 年，出现下述病害：抗滑拉索发生断裂导致锁夹抗滑力不足；主缆钢丝绳的空隙率逐渐变小致使索夹紧固力减弱，引起吊索索力偏差且离散性较大；吊索锚头锈蚀严重；防护套管内防腐体系完全失效；部分吊杆 PE 保护层破裂等。由于吊杆索病害严重，决定更换 110 根吊杆索。2015 年 5 月 6 日至 8 月 6 日完成了吊杆索的更换工程。该桥旧吊杆索的使用寿命为 11 年。

19 世纪后半叶，奥地利工程师约瑟夫·朗金和美国工程师查理斯·本德分别独立地提出了自锚式悬索桥结构体系构思。1870 年在波兰建成世界第一座小型的铁路自锚式悬索桥。1915 年德国在莱茵河上建成了第一座大型自锚式悬索桥——科隆迪兹桥。此后，在德国、奥地利、美国、日本、英国、比利时、韩国、瑞士等发达国家建成了多座自锚式悬索桥，最大跨径 480m，多数桥的跨径在 300m 以下。国内自锚式悬索桥的发展起步于 20 世纪末。1999 年建成的常州广化桥是我国第一座自锚式刚性悬索桥，跨径为 17.5m＋54m＋17.5m。2001 年底建成的广西桂林丽君桥是我国第一座自锚式柔性悬索桥，跨径 25m＋70m＋25m，采用钢桁梁与混凝土桥面板组成的加劲梁。2002 年建成的大连金石滩金湾桥，为我国第一座混凝土加劲梁自锚式悬索桥，跨径为 24m＋60m＋24m。进入 21 世纪以来，出于对景观与桥梁文化的追求，国内自锚式悬索桥迅速发展。目前，最大跨径已突破 400m。

自锚式悬索桥是介于斜拉桥与地锚式悬索桥之间的一种桥型。根据实践经验与理论研究，这种桥型的主要优缺点简述如下。

主要优点：

（1）拓展了悬索桥的适用范围。在地质条件较差的情况下，不需要修建大体积锚碇。在中、小跨径范围内具有一定优势。对于景观要求较高的城市桥梁和旅游景区桥梁，因其外形优美，是可供选择的一种桥型方案。

（2）跨径布置较为灵活。可以根据地形、河流以及地物情况，采用双塔三跨或独塔两跨的孔跨布置。边、中跨跨径的比例适应范围较宽。还可以通过边跨以外另设置锚跨，合理调整总体布局。

（3）由于主缆锚固在加劲梁端部，加劲梁承受较大的轴向压力，采用混凝土主梁更有利，可以减少或不用纵向预应力钢束。与钢结构加劲梁比较，混凝土加劲梁在轴压力作用下不易发生压屈失稳。

（4）较大的轴压力提高了加劲梁的抗弯刚度，降低了活载挠度，非线性影响相应较小。

主要缺点：

（1）主缆锚固于主梁的两端，是这种桥型结构体系的关键约束点。一旦该约束略有失效，就可能引发病害，失效程度较大时，就可能引发事故。自锚式悬索桥结构冗余度小于地锚式悬索桥，一旦主梁失效将会带来整体破坏的严重后果。单根吊索损坏的后果亦较为严重（将在后面进一步讨论）。因此，自锚式悬索桥整体安全度低于地锚式悬索桥，也低于斜拉桥。在目前的技术条件下，自锚式悬索桥的跨径不宜过大。

（2）自锚式悬索桥加劲梁承受很大的轴向压力，为此必须加大主梁截面。对于钢加劲梁，为了防止压屈失稳，除增大梁的尺寸外，还须设置若干加劲构件。因此，用钢量较大，工程量也相应增加。与相同规模和跨径的斜拉桥和混凝土拱桥比较，造价较高。

（3）地锚式悬索桥存在重力刚度，即当恒载越重时，主缆形成抛物线所能承受活载时抵抗变形的能力越强，也就是主缆存在"重力刚度"可使主缆初应力对刚度有提高作用。但自锚式悬索桥没有重力刚度，即主缆初应力对刚度没有贡献。自锚式悬索桥的刚度主要依靠索梁组合体系，这也是自锚式悬索桥跨径受限制的重要原因之一。

（4）地锚式悬索桥竖向振动频率主要与主缆的垂度有关，而自锚式悬索桥则主要与加劲梁截面特性有关。地锚式悬索桥的振动频率大于自锚式悬索桥，且随跨径的增大，两者差距增大。自锚式悬索桥自振频率下降速度较快，这说明自锚式悬索桥的刚度随跨径增大而降低很快，过大的跨径，动力性能较差。

（5）自锚式悬索桥的主缆锚固于主梁端部，导致主塔与主梁在纵向地震输入下的各种反应均不同程度地增大，尤其是主塔的弯矩和剪力。因此，其抗震性能弱于地锚式悬索桥。

（6）一般情况下，自锚式悬索桥需采用"先梁后缆法"的施工程序。因此，加劲梁施工多采用支架现浇、顶推、斜拉扣挂悬臂拼装等施工方法。施工程序多、工期长、费用高。在某些特殊情况下（例如桥下搭设支架或设置临时墩受限），采用设置临时地锚的办法，可以改用"先缆后梁法"的施工程序，但临时地锚须承受较大拉力，规模较大，费用也较高。

（7）自锚式悬索桥施工过程中结构体系变化较大。主缆具有明显的非线性效应，使得体系转换过程中的吊杆张拉施工控制较为复杂。体系为高次超静定结构，加劲梁受力对吊索索力变化非常敏感，对结构分析与施工控制提出更高的要求。如果索力调控出现失误，就可能造成使用过程中发生病害。另外，自锚式悬索桥锚跨结构复杂，高空施工难度大，材料用量高，不一定比地锚经济。文献［61］以桥梁实例的工程量及造价说明，在相同情况下，与地锚式悬索桥比较，自锚式悬索桥并不经济。

在桥型方案选择时，应全面分析自锚式悬索桥的优缺点，根据跨径大小，与连续刚构桥、斜拉桥和地锚式悬索桥等进行比较，选用经济合理的桥型方案。当跨径较大时，自锚式吊拉协作体系桥是一种较为合理的结构形式。是将斜拉桥和自锚式悬索桥有机结合在一起的新桥型。它具有受力合理、抗风性能好、施工安全和工程造价低等优点，在软土地区、强风地区其优势更为突出，国内已建成多座。

文献［47］对单根吊索断裂时自锚式悬索桥强健性进行了分析。研究背景为在建的三跨钢箱加劲梁自锚式悬索桥，跨径布置为 (77.8＋188＋77.8) m，中跨矢跨比 1/5，钢箱主梁材料屈服强度为 345MPa，主缆采用标准强度为 1670MPa 的平行镀锌钢丝索股，钢丝直径 5.1mm，每根主缆 19 股，每股 91 丝，主缆直径 237mm，两侧主缆间距 35.6m。主桥共计 30 对吊索，吊索采用标准强度为 1670MPa 的高强平行镀锌钢丝，纵向间距 9.6m，吊索安全系数为 3.0m。采用通用软件 ANSYS 建立全桥空间有限元模型，用构件拆除法分析单根吊索断裂时周围吊索的静力和动力响应增量、内力及动力放大系数，进而探讨吊索安全系数取值。结果表明：单根吊索断裂时对相邻吊索的静力和动力影响剧烈，动力效应显著；当吊索的安全系数减小为 1.5 时，边跨最短吊索断裂会引起同侧吊索的连续断裂，导致桥梁倒塌。该桥吊索安全系数取为 3.0 是合理的，能够确保单根吊索断裂时桥梁的强健性。下面比较一下现行有关规范对桥梁吊索安全系数的取值：

(1)《公路悬索桥设计规范》JTG/T D65-05-2015 第 10.4.2 条规定

高强度钢丝吊索与钢丝绳吊索的抗拉强度应分别满足式 (10.4.2-1) 及式 (10.4.2-2)。

$$\frac{\gamma_0 \cdot N_d}{A} \leqslant f_{dd} = \frac{f_k}{\gamma_R} \qquad \text{规范式(10.4.2-1)}$$

$$\gamma_0 N_d \leqslant f'_{dd} = \frac{f'_k}{\gamma_R} \qquad \text{规范式(10.4.2-2)}$$

式中：γ_0——桥梁结构重要性系数，设计安全等级为一级、二级、三级时分别取 1.1、1.0、0.9；

γ_R——吊索材料强度分项系数，骑跨式吊索取 2.95；销接式吊索取 2.2。

其余符号含义见该规范。

所以，$\gamma_0 \cdot \gamma_R$ 值当安全等级为一、二、三级时，分别为：

① 骑跨式吊索：$\gamma_0 \cdot \gamma_R = 3.245$、2.95、2.655；② 销接式吊索：$\gamma_0 \cdot \gamma_R = 2.42$、2.20、2.09。

规范限用于地锚式悬索桥。所以自锚式悬索桥按上述强健性设计要求，规范的 $\gamma_0 \cdot \gamma_R$ 值多数情况下偏小，不宜直接采用。

(2)《公路钢管混凝土拱桥设计规范》JTG/T D65-06-2015 第 5.8.1 条规定

中、下承式钢管混凝土拱桥吊索承载能力按式 (5.8.1) 计算：

$$N \leqslant \frac{1}{\gamma_s} f_{pk} \cdot A_s \qquad \text{规范式(5.8.1)}$$

式中：γ_s——综合系数，持久状况时，钢丝、钢绞线 $\gamma_s = 2.5$；钢丝绳 $\gamma_s = 3.0$；

短暂情况时，钢丝、钢绞线 $\gamma_s = 2.0$；钢丝绳 $\gamma_s = 2.4$。

其余符号含义见该规范。

可见，公路中、下承式拱桥吊索的安全系数，基本上达不到自锚式悬索桥吊索按强健性设计对安全系数的要求。

(3)《公路斜拉桥设计细则》JTG/T D65-01-2007 第 3.4.1 条规定

运营状态斜拉索的安全系数不应小于 2.5。所以，斜拉桥的斜拉索安全系数达不到自锚式悬索桥吊索的安全度。

（4）《钢管混凝土拱桥技术规范》GB 50923-2013 第 5.4.2 条规定

吊索的应力应满足下式要求：

$$\sigma \leqslant 0.33 f_{\text{tpk}} \qquad\qquad 规范式(5.4.2)$$

式中符号含义详见该规范。安全系数为 3.03。从国内的实践经验与理论分析的结论考虑，吊索安全系数取 3 是合理的。

归纳以上论述及有关规范的规定，简要评析如下：

（1）上述有关规范关于吊索的设计计算都不宜直接用于自锚式悬索桥吊索的强健性设计。对于自锚式悬索桥，包括吊索在内的主要承力结构构件的设计与计算，与这种桥型在国内的较快发展相比，规范明显滞后。

（2）吊索受力中活载占较大比例，要求吊索有较高的抗疲劳性能。同时，由于吊索在整个桥梁造价中所占比例不大，为降低吊索中的应力幅，提高其安全性，尤其是自锚式悬索桥单根吊索断裂对相邻吊索的静力、动力影响剧烈，动力效应显著，按强健性进行设计是必要的。在自锚式悬索桥设计规范未正式公布实施前，吊索安全系数取 3.0 是合适的。

（3）自锚式悬索桥虽然具有一些突出优点，在总体安全度上不及地锚式悬索桥及斜拉桥，而且跨径过大以后并不经济，适用于中小跨径桥梁。

（4）自锚式悬索桥施工较为复杂，施工中的质量与变形控制难度较大。当施工控制与设计要求相差较大时可能埋下安全隐患。因此，一方面应要求精心施工，另一方面在对安全性影响较大的部位，设计应适当提高安全系数，并采取"容错设计"的思路，计入正常施工情况下可能发生的差异所引发的不利影响。

《公路悬索桥设计规范》JTG/T D65-05-2015 规定，悬索桥的索塔、锚碇、主缆、索鞍、加劲梁的主体构造以及结构的基础部分属于不可更换构件。不可更换构件的设计使用年限不应低于结构整体设计使用年限。该规范第 1.0.4 条规定："公路悬索桥设计使用年限应为 100 年。"故主缆的设计使用年限不应低于 100 年。实际上，有的悬索桥主缆因为钢材腐蚀严重达不到整体桥梁的使用寿命。例如上述实例一（法国阿坤廷大桥）、实例三（中国 G324 线南盘江大桥）以及欧洲最大的混凝土主梁悬索桥——唐卡维尔桥（通车 30 年后因 2 根主缆严重腐蚀，于 1990 年添加了 2 根新主缆）等。

实例五　印尼卡坦尼加拉桥

卡坦尼加拉桥，位于印尼东加里曼丹的婆罗洲岛，跨越马哈坎河，将两岸的邓家隆和三马林达连接起来。该桥为主跨 270m 钢桁梁悬索桥，全长 710m，造价 1170 万美元，历时 6 年于 2001 年建成通车。桥下净空 15m。

服役 10 年后的 2011 年 9 月 26 日，当地时间下午 4:30 左右，工人们正在桥上进行维修时，一根吊索突然断裂，导致多根吊索拉断，钢桁梁完全坠入 50m 深的马哈坎河中，仅剩下两个孤零零的主塔和几根残存的吊索（图 13-4）。这次特大事故造成至少 20 人死亡和 40 人受伤，相传还有 19 人失踪，经济损失巨大。

事故发生当日，有维修工人在桥上作业，但交通并未封闭，仍有汽车通行。据目击者称，一根吊索首先从下端断裂，很快其他吊索也跟着断裂，导致主梁垮塌，全过程约 30s。

图 13-4　印尼卡坦尼加拉桥的钢桁梁完全坠入马哈坎河中

关于这次事故的原因，印尼国内有几种说法，未见官方的正式结论。半年以后的 2012 年 3 月 5 日，一份"系列错误使该桥在劫难逃"的调查报告指出"材料不合格，疏忽检查，运作无视技术标准等综合因素"注定这座大桥必然倒塌。并进一步指出"累积的病因包括脆弱的螺栓、标准的缺乏、疲软的材料以及施加致命应力于桥体的错误维修"。调查组由 3 所大学的 9 名工程师和公共工程部的 1 名代表组成。

文献［57］进行综合分析后，明确指出了卡坦尼加拉桥事故的主要原因是：关键部位所用的铸钢构件，出自本国利益集团，水平低下，质量存在着危险隐患。事故后才说原拟花 31 万美元更换的螺栓，就是下吊点和上部夹具的要害部件。谬充多年且疏于检查，螺栓早已严重磨损和裂缝，还没有等到更换，就在 20s 的瞬间全部剪断。

可见，卡坦尼加拉大桥垮塌的直接原因是吊索连接的构件使用了劣质材料。这是一起当代罕见的悬索桥重大事故。

实例六　美国 35 号州际公路银桥

银桥是一座钢加劲梁悬索桥，主跨 2134m。1967 年 12 月 15 日下午 5 点，正处于交通高峰时段，大桥主缆上的一个单眼杆突然破断，导致主缆断裂，带动加劲梁与索塔一起垮塌。有 37 辆大小车辆和众多行人坠入冰冷的俄亥俄河中，造成 46 人死亡，9 人重伤，整座大桥报废。主缆破断的主要原因是材料腐蚀，包括"应力腐蚀"与"残余应力"导致的致命损伤。这次事故较详细情况，见本书第 10 章实例二。

实例七　美国旧金山—奥克兰海湾新桥

2013 年 9 月建成通车的旧金山—奥克兰海湾新桥与西段的 2 联悬索桥共同构成旧金山—奥克兰海湾桥。新桥为独塔自锚式悬索桥，孔跨布置为 385m＋180m。该桥位于 80 号州际公路上，日交通量达到 270000 辆。

2013 年 3 月接近完工还未通车时，检查发现支座处的 96 根抗剪螺栓中有 32 根断裂。断裂处为混凝土桥墩内螺杆顶端。加劲构件为钢结构，有 2306 根螺栓，其材质（A354-BD）与上述发生断裂螺栓相同。这种钢材多用于大型锚固螺栓或锚杆。该高强钢材是通过热镀锌防腐，可能会产生氢应力裂纹、应力腐蚀裂纹，因受拉而产生脆性破坏。在设计奥克兰海湾新桥时就已经考虑了这个问题，决定采用氢脆可能性小、可低温操作的机械镀锌，但用于塔顶索鞍的螺栓直径达 101.6mm，尺寸太大，不能机械镀锌，只能热镀锌。螺栓采用干燥喷砂处理＋热镀锌。

事后调查发现，实际使用的螺栓质地不均匀，一部分成分异常，有晶间裂纹。而且螺栓拉伸达到屈服强度的 75％，在很高的应力状态下工作。大桥管理委员会经过对事故的调查研究后，对于螺栓的安全性能得出以下结论：

（1）断裂螺栓是 2008 年生产的，表面硬度高，组织不均匀，有氢脆的可能性。

（2）索鞍螺栓断裂后，欠缺的屈服强度可通过安装钢索鞍进行加固，能使桥梁运营处于安全状态。对其他完好的螺栓进行检查，确认近期不会发生氢脆。

（3）几年后或几十年后，螺栓可能会发生应力腐蚀断裂，但目前不影响桥梁的安全使用。

对该桥进行了加固，并在索塔、加劲梁上安装减振装置。加固费用在 979 万美元左右。

实例八　英国福斯公路桥

位于英国—苏格兰—爱丁堡横跨福斯海湾的福斯公路大桥，为主跨 1006m 钢桁加劲梁悬索桥，全长 2517m，桥墩高 156m，曾经是欧洲最大跨径悬索桥，1967 年建成通车。在 2012 年 3 月的一次检查中发现，吊索上端的螺母螺栓出现了损害。全桥共有 944 个螺栓，螺母用于把 192 个"缆绳卡箍"稳固在主缆上，在这些全金属铸件上，把桥面吊起的钢索挂钩绕成圈环。每一个缆绳卡都被若干个直径 35mm 的高强度钢制螺栓固定着，预紧力可达 80t。

自 2007 年的例行检查中发现一部分螺栓有裂纹后，大桥管理局便开始更换出现裂纹的失效螺母。该大桥的管理部门确定，从安全考虑拟逐步更换全部吊索。从 2013 年起即开始进行更换工作，于 2016 年完成。全部换索及维修工程总费用高达 14.7 亿英镑。这笔工程款将超过修建一座新桥。这是悬索桥因吊索部件材质劣化造成巨大经济损失的一个典型实例。

本章参考文献

[1] 阮欣，陈艾荣，石雪飞. 桥梁工程风险评估 [M]. 北京：人民交通出版社，2008.

[2] 吉林，缪昌文，孙伟. 结构混凝土耐久性及其提升技术 [M]. 北京：人民交通出版社，2011.

[3] 张劲泉，刘焕昆，程泰山，等. 公路混凝土梁式桥结构损伤评定 [M]. 北京：人民交通出版社，2014.

[4] 范立础. 桥梁工程安全性与耐久性——展望设计理念进展 [J]. 土建结构工程的安全性与耐久性，北京：中国建筑工业出版社，2003.

[5] 刘炳京. 混凝土结构耐久性设计 [M]. 北京：人民交通出版社，2007.

[6] 杨琪. 高速公路桥梁加固成套技术与工程实践 [M]. 北京：人民交通出版社，2010.

[7] 朱玉华，赵昕. 混凝土结构疑难释义及解题指导 [M]. 上海：同济大学出版社，2006.

[8] 吉林，刘钊. 混凝土梁桥抗裂与结构耐久性设计 [M]. 北京：人民交通出版社，2012.

[9] 陈艾荣，等. 公路桥梁混凝土结构耐久性设计指南 [M]. 北京：人民交通出版社，2012.

[10] 梁晓东，陈康军，徐有为. 后张预应力管道压浆质量控制研究 [J]. 公路，2012（8）.

[11] 杨虎根，陈晶，杨志军，等．中小跨径混凝土梁桥［M］．北京：人民交通出版社股份有限公司，2018.

[12] 高云．预应力混凝土结构管道灌浆的应用与研究现状［J］．世界桥梁，2011（3）.

[13] 刘其伟，张鹏飞，赵佳军．后张法 PC 桥孔道压浆调查及分析［C］//2006 年全国桥梁学术会议论文集．北京：人民交通出版社，2006.

[14] 刘玉霞．后张预应力混凝土桥梁耐久性研究［J］．国外公路，1995（6）.

[15] 安琳，姬旭波．灌浆空洞对后张预应力结构体系性能的影响研究现状［C］//全国既有桥梁加固、改造与评价学术会议论文集．北京：人民交通出版社，2008.

[16] 刘玉柱．真空辅助压浆技术在公路预应力混凝土桥梁工程中的应用［J］．公路，2003（9）.

[17] 顾凯锋，彭卫．预应力混凝土连续箱梁腹板斜裂缝研究［J］．公路，2004（7）.

[18] 周明华．对夹片式扁锚的应用述评［C］//2002 年全国桥梁学术会议论文集．北京：人民交通出版社，2002.

[19] 奉武贵．后张预应力桥梁孔道压浆问题探讨［J］．公路，2012（4）.

[20] 邵旭东，等．降低预应力箱梁腹板开裂风险的新技术［J］．桥梁，2010（4）.

[21] 杨乾，陈晓锋．智能张拉大循环压浆施工技术［J］．公路，2014（7）.

[22] 梁晓东，吴涛，刘德坤．预应力智能张拉与传统张拉的对比实验研究［J］．公路交通科技，2010（10）.

[23] 刘雅敬．后张法预应力结构质量通病分析［J］．桥梁，2007（4）.

[24] 张劲泉，李承昌、郑晓华，等．桥梁拉索与吊索［M］．北京：人民交通出版社，2013.

[25] 李承昌，刘凯，沈跃．拉吊索常见病害与处理措施［J］．公路交通科技（应用技术版），2013（2）.

[26] 张国林，李辉，黄侨．斜拉索主要病害分析及其养护维修策略［C］//全国既有桥梁加固、改造与评价学术会议论文集．北京：人民交通出版社，2008.

[27] 张宇，李磊磊，夏至．常熟市虞新线南桥吊杆更换设计研究［J］．中外公路，2015（2）.

[28] 邴玉旭，王世祥．成渝高速公路内江提篮拱桥吊杆更换施工［J］．世界桥梁，2008（4）.

[29] 刘长喜，周志祥，唐中波．某拱桥吊杆更换工程技术研究［C］//全国既有桥梁加固、改造与评价学术会议论文集．北京：人民交通出版社，2008.

[30] 孙全胜，杨建喜．参数增量变化分析在斜拉桥换索施工控制中的应用［J］．世界桥梁，2010（1）.

[31] 周诚华，梅秀道．南昌市八一大桥斜拉桥换索工程施工监控［J］．世界桥梁，2011（2）.

[32] 张武，吴运宏，王戒躁．斜拉桥快速换索施工技术［J］．世界桥梁，2014（5）.

[33] 王贵春，李武生，陈卫丽．编译．美国卢凌赫尔鲍格斯斜拉桥的评估与换索方案［J］．中外公路，2012（1）.

[34] 唐寰澄．桥梁拉索隐患剖析［J］．桥梁，2005（1）.

[35] 肖光宏，张秋陵．斜拉桥斜拉索常见病害原因分析及防范措施建议［J］．公路交通科技（应用技术版），2010（11）.

[36] 吴进星，刘恩德．桥梁吊杆断裂原因及预警技术研究［J］．西部交通科技，2013（5）.

[37] 龙跃，郑皆连，吴振．如何让桥梁琴弦不变调——桥梁拉索典型病害事故的调查与研究［J］．桥梁，2013（4）.

[38] 李毅，韦华，郭忠，等．基于给定结构寿命的混凝土系杆拱桥设计及养护策略研究［J］．城市道桥与防洪，2012（2）.

[39] 盛海军，李少芳，晏国泰．淇澳大桥换索施工技术［C］//全国既有桥梁加固、改造与评价学术会议论文集．北京：人民交通出版社，2008.

[40] 冯良平，金卫兵，叶志龙．某钢桁梁悬索桥的加固设计［J］．公路，2009（7）.

[41] 陈玉凤［编译］．法国阿坤廷悬索桥的大修工程［J］．世界桥梁，2002（4）.

[42] 刘波，侯满．乌江大桥病害及承载力评估 [J]．世界桥梁，2009（3）．

[43] 陈筑苏，刘永碧．乌江预应力钢纤维混凝土连续加劲梁吊拉组合桥检测与评估 [J]．公路，2010（10）．

[44] 肖汝诚，等．桥梁结构体系 [M]．北京：人民交通出版社，2013.

[45] 王应良，高宗余．欧美桥梁设计思想 [M]．北京：中国铁道出版社，2008.

[46] 陈志敏，吴运宏．自锚式悬索桥吊杆索及更换技术 [J]．世界桥梁，2016（6）．

[47] 沈锐利，房凯，官快．单根吊索断裂时自锚式悬索桥强健性分析 [J]．世界桥梁，2014（6）．

[48] 张哲．混凝土自锚式悬索桥 [M]．北京：人民交通出版社，2005.

[49] 严允中．混凝土自锚式悬索桥设计施工概要 [R]．2014.

[50] 陈艾荣．基于给定结构寿命的桥梁设计过程 [M]．北京：人民交通出版社，2009.

[51] 孟凡超、徐国平、刘高，等．桥梁工程全寿命设计方法及工程实践 [M]．北京：人民交通出版社，2012.

[52] 慕玉坤，钟元，宫成兵．从南盘江大桥的检测评估看中美桥涵技术规范对比 [C] //2013 年全国桥梁学术会议论文集．北京：人民交通出版社，2013.

[53] 雷宏刚．钢结构事故分析与处理 [M]．北京：中国建材工业出版社，2003.

[54] 四川大学建筑与环境学院．《桥梁钢索的损伤控制及安全维护技术》的工程应用研发纲要 [R]．2017.10.

[55] 贵州都市报，2003 年 6 月 7 日报道．

[56] 贵州商报，2003 年 10 月 3 日报道

[57] 艾国柱，张自荣．桥殇——环球桥难启示录 [M]．成都：西南交通大学出版社，2013.

[58] 奥克兰海湾新桥螺栓断裂原因分析 [J]．世界桥梁，2014（5）"桥梁资讯"．

[59] 贾军政．世界百桥掠影 [M]．北京：人民交通出版社，2011.

[60] 张妮．译．西班牙费尔南多·雷格桥更换斜拉索 [J]．世界桥梁，2019（5）．

[61] 张建桥，徐风云．自锚式悬索桥反思 [J]．桥梁，2010（3）．

[62] 观察者网郭涵文：台湾南方澳大桥坍塌，10 人受伤 5 人失踪，2019-10-1.

[63] 陈筑苏，刘剑锋，章关永．南盘江悬索桥（危桥）检测和评估 [J]．公路交通科技（应用技术版），2008（12）．

[64] 叶毅，张哲，郭琦．自锚式吊拉协作体系桥简化计算方法研究 [J]．公路，2013（11）．

[65] 张哲，王会利，黄才良，等．自锚式斜拉——悬索协作体系桥梁设计与分析 [J]．公路，2006（7）．

第14章 桥梁火灾事故及其他桥梁事故

14.1 火灾引发的桥梁事故

火灾是一种失去控制的燃烧过程。火灾可以分为大自然火灾和建筑物火灾两大类。大自然火灾是指在森林、草场等自然区域发生的火灾，而建筑物火灾是指发生于各种人造建筑的物体之中或邻近的燃烧（含爆炸）所造成的损坏。火灾历史表明，建筑物火灾发生的次数最多、造成的损失最大，约占全部火灾的80%左右。火灾波及的范围极为广泛，世界上所有国家都发生过不同程度的火灾。

改革开放以来，随着我国社会经济的发展，城市逐步扩大、人口日益集中，导致发生火灾的潜在因素也随之增加，火灾的规模和频次也日趋扩大。进入21世纪后，我国每年发生各类火灾约20万起。城市建筑物火灾占总火灾的2/3以上，由建筑物火灾造成的人员伤亡和财产损失非常巨大。据统计，1971～2002年的30年中，全国共发生火灾约217万起，死亡近10万人，直接经济损失达187亿余元。建筑物火灾（含爆炸），除极个别案例为人为蓄意破坏外，绝大部分火灾的主要因素系人为失误。

桥梁火灾也时有发生。文献［19］收集了国内外500起桥梁事故（时间为1710～2005年，其中1900年以后411起，1990年以后257起），按24种事故原因（包括自然因素和人为因素）进行统计分析，桥梁火灾事故仅占事故总数的0.8%，可见，在2000年以前，桥梁火灾事故并不多。在我国，2000年以后社会经济高速发展，交通运输业更是突飞猛进，桥梁火灾事故也越来越多。下面列举几起桥梁火灾重大事故实例：

2004年6月24日，乍嘉苏高速公路的小桥头立交桥发生火灾，该分离式立交桥的14孔受到不同程度的损伤，影响了桥梁的正常使用。

2010年7月9日，沈阳市工农桥火灾，造成经济损失近千万元。

2011年5月28日，福建省武夷山市余庆桥失火，大桥被烧毁。余庆桥建于清朝光绪十五年（公元1889年），是全国重点文物保护单位。该桥跨越崇阳溪，全桥不用一钉一铆连接，桥长79m，宽6.7m，拱高68.6m。这座古桥与宋代"清明上河图"中的虹桥类似，被称为"世界桥梁建筑形式"的"活化石"，毁于大火，是中国重点文物的重大损失（图14-1、图14-2）。

2013年11月27日，重庆市黔江区濯水古镇风雨廊桥发生火灾，大火烧毁这座号称"亚洲第一廊桥"的重要桥梁，损失巨大（图14-3、图14-4）。

2014年4月25日凌晨2时许，京哈高速公路沈山段沈阳方向369公里处，一辆装载塑料颗粒的货运车辆自燃起火，导致该路段交通中断，桥梁严重受损。

图 14-1 百年古廊桥——余庆桥

图 14-2 大火中的余庆桥

图 14-3 浓雾中的灈水古镇风雨廊桥

图 14-4 大火中的灈水古镇风雨廊桥

2014 年 9 月 3 日 21 时 48 分，乌鲁木齐市米东区甘泉堡收费站旁一在建桥梁起火。

2014 年 11 月 19 日 13 时许，青海省海西州都兰县香日德镇沱海村附近，一辆越野车从正在修建的香德高速一桥梁路段冲出路面后与桥墩相撞起火，至少有 3 人遇难。

2018 年 03 月 19 日 5 时许，陕西西安凤城天桥突发大火，整个桥体几乎全被烧着，火花四溅。据当地媒体报道，此次事故由天桥上缠绕的彩灯短路引起。

2019 年 2 月 15 日 23 时，105 国道小榄港跨线桥桥下人行道，一辆运载 1.5t 的空气清新剂和杀虫剂成品的中型货车途经事发路段时突然起火。

2019 年 4 月 18 日 7 时 17 分，湖北省竹山县宝丰镇施洋小学附近一级路桥梁下方堆积的废弃物突发大火。

国外也时有桥梁火灾的报道。例如，2009 年 7 月，美国 I-75 州际公路底特律市跨线桥，为多跨梁桥，一辆在桥前调头的油罐车与另一辆直行车相撞，致 9000 加仑汽油泄漏起火发生大爆炸，跨线桥倒塌，高速公路断交，附近环境严重污染，是一起重大桥梁火灾事故。

部分桥梁火灾事故实例简况列于表 14-1。

部分桥梁火灾事故实例简况 表 14-1

序号	桥梁名称	桥梁简况	事故概况	时间（年.月.日）	备注
1	日本××高架桥	混凝土梁式桥	桥下堆积的 40 万个轮胎燃烧 43h，高架桥严重损伤，用 7 个月时间加固修复	20 世纪 80 年代	轮胎大火直接烧坏高架桥
2	××高架桥	混凝土梁式桥	桥下满布式木支架失火，燃烧几小时，上、下部结构严重损伤；混凝土开裂、脱落、露筋	21 世纪初期	因当时无法准确评定其火灾后承载力，予以拆除报废
3	××桥	PC 连续箱梁桥	桥下堆积物失火，76 号墩身和箱梁表面严重损伤，火烧 1h	2008.2.7	加固维修后正常使用，费用约 400 万元，工期 50d
4	××桥	PC 连续 T 梁桥	一运载液体焦化苯罐车行驶至该桥时发生爆炸起火，桥面、护栏、支座、墩台、主梁不同程度损伤	2008.3.6	火烧 1h，加固维修后正常使用，费用 160 万元，工期 25d
5	××高速公路××高架桥（特大桥）	多跨 30m PC 连续箱梁桥	一辆满载汽油的罐车通过桥上时，雨天路滑发生侧翻，罐体开裂，汽油外泄失火，过火时间约 1h	2009.5.27	混凝土表面过火温度 700～800℃，局部破损严重
6	合肥至徐州高速公路（南段）K72 上跨桥	PC 箱形梁桥	桥下大货车起火燃烧 40min，箱梁底板混凝土爆裂剥落，最深处 30mm，钢筋外露，一级损伤	2011 之前	过火温度约 750℃，进行了修补加固
7	××高速公路 K4 立交桥	单跨 16mPC 空心板	桥下堆积大量纸箱失火，造成 11 片板梁严重受损，判定为三级损伤	2011 之前	过火温度约 900℃，进行了修补加固
8	××大桥	主桥（63＋2×114＋63）m PC 连续刚构	左幅 9 号主墩侧面堆放的大量 PVC 塑料管被墩顶电焊时坠落的高温焊渣引发火灾，墩身大面积受损	2008.9.6	过火时间约 20min，最高温度 800℃，进行了维修加固
9	贵州贵新高速公路××桥	4×30m PC I 形组合梁桥	桥位附近马场坪××修理厂炸药爆炸，造成人员伤亡，桥梁局部受损	2011.11.1	右幅评为三类，需进行中修
10	江苏××高速公路主线桥	3×30m PC 空心板，简支桥面连续，柱式墩	交通事故致一辆罐车液态苯乙烯泄漏引发火灾，两块板梁破损严重	2012.5.7	火灾持续约 30min，进行维修加固
11	××桥	（18＋5×21＋18）m RC 连续箱梁	第 2 跨桥下堆放的建材失火，箱梁局部混凝土破损、露筋	2013.10.19	大火持续 135min，进行维修加固
12	××城市高架桥	6×30m PC 连续箱梁，分为左、右两幅	桥下停放报废车辆共计 26 辆，失火燃烧，两幅桥过火面积约 900m²，上下部结构局部损坏	2014 之前	大火持续 2h17min，评为 D 级，须加固或拆除
13	厦门翔安大嶝桥	第 5 联为 4×35m PC 连续箱梁	堆放在桥梁边跨下的工程材料起火，箱梁混凝土脱落，钢筋及 PC 管道外露	2012.5.31	过火温度约 400℃，进行维修加固

序号	桥梁名称	桥梁简况	事故概况	时间 (年.月.日)	备注
14	××桥	(3×20＋3×20)m PC 空心板，柱桩式墩台，分左、右幅	左幅桥 2 号跨桥下堆放的塑料瓶、木材等失火，致空心板混凝土大面积剥落	2014 之前	大火持续 2h，最高温800℃，进行维修加固
15	××桥	3×25.5m PC 连续箱梁桥	桥下小型垃圾清扫车起火，箱梁底板混凝土剥落、露筋	2016 之前	过火温度约 300℃，进行维修
16	××高速公路特大桥	(165＋3×380＋165)m 四塔 PC 主梁双索面斜拉桥，桥面全宽 28m	施工中发生火灾，致索塔一侧 9 根斜拉索烧断，梁端下沉2.192m，主梁局部损坏，索塔偏位 80mm	2016 之前	受损拉索及锚具更换，受损混凝土进行维修加固
17	××桥	6×25m PC 简支空心板，城市桥，全宽 30m	第 3 孔桥下农作物、秸秆、材料等起火，空心板底混凝土剥落严重，深度 5～34mm	2011.1.6	过火时间 2h，综合评定受灾跨为二级(中度损伤)
18	美国亚特兰大 I-85 州际公路跨线桥	梁式桥	桥下发生火灾，导致跨线桥垮塌，使州际公路断交，大量车辆绕行	2017.4.1	推测是桥下易燃物失火
19	××大桥	单跨 64m 钢管混凝土系杆拱桥，系杆为混凝土箱梁	施工中因焊接电渣导致桥下方木、竹胶板起火，使箱梁开裂、剥落、露筋	2016.7.4	火灾最高温度为 500℃
20	美国 I-75 高速公路底特律市跨线桥	多跨梁式桥	一辆在桥头调头的油罐车与另一辆直行车撞击，致汽油泄漏起大火，高速公路封闭，跨线桥倒塌	2009.7	9000 加仑汽油燃烧爆炸
21	南京长江大桥南引桥	18×30m 双曲拱桥	第 18 跨(最南第 1 跨)桥下市场火灾，上部结构受损严重，拱肋混凝土大面积剥落、钢筋外露	2008.6.2	大火持续约 75min，最高温度约 900℃
22	美国旧金山—奥克兰海湾大桥	钢混叠合梁	翻车起火，高温造成桥梁垮塌	2007.4.29	1 人受伤

注：除序号 1、18、20 及 22 外，均为国内桥梁火灾事故实例。

建筑物火灾，主要包括钢结构建筑物和混凝土结构建筑物火灾。钢结构建筑物火灾，工业与民用建筑物发生较多。例如，1993 年福建泉州的一座钢结构冷库发生火灾，造成 3600m² 库房倒塌；1996 年江苏昆山市的一座轻型钢结构厂房发生火灾，造成 4320m² 厂房倒塌；1998 年北京市某家具城发生火灾，造成钢结构建筑物整体倒塌；1987 年 4 月 21 日，四川江油电厂俱乐部钢屋架火灾，20min 即倒塌，等等。未见钢结构桥梁火灾重大事故的报道。目前，国内已发生的桥梁事故，大部分是混凝土结构桥梁，另有少数木结构桥梁。

2000 年以后，我国混凝土桥梁火灾事故逐渐增多。国内专家、学者对火灾桥梁的温度场分析、火损结构力学性能、桥梁承载力评价、检测方式和维修加固措施等进行了较为广泛的研究，取得很多成果。这些研究工作多基于具体的火灾桥梁，主要涉及火灾后混凝土结构的损伤评估、钢筋混凝土材料的强度、刚度和火灾变形等方面，也有一部分涉及火灾对预应力混凝土和钢管混凝土结构工作状态的影响。而在桥梁火灾后的耐久性能、抗震性能和结构的整体工作性能方面研究较少。一些火损后的桥梁经过维修加固后，虽然承载能力符合规范要求，但桥梁的耐久性能、抗震性能和整体工作性能如何，是不清楚的，因而存在安全风险。另外，在火损桥梁的研究工作中，大多是理论分析与数值计算，包括空间有限元仿真分析等，试验工作较少。在理论结合试验的研究工作中，还存在许多不足，包括：缺乏统一的试验标准、试验数据离散性大、数据的可比性不强等，使得试验研究结果与结论不具有普遍的适用性；在研究内容方面，主要以静力角度进行火灾后强度方面的研究，对于结构动力特性变化以及火灾后桥梁抗震性能降低可能导致的安全隐患等方面的研究深度不够。目前，关于混凝土结构火灾后性能的分析与安全性评价，主要是通过实际结构的材料特性测试、结构性能测试以及必要的计算分析，综合评价桥梁的承载能力、刚度、受力状态，并提出维修加固方案。

在我国，关于火灾后结构物评估至今还没有相关的国家标准或规范。2009 年，中国工程建设标准化协会发布《火灾后建筑结构鉴定标准》CECS 252：2009，属于协会标准，主要适用于工业与民用建筑。目前，我国还没有关于火灾后桥梁结构鉴定评估的国家标准与行业规范。国内有些火损桥梁系参考上海市 1996 年发布的地方标准《火灾后混凝土构件评定标准》DBJ 08-219-96 的规定，从承载力、裂缝、变形三方面对火灾后桥梁混凝土构件进行综合评定。按这 3 个指标，将混凝土结构火损程度划分为 4 级：一级为轻度损伤；二级为中度损伤；三级为重度损伤；四级为严重损伤。

2014 年，长安大学编制发布了《火灾后桥梁检测评价技术指南》。该指南系专门针对火损桥梁编制的，在行业有关规范未正式颁布实施以前，可以参照使用。CECS 252：2009 标准亦可作为参考。

火损桥梁试验是进行结构防火研究的基础。但由于火灾情况复杂，试验耗资巨大，大量进行这类试验还有很大难度。用计算机模拟火灾试验进行仿真分析是一种行之有效的方法，国内一些火损桥梁已采用这类分析方法取得不少成果。我国目前还没有能进行火灾模拟试验的专用软件，多借用 ANSYS 进行仿真分析，还有待结合我国桥梁的特点，开发火损桥梁的专门分析软件。

桥梁火灾绝大部分都是由于人为失误引发的。由表 14-1 中的火灾桥梁实例可以看出，多数系桥下易燃物品失火引发的。有的发生在桥梁营运过程中，有的发生在施工过程中。失火的起因，多数是管理疏忽或失职。防止和减少桥梁火灾，在于桥梁运营与施工时期的现场管理。应该进一步完善和加强有关规章制度，并加强执行力度。至于桥梁车辆行驶过程中在桥上或桥下引发的火灾，具有较大的偶然性，管理的难度较大，有必要采取特殊的措施，尽可能防止火灾发生。

14.2　设计失误引发的桥梁事故

文献［19］收集了国内外 500 起桥梁事故按 24 种事故原因（包括自然因素及人为因素）进行统计分析得到，设计失误引发的桥梁事故仅占总数的 2.6%。其中，国内的占比为 1.6%（370 起事故中，有 6 起属设计失误），国外的占比为 5.4%（130 起事故中，有 7 起属设计失误）。设计失误引发的桥梁事故，往往不是单一的因素，而是由几种因素造成的，但设计是主要原因。本书前面有关各章节在介绍桥梁事故实例时，根据具体情况多已指出事故的主要原因及次要原因（包括设计为主要原因的事故）。本节再补充几起设计为主要原因的桥梁事故实例。

实例一　沈阳市的几座城市立交

沈阳市于 1988 年修建了方形广场立交，1992 年修建了 5 座"土台子"立交，这 6 座立交属于两种类型，都存在严重设计失误，历经 8 年最长 17 年运营后，终于在 2005 年全部拆除或部分拆除。简述如下：

（1）土台子立交（共计 5 座）

1992 年，沈阳市拟将全市多条干道进行拓宽、改建，在繁忙的交叉路口计划修建多座立交工程。经过多方案的讨论比较，最后由市有关部门的领导提出方案并拍板，修建"土台子"立交。这种立交，古今中外未见报道过，是一种"创新"，没有适当的名称，老百姓称为"土台子"立交。其交通组织要点如下（可参阅图 14-5）：

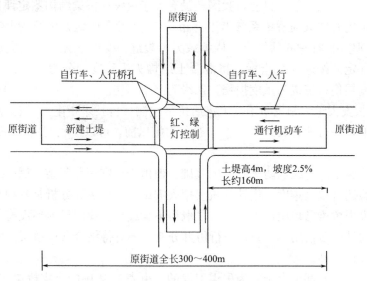

图 14-5　土台子立交示意图

① 在十字交叉的两条主干道中央修土路堤宽 8m（2 车道）或 16m（4 车道），坡度 2.5%，顶部两条土路堤交汇处设平直段，将机动车交通引导至土堤上，交叉处用红绿灯控制交通，土堤两侧余宽供自行车和行人通行。

② 在 4 条土堤下面各设一个宽 5～8m 的桥跨，净高 3m，供自行车与行人通行。

设计方案的决策者强调，土台子立交有两大优点：一是彻底解决了机动车、自行车和行人的分流，可确保交通安全；二是每座立交估价仅 500 万元，修建 7 座（原计划）约 3500 万元，市里一年就可以承担解决，当年就能完成，很快就能改变沈阳市的交通面貌。

这个立交方案在讨论过程中，虽然所有参加会议的技术人员几乎无一人同意，但由领导拍板，立即实施，1992 年就建成了 5 座。建成之后，众多市民和通行车辆的司机无不瞠目结舌，莫名其妙。很快群众就对这些土台子立交取了多个既讽刺又幽默的绰号，例如，新加坡（本来的平地无端变成了两条坡道），曼谷（谐音"慢鼓"，缓慢地鼓起一个大包），土耳其（谐音"土而奇"，既土又奇），等等。

通车之后，这些立交的弊端马上就显现出来：

① 机动车被引至土堤上通行，仍然是平面交叉，仍然是红绿灯控制，通行条件没有任何改善，反而要上下坡行驶，并增加油耗和车损。尤其是冬季，路面结冰，机动车在坡道上行驶更为困难，养护部门为防滑，投入大量人力物力。

② 自行车、行人在土堤两边很窄的道路上通行，还要经过桥孔。自行车与行人相互抢道、撞车，甚至打架，交通高峰时现场一片混乱，必须派交警维护秩序。由于桥跨处视线差，经常发生安全事故。

③ 这种土台子立交，不仅没有增加道路的通行能力，与原有道路平交道口比较，不仅降低了通过能力，并人为地增加了安全隐患。另外，景观上更不可取。

因为使用中出现的问题太多，受到了普遍的反对，已建成的 5 座立交在 2004 年以前便全部拆除了。表 14-2 为土台子立交修建与拆除的时间。

<table>
<tr><td colspan="5" align="center">5 座土台子立交修建与拆除时间</td><td align="right">表 14-2</td></tr>
<tr><td>序号</td><td>立交名称</td><td colspan="2">建成年</td><td colspan="2">拆除年</td></tr>
<tr><td>1</td><td>十三纬路立交桥</td><td colspan="2">1992</td><td colspan="2">2000</td></tr>
<tr><td>2</td><td>中山路立交桥</td><td colspan="2">1992</td><td colspan="2">2000</td></tr>
<tr><td>3</td><td>十一纬路立交桥</td><td colspan="2">1992</td><td colspan="2">2000</td></tr>
<tr><td>4</td><td>兴工街立交桥</td><td colspan="2">1992</td><td colspan="2">2003</td></tr>
<tr><td>5</td><td>三好街立交桥</td><td colspan="2">1992</td><td colspan="2">2004</td></tr>
</table>

（2）方形广场立交（1 座）

该立交位于沈阳市中环线上。中环线为红线宽 60m 的市区主干街区，两侧有慢车道和人行道，中间为机动车 6 车道。日交通量机动车 21436 辆，非机动车 102995 辆，高峰小时交通量机动车 2891 辆，非机动车 26586 辆。于 1988 年建成，平面如图 14-6 所示。交叉口为环道内径 60m、外径 106m、环道宽 23m 的转盘。主线 AC 方向建高架桥跨

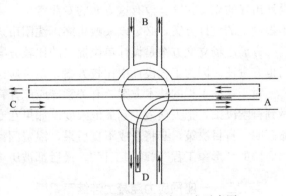

图 14-6　沈阳市方形广场立交示意图

越转盘，全长 525.28m，路面宽 9m，双车道。由于 AD 方向左转弯交通量大，高峰小时交通量约 700 辆，因此专门建一条左转弯匝道桥 AD，全长 266.64m，路面宽 4m，单车道，在主线高架桥 A 侧总宽为 13m。主线 CA 方向直通车辆以及其他各肢车辆皆经过转盘运行；AC 方向的无轨电车不经过高架桥，仍走平地经转盘运行。

这个方案是设计部门提出的比较方案之一，非推荐方案。但在讨论中，某些领导认为这个方案简易省钱，最终拍板采用。方案确定后即有专家指出，这个方案严重不合理，主

要理由是：

① 主线一个方向车辆上高架桥运行，而另一个方向车辆仍在地面经平交运行，这种做法极为罕见。正常情况下，一条道路上往来的车流量从长期平均而言是大致一样多的。例如，主线一个方向一万辆交通量解决了，而另一个方向的一万辆交通量没有解决，显然不合理。

② 即使主线 AC 方向由高架桥通行，但无轨电车却不准走高架桥，仍然走平地过转盘，因此这个方向也没有彻底解决。让无轨电车去走平面上的转盘，由于车身长、转弯行驶速度很慢（避免掉线），而电车的通过频率又很高（每隔几分钟通过一辆），严重影响了交叉口处交叉点与交织段的通行能力。

③ AD 方向左转弯交通量虽然较大，但不会大于 CA 方向的直通交通量。为 AD 方向专设向左转弯匝道桥，而置 CA 方向于不顾，是不恰当的。

④ 转盘这种形式只适用于交通量不大的交叉口。这座立交却把 CA 直通方向上近万辆交通量都引到转盘上，与其他各肢往来的交通量交织，显然不合理。

⑤ 这个方案把日交通量达十万辆的自行车都引到转盘上，并与 CA 方向的直通车以及其他各肢来往车辆一起混杂运行，其后果必定是交通混乱。

这个立交工程于 1988 年 10 月竣工通车后，交叉口的交通没有改善，在地面上仍经常发生自行车、汽车、无轨电车在转盘的一半道路上抢道行驶，造成运行混乱、拥挤堵塞，上下班交通高峰时间更为严重。历年都有人呼吁拆除改造。

到了 2005 年，有关部门才决定对这座立交进行改造。先将 AD 左转弯匝道桥拆除，保留 AC 直通高架部分，转盘也同时拆除，改成平面十字交叉路口，红绿灯控制。

道路立交工程是路线工程、桥梁工程和交通工程三者紧密结合的产物。城市立交工程涉及的因素更多、更为复杂，设计者必须熟悉多方面的知识，并有一定的实践经验，才能设计出好的立交方案。没有这方面的专业素质，某些掌握一定权力的官僚凭主观想象随意拍板确定的设计方案，必定以失败告终。沈阳市这几座短命立交工程就是典型案例。

方形广场立交方案是设计单位提出的比较方案，虽是有关领导决定选用的，但设计部门也有责任。因为工程设计中比较方案，至少应该是可行的方案，不应该包含严重缺陷。

对于重大工程的技术方案，有关领导应广开言路，认真听取专家和群众的意见，才能做到科学决策，把失误减少到最低限度。如果在专业知识上一知半解或自以为是，甚至自命高明，盲目决策，必将造成不良后果，浪费国家资源。至于那些急功近利，违反科学规律而搞的"形象工程""政绩工程"，最后都被历史无情地否定和嘲笑。

实例二　一座预应力混凝土连续箱梁桥

某座高速公路大桥，结构形式为预应力混凝土变截面连续箱梁，跨径组成为 42.5m＋65.0m＋42.5m。上部结构为单箱单室大悬臂变高度连续梁，顶宽 12.5m，底宽 6.5m，两侧悬臂长 3.0m。箱梁采用 C50 混凝土，三向预应力。设计荷载为汽-超 20、挂-120，按双向 4 车道设计。

该桥在营运过程中箱梁严重开裂。主要情况如下：箱梁腹板内、外侧裂缝共计 514 条，最大裂缝宽度 2.5mm。箱梁底板最大裂缝宽度为 1.1mm，严重的裂缝已在底板内贯通。箱梁顶板裂缝最大缝宽 0.4mm。腹板裂缝极多，在全桥腹板范围内均有发生（中支点两侧各 5m 内较少），以垂直裂缝、斜裂缝为主，且垂直裂缝及部分斜裂缝贯通整个腹板，垂直裂缝最大宽度 1.5mm，斜裂缝最大宽度 0.8mm。箱梁底板、腹板裂缝贯通，裂缝已影响到结构的截面特性。箱内裂缝定期观测表明，不断有新的裂缝产生。

主桥进行定期挠曲变形观测，主跨跨中下挠 122mm，仍有进一步发展的趋势。挠跨比为 1/533。

产生严重开裂与下挠的原因：

（1）设计纵向预应力配置不足，最不利荷载组合下，多个截面均出现较大拉应力，中跨跨中最大拉应力 2.11MPa，边跨跨中最大拉应力 1.43MPa，预应力安全储备不足。

（2）设计纵向普通钢筋数量配置偏少，直径偏小，在最不利荷载组合下，不能有效防止裂缝的发生与开展。

（3）部分断面预应力布束不合理，造成局部预应力过大。

（4）设计对竖向预应力损失估计不足，是造成腹板斜裂缝严重发展的主要原因。

（5）设计采用的日照温差按规范取桥面板升温 5℃，取值偏小。

根据《公路桥涵养护规范》JTG H11-2004 的规定，本桥上部结构的技术状况应属于四类，主要原因是设计有失误，是预应力混凝土连续箱梁桥这种常用桥型较为典型的严重病害实例。简要评析如下：

（1）纵向预应力不足，出现较大拉应力，在其他不利因素影响下，尤其是预应力损失控制不好的情况下，计算应力往往失真，构件就容易开裂。《公路钢筋混凝土及预应力混凝土桥涵设计规范》JTG 3362-2018 第 4.1.6 条规定："跨径大于 100m 桥梁的混凝土主梁宜按全预应力混凝土构件设计。"主要考虑因素之一就是在主梁中有适当的压应力储备，防止预应力损失过大时出现裂缝。对于预应力混凝土 A 类构件的拉应力，规范也有较严格的规定。

（2）国内很多大跨径预应力混凝土箱梁桥的竖向预应力筋采用精轧螺纹粗钢筋，往往因预应力损失过大或不稳定，导致腹板主拉应力过大而产生裂缝。本桥主跨仅 65m，竖向预应力筋较短，更容易发生过大的预应力损失，是腹板大量开裂的主要原因。这是大跨径预应力混凝土箱梁桥一直存在的一个疑难问题之一。设计者可能没有予以足够重视，忽略了竖向预应力存在的风险。国内一些专家、学者针对这个问题进行了大量研究与试验，提出了不少解决这个难题的措施。其中，低回缩预应力钢绞线锚具的研制和开发，是克服这一技术难题的一种新技术、新设备，可参阅文献 [25]。

（3）《公路钢筋混凝土及预应力混凝土桥涵设计规范》JTG 023-85 附录五"T 形截面连续梁由日照温差引起的内力的计算"，规定："在缺乏实测资料时，可假定温差 +5℃（桥面板上升 5℃），并在桥面板内均匀分布。"这一规定与实际情况不符，往往偏小，致使国内很多混凝土桥梁因日照温差取值偏小而出现不同程度的开裂现象，直到 2004 年新规范发布实施后，才修正了这条旧的规定。所以，上述预应力混凝土箱梁出现裂缝，也有规范滞后的因素。

这座病害严重的箱梁桥，采用体外预应力进行维修加固，体外预应力设计为连续弯起束。中跨箱室内增设 4 束 22ϕ_j15.24mm 体外预应力钢绞线，两边跨分别布置 4 束 9ϕ_s15.24mm 体外预应力钢绞线。所有裂缝进行压浆修补或封闭。

有的专家指出，混凝土桥梁如发生大量超限裂缝，即使进行了修补和加固，承载能力能满足规范要求，但桥梁的耐久性必定受到影响，会缩短桥梁的正常使用年限。所以，从桥梁全寿命设计考虑，混凝土桥梁应尽可能避免发生大量开裂。

实例三 贵州省榕江县榕江大桥

榕江大桥位于榕江县城附近，跨越都柳江支流寨蒿河河口区段。既是省道 308 线（雷山至榕江）的一座公路桥，也是榕江县的一座城市桥。主桥为 7×42m 钢筋混凝土上承式空腹箱形拱桥，矢跨比 1/10，拱上为净跨 3.5m 二铰板拱。引桥为 13×13m 钢筋混凝土二铰平板拱，矢跨比 1/20。其中黎平岸 8 孔，榕江岸 5 孔。桥梁全长 540m，桥面净宽为净-7m＋2×1.5m 人行道。设计荷载为汽-15，人群荷载为 3.5kPa，验算荷载为挂-80。该桥于 1979 年 5 月 1 日建成通车。

因受都柳江干流高水位顶托的影响，如按寨蒿河设计洪水频率取 2%并叠加干流回水影响，桥面高程高过县城主城区地面太多，明显不合理。为了降低桥面高程，大桥按较高水位漫水桥设计，允许重现期为十年一遇的洪水漫过桥面。除主体结构满足洪水作用下的受力要求外，人行道未采用常规的布置方式，而是设计成 L 形（长段为水平）人行道板，以使人行道范围内阻水面积有所减小，还能减少人行道的工程量。

1981 年 1 月 14 日，榕江大桥黎平岸引桥第 2 孔上游侧人行道悬臂板突然断裂，旋转90°后悬吊于桥面边缘，顺桥向长度 13m，是一起较大的质量事故（图 14-7）。经调查研究和专家会议讨论，认为主要原因是设计失误，次要原因是有车辆数次冲上人行道（人行道内侧无护栏）超过了设计荷载。下面简要介绍人行道设计存在的问题。

图 14-7 榕江大桥黎平岸引桥第 2 孔上一游侧人行道悬臂板断裂旋转与桥面呈 90°

L 形人形道板为钢筋混凝土结构，其构造设计如图 14-8 所示。按容许应力法计算，满足 1975 年交通部标准《公路桥涵设计规范（试行）》的规定，即钢筋拉应力及混凝土压应力均小于相应的容许应力。人行道板断裂的主要原因是受拉主筋的布置有误。图14-8 中受拉主筋 N1 沿截面凹折边缘布置，导致该凹角处受弯产生拉应力时，因 N1 钢筋随凹面弯折，不能承担截面边缘的拉应力，混凝土在拉应力作用下发生断裂。当时的桥梁设计规范对"受拉区主筋沿凹折面不能连续布置"没有相应的规定。事故发生后，在分析事故原因的会议上，资深桥梁专家指出国内规范虽然没有相关规定，但苏联《公路钢筋混凝土、金属、混凝土及墩台桥涵设计规范》（1948 年版）的第 101 条有类似规定。

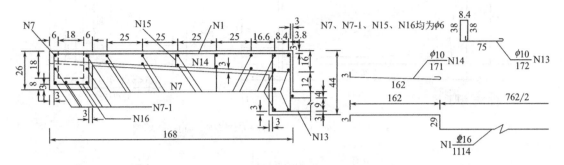

图 14-8　人行道板构造设计图（单位：cm）

国内的铁路和公路桥梁设计规范直至 1999 年以后才有明确规定。《铁路桥涵钢筋混凝土和预应力混凝土结构设计规范》TB 10002.3-99 第 5.3.3 条规定："在杆件的受拉区域凹角处布置钢筋时，不得将钢筋按凹角弯曲，必须设置相互交叉形成凹角的单独钢筋。"《公路钢筋混凝土及预应力混凝土桥涵设计规范》JTG D62-2004 第 9.3.15 条规定："设于拐角处的交叉受力钢筋，自拐角处的交叉点起应各延伸一段锚固长度。"

这一设计失误给予我们启示：仅仅按照规范进行设计，还不能完全保证设计合理和安全。作为一门实用科学，桥梁设计实践经验的积累十分重要，尤其是在规范没有涉及的范围和理论还有待深化的情况下，经验更显得宝贵和重要。

加固设计是将凹角处的混凝土凿开，加焊粗钢筋，将受拉主筋形成闭合框，以满足锚固长度。加固后至今，该桥人行道仍正常使用。

实例四　江西省药湖高架桥

江西南昌至樟树高速公路药湖特大桥，全长 9100m，桥宽 27.5m，原设计上部结构为预制板宽 1.24m 的装配式空心板，下部结构为双幅分离式盖梁 4 柱 4 桩桥墩。系直接套用 JT/GQB 001-93 标准图中 20m 后张法预应力混凝土装配式空心板。全桥孔跨布置为 109×20m PC 空心板＋6×30m PC T 梁＋337×20m PC 空心板。后来进行了优化设计，将预制空心板幅宽优化为 1.55m，下部结构优化为整体式预应力混凝土盖梁的 2 柱 2 桩桥墩。按优化后的设计进行施工，该桥于 1997 年 12 月建成通车。完工时，经单板荷载试验和全桥静载试验，证明该桥设计与施工质量良好。优化设计不仅增加了桥梁美观，而且缩短了工期，优化后全桥造价节约 1.1 亿元以上。

图 14-9 为优化前后空心板尺寸及配束图；图 14-10 为优化前后桥墩处标准断面图。

该桥建成通车后几年便开始出现病害，随后病害发展越来越严重。主要病害有：空心板沿铰缝处发生断裂，进而影响下部结构，桥墩盖梁发生受扭断裂，桥墩墩柱亦出现开裂，空心板跨中下挠严重。这些严重的病害几乎遍及所有的空心板桥桥跨，不仅影响了正常的车辆运行，还存在安全隐患。为了消除病害，对全桥进行了维修加固。因桥梁很长，孔跨太多，加固工程花费了约 2 亿元。

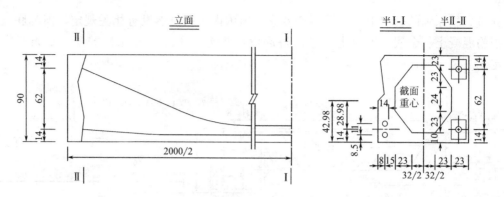

(a) 93标准图20m空心板尺寸及配索(尺寸单位：cm)

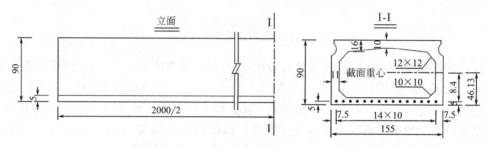

(b) 优化设计后20m空心板尺寸及配索(尺寸单位：cm)

图 14-9　优化前后空心板尺寸及配束

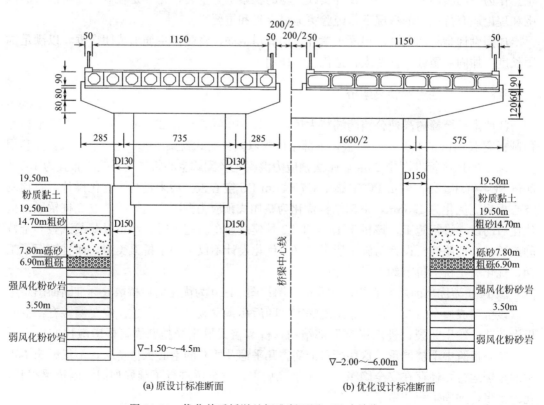

(a) 原设计标准断面　　　　　(b) 优化设计标准断面

图 14-10　优化前后桥墩处标准断面图（尺寸单位：cm）

经过维修加固后，上述病害并未完全消除，有些病害还在继续发展，尤其是空心板跨中下挠较大。该条高速公路属国家高速公路网中的上海至昆明高速公路的重要组成部分，为适应交通的发展，拟扩建为双向 8 车道。药湖特大桥亦列入改扩建工程。考虑到如采用桥梁拼接扩建方式，因旧药湖特大桥病害严重存在较大安全风险，故采用在原桥两侧分离新建的扩建方式。新拓宽的桥梁采用装配式简支小箱梁，跨径 20m，一侧桥宽 16.75m，按 3 车道布置。

对于药湖特大桥严重病害简要评析如下：

药湖特大桥的严重病害首先发生在装配式空心板的铰缝处，表现为铰缝出现大范围内断裂。这类病害具有一定的规律性和普遍性。这与传统的横向铰接板梁桥的理论缺陷有关。该理论认为预制板之间的铰仅传递竖向剪力，不传递横向弯矩、纵向剪力和与铰面垂直的法向力。交通行业标准图、通用图和设计图中的装配式板、梁桥均是基于这一基本理论进行设计的。长期的工程实践与理论研究已充分表明，传统的横向铰接板理论与实际情况有较大出入，是出现病害的重要原因。主要反映在下述三个方面：一是铰接板实际上是存在一定数值的横向弯矩的；二是在车辆荷载作用下，承受横向偏心荷载时，铰接板的变形除挠曲外，还有转动，既传递剪力也传递扭矩，引起侧向水平位移，通过桥面铺装向相邻板施加水平力（拉或压）；三是铰缝混凝土和预制板间新旧混凝土界面因抗拉、抗剪强度下降对铰缝工作有较大影响，这项界面强度验算未纳入现行规范，工程设计通常均未考虑。

调查资料表明，铰缝破坏往往是发生在预制板梁和现浇铰缝混凝土间的界面上，而不是铰缝混凝土本身被直接剪坏。因新旧混凝土结合面的抗剪、抗拉强度低于混凝土本身的相应强度，已为大量的试验所证实。本章参考文献［32］进行了铰缝抗剪试验，得到结论：铰缝中的抗剪钢筋对铰缝与预制块间混凝土结合面的抗剪抗裂有一定影响，但并不能提高混凝土铰缝的抗剪强度，与素混凝土铰缝抗剪强度相差不大。这也是规范和工程设计中常常忽略的一个重要问题。

空心板铰缝出现病害后，在车辆荷载作用下，铰缝两侧会发生不均匀的荷载传递，由此将引起铰缝两侧空心板出现挠度差。挠度差越大，铰缝两侧空心板共同工作的状况越差，随着铰缝开裂的发展，单板受力趋于严重。而浅铰缝比深铰缝更容易发生单板受力状况。

药湖特大桥空心板采用的浅铰缝（亦称为小铰缝），铰缝的高度不到设计板高的 1/4，故铰缝容易开裂。如果铰缝处新旧混凝土界面处理不好，更容易沿界面发生严重开裂，出现单板受力，在重载车辆反复作用下，板体开裂和下挠会日趋严重。药湖特大桥空心板跨度 20m，已是国内使用的装配式预应力混凝土空心板最大跨径。一旦出现单板受力，因跨径较大，汽车荷载引发的内力也较大，预制板本身更容易出现病害。

由于装配式空心板桥在使用中病害较多，日趋严重，一些省市和设计院不再采用这种桥型。例如，2009 年上海市城乡建设和交通委员会印发沪建交［2009］1048 号文《上海市城市道路和公路设计指导意见（试行）》，其中 5.1.1 条规定："高速公路、一级公路、城市快速路、城市主干路和专用重车线路上的大、中桥，应采用行车舒适、耐久性好、养护方便的结构形式，优先选用连续结构体系，一般不得采用预制装配式空心板结构。"有的设计院在放弃传统装配式空心板桥的同时，另外开发适用于中小跨径混凝土梁桥的新的结构形式。例如，预应力混凝土装配式横向刚接空心板桥、预应力混凝土装配式横向刚接密肋工字梁桥和预应力混凝土装配式横向刚接密肋 T 形梁桥等。药湖特大桥的扩建工程，也不再采用传统的装配式空心板，而是采用装配式简支小箱梁。

药湖特大桥将原设计的双幅分离式盖梁 4 柱 4 桩桥墩，优化为整体式预应力盖梁 2 柱 2 桩桥墩，优点是减少了一半墩柱，改善桥梁的整体景观，也节约了工程量。但盖梁的中段跨径由原设计 7.35m 增大为 16.0m，设置的纵向预应力满足了盖梁的抗弯承载力，但由于扭转跨度的增大，在汽车荷载反力的作用下，活载扭矩较大，当重载车辆集中在一跨之内时，盖梁就可能由于扭矩过大而发生开裂，并使墩柱也出现裂缝。

药湖特大桥位于交通量最大的厚田枢纽—樟树枢纽路段，根据桥位处交通量及车辆的构成分析，大客车、大货车及挂车等重车比例超过 60%，药湖特大桥发生的严重病害，长期超载车辆的行驶是重要外部因素。

装配式空心板因铰缝损坏严重而形成单板受力进一步引发更多病害的情况，国内多有发生。除上述药湖特大桥外，广西铁港大桥和昆明环城公路××立交桥也发生过类似事故。

实例五　广东东莞市石龙镇二桥

石龙镇二桥跨越东江干流，主桥为（52＋80＋52）m 预应力混凝土连续箱梁，主梁为单箱单室截面。预应力束包括：顶板束、底板束及竖向预应力束，无下弯束。该桥于 1997 年竣工通车。主桥立面、横断面与预应力束布置如图 14-11 所示。

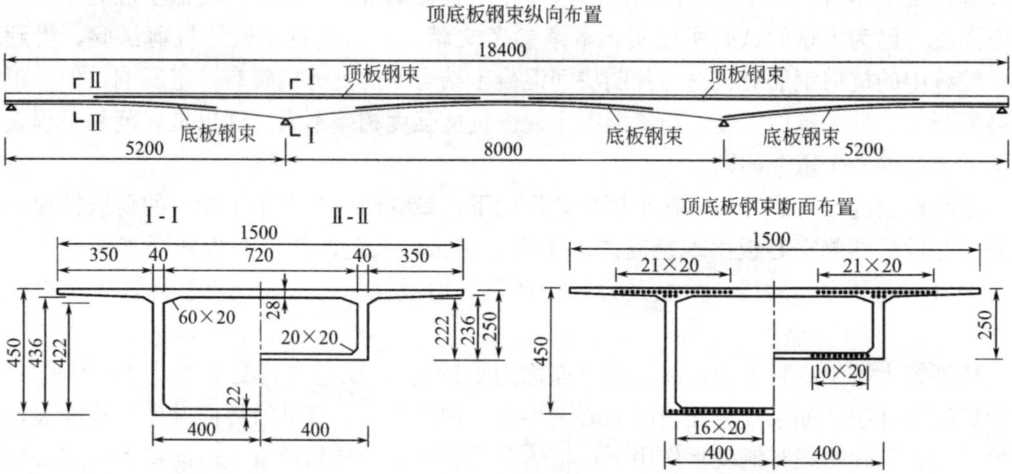

顶底板钢束纵向布置

图 14-11　东莞市石龙镇二桥立面及预应力钢束布置（尺寸单位：cm）

使用 6 年后的 2003 年 9 月对大桥进行全面检测时发现，箱梁顶板下缘、腹板内侧出现不同程度的开裂。从裂缝分布情况看，开裂最严重的部位是腹板内侧，斜裂缝分布呈相互平行的形态，裂缝宽度均大于 0.3mm，最大裂缝宽度达 0.5mm。桥梁上、下游两侧箱梁腹板内侧裂缝沿桥跨方向分布情况如图 14-12 所示。

从裂缝分布及形态判断，箱梁顶板纵向裂缝相互平行且与桥轴线平行，为横向拉应力过大所引发。腹板的斜向裂缝与水平方向成 45°左右的夹角，且相互平行，为剪应力过大、

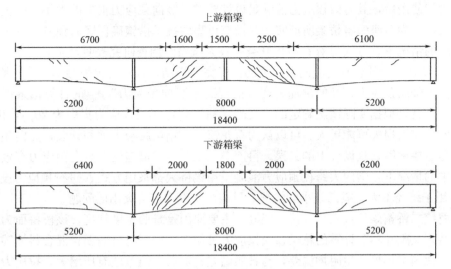

图 14-12　箱梁腹板内侧裂缝沿桥跨分布示意（尺寸单位：cm）

箱梁腹板抗剪能力不足所造成。

文献［34］提出采用嵌入式空间预应力混凝土组合单元模型，模拟预应力混凝土箱梁的空间力学行为，综合考虑预应力效应、徐变效应、温度荷载等因素的联合作用，对石龙镇二桥箱梁的开裂进行了精细化分析，主要结果如下：

（1）在其他荷载不变的情况下，降温荷载使箱梁顶板局部产生的最大拉应力为 3.11MPa（其中温度应力为 2.78MPa），主拉应力超过了 C50 混凝土的抗拉强度标准值 2.65MPa，顶板开裂是必然的。其中，温度应力占总应力值的 89.4%，显然，温度应力是引起箱梁顶板开裂的主要原因。

（2）升温荷载（计入设计竖向预应力）使箱梁腹板内侧梁高一半处产生的最大主拉应力为 2.16MPa 小于 C50 混凝土抗拉强度标准值 2.65MPa。而腹板实际上已大量开裂，应是竖向预应力不足所致。当竖向预应力损失 25% 时，升温荷载使腹板内侧主拉应力增加 25%～43%，最大拉应力值已超过或接近混凝土的抗拉强度标准值。因此，可以判定竖向预应力损失过大和温度荷载是引发箱梁腹板大面积开裂的主要原因。

主要评析如下：

目前，国内对于预应力混凝土连续箱梁纵向钢束布置方式有下述三种：

方式 A：传统的方式，有下弯束（含弯起束）与竖向束。

方式 B：取消下弯束，有顶、底板水平直线束与竖向束，边跨支承附近设置部分弯起束。

方式 C：有下弯束（含弯起束），无竖向束。

三种方式各有利弊，文献［33］中有详细论述。现重点讨论布束方式对克服腹板主拉应力的效果。方式 A 的顶板束下弯至腹板内，下弯束与斜向拉应力的方向基本一致，克服腹板的主拉应力较为有效。工程实践表明：按方式 A 设计的预应力混凝土梁桥，箱梁出现腹板裂缝的情况较少。但下弯束的间距不能过大，否则会出现预应力"盲区"，不利于克服主拉应力。方式 B 在理论上是正确的，但实测资料表明，当竖向预应力筋采用精轧螺纹钢筋及相应的带螺母的锚具时，预应力损失较大，即使采用二次张拉方法，也难以保证运营期长时间使用后，其有效预应力能满足设计要求。竖向预应力损失的大小，受施工质量影响很大，已为多座病害桥梁所证实。在没有可靠的技术措施确保竖向预应力有效值符合设计要求的情况下，方式 B 存在腹板开裂的较大风险。调查研究表明，大多数竖向预应力损失在 50% 以上，甚至有的竖向预应力筋已经完全松动，预应力损失为 100%。现行桥规规定对"由竖向预应力钢筋的预加力产生的混凝土竖向预应力"σ_{cy} 的计算值乘以 0.6 的折减系数，就是根据实际情况确定的。文献 [34] 假定竖向预应力损失为 25%，仍偏小，实际竖向预应力损失可能更大。可以认为石龙镇二桥箱梁腹板大面积开裂，竖向预应力严重不足是主要原因，是设计上的失误。目前，在没有可靠措施确保竖向预应力有效值符合设计要求的情况下，国内大跨径预应力混凝土箱梁桥大都采用方式 A 进行预应力设计。方式 C 多用于跨径不大、梁高较小的情况，目前尚未发现较为突出的问题。

石龙镇二桥箱梁顶板发生纵桥向裂缝，主要原因是日照温度梯度。该桥桥面为沥青混凝土铺装，文献 [34] 计算的箱梁顶板拉应力可能偏小，因为桥面沥青混合料摊铺产生的高温，会使箱梁顶板产生附加温差，与日照温差叠加后，温差值有所增大，拉应力相应增大。JTG D60-2004 规范没有相应的规定。多座桥的实测资料表明，沥青混凝土摊铺温度往往高达 150℃左右，在箱梁内引起温差分布。文献 [35] 根据实测资料数据，对试验桥沥青摊铺过程沿梁轴线方向，同高度不同时刻温度进行整理分析，提出了由沥青摊铺引起的梁体最大温差计算公式。同时考虑日照温差与沥青摊铺温差的最大温差 T_1 可按下式计算：

$$T_1 = T_S + T_A \tag{14-1}$$

式中：T_S——沥青混凝土摊铺前梁体的自然温差，即日照温差，可按规范取值。

T_A——由沥青摊铺高温引起的梁体最大温差值，可按下式计算：

$$T_A = -0.37T_{初} + 0.32T_{料} - 0.11d^2 + 2.3d - 6.5 \tag{14-2}$$

式中：$T_{初}$——摊铺沥青前梁顶面初始温度；

$T_{料}$——沥青下料温度，一般为 100~160℃；

d——沥青层厚度（cm）。

沿梁高方向的温度梯度模式，如图 14-13 所示。图中 Y 为梁高（m）；y 为距调平层顶面距离（m）；$T_y = T_1 \times e^{-9y}$。

按图 14-8 及式（14-1）计算了试验桥的温度分布曲线，与实测最大温差梯度曲线（摊铺约 30min）进行对比，两者吻合程度较好，尤其是高温区段，变化规律与试验值一致。采用沥青混凝土桥面的箱梁设计，应考虑沥青摊铺温差产生的不利影响。

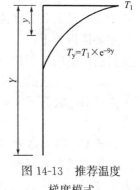

图 14-13　推荐温度梯度模式

实例六　哥伦比亚 Chirajara 大桥

当地时间 2018 年 1 月 15 日，哥伦比亚 Chirajara 大桥在施工过程中发生垮塌事故，导致 10 人死亡，8 人受伤，经济损失巨大。

该桥位于哥伦比亚昆迪纳马卡省和梅塔省交界地区，为首都波哥大与中部城市比亚维森西亚市公路上的一座重要大桥。桥型结构为混凝土主梁斜拉桥，主跨 286m，索塔为钻石形，混凝土结构，主跨跨越 270m 深的峡谷。在施工过程中，当主梁仅差 80m 即将合龙时，其中一个主塔（B塔）突然倒塌，与其相连的主梁也一起垮塌（图14-14）。

图 14-14　哥伦比亚 Chirajara 大桥残存的 C 塔（左），坍塌后的桥梁掉入 270m 深峡谷（右）

事故发生后进行了调查，大桥所用材料达到甚至超过了设计要求，桥塔基础地质情况良好，因而排除了材料和地基引发事故的因素。问题出在设计失误。美国 Modjeski&Masters 公司对这次事故进行了调查研究，得到的结论如下：

（1）由于设计错误，导致 Chirajara 大桥倒塌。

（2）B 索塔下塔柱采用薄横隔板，这种设计十分罕见，而且横梁厚度不足，难以抵抗塔柱之间的拉力。横梁中布置的预应力筋太少，也是重要缺陷。

（3）设计错误地假设塔柱间的拉力沿横隔板的高度均匀分布，与实际情况严重不符。

调查中还发现，C 索塔有一条严重的大裂缝，虽然未垮塌，但存在的问题与 B 索塔相同，难以进行维修加固。最后决定爆破拆除重建，因而已修建的桥体全部报废，另建新的索塔与上部结构，基础可以利用。

实例七　贵州省贵安新区贵安大道土地关大桥

土地关大桥为城市桥梁，全桥总宽度 77m，分为左、右幅。左（右）幅全宽 38.5m，为分离的两幅。设计荷载为城-A 级，人群荷载为 $3.5kN/m^2$。桥梁全长 402.085m。上部结构为 $3\times30m+2\times（5\times30）m$ 装配式预应力混凝土小箱梁。下部结构为圆柱排架式桥墩，桩基础。跨输油管处采用门式桥墩。1 号及 14 号桥台为重力式 U 形桥台。

全桥共计 8 个门式桥墩，即左幅 5-2 号、6-2 号、7-1 号、8-1 号与右幅 1-4 号、2-4 号、3-3 号、4-2 号等桥墩。截至 2013 年 11 月 17 日之前，已施工完成左幅 6-2 号、右幅 1-4 号和右幅 3-3 号桥墩盖梁。设计部门复查发现，门式桥墩盖梁 C50 钢筋混凝土结构强度不满足规范要求，决定变更为预应力混凝土结构，但这 3 个桥墩已完工，未预埋预应力管道。因设计失误，面临如何处理的难题。

这 3 个桥墩的结构尺寸如下：

左幅 6-2 号墩为单跨净跨 14.5m 门式墩，墩柱为矩形截面 1.5m×2.4m（横桥向×顺桥向），盖梁高度 2.0m，宽度 2.4m。

右幅 1-4 号墩为双跨门式墩，净跨为（5.2+17.5）m，墩柱为矩形截面 1.5m×2.4m（横桥向×顺桥向），盖梁高度 2.0m，宽度 2.4m。

右幅 3-3 号墩为单跨净跨 13.0m 门式墩，墩柱为矩形截面 1.5m×2.4m（横桥向×顺桥向），盖梁高度 2.0m，宽度 2.4m。

其余桥墩尚未施工，但因设计图存在问题，故全桥停工等待处理。经过有关部门的多次研究、设计单位复核验算和专家会议讨论，最终决定拆除左幅 6-2 号、右幅 1-4 号、右幅 3-3 号桥墩，盖梁重新设计，另建新桥墩盖梁，其余未施工桥墩由设计单位复查后，另出设计图。最后实施的桥墩盖梁，均采用预应力混凝土 A 类构件，C50 混凝土。

上述 3 个事故桥墩，均为混凝土门式墩，其盖梁的净跨为 13～17.5m，按一般的经验，应采用预应力混凝土结构。因为钢筋混凝土结构的裂缝宽度与承载力很难满足规范要求，而且过多地增大结构尺寸与增加配筋既不经济也不合理。事故发生后，对上述 3 个桥墩按原设计（RC 结构）进行验算，结果如下：

6-2 号桥墩盖梁：最大裂缝宽度 0.34mm，承载力不满足规范要求；

1-4 号桥墩盖梁：最大裂缝宽度 0.49mm，承载力不满足规范要求；

3-3 号桥墩盖梁：最大裂缝宽度 0.45mm，承载力满足规范要求.

原设计为钢筋混凝土盖梁，且为非标准设计，理应进行结构计算，很容易就会发现正常使用极限状态和承载能力极限状态不满足规范要求。事故表明没有进行常规的验算或计算有误，同时也反映出技术管理上存在不足。

这一事故，延误了工期，并产生了一定的经济损失，也在一定范围内造成了不良影响。

实例八 贵州省贵安新区贵安大道马场特大桥

马场特大桥为城市桥梁，桥面全宽 18m，双向 4 车道，无人行道，汽车荷载为城-A 级。桥梁全长 1060m。上部结构为 7 联 5×30m 装配式预应力混凝土简支转连续小箱梁。桥墩为大悬臂盖梁柱式墩。盖梁按部分预应力混凝土 A 类构件设计。盖梁及桥墩结构尺寸如图 14-15 所示。全桥共计 34 个桥墩，其中中间连续墩 28 个，分联墩 6 个。中间墩盖梁原设计为单排 4 束 15ϕ15.24 预应力钢绞线，分联墩盖梁原设计为单排 6 束 15ϕ15.24 预应力钢绞线。

截至 2013 年 11 月 17 日，1～4 号，6～9 号和 11 号共计 9 个中间桥墩已按原设计图完成盖梁施工。后经设计单位对桥墩盖梁进行复查验算，发现因预应力不足导致正截面法向拉应力过大，不满足规范要求，随即全桥停工等待处理。业主委托中国市政西南设计研究总院对上下部结构原施工图设计进行咨询审查，于 2013 年 12 月提出了"咨询审查报告"，其中，桥墩盖梁计算结论及建议如下：

（1）原设计中支点桥墩计算结论及建议

① 施工阶段盖梁局部法向拉应力不满足规范要求。

② 使用阶段持久状况盖梁正截面抗弯承载力及受压区高度部分截面不满足规范要求。

③ 使用阶段持久状况盖梁抗剪承载力及斜截面抗剪部分截面不满足规范要求。

④ 使用阶段持久状况盖梁正截面抗裂部分截面不满足规范要求。

⑤ 使用阶段持久状况盖梁斜截面抗裂部分截面不满足规范要求。

⑥ 使用阶段盖梁挠度满足规范要求。

⑦ 使用阶段盖梁正截面压应力部分截面不满足规范要求。

⑧ 使用阶段盖梁斜截面主压应力部分截面不满足规范要求。

⑨ 使用阶段盖梁预应力钢束应力不满足规范要求。

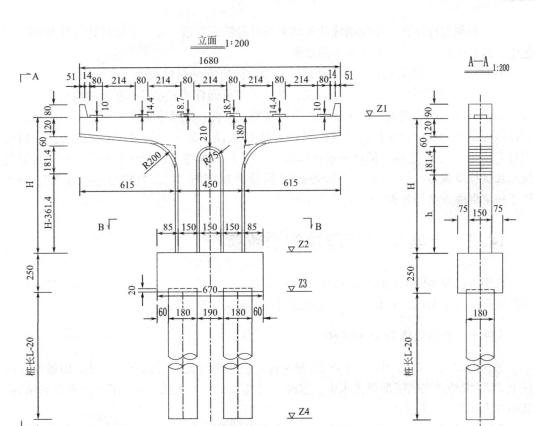

图 14-15　桥墩结构尺寸图（尺寸单位：cm）

⑩ 短暂状况盖梁部分截面法向拉应力不满足规范要求。

建议：加大盖梁截面和加强预应力钢束配置。

（2）原设计边支点桥墩计算结论及建议

与上述（1）中的①～⑨项结论相同。

建议：改善钢束束型，使盖梁应力及钢束应力满足规范；施工阶段分批张拉钢束，以避免短暂情况下法向拉应力过大。

根据上述"咨询审查报告"的结论，经过专家会议讨论后，业主单位决定对马场特大桥上述 9 个已完成的桥墩盖梁进行加固补强，由原设计单位进行相关的施工图设计。要点如下：

1～4 号、6～9 号和 11 号共计 9 个中间桥墩的盖梁加高 35cm，并在加高范围内增设预应力钢束。其余未施工盖梁及盖梁已完成但未张拉钢束的桥墩按"咨询审查报告"的计算结论及建议，重新进行施工图设计。

在桥墩盖梁设计问题发现之前，第 1 跨至第 8 跨的梁片已吊装完成，其中第 1 联的 1～5 跨装配式小箱梁湿接缝钢筋连接完成，已架设的 9 跨梁横隔板连接全部完成，桥面连续处负弯矩钢绞线已穿束完成。与这几跨相关的桥墩盖梁因加固补强需加高盖梁 35cm，不仅工期推迟、造成经济损失和社会影响，施工难度也较大。马场特大桥桥墩盖梁设计出现的问题，主要是盖梁的常规验算失误。给予我们启示，桥规规定的基本验算项目很重要，不仅必须进行计算，还应确保计算结果不出现较大差错，并落实到结构设计和施工工艺中。这是保证设计质量的最基本的要求。

另外，盖梁与墩柱交汇的区域为 D 区（指截面应变分布呈现明显非线性的结构区域，应变不符合平截面假定）而非 B 区，设计单位采用平面杆系程序计算所得的应力会局部失真，局部拉应力可能较大。D 区常用的分析模型有三种：三维有限元模型、压力扩散模型和拉压杆模型。其中拉压杆模型被广泛认为是 D 区设计的一种简单而实用的方法。桥规 JTG D62-2004 已规定将"撑杆—系杆体系"（即拉压杆模型）用于计算桩基承台短悬臂的抗压及抗拉承载力。新桥规 JTG 3362-2018 附录 B 规定的"拉压杆模型分析方法"，则可用于桥梁混凝土结构各种 D 区的受力分析。

14.3　一些罕见与奇特的桥梁事故

在中外已发生的大量桥梁事故中，有极少数事故出现的几率很小或者较为奇特，本小节简要介绍几个实例，有利于从更大的范围内了解桥梁事故。

实例一　沪杭公路 7835 号大桥

2016 年 7 月 20 日，中午 12 点 20 分左右，一架飞机起飞后约十几分钟，因操作失误撞上 7835 大桥，飞机随即落入水中。当时，飞机上有 1 名机长、1 名副驾驶和 8 名乘客，其中 5 人死亡，5 人受伤。

失事飞机属幸福通用航空公司。2016 年该公司着力打造"上海金山飞浙江舟山"这一经典热门航线，定于 7 月份进行首次试飞。7 月 20 日 11 时 30 分两架水陆两栖飞机先后起航。这种飞机型号为"幸福通航 B-10FW"，除正、副驾驶员外，核载 9 名乘客。当时，第一架飞机起飞后约 10min，第二架飞机随即起飞，才十多分钟就撞上了大桥，坠落水中。这是中国水上飞机行业发生的第一起重大安全事故。幸福航空公司已被行业主管部门责令暂停一切飞行活动。事故发生后，进行了全面调查。有关情况简述如下：

航空管制员指挥飞机系按 22 号跑道方向起飞，但飞机驾驶员却按 150 号方向起飞，而这个方向实际滑跑距离不满足飞机起飞距离。

执行这次飞行的机长张某时年 24 岁，是在 2013 年 1 月 31 日拿到国家民航局颁发的《商用驾驶员执照》，飞行年龄只有三年多，水上飞行时间不足 200h，在此次事故中张某受了重伤。此次飞行任务的副驾驶边某，飞行年龄只有一年多，水上飞行时间仅有 100h 左右，事故中不幸遇难。

民航专家指出：世界上最大的水上飞机公司加拿大港湾航空，进行商业飞行的机长水上飞行的经历必须在 1000h 以上。幸福通用航空公司一年的飞行总时间不过 500h 左右，而该公司约有 40 名飞行员，平均下来每个飞行员一年的水上飞行时间不过二十几个小时（国内要求双驾驶）。我国有关业务主管部门对执行水上飞行的机长的飞行经历没有明确要求，也就是说驾驶员什么时候能当机长是公司内部自行规定。从国外大型成熟水上飞机运营商的管理来看，此次重大事故发生的原因是飞行员经验不足，而且相应的管理制度不严。

中国航空运输协会专家委员綦琦进一步指出，目前，包括水上飞机在内的通航事业，发展不缺资金，不缺装备，不缺市场，缺的是专业人才。

这次飞机撞桥引发的重大安全事故给予我们深刻的启示：包括桥梁建设在内的实用技术领域，出现安全事故的原因，在管理方面往往是规定滞后或执行不严，在技术方面多表现为经验不足或盲目操作。

实例二　武汉××大桥

该桥主跨为净跨 128m 中承式钢管混凝土拱桥，矢跨比 1/4，拱肋轴线为 $m=1.347$ 的悬链线。拱肋为等截面哑铃形，高度 230cm，上下两根弦管为直径 920mm 钢管，钢管采用 Q345 螺旋焊接管。上、下弦管由腹板焊接连接。弦管管壁及腹板厚度均为 12mm。钢管及腹腔内灌注 C40 混凝土。两条拱肋之间的横撑采用空钢管。

施工程序：先分段吊装空钢管拱肋，成拱后再向管内及腹腔内泵送混凝土。由两岸向跨中对称进行，先灌注下弦钢管，再灌注腹腔，最后灌注上弦钢管。要求下道工序混凝土的灌注要在上道工序所灌注的混凝土达到设计强度 C40 的 90% 后进行。管内泵送混凝土的压力值≤2.5MPa。

该桥在上游侧拱肋的下弦管混凝土灌注完成并达到要求的强度后，接着对上游侧拱肋腹腔进行混凝土泵送灌注，此时上弦为空钢管。当左岸拱肋腹腔内填充混凝土约 40m 长度时，左岸拱肋发生两声闷响，并有混凝土从上弦管的灌注口涌出。施工人员立即停止泵送并放出管内混凝土，清洗后经现场观测发现：在左岸上弦管内部出现一条长达 7.75m、与拱轴方向平行的纵向裂缝。裂缝最大宽度 55mm，裂缝发生在上游侧拱脚附近腹板与上弦管交界处，腹板内侧的纵向焊缝边缘母材的热影响区内。

图 14-16 为拱肋截面及破裂位置示意图。断口处无塑性变形特征，断口整齐，可断定为脆性断裂。断口处的管壁上翘，两侧腹板明显向外鼓出。据现场情况估算，当时的泵送管入口处泵送混凝土压力约为 0.9MPa。

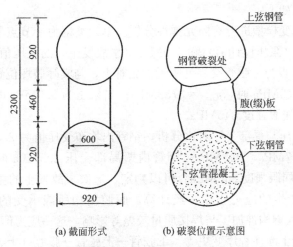

(a) 截面形式　　　(b) 破裂位置示意图

图 14-16　拱肋截面及破裂位置示意图（尺寸单位：mm）

本书附录三中，桥型结构明确的国内桥梁事故超过 500 起，主体结构为钢管混凝土者仅有 8 起，其中有 5 起事故的主要原因分别是：桥面板断裂、吊杆破坏、火灾、系杆破断与支座大幅度滑移，另有 3 起事故涉及钢管混凝土结构，一起是重庆市綦江彩虹桥，一起是重庆市武隆县乌江二桥，再一起就是武汉市××大桥。重庆市綦江县彩虹桥为主跨120m中承式钢管混凝土提篮拱桥，事故的主要技术原因是：吊杆锁锚失误发生破断；拱肋钢管焊接质量低劣，导致钢管断裂垮塌（详见本书第9章实例六）。重庆市武隆县乌江二桥为主跨140m中承式集束钢管混凝土提篮拱，事故的主要技术原因是结构构造不成熟与施工质量差（详见13.3节实例二）。武汉市××大桥，施工中发生钢管破裂事故，其为罕见。桥梁钢管混凝土结构出现的病害，主要有：钢管内混凝土局部脱粘；钢管与吊杆或立柱连接部位有锈蚀；拱肋变形较大；钢管分段接头的焊缝发生微裂缝等。传统的哑铃形截面钢管混凝土结构，在钢管内与腹腔内均灌注混凝土，在实践中发现，灌注腹腔内的混凝土时，腹板受混凝土压力的作用容易外鼓，严重时还会使钢管与腹板之间的焊缝被拉裂。文献［44］建议哑铃形钢管截面只在钢管内灌注混凝土，腹腔内不灌混凝土，并在两块腹板之间设置H形钢架加劲。还应注意到，哑铃形截面的腹板与圆管相接触的交角较小，而且上下两管弯曲成型后，腹板的焊缝有较大残余应力，所以加工较为困难，质量不易得到保证。国内一些按传统哑铃形截面（管内及腹腔内均灌注混凝土）设计的桥梁施工能顺利完成，主要措施有：严格控制灌注混凝土的泵送压力；适当增大钢管及腹板的钢板厚度；先灌注上、下弦管混凝土，达到设计强度后，再灌注腹腔混凝土；腹腔内有加劲钢构件或分仓灌注混凝土；有精细的施工程序，使管壁与腹板受力均匀；钢管与腹板间的焊缝质量确保达到规范要求。考虑到传统的哑铃形截面对施工技术要求较高，灌注混凝土过程腹板受力复杂，存在较大的安全与质量风险，现行国家标准《钢管混凝土拱桥技术规范》GB 50923-2013已取消了这种拱肋截面形式（见该规范7.2.1条及其条文说明）。行业推荐性标准《公路钢管混凝土拱桥设计规范》JTG/T D65-06-2015也没有推荐这种截面形式（见该规范图8.1.2）。

武汉××大桥钢管拱肋破断事故发生后，有关部门组织了多方面的技术力量进行调查、分析和研究。文献［42］采用ANSYS对灌注混凝土过程钢管与腹板的受力情况进行数值分析，主要情况如下：

（1）采用平面应变模型进行有限元弹性分析。单元类型为4节点平面应变单元。管内泵压分别取2.5MPa（泵压设计值）和0.9MPa（事故发生时的泵压值）。计算结果：最大拉应力σ_{max}出现在腹板与上弦管交界处附近的弦管上，与实际破坏位置一致，变形亦与实际相符。当泵压为2.5MPa时，σ_{max}＝3782MPa；当泵压为0.9MPa时，σ_{max}＝1362MPa，均远大于Q345钢的屈服强度345MPa。

（2）钢管均布受压与局部受压对比分析。钢管内均布受压值为2.5MPa时，钢管壁最大拉应力σ_{max}＝113.7MPa＜345MPa；钢管内壁局部受压2.5MPa时，σ_{max}＝1821MPa，远远超出Q345钢的屈服强度345MPa。可以判定，这次事故发生的主要原因是由于上弦管受局部外压作用产生的应力集中。经计算，腹腔结构所能承受的内压力理论值仅为0.228MPa，如再计入钢构件加工与焊接质量较差等影响，这一应力值可能更小。

（3）如果将混凝土灌注程序变更为：下弦管→上弦管→腹腔（上、下弦管内混凝土达到设计强度后灌腹腔混凝土）。按此工序进行应力分析，当泵压为2.5MPa时，腹板σ_{max}＝3202MPa；当泵压为0.9MPa时，σ_{max}＝1153MPa，拉应力仍然很大。经计算，腹板能承受的内压力≤0.269MPa。

上述对钢管与腹板的受力分析，是基于武汉××事故大桥的实际情况。因腹腔内未设置加劲钢构件，导致出现很大的拉应力。

武汉××大桥事故处理措施：将已破裂的上弦钢管切割废弃，换上新钢管；将腹腔内分隔成几室，分仓用人工浇筑混凝土；灌注上弦混凝土后，最后浇筑腹腔混凝土。施工顺利完成。

实例三　重庆市武隆县乌江二桥

武隆县峡门口乌江二桥系 G319 国道涪陵至武隆段控制性大桥。该桥在武隆县城跨越乌江干流。主跨为 140m 中承式集束钢管混凝土提篮拱，矢跨比 1/4。全桥长 165.5m，桥面净宽 9m，双向 2 车道，两侧人行道宽度 2×2.0m。设计荷载为汽-20、挂-100，人群荷载为 3.5kN/m²。该桥于 1996 年建成通车。

主跨每片拱肋由 5 根钢管混凝土相互靠拢集束形成。四周 4 根直径相等的钢管，中间 1 根为变截面钢管，其直径由拱顶向拱脚方向逐渐增大，使拱肋成为变高度、等宽度的断面，如图 14-17 所示。集束钢管沿拱轴线方向一定距离设置若干道钢箍箍住拱肋。

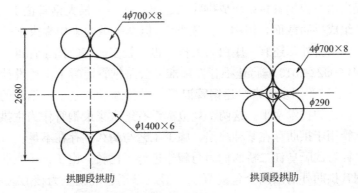

图 14-17　峡门口乌江大桥拱肋截面示意图（尺寸单位：mm）

大桥建成时未进行荷载试验。据设计与施工单位介绍，该桥在施工中存在钢管加工精度不足、拱圈变形和混凝土灌注不饱满等缺陷。2001 年 8 月的外观检测报告指出大桥存在的病害主要有：拱肋线形扭曲严重，拱轴线横向偏位、拱圈高程等超出规范限值；吊杆的 PE 防护层有破损现象，下端锚具锈蚀较严重；钢管局部有锈蚀，钢管内混凝土有脱粘情况等。

2002 年 6 月完成的大桥鉴定报告，要点如下：

（1）拱肋钢管表面锈蚀、钢管焊缝质量多数未达到合格要求、管内顶部填充混凝土不密实、主拱圈拱顶处高程低于设计值等，已危及大桥安全。

（2）拱脚截面强度严重不足。计入偏心距增大系数后，拱肋承载力不满足规范要求，部分截面混凝土拉应力偏大，吊杆的安全储备不足。

（3）静载与动载试验荷载作用下，拱肋跨中截面实测应力及挠度均大于理论计算值，校验系数偏大，结构工作性能较差，达不到设计要求。

（4）峡门口乌江二桥存在较大的安全隐患，承载力严重不足，达不到设计荷载标准的要求。

地质勘察报告表明，大桥地基为较完整的弱风化灰岩，无地下水，工程地质条件良好。排除了地质不良的因素。

2003 年 3 月检测，桥面挠度较大，超过规范限值，拱肋水平位移和垂直位移均超限，大桥倾向武隆方向发生变位。

文献［45］对本桥出现严重病害的原因，提出以下几点看法：

（1）这类钢管混凝土拱桥属于一种新的桥型结构，一些关键参数的取值还处于研讨阶段。集束钢管拱肋的协同受力情况没有规范、规程作为依据。

（2）施工中施工进度控制等方面存在一定的缺陷。

（3）超重车辆多，使桥梁超负荷运行。

（4）病害的主要原因是主拱圈竖向刚度及强度不足。

有的去过事故桥梁现场的资深桥梁专家认为，集束钢管拱的截面由几根钢管直接拼接，有部分区域无法防腐蚀；制作组拼难度较大，施工质量不易保证；设计过高地估计了钢管的套箍作用，导致使用阶段出现较大的应力。武隆乌江二桥拱肋钢管制作工艺粗糙，钢管在当地农机厂加工，而且管壁厚度不足 10mm，卧置时在自身重量作用下就会失圆，呈椭圆形。这些缺陷进一步加重了主拱的病害程度。

还有专家提出由三根钢管集束而成拱肋的建议，即由 1 根大钢管位于上排，2 根小钢管并列于下排，组成拱肋截面，俗称"熊猫型"。但至今国内采用集束钢管修建的拱桥很少，除了武隆乌江二桥外，还有一座白马大桥，也有较多病害。国家标准《钢管混凝土拱桥技术规范》GB 50923-2013 与行业推荐性标准《公路钢管混凝土拱桥设计规范》JTG/T D65-06-2015 是在总结我国多年来修建钢管混凝土拱桥经验的基础上编制的，代表了我国当前钢管混凝土拱桥的技术水平。这两个规范都没有纳入集束钢管作为主拱的一种结构形式，表明集束钢管用于拱肋存在某种缺陷，施工工艺与耐久性存在不足。

文献［47］针对武隆乌江二桥的加固与新建进行了比较。由于该桥拱肋病害严重，加固方案是在原钢管拱肋外的四周全包混凝土，形成以钢管混凝土为核心区的 RC 箱形拱，如图 14-18 所示。估算建安费 850 万元（2005 年估算费用）。新建方案是在原桥位另建主跨 140m 箱形拱桥，估算建安费为 933 万元（2005 年估算费用），拆除旧桥约 200 万元，并考虑拆除设备的二次利用，综合考虑后建新桥的费用比加固方案费用多 18％左右。两种方案相差不太大，可见原桥病害甚为严重，加固费用较高。

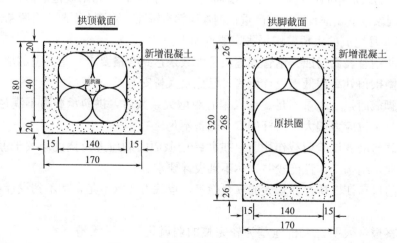

图 14-18　拱圈外包混凝土加固方案

实例四　智利瓦尔迪维市××大桥

智利首座大跨度悬索桥位于智利南部滨海城市瓦尔迪维市，为该市的地标性建筑物。大桥造价约 3000 万美元，由开发商西班牙 AZri 建筑公司承包修建。原计划应于 2014 年 1 月底完工正式启用，但是在 2014 年 1 月初由智利工程师进行现场检查时发现，加劲梁上的桥面板至少有一侧的安装出现了罕见的错误，大量桥面板上下颠倒了。因为翻工需要较长时间，使得短期内无法向公众开放，只能推迟完工时间。

技术含量很高的大跨度悬索桥，居然发生这种低级错误，实属罕见。这一负面新闻成了智利社会网站上爆出的笑料。他们无法理解，这样的大型承包公司、层层管理人员、技术人员直到工地现场的建筑工人为何都没有人发现这种常识性错误。

这场事故让智利这个正在蓬勃发展的南美洲国家蒙羞。智利总统塞巴斯蒂安·皮涅拉将这个错误归咎于西班牙开发商，他明确指出："这个问题必须修补，……而且应该由犯了这个错误的公司实施补救。"

大桥工程的承包商西班牙 AZri 建筑公司并没有在第一时间对这个问题进行正式回复，也没有公布工程延期后重新开通大桥的日期。

大跨度悬索桥，加劲梁为钢箱梁时，桥面板多采用正交异性钢桥面结构形式。加劲梁为钢桁梁时可以采用正交异性钢桥面板或混凝土桥面板。正交异性钢桥面板与钢桁梁的结合形式，有分离式和整体式两种。混凝土桥面板与钢桁梁的结合形式多采用分离式。智利这座悬索桥出现的问题，应是预制混凝土桥面板安装时将正反两面弄错了，接头混凝土浇筑后，进行返工甚为麻烦，势必延长工期。

国内曾发生过 RC 装配式斜交简支板桥正负角度弄反了的事故。设计为负斜交角，施工预制时弄成了正斜交角，直到安装时才发现。因为是小桥，工程量不大，又重新预制装配板。这类事故也极为少见。

实例五　美国底特律市跨线桥与美国密苏里州跨线桥

美国 I-75 州际高速公路在底特律市的苏代尔区榛树公司近旁与一条公路（称为"九里路"）立交，立交桥上跨 I-75 高速公路。跨线桥为多跨混凝土梁式桥，它的两个主跨分别跨越 I-75 高速公路的南行线和北行线，在高速公路中央分隔带上跨线桥的主墩为混凝土 6 柱式墩。

2009 年 7 月某天早晨 8：30 左右，一辆行驶在 I-75 高速公路上的油罐车，到了桥下方才发现走错了路，于是在视线不佳的桥孔旁违章掉头，占用了对向的车道，刚好与一辆从对向车道上高速行驶过来的汽车发生碰撞，巨大的撞击力产生的高温引发罐车汽油燃烧爆炸。这辆油罐车里装着 9000 加仑汽油。罐车起火后形成高温气雾，喷发出浓厚的烟尘。这种烟雾是有毒的，黑色烟雾很快散发到几英里以外，造成了严重污染。随着大爆炸的发生，大火熊熊燃烧，这个区段的桥梁和道路遭到彻底破坏，东西南北的交通均被封闭。由于爆炸发生在跨线桥的一个主孔之下，这座桥立即垮塌。

虽经过大力灭火抢险，但在相当一段时间内 I-75 州际高速公路只能用残存的单向 4 车道临时代替原有的双向 8 车道功能。这次重大事故造成很大损失，既要重新修建跨线桥及维修道路，还要清理和清除油罐燃烧产生的环境污染，并对受害者进行赔偿。

另一起罕见的桥梁垮塌事故，发生在美国密苏里州。该州一条高速公路上跨铁路的跨线桥为多跨混凝土梁式桥。在 2013 年 5 月 25 日凌晨 2∶30 左右，两列分属于美国联合太平洋铁路公司和伯灵顿北方铁路公司的货运列车在上述高速公路跨线桥下发生碰撞，导致其中一列火车脱轨，撞上跨线桥的中墩，使该桥立即垮塌，有汽车坠落，伤亡情况不明（图 14-19）。

图 14-19　美国密苏里州跨线桥垮塌，被卡在缺口的汽车、翻倒的火车和断塌的主梁

实例六　法国巴黎艺术大桥与印度豪拉大桥

巴黎著名的艺术大桥（Pont des Arts）是闻名世界的象征爱情的桥梁，是来自世界各地的恋人们喜欢表达爱意的地方。传统的方式是：热恋中的男女把刻有两人名字的铁锁放在桥的两侧安全防护网上，人们把这种纪念爱情的铁锁称为"爱情锁"。据统计，2014 年艺术大桥上已堆积了"爱情锁"约 70 万（图 14-20）。有的专家指出，如果不加以限制，"爱情"可能会把桥梁压坏。不幸言中，2014 年 6 月 8 日 17∶50，艺术大桥上的几十万把爱情锁将这座桥上 2.4m 长的一段安全防护网压垮，所幸未造成人员伤亡。2015 年当地政府将全部铁锁拆除，为该桥减负。据说，巴黎的一些古桥上仍在不断增加"爱情锁"，这也算是法国浪漫情调的一道风景线。

另一起与桥梁有关的奇特事故发生在印度。2014 年 1 月 20 日，印度工程师发出警告称，该国加尔各答市的地标性建筑——豪拉大桥正面临被该国数百万烟民口水"淹没"的风险（图 14-21）。

图 14-20　不堪重负的巴黎艺术大桥　　　　　图 14-21　印度地标性建筑豪拉大桥

据了解，印度人平时喜欢嚼一种叫做 Gutkha 的烟草制品，在咀嚼的过程中产生的酸性物质会随着烟民的口水吐出来。这些烟民经常将豪拉大桥的墩柱当作路边"痰盂"使

用。经调查检测发现，这种酸性口水正不断腐蚀桥墩外部的金属表层，已有几乎一半的金属层剥落，大桥桥墩面临坍塌的危险。

豪拉大桥狮子俱乐部发起了一项名为"拯救豪拉大桥，远离酸性口水"的运动，呼吁人们不要在大桥上吐口水。这项运动在加尔各答市得到广泛的响应，知名人士纷纷站出来呼吁人们停止咀嚼 Gutkha 烟草。

实例七　断头桥与烂尾桥

国内有的地方上的桥梁，规模不大，修建了数年不能完工，钱花了不少，不能发挥桥梁连接两岸的作用，甚至无人问津。老百姓怨声载道，又无可奈何。将这类半截子桥称为"断头桥"或"烂尾桥"。虽然极为罕见，也算是一种特殊的桥梁事故。下面是两个实例。

（1）贵州省清镇市老马河大桥

桥梁位于著名风景区红枫湖下游，距清镇市区约 3km。两岸的红枫湖镇与站街镇居民来往过去全靠木船摆渡。这两个镇拥有丰富的铅、铁、煤、硅等矿物资源，站街镇有 200 亩蔬菜基地，为清镇市的"菜篮子"，还有 7 个村的居民往返于两岸。1997 年当地政府将修建老马河大桥列为当年要办的 15 件实事之一，并筹措了资金。大桥于 1997 年 9 月开工，原计划于 1998 年春节前完工。至 1998 年 4 月，3 跨混凝土梁桥主体工程完成，但两岸桥台孤立地耸立在河岸上，高度约 6～8m 的路堤引道还未动工，大桥无法投入使用。原因是施工单位发现主梁配筋不足，设计单位承认该结构设计使用的软件有问题，主桥需要复查和补强，施工暂停。直到 1998 年 10 月，主桥补强工程完成。但剩余工程仍然不能启动，因为设计、施工与业主在经费、工程量认定和工程质量鉴定等问题上发生较大分歧。这一拖，就到了 1999 年 7 月。两岸村民苦不堪言，因为曾公开宣称 1998 年春节时大桥可以通行，摆渡船被取消了，人们只好在两岸高约 12m 的桥台背面用群众集资买来的木料搭起临时斜板由桥上步行通过，不少村民都挑着蔬菜上下，一旦下雨，斜板湿滑摇晃，有时摔得人仰马翻。大桥工程已投入 102 万元，补强与后续工程估算还要 200 万元，要等待政府筹措和解决有关问题才能继续施工。媒体询问"斥资百万，咋修了座断头桥"。

（2）浙江温州石坦南桥

石坦南桥位于温州市龙湾区，为 2 跨混凝土梁式桥，跨越河道。经立项后贷款 1000 多万元，在设计招标后于 2007 年开始修建。2008 年建成了连接一岸的一跨桥梁主体工程后，因另一岸的拆迁问题无法解决，只得停工。一直拖延至 2013 年，仍无人问津。这 5 年时间内，老百姓只能绕道而行。半座桥耸立在河面上，当地群众给起名为"烂尾桥"，有关主管部门似乎早已忘记了这件事。5 年多时间，龙湾区河道上这样的烂尾工程，不仅造成了经济损失，也带来了不良的社会影响，可以算是一起奇特的桥梁事故。

实例八　美国新泽西州××铁路桥

该桥位于美国新泽西州西南部小镇帕洛斯皮罗，为一铁路梁式桥。2012 年 11 月 30 日，该桥发生坍塌（原因不明），桥梁刚出事，一列货运火车驶来，出轨翻倒，并导致火车上运载的剧毒物品——氯乙烯泄露，形成化学物污染灾害（图 14-22）。桥梁附近的居民疏散工作立即展开，当地学校临时关闭，多条途经事故发生地的公路被警方封锁。

铁路桥倒塌，导致火车翻倒，再引发毒物外泄，这是首发事故、次生事故与再次生事故连续发生的重大事件，甚为罕见。

图 14-22　新泽西州列车坠河气体泄漏

图 14-23　气势恢宏、风景壮美的金门大桥

实例九　美国金门大桥

金门大桥雄峙于美国加利福尼亚州宽 1900 多米的金门海峡之上（图 14-23）。大桥的北端连接北加利福尼亚，南端连接旧金山半岛。大桥结构体系为三跨两铰式悬索桥，主跨 1280.2m，主桥长 1966m，桥梁全长 2737m。桥宽 27m，双向 6 车道，两侧为人行道。两根主缆垂跨比 1/8.94，主缆直径 930mm。加劲梁为高度 7.6m 的华伦式钢桁架。钢塔高 342m，其中高出水面部分为 227m，从海面到桥面约 60m，整个大桥造型宏伟壮观，朴素无华。桥身呈朱红色，横卧于碧海白浪之上，华灯初放，如巨龙凌空，使旧金山市的夜空景色更加壮丽。

大桥于 1937 年 5 月建成通车，是当时世界上最大跨度的悬索桥，是旧金山市的地标建筑，是世界上最著名、最漂亮的建筑结构之一，被授予 20 世纪十大建筑成就奖，是桥梁工程的一颗明珠，还被评为世界上最美的十五座桥梁之一。为了纪念美国桥梁工程师约瑟夫·斯特劳斯设计这座大桥的杰出贡献，人们把他的铜像安放在桥畔。

大桥的设计者和建造者万万没有想到的是，站在大桥上远望大海，会给人一种似乎飞向"天国"的感觉，使那些想立即去见上帝的人，选择从桥上飞身跳入大海中。自从大桥贯通以来，不断有人来到桥上投入大海的怀抱，轻松地结束了自己的生命。据不完全统计，从 1937 年大桥落成至 2014 年的 70 多年中，约有 1700 人在金门大桥跳海身亡，平均每年有 24 人从桥上跳下轻生。最高纪录发生在 2013 年，这一年有 46 人在此丧命。另外还有 118 人因被劝说而放弃自杀。因此，金门大桥被称为"自杀之桥"。

精神病学专家说："从美丽的大桥上向蓝色的港湾纵身一跃，对于那些自杀者来说无疑是一种极大的诱惑，很有美感、很漂亮、也很快"，"关键是要采取有效的防自杀措施，才能防止悲剧的不断上演"。

早就考虑过在金门大桥两侧护栏外另加设安全防护网防止自杀，但因工程规模巨大，并对大桥总体景观有不良影响，虽然就该项工程论证了几十年，一直没有实施。直到 2014

年 6 月，因发生了这件事，才有了转机：金门大桥高速和交通管理区董事会董事约翰·莫伊兰的孙子西恩·莫伊兰在金门大桥上跳海自杀。随着这一消息的不胫而走，使得金门大桥在过去的 77 年里，已有一千多人从桥上跳下自杀的实情在全美曝光，轰动美国。在强大的舆论压力之下，2014 年 6 月 27 日，金门大桥地区委员会一致投票通过议案，在整个大桥桥身设置防护网。这项工程花费达 7600 万美元。防护网伸出桥面两侧约 6m，可以有效地防止自杀的发生。因为工程资金困难，由时任总统奥巴马签署了一项法案，确定联邦政府可以为金门大桥修建安全防护网提供资金。该项工程于 2018 年竣工，使这座处于风景区的独特大桥不再成为生命终结的地方。这不仅是金门大桥史上的一次重要转折，而且未来必将挽救更多人的生命，"自杀之桥"的不吉利名称，也将成为历史。

金门大桥为防止自杀采取的工程措施，给我们的启示：桥梁事故的内涵，不仅包括桥梁因事故而发生的损坏和垮塌，也应涉及与桥梁有关的公共安全事件，例如，车辆由桥上冲断护栏坠落；大量人群在桥上发生伤亡事故；行人由桥上跌下伤亡等。2019 年 2 月 10 日，岳武高速公路安徽安庆段发生一起罕见的人员坠亡事故：在车辆临时停车时，有司乘人员不小心从左、右幅桥梁之间的空隙处坠落身亡，而且这已经是该大桥第 2 次发生这类导致人员死亡的事件。这两次事故后，引发了广泛的议论：有人主张在分离的两幅桥之间应设置安全网，有人则认为这主要是现场监管不到位的问题。也未看到行业主管部门的正式表态。

一般情况下，桥上可能发生的公共安全事故的防止措施，多不在桥梁设计人员和桥梁管理部门考虑范围之内，因为这属于意外事故，但这类事故确实造成了伤亡，甚至重大伤亡，不断引起社会各界对桥梁安全问题的质疑。因此，如何优化桥梁设计，根据具体情况，采取必要的设防措施，并在使用过程中进行认真管理，以保证公众使用桥梁的合理安全水平，仍应是工程师们认真研究的课题。

本章参考文献

[1] 王福敏，黄中立．火灾后混凝土桥梁结构残余强度分析与加固措施 [J]．公路交通技术，2004 (2)．

[2] 许宏元，侯旭，刘士林．火灾后混凝土桥梁的损伤识别与状态评估 [J]．桥梁，2009 (2)．

[3] 邵永军，张宏．混凝土桥梁火灾损伤检测评估方法与应用 [J]．公路交通技术，2011 (2)．

[4] 方大庆，宋志远．高速公路桥梁下火灾后加固处理技术与实例 [J]．城市道桥与防洪，2011 (9)．

[5] 黄金文，黄金明．桥梁薄壁墩火灾后评估检测与加固 [J]．西部交通科技，2012 (1)．

[6] 余崇勇，苏龙，胡章立．贵州某 I 型梁桥事故发生后桥梁技术状况评定 [J]．城市道桥与防洪，2012 (6)．

[7] 罗旋，田军，吴伟国．某特大桥桥墩墩身火灾后安全性评定及修复 [J]．公路工程，2013 (1)．

[8] 刘其伟，王成明，罗文林．预应力混凝土空心板梁火灾仿真分析与评估 [J]．公路，2014 (1)．

[9] 黄清．钢筋混凝土桥梁火灾后检测评估 [J]．世界桥梁，2014 (5)．

[10] 蔡正东，彭旭民，黄清．混凝土梁桥火灾后检测评估研究 [J]．世界桥梁，2014 (6)．

[11] 刘世忠，马朝旭，李丽园，等．火灾下 PC 箱梁的损伤评估与加固设计 [J]．桥梁建设，2014 (6)．

[12] 武建，李波，张立志．预应力混凝土空心板梁桥火损后检测评定 [J]．中外公路，2015 (4)．

[13] 马玉静．火灾对某连续箱梁桥预应力钢绞线影响分析 [J]．市政技术，2016 (6)．

[14] 王宁．混凝土结构桥梁火灾处治研究 [J]．湖南交通科技，2017 (2)．

[15] 陈亮，项宏亮. 预应力空心板火损结构分析与评估 [J]. 湖南交通科技，2017 (3).

[16] ZjwangcJ 说桥. 美国 85 号州际公路大火桥梁坍塌 [J]. 2017.4.1.

[17] 张岗，王高峰，毛东，等. 火灾后钢管混凝土拱桥的承载力研究 [J]. 公路，2018 (1).

[18] 艾国柱，张自荣. 桥殇——环球桥难启示录 [M]. 成都：西南交通大学出版社，2013.

[19] 阮欣，陈艾荣，石雪飞. 桥梁工程风险评估 [M]. 北京：人民交通出版社，2008.

[20] 贵阳晚报，2011-5-29 报道.

[21] 雷宏刚. 钢结构事故分析与处理 [M]. 北京：中国建材工业出版社，2003.

[22] 雷俊卿，夏超逸，彭小明. 混凝土桥梁防火减灾机理研究与应用 [C] //全国既有桥梁加固、改造与评价学术会议论文集. 北京：人民交通出版社，2008.

[23] 吴巨贵，王斌，纪诚. 南京长江大桥双曲拱桥火灾后结构分析与加固 [J]. 世界桥梁，2009 (2).

[24] 王培阳. 沈阳市两种严重失误的道路立交设计方案 [J]. 城市道桥与防洪，2005 (6).

[25] 邵旭东，等. 降低预应力箱梁腹板开裂风险的新技术 [J]. 桥梁，2010 (4).

[26] 刘波，刘社兵，白雪杉. 连续梁桥体外束加固分析 [J]. 城市道桥与防洪，2007 (7).

[27] 严允中，余勇继，杨虎根，等. 桥梁事故实例评析 [M]. 北京：人民交通出版社，2013.

[28] 榕江大桥技术施工设计图 [Z]. 贵州省交通勘察设计院，1979 年 7 月.

[29] 杨高中，杨征宇，周军生，等. 药湖高架桥的优化设计 [J]. 公路，1998 (12).

[30] 袁怡. 药湖特大桥改扩建设计新建桥梁汽车荷载研究 [J]. 中外公路，2017 (8).

[31] 张铭光. 对《桥梁事故实例评析》一书的意见 [R]. 2013 年 4 月 1 日.

[32] 叶见曙，刘九生，俞博，等. 空心板混凝土铰缝抗剪性能试验研究 [J]. 公路交通科技，2013 (6).

[33] 杨虎根，陈晶，杨志军，等. 中小跨径混凝土梁桥 [M]. 北京：人民交通出版社股份有限公司，2018.

[34] 龙佩恒，陈惟珍，何雄君. PC 箱梁桥受力开裂成因的数值分析 [J]. 桥梁建设，2006 (2).

[35] 刘其伟，邓祖华，肖飞. 钢筋混凝土箱梁桥沥青摊铺温度梯度模式的研究 [J]. 公路工程，2011 (1).

[36] 李友林. 桥梁的隐患 [J]. 中国公路，2007 (19).

[37] 贵州贵安建设投资有限公司. 贵安路马场特大桥、土地关大桥施工情况及存在问题介绍 [R]. 2013 年 11 月 18 日.

[38] 贵州省交通规划勘察设计研究院股份有限公司. 马场特大桥、土地关大桥桥墩盖梁补强方案 [Z]. 2011 年 11 月.

[39] 中国市政工程西南设计研究总院. 贵安新区贵安路（一期）道路工程设计 S1 标一标段马场特大桥施工图设计咨询审查报告 [R]. 2013 年 12 月.

[40] 中铁二十四局集团有限公司贵安新区贵安路联络线第 1 合同段项目经理部. 马场特大桥盖梁补强施工组织安排. 2014 年 1 月.

[41] 贵州省交通规划勘察设计研究院股份有限公司. 马场特大桥盖梁计算书 [Z]. 2013 年 11 月.

[42] 秦荣，谢肖礼，彭文立，等. 钢管混凝土拱桥钢管开裂事故分析 [J]. 土木工程学报，2001 (3).

[43] 陈宝春. 钢管混凝土拱桥实例集（一）[M]. 北京：人民交通出版社，2002.

[44] 陈宝春. 钢管混凝土拱桥实例集（二）[M]. 北京：人民交通出版社，2008.

[45] 张长青，王丰华，侯林平. 峡门口乌江二桥加固方案探讨 [J]. 公路交通技术，2003 (3).

[46] 张涛，王福敏，王丰华. 钢管混凝土拱圈实现外包混凝土加固的结构分析研究 [J]. 公路交通技术，2005 (1).

[47] 王福敏，吕庆丰，宋琼瑶. 结合桥梁寿命期成本论武隆乌江二桥旧桥改造方案的决策 [J]. 公路交通技术，2005 (1).

[48] 贵阳晚报，2014-1-11 报道．

[49] 贵阳晚报，2003-5-27 报道．

[50] 贵阳晚报，2014-4-4 报道．

[51] 贵阳晚报，2014-6-11 报道．

[52] 贵阳晚报，2013-1-23 报道．

[53] 贵阳晚报，1999-7-28 报道．

[54] 贵阳晚报，2013-2-24 及 2013-2-22 报道．

[55] 贵阳晚报，2012-12-2 报道．

[56] 参考消息，2020-1-17 报道．

[57] 江北．魂断金门遂将成为历史［J］．桥隧产业资讯，2014 年 9 月 15 日，总第 18 期．

[58] 高速公路桥梁间隙吃人事故，增设防落网真的可行吗？中国公路，2019-2-15 文章．

[59] 贾军政．世界百桥掠影［M］．北京：人民交通出版社，2011．

[60] 网上下载文章：在建大桥突然垮塌，另一半遭爆破拆除，原因何在？2018-7-19．

[61] 中国经济网，2016-8-5 报道（上海飞机撞桥事故调查）．

第15章 几个主要问题的进一步评析

15.1 桥梁事故分类统计简况与评析

本书讨论的桥梁事故有以下 4 种情况：

（1）发生整体或局部坍塌毁损的桥梁。

（2）按《公路桥涵养护规范》JTG H11-2004 规定评定为五类的桥梁。这类桥梁需要进行改建或重建，及时关闭交通。

（3）按《公路桥涵养护规范》JTG H11-2004 规定评定为四类的桥梁。这类桥梁需要进行大修或改造，及时进行交通管制，如限载、限速通过，当缺损较严重时应关闭交通。

（4）发生系统性病害较严重且涉及范围较广的桥梁。例如，混凝土桥梁在较短时期内出现较大变形、大范围开裂，已影响正常使用并存在安全风险，需进行规模较大的加固工程。又例如，某些重要的大桥或特大桥，发生个别构件损坏或失效，由于无法进行同类构件的检测，从桥梁安全使用考虑，全部更换或改造某些构件。比较典型的是，国内外一些斜拉桥多采取全部更换斜拉索的办法。

综合而言，桥梁事故可以定义为：桥梁施工或使用过程中，因自然因素或人为因素导致的各种意外事件，包括桥梁结构的整体或局部损坏、人员伤亡、设备毁坏、其他构筑物破坏以及严重影响安全使用的性能劣化。重要特点是主要使用功能全部或部分失效。

本书附录一、二、三、四收集了国内外部分桥梁事故，现分类统计如下。

15.1.1 自然力引发的桥梁事故

本书附录一、二分别为国内、外自然力引发的部分桥梁事故，分类统计情况如表 15-1 所列。

自然力引发的桥梁事故，是指事故发生的首要责任者（即首要原因）是自然力。对具体的桥梁事故可能存在不同程度的人为因素，但往往处于非首要地位。例如，地震引发桥梁垮塌或损坏，甚至基本上没有损坏，与桥梁抗震设防措施的有效程度有关，但首要原因仍然认为是自然力。又例如，著名的美国旧塔科马大桥（主跨 853m 钢板加劲梁悬索桥）于 1940 年 11 月 7 日在 8 级大风中被摧毁，虽然设计理论上有误，属于人为因素（较详细分析见本书 5.2.2 节实例四），但桥梁破坏的首要原因应是风力，次要因素应为设计失误。

同样，人为因素引发的桥梁事故，是指事故发生的首要责任者（即首要原因）是人为因素，对于具体的桥梁事故可能存在不同程度的自然因素，但往往仅是事故的诱因，人为失误则是主要原因。

自然力引发的部分国内外桥梁事故分类统计　　　　　　表 15-1

类型号	自然力种类	国内（起）	国外（起）	合计（起）	合计占比（%）
A_1	地震	37	13	50	15.7
A_2	洪水、海浪、泥石流、水面漂流物体等水力	111	30	141	44.3
A_3	滑坡、塌方、岩溶、软土、堆载等地质力	62	9	71	22.3
A_4	飓风、台风、阵风等风力	8	24	32	10.1
A_5	冰雪荷载	—	4	4	1.3
A_6	气温变化	8	10	18	5.7
A_7	其他自然力	—	2	2	0.6
	合计	226	92	318	100

注：本表资料来自正式发表的期刊、论文、专著和媒体的公开报道以及少数会议与内部资料，详见本书附录"信息来源"。

根据表 15-1 的统计数据，提出以下初步看法：

自然力引发的桥梁事故，排在第一位的，国内外都是 A_2（水力），在自然力引发的事故中占比达到 49.1%（国内）和 33.6%（国外）。

值得注意的是，在一次特大地震灾害中，各种建筑物（包括桥梁）遭到破坏的数量往往很大。例如，我国 2008 年的汶川地震和 1976 年的唐山地震，大量桥梁毁坏。但是，特大地震发生的概率很小，在时间分布上属于罕见事件。在地域分布上，地震严重危害范围也不是很广。但洪水对于桥梁的危害，在时间与空间分布上，与地震相比都是大概率事件。表 15-1 中，地震引发的桥梁事故，仅是公开报道的破坏严重的重要桥梁，还有不少遭到损坏的桥梁未统计在内。在短时期内 A_1（地震）的绝对数会占到首位，但从更长的时间与更广泛的空间考虑，A_2（水力）引发的桥梁事故应排在第一位。

综合以上讨论，自然力引发的桥梁事故，前三位应是：水力、地质力和地震。

文献 [4] 按 24 个小类（包括自然因素与人为因素）对桥梁事故原因进行了详细统计，其中自然力引发的事故所占比例如下：水力事故 13.8%；地震事故 4.6%；基础事故（含地质力）1.6%；大风事故 1.0%；冰事故 1.2%（统计资料为国内外 500 起桥梁事故）。前三位是：水力、地震和地质力。

自然力引发的桥梁事故中，人员伤亡情况如表 15-2 所列。

自然力引发的桥梁事故人员伤亡数量统计　　　　　　表 15-2

类型号	自然力种类	国内（起）			国外（起）			国内外合计		
		死	失踪	伤	死	失踪	伤	死	失踪	伤
A_1	地震	—	—	—	83	—	—	83		—
A_2	水力	327	61	50	1167	14	260	1494	75	310
A_3	地质力	2	—	6	—	—	—	2		6
A_4	风力	3	—	24	223	—	—	226		24
A_5	冰雪荷载	—	—	—	95	—	63	95		63
A_6	气温变化	—	—	—	—	—	—			

续表

类型号	自然力种类	国内(起)			国外(起)			国内外合计		
		死	失踪	伤	死	失踪	伤	死	失踪	伤
A$_7$	其他自然力	—	—	—	—	—	—	—	—	—
	合计	332	61	80	1568	14	323	1900	75	403

表 15-1 及表 15-2 桥梁事故发生时间跨度，国内为 64 年（1956～2020 年），国外为 205 年（1813～2018 年）。有的桥梁事故有伤亡，但无具体数据，表 15-2 未计入，故总体而言，伤亡人数略少于实际伤亡人数。

从表 15-2 可以看出，不论国内、国外，自然力引发的桥梁事故中，A$_2$（水力）发生的人员伤亡与失踪人数占绝大多数。以下几个实例特别突出。

国内实例：

实例一　成昆铁路利子依达大桥

该桥为多跨混凝土梁式桥。1981 年夏，特大暴雨洪水引发的泥石流冲毁桥梁，一列客车在未获得预警的情况下，高速通过该桥，多节车厢坠入沟谷中，导致 240 人遇难。是我国至今死亡人数最多的一次特大桥难。

实例二　河南栾川县伊汤营大桥

该桥为乡村公路上的 5×40m 石拱桥。2010 年 7 月 24 日特大洪水时因水面漂流的树木阻塞桥孔，全桥上部结构被洪水冲垮，死亡 50 人，失踪 22 人。

实例三　四川江油市盘江大桥

该桥为多跨石拱桥。2008 年汶川地震后进行过加固。2013 年 7 月 9 日特大暴雨洪水冲垮桥梁，6 辆汽车坠入河中，导致了 10 人死亡，2 人失踪。

国外实例：

实例一　印度班本岛××铁路大桥

该桥为跨越海湾的多跨梁式桥，共计 145 跨。1964 年巨大的海浪冲垮 126 跨桥体，列车坠入水中，导致 150 人死亡。

实例二　肯尼亚达拉加尼桥

该桥为铁路石拱桥。1993 年 1 月 10 日，大洪水冲垮这座已有 95 年历史的老桥，正好一列卧铺列车经过，坠入河中，造成 144 人死亡。

实例三　美国科罗拉多州 Railroad 桥

该桥为铁路木桥。1904 年 8 月 7 日，大洪水冲垮桥梁，一列客车通过坠入河水中，导致 97 人死亡，14 人失踪。

根据上述统计数据，可以得到以下初步结论：

在自然力引发的桥梁事故中，从事故发生的频次、分布范围以及人员伤亡情况这 3 个综合指标考虑，水力因素（主要是洪水）占首位，其次是地质力。地震也是一种重要的地质现象，可以把地震纳入地质力。所以，水力因素第一，地质力因素第二，这样的排序是基本上符合实际情况的。

15.1.2　人为因素引发的桥梁事故

（1）施工阶段发生的事故

桥梁建成后正式使用之前所发生的事故，均纳入施工阶段发生的事故。表 15-3 为国、内外施工阶段发生的桥梁事故统计情况。

人为因素（施工阶段）引发的部分国内、外桥梁事故分类统计　　　　　表 15-3

类型号	人为因素种类	国内（起）	国外（起）	合计（起）	合计占比（%）
B_1	支架失稳或损坏	77	16	93	31.1
B_2	构件与基础变形、失稳或损坏	36	11	47	15.7
B_3	劣质材料或不合格构件	5	2	7	2.3
B_4	违规操作或管理不当	39	4	43	14.4
B_5	机具设备安装或使用失误	16	3	19	6.4
B_6	拆除支架、拆除改造旧桥施工失误	24	4	28	9.4
B_7	荷载试验、支架或设备预压出现的事故	6	2	8	2.7
B_8	其他原因（指事故原因不明确者）	43	11	54	18.0
	合计	246	53	299	100

注：本表资料来自正式发表的期刊、论文、专著和媒体的公开报道以及少数会议与内部资料，详见本书附录"信息来源"。

从表 15-3 可以看出，排除其他原因引发的事故 B_8（因为事故原因不明确），国内、外施工过程发生的桥梁事故数量排在前三位的均为 B_1（支架失稳或损坏）、B_2（构件与基础变形、失稳或损坏）和 B_4（违规操作或管理不当）。国内外（$B_1+B_2+B_4$）事故占施工过程事故总数的比例达到 61.2%。可见，这三类事故是施工过程发生概率较高的事故，具有较大的安全风险。

表 15-3 中桥梁事故的时间跨度国内为 54 年（1966～2020 年），国外为 174 年（1846～2020 年）。

施工阶段桥梁事故人员伤亡情况统计见表 15-4。

施工阶段桥梁事故人员伤亡数量统计　　　　　表 15-4

类型号	人为因素种类	国内（起）		国外（起）		国内外合计	
		死	伤	死	伤	死	伤
B_1	支架失稳或损坏	284	648	217	269	501	917
B_2	构件与基础变形、失稳或损坏	94	4	157	45	251	49
B_3	劣质材料或不合格构件	4	9	3	0	7	9
B_4	违规操作或管理不当	113	52	24	5	137	57

类型号	人为因素种类	国内（起）		国外（起）		国内外合计	
		死	伤	死	伤	死	伤
B$_5$	机具设备安装或使用失误	45	79	10	12	55	91
B$_6$	拆除支架、拆除改造旧桥施工失误	73	88	40	31	113	119
B$_7$	荷载试验、支架或设备预压出现的事故	9	35	—	—	9	35
B$_8$	其他原因（指事故原因不明确者）	49	121	87	44	136	165
合计		671	1036	538	406	1209	1442

注：本表资料时间跨度与表 15-3 相同。有的桥梁事故有伤亡，但无具体数据，本表未计入，故总体而言，伤亡人数略少于实际伤亡人数。

由表 15-4 可以看出，施工阶段发生的桥梁事故中，导致伤亡人数排在首位的主要原因是 B$_1$（支架失稳或损坏），死亡人数在总死亡人数中的占比达到 42.3%（国内）和 40.3%（国外）。这类事故主要发生在石拱桥和混凝土拱桥的拱架加载或脱架时出现的失稳或损坏。以下是几个典型实例：

实例一　贵州省铜仁市鱼梁滩脚大桥

该桥为单孔跨径 50m 石拱桥。1990 年 12 月 1 日，拱圈施工过程中木拱架垮塌，导致 37 人死亡，31 人受伤。事故详细情况见本书 6.2 节实例一。

实例二　广东韶关市白桥坑大桥

该桥为主跨 100m 上承式钢筋混凝土箱形拱桥。1996 年 12 月 20 日，拱圈施工过程中钢桁支架失稳垮塌，导致 32 人死亡，59 人受伤。事故详细情况见本书 6.2 节实例二。

实例三　越南南方芹苴豪河大桥

该桥主桥为斜拉桥，引桥为多跨混凝土梁式桥。引桥在支架上施工，2007 年 9 月 27 日，2 跨支架总长 90m 与桥体一起垮塌，导致 60 人死亡，10 人失踪，150 人受伤。事故详细情况见本书 6.2 节实例九。

国内外的大量桥梁事故表明，在各种施工方法中，支架上就地现浇或组装的施工方法存在较大的安全风险，尤其是落地式高支架更容易发生安全事故或质量事故。当采用这种施工方法时，务必要采取可靠的安保措施，还必须进行荷载预压试验，并在施工过程中进行严密监控。

由表 15-4 可以看出，综合国内、外的统计资料，施工阶段伤亡人数排在前 3 位的是 B$_1$（支架失稳或损坏）、B$_2$（构件与基础变形、失稳或损坏）、B$_4$（违规操作或管理不当）。这三种主因导致的桥梁事故死亡人数在总死亡人数中的占比分别为 43.8%、21.9%、10.7%，三者之和的占比达到 76.4%。

构件与基础变形、失稳或损坏为主因的几个典型桥梁事故实例如下：

实例一　广东省龙川县彭坑大桥

该桥为 28m+80m+150m 双曲拱桥。1972 年 6 月 27 日，150m 跨主孔拱圈合龙后异常大变形失稳垮塌，导致 64 人死亡，多人受伤。事故详细情况见本书第 9 章实例二。

实例二　四川省达县州河大桥

该桥主桥为 190m＋70m PC 主梁斜拉桥。1986 年 10 月 29 日，施工中悬臂体系主梁在吊装主跨合龙段时失稳破坏，导致 16 人死亡。事故详细情况见本书第 9 章实例三。

实例三　加拿大魁北克大桥

该桥为主跨 548m 下承式悬臂钢桁架桥。第 1 次修建时，1907 年 8 月 29 日，主梁架设过程中下弦失稳而垮塌，导致 75 人死亡，11 人受伤。事故详细情况见本书第 10 章实例一。

实例四　澳大利亚墨尔本西门大桥

该桥为 112m＋144m＋336m＋144m＋112m 连续钢箱梁斜拉桥。1970 年 10 月 15 日，钢梁架设过程中顶、底板应力过大，115m 长的板梁破坏垮塌，导致 35 人死亡，多人受伤。事故详细情况见本书第 10 章实例三。

值得关注的是，违规操作或管理失误，有时可能会引发重大伤亡事故，下面是 3 个典型实例：

实例一　湖南凤凰县堤溪大桥

该桥为 4×65m 石拱桥。2007 年 8 月 13 日，卸落拱架后施工拱上填料时，4 跨拱体连续垮塌。导致 64 人死亡，22 人受伤。这次特大事故虽有其他方面原因，但事故的主因是管理失误与违规操作。详细情况见本书第 9 章实例九。

实例二　甘肃省岷县憩乐岛公园桥

该桥为人行悬索桥，刚完工还未验收，1999 年 7 月 24 日，违规提前开放人行过桥，因超载导致桥面垮塌，18 人死亡（另一资料为 23 人死亡）。

实例三　德国斯坦特莱茵莱特河桥

该桥为公路石拱桥。1908 年，施工中拱顶石安砌操作失误导致全拱垮塌，11 人死亡。

（2）运营阶段发生的事故

运营阶段发生的事故，系指桥梁建成并正式使用后所发生的事故。表 15-5 为国内、外运营阶段发生的部分桥梁事故统计情况。

人为因素（运营阶段）引发的部分国内、外桥梁事故分类统计　　　　表 15-5

类型号	人为因素种类	国内(起)	国外(起)	合计(起)	合计占比(%)
B_9	桥体或主要构件承载力大幅下降	6	10	16	2.3
B_{10}	桥梁或主要构件发生较大变形、较多裂缝或损坏	127	16	143	21.0
B_{11}	材质劣化、腐蚀或损坏	45	27	72	10.6

类型号	人为因素种类	国内(起)	国外(起)	合计(起)	合计占比(%)
B_{12}	超载、超限或偏载严重的车辆通过时	55	13	68	10.0
B_{13}	人群严重超载	11	44	55	8.1
B_{14}	船舶撞击桥梁	62	67	129	18.9
B_{15}	汽车、火车、飞机撞击桥梁	48	20	68	10.0
B_{16}	火灾	25	5	30	4.4
B_{17}	桥梁或构件疲劳	—	4	4	0.6
B_{18}	桥梁或构件年久失修管养失职	4	5	9	1.3
B_{19}	运营阶段其他原因引发的桥梁事故	57	25	82	12.1
B_{20}	人为蓄意破坏或战争造成的破坏	1	4	5	0.7
	合计	441	240	681	100

注：本表资料来自正式发表的期刊、论文、专著和媒体的公开报道以及少数会议与内部资料，详见本书附录"信息来源"。

表 15-5 中桥梁事故的时间跨度国内为 55 年（1965～2020 年），国外为 190 年（1830～2020 年）。

根据表 15-5 的统计数据，以下几点值得关注：

① 国内运营阶段的桥梁事故，主要原因占第一位的是 B_{10}（桥体或主要构件发生较大变形、较多裂缝或损坏）。这类桥梁事故大部分是早期修建的混凝土桥梁，包括双曲拱桥、刚架拱桥、桁架拱桥、桁式组合拱桥以及部分混凝土梁式桥，具有中国桥梁发展的历史特点。这类桥梁事故数量达到总事故数量的 28.8%，而国外 B_{10} 的占比仅为 6.7%，更证明了国内 B_{10} 占比过大是中国独有的情况。

② 国外运营阶段的桥梁事故，主要原因占第一位的是 B_{14}（船舶撞击桥梁），这类事故数量占总事故数量的 27.9%，国内 B_{14} 则排在第二位，占总事故数量的 14.1%，其比例远小于国外，这是由于国内 B_{10} 事故数量较大使 B_{14} 的占比较大幅度下降。

③ 如果将桥梁遭受撞击引发的事故合并考虑，即船舶、汽车、火车、飞机撞击产生的事故（$B_{14}+B_{15}$），国外占总事故数量的 36.3%，国内为 24.9%，国内外合计占比达到 28.9%。如果适当剔除国内 B_{10} 过大的因素，可以认为运营阶段遭受撞击引发的桥梁事故应占首位（即 $B_{14}+B_{15}$ 占首位）。

④ 材质发生较严重劣化、腐蚀或损坏引发的桥梁事故（B_{11}），国内或国外这类事故占总事故数量均达到 10.6% 左右。材质劣化必将大幅度降低桥梁的耐久性，并存在安全隐患。一些中、下承式拱桥的吊索，斜拉桥的斜拉索和悬索桥的吊索，由于材质劣化或损坏被迫过早地大量换索，甚至发生安全事故，应当引起重视。有关问题的较详细讨论可参阅本书第 13 章。

B_{19} 是"营运阶段其他原因引发的桥梁事故"，是将原因不清楚的桥梁事故纳入这一类，其中多数是由于资料过于简略。

运营阶段部分桥梁事故人员伤亡情况统计见表 15-6。

运营阶段部分桥梁事故人员伤亡统计　　　　　　　表 15-6

类型号	人为因素种类	国内(起)		国外(起)		国内外合计	
		死	伤	死	伤	死	伤
B_9	桥体或主要构件承载力大幅下降	—	1	60	6	60	7
B_{10}	桥梁或主要构件发生较大变形、较多裂缝或损坏	9	14	114	96	123	110
B_{11}	材质劣化、腐蚀或损坏	—		133	17	133	17
B_{12}	超载、超限或偏载严重的车辆通过时	24	83	37	177	61	260
B_{13}	人群严重超载	100	129	1523	1001	1623	1130
B_{14}	船舶撞击桥梁	68	10	1305	104	1373	114
B_{15}	汽车、火车、飞机撞击桥梁	140	52	565	506	705	558
B_{16}	火灾	—	—	—	1	—	1
B_{17}	桥梁或构件疲劳	—		92	—	92	
B_{18}	桥梁或构件年久失修管养失职	9	7	35	78	44	85
B_{19}	运营阶段发生的其他桥梁事故	45	73	385	71	430	144
B_{20}	人为蓄意破坏或战争造成的破坏	11	7	55	150	66	157
	合计	406	376	4304	2207	4710	2583

注：本表资料时间跨度与表 15-5 相同。有的桥梁事故有伤亡，但无具体数据，本表未计入，故总体而言，伤亡人数略小于实际伤亡人数。

根据表 15-6 的分类统计数据，提出以下几点评析：

1) 国内运营阶段桥梁事故死亡人数排在首位的是 B_{15}（由汽车、火车撞击桥梁所引发）。这类事故可以分为两种情况：

① 在车辆撞击下，桥梁发生垮塌或严重损坏，造成人员伤亡。例如，2002 年 2 月 2 日，成渝高速公路××人行天桥（上跨高速公路）被高速公路上的汽车撞击桥墩，主梁垮塌，导致 4 人死亡；2009 年 4 月 17 日，京珠高速公路湖南段××跨线桥，被高速公路上行驶的水泥罐车撞击桥墩，主梁垮塌，导致 2 人死亡；成都市三环××人行天桥（4×20m 连续钢箱梁桥），2006 年 11 月 23 日，一辆重型车货斗意外升起，撞击人行天桥的主梁，钢梁坠落，司机被砸身亡。

这类事故的特点是，行驶中的车辆撞击桥墩或上部结构所引发。较详细情况可参阅本书第 7 章有关内容。

② 在桥上行驶的车辆失控，撞击护栏或桥面以上的桥梁构件，车辆坠落河道或地面造成人员伤亡。例如，2000 年 7 月 7 日，广西柳州市壶东大桥，一辆大客车冲击撞断护栏坠河，导致 79 人死亡；2005 年 4 月 21 日，重庆市黔江区沙湾特大桥，一辆双层卧铺客车冲断桥上护栏坠落桥下深谷（谷深达 89m），导致 27 人死亡，4 人受伤；2018 年 10 月 28 日，重庆市万州区长江二桥，一辆公交车越过中线先撞上一辆对向开来的小车，再冲断桥上护栏坠落长江，导致 15 人死亡；2017 年 4 月 17 日，贵州开阳至瓮安公路落旺河大桥，一辆客车冲断桥面护栏坠河，导致 13 人死亡，6 人受伤。

这类事故的特点是，在桥上行驶的车辆撞击护栏或桥面以上构件发生车辆坠落所引发。较详细情况及有关问题讨论可参阅本书第 7 章有关内容。

第①种情况，往往是桥梁损坏严重，但人员伤亡较少；第②种情况，往往是人员伤亡严重，但桥梁损坏不大。以 B_{15} 为主因的桥梁事故，发生人员伤亡最多的是第②种情况，可参阅表 7-12。

2）国外运营阶段车辆撞击桥梁（B_{15}）造成的伤亡人数，虽排在第 3 位，但伤亡情况比国内严重得多。例如，1993 年 1 月 10 日，肯尼亚达拉加尼镇××桥，一列火车撞击桥墩，梁体垮塌，导致 140 人死亡；2002 年 9 月 9 日，印度哈尔邦××桥，客运火车在桥上脱轨，撞击护栏车厢坠河，导致 130 人死亡，约 200 人受伤；1989 年 8 月 9 日，墨西哥西纳奥拉州××桥，火车撞击，桥梁垮塌，导致 104 人死亡；1994 年 11 月 29 日，韩国汉城××人行天桥，桥下一辆货车撞击桥墩，桥梁垮塌，导致 2 人死亡，多人受伤。

国外这类事故造成人员大量伤亡多系火车撞击桥梁所致。正是因为列车（尤其是客车上）人员多，一旦火车坠落，伤亡人数甚巨。事故主要原因，既有技术上的原因，也有管理方面的原因。多数情况是技术管理失误。我国铁路运营中，也发生过重大安全事故。例如，2011 年 7 月 23 日，浙江温州发生动车追尾事故，导致 40 人死亡，200 人受伤。后来，在较长时间内，铁路系统进行了严格的整改，安全事故大幅度下降，与桥梁有关的较大安全事故已未见正式报道。

运营阶段桥梁事故死亡人数排在前 3 位的分别是：

① 国内：B_{15}、B_{13}、B_{14}，占总死亡人数的比例分别是 34.5%、24.6%、16.7%。

② 国外：B_{13}、B_{14}、B_{15}，占总死亡人数的比例分别是 35.4%、30.2%、13.1%。

③ 国内外合计：B_{13}、B_{14}、B_{15}，占总死亡人数的比例分别是 34.5%、29.2%、15.0%。

人群荷载引发的桥梁事故死亡人数，国外排在首位，国内排在第 2 位。主要有两种情况：

① 人行桥上人群超载致桥梁垮塌或损坏并造成人员伤亡。例如，重庆市綦江县虹桥，1999 年 1 月 4 日，武警战士 23 人列队过桥，同时还有当地百姓几十人也走在桥上，整座桥突然垮塌，导致 40 人死亡，14 人受伤（详见第 9 章实例六）；1991 年 2 月 15 日，西安道教圣地楼观景台人行悬索桥，桥上人群超载，主缆断裂坠落，导致 23 人死亡，100 多人受伤；美国堪萨斯城凯悦酒店人行高架走道桥，1981 年 1 月 18 日，因桥上人群严重超载，压塌桥体，造成 114 人死亡，200 多人受伤（详见 7.4.2 节实例二）；秘鲁科拉科拉桥，为一座人行吊桥，2009 年 4 月 11 日，70 多人走在桥上，主缆突然断裂，全部行人掉下 98m 深的河谷，9 人死亡，53 人受伤（详见 7.4.2 节实例一）。

② 桥上人群大量积聚因发生踩踏造成人员伤亡。例如，北京市密云县云虹桥，2004 年 2 月 5 日元宵节晚观灯，晚间大量人流在桥上移动，发生大面积踩踏事故，导致死亡 37 人，受伤 15 人；柬埔寨金边钻石岛桥（为一座城市斜拉桥），2010 年 11 月 22 日，大量人群在桥上观赏河上进行的龙舟赛，桥体出现摇摆，人们因恐慌而走动，发生严重踩踏事故，导致 347 人死亡，多人受伤；日本兵库县明日市朝雾人行桥，2000 年 7 月 21 日该市举办烟花节，约 3000 人挤在桥上，发生踩踏事故，造成 11 人死亡，247 人受伤。

第①种情况，是人群超载引发桥梁垮塌，造成人员伤亡；第②种情况，是人群在桥上发生踩踏造成人员伤亡，桥梁一般未出现较大损坏。但从事故实例可以看出，这两类事故都可能造成大量人员伤亡。第②类事故，基本与桥梁的技术状况无关，主要是人群过桥的管理问题。

关于人群超载引发的桥梁事故实例与评析，可参阅本书 7.4 节。

船舶撞击引发的桥梁事故死亡人数，国外排在第 2 位，国内排在第 3 位。国外这类事故的死亡人数占运营阶段桥梁事故总死亡人数的比例高达 30％。这是由于苏联 20 世纪 80 年两次特别重大的船撞桥事故死亡人数奇高所致。苏联伏尔加河乌里扬诺夫铁路大桥（多跨下承式钢桁梁桥），1983 年 6 月 5 日，客轮误入非通航孔撞上钢桁梁，船上电影厅被切断坍塌，桥梁损坏，导致 177 人死亡，多人受伤；苏联伏尔加河乌里亚弗斯克桥（铁路大桥），1984 年 6 月 5 日，一艘客轮撞击桥梁，桥刚垮塌，行驶的火车通过时 4 节车厢坠入河中，导致 240 人死亡，多人受伤。两次特大桥难，共计 177＋240＝417 人死亡，占国外这类事故总死亡人数的 417/1305＝32％，苏联这两次船撞桥特大事故较详细情况可参阅本书 8.2 节实例七。国内这类事故排首位的是四川涪江××桥，1999 年 7 月 30 日，船舶撞击，桥梁垮塌，导致 20 人死亡。另一起重大事故是广东南海九江大桥，2007 年 6 月 15 日，2000t 运砂船撞击副主桥桥墩，多跨 50m 主梁垮塌，导致 9 人死亡，桥梁遭到严重破坏，这次重大事故的详细情况见本书 8.2 节实例四。

综合上述国内外有关统计资料，可以认为：汽车、火车和船舶撞击以及人群严重超载，是运营阶段桥梁事故导致人员大量伤亡的重要原因。就国内外多年平均而言，这三者（B_{13}、B_{14}、B_{15}）造成的死亡人数之和占运营阶段桥梁事故总死亡人数的 78％左右，这是值得我们高度关注的。

15.2　桥梁事故与管理

以人为因素为主要原因的桥梁事故，人为因素可能存在于技术方面或管理方面，或两者兼而有之。国内外大量的桥梁事故表明，有相当一部分事故，管理上的失误或失职成为重要的甚至是首要的原因。这里所指的管理，是广义的。大的方面包含管理体制、桥梁建设过程中的运行规则（含潜规则）；小的方面有管理者的决策、施工现场管理、设计管理，甚至个人直接指挥，等等。先看看管理失误引发的一些桥梁事故实例。

实例一　湖北省巴东县焦家湾等 6 座桥事故

三峡库区巴东县移民工程的 G209 国道交通复建工程中，屡屡暴露出的"豆腐渣"工程引起人们的广泛关注。现根据媒体的公开报道，简要介绍因管理失误造成的桥梁事故。

巴东县境内 G209 国道长 13.7km，共有 20 座桥梁。该线路原设计线位较高，滑坡与将来水库岸坡对公路影响较小，较为合理。但后来县领导决定变更设计，降低设计高程，使滑坡的危害性增大，尤其是焦家湾大桥（石拱桥），在无地质资料的情况下，将原跨径由 40m 改为 42m，最后又改为 48m，由领导人仅凭几张草图作出决定。1998 年 2 月 20 日，该桥施工中突然垮塌，死亡 11 人，受伤 13 人，其中重伤 6 人。至 1999 年 6 月，全县 20 座桥梁中，焦家湾大桥已垮塌，另有 5 座桥——新桥沟二桥、李家湾二桥、东柳湾桥、水井包桥、汪家沟桥因质量低劣，只得拆除重建，剩余的桥中，有 12 座不同程度存在质量问题，被媒体称为"巴东豆腐渣"。建设管理失控是主要原因：所有施工队伍的确定，一不审资质，二不问管理能力，全凭领导"审定"，成为典型的"首长工程、条子工程、关系工程"。巴东工程中，长官意志介入工程可以说到了恣意妄为的地步。

焦家湾大桥发生重大伤亡事故后，当地有关主管部门严密封锁消息，直到1998年5月，外界才陆续知道这一事件的真相。随后检察机关追究了这一桥梁事故责任人的法律责任。在法庭审理时，法官问包工头谭鹏芝："你清不清楚桥梁建设资质？"回答："不太清楚。"又问："甲方有没有问过你有无建桥资质的事？"回答："没有。"

有关领导为了照顾一些干部的利益，将这段仅13.7km的公路（三级路），划分为40多个标段，进场的施工队伍多达27家，其中有的施工单位没有大桥工程施工的资质。

另一个值得关注的不正常现象是：国家下拨给巴东段移民复建公路工程每公里投资170万元，但资金管理单位的县移民局只按每公里80多万元的造价划拨给县交通局，而县交通局工程概算中的人工工资由正常的16.02元/工日压低至8.26元/工日。由于工程价款的低价位，必然促使施工方千方百计地降低工程造价，偷工减料，铤而走险，这是发生多起重大事故的重要原因。

焦家湾大桥垮塌的技术原因可参阅本书6.2节实例三。

实例二　吉林宇松铁路大桥事故

吉林省白山市靖宇县和抚松县境内的宇松铁路全长74.1km，总投资23.11亿元，2009年由铁道部批准建设。项目业主单位为沈阳铁路局。当年6月，沈阳铁路局对该项目进行公开招标，中铁九局集团中标。中铁九局中标后将这一工程分割为多个标段，分包给江西、湖南、河南、福建的多家建设公司。其中的江西昌厦建设工程集团公司又将工程分包给几个并无资质的农民工队伍。更荒唐的是，负责承包项目的江西昌厦在已经施工了近两年之后，突然于2011年9月发表声明，称该公司从未与中铁九局签订过靖宇至松江河的新建铁路项目的合同，并称被犯罪分子伪造该公司印章承接该项目工程。

2011年10月20日，铁道部有关负责人称，有媒体报道在建靖宇至松江河铁路存在"骗子承包、厨子施工"和工程质量隐患问题，随即组织联合调查组进行调查。经查，媒体反映的合同诈骗、工程违法分包转包、工程质量问题等属实，是一起典型的工程质量重大责任事故。并查明，曾经做过厨师的农民工吕天博于2010年7月签订了一份"施工合同"，带着几十名农民工开始修建这条铁路的一部分。

进一步的调查表明，最严重的质量事故是三座特大桥的桥墩成为废品。对这些桥墩进行了钻芯取样检查，本应是全混凝土结构的桥墩，放进了大量碎石、沙子等混合物，留下极大的安全隐患，而项目经理全部签字验收。经铁道部专家组认定，这些桥墩应拆除重建，因为是大体积圬工结构，采用爆破拆除。计有1号桥的6个桥墩和2号、3号桥各5个桥墩，总共需要爆破拆除16个桥墩，损失巨大。

对这次重大事故的处理：项目总监被清出市场；沈阳铁路局有关责任人被撤职；对有的直接责任人移送司法机关追究渎职责任；中铁九局被撤职干部10多人。所有拆除、重建的损失由中铁九局承担。

实例三　四川省通江县彭坎岩大桥

该桥为多跨石拱桥，主桥跨径为70m，桥宽9m，桥长约300m，桥高约80m，被称为"川东北第一高桥"，于1996年10月建成通车，在不到三年的时间内发生了三次事故。

第1次事故发生在1998年7月27日，70m主孔突然垮塌，经四川省交通厅质量监督

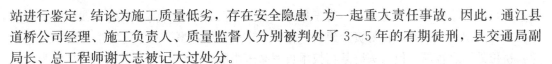

站进行鉴定，结论为施工质量低劣，存在安全隐患，为一起重大责任事故。因此，通江县道桥公司经理、施工负责人、质量监督人分别被判处了 3～5 年的有期徒刑，县交通局副局长、总工程师谢大志被记大过处分。

第 2 次事故发生在 1998 年 12 月的一个深夜，两辆满载水泥的东风卡车行至断桥时，因警示路标不明显，两辆车从 80m 高度的断口处坠下深谷，造成 4 人死亡。事故后，县交通局赔款 25 万元，党委书副书记、路政中队队长殷方兴被免职，副队长被记大过处分。

第 3 次事故发生在 1999 年 4 月 17 日，在大桥重建施工中，引桥发生垮塌，造成 6 人死亡，11 人受伤，主要情况如下：

第 1 次事故发生后，巴中地委、行署决定，通江县道桥公司不能再承担该大桥的重建工程。但几个月后，在没有进行公开招标的情况下，通过某种非正常方式，县道桥公司仍然拿到了该大桥重建工程的施工任务。更恶劣的是，县道桥公司又将这一重要工程转包给了从未搞过工程的钟表修理个体户向毅，因向毅是道桥公司经理彭德春的亲戚。向毅临时凑合起几个人就敢修建 70m 大跨径、80m 高石拱桥，可谓"无知者无畏"。这些人进场才三天，即 1999 年 4 月 17 日，在拆除引桥时，民工没有施工经验，导致引桥突然垮塌，现场施工人员 6 人死亡，11 人受伤。

通江县委很快作出决定：负有领导责任的县交通局党委书记、局长张朝益停职检查，等待处理；对 5 个直接事故责任人进行刑事拘留。这 5 个人中，县道桥公司经理彭德春、大桥施工项目经理李子强、包工头向毅 3 人涉嫌重大安全事故罪，已由县公安局立案侦查；县交通局副局长、总工程师谢大志涉嫌玩忽职守罪、县公安局治安科干警陈佳涉嫌滥用职权罪，亦由县检察院立案侦查。

1999 年 4 月 18 日，通江县负责人主持新闻发布会，宣布"4·17"事故为"重大劳动安全责任事故"。并指出："彭坎岩大桥 1998 年 7 月 27 日垮塌后，复建方案已报四川省交通厅，等待批复。在批复尚未下达，且未得到县政府和县交通局同意的情况下，县道桥公司擅自做主，请县公安科民警陈佳爆破大桥残墩，并与私人包工头向毅达成施工协议。4 月 15 日，县政府得知施工计划后，副县长邓国平和交通局局长张朝益明令禁止，但彭德春等人仍暗地施工，没有执行劳动安全规范，终于酿成 6 人死亡、11 人受伤的惨剧。"

实例四　贵州省绥阳县狮子坝大桥

绥阳县旺草镇狮子坝村被一条河阻挡，村民出行非常不便，由于政府财力有限，无法投资建桥，该村村民决定自筹资金修桥。2002 年第 1 次修建，未及完工即被洪水冲垮。2003 年初，村民们又自筹 20 万资金，在未经有关部门审批的情况下将工程发包给贵州正安县一位姓冯的包工头，随即开始进行施工。

该桥为单孔 45m 石拱桥，桥长 53.18m，采用木拱架安砌拱圈的施工方法。2003 年 3 月 9 日，按计划当天下午 3 点可以合龙主拱圈。但在当天上午 10 点左右，拱架与拱圈一起垮塌，现场几十名民工随拱体坠入深水中，导致 6 人死亡，21 人受伤。

事故发生后，当地政府与专家赴现场调查，主要情况是：承包施工的包工头，不具任何资质，属无证施工；设计图没有经过正式审批（包括拱架设计图）；大桥施工未经过有关部门批准。这是一起典型的"三无工程"。包工头冯某与村支书詹某是亲戚关系，因此得以承包该工程。詹某被刑事拘留后很想不通，他说，多年来，狮子坝村村民被河流阻挡，出行非常不便，正因为如此，狮子坝村一直没有摆脱贫穷。由于政府无钱修桥，村里才决定每人出资 450 元，自筹资金建桥，他认为这是在做好事，只不过发生了意外。

桥位处河水较深，包工头冯某与技术员罗某采用乱石填平河床，再铺上沙袋作为木拱架基础。为节约资金，未用水泥固接基脚。在拱圈石加载（约 200t）后，基脚松动导致拱架垮塌，这是事故的技术原因。

因系"三无工程"，旺草镇政府财力有限，补助每名死者家属 1500 元和 500 斤大米。

另一起类似事故发生在湖南省桂东县。该县增口乡的村民，为了节约资金，既没有经过立项报批等正规程序，也没有请专业技术人员指导，只是凭经验以为自己有能力修好村里一座桥。该桥是一座石拱桥，桥长 13.7m，宽 5m，桥高约 7.2m，跨越一条小河。2004 年村民们筹集了资金并开始施工。到了 2005 年 1 月 5 日，拱圈合龙，当天下午 5:20 左右，有几十人到桥上参加合龙庆祝仪式，拱圈突然垮塌，在桥梁中间的 10 人随拱体一起坠入河水中，导致 7 人死亡，3 人受伤。

以下介绍几起重大桥难中暴露出来的管理问题。

（1）广东省韶关市白桥坑大桥

1996 年 12 月 20 日，在浇筑主跨 100m 钢筋混凝土拱圈底板混凝土时，拱架突然垮塌，导致 32 人死亡，59 人重伤。较详细情况见本书 6.2 节实例二。管理上存在的主要问题有：

① 高度超过 70m 的钢桁拱架未进行结构设计与计算，也未经过审核；

② 拱架在使用前未进行预压荷载测试，也无专门的施工方案与施工组织设计；

③ 拱圈混凝土浇筑过程现场无人监理；

④ 施工现场的工人大多数未经过任何安全技术培训。

（2）广东省龙川县彭坑大桥

该桥为（28m＋80m＋150m）双曲拱桥，支架上现浇施工。1972 年 6 月 27 日，主跨 150m 主拱圈脱架后突然垮塌，导致 64 人死亡，20 人受伤。详细情况见本书第 9 章实例二。管理上存在的主要问题有：

① 为了抢工期，提前卸落拱架，这一对施工安全有重大影响的决策，事前未进行专业审查，而是个别人主观确定；

② 设计文件未经审核批准就交付施工，有关主管部门失职；

③ 在已经发现拱顶上冒和拱脚开裂的情况下，施工指挥者不仅隐瞒实情，不加以处治，反而强行安排拱上继续加载，施工现场管理混乱。

（3）四川省达县州河大桥

该桥为 190m＋70m 钢筋混凝土主梁独塔斜拉桥。1986 年 10 月 29 日，主梁快要合龙时突然垮塌，导致 16 人死亡，多人受伤。详细情况见本书第 9 章实例三。管理上存在的主要问题有：

① 施工单位是一家只有丙级资质的建筑工程公司，之前无任何桥梁建造的经验，只修建过 6 层以下的一般楼房；

② 州河大桥采用设计施工总承包的方式修建，现场监控处于失控甚至空白状态。建设主管部门与设计单位管理失职；

③ 对修建这种有技术创新的大跨径斜拉桥，施工技术人员水平低、技术力量不足，

有关单位是了解的,但一直未予重视和进行加强。

(4) 重庆市綦江县虹桥

该桥为净跨 120m 中承式钢管混凝土提篮拱桥,为一座人行桥。1999 年 1 月 4 日,在大量人群过桥时,主拱及桥面系整个垮塌,导致 40 人死亡,14 人受伤。详细情况见本书第 9 章实例六。管理上存在的主要问题已涉及犯罪。法院判决情况如下:

有关领导人 5 人及业务人员 9 人,分别按受贿罪、玩忽职守罪、工程重大安全事故罪判处死刑和有期徒刑。

(5) 湖北省钟祥市汉江大桥

该桥主桥为 (65＋3×100＋65) m 预应力混凝土连续箱梁。1993 年 11 月 28 日竣工通车,2004 年因主梁开裂下挠严重,判定为危桥,2005 年 3 月大桥完全封闭,当年 9 月决定拆除重建。国家损失约 3400 万元。较详细情况见本书第 9 章实例八。

这是一起典型的桥梁重大质量事故。经济损失巨大,社会影响不良。既没有追查责任,也无人(或单位)承担责任。所以,新华社专稿指出:"重建危桥就可以逃避问题与责任吗?""参建危桥的单位又来参加投标了。"这么大的质量事故,国家关于问责的规定似乎成了一纸空文。

(6) 湖南省凤凰县堤溪大桥

该桥为 4×65m 连续石拱桥,2007 年 8 月 13 日,4 孔主拱合龙后拱上填料施工时,4 跨拱桥连续垮塌。导致 64 人死亡,22 人受伤。详细情况见本书第 9 章实例九。管理上存在的主要问题有:

① 大桥由湖南省路桥集团七公司承担施工,但该公司将 4 跨主拱分别转包给 4 个低等级工程队,其中一个包工头还承包所有桥墩;

② 建设单位严重违反工程管理的有关规定,项目管理混乱;

③ 施工现场管理混乱,违反安全生产法规及技术规范;

④ 省、州交通质量监督部门对大桥工程的质量监管失职。

国务院事故调查组认定这是一起特别重大的责任事故。湖南省有关部门已将涉嫌犯罪的 24 人移送司法机关依法追究刑事责任。对省、州与事故有关领导给予不同的行政处分。

桥梁工程属于公路工程、铁路工程和市政道路工程的一部分,也是国家基本建设工程的重要组成部分。国家对于基本建设管理已有一系列政策和规定,并在不断完善之中。就公路工程(包括桥梁工程)而言,基本建设的主要政策和管理制度,包含以下内容:

(1) 公路网规划

根据公路网的等级(国道网、省道网、地方道路网)由政府主导进行规划编制,并报上一级政府及有关主管部门审批后成为具有法律效应的控制性规划文件。对规划的修改或调整,必须经过严格的法定程序。

公路网规划研究及报告编制工作应由具有相应资质的单位承担,其中承担国道和省道规划的研究单位应具备甲级资质。

(2) 公路建设程序

在规划的指导下,公路建设按以下 4 个程序实施:

① 项目研究阶段:完成预可行性研究报告和工程可行性研究报告。主要内容是工程方案与投资估算。

② 设计阶段：一般情况下应完成以下 3 项任务：

a. 初步设计（包括相应的勘察工作）：主要内容是设计方案、施工方案和设计概算。

b. 技术设计（包括相应的勘察工作）：主要内容是修正设计方案、修正施工方案和修正概算。

c. 施工图设计（包括相应的勘察工作）：主要内容是施工图设计详图、施工组织计划和施工图预算。

③ 施工阶段：包括以下 3 项内容：

a. 组织施工招标：按国家和行业的规定执行。

b. 施工准备：应完成施工组织设计和施工预算。

c. 组织施工：按国家和行业的有关规定和规范执行。施工完成时，按规定进行工程验收，一般情况下，桥梁工程应进行荷载试验。最后完成工程结算。

（3）公路建设项目管理

项目管理主要包括施工管理、进度管理、安全管理、成本管理、合同管理、现场环境保护、文明施工和信息化系统等。对桥梁安全风险影响最大的是安全管理。一些施工阶段发生的桥梁事故，往往是安全管理上失职。桥梁工程的安全管理，应首先根据桥梁工程的特点进行安全风险评估（较详细内容可参阅本书第 1 章），进而制定安全计划、安全保障方案、安全控制措施和安全管理实施细则。这些方面，国家与行业都有明确和具体的规定。

（4）公路工程质量管理

公路工程质量是指公路建设的法规、技术标准、批准的设计和工程合同文件，对公路安全、适用、经济、环保、耐久和美观等主要指标的综合要求。公路工程质量实行建设单位或项目法人全面负责、监理单位控制、设计和施工单位保证、政府监督相结合的管理体系。在公路设计使用年限内，实行终身负责制。

（5）公路工程造价管理

建设项目从筹建到竣工验收整个过程，工程造价不是固定的、唯一的、静止的，它是一个随着工程不断进展而逐步深化、逐步细化和逐渐接近工程实际造价的动态过程。包含以下几项内容：投资估算；概算；修正概算；预算；标底和报价；合同价；结算价与工程结算。

在公路工程（含桥梁工程）建设过程中出现的"转包""分包""围标""买标费""转让费""低价中标"等违规、违法现象，都属于经济利益暗箱操作，大多发生在工程项目管理的合同管理阶段，并反映在工程造价的造假上。带来的恶果必定是国家的经济损失与工程质量下降，甚至发生质量事故或安全事故。

国内发生的一些桥梁事故，管理方面反映出来的问题，以下几点较为突出：

（1）工程监理失职或形同虚设

1993 年，京津塘高速公路全线通车，在竣工验收时，国家验收委员会认为："京津塘高速公路的工程质量达到国内同类工程最高水平，工程造价和工期都控制在批准概算和合同工期之内，工程总体水平达到国内领先和当代国际先进水平。"

该公路是中国第一次大规模利用世界银行贷款实施的工程。世行在贷款的同时，提出要求：工程必须实行国际竞争招标，并采用国际惯例 FIDIC 条款和工程监理制度。京津塘高速公路项目认真执行了 FIDIC 条款和工程监理制度，取得了很好的成效。

所谓 FIDIC，是"国际顾问工程师联合工程施行法"的简称，是国际上通用的土木工程合同条款。其管理特点是：突出监理工程师的独立地位，使其不属于合同甲乙双方，但拥有财务支付权与质量认可权，从而保证监理方面的监理能力。

京津塘高速公路当时有中方监理 217 人，外方监理 6 人。在公路建好后，这批现场监理人员成长为国内监理骨干，这条公路也因此被誉为中国大陆监理工程师的"黄埔军校"。后来一些中方监理人员"下海"，成立监理公司，但再也没有机会体验类似京津塘工程一样的监理待遇和发挥监理的重要作用。在中国大陆的工程监理历史上，京津塘是第一个较完美案例，也可能是唯一的一次，因为后来的情况发生了变化。有人认为："中国是社会主义公有制经济，业主是国家，承包商是国有企业，就是监理也应该是国家公有的科研单位"，不赞成实行 FIDIC 条款和相应的工程监理制度，这种监理制度也就不再实行了。随后，国内基本建设的体制要点是：业主多为政府部门组建的建设指挥部或是国有企业，大型项目甚至直接由主管部门领导兼任，项目方案、投资额、设计单位、施工单位和监理单位的选定都由业主决定。由于业主或指挥部不放权，监理方不可能拥有 FIDIC 条款规定的最核心的工程监理权——对工程质量、进度的管理控制权以及工程款项的审批支付权，对工程品质的有力监管自然谈不上。甚至在有些工程里，业主自任总经理，应付程序了事。在不少工程中，监理形同虚设，事实上是自己监理自己。

处于这种状态下的工程监理，既左右为难，还要左右逢源。业界有句顺口溜，"监理是拿甲方的钱卡乙方，再拿乙方的钱去骗甲方"；"监理的艺术"也许更胜过监理的技术。

2000 年出台的《建设工程质量管理条例》和《建设工程安全生产管理条例》都规定了监理企业及监理工程师的安全责任，发生工程事故，是要追究监理人员的责任的。例如，2009 年 5 月 17 日湖南株洲市红旗路高架桥坍塌事故，9 人死亡，16 人受伤，24 辆车被损坏（事故详细情况见本书 16.9 节实例四），2 名监理人员被逮捕；2010 年 11 月 26 日南京油坊桥立交小行段高架桥钢箱梁倾覆坠落事故，一审判处监理人员有期徒刑 3 年，缓 4 年。在这样的情况下，桥梁事故依然高发，因为监理仍然形同虚设。业界的共识是：要确保监理质量，必须确保监理"独立第三方"的地位；要确保监理的独立，必须从规范业主的职责与权限开始。在中国大陆，路桥工程的业主通常是政府，要权限不仅难度大，还涉及更深层次的问题。

监理问题很复杂。所有质量监管责任，除了施工单位外，监理也是负有责任的。桥梁事故管理方面存在的问题，工程监理是重点问题之一，应进行认真的整改。

（2）农村公路桥梁安全风险较高

这里主要指农村，尤其是边远山区修建的低等级公路上的一般桥梁。由于技术力量不足，资金缺乏，管理较差，在施工过程中存在较大的安全风险。从本书附录三"人为因素引发的国内部分桥梁事故概况表"可以看出，伤亡人数较多的桥梁事故多发生在贵州、湖南、四川、云南、广西、重庆、湖北等省市的边远农村地区。例如附录三中，序号 2、5、10、12、15、18、19、26、32、36、39、56、66、73、75 等事故，都发生了不同程度的伤亡。

这类桥梁多数为支架施工的圬工拱桥。支架施工是一种安全风险较高的施工方法。目前，在西部边远农村的公路修建中，仍在采用。事故多发的直接原因主要是技术力量不足，资金缺乏更增大了发生事故的风险。但主要原因应是管理不到位。乡村道路上的桥梁修建，都是由地方政府主导的，难以实行完善的项目管理和施工监理，如果现场技术力量薄弱，就容易出现质量事故和安全事故。文献［36］介绍了江苏省徐州市的县、乡农村公路桥梁的调查统计资料，2014 年，四类桥和五类桥已占到桥梁总数的近 40％，西部边远山区农村公路桥梁的情况更为严重。

为了减少桥梁发生伤亡事故，建议各地方政府和行业主管部门应加强对于边远山区乡村道路桥梁修建的项目管理，根据具体情况，在技术、资金与施工管理等方面给予大力支持，并制定相应的实施办法。

（3）认真执行规定才是重中之重

我国公路建设，在公路网规划、建设程序、项目管理、质量管理、造价管理等方面都有较为全面和明确的规定，公路与桥梁也已有了一系列较完整的行业规范、规程和指南。不少桥梁事故的发生，往往是某些方面没有执行或没有完全执行上述有关的管理规定、规范或规程。出现这种不正常现象，可能有两种情况：一是明明知道有关规定，但受利益驱使而犯规，可称为"明知故犯"；二是不知道或不完全知道自身工作所涉及的各项规定，可称为"盲人犯错"。这是我国工程建设中存在的一个较为突出的问题。为了减少事故的发生，提高工程质量，应该采取切实措施解决这个问题，让国家和行业的规定落到实处。

中国绝不缺少雄韬伟略的战略家，缺少的是精益求精的执行者；绝不缺少各类管理制度，缺少的是对规章条款不折不扣的执行。

15.3　关键细节决定成败

人类社会沿着一条奋斗，失败，再奋斗，再失败，再奋斗……的曲折道路向前发展，在付出代价的同时，不断地取得辉煌的成果，至今已进入现代文明的历史阶段。各种各样失败的原因，既可能是战略上的失策，也可能是战术上的失误，还可能是在关键细节上的疏忽。在各行各业的工作中，战略决策都被高度重视，在战术上也会下大力气，而对一些关键细节则往往忽视，并因此付出了沉重代价。下面是几起因为不重视细节而发生的典型案例或重大事故。

案例一　美国航天惨剧

1986 年 1 月 28 日 11：38：01，美国"挑战者"号航天飞机发射升空，73s 后，航天飞机已升空 75000m 时，突然，晴空一声霹雳，航天飞机顷刻化为一个巨大的火球，拖着长蛇般的烈火浓烟坠落到离发射地点 19km 的大西洋上。航天飞机上的 7 名宇航员为航天事业献出了宝贵的生命。他们是：机长弗朗西斯·斯科比，46 岁；驾驶员迈克尔·史密斯，40 岁；宇航员朱迪恩·雷斯尼克，36 岁；罗纳德·麦克奈尔，35 岁；埃利森·鬼冢，39 岁；格里高利·杰维斯，41 岁；女教师克里斯塔·麦考利夫，37 岁。此前，挑战者号航天飞机已经安全地进行过 10 次太空飞行，是历来技术事故最少的航天飞机，但是为何会在第 11 次升空时发生了大爆炸呢？

经过 4 个多月的认真调查以后，调查委员会公布调查结果。确认：事故直接原因是航天飞机外侧右边的固体火箭助推器燃料箱的密封装置失效，以致燃气外泄形成火舌，引起外燃料箱爆炸。

密封装置为什么会失效呢？航天飞机上有一个外部燃料箱，液态氧燃料在燃料箱的上部，箱壁上附有一个锥形排气孔，其作用是将废气安全排出机体。排气孔在气温低于 7℃ 时其孔口将会出现冰霜结晶，排气功能失效，就可能导致密封装置在排气孔处开裂。发射当天，气温已降至 −1℃。

事前已有两位专业工程师向有关领导提出，气温过低时发射可能有安全风险，但某位高级官员拒绝了他们的意见。航天飞机升空时，正是因为在低温下燃烧箱排气孔开裂而引发爆炸。

一个小小的排气孔出现的问题，导致 7 名宇航员牺牲，经济损失巨大，对美国的航天事业是一次重大打击。

案例二 核潜艇长眠海底

2013 年 4 月 6 日，数百人聚集在朴次茅斯举行哀悼会，追思 50 年前美国核潜艇"长尾鲨"号灾难中丧生的 129 名船员和技术人员。美国海军潜艇部队指挥官迈克尔·康纳中将，在纪念会上发言，他说："'长尾鲨'号潜艇遇难者和他们的家人为潜艇的升级测试付出了惨痛的代价。"

1963 年 4 月 10 日，"长尾鲨"号出行进行深海下潜测试，由于出现故障，潜艇不断进水往下沉，达到相当的深度后，因受到海水的巨大压力而解体，在潜艇内工作的 129 人全部遇难。潜艇的遗骸长眠于水面以下 2600m 深的海底。

潜艇为什么会沉没？是潜艇身上的一个焊接点发生破裂，使得海水喷到了潜艇内的一个配电板上，致使潜艇的核反应堆紧急关闭，引发压载水系统失效，潜艇无法浮出水面，并往下沉没。

一个焊接点开裂，导致一艘核潜艇长眠海底，129 名军人和技术人员为核潜艇升级测试献出了生命。

案例三 上海地铁 1、2 号线的差距

德国人做事严谨，对任何工作细节的关注举世闻名。上海地铁 1 号线是由德国工程师设计的，看上去并没有什么特别的地方，直到中国的设计师设计的 2 号线投入运营后，才发现 1 号线中有那么多的细节在设计 2 号线时被忽略了。结果 2 号线运营成本远远高于 1 号线，较长时期内未能实现收支平衡，且在某些使用功能上 2 号线不如 1 号线。下面简述 1 号线在细节设计上的独到之处：

（1）上海地势平坦，高出海平面很少，一到夏天，雨水经常会使一些建筑物受困。德国设计师注意到了这一点，所以地铁 1 号线的每一个室外出口都设计了三级台阶，要进入地铁口，必须踏上三级台阶，然后再往下进入地铁站。在下雨天可以阻挡雨水倒灌，从而减轻地铁的防洪压力和费用开支。事实上，1 号线内的防汛设施极少动用。而地铁 2 号线就因为缺少这几级台阶，曾在大雨天被淹，造成较大经济损失，在使用时也造成不便。

（2）地铁 1 号线在每一个出口处都布置了一个平弯。这样做不是增加了出入口的麻烦吗？不是增加了工程造价吗？人们开始不理解。当 2 号线地铁投入使用后，才发现德国人在这个细节上的"奥秘"。其实道理很简单，如果你家里开着空调，同时又开着门窗，你

一定会心疼多付出电费，而且效果并不好。在地铁出入口处一个小小的平弯，就可省电，长时间积累，可以节省不少成本。

（3）坐过地铁的人们都有体验，当距离轨道太近的时候，机车一来，就会有一种危险感。地铁1号线的设计注意到了人们的这种心情，将靠近站台约50cm内铺上金属装饰，又用黑色大理石嵌了一条边，这样，当乘客走进站台边时，就立即看见明显的标志，就会"警惕"，停在安全线以内。而地铁2号线设计忽略了这个细节，站台地面全部用同一色的瓷砖，乘客很难意识到已经靠近了轨道，因为没有显著的标志。地铁公司不得不安排专人来提醒乘客注意安全。

在北京、广州地铁都发生过乘客掉下站台的危险事件，以事实说明了上海地铁1号线在细节设计上体现了"以人为本"的思想。

（4）在上海坐过地铁的人都会有体会，1、2号线给人的舒适感明显不同。1号线的站台设计宽阔，上下车都很方便，而进入2号线后，就感到窄窄的让人难受，尤其是遇到上下班高峰期，站台显得非常拥挤。

（5）1号线都设计了站台门，车来打开，车走关上。其目的一是为了防止乘客掉下站台，二是为站台保温，节约热量。而2号线则未安装站台门，可能是还没有体会到德国人的设计意图。

众所周知，德国制造的物品，质量好、寿命长。现在德国的高速公路有一部分还是希特勒时代修筑的，还在继续使用。德国能在"二战"后迅速成为世界第三强国，与他们一丝不苟、严肃认真和在细节上下功夫是分不开的。

中国人绝不缺乏聪明才智，缺的是对细节的高度关注，缺的是一种对"精细"的执着精神。

下面我们再来看看关键细节上的失误引发的一些桥梁事故。

实例一　加拿大魁北克大桥（第2次修建）

魁北克大桥1907年8月29日施工中发生第1次垮塌，死亡75人，近20000t钢构件坠入河中。1911年开始进行第2次修建，1916年9月11日，施工过程中发生第2次垮塌，死亡11人，约5200t钢材报废（两次事故详细情况见本书第10章实例一）。魁北克大桥修建第2次失败，源于细节上的失误，简介如下：

大桥上部结构为3跨连续钢桁梁，孔跨组成为152.5m＋549m＋152.5m，中跨中部为跨度206m简支挂梁。第2次修建施工中，边锚孔和主孔悬臂钢桁梁已顺利完成，挂孔钢桁梁已开始从驳船上提升。首先是将合龙跨两端四角连接于吊杆，然后再用液压千斤顶顶升，逐步到达设计位置。当挂孔钢桁梁上升到水面以上约9m时，有一根吊杆处的千斤顶支撑铸件突然碎断，其他3个吊点的支撑力随之突然大幅度变化，重达5200t的钢桁梁产生巨大扭曲而失稳，整跨梁体坠入河中，现场施工人员11人遇难，大桥第2次修建失败。

这是桥梁发展史上，关键细节——千斤顶撑杆局部破损引发的特大桥难典型案例之一。

另一个类似的事故是美国加利福尼亚州纳伯莫拉街桥。该桥在施工过程中使用的千斤顶失效，导致施工支架钢梁坠落，用于浇筑混凝土的模板等也全部损坏，幸未造成人员伤亡。

千斤顶是施工中常用的小型设备，虽非大型机具，但在很多情况下起重要作用，千斤顶出现问题，往往造成严重后果或产生较大质量缺陷。

实例二　美国佛罗里达州旧阳光大桥

该桥为主跨 384m 下承式悬臂钢桁桥。1980 年 5 月 9 日，突发暴风雨，乌云乱滚，能见度几乎为零。一艘货船快要通过桥下的海面，船长虽然经验丰富，但仍十分小心地指挥货船航行，突然船左弦上的罗盘在暴风雨天气里失灵。这艘货船在黑暗中撞上该大桥（南行桥）的桥墩，在剧烈的振动中，整整一孔悬臂钢桁梁掉进了海水里。桥上正在行驶的 8 辆车连同 35 名司乘人员坠入水中，除 1 人侥幸生还外，其余 34 人全部罹难（较详细情况见本书 8.2 节实例六）。

罗盘只是一个小小的仪器，但在航行中却是关键设备，一旦失效就可能导致航行失误，后果难以预料。桥梁设计中，为了确保在突发事件中结构的安全，提出了结构应有必要冗余度的设计思想。同样，建筑施工中与车、船运行中，也应该提倡关键设备或仪器应有必要"备份"的做法。

美国另一座大桥——亚拉巴马州卡罗特 CSX 大桥（铁路桥）。1993 年 9 月 22 日，船舶撞击上部结构钢桁梁，使钢桁梁发生横向大位移，正好一列火车通过大桥，因脱轨致多节车厢坠落河中，这次事故造成 47 人死亡，103 人受伤（较详细情况见本书 8.2 节实例九）。

事故的主要原因是：在大雾天气、能见度很低的情况下，由于船舶驾驶员不会使用雷达迷失方向撞上桥墩。

实例三　南京城市快速干道内环西线××立交桥

该立交桥为多跨钢箱梁桥，独柱式桥墩，墩顶设有抗拉钢锚栓，横向为双支座，桥梁位于平曲线上。在正常施工与正常运营情况下桥梁是安全的。

2010 年 11 月，该立交桥主体工程已完成，进入桥面系施工。当年 11 月 26 日，两个桥墩间的一跨钢箱梁在进行桥面防撞护栏混凝土施工时，该跨箱梁（约 50m 长）突然向平曲线外侧倾斜，正在桥面上作业的 7 名工人立即滚落桥下（该处桥高约 10m），很快这一跨钢箱梁也侧翻落地，砸中 7 名工人，7 人当场死亡。另有桥下 3 名值班农民工受伤。

事故原因是：在支座钢锚杆未灌浆前，在桥面平曲线外侧浇筑防撞护栏混凝土导致钢箱梁侧翻。如果支座钢锚杆先灌浆并凝固后，对称进行桥面系施工就不会发生事故。可见，就是在支座钢锚杆什么时候灌浆这样一个局部安排问题上的失误，导致重大伤亡事故（较详细情况见本书 7.2.3 节实例三）。

实例四　广西柳州壶东大桥

2000 年 7 月 7 日晚间，一辆公交车经过壶东大桥时，先撞上车道上的混凝土隔离墩，造成车辆失控，冲上了人行道，再撞断栏杆，大客车坠入江中，造成了 79 人死亡的特大事故。

当天有 4 个民工（非管养单位正式工人，系临时聘用民工）在大桥桥面上进行维护作业，到了下午 7 点左右，将混凝土隔离墩放置在已修补好的桥面处，以维护养生。随即下大雨，4人离开大桥去躲雨，而混凝土隔离墩仍放在原处。凑巧的是，雷雨中桥上照明系统被击坏，桥上一片黑暗，公交车司机因前方视线不清，未发现隔离墩，突然撞上，车辆就失控引发了这次特大事故。维护养生用的隔离墩，如何放置这么一件很普通的工作，如果未加以特别关注，在某种特殊情况下，就可能引发事故。

实例五　贵州仁怀县茅台大桥（第1次修建）

茅台大桥为2×115m上承式钢筋混凝土箱形拱桥。主拱圈横向划分为6片拱箱。采用天线吊装预制上开口箱室，合龙后安装预制顶板，形成闭合箱。1990年10月27日，主体工程已全部完成，仅剩下桥面系未施工。当天，在桥上无人的情况下，两跨主拱圈连同已完成的拱上建筑突然垮塌。桥下经过的行人，4人死亡，9人受伤。该桥事故详细情况见本书第9章实例四。

事故原因涉及施工与设计。其中施工对拱圈构造的一处微小改动，则是重大失误。拱箱预制顶板的设计宽度为120cm，腹板中的竖向钢筋可以向上伸入顶板混凝土现浇层内，肋间混凝土与顶板现浇层混凝土可以连成一体，两者共同抗剪。但施工单位将预制顶板宽度从120cm增大为148cm，预制盖板与腹板之间成为砌体连接，该处的抗剪能力几乎完全丧失，极大地削弱了闭合箱截面的整体性，成为这次事故的重要原因之一。

关键细节失误引发的桥梁事故较多，不再一一举例。

有句古老的格言"魔鬼存在于细节中"。从以上这些案例可以看出，在有些关键细节中确实隐藏着影响全局成败的因素。对于桥梁工程而言，以下几点值得关注：

（1）如何发现和清除细节中的"魔鬼"，主要靠精细的管理。在工程的管理中，对细节掌控的追求是无止境的，但对细节掌控的追求是可以衡量的，衡量的尺度，就是制定出相应的各种规则和规定。国家和行业的规范，不可能涉及所有重要细节。设计、施工、管养企业以及基层管理单位应根据具体情况细化各种规则和规定，这就是对细节管理的量化。

（2）市场经济的发展必定是越来越专业化的竞争，国际上许多优秀的企业都是上百年专注于一个领域或少数产品，把工作做好、做细，所生产出来的产品成为精品，甚至极品。例如，日本的一个老工厂，几十年专注于生产紧固螺栓，被称为"永不松动的螺丝钉"，在很多国家的高速铁路上广泛使用。桥梁工程设计、施工、管养也应当向精细化、专业化发展，这是避免和减少事故的重要方略。

（3）在桥梁安全度的掌握上，应有"未雨绸缪"的理念。用结构力学的术语，就是应有必要的"冗余度"。一些桥梁事故的发生，就是因为缺少冗余构件。例如：

美国银桥（钢加劲梁悬索桥），1967年12月15日突然垮塌，37辆车和众多行人坠入俄亥俄河中，导致46人死亡，9人重伤，整座大桥报废（较详细情况见本书第10章实例二）。事故原因是，主缆结构仅用两根眼杆组成，没有富余值，环环相扣的两根眼杆，只要有一根连接失效，另一根眼杆必定立即大幅度超应力而破裂。这是因缺乏冗余度而发生的一起特大桥梁事故。

我国早期修建的部分中承式拱桥，桥面系为简支体系，一旦单根吊杆失效或破断，必定引发桥面板大变形或损坏，甚至成为事故。例如，四川省宜宾小南门金沙江大桥（主桥为净跨240m中承式钢筋混凝土拱桥），2001年11月7日，3对吊杆突然断裂，4跨桥面板坠落，导致 3 人死亡，2 人受伤，3 辆车落水报废（较详细情况见第 9 章实例七）。

韩国首尔圣水大桥，为 6×120m 上承式刚桁悬臂梁桥。1994 年 10 月 21 日，桥上一跨挂孔突然垮塌，6 辆车掉落江中，致 32 人死亡，17 人受伤（较详细情况见本书第 10 章实例四）。这是由于挂孔支撑处的细部构造缺乏冗余度，在使用过程中存在较大的安全风险。

有的桥由于设计考虑了必要的冗余度，并采取了相应的构造措施，在意外荷载作用下不致成为重大事故。例如，美国俄亥俄州 I-74 跨线桥，是一座 4 跨连续钢板梁桥，上部结构由 6 片钢板梁组成，用横撑连接成整体，主梁顶面为混凝土桥面板，中间 3 个桥墩为三柱式排架墩。2008 年 5 月 20 日，一辆行驶在该桥下面 I-275 公路上的平板拖车失控，撞击该桥的一个桥墩，导致墩身倒塌，但与该墩相连的两跨连续钢梁虽有较大下垂，没有坠落。公路管理部门反应迅速，10min 内立即封闭现场，中断上、下线交通，未造成伤亡及重大损失。这得益于上部结构有冗余度：为连续体系；钢板梁之间有较强的横向联系，一个中间支撑失效后，上部结构未立即垮塌，为抢险赢得了宝贵的 10min，避免了重大伤亡事故。

结构具有冗余度，对于降低桥梁的安全风险以及在发生意外事故时减少伤亡和经济损失具有重大意义。桥梁结构应尽量采用连续的、整体性强的结构形式，大型桥梁和重要桥梁关键构件的设计应尽量设置多重传力路径。建议在桥梁设计规范中，具体规定桥梁在特殊事件（如地震、外力撞击）情况下的冗余度要求。

15.4　有关问题进一步评析

15.4.1　中外十大桥难

桥难造成的灾害，主要有人员伤亡、经济损失、社会影响以及交通建设的延缓等。其中，桥难造成的生命消失对人们心灵的震撼和对死者亲属造成的永远伤痛则是公认的最严重的后果。按死亡人数的多少，至今中外十大桥难简述如下（不含自然力引发的事故）。

（1）中国桥梁事故

① 桥梁垮塌死亡人数最多的十大桥难，如表 15-7 所列。

中国十大桥难（2019 年以前） 表 15-7

序号	桥梁名称	死亡人数	时间 （年.月.日）	事故概要
1	广东龙川县彭坑大桥	64	1972.6.27	150m 主孔(双曲拱桥)拱圈合龙后因异常变形失稳而垮塌
2	湖南凤凰县堤溪大桥	64	2007.8.3	4×65m 石拱桥,卸落拱架后施工拱上填料时,4 跨连续倒塌
3	重庆市綦江县彩虹桥	40	1999.1.4	120m 中承式钢管混凝土提篮拱,建成 3 年后,人群通过时拱肋断裂垮塌
4	贵州铜仁市鱼粱滩脚大桥	37	1990.12.1	单孔 50m 石拱桥已安砌的拱圈与木拱架一起垮塌

续表

序号	桥梁名称	死亡人数	时间 (年.月.日)	事故概要
5	广东省韶关市白桥坑大桥	32	1996.12.20	100m RC 箱形拱,拱圈施工中钢桁支架失稳垮塌
6	四川涪江××桥	20	1999.7.30	船舶撞击,桥梁坍塌
7	甘肃岷县憩乐岛公园桥	18	1999.7.24	人行悬索桥,违规提前开放行人过桥,因超载致桥面垮塌
8	四川达县州河大桥	16	1986.10.29	主跨 190m 斜拉桥,悬臂体系主梁在吊装主跨合龙段时失稳破坏
9	贵州务川县珍珠大桥	16	2005.11.5	120m 箱形拱,钢拱架合龙后垮塌
10	四川沐川县黄丹站大桥	14	1992.1.31	主跨 80m RC 箱形拱,拱圈合龙时突然垮塌

② 与桥梁有关的死亡人数最多的十大公共安全事故,如表 15-8 所列。

这类事故的特点是:发生在桥上,桥梁没有损坏或仅有轻微损坏,但造成较大人员伤亡。主要有两种类型:一类是大量人群聚集桥上发生拥挤踩踏,另一类是车辆在桥上失控撞断护栏坠落桥下。

在桥上发生的十大公共安全事故（国内） 表 15-8

序号	桥梁名称	死亡人数	时间 (年.月.日)	事故概要
1	广西柳州市壶东大桥	79	2000.7.7	桥面施工用隔离墩未撤,夜间大客车撞上后冲断护栏坠河
2	北京市密云县云虹桥	37	2004.2.5	元宵节观灯,大量人群上桥发生踩踏事故
3	重庆市黔江区沙湾大桥	27	2005.4.21	一辆双层卧铺客车撞断护栏,坠入深达 89m 的山谷
4	陕西西安市道教圣地楼观景台桥	23	1991.2.5	大量人群在桥上拥挤坠落,桥有损伤
5	杭州至昆山高速公路嘉兴段 7 号桥	23	2004.5.13	一辆大巴撞断护栏,坠落地面时车身倒扣
6	铁岭至长甸公路 K258+900 大桥	17	2004.6.15	一辆客车撞断护栏,坠落桥下
7	重庆市万州区长江二桥	15	2018.10.28	一辆公交车冲过中分带,先撞上一辆对向开来的小轿车,再撞断护栏坠江
8	贵州开阳至瓮安公路落旺河大桥	13	2017.4.17	一辆客车失控撞断护栏坠河
9	贵州榕江县平江镇双河口大桥	8	2018.12.2	一辆客车失控撞断护栏坠河
10	泗港铁路立交桥	3	2005.6.28	一辆小客车撞断护栏,坠落铁轨上,恰与一列货车碰撞

（2）国外桥梁事故

国外桥梁垮塌死亡人数最多的十大桥难,如表 15-9 所列。

国外十大桥难 表 15-9

序号	桥梁名称	死亡人数	时间 (年.月.日)	事故概要
1	苏联乌里亚弗斯克伏尔加河桥	240	1984.6.5	一艘客轮撞击桥梁,桥垮塌,桥上行驶中的 4 节列车车厢坠入河中

续表

序号	桥梁名称	死亡人数	时间 （年.月.日）	事故概要
2	法国 Angers(昂热)桥	226	1850.4.16	一个营的军队过桥引起共振而垮塌,当时有狂风
3	苏联伏加尔河乌里扬诺夫铁路桥	177	1983.6.5	客轮误入非通航孔撞击大桥,桥体损坏,船上电影厅被桥面剪断
4	肯尼亚达拉加尼镇××大桥	140	1993.1.10	火车撞击桥墩,梁体倒塌
5	菲律宾那加城××大桥	138	1972	500 多人聚集桥上观景,压垮桥梁
6	尼泊尔 Mak Kalily 大桥	138	1974	桥上 150 多人聚集,压垮桥梁
7	印度海德拉巴南部费里康达桥	114	2005.10.29	该铁路大桥使用中突然垮塌(原因不明)
8	美国堪萨斯城凯悦酒店走道桥	114	1981.7.17	桥上满载跳舞人群,压塌桥梁,施工中变更设计是主因
9	英格兰大雅茅斯 North Quay 桥	113	1845	超过 300 人桥上观景,人群严重偏载致使桥梁垮塌
10	墨西哥西纳奥拉州××桥	104	1989.8.9	火车撞击,桥梁垮塌

另有两起重大伤亡事故,发生在桥上,但桥梁未受严重损坏,故未列入表 15-9。该两起事故简况如下:

① 柬埔寨金边钻石岛钻石大桥,该桥为城市桥梁,桥型为斜拉桥。2010 年 11 月 22 日,大量人群聚集在桥上观看龙舟赛及音乐会,导致桥体发生摆动,人群恐慌,出现拥挤踩踏,导致 347 人死亡,多人受伤。是到目前为止,全球死亡人数最多的一次特大桥难。

② 印度哈尔邦××铁路桥,梁式桥,长度约 100m。2002 年 9 月 9 日,火车在桥上脱轨,车厢坠落河中,导致约 130 人死亡,约 200 人受伤。

中外十大桥难,系根据已收集到的资料,按死亡人数排序,可能有遗漏。

15.4.2　桥梁事故与施工方法

从表 15-3 可以看出,施工阶段桥梁事故产生的原因,支架失稳或损坏在国内外均为第一因素,占施工阶段事故总数的比例,分别达到 32.1%（国内）和 31.4%（国外）。在表 15-7 中,中国十大桥难中有 5 起事故与拱桥有关,而且都是圬工或混凝土拱桥。国内这类重大桥梁事故都发生在 2008 年以前。2010 年以后,石拱桥已经很少采用,上承式混凝土拱桥采用拱架上现浇的施工方法也逐年减少,多采用挂篮悬浇法或钢管混凝土劲性骨架法,或采用悬拼施工钢管混凝土拱桥,施工过程的安全风险大幅度降低,未出现大的事故。这是我国在拱桥桥型结构和施工方法上的重大进步。但支架施工方法在桥梁工程中仍时有采用,应从已发生的事故中吸取教训,采取可靠措施防止安全事故发生。

表 15-9 的国外十大桥难,大多是车辆撞击和人群超载引发的重大事故,每起事故的死亡人数都高达 100 多人,甚至超过 200 人,而且都是运营阶段发生的,与国内情况有所不同。

桥梁的发展史,既是桥梁结构的发展史,也是桥梁建造方法的发展史。各种桥型结构都有相应的施工方法，随着经验积累和试验研究的深化，施工方法不断地改进、完善和创新。评价一种施工方法，既要考虑实用性，经济性，更要考虑安全性。早期使用的一些施工方法，因容易发生安全事故而逐渐被淘汰。比较典型的，例如桥梁基础施工中曾经采用的气压沉箱法，在一些桥的施工中发生过重大伤亡事故。例如，美国圣路易市伊兹（Eads）桥，建成于 1874 年，采用沉箱基础，参与施工的 13 名工人因沉箱病死亡，随后，美国修建布鲁克林大桥（悬索桥）亦采用沉箱基础，27 名在沉箱中工作的工人前后死亡。再例如，我国钱塘江大桥，采用沉箱基础，1936 年 7 月 22 日北岸引桥沉箱施工中有 4 名工人遇难。由于存在严重安全问题，后来的桥梁设计就不再采用沉箱基础。当代桥梁的深基础多采用桩基础或沉井基础。

桩基础最常用的是钻孔灌注桩和人工挖孔灌注桩。从施工的实践情况来看，前者的安全性较好，很少发生人员伤亡事故，后者的安全性较差，有时发生人员伤亡事故。目前，钻孔桩旋挖钻机成孔技术已较为成熟，得到较为广泛的应用。例如，商（丘）合（肥）杭（州）铁路公铁两用芜湖长江大桥（主跨 588m 钢板桁结合梁矮塔斜拉桥，主桥全长 1234.6m），主桥 0 号墩和 1 号辅助墩均采用 $22\phi2.5$ 钻孔桩基础，设计桩长 42~58m，嵌入基岩 17~28m，岩石最大强度达 151MPa，采用旋挖钻机施工，获得成功。随后，又在崔家营汉江大桥应用，钻孔桩孔径达 3m，岩石强度 77MPa。这两座桥的经验表明，旋挖钻成孔效率高，适用范围广。这充分说明，随着大型旋挖钻机的出现，旋挖钻机对岩性的适应性越来越好，而且安全性很可靠。

众所周知，人工挖孔桩随着桩长的增加，施工中的安全风险变大，对工人的身体健康也有不利影响。我国住建部早已明确，人工挖孔桩是一种较为落后的施工技术。住建部建质 [2009] 87 号文"关于印发危险性较大的分部分项工程安全管理办法的通知"，其中"危险性较大的分部分项工程"包括："混凝土模板支撑工程；搭设高度 5m 以上及以上；搭设跨度 10m 及以上；施工总荷载 $10kN/m^2$ 以上；集中线荷载 15kN/m 以上"，"人工挖孔桩工程"等。

再看看国内有关规范关于人工挖孔桩的有关规定：

（1）《公路桥涵施工技术规范》JTG/T 3650-2020 第 9.6.1 条对人工挖孔桩的适用范围作出了明确规定，并在条文说明中指出："孔内空气如有超过规定的有害气体将会危及操作人员的生命安全。"第 9.6.2 条的条文说明进一步指出："挖孔桩的深度一般不宜大于 15m（地质条件好时可适当放宽），因为孔深达 10m 时，孔底空气的自然流动条件变坏，空气中二氧化碳含量逐渐积累，当达到 3% 时会导致人的呼吸系统紊乱，产生头疼、呕吐等症状；""孔深大于 15m 时，一方面通风较为困难，操作人员施工危险性大；另一方面，工效亦大为降低，故超过 15m 时，一般不宜采用人工挖孔。"

（2）《公路工程施工安全技术规范》JTG F90-2015 规定："人工挖孔最深不宜大于 15m。"

（3）《城市桥梁工程施工与质量验收规范》CJJ 2-2008 第 10.3.7 条条文说明指出："人工挖孔桩施工不应是首选方法，其施工条件较差，极易发生安全事故……"

（4）《建筑桩基技术规范》JGJ 94-2008 第 6.6.5 条规定："人工挖孔深度不宜大于 30m。"

（5）《北京市桥梁工程安全技术规程》规定："人工挖孔桩的深度不宜超过 25m。"

由于多年来人工挖孔桩施工中多次发生安全事故，工人健康受到较大影响，住建部明文规定其为应限制和逐步淘汰的施工工艺。但在桥梁工程中超长的人工挖孔桩仍时有采用，例如文献［24］～［26］介绍的人工挖孔桩桩长分别达到 98m、73m 和 55m。有的超长桩还是在水下施工。

为了避免人工挖孔桩施工中可能发生的安全事故，保护工人的身体健康，提高施工效率，建议我们的桥梁设计、施工主持人"手下留情"，严格执行规范，尽可能采用机械成孔的施工方法。

2011 年出版的《公路桥梁和隧道工程施工安全风险评估指南（试行）》建立了桥梁工程 8 种典型的重大风险源评估指标体系。排在首位的是"人工挖孔桩施工"，排在第 5 位的是"支架法浇筑作业"。在对"指南"解析的条文中则进一步指出："人工挖孔桩是落后的施工工艺，风险极高。容易因地质不良引发坍塌、不良气体溢出等事故。人工挖孔桩施工中还会发生物体打击、触电等一般事故，……"

文献［27］提出的桥梁工程典型的重大风险源评估指标体系，除上述"支架法浇筑作业"和"人工挖孔桩施工"外，还有基坑施工、水上群桩施工、墩（柱）塔施工、悬臂浇筑法作业、悬臂拼装法作业、架桥机安装作业 6 项。本书附录三及附录四所列的国内外部分桥梁事故，在这 8 项高风险施工作业中，均有案例，此处不再一一列举。这 8 种重大风险源，更符合中国的实际情况。我们应进一步加强基于这些重大风险源施工作业的研究，进一步改进施工方法，减少施工中发生的桥梁事故。在桥梁设计、施工中体现"以人为本"的理念。

15.4.3　桥梁事故与车辆失控

由表 15-5 可以看出，运营阶段国内桥梁事故死亡人数最多的主要原因是车辆（主要是汽车）引发。包括两种情况：一是车辆超载、超限；二是车辆撞击桥梁。可以说，这类事故都是由于车辆失控所致。根据表 15-5 的统计数字，国内车辆失控导致桥梁事故的死亡人数占运营阶段国内桥梁事故死亡总人数的 46.2%。

文献［29］指出："与发达国家相比，我国道路交通安全形势更加严峻，其突出表现是死亡人数多，事故发生频率高，群死群伤事故时有发生。"据收集到的 2010 年以来（2011～2018 年，共计 8 年）全国道路货运业务发生的 49 起重特大道路交通运输事故调查报告统计，这些事故共造成 688 人死亡，578 人受伤，直接经济损失 5.85 亿元。在这 49 起重特大道路交通事故中，由货车驾驶员引起的达 40 起，占所有事故的 81.6%。可见，车辆失控引发的问题十分严重。

为了进一步分析车辆失控的主要原因及其对桥梁造成的危害，下面以无锡高架桥侧翻事故为例，进行简要评析。

国道 312 线无锡段锡港路跨线桥，全长 761m。2019 年 11 月 10 日下午 6 点左右，该桥南侧 B 桥，超载货车通过时发生侧翻，垮塌部分为（25+35+25）m 三跨预应力混凝土连续箱梁，桥宽 9.5m，中间桥墩为独柱式墩。该桥 2005 年开工建设，2007 年 11 月建成，通过竣工验收后投入使用。

事故是由于一辆超载货车靠边行驶导致箱梁侧翻坠落地面所引发。当时桥下共有 3 辆小车被压，其中一辆系停放无人空车，另外 2 辆车上共有 3 人，均已死亡。桥上共有 5 辆车，其中 3 辆小车，2 辆货车，有 2 人受伤。肇事的货车为普通货车，自重 14t，装载钢材共计重约 143t，车货总重约 157t。除这辆事故车外，还有一辆装载约 200t 钢材的货车在之前已通过该桥。

经过现场调查，交通运输部专家组认定："该桥梁体完整，未见折断，未见跨中和墩顶严重横向开裂现象，设计符合设计期相关规范要求，该事故原因初步分析为半挂牵引车严重超载导致桥梁发生侧翻……"

事故发生后，网上发表了一些分析文章与各种议论，归纳起来有以下 4 种看法：

一种看法是：不应该去指责那些超载的货车司机。认为运价越来越高，他们身上还背着车贷，欠着银行的一笔钱，即便是超载也得接，有危险也得接。在我国这已似乎成了行规，长途货车少有不超载的，否则根本活不下来。如果整个行业都是这样，是一两个司机的问题吗？需要整顿的是运输行业。

一种看法是：为什么会出现超载？一些黑心的货运公司为了赚钱，通过超载来打价格战。那些守规则不愿或不敢超载的司机因为接不到订单，最后被淘汰出局，这就是劣币驱逐良币。央视的焦点访谈就曾经报道过，按规定核载的车子一趟只能赚 900 元，而超载车一趟可以赚 4500 元。所以，超载就会越来越多。问题出在哪里这不是很明显吗？

一种看法是：事故发生后，遇难（指这次事故）母女的亲属说："生命的重量，比我们的想象重得多，比超载车辆重得多，比坍塌的大桥重得多。"造成的损失和影响是难以用金钱来衡量的。这些超载的司机应该懂得这个道理：生活不易从来不是我们去破坏规则和秩序的借口。在规则面前，不是"谁弱谁有理"，而是"谁违规谁担责"。胡适先生曾说过：一个肮脏的国家，如果人人讲规则而不是谈道德，最终会变成一个有人味儿的正常国家，道德自然会逐渐回归；一个干净的国家，如果人人都不讲规则却大谈道德，谈高尚，天天没事儿就谈道德规范，人人大公无私，最终这个国家会堕落成为一个伪君子遍布的肮脏国家。

还有一种看法是：仅仅就规则谈规则是不够的，关键是：规则合理吗？监管规则的人、监管规则和执行规则的单位，认真履行职责了吗？有规则没有执行，出问题不能全由司机负责。

这些看法反映了社会舆论的多样性，对我们就车辆超载这个问题的深入分析有一定启示。

国内有的运输专家和桥梁专家的看法是说到了本质上的："一辆汽车开上了人行天桥，造成天桥垮塌，你说是车的问题，还是桥的问题，都不是，这只能是管理问题。"上海某人行天桥，出入口处既没有实体隔离，也没有设置醒目标志，一辆汽车开上去将桥压塌了，结论：管理部门承担责任。

为了解决治超问题，国家和行业部门多年来出台了若干政策和实施办法。江苏省自 2018 年 9 月 1 日起实施《江苏省货车超限超载"一超四罚"实施细则》，实行高速公路入口称重劝返模式。无锡市在 2019 年 9 月 29 日启动了新一轮道路交通领域安全隐患大排查大整治，意图集中开展大客车、渣土车、水泥罐车、危化车等重点车辆专项整治，打击超载超限行为。政策与规定不少，具体措施很多，整治力度也很大，但都未能阻挡事故的发生。超载渐成为全国性道路交通的难题。不超载的货车难以赚钱，超载罚款被视作成本，接受处罚后继续上路，进入恶性循环状态。

具体的执法管理部门也有苦衷，人员编制上级确定，人手不够是普遍现象，执法单位说："人不够，管理不过来。"所以，有些地方才会出现趁监管人员不在岗的时候，超载货车司机快速通过，而且掌握了容易过关的时间规律。

治超问题，国内交通运输专家早有深入研究。这确实是个难题，尤其是桥梁治超难度更大。这是因为桥梁超载控制体系是一个复杂而庞大的系统工程，所谓"系统工程"，就是整个体系的状态和变化受多个因素的影响，多因素之间相互制约，多因素形成树状结构，有主干、有枝、有叶。孤立地去解决某一方面的问题，难以奏效。就桥梁治超而言，就包含：超载货物控制；运费价格定位与调整；运输企业的业务管理；超载限制或处罚细则；执法规定与实施办法；治超全系统中关键部门的人员组成；根据桥梁所处位置确定设计有关指标；桥梁养护适应重载交通的措施；等等。应由交通运输部进行总体领导，根据实际情况及时协调，并与地方政府配合加大治超力度，使整个系统逐渐完善，逐渐进入良性循环。这是一项长期的涉及范围很广泛的工作，应该立足于打"持久战"。

治超问题，总体上是一个战略问题。要取得战略上的胜利，必须"从细节中来，到细节中去"。世界级的成功的企业家都是狠抓细节，解决细节问题的高手。中国绝不缺少雄韬伟略的战略家，也不缺少水平很高的各类指挥人物，缺乏的是精益求精的执行者；绝不缺少大政方针，也不缺少各种各样的规章制度，缺少的是对既定政策与规章不折不扣的坚决执行。

无锡高架桥侧翻事故，专家组认定该桥设计符合相关规范要求，是符合实际情况的。但也应注意到，该高架桥设计于 2005 年，应采用《公路钢筋混凝土及预应力混凝土桥涵设计规范》JTG D62-2004。该规范对独柱墩连续梁桥在重车偏载作用下侧倾稳定性的验算与控制，基本上是空白。所以，无锡高架桥事故与规范的滞后有关。类似的独柱墩桥梁重车引发的侧翻事故，还有包头市民族东路高架桥（2007.10.23，4 人受伤）；津晋高速天津港塘匝道桥（2009.7.15，6 人死亡）；浙江上虞春晖立交匝道桥（2011.2.21，3 人受伤）；哈尔滨市阳明滩大桥接线段引桥（2012.8.24，3 人死亡，5 人受伤）。另有几座桥是箱梁侧倾，但未落地。这些桥的设计，在侧向稳定性验算时，由于没有规范依据，安全度明显不足。独柱式桥墩在某些特殊场合应该可以采用，只要结构设计和受力验算正确，是可靠的。有关独柱式墩桥梁事故实例与评析，可参阅本书第 7 章有关内容。

15.5　关于桥梁事故与信息公开

我国著名数学家华罗庚教授在谈到科学史时指出："不要认为科学研究是一帆风顺的，一切发明创造都是经过许多失败后才成功的。"科学发展史、技术发展史已经证明了一条真理：可以从成功中获得经验，也可以从失败中获得经验，后者往往比前者更为深刻。要从失败中真正得到启示，首先要了解失败的全过程，真正搞清楚其主要原因。在实用技术领域，只要不涉及国家规定的保密范围，最重要的条件之一是事故信息应该公开。但是，这个问题比较复杂，涉及因素很多。有的学者指出："桥梁事故的信息数据不论对于责任判定还是结构设计本身都是非常重要的。国内外由于法律原因和害怕相关个人或单位的名誉，事故桥梁或危桥信息一般是很难获得的。即使得到了也是不完整的。"本书大部分桥梁事故都是期刊、论文、专著、媒体、杂志和互联网发表的，其中一部分属于新闻报道，更是一些零星的信息，总体上缺少重要数据和完整的事故发生过程的情况，难以进行较深入的分析。值得欣慰的是，国内外少数重大桥梁事故，有较多的数据和事故过程信息，为事故的一般性评析提供了较多的有价值的依据，但是对于专题研究仍感欠缺。国内有的专家、学者为深入研究与桥梁事故有关的问题，例如桥梁风险评估问题、桥梁工程可持续发展的问题以及结构耐久性问题等，在收集桥梁事故基本数据方面都碰到类似的困难。

还有一种不好的现象，国内有的桥梁事故发生后，当地政府或主管部门往往封锁消息，即使有新闻报道，也比较简略。要想从有关业务部门了解事故的实际过程很难，收集技术数据更办不到。由于不少桥梁事故重要信息长期被封锁，所以国内对重大桥梁事故进行深入分析的工作多是空白。要找出一些重大事故或典型事故的真实原因并取得共识，难度很大。

在桥梁事故信息处理上，也有做得比较好的。例如，国内的重庆市綦江县虹桥、湖南省凤凰县堤溪大桥；国外的加拿大魁北克大桥、美国 I-35w 桥等，均公布了事故的全过程、涉及的单位和有关人员以及主要技术信息等。其中，綦江县虹桥垮塌案，中央电视台直播庭审实况，而且还由法律出版社出版了《綦江虹桥垮塌案审判实录》一书，使事故全过程展现在全国人民面前，而且还有了一份较为完整的档案。这是我国事故信息公开做得较好的实例。希望今后在桥梁事故信息公开方面做得更好，更有利于推动我国桥梁建设的发展。

本章参考文献

[1] 李亚东. 亚东桥话 31：桥梁事故知多少？2018-1-25 网上文章.

[2] 周海俊，莫智娥，刘俐，等. 美国近期桥梁失效案例分析 [J]. 世界桥梁，2009 (2).

[3] 严允中，余勇继，杨虎根，等. 桥梁事故实例评析 [M]. 北京：人民交通出版社，2013.

[4] 阮欣，陈艾荣，石雪飞. 桥梁工程风险评估 [M]. 北京：人民交通出版社，2008.

[5] 周政华. 悲剧能否撞开铁路改革之门 [J]. 中国新闻周刊，2011 (28).

[6] 中国交通报，1999-7-10 "透视"（作者：束文）.

[7] 南方周末，1999-6-11 报道.

[8] 贵阳晚报，2011-11-14 报道（转发新华社、《法制晚报》报道）

[9] 贵阳晚报，1999-4-30 报道.

[10] 贵州都市报，2003-3-10 报道.

[11] 贵州都市报，2003-3-11 报道.

[12] 贵州都市报，2003-3-12 报道.

[13] 贵州都市报，2005-1-7 报道.

[14] 陈明宪，李冠平. 公路专家手册 [M]. 北京：人民交通出版社，2010.

[15] 凤懋润. 挑战——桥梁建设工程的哲学思维 [M]. 北京：人民交通出版社，2011.

[16] 龚璐. 大陆路桥安全监理困局 [J]. 凤凰周刊，2011 (25).

[17] 李媛，刘婧佳. 尴尬的工程监理 [J]. 中国新闻周刊，2011 (28).

[18] 段胜武，胡建华，冯世平，等. 编译. 世界重大失误 [M]. 北京：中国展望出版社，1990.

[19] 汪中求. 细节决定成败 [M]. 北京：新华出版社，2005.

[20] 参考消息，2013-4-8 报道.

[21] 尹德兰，邓宇. 桥梁设计的冗余度 [J]. 桥梁建设，2013 (5).

［22］周外男，缪玉卢．坚硬岩石地层钻孔桩旋挖钻机成孔技术［J］．世界桥梁，2019（4）．

［23］沈怿宁，廖雄滨．西江大桥 φ2.7m 钻孔灌注桩的施工工艺［J］．中外公路，2003（5）．

［24］贺建端．水南特大桥 98m 长挖孔桩施工［J］．桥梁建设，2007（1）．

［25］房树田，方幺生，余信箭．73m 水下人工挖孔桩施工与控制技术［J］．公路，2012（8）．

［26］谢福勇，王稳，贾进．平塘特大桥主塔人工挖孔桩施工关键技术［J］．公路，2019（9）．

［27］交通运输部工程质量监督局．公路桥梁和隧道工程施工安全风险评估制度及指南解析［M］．北京：人民交通出版社，2012．

［28］娄峰，何勇，邓良强．我国桥梁施工事故分布及发生规律研究［J］．公路交通科技（应用技术版），2009（11）．

［29］分析近 8 年 49 起重特大道路交通事故［J］．中国公路学报，2019-2-1 网上文章．

［30］无锡高架桥超载司机引争议．2019-10 网上评论．

［31］高架桥侧翻原因公布．中国桥梁网，2019-10．

［32］程国强，石雪飞，朱学兵．桥梁超载控制体系研究［J］．中国公路，2013（3 下）．

［33］李惠强，吴贤国．失败学与工程失败预警［J］．土木工程学报，2003（9）．

［34］李亚东．中国正迈进"建桥强国"行列［J］．桥梁建设报，2019 年专访文章．

［35］交通大数据：中国高速公路、铁路里程均居世界首位［J］．中国桥梁网，2020-1-30．

［36］李果，杨博渊，时宗斌．农村公路桥梁安全现状调查与分析［J］．公路，2014（4）．

第16章　与桥梁有关的历史典故与人文轶事
（数字资源）

附录一 自然力引发的国内部分桥梁事故概况表（事故类型 $A_1 \sim A_7$）

序号	桥梁名称	桥梁简况	伤亡人数 亡	伤	事故概要	事故类型	时间 (年.月.日)	信息来源
1	唐山市东胜利桥	5×11m RC 简支梁，柱式墩			唐山大地震引发西岸两孔落梁，边墩断倒，中墩倾斜	A_1	1976.7.28	1
2	唐山市东南越河桥	5×10m RC 梁，双柱墩、台			地震引发两岸向河心滑移，桥孔总压缩 9.1m，墩柱顶开裂	A_1	1976.7.28	1
3	唐山市北郊女织寨桥	5×10m RC 简支梁，双柱墩、台			地震引发两岸滑移，桥孔压缩，总计 6m，西岸两孔落梁	A_1	1976.7.28	1
4	唐山市北夏庄桥	4×10m RC 简支梁，双柱墩			地震引发路堤下沉、移动，桥孔压缩，边孔落梁	A_1	1976.7.28	1
5	唐山市丰南县稻地桥	3×16.8m RC 微弯板，双柱墩、台			地震引发河岸开裂滑移，桥孔压缩 3.2m，墩台倾斜	A_1	1976.7.28	1
6	唐山市滦县雷庄沙河桥	12×11.4m T 梁 + 7×10.6m 空心板			地震时两跨落梁，多跨梁纵、横位移	A_1	1976.7.28	1
7	天津市宁河县西卫甸桥	16×10.7m T 梁			地震时西岸两孔落梁	A_1	1976.7.28	1
8	天津市宁河县八大队桥	16×10.7m RC 微弯板			地震时中部 11 孔落梁，桩基开裂，东岸 3 孔、西岸 2 孔落梁	A_1	1976.7.28	1
9	天津市宁河县阎庄桥	16×10.7m RC 微弯板，双柱墩、台			地震时计有 14 孔全部落梁，水中桥墩倒塌	A_1	1976.7.28	1
10	唐山市滦县滦河大桥	35×22.2m T 梁			地震时第 2~24 孔梁两端落地，墩顶向东错位	A_1	1976.7.28	1
11	唐山市迁安县爪村滦河大桥	31×22.2m T 梁			地震时第 10、11 两孔南端落梁，墩顶位移 15~19cm	A_1	1976.7.28	1

序号	桥梁名称	桥梁简况	伤亡人数		事故概要	事故类型	时间(年.月.日)	信息来源
			亡	伤				
12	天津市武清县大王甫桥	8×10.7m T梁,双柱墩、台			地震时1孔落梁,部分墩台柱倾斜、开裂	A_1	1976.7.28	1
13	天津市武清县南蔡村桥	5×16m RC简支系杆拱			地震时西边2孔东端落河,部分墩顶位移	A_1	1976.7.28	1
14	天津市东郊永和村桥	34×13.5m T梁,双柱墩、台			地震前被冰凌撞击倒塌17孔,地震时2孔落梁	A_1	1976.7.28	1
15	天津市塘沽南大排千桥	6×8.7m T梁,双柱墩、台			地震时西岸1孔落梁	A_1	1976.7.28	1
16	天津市宁河县煤河桥	6×8.7m T梁,双柱墩、台			地震引发河岸开裂滑移,桩柱倾斜断裂	A_1	1976.7.28	1
17	南阳市小集桥	28×5.326m 木桥			地震时中部11孔落梁,共倒塌20孔	A_1	1976.7.28	1
18	都汶高速公路庙子坪大桥	主桥为连续刚构,引桥为多跨50mT梁			汶川大地震时1孔50mT梁坠落水中	A_1	2008.5.12	2、6、8
19	绵竹市回澜立交桥	小跨径螺旋形匝道桥,RC梁			地震导致固结墩上部发生塑性铰破坏,桥两侧损坏严重	A_1	2008.5.12	2、8
20	彭州市小鱼洞大桥	4×40m RC刚架拱			地震时西侧2孔垮塌,东侧2孔严重下垂	A_1	2008.5.12	2、6
21	什邡市红东大桥	RC肋拱,跨度80m			地震中完全垮塌	A_1	2008.5.12	2
22	广元市青川县井田坝大桥	2×75m 上承式RC箱形拱			地震中两孔垮塌	A_1	2008.5.12	2、6
23	都汶高速公路百花大桥	多联混凝土梁桥			地震中第5联(5×20)m整体垮塌	A_1	2008.5.12	2、3、6、8
24	北川至青川公路南坝大桥	25m+9×20m PC空心板简支梁			地震时共有7孔落梁	A_1	2008.5.12	4、6
25	广元市青川县白水大桥	3×90m 上承式RC箱形拱			地震时拱脚断裂,拱上横墙剪断,腹拱压碎	A_1	2008.5.12	5、6、8
26	广元市青川县曲河大桥	75m 双曲拱桥			地震时4片拱肋断裂	A_1	2008.5.12	5
27	S105线陈家坝大桥	70m 上承式RC箱形拱			地震时整体垮塌	A_1	2008.5.12	6
28	都汶二级公路彻底关岷江大桥	11×30m 组合I梁+2×20m PC空心板			地震引发山体塌方,致5孔梁体被砸断坠落或损坏	A_1	2008.5.12	7

续表

序号	桥梁名称	桥梁简况	伤亡人数		事故概要	事故类型	时间（年.月.日）	信息来源
			亡	伤				
29	213 国道汶川县寿江大桥	10m RC 板＋(3×50＋3×30)m T 梁			地震时一孔 30m T 梁滑落至墩帽上，各跨纵向位移 20～30cm	A_1	2008.5.12	7
30	营口市辽河大桥	多跨混凝土梁桥，RC 高桩承台，桩长 21～50m			海城地震时桥墩下沉，全桥缩短 2.47m，墩柱偏移	A_1	1975.2.4	9
31	盘锦市盘山桥	多跨混凝土梁桥，4 柱式高桩承台，桩长 30m			海城地震时部分双柱墩开裂倾斜，7 号墩下沉 15cm	A_1	1975.2.4	9
32	盘锦市三岔河桥	多跨混凝土梁桥，6 柱式高桩承台，桩长 42～43m			海城地震时 15 号墩倒塌，各墩支座破坏	A_1	1975.2.4	9
33	辽宁省东方桥	多跨混凝土梁桥，4 桩式桩基础，桩长 12～14m			海城地震时，墩台下沉侧移，桥坍塌	A_1	1975.2.4	9
34	台湾省××大桥	斜拉桥			台湾集集地震时主塔根部严重破坏	A_1	1999.9.21	11
35	铜仁市锦江大桥	主跨 110m 中承式 RC 拱桥，桥宽 15m		5	洪水冲击，满布式钢管支架局部垮塌（未设水平横杆）	A_2	1996.3.14	17
36	高雄市高屏大桥（旧桥）	多跨梁桥		22	洪水冲垮桥墩，100m 桥面下塌，17 辆车坠入河中，挖砂深度达 8m	A_2	2000.8.27	10,18
37	承德市平泉县××桥	不详		5	洪水冲垮桥梁，过桥的 5 人落水	A_2	2001.6.18	19
38	成都市成温邛公路三渡水大桥	15×35m 双曲拱桥（跨金马河）			洪水冲刷导致桥墩倾斜、第 3～5 跨桥面坍塌	A_2	2004.9.7	20,21
39	辽宁省抚顺至清源公路浑河杂木大桥	多跨 T 梁，桥长约 200m	数人失踪		洪水冲垮 3 孔桥体，3 辆车及多人落水	A_2	2005.8.13	22、66
40	安康市白河县冷水河桥	20m＋80m 双曲拱桥			洪水浸泡后，80m 跨垮塌	A_2	2006.11.25	20、23、24、25、26
41	嘉兴市海盐县常缘桥	不详			河道洪水冲击桥墩，主桥与引桥之间桥面纵向开裂宽 27cm	A_2	2007.11.3	27
42	毕节市赤水河桥	26.5m＋2×40m＋26.5m PC 连续箱梁桥			洪水冲击临时墩，支架下沉，已浇箱梁开裂	A_2	2008.11.2	会议资料

序号	桥梁名称	桥梁简况	伤亡人数 亡	伤	事故概要	事故类型	时间（年.月.日）	信息来源
43	达州市宣汉县华景镇鲢鱼桥	悬索桥			洪水冲击桥面折断成三截坠入河中	A₂	2009.7.11	28
44	四川省国道213线彻底关大桥	多跨混凝土梁桥	6	12	暴雨引发山体巨石滚下，约100m桥面坍塌，车辆坠入河中	A₂	2009.7.25	29、7、6
45	四川省G318线渠江二桥	钢管混凝土拱桥			完成2/3工程后桥体被洪水冲毁，长573m	A₂	2010.7.20	30
46	洛阳市栾川县伊河汤营大桥	乡村公路，5×40m石拱桥，桥宽8m	50多	失踪22	特大洪水受树木阻塞桥孔，致全桥上部结构垮塌，1987年建成	A₂	2010.7.24	31～34、45、59、62、63、70
47	宝成铁路四川广汉市石亭江大桥	多跨梁桥			洪水冲击，桥墩垮塌，K165次火车第14、15节空车厢坠入河中，因紧急停车未造成伤亡	A₂	2010.8.19	35、70、83
48	绵阳市安县花街花荄先林大桥	公路桥			洪水冲塌上部结构	A₂	2010.8.19	35、36、83
49	成都市崇州市怀远镇老定江桥	公路大桥	1	失踪1	洪水冲击，100多米桥体垮塌，该桥建于20世纪60年代	A₂	2010.8.19	35、36、83
50	贵州省望谟县解放桥	1×30m双曲拱桥			特大洪水泥石流冲击桥梁，严重损坏，另建新桥	A₂	2011.6.6	重建工程可研报告
51	贵州省望谟县宁波大桥	3×16m石拱桥			特大洪水泥石流冲击桥梁，严重损坏，另建新桥	A₂	2011.6.6	重建工程可研报告
52	贵州省望谟县王母大桥	1×66m中承式RC拱桥			特大洪水泥石流冲击桥梁，严重损坏	A₂	2011.6.6	重建工程可研报告
53	云南省玉溪至元江高速公路化念立交桥	多跨PC梁桥			泥石流冲毁部分桥墩及桥面	A₂	2012.8.5	40
54	岳阳市平江县昌河桥（即范固桥）	3×30m石拱桥	失踪6	3	特大洪水时挖砂船与树木冲击桥梁，3孔垮塌，6h降雨量150mm	A₂	2012.5.13	41、42、73
55	毕节市金沙县产业园区2号路××桥	在建PC梁桥，桥长超过100m，桥宽30多米			洪水冲击，支架垮塌，已浇筑主梁严重受损，拆除重建	A₂	2012.8	43
56	陕西省陇海线灞河铁路大桥	16×26.1m下承式钢板梁			挖砂掏空基础，洪水冲垮桥墩，陇海铁路中断	A₂	2002.6.9	60、44、61
57	深汕高速公路××桥	16m PC空心板桥			洪水冲击扩大基础，桥梁垮塌	A₂	不详	44

续表

序号	桥梁名称	桥梁简况	伤亡人数		事故概要	事故类型	时间（年.月.日）	信息来源
			亡	伤				
58	京广铁路广东武江大桥	建于 20 世纪 60 年代,曾维修过			洪水冲垮桥梁	A₂	2006.7.14	45
59	营口市熊岳镇熊岳大桥	RC 梁桥	失踪2		洪水冲击大桥,3 孔垮塌,1 辆车坠河	A₂	2006.8.1	45、70
60	尚志市马延乡蚂蚁河桥	全长 96m,宽 6m	3		暴雨洪水冲毁大桥,2 辆车及 4 人落入河中	A₂	2013.7.5	46
61	绵竹市绵远河牛鼻子大桥	汉旺通往清平、天池交通大桥			洪水冲垮桥梁	A₂	2013.7.9	47
62	绵竹市兴隆拱星大桥	多跨梁桥			洪水冲垮桥梁	A₂	2013.7.9	47
63	成都市宝成铁路青白江大桥	多跨混凝土梁桥			洪水裹挟一铁驳船撞击桥墩,墩受损,火车限速	A₂	2013.7.9	47
64	彭州市军乐镇川西大桥	RC 刚架拱桥			洪水冲垮桥梁	A₂	2013.7.11	48、70
65	成都市蒙阳镇三邑大桥	梁桥			洪水冲击,部分桥面下沉	A₂	2013.7.11	48
66	辽宁省阜新G101线朱家洼子桥	梁式桥（已建成 44 年）	4		洪水冲垮桥墩,梁体坠入河中,2 辆车坠河	A₂	2013.7.16	49、175
67	珲春市珲春大桥	多跨梁式桥,双柱式桥墩			洪水冲垮桥墩,2 跨梁体坠河,1965 年建成	A₂	2013.7.25	50
68	绵竹市新市镇射水河观鱼新桥	多跨梁式桥,双柱式桥墩			洪水冲垮桥梁	A₂	2013.7.10	51
69	黑龙江省××桥	3×25m 乱石拱桥			洪水冲空基底,第 1、2 孔坍塌,1987 年建成	A₂	2013 夏季	52
70	遵义市习水县官店镇官店河桥	跨度 15m,宽 5m,木结构风雨廊桥			暴雨洪水冲垮桥梁	A₂	2013.6.9	53
71	遵义市赤水高速公路石梅寺 1 号大桥	多跨梁式高架桥			山洪暴发,冲刷桥梁,基础悬空	A₂	2014.9.10	54
72	绵阳市江油市盘江大桥（亦称老青莲桥）	多跨石拱桥,2008 年汶川地震后加固	5	失踪7	暴雨洪水冲垮桥梁,6 辆汽车坠落河中	A₂	2013.7.9	40、55、56、70、网上信息
73	岳阳市 S306 线游港河簟口大桥	多跨梁桥,独柱式圬工桥墩,全长 139m			洪水冲刷桥墩基础,桥梁垮塌,建于 1958 年	A₂	2015.6.4	57
74	绵阳市机场大桥	连续梁桥			汶川大地震时部分桥墩损坏	A₁	2008.5.12	58

序号	桥梁名称	桥梁简况	伤亡人数		事故概要	事故类型	时间（年.月.日）	信息来源
			亡	伤				
75	四川渔子溪 1 号新桥	7×20m 简支梁桥			汶川大地震时，第 1～4 跨垮塌	A₁	2008.5.12	58
76	四川渔子溪 2 号新桥	4×25m 现浇连续梁桥			汶川大地震时被落石砸塌	A₁	2008.5.12	58
77	郑州市老黄河铁路大桥	多跨钢桁梁桥			特大洪水冲击，5 个桥墩发生险情，11 号墩被冲毁	A₂	1958.7.17	10
78	铜仁市沿河县沙沱大桥	主跨 180m 桁式组合拱桥			上游水库泄洪，特大洪水冲击，部分主要构件损坏，判定为危桥	A₂	2014.7.15～20	重建工程可研报告
79	铁力市呼兰河桥	桥长 187.7m，桥宽 15m，6 孔双幅桥	4	4	暴雨洪水冲击下，大桥垮塌，8 辆车坠河，建于 1973 年	A₂	2009.6.29	45、68
80	漳州市板山镇江东古桥	多孔板桥			洪水冲断桥身，第一孔桥板落入九龙江中	A₂	2007.6.2	70
81	吉安市永丰县七都乡堪下桥	不详			台风巨浪冲坏桥墩	A₂	2007.8	70
82	青岛市栈桥	建于 1892 年			风暴潮水冲坏桥梁	A₂	2013.5.26	70
83	广汉市鸭子河桥	梁式桥			洪水冲坏桥梁，成绵高速公路中断	A₂	2013.7.10	70
84	宜春市茂名××桥	不详			洪水冲毁桥梁	A₂	2014.5.26	70
85	赣南兴国县蕉田大桥	石拱桥			洪水冲毁桥梁，1986 年建造	A₂	2014.8.12	70
86	北京市房山区农村公路夹括河桥	单孔 19.6m 双曲拱桥			特大洪水，桥梁严重受损，拆除重建	A₂	2012.7.21	71
87	北京市房山区农村公路大石河桥	4×15m RC T 梁桥			特大洪水，上部结构受损，上部拆除重建	A₂	2012.7.21	71
88	某高速公路第 19 标段高架桥	多跨梁桥，柱式桥墩			特大洪水，15 号墩纵向偏移 40cm，桩基严重受损	A₂	2010.7.18	72
89	泉州市顺济桥	不详			台风引发江水冲击浅基础，致桥墩垮塌	A₂	2006.7.23	74、70
90	北京市房山区拒马河九渡漫水桥	13×16m 三联装配式空心板桥			特大洪水冲垮桥梁	A₂	2012.7.21	75
91	北京市房山区拒马河十二渡漫水桥	多跨梁桥			特大洪水冲击，主梁塌落	A₂	2012.7.21	75

续表

序号	桥梁名称	桥梁简况	伤亡人数		事故概要	事故类型	时间(年.月.日)	信息来源
			亡	伤				
92	湖南省××桥	3×57m PC 连续箱梁桥			第二跨未张拉钢束时，支架被洪水冲垮	A₂	晚于 2014	76
93	四川省汶川地区连山村特大桥	多跨 PC 梁桥			山洪泥石流冲断第 39 孔主梁，第 15 孔主梁腹板受损	A₂	2011.7.3	78
94	四川省国道 213 线福堂坝大桥	多跨混凝土梁桥			山洪泥石流冲断桥墩，主梁垮塌	A₂	2013.7.13	78
95	四川省国道 213 线兴文坪大桥	多跨混凝土梁桥			山洪泥石流冲断桥墩，主梁垮塌	A₂	2013.7.13	78
96	台湾省中部大家河后丰大桥	混凝土梁桥			洪水冲刷桥墩基础，致部分桥体垮塌	A₂	2008.9.14	79
97	宁波市宁海县象山公路通山庙桥	3×8m 石拱桥			砂砾层地基被洪水冲刷，导致桥梁倒塌	A₂	1959.9	80
98	新疆乌奎高速公路玛纳斯河大桥	13×25m PC T 梁桥			暴雨洪水冲刷，7 号墩基础倾斜下沉 39cm，交通中断	A₂	2010.8.14	81
99	贵州省从江县腊娥大桥	主跨 100m 上承式 RC 箱形拱			受洪水冲刷，贵阳岸拱座基础出现空洞，拱座大量开裂	A₂	2002.4	内部资料
100	陕西西宝南线公路石头河桥	多跨混凝土梁桥			河床大量采砂后下降 1～2m，上游水库放水时基础损坏，两孔垮塌	A₂	1998 夏	82
101	陕西西万公路石泉县汉江大桥	全长 556m，RC 空腹式双曲拱，跨径组合为(15＋49＋100＋6×49＋30)m			1970 年 6 月建成，上游水库下泄水流冲刷深度最大达 11m，基础损坏，成为危桥	A₂	20 世纪 70 年代	82
102	三明市泰宁县东洲大桥	拱桥			洪水冲刷桥梁基础，导致桥梁垮塌	A₂	2010.7.7	83
103	吉林市永吉县邵家南河西大桥	G202 国道桥梁			洪水冲垮桥梁	A₂	2010.7.21	83
104	襄樊市谷城县六合桥	S316 省道桥梁	4	1	洪水冲垮桥梁	A₂	2010.7.23	83
105	成都市蒲江县老青龙大桥	不详			洪水冲垮桥梁	A₂	2010.8.19	83
106	成都市华阳区通济桥	七孔石拱桥，桥长 98.7m，宽 10.1m			洪水冲垮桥梁，建于清道光五年(1825 年)	A₂	2010.8.19	83
107	冷水江市渣渡镇桥	不详			洪水冲垮桥梁	A₂	2010.5.6	83

序号	桥梁名称	桥梁简况	伤亡人数		事故概要	事故类型	时间(年.月.日)	信息来源
			亡	伤				
108	九江市都昌县××桥	不详			洪水冲垮桥梁	A_2	2010.7.14	83
109	武汉市黄陂区木兰乡梳研大桥	主跨36m			洪水冲垮桥梁	A_2	2010.7.18	83
110	平顶山市宝丰县北汝河大桥(老桥)	石拱桥,多跨总长435m,桥面净宽7m			洪水冲垮桥梁,建于1972年	A_2	2010.7.25	83
111	绵阳市安县黄土大桥	全长 200.44m,RC 上承式双曲拱桥			4孔拱桥,2孔已被洪水冲垮,建于 1979 年10月	A_2	2010.8.2	83
112	乌鲁木齐市叶尔羌河大桥	G315 国道桥梁			洪水冲毁桥梁,桥面坍塌约 60m	A_2	2010.8.17	83
113	都江堰市白沙河大桥	多跨梁桥			靠近龙池部分被洪水冲毁	A_2	2010.8.19	83
114	新乡市辉县回龙村桥	不详			洪水冲垮桥梁	A_2	2010.8.19	83
115	湛江市徐闻县曲界镇桥	不详			洪水冲垮桥梁	A_2	2010.10.7	83
116	沪昆高速公路K625+750 桥	事发路段位于江西省余江县、鹰潭市区之间			洪水冲垮桥梁	A_2	2010.6.20	83
117	沪昆高速公路K626 桥	事发路段位于江西省余江县、鹰潭市区之间	1	失踪1	洪水冲垮桥梁	A_2	2010.6.20	83
118	柳州市鹿寨县二渡马路桥	G323 国道桥梁	5		桥墩被洪水冲垮	A_2	2001.6.13	83
119	从化市神岗镇旧神岗大桥	10×20m石拱桥,建于 20 世纪 60年代			人为挖砂严重,桥墩被洪水冲击,一跨垮塌	A_2	2002.9.30	83、169
120	漳州市江东古桥	石梁桥			暴雨洪水冲塌桥梁	A_2	2006.6.2	83
121	徐州市下河图桥	不详			夜间暴雨中桥梁突然垮塌	A_2	2005.7.18	网上信息
122	武汉市红安县××桥	不详			洪水冲垮桥梁	A_2	2008.7.2	83
123	陆平市大安镇洗鱼溪桥	省道 S240 桥梁			洪水冲垮桥梁	A_2	2008.7.8	83
124	达州市宣汉县华景镇××桥	悬索桥			洪水冲垮桥梁	A_2	2009.7.14	83

续表

序号	桥梁名称	桥梁简况	伤亡人数		事故概要	事故类型	时间（年.月.日）	信息来源
			亡	伤				
125	成都—昆明铁路利子依达大桥	多跨梁桥	240	失踪25	暴雨引发泥石流冲毁桥梁，多节车厢坠入沟谷	A_2	1981.7.9	69、164
126	京广线正定滹沱河桥	铁路大桥，沉井基础			将原设计25m深沉井改为13m，致洪水冲倒三个桥墩	A_2	1956.8.4	83,33
127	陕西省渭河大桥	12×32m上承式板梁桥，全长392.5m			沉井仅嵌入红黏土层0.5m，压缩孔跨设导流堤，洪水冲毁导流堤	A_2	1960 夏	83,33
128	安康市旬阳县渔王沟桥	桥长105m，G316国道桥梁			山体大滑坡6万多立方米，将桥全部摧毁	A_3	2007.9.2	84、115
129	河南连霍高速公路新安段上跨天桥	梁式桥，上跨高速公路			山体滑坡导致天桥垮塌，交通中断	A_3	2011.9.20	85
130	长江三峡库区内1号大桥	40m＋80m＋40mPC连续箱梁			桥墩基础沉降致梁体跨中严重下挠及开裂，被迫停用	A_3	1999.9	86
131	六盘水市野马寨电厂三岔河2号桥	3×24m 整体式PC空心板			旧矿山采空区沉降导致桥墩局部下沉	A_3	2004.8	加固设计资料
132	浙江杭州—父子岭公路99号桥	4×12m RC T梁，桩柱式墩台			地基沉降，岸墩连同25m长路堤塌陷，第1孔桥面坍入河中	A_3	1958.9	80
133	浙江德清—武康公路下跨塘桥	3×10m RC空心板，桩柱式墩台			地基沉降，岸墩连同10m长路堤塌陷，第1孔桥面坍入河中	A_3	1970.10	80
134	浙江安吉—梅溪公路华光桥	单孔 30m 双曲拱桥			地基沉降，致桥体下陷、位移、拱圈损坏，拆除	A_3	1981	80
135	浙江百官—下官公路丰惠桥	单孔双曲拱桥			桥台下沉位移，至拱圈及拱上建筑损坏，交通中断	A_3	1978	80
136	浙江萧山—尖山公路尖山桥	5×20m 双曲拱桥，石砌墩台			桥台地基沉陷，致拱圈变形，交通中断，桥梁拆除	A_3	1983	80
137	贵阳市机场路鱼梁河1号桥	4×30m 简支转连续T梁，肋板埋置式桥台			台后30m高路堤地基沉陷，致肋板桥台开裂严重	A_3	2015.9	137、桥台计算资料
138	贵州晴隆—兴仁高速公路朵冲大桥	15×40m 简支转连续 T 梁，钻孔桩基础			受岩溶裂隙夹碎石土影响，4号墩不能成为嵌岩桩，变更设计	A_3	2011.3	桥墩变更设计报告

序号	桥梁名称	桥梁简况	伤亡人数		事故概要	事故类型	时间(年.月.日)	信息来源
			亡	伤				
139	贵州晴隆—兴仁高速公路上寨大桥	三联 4×20m 连续箱梁，双柱式墩			地基下沉引发多个桥墩位移、倾斜，部分箱梁及墩柱开裂	A₃	2014.11	会议资料，2015
140	南昆铁路马路冲大桥	9×24m 三联混凝土梁桥，柔性桥墩			地基下沉与墩身刚度不足，导致墩身开裂、变位	A₃	1999.12	87
141	广东省某高速公路桥	PC 简支 T 梁，桩基础			地基下沉成危桥，拆除并调整孔跨后重建	A₃	2011	88
142	贵州大兴—思南高速公路连接线大桥	2×(5×25)m 简支转连续小箱梁			填方滑移致 2 号墩开裂、倾斜，评为五类桥，加设桩基，加固桥墩	A₃	2014.8	会议资料2014.7
143	某高速公路 K390+627.5 大桥	7×30m PC 简支空心板，桩基			弃方致地基产生滑动带，3 个墩位移，墩与主梁受损严重	A₃	2000.9	89
144	贵州省 320 国道某特大桥	多跨高墩混凝土梁桥			山体滑坡致 3 号墩桩基外露12m，承台悬空，山体滑移16m	A₃	2007.6.9	90
145	福建省某公路匝道桥	多跨混凝土梁桥，双柱式墩，桩基础			软土地基不对称堆载，桥墩大偏位，新增桩基补强	A₃	2015	91
146	某高速公路 K8+470 大桥	多跨混凝土梁桥，双柱式墩，桩基础			桥下堆载体滑动致桩顶系梁贯通性开裂	A₃	2014.8	92
147	湖南省郴州至宁远高速公路某大桥	4×20m＋4×20m 整体式箱梁，双柱墩，桩基础			桥下堆载体压力致桥墩发生位移，最大值达 20.1cm	A₃	2013	93
148	贵阳市东北绕城线东郊水厂大桥	12×30m 四联桥面连续简支 I 梁，双柱墩			桥下弃方堆载致部分高墩损坏，拆除部分上下部结构，重建	A₃	2013.7	94
149	××公路高架桥	5×16m RC 连续板桥，双柱式墩，桩基础			桥下弃方堆载致 3 号墩偏位达 84cm，墩身严重开裂	A₃	2012	95
150	重庆市菜园坝长江大桥南引桥	4 跨连续箱梁，双柱式墩，桩基础			隧道弃渣偏压，23 号墩偏移 60cm，且大量开裂	A₃	2008	96
151	广东省 G205 国道东江大桥	主桥为 4×70m RC 刚架拱，桩基础			桥墩基础沉降，拱肋、桥墩开裂，属四类桥	A₃	2002	97
152	沈海高速公路福州青芝寺特大桥	3×40m＋47×30m PC T 梁，桩基础			弃渣堆压，淤泥流变，桩基受损，桥墩偏位	A₃	2007	98

续表

| 序号 | 桥梁名称 | 桥梁简况 | 伤亡人数 | | 事故概要 | 事故类型 | 时间（年.月.日） | 信息来源 |
			亡	伤				
153	广西××大桥	4×60m RC 刚架拱，桥台为扩大基础			0 号台地基下沉，致第 1 跨拱肋下挠 155mm，发生断裂	A_3	2004	99
154	××公路桥	4×25m PC 简支空心板，桥墩桩基础			桥下大量弃土致 61～65 号墩偏位，开裂严重	A_3	2014	100
155	武邑—千童公路清凉江塔头大桥	12×20m PC 空心板，双柱墩桩基础			三个墩桩基不均匀沉降，致墩柱及盖梁严重开裂	A_3	2004	101
156	南阳市桐柏县淮河大桥	7×30m 双曲拱，三柱式墩，扩大基础			软质泥层基础沉降，致拱顶最大下沉 33.5cm，拱肋开裂	A_3	1988	102
157	钟祥市老利河吉庆桥	单跨 40m RC 桁架拱，扩大基础			两岸桥台不均匀沉降及位移，致拱肋弦杆开裂并扭曲	A_3	1999.1	103
158	太原市迎泽公园七孔桥	小跨径半圆 7 跨石拱桥，扩大基础			各墩台不均匀沉降，总沉降量达 66.8cm，致拱圈开裂、错位	A_3	1995～1997	104
159	贵州水盘高速公路俄脚段特大桥	4×40m＋51×30m 连续 T 梁，双柱墩桩基础			8 号墩处高陡横坡差异沉降，致桥墩开裂	A_3	2011.10	105
160	福建 G316 国道 2 号桥	3×30m T 梁桥，柱式桥墩			桥旁弃土超过桥墩系梁，土体滑动，致 2 孔桥梁倒塌	A_3	1996.10.2	108
161	重庆市五童路小石坝桥	三联连续箱梁，柱式桥墩			桥旁填土堆载致 6 号、7 号墩大偏位，最大 22cm，关闭交通半年	A_3	2010.11.2	110
162	广州市南沙区××大桥	多跨梁桥，柱式墩			桥墩间填块石 5m，形成 5m 高差，18 号墩偏位 40cm，支座脱空	A_3	2009	110
163	川藏公路 G318 国道老通麦大桥	双塔双跨悬索桥，全长 258m，主跨为 210m			特大山体滑坡，水坝溃决，大桥被冲毁	A_3	2013.8.3	111
164	宜琪铁路塘坝中桥	混凝土梁桥			岩溶地基塌陷，墩台倾斜，地面下沉，拆桥改建为涵洞	A_3	不详	112
165	珠海市斗门区黄镜门大桥	7×16m RC 简支 T 梁，双柱式墩，桩基础			墩台受淤泥水平力作用发生水平位移，最大 30cm	A_3	1999	113、126

序号	桥梁名称	桥梁简况	伤亡人数		事故概要	事故类型	时间（年.月.日）	信息来源
			亡	伤				
166	×高速公路桥	梁桥			软土地基上堆积土方高6m，桥墩变位，引发上部附属设施破坏	A₃	不详	114
167	×城市铁路环线高架桥	货运铁路桥			沼泽软土堆载土方高5m，桥墩倾斜，主梁错位，铁路停运	A₃	2009	114
168	福州市闽侯县南港洪塘大桥（引桥）	混凝土梁桥，双柱式墩，桩基础			桥位上游大量采砂，河滩均为深槽，桩外露，按危桥限制交通	A₂	2004	82
169	××铁路鱼洞桥	单跨31.7m RC梁桥，扩大基础			溶洞坍塌基础失效，增加1跨，中墩加斜撑	A₃	不详	112
170	湖北沪蓉西高速公路水南特大桥	主桥为(60+5×110+60)m连续刚构，桩基础			岩溶地质，致钻孔桩失效，改用人工挖孔桩达98m	A₃	2005	116
171	贵州开阳至遵义楠木渡大桥	(55+100+55)m连续刚构，钻孔桩基础			多根桩施工因溶洞钻进失败，改变施工方案，造成经济损失	A₃	2004	内部资料
172	四川云阳至开县公路桥	5×16m RC连续板，双柱墩桩基础			大量弃方导致桥墩大偏移，产生多起环向裂缝	A₃	2012	117
173	武汉市三环野芷湖立交桥	多跨混凝土梁桥			桥下渣土堆长100m，高4~5m，致左右两幅拉开20cm，部分交通限行	A₃	2013.8	110
174	凯里市湾水镇人行吊桥	人行简易悬索桥			狂风暴雨致吊桥主缆钢绳脱落，桥面坍塌	A₄	2013.3.12	118、136
175	贵州三都县城同心桥	跨都柳江风雨廊桥，8跨木梁桥，2003年建成	2	11	9级大风摧毁桥梁木质上部结构，实测风速21.5m/s	A₄	2018.7.22	119、160
176	吉安市永丰县七都乡堪下桥	不详			圣帕台风掀起洪水冲坏桥墩	A₄	2007.8	70
177	福州市青州闽江大桥	斜拉桥			台风"飞燕"导致1000t吊船"走锚"，撞坏斜拉索及支板	A₄	2001.6.23	19
178	四川宜宾二桥（跨岷江公路桥）	3×160m高架混凝土拱桥，拱宽较窄			由大风振动引起的超负荷导致三跨拱体先后坍塌	A₄	1997	34
179	深圳市华强立交匝道桥	A匝道第3联为6孔PC连续曲梁，半径255m			高温天气，该联梁体突然向外侧位移转动，径向位移最大47cm，断交后维修改造	A₆	2000.6.3	124、131

续表

序号	桥梁名称	桥梁简况	伤亡人数		事故概要	事故类型	时间（年.月.日）	信息来源
			亡	伤				
180	郑州市中牟县贾鲁河大桥	无背索斜塔斜拉桥			服役 4 个月后因昼夜大温差导致正交异性钢桥面板较大变形，桥面剪切破坏	A₆	2018.7	125
181	哈尔滨市滨州线松花江大桥	11×33.5m＋8×76.8m 钢桥			−40℃低温钢材冷脆使钢梁开裂，裂缝约 2000 多条	A₆	1914	121、128
182	沈阳—大连铁路辽阳太子河桥	跨径 33m 钢桁架桥			低温时一根斜拉杆脆断，该腹杆所在节间下挠 50mm	A₆	1973	121、133
183	G319 国道彭水段红泥桥	石拱桥			连续集中降雨冲毁基础，桥面坍塌	A₂	1998	45
184	××枢纽立交 B 匝道桥	6×30mPC 连续曲线箱梁桥，半径 243.7m			在温度作用下发生较大位移及转角	A₆	2005.6	132
185	惠通河桥	混凝土连续箱梁桥			温度应力引发箱梁开裂	A₆	不详	134
186	九江长江大桥引桥	多跨 40m PC 箱梁			温度应力引发箱梁开裂	A₆	不详	134
187	桂林漓江二桥	混凝土箱梁桥			温度应力引发箱梁开裂	A₆	不详	134
188	上海市奉贤县南桥镇贝港桥	16m＋20m＋16m RC 梁桥			软弱地基致桩基下沉导致桥梁垮塌	A₃	1995.12.26	108
189	石家庄市正定县子龙大桥	主桥长 1200m			约 400m 桥上石栏杆被强风吹倒	A₄	2011.6.23	135
190	贵阳市东站路四标 WE 匝道桥	多跨 30m 装配式小箱梁桥			大量弃方致桥墩倾斜、开裂，支座损坏	A₃	2014.9	评审会议资料
191	恩施州巴东县罗连溪大桥	石拱桥			桥墩被洪水冲塌	A₂	2002.4.19	83
192	厦门市 G324 线双溪大桥（1989 年建成）	多跨 RC 简支 T 梁，双柱、桩式桥墩			洪水冲刷，桩系梁已被掏空致承载力不足，改造为扩大基础与桩共同承力	A₂	1995.5	139
193	福建某国道跨闽江大桥（1990 年建成）	由 PC 三角桁架、连续梁及简支梁组成，全长1850m			深软基地段桥台、1 号墩、2 号墩多处开裂，最大裂缝宽 0.5mm	A₃	2000	140
194	河源市东源县兰口大桥（1996 年建成）	(47.3＋45.35＋5×16＋2×10.62)m，第 1、2 跨为刚架拱			洪水冲刷致 45.35m 刚架拱严重下挠开裂，关闭桥上交通	A₂	1997.6～8	141

序号	桥梁名称	桥梁简况	伤亡人数		事故概要	事故类型	时间（年.月.日）	信息来源
			亡	伤				
195	英德市北江浈阳大桥	主桥为(60＋2×93＋60)m PC 连续刚构,桩基础			主墩桩基受岩溶影响,16 根桩严重缺陷,达不到承力要求,花了两年才加固完成	A₃	1999	142
196	佛山市××立交桥	35＋45＋35m PC 连续箱梁桥,支架现浇			施工中因支架不均匀下沉,箱梁严重开裂,横贯整个顶板,最大裂缝宽 1.8mm	A₃	2009 之前	143
197	浙江省百步桥(1981年建成)	单跨 30m 双铰 RC 刚架拱,桥台为浅沉井基础			沉井地基为淤泥粉质黏土,台身发生沉降及水平位移,拱顶开裂下挠 130mm	A₃	2004 之前	144、147
198	某高速公路 K150＋886 涵洞	2×5m 双连拱涵,总高 5.7m			地基为全风化花岗岩并浸水,基础不均匀沉降致拱结构严重损坏	A₃	2007 之前	145
199	××立交匝道桥	第 1 联为 7×20m RC 连续弯箱梁,第 3 联为 8×20m RC 连续弯箱梁			因基础不均匀沉降,致第 3 联箱梁严重开裂	A₃	2003 之前	146
200	某山区高速公路××桥	3×(4×30)m＋3×22.5m PC 简支转连续 T 梁			开采石料,巨石滚下砸坏部分 T 梁	A₃	2010 之前	148
201	江西 G320 国道潭石大桥	15×30m PC 简支 T 梁桥			10～13 号墩、桩基被河水冲刷,四周掏空,墩柱开裂,车辆通过时明显摇晃	A₃	2008.5	149
202	广州至珠海高速公路十顷沥大桥	多跨 PC 梁桥,桥面连续,双排桩基础,1999 年建成			桥头为深厚软土地层,0 号台严重位移,桩基挠度继续发展	A₃	2006	150
203	吉安市沂江大桥	5×20m RC T 梁桥,南昌岸为 RC 排架桩柱式桥台			南昌岸高路堤,土侧压力致台身向河方向位移 260～300mm,台身严重倾斜	A₃	1995	152
204	深圳市××人行天桥(1990 年建成)	X 形 RC 箱形刚架桥,双向跨径:35m、32.6m			厚层碎石地基致基础位移,箱梁下挠及开裂	A₃	1992 之前	153
205	河源市源城区东江大桥(又名紫金桥)	6×50m 上承式悬砌块 RC 拱桥,1972 年建成	失踪 2		洪水及漂流物冲击拱脚致两跨桥体垮塌,2 辆车及 3 人落水	A₂	2019.6.14	165、154

续表

序号	桥梁名称	桥梁简况	伤亡人数		事故概要	事故类型	时间（年.月.日）	信息来源
			亡	伤				
206	凯里市万潮镇风雨桥	由桥、塔、亭组成的人行廊桥			最大风速 24.1m/s 时，廊桥部分被摧毁，部分倾斜，已建成 3 年	A_4	2018.4.5	156
207	玉林市博白县双凤镇均田村花木根屯桥	混凝土板梁桥			暴雨洪水冲垮桥梁，交通中断	A_2	2013.4.28	157
208	贵州榕江县栽麻镇××桥	多跨空腹式石拱桥			暴雨洪水冲毁桥梁，仅剩下一跨	A_2	2016.6.10	158
209	贵州××高速公路余庆段高架桥	8×40m 装配式 T 梁，结构连续，双柱墩			运营中，一个墩下沉，桥面开裂下沉 250mm，系桩基沉降引发，交通中断	A_3	2018	行业内部信息
210	揭阳市惠来县葵潭镇溪口桥	多跨混凝土连续梁桥			暴雨洪水冲垮几个桥墩，主梁未塌，形成 20m 长反拱	A_2	2010.10	160
211	湘乡市泉塘镇新东村桥	多跨混凝土梁桥，双柱式桥墩			河道中采砂，2006 年、2010 年两场洪水冲坏桥墩，成危桥	A_2	2010	161
212	广西防城港市北仑河中越友谊大桥	混凝土梁桥			洪水冲走两艘抽砂船，冲击桥梁，桥面及栏杆损坏	A_2	2013.11.11	162
213	广州市增城东门桥	长 160m，10 孔，建成于 1929 年			河中 3 个桥墩被洪水冲塌，4 跨主梁坠落	A_2	2014.5.23	2014-5-25 网上信息
214	杭州市绕城西线三隆港桥	8×13m 混凝土简支梁桥，双柱式桥墩，桩基础，斜交 40°			桥的一侧大面积堆土，软土地基变形，致 1 个墩柱与桩破坏，部分桥面坍塌	A_3	2016.3.25	163
215	天津市蓟县马营公路白滩桥	3×10m 简支板桥			2012 年洪水冲刷桥墩，桥面凹陷，评为五类桥	A_2	2012.7.21	166
216	黄山市屯溪区屯溪镇海桥	7 孔石拱桥，全长 133m，宽 15m			特大洪水冲毁这座徽州第一大古桥，该桥建成于明嘉靖十五年	A_2	2020.7.7	167
217	宣城市旌德县乐成桥	11 孔石拱桥，长约 150m，建成于明代			特大洪水冲毁这座皖南第二大古桥	A_2	2020.7.6	167
218	杭州市临安区凤亭桥	位于於潜镇泗州的老圬工拱桥			特大洪水冲毁桥梁	A_2	2020.7.6	168
219	沪通铁路长江大桥（南通—张家港）	主桥为(140＋462＋1092＋462＋140) m 双塔斜拉桥	2	失踪4	29 号主墩特大型沉井，下沉至－102.5m 时，井内大规模涌砂涌水	A_3	2016.3.17	170

序号	桥梁名称	桥梁简况	伤亡人数		事故概要	事故类型	时间(年.月.日)	信息来源
			亡	伤				
220	黄河三门峡库区平陆米汤沟大桥	9×30m PC箱梁,混凝土墩钻孔桩		3	主河槽2号、3号墩长期受水流冲刷,桩基受损,水库放水时,5孔箱梁突然垮塌	A₂	2014.7.6	171
221	川藏公路甘孜竹巴笼金沙江大桥	多跨混凝土梁桥,全长270m			白格堰塞湖泄洪水位超过桥面12m,大桥共有7跨梁板被冲毁	A₂	2018.11.13	172
222	河源市东源县顺天镇党演大桥	多跨桥梁		失踪2	洪水冲击,桥梁垮塌,该桥已鉴定为危桥,限载6t,当时一辆小车坠入河中	A₂	2019.6.13	173
223	四川巴中市平昌县渐滩洗滩大桥	总长350m连续刚构,在建			施工中已安装的钢桁架作业平台,洪水冲击下,钢架及已完成桥体垮塌	A₂	2020.6.17	174
224	隆叙铁路泸州长江大桥	大桥全长约1400m	1	13	长江主流上的2号桥墩安装钢筋笼外模时,突遇大风,钢筋笼倒塌	A₄	2001.12.21	176
225	安康至西安高速公路罗羌湾大桥	多跨混凝土梁桥			山体大面积滑坡,约30m桥梁被冲垮	A₃	2014.9.16	175
226	恩平市圣堂镇圣堂大桥	多跨混凝土梁桥,全长240多米			上游水闸放水,冲击桥墩,约50m桥梁垮塌,该桥1982年建成	A₂	2013.12.22	175

序号	桥梁名称	桥梁简况	伤亡人数		事故概要	事故类型	时间(年.月.日)	信息来源
			亡	伤				
1	美国加利福尼亚州奥克兰 Cypress 街高架桥	高速公路双层 RC 高架桥，全长约 2000m	42		地震时上层桥倒塌在下层桥面上，导致结构从地表处坍塌	A_1	1989.10.17	10、15
2	日本阪神地区西宫港大桥	主跨 252m 钢系杆拱桥			地震时第 1 跨引桥脱落	A_1	1995.1.17	11
3	日本阪神地区××钢拱桥	主跨 214m 钢拱桥			地震时风撑屈曲破坏，钢支架损坏	A_1	1995.1.17	11
4	美国××桥	曲线梁式桥			圣·费尔南多地震时坍塌	A_1	1971	12
5	美国 SR14/15 立交枢纽	曲线连续刚构桥及梁式引桥			地震时，两端连接线上计 5 跨局部垮塌	A_1	1994.1.17	13
6	日本阪神高速线神户市高架桥	多跨独柱墩混凝土梁桥			地震时共有 18 跨独柱桥墩倒塌	A_1	1995.1.17	14
7	美国奥克兰海湾大桥东段（旧金山）	桁架桥（即赛普里斯高架桥）			地震时倒塌	A_1	1989.10.17	15
8	日本新潟昭和公路大桥	12 跨梁式桥			地震时砂土液化导致 5 跨梁体坠落河中	A_1	1964	9
9	日本新潟 Toyota 桥	3 跨连续弯梁桥			地震时桥台下沉倾斜，桥墩滑移	A_1	2007.7.16	16
10	秘鲁 Pisco 城 Huamani 桥	多跨混凝土梁桥，桥长 136m			地震时一个桥墩严重开裂，一岸桥台倾斜位移 10cm，上部横移 10cm	A_1	2007.8.15	16
11	智利海边 Tubul 桥	多跨梁式桥			地震时几跨连续倒塌	A_1	2010.2.27	16
12	德国慕尼黑伊萨河桥	4 跨公路石拱桥	100		跨径过小，大洪水通过时 3 个桥墩连续垮塌	A_2	1813	34
13	德国斯塔加德埃赫纳河公路桥	多跨 18m RC 拱桥，全长 54m			洪水时桥墩位移而致全桥垮塌	A_2	1894	34

序号	桥梁名称	桥梁简况	伤亡人数		事故概要	事故类型	时间(年.月.日)	信息来源
			亡	伤				
14	德国阿勒尔西马特河桥	4跨混凝土三铰拱桥,全长95m			洪水冲击下,一跨25m拱垮塌,其他孔严重损坏	A₂	1925	34
15	美国明尼阿波利斯桥	23跨铁路拱桥			激流冲刷致桥墩下沉36cm	A₂	1964	34
16	法国图尔市威尔逊桥	多跨公路石拱桥			木桩腐蚀,洪水时桥墩下沉而垮塌	A₂	1978	34
17	意大利米兰××铁路桥	3跨石拱桥,跨径20m,全长约70m			2个桥墩被洪水冲刷,3跨近70m长桥体破坏	A₂	1982	34
18	英格兰 Glanrhyd 桥	不详	4		洪水冲垮桥梁	A₂	1987.10.19	33
19	美国纽约州 Schoharie Creek 桥	公路桥			洪水冲毁桥梁	A₂	1987.4.5	15
20	瑞士罗伊斯河桥	圬工拱桥(公路桥)			建于1969年,被洪水冲垮	A₂	1987	34
21	肯尼亚达拉加尼桥	铁路石拱桥	144		卧铺列车过桥时,洪水冲垮这座已有95年历史的老桥	A₂	1993.1.30	19、34
22	美国加利福尼亚州阿罗约桥	人行桥			洪水冲刷桥基致桥梁垮塌	A₂	1995.3.10	33
23	美国宾夕法尼亚州沃尔纳特街桥	钢桁梁桥,建于1890年			夹带大量浮冰的洪水冲垮桥梁	A₂	1996	33、69
24	印度班本岛铁路大桥	梁式桥共计145跨	150		巨大海浪冲垮126跨桥体	A₂	1964	69
25	玻利维亚查帕雷河桥	不详	50		洪水冲毁桥梁	A₂	2003.12.23	19
26	法国吉法尔格尔斯桥	不详			洪水涨过桥面,多辆重车集中压塌桥面	A₂	2003	34
27	美国得克萨斯州 I-20 Bridge Over Salt Draw	混凝土板桥			洪水冲垮桥墩,两跨梁体垮塌	A₂	2004.4.4	39、15
28	印度北部××大桥	不详	33		洪水冲垮桥梁	A₂	2005.9.8	33
29	巴基斯坦××大桥	不详		17	暴雨洪水中桥梁垮塌	A₂	2006.8.5	33
30	西班牙 Benairteig 大桥	公路石拱桥			暴雨洪水冲垮桥梁	A₂	2007	34

续表

序号	桥梁名称	桥梁简况	伤亡人数		事故概要	事故类型	时间（年.月.日）	信息来源
			亡	伤				
31	美国、加拿大边界蜜月桥	主跨 256m，上承式钢桁拱			暴雨夹冰雹冲击，拱铰支承严重破坏，全桥缓慢坍塌	A_2	1938.4.12	10、69、34
32	印度安德拉邦 Veligonda 铁路桥	小型铁路桥	114	200	山洪摧毁一座铁路小桥，快速列车有 7 节车厢冲入河中	A_2	2005.10.9	10、69
33	美国怀俄明州库尔河桥	铁路桥	30		洪水冲垮桥梁，列车失事	A_2	1923.9.27	10
34	肯尼亚恩盖·恩德萨××桥	铁路桥	114		洪水冲垮桥梁，列车栽入河中	A_2	1993	10
35	葡萄牙亨特兹河公路桥	5×50m 连续钢桁架桥，长期河床中挖砂	70		狂风暴雨中，桥墩下沉倾斜，3 跨桥体倒塌，4 辆汽车坠入河中	A_2	2001.3.4	10、37、19、38、33
36	意大利热那亚 A10 高速公路莫兰迪高架桥	3 塔 PC 斜拉桥	43		正在维修中突遭狂风暴雨及雷电，主桥约 200m 垮塌，10 余辆车坠落	A_2	2018.8.14	64、65、67、68
37	美国科罗拉多州 Railroad 桥	铁路木桥	97	失踪 14	洪水冲垮桥梁，列车过桥时失事	A_2	1904.8.7	15、10
38	新西兰 Tangiwai 村铁路桥	梁桥	151		一列特快列车通过时，火山泥石流冲垮桥梁，桥梁基础置于软弱的火山灰碎屑上	A_2	1953.12.24	69、10
39	孟加拉国图拉格桥	多跨混凝土梁桥			特大洪水冲击下，全桥垮塌	A_2	1998	79
40	英国苏格兰泰桥（Tay Bridge）	85 孔钢桁梁，铁路桥	75		11 级狂风与暴雨致桥梁坍塌，一列火车坠落水中	A_4	1879.12.28	77、10
41	英国沃金顿市诺斯赛德大桥	不详			暴雨冲刷桥墩基础，桥梁垮塌	A_2	2009.11.20	83
42	巴西南里奥格兰德州雅库伊河桥	不详			洪水冲垮桥梁	A_2	2010.1.5	83
43	罗马尼亚米尔考河桥	3 跨 30m 混凝土铁路桥，砌石桥墩			基础变位致桥墩偏移 1.2m	A_3	1926	34
44	委内瑞拉加拉加斯桥	公路混凝土拱桥，全长 300m			在桥长范围发生山体滑坡，全桥垮塌	A_3	2006	34
45	加拿大阿尔坎高速公路和平河大桥	不详			山体滑坡致桥梁垮塌	A_3	1957.10.16	106

续表

序号	桥梁名称	桥梁简况	伤亡人数 亡	伤	事故概要	事故类型	时间(年.月.日)	信息来源
46	苏联××桥(代号为1号桥)	5×27.6m单线铁路桥,含有斜桩的群桩基础			左岸滑坡致桥台群桩切断70根,桥台移动2.53m	A₃	1978.8	107
47	苏联××桥(代号为2号桥),公路桥	8×21.05m多跨梁桥,墩台均为RC打入桩			左岸滑坡,致部分桥跨受损,左岸增设4×21m桥孔	A₃	1979.5	107
48	苏联××桥(代号为3号桥),公路桥	3×20m梁桥,水中桥墩为扩大基础,桥台为桩基			左岸滑坡致桥台沉陷滑动,桩被切断,桥跨向右岸滑移	A₃	1979.5	107
49	美国加利福尼亚州萨克拉门托市美洲河桥	58m+3×67m+58m PC箱梁桥			施加预应力前,施工支架的基础变形致支架及部分桥跨坍塌	A₃	1981以前	109
50	苏格兰德瑞波夫阿比桥(即英国德莱堡旧桥)	主跨79m人行悬索桥,但具有斜拉桥特征			使用不到半年,在一阵飓风中倒塌	A₄	1818.1	120、10
51	英国Union桥	主跨215m悬索桥			毁于大风	A₄	1821	120
52	德国纳索兰河桥	(12+75+12)m链杆悬吊桥			大风中12根链杆及加劲梁断裂,1830年建成	A₄	1833	120、122、130
53	英国布赖顿链镦桥(即皇家码头桥,第1次修复后)	主跨77m悬索桥			暴风雨剧烈振动而受损(1833年前首次毁于暴风)	A₄	1836.11.29	120、10、130
54	苏格兰蒙特罗斯桥	主跨131m悬索桥			毁于暴风(1830年因超载而毁坏,重建后又毁于暴风)	A₄	1836(或1838)	120、130
55	威尔士梅纳海峡桥	主跨176m悬索桥			毁于暴风(1836年曾因大风导致损坏)	A₄	1839	120、130
56	法国罗奇伯纳德桥	主跨195m悬索桥(主缆为钢缆)			毁于暴风(1840年建成)	A₄	1852	120、130
57	美国西弗吉尼亚州俄亥俄河惠林桥	主跨308m公路悬索桥			巨大阵风与桥体产生共振,导致主缆与桥面坠落	A₄	1854.5.17	120、33、10、130
58	美国尼亚加拉路易斯顿桥	主跨317m悬索桥			毁于暴风	A₄	1864	120
59	美国尼亚加拉利夫顿桥	主跨384m悬索桥			毁于暴风	A₄	1889	120
60	德国君子河桥	公路混凝土拱桥,桥宽3m,桥较高			飓风引起潮水冲击,使正在维修的桥梁因位移与冲刷而倒塌,长度65m	A₄	1913	34

续表

序号	桥梁名称	桥梁简况	伤亡人数		事故概要	事故类型	时间（年.月.日）	信息来源
			亡	伤				
61	美国塔科马海峡旧桥	主跨 853m 悬索桥			毁于暴风	A₄	1940.11.7	120、121、19
62	美国 Hood Canal 桥	总长为2398m,浮式基础			毁于暴风	A₄	1979.2.13	33
63	美国宾夕法尼亚州 Kinzua 桥（铁路桥）	桥墩为空间桁架,最高 92m,钢主梁,桥长 625m			飓风使 11 个高墩（全桥共 20 个高墩）倒塌	A₄	2003.7.21	39、15、10
64	美国佛罗里达州 I-10Escambia Ba 桥(公路桥)	多跨 PC 简支梁桥,分为两幅桥			飓风使多跨梁体移位或坠入河中,左、右分别有 58 跨和 66 跨坠落	A₄	2004.9.18	39、15、10
65	美国威斯康星州 Hoan 桥	三跨钢-混叠合连续梁桥			气温骤降导致 66m 边跨 2 片主梁冷脆断折,桥梁下挠	A₆	2000.12.13	39、15
66	法国梅恩河昂热桥	单跨 102m 悬索桥,主缆为钢丝绳,桥宽 7.2m	223		狂风中 478 名士兵齐步过桥时,桥坍塌	A₄	1850.4.16	10、69
67	加拿大魁北市 Duplesis 桥	6 跨 54.9m、2 跨 45.7m 连续焊接钢板梁公路桥			气温骤降至一35℃,发生主梁低温脆断,一整跨坠落冰冻的河中	A₆	1951.1.31	123、19、121
68	德国柏林××桥	公路桥			出现罕见低温一10℃,桥梁钢结构因冷脆发生断裂	A₆	1938.1.2	121
69	比利时哈瑟尔特桥（跨运河城市桥）	全焊拱形空腹式钢箱桥,跨径 74.5m			服役 1 年后,一20℃低温时,突然断裂为三段坠入河中	A₆	1938.3	121
70	比利时长里华大桥	跨径 48.78m 全焊拱形空腹桁式钢桥			一14℃低温时钢梁脆断	A₆	1938	121
71	美国费城休吉河桥	2×46.5m 链杆悬吊桥			服役后 2 年畜群过桥时倒塌,重建后约 3 年后又被积雪压垮	A₅	1816	122
72	希腊安提里翁大桥	悬索桥			1 根斜拉索在 9 级狂风和雷雨中雷击断裂	A₇	2005.1.27	127
73	日本石狩河桥	中孔 160m 双塔三跨钢箱斜拉桥			架设过程中风速超过 10m/s 时发生风振,振幅 10cm,部分拆除后加固	A₄	不详	129
74	加拿大 Hawk-shaw 桥	中孔 217m 双塔三跨钢门形梁斜拉桥			通车后风速 13m/s 时振幅达 20cm,对主梁进行了改造加固	A₄	不详	129

序号	桥梁名称	桥梁简况	伤亡人数		事故概要	事故类型	时间(年.月.日)	信息来源
			亡	伤				
75	英国 Kessock 桥	主梁为门形截面钢斜拉桥			风速 14m/s 时振幅达 20cm，后在跨间设置 8 个 TMD 减振器	A_4	不详	129
76	英国德莱堡新桥	铁质主缆悬索桥，外形与旧桥相同			与旧桥命运相同，毁于暴风(详见 51 号)	A_4	1838.1	10
77	英国布莱顿桥(即皇家码头桥第 1 次受损时)	主跨 77m 悬索桥(码头栈桥)			在暴风雨中被闪电击中而严重受损(建成于 1823 年)	A_7	1833.10.5	10
78	英国布莱顿桥(即皇家码头桥第 2 次修复后)	主跨 77m 悬索桥(码头栈桥)			在疾风暴雨中毁坏，码头被迫关闭	A_4	1896.10	10
79	英国南埃斯克桥	悬索桥			在飓风中剧烈摇晃而倒塌	A_4	1838	10
80	门雷桥	悬索桥			因风振遭到严重损坏，至 1938 年将铁链换成钢链	A_4	1839	10
81	美国宾夕法尼亚州沃尔纳特街桥	钢桁梁桥			被夹带大量浮动冰块的洪水冲垮	A_5	1996	69
82	美国俄亥俄阿西塔布拉桥	上承式铸铁桁架桥	95	63	在结冰的轨道上，列车脱轨，导致车厢坠入河中	A_5	1876.12.29	10
83	美国爱荷华州苏城桥	跨径 130m 钢系杆拱桥(公路桥)			上弦板因冷脆断裂破坏	A_6	1982	34
84	加拿大安大略省拉契福 V.C 纪念桥	下承式系杆拱			3 根吊杆冷脆断裂	A_6	2003	34
85	德国 Schmargendorf 桥	混凝土桥			温度应力过大引发裂损，维修加固费达 120 万马克	A_6	不详	134
86	德国 Jagst 桥	厚腹板箱梁桥(混凝土结构)			通车 5 年后严重开裂，温度拉应力达 2.6MPa	A_6	不详	134
87	新西兰 Newmarket 高架桥	PC 箱梁			日照温差应力导致箱梁严重开裂	A_6	不详	134
88	美国 Cypress 高架桥	包含一百多个跨径 25m 的桥跨	41		地震导致桥梁垮塌	A_1	1989.10.17	19
89	美国 Honeymoon 桥	钢拱桥			冰荷载导致桥梁垮塌	A_5	1938.1.27	15
90	日本宫城县新北上大桥	$(2\times76.3+2\times76.9+3\times84.78)$m 下承式钢桁梁桥			2011 年东日本大地震中左岸 2 跨在海啸中流失，其他部位有损坏	A_1	2011	138

| 序号 | 桥梁名称 | 桥梁简况 | 伤亡人数 | | 事故概要 | 事故类型 | 时间（年.月.日） | 信息来源 |
			亡	伤				
91	尼泊尔马相迪河大桥（1981 年建成）	跨径 125m 悬索桥，重力式锚，主缆锚洞长 20m			一岸锚碇索洞的地基沉降，致洞身严重开裂	A₃	1987	151
92	意大利东南部巴里市××铁路桥	梁式桥，桥面距河底 15m		30	洪水冲击，部分桥面垮塌，高速列车在缺口前紧急停下	A₂	2005.10.24	155

附录一及附录二信息来源

[1] 徐风云. 守诚求真——公路桥梁研究成果及论文集 [M]. 北京：人民交通出版社，2010.

[2] 刘钊. 汶川大地震中桥梁震害案例分析及启示 [J]. 桥梁，2011（6）：80-87.

[3] 蒋劲松，庄卫林，刘振宇. 汶川地震百花大桥震害调查分析 [J]. 桥梁建设，2008（6）：41-44.

[4] 李曙平，曾超，阳先全，等. "5·12" 汶川地震桥梁震害浅析 [J]. 公路，2009（7）：125-128.

[5] 赵长军，娄亮，茅兆祥. 四川广元地方公路桥梁震害及灾后恢复重建抗震设计 [J]. 公路，2011（8）：40-44.

[6] 庄卫林，刘振宇，蒋劲松. "5·12" 汶川地震公路桥梁宏观震害及启示 [J]. 桥梁，2009（1）：66-71.

[7] 李乔，李亚东. 汶川地震中的桥梁震害分析 [J]. 桥梁，2009（1）：72-78.

[8] 李亚东，强士中. 震后灾区桥梁初步考察与评估 [J]. 桥梁建设，2009（5）：68-73.

[9] 郑新亮，王东升，唐亮，等. 液化场地桥梁桩基础震害及其抗震研究概述 [J]. 中外公路，2008（4）：178-181.

[10] 艾国柱，张自荣. 桥殇——环球桥难启示录 [M]. 成都：西南交通大学出版社，2013.

[11] 范立础，胡世德，叶爱君. 大跨度桥梁抗震设计 [M]. 北京：人民交通出版社，2001.

[12] 朱东升，刘世忠，虞庐松. 曲线桥地震反应研究 [J]. 中国公路学报，2002（3）：42-48.

[13] 王东升，孙治国，郭迅，等. 汶川地震桥梁震害经验及抗震研究若干新进展 [J]. 公路交通科技，2011（10）：44-53.

[14] 秦东，孙利民，范立础. 独柱式桥墩在横向地震下的倒塌机理分析 [J]. 华东公路，2000（6）：9-11.

[15] 曹明旭，刘钊，孟杰. 美国桥梁病害及倒塌事故统计分析与思考 [J]. 公路，2009（7）：162-167.

[16] 常菲菲，王克海. 大震条件下的桥梁震害浅析 [J]. 公路交通科技（应用技术版），2013（6）：113-116.

[17] 贵州日报，1996-3-21 报道.

[18] 贵阳晚报，2000-8-29 报道.

[19] 阮欣，陈艾荣，石雪飞. 桥梁工程风险评估 [M]. 北京：人民交通出版社，2008.

[20] 陈明宪. 从凤凰堤溪大桥事故谈石拱桥 [J]. 公路工程，2008（3）.

[21] 贵州商报，2004-9-9 报道.

[22] 贵阳晚报，2005-8-14 报道.

[23] 岩土工程界，2006（12）刊登陕西省交通网站新闻报道.

[24] 郑皆连. 我国公路桥梁安全状况及对策 [J]. 桥梁，2007（5）.

［25］贵阳晚报，2006-11-27 报道．

［26］葛耀君，项海帆．桥梁工程可持续发展的理论与使命［J］．桥梁，2010（4）．

［27］贵州都市报，2007-11-6 报道．

［28］贵州商报，2009-7-14 报道．

［29］贵州商报，2009-7-26 报道．

［30］贵阳晚报，2010-7-21 报道．

［31］贵州商报，2010-7-28 报道．

［32］贵阳晚报，2010-8-1 报道．

［33］桥梁·产业资讯．2010（12）（总第 3 期）．

［34］高婧，等．拱桥失效的原因、教训及预防［J］．桥梁，2011（5）：40-45．

［35］贵州商报，2010-8-20 报道．

［36］"瘦身钢筋"危及公共安全．参考消息，2011-9-15 报道．

［37］贵州商报，2001-3-6 报道．

［38］夏蓉高速公路（贵州境）猴子河特大桥、乌细沟特大桥、剑江特大桥施工阶段安全风险评估报告［R］，中交公路规划设计院有限公司，2009（12）．

［39］孙莉，刘钊．2000～2008 年美国桥梁倒塌案例分析与启示［J］．世界桥梁，2009（3）：46-49．

［40］贵阳晚报，2012-8-12 报道．

［41］贵阳晚报，2012-5-14 报道．

［42］贵阳晚报，2012-8-26 报道．

［43］贵阳晚报，2012-8-17 报道．

［44］王荣华．桥梁结构安全性与耐久性的现状分析［J］．中国市政工程，2012（2）．

［45］韩亮，樊健生．近年国内桥梁垮塌事故分析及思考［J］．公路，2013（3）．

［46］贵阳晚报，2013-7-7 报道．

［47］贵阳晚报，2013-7-10 报道．

［48］贵阳晚报，2013-7-13 报道．

［49］贵阳晚报，2013-7-17 报道；参考消息，2013-7-18 报道．

［50］贵阳晚报，2013-7-26 报道．

［51］贵阳晚报，2013-7-11 报道．

［52］孙金胜，李锋丹．北方地区某三孔乱石拱桥坍塌原因分析［J］．公路工程，2014（6）：247-249．

［53］贵阳晚报，2013-6-12 报道．

［54］贵阳晚报，2014-9-19 报道．

［55］参考消息，2013-7-18 报道．

［56］贵阳晚报，2013-7-29 报道．

［57］贵阳晚报，2015-6-5 报道．

［58］王克海，韦韩，李茜，等．中小跨径公路桥梁抗震设计理念［J］．土木工程学报，2012（9）．

［59］秦海．客观原因的主观责任［J］．杂文月刊，2012（12）．

［60］汪忠贵．陇海铁路灞河大桥坍塌及改建浅析［J］．世界桥梁，2003（1）．

［61］桥梁建设报，2018-9 报道．

［62］道路瞭望（网上），2018-4-25 报道．

［63］易图云（网上），2017-12-22 报道．

［64］李亚东．意大利的一座斜拉桥垮了！网上文章，2018-8．

［65］桥梁建设报，2018-8-23 报道．

［66］李友林．桥梁的隐患［J］．中国公路，2007（19）．

［67］中国桥梁网，2018-8-23 报道．

［68］赵李源．意大利垮桥事故再敲警钟，中国桥梁应当防患于未然．桥梁建设报，2018-8-23．

［69］李亚东．亚东桥话 31：桥梁事故知多少？网上下载文章，2018-1-25．

［70］郑元勋，郭慧吉，谢宁．基于统计分析的桥梁坍塌事故原因剖析及预防措施研究［J］．中外公路，2017（6）．

［71］王成，冯勇，刘勇．农村公路桥涵水毁恢复设计［J］．中外公路，2015（1）：208-210．

［72］冯忠居，王增贤，付长凯，等．山洪对沿河在役桥梁桩基力学与变形特性影响的数值仿真分析［J］．中外公路，2016（6）：151-154．

［73］穆祥纯．城市桥梁垮塌的最新案例分析及对策研究［J］．城市道桥与防洪，2016（2）：68-72．

［74］王荣华．桥梁结构安全性与耐久性的现状分析［J］．中国市政工程，2012（4）：30-32．

［75］陈桂英，谢青，刘勇，等．"721"特大暴雨后对房山三渡至十渡桥桥位设计的思考［J］．市政技术，2013（5）：43-46．

［76］章照宏，万智，杨明辉．支架倒塌对整体现浇箱梁桥受力性能影响分析［J］．湖南交通科技，2014（2）：101-104．

［77］尹德兰．他山之石——从失败案例中学习［J］．桥梁，2005 年专刊第 6 期：76-79．

［78］邹磊，赵灿辉，苗宇．汶川震区山洪泥石流引发桥梁灾害成因分析［J］．公路交通技术，2016（1）：84-89．

［79］乔治·李，董迪恩·莫汉，黄朝，等．美国桥梁失效研究（1980-2012）［M］．内部资料翻译．

［80］徐启友．公路桥梁倒塌事故的处理［J］．公路，1990（1）：17-22．

［81］张春宁，尚维波．玛纳斯河大桥水毁分析与抢险加固措施探讨［J］．公路交通科技（应用技术版），2012（8）：131-133．

［82］高冬光．公路桥涵设计手册——桥位设计［M］．北京：人民交通出版社，2011．

［83］张萍．洪水冲桥背后的调查［J］．桥梁产业资讯．2010 年 12 月 1 日，总第 3 期．

［84］贵阳晚报，2007-9-4 报道．

［85］贵阳晚报，2011-9-21 报道．

［86］张石波．某桥的开裂检算及原因分析［J］．公路，2001（11）：66-69．

［87］陈思孝，刘名君．南昆铁路马路冲 3 号大桥病害整治设计［C］//铁路工程建设科技动态报告文集——2002 铁路桥梁工程分册．北京：人民交通出版社，2002．

［88］王迎军，任国旭，张志．桥梁基础沉陷快速修复施工技术［J］．公路交通科技（应用技术版），2011（10）：133-134．

［89］冯忠居，张永清，李晋．堆载引起桥梁墩台与基础的偏移及防治技术研究［J］．中国公路学报，2004（3）：74-77．

［90］钟彩萍，王庆文，袁建新．某特大桥 3♯墩滑坡的稳定性评价［J］．岩土工程界，2008（3）：68-70．

［91］李志伟．软土地基不对称堆载对桥梁偏位的影响及加固分析［J］．公路，2016（8）：86-91．

［92］冯忠居，周桂梅，付长凯，等．堆载滑动对陡坡柱式桥墩与桩基的力学与变形特性分析［J］．公路，2016（3）：69-76．

［93］吴徐华，袁述林，邓爽．桥墩立柱偏位分析与纠偏处治［J］．公路工程，2013（1）：146-148．

［94］苏龙，周礼平．某简支梁桥桥墩偏位成因分析及拆除方案探讨［J］．公路交通技术，2015（1）：83-87．

［95］高文军，许长城．某连续梁桥桥墩偏位处治和加固［J］．公路交通技术，2012（6）：80-83．

［96］张天明．桥墩病害处治方案探索——重庆菜园坝长江大桥引桥桥墩的纠偏与加固纪实［J］．公路交通技术，2008（1）：94-96．

[97] 胡尚武. 东江大桥病害成因与处治办法 [J]. 公路交通技术，2007（1）：114-115.

[98] 唐双林. 青芝寺特大桥桥墩偏位病害分析与处治技术研究 [J]. 公路交通技术，2015（2）：106-110.

[99] 章卫松，刘逸敏，侯发亮. 刚架拱桥支座沉陷病害分析和补强加固措施 [J]. 桥梁，2005 专刊第 4 期：42-44.

[100] 侍刚，武贤智. 某桥桥墩桩基偏位纠偏方案设计与实施 [J]. 桥梁建设，2015（1）：97-101.

[101] 杜青，蔡美峰，张献民. 某大桥桩柱—盖梁结构体系开裂研究 [J]. 公路交通科技，2005（9）：98-101.

[102] 张帆，李红谦. 南阳桐柏淮河大桥加固加宽简介 [J]. 华东公路，1999（2）：20-22.

[103] 金文成，高荣雄，林功利. 钟祥吉庆桥的加固改造研究 [J]. 华东公路，2001（1）：54-56.

[104] 杨震宇，李俊生，孙家顺. 迎泽公园七孔桥损坏的鉴定与修复 [J]. 城市道桥与防洪，2001（4）：34-37.

[105] 李清林. 高陡横坡双桩柱式桥墩差异沉降加固处治设计 [J]. 湖南交通科技，2014（3）：90-94.

[106] 魏薇. 桥殇曾几时 [J]. 桥梁产业资讯，2010 年 12 月 1 日，总第 3 期：42-47.

[107] 李德寅. 译. 桥头引线路堤的岸坡滑塌 [J]. 国外公路，1984（6）：32-35.

[108] 胡新六. 建筑工程倒塌案例分析与对策 [M]. 北京：机械工业出版社，2004.

[109] 曾庆梁. 译. 原载日本《桥梁与基础》1981 年第 2 期论文"两起落梁事故"[J]. 国外桥梁，1981（3）：76-77.

[110] 向南，秦思杨，刘成章. 桥下回填荷载对墩柱的影响分析及技术对策 [J]. 中外公路，2014（4）：188-192.

[111] 贵阳晚报，2013-8-4 报道.

[112] 陈国亮. 岩溶工程论文集 [M]. 北京：中国铁道出版社，2009.

[113] 庄永浩，李江峰. 厚淤泥层地区桥梁墩台水平位移的有限元分析 [J]. 城市道桥与防洪，2008（6）：38-40.

[114] 葛新明，李文洋. 桥梁基础周边土体扰动致使桥梁损坏的反思 [J]. 桥梁，2012（1）：82-83.

[115] 李家春，田伟平，马保成. 公路地质灾害防治指导手册 [M]. 北京：人民交通出版社，2010.

[116] 贺建端. 水南特大桥 98m 长挖孔桩施工 [J]. 桥梁建设，2007（1）：64-66.

[117] 高文军，许长城. 某连续梁桥桥墩偏位处治和加固 [J]. 公路交通技术，2012（6）：80-83.

[118] 贵阳晚报，2013-3-14 报道.

[119] "动静贵州"网上文章，2017-7-23.

[120] 雷俊卿，郑明珠，徐恭义. 悬索桥设计 [M]. 北京：人民交通出版社，2002.

[121] 雷宏刚. 钢结构事故分析与处理 [M]. 北京：中国建材工业出版社，2003.

[122] 周履. 桥梁耐久性发展的历史与现状 [J]. 桥梁建设，2004（4）：58-61.

[123] 汤红霞. 面向结构安全风险评估的桥梁事故分类研究 [J]. 公路交通科技（应用技术版），2011（4）：52-55.

[124] 何伯雷. "太阳把桥晒跑了?"——深圳市某立交 A 匝道桥事故分析 [J]. 城市道桥与防洪，2002（2）：39-43.

[125] 段彦超，袁成玉，张坤. 用时近 3 年，耗资上亿元的"明星桥"刚用就坏? 还有更令人吃惊的事. 澎湃新闻报道，2018.7.

[126] 周俊锋，刘洪瑞，廖陆. 厚淤泥层地区桥墩台严重偏斜的加固处理 [J]. 湖南交通科技，2003（3）：92-94.

[127] 糜翔，肖中男，覃彬全，等. 桥梁缆索雷击试验分析 [J]. 市政技术，2014（4）：59-62.

[128] 袁广林，王来，鲁彩凤，等. 建筑工程事故诊断与分析 [M]. 北京：中国建材工业出版

社，2010.

[129] 严国敏. 现代斜拉桥 [M]. 成都：西南交通大学出版社，2000.

[130] [苏联] C. A. 查普林. 吊桥 [M]. 姚玲森. 译. 北京：人民交通出版社，1963.

[131] 杨党旗. 华强立交 A 匝道独柱曲线梁桥病害分析及加固 [J]. 桥梁建设，2003 (2)：58-61.

[132] 李广慧，余正武，王用中. 曲线连续梁桥的病害与温度效应 [J]. 公路交通科技 2008 (1)：58-63.

[133] 胡汉周，叶梅新. 桥梁事故及经验教训 [J]. 桥梁建设，2002 (3)：71-75.

[134] 刘兴法. 混凝土结构的温度应力分析 [M]. 北京：人民交通出版社，1991.

[135] 贵阳晚报，2011-6-26 报道.

[136] 贵阳晚报，2013-3-14 报道.

[137] 贵阳机场路鱼梁河 1 号桥检测报告，2015-9.

[138] 日本新北上大桥的维修加固 [J]. 世界桥梁，2017 (6) "桥梁资讯".

[139] 林万成，赖灿明. 国道 324 线双溪大桥老桥加固工程加固原理及施工工艺简介 [C] //2000 年全国桥梁学术会议论文集. 北京：人民交通出版社，2000.

[140] 祝敏方. 软土地质条件下桥梁病害分析及防治对策 [J]. 中外公路，2004 (1).

[141] 黄建跃. 东源兰口大桥危桥加固 [J]. 中外公路，2003 (5).

[142] 刘永忠. 北江浈阳大桥桩基缺陷处理 [J]. 中外公路，2003 (5).

[143] 邵华英，刘旋云，周德. 预应力混凝土连续梁桥维修加固技术的对比研究 [J]. 中外公路，2010 (3).

[144] 李国平，刘跃华. 一种修复混凝土桥梁跨中下挠和开裂的方法 [C] //2007 年全国桥梁学术会议论文集. 北京：人民交通出版社，2007.

[145] 邓穗芳. 双连拱涵的加固设计与施工 [C] //2007 年全国桥梁学术会议论文集. 北京：人民交通出版社，2007.

[146] 郑步全，吴培峰. 某钢筋混凝土连续曲线梁桥裂缝事故分析与设计修正 [J]. 公路交通科技，2004 (11).

[147] 陈向阳，汪劲丰，王建江，等. 用索拱体系加固提载刚架拱桥的分析研究 [J]. 公路交通科技，2005 (11).

[148] 孙汝蛟，刘海龙. 基于荷载试验的某落石损桥结构评估 [J]. 公路交通科技（应用技术版），2010 (7).

[149] 鄢真. 微型桩配外包混凝土处治河床下切桩基病害的研究 [J]. 公路交通科技（应用技术版），2013 (2).

[150] 潘立华，胡卫群. 软土地区竣工后桥台推移处治方案设计研究 [J]. 公路，2012 (9).

[151] 严广桢，苏善根，丁颂堂. 马相迪河大桥锚碇索洞裂缝情况调查简介 [J]. 公路，1987 (11).

[152] 席芳柏，胡钊方. 沂江大桥病害原因分析及处治 [J]. 公路，1997 (5).

[153] 叶漫霖，王学坤. 某人行天桥的加固设计与施工 [J]. 桥梁建设，1992 (2).

[154] 彭卫兵，戴飞. 广东河源东江大桥事故倒塌分析 [J]. 中外公路学报，2019 年 6 月（网上文章）.

[155] 重庆时报，2005-10-25 及贵州商报，2005-11-26 报道.

[156] 贵阳晚报，2018-4-7 报道.

[157] 贵阳晚报，2013-5-2 报道.

[158] 贵阳晚报，2016-6-11 报道.

[159] 贵阳晚报，2018-7-24 报道.

[160] 贵阳晚报，2011-1-6 报道.

[161] 贵阳晚报，2011-4-13 报道.

［162］贵阳晚报，2011-11-13 报道．

［163］潘晓东，应添添，范立盛，等．桥侧大面积堆土致斜交梁桥倒塌事故分析［J］．中外公路学报，2019（1）．

［164］网上下载文章：1981 年成昆铁路列车坠桥事故．2019．

［165］网上下载文章：6.14 河源紫金桥垮塌事故．2019-6-16．

［166］刘双，郭友，栗燕娜．公路桥梁重力式墩台及浅基础冲刷病害维修设计［J］．城市道桥与防洪，2013（12）．

［167］桥梁建设报，2020-7-10 文章（记者：陈博文）．

［168］2020-7-7 网上信息．

［169］信息时报，2020-7-7 报道．

［170］网上信息，2020．

［171］中国日报网，2014-7-7 报道．

［172］新华社成都，2018-11-14 电讯．

［173］澎湃新闻，2019-6-13 报道．

［174］中国新闻网，2020-6-17 报道．

［175］15 年目睹怪现状 150 桥垮塌为什么，网上下载文章．

［176］12 年目睹怪现状 100 桥垮塌为什么，网上下载文章．

附录三　人为因素引发的国内部分桥梁事故概况表（事故类型 $B_1 \sim B_{20}$）

序号	桥梁名称	桥梁简况	伤亡人数 亡	伤亡人数 伤	事故概要	事故类型	时间 (年.月.日)	信息来源
1	湖南花垣县大龙洞桥	单孔 18m 石拱桥			拱架与拱圈一起垮塌	B_1	1965.5.26	1
2	南宁至蒲庙公路水塘江桥	单孔 56m 双曲拱桥,矢跨比 1/8	13	25	拆除拱架时垮塌	B_6	1966.9.4	2
3	遵义乌江渡公路大桥	57m ＋ 86m ＋ 60.6m 双曲拱桥			中孔拱肋合龙后加载拱波因大挠度失稳而垮塌	B_2	1970.11.22	3
4	河源市龙川县彭坑大桥	28m ＋ 80m ＋ 150m 双曲拱桥	64	20	主孔拱圈合龙后因异常变形失稳而垮塌	B_2	1971	1、2、3
5	江苏××大桥	单孔 70m 双曲拱桥,矢跨比 1/10			分 7 段预制吊装,拱波合龙后纵向失稳垮塌	B_2	1973 之前	3
6	张家界市桑植县凉水口桥	3×40m 石肋拱桥			拱架与拱圈一起垮塌	B_1	1977.3.31	1
7	湖南龙山县红岩溪桥	单孔 32m 石拱桥			拱架与拱圈一起垮塌	B_1	1982.3	1
8	吉首市狮子卷桥	单孔 60m 石拱桥		21	拱架与拱圈一起垮塌	B_1	1983.4	1
9	张家界市茅岗桥	2×70m 石拱桥			拱架与拱圈一起垮塌	B_1	1983.1.15	1
10	湖南花垣县张匹马桥	单孔 30m 石拱桥	2	37	拱架与拱圈一起垮塌	B_1	1984.11.9	1
11	吉首市接联二桥	单孔 15m 石拱桥			拱架与拱圈一起垮塌	B_1	1986.6.26	1
12	张家界市桑植县刷帚溪桥	单孔 25m 石拱桥	5	32	拱架与拱圈一起垮塌	B_1	1986.11.9	1
13	四川达县洲河大桥	190m ＋ 70m PC 主梁斜拉桥	16		悬臂体系主梁在吊装主跨合龙段时失稳破坏	B_2	1986.10.29	4、5、6、7、374
14	怀化市沅陵县枫香坪桥	单孔 30m 石拱桥	1		拱架与拱圈一起垮塌	B_1	1988	1
15	重庆市红旗河沟立交桥	8 × 20.5m RC T 梁	3	2	过早拆除第 3 跨支架导致 T 梁垮塌	B_4	1988.7.7	8

续表

序号	桥梁名称	桥梁简况	伤亡人数 亡	伤	事故概要	事故类型	时间(年.月.日)	信息来源
16	黑河市逊克县夕石水电站大桥	5×12m RC 板桥	8	8	钢桁架支架失稳垮塌	B₁	1990.8.28	8
17	贵州仁怀县茅台大桥	主跨 115m RC 箱拱	4	9	施工桥面系时主拱全桥垮塌	B₃	1990.10.27	8、9、10
18	铜仁市鱼梁滩脚大桥	单孔 50m 石拱桥	37	31	木拱架与拱圈一起垮塌	B₁	1990.12.1	1、11、8、9、6
19	怀化市沅陵县黄头桥	单孔 70m 石肋拱桥	14	9	拱架失稳导致桥梁整体垮塌	B₁	1992.1.8	1、8、6
20	柳州市壶西大桥	公路桥	2	3	即将完工时人行道坍塌	B₈	1998.1.24	5、6
21	韶关市翁源县南门坪大桥	不详	5	6	模板支架失稳倒塌	B₁	1995.11	12
22	广东佛开高速公路潭洲大桥	75m + 125m + 75m PC 连续箱梁			张拉合龙段底板钢束时，底板崩裂	B₂	1996.7.26	14
23	韶关市白桥坑大桥	主跨 100m RC 箱形拱桥	32	59	钢桁支架失稳垮塌	B₁	1996.12.20	1、2、12、8、6
24	广州市东环高速立交桥	不详	3		施工中引桥突然垮塌	B₈	1997.11.30	8
25	内宜高速公路宜宾岷江二桥	3×160m RC 拱桥，高跨比与宽跨比均较小			3跨拱体先后两次发生垮塌，窄而高的桥体因风致强振而破坏	B₉	1998.8	16
26	乐山市沐川县黄丹站大桥	主跨 80m RC 拱桥	14	4	拱圈合龙时突然垮塌	B₂	1992.1.31	8、6
27	巴东境内 G209 国道焦家湾桥	单孔 48m 石拱桥	11	14	木拱架及拱圈一起垮塌	B₁	1998.2.20	17、18、19、6
28	云南某县××桥	单孔 35m 石拱桥	10	22	拱架支撑失稳垮塌	B₁	1998.4	12
29	四川成雅公路魏口大桥	拱桥			拱架垮塌	B₁	1998.8.3	18
30	巴东境内 G209 国道文家沟大桥	不详			桥面下陷，护栏倒塌	B₁₀	1999.6	46
31	宁波市招宝山大桥	主跨 258m 独塔 PC 斜拉桥			施工中箱梁底板断裂	B₂	1998.9.24	20～25
32	重庆市三峡库区云阳县永安桥	石拱桥	2		施工质量引发的事故	B₈	1998.12.16	26
33	重庆市沙坪坝龙泉路立交桥	不详			施工中垮塌	B₈	1998.12.19	26
34	南平市浦城县水北公路桥	石拱桥	7	18	拱架与拱圈一起垮塌	B₁	1999.1.9	27

续表

序号	桥梁名称	桥梁简况	伤亡人数		事故概要	事故类型	时间（年.月.日）	信息来源
			亡	伤				
35	绵阳市北川县湔江河龙王滩大桥	3×47m 石拱桥，桥宽 16m			第 2 跨木拱架失稳变形与拱圈一起垮塌，变形后人员快速撤离，未有伤亡	B_1	1999.4.1	28
36	黄冈市武穴市东门大桥	3×35m RC 肋拱桥，1998 年开工	2	9	第 2 跨木拱架与拱肋一起垮塌，个体户承包施工，木料不合格	B_1	1999.4.6	29、30
37	湖北宜昌市偏窗子大桥	不详			施工中垮塌	B_8	1999.5	31
38	定西市岷县憩乐岛公园桥	人行悬索桥	18		违规提前开放行人过桥，并超载致桥面垮塌	B_4	1999.7.24	32、199、200
39	四川广元 G108 线南跨线桥	石拱桥	10	15	拱圈快完成时，钢拱架垮塌	B_1	1999.11.1	33
40	贵州贵新一级公路贵定县大地坪桥	单跨 30m 混凝土梁桥	1	26	钢管支架垮塌，支架最高处 23m，全宽约 30m	B_1	1999.12.9	34
41	重庆市綦江县××桥	立交桥	2	2	施工中桥体垮塌，路桥施工企业转包给个体户施工	B_8	1999.12.24	35
42	××拱桥	主跨 128m 钢管混凝土中承式拱桥			钢管拱肋灌注混凝土时大范围变形开裂	B_2	1999 之前	36
43	宁波市镇海跨海大桥	PC 箱梁斜拉桥			设计、监控失误导致施工中主梁无法对接	B_8	2000.7	37
44	广州市广花路高架桥	不详	2	2	施工支架垮塌	B_1	2000.9	12
45	重庆市武隆县浩口乡芙蓉江桥	武隆至贵州务川县公路大桥	11	12	施工中吊斗运行时钢丝绳破断坠落，23 人坠落桥面	B_5	2008.10.28	38、607
46	深圳市盐坝高速公路起点高架桥引桥	多跨混凝土梁桥	10	33	第 6、7 跨钢管支架及部分已浇混凝土坍塌，支架高约 20m	B_1	2000.11.27	32、39、40、46
47	南充市仪陇县柳垭××桥	60m 跨径悬索桥	7	2	施工中主缆破断，当时有人群过桥	B_5	2000.12.13	41
48	珠海市淇澳大桥	PC 连续梁			施工中 0 号梁段混凝土严重缺陷	B_2	2000	42
49	金华市婺江大桥	上承式 RC 拱桥	2	8	老桥改造拆除施工中贝雷支架垮塌，长约 60m	B_1	2001.2.10	43

续表

序号	桥梁名称	桥梁简况	伤亡人数		事故概要	事故类型	时间(年.月.日)	信息来源
			亡	伤				
50	京福高速公路三明至福州段的梅列互通A匝道桥	(21＋34＋21)m PC变截面连续空心板	6	20	钢管支架预压时垮塌	B₇	2001.9.25	44
51	自贡市釜溪河鸿鹤大桥	主跨80m箱形拱桥	3	7	拱架预压时，因纵向偏载，且约一半碗扣式钢管支架钢管壁厚小于3.5mm，致支架垮塌	B₁	2002.2.8	45、46、648
52	株洲市石峰桥	箱梁桥	1	10	施工中满布式钢管支架及模板失稳垮塌，支架高约18m	B₁	2002.6.6	47、48
53	南阳市内乡县万沟大桥	单孔46m拱桥	10	2	拱圈已基本合龙时因局部拆架导致垮塌	B₆	2002.8.15	49、50、6
54	安康市平利县太平河桥	拱桥	2	1	拱圈合龙后，拱上一侧填料偏压导致垮塌	B₄	2002.11.25	7
55	南安市英都镇荣星大桥	石拱桥	6	13	施工中拱架垮塌	B₁	2002.12.14	7
56	遵义市绥阳县狮子坝桥	单孔45m石拱桥	6	17	木拱架及拱圈一起垮塌	B₁	2003.3.9	51
57	信宜市朱砂镇石岗嘴桥	单孔40m石拱桥，桥长53.18m			桥梁完工时垮塌	B₃	2003.3.9	50
58	青岛市××桥	梁式桥	3	4	施工中墩柱钢筋笼及脚手架一起垮塌	B₁	2003.5.24	52
59	无锡市胡埭镇天山水泥厂南桥	旧桥	3	5	拆除过程桥面断塌	B₆	2003.6.25	6
60	天津市雪莲路立交桥	不详	1	13	支架失稳桥梁垮塌	B₁	2003.8.26	6
61	贵阳市环城高速公路小关大桥	69m＋125m＋2×160m＋112m连续刚构			3个合龙段张拉箱梁底板预应力束时，均发生崩裂破断	B₂	2003.11	53、42
62	南京赛虹立交桥中华门段高架桥	不详		10	浇筑混凝土桥面时，支撑失稳致约100m桥面坍塌	B₁	2004.1.15	6
63	清镇市清黄公路红枫湖大桥	主跨185m独塔斜拉桥	1	2	施工中塔吊倾倒，塔吊高约100m	B₅	2004.4.28	54
64	上海A30高速公路高架桥	跨径45m T梁桥		4	吊装T梁过程中梁体突然坠落，压毁3辆车	B₅	2004.10.22	6、40、652
65	广东广清高速增槎槎公路高架桥	混凝土梁桥	2	7	第26联第4跨长约35m满布式钢管支架松动导致梁体垮塌	B₁	2004.12.13	32、651

续表

序号	桥梁名称	桥梁简况	伤亡人数 亡	伤亡人数 伤	事故概要	事故类型	时间 (年.月.日)	信息来源
66	郴州市桂东县增口乡下东村桥	石拱桥，桥长13.7m，宽5m，高7.2m	7	3	庆祝桥体合龙成功时桥梁突然垮塌，村民自筹资金，自行修建	B_8	2005.1.5	120
67	叶集至信阳高速公路第十标段跨越 G312 国道立交桥	T梁桥	5	16	架桥机架梁时，T梁倾倒，施工人员与桥下客车乘客伤亡	B_5	2005.1.10	56
68	贵州三穗至凯里高速公路南高特大桥	115m＋2×200m＋115m 连续刚构桥			箱梁合龙后张拉底板预应力束时，第4跨底板崩塌断裂	B_2	2005.5.18	会议资料
69	绥芬河市新华街立交桥	多跨PC连续梁	1	6	浇梁体混凝土时支架垮塌	B_1	2005.9.25	57
70	遵义市务川县珍珠大桥	主跨120m RC箱形拱	16	3	钢拱架合龙后垮塌	B_1	2005.11.5	58～62
71	贵阳市贵开公路小尖山大桥	45m＋65m＋45m PC连续箱梁	8	15	满布式钢管支架与已浇筑箱梁混凝土一起垮塌	B_1	2005.12.14	20、64、65
72	贵州崇遵高速公路××大桥	主跨120m RC箱形拱			贝雷钢拱架安装完成时，过早拆除扣索导致垮塌	B_1	2005	行业内部信息
73	巴中市通江县彭坎岩大桥	主跨70m石拱桥	6	11	引桥拆除时突然垮塌	B_6	1999.4.17	121、6
74	周口市沈丘县新安集大桥	拱桥	3	6	旧桥拆除过程中桥体垮塌	B_6	2001.8.24	6
75	邵阳市邵东县余田镇双桥铺桥	单孔13m实腹式石拱桥	2	3	建成46年后加固施工开挖台后填土时垮塌	B_6	2004.10.4	1
76	扬州市运河桥	不详	4	5	旧桥拆除程序不当导致垮塌	B_6	2006.3.11	32
77	贵阳至开阳公路跨线桥	RC空心板桥		5	浇空心板混凝土时，满布式钢管支架垮塌，支架高约8m，8人坠落	B_1	2006.4.24	66、67
78	山东文登市抱龙河桥	15孔景观拱桥	5	1	施工中两孔垮塌	B_8	2006.6.6	48
79	北京市顺义区卧龙环岛减河桥	人行悬索桥		3	施工质量差，桥梁竣工后进行荷载试验时垮塌	B_7	2006.12.9	21、69、70、71、200
80	商洛市镇安回龙镇高架桥	柞(水)小(河)高速公路，混凝土梁桥	1	2	施工中贝雷支架垮塌	B_1	2007.1.24	40
81	赣州市章贡区水西镇黄沙三桥	拱桥	1	5	施工质量低劣导致桥梁垮塌	B_8	2007.3.29	40

序号	桥梁名称	桥梁简况	伤亡人数		事故概要	事故类型	时间 (年.月.日)	信息来源
			亡	伤				
82	广州市番禺区化龙镇珠江黄埔大桥	连续刚构	3	4	施工中挂篮失稳倾斜,吊杆破断,施工人员从60m高平台上坠落水中	B_5	2007.5.8	42、607
83	广州市东二环珠江黄埔大桥	混凝土梁桥	2	2	砂袋浸水超重,导致引桥钢管支架预压时垮塌	B_7	2007.6.13	52、72、650
84	湖南省凤凰县堤溪沱江大桥	4×65m 石拱桥,高度 42m,全长 328.45m	64	22	卸落拱架后施工拱上填料时4跨连续倒塌	B_4	2007.8.13	1、2、21、73~84、16、71、374
85	贵州镇胜高速公路新寨河特大桥	120.2m＋2×230m＋120.2m 连续刚构桥			第3跨箱梁张拉底板预应力束时,底板严重崩裂	B_2	2007.10.31	85、86、会议资料
86	贵州镇胜高速公路陶家沟大桥	70m＋2×120m＋70m 连续刚构桥			张拉箱梁底板预应力束时,底板崩裂	B_2	2007.11.6	86、会议资料
87	湖北荆岳长江大桥(2010年建成)	主跨 816m 双塔混合梁斜拉桥	5		施工桩基时,钢筋笼吊装过程钢绳破断连同5名工人坠落孔内江中	B_4	2007.12.19	87
88	贵州扎南高速公路××桥	多跨 40m T 梁高架桥			吊装 T 梁坠落撞击桥墩,发生破损及大量开裂	B_4	2007	检测报告
89	达成铁路唐家渡涪江大桥	连续梁桥			箱梁合龙后 96~97 号之间箱梁底板崩塌	B_2	2008.2.28	42
90	遵义市正安县桑坝大桥	主跨 115m RC 箱形拱			钢拱架预压时发生127cm 特大挠度,当即拆除另设计拱架	B_7	2008.4.1	会议资料
91	广东广明高速公路佛山富湾大桥	混凝土梁式桥,墩高 10m,墩柱直径 2.3m	2	3	浇筑 51 号桥墩混凝土时,模板爆裂坍塌冲击施工工人	B_8	2008.4.11	88、607
92	浙江温州市鹿城区双屿镇牛岭村桥	多跨混凝土箱形梁铁路桥	7	21	施工中移动模架垮塌砸毁民房	B_1	2008.6.21	89
93	武广铁路花都大桥	不详	1		施工中工人从 55 号高架桥的挂篮上坠落	B_4	2008.6.22	42
94	昆明市小庄立交桥	多跨混凝土梁桥	2	4	旧桥拆除过程中部分匝道桥垮塌约 200m	B_6	2008.12.9	122
95	徐州市××桥	3×30m RC 肋拱桥,1980年建成			微弯板、横系梁及拱上结构严重开裂,桥面系破坏	B_{10}	2010 之前	544

续表

序号	桥梁名称	桥梁简况	伤亡人数		事故概要	事故类型	时间(年.月.日)	信息来源
			亡	伤				
96	西宁市过境公路二标高架桥	多跨梁式桥	2		施工中桥墩钢筋笼及满布式钢管支架垮塌，当时有大风	B_1	2009.1.15	91、378
97	株洲市红旗路高架桥	多跨梁式桥	9	16	旧桥爆破拆除时使安全线外的桥墩倒塌，24辆车损坏	B_6	2009.5.17	123、124、122、71、378
98	贵阳市货运铁路专线跨花溪二道跨线桥	$2 \times 12.5m$ RC 门式刚构桥	2	5	浇筑纵梁混凝土时满布式钢管支架垮塌，支架未设剪刀撑	B_1	2009.8.31	92～94
99	××大桥	$43m+57m+43m$ PC 连续箱梁桥			张拉边跨合龙段预应力束时，箱梁底板混凝土崩裂	B_2	2009.9.15	95
100	广西某高速公路大桥	$50m+2 \times 90m+50m$ 连续刚构桥			张拉箱梁底板预应力束后，中跨合龙段底板脱落开裂	B_2	2009	96
101	××大桥	$146m+256m+146m$ 连续刚构桥			本梁段施工时，前一梁段未张拉竖向预应力束致腹板开裂	B_4	2009	97
102	昆明市新机场立交桥引桥	梁式高架桥	7	34	浇筑混凝土过程中，满布式钢管支架垮塌，长度约38.5m	B_1	2010.1.3	98～100、46、378、625
103	贵阳市国际会展中心过街人行天桥	混凝土梁式桥	9	19	浇筑混凝土时钢管支架倒塌	B_1	2010.3.14	101～104
104	清镇市沪昆高速公路高架桥	PC 梁式桥	1	4	施工时主梁钢支架垮塌	B_1	2010.9.1	125
105	南京市内环快速西线高架桥	钢箱梁桥	7	3	施工中钢箱梁侧翻坠地，坠落钢梁长30m	B_5	2010.11.26	105～107、126、127、628
106	嘉绍跨江大桥	多塔斜拉桥	2	9	安装主梁时，架桥机发生断塌（B17～B18墩左幅主梁安装）	B_5	2010.12.3	108
107	贵阳市金工立交桥	$30m+45m+30m$ PC 连续箱梁桥			纵向束张拉时，左幅边部锚垫板破裂，锚具缩进4cm	B_2	2010.12.18	109
108	韶赣高速公路马坝互通立交桥	混凝土梁式桥	7	1	D匝道第二联箱梁其上支架局部失稳，引起整体失稳	B_1	2011.5.26	110

序号	桥梁名称	桥梁简况	伤亡人数		事故概要	事故类型	时间（年.月.日）	信息来源
			亡	伤				
109	安徽合肥市南二环金寨路高架桥	多跨混凝土梁式桥	1	2	F匝道桥贝雷支架预压时倒塌,长约90m	B₇	2011.7.24	128、71、568
110	贵阳市南二环中曹司大桥（引桥）	引桥：28m＋43m＋29.5m PC连续箱梁桥			浇筑箱梁顶板混凝土时支架大变形,箱梁大量开裂,拆除重建	B₁	2011.7	111
111	哈尔滨市南岗区哈西地区	梁式桥	1	1	施工中一根横梁从桥上坠落	B₄	2011.10.24	112
112	吉林头道松花江2号桥	铁路桥			因施工质量低劣,铁道部要求全部返工处理	B₃	2011.11.13	129、130
113	吉林头道松花江3号桥	铁路桥			因施工质量低劣,铁道部要求全部返工处理	B₃	2011.11.13	129、130
114	杭瑞高速公路大思段铜仁市宋家坝大桥	多跨30m跨径装配式混凝土梁式桥	1	4	架桥机安装预制梁时与梁体一起倒塌	B₄	2011.11.25	113
115	合肥市包河大道高架跨繁华大道桥	梁式桥,全长约8500m,总投资约26亿元		6	贝雷梁预压时垮塌（主管单位称为计划中的破坏性试验）	B₇	2011.12.5	114
116	成都市量力钢材城高架桥	梁式桥	1	3	施工中支架突然垮塌	B₁	2011.12.14	116
117	辽宁××桥	5×50m双曲拱桥			安装拱波时拱肋垮塌	B₂	不详	3
118	重庆市龙井湾大桥（1994年建成）	8×30m简支T梁桥面连续			桥台、T梁、支座严重病害,承载力严重不足,全桥加固	B₉	2003之前	499
119	××桥	7×50m PC连续箱梁桥			施工中支座发生46cm横向大位移	B₂	不详	117
120	郑州市西四环陇海立交桥	铁路桥			车辆车斗升起撞击桥梁,桥受损坏	B₁₅	2014.4.11	378
121	广州北二高速公路环聚龙大桥	主桥65m＋3×100m＋65m连续刚构桥			跨中合龙时两侧悬臂端高差达9.3cm	B₈	2006以前	42
122	贵阳市北京东路××立交匝道桥	4×25m＋3×25m RC弯箱梁桥			桥梁完工未通车前,每跨箱梁均出现较多裂缝并下挠	B₂	2011.12	46、会议资料
123	齐甘公路嫩江特大桥西江桥	跨江大桥	3		施工中支架垮塌	B₁	2010.5.1	46、396
124	遵义市习水县仁赤高速公路桑木镇高架桥	混凝土梁式桥		1	施工中钢支架垮塌	B₁	2012.5.8	150

续表

序号	桥梁名称	桥梁简况	伤亡人数		事故概要	事故类型	时间（年.月.日）	信息来源
			亡	伤				
125	娄底市涟水河三桥	主桥为下承式钢管混凝土拱桥			施工中主桥桥面81m长度发生断裂	B_2	2012.3.12	151
126	杭州市德胜东路高架桥	PC梁式桥	1	3	旧桥拆除过程中，承重钢绳破断导致桥梁垮塌	B_6	2012.7.2	152、153
127	长沙湘江航电枢纽坝顶桥引桥	PC梁式桥		4	施工中浇筑混凝土时支架与桥面一起垮塌	B_1	2012.5.26	154
128	甬台温铁路浙江黄岩金堂寺特大桥	梁式桥	1	1	38号桥墩处施工中0号梁段垮塌	B_8	2008.8.21	155、679
129	万宁市礼纪镇太阳河桥	RC梁桥	2	2	加固改造施工中桥面垮塌	B_8	2011.8.8	155、71、568
130	武汉市黄陂区横店街迎群村桥	高架桥			桥梁建成后未通车前，引桥严重开裂	B_8	2011.7.12	156
131	S304线澧水大桥	主桥 50m＋4×80m＋50m PC连续箱梁桥			施工中监控失误，6、7号块接头处高程错位达16.4cm	B_8	2011以前	157
132	贵阳市金阳新区××桥	单跨16m装配式斜交PC空心板桥，宽60m			设计斜交角−18°，施工预制时错为＋18°，改造桥台	B_8	2013.4.7	行业内部信息
133	福田厦门市同安溪大桥	同安一侧的引桥长1820m		17	拱架失稳坍塌，正在浇筑的拱箱一起垮塌	B_1	2006.8.29	71、378
134	贵阳市乌当区东风镇××桥	混凝土梁式桥			满布式钢管支架在安装梁体钢筋时垮塌	B_1	2012.12.5	159
135	贵阳市东站路龙洞堡高架桥	多跨混凝土梁式桥		4	桥墩混凝土浇筑过程中，连同模板支架侧倾倒塌	B_1	2013.1.1	160
136	福建龙海市港尾镇景观路桥	混凝土梁式桥，长20多米	3	4	施工桥面时支架与桥体坍塌（由房地产施工单位进行施工）	B_1	2013.4.1	161、568
137	铜仁市东门桥	45m＋80m＋45m连续刚构桥			单幅边跨合龙后合龙段与悬臂端结合部顶板崩裂	B_2	2013.4.27	行业内部信息
138	江苏常州市××大桥引桥	引桥第5联为3×30m PC箱梁			打桩机倒塌致部分桥面、箱梁顶板、护栏多处损坏	B_5	2012.12.22	162
139	湖南郴陵高速公路××桥	63m＋2×114m＋63m连续刚构桥			主跨合龙后，在其上运T梁时侧翻，致箱梁顶板损坏	B_4	2012	163

序号	桥梁名称	桥梁简况	伤亡人数		事故概要	事故类型	时间(年.月.日)	信息来源
			亡	伤				
140	××互通式立交A匝道桥	4×25m PC 弯箱梁			预应力束张拉后箱梁扭曲,外侧下沉7cm,内侧上翘7cm	B_2	2007	164
141	新乡市北环与和平大道北段互通式立交桥	框架桥	2		立交桥框架顶板浇筑混凝土时支架垮塌	B_1	2013.7.21	165
142	××铁路大桥	主跨 56m PC 连续箱梁			56m跨合龙段张拉钢束并压浆后,2个梁段底板崩裂	B_2	2013	166
143	重庆市合川县涪江大桥	4×66m双曲拱桥			施工中加盖拱波12d后,其中1孔垮塌	B_2	1972	167
144	长春市远达大道立交桥	梁式桥			施工中引桥支架与梁体一起垮塌	B_1	2013.10.31	168
145	重庆市丰都长江二桥	主桥为双塔双索面钢箱梁斜拉桥	2	2	4号墩处因浮吊脱落冲击钢围堰致11人落水	B_5	2013.10.10	169、568
146	贵阳市贵安新区土地关大桥	多跨 30m PC 装配式小箱梁桥			3个桥墩盖梁施工时未安装预应力管道,拆除重建	B_4	2013.11	会议资料
147	××大桥	跨径 60m 下承式系杆拱桥			施工失误致系杆预应力锚下混凝土压溃	B_4	不详	170
148	湖南××高架桥	66m＋3×110m＋66m连续刚构			施工中边跨现浇段靠横隔板处顶板崩裂约2m²	B_8	2012.8.1	171
149	××跨铁路立交桥	2×73m T形刚构桥转体施工			张拉箱梁顶板钢束时,顶板大面积崩裂,因混凝土强度低,钢束定位偏差大	B_4	2014	172
150	贵遵高速复线乌当区××桥	多跨装配式T梁桥	1		架桥机作业时从20m高处坠落,砸破防护网,坠落在贵开公路上	B_4	2015.9.22	173
151	贵州红果经济开发区南北六号路上跨镇胜高速大桥	装配式 PC T梁桥			吊装施工中T梁坠落,阻断高速公路交通	B_4	2017.4.10	174
152	遵义市镇隆镇马鞍山高铁大桥	混凝土梁式高架桥	1	1	桥墩施工中60m高支架垮塌	B_1	2016.12.15	175
153	高州市深镇镇良坪村委会坑口村桥	跨径 20m 石拱桥(当地村委会自行修建)	11	16	施工过程中拱圈垮塌,26人被埋,多人伤亡	B_1	2014.5.3	176、177、568

续表

序号	桥梁名称	桥梁简况	伤亡人数		事故概要	事故类型	时间（年.月.日）	信息来源
			亡	伤				
154	铜仁市南岳 1 号桥	上承式 RC 葵花拱桥，全长 196m，桥宽 25m			施工中预压试验时满布式钢管拱架垮塌	B_1	2012.3.22	178
155	湖南省泸溪县洗溪桥	3×50m 石拱桥			拱圈垮塌	B_{19}	1988.9	1
156	湖南省龙山县哪宅桥	1×25m 石拱桥			拱圈垮塌	B_{19}	1966	1
157	湖南省保靖县黄莲桥	1×15m 石拱桥			拱圈垮塌	B_{19}	1966	1
158	湖南省凤凰县三拱桥	1×30m 石拱桥			桥台、拱圈垮塌	B_{19}	1971.12	1
159	湖南省古丈县丫角山桥	1×8m 石拱桥			全桥垮塌	B_{19}	1983.1	1
160	湖南省保靖县新宅桥	1×20m 石拱桥			全桥垮塌	B_{19}	1985.3.17	1
161	湖南省永顺县西来桥	1×52m 石肋双曲拱桥			全桥垮塌	B_{19}	1985.3.21	1
162	湖南省泸溪县万浮坪桥	1×16m 石拱桥			全桥垮塌	B_{19}	1986.1.24	1
163	湖南省永顺县狗哈桥	8m+72.5m+8m 石拱桥	8	5	全桥垮塌	B_{19}	1987.1.24	1
164	怀化市沅陵县鸳鸯桥	1×74m 石拱桥	4		腹拱圈垮塌	B_{19}	1990.7.18	1
165	涪陵市涪蔺公路工农桥	石拱桥	6	2	边孔垮塌	B_{19}	1998.1.1	18
166	柳州市壶西大桥	独塔双索面斜拉桥	4	3	使用三年半后，下游侧悬臂人行道板（纵向 240m 长度）坠落，砸沉 2 条船	B_{19}	1998.1.24	6、18、8、118
167	巴中市通江县彭坎岩大桥	主孔为 70m 石拱桥			通车 2 年后主孔垮塌	B_{19}	1998.7.17	18、21
168	重庆市彭水县九曲河桥	拱桥			跨径 11m 引桥垮塌	B_{19}	1998.9.22	18
169	辽宁沈大高速公路青羊河大桥	不详	2	2	桥面坍塌，引发 3 辆车相撞事故，造成人员伤亡，桥面过薄且露筋	B_{19}	1998.10.25	5、118
170	庄河市冰山谷桥（新建大桥）	三跨拱桥，主跨为中承式 RC 拱桥，全长 210m	1	22	中孔一条拱肋垮塌	B_{19}	1999.9.19	184

续表

序号	桥梁名称	桥梁简况	伤亡人数		事故概要	事故类型	时间(年.月.日)	信息来源
			亡	伤				
171	三峡库区新桥沟二桥	不详			因严重质量问题拆除	B_{19}	1999	17
172	三峡库区东柳湾桥	石拱桥			因严重质量问题拆除	B_{19}	1999	17
173	三峡库区李家湾桥	不详			因严重质量问题拆除	B_{19}	1999	17
174	三峡库区水井包桥	不详			因严重质量问题拆除	B_{19}	1999	17
175	三峡库区汪家沟桥	不详			因严重质量问题拆除	B_{19}	1999	17
176	柳州市壶东桥	跨江大桥	79		桥面施工用隔离墩未撤,照明系统因雷击毁坏,夜间大客车撞上后冲断护栏坠河	B_{15}	2000.7.7	新闻报道、6
177	泸州市龙马潭区金龙乡奈溪河浮桥	钢架浮桥	5		大量人群上桥,浮桥侧翻,50多人落水	B_{19}	2000.8.20	32、646
178	重庆市G319国道线斜阳溪大桥	4×132m RC箱形板拱			一跨近30m长的桥体整体垮塌,桥上交通与光缆中断	B_{19}	2000.9.11	185
179	驻马店市西平县××桥	不详	3		梁体垮塌	B_{19}	2000.10.20	32
180	深圳市龙岗区坪地镇矮江桥	5孔混凝土梁桥,全长94m,双柱墩			车辆超载及结构缺陷致桥梁一跨断裂呈V形	B_{19}	2004.6.14	40、653
181	河北黄骅市黄骅与孟村县交接处桥	多跨混凝土梁桥,长60m,宽10m,高11m	3	3	修复施工过程中因爆破失误致桥体垮塌	B_4	2004.6.19	186
182	苏州市堰丹桥	RC空心板桥	1	3	使用20年后突然垮塌	B_{19}	2005.4.7	187
183	上饶市铅山县鹅湖镇信江河傍罗大桥	10跨连续石拱桥,片石砌体,全长355.2m			10跨石拱桥突然全部垮塌	B_{19}	2005.5.9	2、188、378、679
184	杭新景高速公路新安江大桥	不详	3	2	11号桥墩右幅墩柱突然倒塌	B_{19}	2005.10.15	42
185	深圳市宝安区××桥	高架桥		7	桥梁突然垮塌	B_{19}	2006.12.11	40
186	G318国道潜江东荆河大桥	主桥为7跨T形刚构桥			使用39年后因桥体产生严重缺陷拆除重建	B_{19}	2009.10.16	189

续表

序号	桥梁名称	桥梁简况	伤亡人数		事故概要	事故类型	时间（年.月.日）	信息来源
			亡	伤				
187	河北涿州京广线38号桥	RC 梁桥（铁路桥）	4	24	维修施工过程中半幅桥体突然垮塌，列车运行中断	B_8	1999.3.22	28
188	广东南海金沙大桥	66m＋120m＋66m 连续刚构桥			通车 6 年后主梁下挠 220mm，箱梁腹板大量开裂	B_{10}	2000	191、192、42、529
189	四川宜宾小南门金沙江大桥	240m 劲性骨架 RC 中承式拱	3	2	通车 11 年后，车辆过桥时 4 对 8 根吊杆断裂，部分桥面坍塌，三辆车坠河	B_{10}	2001.11.7	2、20、21、15、25、193、194、262、497
190	广东××高架桥	20～40m 多跨弯箱梁桥			使用中发生横向大位移 16cm	B_{10}	2001	195
191	贵州榕江县榕江大桥	5×13m＋7×42m＋8×13m 主桥为 RC 上承式拱桥			悬臂人行道板主筋构造设计失误，致部分人行道板断塌	B_{10}	1981.5	行业内部信息
192	G321 国道清镇至毕节公路六公里处跨猫跳河姬昌桥	多跨 15m 跨径石桥			重载车辆压塌部分拱圈	B_{12}	1994.11.25	593
193	京广铁路××桥	PC 梁式桥			AAR（碱-骨料反应）引起主梁混凝土破坏	B_{11}	1995	25
194	重庆市綦江县彩虹桥	120m 跨径中承式钢管混凝土提篮拱桥	40	14	建成 3 年后，武警士兵列队过桥时垮塌	B_{13}	1999.1.4	6、8、16、26、27、31、40、196、197、374
195	四川涪江××桥	不详	20		船舶撞坏桥梁	B_{14}	1999.7.30	6
196	北京市西直门立交桥	混凝土梁式桥			受除冰盐侵蚀，使用 19 年后拆除重建	B_{11}	1999	25
197	贵州贵新一级公路贵定县西门河桥	多跨 PC 梁式桥，全长 400 多米，2001 年 1 月通车			通车不久后，一个直径 1.8m 墩柱混凝土松散崩裂，发生险情，交通中断	B_{11}	2001.4.9	201
198	广州市海印大桥	（35＋85.5＋175＋85.5＋35）m PC 斜拉桥			使用 6 年后，部分斜拉索严重腐蚀断裂，186 根斜拉索全部更换	B_{11}	1995	4、25、115、193、202
199	成渝高速公路 K137＋600 人行天桥	多跨梁桥	4		汽车因爆胎失控撞击中间桥墩，桥体垮塌，车上 4 人遇难	B_{15}	2002.10.12	6

续表

| 序号 | 桥梁名称 | 桥梁简况 | 伤亡人数 | | 事故概要 | 事故类型 | 时间(年.月.日) | 信息来源 |
			亡	伤				
200	重庆市武隆县峡门口乌江二桥	跨径 140m 集束钢管混凝土拱桥			建成 6 年后，钢管拱肋严重病害，危及桥梁使用安全	B_{10}	2002.6	203、204、205、429
201	河南三门峡黄河大桥	105m＋4×140m＋105m 连续刚构			通车 10 年后，主梁下挠22cm，并发生大量结构性裂缝	B_{10}	2002.6	42、191、192、206
202	上海市走马塘人行桥	混凝土桥面板钢箱梁桥		2	重载货车上桥，主梁与桥墩严重损坏，拆除重建	B_{12}	2003.11.1	6
203	武汉市江汉三桥(晴川桥)	主桥为 280m 下承式钢管混凝土系杆拱			系杆索破断	B_{11}	2003.11.2	207
204	湖北黄石长江大桥	(162.5＋3×245＋162.5)m 连续刚构桥			通车 7 年后，主跨下挠305mm，箱梁出现裂缝约 6638 条，进行大修	B_{10}	2003	192、193、208、513
205	毕节市归化大桥	主跨 120m 桁式组合拱桥			因主拱杆件断裂与挠度过大成危桥，拆除重建为 RC 箱拱	B_{10}	2003.12.26	209、210
206	北京市密云县彩虹桥(云虹桥)	钢桁拱人行桥	37	15	元宵节观灯，晚间大量人群上桥发生踩踏事故	B_{13}	2004.2.5	6
207	北京市五环路上清桥	钢箱梁桥			钢箱梁纵向位移，致独柱支承的梁体开裂	B_{10}	2004.3	21
208	江都市东汇桥	不详			驳船撞击，桥面垮塌压在船上	B_{14}	2004.5.26	211
209	盘锦市 G305 国道辽河大桥(田庄台大桥)	带挂孔 T 形刚构桥，2000 年已鉴定为危桥			超重车压塌第 9 跨悬臂端主梁，三辆车坠入河中(桥上有限载 15t 标牌)	B_{12}	2004.6.10	6、20、40、71、212、213、214
210	徐州市淮海东路济众桥	不详			桥梁完工通车前，拆除围土放水时桥梁垮塌	B_4	2004.6.27	186
211	阜阳市双清路桥	不详		3	运煤重车过桥时，桥体坍塌，货车坠河	B_{12}	2004.9.20	20、215
212	京杭运河横塘亭子桥	拱桥			货船撞塌桥梁，桥体坠下压住两只船	B_{14}	2004.9.1	211
213	广东虎门大桥辅航道桥	150m＋270m＋150m 连续刚构桥			通车 7 年后，主梁下挠260mm，箱梁出现大量裂缝	B_{10}	2004	191、193、216、217、42、192

续表

序号	桥梁名称	桥梁简况	伤亡人数		事故概要	事故类型	时间（年.月.日）	信息来源
			亡	伤				
214	江西××桥	多跨 13m 空心板桥，全长约 300m			使用 15 年后，上下部结构均出现破损及变形，属四类危桥，拆除重建	B_{10}	2004	218
215	阜阳市双清路小桥	拱桥			超载重车压塌桥梁	B_{12}	2004.9.20	219
216	深圳市龙岗区坑梓镇年丰村年丰大桥	梁桥			超载重车压塌桥梁	B_{12}	2004.6.14	219
217	上海市龙华港铁路 1 号桥	钢板梁桥			河水上涨，船被卡在桥下，致桥体严重破坏	B_{14}	2005.2.14	40
218	新疆奎屯 312 国道与 217 国道交叉立交桥	不详	11	7	中巴车在桥上爆炸（人为破坏）	B_{20}	2005.1.20	42、6
219	渝遂铁路（重庆段）××桥	不详			船舶撞击桥梁垮塌	B_{14}	2005.2.14	40
220	××桥	65m＋3×100m＋65m 连续梁桥			因开裂变形严重使用 12 年后全桥拆除	B_{10}	2005	220
221	武汉长江二桥	连续刚构桥			125m 边跨跨中连续下挠，2000～2005 年，平均每年下挠 20mm	B_{10}	2005	42
222	广州市洛溪大桥	连续刚构桥			箱梁顶、底板、腹板出现大量裂缝与破损，最大缝宽 0.56mm	B_{10}	2005	42
223	甘肃省 S306 省道北门洮河大桥	4 跨双曲石拱桥		4	重载车通过时桥梁垮塌	B_{12}	2006.5.16	1、71、219
224	京广线信阳至陈家河段铁路桥	装配式 PC 梁桥	6	15	DJK 型架桥机安装时侧倾翻倒	B_5	2006.10.21	68
225	长春市农安县山湾桥	梁桥			超载重车压垮桥梁	B_{12}	2006	219
226	涟源市白马镇白马溢洪大桥	拱桥	1	2	超载重车压垮桥梁	B_{12}	2006.4.28	219
227	临汾市襄汾县景毛乡公路桥（"七一渠"桥）	拱桥			超载重车压垮桥梁	B_{12}	2006.8.3	219
228	成渝高速公路内江新龙坳大桥	主孔 117.8m 中承式提篮拱桥			使用 14 年后病害严重，更换全部吊杆	B_{11}	2007.1	221
229	常州市运河桥	主跨 52.8m 下承式 RC 系杆拱			100t 重车压塌半幅桥，吊杆破坏	B_{12}	2007.5.13	2、71、219、222～224、679

577

续表

序号	桥梁名称	桥梁简况	伤亡人数		事故概要	事故类型	时间(年.月.日)	信息来源
			亡	伤				
230	宁波市奉化方桥镇方桥	下承式钢桁架桥,1907年建成	1	1	货船撞击桥梁垮塌	B_{14}	2007.5.23	40、71、679
231	佛山市南海区九江大桥	主桥2×160m独塔斜拉桥,副主桥21×50m连续梁桥,20×16m空心板	9		2000t船撞50m跨桥,船沉没,4辆车落水,副主桥垮塌长度200m	B_{14}	2007.6.15	2、21、32、71、74、211、225~231、374
232	昆山市大洋桥水域大洋桥	多跨混凝土梁桥,圆柱式桥墩	2	1	200t货船撞桥墩,致中跨半幅桥垮塌,压在桥上	B_{14}	2007.8.29	2、32、225、230~233
233	太原市G208线小店区段东柳林桥	西半幅为单孔混凝土拱桥			183t货车压垮38m长半幅桥,该桥限载为20t	B_{12}	2007.8.15	2、401、441、679
234	包头市民族东路高架桥	独柱式桥墩简支钢箱梁桥,墩上设双支座(横向)		4	重车偏载致一跨桥体侧倾垮塌,桥下铁路交通中断	B_{12}	2007.10.23	234、235、71
235	广东珠海大桥	主跨125m连续刚构桥			使用15年后,箱梁出现较多结构性裂缝,宽度超限	B_{10}	2007	206
236	重庆江津长江大桥(1997年建成)	140m+240m+140m连续刚构桥			使用10年后,下挠317mm,箱梁出现较多结构性裂缝,并有较大裂缝	B_{10}	2006.4	206、496
237	山西风陵渡黄河公路大桥	87m+7×114m+87m连续箱梁桥			使用14年后,箱梁出现多种严重病害,最大下挠197mm,主桥改造加固(矮塔斜拉)	B_{10}	2007	206、236、551
238	G309国道临汾市河西龙寺村席坊桥	梁式桥			超载重车压垮桥梁,1971年修建,限载7t	B_{12}	2007.7.8	219
239	山西长治××桥	钢桁梁桥			超载重车压垮桥梁	B_{12}	2007	219
240	新疆325省道××桥	钢桁梁桥			超载重车压垮桥梁	B_{12}	2007	219
241	浙江宁波至舟山公路金塘大桥	在建混凝土连续箱梁桥	4		货船驶入原航道,净高不足,撞击主梁,60m长箱梁垮塌,将驾驶室压入下层货舱内	B_{14}	2008.3.27	74、229、230、231、237
242	上海市闵浦大桥东引桥	双塔双索面双层公路斜拉大桥			东引桥施工中发生火灾,桥梁受损	B_{16}	2008.7.24	42

序号	桥梁名称	桥梁简况	伤亡人数 亡	伤	事故概要	事故类型	时间（年.月.日）	信息来源
243	高邮市汉留镇四异村三阳河大桥	拱桥		2	货船撞击拱顶，大桥垮塌长约 100m，压住两艘大船	B₁₄	2008.10.28	38
244	中国南方××大桥	下承式系杆拱桥			重车快速通过时，桥体垮塌	B₁₂	2008	238
245	山东济南黄河大桥	斜拉桥			使用 13 年后，更换 88 根斜拉索	B₁₁	2008	193、256
246	重庆市綦江大桥	75m ＋ 130m ＋ 75m 连续刚构桥			使用 7 年后，箱梁出现多种严重病害	B₁₀	2008	206
247	广东××桥	6×20m RC T 梁			400t 货船撞击 T 梁腹板，致 7×1.1m² 断裂	B₁₄	2009.6.15	239
248	黑龙江哈伊公路铁力市西呼兰河大桥	6 跨双曲拱桥，左右幅分别建成于 1973、1997 年	4	4	30t 重车通过时双曲拱桥垮塌，8 辆车坠河，另一幅桥仍完好	B₁₂	2009.6.29	40、71、219、240、241～243
249	津晋高速公路天津港塘收费站 A 匝道桥	独柱墩连续弯箱梁桥	6	7	5 辆重车偏载致箱梁侧翻垮塌，塌落梁长 109m	B₁₂	2009.7.15	71、219、244～246、235、47
250	广元市朝天区龙洞背大桥	主跨 120m RC 箱肋拱桥			车辆通过时振动强、时间长，冲击系数达 2.6，将肋拱改造为板拱	B₁₉	2000.10	498
251	××城市高架桥	30m＋2×35m＋30m PC 连续弯箱梁桥，中间墩为独柱式桥墩			多辆超载车偏载，致梁体侧倾倒塌，箱梁局部损坏	B₁₂	2009	248
252	清远市阳山县 S347 青莲公路桥	多跨 RC 拱桥			大型运煤车压塌第二跨拱肋	B₁₂	2009.8.8	155、219、401
253	衢州市国道 G205 常山县长风大桥	多跨梁桥			建成 10 年后因开裂严重，桥墩下沉，拆除重建	B₁₀	2010.6.6	249
254	重庆市 G319 线彭水县红泥槽大桥	石拱桥，1998 年建成		1	建成 12 年后，突然垮塌，一辆工程车坠落桥下，交通中断	B₉	2010.5.26	71、250、网上信息
255	吉林省道 302 朝长公路锦江大桥	单孔拱桥		6	144t 重车过桥时压塌桥梁，2 辆车坠河，2006 年曾评定为危桥	B₁₂	2010.6.8	251～254、71、401
256	武汉市长江三桥—白沙洲大桥引桥	引桥为 RC 梁桥，主桥为钢主梁斜拉桥，2000 年建成			引桥施工质量差，过桥车辆严重超载，10 年内进行 24 次维修，2014 年引桥桥面出现 1m×0.3m 大洞	B₁₂	2010～2014	371、255、589

续表

序号	桥梁名称	桥梁简况	伤亡人数 亡	伤亡人数 伤	事故概要	事故类型	时间（年.月.日）	信息来源
257	济宁市鱼台县惠河桥	50.4m 双曲拱桥			拱顶沉降，拱肋开裂，桥台不均匀下沉，病害严重	B_{10}	2001 之前	500
258	重庆市石门长江大桥	200m＋230m PC 主梁独塔斜拉桥			1988 年建成后，PC 主梁出现 195 条裂缝	B_{10}	2010	256
259	宁波市甬江大桥	105m＋97m PC 主梁独塔斜拉桥			1992 年建成后，PC 主梁出现 311 条裂缝	B_{10}	2010	256
260	杭州市钱塘江三桥	（72＋80＋2×168＋80＋72）m PC 斜拉桥			1996 年建成后，箱梁腹板出现 148 条裂缝，底板裂缝也很多	B_{10}	2010	256
261	重庆市李家沱长江大桥	169m＋444m＋169m PC 主梁斜拉桥			1997 年建成后，箱梁顶、底板、腹板、横隔板均出现很多裂缝	B_{10}	2010	256
262	广州市番禺大桥	（70＋91＋380＋91＋70）m PC 主梁斜拉桥			1998 年建成后，箱梁腹板出现很多裂缝	B_{10}	2010	256
263	上海市泖港大桥	85m＋200m＋85m PC 主梁斜拉桥			1982 年建成后，箱梁顶板发现很多裂缝	B_{10}	2010	256
264	上虞市春晖互通立交匝道桥	独柱式桥墩多跨梁桥		3	超载车过桥时，梁体侧倾倒塌长约 120m，4 辆车坠地	B_{12}	2011.2.21	71、247、257
265	郑州市中州大道跨京广路的公路桥	多跨混凝土梁桥			超重车过桥时，压断两根主梁	B_{12}	2011.4.9	258
266	新疆 G314 线库尔勒孔雀大桥	150m 钢管混凝土中承式拱桥			1998 年建成后，于 2011 年 2 对 4 根吊杆断裂，10m 长桥面与 T 梁坠落河中	B_{11}	2011.4.12	71、568、259～262、416
267	S328 线滨海段通榆河大桥	RC 系杆拱桥			重载车过桥时压塌梁体坠落河中	B_{12}	2011.7.11	263、115、71、568
268	武汉市黄陂区横店街迎群村高架桥	梁桥			引桥严重开裂，并向两侧倾斜	B_{10}	2011.7.12	263
269	福建武夷山市公馆大桥	80m＋100m＋80m RC 中承式系杆拱桥	1	22	80t 重车通过时，14 根吊杆断裂，部分桥面垮塌，一辆大巴坠落，已使用 11 年	B_{12}	2011.7.14	71、262、264～267、568
270	杭州市钱塘江三桥南引桥	装配式 RC 空心板桥		1	100t 重车通过时，桥面一侧 RC 板压塌，重车坠落，砸坏下匝道	B_{12}	2011.7.15	264、265、268～272、71、568

续表

序号	桥梁名称	桥梁简况	伤亡人数		事故概要	事故类型	时间（年.月.日）	信息来源
			亡	伤				
271	北京市怀柔区宝山寺白河大桥	4×50mRC 刚架拱桥，矢跨比 1/10			160t 重车压垮一孔，其余 3 孔连续垮塌，1987 年建成	B_{12}	2011.7.19	273～276、71、568
272	铜陵市长江公路大桥	(80＋90＋190＋432＋190＋90＋80)m 斜拉桥			病害严重，1995～2011 年维修加固费达 6000 余万元，原总投资约 6 亿元	B_{19}	2011.8	277
273	项城市水新公路汾河桥	混凝土梁式桥		2	建成 34 年后，60t 重车通过时压塌桥体，4 辆车坠河	B_{12}	2011.11.5	278、401、568
274	郑州市刘江立交桥	三层立交桥，占地约 1539 亩，总投资 2.83 亿元			通车 6 年后，桥体多处开裂，号称"亚洲第一立交桥"	B_{10}	2010	279
275	陕西 G210 线过境公路榆阳大桥	梁式桥，全长 687m，桥高约 50m，一级公路，分左右幅	3		通车不到 1 个月，在 6 天内有 3 人从左右幅间的 50cm 空隙处落河死亡	B_{19}	2011.12.14	280
276	重庆巴南区轨道交通 3 号线道岔桥	混凝土梁桥（在建）	1	5	客车撞击施工支架，致桥墩垮塌，汽车压坏	B_8	2011.12.19	116
277	乐山市犍为县岷江大桥	52m＋66m＋240m＋66m＋52m 斜拉桥			通车 10 年后，因拉索腐蚀严重，更换全部 384 根拉索	B_{11}	2000	193
278	潍坊市白浪河桥	混凝土梁式桥		-	受冰盐侵蚀，使用 8 年后成为危桥	B_{11}	不详	25
279	北京市三元立交桥(1984 年建成)	含 3 座主桥，5 座匝道桥，主桥钢结构，匝道桥 RC 结构			AAR 引起混凝土结构破坏	B_{11}	不详	25
280	北京市八里庄立交桥(1965 年建成，1994 年扩建)	5 跨不等跨 PC T 梁桥			AAR 引起混凝土结构破坏	B_{11}	不详	25
281	××铁路桥	PC 梁桥			AAR 与外界 Cl⁻ 作用下，预应力束、钢筋断裂	B_{11}	不详	25
282	江都市老胜利桥	3 孔双曲拱桥	4		桥梁拆除过程垮塌	B_6	2006.3.11	122、671
283	绥化市绥棱县努敏河桥	10 孔拱桥	4		桥梁拆除过程垮塌	B_6	2010.10.3	122
284	温州市鹿城区上戌乡方隆村桥	净跨 36m，宽 4m，曲拱桥	1	3	桥梁拆除过程垮塌	B_6	2009.2.11	122

续表

序号	桥梁名称	桥梁简况	伤亡人数 亡	伤	事故概要	事故类型	时间（年.月.日）	信息来源
285	上海市浦东新区康沈路周浦塘河桥	临时钢桥，限载15t			80t重车压塌桥梁	B_{12}	2012.5.8	321
286	温州市温州大桥	斜拉桥			大型邮轮顶部撞击桥梁，船、桥均受损	B_{14}	2012.5.23	322、231
287	铜仁市碧江区老西门桥	PC梁桥（1952年建成）			船舶撞击桥梁受损，拆除重建	B_{14}	2012.5.9	323
288	哈尔滨市三环阳明滩大桥接线路引桥	引桥为钢-混结合梁连续梁桥	3	5	4辆货车桥上偏载，导致梁体侧翻，4辆车坠落	B_{12}	2012.8.24	324、326~333、231、155、568
289	杭州市余杭区伍杭镇运河桥	多跨混凝土梁桥			桥梁被一辆重车压垮，货车坠落河中	B_{12}	2004.8.14	325、679
290	兰海高速贵州都匀曼坡特大桥	多跨高墩混凝土梁桥	1		大客车撞护栏，司机坠落身亡，乘客未受伤	B_{15}	2013.2.18	604
291	盐城市盐都区秦南镇商侍大桥	3孔拱桥，长约60m			船队撞击后轰然垮塌	B_{19}	2010.12.26	155
292	滨州市博兴县齐家桥	不详			超载大货车通过，桥面部分垮塌	B_{19}	2012.4.15	155
293	抚顺市月牙岛西跨河大桥	12跨PC连续箱梁，桥长416.4m			全桥快完工时，一跨桥的支架违规操作，致梁体垮塌	B_{19}	2012.6.18	155、621
294	西安市周至县森林公园桥	长52.5m、宽2m人行悬索桥			人群超载致桥梁损坏	B_{13}	1991.2.15	200
295	广州市天湖景区桥	人行悬索桥			人群超载致桥梁损坏	B_{13}	1994.10	200
296	怀化市溆浦县两江乡桥	人行悬索桥			因超载桥体损毁	B_{13}	2003.11	200
297	北京市朝阳区蟹岛度假村桥	人行悬索桥			因超载桥体损毁	B_{13}	2002.4	200
298	宜昌市兴山县铁索桥	人行悬索桥			人群通过时产生共振而损坏	B_{10}	2006.6	200
299	重庆市南岸吊桥	人行悬索桥			人群超载致使桥梁损毁	B_{13}	2007.12	200
300	昭通市绥江县中城镇桥	人行悬索桥			人群超载致使桥梁损毁	B_{13}	2008.8	200
301	珠海市景区桥	人行悬索桥			人群通过时产生共振而损坏	B_{10}	2003.10	200

续表

序号	桥梁名称	桥梁简况	伤亡人数		事故概要	事故类型	时间（年.月.日）	信息来源
			亡	伤				
302	万源市长坝乡清水溪村人行索桥	人行悬索桥			人群超载致使桥梁损毁	B_{13}	2006.6	200
303	北京市顺义区卧龙环岛桥	人行悬索桥			因施工质量差致桥体垮塌	B_8	2006.12	200
304	眉山市洪雅县柳江镇桥	人行悬索桥			人群通过时产生共振而损坏	B_{10}	2010.2	200
305	湖北黄陵××桥引桥	混凝土高架桥			正式通车前引桥严重开裂	B_8	2011.7.12	156
306	京珠高速湖南末宜段立交桥	PC 梁桥	2	1	水泥罐车撞断桥墩，桥面垮塌	B_{15}	2009.4.17	311
307	贵州从江县××桥	40m 石拱桥	伤亡多人		卸落拱架时，拱架与桥体一起垮塌	B_1	1981	行业内部信息
308	沈阳市东陵路过街天桥	混凝土梁桥，人行桥	1		货车翻斗升高撞击桥面，天桥垮塌	B_{15}	2014.12.29	394
309	杭州市庆春东路口人行天桥	混凝土梁桥，全长33.3m，桥下净空限高 4.5m			5.7m 超高货车撞击主梁，人行天桥垮塌	B_{15}	2019.5.18	395、573
310	上海市嘉定区外冈镇胜利桥	不详		1	拖轮撞击，桥梁垮塌	B_{14}	2005.12.11	233、563
311	温州市石柱岩大桥	单跨 52m 刚架拱桥			上部主要构件大量开裂，评为四类桥	B_{10}	不详	397
312	长春市伊通河荣光大桥	RC 梁桥		2	桥面塌陷 14m×5m，一辆车坠入河中	B_{19}	2011.5.29	71、401、568
313	宁波市灵桥	三铰下承式钢拱桥，桥长 97.6m			2008～2011 年多次被船撞击，最后一次船卡桥下，桥梁严重损坏	B_{14}	2011.11.7	334
314	三门峡市连霍高速公路义昌大桥	多跨装配式混凝土 T 梁桥	13	9	鞭炮装载车桥上爆炸，80m 长半幅桥垮塌，25 辆车坠落	B_{19}	2013.2.1	335～338、624
315	温州市苍南县龙港大桥	8×25m＋15×13m 梁桥	4	1	船舶撞击，桥梁毁坏，4 人死亡	B_{14}	1998.9.21	605
316	京珠高速公路湖南末宜段高架桥	高速公路跨线桥	2	1	水泥罐车撞断桥墩，桥面塌落，2010 年 4 月 2 日第 2 次被撞	B_{15}	2009.4.17	311
317	福州市连江县己古村连江新大桥	建成 10 多年，多次损坏，桥高约 5～6m		1	桥面突然塌陷约 2m² 孔洞，货车冲出桥面坠落桥下	B_{19}	2013.4.5	340

序号	桥梁名称	桥梁简况	伤亡人数		事故概要	事故类型	时间（年.月.日）	信息来源
			亡	伤				
318	秦皇岛东港路南山立交高架桥	独柱支撑曲线梁桥			超载车外侧行驶，致主梁侧倾，桥长130m内7辆车总重630t	B_{12}	2010.9.28	247
319	南通市海门港桥引桥	不详	1		280t货船大风中断缆，撞击引桥，船沉桥损	B_{14}	2007.3	230
320	上海市川沙龚路车站桥	桥墩宽仅30cm，1978年建成			10艘200t拖船撞击桥墩，桥梁垮塌	B_{14}	2007.4.10	230、563
321	南通市如东县马塘镇蔡渡大桥	3跨混凝土拱桥，全长66m			空载驳船撞击桥梁，桥塌船毁	B_{14}	2007.7.13	230
322	广珠轻轨西江特大桥	主跨210m，在建大桥			机动货船船队撞击施工平台，约$10m^2$平台塌落，船受损坏	B_{14}	2007.12.11	230
323	台州市临海市望江门大桥	跨灵江江域桥		2	长30m、宽8m货船涨潮时撞桥，桥塌压坏船身	B_{14}	2008.10.13	230
324	盐城市城西大桥（1976年建成）	桁架拱桥，主跨36m，全长131.8m			17艘几百吨级驳船撞上危桥拱肋，桥梁垮塌	B_{14}	2009.1.17	230
325	泰州市兴化市老阁乡桥	混凝土梁桥，长约100m，宽8m			（1+20）直拖船撞击双柱桥墩，桥塌压船	B_{14}	2009.9.18	230
326	南通市金余大桥	梁桥			船撞4柱式桥墩，桥塌，停航半月	B_{14}	2009.11.13	230
327	上海市浦东新区大治河随塘桥	7×25m梁桥，4柱式桥墩	2		360t货船撞击4柱式桥墩，桥塌3跨，梁体压船	B_{14}	2010.3.25	230、231、563
328	嘉兴市长山河联合桥	混凝土桁架拱桥，长56m			船撞断北侧桥拱下弦，桥倒塌	B_{14}	2010.4.27	230
329	常台高速公路嘉绍大桥	在建桥，6塔斜拉桥	失踪7		船撞桥梁施工平台钢管桩	B_{14}	2010.7.16	230
330	武汉市黄陂区姚家集镇木里大桥	按断航时漫水桥设计，全长108m			3艘挖砂船撞桥，桥体断成3截，船压其上	B_{14}	2010.7.17	230、231
331	哈尔滨市松花江浮桥	钢浮桥	4		船舶撞击浮桥，致8人落水，4人死亡	B_{14}	2010.8.20	230
332	广东东莞东江万江大桥	桁架桥	1	1	长100m、2000t货船撞击桥梁下弦，船被卡，1死1伤	B_{14}	2010.10.10	230
333	武汉长江大桥（1957年建成）	主桥为9×128m公铁两用连续钢桁梁桥			驳船撞击大桥7号墩，船损坏，桥墩表面损伤	B_{14}	2011.6.6	230、231

续表

序号	桥梁名称	桥梁简况	伤亡人数		事故概要	事故类型	时间（年.月.日）	信息来源
			亡	伤				
334	南通市天生港华沙大桥	跨径20m、50m多跨梁桥，1500m长梁式桥			涨潮时5艘百吨级货船撞墩柱，船翻沉，墩受损	B_{14}	2011.9.29	230
335	上海市松江区油墩港航道前村桥	3跨混凝土悬臂箱梁桥，双柱式桥墩			船舶撞塌一个桥墩，一侧锚跨与挂梁坠落，桥宽5m，通行拖拉机	B_{14}	2011.12.26	230
336	岳阳市平江县范固桥	3跨空腹式石拱桥，总桥长120m	2	失踪4	洪水时采砂船铁架撞桥，桥梁垮塌	B_{14}	2012.5.13	230
337	某公路特大桥	主桥(63+2×114+63)m连续刚构			箱形薄壁墩旁发生火灾，墩身受损进行加固	B_{16}	2008.9.6	341、342
338	郴宁高速水龙互通立交主线桥	第11联6×40m T梁桥，桥上纵坡3‰			6×40m一联T梁整体纵向位移约10cm	B_{10}	2012.7.7	343、344
339	宜城市汉江大桥	55m+4×100m+55m PC连续梁，国内首座双支座连续梁			通车26年后，中跨下挠17.7cm，箱梁腹板较多裂缝	B_{10}	2011	325
340	津浦铁路 K419 大桥	PC T梁桥，跨径31.7m			因混凝土徐变严重，T梁最大上拱135mm	B_{10}	不详	345
341	渝黔高速公路平摊子大桥	PC简支梁桥，跨径25m			主梁因过度徐变，最大上拱68.7mm	B_{10}	不详	345
342	合肥市寿春路桥	中承式RC系杆拱桥			使用多年后，吊杆严重腐蚀，28根吊杆全部更换	B_{11}	2002	224
343	武汉市彩虹桥（亦称"晴川桥"）	单孔系杆拱桥			使用3年后，2根系杆断裂，更换系杆	B_{11}	2003	224
344	金华市武义县温泉大桥	三跨中承式系杆拱桥			使用6年后，吊杆锈蚀，拱肋微裂，更换吊杆并加固	B_{11}	2004	224
345	乐山市峨边县大渡河桥	主跨138m下承式系杆拱桥			使用9年后，吊杆疲劳锈蚀，更换50根吊杆及8根系杆	B_{11}	2004	224
346	杭州市文晖路叶青兜桥（亦称"朝晖桥"）	单孔系杆拱桥			使用13年后，吊杆锈蚀，桥面系开裂，更换34根吊杆，并加固	B_{11}	2006	224
347	柳州市文惠桥	三孔中承式系杆拱桥			使用14年后，吊杆锚头锈蚀，下端进水，更换全部54根吊杆	B_{11}	2007	224、202

续表

序号	桥梁名称	桥梁简况	伤亡人数 亡	伤	事故概要	事故类型	时间 (年.月.日)	信息来源
348	成都市南河桥	净跨 50m 系杆拱桥			使用 12 年后,承载力不足,更换 12 根吊杆并加固	B_{11}	2007	224
349	佛山市南海区三山西桥	主跨 200m 系杆拱桥			使用 14 年后,因系杆安全系数偏小,增加系杆,更换吊杆	B_{11}	2008	224
350	成都市成华区青龙场立交桥	净跨 132m 系杆拱桥			使用 11 年后,因交通量大且吊杆锈蚀,更换 126 根吊杆并加固	B_{11}	2008	224
351	福州市解放大桥	中承式系杆拱桥			使用 14 年后,因吊杆腐蚀,下端进水,更换全部 104 根吊杆	B_{11}	2009	224、202
352	东营黄河公路大桥	(116＋200＋220＋200＋116)m 刚构-连续梁桥			使用 6 年后,多个合龙段处箱梁底板崩裂	B_{10}	2011	346
353	淄博市沂源县鲁村南大桥	多跨梁桥,双柱式桥墩	1	1	超载 37t 货车撞击,导致一跨梁体垮塌,货车、轿车、摩托车各一辆坠落	B_{12}	2013.4.29	347、401、568
354	湖南凤凰县桃花岛人行桥	木桥面 30m 人行悬索桥,主缆用混凝土桩锚固			锚桩破断,桥面侧倾,桥上行人约 40 人中约 20 人落水	B_{10}	2013.5.1	348、373
355	南京长江大桥	钢桁梁桥			12500 吨级海轮撞击桥墩,桥无恙,海轮沉没	B_{14}	2013.5.12	349
356	攀枝花市倮果金沙江大桥	中承式拱桥(1995年建成)			建成 17 年后,一根吊杆脱落,桥面呈 V 形塌陷,下沉 75cm	B_{10}	2012.12.10	262、339、350、578
357	云南省怒江州泸水县六库镇怒江大桥	85m ＋ 154m ＋ 85m 连续刚构桥			使用 20 年后箱梁严重开裂及跨中较大下挠	B_{10}	2012	351
358	台湾基隆市火车站人行天桥	月台处跨线桥		1	突然垮塌	B_{19}	2013.6.9	352
359	贵阳市三桥立交桥	多跨 PC 连续箱梁桥		1	货车撞桥墩,墩身受损,货车严重损坏	B_{15}	2013.5.31	353
360	贵阳市西二环观山湖区阳关人行天桥	多跨连续箱梁桥		2	约 40t 罐车撞击桥墩,2 跨主梁垮塌,交通中断	B_{15}	2013.5.23	354
361	川藏公路 G318 线通麦大桥	主跨 210m 临时悬索桥,原永久性桥 2000 年因水库溃决冲毁	4		主缆锚索脱落,桥面垮塌,川藏公路再次中断	B_{19}	2013.8.2	355、568

续表

| 序号 | 桥梁名称 | 桥梁简况 | 伤亡人数 | | 事故概要 | 事故类型 | 时间（年.月.日） | 信息来源 |
			亡	伤				
362	广东南海九江大桥	主桥 2×160m 独塔斜拉桥			建成 12 年后,拉索 PE 护套开裂,更换全部拉索	B_{10}	2001～2002	202、431、512
363	攀枝花市偑果大桥	160m 中承式 RC 箱拱（1995 年建成）			建成 8 年后,吊杆严重腐蚀,2003 年全部更换吊杆	B_{10}	2003	202
364	南昌市新八一大桥	斜拉桥			建成 12 年后,拉索护套开裂,锚头锈蚀,全部更换拉索	B_{10}	2009	202
365	乐山市沙湾区名城大桥	系杆拱桥			建成 5 年后,吊杆、系杆严重腐蚀,全面更换吊杆、系杆	B_{10}	2003	202
366	南坪市玉屏大桥	中承式拱桥			建成 14 年后,吊杆腐蚀断裂,全部更换	B_{10}	2010.1	202
367	广西中越友谊大桥	梁桥			台风中抽砂船撞击大桥,桥墩受损	B_{14}	2013.11.11	356
368	江西庐山西海景区码头栈桥	梁式桥（人行桥）			桥上的游客爆满,压塌桥梁,18 人落水	B_{13}	2013.10.13	357
369	遵义市务川县共青桥	主跨 82m 桁式组合拱桥			通车 14 年后,鉴定为危桥,拆除重建	B_{19}	2013.11	358、359
370	重庆市黔江区濯水古镇风雨廊桥	303m 长木桥（被称为"亚洲第一风雨廊桥"）			发生火灾烧毁	B_{16}	2013.11.27	360、444
371	杭州湾跨海大桥	跨海大桥			涨潮时货船撞击南高墩区,货船被箱梁卡在桥下,损失 2000 万元以上	B_{14}	2006.8.11	231
372	重庆黄花园大桥	跨嘉陵江			洪水时船舶撞击 3 号桥墩,主体结构受损	B_{14}	2007.7.5	231
373	某高速公路互通立交主线跨线桥（1998 年建成）	8×20mRC 箱梁＋(2×30＋2×45＋2×30)m PC 连续箱梁			重载货车过桥时,276t 重件滑落桥面,击穿箱梁顶板,钢筋被剪断	B_{12}	2008.6.27	549
374	上饶市鄱阳县饶河鄱阳大桥	多跨梁桥			挖砂船撞击大桥,主体结构受损	B_{14}	2010.7.15	231
375	江门市虎坑大桥	主桥为 (52.8＋80＋52.5)m PC 箱梁,中孔为 25m 挂梁			运砂船撞击桥梁,主孔两片 T 形挂梁受损,2016 年 10 月和 2016 年 12 月 14 日先后又被撞	B_{14}	2012.9.14	231、412

序号	桥梁名称	桥梁简况	伤亡人数		事故概要	事故类型	时间(年.月.日)	信息来源
			亡	伤				
376	武汉市黄陂区姚家集镇××桥	不详			运砂船撞击桥墩,桥面坍塌	B_{14}	2010.7.17	548
377	上海市松江区松蒸公路斜塘大桥	多跨简支斜板梁桥			船只撞桥墩,双柱墩倾斜,多处开裂,最大缝宽30mm	B_{14}	2014.3.10	361
378	厦门市翔安区大嶝大桥	第5联为4×35m PC连续箱梁			第5联桥下材料失火,箱梁底板、腹板混凝土剥落,钢筋外露	B_{16}	2012.5.31	362
379	沈阳市白山立交桥	(18+5×21+18)m RC连续箱梁桥			桥下杂物起火,主梁及桥墩部分烧伤严重	B_{16}	2013.10	363
380	仁怀市盐津河大桥	主跨174m桁式组合拱桥			通车8年后,因主要结构开裂、下挠,定为危桥,先改为人行桥,后封闭	B_{10}	2007	364、595、598
381	仁怀市茅台镇茅台大桥(第2次修建)	(50+80+50)m PC桁式连续刚构桥			使用19年后,因严重开裂定为危桥,拆除重建为连续刚构桥	B_{10}	2014.6.6	365
382	郑州市农业路沙口路高架桥	混凝土梁桥	1	8	桥梁拆除过程中,支架与桥面坍塌击中公交车致发生伤亡	B_8	2017.1.12	366、568
383	贵州贞丰县白层××桥	拱桥	1		压路机过桥时,桥被压垮,压路机坠入河中	B_{12}	2015.1.7	367
384	广茂铁路肇庆西江公铁两用特大桥	5×144m钢桁连续梁桥			采砂船撞击大桥,钢梁下弦外侧严重受损,危及安全,桥上交通中断	B_{14}	2015.10.15	368、369
385	郴州市宜章县厦蓉高速公路赤石大桥	斜拉桥			施工中索塔内起火,9根斜拉索被烧断,局部下垂约2m	B_{16}	2014.10.29	370
386	哈尔滨市松花江大桥	公路桥		1	罐车失控撞断护栏约10m长,坠落桥下	B_{15}	2018.10.30	网上信息
387	粤赣高速广东河源市城南互通立交匝道桥	多跨25m独柱墩梁桥,桥高11.8m,长130m,2005年建成	1	4	5辆重车通过时,桥梁倾覆3孔共75m,4辆车坠落	B_{12}	2015.6.19	372、594
388	绵阳市南山大桥(跨安昌江)	RC桥			桥梁维修施工使用的钢管脚手架垮塌,5人落水	B_1	2010.5.6	374
389	浙江海宁市硖石镇新虹桥	在建大桥,全长510m,桥宽30m,总投资1608万元			施工中部分桥跨突然垮塌	B_8	2000.5.27	376

续表

序号	桥梁名称	桥梁简况	伤亡人数		事故概要	事故类型	时间（年.月.日）	信息来源
			亡	伤				
390	长春市东荣大桥	不详		2	一辆超载车压塌桥面，货车坠河	B_{12}	2011.5.29	378
391	无锡市复兴桥	不详			车辆超载，一辆工程车坠河	B_{12}	2009.12.26	378、401
392	长沙市捞刀河桥	旧铁路桥	1	3	旧桥拆除时桥体垮塌	B_6	2001.11.29	378
393	重庆市彭水县彭桑公路万足乡桥	在建桥梁			施工中桥体坍塌	B_8	2006.8.24	378
394	安康市紫阳县××桥	公路拱桥		11	施工缺陷导致桥体垮塌	B_8	2006.10.5	378
395	安庆市怀宁县跨河大桥	110m 长			施工缺陷导致桥体垮塌	B_8	2007.5.24	378
396	温州市绕城高速公路北线桥	在建匝道桥梁	1	7	施工缺陷导致桥体垮塌	B_8	2009.11.14	378
397	沪杭铁路专线海航特大桥	在建桥梁	1	5	施工缺陷导致桥墩突然倒塌	B_8	2009.11.19	378
398	沪杭高铁嘉兴大桥	在建桥梁	1	2	大型施工井字架突然倒塌	B_8	2010.1.21	378
399	上饶市铅山县永平镇跨杨林河桥	尾矿溜槽转体桥			建于1984年，年久失修垮塌	B_{18}	2006.7.1	378
400	景德镇市坑口大桥	五孔石拱桥			年久失修垮塌	B_{18}	2006.7.1	378
401	哈尔滨市太阳岛桥	斜拉桥			通车1年后即发现吊杆防水功能失效，锚头下端进水	B_{11}	2002	202
402	铜陵市铜陵长江大桥	主跨432m斜拉桥（参阅272号）			通车不到1年，发现拉索下端进水，锚头受到腐蚀	B_{11}	1996	202
403	佛山市紫洞大桥（1996年建成）	（69＋140＋69）m双塔钢管混凝土桁架梁斜拉桥			通车后不到1年，PE护套开裂，下端预埋管进水	B_{11}	1997	202
404	南宁市旧六景大桥	系杆拱桥			通车不到3年，拉索下端进水严重	B_{11}	2001	202
405	福州市青州闽江大桥（2002年建成）	主桥为主跨605m双塔双索面结合梁斜拉桥			通车9年后发现80%以上的下锚头进水	B_{11}	2010	202
406	江西省G319线泰和县泰和赣江公路大桥	11×70m上承式RC箱形拱桥，拱圈高1.3m	失踪3	5	经评定为五类桥进行拆除，拆除程序不当，全桥垮塌，3辆施工车被埋	B_6	2016.9.11	380、568、574

序号	桥梁名称	桥梁简况	伤亡人数		事故概要	事故类型	时间(年.月.日)	信息来源
			亡	伤				
407	眉山市彭山区岷江一桥	多跨混凝土梁式桥,双柱式桥墩,1994年建成			晚上9时45分,3个桥墩及4跨主梁120m长桥体突然垮塌	B19	2018.7.27	381、568
408	阳春市合水大桥	7×30m双曲拱桥,1978年建成	1	3	评定为四类桥后决定拆除,在拆除施工中7跨全部垮塌	B6	2018.4.25	382
409	杭州市萧山区北塘河工人路高架桥	高架桥非机动车引桥,为多跨梁桥		1	该引桥西侧突然侧翻垮塌	B19	2017.4.14	383、568
410	沪杭公路7835号大桥	不详	5	5	飞机失事撞击桥梁,造成损坏	B15	20167.20	387
411	抚州市广昌县河东大桥	八孔拱桥	2	2	长期管养不善,桥梁倒塌,坍塌6孔	B18	2012.8.8	388
412	昆山市××桥	单跨40m RC桁架拱桥,1999年建成			上部结构受力构件大量开裂、破损、露筋	B10	2000年后	398
413	河北宣大高速公路K99+106.2大桥	主孔为跨径138m PC桁式组合拱桥			服役12年后,上、下弦、腹杆、拱顶多处出现大量开裂,跨中挠度17cm	B10	2012	399
414	G206国道赣州市石城县观背大桥	7×30m刚架拱桥,矢跨比1/8			使用13年后,拱肋、弦杆、实腹段、节点、微弯板均发生开裂,评为危桥	B10	2016	400
415	齐齐哈尔富裕县塔哈乡塔哈河大桥	多跨梁桥		1	重载车通过桥时,桥体垮塌,两辆大货车坠落在冰面起火	B12	2015.12.26	401
416	聊城市马颊河大桥	不详			一辆超载重车(总重183t)压塌桥梁	B12	2007之后	401
417	临汾市G309国道席坊桥	多跨板桥,核定车辆轴重7t			一辆超载重车(总重80t)压塌桥梁	B12	2007.7.8	401
418	吴忠市水套西桥	单跨梁桥,建成于1998年			单车超载100t,桥梁被压塌	B12	2013.2.10	401、678
419	四川省万县地区(现重庆市)石拱桥	跨径70m,矢度1/6			木支架支撑钢丝网水泥薄壁拱架,在砌筑拱石时,因大变形而垮塌	B1	1976	402
420	某客运专线大桥	(30.15+48+56+48+30.15)m PC连续箱梁			56m合龙段张拉并压浆后1d底板崩裂,钢筋网下沉147mm	B2	2012	403

续表

序号	桥梁名称	桥梁简况	伤亡人数 亡	伤亡人数 伤	事故概要	事故类型	时间（年.月.日）	信息来源
421	××城市人行天桥	封闭式圆环形钢箱宽梁，半径26m，桥面宽 5m			一辆超重超高车撞击，一跨箱梁受到严重破坏	B₁₅	2009 后	404
422	徐州市京杭运河大桥	主桥为（62＋100＋62）m PC 连续箱梁桥			通车 6 年后，箱梁多处崩裂，评为四类危桥	B₁₀	2009 后	405
423	哈尔滨市何家沟上跨桥	跨径 50m 刚架拱桥，矢度 1/8，桥宽 41.6m			上、下部结构多处开裂、露筋	B₁₀	2012 后	406
424	湖南××高架桥（永州—连州公路）	（66＋3×110＋66）m＋（66＋4×110＋66）m PC 连续刚构			第 1 联现浇段箱梁顶板崩裂（已张拉钢束，灌浆之前）	B₂	2012.8.1	407
425	南昌—樟树高速江西药湖特大桥	109×20m PC 空心板＋6×30mT 梁＋337×20m PC 空心板，全长 9100m			存在严重病害，加固后病害继续发展，在两侧分别建新桥	B₁₀	2017 前	408
426	××桥	3×20m＋3×20m PC 空心板			左幅 2 号孔下发生火灾，桥梁混凝土大面积剥落，损伤严重	B₁₆	2014.7 前	409
427	常熟市虞新线南桥	主跨 60m 下承式混凝土系杆拱桥			通车 12 年后，吊杆多处锈蚀严重，拱肋露筋，存在严重结构性安全隐患	B₁₀	2012	410
428	××桥（跨线桥）	跨径 64m 钢管混凝土系杆拱桥			钢管拱肋焊接时，桥上杂物突发大火，系杆箱梁混凝土开裂、剥落	B₈	2016.7.4	411
429	四川卡杨专用公路三滩沟大桥	78m＋120m＋66m PC 箱梁连续刚构			中跨合龙段及两侧共 3 个节段，张拉钢束后底板崩裂	B₂	2015 之前	414
430	乌鲁木齐市卡子湾 16 号通道桥	高速公路 1×8m 装配式空心板桥			上部结构开裂、露筋，渗水严重，评为四类桥，更换上部结构	B₁₀	2015 之前	415
431	××城市立交桥	3×25.5m PC 连续箱梁桥，桥宽 9m			桥下垃圾清扫车起火，箱梁底板混凝土剥落破损、露筋	B₁₆	2016 之前	417
432	铜川市大同路立交桥	30m＋40m 独塔斜拉桥（1991 年建成）			施工中 1 号索锚箱管下料短 0.5cm，导致不能挂索、不能张拉的事故	B₄	1991 之前	418、555

序号	桥梁名称	桥梁简况	伤亡人数		事故概要	事故类型	时间（年.月.日）	信息来源
			亡	伤				
433	××高速公路××高架桥	多跨 30m PC 连续箱梁桥			满载汽油罐车桥上失火，部分箱梁严重破坏，过火温度达 800℃	B_{16}	2009.5.27	419
434	深圳市国道 G205 线丁山桥	3×18m 刚架拱桥，桥面宽 26.2m			拱片多处开裂，拱座及桥台亦有裂缝，评为四类桥	B_{10}	2006	420
435	金华市婺江大桥	主桥为 7×37m 双曲拱桥（1978 年建成）			大量超载车通行，桥梁严重损坏，成危桥，拆除重建	B_{12}	2003	421
436	江苏××高速公路桥	多跨 20m PC 板梁桥			桥梁第 40 孔下的船上芦苇起火，火灾使梁体严重受损	B_{16}	2007	422
437	××高架桥	支架施工梁式桥			桥下满布式木支架失火，桥梁严重损坏，全部拆除报废	B_{16}	2000 初期	423
438	广深高速公路东洲大桥	河中基础的 6 个承台，共计有 128 根钢管桩			因施工中提高承台，致钢管桩外露，混凝土保护层开裂，加固工程难度大，存在安全隐患	B_4	2002	424
439	××立交工程 3 号匝道桥	两联 6 跨 PC 连续曲线箱梁，最大跨径 64.324m			施工支架卸落后，梁体径向发生竖向变位，+107～−150mm	B_2	2001	425
440	深圳市创业立交桥	多跨混凝土曲线箱梁桥			主体工程完成时箱梁出现横移、扭曲与开裂，先后二次进行加固	B_2	2002	426
441	广西 G324 线龙床河大桥	单跨 50mRC 刚架拱桥			拱片、系梁与微弯板普遍出现开裂与破碎，交通中断	B_{10}	2005	427
442	重庆市鹅公岩大桥西引桥	西引桥为多跨预制 T 梁，跨度 40～50m			超高货车撞击，边跨 T 梁损坏严重，更换新 T 梁	B_{15}	2012.10.28	428
443	××高速公路特大桥	主桥为(165+3×380+165)m PC 箱梁斜拉桥			施工中发生火灾，一个索塔一侧 9 根索断落，桥面下沉达 2.192m	B_{16}	不详	435
444	××桥	PC 连续箱梁桥			桥下堆积物失火，混凝土大面积剥落，箱梁局部预应力损失 25%	B_{16}	2008.2.7	436
445	××桥	PC 连续 T 梁桥			焦化苯罐车桥上爆炸，大火致 T 梁局部严重损坏	B_{16}	2008.3.6	436

续表

序号	桥梁名称	桥梁简况	伤亡人数		事故概要	事故类型	时间（年.月.日）	信息来源
			亡	伤				
446	南宁市三岸大桥	中承式钢管混凝土拱桥，1998 年建成			吊杆 PE 外套开裂，下端严重进水，锚头腐蚀，运营不到 3 年	B_{11}	2001	202
447	长沙市湘江北大桥	斜拉桥			运营 12 年后，拉索钢丝进水，局部锈蚀	B_{11}	2002	202
448	武汉市月湖大桥（1998 年建成）	主跨 232m 混凝土主梁斜拉桥			运营 5 年后，拉索 PE 护套开裂严重	B_{11}	2003	202
449	珠海市淇澳大桥（2001 年建成）	主跨 320m 双塔单索面 PC 斜拉桥			拉索 PE 护套开裂严重，全桥 192 根拉索，127 根开裂	B_{11}	2008	202、521
450	绵阳市三台县涪江桥	56m ＋ 128m ＋ 56m 斜拉桥，1980 年建成			因当时未认识到拉索病害的严重性，索梁塔固接，无法换索，被迫拆除	B_{19}	2002.10.10	439
451	武汉市天兴洲大桥引桥	混凝土梁桥	2	2	施工中一辆大型吊车翻倒，导致桥墩上作业人员坠落伤亡	B_5	2006.9.3	607
452	香港青衣南桥	带铰的 PC 连续梁桥，1974 年建成			柔性主梁，已损坏的铰致主梁显著振动并发生较大下挠	B_{10}	1990 年代后期	441
453	××城市高架桥	6×30m PC 连续箱梁桥			桥下报废汽车失火，过火面积 900m²，上、下部结构损坏，评为 D 类	B_{16}	2014 以前	442
454	贵阳至遵义公路（二级路）乌江大桥	(66＋288＋66)m 吊拉组合索桥			缆索、锚碇均有病害，桥面系、主梁损伤严重，对交通量及车辆荷载限制	B_{10}	2008	443
455	沈阳市工农桥	17 孔梁桥			桥下失火，桥体严重损坏，经济损失近千万元	B_{16}	2010.7.9	444
456	××桥	(18＋5×21＋18)m 等高度 RC 连续箱梁			第 2 跨桥下建筑材料失火，箱梁中度烧灼，进行粘贴钢板加固	B_{16}	2013.10.19	444
457	重庆市涪陵长江大桥	(50.5＋98.5＋330＋98.5＋50.5)m PC 主梁斜拉桥			使用 15 年后，斜拉索出现较多损坏，更换全部 212 根拉索	B_{11}	2012	445
458	××大桥	(80＋100＋80)m 中承式 RC 拱桥			大桥北侧边跨发生坍塌，不能使用，全桥拆除	B_{19}	2012 后	446
459	某高速公路互通立交 E 匝道桥	3 号桥第 3 联为 (34＋40＋34)m PC 连续箱梁			该桥上层高架桥施工中，钢箱梁吊装时坠落，部分桥体严重损坏	B_5	2014.12.3	448

序号	桥梁名称	桥梁简况	伤亡人数		事故概要	事故类型	时间(年.月.日)	信息来源
			亡	伤				
460	杭州市××桥(跨京杭运河)	主孔为55m下承式PC平行弦简支桁架梁			使用13年后,桁架受力构件多处开裂,用体外预应力加固	B₁₀	2006	449
461	沈阳市二环路××大桥	(65.94＋100＋65.94)m PC连续箱梁			使用11年后,因预应力损失过大、车辆超载、箱梁开裂严重,加厚腹板,增设体外预应力束	B₁₀	2008	450
462	天津市永和大桥	(99.85＋260＋99.85)m PC主梁斜拉桥			使用18年后,中跨局部开裂,跨中下挠188mm,部分拉索损坏,更换全部拉索并加固主梁	B₁₀	2005	451
463	上跨石黄高速公路分离式立交桥	6×16m PC连续空心板桥,最小净空低于5m			多次被超高车辆撞击,主梁损坏严重,进行整体顶升改造	B₁₅	2007	452
464	兰州市永登县淌沟大桥	(18.5＋67.0＋18.5)m双曲拱桥			防水失效,长期侵蚀,拱肋变形损坏严重,呈"M"形,评为四类桥	B₁₁	2006	453
465	广州市丫髻沙大桥副桥	(86＋160＋86)m连续刚构桥			通车9年后,主跨下挠230mm	B₁₀	2009	454
466	××立交桥E、F匝道桥	(4×20＋4×20)m RC连续曲线箱梁,半径60m			试运营半年后,E、F桥向外偏移80mm、100mm,部分墩柱开裂	B₁₀	2012之前	455
467	输送矿料自流槽悬索桥	单跨103.5m钢桁加劲梁悬索桥			运营中主缆实际下挠超过设计挠度872mm,采用吊拉组合体系加固	B₁₀	2012之前	456
468	××高速公路高架桥	多跨30m PC连续箱梁桥,总长3500m			运营12年后,箱梁底板横向严重开裂	B₁₀	2009之前	457
469	武汉市汉阳南岸至硚口汉正街道路××桥	主跨280m下承式钢管混凝土系杆拱桥			运营2年后,系杆腐蚀,致2根系杆突然断裂,全部更换系杆	B₁₁	2009之前	458
470	龙岩市苏家坡桥	单孔30m空腹式石拱桥,1996年建成			运营9年后,主拱圈、腹拱、桥台多处开裂,采用套拱加固	B₁₀	2005	460
471	昆明市皎平渡大桥	(70＋144＋70)m混凝土主梁斜拉桥			运营17年后,部分拉索破损,锚具锈蚀,评为四类桥,全部换索	B₁₀	2009之前	462
472	金华市金婺大桥	(101.25＋125＋35.5)m独塔PC主梁斜拉桥			由于外部原因导致4号拉索近10根钢绞线断裂,更换拉索	B₁₉	2008之前	463

| 序号 | 桥梁名称 | 桥梁简况 | 伤亡人数 | | 事故概要 | 事故类型 | 时间（年.月.日） | 信息来源 |
			亡	伤				
473	××桥（1991 年建成）	(13＋36＋13)m，主跨为 RC 下承式系杆拱			因风撑低于设计净高致损坏，改造风撑、吊杆、系梁等亦有病害	B_{10}	2011 之前	467
474	××桥	(47＋75＋47)m PC 连续刚构桥			中跨合龙束张拉后，三节段箱梁腹板、底板严重开裂，形成空隙缝	B_2	2005 之前	468
475	××桥	(72＋120＋72)m PC 连续箱梁桥			通车数年后，箱梁发生 600 多条裂缝，采用附加自锚式悬索加固	B_{10}	2017 之前	469
476	××大桥引桥	引桥为多跨高墩大跨 50mPC 箱梁			采用钢结构移动模架施工，预压加载过程模架底板、横梁突然垮塌	B_2	2015 之前	470
477	辽宁省抚顺市天湖大桥（原名万新大桥）	(15＋70＋160＋70＋15)m 自锚式混凝土悬索桥			使用 12 年后，吊杆、锚头等部位发生损坏，更换 110 根吊杆	B_{10}	2015.5.6	471
478	南京长江大桥南引桥	南引桥 18×29.6m 双曲拱桥，1968 年建成			第 18 跨桥下市场失火，桥体受损严重，采用增大拱肋截面法加固	B_{16}	2008.6.2	472
479	××大桥（1990 年建成通车）	主跨 243.37m 劲性骨架 RC 中承式拱桥			2002 年更换全部 17 对吊杆，2014 年因病害严重，拟第 2 次更换全部吊杆	B_{10}	2014	473
480	广茂线肇庆西江特大桥（公铁两用）	主桥为 5×144m 连续钢桁梁桥			采砂船龙门架撞击主梁，致部分下弦杆等构件严重变形	B_{14}	2017 之前	474
481	随岳高速公路汉北河大桥	主桥为(55＋80＋55)m PC 连续箱梁桥			主梁顶板、腹板开裂，跨中下挠，抗弯刚度不符合规范要求，用体外预应力加固	B_{10}	2018 之前	475
482	贵州镇宁至水城公路清水大桥（2004 年建成）	主桥为(3×18＋166＋3×18)m PC 桁式组合拱桥			运营 2 年后，拱脚、双立柱、拱顶多处开裂，部分裂缝横向贯通	B_{10}	2006	477
483	泸州长江二桥（2000 年建成）	(49.5＋252＋145)m PC 连续刚构桥			运营 11 年后，主跨腹板开裂严重，个别梁段贯通，裂缝 510 条，总长 1033m	B_{10}	2011	478、206
484	××陆岛连接大桥（2006 年建成）	主桥为连续刚构，岛岸引桥为 5×35m 连续梁			岛岸引桥桥下土工布失火，左幅箱梁 7m 长范围混凝土剥落，横向 PC 管外露	B_{16}	2012	479

序号	桥梁名称	桥梁简况	伤亡人数		事故概要	事故类型	时间(年.月.日)	信息来源
			亡	伤				
485	××大桥	(96+132+96)m PC连续刚构桥			张拉底板束后,约26m梁段底板严重崩裂,混凝土剥落15~30cm厚	B_2	2015之前	480
486	重庆市南岸区黄桷湾立交桥	第2联为(22+27)m,预制钢箱梁,半径50m,纵坡5.4%			钢梁吊装就位后MP4、MP6内侧支座脱空达32mm及56mm	B_8	2014之前	481
487	重庆市某县乌江大桥(1974年建成)	2×100m上承式预制吊装箱形拱桥			主拱圈明显下挠、纵缝大部脱落,腹拱及横墙开裂,腹拱下挠大	B_{10}	2010.7	482
488	钦州市钦江二桥(1998年建成)	主桥为3×63m RC刚架拱桥			运营10年后,拱肋与横梁连接处断开,一根横梁脱落,桥梁发生不正常振动	B_{10}	2008	483
489	沪宁高速公路无锡段××桥	3×16m PC简支梁桥			油罐车与大货车碰撞侧翻,致爆炸失火,桥梁受严重损伤	B_{16}	2006.11.20	484
490	××大桥	(62+2×100+62)m PC连续刚构桥			上游幅中跨合龙束6束张拉后,底板崩裂,设体外束与横隔板加固	B_{10}	2006之前	485
491	东莞市石龙镇东江二桥(1997年建成)	(52+80+52)m PC连续箱梁桥			使用6年后,箱梁顶板纵向开裂,腹板斜裂缝严重,未设下弯束	B_{10}	2003.9	486
492	××大桥	(60+4×100+60)m PC连续箱梁桥,V形墩			承台、V形墩、箱梁均开裂,墩台顶PC拉板开裂已贯穿,拉板下挠	B_{10}	2005之前	487
493	北方某港区××大桥(1995年建成)	主桥为(48+3×64+48)m PC连续箱梁桥			箱梁裂缝2400多条,两主孔下挠75~83mm,动态挠度40mm,桥墩沉降差18mm	B_{10}	2001.2	488
494	深圳市黄鹤立交CD2号大道桥	(4×28+2×40.5+5×28)m PC连续弯箱梁桥			通车不久,4~7跨出现337条裂缝,分布在腹板、底板与顶板上	B_{10}	2004之前	489
495	厦门市湖东路××桥(1985年建成)	(7.5+21.8+31.4+21.8+7.5)m RC简支悬臂梁+挂孔			主梁普遍开裂,裂缝达1131条,总长962.6m,最大缝宽1.2mm,最大深度186mm	B_{10}	2003之前	490
496	杭州市戴家桥(1985年建成)	单跨30m斜交30°刚架拱桥			各拱片均严重开裂,拱顶与斜撑均有贯穿截面的裂缝	B_{10}	2000	491

续表

序号	桥梁名称	桥梁简况	伤亡人数		事故概要	事故类型	时间（年.月.日）	信息来源
			亡	伤				
497	武汉市汉口至施岗公路××桥（1992年建成）	(29＋2×35＋29) m RC 箱梁，斜交 41°			上下游梁体错位112mm，横向位移 33～46mm，箱梁顶底板、腹板开裂	B_{10}	2003 之前	492
498	济宁市微山县104 公路伊家河桥	单跨 50m RC 刚架拱桥，1986 年建成			跨中 17m 段微弯板严重开裂，缝宽达 2mm，横系梁、拱片亦严重开裂	B_{10}	2001.5	493
499	深圳市××立交桥	(35＋45＋35)m PC 连续箱梁桥，平曲线半径83.5m，独柱墩			箱梁扭转变形，支座脱空，下部结构承载力不足，已影响正常使用	B_9	2001 之前	494
500	东莞市中堂镇下芦桥	通航孔为 2×30m PC T 梁，其余为12 × 20m RC T 梁			777t 货船顺流撞击 8 号墩，严重损坏，桥上与水上交通封闭	B_{14}	2000.10.24	501
501	内蒙古××黄河大桥（重载铁路桥）	(96＋132＋96)m PC 连续刚构桥			张拉箱梁底板束时，底板混凝土崩裂，纵向长度达 51.5m，内部成空腔	B_2	2018.10 之前	502
502	××大桥	(56＋90＋56)m PC 连续箱梁桥，设计 C50 混凝土			施工检测发现，箱梁部分梁段混凝土为 C30～C40，低于 C50，用薄层活性粉末混凝土加固	B_8	2018 之前	503
503	连州市城北大桥	3×30m 空腹式RC 肋拱，1971 年建成			使用近 30 年，几次加固后，主、腹拱开裂，拱顶下沉 230mm，增设拉杆，改变结构体系	B_{10}	1999 之前	504
504	广东 G325 线佛山市××大桥	7 联 32 跨 RC 连续箱梁 ＋ 7 ×42.4m RC 刚架拱			第 10 跨箱梁一年内 2 次桥面突然塌陷，梁体下沉，交通中断	B_{10}	1999.5 及1999.8	505
505	无锡市新安大桥（跨京杭大运河）	单孔净跨 60m 公路刚架拱桥			安徽某船队撞击主拱，一条拱腿的 1/3 断面坏，桥面严重开裂	B_{14}	1988	506
506	无锡市石塘湾镇煤石大桥	单孔净跨 60m 公路刚架拱桥			被船队撞击，一条主拱腿发生断裂，横联坠落河中	B_{14}	1989	506
507	无锡市跨锡溧运河的北新桥	单孔净跨 38m 刚架拱桥			被船队撞击，两条主拱腿折断，挂在桥下	B_{14}	1990	506

续表

序号	桥梁名称	桥梁简况	伤亡人数		事故概要	事故类型	时间(年.月.日)	信息来源
			亡	伤				
508	××大桥	(135+110)m 独塔单索面钢箱梁斜拉桥			钢箱梁拼焊完成时,张拉斜拉索,突然发生主梁翘起,支座脱空48mm及65mm	B_4	2017之前	507
509	××大桥	主跨380m 双索面 PC 箱梁斜拉桥			施工中最大双悬臂状态时塔内起火,致主梁一侧9根拉索断裂	B_8	2017之前	508
510	菏泽市东明黄河公路大桥	主桥为(75+7×120+75)m 刚构-连续组合梁			因主梁开裂2003年首次加固,2013年再次发生开裂,主梁下挠188mm,采用斜拉索加固	B_{10}	2013	509,562
511	某高速公路湖北汉江特大桥	主桥为(85+3×150+85)m PC 连续刚构桥			右幅全桥合龙后,张拉合龙束时,有20个节段箱梁底板崩裂	B_2	2016之前	510
512	广州市番禺区××大桥	(30+3×40+60+3×40+30)m PC 连续箱梁桥			施工中因减小箱梁腹板厚度,致营运期腹板大量开裂	B_{10}	2007之前	511
513	广州市番禺区紫坭大桥(1986年建成)	主桥为(40+60+40)m PC T形刚构,引桥为 RC T梁			船只撞击主桥,中跨牛腿及8号墩身开裂,引桥T梁多处开裂	B_{14}	2001.11	514
514	湖南S302紫边线边山河大桥(20世纪60年代建成)	4×30m 双曲拱桥			两跨拱波纵缝贯穿全桥,最大缝宽1mm,鉴定为四类危桥	B_{10}	2007之前	515
515	广州市东圃××特大桥	(106.6+2×160+106.6)m PC 连续刚构桥			营运10年后,箱梁腹板、底板开裂,跨中较大下挠,用体外预应力加固	B_{10}	2009之前	516
516	盐城市大丰区市龙堤大桥	主跨为56m PC 系杆拱桥,建成于20世纪90年代			主跨吊杆出现大面积开裂,局部锈蚀,更换全部吊杆钢套管	B_{11}	2010之前	518
517	台湾圆山大桥	(75+150+2×142.5+118+43)m 带铰刚构桥			营运期间跨中下挠630mm,为跨径的1/238	B_{10}	2007之前	520
518	某高速公路在建互通立交 A 匝道桥	4×25m PC 连续弯箱梁,平曲线半径90m			独柱墩单支座,因设计失误预应力张拉后箱梁发生大变位	B_{10}	2007之前	522

续表

序号	桥梁名称	桥梁简况	伤亡人数		事故概要	事故类型	时间（年.月.日）	信息来源
			亡	伤				
519	深汕高速公路长沙湾特大桥（1996年建成）	（39×16m空心板＋32×30m T 梁）PC桥,全长1589.1m			65个桥墩严重破损、钢筋锈蚀,89个墩柱破损与钢筋锈蚀	B_{11}	2007.1	523
520	保德黄河大桥（晋陕交界处,1972年建成）	主桥为（30＋5×60＋30）m T 形刚构,跨中设铰			各跨中较大下挠,最大119mm,箱梁多处开裂,改造跨中结构,补充预应力	B_{11}	1995	524
521	吉安市井冈山大桥（1970年建成）	（48.13＋14×71＋48.13）m T 形刚构			箱梁钢束锚头严重锈蚀,支座严重损坏,已危及安全,用体外预应力加固	B_{11}	2002.8	525、527
522	云南昆畹公路三达地怒江大桥（1994年建成）	主桥为 2×145m 独塔双索面混凝土斜拉桥			拉索护筒与锚头严重锈蚀,影响安全使用,更换全部拉索	B_{11}	2004	526
523	合肥–徐州高速南段 K72 上跨桥	RC箱梁桥			大货车在桥下起火,箱梁底板爆裂崩落,最高温度750℃	B_{16}	2011之前	528
524	某高速公路 K4 立交桥	16m 跨径 PC 空心板桥			桥下大量纸箱起火,11片梁严重受损,混凝土剥落、露筋,温度达900℃	B_{16}	2011之前	528
525	滨州市黄河公路大桥	4×120m 下承式连续钢桁梁桥			车辆在桥上撞击桁梁,致下游侧15号竖杆严重扭损,螺栓连接处开裂	B_{15}	1998.2	530
526	某高速公路大桥（1996年建成）	（42.5＋65.0＋42.5）m PC 连续箱梁桥			箱梁底板、腹板严重开裂,中孔下挠100mm	B_{10}	2000.8	531
527	平湖市平阳汇大桥（1996年建成）	（28.9＋37＋28.9）m V 形墩PC 连续梁桥			船舶3次撞击,V形墩断裂并下沉与位移,评定为四类桥	B_{14}	2003之前	532
528	宜昌市秭归县仓库沟大桥	单孔40m 空腹式石拱桥			拱上侧墙完工时,左岸桥台严重开裂,拱脚下沉90mm,拱圈下沉并开裂	B_{10}	1998.3	533
529	广东省××公路大桥	（65＋100＋65）m PC 连续箱梁桥			箱梁腹板、跨中底板严重开裂,跨中下挠过大,用体外预应力束加固	B_{10}	1999	534
530	苏州市现代大道青秋浦大桥（1998年建成）	主桥为（40＋2×56＋40）m PC 连续箱梁桥			箱梁出现较多裂缝,进行第1次加固后约1年,裂缝发展,进行第2次加固	B_{10}	2010之前	536

序号	桥梁名称	桥梁简况	伤亡人数		事故概要	事故类型	时间（年.月.日）	信息来源
			亡	伤				
531	××分离式立交桥	6跨PC空心板桥			桥下高速公路上一辆大货车失火，第5跨空心板严重损伤，评为五类桥	B_{16}	2010.4	537
532	盖州市暖泉镇暖泉桥（1974年建成）	6×30m双曲拱桥（6肋5波）			第2孔3号拱肋中段折断，拱圈下沉，桥面局部塌陷，封闭交通	B_{19}	2006.4.28	538
533	××大桥	(52+3×80+52)m PC连续箱梁桥			通车8年后，各跨有较大下挠，腹板、底板开裂严重，预应力管道多数未压浆，钢束锈蚀	B_{10}	2008之前	539
534	××大桥（1998年建成）	3×60m RC刚架拱桥			拱肋构件连接处开裂，内外弦杆、实腹段开裂，中跨1根系梁坠落	B_{10}	2013之前	540
535	邯郸市武安县矿山双曲拱桥	(15+50+15)m双曲拱桥（1976年建成）			主跨严重病害，鉴定为四类危桥，拆除重建，拆除兼作破坏性试验	B_9	2012之前	541
536	××桥	4×20m PC简支空心板（桥面连续）			各跨板底均有纵缝，沿波纹管发生，深度10～24mm，评为四类桥	B_{10}	2012之前	542
537	××高架桥	(8×40+8×40+9×30)m PC T梁简支转连续			架设左幅第5跨一片梁时，运梁车失灵，致梁折断，架桥机损毁，4号墩受损	B_5	2011之前	90
538	××桥（1999年建成）	(21+19×30+21)m V形墩PC连续梁			部分主梁与桥墩开裂严重，评为E类桥	B_{10}	2009.5	543
539	杭州市老德胜桥（跨京杭大运河）	单跨43.6m双曲拱桥，矢跨比1/7.8			多次被船撞，最严重一次致拱肋与拱波拉开，立柱开裂，损伤严重	B_{14}	2006.7.6	545
540	陕西省G316国道冷水河桥	(20+80)m圬工拱桥			超载车辆压垮桥梁	B_{12}	2006.11.25	546
541	河南省G107线漯河市澧河大桥	多跨装配式混凝土梁桥			总重260t超载车辆压垮桥梁，坍塌面长约28.5m，宽约5m，部分梁体坠河	B_{12}	2009.4.12	546,580
542	绍兴市新昌县曹州桥（1969年建成）	(19.509+4×19.8+19.509)m双曲拱			拱肋、拱波开裂严重，存安全隐患，采用预应力钢拱承托法加固	B_{10}	2011之前	547

续表

序号	桥梁名称	桥梁简况	伤亡人数		事故概要	事故类型	时间（年.月.日）	信息来源
			亡	伤				
543	G330 线 K270＋830 大桥	（52＋80＋52）m PC 连续箱梁（1992 年建成）			箱梁腹板、顶板、横隔板严重开裂	B₁₀	2002.3	552
544	××跨海大桥	多跨 30m PC 连续箱梁桥，支架上现浇			过早拆除贝雷支架上的木楔，致贝雷梁滑落，该跨箱梁损坏	B₁	2001.6.4	553
545	昌都镇西大桥	跨径 75m 空腹式变截面双曲拱桥			主拱圈下挠 114.5mm，腹孔、横墙、拱波严重开裂	B₁₀	1987	554
546	南平市峡阳大桥（1977 年建成）	6 跨双曲拱桥，主孔跨度 65m	1		一行人过桥，人行道板突然断裂，坠落 20m 深岩石上，当场死亡，1 个多月后又发生 1 人坠落，未受伤	B₁₉	1983.1.30、1983.3.21	556
547	辽宁××桥	5×50m 双曲拱桥			一孔拱波用拔杆吊运混凝土现浇，拱肋在横向推力作用下全孔垮塌	B₄	1973 之前	3
548	贵州思南乌江大桥	（60＋3×100＋60）m PC 连续箱梁桥			施工中完成箱梁浇筑后，发现顶板下缘力筋少安装一半，因未设横向预应力，钢筋应力超过容许值 54.3%，进行修补加固	B₄	1993 之前	557
549	上海市××大桥	跨径 110m 钢管混凝土下承式系杆拱桥			因施工程序有误，致活动支座板向外平移 185mm	B₄	2007.5.13	558
550	上海市松江区泖港大桥（1982 年建成）	（2×85m＋30m）两单悬臂＋吊梁与主跨 200m 组成的斜拉桥			受船只撞击，吊梁北侧边梁严重损坏	B₁₄	2006	559
551	某高速公路大桥	（42.5＋65＋42.5）m PC 连续箱梁桥			箱梁严重开裂，裂缝 514 条，最大缝宽 2.5mm，中跨跨中下挠 122mm	B₁₀	2007 之前	560
552	南昌市福山—坛子口立交桥（1993 年建成）	混凝土连续箱梁，单柱式单桩桥墩			施工时未安装四氟板支座，致 158 号墩位移 174mm，个别墩柱开裂	B₄	1998～1999	561
553	南昌市解放西路 1 号桥	单跨 16m 简支空心板			桥下堆放的杂物失火，整座桥被烧毁，拆除重建	B₁₆	2000.1	561

序号	桥梁名称	桥梁简况	伤亡人数 亡	伤亡人数 伤	事故概要	事故类型	时间(年.月.日)	信息来源
554	南宁市××桥	不详	有伤亡		施工脚手架坍塌	B₁	2005.11.19	52
555	××公路大桥	多跨双曲拱桥,其中4号墩为76m跨制动墩			4号墩沉井基础开挖下沉时突然四角崩裂,大隔墙断成3段,小隔墙断成2段	B₁₀	1972之前	566
556	宁西铁路复线信阳罗山段公跨铁大桥	多跨梁桥	2	3	施工中桥体垮塌	B₈	2014.3.27	568
557	齐齐哈尔市富裕县塔哈乡塔哈河大桥	多跨梁桥		1	在役桥梁垮塌	B₁₉	2015.12.26	568
558	北京市大兴区礼贤镇高速公路跨线桥	混凝土梁桥		16	桥面板施工中桥面垮塌	B₈	2016.7.19	568、620
559	永州市道县白马渡镇秀峰庙桥	1孔净跨100m中承式肋拱桥	4	7	施工中桥体垮塌	B₈	2016.8.13	568
560	湖南怀邵衡铁路××桥	多跨梁桥		2	施工中桥体垮塌	B₈	2017.1.6	568
561	杭州市桐庐县合村乡合村村廊桥	两跨拱桥	8	3	在役桥梁垮塌	B₁₉	2018.7.27	568
562	本溪市南芬区北站大桥	混凝土梁桥	3	4	施工中钢管支架垮塌	B₁	2013.4.14	570
563	江阴市海港路跨芙蓉大道主线桥	混凝土梁桥	3	3	施工中钢管支架垮塌	B₁	2013.4.27	570
564	西安市道教圣地楼观台观光桥	铁链索桥	23	100多	人群超载致使铁链坠落	B₁₃	1991.2.15	6
565	成都市双流机场飞机滑行道桥梁	混凝土梁桥	4	17	施工中主梁钢筋笼坍塌	B₈	2019.3.21	571
566	郑州市北四环特大型立交高架桥	装配式混凝土箱形梁桥,已完工,还未通车			通车前6天主梁发生断裂而垮塌,主因是箱梁预应力筋拉裂	B₈	2019.6.24	572、623
567	渝长高速公路学堂湾大桥	不详			施工中突然垮塌	B₈	1999.5之前	31
568	福建漳州东山跨海大桥	不详			转包施工的工程队偷工减料,11号墩桩报废,责任人判刑	B₃	1997.10	18
569	铜仁市德江县白果坨乌江大桥	主跨100m桁式组合拱桥,全长138.6m			通车17年后,因严重开裂及下挠,鉴定为危桥,拆除重建	B₁₀	2002	575、595、598

续表

序号	桥梁名称	桥梁简况	伤亡人数		事故概要	事故类型	时间（年.月.日）	信息来源
			亡	伤				
570	国道 G312 肥西县跨宁西铁路的公路桥	混凝土梁桥，长 30m，宽 8m，高 15m，两端有引桥			竣工 3 个月后，鉴定为危桥	B_9	2004.7.3	576
571	钟祥市汉江大桥	（65＋3×100＋65）m PC 连续箱梁			使用 11 年后因严重开裂成危桥，拆除重建，原桥造价 5650 万元	B_{11}	2005.9	119、291、578、579
572	上海市中环线真华路至万荣路匝道桥	多跨钢箱梁桥			100 多吨超重货车过桥时，致钢箱梁侧倾	B_{12}	2016.5.23	586
573	贵州从江县下江镇 G321 线恰里二桥	石拱桥			局部垮塌，交通中断	B_{19}	2009.4.11	590
574	福建武夷山市余庆崇阳溪桥	3 孔木拱廊桥，拱高 8.6m			被大火烧毁，该桥建于 1889 年，为全国重点文物保护古迹	B_{16}	2011.5.28	591
575	贵州大方至四川纳溪公路余家沟大桥	主跨 80m 桁式组合拱桥			超载车长期通行，桥面开裂，下沉 40cm，封闭交通维修	B_{12}	2003.7	592
576	福建某公路立交桥	（20＋7×25＋20）m PC 连续箱梁，中墩为独柱墩，平曲线 $R=70.3$m			施工中操作失误致 0 号台内侧支座脱空 30mm	B_4	2008 之前	319
577	某高速公路枢纽互通立交 D 匝道桥	8×20m 连续箱梁，中间墩为独柱墩			施工桥面系第 7 跨内侧护栏时，分联墩与桥台上外侧支座脱空超 100mm	B_4	2008 之前	319
578	某立交匝道桥	5×25m 连续弯箱梁，$R=600$m，中间墩为独柱墩			外侧护栏施工时，梁体晃动，分联墩上内侧支座脱空 20mm	B_4	2007 夏	319
579	深圳市某立交跨线桥	（15＋17＋20＋15）m 连续钢箱梁			施工控制不严，受温度影响，0 号、4 号桥台上支座脱空，最大 39mm	B_4	2010.1～3	319
580	贵州贵阳至黄果树公路白马大桥	主跨 100m 桁式组合拱桥			运营 12 年后成危桥，拆除改建为 RC 箱形拱桥	B_{10}	2002.7	596、行业内部信息、598
581	贵州德江至印江公路两河口大桥	主跨 100m 桁式组合拱桥			运营 17 年后评定为五类桥，封闭交通，另建新桥	B_{10}	2008.10	595

续表

序号	桥梁名称	桥梁简况	伤亡人数		事故概要	事故类型	时间(年.月.日)	信息来源
			亡	伤				
582	贵州茅台至习水公路两河口大桥	主跨80m桁式组合拱桥			运营10年后评定为五类桥,封闭交通,另建新桥	B_{10}	2008.10	595、598
583	贵州S212线斯拉河大桥	主跨130m桁式组合拱桥			运营15年后评定为四类桥,经审批后决定拆除原桥,另建新桥	B_{10}	2017	597、600
584	贵州贵阳至遵义公路干田尾大桥	主跨132m桁式组合拱桥			运营5年后,上部结构严重开裂、下沉,桥面呈W形,封闭交通,另建新桥	B_{10}	2002.1	598
585	贵州省清镇市花鱼洞大桥	主跨150m桁式组合拱桥			运营14年后,上部结构开裂、下挠严重,从2005年7月起限载10t,并进行加固,后另建新桥	B_{10}	2005.7	399、595、599
586	重庆市石柱县沿溪大桥	主跨180m桁式组合拱桥			运营11年后,上部结构开裂、下挠严重,原桥拆除	B_{10}	2014.5.30	595
587	贵州安织公路小兴浪大桥	主跨150m桁式组合拱桥			运营13年后,上部结构开裂、下挠严重,评为四类桥,限载通行,后另建新桥	B_{10}	2008	595
588	贵州龙塘河大桥	主跨100m桁式组合拱桥			运营19年后,上部结构开裂、下挠严重,评为四类桥,限载通行	B_{10}	2008	595
589	贵州旧城大桥	主跨100m桁式组合拱桥			运营18年后,上部结构开裂、下挠严重,评为四类桥,限载通行	B_{10}	2008	595、601
590	六盘水市都格大桥	主跨100m桁式组合拱桥			运营13年后,上部结构开裂、下挠严重,评为四类桥,限载通行	B_{10}	2008	595
591	毕节市源石(原名源村)大桥	主跨105m桁式组合拱桥			运营10年后,上部结构开裂、下挠严重,评为四类桥	B_{10}	2008	595
592	沈阳市沈海立交桥	梁式桥			超高车辆撞断3片主梁,被迫换梁,造成一条车道中断交通1个多月	B_{15}	不详	602
593	上海市吴淞大桥	自行车桥			一辆超高车辆将桥体撞偏位约10cm	B_{15}	2007.8.14	602

续表

序号	桥梁名称	桥梁简况	伤亡人数 亡	伤	事故概要	事故类型	时间（年.月.日）	信息来源
594	成渝高速公路跨线公路桥	梁桥（在建）			一辆超高车强行通过，将主梁撞击偏移，延误工期 2 个月，损失近百万元	B_{15}	2008.6.1	602
595	湖北武汉市××桥	桥上设有限高架			一辆超高集装箱车撞倒限高架，使正在施工的桥梁被迫停工	B_{15}	2009.11.11	602
596	西安市户县西汉高速公路出口立交桥	梁桥			一辆满载货物的超高超长车撞击立交桥，造成损坏	B_{15}	2009.11.28	602
597	北京市城铁大钟寺过街天桥	混凝土梁式桥			一辆翻斗车的翻斗突然升起，撞击主梁，被迫更换，损失超过 200 万元	B_{15}	2010.8.2	602
598	广西南海高速钦州至防城卜家立交桥	混凝土梁式桥			一辆翻斗车的翻斗突然升起，撞击主梁，成了危桥	B_{15}	2011.2.22	602
599	化州市城区北京大桥	混凝土梁式桥			一辆自卸汽车未降下车厢，撞击桥梁，一根横梁被撞断	B_{15}	2011.3.6	602
600	成都市三环凤凰立交人行天桥	4×20 米连续钢箱梁	1		一辆重型卡车翻斗意外翻起，撞击天桥，主梁坠落，司机被砸死	B_{15}	2006.11.23	602
601	贵州开阳至瓮安落旺河大桥	连续刚构	13	6	一辆客车在行驶中偏离车道，冲断栏杆坠河，该护栏为非防撞的一般栏杆	B_{15}	2017.4.17	网上信息
602	贵州榕江县平江镇双河口大桥	单孔双曲拱桥	8		一辆从黎平开往雷山的客车通过大桥时，撞断栏杆坠河，该护栏为非防撞的一般栏杆	B_{15}	2017.4.2	668、央视网信息
603	重庆市万州区长江二桥	子母塔悬索桥	15		一辆公交车越过中线，先撞击一辆小轿车，再冲断护栏坠江，2003 年 6 月通车	B_{15}	2018.10.28	网上信息
604	杭州至昆山高速公路嘉兴段 7 号桥	公路桥	23		一辆大巴从桥上冲击护栏，坠落 10 多米高的地面，车身倒扣	B_{15}	2004.5.13	6
605	铁岭至长甸公路 K258＋900 处大桥	公路桥	17	15	北京客车在桥上通过时撞击栏杆坠落桥下，该桥位于凤城市云爱阳镇	B_{15}	2004.6.15	6

续表

序号	桥梁名称	桥梁简况	伤亡人数		事故概要	事故类型	时间(年.月.日)	信息来源
			亡	伤				
606	重庆市黔江区沙湾特大桥	公路桥	27	4	一辆重庆至黔江双层卧铺客车撞坏护栏坠入深谷,深度达89m	B₁₅	2005.4.19	6
607	泗港铁路立交桥	上跨铁路的公路桥	3	1	一辆小客车撞坏桥上护栏坠落桥下铁轨上,恰与一辆货运列车相撞	B₁₅	2005.6.28	6
608	上海杨浦大桥匝道桥	大桥匝道桥,公路桥	1		一辆车下匝道时撞上防撞水箱,一乘客坠落地面,当场死亡	B₁₅	2005.6.30	6
609	上海九新公路长运泾桥	公路桥		多人	一辆公交车失控撞上护栏,约3m长护栏被撞断	B₁₅	2005.7.23	6
610	圣沟沙山顶缆车桥	不详	7		船舶撞击,桥梁毁坏,7人死亡	B₁₄	1983	605
611	上海市××高架桥	混凝土梁式桥	1	1	工人粉刷高架桥梁体时,固定在桥面下的支架横梁断塌,从20m高度坠落地面	B₁	2009.12.19	607
612	浙江温州甬台温铁路××高架桥	多跨混凝土梁桥	7	21	施工中移动模架坍塌,模架长48m,宽10多米,重约460t	B₁	2008.6.21	607
613	沪杭高铁嘉兴大桥	混凝土梁式桥		3	施工中支架垮塌	B₁	2010.1.21	607
614	天兴洲大桥南岸铁路引桥	混凝土梁式桥	1	4	桥墩混凝土浇筑时,12m高度处模板倒塌	B₁	2007.11.19	607
615	G324线贵州南盘江大桥	主跨240m钢桁加劲梁悬索桥			加劲梁、吊杆、主缆、锚碇、桥面系病害严重,评定为五类桥	B₁₁	2003	608
616	××高速铁路大桥	(85＋2×180＋85)m连续刚构			一个中跨合龙段张拉钢束时底板崩裂、分层,钢筋弯曲外露	B₂	2016	609
617	福州市火车南站××桥	在建铁路混凝土梁桥	2	4	施工中的桥梁被车辆撞击倒塌,压断桥下活动板房	B₁₂	2020.3.2	613
618	南京长江大桥引桥	34跨双曲拱桥,跨径27.88~32.7m			1968年大桥建成后,双曲拱桥病害日益严重,部分桥评为五类,作为文物进行了全面维修加固	B₁₀	2019之前	614

续表

序号	桥梁名称	桥梁简况	伤亡人数 亡	伤	事故概要	事故类型	时间（年.月.日）	信息来源
619	某内河航道桥	6×25m+7×25m 先简支后连续 PC T 梁桥			运砂船撞 5 号桥墩，船沉没，墩受损，进行加固	B₁₄	2017.11.9	615
620	温州动车南站浦北特大桥	多跨 PC T 梁桥，高架桥	1		T 梁施工中发生侧翻坠落地面	B₄	2014.11.5	618
621	滁州市全椒县江北大桥(跨襄河)	混凝土梁桥	死2 失踪2	多人	施工中钢管支架垮塌	B₁	2019.9.1	621
622	吉安市永丰县恩江古桥	多跨圬工拱桥(人行桥)	1	2	一孔拱体垮塌，长度约10m	B₁₉	2019.9.12	624
623	南昌市老福山立交桥	混凝土梁桥	2	1	一辆小车冲断护栏坠落，据报道坛子口立交已经近 20 次发生飞车坠桥事件	B₁₅	2019.8.30	626
624	湖北 G107 线马家湾桥	2×20m RCT 梁，U 形桥台，扩大基础			南侧桥台坍塌，主梁倾斜，交通中断	B₁₉	2015.10.11	627
625	杭州市江干区秋涛北路庆春东路口人行天桥	天桥东南段为钢箱梁引桥			重型车装载超高货物撞击天桥，长 33.5m、宽 4m 的钢箱梁坠落地面	B₁₅	2019.5.18	629
626	厦门市海沧区×× 高架桥	箱梁桥		4	违规拆卸施工支架，致 20m 长梁体垮塌	B₄	2013.10.10	630
627	汉中市勉县 G108 线汉江 2 号大桥	多跨混凝土梁桥	5	7	架桥机吊装主梁时，架桥机倒塌	B₅	2019.7.18	631
628	商洛市南秦河 2 号桥	危桥拆除		3	施工不当，突然垮塌，3 人落入水中	B₆	2012.4.23	632
629	上海地铁轨道交通 16 号线高架桥	支架施工混凝土梁桥	2	4	施工支架失稳垮塌	B₁	2011.8.18	633
630	徐州市三环西路高架桥	多跨混凝土梁桥	3	1	未开通的断头高架桥，没有设置安全隔离栏，一辆车从桥上断口处坠落	B₈	2020.3.4	634
631	无锡市 G312 线锡港跨线桥南侧 B 桥	(25+35+25)m PC 连续箱梁，中间墩为独柱	3	2	一辆车货总重 157t 货车偏载致箱梁侧翻坠地	B₁₂	2019.10.10	635
632	南阳市雪枫桥	不详		4	货车与小车桥上碰撞，致货车撞断人行道栏杆坠落桥下	B₁₅	2019.8.12	636
633	重庆江津轻轨 5 号线立交桥	3 跨连续箱梁，变高度			中跨主梁近完成时，因边跨悬臂浇筑过程中，中跨配重失误致边跨转动、下垂	B₄	2019.12.1	637

序号	桥梁名称	桥梁简况	伤亡人数 亡	伤	事故概要	事故类型	时间（年.月.日）	信息来源
634	台湾省宜兰县南方澳大桥	主跨140m下承式双叉单肋钢拱桥	6	12	一根吊索破断，导致多根吊索断裂，主拱肋随即垮塌	B₁₀	2019.10.1	638
635	浙江德清至桐乡公路砻糠山桥	单孔50m桁架拱桥			1972年建成后，至2001年上部结构严重开裂、变形，进行了3次加固	B₁₀	2001	639
636	宿迁市京杭运河一号桥	(74.25+74.95+74.25)m双曲拱桥			运营32年后经鉴定为危桥，进行拆除	B₁₀	2008	640
637	德州京杭运河大桥	主桥为跨径60.2m三拱肋无风撑系杆拱			运营13年后吊杆上下端严重锈蚀，更换全部吊杆	B₁₁	2013	641
638	广州市东风路增埗大桥	(35+50+35)m RC桁架拱			运营20年后，经2次加固仍达不到使用要求，拆除重建	B₁₀	2007	642
639	柳州市壶西大桥	2×120m独塔双索面斜拉桥			运营7年后，拉索钢绞线大部分锈蚀，并有少数出现夹片脱落，更换全部拉索	B₁₁	2001	643
640	上饶市鄱阳县凰岗镇太阳埠大桥	(2×50+2×30)m多跨混凝土梁桥			赣九江货1566船撞击桥墩，第4~5号墩间主梁垮塌，船沉没	B₁₄	2020.7.7	645、680
641	仙桃市西流河镇岛口大桥	单孔48m石拱桥	9	7	1974年建成通车，事发当天村民17人在桥上纳凉，大桥突然垮塌	B₁₈	2002.7.18	647
642	广州至黄岐珠江大桥	不详		2	桥面出现10m×3.5m面积大坑，一辆摩托车坠坑，2人重伤，扩建工程的施工发生大面积溶洞塌方	B₁₉	2003.4.21	649
643	宜宾市江安长江大桥	不详	2	9	大桥6号桥墩已安装的钢筋笼垮塌	B₄	2005.10.28	654
644	恩施市金山大桥	2×110m PC部分斜拉+2×30m PC连续箱梁	1	10	东岸一跨箱梁3号块浇顶板混凝土时，支承失稳，箱梁坍塌	B₁	2014.11.19	656、678
645	长沙市万家丽北路月湖公园路人行天桥	宽4m，单跨24.85m箱梁	1		一辆重型自卸车车斗升起撞击天桥，桥梁垮塌	B₁₅	2014.12.17	657
646	宿州市灵璧县节制闸桥	在建混凝土梁桥	1	3	拆除梁体模板时，桥梁垮塌	B₈	2015.7.4	658

| 序号 | 桥梁名称 | 桥梁简况 | 伤亡人数 | | 事故概要 | 事故类型 | 时间（年.月.日） | 信息来源 |
			亡	伤				
647	湖南怀邵衡铁路沅江特大桥	主跨 180m 多跨混凝土梁桥		2	架桥机吊装引桥预制梁体时，预制梁倒塌	B₅	2017.1.6	659
648	滨州市李茂家村小桥	3 跨混凝土板桥，建于 1974 年，限载 4t			一辆重型半挂货车上桥，压塌中孔板梁，车尾插入水中	B₁₅	2019.10.13	661
649	深圳海湾大桥（蛇口至香港流浮山）	750m(高架桥)＋350m(斜拉桥)＋900m(高架桥)＋460m(斜拉桥)＋3040m(高架桥)，全长 5500m			香港段高架桥 PC 箱梁内一根钢缆发生断裂，该钢缆全长 280m，断裂处严重锈蚀	B₁₁	2019.2.15	664
650	沪杭公路 7835 号大桥	跨河大桥	5	5	(B-10FW)水陆两栖飞机，起飞 10 多分钟后撞上大桥，飞机上驾驶 2 人及 8 名乘客与飞机一起坠入水中	B₁₅	2016.7.20	669
651	哈尔滨至大庆高速公路 K586＋700 跨线桥	多跨混凝土梁桥	1		高速公路上行驶的货车撞断桥墩，司机遇难	B₁₅	2018.6.14	670
652	杭州市德胜东路口高架桥	3 跨混凝土箱梁桥	1	3	吊装拆除梁体的钢丝绳断裂，梁体坠落，支架垮塌	B₆	2012.7.2	672
653	南京市沧波门桥	不详	9	5	在危桥拆除时，吊机作业因切断钢筋，拱体与吊机垮塌	B₆	2002.8.14	673
654	沧州市 G205 国道黄骅和孟村交界桥	约 60m 长混凝土梁桥	3	3	破碎机砸击桥面板时，桥梁突然垮塌	B₆	2004.6.20	674
655	周口市淮阳区四通镇桥	不详	1		农民工违规自行拆除桥梁，桥体垮塌	B₆	2009.2.17	675
656	嘉兴市海盐县通元镇镇北村新木桥	圬工拱桥	1		未搭设支架违规拆除，桥体垮塌	B₆	2004.12.21	676
657	徐州市沛县安国镇朱王庄二河桥	长 20m、宽 5m 桥梁	死 1失 1	6	旧桥拆除时，桥体垮塌，与施工人员一起坠入河中	B₆	2012.4.12	677
658	资阳市雁江区沱江三桥	主桥 300m 飞燕式钢管混凝土拱桥，全长 888m	5	2	施工中索塔在拆除时倒塌	B₄	2013.5.21	678
659	成渝高速公路 K62 人行天桥	混凝土梁桥		1	一辆大客车失控撞桥墩，事发后一妇女横穿高速被车撞死	B₁₅	2007.8.25	679

序号	桥梁名称	桥梁简况	伤亡人数 亡	伤	事故概要	事故类型	时间(年.月.日)	信息来源
660	成渝高速公路资中县人行天桥	混凝土梁桥	1		超高大卡车撞击,天桥垮塌,半幅公路封闭交通	B_{15}	2005.7.29	679
661	成渝高速公路K320+300人行天桥	混凝土梁桥		1	大货车翻斗突然升起,将天桥主梁推垮塌	B_{15}	2004.7.19	679
662	重庆市江北戴家沟立交桥	单跨35m弯箱梁桥			施工中浇防撞护栏混凝土时,箱梁侧翻坠落在下层桥面上	B_4	2014.12.9	678
663	重庆市荣昌观音桥××大桥	不详	1	2	施工中钢管支架失稳,致拱形桥墩垮塌	B_1	2008.6.26	679
664	娄底市涟源市白马溢洪大桥	桥长约62m	1	2	超重货车压塌桥梁	B_{12}	2006.4.30	679
665	平顶山市鲁山县澎河桥	多跨混凝土板桥			总重达250t拖挂车压塌车道板	B_{12}	2007.11.17	679
666	北京西五环杏石口人行天桥	多跨混凝土梁桥,全长34m	1	1	货车失控撞塌桥墩,桥面板下坠呈V形	B_{15}	2007.7.19	679
667	运城市平陆县平曹公路米汤沟大桥	三级公路上的混凝土梁桥	1	3	进行检测加固时,梁体垮塌,1997年建成通车	B_{19}	2014.7.6	678
668	云南河口县南溪农场桥	跨度96m悬索桥	1		悬索突然断裂坠落	B_{19}	2014.4.7	678
669	福建漳州大桥	多孔圬工拱桥,全长438m	1死1失	4	1971年修建的老桥,拆除时,连续垮塌长度约300m	B_6	2000.4.11	679
670	惠州市惠东县S356线旱坑桥	3孔双曲拱桥,全长95m			超重车压塌2跨桥,一辆车坠河,1983年建成	B_{12}	2013.10.7	678
671	湖北荆州长江公路大桥	主桥为(200+500+200)m混凝土主梁斜拉桥	14	8	双层卧铺客车冲断护栏坠落河滩上,原桥为市政桥梁,后来按高速公路改建	B_{15}	2013.3.12	678
672	十堰市车城西路铁路桥	铁路桥下为公路			拖挂货车超高撞击铁路桥上部结构,横梁断塌	B_{15}	2013.3.7	678
673	邵武市八一大桥	大桥由左、中、右三桥组成	1		1969年建成的中间桥,鉴定为四类危桥,进行维修加固时,桥体垮塌	B_4	2014.8.30	678
674	吕梁市离石区吕临铁路大桥	混凝土连续梁	2	2	箱梁悬浇时,挂篮坠落	B_4	2014.8.5	678
675	陇南市武都区通村便民桥	钢桁架桥,跨度54m	2	2	施工中吊车进入桥面作业时,钢桁架垮塌	B_4	2014.7.22	678

续表

序号	桥梁名称	桥梁简况	伤亡人数		事故概要	事故类型	时间（年.月.日）	信息来源
---	---	---	亡	伤	---	---	---	---
676	金温铁路扩建工程浦北特大桥	主桥为 PC 连续箱梁桥，引桥为 T 梁	1		施工中拆模时两片 T 梁倾倒	B₄	2014.11.5	678
677	粤赣高速公路河源城南出口立交桥	立交匝道桥为 PC 连续箱梁	1	4	4 辆超载车压塌桥梁，梁、车同时坠落地面	B₁₂	2015.6.19	678
678	兴化市戴窑镇端午大桥	多跨混凝土梁桥，桥长 52m			拖船撞击墩桩，桥梁垮塌，船沉没，两辆车坠河	B₁₄	2013.8.15	678
679	浙江金温铁路扩建青田油竹上黄大桥	多跨 PC 箱梁桥	1	1	施工中支架失稳坍塌	B₁	2014.2.20	678
680	湖州市千金镇西大桥	混凝土梁桥			300t 货船撞桥，整桥坍塌	B₁₄	2004.5.12	679
681	湖州市士林镇水北大桥	不详			货船失控撞桥，约 60m 长桥体垮塌	B₁₄	2004.2.2	679
682	武合铁路乔店段××桥	不详		3	施工中支架垮塌	B₁	2008.3.19	679
683	渝黔高速公路界石境内××天桥	人行天桥，混凝土梁桥			大货车撞击中央护栏及桥墩，桥墩垮塌	B₁₅	2006.7.11	679
684	无锡市惠山区洛社镇花明桥	桥长约 40m，宽 4m，已建成约 30 年			重载货船撞击，全桥垮塌，为年久失修危桥	B₁₄	2006.9.8	679
685	兴化市林湖乡湖东大桥	桥长约 80m，宽 4m			船队撞击，大桥整体坍塌河中	B₁₄	2006.5.29	679
686	兴化市昌荣镇姚庄大桥	桥长约 30m，宽 6m			船队撞击，桥梁坍塌	B₁₄	2006.2.22	679
687	苏州京杭大运河亭子桥	不详		2	货船撞塌桥梁	B₁₄	2004.9.1	679

序号	桥梁名称	桥梁简况	伤亡人数		事故概要	事故类型	时间(年.月.日)	信息来源
			亡	伤				
1	法国 Barenlin 高架桥	27 跨 14m 砖砌铁路拱桥，全长 456m			接近完工时，多跨拱体连续垮塌	B_8	1846	16
2	塞尔维亚 Ljubicevo 桥	跨径 62m 公路桁架桥，全长 85m			完工时加载试验中，压杆失稳而垮塌	B_7	1892	16
3	德国科尼利厄斯桥(跨伊萨尔河)	跨径 44m，多孔混凝土三铰拱，全长 150m	2	35	浇筑拱圈混凝土时支架垮塌	B_1	1902	16
4	德国海德尔堡内卡河铁路桥	3 跨桁架式系杆拱，全长 170m			施工中门式起重机在桥上移动时，30m 跨上弦侧移而垮塌	B_2	1905	16
5	加拿大魁北克大桥(第 1 次修建时)	主跨 548.6m 下承式悬臂钢桁架桥	75	11	架设过程中下弦失稳而垮塌	B_2	1907.8.29	4、131~135、40、374、447
6	德国科隆莱茵河桥	铁路系杆拱桥，桥长 165m	8	11	用于主跨施工的 65m 桁架辅助桥垮塌	B_5	1908	16
7	德国斯坦特莱茵莱特河桥	公路石拱桥	11		拱顶石移动失误致全拱垮塌	B_4	1910	16
8	美国加利福尼亚州奥本桥	3×47m RC 拱桥	3	16	第 3 跨浇筑上部结构混凝土时，木拱架垮塌	B_1	1911	16
9	德国萨尔河桥	2×54m 混凝土三铰拱桥，桥长 114m			浇筑混凝土时，木拱架横向屈曲垮塌(支撑被船撞损坏)	B_1	1913	16
10	德国弗伦斯堡公路桥	上跨铁路的石拱桥，孔径 41m，全长 72m			拱体完成后，拆除拱架时发生垮塌	B_6	1923	16
11	德国门登绍尔阿尔河桥	主跨 60m 下承式三铰混凝土拱			浇筑混凝土时，扁钢斜支撑损坏(未进行支撑计算)	B_1	1928	16

续表

序号	桥梁名称	桥梁简况	伤亡人数		事故概要	事故类型	时间（年.月.日）	信息来源
			亡	伤				
12	瑞典三都桥（跨安格曼兰河）	跨径264m上承式RC拱桥，高42m，全长810m	18		在浇筑混凝土时，拱架接头处损坏且横向失稳，导致拱架破坏	B_1	1939.8.31	16、374
13	加拿大安大略省渥太华丽都河桥	混凝土拱桥	29	62	浇筑拱圈混凝土时，拱架与拱体一起垮塌	B_1	1966	16
14	加拿大 Heron Road 桥	不详	9		施工失误导致桥梁垮塌	B_4	1966.8.10	40
15	澳大利亚墨尔本西门桥	112m＋144m＋336m＋144m＋112m连续钢箱梁斜拉桥	35	多人	钢箱梁架设过程顶、底板应力过大致115m梁板（重2000t）垮塌（设计、施工均有失误）	B_2	1970.10.15	136、40、137、374、569
16	德国阿萨芬堡美因河公路桥	5×48m＋78m顶推施工PC连续梁桥	1	6	顶推过程主梁超应力断裂导致临时索塔垮塌，设计失误是主因	B_2	1988.8.30	138、374
17	美国明尼苏达州运河桥	主跨166m钢拱桥，全长370m	1		某根横梁腹板屈曲局部损坏，致支架失稳	B_1	1990	16
18	南非开普敦著名"断桥"	梁式桥	3		施工中支撑损坏致桥梁垮塌，设计师自杀，"断桥"永远保留不拆除	B_1	1995	139
19	德国 Vishofen 多瑙河桥	带吊杆的钢拱桥，跨径116m		3	施工中，用于拼装的支架与拱肋一起垮塌	B_1	2000	16
20	美国伊莫拉街桥	混凝土梁式桥			施工千斤顶失效导致支架钢梁坍塌，木模全部坠落	B_5	2003.12.3	140、141
21	美国科罗拉多州R470跨线桥	钢-混凝土叠合梁桥			施工临时支撑失效，导致钢梁垮塌	B_1	2004.5.15	140、141
22	印度比哈尔邦帕戈尔布尔桥	建成150年的老公路桥，3跨石拱桥	39	19	旧桥拆除过程突然垮塌	B_6	2006.12.2	32、40、374、16
23	印度海得拉巴市高架桥	混凝土梁式桥	20	多人	施工中钢支架与混凝土主梁一起垮塌，还压毁了15辆汽车	B_1	2007.9.9	142、374（P256）
24	越南芹苴市芹苴大桥	主桥为斜拉桥，引桥为多跨混凝土梁式桥，全长2750m	60，失踪10	150	施工中支架地基下沉倾倒致引桥2跨90m桥体垮塌	B_1	2007.9.26	143～146、42、40、147、374
25	德国××铁路高架桥	主跨161m混凝土拱桥			施工支架失效致拱脚基础拉裂	B_1	2008	16

序号	桥梁名称	桥梁简况	伤亡人数		事故概要	事故类型	时间(年.月.日)	信息来源
			亡	伤				
26	越南胡志明市垫江高速公路大桥	在建跨江大桥		4	施工中 50m 长桥体垮塌	B_8	2009.3.10	148
27	印度拉贾斯坦邦寇塔昌巴尔桥	主跨 350.5m 双塔单索面斜拉桥,总长 1.5km	48	多人	主桥施工中违反设计规定过早拆除支架,导致主梁垮塌	B_1	2009.12.24	149、374、378
28	孟加拉吉大港××桥	立交桥	13	20	施工中桥梁垮塌	B_8	2012.11.25	179、180
29	韩国京畿道坡州临津江长南大桥	钢桁梁桥,桥梁全长 539m	2	12	桥梁施工中长 55m 桥体突然垮塌,垮塌处桥高约 15m	B_8	2012.9.22	181
30	马来西亚槟城二桥引桥	多跨 RC 弯箱梁桥	1	3	施工中引桥约 50m 长支架及混凝土梁一起垮塌	B_1	2013.6.6	182
31	英国威尔士米尔福德港桥	钢桥,主跨 214m	4		施工过程钢箱梁失稳坍塌	B_2	1970	387、137
32	美国俄亥俄州阿什塔比拉河桥(铁路桥)	跨度 46m 全锻铸铁豪式桁架桥	96		列车通过时桥体垮塌,因铸铁脆断、轨道结冰列车脱轨所致	B_{11}	1876.12.29	6、374
33	美国 Busey 桥	钢桥			施工质量差导致桥梁坍塌	B_{19}	1887.3.14	141
34	印度西部中央直辖区达曼桥	梁式桥,全长 325m	24	25	年久失修,突降暴雨,百年大桥,突然垮塌	B_{18}	2003.8.28	32、40、134
35	西班牙艾尔姆列卡高速公路桥	混凝土梁式高架桥,主孔由突拱支撑,最高墩 80m	6		顶推施工中,梁体突然垮塌,主梁为 PC 箱梁	B_8	2005.11.7	40、374
36	几内亚盖凯杜省××桥	不详	65		桥体突然垮塌	B_{19}	2007.3.20	32
37	英国泰晤士河通往巡洋舰"贝尔法斯特"号博物馆的栈桥	金属结构支撑的桥梁		2	桥体突然垮塌	B_{19}	2011.11.29	190
38	西班牙南部××桥	不详	6		桥体突然垮塌	B_{19}	不详	190
39	英格兰大雅茅斯 North Quay 桥	跨径 26.2m 索支撑铁桥,桥宽 6m	113		超过 300 人桥上观景,人群严重偏载致使桥梁垮塌	B_{13}	1845	281
40	孟加拉国杰索尔 Jinguruchy 桥	索支撑铁桥,1844年建成	100		超过 500 人桥上观景,人群严重偏载致使桥梁垮塌	B_{13}	1846	281

续表

序号	桥梁名称	桥梁简况	伤亡人数 亡	伤亡人数 伤	事故概要	事故类型	时间（年.月.日）	信息来源
41	法国 Angers（昂热）公路桥	链式悬索桥，跨度102m，桥宽7.2m，1839年建成	226		一个营的军队过桥引起共振而垮塌，当时有狂风	B_{13}	1850.4.16	40、387
42	美国俄亥俄州 Ashtabula 桥	钢桁架桥	92		钢桁构件疲劳致桥梁垮塌	B_{17}	1876.12.29	40、141
43	俄罗斯克夫达桥	敞开式下承式钢桁梁桥			上弦压杆失稳致全桥垮塌	B_9	1875	131
44	俄罗斯莫尔兹桥	下承式钢桁梁桥			试车时（荷载试验）因压杆失稳而破坏	B_7	1925	131
45	俄罗斯埃及人桥（跨越彼得堡坦卡河）	单跨悬索桥，铸铁门式主塔，铁链主缆			军队过桥产生共振主缆断裂致桥体垮塌，因河道结冰无人伤亡	B_{13}	1905.1.20	40、374
46	德国奥德河铁路桥	跨径58m RC拱桥，桥长134m	3		混凝土基础承载力不足，桥墩与两跨拱圈垮塌	B_2	1926	16
47	罗马尼亚米尔考河铁路桥	3×30m 混凝土桥			旧砌体桥墩基础承载力不足，致一个桥墩位移达1.2m	B_9	1926	16
48	比利时哈瑟尔特桥	3×30m 全焊空腹钢桁架拱			使用1年后弓形主梁突然脆断为3段，类似事故，共有3座桥	B_9	1938.3	6、16、134
49	美国马里兰州 Chesapeake 桥	公路开启桥			船撞桥致桥体垮塌	B_{14}	1942.7.28	141
50	英、美、法、俄、瑞典、委内瑞拉、澳大利亚19座桥	不详	601		这19座桥均为船撞桥引发的重大桥梁事故	B_{14}	1942～2007	225
51	加拿大魁北克大桥（第2次修建时）	与"序号5"结构类似，但多方面进行了改造加强	11		因提升吊杆的千斤顶支撑件突然碎断，致使195m挂孔钢桁梁坠入水中。该桥于1917年12月第3次终于建成	B_9	1916.9.11	42、135、374、447
52	加拿大"第二海峡钢构厂工人纪念桥"	钢悬臂桁架桥	44		因设计缺陷导致在吊装施工过程桥梁坍塌	B_9	1958.6.17	40、374
53	瑞典哥德堡 Sound 河桥	公路拱桥，跨径278m			细长管状立柱发生异常横向振动	B_{19}	1959	16
54	美国 Poplar Street 桥	不详			船撞桥，桥梁损坏	B_{14}	1984	550
55	澳大利亚国王大街大桥	不详			劣质材料、设计缺陷导致桥梁垮塌	B_{11}	1962.7.10	40

续表

序号	桥梁名称	桥梁简况	伤亡人数		事故概要	事故类型	时间(年.月.日)	信息来源
			亡	伤				
56	澳大利亚皇帝大桥	多跨 30.49m 焊接钢板梁桥			45t 重车通过时,1 跨突然垮塌	B_{12}	1962.7	134
57	安哥拉××桥	不详	12		蓄意破坏,炸毁桥梁	B_{20}	1965.3.2	6
58	意大利德拉里恰桥	两座圬工拱桥,总长 312m	2		具有 114 年历史的三层拱桥垮塌	B_{18}	1967	16
59	美国西弗吉尼亚州 Silver 桥(银桥)	主跨 214m 眼杆链悬索桥,两边跨均为 116m,1927 年建成	46	9	一个眼杆链因材料疲劳及腐蚀导致桥梁垮塌	B_{10}	1967.12.15	42、40、141、135、282、283、374
60	民主德国措伊伦罗达桥	主跨 63m 钢箱梁桥	4		箱梁断裂破坏	B_{10}	1973	387
61	菲律宾那加城××桥	跨径 120.1m,桥宽 7.9m,木桥面桥梁	138		桥上集结观景人群超过 500 人,压塌桥梁	B_{13}	1972	281
62	美国佐治亚州 Sidney Lanier 桥	开启桥			船撞桥上部结构,3 孔垮塌	B_{14}	1972.11.7	141、567
63	尼泊尔 MahKali 河桥	跨径 60m,桥宽 1.5m,钢梁悬索桥	138		桥上人群超过 150 人,压塌桥梁	B_{13}	1974	281
64	挪威索苏恩特桥	不详			船舶撞击,边墩损坏	B_{14}	1963	567
65	澳大利亚塔斯曼桥(跨越德文特河)	多跨混凝土高架桥,主跨 94.55m,双柱式墩,全长 1395m,5 车道	15		72000t 船撞击桥墩,3 孔总长 127m,主梁垮塌,船体沉没	B_{14}	1975.1.5	40、374、230、567
66	德国汉堡科尔布兰特桥	主跨 325m 钢斜拉桥			使用 3 年后全部更换斜拉索,耗资 6000 万美元	B_{11}	1977	285、286
67	澳大利亚悉尼波尔德街桥	3 跨混凝土连续梁,排架式桥墩,4 车道	83	210	火车从桥下撞击桥墩梁体垮塌,火车脱轨,桥墩柱较弱	B_{15}	1977.1.18	40、374、387
68	委内瑞拉马拉开波桥	(160+5×235+160)m PC 斜拉桥			使用 12 年后,全部更换 384 根斜拉索	B_{11}	1978	285、286
69	美国威斯康星州普雷里申公路桥(跨密西西比河)	跨径 41m 拉杆拱桥,全长 141m			箱形梁钢材脆断、开裂,致桥梁封闭,中断交通	B_{11}	1979	16
70	美国佛罗里达州坦帕海湾空中通道桥	全长 6840m 特大桥	35		船舶撞击桥梁主墩,致 3 跨上部结构垮塌	B_{14}	1980.5.1	6、567
71	美国佛罗里达州新阳光大桥	主跨 366m 单索面双塔斜拉桥			混凝土主梁钢筋锈蚀,拉索病害	B_{19}	2004	374

续表

序号	桥梁名称	桥梁简况	伤亡人数 亡	伤	事故概要	事故类型	时间（年.月.日）	信息来源
72	美国佛罗里达州旧阳光大桥	主跨 384m 下承式钢桁梁桥,双向4 车道	34	1	大暴雨中 35000t 货船偏离航道,撞塌主桥墩,396m 长主梁垮塌	B₁₄	1980.5.9	40、141、225、287、374、387、230、550
73	英国 Angel Road 桥	后张 PC 梁桥			预应力锚具处的钢丝锈蚀断裂	B₁₁	1980	288
74	瑞典斯泰农松德市阿尔摩桥	主跨 278m 上承式钢管拱桥	8		27000t 压舱货船撞击主拱,主跨垮塌,7 辆车落水	B₁₄	1980.1.18	40、230、564、567
75	美国纽约新港桥	悬索桥	35		45000t 油船以 3m/s 速度撞击主塔墩柱,主塔柱损坏	B₁₄	1981	6、230
76	美国堪萨斯城凯悦酒店走道桥	人行悬吊走道桥	114	200 多	桥上满载跳舞人群,压塌桥梁,施工中变更设计是主因	B₁₃	1981.7.17	6、40、42、289、374
77	美国 14th Street 桥	公路桥			飞机撞击,桥梁垮塌	B₁₅	1982.1.13	141
78	美国爱荷华州密苏里河桥	公路钢拱桥,跨径 130m			800mm×70mm 上弦杆脆断	B₁₁	1982	16
79	美国俄亥俄州××特大涵洞	波形钢板拱涵,高 4.5m	5	4	使用 10 年后垮塌（美国当时最大涵洞）	B₁₉	1982	16
80	美国康湟狄格州曼勒斯河桥	多跨钢梁桥	3	3	夜间 3 辆车过桥时,一个钢栓松动导致 30m 桥体垮塌	B₁₀	1983.6.28	42、40、374
81	苏联伏尔加河乌里扬诺夫铁路桥	多跨下承钢桁梁桥	177	多人	客轮误入非通航孔撞击大桥,桥体损坏,船上电影厅被桥面剪断	B₁₄	1983.6.5	6、287、230、374
82	美国 I-95 Mianus 河桥	钢桁梁桥			栓销断裂,致一个挂孔分离而坠落水中	B₁₁	1983	135、283
83	澳大利亚塔斯曼德温特河桥	不详	20		船舶撞击,桥梁损坏	B₁₄	1983.12.17	6
84	英国 Welsh 的 Ynys-Gwas 桥	后张 PC 梁桥			块件间接缝处钢束锈蚀致桥梁突然垮塌	B₁₁	1985.2.1	288、290、291
85	英国莫斯瓦斯桥	后张 PC 梁桥			管道压浆不密实,钢束严重腐蚀,致桥梁垮塌	B₁₁	1985.12.4	115、285、286
86	加拿大格兰德米尔(Grand-Mere)桥	主跨 181m 连续刚构＋铰			通车 9 年后,跨中下挠300mm，为跨径的1/605	B₁₀	1986	217、256、454
87	印度××铁路桥	不详	25	150	火车过桥时,泰米尔游击队炸毁桥梁	B₂₀	1987	6

续表

序号	桥梁名称	桥梁简况	伤亡人数		事故概要	事故类型	时间(年.月.日)	信息来源
			亡	伤				
88	美国田纳西州 Hatchie 河桥	公路桥			基础木桩腐蚀导致桥梁垮塌	B_{11}	1989.4.1	141
89	墨西哥西纳奥拉州××桥	不详	104		火车撞击,桥梁垮塌	B_{15}	1989.8.9	6
90	美国帕罗茨(Parrotts)桥	99m+195m+99m 连续刚构桥			通车 12 年后,跨中下挠 635mm,为跨径的 1/307	B_{10}	1990	217、256、454
91	美国康涅狄格州 Bissell 桥	后张法 PC 梁桥,已使用了 35 年			钢绞线严重锈蚀,桥梁炸掉重建	B_{11}	1992	285、286、115
92	美国路易斯安那州 Claiborne Avenu 桥	不详			船舶撞击桥梁垮塌	B_{14}	1993.5.28	141
93	南非印佳卡桥	7×42mPC 连续箱梁,顶推施工	14	19	设计失误,致顶推时两跨主梁断裂	B_2	1998.7.6	374
94	美国阿拉巴马 Big Bayou Canot 桥	下承式钢桁梁铁路桥	47	103	重型驳船撞坏大桥一跨,但几分钟后列车通过时脱轨,7 节车厢坠入河中	B_{14}	1993.9.22	6、287、374、387
95	韩国首尔汉江圣水大桥	主跨 140m 钢桁悬臂梁桥,桥长 1160.8m,宽 19.4m	32	17	劣质材料及焊接施工失误,中段 48m 桥体突然垮塌,6 辆车坠河中	B_{11}	1994.10.21	4、40、292~295、374
96	帕劳共和国科罗巴伯尔道博(Koror-Babeldaob)桥	18.6m+53.6m+240.8m+53.6m+18.6m 连续刚构桥,跨中设铰	2	4	建成 19 年后(1978 年完工)跨中下挠 1200mm,主梁根部压裂,1996 年垮塌	B_{10}	1996.9.26	42、374、454
97	以色列 Maccabiah 桥	不详	4		材料缺陷致桥梁垮塌	B_{11}	1997.7.14	40
98	英国金士顿(Kingston)桥	(62.5+143.3+62.5)mPC 连续刚构+铰			通车 28 年后,桥主梁下挠 300mm,为跨径的 1/477	B_{10}	1998	256、454
99	德国艾雪德镇××跨线桥	城际铁路上的跨线桥	101	88	火车通过桥下时出轨撞击桥墩,梁体垮塌,梁体阻断线路	B_{15}	1998.6.3	6、387
100	美国威斯康星州 Hoan 桥	3 跨钢-混凝土叠合梁连续梁桥			66m 边跨两根钢梁脆断,下挠 122cm,成为危桥	B_{11}	2000.12.13	6、133、140、141
101	美国得克萨斯州伊莎贝拉加王后桥	RC 简支 T 梁桥	8		驳船撞击,2 跨 T 梁垮塌,14h 后又坍塌一跨	B_{14}	2001.9.15	32、140、141

续表

序号	桥梁名称	桥梁简况	伤亡人数		事故概要	事故类型	时间（年.月.日）	信息来源
			亡	伤				
102	美国俄克拉荷马（公路桥）I-40W 桥	钢-混凝土叠合梁桥，2×180m 主孔间为独柱墩	14		驳船撞击主墩，2 跨梁体垮塌，17 辆车坠河，船长醉酒驾船	B₁₄	2002.5.26	32、40、140、141、211、374
103	美国得克萨斯州里奇德兰 I-45 号公路跨线桥	混凝土工字梁桥			大卡车撞击桥墩，2 跨主梁垮塌	B₁₅	2002.9.8	141、296
104	印度哈尔邦××铁路桥	梁式桥，长度约 100m	130	约200	客运列车桥上脱轨，撞击桥梁，车厢坠河引发重大伤亡事故	B₁₅	2002.9.9	6、374
105	阿富汗南部××桥	不详	18		汽车炸弹炸桥（蓄意破坏）	B₂₀	2003.1.31	6
106	加拿大安大略省奥布里科斯恩斯中士纪念大桥	下承式系杆拱桥			钢吊杆疲劳断裂致桥梁垮塌	B₁₇	2003.1.14	40、569
107	美国内布拉斯州大斯普林斯 I-80 公路跨线桥	混凝土工字梁桥	1		卡车撞坏桥墩，梁体垮塌，交通中断	B₁₅	2003.5.23	32、140、141
108	加拿大安大略省V.C 纪念桥	钢加劲梁悬索桥，跨径 110m			已使用 40 年的 3 根吊杆断裂	B₁₁	2003	16
109	美国康涅狄格州 I-95 号霍华德桥	钢梁桥			桥上油罐车，失火钢梁软化而垮塌	B₁₆	2004.3.25	140、141
110	美国佛罗里达州利罗伊塞尔蒙桥	混凝土板桥			桩设计失误，桥墩下沉 4.6m，致桥面折成 V 形	B₉	2004.4.13	140、141
111	西班牙格兰纳达高速公路桥	不详	33		跨径 54.9m 的桥面突然坍塌	B₁₉	2005.11.7	40
112	美国宾夕法尼亚 I-70 号 SR1014 桥	PC 简支小箱梁桥			除冰盐腐蚀钢束锈断，一片主梁突然坍塌	B₁₁	2005.12.27	140、141
113	印度新德里××桥	3 跨石拱桥	1	12	具有 150 年历史的桥梁，拆除时桥下快速列车振动，中跨垮塌	B₆	2006	16
114	加拿大魁北克拉瓦尔协和式立交桥	PC 厚板桥，1970 年建成	5	6	桥体突然垮塌，因桥台受剪区为素混凝土而发生破坏	B₉	2006.9.30	297、569
115	加拿大拉瓦尔市立交桥	梁式桥	5	1	车辆过桥时，桥体突然垮塌，行人及 3 辆车坠落桥下	B₁₂	2006.9.30	32、298、40
116	美国奥罗维尔××桥	高速公路桥		1	货车通过时桥梁损坏	B₁₂	2007.7.31	32

序号	桥梁名称	桥梁简况	伤亡人数 亡	伤	事故概要	事故类型	时间 (年.月.日)	信息来源
117	美国奥克兰州际高速公路桥(双层桥)	钢-混凝土叠合梁桥，建成于1930年		1	上层桥上油罐车撞桥上标牌失火，烧垮2跨主梁，两层交通中断	B_{16}	2007.4.29	32、140、141、387、413、569
118	美国35号州际高速公路桥，即I-35w桥	主桥为3跨上承式连续钢桁拱梁桥，中跨139m	13	145	多辆车通过时，节点板断裂，主孔突然垮塌	B_{12}	2007.8.1	299、300、293、74、32、21、374、387、461、476、519
119	美国华盛顿州哈普路桥	跨径21m钢-混凝土叠合梁简支梁桥			82t挖掘机通过时，桥梁垮塌	B_{12}	2007.8.15	140
120	巴基斯坦卡拉奇市北方绕道桥	城市高架桥(多跨混凝土梁桥)	6	多人	刚投入使用多辆车通过时突然垮塌	B_{12}	2007.9.1	32、301、302
121	孟加拉国××公路桥	不详	死3失踪20	100多	数百灾民在桥上聚集时，桥梁突然垮塌	B_{13}	2007.11.24	303
122	秘鲁阿亚库乔省科拉科拉桥	跨径40m悬索桥，钢绳主缆木桥面	9	53	70多名师生过桥时突然坍塌，该桥为年久失修的危桥	B_{18}	2009.4.13	304、374
123	柬埔寨金边钻石岛钻石桥	城市道路斜拉桥	375	755	人群桥上观赏龙舟赛及音乐会，桥体摆动，发生人群踩踏事故	B_{13}	2010.11.22	305、275
124	印度大吉岭××桥	跨径46m木桥	32	132	约150人在桥上集结，桥体突然垮塌	B_{13}	2011.11.22	306
125	印尼卡坦尼加拉桥	主跨270m悬索桥(钢桁梁)，全长710m	失踪19，死亡20	40	建成10年后，吊杆与主梁连接点破坏，桥体突然垮塌，多辆车坠落水中	B_{10}	2011.9.26	183、307、374
126	日本鸟取县××桥	PC梁桥			碱-集料反应，使用15年后拆除	B_{11}	不详	285、286
127	美国北卡罗来纳州洛氏赛车道桥	混凝土人行索桥，跨径25m，桥宽48m		107	人群从桥的一端跑到另一端时，桥梁垮塌	B_{13}	2000	281、308
128	瑞典Goteborg桥	上承式拱桥			建成后不久，被船舶撞击，两跨引桥垮塌	B_{14}	1977	6、230
129	Mara Caibo大桥	斜拉桥			使用16年后更换斜拉索，费用达5000万美元，工期2年	B_{11}	不详	309

续表

序号	桥梁名称	桥梁简况	伤亡人数		事故概要	事故类型	时间（年.月.日）	信息来源
			亡	伤				
130	Konlbrand Estuary 桥	斜拉桥			使用 3 年后全部换索，费用6000万美元	B_{11}	不详	309
131	美国 I-79 号 Neville Island 桥	钢板梁桥			电渣焊连接部位发生开裂	B_{11}	不详	135
132	英国 Bickton Meadows	PC 人行桥			因管道压浆不密实，钢束腐蚀而垮塌	B_9	不详	115
133	比利时 Schelde 河桥	PC 梁桥			因管道压浆不密实，钢束腐蚀而垮塌	B_9	不详	115
134	美国波特兰 Million Dollar 大桥	不详			长 171m 货船撞入大桥定位桩，致船与防撞系统损坏	B_{14}	1996.9	287
135	尼泊尔西部河谷吊桥	人行悬索桥			人群超载，桥体垮塌	B_{13}	2007.12	200
136	马来西亚霹雳州吊桥	人行悬索桥			行人通过时，因共振而垮塌	B_{10}	2009.10	200
137	英国伦敦千禧桥	3 跨人行桥			建成时大量人群上桥，严重横向振幅达 70mm，关闭后加固，费用 700 万美元	B_{13}	2000.6	310、577
138	美国亚拉巴马州 Evergreen 市 ××桥	不详	2	1	水泥罐车撞击桥墩，桥体部分坍塌	B_{15}	1993	311
139	美国得克萨斯州 Corpus Christi 市 ××桥	不详	1		天然气罐车撞桥墩，墩柱破坏	B_{15}	2004	311
140	印度加尔各答市东部××桥	梁式高架桥		3	一跨桥孔垮塌	B_{19}	2013.3.3	313
141	英国 chester 桥	公铁两用桥（世界第 1 座），跨度 85.5m			列车通过时大桥振动过大引起损坏，后来拆除	B_{10}	1847	314、495
142	印度加尔各答豪拉大桥	钢桥			百万烟民长期吐的酸水腐蚀，大桥面临坍塌危险	B_{19}	2013	315
143	美国新泽西州南部帕洛斯波罗镇 ××桥	铁路桥（年久失修）			桥梁突然坍塌，火车出轨致车上剧毒氯乙烯泄露	B_{19}	2012.11.30	316、387
144	英国赛文河桥（铁路桥）	共 22 跨，全长 1269m，下承式钢-铸铁拱梁桥	5		2 艘450t 驳船与桥墩撞击，2跨桥梁垮塌	B_{14}	1960.10.25	40、230、374

序号	桥梁名称	桥梁简况	伤亡人数		事故概要	事故类型	时间(年.月.日)	信息来源
			亡	伤				
145	委内瑞拉马拉开波××桥	不详			36000t 油船撞击两个桥墩,3 跨桥体坠落	B₁₄	1964	230
146	美国路易斯安那州××桥	多跨梁桥	6		一拖两驳船撞断三个桥墩,4 跨主梁坠落	B₁₄	1964	230
147	美国路易斯安那州××桥	不详			拖船撞到一个墩柱排架,落梁 2 跨	B₁₄	1964	230
148	美国弗吉尼亚州切萨皮克湾隧道桥	全长 28km,含 2 座隧道及 4 个人工岛			漂浮的煤驳船,几次撞击桥梁,1 跨垮塌,5 跨梁体严重损伤	B₁₄	1967	230、567
149	美国弗吉尼亚州切萨皮克湾隧道桥	全长 28km,含 2 座隧道及 4 个人工岛			10000t 货船撞桥墩,落梁 5 跨,另有 5 跨损伤	B₁₄	1970.1	230、567
150	美国弗吉尼亚州切萨皮克湾隧道桥	全长 28km,含 2 座隧道及 4 个人工岛			驳船撞桥面,坍塌 2 跨,另有 5 跨损伤	B₁₄	1972.9	230、567
151	美国弗吉尼亚州 Sidney Lanier 桥	不详	10		13000t 船撞桥梁上部结构,落梁 3 跨	B₁₄	1972	230
152	美国路易斯安那州 Ponchartrain Lake 桥	不详	3		拖船及 4 空驳撞击边跨桥墩,3 跨主梁坠落	B₁₄	1974	230
153	加拿大安大略××桥	开启桥			204m 货船撞击桥的提升跨,桥体坠河,桥塔受损	B₁₄	1974	230
154	加拿大哥伦比亚省××桥	跨径 120m 梁桥			183m 压舱驳船撞击上部结构,1 孔梁体垮塌	B₁₄	1975	230
155	美国路易斯安那州 Pass Manchac 桥	不详	1		驳船撞桥墩桩排架,3 跨梁体坠落	B₁₄	1976	230
156	美国新泽西州××桥	不详			空载油驳船撞桥墩,2 跨梁体坠落	B₁₄	1977	230
157	美国弗吉尼亚州××桥	不详			25000t 油船撞坏桥墩桩基,落梁 2 跨	B₁₄	1977	230
158	瑞典哥德堡港廷斯塔特桥	开启式钢桁架铁路桥			1600t 天然气船撞击引桥,梁体一端坠落水中	B₁₄	1977.9.10	230、567
159	美国路易斯安那州××桥	钢梁桥			拖船顶 4 驳,第 1 驳船撞击边孔上部结构,70m 长一跨钢梁坠落水中	B₁₄	1978	230

续表

序号	桥梁名称	桥梁简况	伤亡人数 亡	伤	事故概要	事故类型	时间（年.月.日）	信息来源
160	加拿大温哥华××桥	梁式桥			22000t 货船撞击非通航孔上部结构,边跨梁体坠落	B₁₄	1979	230
161	法国××桥	天然气管道桥	2		驳船撞击桥墩,管道坍塌	B₁₄	1982	230
162	美国密西西比河××桥	不详			驳船撞桥台带动拖船撞击引桥,一跨梁体垮塌	B₁₄	1982	230
163	新加坡××桥	索道桥	7		桅杆高 69m 钻井船撞断桥面索道,缆车坠落	B₁₄	1983	230
164	美国卡罗来纳州××桥	不详			60m 长挖泥船撞击桥墩,4 个桥墩破坏,落梁 5 跨	B₁₄	1990	230
165	瑞典妥斯特鲁桥	梁式桥			60m 长货船撞击主墩及边跨上部结构,墩位移,边跨塌落	B₁₄	1990	230
166	缅甸卡纳夫里河××桥	梁式桥			船撞桥梁上部结构,一跨落梁	B₁₄	1991	230
167	德国汉堡港××桥	开启桥			货船撞击提升桥的边孔,边孔垮塌,提升塔受损	B₁₄	1991	230
168	瑞典 Vasterbotten 桥	混凝土梁桥			220t 重车（设计为 51.4t）过桥,梁体发生开裂,已有疲劳损伤	B₁₂	1960 之前	317
169	瑞典 Ashammar 跨线桥	跨铁路混凝土梁桥			货车超载,桥面板开裂,修补后又发生损坏,已有疲劳损伤	B₁₂	不详	317
170	美国纽约 Throgs Neck 桥	混凝土梁桥			通车不到 10 年,桥面板钢筋锈蚀,面层开裂,疲劳损伤	B₁₇	1971	317
171	美国华盛顿州 5 号际公路大桥	下承式钢桁架桥			桥上行驶超载重车撞击桁架,致桥体垮塌,数辆车坠河	B₁₅	2013.5.23	318
172	美国密苏里州高速公路××桥	多跨梁桥"跨铁路桥"		7	桥下两列货运列车相撞,桥墩断塌,桥面与人、车坠落	B₁₅	2013.5.25	182
173	美国西弗吉亚州 Point Pleasant 桥	钢桥	46		一根拉杆下缘发生疲劳断裂而倒塌	B₁₇	1967	282

序号	桥梁名称	桥梁简况	伤亡人数		事故概要	事故类型	时间(年.月.日)	信息来源
			亡	伤				
174	美国 I-74 跨 I-275 公路桥	4 跨连续钢板梁桥			平板拖车脱钩失控,撞击桥墩,主梁下垂	B_{15}	2008.5.20	283
175	韩国首尔市傍花汉江大桥引桥	引桥为钢箱梁、独柱墩	2	1	维修时重型机械设备倾倒,致引桥桥体垮塌	B_5	2013.7.30	295
176	越南海防市平桥	主跨 260m 结合梁双塔斜拉桥			3 艘货船撞击,主梁与斜拉索严重受损	B_{14}	2010.7.17	320
177	英国曼彻斯特布洛顿桥(人行桥)	链杆吊板式柔性悬索桥,跨度44m,1826 年建成		20	74 人组成的军队齐步过桥,共振致地锚处螺栓断裂,桥面坍塌	B_{13}	1831.4.12	374
178	英国苏格兰印费里铁路桥(下承式板梁)	该桥跨公路,跨径12m,宽 3m,木与铸铁构成的简支梁	4	14	客货混装列车通过时,一片铸铁断裂,列车坠落	B_{12}	1882.11.27	374
179	英国小鹿河铁路桥	铸铁梁桥	5	9	列车通过时主梁断裂,列车坠入河中	B_{12}	1847.5.24	374
180	英国英格兰乌顿铁路桥	铸铁梁桥	2		列车通过时主梁断裂,列车坠落	B_{12}	1860.6.11	374
181	英国阿木拜门布尔铁路桥	铸铁梁桥			列车通过时,桥梁失稳垮塌	B_{10}	1860.9.26	374
182	英国诺伍德铁路桥	铸铁梁桥(下承式)	1		铸铁构件开裂发生列车脱轨事故	B_{11}	1891.5.1	374
183	俄罗斯叶卡捷琳堡市中心公路桥	RC 梁式桥(跨越铁路与城市道路)			因设计失误与施工违规致桥梁垮塌	B_{19}	2006.9.6	374
184	加拿大"第二海峡桥"(公铁两用升降桥)	多跨下承式钢桁梁桥			驳船在涨潮时冲击中央固定桥主梁,断裂垮塌	B_{14}	1930.9.13	374
185	英国塞文河桥(事故发生后的废桥)	参阅"序号 144"			桥梁残骸隐没水下未清除,一船只撞上而沉没	B_6	1971	374
186	英国威尔士密尔福德港湾桥	多跨钢箱梁桥	4		钢箱梁顶推过程,因腹板在经过墩顶时受压失稳致箱梁断塌	B_2	1970.6.2	374
187	德国莱茵河科布伦茨城市大桥	3 跨连续全焊接钢箱梁,中跨235m,顶宽 22m	13		主梁悬臂施工,中跨快合龙时,箱梁底板出现很大压应力,致梁体断塌	B_2	1971.11.10	374、387
188	日本兵库县朝雾人行桥	四跨连续钢桥面箱梁桥,桥宽 5m	11	247	烟花节狂欢,约 3000 人挤上桥,发生挤压、踩踏恶性事故	B_{13}	2001.7.21	374

续表

序号	桥梁名称	桥梁简况	伤亡人数 亡	伤	事故概要	事故类型	时间（年.月.日）	信息来源
189	美国底特律九里路桥	跨线桥为两跨混凝土梁桥，桥下为高速公路			装有 9000 加仑汽油罐车，在引桥下高速公路上爆炸，跨线桥垮塌	B₁₆	2009.7	374
190	印度海德拉巴费里康达桥	铁路桥	114		桥体垮塌	B₁₉	2005.10.29	374
191	美国肯塔基湖桥	多跨下承式钢桁梁桥			一艘高度超过桥面的万吨货轮撞断上部结构，一跨桥孔垮塌	B₁₄	2012.1.27	374
192	西班牙费尔南多雷格大桥（城市大桥）	108m＋132m＋33m PC 箱梁斜拉桥			桥面维修过程中，一根拉索突然断裂，立即封闭交通	B₁₁	2016	375、610
193	巴西北部帕拉州莫茹河大桥	大桥全长 860m，高 23m，桥墩存在腐蚀	失踪5		渡轮撞击桥墩，墩塌，部分桥体垮塌	B₁₄	2019.4.6	377
194	缅甸伊洛瓦底省渺弥亚市 Raway 河桥	主跨 182.9m 贝雷梁悬索桥	2		锚碇位移，主缆断裂垮塌，设计寿命 20 年正好到期	B₁₉	2018.4.1	379
195	美国亚特兰大 85 号州际公路主线桥	多跨混凝土梁桥			桥下发生大火，导致部分桥跨垮塌，交通中断	B₁₆	2017.3.30	384
196	肯尼亚布达郎伊地区恩佐亚河桥	3 跨混凝土梁桥，全长约 100m		27	桥梁施工即将完成时垮塌	B₈	2017.6.26	385
197	美国奥克兰海湾新桥	钢加劲梁悬索桥			通车前几个月，支座处的 96 根抗剪螺栓中 32 根断裂	B₃	2013.3	386
198	奥地利维也纳多瑙河四桥	主跨 210m，钢梁桥			钢梁板件压溃	B₉	1969	387
199	美国圣路易市伊兹桥	悬索桥，建成于 1874 年	13		桥塔为沉箱基础，施工沉箱的 13 名工人因沉箱病丧生	B₈	1874	387
200	美国布鲁克林大桥	悬索桥	27		桥塔为沉箱基础，施工沉箱的 27 名工人因沉箱病丧生	B₈	晚于 1874	387
201	加拿大卡尔加里桥	下承式钢桁架铁路桥			年久失修垮塌	B₁₈	2013	387
202	巴基斯坦旁遮普省××桥	铁路梁式桥	12	百人	年久失修垮塌	B₁₈	2015.7.2	387
203	美国 WDC××桥	不详			飞机失事撞击桥梁，造成损坏	B₁₅	1982	387

续表

| 序号 | 桥梁名称 | 桥梁简况 | 伤亡人数 | | 事故概要 | 事故类型 | 时间（年.月.日） | 信息来源 |
			亡	伤				
204	韩国首尔市××桥	斜拉桥			飞机失事撞击桥梁，造成损坏	B₁₅	2011	387
205	美国俄克拉荷马大桥	不详			材料及施工缺陷致桥梁倒塌	B₁₁	2012.2	388
206	美国密西西比河××桥	不详			管养不当致桥体垮塌	B₁₉	2011.7	388
207	加拿大圣劳伦斯大桥	不详			设计、施工缺陷致桥梁垮塌	B₁₉	2011.11	388
208	加罗林群岛巴伯尔阿普岛桥（菲律宾以东约2400km）	不详	1	4	设计缺陷导致桥梁垮塌	B₁₉	1996.9.26	389
209	美国佛罗里达州迈阿密FIU人行天桥	(53.3＋44.2)m PC等高下承式桁架独塔斜拉桥	6	9	桁架主梁架设后5d，主跨构件失稳破坏垮塌	B₂	2018.3.15	390~393
210	日本东京××双层高速公路桥	双层多跨梁桥			上层车辆冲出护栏翻倒，两层交通中断	B₁₅	2007.2	413
211	日本××高架桥	梁式桥			桥下40万个轮胎燃烧达43h，用7个月时间加固修复	B₁₆	20世纪80年代	423
212	法国巴黎Solferino桥	人行桥			发生显著的人致振动，关闭桥梁	B₁₉	不详	310
213	印度尼西亚婆罗洲半岛马哈坎河桥	主跨270m悬索桥	20	40	桥面与加劲梁突然坍塌，多辆车坠入水中，因吊索下端剪切破坏	B₁₀	2011.11.26	137
214	德国 Nienburg Saale河桥	跨径78m的铁链与铸铁做拉索的斜拉桥	50		一次火炬游行人群过桥时，致桥梁倒塌	B₁₃	1825	440
215	挪威斯托尔马(stolma)桥	(94＋301＋72)m连续刚构桥			使用3年后，主跨下挠92mm，1998年建成	B₁₀	2001	454
216	挪威斯托伍赛特(Stovset)桥	(100＋220＋100)m连续刚构桥			使用8年后，主跨下挠200mm，1993年建成	B₁₀	2001	454
217	美国黑尔·博格斯密西西比河大桥	(151＋372＋155)m PC主梁斜拉桥，1983年建成，桥面宽25.1m			运营25年期间，多次维修，最后全部更换拉索	B₁₁	2008	459、466、517
218	挪威普特桑德大桥	主跨138mPC悬臂箱梁(桥跨中设铰)，1970年建成			使用中跨中下挠450mm，采用桥头设索塔，用斜拉索加固	B₁₀	2013之前	464

续表

序号	桥梁名称	桥梁简况	伤亡人数		事故概要	事故类型	时间(年.月.日)	信息来源
			亡	伤				
219	法国 630 国道波尔多市阿坤廷大桥	(143+394+143)m 三角形桁架加劲梁三跨悬索桥			使用 31 年后，主缆严重锈蚀，在主缆外侧 2m 新增新主缆	B_{11}	1998	465
220	德国纽伦堡萨尔河桥	跨径 78m 斜拉桥，1824 建成	50		人群过桥时斜拉索断裂坠毁	B_{13}	1826	6、281、465
221	韩国汉城××大桥(跨越汉江)	主桥为(101+120+101)m 斜拉桥，引桥跨径 60.1m			即将完工时，北岸引桥一个桥墩倒塌致 1402m 桥长之半遭破坏	B_8	1992.7.31	535
222	韩国南海岛至钟城××大桥	12 跨混凝土梁桥，全长 440m，混凝土桥墩，双车道	1		使用 12 年后，2 个桥墩及 1 跨主梁突然垮塌	B_{19}	1992.7.30	535
223	英国 M4 波士顿庄园高架桥(1965 年建成)	共计 21 跨，中部为(64.5+112.3+64.5)m 钢-混结合梁桥			钢桁梁翼缘与板梁桁架结合部多处焊缝开裂，限载进行加固维修	B_{10}	2012.3.22	565
224	加拿大温哥华港铁路桥	旧桥旁边的在建新桥			23000t 运煤船撞击桥梁，新、旧桥墩各 1 个被严重损坏	B_{14}	1968.5.8	567
225	加拿大新西明斯特的弗雷泽河桥	开启桥			700m 长的船在大风中漂离锚泊地，撞击桥墩，130m 桥梁垮塌	B_{14}	1975.12.26	567
226	日本波的上桥	(35.86+8×40.8)m PC T 形桁架桥			999t 韩国油轮撞击大桥，致 3×40.8m 桥梁严重损伤	B_{14}	1983.12.17	567
227	加拿大格兰德海峡大桥	不详			主桥墩被船撞毁	B_{14}	1975	567
228	加拿大伯拉德湾桥	不详			边墩被船撞毁	B_{14}	1979	567
229	加拿大第二海峡铁路桥	RC 竖直升降开启桥			边跨(85m 跨度)被船撞落水，维修时间 5 个月	B_{14}	1979	567
230	美国里奇满—圣拉斐尔桥	不详			桥墩横梁与缓冲系被船撞击破坏(两次)	B_{14}	1961(1965)	567
231	美国外交叉桥(Outer bridge Crossing)	不详			桥墩及缓冲系统被船撞击严重破坏	B_{14}	1963	567
232	美国霍普山桥(Mount Hope)	不详			船舶撞击，主墩严重损伤	B_{14}	1974	567

续表

序号	桥梁名称	桥梁简况	伤亡人数		事故概要	事故类型	时间（年.月.日）	信息来源
			亡	伤				
233	美国蓬怡特雷恩湖桥（Pontchartrain Lake）	不详			船舶撞击，4跨梁体垮塌，曾9次被船撞	B$_{14}$	1974	567
234	美国本杰明哈里纪念桥	不详			引桥桥墩被船撞毁	B$_{14}$	1977	567
235	美国密苏里河第59号桥	不详			主桥墩被船撞毁	B$_{14}$	1983	567
236	意大利莫兰迪A10高速公路高架桥	斜拉桥，高出地面约50m	43	9	在役桥梁约100m长桥面垮塌，约35辆车坠落	B$_{19}$	2018.8.14	568、637、667
237	印度尼西亚巴厘岛××桥	人行悬索桥	9	34	在役桥梁垮塌	B$_{19}$	2016.10.16	568
238	苏联乌里亚弗斯克伏尔加河桥	铁路桥	240	多人	一艘客轮撞击桥，桥垮塌，桥上行驶中的列车4节车厢坠入河中	B$_{14}$	1984.6.5	567、6
239	肯尼亚达拉加尼镇××桥	梁式桥	140		火车撞击桥墩，梁体倒塌	B$_{15}$	1993.1.10	6
240	美国密苏里州海厄特摄政通道桥	通道桥	114		桥体垮塌	B$_{19}$	1981.7.17	6
241	智利南部瓦尔迪维亚大××桥	悬索桥（为智利首座悬索桥，造价3000万美元）			施工中将预制桥面板上下面安装反了，延长工期，返工维修	B$_{4}$	2014.1.9	581
242	乌克兰顿涅茨××铁路桥	多跨混凝土梁桥			在战火中被损坏，刚好火车通过后倒塌	B$_{20}$	2014.7	582
243	印度加尔各答市××立交桥	多跨混凝土梁桥（在建）	22	多人	施工中金属支架与混凝土体一起垮塌	B$_{1}$	2016.3.31	584、616
244	英国伦敦××跨线桥	混凝土T梁			一辆卡车的吊货杆翘起，撞击桥梁上部结构，T梁严重损坏	B$_{15}$	2007.11.27	602
245	法国图卢兹××跨线桥	混凝土梁桥	1		超高车辆撞击桥梁上部结构，车辆受损，司机当场死亡	B$_{15}$	2005.6	602
246	美国威斯康星州特伦顿米尔沃基河桥	跨径43m下承式简支钢桁梁桥			重载车撞击桥面以上构件，致使钢桁梁倾斜、损坏	B$_{15}$	1931	603
247	韩国汉城××人行天桥	梁式桥	2	多人	一辆超载货车撞击桥墩，桥梁垮塌	B$_{15}$	1994.11.29	6

续表

序号	桥梁名称	桥梁简况	伤亡人数		事故概要	事故类型	时间(年.月.日)	信息来源
			亡	伤				
248	英格兰索尔塔什桥	木桥			超过 200 人通过时桥梁垮塌	B_{13}	1877	281
249	英国南艾斯克河畔芒特罗兹桥	公路桥，跨径 129.6m	伤亡多人		人群上桥观看河景时，桥梁垮塌（建成 1 年后）	B_{13}	1830	281
250	印度马德拉斯 Chintadripet 桥	索支承桥梁		30 多	骑兵列队通过时，桥梁垮塌	B_{13}	1840	281
251	苏格兰 Langholm Boatford 桥	索支承桥梁，跨径 53.3m		1	60 人过桥，桥体垮塌	B_{13}	1871	281
252	英格兰诺森伯兰郡莫珀斯堡桥	索支承桥梁			桥上挤满人群，桥体垮塌	B_{13}	1830	281
253	英格兰巴兹 Widcombe 桥	人行桥，跨径 24.4m，宽 2.4m	11		桥上超过 100 人排队等待，桥梁垮塌，1862 年建成	B_{13}	1877	281
254	捷克 Mahrisch Ostrau 桥	金属结构桥梁，跨径 66m，宽 7.1m	6		超过 30 名骑兵过桥时，桥梁垮塌	B_{13}	1886	281
255	美国西弗吉尼亚韦斯顿桥	索支承桥梁		2	桥上挤满人群，桥梁垮塌	B_{13}	1896	281
256	美国西弗吉尼亚利特尔顿桥	索支承桥梁	2		桥上挤满人群，桥梁垮塌	B_{13}	1896	281
257	美国奥克莱尔 Madison St 桥	跨径 13m 桥梁		40	约 200 人上桥，桥梁垮塌	B_{13}	1903	281
258	美国加州长滩 Pierapproach 桥	木桥面结构	35		桥上多人排队等待时，桥梁垮塌	B_{13}	1913	281
259	加拿大安大略 Port Dover 桥	木桥面结构		20	超过 60 人桥上排队等待时，桥梁垮塌	B_{13}	1913	281
260	美国宾夕法尼亚州切斯特 Norman's Creek 桥	木桥面结构，跨径 21.3m			人群集中在桥上观景，桥梁垮塌	B_{13}	1913	281
261	美国宾夕法尼亚州切斯特第三大街桥	钢结构桥梁	24		超过 75 人在桥上观景，桥梁垮塌	B_{13}	1921	281
262	美国西弗吉尼亚 Whitesville 桥	钢梁悬索桥	6		超过 100 人在桥上观景，桥梁垮塌	B_{13}	1926	281
263	德国科布伦次摩泽尔河桥	木桥面结构人行桥	40 多		人群超载，桥梁垮塌	B_{13}	1930	281

序号	桥梁名称	桥梁简况	伤亡人数 亡	伤亡人数 伤	事故概要	事故类型	时间(年.月.日)	信息来源
264	菲律宾那加城××桥	木桥面桥梁	伤亡多人		人群停留桥上观景时，桥梁垮塌	B_{13}	1949	281
265	英格兰贝里市诺斯利街车站桥	木桥面结构人行桥,跨径22.1m	1	174	约200人上桥,桥梁垮塌	B_{13}	1952	281
266	俄罗斯普施克诺××桥	人行桥	10多		人群上桥,桥梁垮塌	B_{13}	1977	281
267	西班牙爱尔那尼Uremea河桥	人行悬索桥,跨径50m,宽1m	6		约40人在桥上观景,桥梁垮塌	B_{13}	1978	281
268	保加利亚瓦尔纳××桥	不详	伤亡几人		人群上桥,桥梁垮塌	B_{13}	1978	281
269	墨西哥勒马河桥	40m跨径人行桥,宽1.4m	7		建成1年后,约400人桥上集结,桥梁垮塌	B_{13}	1979	281
270	日本九州××桥	跨径114m悬索桥	7		建成11年后,人群在桥上集结,桥梁垮塌	B_{13}	1980	281
271	马来西亚巴特沃思××桥	不详	30		宗教集会约3000人在桥上,桥梁被压塌	B_{13}	1988	281
272	西班牙马德里阿兰胡埃斯镇××桥	人行悬索桥,跨径40m,宽3m	2		人群压塌桥梁	B_{13}	1996	281
273	以色列特拉维夫雅孔河桥	人行桥,跨20m	2		100多人桥上集结,桥梁垮塌	B_{13}	1997	281
274	美国费城特拉华河桥	不详	3		超过37人过桥时,桥梁垮塌	B_{13}	2000	281
275	加拿大 Vertical Lift 桥	不详			船舶撞击桥梁,桥体损坏	B_{14}	1985	550
276	美国 Ponchartain Lake 桥	不详	6		船舶撞击,桥梁垮塌	B_{14}	1984	550
277	美国 Gudge William Seeber 桥	不详	1		船舶撞击,桥梁垮塌	B_{14}	1993	550
278	美国 Port Isabel 桥	不详	8		船舶撞击,桥梁垮塌	B_{14}	2001	550
279	美国 Webber Falls 桥	不详	12		船舶撞击,桥梁垮塌	B_{14}	2002	550
280	俄罗斯伏尔加格勒大桥	多跨PC梁式桥,全长7110m			因风雪天桥梁会发生波动而关闭,修建该桥花了13年时间	B_{19}	2010.5.19	374

续表

序号	桥梁名称	桥梁简况	伤亡人数 亡	伤亡人数 伤	事故概要	事故类型	时间 (年.月.日)	信息来源
281	日本岩手县玉川温泉大桥	跨径 110m 钢管混凝土劲性骨架拱桥	4	5	施工中钢管拱圈发生倾斜 50cm，纠偏过程中垮塌	B_4	1993.7.9	606
282	日本广岛县尾岛市××大桥	钢管混凝土拱桥	3 人伤亡		钢拱圈吊装过程钢绳连接件破断	B_3	1992.12	606
283	日本三重县运动场桥梁	拱桥	2		桥墩基础混凝土变形致拱桥垮塌	B_2	1993.1	606
284	英国福斯公路大桥	主跨 1006m 钢桁主梁悬索桥			服役 47 年后，因吊索螺栓损坏，更换全桥吊索，花费 14.7 亿英镑	B_{11}	2012.3	611
285	美国旧金山海湾大桥	东桥：主跨 426.7m 钢桁悬臂梁桥。西桥：主跨 704m 钢桁梁悬索桥			中国货轮"中远釜山"号撞击大桥，船体损坏，重油泄漏，造成严重污染	B_{14}	2007.11.7	612
286	印度北方邦瓦拉纳西市××立交桥	混凝土梁桥	16	多人	施工中梁体垮塌	B_8	2018.5.15	617
287	哥伦比亚 Chirajara 大桥	主跨 286m 斜拉桥，混凝土索塔	10	多人	主跨尚差 80m 合龙时，B 索塔坍塌	B_8	2018.1.15	622
288	荷兰鹿特丹市威尔姆斯布鲁格大桥	双塔 3 跨斜拉桥，城市桥梁			巨大货船集装箱撞桥，落水，大桥关闭进行检测	B_{14}	2020.7.1	644
289	巴西贝洛奥里藏特市××桥	城市道路跨线高架桥	2	19	三辆车行驶桥上时，桥梁突然垮塌，该桥刚完工不久	B_{19}	2014.7.3	660
290	巴西帕拉州贝伦市××高速公路大桥	跨河多跨混凝土梁桥，全长 860m，桥高 23m	失 5		一艘货船撞击桥墩，致 3 孔主梁共计 200m 长坍塌	B_{14}	2019.4.6	662
291	印度北阿坎德邦（中印边境）	2 跨贝雷钢桁梁临时桥梁		2	一辆重型卡车过桥时，桥梁垮塌，车落谷底	B_{12}	2020.6.22	663
292	法国图卢兹市塔恩河大桥	长度 155m 钢梁悬索桥，宽 6.5m，1931 年建成	2	5	重载 40t 卡车压塌大桥，该桥限载 19t	B_{12}	2019.11.18	665
293	意大利马萨卡拉拉省 Magra 河大桥	260m 长公路桥			由于新冠肺炎疫情，周边道路封锁，一些重型卡车从该桥通过，桥梁垮塌	B_{19}	2020.4.8	666

附录三及附录四信息来源

[1] 陈明宪. 从凤凰堤溪大桥事故谈石拱桥 [J]. 公路工程, 2008 (3).

[2] 郑皆连. 我国公路桥梁安全状况及对策 [J]. 桥梁, 2007 (5).

[3] 潘利平, 鞠杰. 双曲拱桥在发展中 [J]. 公路设计资料, 1973 (1).

[4] 徐君兰. 大跨度桥梁施工控制 [M]. 北京: 人民交通出版社, 2000.

[5] 四川文摘报, 1999-4-2 报道.

[6] 阮欣, 陈艾荣, 石雪飞. 桥梁工程风险评估 [M]. 北京: 人民交通出版社, 2008.

[7] 汤红霞. 基于 AHP 的桥梁施工风险识别 [J]. 公路交通科技 (应用技术版), 2011 (4).

[8] 胡新六. 建筑工程倒塌案例分析与对策 [M]. 北京: 机械工业出版社, 2004.

[9] 贵州日报, 1992-2-16 报道.

[10] 贵州日报, 1991-3-15 报道.

[11] 贵州日报, 1990-12-6 报道.

[12] 余宗明. 脚手架结构计算及安全技术 [M]. 北京: 中国建筑工业出版社, 2007.

[13] 贵州日报, 1996-3-21 报道.

[14] 黎增丰, 涂常卫. 潭洲大桥箱梁底板混凝土开裂事故处理 [J]. 中南公路工程, 1997 (4).

[15] 贵阳晚报, 2001-11-8~10 报道.

[16] 高婧, 等. 拱桥失效的原因、教训与预防 [J]. 桥梁, 2011 (5).

[17] 南方周末, 1999-6-11 报道.

[18] 中国交通报, 1999-1-16 报道.

[19] 中国交通报, 1999-7-10 报道.

[20] 张世臣. 责任重于泰山 [J]. 桥梁, 2006 (1).

[21] 穆祥纯. 城市桥梁风险评价的案例分析及对策研究 [J]. 城市道桥与防洪, 2008 (10).

[22] 吕宗达, 秦顺全, 朱华民, 等. 宁波招宝山大桥主桥局部拆除重建方案研究 [J]. 桥梁建设, 2001 (3).

[23] 钱冬生. 平心静气谈桥梁 [J]. 桥梁建设, 2008 (4).

[24] 文摘周刊, 1999-2-12 报道.

[25] 中国土木工程学会标准. 混凝土结构耐久性设计与施工指南: CCES 01-2004 [S]. 北京: 中国建筑工业出版社, 2005.

[26] 贵阳晚报, 1999-1-8 报道.

[27] 张风华. 桥梁风险评估方法与发展研究 [J]. 城市道桥与防洪, 2007 (5).

[28] 四川交通报, 1999-4-20 及 1999-9-24 报道.

[29] 贵州都市报, 1999-4-13 报道.

[30] 报刊文摘, 1999-4-19 报道.

[31] 贵阳晚报, 1999-5-7 报道.

[32] 李友林. 桥梁的隐患 [J]. 中国公路, 2007 (9).

[33] 贵州都市报, 1999-11-5 报道.

[34] 贵州都市报, 1999-12-10 报道.

[35] 南方周末, 2000-1-21 报道.

[36] 泰荣, 谢肖礼, 彭文立. 等. 钢管混凝土拱桥钢管开裂事故分析 [J]. 土木工程学报, 2001 (6).

[37] 贵州商报, 2000-7-2 报道.

[38] 贵阳晚报, 2008-10-30 报道.

[39] 贵州商报，2000-11-29、2000-12-2 及 2000-12-31 转载南方都市报的报道．

[40] 桥梁·产业资讯，2010（12）（总第 3 期）．

[41] 新华社电讯，2000-12-15．

[42] 夏蓉高速公路（贵州境）猴子河特大桥、乌细沟特大桥、剑江特大桥施工阶段安全分析评估报告
　　　[R]，中交公路规划设计院有限公司，2009（12）．

[43] 贵州商报，2001-2-13 报道．

[44] 贵阳晚报，2001-9-27 报道．

[45] 姜小明．桥梁施工中碗扣式钢管支架的倒塌原因及对策［J］．市政技术，2011（3）．

[46] 浙江省交通运输厅．桥梁支架安全施工手册［M］．北京：人民交通出版社，2011．

[47] 贵阳晚报，2002-6-8 报道．

[48] 翟文静．桥梁高支模系统中脚手架设计施工若干问题研究［J］．市政技术，2009（4）．

[49] 贵阳晚报，2002-8-17 报道．

[50] 中国公路，2003（7）报道．

[51] 贵州都市报，2003-3-10～12 报道．

[52] 吴春风，岳渠德．桥梁施工脚手架倒塌事故分析及安全设计［J］．城市道桥与防洪，2008（2）．

[53] 郭丰哲．预应力混凝土连续刚构桥合龙段底板崩裂原因分析［J］．公路交通科技，2005（10）．

[54] 贵阳晚报，2004-4-29 报道．

[55] 贵州商报，2004-9-9 报道．

[56] 贵州都市报，2005-1-11 报道．

[57] 贵阳晚报，2005-9-26 报道．

[58] 贵阳晚报，2005-11-6 报道．

[59] 贵州都市报，2005-11-6～7 报道．

[60] 贵州都市报，2005-11-8 报道．

[61] 贵阳晚报，2005-11-13 报道．

[62] 贵阳晚报，2006-9-7 报道．

[63] 贵州商报，2006-1-14 报道．

[64] 贵州商报，2005-12-16、17 及 2006-1-14 报道．

[65] 贵州都市报，2005-12-22 报道．

[66] 贵州商报，2006-4-25 报道．

[67] 贵阳晚报，2006-4-25 报道．

[68] 王力争，方东平．中国建筑业事故原因分析及对策［M］．北京：中国水利水电出版社，2007．

[69] 贵州都市报，2006-12-11 报道．

[70] 贵阳晚报，2006-12-11 报道．

[71] 韩亮，樊健生．近年国内桥梁垮塌事故分析及思考［J］．公路，2013（3）．

[72] 贵阳晚报，2007-6-15 报道．

[73] 中国公路，2008（2）刊登湖南凤凰塌桥事故处理结果公布．

[74] 穆祥纯．论基于生命线工程的城市桥梁防灾减灾［J］．城市道桥与防洪，2009（10）．

[75] 贵阳晚报，2007-12-8 报道．

[76] 贵阳晚报，2007-8-17 报道．

[77] 贵州商报，2007-8-19 报道．

[78] 贵阳晚报，2007-12-26 报道．

[79] 贵州都市报，2007-8-15 报道．

[80] 贵州商报，2007-8-15 及 2007-8-16 报道．

[81] 贵阳晚报，2007-8-15 报道．

[82] 中国交通报，2007-8-15 及 2007-8-17 报道．

[83] 南方周末，2007-8-16 及 2007-8-30 报道．

[84] 湖南凤凰县在建大桥垮塌，2007-8-14 网上下载．

[85] 胡云耀，常柱刚，胡汉渝．关于增设矮肋法防治大跨径连续刚构箱梁底板纵向裂缝问题的探讨 [J]．中外公路，2009 (2)．

[86] 镇胜高速公路两座连续刚构桥底板崩裂事故．会议资料，2007-11．

[87] 贵阳晚报，2007-12-20 报道．

[88] 贵阳晚报，2008-4-14 报道．

[89] 贵州商报，2008-6-22 报道．

[90] 余平．某高架桥空心薄壁墩事故处理技术 [J]．公路，2011 (7)．

[91] 贵州商报，2009-1-17 报道．

[92] 贵阳晚报，2009-9-1 报道．

[93] 贵阳晚报，2009-9-4 报道．

[94] 2009-9-2 网上下载资料．

[95] 黄迎东．不容忽视的径向力——记一起因径向力引起的桥梁混凝土开裂事件 [J]．城市道桥与防洪，2011 (6)．

[96] 娄晟嘉，杨吉星．预应力混凝土连续刚构桥底板脱落成因分析 [J]．中外公路，2010 (3)．

[97] 王卫锋，叶敬彬，林致胜，等．施工过程箱梁腹板斜裂缝成因分析 [J]．桥梁建设，2010 (1)．

[98] 2010-1-4 网上下载资料．

[99] 贵阳晚报，2001-1-4 报道．

[100] 贵州都市报，2010-1-7 报道．

[101] 何伯雷．"太阳把桥晒跑了？"——深圳市某立交 A 匝道桥事故分析 [J]．城市道桥与防洪，2012 (2)．

[102] 栗勇，李照明，姜鹏．连续刚构桥常见病害及对策 [J]．市政技术，2010 (2)．

[103] 贵州都市报，2010-3-15 报道．

[104] 贵州商报，2010-3-15 报道．

[105] 贵州都市报，2010-11-28 报道．

[106] 贵阳晚报，2010-11-28 报道．

[107] 贵州商报，2010-11-28 报道．

[108] 贵阳晚报，2010-12-4 报道．

[109] 贵阳金工立交桥预应力张拉事故．内部资料，2010-12-17．

[110] 贵阳晚报，2011-5-28 报道．

[111] 贵阳中曹司大桥引桥支架事故，2011-7-25．

[112] 贵阳晚报，2011-10-26 报道．

[113] 贵阳晚报，2011-11-26 报道．

[114] 贵阳晚报，2011-12-7 报道（安徽在建大桥坍塌）．

[115] 周先雁，王智丰，晏班夫．预应力管道压浆质量无损检测方法 [J]，中国公路学报，2011 (6)．

[116] 贵阳晚报，2011-12-20 报道．

[117] 周明华．桥梁盆式橡胶支座的典型事故案例分析与防治 [J]，桥梁，2007 (3)．

[118] 四川文摘周报，1998-11-30 报道．

[119] 谢征勋．工程事故与安全典型事故实例 [M]．北京：中国水利水电出版社，2007．

[120] 贵州都市报，2005-1-7 报道．

[121] 贵阳晚报，1999-4-30 报道．

[122] 金宏忠，高巍，来猛刚．桥梁拆除工程分析探讨 [J]，中外公路，2011 (3)．

[123] 贵州都市报，2009-5-18 报道．

[124] 贵阳晚报，2009-5-19 报道．

[125] 贵阳晚报，2010-9-2 报道．

[126] 南京扬子晚报，2010-12-17 报道．

[127] 南京在建大桥钢箱梁倒塌，2010-12-17 新华网下载．

[128] 新华网，2011-7-25 下载．

[129] 人民网（北京），2011-11-13 电讯．

[130] 贵阳晚报，2011-11-14 报道．

[131] 李国豪．桥梁结构稳定与振动 [M]．北京：人民铁道出版社，1965．

[132] 陈绍番．钢结构稳定设计指南 [M]．2 版．北京：中国建筑工业出版社，2004．

[133] 尹德兰．他山之石——从失败案例中学习 [J]．桥梁，2005 年专刊 (6)．

[134] 雷宏刚．钢结构事故分析与处理 [M]．北京：中国建材工业出版社，2003．

[135] 王倩．美国 100 年钢桥破坏实例分析 [J]．桥梁，2010 (4)．

[136] 周瑜．结构设计导致西门桥破坏 [J]．西南公路，1992 (1)．

[137] 刘正光．桥梁设计的审查与平衡 [J]．桥梁，2013 (4)．

[138] 河南省交通科技情报站．交通信息．1991 (19)．

[139] 孙亮．开普敦的断桥．中外文摘，2011 (16)．

[140] 孙莉，刘钊．2000～2008 年美国桥梁病害及倒塌案例分析与启示 [J]．世界桥梁，2009 (3)．

[141] 曹明旭，刘钊，孟杰．美国桥梁病害及倒塌事故统计分析与思考 [J]．公路，2009 (7)．

[142] 参考消息，2007-9-11 报道．

[143] 参考消息，2007-9-27 报道．

[144] 贵州都市报，2007-9-27 报道．

[145] 参考消息，2007-11-9 报道．

[146] 贵阳晚报，2007-9-27 报道．

[147] 桥梁资讯·桥梁建设，2010 (3)．

[148] 中央电视台 4 套，2009-3-11 报道．

[149] 2009-12-28 网上下载．

[150] 贵阳晚报，2012-5-10 报道．

[151] 网上下载信息，2012-3-13．

[152] 贵阳晚报，2012-7-3 报道．

[153] 网上下载信息，2012-7-2．

[154] 网上下载信息，2012-5-27．

[155] 贵阳晚报，2012-8-26 报道．

[156] 王荣华．桥梁结构安全性与耐久性的现状分析 [J]．中国市政工程，2012 (2)．

[157] 姜冲虎，赵健，贺胜军．某悬浇箱梁桥施工标高误差的处理 [J]．中外公路，2011 (6)．

[158] 严允中，余勇继，杨虎根，等．桥梁事故实例评析 [M]．北京：人民交通出版社，2013．

[159] 贵阳晚报，2012-12-7 报道．

[160] 贵阳晚报，2013-1-2 报道．

[161] 贵阳晚报，2013-4-3 报道．

[162] 王鸣军．预应力混凝土箱梁砸击后损伤检测与仿真分析 [J]．城市道桥与防洪，2013 (3)．

[163] 邓爽，朱孟君，盛康．郴宁高速某大桥预应力箱梁粘钢加固补强设计 [J]．公路工程，2013 (1)．

[164] 周明华，王耀明，黄跃平，等．预应力连续箱梁弯桥整体同步顶升纠扭与加固 [C] //2007 年全国桥梁学术会议论文集．北京：人民交通出版社，2007.

[165] 贵阳晚报，2013-7-22 报道．

[166] 陈举．客运专线铁路预应力混凝土连续梁底板崩裂加固设计 [J]．铁道标准设计，2013 (9).

[167] 四川省交通局，1972 年 12 月，关于四川省双曲拱桥及箱形拱桥设计建造情况介绍．

[168] 贵阳晚报，2013-11-1 报道．

[169] 贵阳晚报，2013-10-14 报道．

[170] 吴建东，陈晶晶，吴俊锋．某系杆拱桥系梁锚下压溃成因分析及处理措施 [J]．桥梁工程与技术，2013 (5).

[171] 骆兴荣，袁明，任达成，等．连续刚构桥顶板崩裂影响因素分析 [J]．中外公路，2014 (4).

[172] 高立强，郑平伟．某 T 形刚构桥施工过程病害维修方案设计 [J]．世界桥梁，2015 (1).

[173] 贵阳晚报，2015-9-24 报道．

[174] 贵阳晚报，2017-4-11 报道．

[175] 贵阳晚报，2016-12-17 报道．

[176] 贵阳晚报，2014-5-8 报道．

[177] 贵阳晚报，2014-5-4 报道．

[178] 贵阳晚报，2012-3-24 报道．

[179] 参考消息，2012-11-26 报道．

[180] 贵阳晚报，2012-11-26 报道．

[181] 贵阳晚报，2012-9-23 报道．

[182] 贵阳晚报，2013-6-8 报道．

[183] 汤国栋，汤朋，陈宜昌，等．实现断索不毁桥 [J]．桥梁，2008 (1).

[184] 贵州都市报，1999-9-22 报道．

[185] 贵州商报，贵阳晚报，2000-9-12 报道．

[186] 贵州商报，2004-6-21 报道．

[187] 贵州都市报，2005-4-8 报道．

[188] 贵州商报，2005-5-11 报道．

[189] 易艳平．暂别东荆河大桥 [J]．中国公路，2009 (24).

[190] 贵阳晚报，2011-12-1 报道．

[191] 陈宇锋，等．大跨径 PC 连续刚构桥跨中持续下挠成因及预防措施 [C] //2006 年全国公路桥梁学术会议论文集．北京：人民交通出版社，2006.

[192] 王法武，石雪飞．大跨径预应力混凝土梁桥长期挠度控制研究 [J]．公路，2006 (8).

[193] 黄侨．桥梁结构的耐久性与全寿命设计理念研究 [J]．桥梁，2008 (3).

[194] 贵州都市报，2001-11-8 及 2001-11-19 报道．

[195] 何海．某连续弯梁桥的偏位成因及处理 [J]．城市道桥与防洪，2008 (9).

[196] 中央电视台庭审直播设置组．綦江虹桥垮塌案审判实录．北京：法律出版社，1999.

[197] 贵州都市报，1999-7-7 报道．

[198] 南方周末，1999-4-9 报道．

[199] 杂文报，1999-11-5 转载库尔勒晚报 1999-9-27 报道．

[200] 马蕾，胡隽，何志勇．人行索桥合理结构形式研究 [J]．世界桥梁，2012 (3).

[201] 贵州都市报，2001-4-11 报道．

[202] 龙跃，等．如何让桥梁琴弦不变调——桥梁拉索典型病害事故的调查与研究 [J]．桥梁，2013 (4).

[203] 张长青，王丰华，侯林平. 峡门口乌江二桥加固方案探讨 [J]. 公路交通技术，2003 (1).

[204] 王福敏，吕庆丰，宋琼瑶. 结合桥梁寿命期成本论武隆乌江二桥旧桥改造方案的决策 [J]. 公路交通技术，2005 (1).

[205] 张涛，王福敏，王丰华. 钢管混凝土拱圈实现外包混凝土加固的结构分析研究 [J]. 公路交通技术，2005 (1).

[206] 鲍卫刚，周海涛. 预应力混凝土梁式桥梁设计施工技术指南 [M]. 北京：人民交通出版社，2009.

[207] 第十九届全国桥梁学术会议论文集 [M]. 北京：人民交通出版社，2010.

[208] 詹建军，陈卉. 特大跨度连续刚构桥主梁下挠及箱梁裂缝成因分析 [J]. 中外公路，2005 (1).

[209] 贵阳晚报，2003-12-27 及 2004-5-11 报道.

[210] 贵州都市报，2003-12-9 报道.

[211] 张隽，尚正强. 断桥之痛——写在广东九江大桥坍塌之后 [J]. 中国公路，2007 (13).

[212] 贵州都市报，2004-6-11 报道.

[213] 贵阳晚报，2004-6-13 报道.

[214] 贵州商报，2004-6-19 报道.

[215] 贵阳晚报，2004-9-22 报道.

[216] 楼庄鸿. 大跨径梁式桥的主要病害 [J]. 公路交通科技，2006 (4).

[217] 羊水河大桥初步设计阶段安全风险评估 [J]. 贵州省交通设计院，2010 (10).

[218] 谌润水，陈小苗. 江西某大桥早夭启示 [J]. 桥梁，2006 (3).

[219] 赵晓娣. 货运高速公路桥梁汽车超载风险评估 [J]. 公路，2010 (10).

[220] 叶文华. 桥梁全寿命设计有关问题探讨 [J]. 世界桥梁，2008 (1).

[221] 邴玉旭，王世祥. 成渝高速公路内江提篮拱桥吊杆更换施工 [J]. 世界桥梁，2008 (4).

[222] 江苏常州公路大桥突然倒塌，2007-5-13 网上下载信息.

[223] 张永晓. 系杆拱桥坍塌原因分析与对策 [J]. 城市道桥与防洪，2012 (7).

[224] 李毅，韦华，郭忠，等. 基于给定结构寿命的混凝土系杆拱桥设计及养护策略研究 [J]. 城市道桥与防洪，2012 (2).

[225] 邵旭东，占雪芳. 现有桥梁船撞风险评估与对策 [J]. 桥梁，2007 (5).

[226] 贵阳晚报，2007-6-17、19 报道.

[227] 贵州商报，2007-6-16 报道.

[228] 坍塌的广东九江大桥修复通车 [J]. 城市道桥与防洪，2009 (7).

[229] 赵君黎，李雪，冯苠. 中美欧规范中的抗防船撞规定解读 [J]. 公路，2010 (12).

[230] 陈国虞，倪步友. 答"桥梁工程与技术"读者问——船撞桥事故现状及柔性防撞 [J]. 桥梁工程与技术，2013 (1).

[231] 冯玉涛，张先忠，黄明庄. 跨江大桥防撞设计方法及动态分析 [J]. 公路，2013 (10).

[232] 贵阳晚报，2007-8-30 报道.

[233] 朱海涛. 从屡发船撞桥事故中反思对技术决策的二点浅见 [J]. 城市道桥与防洪，2012 (9).

[234] 贵阳晚报，2007-10-26 报道.

[235] 武宏晓. 连续独柱墩桥梁抗倾覆安全评价及加固设计方案 [J]. 城市道桥与防洪，2010 (4).

[236] 贵州商报，2000-8-29 报道.

[237] 贵州都市报，2008-3-28 报道.

[238] 朱广君，王新岐. 南方某桥坍塌事故的动力推断分析 [J]. 城市道桥与防洪，2008 (6).

[239] 贺志勇，代少平. 某城市桥梁船撞事故分析与维修方案 [J]. 中外公路，2010 (6).

[240] 贵阳晚报，2009-5-19 报道.

［241］ 贵州商报，2009-6-30 报道．

［242］ 参考消息，2009-6-30 报道．

［243］ 关于黑龙江铁力市西大桥垮塌的网上下载信息，2009-7-16.

［244］ 贵阳晚报，2009-7-16 报道．

［245］ 贵州商报，2009-7-29 报道．

［246］ 天津津浦高速公路港塘收费站外匝道桥坍塌原因的网上下载信息，2009-7-16.

［247］ 李盼到，马利君．独柱支撑匝道桥抗倾覆验算汽车荷载研究［J］．桥梁建设，2012（3）．

［248］ 周列茅．独柱支墩连续箱梁桥的倾覆事故成因分析［J］．公路交通科技（应用技术版），2011
（7）．

［249］ 贵阳晚报，2010-7-21 报道．

［250］ 贵阳晚报，2010-5-28 及 5-29 报道．

［251］ 彭卫，张新军，王振民．桁式组合拱桥与钢管混凝土拱桥力学性能比较［J］．公路，2003（8）．

［252］ 贵州商报，2010-6-11 报道．

［253］ 贵阳晚报，2010-6-11 报道．

［254］ 网上下载，2010-6-9 信息．

［255］ 贵阳晚报，2010-10-9 报道．

［256］ 葛耀君，项海帆．桥梁工程可持续发展的理念与使命［J］．桥梁，2010（4）．

［257］ 贵阳晚报，2011-7-22 报道．

［258］ 跨铁路的公路桥，主梁被重车压断，2011-4-9 网上下载信息．

［259］ 贵州都市报，2011-4-13 报道．

［260］ 贵阳晚报，2011-4-13、14 连续报道．

［261］ 新疆孔雀河大桥垮塌，2011-4-12 网上下载信息．

［262］ 吴进星，刘恩德．桥梁吊杆断裂原因及预警技术研究［J］．西部交通科技，2013（5）．

［263］ 李媛，刘婧佳．尴尬的工程监理．中国新闻周刊，2011（28）．

［264］ 贵州商报，2011-7-17 报道．

［265］ 贵阳晚报，2011-7-17 报道．

［266］ 贵阳晚报，2011-7-15 报道．

［267］ 福建武夷山公馆大桥坍塌，2011-7-14 网上下载信息．

［268］ 参考消息，2011-7-16 报道．

［269］ 黔中早报，2011-7-17 报道．

［270］ 贵阳晚报，2011-7-24 报道．

［271］ 钱江三桥事故，2011-7-18 网上下载信息．

［272］ 预言"击垮"钱江三桥．中国新闻周刊，2011（28）（总第 526 期）．

［273］ 贵阳晚报，2011-7-20 报道．

［274］ 北京超载车压塌白河桥，2011-7-19 江门网下载信息．

［275］ 新老年周刊，2012-7-5 信息．

［276］ 贵阳晚报，2012-7-25 报道．

［277］ 贵阳晚报，2011-8-1 报道．

［278］ 贵阳晚报，2011-10-6 报道．

［279］ 贵阳晚报，2011-11-25 报道．

［280］ 贵阳晚报，2011-12-16 报道．

［281］ 魏建东，刘忠玉，阮含婷．与人群有关的桥梁垮塌事故［J］．中外公路，2005（6）．

［282］ 刘俊峰．公路钢桥抗疲劳设计概述［J］．城市建设理论研究，2013（4）．

[283] 尹德兰，邓宇．桥梁设计的冗余度 [J]．桥梁建设，2013 (5)．

[284] 张元海．桥梁结构理论分析 [M]．北京：科学出版社，2005．

[285] 张保和，刘耀武，李传平．有粘接预应力混凝土楼板的应用 [J]．建筑结构技术通讯，2007 (1)．

[286] 齐雅敬．后张法预应力结构质量通病分析 [J]．桥梁，2007 (4)．

[287] [美] 陈惠发，段炼．桥梁工程下部结构设计 [M]．北京：机械工业出版社，2008．

[288] 刘其伟，张鹏飞，赵佳军．后张法 PC 桥孔道压浆调查及分析 [C] //2006 年全国桥梁学术会议论文集．北京：人民交通出版社，2006．

[289] 金小川．桥梁使用寿命与设计年限差异的原因分析和对策 [J]．桥梁，2012 (4)．

[290] 梁晓东，陈康军，徐有为，等．大循环智能压浆工艺在后张应力管道压浆中的应用研究 [J]．城市道桥与防洪，2012 (6)．

[291] 梁晓东，陈康军，徐有为．后张法预应力管道压浆质量控制研究 [J]．公路，2012 (8)．

[292] 许世法，季节，罗晓辉，等．沥青铺装层病害防治与典型实例 [M]．北京：人民交通出版社，2005．

[293] 汪广丰．美韩桥梁垮（坍）塌事故处置的启示与思考 [J]．中国市政工程，2012 (6)．

[294] 秦海．原因的主观责任．杂文选刊，2013 (1) 上．

[295] 穆祥纯．韩国城市桥梁建设一瞥 [J]．城市道桥与防洪，2014 (11)．

[296] 贵阳晚报，2005-8-14 报道．

[297] 王倩．混凝土桥梁：世界共同面对 [J]．桥梁，2009 (6)．

[298] 贵阳晚报，2006-10-2 报道．

[299] 郝苏．美国明尼苏达 I-35W 钢桥倒塌事故分析（上）[J]．桥梁，2012 (2)．

[300] 桂志敏．美国明尼苏达州钢桁架拱桥坍塌事故回顾 [J]．中外公路，2012 (2)．

[301] 贵州商报，2007-9-2 报道．

[302] 参考消息，2007-9-2 报道．

[303] 贵阳晚报，2007-11-25 报道．

[304] 贵州商报，2009-4-15 报道．

[305] 贵州都市报，2010-11-25 报道．

[306] 贵阳晚报，2011-10-24 报道．

[307] 参考消息，2011-11-28 报道．

[308] 周海俊，莫智娥，刘俐，等．编译．美国近期桥梁失效案例 [J]．世界桥梁，2009 (2)．

[309] 肖光宏，张秋陵．斜拉桥斜拉索常见病害原因分析及防范措施建议 [J]．公路交通科技（应用技术版），2010 (11)．

[310] 康孝先，华旭刚．人致动力响应分析及在某曲线斜拉桥中的应用 [J]．湖南交通科技，2012 (2)．

[311] 陈林，肖岩．桥墩防车辆撞击研究综述 [J]．公路交通科技，2012 (8)．

[312] 怡然．短命"楼歪歪"与世纪"提醒函"．杂文选刊，2012 (2) 上．

[313] 贵阳晚报，2013-3-4 报道．

[314] 安增朝．邯郸邢峰公路矿山双曲拱桥破坏性试验 [J]．公路交通科技（应用技术版），2012 (4)．

[315] 贵阳晚报，2013-1-23 报道．

[316] 贵阳晚报，2012-12-2 报道．

[317] 王春生，周江，吴全友，等．既有混凝土桥梁疲劳寿命与使用安全评估 [J]．中国公路学报，2012 (6)．

[318] 贵阳晚报，2013-5-25 报道．

[319] 杨虎根，陈晶，杨志军，等．中小跨径混凝土梁桥 [M]．北京：人民交通出版社股份有限公司，2018．

[320] 刘海燕，陈开利. 越南平桥船撞损伤及修复 [J]. 世界桥梁，2015 (1).

[321] 贵阳晚报，2012-5-9 报道.

[322] 贵阳晚报，2012-5-25 报道.

[323] 贵阳晚报，2012-6-14 报道.

[324] 黔中早报，2012-8-25 报道.

[325] 高洪波，阳先全，李涛. 宜城汉江大桥的病害诊断及加固方案研究 [J]. 公路，2012 (9).

[326] 贵州都市报，2012-8-26 报道.

[327] 参考消息，2012-8-26 报道.

[328] 网上信息（雅虎 2012-8-24）.

[329] 网上信息（凤凰 2012-8-24）.

[330] 凤凰网 2012-8-26 关于哈尔滨阳明滩大桥的"博报".

[331] 贵阳晚报，2012-9-20 报道.

[332] 参考消息，2012-9-21 报道.

[333] 贵阳晚报，2012-8-27 报道.

[334] 凤凰网信息（2012-9-29）."76 岁灵桥拱脚变形，专家建议封桥大修".

[335] 贵阳晚报，2013-2-2 及 2-4 报道.

[336] 凤凰网 2013-2-1 信息.

[337] 贵州商报，2013-2-2 报道.

[338] 贵阳晚报，2013-3-26 报道.

[339] 网上新闻图片及说明. 四川攀枝花金沙江大桥桥面塌陷.

[340] 贵阳晚报，2013-4-7 报道.

[341] 罗旋，田军，吴伟国. 某特大桥桥墩墩身火灾后安全性评定及修复 [J]. 公路工程，2013 (1).

[342] 黄金文，黄金明. 桥梁薄壁墩火灾后评估检测与加固 [J]. 西部交通科技，2012 (1).

[343] 邓爽，宋远明，吴徐华. 某大桥支座偏移的顶升平移处理 [J]. 公路工程，2013 (1).

[344] 陈胤甫，凌剑兴. 水龙互通立交主线桥第 11 联梁体整体滑移支座偏移纠正施工 [J]. 公路工程，2013 (1).

[345] 马凌. 基于行车舒适性的高速公路中小跨径预应力混凝土梁桥设计方法研究 [J]. 城市道桥与防洪，2012 (8).

[346] 左新黛，等. 大跨刚构——连续组合梁桥箱梁底板空间效应及破坏成因分析 [C] //2012 年全国桥梁学术会议论文集. 北京：人民交通出版社，2012.

[347] 贵阳晚报，2013-5-2 报道.

[348] 贵阳晚报，2013-5-2 报道.

[349] 新浪视频，2013-5-13 信息.

[350] 贵阳晚报，2012-12-13 报道.

[351] 李恒兴. 云南省六库怒江大桥加固设计方案研究 [J]. 公路工程，2013 (2).

[352] 贵阳晚报，2013-9-9 报道.

[353] 贵阳晚报，2013-5-31 报道.

[354] 贵阳晚报，2013-5-24. 报道.

[355] 贵阳晚报，2013-8-4 报道.

[356] 贵阳晚报，2013-11-13 报道.

[357] 贵阳晚报，2013-10-14 报道.

[358] 贵阳晚报，2013-11-18 报道.

[359] 贵阳晚报，2013-11-21 报道.

[360] 贵阳晚报，2013-11-29 报道．

[361] 魏伟．松蒸公路斜塘桥被撞事故分析及修复方案［J］．城市道桥与防洪，2014（8）．

[362] 刘世忠，马朝旭，李丽园，等．火灾下 PC 箱梁的损伤评估与加固设计［J］．桥梁建设，2014（6）．

[363] 陈一宁．白山立交火烧桥跨检测评估［J］．城市道桥与防洪，2015（2）．

[364] 贵阳晚报，2013-1-29 报道．

[365] 贵阳晚报，2014-6-7 报道．

[366] 网上下载信息，2016．

[367] 贵阳晚报，2015-7-9 报道．

[368] 贵阳晚报，2015-10-20 报道．

[369] 陈锡民，曾智荣．肇庆西江特大桥船撞事故抢修及加固技术［J］．桥梁建设，2017（2）．

[370] 贵阳晚报，2014-10-31 报道．

[371] 贵阳晚报，2014-8-6 报道．

[372] 贵阳晚报，2015-6-20 报道．

[373] 贵阳晚报，2013-5-3 报道．

[374] 艾国柱，张自荣．桥殇——环球桥难启示录［M］．成都：西南交通大学出版社，2013．

[375] 陈业恺，赵帝．编译．抢救西班牙费尔南多·雷格大桥［J］．桥梁，2019（1）．

[376] 杂文报，2000-6-23 信息．

[377] 贵阳晚报，2019-4-8 报道．

[378] 郑元勋，郭慧吉，谢宁．基于统计分析的桥梁坍塌事故原因剖析及预防措施研究［J］．中外公路，2017（6）．

[379] 李亚东．缅甸的一座公路悬索桥垮了！网上信息，2018-4-2．

[380] 易汉斌，俞博．泰和大桥拆除过程中的倒塌分析［J］．桥梁建设，2018（3）．

[381] 中新网，2018-8-1 报道．

[382] 中国桥梁网，2018-4-28 信息．

[383] 中国桥梁网，2017-4-17 信息．

[384] Zgwangcj 说桥，2017-4-1（网上下载）．

[385] 中国桥梁网，2017-6-29 信息．

[386] 桥梁资讯，世界桥梁，2014（5）．

[387] 亚东桥话 31：桥梁事故知多少？2018-1-25，李亚东，西南交大桥梁，网上文章．

[388] 穆祥纯．城市桥梁垮塌的最新案例分析及对策研究［J］．城市道桥与防洪，2016（2）．

[389] 魏薇．桥殇曾几时［J］．桥梁产业资讯，2010 年 12 月 1 日出版，总第 3 期．

[390] 陈多，董佳霖．NTSB 最新报告将 FIU 人行桥垮塌定性为"设计错误"——"说桥"．2018-11 网上文章．

[391] 彭卫兵，戴飞．FIU 人行桥倒塌事故分析．中国公路学报，2018-3-20 网上文章．

[392] 李亚东．说说 FIU 人行桥的垮塌事故．西南交大桥梁，2018-3-17 网上文章．

[393] 美国佛州一人行天桥发生坍塌，造成至少 6 人死亡．2018-3-16 网上文章．

[394] 贵阳晚报，2014-12-30 报道．

[395] 杭州天桥倒塌瞬间视频曝光，公众号"思想永恒"．2019-5-19 网上信息．

[396] 上官子昌．钢结构设计禁忌手册［M］．北京：机械工业出版社，2008．

[397] 陈建华，朱奕勤．刚架拱桥加固技术研究［J］．公路，2015（5）．

[398] 魏洋，纪军，端茂军，等．钢筋混凝土斜杆桁架拱桥加固技术优化研究［J］．公路，2015（5）．

[399] 牛艳伟，曹宏恩，杜隆基，等．大跨径混凝土桁式组合拱桥长期变形实测分析［J］．公路，2017

（2）．

[400] 李晓鸣，曹人清，何聪．刚架拱危桥加固提载设计 [J]．公路，2016（11）．

[401] 刘均利，张晋豪．2007 年～2015 年超载导致桥梁垮塌案例的统计分析 [J]．公路，2017（4）．

[402] 付天邦．从薄壁拱架的设计和施工看开口薄壁拱的稳定与扭转 [J]．西南公路科技，1978（1）．

[403] 陈举．客运专线铁路预应力混凝土连续梁底板崩裂加固设计 [J]．铁道标准设计，2013（9）．

[404] 蔡宪棠．城市钢桥撞损抢险分析与实践 [J]．城市道桥与防洪，2016（2）．

[405] 金庆利．大跨径 PC 连续箱梁桥体外束加固设计 [J]．城市道桥与防洪，2017（12）．

[406] 朗丹妮．基于有限元分析的刚架拱桥加固方法和加固效果评估研究 [J]．城市道桥与防洪，2017（10）．

[407] 骆兴荣，袁明，任达成，等．连续刚构桥顶板崩裂影响因素分析 [J]．中外公路，2014（4）．

[408] 袁怡．药湖特大桥改扩建设计新建桥梁汽车荷载研究 [J]．中外公路，2017（4）．

[409] 武建，李波，张立志．预应力混凝土空心板梁桥火损后检测评定 [J]．中外公路，2015（4）．

[410] 张宇，李磊磊，夏至．常熟市虞新线南桥吊杆更换设计研究 [J]．中外公路，2015（2）．

[411] 张岗，王高峰，毛东，等．火灾后钢管混凝土拱桥的承载力研究 [J]．公路，2018（1）．

[412] 黄森华．虎坑大桥受船舶撞击后通行要求分析及修复设计 [J]．公路，2018（5）．

[413] 李鑫，胡满意．高速公路上的高架双层交通体系的灾害病害影响分析 [J]．湖南交通科技，2017（4）．

[414] 谢春生，廖凯．连续刚构梁底混凝土崩裂病害分析与防治措施 [J]．西部交通科技，2015（10）．

[415] 栾斌．桥梁空心板更换预制板加固设计及施工探讨 [J]．西部交通科技，2015（10）．

[416] 吴进星，刘恩德．桥梁吊杆断裂原因及预警技术研究 [J]．西部交通科技，2013（5）．

[417] 马玉静．火灾对某连续箱梁桥预应力钢绞线影响分析 [J]．市政技术，2016（6）．

[418] 梁学宏．一项工程事故的处治 [J]．公路交通技术，1999（4）．

[419] 邵永军，张宏．混凝土桥梁火灾损伤检测评估方法与应用 [J]．公路交通技术，2011（2）．

[420] 严木才，张娜．G205 国道丁山刚架拱桥检测评价 [J]．公路交通技术，2006（3）．

[421] 孙文智．控制爆破技术在婺江大桥老桥拆除中的应用 [J]．公路交通技术，2003（6）．

[422] 陈石，温天宇．某先张法空心板梁桥火灾后的检测与损伤评估 [J]．公路交通技术，2006（6）．

[423] 王福敏，黄中立．火灾后混凝土桥梁结构残余强度分析与加固措施 [J]．公路交通技术，2004（2）．

[424] 张荣利．东洲大桥钢管桩腐蚀分析及处治探讨 [J]．公路交通技术，2004（2）．

[425] 张卫东，潘晓明．关于施工过程中预应力曲线梁梁体侧倾事故的初步分析 [J]．公路交通技术，2001（3）．

[426] 陈守逸，蔡荣兴．创业立交匝道桥缺陷分析与处理 [J]．公路交通技术，2002（2）．

[427] 周富华，陆有机．龙床大桥病害分析与维修加固对策 [J]．公路交通技术，2006（2）．

[428] 何树凯．重庆鹅公岩大桥西引桥换梁施工 [J]．公路交通技术，2014（3）．

[429] 张长青，王丰华，侯林平．峡门口乌江二桥加固方案探讨 [J]．公路交通技术，2003（1）．

[430] 吴娇媚．某双曲拱桥拆除方案比选论证 [J]．公路交通技术，2017（1）．

[431] 王为，王勇飞．广东佛山市 G325 九江大桥斜拉桥换索、调索设计 [J]．公路工程，2012（3）．

[432] 雷金生，王勇飞，戴小东．长沙银盆岭湘江大桥主桥维修加固设计 [J]．公路工程，2010（4）．

[433] 贵州日报，1994-11-27 报道．

[434] 陈亮，项宏亮．预应力空心板火损结构分析与评估 [J]．湖南交通科技，2017（3）．

[435] 王宁．混凝土结构桥梁火灾处治研究 [J]．湖南交通科技，2017（2）．

[436] 许宏元，侯旭，刘士林．火灾后混凝土桥梁的损伤识别与状态评估初探 [J]．桥梁，2009（2）．

[437] 项海帆，肖汝诚．现代桥梁工程 60 年 [J]．桥梁，2008（2）．

[438] 王桂华．从被动加固到主动加固的思考——访桥梁专家、哈尔滨工业大学教授张树仁［J］．桥梁，2006 年专刊第 1 期．

[439] 陈惟珍，徐俊，康涛，等．拉索病害检测刻不容缓［J］．桥梁，2006 年专刊第 1 期．

[440] 王伯惠．斜拉桥结构发展和中国经验［M］．北京：人民交通出版社，2003.

[441] 龚永泉．浅谈桥梁超载超限造成的"内伤"及补救［J］．桥梁，2008（3）．

[442] 蔡正东，彭旭民，黄清．混凝土梁桥火灾后检测评估研究［J］．世界桥梁，2014（6）．

[443] 刘波，侯满．乌江大桥病害及承载力评估［J］．世界桥梁，2009（3）．

[444] 黄清．钢筋混凝土桥梁火灾后检测评估［J］．世界桥梁，2014（5）．

[445] 张武，吴运宏，王戒躁．斜拉桥快速换索施工技术［J］．世界桥梁，2014（5）．

[446] 徐宏，郭敏，郑奕琼，等．中承式钢筋混凝土拱桥爆破拆除技术［J］．世界桥梁，2014（5）．

[447] 叶华文，陈醉，曲浩博．魁北克大桥连续倒塌过程及结构冗余度分析［J］．世界桥梁，2017（1）．

[448] 武贤智，董晓兵．某预应力混凝土连续箱梁桥受损评估与加固［J］．世界桥梁，2016（1）．

[449] 李新生，王刚，郭英．大跨度预应力混凝土桁架桥梁加固技术研究［J］．世界桥梁，2010（4）．

[450] 张欣禹，张星云．沈阳市某预应力混凝土连续梁桥的病害处理［J］．世界桥梁，2010（3）．

[451] 李宏江，李万恒，张劲泉，等．天津永和大桥的维修与加固［J］．世界桥梁，2009（1）．

[452] 尹天军．高速公路上跨桥整体顶升技术［J］．世界桥梁，2009（1）．

[453] 吕宏奎，刘炎海．双曲拱桥在线加固技术研究与施工组织设计［J］．世界桥梁，2009（1）．

[454] 孟新奇，魏伦华，张津辰，等．大跨径刚构桥梁跨中下挠问题研究［J］．世界桥梁，2013（2）．

[455] 吕宏奎，安群慧，王夷．某小半径连续曲线梁桥偏位成因分析及纠偏方案研究［J］．世界桥梁，2013（2）．

[456] 战昂，周江，牛宏．基于监测数据的悬索桥加固技术及其应用［J］．世界桥梁，2013（2）．

[457] 杨琪，李卫明，黄建跃，等．严重开裂 PC 箱梁桥加固［J］．世界桥梁，2010（2）．

[458] 王解元，潘德鹏．某拱桥系杆换索设计与施工［J］．世界桥梁，2010（2）．

[459] 徐超，方海，刘伟庆，等．斜拉桥斜拉索防腐保护问题分析与建议［J］．世界桥梁，2012（6）．

[460] 方德铭，夏樟华，左小刚．苏家坡石拱桥病害原因分析及套拱加固［J］．世界桥梁，2011（2）．

[461] 王跃年，胡海波．编译．明尼阿波利斯市州际公路 I-35W 大桥坍塌事故调查［J］．世界桥梁，2008（4）．

[462] 孙全胜，杨建喜．参数增量变化分析在斜拉桥换索施工控制中的应用［J］．世界桥梁，2010（1）．

[463] 周正茂，王素娟，龚振球．在役桥梁非对称换索技术［J］．世界桥梁，2010（1）．

[464] 龚志刚．编译．采用斜拉索体系加固普特桑德预应力混凝土悬臂梁桥［J］．世界桥梁，2003（3）．

[465] 陈玉凤．编译．法国阿坤廷悬索桥的大修工程［J］．世界桥梁，2002（4）．

[466] 黄清．编译．美国黑尔·博格斯桥评估、修复计划及斜拉索更换设计［J］．世界桥梁，2012（2）．

[467] 吴全友，刘刚．旧拱桥风撑改造设计［J］．世界桥梁，2012（2）．

[468] 冯鹏程，吴游宇，杨耀铨．连续刚构桥底板崩裂事故的评析［J］．世界桥梁，2006（1）．

[469] 张文学，汪振，王鹏亮，等．附加自锚式悬索桥法加固连续箱梁桥效果分析［J］．世界桥梁，2017（6）．

[470] 李忠，李静斌，陈维．某桥移动模架荷载预压试验垮塌事故原因分析［J］．世界桥梁，2016（6）．

[471] 陈志敏，吴运宏．自锚式悬索桥吊杆索更换关键技术［J］．世界桥梁，2016（6）．

[472] 吴臣贵，王斌，纪诚．南京长江大桥双曲拱桥火灾后结构分析与加固［J］．世界桥梁，2009（2）．

[473] 曾德礼．中承式拱桥吊杆专项检测及疲劳寿命评估［J］．世界桥梁，2018（2）．

[474] 芦亮，彭思谦．钢桁梁桥损伤杆件矫正施工技术［J］．世界桥梁，2018（2）．

[475] 李满来．体外预应力加固桥梁转向块混凝土配制研究［J］．世界桥梁，2018（4）．

[476] 叶文华，张庆，胡劼成，等．美国 I-35W 大桥连续垮塌过程研究［J］．世界桥梁，2018（4）．

[477] 许长城，钟宁，张鑫．预应力混凝土桁式组合拱桥病害成因分析 [J]．公路交通技术，2009 (1)．

[478] 郑开启，刘钊，张宇峰，等．腹板斜向开裂混凝土梁桥的剪切刚度评估方法 [J]．桥梁建设，2015 (4)．

[479] 刘华，高宗余，刘其伟，等．某预应力混凝土连续梁桥火损评估与加固 [J]．桥梁建设，2015 (4)．

[480] 崔学常，杨植春．某大跨径连续刚构桥底板崩裂后的结构损伤评估 [J]．桥梁建设，2015 (3)．

[481] 兰振波，李敏娜．大纵坡、小半径曲线钢箱梁支座脱空处理 [J]．桥梁建设，2014 (6)．

[482] 刘思孟，张立永．圬工拱桥加固与加载程序优化方法 [J]．桥梁建设，2013 (6)．

[483] 黄德耕，罗吉智，谭洪河，等．刚架拱桥横系梁加固技术研究 [J]．桥梁建设，2012 (6)．

[484] 刘其伟，邓祖车，赵佳军．火灾下混凝土桥墩仿真分析 [J]．桥梁建设，2009 (1)．

[485] 徐郁峰，梁立农，宋神友．某连续刚构桥底板崩裂后的修补方法及其有限元仿真分析 [J]．桥梁建设，2007 (4)．

[486] 龙佩恒，陈帷珍，何雄君．PC 箱梁桥受力开裂成因的数值分析 [J]．桥梁建设，2006 (2)．

[487] 张国庆．V 形墩连续梁桥墩顶拉板病害仿真分析及对策 [J]．桥梁建设，2016 (1)．

[488] 张立超，赵煜澄．预应力混凝土连续箱梁的加固设计与施工监测 [J]．桥梁建设，2005 (2)．

[489] 杨虎荣，周世浩．预应力混凝土曲线连续梁桥的加固 [J]．桥梁建设，2005 (2)．

[490] 李兴华，欧阳永金．厦门市某桥病害检测及承载力评估 [J]．桥梁建设，2003 (6)．

[491] 周超舟，王禹钻．一座斜交刚架拱桥的病害分析 [J]．桥梁建设，2003 (5)．

[492] 胡佳安，徐伟．汉施公路某桥病害分析及处理措施 [J]．桥梁建设，2003 (3)．

[493] 李宏江，叶见曙，虞建成．伊家河刚架拱桥病害的结构分析 [J]．桥梁建设，2002 (5)．

[494] 张伟．弯梁桥的加固施工 [J]．桥梁建设，2001 (4)．

[495] 周屐．桥梁耐久性发展的历史与现状 [J]．桥梁建设，2000 (4)．

[496] 许宏元，宋宁，陈常明，等．体外预应力加固技术在连续刚构桥中的应用 [J]．桥梁建设，2011 (1)．

[497] 黄道全，谢邦珠，范文理．宜宾小南门金沙江大桥桥面系断裂事故分析与修复 [C] //2003 年全国桥梁学术会议论文集．北京：人民交通出版社，2003．

[498] 李本伟，谢邦珠，肖世卫，等．龙洞背桥病害检测与加固方案 [C] //2003 年全国桥梁学术会议论文集．北京：人民交通出版社，2003．

[499] 王福敏，王东，张长青，等．重庆龙井湾大桥承载能力评价与加固处治 [C] //2003 年全国桥梁学术会议论文集．北京：人民交通出版社，2003．

[500] 张道省，崔士强，陈明国．顶推法加固拱桥技术应用研究 [C] //2001 年全国桥梁学术会议论文集．北京：人民交通出版社，2001．

[501] 黎军，卢绍鸿．广东省下芦桥桥墩受撞分析及加固方案设计 [C] //2001 年全国桥梁学术会议论文集．北京：人民交通出版社，2001．

[502] 吕宏奎．某重载铁路连续刚构桥底板崩裂加固设计 [J]．桥梁建设，2019 (1)．

[503] 方志，陈正，陈潇，等．PC 连续箱梁桥压应力超限的综合处治 [J]．桥梁建设，2019 (2)．

[504] 邵旭东，李立峰，彭旺虎．广东省连州市城北大桥的加固 [C] //1999 年全国桥梁学术会议论文集．北京：人民交通出版社，2000．

[505] 余烈．公路桥梁扩建与加固工程实录 [C] //1999 年全国桥梁学术会议论文集．北京：人民交通出版社，2000．

[506] 沈伯英，苏松源，冯泉钧．刚架拱桥修复和改进设计的意见 [C] //1991 年全国桥梁学术会议论文集．1991．

[507] 龙刚，杨岳华，朱伟庆，等．钢箱梁斜拉桥主梁翘梁事故分析及处理 [J]．桥梁建设，2018 (4)．

[508] 刘国坤，颜东煌，陈常松，等．混凝土斜拉桥箱梁强受扭损伤试验研究［J］．桥梁建设，2017（6）．

[509] 徐刚年，王有志，王世民．东明黄河公路大桥主梁加固关键施工技术［J］．桥梁建设，2017（5）．

[510] 詹建辉．某预应力混凝土连续箱梁底板崩裂的加固方案［J］．桥梁建设，2016（5）．

[511] 李加林．连续箱梁桥加固技术及加固效果分析［J］．中外公路，2007（4）．

[512] 朱战良．广东九江大桥换索技术［J］．中外公路，2003（5）．

[513] 王首绪，詹建辉．特大跨度连续刚构主梁下挠及箱梁裂缝的体外预应力处治［J］．中外公路，2007（3）．

[514] 姜海波，何柏青，周敬诚，等．增大截面法加固紫坭大桥引桥［J］．中外公路，2007（3）．

[515] 徐兆明，周兴明．边山河大桥维修加固技术［J］．中外公路，2007（3）．

[516] 黄飞新，姜海波，欧阳仕武，等．某特大桥加固大吨位端部锚固块有限元分析［J］．中外公路，2010（1）．

[517] 王贵春，李武生，陈卫丽．编译．美国卢凌赫尔鲍格斯斜拉桥的评估与换索方案［J］．中外公路，2012（1）．

[518] 王成明，刘其伟．龙堤大桥吊杆病害分析及维修加固方案研究［J］．中外公路，2010（6）．

[519] 刘维华，安蕊梅．编译．美国 I-35W 桥坍塌原因分析［J］．中外公路，2011（3）．

[520] 楼庄鸿，王国亮．大跨径梁式桥的主要病害及其预防［C］//2007 年全国桥梁学术会议论文集．北京：人民交通出版社，2007．

[521] 郭河，李毅谦，徐贺文，等．珠海淇澳大桥换索工程施工控制研究［C］//2007 年全国桥梁学术会议论文集．北京：人民交通出版社，2007．

[522] 周明华，王耀明，黄跃平．预应力连续箱梁弯桥事故的整体同步顶升纠扭与加固［C］//2007 年全国桥梁学术会议论文集．北京：人民交通出版社，2007．

[523] 张武强，侯旭．长沙湾大桥立柱加固与防腐技术的探讨［C］//2007 年全国桥梁学术会议论文集．北京：人民交通出版社，2007．

[524] 马健中，范立础，武志斌．T 形刚构桥的加固设计和研究［C］//2005 年全国桥梁学术会议论文集．北京：人民交通出版社，2005．

[525] 胡钊芳，肖琦，胡志坚．体外预应力技术在旧桥加固中的应用［C］//2005 年全国桥梁学术会议论文集．北京：人民交通出版社，2005．

[526] 蒋剑彪，崔毅，杜自力，等．云南怒江三达地斜拉桥换索工程［C］//2005 年全国桥梁学术会议论文集．北京：人民交通出版社，2005．

[527] 万信华．井冈山大桥体外索加固［C］//2004 年全国桥梁学术会议论文集．北京：人民交通出版社，2004．

[528] 方大庆，宋志远．高速公路桥下火灾后加固处理技术与实例［J］．城市道桥与防洪，2011（9）．

[529] 李新华．预应力混凝土连续刚构桥的加固设计［J］．华东公路，2002（4）．

[530] 曹斌，王立勇，姜凤连，等．大跨径连续钢桁梁竖杆更换工艺与监控［J］．华东公路，2000（2）．

[531] 赵佳军，刘其伟，吴建平，等．某预应力连续箱梁桥加固工程实践［J］．华东公路，2003（1）．

[532] 张征文．PC.V 形框架连续梁桥桥墩加固设计与承载能力评定［J］．华东公路，2003（3）．

[533] 高荣雄．石拱桥的改造治理［J］．华东公路，2003（3）．

[534] 何海，胡勇前．某预应力混凝土连续梁桥的加固［J］．华东公路，2003（3）．

[535] ［美］丹尼斯·诺玛尔．严国敏，刘岚．编译．韩国的斜拉桥倒塌事故［J］．华东公路，1993（4）．

[536] 杜金生，刘心亮，赵巧燕．青秋浦大桥维修加固设计研究［J］．公路交通科技（应用技术版），2010（7）．

[537] 赵峥嵘．火灾事故桥梁检测与维修 [J]．公路交通科技（应用技术版），2010（7）．

[538] 张冠华．双曲拱桥结构特殊病害加固处理方法 [J]．公路交通科技（应用技术版），2008（9）．

[539] 李承昌，刘以谦，房清雷，等．某变截面连续箱梁桥病害分析与处治 [J]．公路交通科技（应用技术版），2008（9）．

[540] 黄德耕，何志芬，欧阳平，等．钢筋混凝土刚架拱桥加固新技术研究 [J]．公路交通科技（应用技术版），2013（6）．

[541] 史增朝．邯郸邢峰公路矿山双曲拱桥破坏性试验 [J]．公路交通科技（应用技术版），2012（4）．

[542] 秦伟航，李海青．采用横向加固技术提高宽幅空心板桥动力性能效果浅析 [J]．公路交通科技（应用技术版），2012（4）．

[543] 李杰，陈淮，朱建强，等．某 V 形墩连续梁病害原因及加固方案分析 [J]．公路，2011（11）．

[544] 陈峰，李杨，夏春梅．钢筋混凝土肋式窄拱桥加固设计与静、动力特性分析 [J]．公路，2010（12）．

[545] 陈斌，王健伟，王雄江，等．船撞双曲拱桥的承载能力评估与加固效果分析 [J]．公路，2010（6）．

[546] 刘晓娣，赵君黎，冯苊．货运高速公路桥梁汽车超载风险评估 [J]．公路，2010（10）．

[547] 袁家幸，娄亮，赵长军．预应力钢拱承托法在加固双曲拱桥中的应用实例 [J]．公路，2011（8）．

[548] 冯玉涛，张先忠，黄明庄，等．跨江大桥防撞设计方法及动态分析 [J]．公路，2013（10）．

[549] 伍建强，范秋华，钟红霞，等．立交桥在重型车辆撞击下损伤评定及快速抢修加固技术 [J]．公路，2013（5）．

[550] 邵旭东，占雪芳，廖朝华，等．从美国阳光大道桥被撞重建看现有桥梁防撞风险评估 [J]．公路，2007（8）．

[551] 马健中，许志刚，武志斌．风陵渡黄河大桥的加固研究和设计 [J]．公路，2007（8）．

[552] 贾佳．预应力混凝土连续箱梁桥的加固 [J]．公路，2007（8）．

[553] 邓力．预应力混凝土箱梁悬臂段下沉的复位与加固 [J]．公路，2003（3）．

[554] 吴国雄，王东，王世槐，等．锚喷与碳纤维在双曲拱桥加固中的应用研究 [J]．公路，2001（8）．

[555] 梁学宏．一个工程事故的巧妙处治 [J]．公路，2000（7）．

[556] 邱昌龙．峡阳大桥人行道板断裂肇致人身事故 [J]．公路，1983（6）．

[557] 王文娟．大跨连续梁桥施工过程中的事故处理 [J]．公路，1993（1）．

[558] 胡汉德．钢管混凝土系杆拱桥拱脚滑移事故案例分析 [J]．城市道桥与防洪，2007（11）．

[559] 芮志平，刘韶山，高文伟，等．松江泖港大桥边梁撞损抢修方案 [J]．城市道桥与防洪，2007（5）．

[560] 刘波，刘社兵，白雪杉．连续梁桥体外束加固分析 [J]．城市道桥与防洪，2007（7）．

[561] 李章峰，欧阳锦．南昌市桥梁病害诊治 [J]．城市道桥与防洪，2007（7）．

[562] 刘铁锁，杨亚林，武俊彦，等．大跨径连续梁、连续刚构桥新型加固方法研究 [J]．公路交通科技（应用技术版），2012（7）．

[563] 朱海涛．从屡发船撞桥事故中反思对技术决策的二点浅见 [J]．城市道桥与防洪，2012（9）．

[564] 叶华文，曲浩博，王力武，等．大跨钢管拱桥船撞连续垮塌过程及关键参数研究 [J]．世界桥梁，2016（5）．

[565] 翟建平，陈金州．编译．英国 M4 波士顿庄园高架桥电渣焊缝裂缝修复技术 [J]．世界桥梁，2016（5）．

[566] 中铁大桥局五处．沉井的断裂处理 [J]．桥梁建设，1972（4）．

[567] 杨渡军．编译．桥梁的防撞保护系统及其设计 [M]．北京：人民交通出版社，1990．

[568] 桥梁建设报，2018-9 报道："你的家乡有这些'桥脆脆'吗？这里有桥梁管养秘笈"．

[569] 乔治·李，董迪恩·莫汉，黄朝，等．美国桥梁失效研究（1980-2012）．内部资料翻译．

[570] 胡世金．模板支架钢管的安全与质量管理 [J]．市政技术，2014（4）．

[571] "工程行业" 公众号，2019-6-25 信息．

[572] "工程行业" 公众号，2019-6-25 信息．

[573] 彭卫兵，戴飞．杭州庆春路车撞人行天桥倒塌事故分析 [J]．中国公路学报，2019-5-23（网上文章）．

[574] 彭卫兵，戴飞．广东河源东江大桥事故倒塌分析 [J]．中外公路学报，2019 年 6 月（网上文章）．

[575] 贵州日报，2002-4-10 报道．

[576] 贵州都市报，2004-7-4 报道．

[577] 参考消息，2005-11-4 报道．

[578] 杂文报，2005-11-1 短评．

[579] 贵阳晚报，2005-12-21 报道．

[580] 贵阳晚报，2009-4-13 报道．

[581] 贵阳晚报，2014-1-11 报道．

[582] 贵阳晚报，2014-7-9 报道．

[583] 贵阳晚报，2016-9-12 报道．

[584] 参考消息，2016-4-2 报道．

[585] 贵阳晚报，2013-6-20 报道．

[586] 中新社，2016-5-23 电讯．

[587] 贵阳晚报，2012-12-13 报道．

[588] 贵阳晚报，2015-1-9 报道．

[589] 贵阳晚报，2014-8-6 报道．

[590] 贵阳晚报，2009-4-13 报道．

[591] 贵阳晚报，2011-5-29 报道．

[592] 贵州日报，2003-7-16 及贵州都市报 2003-7-9 报道．

[593] 贵州日报，1994-11-27 报道．

[594] 新华社评广东高速河源 x 匝道桥坍塌事故，2015-6-21 网上报道．

[595] 桁式组合拱桥病害调查与成因研究报告 [R]．贵州省交通规划勘察设计研究院，2008 年 10 月．

[596] 贵州贵黄公路白马大桥计算报告 [R]．上海同济规划建筑设计研究总院桥梁工程研究所，2002 年 3 月．

[597] 贵州斯拉河大桥定期检查报告 [R]．贵州省质量安全交通工程监控检测中心有限责任公司，2016 年 9 月．

[598] 陈泽．桁式组合拱桥的固有缺陷及其损伤机理分析 [D]．重庆交通大学硕士学位论文，2010 年 4 月．

[599] 陈冠桦，杜镔，丁作常，贾宁．某桁式组合拱桥新拱脚结点局部应力分析 [J]．桥梁建设，2009（6）．

[600] 陈敏，赵阳阳．桁式组合拱桥拆桥施工双影响矩阵法索力优化研究 [J]．公路，2018（11）．

[601] 杜镔．桁式组合拱桥的主要病害特点归纳与探析 [J]．中外公路，2014（5）．

[602] 陆新征，何水涛，黄盛楠．超高车辆撞击桥梁上部结构研究——破坏机理、设计方法和防护对策 [M]．北京：中国建筑工业出版社，2011.

[603] 曾庆梁．译．两起落梁事故 [J]．国外桥梁，1981（3）．

[604] 贵阳晚报，2013-2-19 报道．

[605] 耿波，王君杰，汪宏，范立础．桥梁船撞风险评估系统总体研究 [J]．土木工程学报，2007（5）．

[606] 易圣涛．日本一座拱桥垮塌事故［J］．国外公路，1994（1）．

[607] 贵州省羊水河特大桥初步设计阶段安全风险评估报告［R］．贵州省交通规划勘察设计研究院，2010.

[608] 冯良平，金卫兵，叶志龙．某钢桁梁悬索桥的加固设计［J］．公路，2009（7）．

[609] 梅建松，方怀霞．大跨连续刚构合龙段底板混凝土崩裂原因分析及处治［J］．世界桥梁，2019（5）．

[610] 张妮．译．西班牙费尔南多·雷格桥更换斜拉索［J］．世界桥梁，2019（5）．

[611] 厉珊珊．编译．福斯公路桥梁投入 14.7 亿英镑紧急更换吊索［J］．桥梁产业资讯，2012 年 6 月 15 日，总第 9 期．

[612] 张萍．直击"船撞桥"［J］．桥梁产业资讯，2010 年 9 月 1 日，总第 2 期．

[613] 新京报，2020-3-2 报道．

[614] 王蔚，陈进，李毅谦，等．双曲拱桥复合套拱加固方法及应用［J］．世界桥梁，2020（1）．

[615] 朱俊羽，祝露，韩娟，等．某航道桥下部结构受船舶撞击后安全性能评估及修复［J］．世界桥梁，2020（1）．

[616] 网上下载文章：3.31 印度立交桥倒塌事故．2019.

[617] 网上下载文章：5.15 印度在建立交桥垮塌事故．2019.

[618] 网上下载文章：11.5 温州在建高架桥坍塌事故．2019.

[619] 网上下载文章：安徽一在建大桥施工中钢结构支架垮塌．2019.9.2.

[620] 北京晨报，2016-7-21 报道．

[621] 闽南网，2012-6-21 报道．

[622] 网上下载文章：在建大桥突然垮塌，另一半遭爆破拆除，原因何在？2018-7-19.

[623] 澎湃新闻，今日头条，建筑大家园，2019-6-26 信息．

[624] 网上文章：河南义昌大桥坍塌事故．2016.

[625] 网上文章：昆明机场引桥坍塌事故．2010.

[626] 网上文章：南昌老福山立交桥相继发生两起小车坠桥事故．2019-8-30.

[627] 网上文章：省市交通公路部门紧急应对 G107 咸宁马家湾桥坍塌事故．2015-10-12（湖北省人民政府网站）．

[628] 网上文章：11.26 南京高架桥垮塌事故．2011.

[629] 网上文章：杭州市庆春路天桥事故．记者：朱家豪，2019-5.

[630] 网上文章：厦门海沧高架桥垮塌事故．央视网，2013-10-11.

[631] 陕西勉县人民政府情况通报．2019-7-18.

[632] 网上文章：陕西商洛市南秦河 2 号桥坍塌事故．

[633] 网上文章：上海在建地铁倒塌事故．

[634] 网上文章：轿车驶入"断头高架"，从 17m 高坠落，致 3 死 1 伤．2020-3-28.

[635] 光明网评论员：无锡桥事故，来龙去脉还需进一步说明．2019-10-11.

[636] 关于雪枫大桥重型半挂车坠桥交通事故最新消息．南阳微视，2019-8-12.

[637] 北京晚报，2018-8-15 报道．

[638] 台湾南方澳大桥坍塌．观察者网，2019-10-1.

[639] 费增乾，何柏春，徐章生．桁架拱桥典型病害的分析与加固［J］．公路，2004（8）．

[640] 王传文．通航条件下连拱双曲拱桥拆除方案研究［J］．公路交通科技（应用技术版），2013（9）．

[641] 丁毅，王东阳．三拱肋无风撑系杆拱桥吊杆更换技术研究［J］．公路交通科技（应用技术版），2013（9）．

[642] 刘芳．增埗大桥改造工程设计［J］．城市道桥与防洪，2007（6）．

［643］周鹏，黄林根．柳州壶西大桥斜拉索更换工程施工控制与监测［J］．城市道桥与防洪，2007（3）．

［644］环视频，2020-7-3 报道．

［645］江西省海事局发布信息，2020-7-7．

［646］商务早报，2000-8-21 报道．

［647］江淮晨报，2002-7-19 报道．

［648］中国新闻网，2002-2-8 报道．

［649］中国新闻网，2003-4-21 报道．

［650］新华社，2007-6-14 电讯．

［651］国际在线，2004-12-13 消息．

［652］上海青年报，2004-10-23 报道．

［653］网上信息，2004-6-16．

［654］中国新闻网，2005-10-31 报道．

［655］网上信息，2007-1-25．

［656］网上信息，2014-11-20．

［657］网上信息，2014-12-18．

［658］安徽商报，2015-7-7 报道．

［659］法制晚报，2017-1-7 报道．

［660］网上信息，2017-7-4．

［661］青岛新闻网，2019-10-13 报道．

［662］中国新闻网，2019-4-7 报道．

［663］光明网，2020-6-23 报道．

［664］岩土沿途 Geotech 文章，2019-6-7．

［665］中国新闻网，2019-11-19 报道．

［666］奋斗在意大利，2020-4-10 报道．

［667］奋斗在意大利，2018-8-14 报道．

［668］新华社，2017-4-2 电讯．

［669］中国经济网，2016-8-5 报道．

［670］黑龙江交通广播，2018-6-14 报道．

［671］江苏江都市老胜利桥拆除工程"3.11"重大死亡事故调查报告［R］，2006-6-23．

［672］网上信息，2012-7-3．

［673］网上信息，2002-8-15．

［674］广州日报大洋网，2004-6-21 报道．

［675］网上信息，2009-2．

［676］网上信息，2004-12-22．

［677］现代快报，2012-4-13 报道．

［678］15 年目睹怪现状 150 桥垮塌为什么．网上下载文章．

［679］12 年目睹怪现状 100 桥垮塌为什么．网上下载文章．

［680］人民日报，太惊险！江西鄱阳县砂石船撞断大桥 桥面塌落在船上，2020-7-7 报道．

附录五　桥梁事故补遗表（未纳入正文）

| 序号 | 桥梁名称 | 桥梁简况 | 伤亡人数 | | 事故概要 | 事故类型 | 时间（年.月.日） | 信息来源 |
			亡	伤				
1	安徽省宣城市旌德县乐成桥	古代石拱桥，全长156m，建于1543年			特大洪水冲塌	A_2	2020.7.6	1
2	安徽省黄山市屯溪镇海桥	古代7跨石拱桥，全长131m，建于明朝			特大洪水冲塌	A_2	2020.7.10	2
3	江西省婺源县彩虹桥	古代石拱桥，全长140m，已有800多年历史			特大洪水冲塌	A_2	2020.7.8	3
4	四川雅西高速姚河坝高架桥	多跨PC T梁桥，双柱墩			桥梁位于隧道出口处，受泥石流塌方崩石冲击，多跨梁被砸断	A_2	2020.9.20	4
5	哈尔滨市方正县新兴大桥一号桥	多跨梁桥			蚂蚁河河面冰凌撞击，2、3号墩倒塌致第2~4跨主梁坍塌，第1、5跨主梁横向变位	A_5	2021.3.28	5
6	河南省洛阳市宜阳县灵山洛河景观桥	跨河，多跨系杆钢拱桥			突涨洪水，第4跨（80m）施工中支架被冲毁，系梁坍塌	A_2	2021.4.25	6、7
7	河南省洛阳市宜阳县西段生态治理项目桥	在建多跨箱梁，全长628m，宽5.5m。堤顶步行天桥			大水冲毁了桥面下满堂架，导致尚未浇灌混凝土的桥面变形受损	A_2	2021.4.25	6、7
8	青海省果洛州玛多县野马滩大桥	多跨混凝土梁桥，全长507m			发生7.4级地震，部分桥跨垮塌	A_1	2021.5.22	8、9
9	青海省果洛州玛多县野马滩2号大桥	多跨混凝土梁桥，全长907m			发生7.4级地震，部分桥跨垮塌	A_1	2021.5.22	8、9
10	吉林省延边市琵琶山景区桥	玻璃桥面悬索桥			大风中桥面被掀，部分掉落，桥上行人遇险被救出	A_4	2021.6	10
11	辽宁省本溪市虎谷峡景区桥	玻璃桥面滑道桥	1	多人	突降暴雨，多人滑速失控，连续碰撞	A_2	2020.8.19	11

附录五 信息来源

[1] 光明网，2020-7-14 报道.

[2] 中国青年网，2020-7-11 报道.

[3] 中国江西网，2020-7-8 报道.

[4] 搜狐网，2020-9-20 报道.

[5] 环球网，2021-3-30 报道.

[6] 网易新闻，2021-4-25 报道.

[7] 腾讯网，2021-4-30 报道.

[8] 人民资讯，2021-5-22 报道.

[9] 腾讯网，2021-5-23 报道.

[10] 搜狐网，2020-7-8 报道.

[11] 潇湘晨报，2020-8-19 报道.

[12] 央视新闻，2021-6-18 报道.

[13] 南方都市报，2021-10-10 报道.

[14] 环球时报，2021-10-7 报道.

[15] 腾讯网，2021-5-8 报道.

[16] 搜狐网，2020-10-6 报道.

[17]《桥梁》杂志，2021 年.

[18] 天眼新闻，2019-6-11 报道.

[19] 桥梁，2021-7-16 报道.

[20] 中国桥梁网，2021-7-25 报道.

[21] 贵阳晚报，2021-11-3 报道.

[22] 人民资讯，2021-5-9 报道.

[23] 澎湃新闻，2021-4-18 报道.

[24] 人民资讯 2021-10-1 报道.

[25] 环球网，2020-1-4 报道.

[26] 中国江苏网，2020-1-5 报道.

[27] 人民资讯，2021-11-2 报道.

[28] 潇湘晨报，2021-5-8 报道.

[29] 环球网，2021-8-11 报道.

[30] 北京日报，2021-3-9 报道.

[31] 腾讯网，2021-8-19 报道.

[32] 新浪网，2021-6-18 报道.

[33] 人民资讯，2021-5-4 报道.

[34] 桥梁，2021-12-25 报道.

[35] 观察者网，2021-4-7 报道.

[36] 网易新闻，2021-10-3 报道.

[37] 公众号：桥梁，第 67 期，2021-12-17 报道.

[38] 公众号：中国公路学报，2021-12-19 报道.